ISBN 978-0-265-65306-7
PIBN 10999855

This book is a reproduction of an important historical work. Forgotten Books uses
state-of-the-art technology to digitally reconstruct the work, preserving the original format
whilst repairing imperfections present in the aged copy. In rare cases, an imperfection in
the original, such as a blemish or missing page, may be replicated in our edition. We do,
however, repair the vast majority of imperfections successfully; any imperfections that
remain are intentionally left to preserve the state of such historical works.

1 MONTH OF
FREE
READING

at
www.ForgottenBooks.com

By purchasing this book you are
eligible for one month membership to
ForgottenBooks.com, giving you
unlimited access to our entire
collection of over 700,000 titles via
our web site and mobile apps.

To claim your free month visit:
www.forgottenbooks.com/free999855

ARCHIV

FÜR

EISENBAHNWESEN.

HERAUSGEGEBEN

IM

KÖNIGLICH PREUSSISCHEN MINISTERIUM DER ÖFFENTLICHEN ARBEITEN.

ZEHNTER JAHRGANG.

1887.

BERLIN.

CARL HEYMANNS VERLAG.

INHALTSVERZEICHNISS.

A. Abhandlungen.

B. Notizen.

Inhaltsverzeichniss.

C. Rechtsprechung und Gesetzgebung.

Rechtsprechung.

D. Bücherschau.

Besprechungen.

Inhaltsverzeichniss.

Wohlfahrtseinrichtungen
für die
Lohnarbeiter der Preussischen Staats-Eisenbahnverwaltung.

I. Die Krankenkassen.

Von W. Hoff, Geheimer exp. Sekretär im Ministerium der öffentl. Arbeiten.

A. Einleitung und Geschichtliches.

Das Dienstpersonal einer Eisenbahn besteht zu einem nicht geringen Theile aus Lohnarbeitern. Abgesehen von den Eisenbahn-Neubauten, bei welchen unter Aufsicht und Leitung weniger Baubeamten fast ausschliesslich Lohnarbeiter verwendet werden, giebt es auch im Betriebe einer Eisenbahn, bei der Verladung der Gütermassen, der Unterhaltung, Ergänzung und Erneuerung der Bahnanlagen, der Instandhaltung der Gebäulichkeiten, der Unterhaltung und Erneuerung der Betriebsmittel u. s. f., eine ausserordentlich grosse Menge von Verrichtungen für Lohnarbeiter. Auch im Bereiche der preuss. Staatseisenbahnverwaltung sind demgemäss von ihrem Anfange an neben dem Beamtenpersonale Lohnarbeiter in erheblicher Zahl beschäftigt worden, deren Verhältnisse sich nicht wie diejenigen der Beamten nach dienstpragmatischen Bestimmungen regelten, vielmehr schon bald nach dem Beginn des Baues und nach dem Erwerbe von Eisenbahnen durch den Staat das Bedürfniss für Wohlfahrtseinrichtungen, insbesondere zur Sicherstellung der Arbeiter gegen die ihnen durch Krankheiten und Unglücksfälle und durch das Alter drohenden Gefahren erkennen liessen. Der Regelung dieser Frage ist unausgesetzt besondere Aufmerksamkeit zugewendet worden, so dass zur Zeit des Inkrafttretens des Reichsgesetzes, betreffend die Krankenversicherung der Arbeiter, vom 15. Juni 1883, für den weitaus grössten Theil des Arbeiterpersonals Krankenkassen bestanden und für einen nicht geringen Theil auch die Alters- und Hinterbliebenenversorgung geregelt war.

Für die beim Bau von Eisenbahnen beschäftigten Handarbeiter war bereits durch die Verordnung vom 31. Dezember 1846 (G. S. 1847 S. 21) allgemein die Errichtung von Krankenkassen vorgeschrieben worden, welche; „jedem Erkrankten freie ärztliche Hülfe, freie Arzenei, ein mässiges, für den Mann und Tag bei der Bahn gleichmässig festgesetztes Verpflegungsgeld" zu verabreichen hatten. Daneben konnten auf Grund der Allerhöchsten Kabinetsordre vom 16. November 1850 in den Staatsbahn-Baufonds Mittel zur Gewährung vorübergehender Unterstützungen an unverschuldet erkrankte oder verletzte Bauarbeiter und deren Hinterbliebene bereit gestellt werden.

Dem nächsten Bedürfniss zur Bewilligung ähnlicher Unterstützungen an die im Betriebsdienste der Staatseisenbahnen dauernd beschäftigten Arbeiter war vorerst auf Grund der Allerhöchsten Kabinetsordre vom 21. März 1855 durch Auswerfung etatsmässiger Mittel Rechnung getragen, zugleich aber die Errichtung von Kassen in's Auge gefasst worden, welche aus Beiträgen der Mitglieder und einem Staatszuschuss unterhalten werden und nicht nur sämmtlichen Mitgliedern freie ärztliche Behandlung, einen Beitrag zu den Kosten der Arzneien und Heilmittel, ein Krankengeld und ein mässiges Sterbegeld, sondern auch den festbeschäftigten Arbeitern nach dem Eintritt dauernder Arbeitsunfähigkeit Invalidenpension und deren Wittwen und Waisen Wittwenpensionen und Erziehungsgelder gewähren sollten. Zwar war die ursprüngliche Absicht, diese Kassen sämmtlichen Arbeitern der Staatsbahnen zugänglich zu machen, nicht zur Ausführung gelangt, weil eine gesetzliche Grundlage für die Errichtung von Unterstützungskassen durch die Verordnung vom 9. Februar 1849 (G.-S. S. 93) und das Gesetz vom 3. April 1854 (G.-S. S. 138) nur bezüglich der Gewerbsgehülfen und Fabrikarbeiter gegeben war, und weil deshalb die Staatsregierung Anstand nehmen musste, gegenüber den Unterstützungskassen, welche auch andere, als diese Arbeiterklassen umfassen sollten, dauernde Verpflichtungen zur Leistung von Staatszuschüssen im Verordnungswege zu übernehmen. Dagegen war es, wenngleich den Staatsanstalten eine Verpflichtung durch die Bestimmungen im § 76 der Verordnung vom 9. Februar 1849 nicht auferlegt war, doch für unbedenklich erachtet worden, mit Rücksicht auf das diesen Bestimmungen zu Grunde liegende Prinzip in gleicher Weise auch für die bei den Staatsbahnen beschäftigten Gewerbsgehülfen und Fabrikarbeiter, d. h. für die Werkstättenarbeiter, Unterstützungskassen unter Gewährung von Staatszuschüssen zu errichten. Bereits zum Beginne der sechziger Jahre hatte man demgemäss, nachdem durch die Allerhöchste Kabinetsordre vom 31. August 1859 genehmigt worden war, dass bei den Staatseisenbahnen zur Gewährung von Unterstützungen an die bei ihnen beschäftigten Gewerbsgehülfen und Fabrikarbeiter, deren Wittwen und Kinder unter Zugrundelegung allgemeiner Normen besondere Kassen errichtet würden, und dass zu diesen Kassen die Hälfte dessen, was die Mitglieder derselben entrichten, aus den Betriebsfonds der betreffenden Staatseisenbahnen beigetragen würde,

auf der Grundlage der vereinbarten, allgemeinen Normen mit der Errichtung von Unterstützungskassen für Werkstättenarbeiter begonnen. War es nun auch gelungen, eine geordnete Krankenpflege unter Zuschussleistung des Staates für die Werkstättenarbeiter fast aller Eisenbahn-Verwaltungsbezirke einzurichten, so hatte doch;. wiewohl die Durchführung der als angemessen und nothwendig erachteten Maassnahme unausgesetzt im Auge behalten war, bei dem selbst durch Arbeitseinstellung kundgegebenen Widerstreben der Betheiligten die Alters- und Hinterbliebenenversorgung zunächst nur für die Werkstättenarbeiter weniger Bezirke geregelt werden können. Erst im Jahre 1879 war die Angelegenheit so weit vorgeschritten, dass von diesem Zeitpunkte ab, abgesehen von einem Verwaltungsbezirke, für die Werkstättenarbeiter der sämmtlichen Staatsbahnen sowohl die Krankenpflege als auch die Alters- und Hinterbliebenenversorgung im Wesentlichen nach gleichen Gesichtspunkten als geregelt zu bezeichnen war. Für die ausserhalb der Werkstätten beim Betriebe der Staatseisenbahnen beschäftigten Arbeiter waren, wie bemerkt, Unterstützungskassen, zu welchen der Staat Baarzuschüsse leistete, mangels gesetzlicher Grundlagen nicht zu Stande gekommen. Durch Gewährung von Unterstützungen, deren Mittel seit Anfang der siebziger Jahre mit Zustimmung der Landesvertretung nicht allein für bedürftige, noch in der Arbeit befindliche, sondern auch für arbeitsunfähig gewordene und für die Hinterbliebenen verstorbener Arbeiter bestimmt waren, hatte man dem nothwendigsten Bedürfniss nach Möglichkeit Rechnung getragen. Daneben hatten die Eisenbahnbehörden nicht versäumt, die Bildung von Krankenkassen für Betriebs- und Bahnunterhaltungsarbeiter anzuregen und deren Errichtung und Erhaltung durch kostenlose Wahrnehmung der Kassengeschäfte durch die Dienststellen und Beamten der Verwaltung zu begünstigen und zu fördern. Die gleiche Vergünstigung war den Kassen auch dann zu Theil geworden, wenn sie für Beamte und Arbeiter gemeinschaftlich errichtet waren.

Für das Arbeiterpersonal bei den vom Staate für Rechnung von Eisenbahngesellschaften verwalteten, inzwischen vom Staate erworbenen Eisenbahnen waren im Wesentlichen gleiche Einrichtungen getroffen. Im Bereiche der Bergisch-Märkischen Eisenbahn war jedoch an Stelle der

Pensionskasse ein sogenannter Unterstützungsfonds für langgediente Arbeiter lediglich aus Mitteln der Gesellschaft gebildet, aus welchem an dauernd arbeitsunfähige Arbeiter des Werkstätten- und des Betriebsdienstes und an Wittwen und Waisen langgedienter Arbeiter Unterstützungen in Form laufender Pensionen, Wittwen- und Erziehungsgelder gewährt wurden. Im Bereiche der Oberschlesischen Eisenbahn umfassten die Pensionskassen-einrichtungen sowohl die Werkstätten- als auch die Betriebsarbeiter.

Bei denjenigen im letzten Jahrzehnt vom Staate erworbenen Eisen-bahnen, welche vorher von Gesellschafts-Direktionen verwaltet wurden, hatten die Arbeiterunterstützungskassen sich nach den Verhältnissen ver-schiedenartig herausgebildet, je nachdem sie aus eigenem Antriebe der Eisenbahnverwaltungen und ihres Dienstpersonals oder, soweit Werkstätten-arbeiter in Betracht kamen, auf Veranlassung der Aufsichtsbehörden auf Grund der Verordnung vom 7. Februar 1849 oder endlich in Folge von Verpflichtungen zu Stande gekommen waren, welche den Eisenbahn-gesellschaften seit dem Jahre 1856 bei der Konzessionirung neuer Bahn-linien u.s.w. dahin auferlegt wurden, nach den bei den Staatsbahnen geltenden Grundsätzen Arbeiter-Unterstützungs- und Pensionskassen zu errichten und zu denselben Zuschüsse in gleicher Weise zu leisten. Die errichteten Kassen erstreckten sich meistens nur auf das Arbeiterpersonal und waren zur Gewährung eines Krankengeldes, freier ärztlicher Behandlung, zum Theil auch ganz oder theilweise freier Arznei, eines Sterbegeldes und vielfach auch einmaliger Unterstützungen innerhalb der verfügbaren Mittel bestimmt. Bei einzelnen Kassen bestand die Einrichtung, dass aus den Mitteln, welche zur Befriedigung der durch Krankheit herbeigeführten Bedürfnisse nicht erforderlich waren, dauernd arbeitsunfähig gewordenen Mitgliedern und den Hinterbliebenen verstorbener Mitglieder nach bestimmten Grundsätzen laufende Unterstützungen gewährt werden konnten. In einzelnen Bahnbezirken war für die als Gesellschaftsbeamte angestellten Bediensteten und für die Arbeiter eine gemeinschaftliche Krankenkasse gebildet, in anderen Bezirken die Einrichtung getroffen worden, dass Arbeiter unter gewissen Voraussetzungen an den für Gesellschafts-beamte bestehenden Pensionskassen Theil nehmen konnten.

Die Zahl der Lohnarbeiter, welche an den auf die beschriebene Weise zu Stande gekommenen Kranken-, Unterstützungs- und Pensionskassen im Bereiche der zur Zeit des Inkrafttretens des Krankenversicherungsgesetzes für Staatsrechnung verwalteten Eisenbahnen Theil nahmen, belief sich auf rund 85 000 Personen, worunter das gesammte Arbeiterpersonal des Werkstättendienstes sich befand. Etwa 22 000 Arbeiter waren bei den Kassen zur Sicherung der Krankenunterstützung und der Alters- und Hinter-bliebenenversorgung betheiligt, während etwa 32 000 Arbeiter, und unter diesen die rund 11 000 betragende Zahl der Arbeiter der Bergisch-Märkischen Eisenbahn, für welche die Altersversorgung durch den erwähnten Arbeiterunterstützungsfonds verwirklicht wurde, an Kassen Theil nahmen, die nur Krankenversicherungszwecken dienten. Zu den Kassen beiderlei Arten leistete die Eisenbahnverwaltung Baarzuschüsse, deren Höhe meistens auf die Hälfte der Summe der Mitgliederbeiträge bemessen war. Endlich gehörten etwa 31 000 Arbeiter solchen Kranken- und Unterstützungskassen an, welchen ein Baarzuschuss nicht gewährt, jedoch unentgeltliche Wahrnehmung der Kassengeschäfte durch die Dienststellen der Eisenbahnverwaltung zu Theil wurde. Die sämmtlichen hierbei in Betracht kommenden Kranken- und Unterstützungs- sowie Arbeiterpensionskassen verfügten über den ansehnlichen Vermögensbestand von rund 6 425 000 𝓜, von welchem Betrage indess eine Summe von 712 100 𝓜 lediglich auf die betheiligten Beamten entfiel.*)

Beruhten nun die Wohlfahrtseinrichtungen, namentlich diejenigen, welche im Bereiche der alten Staatsbahnen bestanden, im Allgemeinen auf gesunden Grundlagen, so war es doch bei der raschen Entwicklung und Ausdehnung der Staatseisenbahnen nicht möglich gewesen, die Kassen in wünschenswerther Weise nach einheitlichen Gesichtspunkten zu gestalten. Es trat hinzu, dass das Krankenversicherungsgesetz, welches überdies eine Verbindung der Fürsorge für die Krankenpflege mit derjenigen für die Altersversorgung verbietet, auch anderweit mannigfache Aenderungen in den statutmässigen Festsetzungen der Kassen erforderlich machte. Mit Rücksicht hierauf wurde der Plan gefasst, unter Auflösung der gesammten seitherigen Kasseneinrichtungen und unter Trennung der auf die Krankenpflege gerichteten Zwecke von denjenigen der Alters- und Hinterbliebenenversorgung in Ausführung des Krankenversicherungsgesetzes für den gesammten Staatsbahnbereich neue Krankenkassen zu errichten. Gleichzeitig wurde in Aussicht genommen, für das Werkstätten-

---

*) Der Betrag von 712 100 𝓜 ist zum Theil den als Beamten-Krankenkassen mit freiwilliger Betheiligung fortbestehenden Anstalten überwiesen, zum Theil zur Bildung eines sogenannten Beamtensterbegeldfonds in einem Verwaltungsbezirke, in welchem früher eine gemeinschaftliche Beamten- und Arbeiter-Krankenkasse bestand, bestimmt worden.

Im Uebrigen sind rund

1 072 200 𝓜 den neuen Eisenbahn-Betriebs- und Werkstätten-Krankenkassen, sowie

3 598 800 „ den einheitlichen Pensionskassen für Eisenbahn-Betriebs- und Werkstättenarbeiter überwiesen, und

1 041 900 „ aus den Vermögensbeständen solcher Kasseneinrichtungen herrührend, welche nicht als Pensionskassen eingerichtet waren, wohl aber laufende Unterstützungen nach feststehenden Grundsätzen bewilligten, zur Erhaltung dieser Unterstützungszwecke den seitherigen Mitgliedern gegenüber bereit gestellt worden.

arbeiterpersonal der sämmtlichen Staatsbahn-Verwaltungsbezirke eine einheitliche Pensions-, Wittwen- und Waisenkasse in das Leben zu rufen
und mit dieser Kasse die seither in den älteren Staatsbahnbezirken verfolgten Zwecke der Alters-, Wittwen- und Waisenversorgung zu verbinden, sodann aber auch von Neuem zu erwägen, ob es unter Würdigung der veränderten Zeitverhältnisse und zugleich zur Förderung der
Bestrebungen der Reichsregierung sich empfehle, nunmehr auch dem
zahlreichen Betriebsarbeiterpersonale der Staatseisenbahnverwaltung die
Wohlthaten einer geordneten Altersversorgung unter Betheiligung des
Staates durch Leistung eines Baarzuschusses in Höhe der Hälfte der
Mitgliederbeiträge zu Theil werden zu lassen. Dank einestheils
den Mitgliedervertretungen der seitherigen Kassen, welche in wohl
verstandenem Interesse der Arbeiter den Plänen der Eisenbahnverwaltung
theils zustimmten, theils wenigstens nicht entgegen wirkten, anderntheils
den betheiligten Zentralbehörden und der Landesvertretung, mit deren
Einverständnisse die erforderlichen Baarzuschüsse des Staates verfügbar
gemacht werden konnten, ist es gelungen, in verhältnissmässig kurzer
Zeit die schwierigen Aufgaben zu lösen; noch vor der gesetzlich auf den
1. Dezember 1884 festgesetzten Frist, vielfach bereits zum 1. Juli 1884
traten die neuen Krankenkassen in Wirksamkeit, während die gemeinsame
Pensionskasse für das gesammte Werkstättenarbeiterpersonal der Staats-
Eisenbahnverwaltung am 1. Oktober 1885 in's Leben treten konnte und
schon ein halbes Jahr später auch der fernere Wunsch der Eisenbahnbehörden, die Errichtung einer gemeinsamen Pensionskasse für das Be-
triebsarbeiterpersonal in Erfüllung ging.

In den Betriebsetats der Staatseisenbahnen für das Jahr vom 1. April
1886 bis dahin 1887 sind die Baarzuschüsse zu den Arbeiter-Kranken-
kassen auf rund 890 000 $\mathcal{M}$ und zu den Arbeiterpensionskassen, deren
Mitgliederkreis, da die bereits in der Beschäftigung vorhandenen Arbeiter
zum Beitritt nicht gezwungen sind, sich noch nicht auf alle Arbeiter
erstreckt, auf 670 000 $\mathcal{M}$, zusammen auf den ansehnlichen Betrag von
1 560 000 $\mathcal{M}$. d. i. für jeden Tag des Jahres auf rund 4274 $\mathcal{M}$ bemessen worden. Dabei sind die Zuschüsse zu den Krankenkassen für
Eisenbahn-Neubauarbeiter ausser Betracht gelassen und ferner diejenigen
Vortheile unberücksichtigt geblieben, welche den Arbeiter-Kranken- und
Pensionskassen dadurch, dass seitens der Beamten und Dienststellen der
Eisenbahnverwaltung die unentgeltliche Führung der gesammten Buch-,
Kassen- und Rechnungs-Geschäfte bewirkt wird, mittelbar zu Theil werden
und unbedenklich auf mindestens einen Betrag beziffert werden können,
welcher hinter der Hälfte jener Baarzuschüsse nicht erheblich zurückbleibt.
An diese zum Besten der Arbeiter zu bringenden finanziellen Opfer reihen

sich noch diejenigen Aufwendungen an, welche der Staatseisenbahnverwaltung in Folge der Unfallversicherungsgesetze, sowie dadurch erwachsen, dass von derselben zur Unterstützung unverschuldet in Noth gerathener Arbeiter und hülfsbedürftiger Hinterbliebenen von Arbeitern alljährlich ganz ansehnliche Summen verbraucht werden.*) Mögen die Wohlfahrtseinrichtungen zum Zwecke der Sicherung und Verbesserung der sozialen Lage der Arbeiter segenbringend wirken, gleichzeitig aber auch für die Erhaltung eines arbeitsfreudigen, leistungsfähigen und zuverlässigen Arbeiterpersonals, welches gerade für die Eisenbahnverwaltung bei der Schwierigkeit ihrer Betriebseinrichtungen von besonderem Werthe ist, von Nutzen sein.

Der ausserordentliche Umfang der Staatsbahnbetriebe und die grosse Zahl der betheiligten Personen werden eine nähere Betrachtung und Erörterung der Einrichtungen zur Regelung der Krankenversicherung, der Alters- und Hinterbliebenenversorgung, sowie auch der Durchführung der Unfallversicherung rechtfertigen. In Nachfolgendem sind die Grundzüge der Regelung des Krankenkassenwesens und die Ergebnisse der Krankenkassen im Jahre 1885 dargestellt. Es bleibt vorbehalten, in einem zweiten und dritten Theile eine Beschreibung der Arbeiter-Pensionskassen und der Durchführung der Unfallversicherung folgen zu lassen.

B. Grundzüge der neuen Krankenkassen.

Nach § 60 f. des Krankenversicherungsgesetzes sind Unternehmer grösserer Betriebe berechtigt, sich von der Betheiligung an Orts- (Berufs-) Krankenkassen auszuschliessen und für ihre Arbeiter Betriebs- (Fabrik-) Krankenkassen zu errichten. Von dieser Berechtigung, sowie von der ferner im § 84 a. a. O. für Betriebe des Reichs und eines Bundesstaats ertheilte Ermächtigung, die Befugnisse und Obliegenheiten der Aufsichtsbehörden und der höheren Verwaltungsbehörden den den Betrieben vorgesetzten Dienstbehörden zu übertragen, ist für den Bereich der Staats-Eisenbahnverwaltung Gebrauch gemacht worden, so dass, da auf Grund des § 69 daselbst auch die Verpflichtung zur Errichtung von Eisenbahnbau-Krankenkassen für jede Bauausführung angeordnet ist, die Regelung der Krankenversicherung gänzlich unabhängig von den auf anderen Gebieten des gewerblichen Lebens zu treffenden Einrichtungen erfolgen konnte. Die Krankenversicherung erstreckt sich auf den gesammten Betrieb der Eisenbahnverwaltung einschliesslich der Neubauverwaltung. Ersterer ist seit dem Bestehen der Staatseisenbahnen in den eigentlichen Eisen-

---

*) Der für das Etatsjahr 1886/87 voraussichtlich zu Unterstützungen an Arbeiter und deren Hinterbliebene aufzuwendende Betrag beläuft sich auf rund 264 000 ℳ.

bahnbetrieb einschliesslich der Bahnunterhaltung und den sich als unentbehrliches Hülfsgewerbe desselben darstellenden Werkstättenbetrieb unterschieden worden. An dieser Unterscheidung ist bei der Errichtung der Krankenkassen festgehalten worden, zumal die gesammten Lebensverhältnisse, die Beschäftigungsart, die Höhe der Lohnsätze, die Zahl und Art der Erkrankungen unter den Arbeitern der beiden Dienstzweige sich nicht unwesentlich unterscheiden und es somit an derjenigen Gemeinsamkeit der Interessen fehlt, welche als eine wesentliche Vorbedingung für eine ordnungsmässige Kassenverwaltung angesehen werden darf. Die ferner bei der Errichtung der Eisenbahn-Krankenkassen hervorgetretene Schwierigkeit, dass das zahlreiche Personal der einzelnen grossen selbstständigen Verwaltungs-(Direktions-)Bezirke nicht, wie es im Gesetze als Regel angenommen, an einem Orte oder an wenigen Orten zusammengedrängt, sondern über viele politische Bezirke hinaus an hunderten von Orten zerstreut wohnt, ist dadurch überwunden, dass nicht die Direktionsbezirke als Kassenbezirke gewählt sind, sondern vielmehr für jeden kleineren Verwaltungs- d. i. Betriebsamtsbezirk eine Krankenkasse für Betriebsarbeiter, kurz: „Betriebs-Krankenkasse" genannt, und für jede Hauptwerkstätte nebst den zugehörigen Neben- und Betriebswerkstätten je eine Krankenkasse für Werkstättenarbeiter, kurz: „Werkstätten-Krankenkasse" genannt, in das Leben gerufen ist, während „Bau-Krankenkassen" in der Regel eine einzelne Bauausführung, wenn diese besonders umfangreich ist, nur eine Abtheilung davon (Sektion), umfassen sollen. Damit ist zugleich der Erwägung Rechnung getragen, dass bezüglich der Krankenversicherung im Gegensatze zu Pensions-, Wittwen- und Waisenkassen*) eine Beschränkung der Kassenbezirke auf eine nicht allzu erhebliche Anzahl von Mitgliedern als rathsam zu bezeichnen ist, weil nach der Natur dieses Versicherungszweiges zu einem genügenden Ausgleich der Belastungsverhältnisse schon eine geringere Zahl von Personen auszureichen pflegt, und weil überdies besonderer Werth darauf zu legen ist, dass möglichst enge Beziehungen unter den Mitgliedern einer Kasse zu einander bestehen, damit die zur Verhütung von Simulationen nothwendige Ueberwachung der Erkrankten mit Erfolg geübt werden kann. Demgemäss bestehen gegenwärtig im Bereiche der Staatseisenbahnverwaltung einschliesslich je einer Betriebs - Kranken-

---

*) Für diese Kassen erscheinen grosse Bezirke mit Rücksicht darauf vortheilhaft, dass dieselben nach der Natur der Alters- und Hinterbliebenenversorgung mit der Ausdehnung des Kassenverbandes an Sicherheit und Leistungsfähigkeit gewinnen, indem die durch die Zufälligkeiten des Eintritts der Arbeitsunfähigkeit und des Ablebens bedingten Schwankungen in der Kassenbelastung umsomehr zum Ausgleich kommen, je grösser die Zahl der versicherten Personen ist.

kasse für die Berlin - Dresdener und die Oberlausitzer Eisenbahn 77 Betriebs - Krankenkassen und 57 Werkstätten - Krankenkassen. Das Bedürfniss zur Errichtung von Bau - Krankenkassen im Bereiche der Staatseisenbahnverwaltung, bei welcher Bauten nicht gewerbsmässig betrieben werden, ist nach dem jeweiligen Umfange der Bauthätigkeit (Bau neuer Eisenbahnlinien, grosse Um- und Ergänzungsbauten, welche nicht aus den laufenden Betriebseinnahmen, sondern aus besonderen Fonds bestritten werden,) verschieden.

Die Gesichtspunkte, nach denen die Krankenkassen der Eisenbahn-Verwaltung errichtet sind, sind für alle Kassen einheitlich in der Form je eines Normalstatuts für Eisenbahn - Betriebs-, Werkstätten- und Bau-Krankenkassen im Einzelnen ausgearbeitet und zusammengestellt*).

Dasselbe setzt für alle Kassen einen einheitlichen Beitragssatz und als niedrigste Kassenleistungen innerhalb der gesetzlich zulässigen Grenzen diejenigen Krankenunterstützungen und Sterbegeldsätze fest, für welche nach den auf dem Gebiete des Krankenkassenwesens gemachten Erfahrungen bei jener Beitragsleistung jede Kasse voraussichtlich ausreichende Mittel besitzen wird. Es bezeichnet gleichzeitig diejenigen Erweiterungen und Erhöhungen der Kassenleistungen, denen die Eisenbahnverwaltung im Falle des Vorhandenseins der Mittel bei den einzelnen Kassen zuzustimmen beabsichtigt, bevor sie einer Ermässigung der Beiträge zustimmt oder eine solche anregt. Das Normalstatut für Betriebs- und dasjenige für Werkstättenarbeiter sind fast gleichlautend; das Normalstatut für Bau-Krankenkassen enthält hingegen wegen der eigenartigen Verhältnisse der Eisenbahn-Bauausführungen, sowie mit Rücksicht darauf, dass bei diesen Kassen neben der Eisenbahnverwaltung auch Bauunternehmer als Arbeitgeber in Betracht kommen, in einzelnen Punkten abweichende Festsetzungen, auf welche, soweit sie von Bedeutung sind, in der nachstehenden Aufzählung der Grundbestimmungen des Normalstatuts hingewiesen ist.

1. Allgemeine Einrichtungen und Bezirke der Krankenkassen. Umfang der Mitgliedschaft. Die Krankenkassen sind selbständige Körperschaften mit den Rechten juristischer Personen; sie haben volle Selbstverwaltung. Die gesetzliche Beaufsichtigung wird durch die Eisenbahnbetriebsämter, Hauptwerkstättenvorstände, Eisenbahnbau-Kommissionen, Abtheilungsbaumeister als Aufsichtsbehörden und durch die Eisenbahndirektionen als höhere Verwaltungsbehörden ausgeübt.

Die Bezirke der einzelnen Krankenkassen decken sich mit dem Bezirke der Eisenbahnbetriebsämter, der Eisenbahn - Hauptwerkstätten,

---

*) Das Normalstatut ist dem Wortlaute nach im Eisenbahn-Verordnungsblatt 1884 S. 165 ff. abgedruckt.

der Eisenbahnbauten oder Bauabtheilungen, für welche sie errichtet sind. Innerhalb der Kassenbezirke sind alle seitens der Eisenbahnbetriebs- und Bauverwaltung sowie seitens der Bauunternehmer im Arbeiterverhältniss beschäftigten Personen, sofern nicht ihre Beschäftigung ihrer Natur nach eine vorübergehende oder im Voraus auf weniger als eine Woche beschränkt ist, und solche gegen Tagesbezüge beschäftigte Beamte und Hülfsbeamte, sowie Angestellte von Unternehmern, deren Diensteinkommen $6^2/_3$ $\mathcal{M}$ für den Tag nicht übersteigt, zum Beitritt zu den Kassen verpflichtet. Alle übrigen im Eisenbahndienste oder bei Eisenbahnneubauten der betreffenden Bezirke beschäftigten Personen sind zum Beitritt berechtigt. Verpflichtete Personen bleiben auf ihren Antrag vom Beitritt befreit, wenn sie Innungs-Krankenkassen, Knappschaftskassen oder Hülfskassen angehören, welche den Anforderungen des Krankenversicherungsgesetzes (§§ 73. 75.) entsprechen.

2. Kasseneinnahmen. Dieselben bestehen aus:
a) einem mässigen Eintrittsgelde;
b) dem laufenden Kassenbeitrage in Höhe von 3 pCt. des Lohn- oder Diensteinkommens, soweit dieses 4 $\mathcal{M}$ für den Arbeitstag nicht übersteigt, für jedes Mitglied. Ein Drittel dieses Beitrags trägt für alle verpflichteten Kassenmitglieder die Eisenbahnverwaltung, während zwei Drittel, also 2 pCt., von den Kassenmitgliedern geleistet werden.*) Bauunternehmer haben für die von ihnen beschäftigten Kassenmitglieder die Beiträge einzuzahlen, sind aber berechtigt, dieselben bis zu zwei Dritteln von den verpflichteten und bis zum vollen Betrage von den nur berechtigten Mitgliedern wieder einzuziehen. Der Beitrag wird bei den Betriebs- und Werkstätten-Krankenkassen von dem wirklichen Arbeitsverdienste, bei den Bau-Krankenkassen von dem durchschnittlichen Tagelohnsatze bestimmter Lohnklassen berechnet,**) er wird nicht erhoben für die Tage der Erwerbs-

---

*) Der von den verpflichteten Personen beizusteuernde Satz von 2 pCt. des Lohneinkommens entspricht dem von der Mehrzahl der früheren Kasseneinrichtungen der Eisenbahnverwaltung erhobenen Beiträge und wird von dem für sein und seiner Angehörigen Wohl besorgten Arbeiter als eine übermässige Belastung nicht betrachtet werden. Dagegen ist es aber auch nicht als rathsam angesehen, die Arbeiter ohne Grund über diesen Satz hinaus in Anspruch zu nehmen, weshalb die Vertreter der Eisenbahnverwaltung in den Generalversammlungen so lange einer Erhöhung des Beitrages nicht zustimmen, als dieses nicht etwa zur Bestreitung der gesetzlich von jeder Kasse zu gewährenden Mindestleistungen nothwendig werden möchte.

**) Das der Beitragsberechnung zu Grunde gelegte Einkommen bildet zugleich den Maassstab für die Höhe des Krankengeldes. Es ist als angemessen und dem Wunsche der Arbeiter am Meisten entsprechend erachtet worden, das Krankengeld thunlichst so wie den

unfähigkeit und der Regel nach auch nicht für die Sonntage. Dagegen ist den Generalversammlungen freigestellt, zu beschliessen, dass:

„der laufende Beitrag für jeden Tag der Erhebungsperiode und zwar für diejenigen Mitglieder, welche an den Sonntagen beschäftigt werden oder dienstbereit sein müssen und der Regel nach für diese Tage gelöhnt werden, mit Einschluss, für die übrigen Kassenmitglieder mit Ausschluss der Sonntage berechnet wird;"[*])

c) den Zinsen vorhandener Bestände, soweit dieselben nicht unmittelbar dem Reservefonds zufliessen;

d) den Geldstrafen, welche gegen die im Arbeiterverhältniss beschäftigten Personen von den vorgesetzten Behörden und gegen Kassenmitglieder vom Vorstande verhängt werden;

e) sonstigen Zuwendungen, zu welchen bei den Betriebs- und Werkstätten-Krankenkassen insbesondere auch die nicht anderweit verwendbaren Bestände geschlossener Bau-Krankenkassen gehören, und

f) den unter gewissen Umständen (S. 15) seitens der Eisenbahnverwaltung und der Bauunternehmer zu leistenden ausserordentlichen Zuschüssen.

3. Die Kassenleistungen.[**]) Die Eisenbahnbetriebs- und Werk-

---

Tagesverdienst abzustufen. Dies ist bei den Arbeitern des Betriebs- und Werkstätten dienstes angänglich, bei den Bau-Krankenkassen jedoch nicht durchführbar erschienen, weil nicht abzusehen war, ob bei dem Bahnbau mit seinen Unregelmässigkeiten eine so geordnete Buchführung stattfindet, wie sie eine Veranlagung nach dem wirklichen Verdienste voraussetzt.

[*]) Die Aufnahme einer derartigen Vorschrift, welche zur Folge hat, dass in den bezeichneten Fällen auch für die Sonntage das Krankengeld gezahlt wird, ist als gesetzlich zulässig erachtet worden, weil für solche Arbeiter auch der Sonntag als: „Arbeitstag" im Sinne des § 6 Abs. 2 des Krankenversicherungsgesetzes anzusehen ist (Drucksachen des Reichstags 1885/86 6. Legislaturperiode Nr 147).

[**]) Bei der Bemessung der Kassenleistungen ist, insbesondere im Hinblick auf die Ergebnisse der früher in Wirksamkeit gewesenen Eisenbahnkrankenkassen davon ausgegangen, dass bei den unter Nr. 2 aufgezählten Einnahmen jede einzelne der Betriebs- und Werkstätten-Krankenkassen, zumal dieselben von den Verwaltungskosten fast gänzlich befreit sind, im Stande sein werde, mehr zu gewähren, als das Gesetz im § 20 als Mindestleistung einer jeden Kasse vorschreibt. Namentlich ist die bei den Eisenbahnen altbewährte Einrichtung, die Ausdehnung der Wohlthaten einer geordneten Krankenpflege auf die Familienangehörigen des Arbeiters, die Beihülfe bei Todesfällen in seiner Familie, soweit solches nach § 21 des Gesetzes zulässig ist, beibehalten worden. Die Ausgaben, welche hierdurch den Kassen erwachsen sind, sind nach den weiter unten gemachten Mittheilungen wegen der grossen Zahl der Betheiligten nicht unbedeutend, werden aber ein angemessenes Verhältniss nicht übersteigen und jedenfalls durch den Nutzen reichlich

stätten-Krankenkassen sollen — über die gesetzlichen Mindestleistungen
hinaus und innerhalb der gesetzlichen Höchstleistungen — nach dem
Normalstatut mindestens gewähren:

a) **freie ärztliche und wundärztliche Behandlung** durch die
vom Kassenvorstande bestellten Kassenärzte, **freie Arznei** und
Heilmittel für Kassenmitglieder auf die Dauer von 13 Wochen,
freie ärztliche und wundärztliche Behandlung, sowie zur Hälfte
freie Arznei und Heilmittel an Familienangehörige (die Ehefrau oder
an deren Stelle den Haushalt führende Tochter, Mutter oder
Schwester, Kinder unter 15 Jahren, ältere gebrechliche Kinder,
erwerbslose Eltern und Schwiegereltern) auf gleiche Dauer, einen
Beitrag zu den Kosten ärztlicher Geburtshülfe bei den Entbindungen
der Ehefrauen der Kassenmitglieder bis zu 10 *M.* Auch die
Kosten für die nothwendige Zuziehung von Heilgehülfen sind von
den Kassen zu tragen;

b) **ein Krankengeld***) an erwerbsunfähige**) Mitglieder vom dritten

---

aufgewogen werden, welchen diese Maassnahme dem Arbeiter bringt, da die Gewährung
freier Krankenpflege und eines Krankengeldes während der eigenen Krankheit nicht vor
der durch Krankheit und Todesfälle in der Familie verursachten Noth schützen kann. Die
Einbeziehung der Familienangehörigen in die Krankenpflege ist bei den Eisenbahn-Krankenkassen um so nothwendiger, als ein grosser Theil ihrer Mitglieder an Orten wohnt, an
welchen ein Arzt sich nicht befindet. Wäre der Kassenarzt, d. i. der Arzt des Mannes und
Vaters, nicht zugleich der Arzt der Familie, so würde den Arbeitern vielfach die ärztliche
Hülfe für ihre Familien Kosten verursachen, welche zu erschwingen ihnen öfter kaum
möglich sein würde. — Dass im Uebrigen die Bemessung der Kassenleistungen im
Normalstatut eine zutreffende gewesen ist, wird durch die Ergebnisse des Jahres 1885
bestätigt.

*) D. i. das auf Grund des Krankenversicherungsgesetzes zu gewährende Kranken-
geld. Wird ein in die Unfallfürsorge einbegriffener Eisenbahnarbeiter in Folge eines
Betriebsunfalles erwerbsunfähig, so erhält derselbe vom Beginn der fünften Woche nach
Eintritt des Unfalles bis zum Ablauf der dreizehnten Woche ein Krankengeld in Höhe
von zwei Dritteln des Arbeitsverdienstes. Die Erhöhung von einem Sechstel des Arbeitsverdienstes wird indess der Krankenkasse aus dem Eisenbahn-Betriebsfonds oder von Bauunternehmern erstattet.

**) Staatsbeamte mit Jahres- oder Monatsbesoldung, welche an den Krankenkassen
Theil nehmen, erhalten in Erkrankungsfällen, da sie das Diensteinkommen weitergezahlt
erhalten und daher als erwerbsunfähig nicht anzusehen sind, kein Krankengeld. Ueberdies
wird dem weitaus grössten Theile der Beamten der Staatseisenbahnverwaltung, nämlich
mit Ausnahme des Büreaudienstes den Beamten aller Dienstzweige sowie auch den Familienangehörigen dieser Beamten mit Rücksicht auf die Schwierigkeiten und Gefährlichkeiten
des Eisenbahnbetriebes, die meistentheils ungünstigen örtlichen Verhältnisse u. s. w.
ärztliche Behandlung durch die sogenannten Bahnärzte auf Kosten des Eisenbahnbetriebsfonds zu Theil. Für freiwillig an den Kassen Theil nehmende Beamte wird aus diesen
Gründen verwaltungsseitig eine Beitragsleistung nicht übernommen; dieselben haben vielmehr den vollen 3 prozentigen Beitrag aus eigenen Mitteln zu leisten.

Tage*) nach dem Tage der Erkrankung ab auf die Dauer von
13 Wochen in Höhe der Hälfte des Tagesverdienstes für jeden
Arbeitstag, und an solche Mitglieder, welche Familienangehörige
besitzen und in Krankenhäusern untergebracht sind, in Höhe von
einem Viertel des Tagesverdienstes,

c) den Kassen angehörigen weiblichen Personen im Falle der Nieder-
kunft eine Wöchnerinnen-Unterstützung auf die Dauer
von 3 Wochen in Höhe der Hälfte des Tagesverdienstes;

d) an Stelle freier ärztlicher Behandlung, Arznei und Heilmittel
und des Krankengeldes erkrankten Mitgliedern freie Kur und
Verpflegung in einem Krankenhause, einer Augenklinik, Irren-
oder sonstigen Heilanstalt und daneben für Kassenmitglieder mit
Familie das erwähnte ermässigte Krankengeld;

e) ein Sterbegeld beim Tode eines Kassenmitglieds in Höhe des
dreissigfachen Betrages des von den zuständigen Behörden festgesetzten ortsüblichen Tagelohnsatzes gewöhnlicher Tagearbeiter,
beim Tode der Ehefrau eines Mitglieds in Höhe von zwei Drittel
und beim Tode eines Kindes eines Mitglieds in Höhe von einem
Drittel des Sterbegeldsatzes des Mitglieds.

Für Bau-Krankenkassen sind in dem Normalstatut überall nur die
gesetzlichen Mindestleistungen als Kassenleistungen vorgesehen**), abgesehen
von der einen wichtigen Bestimmung, dass die Kassenvorstände berechtigt
sind, auf Kosten der Kassen an den geeigneten Orten Lazarethe einzurichten und zu unterhalten.

Soweit bei den Betriebs- und Werkstätten-Krankenkassen die Mittel
ausreichen, sind die Vertreter der Eisenbahnverwaltung ermächtigt, im
Verein mit den Vertretern der Kassenmitglieder zu beschliessen, dass***)

---

*) Während im Uebrigen im Normalstatut von der Einführung gewisser zulässiger
Karenzzeiten abgesehen ist, ist die dreitägige Karenzzeit für den Bezug des Krankengeldes
als der ausdrücklichen Vorschrift im § 6 Abs. 2 des Krankenversicherungsgesetzes entsprechend beibehalten worden. Die Beseitigung dieser Karenzzeit ist von den Mitgliedervertretungen mehrfach beantragt.

**) Mit Rücksicht auf die verhältnissmässig kurze Dauer des Bestehens der Eisenbahn-
bau-Krankenkassen bedarf es einer besonders vorsichtigen Bemessung der Leistungen;
dagegen liegt es wiederum in der Natur der Sache, bei Bau-Krankenkassen nicht etwa
grosse Bestände anzusammeln, sondern vielmehr Erhöhungen und Erweiterungen der Kassenleistungen herbeizuführen, sobald die Mittel dies angänglich erscheinen lassen. Von der
Bildung eines Reservefonds wird daher auch allgemein abgesehen. Ueber die Ergebnisse
der Bau-Krankenkassen sind am Schlusse dieser Arbeit einige Mittheilungen enthalten.

***) Durch diesen Rahmen ist dasjenige Maass von Kassenleistungen bezeichnet, welches
bei Aufstellung des Normalstatuts im Allgemeinen als ausreichend für eine geordnete Kranken-

f) die Dauer der Gewährung freier ärztlicher Hülfe, Arznei und Heilmittel, des Krankengeldes und der freien Kur und Verpflegung bis auf 26 Wochen, der Wöchnerinnenunterstützung bis auf 6 Wochen verlängert wird, *)

g) die Kosten der Arzneien und Heilmittel für Familienangehörige der Kassenmitglieder bis zu drei Vierteln ihres Betrages, der ärztlichen Geburtshülfe bei der Ehefrau eines Mitglieds bis zum Betrage von 15 $\mathscr{M}$, sowie der Behandlung durch Specialärzte aus Mitteln der Kasse bestritten werden,

h) auch dem in einem Krankenhause untergebrachten erkrankten Mitgliede ohne Familienangehörige ein Krankengeld bis zu einem Achtel des Arbeitsverdienstes gewährt wird,

i) das Sterbegeld beim Tode eines Mitglieds bis zum vierzigfachen Betrage des ortsüblichen Tagelohns, bemessen wird und entsprechend die Sterbegeldsätze beim Tode von Familienangehörigen erhöht werden.

Die Kosten für Badereisen und sonstige grössere Kuren sollen den Kassen niemals zur Last fallen. **)

4. Reservefonds. Erhaltung des Gleichgewichts zwischen den Einnahmen und Ausgaben der Kassen. Die Betriebs- und Werkstätten-Krankenkassen haben einen Reservefonds im Mindestbetrage einer in der Regel nach dem Ergebniss der letzten drei Jahre berechneten durchschnittlichen Jahresausgabe und im Höchstbetrage des Doppelten des Mindestbetrages anzusammeln als Hülfsquelle für ausserordentliche Fälle (Seuchen u. dergl.), in denen aussergewöhnliche Ansprüche an die Kassen herantreten. Das darüber hinaus der Kasse zur Verfügung stehende Vermögen soll zu den statutmässigen Kassenzwecken, welche in solchen Fällen

---

pflege angesehen worden ist. Inwieweit bei den einzelnen Kassen schon bis zum Schlusse des Jahres 1885 Erweiterungen der bezeichneten Arten in das Statut aufgenommen werden konnten, ist weiter unten angegeben.

*) Dagegen ist im Normalstatut eine Erhöhung des Krankengeldsatzes nicht vorgesehen. Auch die Krankenkassen, welche früher im Bereiche der Staatseisenbahnverwaltung bestanden, gewährten fast ausnahmslos ein Krankengeld in Höhe der Hälfte des Verdienstes.

**) Wenn derartige Zuwendungen zu den regelmässigen Kassenleistungen gehörten, würden die Kassen Gefahr laufen, zu sehr in Anspruch genommen zu werden, ausnahmsweise Zuwendungen dieser Art, sowie die Gewährung von Unterstützungen sind aber bei Zwangskassen thunlichst zu vermeiden, dürften auch mit dem Gesetze kaum in Einklang stehen. Ueberdies werden, wie oben bereits bemerkt ist, durch die Betriebsetats der Staats-Eisenbahnverwaltung recht erhebliche Unterstützungsfonds bereit gestellt.

unter Umständen in der beschriebenen Weise zu erweitern sein würden*), verwendet werden. Eine Ermässigung oder Herabsetzung der Kassenleistungen, erforderlichenfalls bis auf die gesetzlichen Mindestleistungen, ist herbeizuführen, wenn die Kasseneinnahmen sich als unzureichend erweisen. Reichen die Einnahmen einer Kasse auch zur Deckung der gesetzlichen Mindestleistungen nicht aus, so sind die Beiträge bis zu einem Höchstbetrage von $4^1/_2$ pCt. des Lohn- und Diensteinkommens zu erhöhen, und falls auch dann die Einnahmen noch unzureichend sein sollten, die fehlenden Beträge von der Eisenbahnverwaltung, bei Bau-Krankenkassen von der Bauverwaltung und den Bauunternehmern zuzuschiessen.

5. Die Verwaltung der Kassenangelegenheiten erfolgt nach Maassgabe der statutenmässigen Festsetzungen durch den Vorstand, im Uebrigen durch die Generalversammlung. Die Generalversammlung besteht aus 10 bis 20 Vertretern, welche die Kassenmitglieder aus ihrer Mitte wählen, und aus einem von der Dienstbehörde, für deren Bezirk die Kasse errichtet ist, bezeichneten Beamten als Vertreter der Eisenbahnverwaltung, dem ein Drittel der Stimmen aller von den Kassen gewählten Vertreter zusteht.**) Der Vorstand vertritt die Kasse gerichtlich und aussergerichtlich, ordnet alle Vereinnahmungen und Verausgabungen zu Gunsten und zu Lasten der Kasse und Mitglieder an, führt und legt Rechnung und ist den Mitgliedern gegenüber für die gesammte Kassenverwaltung verantwortlich. Er besteht aus drei von den Vertretern der Kassenmitglieder gewählten Mitgliedern und einem von der Dienstbehörde zum Vertreter der Eisenbahnverwaltung bestellten, den Vorsitz im Vorstande führenden Mitgliede. Behufs wirksamer Abwendung von Benachtheiligungen der Kassen sind dem Vorstande mehrfach Strafbefugnisse übertragen. Er kann

---

*) Sofern auf diesem Wege bei einer Betriebs- oder Werkstätten-Krankenkasse sämmtliche oben unter No. 3f bis i erwähnten Erweiterungen Berücksichtigung gefunden haben und auch alsdann noch die Mittel der Kasse nicht erschöpft werden, würde über das Verhalten des Vertreters der Eisenbahnverwaltung bei den zu fassenden Beschlüssen die Zentralstelle Entscheidung treffen.

**) Nach § 38 des Krankenversicherungsgesetzes ist die Vertretung der Arbeitgeber und der Kassenmitglieder in der Generalversammlung und im Vorstande nach dem Verhältniss der Beitragsleistung so zu bemessen, dass dem Arbeitgeber nicht mehr, als ein Drittel aller Stimmen (der Vertreter der Arbeiter und des Arbeitgebers) eingeräumt wird. Es ist im Normalstatut nur ein Drittel der Stimmen der für die Generalversammlung gewählten Mitgliedervertreter und ein Drittel der Zahl der von den Mitgliedervertretern gewählten Vorstandsmitglieder der Eisenbahnverwaltung und den Bauunternehmern zugestanden, weil freiwillige Kassenmitglieder den laufenden Beitrag zum vollen Betrage aus eigenen Mitteln zu leisten haben. Dass nach dem Verhältniss der Beitragsleistung eine noch geringere Zahl auf die Eisenbahn- und die Bauunternehmer entfällt, ist als ausgeschlossen angenommen worden. Diese Annahme hat sich nach den Ergebnissen des Jahres 1885 als völlig zutreffend erwiesen.

u. A. Kassenmitglieder, welche die Anmeldung einer Doppelversicherung unterlassen, Erkrankte, welche den Anordnungen des Arztes zuwiderhandeln oder dieselben vernachlässigen, aus der Beschäftigung ausgeschiedene Kassenmitglieder, welche die ihretwegen erlassenen Kontrollvorschriften nicht beachten, u. s. f. mit Geldstrafen belegen, Kassenmitgliedern, welche sich die Krankheit vorsätzlich, durch schuldhafte Betheiligung bei Schlägereien oder Raufhändeln, durch Trunkfälligkeit oder geschlechtliche Ausschweifungen zugezogen haben, das Krankengeld gänzlich oder theilweise entziehen. Die Vorstandsmitglieder und die gewählten Mitgliedervertreter sind berechtigt, durch Krankenbesuche von dem Zustande der als erkrankt gemeldeten Personen sich zu überzeugen; auch kann der Vorstand geeignete Kassenmitglieder mit der Kontrolle der Erkrankten betrauen.

Bei Bau-Krankenkassen ist auch für Bauunternehmer eine Vertretung in dem Vorstande und in der Generalversammlung vorgesehen.

6. Behufs der Rechnungsführung und Rechnungslegung, für welche der Vorstand verantwortlich ist, sind demselben seitens der Eisenbahnverwaltung die erforderlichen Arbeitskräfte, Arbeitsräume, Drucksachen, zur Verfügung zu stellen, während die Kassen- und Buchführung, d. i. die Erhebung, Zahlung und Verbuchung aller Kasseneinnahmen und Kassenausgaben durch die Königlichen Eisenbahnkassen unentgeltlich bewirkt wird. Nur die Kosten, welche durch Reisen*) der Mitgliedervertreter und der von ihnen gewählten Vorstandsmitglieder in Angelegenheiten der Kasse, durch die der Generalversammlung vorbehaltene Prüfung der Jahresrechnungen, durch Herstellung lediglich für Mitglieder und Mitgliedervertreter bestimmter Drucksachen und dergl. verursacht werden, fallen den Kassen zur Last. Vertreter der Eisenbahnverwaltung erhalten aus Mitteln der Krankenkassen keinerlei Vergütung.

7. Statutabänderungen werden von der Generalversammlung beschlossen. Betreffen sie die Erhöhung der Beiträge oder der Kassenleistungen, so haben die Vertreter der Kassenmitglieder einerseits und die Vertreter der Eisenbahnverwaltung, der Bauverwaltung und Bauunternehmer andererseits getrennt für sich abzustimmen. Sie sind angenommen, wenn beiderseits die Mehrheit dafür gestimmt hat. Sonstige Statutabänderungen werden mit einer Mehrheit von vier Fünftela der in der Generalversammlung vertretenen Stimmen beschlossen. Abänderungsbeschlüsse bedürfen der Genehmigung seitens der betreffenden Eisenbahndirektion, als der höheren Verwaltungsbehörde. Die Genehmigung ver-

---

*) Auch hierin wird den Kassen noch eine Erleichterung gewährt, indem für alle derartigen Reisen freie Eisenbahnfahrt bewilligt wird.

sagende Bescheide können in denjenigen Landestheilen, in denen das Gesetz über die allgemeine Landesverwaltung in Kraft ist, von den Bezirksausschüssen, im Uebrigen von den Eisenbahndirektionen ertheilt werden. Dieselben sind nach den Vorschriften des Gesetzes anfechtbar.

C. Die Ergebnisse der Krankenkassen im Jahre 1885.

Nach Maassgabe des auf diesen Grundzügen aufgestellten Normalstatuts wurde, wie bemerkt, seit dem Monat Juli 1884 mit der Einrichtung von Eisenbahn-Krankenkassen vorgegangen. Bereits Ende des Monats Oktober desselben Jahres waren die Betriebs- und Werkstätten-Krankenkassen für sämmtliche Betriebsamts- und Hauptwerkstättenbezirke in Wirksamkeit getreten.

Die ersten statistischen Aufzeichnungen über die Verhältnisse und Ergebnisse der Krankenkassen beziehen sich auf das Jahr 1885. Die Beilage A. enthält eine gedrängte Uebersicht über die Zahl der Mitglieder, Erkrankungsfälle und Krankheitstage, sowie über die Einnahmen, Ausgaben und Vermögensbestände bei jeder einzelnen der in Wirksamkeit gewesenen Eisenbahn - Betriebs- und Werkstätten - Krankenkassen, während die Beilage B. eine vergleichende Uebersicht über die Verhältnisse und Ergebnisse der sämmtlichen Betriebs- und Werkstätten - Krankenkasse der einzelnen Eisenbahndirektionsbezirke bietet. Hierbei, sowie auch in den nachfolgenden Mittheilungen sind die Betriebs- und die Werkstätten-Krankenkassen auseinandergehalten worden, weil es wünschenswerth erschien, neben dem Gesammtüberblick auch einen Einblick in die Ergebnisse der Krankenkassen für die nebeneinander bestehenden selbständigen Gruppen der Betriebs- und Werkstättenarbeiter zu gewinnen. Die Aufzeichnungen sind aus Uebersichten entnommen, welche sich im Allgemeinen an die gemäss der Anordnung des Bundesraths dem Statistischen Amte vorzulegenden Uebersichten anschliessen. Hervorgehoben wird, dass in den Uebersichten die gesammten, beim Beginne des Jahres 1885 vorhandenen Vermögensbestände ohne Unterscheidung, zu welchen Beträgen dieselben etwa dem Reservefonds gebührten, einschliesslich aller Ueberweisungen aus früheren Kasseneinrichtungen unter den „Einnahmen aus den Vorjahren" aufgeführt sind. Dagegen ist es zweckmässig erschienen, soweit angänglich, diejenigen Aufwendungen, welche den Krankenkassen bei Erkrankungen und Sterbefällen in den Familien der Kassenmitglieder erwachsen sind, besonders ersichtlich zu machen. Soweit in Folge von Veränderungen in den Eisenbahnverwaltungsbezirken Betriebs- oder Werkstätten-Krankenkassen erst im Laufe des Jahres 1885 an Stelle aufgelöster Kassen errichtet sind, ist dieses in der Beilage A. vermerkt. Die Gesammtergebnisse der

Krankenversicherung für die betheiligten Eisenbahn - Direktionsbezirke in der Beilage B. wurden durch diese Maassnahmen nicht wesentlich beeinflusst.

Die in Wirksamkeit gewesenen Eisenbahnbau - Krankenkassen sind in den Uebersichten unberücksichtigt geblieben, weil die Verhältnisse und Ergebnisse dieser Kassen wegen ihrer Unbeständigkeit zu allgemeinen Schlüssen nicht geeignet erscheinen. Die Gesammtergebnisse sind am Schlusse kurz erörtert.

Der Umfang der Betheiligung bei den Betriebs- und Werkstätten-Krankenkassen der Staatseisenbahnverwaltung war ein derartig grosser, dass demselben derjenige irgend einer anderen Betriebsverwaltung auch nicht annähernd gleichkommen wird. Unter Berücksichtigung der im Laufe des Jahres neu eingetretener Mitglieder nahmen überhaupt an

77 Betriebs - Krankenkassen . . . 160 495 Personen
57 Werkstätten - Krankenkassen . . 42 917   „

zusammen: 203 412 Personen

Theil, so dass, da bei 31 Bau - Krankenkassen . . . . 46 752   „

betheiligt gewesen sind, die Gesammtbetheiligung bei den sämmtlichen seitens der Staatseisenbahnverwaltung
errichtet gewesenen 165 Kranken-
kassen sich auf . . . . 250 164 Personen
beläuft.

Die Zahl der den Betriebs- und Werkstätten - Krankenkassen ange-hörigen weiblichen Personen betrug 1125, diejenige der freiwillig be-theiligten Personen 1927.

Es entfielen durchschnittlich auf jede Betriebs-Krankenkasse 1526 und auf jede Werkstätten-Krankenkasse 631 Mitglieder. Mehr als das Doppelte dieser Durchschnittsziffern betrug die Mitgliederzahl bei den Betriebs - Krankenkassen für die Betriebsamtsbezirke Hannover - Rheine (4254), Wittenberge-Leipzig (3419), Kattowitz (3290), Essen [rechtsrh.] (3274), Breslau - Sommerfeld (3182), und bei den Werkstätten - Kranken-kassen zu Breslau [Direktionsbezirk Breslau] (3307), Witten (1902), Nippes (1668) und Leinhausen (1479). Am niedrigsten war die Mitglieder-zahl bei den Betriebs-Krankenkassen für die Oberlausitzer Bahn (366) und für die Betriebsamtsbezirke Berlin-Dresden (446), Flensburg (447) und Glogau (556), und bei den Werkstätten-Krankenkassen zu Eberswalde (208), Berlin [Direktionsbezirk Magdeburg] (211), Greifswald (216), Deutz (251) und Guben (253). Dass die Kassen mit einer verhältnissmässig geringen Mitgliederzahl weniger günstige Ergebnisse erzielten, als die Kassen mit grösserer Mitgliederzahl, ist im Allgemeinen nicht wahrgenommen worden.

Der Eintritt und Austritt von Kassenmitgliedern in die und aus den Kassen wird durch die nachstehenden Ziffern veranschaulicht. Im Laufe des Jahres sind:

	eingetreten:		ausgetreten:		davon	
	überhaupt	in Hundertheiten der Durchschnittsbetheiligung	überhaupt	in Hundertheiten der Durchschnittsbetheiligung	gestorben	in Hundertheiten der Durchschnittsbetheiligung
bei den Betriebs-Krankenkassen .	46 677	39,66	38 906	33,05	1596	1,36
bei den Werkstätten-Krankenkassen .	7 044	19,56	6 791	18,86	491	1,36
Zusammen .	53 721	34,95	45 697	29,73	2087	1,36

Im mittleren Jahresdurchschnitt belief sich die Betheiligung auf 153 704 Personen. Diese Zahl bleibt hinter der durchschnittlichen Gesammtzahl der bei den Betriebs- und Werkstättenverwaltungen der Staatsbahnen beschäftigten, der Krankenversicherungspflicht unterliegenden Personen nicht wesentlich zurück, so dass die Zahl derjenigen Personen, welche auf Grund ihrer Angehörigkeit zu freien Hülfskassen ihre Freilassung von der Theilnahme an den Eisenbahn-Krankenkassen beantragt haben, nur unerheblich gewesen sein wird.

Betriebsarbeiter haben nach vorstehender Tafel erheblich häufiger als Werkstättenarbeiter in der Beschäftigung gewechselt. Eine Erklärung hierfür wird vornehmlich darin zu suchen sein, dass der Bedarf an Arbeiterpersonal im Betriebsdienste in Folge der starken Schwankungen des Verkehrs sowie vermöge des Einflusses der Witterungsverhältnisse auf die Bahnunterhaltung öfter und in höherem Maasse, Veränderungen unterliegen wird, als im Werkstättenbetriebe.

Die Sterblichkeit ergiebt bei beiderlei Kassen eine gleiche Durchschnittsziffer. Sie war am stärksten im Eisenbahndirektionsbezirk Bromberg, welcher zum grossen Theile aus älteren Staatsbahnlinien besteht, ‘

demgemäss auch eine verhältnissmässig grosse Anzahl langgedienter Arbeiter zählen wird.

Zu verschiedenartigen Durchschnittsziffern führt hingegen eine Vergleichung der Zahl der Erkrankungsfälle und Krankheitstage. Es betrug die Zahl der:

	Erkrankungsfälle				Krankheitstage					
	überhaupt	für jedes Mitglied	davon in Folge von Betriebsunfällen		überhaupt	für jedes Mitglied	für jeden Erkrankungsfall	davon in Folge von Betriebsunfällen		
			überhaupt	für jedes Mitglied				überhaupt	für jedes Mitglied	für jeden Erkrankungsfall
bei den Betriebs-Krankenkassen ..	31 363	0,27	1 477	0,01	563 539	4,79	17,97	33 588	0,29	22,74
bei den Werkstätten-Krankenkassen ..	16 243	0,45	1 062	0,03	266 793	7,41	16,43	21 107	0,59	19,88
Zusammen .	47 606	0,31	2 539	0,02	830 332	5,40	17,44	54 695	0,36	21,54

Die Krankheitsgefahr und die Krankheitsdauer war demnach bei den Werkstättenarbeitern erheblich grösser, als bei den Betriebsarbeitern. Nach der Beilage B ergab sich ein gleiches Verhältniss fast für jeden einzelnen Direktionsbezirk, während nach der Beilage A nur einige wenige Werkstätten-Krankenkassen die Durchschnittsziffer für Betriebs-Krankenkassen nicht überschritten, hingegen bei einem Theile derselben sich durchschnittlich für jedes Mitglied sogar mehr als eine Erkrankung ergab. Als Ursachen der zahlreicheren Erkrankungsfälle unter den Werkstättenarbeitern sind in erster Linie die ungünstigen Wohnungsverhältnisse der meistens in grossen, industriereichen Städten wohnenden Werkstättenarbeiter bezeichnet. Ferner ist hervorgehoben, dass ein Theil dieser Arbeiter in den älteren Staatsbahnbezirken sich bereits in vorgeschrittenem Lebensalter befindet, in welchem häufiger Krankheiten der Athmungs- und Verdauungsorgane vorkommen. Nicht ohne Einfluss wird auch die ungesundere und gefährlichere Beschäftigung in den fabrikartigen Werkstätten gegenüber der gesunderen Beschäftigung der Betriebsarbeiter, welche zum nicht geringen Theile in ländlichen Gegenden wohnen, auf die Zahl der Erkrankungsfälle geblieben sein. Auch der Umstand wird in Betracht kommen, dass bei den Werkstätten-Krankenkassen mit zahlreichen Mitgliedern in grossen Städten die Kontrole Erkrankter weniger wirksam ausgeübt werden kann. Dass auch Doppelversicherungen auf die Zahl der Krankheitstage nicht ganz einflusslos geblieben seien, wurde bei einer dieser Kassen vermuthet, bei welcher nahezu die Hälfte der Mitglieder auch bei freien Hülfskassen betheiligt war, durchschnittlich auf ein Mitglied 1,44 Erkrankungsfälle und 11,57 Krankheitstage entfielen und daher die Kassenleistungen in ausserordentlichem Maasse in Anspruch genommen wurden. Doppelversicherungen sollen dem besser gesinnten Arbeiter Gelegenheit geben, in gesunden Tagen für die Tage der Krankheit in umfassender Weise Fürsorge zu treffen; einem minder redlich gesinnten Arbeiter kann der Bezug seines vollen Tagesverdienstes als Krankengeld neben freier ärztlicher Behandlung und Arznei immerhin Veranlassung bieten, auf die Abkürzung seiner Krankheitszeit, während welcher der Regel nach die grössere Leistung der Eisenbahn-Krankenkasse zufallen wird, nicht sonderlich bedacht zu sein. Uebrigens sind als Mittel, welche geeignet seien, der Neigung zum Vorschützen von Krankheiten entgegenzuwirken, folgende bezeichnet:

1. Das Krankengeld ist in möglichst kurzen Zeitabschnitten zu zahlen, so dass die Erkrankten genöthigt sind, sich häufiger dem Arzte vorzustellen.

2. Die Krankenbesuche seitens der Vorstandsmitglieder oder Mitgliedervertreter oder sonstigen Beauftragten haben in bestimmten Zeitabschnitten zu erfolgen.

3. In grossen Arbeitsräumen mit zahlreichem Arbeiterpersonale sind die Namen der Erkrankten durch Aushängung sogenannter Krankentafeln zur Kenntniss aller Kassenmitglieder zu bringen, damit durch alle gemeinsam eine wirksame Kontrole stattfindet.

4. Soweit thunlich, ist dem Kassenarzt nicht für jeden Besuch zu bezahlen, sondern mit demselben ein Pauschbetrag für jedes Mitglied zu vereinbaren.

Im Allgemeinen haben im Uebrigen die oben unter Abschnitt B No. 5 erwähnten, zur Verhütung von Benachtheiligungen der Kassen getroffenen Einrichtungen sich als ausreichend erwiesen. Eine erfolgreiche Thätigkeit haben dabei bei einer grossen Anzahl von Kassen die Vertreter der Kassenmitglieder entwickelt, deren Mitwirkung bei der Kassenverwaltung überhaupt vielfach eine rege und erspriessliche war.

Bei den Einnahmen der Betriebs- und Werkstätten-Krankenkassen ist in Betracht zu ziehen, dass zu den sämmtlichen Kassen der gleiche Beitragssatz von 3 pCt. des Arbeitsverdienstes der Kassenmitglieder erhoben wird, welcher von den nicht verpflichteten Personen zum vollen Betrage zu zahlen ist, von den verpflichteten aber nur zu zwei Drittel eingezogen wird, während ein Drittel die Eisenbahnverwaltung beisteuert. Werden die gesammten aus den Vorjahren herrührenden Einnahmen ausser Betracht gelassen, so ergiebt sich die nachstehende Uebersicht:

Bezeichnung der Einnahmen:	Betriebs-Krankenkassen		Werkstätten-Krankenkassen		Insgesammt		
	überhaupt ℳ	in Hunderttheilen der Jahreseinnahmen ℳ	überhaupt ℳ	in Hunderttheilen der Jahreseinnahmen ℳ	überhaupt ℳ	in Hunderttheilen der Jahreseinnahmen ℳ	für jedes Kassenmitglied ℳ
Zinsen	31697	1,46	8585	0,99	40282	1,32	0,26
Eintrittsgelder . . .	26720	1,23	4440	0,51	31160	1,02	0,20
Laufende Beiträge der Mitglieder	1379609	63,44	556820	64,03	1936429	63.61	12,59
Desgl. der Eisenbahnverwaltung . . .	674066	31,00	278016	31,98	952082	31,28	6,21
Ersatzleistungen für gewährte Krankenunterstützungen . .	11246	0,52	1630	0,19	12876	0,43	0,08
Sonstige Einnahmen .	51213	2.85	20038	2.80	71251	2.84	0,46
Ueberhaupt für das laufende Jahr . .	2174551	100	869529	100	3044080	100	19,80

Werden zu der Gesammtjahreseinnahme von 3 044 080 ℳ noch die aus den Vorjahren herrührenden (1 137 847 ℳ + 349 575 ℳ =) 1 487 422 ℳ hinzugezählt, so ergiebt sich, dass bei den sämmtlichen Krankenkassen bis Ende des Jahres 1885 die Summe von 4 531 502 ℳ vereinnahmt worden ist.

Der Gesammtbetrag der von den Kassenmitgliedern erhobenen Beiträge einschliesslich des Eintrittsgeldes beziffert sich auf fast 1 970 000 ℳ oder rund 64,6 pCt. der Gesammtjahreseinnahme, der seitens der Eisenbahnverwaltung beigesteuerte Baarzuschuss auf mehr als 952 000 ℳ*) oder 31,3 pCt. jener Einnahme. Auf jedes verpflichtete Kassenmitglied entfiel durchschnittlich ein Jahresbeitrag von 11,72 ℳ bei den Betriebs-, 15,47 ℳ bei den Werkstätten-, 12,59 ℳ bei sämmtlichen Krankenkassen, wovon zwei Drittel das Mitglied und ein Drittel die Verwaltung getragen hat. Da der Beitragsbemessung der wirkliche Arbeitsverdienst zu Grunde gelegt wird, so ergab sich nach Beilage B für die verschiedenen Verwaltungsbezirke eine verschiedene Durchschnittshöhe. Am höchsten war der Durchschnittsbeitrag bei den Werkstätten-Kranken-

---

*) Die von der Eisenbahnverwaltung baar beigesteuerten Beträge einschliesslich der nicht genau zu beziffernden Baarzuschüsse zu den Bau-Krankenkassen beliefen sich auf nahezu 1 Million ℳ, ganz abgesehen von den der Verwaltung durch die Kassen- und Rechnungsführung erwachsenen Kosten.

kassen in den Direktionsbezirken Erfurt, Berlin und Cöln (linksrb.), am niedrigsten bei den Betriebs-Krankenkassen in den Direktionsbezirken Breslau und Bromberg.

Von den 12 876 ℳ betragenden Ersatzleistungen für gewährte Krankenunterstützungen kamen allein 12 380 ℳ auf die Eisenbahnverwaltung und nur 496 ℳ auf dritte Personen. Unter den sonstigen Einnahmen finden sich 29 999 ℳ Geldstrafen, während der Rest sich aus Ueberweisungen aus aufgelösten Eisenbahnbau-Krankenkassen, Kursgewinnen und dergl. zusammensetzt.

Bei einer Vergleichung der Ausgaben der Kassen ist vor Allem zu berücksichtigen, dass die statutmässigen Leistungen aller Eisenbahnbetriebs- und Werkstätten-Krankenkassen ohne Ausnahme über die gesetzlichen Mindestleistungen hinausgingen, indem 50 Betriebs- und 40 Werkstätten-Krankenkassen, die oben unter Abschnitt B No. 3 a bis e aufgezählten Kassenleistungen gewährten, 27 Betriebs- und 17 Werkstätten-Krankenkassen aber mehr oder minder weit auch über diese Leistungen noch hinausgingen. In der letzten Spalte der Anlage A ist ersichtlich gemacht, in welcher Weise bei den einzelnen Krankenkassen diejenigen Leistungen, welche vorzugsweise auf die Höhe der Ausgaben von Einfluss sind, festgesetzt waren. Die Gesammtausgabesummen, sowie diejenigen Durchschnittsziffern, welche sich bei der Zurückführung der Ausgabesummen auf je ein Kassenmitglied, je 100 ℳ der Gesammtjahreseinnahme und der Gesammtausgabe ergeben, sind in der nachfolgenden Tafel zusammengestellt:

Bezeichnung der Ausgaben.	Betrag der Ausgaben.			Einheitssatz der Ausgaben.								
				Betriebs-Krankenkassen			Werkstätten-Krankenkassen			Insgesammt		
	Betriebs-Krankenkassen.	Werkstätten-krankenkassen.	Insgesammt	auf jedes Mitglied	in Hunderttheilen der Jahreseinnahme.	in Hunderttheilen der Gesammtausgabe.	auf jedes Mitglied	in Hunderttheilen der Jahreseinnahme.	in Hunderttheilen der Gesammtausgabe.	auf jedes Mitglied	in Hunderttheilen der Jahreseinnahme.	in Hunderttheilen der Gesammtausgabe.
	ℳ	ℳ	ℳ	ℳ			ℳ			ℳ		
Aus den Vorjahren . .	3 293	5 154	8 447	0,03	0,15	0,19	0,14	0,59	0,70	0,06	0,27	0,34
Aus dem Jahre 1885:												
für ärztliche Behandlung . . .	709 346	199 993	909 339	6,03	32,63	40,95	5,56	23,00	27,03	5,92	29,87	36,34
für Arznei und Heilmittel:												
für Mitglieder . .	194 002	96 152	290 154	1,65	8,92	11,01	2,67	11,06	13,00	1,89	9,53	11,59
für Familienangehörige	111 931	52 343	164 274	0,95	5,15	6,36	1,45	6,02	7,04	1,08	5,40	6,57

Bezeichnung der Ausgaben.	Betrag der Ausgaben.			Einheitssatz der Ausgaben.								
	Betriebs-Kranken-kassen. ℳ	Werk-stätten-kranken-kassen. ℳ	Ins-gesammt ℳ	Betriebs-Krankenkassen			Werkstätten-Krankenkassen			Insgesammt		
				auf jedes Mit-glied ℳ	In Hundertheilen der Jahreseinnahme.	In Hundertheilen der Gesammtausgabe.	auf jedes Mit-glied ℳ	In Hundertheilen der Jahreseinnahme.	In Hundertheilen der Gesammtausgabe.	auf jedes Mit-glied ℳ	In Hundertheilen der Jahreseinnahme.	In Hundertheilen der ...
Verpflegungs-kosten an Kran-kenanstalten . .	59 199	27 581	86 780	0,50	2,72	3,36	0,77	3,17	3,73	0,56	2,55	3,
Krankengeld: an nicht in Kranken-anstalten unterge-brachte Mitglieder .	392 884	264 497	657 381									
neben Kur und Ver-pflegung	9 165	4 311	13 476									
zusammen . . .	402 049	268 808	670 857	3,42	18,49	22,79	7,47	30,91	36,36	4,36	22,04	26,
Wöchnerinnen-unterstützung .	518	—	518	—	0,02	0,02	—	—	—	—	0,02	0,
Sterbegeld: beim Tode von Mit-gliedern	83 177	28 174	111 351	0,71	3,83	4,72	0,78	3,24	3,91	0,72	3,00	4,
beim Tode von Fa-milienangehörigen	153 205	50 774	203 979	1,30	7,05	8,69	1,41	5,84	6,87	1,33	6,70	8,
Ersatzleistungen für gewährte Kran-kenunterstützung .	156	184	340	0,00	0,01	0,02	0,00	0,02	0,02	0,00	0,01	0,
Verwaltungs-kosten	12 369	2 487	14 856	0,10	0,57	0,70	0,07	0,29	0,33	0,10	0,49	0,9
sonstige Ausgaben	33 170	8 230	41 400	0,28	1,52	1,89	0,23	0,95	1,11	0,27	1,36	1,
überhaupt . . .	1 762 415	739 880	2 502 295	14,97	81,05	100	20,55	85,09	100	16,28	82,90	100

Nach dieser Uebersicht erscheinen die Ausgaben für ärztliche
Behandlung, sowie für Arznei und Heilmittel im Vergleich zu den
Aufwendungen an Krankengeld auffallend hoch. In dem Kranken-
versicherungsgesetze ist bekanntlich als Werth der ärztlichen Behandlung
und Arznei die Hälfte des Krankengeldes· angenommen worden. Auch
in dem Falle, dass man die auf Familienangehörige der Mitglieder zu
rechnenden Antheile an den Kosten für ärztliche Behandlung mit zwei
Drittel der Gesammtaufwendung von 909 339 ℳ, also mit 606 226 ℳ
ausser Betracht lässt, würde sich immer noch ein Betrag ergeben, welcher
hinter der Gesammtausgabe an Krankengeld nicht erheblich zurückbleibt.
Hervorzuheben ist ferner der Unterschied zwischen den durchschnittlichen

Aufwendungen für ärztliche Behandlung und an Krankengeld bei den Betriebs- und Werkstätten-Krankenkassen. Es waren bei den Betriebs-Krankenkassen die Aufwendungen für ärztliche Behandlung ungleich höher, diejenigen an Krankengeld ungleich niedriger als bei den Werkstätten-Krankenkassen. Einestheils wird dies darin begründet sein, dass, obwohl den Kassenärzten innerhalb ihrer Bezirke freie Eisenbahnfahrt gewährt wird, doch die denselben zu leistenden Vergütungen im Allgemeinen bei den Betriebs-Krankenkassen, deren Mitglieder sich auf eine weit grössere Anzahl von Orten vertheilen als diejenigen der Werkstätten-Krankenkassen, höher sind, als bei den letzteren Krankenkassen. Anderntheils kommt für die durchschnittlich auf ein Mitglied entfallende höhere Aufwendung an Krankengeld bei den Werkstätten-Krankenkassen in Betracht, dass auch der Tagesverdienst der Mitglieder dieser Kassen denjenigen der Betriebsarbeiter nicht unerheblich übersteigt*), und dass überdies die Erkrankungsfälle und Krankheitstage unter den Werkstätten-arbeitern häufiger sind, als unter den Betriebsarbeitern.

An Kosten der ärztlichen Behandlung wurden bei sämmtlichen Eisenbahn-Betriebs- und Werkstätten-Krankenkassen durchschnittlich rund 6 $\mathcal{M}$ für jedes Kassenmitglied aufgewendet. Höher als die Durchschnittsziffer stellte sich die Arztvergütung fast bei sämmtlichen Krankenkassen in den westlichen und südlichen Direktionsbezirken Cöln (linksrh. und rechtsrh.), Elberfeld, Frankfurt und Erfurt, sowie bei den Krankenkassen der vormaligen Braunschweigischen Eisenbahn. Bei drei dieser Kassen, der Werkstätten-Krankenkasse zu Braunschweig und den Betriebs-Krankenkassen zu Dessau und für die Oberlausitzer Bahn ergaben sich sogar Durchschnittssätze von über 8 $\mathcal{M}$, bei der Werkstätten-Krankenkasse zu Tempelhof von nahezu 9 $\mathcal{M}$ für jedes Mitglied. Es wird angenommen, dass bei diesen Kassen aussergewöhnliche Verhältnisse vorlagen, welche die unverhältnissmässig hohen Aufwendungen rechtfertigten. — Allen von den Eisenbahn-Krankenkassen bestellten Kassenärzten, auch den Spezial-(Augen- u. s. w.) Aerzten wird seitens der Staatseisenbahnverwaltung freie Eisenbahnfahrt innerhalb des Arztbezirks gewährt.

An Arzneikosten für Kassenmitglieder wurden durchschnittlich mehr als 3 $\mathcal{M}$ für jedes Mitglied seitens der Werkstätten-Krankenkassen der Direktionsbezirke Erfurt, Cöln (linksrh. und rechtsrh.) sowie Elberfeld aufgewendet. Die Ausgaben für Arzneien für Familienangehörige der Kassenmitglieder ergaben bei den Werkstätten-Krankenkassen im Direktionsbezirke Breslau die höchsten Durchschnittsziffern.

---

*) Aus demselben Grunde ist auch der durchschnittlich auf ein Mitglied entfallende Jahresbeitrag bei den Werkstätten-Krankenkassen grösser, als bei den Betriebs-Krankenkassen.

Für Kur und Verpflegung erkrankter, in Krankenhäusern, Augenkliniken und sonstigen Heilanstalten untergebrachter Mitglieder wurden
bei den Betriebs-Krankenkassen 0,50 $\mathcal{M}$, bei den Werkstätten-Krankenkassen 0,77 $\mathcal{M}$, überhaupt 0,56 $\mathcal{M}$ im Durchschnitt für jedes Kassenmitglied aufgewendet. Dass bei den letzteren Kassen sich ein wesentlich
höherer Durchschnittssatz ergab, wird darauf zurückzuführen sein, dass
einestheils, wie bereits bemerkt, bei den Werkstättenarbeitern in den
grossen, gewerbreichen Städten die Wohnungsverhältnisse zu wünschen
übrig lassen, anderentheils aber denselben die Krankenhäuser näher gelegen und leichter zugänglich sind. Bei den Krankenkassen der in Berlin
befindlichen Hauptwerkstätten ergab sich eine durchschnittliche Aufwendung
von 1,74 $\mathcal{M}$, also mehr als das Dreifache des für alle Kassen ermittelten
Durchschnittssatzes.

An Sterbegeld wurde die erhebliche Summe von 315 330 $\mathcal{M}$ verausgabt, davon 111 351 $\mathcal{M}$ beim Tode von Kassenmitgliedern und fast
das Doppelte dieses Betrages, nämlich 203 979 $\mathcal{M}$ beim Tode von Ehefrauen und Kindern der Kassenmitglieder. Dabei verdient hervorgehoben
zu werden, dass das Bedürfniss für eine möglichst hohe Sterbegeldversicherung unter den Kassenangehörigen augenscheinlich vorherrscht, da
bereits bei 24 Eisenbahn-Krankenkassen der schon im Normalstatut über
die gesetzliche Mindestleistung hinaus auf den dreissigfachen Betrag des
ortsüblichen Tagelohnsatzes bemessene Sterbegeldsatz noch erhöht ist und
mehrfach sogar über die im § 21 des Gesetzes gezogene Grenze hinaus
beantragt wurde, mehr als den vierzigfachen Betrag des Tagelohnes zu
gewähren und nicht allein beim Tode von Ehefrauen und Kindern der
Kassenmitglieder, sondern auch beim Tode anderer Angehörigen, insbesondere
beim Tode von Eltern und Schwiegereltern der Kassenmitglieder ein
Sterbegeld zu zahlen. Bemerkt sei noch, dass das Sterbegeld allgemein
auch beim Tode solcher Mitglieder gezahlt wird, bei denen etwa im
Verlauf einer langwierigen Krankheit der Anspruch auf die sonstigen
Kassenleistungen aufgehört hat.

An Verwaltungskosten gelangten insgesammt 14 856 $\mathcal{M}$, d. i.
durchschnittlich für jedes Mitglied der geringfügige Betrag von nicht voll
10 β zur Verausgabung, während die gesammten Kosten der Kassen-
und Rechnungsführung von der Eisenbahnverwaltung bestritten wurden.
Der bei den Krankenkassen verbuchte Betrag setzt sich aus Reiseent-
schädigungen der Vertreter der Kassenmitglieder und dergl. (vgl. oben Abschnitt B No. 6) zusammen.

Unter den sonstigen Ausgaben sind Kursverluste, welche beim
Verkauf und bei Ausloosungen von Werthpapieren entstanden sind, und
dergl. gebucht. Dass der Betrag der sonstigen Ausgaben verhältniss-

mässig nicht unerheblich ist (41 400 $\mathcal{M}$ oder 0,27 $\mathcal{M}$ durchschnittlich für jedes Mitglied) hat vornehmlich darin seinen Grund, dass bei mehreren Kassen Aufwendungen zu den „sonstigen Ausgaben" gerechnet sind, welche, wie z. B. für Beförderung erkrankter Mitglieder von den Arbeitsstellen nach ihrer Wohnung oder nach Krankenhäusern, für Beförderung von Aerzten auf Dräsinen, an Erstattungen von Fuhrkosten der Aerzte, für Bestellung der Aerzte und Beschaffung der Arznei, für Zuziehung von Heilgehülfen u. s. f. richtiger unter den Kosten der ärztlichen Behandlung oder der Arzneien und Heilmittel oder auch unter den Verpflegungskosten mit zu berücksichtigen gewesen wären.

Die Gesammtausgabe, jedoch ausschliesslich der zu den Reservefonds zurückzulegenden Beträge, betrug bei den

Betr.-Krankenkassen 1 762 415 $\mathcal{M}$ od. 14,97 $\mathcal{M}$ f. jed. Mitgl. u. 81,05 pCt. d. Jahreseinnahme,
Werkstätten- „ 739 880 „ „ 20,55 „ „ „ „ 85,09 „ „
also überhaupt . . 2 502 295 $\mathcal{M}$ od. 16,28 $\mathcal{M}$ f. jed. Mitgl. u. 82,20 pCt. d. Jahreseinnahme.
Der Ueberschuss
der laufenden Jahres-
Einnahmen über die
Gesammtausgaben
belief sich danach für
alle Kassen zusam-
men auf . . . . 541 785 „ „ 3,52 „ „ „ • „ 17,80 • • „

Hierbei ist jedoch zu bemerken, dass bei zwei Werkstätten-Krankenkassen die Gesammteinnahmen hinter den Gesammtausgaben um 1873 $\mathcal{M}$ + 2180 $\mathcal{M}$, zusammen um 4053 $\mathcal{M}$ zurückblieben und bei fünf Krankenkassen des Direktionsbezirks Elberfeld und drei Krankenkassen des Direktionsbezirks Cöln (rechtsrh.) Ueberschüsse aus den laufenden Jahreseinnahmen nicht erzielt wurden, vielmehr, allerdings nur geringfügige Beträge aus den Einnahmen aus den Vorjahren mitverwendet werden mussten. Ueberhaupt waren die Ueberschüsse aus dem Jahre 1885 bei sämmtlichen Krankenkassen des Direktionsbezirks Elberfeld und bei den Werkstätten-Krankenkassen der Direktionsbezirke Erfurt, Cöln (rechtsrh.) und Frankfurt a. M. verhältnissmässig gering, während für alle Kassen des Staatsbahnbereichs zusammengerechnet der Ueberschuss bei den Betriebs-Krankenkassen 18,95 pCt. und bei den Werkstätten-Krankenkassen 14,91 pCt. des Jahresbetrags der laufenden Beiträge, bei den Betriebs-Krankenkassen mithin fast das Doppelte, bei den Werkstätten-Krankenkassen nahezu das Anderthalbfache der statutmässig zum Reservefonds, so lange derselbe den Mindestbetrag nicht erreicht, zu machenden Jahresrücklage betrug.

Die Ergebnisse der Krankenversicherung für das Jahr 1885 sind hiernach im Allgemeinen als völlig zufriedenstellende zu bezeichnen und zwar um so mehr, als es sich um das erste Betriebsjahr handelt und daher erwartet werden kann, dass bei den wenigen Kassen, welche zu einer ausreichenden Rücklage zum Reservefonds noch nicht im Stande waren, sich nach Klärung der Verhältnisse ebenfalls günstigere Ergebnisse einstellen werden.

Mit Ausnahme der zwei bereits erwähnten Werkstätten-Krankenkassen, welche mit einem unerheblichen Fehlbetrage abschlossen, verfügten alle Kassen am Schlusse des Jahres 1885 über einen Vermögensbestand. Die Gesammthöhe der Vermögensbestände sämmtlicher Kassen setzt sich aus den oben nachgewiesenen Ueberschüssen

des Jahres 1885 mit . . . . 541 785 $\mathcal{M}$,

und den aus den Vorjahren herrührenden Beträgen mit

(1 137 847 $\mathcal{M}$ + 349 575 $\mathcal{M}$ =) . . . . 1 487 422 „

zusammen, bezifferte sich demgemäss auf . . . . . . 2 029 207 $\mathcal{M}$

oder durchschnittlich 13,20 $\mathcal{M}$ für jedes Kassenmitglied und 81,09 pCt. der Jahresausgaben sämmtlicher Krankenkassen. Dabei sind die den Kassen gehörigen Werthpapiere zum Tageswerthe vom 31. Dezember 1885 berechnet.

In diesen Gesammtvermögensbeständen sind die in der Beilage B unter No. 11 nachgewiesenen Bestände der Reservefonds am Schlusse des Jahres 1885 mitenthalten. Eine Trennung erschien nicht zweckmässig, weil die Rücklagen, welche den Reservefonds aus den Ergebnissen des Jahres 1885 gebühren, grösstentheils auf Schätzungen der Kassen-vorstände beruhen und daher die Angaben über die Höhe der Reservefonds auf unbedingte Zuverlässigkeit einen Anspruch nicht erheben können. Einestheils fällt nämlich das Rechnungsjahr der Eisenbahn-Krankenkassen nicht mit dem Kalenderjahre, sondern mit dem Etatsjahre des Staats-haushalts zusammen, so dass für den 31. Dezember 1885 ein Kassen-abschluss nicht aufgestellt ist, und anderntheils hat sich vielfach die Abwicklung der aus der Auflösung früherer Kasseneinrichtungen ent-springenden Geschäfte so lange hingezogen, dass die verbliebenen, den neuen Kassen gebührenden Vermögensbestände erst im Jahre 1886 endgültig festgestellt und überwiesen werden konnten. Zieht man die ge-sammten Vermögensbestände der einzelnen Kassen ohne Unterscheidung, ob und inwieweit dieselben dem Reservefonds thatsächlich überwiesen waren oder gebührten, in Betracht, so ergiebt sich, dass das Vermögen

bei 10 Krankenkassen mehr als das Doppelte der Gesammtjahresausgabe betrug,

bei 30 Krankenkassen mindestens dem vollen Betrage und

bei 53 Krankenkassen mindestens der Hälfte des Betrages der Gesammt-jahresausgabe gleichkam, bei 38 Krankenkassen sich auf mehr als ein Zehntel der Jahressumme der laufenden Beiträge der Mitglieder und der Eisenbahnverwaltung belief, nur

bei 1 Krankenkasse weniger als dieses Zehntel betrug, während

bei 2 Krankenkassen, wie bereits erwähnt, sich ein geringer Fehlbetrag herausstellte.

Die Abschlüsse der im Bereiche der Staatseisenbahnverwaltung im Jahre 1885 in Wirksamkeit gewesenen 31 Bau-Krankenkassen können ebenfalls als zufriedenstellende bezeichnet werden.

Beim Beginne des Jahres bestanden 18, beim Schlusse 23 Bau-Krankenkassen; 13 Bau-Krankenkassen wurden mit dem Beginne der betreffenden Bauausführungen im Laufe des Jahres errichtet, hingegen 8 nach Vollendung der Bauausführungen, für deren Umfang sie bestanden, aufgelöst. Den Bau-Krankenkassen gehörten zum Beginne des Jahres 5 485 Mitglieder an. Es traten im Laufe des Jahres ein . . . . . 41 267 Personen, so dass die Gesammtbetheiligung sich auf . . . . 46 752 darunter 266 weibliche und 9 nicht versicherungspflichtige Personen belief. Da im Laufe des Jahres . . . . 42 450 Personen, darunter 87 durch Tod, wieder ausschieden, so zählten die Kassen am Schlusse des Jahres noch . . . . 4 302 Mitglieder. Ergiebt sich aus diesen Ziffern einerseits der grosse Umfang der Eisenbahnbauausführungen, so ist andererseits auch deutlich zu erkennen, dass der Wechsel der Kassenmitglieder ein ausserordentlich häufiger ist, mithin von einer Beständigkeit der Kasseneinrichtungen und des Versicherungsverhältnisses nicht die Rede sein kann, daher auch die Zurückführung der Einnahmen und Ausgaben auf ein Kassenmitglied ein zutreffendes Bild nicht geben würde.

An Erkrankungsfällen wurden 4327, an Krankheitstagen 57 395 gezählt, darunter 200 Erkrankungsfälle und 4227 Krankheitstage in Folge von Betriebsunfällen. Auf jeden Erkrankungsfall kamen durchschnittlich 13,26 Krankheitstage.

Vereinnahmt wurden:

aus den Vorjahren . . . . 2 495 ℳ
an Zinsen . . . . 58 „
Uebertrag . 2 553 ℳ

Uebertrag . 2 553 $\mathcal{M}$

an Beiträgen der Mitglieder und der Verwaltung sowie der

Bauunternehmer . . . . 153 560 „ *)

an Ersatzleistungen für gewährte Krankenunterstützungen 95 „

an sonstigen Einnahmen . . . . 493 „

insgesammt . . . . 156 701 $\mathcal{M}$

Dagegen wurden verausgabt:

	Betrag. $\mathcal{M}$	inHundert-heiten der Jahres-einnahme $\mathcal{M}$	inHundert-heiten der Jahres-ausgabe $\mathcal{M}$
aus den Vorjahren	107	0,06	0,09
für ärztliche Behandlung	29 045	18,54	23,24
für Arznei und Heilmittel	14 021	8,95	11,22
an Krankenanstalten	27 627	17,63	22,11
an Verpflegungskosten, an Krankengeld .	43 397 } + 436 }	27,97	35,08
an Sterbegeld	2 973	1,90	2,88
an Ersatzleistungen für gewährte Kranken- unterstützung	237	0,15	0,19
an Verwaltungskosten	3 167	2,02	2,54
an sonstigen Ausgaben	3 946	2,53	3,15
überhaupt . . .	124 956	79,75	100

Zur Bestreitung der laufenden Ausgaben der Bau-Krankenkassen wurden danach fast 80 pCt. der Gesammteinnahmen verwendet. Dieser Prozentsatz kommt dem für die Eisenbahnbetriebs- und Werkstätten-Krankenkassen ermittelten Prozentsatze (82,20 pCt.) fast gleich, obwohl der Beitragssatz für alle Kassen gleichmässig auf 3 pCt. des Lohnein-kommens festgesetzt, hingegen die Leistungen der Bau-Krankenkassen, wie oben bereits erörtert, ungleich niedriger, als bei jenen Kassen, nämlich lediglich auf die gesetzlichen Mindestleistungen bemessen sind. In ausser-ordentlichem Maasse haben zu der Höhe der Ausgaben der Bau-Krankenkassen augenscheinlich die Aufwendungen für Kur und Verpflegung erkrankter Kassenmitglieder in Krankenanstalten beigetragen. Zu den in der vorstehenden Uebersicht aufgeführten Verpflegungskosten von 27 627 $\mathcal{M}$

---

*) Der Beitragssatz betrug überall 3 pCt. des durchschnittlichen Lohnsatzes der Kassenmitglieder. Da nur 9 nicht verpflichtete Personen an den Kassen Theil nahmen, so bezifferten sich die Beiträge der Bauverwaltung und der Bauunternehmer auf mindestens 51 120 $\mathcal{M}$.

tritt noch der weitaus grösste Theil der „sonstigen Ausgaben", welche im Wesentlichen für die Einrichtung, Ausrüstung und Instandhaltung von Lazarethen an geeigneten Baustellen, für die Beförderung Erkrankter von den Baustellen zu den Krankenanstalten, für die Verpflegung Erkrankter ausserhalb der Krankenanstalten und Lazarethe und dergl. aufgewendet sind, hinzu, sodass nahezu 20 pCt. der Einnahmen und 25 pCt. der Ausgaben auf die Kosten freier Kur und Verpflegung entfallen, wohingegen bei den Betriebs- und Werkstätten-Krankenkassen zu dem gleichen Zwecke durchschnittlich nur 2,85 pCt. der Einnahmen und 3,47 pCt. der Ausgaben aufgewendet wurden. Die verhältnissmässig höheren Aufwendungen der Bau-Krankenkassen erklären sich daraus, dass der grösste Theil der bei Bauausführungen beschäftigten Arbeiter nicht zu der ansässigen Bevölkerung gehört, in sehr vielen Fällen es an Krankenanstalten, Aerzten und Apotheken in der Nähe der Baustellen fehlt und auch im Uebrigen den Kassen wegen ihrer Unbeständigkeit manche Vortheile, welche für dauernde Einrichtungen zu erlangen sind, nicht zu Theil werden.

Von den Einnahmen der Bau-Krankenkassen wurden 31 745 *M* oder 20,25 pCt. zur Bestreitung der Ausgaben nicht verwendet. Als ein wirklicher Ueberschuss wird diese Summe jedoch nicht anzusehen sein, da bei dem häufigen Wechsel der Mitglieder Forderungen an die Kassen nicht selten noch nachträglich geltend gemacht zu werden pflegen. Uebrigens kommen thatsächlich erzielte Ueberschüsse nach Auflösung einer Bau-Krankenkasse in erster Linie bedürftigen Personen, welche bei der Kasse betheiligt gewesen sind, und bedürftigen Hinterbliebenen ehemaliger Mitglieder zu Gute.

Fasst man nun noch diejenigen Ziffern zusammen, durch welche der Umfang und die Bedeutung der Krankenversicherung im Bereiche der Staatseisenbahnverwaltung während des Jahres 1885 veranschaulicht wird, so ergiebt sich, dass bei den sämmtlichen 165 Eisenbahnbetriebs-, Werkstätten- und Bau-Krankenkassen im Ganzen 250 164 Personen betheiligt waren, welche rund 2 039 000 *M* Beiträge zu den Kassen leisteten, während die Baarzuschüsse der Eisenbahnverwaltung, der Bauverwaltung und Bauunternehmer sich auf mindestens rund 1 004 000 *M* beliefen, dass ferner in nahezu 52 000 Erkrankungsfällen mit fast 900 000 Krankheitstagen allein für erkrankte Mitglieder — abgesehen von den zahlreichen Erkrankungsfällen in den Familien der Mitglieder — die Leistungen der Kassen in Anspruch genommen und insgesammt seitens der Kassen etwa 2 600 000 *M* für Krankenpflege, Krankenunterstützung und Begräbnissgeld aufgewendet wurden.

Uebersicht über die Mitglieder, Erkrankungsfälle, Krankheitstage, Ein stätten-Krankenkassen im Bereiche der preussische

(Erste

Laufende Nr.	Bezeichnung der B. (Betriebs-) W. (Werkstätten-) Krankenkassen.	Zahl der Mitglieder						Erkra kungs
		beim Jahres-anfang	im Jahre einge-treten	im Jahre ausgeschieden		am Schlusse des Jahres		über-haupt
				über-haupt	ge-storben	über-haupt	nicht beitritts-pflichtig	
	Dir.-Bez. Berlin.							
1	B. Stadt- und Ringbahn . . .	1 952	791	737	27	2 006	28	600
2	„ Berlin-Sommerfeld	2 473	679	612	36	2 540	22	615
3	„ Breslau- „	3 048	1 050	916	47	3 182	110	886
4	„ Görlitz	2 334	900	873	27	2 361	61	526
5	„ Stralsund	807	373	375	11	805	23	210
6	„ Berlin-Stettin	2 337	755	750	38	2 342	65	702
7	„ Stettin-Stralsund	734	282	256	8	760	40	159
8	„ Guben	783	427	412	10	798	10	153
9	„ Cottbus	1 512	726	544	21	1 694	9	426
10	„ Breslau-Halbstadt . . .	1 016	736	540	12	1 212	17	326
11	„ Berlin-Dresden	414	151	119	2	446	6	109
12	W. Berlin	873	111	156	12	828	3	362
13	„ Frankfurt a./O.	1 075	83	374	16	784	—	403
14	„ Breslau (M.)	498	33	56	7	475	—	518
15	„ Lauban	331	60	34	4	357	—	238
16	„ Grunewald	518	200	184	4	534	—	253
17	„ Stargard	456	102	84	3	474	—	159
18	„ Eberswalde	218	50	60	—	208	18	65
19	„ Greifswalde	195	43	22	2	216	—	43
20	„ Breslau (Fr.)	482	54	95	13	441	—	229
21	„ Guben*)	—	262	9	1	253	—	51
	Dir.-Bezirk Bromberg							
22	B. Berlin	2 218	464	536	40	2 146	—	642
23	„ Schneidemühl	1 152	306	298	12	1 159	14	229
24	„ Stolp	412	80	99	1	393	—	76
25	„ Danzig	1 902	1 058	1 175	29	1 785	1	476
26	„ Königsberg	1 384	340	273	24	1 451	8	262
27	„ Allenstein	763	457	179	10	1 041	—	231
28	„ Thorn	1 139	395	402	15	1 132	4	189
29	„ Bromberg	1 182	398	238	39	1 342	2	329
30	„ Posen**)	—	1 400	641	5	759	—	139
31	„ Stettin	671	288	283	8	676	17	155
32	W. Berlin	793	120	155	13	758	1	298
33	„ Bromberg	1 152	244	294	17	1 102	—	701
34	„ Königsberg	500	55	58	10	497	—	210
35	„ Ponarth	390	63	40	11	413	—	151
36	„ Dirschau	479	103	114	7	468	1	214
	Dir.-Bez. Hannover.							
37	B. Bremen	1 135	190	154	21	1 171	—	236
38	„ Hannover-Rheine . . .	3 925	911	582	53	4 254	37	847
39	„ „ -Altenbeken . .	1 051	357	436	12	972	18	292
40	„ Paderborn	1 872	590	263	21	2 199	32	478
41	„ Harburg	1 448	1 171	618	35	2 001	24	613
42	„ Cassel-Hannover	1 407	349	228	14	1 528	—	358
43	„ „ (Main-Weser) . .	2 247	320	268	39	2 299	33	537
44	W. Bremen	322	38	29	3	331	—	117

*) Die unter Nr. 21 aufgeführte Kasse ist vom 1. Oktober 1885 ab errichtet worden. **) Die unter Nr. 30 aufgeführ

nahmen, Ausgaben und Vermögensbestände bei den Betriebs- und Werk-
Staatseisenbahnverwaltung während des Jahres 1885.

(Theil.)

Beilage A.

	Krankheits-tage		Einnahmen							Gesammt-Einnahme.
			aus	aus dem laufenden Jahre						
	überhaupt	in Folge von Unfällen	den Vorjahren.	Zinsen.	Eintrittsgeld.	laufende Beiträge der Mitglieder	Bahnverwaltung	Ersatzleistungen	sonstige Einnahmen	
			ℳ	ℳ	ℳ	ℳ	ℳ	ℳ	ℳ	ℳ
34			9 758	164	409	30 513	14 954	445	446	56 689
83			5 566	112	379	31 589	15 354	497	625	54 122
103			11 367	544	403	31 607	14 691	—	793	59 405
24			6 892	180	302	25 143	11 989	151	587	45 244
34			5 842	40	271	9 268	4 506	313	258	20 498
41	11 761		6 918	—	504	27 344	13 045	281	426	48 518
2	3 163		2 745	36	218	8 305	4 003	—	240	15 547
9			2 692	110	224	9 317	4 562	—	1 578	18 483
38		1 121	7 584	180	413	15 656	7 775	712	395	32 715
17	5 162		4 232	160	846	10 856	5 404	—	538	21 536
—	2 101		2 406	75	97	5 237	2 602	—	219	10 636
20			7 074	40	80	16 254	8 098	—	120	31 666
36			11 321	240	44	16 409	8 205	11	374	36 604
28			5 108	54	11	8 359	4 179	—	97	17 808
5	2 512		4 167	100	14	5 528	2 764	—	26	12 599
2	4 971	182	2 700	40	231	10 518	5 251	—	372	19 112
10	3 064	251	4 067	112	16	6 224	3 112	—	105	13 636
5	801	81	1 474	106	13	3 644	1 822	—	34	7 093
7	1 186	123	3 017	—	35	2 687	1 344	—	302	7 385
10	4 629	280	6 685	10	32	8 294	4 147	—	322	19 490
2	633	57	3 458	—	8	961	481	—	11	4 919
33	10 503	838	7 105	286	437	25 302	12 651	—	2 526	48 307
11	4 315	215	1 355	—	154	10 048	4 991	—	189	16 737
—	1 011	—	—	15	41	3 723	1 862	—	495	6 136
1	8 379	4	4 173	112	597	19 002	9 490	—	356	33 730
16	4 855	506	3 905	98	181	13 387	6 522	153	304	24 550
1	2 966	32	3 422	—	223	7 798	3 538	—	911	15 892
3	4 093	170	3 172	120	230	11 211	5 606	—	1 479	21 818
16	5 574	563	4 970	50	254	12 383	6 178	68	956	24 859
8	2 615	160	1 532	30	245	6 744	3 368	—	650	12 569
—	2 021	—	2 480	96	166	5 904	2 940	—	81	11 667
7	6 486	157	1 554	135	51	13 479	6 730	2	1 036	22 987
64	11 418	2 050	797	45	112	12 052	6 026	13	2 397	21 442
5	3 615	68	1 245	149	16	6 100	3 050	—	339	10 899
1	3 166	17	260	—	26	5 000	2 500	—	458	8 244
1	1 943	31	295	54	67	5 745	2 870	—	1 311	10 342
5	4 512	159	13 947	481	162	14 366	7 140	104	908	37 108
12	21 814	392	45 383	1 848	650	50 619	22 320	—	541	121 361
1	6 023	4	9 257	390	217	11 614	5 737	54	100	27 369
3	7 526	24	18 563	707	422	21 100	10 420	144	555	51 911
5	11 513	98	21 045	1 043	514	24 040	11 813	—	1 346	59 801
27	5 292	630	17 069	463	241	16 744	8 071	—	283	42 871
27	8 836	663	28 128	700	213	25 759	12 936	299	471	68 506
2	2 003	23	2 306	40	35	7 094	3 431	—	232	13 138

...kasse ist vom 1. April 1885 ab errichtet worden.

3

Uebersicht über die Mitglieder, Erkrankungsfälle, Krankheitstage, Ei stätten-Krankenkassen im Bereiche der preussisch

(Zwei

Laufende Nr.	Bezeichnung der B. (Betriebs-) W. (Werkstätten-) Krankenkassen.	aus den Vorjahren. ℳ	für ärztliche Behandlung ℳ	für Arznei und Heilmittel für Mitglieder ℳ	Familienangehör. ℳ	Verpflegungskosten ℳ	Krankengeld an Mitglieder ℳ	Familienangehör. ℳ	Wöchnerinnen ℳ
	Dir.-Bez. Berlin.								
1	B. Stadt- und Ringbahn .	—	10 574	4 067	2 484	1 742	6 187	278	—
2	„ Berlin-Sommerfeld . .	—	13 644	3 897	2 162	1 408	7 981	247	3
3	„ Breslau- „ . .	—	17 405	6 557	1 159	579	11 446	88	1
4	„ Görlitz	—	17 069	2 985	1 414	246	5 033	30	
5	„ Stralsund	—	5 557	1 154	655	708	2 131	109	3
6	„ Berlin-Stettin . . .	—	12 182	3 023	1 654	1 183	7 312	138	—
7	„ Stettin-Stralsund . .	—	4 519	780	494	256	2 190	—	—
8	„ Guben	—	4 693	916	278	264	1 876	25	—
9	„ Cottbus	—	8 533	1 997	723	1 071	4 062	45	10
10	„ Breslau-Halbstadt .	—	4 936	907	607	340	2 595	59	—
11	„ Berlin-Dresden . .	—	1 830	494	287	238	1 274	4	—
12	W. Berlin	—	4 544	2 058	1 094	1 515	8 073	235	—
13	„ Frankfurt a./O. . .	—	3 856	2 734	997	30	7 884	10	—
14	„ Breslau (M.) . . .	—	1 637	614	278	318	2 736	190	—
15	„ Lauban	129	1 888	991	655	258	2 192	—	—
16	„ Grunewald	—	2 648	1 341	528	862	5 641	142	—
17	„ Stargard	—	1 480	785	470	—	2 675	—	—
18	„ Eberswalde	—	870	785	203	—	809	—	—
19	„ Greifswalde	—	1 377	339	109	—	1 234	—	—
20	„ Breslau (Fr.) . . .	—	1 869	1 612	454	153	4 864	—	—
21	„ Guben*)	—	305	56	22	—	561	—	—
	Dir.-Bez. Bromberg.								
22	B. Berlin	—	10 560	6 792	3 913	1 826	8 706	209	—
23	„ Schneidemühl . . .	—	4 326	2 234	1 673	364	3 078	—	5
24	„ Stolp	—	1 692	412	668	114	845	—	—
25	„ Danzig	—	9 807	2 761	983	349	6 073	102	—
26	„ Königsberg	—	7 488	1 257	642	299	3 555	68	—
27	„ Allenstein	—	3 878	1 224	1 004	223	1 956	35	6
28	„ Thorn	—	4 678	1 081	1 062	258	2 504	2	—
29	„ Bromberg	—	4 611	1 388	1 271	420	4 450	48	8
30	„ Posen**)	—	3 577	754	803	301	1 709	62	—
31	„ Stettin	—	2 410	440	657	176	1 067	14	—
32	W. Berlin	—	4 107	2 309	2 021	1 085	6 250	310	—
33	„ Bromberg	—	3 524	3 689	2 081	318	6 634	—	—
34	„ Königsberg	—	2 435	919	298	334	2 001	37	—
35	„ Ponarth	—	1 914	1 126	636	325	2 183	—	—
36	„ Dirschau	—	2 200	1 098	1 034	84	1 922	—	—
	Dir.-Bez. Hannover.								
37	B. Bremen	—	6 350	2 249	1 614	473	4 309	114	—
38	„ Hannover-Rheine . .	—	20 545	7 784	2 811	2 537	16 127	233	—
39	„ „ -Altenbecken .	—	5 852	1 610	832	253	3 587	37	—
40	„ Paderborn	—	11 666	3 789	1 554	506	6 965	—	—
41	„ Harburg	—	7 120	2 744	2 939	696	7 368	—	—
42	„ Cassel-Hannover . .	—	8 108	2 041	953	367	5 012	34	—
43	„ (Main-Weser) . .	—	16 552	6 568	3 308	807	7 839	132	—
44	W. Bremen	—	1 388	337	426	386	3 084	54	—

*) Die unter Nr. 21 aufgeführte Kasse ist vom 1. October 1885 ab errichtet worden.   **) Die unter Nr. 30 aufge

**...ahmen, Ausgaben und Vermögensbestände bei den Betriebs- und Werk-
...atseisenbahnverwaltung während des Jahres 1885.**

Beilage A.

Sterbegeld beim Tode von Familienangehör. ℳ	Ersatzleistungen ℳ	Verwaltungskosten ℳ	sonstige Ausgaben ℳ	ausgabe.	das Kassenvermögen (ausschl. Reservefonds) ℳ	der Reservefonds ℳ	Krankengeld für Wochen	Sterbegeld im wievielfachen Betrage des ortsüblichen Tagelohns.	freie Arznei für Familienangehör. in Höhe v. %d.Kost.
1752	4297	—	192	23	31 596	7 556	17 537	13	30 fachen	50
2123	3884	—	165	30	35 574	6 831	11 717	"	"	"
3201	3332	—	102	12	43 891	1 069	14 445	"	"	"
1011	3185	—	243	14	31 235	3 025	10 984	"	"	"
513	895	—	65	7	11 826	120	8 552	"	"	"
2159	3135	—	221	28	31 035	4 499	12 984	"	"	"
195	593	—	93	11	9 131	1 840	4 576	"	"	"
892	216	—	355	281	9 796	4 033	4 654	"	"	"
741	1302	—	201	37	18 812	4 549	9 354	"	"	"
391	1074	—	68	114	10 991	5 942	4 603	"	"	"
144	610	—	82	211	5 174	2 053	3 409	"	"	"
864	1800	—	178	50	20 411	5 247	6 008	"	"	"
660	1060	—	77	3 184	20 442	8 735	7 427	"	"	"
336	682	—	22	1	6 814	5 000	5 994	"	"	"
156	417	—	8	—	6 724	2 747	3 128	"	"	"
240	840	—	68	27	22 337	3 687	3 088	"	"	"
106	440	—	17	5	5 980	3 988	3 668	"	"	"
—	270	—	38	—	2 975	598	3 520	"	"	"
45	225	—	25	3	3 357	836	3 192	"	"	"
624	624	—	—	33	10 233	5 775	3 482	"	"	"
36	60	—	—	—	1 040	3 735	144	"	"	"
2358	3544	—	—	3 079	40 987	—	7 320	13	40 fachen	50
480	1630	—	—	98	13 934	—	2 803	30	"	"
38	394	3	—	83	4 249	—	1 887	"	"	"
1194	2712	—	—	349	24 335	—	9 395	"	"	"
939	1848	—	129	—	16 225	—	8 325	"	"	"
351	1260	—	—	159	10 151	—	5 741	"	"	"
675	1833	5	52	186	12 341	—	9 477	"	"	"
1167	2040	—	85	63	15 629	—	9 234	"	"	"
376	955	—	43	—	8 480	—	4 089	26	40 fachen	75
270	795	—	—	66	5 895	—	5 772	13	30 "	50
936	1212	2	—	40	18 272	—	4 715	"	"	"
797	1381	13	—	31	18 468	—	2 974	"	"	"
410	674	—	14	195	7 317	—	3 582	"	"	"
561	714	—	9	10	7 478	—	766	"	"	"
318	616	—	—	127	7 399	—	2 943	"	"	"
1299	1545	—	—	545	18 488	—	18 620	13	30 fachen	50
2868	3812	—	631	1 543	58 911	—	62 450	20	"	"
555	1398	—	270	167	14 561	—	12 808	13	"	"
731	2267	—	640	197	28 315	—	23 596	"	"	"
1726	2285	—	—	901	25 779	—	34 022	20	40 fachen	"
681	1283	—	146	665	19 790	—	23 581	13	30 "	"
3336	2719	—	383	150	40 794	—	27 712	"	"	"
225	555	—	—	451	6 906	—	6 232	"	"	"

...kasse ist vom 1. April 1885 ab errichtet worden.

3*

(Ers

Laufende Nr.	Bezeichnung der B. (Betriebs-) W. (Werkstätten-) Krankenkassen.	beim Jahresanfang	im Jahre eingetreten.	im Jahre ausgeschieden überhaupt	gestorben	am Schlusse des Jahres überhaupt	nicht beitrittspflichtig	Erk...tung übe... hau...
45	W. Leinhausen . . . . ˙ . .	1 439	148	108	25	1 479	—	51
46	„ Harburg	325	122	88	4	359	4	14
47	„ Minden	370	31	35	3	366	1	12
48	„ Göttingen	406	24	26	8	404	—	15
49	„ Paderborn	651	58	40	6	669	—	27
50	„ Cassel	761	113	72	14	802	—	27
	Dir.-Bezirk Frankfurt.							
51	B. Berlin	649	234	170	11	713	14	16
52	„ Nordhausen	2 115	583	585	18	2 063	70	46
53	„ Wiesbaden	1 687	451	337	18	1 801	27	47
54	„ Frankfurt	2 033	429	427	32	2 035	56	60
55	W. Halle	402	181	76	1	507	—	19
56	„ Fulda	549	109	156	12	502	—	27
57	„ Limburg	567	94	87	4	574	—	19
	Dir.-Bez. Magdeburg.							
58	B. Berlin-Lehrte	1 651	574	489	20	1 736	154	45
59	„ „ Magdeburg	1 337	328	366	13	1 299	139	39
60	„ Wittenberge-Leipzig	3 644	1 221	1 446	52	3 419	20	1 20
61	„ Magdeburg-Halberstadt . . .	1 320	350	419	8	1 251	11	44
62	„ Halberstadt	1 157	249	196	12	1 210	2	41
63	„ Braunschweig	2 441	615	559	29	2 497	18	74
64	W. Buckau	685	326	257	9	754	—	42
65	„ Stendal	605	94	157	6	542	—	50
66	„ Halberstadt	604	32	119	9	517	—	36
67	„ Potsdam	504	82	102	7	484	—	20
68	„ Berlin	240	20	49	3	211	—	8
69	„ Braunschweig	862	110	143	14	829	1	42
	Dir.-Bez. Cöln (linksrhein.)							
70	B. Cöln	2 264	622	633	26	2 253	10	68
71	„ Crefeld	1 281	530	451	15	1 360	23	42
72	„ Coblenz	1 268	225	203	14	1 290	2	39
73	„ Aachen	1 842	817	477	18	2 182	7	46
74	„ Trier	1 099	160	159	9	1 100	16	31
75	„ Saarbrücken	2 195	750	454	28	2 491	7	56
76	W. Nippes	1 674	215	221	27	1 668	2	71
77	„ Crefeld	730	231	169	12	792	5	23
78	„ Saarbrücken	1 393	124	272	19	1 245	—	49
	Dir.-Bez. Cöln (rechtsrhein.)							
79	B. Münster-Emden	1 227	231	298	23	1 160	13	41
80	„ Wanne-Bremen	1 594	161	344	12	1 411	8	42
81	„ Dortmund	1 488	425	233	22	1 680	7	38
82	„ Essen	2 661	1 815	1 202	47	3 274	7	88
83	„ Düsseldorf	1 566	482	336	22	1 712	4	40
84	„ Wesel	878	101	129	8	850	—	16
85	„ Cöln	2 770	333	1 263	26	1 840	20	56
86	„ Neuwied*)	—	1 097	76	4	1 021	—	20
87	W. Dortmund (M.)	804	163	141	9	826	2	25
88	„ „ (W.)	680	44	95	11	629	—	17
89	„ Betzdorf	261	71	51	5	281	—	7
90	„ Deutz	220	70	39	2	251	—	5
91	„ Oberhausen	429	114	87	2	456	—	10

*) Die unter Nr. 86 aufgeführte Krankenkasse ist vom 1. April 1885 ab errichtet worden.

Erkrankungsfälle	Krankheitstage überhaupt	in Folge von Unfällen	aus den Vorjahren ℳ	Zinsen ℳ	Eintrittsgeld ℳ	laufende Beiträge der Mitglieder ℳ	laufende Beiträge der Bahnverwaltung ℳ	Ersatzleistungen ℳ	sonstige Einnahmen ℳ	Gesammt-Einnahme ℳ
5	11 480	143			27	21 183	10 592	—	209	39 564
6	2 821	207	3 310		138	6 425	3 318	—	307	13 588
1	2 199	44	5 329		32	6 621	3 233	360	28	15 803
	3 997	—			15	7 164	3 582	—	55	12 300
1	4 885	1			35	10 992	5 496	—	199	17 082
—	4 347	—	3 231		100	13 135	6 568	182	699	23 955
1	2 354	4	2 130		178	8 226	4 070	127	174	14 905
12	5 728	299			438	24 398	11 894	80	240	44 294
18	8 851	513	15 236		262	21 797	10 756	63	578	48 992
46	7 547	787	13 821		250	23 366	11 227	—	405	49 685
25	3 013	563	4 321		47	6 692	3 340	—	22	14 478
29	4 793	380			76	6 508	3 238	54	592	11 071
34	3 122	352	17 633		47	7 600	3 800	7	124	29 341
10	7 860	269	14 213		276	21 452	10 264	262	1 042	47 759
31	7 726	721			361	20 329	9 940	747	560	37 677
43	23 527	798	28 094		901	50 854	25 320	52	1 478	107 299
37	5 039	376	6 951		352	16 716	8 308	—	757	33 370
14	6 030	632			112	14 281	7 107	85	993	32 024
20	19 044	631			—	32 162	15 771	454	505	54 101
66	5 335	1 054	6 531		98	11 981	5 983	—	510	25 223
52	4 003	540	12 907		42	8 962	4 481	—	578	27 554
19	3 760	251	12 239		16	9 242	4 621	—	509	27 208
—	2 697	—			21	8 937	4 467	—	57	14 579
15	2 659	447			3	4 592	2 296	—	65	8 044
17	8 234	290			—	13 832	6 656	—	134	21 173
78	12 039	1 937			535	30 127	14 979	173	1 448	155 195
52	4 794	1 157	47 753	1 814	406	15 468	7 652	206	662	73 961
29	6 168	754			160	16 352	5 991	115	563	75 540
43	9 547	1 276	32 541		596	24 567	12 190	—	634	71 148
4	4 256	298			106	13 808	6 904	—	329	52 280
6	10 031	214			623	27 887	13 717	152	498	87 257
57	12 394	1 456		1 916	166	30 166	15 072	35	2 214	99 592
29	4 374	816			144	11 053	5 445	7	151	26 233
40	8 528	1 122	4 174		67	23 402	11 691	107	814	40 255
1	5 724	16			128	12 644	6 255	126	216	29 881
4	4 483	22	32 983		171	16 124	8 029	—	897	59 149
17	9 687	336		1 243	368	20 180	10 030	250	335	68 738
50	9 852	1 568	67 264	1 470	1 524	40 316	19 964	325	808	131 671
9	5 167	199	51 639		389	20 098	10 031	—	272	84 213
6	2 635	159	25 236		110	10 078	4 968	—	346	41 525
41	10 961	1 059	34 742		322	26 930	13 348	254	487	76 564
32	3 300	732	13 412		155	9 198	4 582	1	3 195	30 583
49	3 235	484	14 758		133	10 920	5 455	—	67	31 618
5	3 376	309	16 601		22	9 113	4 556	—	181	30 828
10	1 395	225	5 946		72	3 724	1 861	—	98	11 781
1	838	15	5 498		92	3 580	1 790	—	58	11 093
7	1 806	104	10 954	134	106	5 714	2 857	—	75	19 840

(Zweit

Laufende Nr.	Bezeichnung der B. (Betriebs-) W. (Werkstätten-) Krankenkassen.	aus den Vorjahren M.	für ärztliche Behandlung M.	für Arznei und Heilmittel für Mitglieder M.	Familienangehör. M.	Verpflegungskosten	Krankengeld an Mitglieder M.	Familienangehör. M.	Wöchnerinnenunter... M.
45	W. Leinhausen	—	5 396	2 291	866	1 072	10 427	253	—
46	„ Harburg	—	1 301	738	528	191	2 720	8	—
47	„ Minden	—	1 677	764	540	94	2 984	—	—
48	„ Göttingen	—	1 860	538	488	17	3 865	7	—
49	„ Paderborn	—	3 043	1 805	915	661	6 112	—	—
50	„ Cassel	—	2 831	1 090	856	117	5 868	—	—
	Dir.-Bez. Frankfurt.								
51	B. Berlin	—	4 301	638	1 114	180	2 110	55	—
52	„ Nordhausen	—	14 164	2 423	2 094	404	5 148	—	—
53	„ Wiesbaden	—	11 092	2 525	1 182	546	5 745	75	9
54	„ Frankfurt	—	16 540	2 943	1 926	723	6 165	166	—
55	W. Halle	—	3 427	1 074	655	303	2 266	—	—
56	„ Fulda	1040	3 840	969	1 253	594	3 924	—	—
57	„ Limburg	—	2 968	1 316	1 079	—	2 204	7	—
	Dir.-Bez. Magdeburg.								
58	B. Berlin-Lehrte	—	8 339	2 310	2 650	1 025	6 866	189	—
59	„ „ -Magdeburg	—	6 354	3 530	1 071	1 316	6 162	158	—
60	„ Wittenberge-Leipzig	—	20 936	5 069	4 307	2 349	17 637	—	—
61	„ Magdeburg-Halberstadt	—	9 380	1 448	1 366	73	3 314	—	—
62	„ Halberstadt	—	7 662	1 961	1 253	551	3 933	80	—
63	„ Braunschweig	—	20 172	3 518	1 699	598	14 090	203	—
64	W. Buckau	—	2 610	1 784	647	1 310	8 128	105	—
	„ Stendal	—	1 584	1 710	449	34	3 852	30	—
	„ Halberstadt	—	3 497	2 350	613	99	5 071	—	—
	„ Potsdam	—	1 746	1 688	634	407	4 144	27	—
68	„ Berlin	—	1 111	697	278	669	3 177	112	—
69	„ Braunschweig	—	7 077	1 106	558	303	7 580	34	—
	Dir.-Bez. Cöln (linksrh.)								
70	B. Cöln	—	14 000	3 649	1 472	767	8 797	94	29
71	„ Crefeld	—	8 255	1 464	392	803	3 673	38	—
72	„ Coblenz	—	10 033	3 364	947	288	4 656	76	—
73	„ Aachen	—	15 978	3 802	1 101	1 268	7 207	213	—
74	„ Trier	—	9 679	2 192	997	524	3 003	35	—
75	„ Saarbrücken	—	15 180	5 089	1 462	3 101	9 475	77	—
76	W. Nippes	—	14 321	5 320	2 551	2 615	16 683	710	—
77	„ Crefeld	—	6 011	2 580	1 177	304	3 365	56	—
78	„ Saarbrücken	—	9 221	4 266	1 689	614	12 357	—	—
	Dir.-Bez. Cöln (rechtsrh.)								
79	B. Münster-Emden	—	9 311	1 665	1 133	591	3 006	160	—
80	„ Wanne-Bremen	—	14 311	3 131	1 146	473	3 818	107	—
81	„ Dortmund	—	11 238	3 655	1 609	1 212	6 459	263	—
82	„ Essen	—	16 717	4 406	1 803	2 806	9 536	1 290	—
83	„ Düsseldorf	378	11 006	3 694	1 990	577	4 667	299	—
	„ Wesel	2689	5 711	2 330	1 038	400	2 013	124	—
84	„ Cöln	—	14 697	5 066	2 342	1 178	7 419	238	3
85	„ Neuwied*)	—	5 267	997	345	262	2 127	73	—
87	W. Dortmund (M.)	1267	5 097	1 630	844	755	3 529	63	—
88	„ „ (W.)	1462	5 043	2 150	1 465	579	2 894	95	—
89	„ Betzdorf	—	1 535	612	198	36	1 243	—	—
90	„ Deutz	—	1 350	642	224	215	716	—	—
91	„ Oberhausen	—	3 511	2 870	520	98	1 329	26	—

*) Die unter Nr. 86 aufgeführte Krankenkasse ist vom 1. April 1885 ab errichtet worden.

		Ersatz-leistungen	Verwaltungs-kosten	sonstige Aus-gaben	Gesammt-ausgabe. ℳ	Am Schlusse des Jahres betrug das Kassen-vermögen (ausschl. Reservefonds) ℳ	der Reserve-fonds ℳ	Die Kasse gewährte am Schlusse des Jahres: Kranken-geld für Wochen	Sterbegeld im wievielfachen Betrage des ortsüblichen Tagelohns.	freie Arznei für Familienangehör. in Höhe v. %d.Kost.
840	1 555	—	62	362	23 124	—	16 440	13	30 fachen	50
261	255	—	—	404	6 406	—	7 182	"	"	"
150	429	—	71	378	7 087	—	8 716	20	40 fachen	"
354	432	—	105	142	7 838	—	4 462	13	30 fachen	"
339	732	—	94	29	13 730	—	3 352	"	"	"
882	1 216	—	—	611	13 471	—	10 484	"	"	"
538	1 069	—	154	156	10 315	1 118	3 472	26	40 fachen	50
1012	3 123	—	111	548	29 027	767	14 500	13	30 fachen	"
1240	1 670	—	293	572	24 949	—	24 043	26	40 fachen	"
1431	1 958	—	13	334	32 199	—	17 486	13	"	"
84	1 049	—	50	10	8 918	2 437	3 123	26	"	75
654	627	—	37	6	12 944	-1 873	—	"	"	"
224	627	134	89	33	8 681	3 260	17 400	"	"	"
990	2 487	—	211	990	26 057	6 359	15 343	26	30 fachen	50
968	2 051	—	157	582	22 349	—	15 328	"	36 fachen	"
3 009	5 793	—	442	1 790	61 332	11 646	34 321	20	30 fachen	75
393	1 837	—	276	456	18 543	2 646	12 181	26	40 fachen	"
646	1 063	—	140	306	17 635	4 355	10 034	20	30 fachen	50
1596	2 298	—	265	3 169	47 608	—	6 493	26	40 fachen	"
600	1 060	—	22	428	16 694	2 797	5 732	"	30 fachen	"
360	840	—	1	17	8 877	10 386	8 291	"	40 fachen	"
508	864	—	23	4	13 129	10 677	3 402	"	36 fachen	"
410	666	—	1	—	9 723	—	4 856	13	"	"
216	312	—	11	10	6 593	377	1 074	26	30 fachen	"
1400	758	24	26	56	18 552	—	2 621	"	40 fachen	"
2061	3 290	—	121	126	34 376	54 253	66 566	26	40 fachen	75
801	2 092	—	92	506	18 116	16 772	39 073	"	"	"
711	2 282	—	74	—	22 431	2 456	50 653	13	30 fachen	50
1143	2 279	—	70	402	33 462	—	37 686	"	"	"
433	1 342	—	113	—	18 318	—	33 962	26	"	"
1410	3 223	—	103	25	39 165	—	48 092	13	"	"
1756	3 427	—	64	—	47 447	—	52 145	26	36 fachen	"
779	1 410	7	18	246	15 953	—	10 280	13	30 fachen	"
1074	2 024	—	145	42	31 432	—	8 823	"	"	"
1236	1 067	—	23	270	18 462	—	11 419	13	30 fachen	50
622	1 567	—	192	47	25 420	—	33 729	"	"	"
1155	1 345	—	143	118	27 197	—	41 541	"	"	"
3 125	4 170	130	389	824	45 196	—	86 475	"	"	"
1234	1 744	—	107	466	26 162	4 000	54 051	"	"	"
346	1 010	—	316	100	16 079	—	25 446	"	"	"
1674	1 926	17	237	477	85 274	—	41 290	"	"	"
257	592	1	174	125	10 230	—	20 353	"	"	"
540	862	—	85	—	14 672	—	16 946	"	"	"
600	1 202	—	9	12	15 511	-1 639	16 956	"	"	"
270	72	—	1	74	4 041	—	7 740	"	"	"
120	215	—	—	29	3 511	300	7 282	"	"	"
132	392	—	91	48	9 017	—	10 823	"	"	"

40 Wohlfahrtseinrichtungen für die Lohnarbeiter der Preuss. Staats-Eisenbahnverwaltung.

(Erster

Laufende Nr.	Bezeichnung der B. (Betriebs-) W. (Werkstätten-) Krankenkassen.	Zahl der Mitglieder						Erkrankungsfälle
		beim Jahresanfang	im Jahre eingetreten	im Jahre ausgeschieden überhaupt	gestorben	am Schlusse des Jahres überhaupt	nicht beitrittspflichtig	überhaupt
92	W. Osnabrück	303	48	30	4	321	—	123
93	„ Speldorf	632	201	152	8	681	—	278
94	„ Lingen	527	151	93	11	585	—	145
95	„ Deutzerfeld	389	28	51	9	366	—	170
	Dir.-Bez. Elberfeld.							
96	B. Düsseldorf	2 455	1 033	978	39	2 510	14	854
97	„ Hagen	1 614	644	545	30	1 713	—	508
98	„ Essen	2 251	1 138	1 197	43	2 192	4	708
99	„ Kassel	1 112	204	245	14	1 071	12	282
100	„ Altena	999	429	292	14	1 136	—	404
101	W. Witten	1 858	317	273	28	1 902	—	580
102	„ Elberfeld	385	162	161	7	386	1	152
103	„ Langenberg	511	111	118	3	504	—	138
104	„ Arnsberg	449	78	82	5	445	—	187
105	„ Siegen	250	74	61	5	263	5	98
	Dir.-Bez. Erfurt.							
106	B. Kassel	897	319	324	11	892	6	174
107	„ Erfurt	1 508	527	588	14	1 447	7	284
108	„ Weissenfels	1 302	763	379	15	1 686	43	341
109	„ Halle	619	365	301	10	683	19	150
110	„ Dessau	581	263	197	9	647	44	161
111	„ Oberlausitzer Bahn	350	142	126	3	366	6	102
112	„ Berlin	1 659	1 769	1 428	27	2 000	174	511
113	W. Gotha	335	43	54	1	324	—	164
114	„ Erfurt	743	171	144	6	770	2	390
115	„ Tempelhof	785	199	138	8	846	4	1 180
116	„ Cottbus	291	58	37	5	312	—	184
	Dir.-Bez. Breslau*).							
117	B. Posen	—	3 061	1 126	18	1 935	42	350
118	„ Brieg-Posen	—	3 604	709	48	2 895	62	564
119	„ Breslau-Stettin	655	638	390	8	903	8	186
120	„ „ Tarnowitz	—	3 026	1 324	18	1 702	5	302
121	„ Glogau	—	827	271	13	556	16	82
122	„ Oppeln	—	2 091	768	13	1 323	12	324
123	„ Neisse	—	2 027	612	10	1 415	—	218
124	„ Ratibor	1 038	870	660	19	1 248	2	219
125	„ Kattowitz	—	3 423	133	31	3 290	1	452
126	W. Breslau	—	3 726	419	35	3 307	—	923
127	„ Posen	—	744	145	2	599	2	439
**)	Ergebnisse für die Zeit vom 1. Januar bis 31. März 1885 insgesamt	15 876	—14845	+1031	53	—	—	1 374
	Dir.-Bez. Altona.							
128	B. Berlin	1 146	703	564	23	1 285	46	328
129	„ Hamburg	1 142	776	398	21	1 520	106	319
130	„ Kiel	506	235	116	4	625	3	113
131	„ Flensburg	390	298	241	2	447	27	72
132	W. Wittenberge und Berlin	628	197	245	3	580	—	158
133	„ Hamburg	257	141	111	3	287	—	131
134	„ Neumünster	320	69	27	1	362	—	63

*) Die unter lfd. Nr. 117. 118. 120 bis 121. 125 bis 127 aufgeführten Kassen sind vom 1. April 1885 ab errichtet word
**) In Folge erheblicher Veränderungen in den Bezirksabgrenzungen sind vom 1. April 1885 die bis dahin im Eis
No. 119 und 124 aufgeführten Kassen aufgelöst und an deren Stelle neue Kassen errichtet worden. Die Ergebnisse

	Krankheitstage		Einnahmen							Gesammt-Einnahme.
in Folge von ...	überhaupt	in Folge von Unfällen	aus den Vorjahren	aus dem laufenden Jahre						
				Zinsen	Eintrittsgeld	laufende Beiträge der Mitglieder	laufende Beiträge der Bahnverwaltung	Ersatzleistungen	sonstige Einnahmen	
	M	M	M	M	M	M	M	M	M	M
22	2 156			120	45	4 427	2 214	4	111	14 463
8	4 718		14 948	535	117	8 296	4 147	—	411	28 454
20				30	54	7 083	3 539	1	429	11 961
9	4 721		10 393	420	22	5 312	2 656	—	382	19 185
17			13 235	394	792	32 541	16 183	1 081	508	64 734
16	11 971		7 494	200	510	19 629	9 788	359	245	38 225
25	14 862		12 659	480	741	29 192	14 576	333	438	58 419
4			5 059	70	76	12 060	5 596	150	90	23 101
8			3 710	58	230	12 399	6 170	236	288	23 091
54		1 093		304	143	24 668	12 332	319	801	48 371
12				52	61	5 316	2 643	166	169	10 311
6				74	54	6 911	3 450	—	117	13 527
17			2 091	32	53	7 601	3 800	92	123	13 792
9			1 138	36	41	3 378	1 649	4	137	6 383
25	2 691		5 349	200	185	9 887	4 900	104	95	20 720
29			5 700	120	592	17 469	8 654	841	885	35 261
17			11 308	32	576	17 012	8 186	42	93	37 249
2			3 340	77	195	6 619	3 263	—	24	13 518
5			1 796	60	168	7 697	3 793	74	61	13 649
3			17 665	662	91	4 189	2 089	—	698	25 394
10			10 658	80	859	26 621	13 044	102	121	52 485
3			4 390	20	64	6 146	3 073	—	195	13 888
23	5 699	1 287	8 090	29	301	12 313	6 146	256	90	27 225
38		1 219	521	10	132	16 625	8 290	11	83	25 672
2			3 764	87	55	5 105	2 552	—	13	11 576
12	6 210		41 638	88	437	13 622	7 304	5	756	68 850
15	13 845		12 626	394	355	21 150	10 484	24	331	45 364
2			1 886	40	191	4 673	1 705	—	93	8 588
17			10 740	40	317	12 836	6 378	16	460	30 782
15			2 106	30	61	4 044	2 013	—	18	8 272
—	5 761		1 697	—	256	9 533	4 765	—	101	16 352
3	4 657		4 565	203	350	10 927	5 425	—	457	21 927
3	3 777		2 486	10	258	7 975	3 986	30	47	14 792
33	9 671		7 300	96	360	17 578	8 763	—	842	34 939
29	21 911		17 884	167	495	35 967	17 983	—	337	72 833
8	3 478		6 626	56	136	5 892	2 937	—	306	15 953
27	19 279		—	20	849	45 397	22 619	12	502	70 399
3			2 958	52	271	15 084	7 305	143	390	26 203
8			3 197	140	522	19 030	9 188	—	846	32 923
—		1 816	224	60	171	8 137	4 055	—	453	13 100
1			9 434	20	223	5 840	2 809	—	23	18 349
—			965	—	62	7 605	3 802	—	499	12 933
16			873	52	127	5 142	2 571	—.		8 988
—			3 911	124	36	6 178	3 089	—		13 338

...Direktionsbezirke Breslau bestandenen Betriebs- und Werkstätten-Krankenkassen mit Ausnahme der unter lfd. ...Kassen für ein Viertel Jahr sind hier nachrichtlich aufgeführt.

42 Wohlfahrtseinrichtungen für die Lohnarbeiter der Preuss. Staats-Eisenbahnverwaltung.

(Zweite

Laufende Nr.	Bezeichnung der B. (Betriebs-) W. (Werkstätten-) Krankenkassen	aus den Vorjahren ℳ	Aus aus dem laufenden Jahre						
			für ärztliche Behandlung ℳ	für Arznei und Heilmittel für Mitglieder ℳ	Familienangehör. ℳ	Verpflegungskosten ℳ	Krankengeld an Mitglieder ℳ	Familienangehör. ℳ	Wöchnerinnenunterstützung ℳ
92	W. Osnabrück	789	2 138	840	314	381	1 468	19	—
93	„ Speldorf	—	3 992	1 928	668	617	4 680	76	—
94	„ Lingen	—	3 547	1 960	787	438	2 626	91	—
95	„ Deutzerfeld	129	2 222	1 296	450	1 055	3 424	220	—
	Dir.-Bez. Elberfeld.								
96	B. Düsseldorf	97	18 330	4 744	2 605	2 667	10 967	536	—
97	„ Hagen	—	11 588	3 580	2 172	1 837	7 604	222	—
98	„ Essen	124	13 975	4 450	2 313	2 959	8 745	372	—
99	„ Kassel	—	8 367	1 898	1 563	56	3 951	20	—
100	„ Altena	—	7 197	2 762	1 671	893	5 573	118	—
101	W. Witten	—	14 259	5 949	3 611	1 686	7 748	326	—
102	„ Elberfeld	58	2 772	1 084	516	947	2 168	122	—
103	„ Langenberg	—	3 155	1 000	1 135	482	2 068	51	—
104	„ Arnsberg	—	3 189	1 649	871	1 168	2 836	26	—
105	„ Siegen	280	1 885	919	534	66	1 719	11	—
	Dir.-Bez. Erfurt.								
106	B. Kassel	—	6 117	1 031	640	28	2 162	22	—
107	„ Erfurt	—	11 262	2 486	2 742	353	4 241	23	—
108	„ Weissenfels	4	13 709	2 047	853	486	4 133	—	—
109	„ Halle	1	3 480	763	340	117	1 626	50	28
110	„ Dessau	—	5 252	1 279	485	59	2 395	10	—
111	„ Oberlausitzer Bahn	—	3 167	780	306	534	1 057	106	—
112	„ Berlin	—	11 819	4 052	1 589	1 918	8 302	379	—
113	W. Gotha	—	1 947	1 100	348	64	3 790	—	—
114	„ Erfurt	—	3 562	2 780	932	577	8 074	—	—
115	„ Tempelhof	—	7 182	3 429	1 203	1 202	12 720	—	—
116	„ Cottbus	—	1 607	737	395	120	1 765	56	—
	Dir.-Bez. Breslau.*)								
117	B. Posen	—	5 504	774	1 616	656	2 642	277	4
118	„ Brieg-Posen	—	7 846	2 853	2 663	587	7 322	306	18
119	„ Breslau-Stettin	—	2 568	518	261	66	1 005	—	—
120	„ -Tarnowitz	—	6 532	1 707	858	592	2 837	107	9
121	„ Glogau	—	1 937	441	299	53	1 432	2	29
122	„ Oppeln	—	4 643	1 450	946	199	2 521	—	—
123	„ Neisse	—	5 574	564	1 128	155	2 181	—	—
124	„ Ratibor	—	5 303	900	954	712	1 712	26	—
125	W. Kattowitz	—	9 132	2 424	3 054	726	5 606	—	—
126	W. Breslau	—	10 254	4 502	5 549	733	18 710	382	—
127	„ Posen	—	1 862	1 288	644	812	1 814	160	—
**)	Ergebnisse für die Zeit vom 1. Januar bis 15. März insgesammt	—	20 941	7 068	6 531	1 447	18 212	406	5
	Dir.-Bez. Altona.								
128	B. Berlin	—	5 402	2 202	1 020	1 580	4 581	159	—
129	„ Hamburg	—	6 996	1 939	1 784	942	4 075	97	—
130	„ Kiel	—	3 528	520	893	31	1 488	8	—
131	„ Flensburg	—	2 674	470	131	70	895	43	—
132	W. Wittenberge-Berlin	—	2 386	1 354	907	736	3 467	—	—
133	„ Hamburg	—	1 414	816	346	79	2 406	10	—
134	„ Neumünster	—	2 539	264	271	84	1 169	—	—

*) Die unter lfd. No. 117. 118. 120 bis 123. 125 bis 127 aufgeführten Kassen sind vom 1. April 1885 ab errichtet worde
**) In Folge erheblicher Veränderungen in den Bezirksabgrenzungen sind vom 1. April 1885 ab die bis dahin
lfd. Nr. 119 und 124 aufgeführten Kassen aufgelöst und an deren Stelle neue Kassen errichtet worden. Die Ergebnis

Theil.)

gaben					Gesammtausgabe.	Am Schlusse des Jahres betrug		Die Kasse gewährte am Schlusse des Jahres		
Sterbegeld beim Tode von Mitgliedern	Familienangehör.	Ersatzleistungen	Verwaltungskosten	sonstige Ausgaben.		das Kassenvermögen (ausschl. Reservefonds)	der Reservefonds	Krankengeld für Wochen	Sterbegeld im wievielfachen Betrage des ortsüblichen Tagelohns.	freie Arznei für Familienangehör. in Höhe v. %d.Kost.
ℳ	ℳ	ℳ	ℳ	ℳ	ℳ	ℳ	ℳ			
216	252	4	15	4	6440	—	8023	13	30 fachen	50
528	860	—	6	38	13393	—	15061	26	„	„
582	472	—	6	6	10515	—	1446	13	„	„
540	660	—	16	14	10026	—1808	10967	„	„	„
2459	3541	—	524	505	46975	1616	16143	13	30 fachen	50
1817	2434	—	360	89	31703	406	6116	„	•	„
2696	2275	—	460	142	38511	2687	17221	„	„	„
676	1454	—	256	78	18319	674	4108	„	„	„
827	1299	—	191	13	20544	305	2242	„	„	„
1740	2406	—	195	64	37984	1237	9150	„	„	„
504	422	—	111	11	8715	48	1548	„	„	„
204	620	—	93	40	8848	1206	3473	„	„	„
270	498	—	90	18	9615	75	4102	„	„	„
243	231	—	35	8	5931	—431	883	„	•	„
510	1098	—	326	313	12247	4955	3518	13	30 fachen	50
608	1517	—	169	49	23450	1401	10410	„	„	„
548	2731	—	81	181	25173	3609	8467	„	„	„
401	611	—	164	35	7616	1482	4420	•	„	„
423	849	—	170	81	11003	—	2646	„	„	„
120	521	—	269	150	7010	1592	16792	„	40 fachen	„
1431	2855	—	162	100	32607	5530	14348	•	30 fachen	„
56	451	—	4	156	7916	3890	2082	„	40 fachen	„
384	1293	—	61	255	17918	6396	2911	„	„	„
549	1464	—	69	34	27852	—2180	—	„	30 fachen	„
240	407	—	3	118	5448	2858	3270	26	40 fachen	„
668	1479	—	—	936	14556	26294	28000	26	40 fachen	75
2410	4218	—	—	394	28617	—	16747	„	„	„
141	434	—	—	98	5091	—	3497	„	30 fachen	„
832	1552	—	45	18	15089	593	15100	„	40 fachen	„
576	623	—	30	—	5422	—	2850	„	„	„
480	1358	—	—	248	11845	—	4507	„	„	„
338	1921	—	—	657	12518	—	9409	„	„	„
652	1286	—	64	32	11641	—	3151	„	„	„
417	3763	—	147	380	25649	—	9290	„	„	„
1980	4305	—	—	315	46730	—	26103	„	„	„
40	491	—	22	32	7165	—	8788	„	„	„
2574	5914	—	94	7207	70399	—	—			
1199	2035	—	149	19	18346	4830	3027	13	30 fachen	50
1329	1580	—	53	22	18817	1388	12718	„	„	„
257	603	—	210	—	7538	—	5562	„	„	„
108	569	—	63	68	5091	827	12431	„	„	„
456	1152	—	194	3	10655	301	1977	„	„	„
225	350	—	69	13	5728	648	2612	„	„	„
60	388	—	37	—	4812	—	8526	„	„	„

Eisenbahn-Direktionsbezirke Breslau bestandenen Betriebs- und Werkstätten-Krankenkassen mit Ausnahme der unter der geschlossenen Kassen für ein Viertel Jahr sind hier nachrichtlich aufgeführt.

Ergebnisse der Krankenversicherung in den einzelnen Direktionsbe

1. Zahl der Krankenkassen	11	10	10	5	7	7	4	3	6	
2. Zahl der Mitgl.										
a) beim Jahresanfang	17 410	4 646	10 823	3 314	13 085	4 274	6 484	1 518	11 550	
b) im Jahre eingetret.	6 870	998	5 185	585	3 888	534	1 647	38	3 337	
c) überhaupt	24 280	5 644	16 008	3 899	16 973	4 808	8 131	1 556	14 887	
d) im Jahre ausgetret.	6 134	1 074	4 124	661	2 549	398	1 519	319	3 475	
durchschn. auf je 100 Mitgl. (lfd. No. 3)	34_{66}	23_{31}	36_{42}	20_{18}	18_{53}	9_{17}	23_{00}	20_{97}	30_{97}	
darunter gestorben	239	62	183	58	195	63	79	17	134	
durchschnittlich auf je 100 Mitglieder	1_{24}	1_{13}	1_{41}	1_{78}	1_{42}	1_{45}	1_{21}	1_{19}	1_{17}	
e) am Jahresschlusse	8 146	4 570	1 884	3 238	4 424	4 410	6 612	1 583	1 412	
Darunter weibliche Personen	429	—	299	—	29	2	29	—	10	
nicht versicherungspflichtige Personen	391	21	46	2	144	5	167	—	344	
3. Durchschnittliche Betheiligung im Jahre 1885	7 778	4 608	1 354	3 276	3 755	4 342	6 548	1 551	1 481	3 419
4. Zahl der Erkrankungsfälle überh.	4 712	2 321	2 728	1 574	3 361	1 605	1 707	661	3 662	
durchschnittlich auf je 100 Mitglieder	26_{58}	50_{47}	24_{08}	48_{43}	24_{13}	36_{94}	26_{95}	42_{48}	31_{00}	
in Folge v. Unfällen	375	125	95	78	80	15	75	91	174	
durchschnittlich auf je 100 Mitglieder	2_{11}	2_{71}	0_{84}	2_{26}	0_{56}	0_{35}	1_{15}	5_{87}	1_{51}	
5. Zahl der Krankheitstage überhaupt	86 039	9 340	46 332	6 628	65 516	31 732	24 480	10 928	9 226	26 688
durchschnittlich auf jeden Erkrankungsfall	20_{82}	16_{93}	16_{99}	16_{92}	19_{49}	19_{77}	14_{34}	16_{53}	18_{90}	
durchschnittlich auf jedes Mitglied	4_{84}	8_{54}	4_{08}	8_{13}	4_{76}	7_{08}	3_{74}	7_{05}	6_{48}	
in Folge v. Unfällen	8 408	2 961	2 488	2 323	1 970	418	1 603	1 295	3 427	
durchschnittlich auf jeden Erkrankungsfall	22_{42}	23_{67}	26_{19}	29_{78}	24_{68}	27_{87}	21_{37}	14_{28}	19_{68}	
durchschnittlich auf jedes Mitglied	0_{47}	0_{64}	0_{62}	0_{71}	0_{43}	0_{10}	0_{24}	0_{81}	0_{30}	
6. A. Einnahmen aus den Vorjahren *M*	66 002	9 071	32 114	4 151	53 392	23 301	38 231	22 557	8 895	34 762
B. Einnahmen im Jahre 1885										
a) Zinsen *M*	1 601	702	807	383	5 632	642	1 116	186	1 894	
in % der Einnahme (lfd. No. 6b)	0_{60}	0_{68}	0_{44}	0_{65}	2_{00}	0_{67}	0_{63}	0_{67}	0_{78}	
b) Eintrittsgeld *M*	3 566	484	2 528	272	2 419	382	1 128	170	2 002	
in % der Einnahme	1_{12}	0_{39}	1_{47}	0_{39}	0_{63}	0_{34}	0_{79}	0_{63}	0_{87}	0_{60}

8			5	7	4	9	2	4	3	77	57
12 184		8 431	3 453	6 916	2 154	13 802	3 767	3 184	1 205	113 818	35 873
4 645		742	4 148	471	8 393	799	2 012	407	46 677	7 044
16 829	5 135	11 879	4 195	11 064	2 625	22 195	4 566	5 196	1 612	160 495	42 917
3 881		3 257	695	3 343	373	6 928	660	1 319	383	38 906	6 791
30_{68}			19_{99}	45_{07}	16_{68}	47_{66}	17_{71}	37_{65}	31_{47}	33_{06}	18_{66}
. 164			47	89	20	218	50	50	7	1 596	491
1_{61}			1_{35}	1_{72}	0_{91}	1_{50}	1_{90}	1_{42}	0_{58}	1_{26}	1_{36}
12 948	4 396	8 622	3 500	7 721	2 252	15 267	3 906	3 877	1 229	121 589	36 126
			—	98	5	72	—	15	—	1 116	7
			6	299	6	148	2	182	—	1 875	52
	4 321	8 527	3 477	7 318	2 203	14 534	3 835	3 530	1 217	117 704	36 000
		2 756	1 155	1 723	1 918	3 607	1 826	832	352	31 363	16 243
27_{34}			33_{72}	23_{64}	87_{65}	24_{82}	47_{61}	23_{66}	28_{47}	26_{65}	45_{12}
166			98	91	146	127	37	12	36	1 477	1 062
1_{69}			2_{69}	1_{44}	6_{68}	0_{67}	0_{75}	0_{34}	2_{60}	1_{75}	2_{65}
51 809	25 211	59 197	22 380	31 102	18 974	67 171	32 625	15 832	6 991	563 539	266 793
			19_{47}	18_{05}	9_{90}	18_{67}	17_{77}	19_{68}	19_{65}	17_{97}	16_{43}
	2 058	1 419	6_{44} 1 951	4_{75} 1 633	8_{41} 2 603	4_{68} 2 710	8_{751} 708	4_{68} 203	5_{74} 814	4_{79} 33 588	7_{141} 21 107
			19_{91}	17_{94}	18_{51}	21_{96}	19_{14}	16_{62}	22_{80}	22_{74}	19_{68}
			0_{66}	0_{77}	1_{15}	0_{19}	0_{19}	0_{66}	0_{67}	0_{79}	$0_{K.9}$
		42 157	7 858	55 816	16 765	85 044	24 510	15 813	5 749	1 137 847	349 575
7 428	2 034	1 203	497	1 231	146	921	223	272	176	31 697	8 585
2_{66}	2_{72}		0_{67}	0_{66}	0_{76}	0_{62}	0_{76}	0_{66}	0_{60}	1_{66}	0_{60}
3 167	663		352	2 666	552	3 282	783	1 187	225	26 720	4 440
1_{66}	0_{772}	1_{62}	0_{67}	1_{67}	0_{60}	1_{66}	0_{62}	1_{76}	0_{176}	1_{72}	0_{61}

Eisenb

	Berlin		Bromberg		Hannover		Frankfurt a./M.		Magdeburg		B
	Betrieb	Werk-stätten	Betrieb	Werk-stätten	Betrieb	Werk-stätten	Betrieb	Werk-stätten	Betrieb	Werk-stätten	
c) laufende Beiträge der Mitglieder $\mathscr{M}$	204 835	78 878	115 502	42 376	164 242	72 614	77 787	20 800	155 794	57 046	1:
in % der Einnahme	64_{44}	65_{05}	62_{72}	60_{64}	64_{47}	64_{76}	65_{00}	64_{33}	64_{03}	64_{09}	
durchschn. f.jed.Mitgl.	11_{40}	17_{12}	10_{57}	12_{94}	11_{94}	16_{72}	11_{49}	13_{41}	13_{67}	16_{29}	
d) laufende Beiträge der Bahnverwaltung	98 885	39 403	57 146	21 176	78 437	36 220	37 947	10 378	76 710	28 504	(
in % der Einnahme	31_{115}	32_{53}	31_{03}	30_{04}	30_{70}	32_{00}	31_{74}	32_{719}	31_{03}	32_{07}	
durchschn. für jedes versicherungs-pflichtige Mitglied	5_{40}	8_{49}	5_{05}	6_{47}	5_{76}	8_{05}	5_{45}	6_{49}	6_{40}	8_{04}	
e) Ersatzleistungen .	2 399	11	221	15	601	542	270	61	1 600	—	
in % der Einnahme	0_{75}	0_{01}	0_{12}	0_{02}	0_{23}	0_{40}	0_{22}	0_{19}	0_{66}	—	
f) andere Einnahmen	6 105	1 763	7 947	5 541	4 204	1 729	1 397	738	5 335	1 853	
in % der Einnahme	1_{92}	1_{45}	4_{22}	7_{04}	1_{45}	1_{44}	1_{16}	2_{98}	2_{19}	2_{09}	
g) insgesammt (ein-schl. der Vorjahre)	383 393	170 312	216 265	73 914	408 927	135 430	157 876	54 890	312 230	123 781	5
h) insgesammt (aus-schl. der Vorjahre)	317 391	121 241	184 151	69 763	255 535	112 129	119 645	32 333	243 335	89 019	?
durchschn. f.jed.Mitgl.	17_{66}	26_{41}	16_{09}	21_{40}	18_{48}	25_{03}	18_{98}	30_{00}	21_{19}	26_{04}	
7. A. Ausgaben aus den Vorjahren $\mathscr{M}$	—	129	—	—	—	—	—	1 040	—	—	
B. Ausgaben im Jahre 1885											
a) für ärztliche Be-handlung . . $\mathscr{M}$	100 942	20 474	53 027	14 180	76 193	17 496	46 097	10 235	72 843	17 625	
in % der Einnahme	31_{40}	16_{98}	28_{90}	20_{43}	29_{83}	15_{49}	38_{44}	31_{45}	29_{94}	19_{90}	
in % der Ausgabe (lfd. No. 8)	42_{22}	22_{87}	34_{94}	24_{05}	36_{98}	22_{97}	47_{77}	33_{51}	37_{94}	23_{95}	
durchschn. f.jed.Mitgl.	5_{49}	4_{44}	4_{69}	4_{33}	5_{44}	4_{03}	7_{06}	6_{99}	6_{34}	5_{215}	
b) für Arznei und Heilmittel d. Mitgl.	26 777	11 315	18 343	9 141	26 785	7 563	8 529	3 359	17 836	9 335	
in % der Einnahme	8_{45}	9_{03}	9_{99}	13_{18}	10_{48}	6_{74}	7_{13}	10_{39}	7_{32}	10_{59}	
in % der Ausgabe .	11_{40}	12_{64}	12_{05}	15_{41}	12_{99}	9_{93}	8_{84}	10_{95}	9_{52}	12_{73}	
durchschn. f.jed.Mitgl.	1_{00}	2_{46}	1_{62}	2_{79}	1_{95}	1_{74}	1_{30}	2_{17}	1_{45}	2_{72}	
c) für Arznei und Heilmittel der Fa-milienangehörigen	11 917	4 810	12 676	6 070	14 011	4 619	6 316	2 987	12 346	3 179	
in % der Einnahme	3_{75}	3_{97}	6_{84}	8_{70}	5_{48}	4_{12}	5_{48}	9_{94}	5_{07}	3_{57}	
in % der Ausgabe .	4_{99}	5_{37}	8_{44}	10_{20}	6_{00}	6_{05}	6_{44}	9_{73}	6_{53}	4_{33}	
durchschn. f.jed.Mitgl.	0_{47}	1_{04}	1_{12}	1_{85}	1_{02}	1_{03}	0_{95}	1_{93}	1_{03}	0_{90}	
d) Verpflegungskost.	8 035	3 166	4 330	2 146	5 639	2 538	1 853	897	5 912	2 822	
in % der Einnahme	2_{49}	2_{62}	2_{95}	3_{08}	2_{21}	2_{47}	1_{65}	2_{77}	2_{43}	3_{17}	
in % der Ausgabe .	3_{39}	3_{51}	2_{84}	3_{44}	2_{74}	3_{34}	1_{92}	2_{94}	3_{15}	3_{44}	
durchschn. f.jed.Mitgl.	0_{45}	0_{99}	0_{38}	0_{63}	0_{41}	0_{58}	0_{98}	0_{58}	0_{41}	0_{83}	
e) Krankengeld $\mathscr{M}$	52 087	36 669	33 943	18 990	51 207	35 060	19 168	8 394	52 002	31 952	
ermässigtes neben Verpflegung . $\mathscr{M}$	1 023	577	540	347	550	322	296	7	630	308	
überhaupt. . $\mathscr{M}$	53 110	37 246	34 483	19 337	51 757	35 382	19 464	8 401	52 632	32 260	
in % der Einnahme	16_{73}	30_{71}	18_{72}	27_{72}	20_{71}	31_{52}	16_{97}	25_{49}	21_{63}	36_{04}	
in % der Ausgabe .	22_{73}	41_{94}	22_{95}	32_{81}	25_{11}	45_{04}	20_{47}	27_{53}	27_{99}	43_{95}	
durchschn. f.jed.Mitgl.	2_{90}	8_{95}	3_{94}	5_{90}	3_{76}	8_{05}	2_{97}	5_{43}	4_{39}	9_{44}	

Direktions-Bezirk											Insgesammt	
	Cöln r.		Elberfeld		Erfurt		Breslau		Altona			
	Betrieb	Werk-stätten	Betrieb	Werk-stätten	Betrieb	Werk-stätten	Betrieb	Werk-stätten	Betrieb	Werk-stätten	Betrieb	Werkstätt
	155 568	58 169	105 821	47 874	89 494	40 189	134 266	55 328	48 091	18 925	1 379 609	
	62_{01}	63_{29}	63_{93}	64_{24}	62_{65}	65_{21}	62_{68}	65_{49}	64_{63}	64_{13}	63_{44}	
	12_{36}	13_{46}	12_{41}	13_{77}	12_{71}	13_{64}	9_{24}	14_{43}	13_{62}	15_{66}	11_{72}	
	77 207	29 075	52 312	23 875	43 929	20 061	66 703	27 654	23 357	9 462	674 066	
	30_{67}	31_{38}	31_{47}	32_{04}	30_{84}	32_{57}	31_{09}	32_{55}	31_{24}	32_{67}	31_{00}	
	5_{97}	6_{72}	6_{13}	6_{48}	6_{70}	9_{13}	4_{65}	7_{72}	6_{07}	7_{77}	5_{62}	
	956	5	2 160	580	2 163	267	87	—	143	—	11 246	
	0_{98}	0_{00}	1_{31}	0_{77}	1_{47}	0_{43}	0_{04}	—	0_{19}	—	0_{62}	
	6 556	1 812	1 569	1 347	2 977	381	9 277	973	1 712	722	51 213	
	2_{67}	1_{95}	0_{95}	1_{61}	2_{09}	0_{62}	4_{63}	1_{15}	2_{29}	2_{44}	2_{35}	
	222 324	179 223	207 571	92 383	8 276	78 361	299 580	109 471	90 575	35 259	3 312 398	1 219
	250 862	91 758	165 414	74 525	2 460	61 596	214 536	84 961	74 762	29 510	2 174 551	869
	19_{97}	21_{22}	19_{39}	21_{41}	12_{47}	27_{06}	14_{76}	22_{16}	21_{17}	24_{29}	18_{47}	24
	—	3 067	3 647	221	338	5	—	—	—	—	3 293	5
	88 258	28 435	59 457	25 260	4 806	14 298	65 998	16 098	18 600	6 339	709 346	199
	33_{35}	30_{99}	35_{94}	33_{90}	38_{47}	23_{61}	30_{79}	18_{66}	21_{63}	21_{43}	32_{02}	23
	42_{70}	32_{64}	38_{06}	35_{03}	46_{02}	21_{06}	36_{03}	21_{68}	37_{68}	29_{01}	40_{05}	27
	7_{46}	6_{56}	6_{07}	7_{06}	7_{49}	6_{40}	4_{64}	4_{23}	5_{27}	5_{21}	6_{63}	6
	24 944	13 928	17 434	10 601	2 438	8 016	16 225	8 264	5 131	2 434	194 002	96
	9_{44}	15_{18}	10_{54}	14_{21}	8_{73}	13_{06}	7_{63}	9_{73}	6_{64}	8_{63}	8_{02}	11
	11_{97}	15_{99}	11_{37}	14_{91}	10_{44}	13_{66}	9_{01}	11_{58}	10_{63}	11_{43}	11_{01}	13
	1_{96}	3_{22}	2_{04}	3_{16}	1_{00}	3_{43}	1_{12}	2_{15}	1_{45}	2_{00}	1_{63}	2
	11 406	5 470	10 324	6 667	6 955	2 878	15 781	8 722	3 828	1 524	111 931	52
	4_{42}	5_{96}	6_{24}	8_{95}	4_{63}	4_{67}	7_{63}	10_{27}	5_{12}	5_{17}	5_{15}	
	5_{45}	6_{79}	6_{67}	9_{34}	5_{84}	4_{67}	8_{76}	11_{09}	7_{49}	7_{10}	6_{34}	7
	0_{63}	1_{77}	1_{21}	1_{02}	0_{85}	1_{31}	1_{09}	2_{97}	1_{08}	1_{03}	0_{95}	1
	7 505	4 174	8 412	3 349	3 495	1 963	4 644	2 094	2 623	899	59 199	27
	2_{95}	4_{55}	5_{09}	4_{48}	2_{95}	3_{13}	2_{16}	2_{44}	3_{61}	3_{05}	2_{72}	3
	2_{91}	4_{60}	5_{53}	4_{71}	2_{93}	3_{32}	2_{49}	2_{81}	5_{27}	4_{24}	3_{36}	3
	0_{96}	0_{47}	0_{99}	0_{96}	0_{43}	0_{63}	0_{67}	0_{45}	0_{74}	0_{74}	0_{59}	
	39 045	21 909	36 840	16 539	3 916	26 349	36 806	29 188	11 039	7 042	392 884	264
	2 554	590	1 268	536	590	56	874	792	307	10	9 165	4
	41 599	22 499	38 108	17 075	4 506	26 405	37 680	29 980	11 346	7 052	402 049	268
	16_{44}	24_{54}	23_{04}	22_{61}	17_{29}	42_{67}	17_{87}	33_{29}	15_{48}	23_{90}	18_{49}	30
	14_{90}	28_{68}	24_{03}	24_{03}	20_{63}	44_{65}	20_{02}	40_{05}	22_{79}	33_{27}	22_{79}	36
	2_{62}	5_{67}	4_{47}	4_{91}	3_{04}	11_{09}	2_{00}	7_{62}	3_{61}	5_{79}	3_{42}	7

Eisen

	Berlin		Bromberg		Hannover		Frankfurt a./M.		Magdeburg	
	Betrieb	Werkstätten	Betrieb	Werkstätten	Betrieb	Werkstätten	Betrieb	Werkstätten	Betrieb	Werkstätten
f) Wöchnerinnenunterstützung . $\mathcal{M}$	180	—	204	—	—	—	9	—	—	—
für jedes weibliche Kassenmitglied . $\mathcal{M}$	$0{,}43$	—	$0{,}70$	—	—	—	$0{,}21$	—	—	—
g) Sterbegeld beim Tode von Mitgl. $\mathcal{M}$	13 022	3 069	7 748	3 022	10 206	3 081	4 221	962	7 622	3 224
in % der Einnahme	$4{,}10$	$2{,}58$	$4{,}21$	$4{,}33$	$3{,}99$	$2{,}75$	$3{,}43$	$2{,}96$	$3{,}13$	$3{,}67$
in % der Ausgabe .	$5{,}45$	$3{,}40$	$5{,}09$	$5{,}13$	$4{,}95$	$3{,}92$	$4{,}37$	$3{,}15$	$3{,}94$	$4{,}38$
h) Sterbegeld beim Tode von Familienangehörigen . $\mathcal{M}$	22 523	6 418	17 011	4 597	15 309	5 174	7 820	2 303	15 549	4 500
in % der Einnahme	$7{,}09$	$5{,}29$	$9{,}24$	$6{,}48$	$5{,}99$	$4{,}61$	$6{,}54$	$7{,}12$	$6{,}39$	$5{,}05$
in % der Ausgabe .	$9{,}42$	$7{,}11$	$11{,}18$	$7{,}80$	$7{,}43$	$6{,}59$	$8{,}10$	$7{,}54$	$8{,}03$	$6{,}12$
i) Ersatzleistungen $\mathcal{M}$	—	—	8	15	—	—	—	134	—	24
in % der Ausgabe .	—	—	$0{,}01$	$0{,}03$	—	—	—	$0{,}44$	—	$0{,}03$
k) Verwaltungskosten	1 787	433	309	23	2 070	332	571	176	1 491	84
in % der Einnahme	$0{,}56$	$0{,}35$	$0{,}17$	$0{,}03$	$0{,}81$	$0{,}30$	$0{,}48$	$0{,}54$	$0{,}61$	$0{,}09$
in % der Ausgabe .	$0{,}75$	$0{,}48$	$0{,}79$	$0{,}04$	$1{,}00$	$0{,}42$	$0{,}60$	$0{,}58$	$0{,}77$	$0{,}11$
durchschn. f.jed.Mitgl.	$0{,}10$	$0{,}09$	$0{,}03$	$0{,}01$	$0{,}15$	$0{,}08$	$0{,}09$	$0{,}11$	$0{,}13$	$0{,}03$
l) sonst. Ausgaben $\mathcal{M}$	768	3 253	4 083	403	4 168	2 377	1 610	49	7 293	515
in % der Einnahme	$0{,}25$	$2{,}45$	$2{,}22$	$0{,}58$	$1{,}02$	$2{,}12$	$1{,}05$	$0{,}15$	$3{,}00$	$0{,}58$
in % der Ausgabe .	$0{,}32$	$3{,}60$	$2{,}46$	$0{,}68$	$2{,}02$	$3{,}07$	$1{,}47$	$0{,}16$	$3{,}77$	$0{,}70$
durchschn. f.jed.Mitgl.	$0{,}04$	$0{,}75$	$0{,}36$	$0{,}12$	$0{,}30$	$0{,}63$	$0{,}25$	$0{,}03$	$0{,}63$	$0{,}15$
8. Gesammtausgabe	239 061	90 313	152 222	58 934	206 138	78 562	96 490	30 543	193 524	73 568
in % der Einnahme	$75{,}22$	$74{,}49$	$82{,}66$	$84{,}50$	$80{,}67$	$70{,}06$	$80{,}05$	$94{,}06$	$79{,}58$	$82{,}45$
durchschn. f.jed.Mitgl.	$13{,}44$	$19{,}60$	$13{,}41$	$17{,}90$	$14{,}99$	$16{,}19$	$14{,}74$	$19{,}49$	$16{,}95$	$21{,}47$
9. Ueberschuss aus dem Jahre 1885 (6h—8)	78 330	30 928	31 929	10 829	49 397	33 567	23 155	1 790	49 811	15 451
in%/der Einnahme (6h)	$24{,}08$	$25{,}51$	$17{,}34$	$15{,}50$	$19{,}29$	$29{,}94$	$19{,}95$	$5{,}54$	$20{,}47$	$17{,}35$
durchschn. f.jed.Mitgl.	$4{,}41$	$6{,}71$	$2{,}81$	$3{,}31$	$3{,}60$	$7{,}73$	$3{,}54$	$1{,}15$	$4{,}34$	$4{,}50$
10. Gesammtvermögensbestand Ende 1885 (6A + 9) $\mathcal{M}$	144 332	79 999	64 043	14 980	202 789	56 868	61 386	24 347	118 706	50 213
in % der Ausgabe .	$60{,}37$	$88{,}58$	$42{,}07$	$25{,}42$	$98{,}38$	$50{,}77$	$63{,}62$	$79{,}68$	$61{,}34$	$68{,}25$
durchschn. f.jed.Mitgl.	$8{,}12$	$17{,}38$	$5{,}64$	$4{,}57$	$14{,}74$	$13{,}10$	$9{,}37$	$15{,}70$	$10{,}41$	$14{,}69$
11. Bestand der Reservefonds Ende 1885 . . . $\mathcal{M}$	102 815	39 651	64 043	14 980	202 789	56 868	59 501	20 523	93 700	25 976
in % der Ausgabe .	$43{,}01$	$43{,}90$	$42{,}07$	$25{,}42$	$98{,}38$	$50{,}72$	$61{,}67$	$67{,}19$	$48{,}42$	$35{,}31$
durchschn. f.jed.Mitgl.	$5{,}41$	$8{,}60$	$5{,}64$	$4{,}57$	$14{,}74$	$13{,}10$	$9{,}09$	$13{,}23$	$8{,}16$	$7{,}42$

								Altona Betrieb	Altona Werkstätten	Insgesa Betrieb
3	—	—	28	—	65	—	—	—	—	
0,12	—	—	0,78	—	0,40	—	—	—	—	
9 661	3 528	8 475	2 961	4 441	1 229	8 360	2 748	2 893	741	83 177
3,65		5,12	3,47	3,17	2,00	3,60	3,23	3,47	2,44	
4,71		5,48	4,14	3,73	2,98	4,04	3,42	5,91	3,40	
3 421	4 987	11 003	4 177	10 182	3 615	21 092	6 252	4 787	1 890	153 205
3,21	5,48	6,48	5,40	7,15	5,47	9,12	7,46	6,40	6,40	
6,45	5,77	7,05	5,88	8,48	6,11	11,71	8,44	9,41	8,48	
148	4	—	—	—	—	—	—	—	—	
0,47	0,00	—	—	—	—	—	—	—	—	
1 581	229	1 791	524	1 341	137	380	22	475	300	12 369
0,48	1,48	0,70	0,64	0,77	0,16	0,07	0,04	1,48		
0,77		1,25	0,74	1,18	0,88	0,91	0,08	0,85	1,42	
9,22		0,21	0,15	0,98	0,06	0,68	0,41	0,13	0,95	
2 427		827	141	909	563	9 917	400	109	16	33 170
0,48		0,00	0,18	0,04	0,41	4,42	0,47	0,14	0,05	1,48
1,18		0,48	0,90	0,76	0,95	5,40	0,64	0,72	0,08	1,80
0,98		0,10	0,04	0,18	0,98	0,48	0,40	0,48	0,08	0,24
0,20	87 126	156 052	71 093	119 106	59 134	180 142	74 580	49 792	21 195	1 762 415
81,48		94,44	95,49	83,48	96,00	83,47	87,79	66,48	71,48	81,05
16,94		18,80	20,45	16,58	26,84	12,49	19,45	14,40	17,43	14,97
46 862		9 362	3 432	23 354	2 462	34 394	10 381	24 970	8 315	412 136
16,48		5,48	4,41	16,48	4,08	16,08	12,22	33,48	28,17	18,48
2,73		1,08	0,80	3,12	1,12	2,47	2,71	7,47	6,43	3,48
18 304	92 09	51 519	21 290	79 170	19 227	119 438	34 891	40 783	14 064	1 549 983
136,48	105,71	33,08	29,48	66,47	32,48	66,48	46,78	81,48	66,48	87,48
25,48	21,48	6,04	6,12	10,47	8,78	8,77	9,10	11,48	11,48	13,17
14 304	91 79	45 830	19 156	60 601	8 263	92 551	34 891	33 738	13 115	1 345 904
136,48	106,48	28,48	26,48	50,48	13,47	51,48	46,78	67,78	61,48	76,47
25,48	21,48	5,47	5,91	8,78	3,78	6,47	9,10	9,44	10,78	11,48

Zur Geschichte des russischen Eisenbahnwesens.

———

Als Geburtstag der russischen Eisenbahnen wird in Russland der 15/27. April 1836 angesehen, da an diesem Tage durch eine Verordnung des regierenden Senats zur öffentlichen Kenntniss gebracht wurde, dass der Kaiser Nikolaus I. die Genehmigung zum Bau der ersten russischen Eisenbahn — der Linie von St. Petersburg über Zarskoe-Selo nach Pawlowsk — ertheilt habe. Der Verlauf eines halben Jahrhunderts seit dem genannten Tage wurde deshalb auch am 15/27. April 1886 in Russland festlich begangen und gab Veranlassung zu Rückblicken auf die Entstehungs- und Entwickelungsgeschichte der russischen Eisenbahnen, welche auch in der russischen Fachpresse*) veröffentlicht sind. Diesen Quellen ist die folgende Darstellung entnommen.

1. Die erste russische Eisenbahn.

Die erste Anregung zur amtlichen Erörterung der Frage des Eisenbahnbaues in Russland wurde durch den im J. 1834 zur Begutachtung von Bergwerksanlagen nach Russland berufenen Ritter Franz Anton

———

*) Die in St. Petersburg als Organ der VIII. (Eisenbahn-) Abtheilung der Kaiserlich Russischen Technischen Gesellschaft in russischer Sprache erscheinende Wochenschrift „Das Eisenbahnwesen" veröffentlichte zur Feier des 15/27. April 1886 eine besondere Festnummer, welche Bildnisse des Kaisers Nikolaus I., des Grafen Bobrinsky und des Ingenieur Gerstner, einen Höhen- und Lageplan der Eisenbahn Petersburg-Pawlowsk, Abbildungen der zur Erinnerung an die Feier geschlagenen Denkmünzen und dergleichen, sowie die Vorträge enthielt, welche bei der von der Kaiserl. Russ. Techn. Gesellschaft veranstalteten Feier gehalten wurden. Aus diesen auf amtlichen Grundlagen beruhenden Veröffentlichungen sind die nachstehenden Mittheilungen grösstentheils entnommen.

von Gerstner**) von Prag gegeben. Dieser durch mehrfachen Aufenthalt in England mit den Eisenbahnen bekannt gewordene Ingenieur legte im Januar 1835 dem Zaren Nikolaus I. einen allgemeinen Plan für den Bau eines Eisenbahnnetzes in Russland vor, nach welchem zunächst hauptsächlich Eisenbahnlinien zwischen St. Petersburg, Moskau und Nischni-Nowgorod, sowie zwischen Moskau und Odessa oder Taganrog zur Ausführung kommen sollten. Gerstner sprach bei Vorlage dieses Planes die Bitte aus, dass ihm bezüglich des Baues der in demselben bezeichneten Bahnlinien gewisse Vorzugsrechte auf die Dauer von 20 Jahren eingeräumt werden möchten.

Zar Nikolaus übergab die Gerstner'schen Vorschläge alsbald einem besonderen, aus hohen Staatsbeamten zusammengesetzten Ausschusse zur Prüfung; er befahl ferner die Absendung eines russischen Ingenieurs behufs Einziehung zuverlässiger Nachrichten über die Eisenbahn Budweis-Linz und ordnete Untersuchungen über die Frage an, ob und in welcher Weise Handel und Gewerbe des Landes aus den Eisenbahnen Nutzen ziehen könnten. Durch diese Maassnahmen, sowie durch häufige persönliche Theilnahme an den Sitzungen des Eisenbahn-Ausschusses bezeugte der Zar sein grosses persönliches Interesse an der Frage des Eisenbahnbaues. In dem Ausschusse aber, wie in der öffentlichen Meinung Russlands wurden vielfache Bedenken gegen die Eisenbahnen laut, in gleicher Weise, wie dies zur Zeit der Einführung der Eisenbahnen auch in anderen Ländern, in Deutschland, England, Frankreich, Belgien u. s. w. der Fall war. Zu den auch anderweitig laut gewordenen Bedenken, dass durch die Eisenbahnen unheilvolle Verschiebungen und Aenderungen der Erwerbs- und gesell-

---

**) F. A. Ritter von Gerstner, geb. 11. Mai 1793 zu Prag, Sohn des Direktors des polytechn. Instituts daselbst und Wasserbaudirektors von Böhmen, Franz Josef Ritter von Gerstner, wurde 1818 Professor der praktischen Geometrie am polytechn. Institut zu Wien und reiste 1822 nach England, um die Eisenbahnen kennen zu lernen. In den Jahren 1824 und 1825 betheiligte er sich bei der Ausführung der zunächst für Pferdebetrieb eingerichteten Eisenbahn Budweis-Linz, deren Zustandekommen hauptsächlich seinem Vater zu danken war. Nach wiederholtem Aufenthalt in England, sowie in Russland reiste er 1838 nach Nordamerika, wo er 1840 starb. Er war, ebenso wie sein Vater, auch schriftstellerisch thätig. Die von Gerstner in Nordamerika gesammelten sehr reichhaltigen Nachrichten über die damals dort vorhanden gewesenen Eisenbahnen und Wasserstrassen sind von seinem Begleiter, dem Civilingenieur L. Klein, im J. 1842 veröffentlicht worden. Das betreffende zwei starke Bände umfassende und für die Geschichte der Verkehrswege sehr interessante Werk führt den Titel: „Die inneren Communicationen der Vereinigten Staaten von Nordamerika. Von Franz Anton Ritter von Gerstner, Landstand im Königreich Böhmen, emer. Professor der Mathematik am k. k. polytechnischen Institut in Wien, Mitglied mehrerer gelehrter Gesellschaften. Nach dessen Tode aufgesetzt, redigirt und herausgegeben von L. Klein, Civilingenieur. Wien. L. Förster's artistische Anstalt. 1842."

schaftlichen Verhältnisse, sowie wegen der hohen Bau- und Betriebskosten
finanzielle Schwierigkeiten herbeigeführt werden würden, trat in Russland
noch die Befürchtung, dass das Klima, insbesondere der starke Winter-
frost und die Menge des fallenden Schnees, den regelmässigen Betrieb der
Eisenbahnen unmöglich machen werde. Es kam daher vor allem darauf
an, durch ein Beispiel zu zeigen, dass Bau und Betrieb der Eisenbahnen
auch bei den besonderen Verhältnissen Russlands wohl möglich sei.
Gerstner entwarf deshalb den Plan für eine Eisenbahn von St. Petersburg
nach dem 22 Werst (23 Km.) von da entfernten kaiserlichen Lustschloss
Zarskoe-Selo (Kaisersdorf) mit Fortsetzung nach dem noch 3 Werst weiter
entfernten Orte Pawlowsk[*]). Durch Vermittelung des Grafen Alexei
Alexeewisch Bobrinsky[**]), Stallmeister am Hofe der Grossfürstin Olga Nikola-
jewna wurde der Zar für den gewissermassen versuchsweisen Bau der
Eisenbahn St. Petersburg-Pawlowsk gewonnen. Gerstner erhielt, nachdem
der Zar die von ihm aufgestellten Pläne einer persönlichen Prüfung unterzogen und bezüglich der Führung der Linie einige Aenderungen angeordnet
hatte, am 21. Dezember 1835 die Berechtigung zur Bildung einer Aktiengesellschaft für den Bau und Betrieb einer Eisenbahn von St. Petersburg
nach Pawlowsk. Die Gesellschaft wurde denn auch alsbald mit einem
Aktienkapital von 3 Millionen Rubel in Assignaten gebildet; in den Vorstand desselben traten neben Gerstner noch der vorerwähnte Graf Bobrinsky sowie die Petersburger Kaufleute Benedikt Kramer und Iwan
Plitt. Die Verfassung der Gesellschaft wurde durch kaiserlichen Erlass
vom 21. März 1836 genehmigt und dieser Erlass, wie bereits erwähnt,
am 15. April 1836 durch Verordnung des regierenden Senats in der
üblichen Form zur öffentlichen Kenntniss gebracht. Hiermit waren alle
Vorbedingungen für den Bau dieser ersten russischen Eisenbahn gegeben
und Gerstner nahm nunmehr auch alsbald die Ausführung in Angriff.

Was die Bedingungen betrifft, unter denen seitens der Regierung Bau
und Betrieb der Eisenbahn von St. Petersburg über Zarskoe-Selo
nach Pawlowsk, oder, wie sie gewöhnlich bezeichnet wird, der „Zarskoe-
selo'er Eisenbahn" der von Gerstner gebildeten Gesellschaft übertragen
wurden, so waren dieselben für letztere sehr günstig. Zwar übernahm die
Regierung keine Zinsgewähr für das von der Gesellschaft aufzubringende

---

[*]) Pawlowsk, wo sich ebenfalls ein kaiserliches Schloss mit grossem Park befindet, ist
im Sommer ein Hauptvergnügungsort für die Bewohner von St. Petersburg. Es war deshalb
für die Eisenbahn auf einen starken Personenverkehr von vornherein zu rechnen.

[**]) Graf Bobrinsky, welcher später auch Mitglied des Ausschusses für den Bau der
Eisenbahn St. Petersburg-Moskau war, hat sich um Russland noch durch die Einführung
der Rübenzuckerfabrikation verdient gemacht.

Anlagekapital, letzterer wurden dafür jedoch sehr wesentliche anderweitige Vortheile zugestanden, wie sie keiner späteren Gesellschaft gewährt worden sind. Die Dauer der Konzession wurde auf unbeschränkte Zeit festgesetzt und die Gesellschaft erhielt das Recht, die Höhe der Tarifsätze lediglich nach eigenem Ermessen zu bestimmen.

Die Bauausführung der im Ganzen 25½ Werst (27 Km) langen Linie wurde von Gerstner persönlich geleitet, dem dabei 17 Ingenieure und 30 Aufsichtsbeamte zur Seite standen. Unter diesen Ingenieuren und sonstigen Beamten waren der Landesangehörigkeit nach Russen, Deutsche, Engländer, Italiener und Belgier vertreten. Bei der Ausführung der Erdarbeiten waren neben 2500 Zivil-Arbeitern 1400 Soldaten beschäftigt.

Der Entwurf für die Führung der Linie war, wie bereits erwähnt, schon vor Ertheilung der Konzession von Gerstner aufgestellt und vom Zaren persönlich geprüft und festgestellt worden. Diesem Entwurfe entsprechend wurde die Bahn nach dem Austritte aus dem Bereiche der Stadt St. Petersburg auf eine Ausdehnung von 22 Werst bis zu ihrem Endpunkte Pawlowsk in schnurgerader Linie geführt. Da das durchschnittene Land eben ist und ziemlich gleichmässig von St. Petersburg bis Pawlowsk im Ganzen um 25 m, also durchschnittlich etwa mit 1:1000 ansteigt, so konnten auch die Neigungsverhältnisse der Bahn sehr günstig gestaltet werden. Zur Vermeidung der Schneeverwehungen wurden Einschnitte vermieden und die Bahn durchgängig auf einem Damme angeordnet. Für die Spurweite dieser ersten russischen Eisenbahn setzte Gerstner das Maass von 6 Fuss englisch (1,82 m) fest, weil ihm das von Stephenson angenommene Maass von 4 Fuss 8½ Zoll engl. (1,435 m) zu klein erschien, um dabei Lokomotiven bauen zu können, welche für starken Verkehr genügend kräftig waren und bei rascher Fahrt möglichst wenig schwankten. Als fernerer Grund für die Wahl dieser grösseren Spurweite wurde von Gerstner noch der Umstand angeführt, dass sich bei derselben für die Wagen ein günstigeres Verhältniss der Nutzlast zur todten Last erzielen liess.

In den Konzessionsbedingungen war der Gesellschaft die Verpflichtung auferlegt worden, alle für die Eisenbahn erforderlichen Gegenstände aus Eisen von russischen Gewerbtreibenden zu beziehen, sofern solche sich verpflichten würden, die betreffenden Gegenstände in der erforderlichen Art und Güte innerhalb der zu bestimmenden Fristen und zu einem Preise zu liefern, welcher den Preis der gleichen, aus dem Auslande bezogenen Gegenstände um höchstens 15 pCt übertraf. Da indessen zu jener Zeit in Russland sich noch keine Fabriken fanden, welche die Lieferung der

Schienen, des zugehörigen Kleineisenzeugs sowie der Lokomotiven und Wagen hätten übernehmen können, so wurden diese Gegenstände sämmtlich im Auslande — vorzugsweise in England — bestellt. Für die Einführung dieser Gegenstände in Russland war der Gesellschaft Befreiung vom Zolle gewährt.

Mit welchem Eifer Gerstner die Bauarbeiten und die Beschaffung der erforderlichen Materialien betrieb, geht aus dem Umstande hervor, dass bereits am 27. August 1836 das Legen des Oberbaues an mehreren Stellen begonnen und Ende desselben Jahres beendet werden konnte, wobei allerdings die Schwellen zunächst nicht auf einer Kiesbettung, sondern unmittelbar auf dem geschütteten Damme verlegt wurden. Die Eröffnung des Betriebes auf der ganzen Linie, welche von Gerstner ursprünglich für Herbst 1836 in Aussicht genommen worden war, erfolgte indessen erst am 30. Oktober 1837. Diese Verschiebung der Eröffnung scheint veranlasst worden zu sein durch verspätete Lieferung der im Auslande bestellten Lokomotiven und Wagen, sowie durch erforderlich gewordene Nacharbeiten an der so rasch gebauten Bahn. In der ersten Zeit wurden indessen nicht regelmässig Lokomotiven, sondern abwechselnd auch Pferde zum Ziehen der Wagen verwendet. Letzteres geschah besonders dann, wenn die Zahl der zu befördernden Reisenden nicht über 40 betrug, sodass also nur ein Wagen erforderlich war. Vom 4. April 1838 an erfolgte der Betrieb ausschliesslich mit Lokomotiven.

Das ursprüngliche Anlagekapital der Gesellschaft, welches nach dem von Gerstner aufgestellten Voranschlage auf 3 Millionen Rubel Assignaten festgestellt und durch Ausgabe von 15000 Aktien zu je 200 Rbl. beschafft war, reichte zur Bestreitung der Baukosten nicht hin und wurde im Juni 1837 durch Ausgabe von 2500 weiteren Aktien zu je 200 Rubel auf 3 500 000 Rbl. Assignaten erhöht, welche später auf 1 050 000 Rbl. Silberfuss festgesetzt wurden. Auch dieses erhöhte Kapital reichte zur Deckung der Baukosten noch nicht aus. Die Gesellschaft musste deshalb noch weitere Mittel durch Ausgabe von Obligationen beschaffen. Am 1. Januar 1884 betrug das Anlagekapital der Gesellschaft ausser den vorerwähnten 1 050 000 Rbl. (Silberfuss) 1 800 000 Metallrubel in Obligationen. Im Jahre 1873 ist die Bahn mit einem zweiten Geleise ausgerüstet worden.

Der Verkehr, welcher dieser Eisenbahn alsbald nach der Betriebseröffnung zuströmte, übertraf die gehegten Erwartungen. Während Gerstner bei seiner Rentabilitätsberechnung angenommen hatte, dass jährlich 300 000 Reisende zu befördern sein würden, betrug die Zahl der im Jahre 1838 beförderten Reisenden 597 665 und das von letzteren gezahlte

Fahrgeld 768 891 Rbl. Im Jahre 1883 wurden im Ganzen befördert 1 161 096 Personen (ungerechnet die in Extrazügen beförderten) und 1 698 998 Pud Güter. Es ist hierbei zu berücksichtigen, dass die Zarskoe-selo'er Eisenbahn über Pawlowsk hinaus keine Fortsetzung erhalten hat und deshalb, sowie auch wegen ihrer Spurweite, welche von der der übrigen russischen Eisenbahnen abweicht, lediglich auf den örtlichen Verkehr an-gewiesen ist.

2. Die Nikolaibahn (St. Petersburg-Moskau).

Obgleich die Zarskoeseloer Eisenbahn sich sowohl für den Verkehr, als für die Aktionäre vortheilhaft erwies und namentlich auch den Beweis lieferte, dass das russische Klima dem Bau und Betrieb der Eisenbahnen keine unüberwindlichen Hindernisse entgegenstelle, vergingen doch mehrere Jahre nach Eröffnung dieser ersten Bahn, bevor der Bau einer zweiten in Angriff genommen wurde. Diese zweite Bahn war die von St. Petersburg nach Moskau, welche später nach dem Zaren Nikolaus den Namen „Niko-lai-Bahn" erhalten hat.

Die Verbindung der beiden Residenzstädte St. Petersburg und Moskau durch einen Schienenweg hatte, wie vorher erwähnt, bereits Gerstner in seinen, dem Zaren im Januar 1835 vorgelegten Eisenbahnplan aufgenommen, welchem letzteren indessen auch nach dem günstigen Erfolge der gewisser-maassen versuchsweise hergestellten Zarskoeseloer Bahn eine weitere Folge nicht gegeben worden ist. Ein neuer Plan für eine Eisenbahn von St. Petersburg nach Moskau wurde dem Zaren im Jahre 1838 von dem Staatsrath Aggei Abasa vorgelegt. Nach diesem Plane sollten 2 Geleise angelegt werden, eines für den Schnellverkehr mit Lokomotivbetrieb, das andere für den langsamen Verkehr mit Pferdebetrieb. — Der Zar liess auch diesen Plan durch einen von ihm eingesetzten Ausschuss prüfen. Dieser Ausschuss sprach sich über den Plan dahin aus, dass zwar der Nutzen, welcher aus der Erleichterung des Verkehrs durch die Anlage einer Eisenbahn zwischen St. Petersburg und Moskau sich ergeben werde, nicht zu verkennen sei, dass es jedoch in hohem Grade zweifelhaft sei, ob dieser Nutzen in richtigem Verhältnisse zu den für die Eisenbahn-An-lage erforderlichen Geldaufwendungen stehen werde und dass deshalb dem Plane nicht zugestimmt werden könne.

Im Dezember 1838 wurde die Aufmerksamkeit des Zaren wiederholt auf den Plan einer Schienenverbindung zwischen den beiden Residenz-städten hingelenkt und zwar durch eine Denkschrift des Staatssekretärs Murawiew. In dieser Denkschrift, in welcher Murawiew ausser der Eisen-

bahn St. Petersburg-Moskau auch eine Eisenbahn von St. Petersburg nach
Rybinsk (an der Wolga) befürwortete, wurde besonders auch darauf hin-
gewiesen, dass es im öffentlichen Interesse liege, die Eisenbahnen lediglich
von Staatswegen zu bauen und dieselben nicht der Privatindustrie zu über-
lassen, insbesondere auch, wie es in der Denkschrift heisst, „damit der
Handel mit Eisenbahnaktien verhütet werde". Die Eisenbahn von
St. Petersburg nach Moskau sollte nach dieser Denkschrift wegen ihrer
hervorragenden Bedeutung für den Verkehr Russlands in grossartiger
Weise angelegt werden; sie sollte 3 Geleise für Pferde- und 3 Geleise für
Dampfbetrieb erhalten.

Der Zar liess die in der Murawiew'schen Denkschrift gemachten Vorschläge durch die Minister prüfen und eröffnete hiernach durch Erlass vom
13. April 1839 dem Verfasser, dass zur Zeit eine endgültige Entscheidung
über die vorgeschlagenen Eisenbahnbauten nicht getroffen werden könne.
Dabei wurde mit Bezug auf den Plan einer Eisenbahn von St. Petersburg
nach Rybinsk bemerkt, dass „überall da, wo eine bequeme Wasserverbin-
dung vorhanden ist, dieser der Vorzug vor einer Verbindung durch eine
Eisenbahn zu gehen sei." Gleichzeitig ordnete der Zar behufs Einziehung
weiterer Nachrichten über das Eisenbahnwesen die Absendung zweier
russischer Ingenieure — Oberst Kraft und Oberstlieutnant Melnikow*) —
nach Nord-Amerika an.

Nachdem noch im Jahre 1839 die Verhandlungen wegen eines von
Leipziger Bankhäusern bezüglich des Baues einer Eisenbahn von St. Petersburg nach Moskau gemachten Angebotes ohne Ergebnis verlaufen waren,
scheint die Eisenbahnfrage in Russland bis zur Rückkehr der nach Nord-
Amerika entsendeten Ingenieure geruht zu haben. Die von letzteren erstatteten Berichte, welche über den Nutzen der Eisenbahnen sehr günstig
lauteten, veranlassten den Zaren, die Frage des Eisenbahnbaues und insbesondere des Baues einer Eisenbahn von St. Petersburg nach Moskau
wiederholt einem besonderen Ausschusse, zu welchem auch sämmtliche
Minister gehörten, zur Prüfung vorzulegen. Mit Ausnahme dreier Mitglieder — des Grafen Bobrinsky, des Herzogs von Leuchtenberg und des
Grafen Kleinmichel — sprach sich, soweit bekannt geworden, auch dieser
Ausschuss allgemein gegen den Bau von Eisenbahnen in Russland und insbesondere gegen den Bau einer Eisenbahn von St. Petersburg nach Moskau aus.
Als Gründe für diese ablehnende Haltung wurden besonders angegeben
die schon bei der ersten Besprechung der Eisenbahnfrage in Russland

---

*) Melnikow war später (1862 bis 1869) russischer Minister der Verkehrsanstalten.

(1835) ebenso wie in anderen Ländern laut gewordenen Bedenken bezüglich der Wirkungen der Eisenbahnen auf die gewerblichen und gesellschaftlichen Verhältnisse des Landes, ferner die beim Bau der Eisenbahnen auf Staatskosten zu befürchtende Erschütterung des Staatskredits. Auch wurde von dem Minister der Verkehrsanstalten, Grafen Tol, darauf hingewiesen, dass bei der Bodengestaltung des zwischen St. Petersburg und Moskau zu durchschneidenden Landestheils, namentlich aber wegen der notwendigen Ueberschreitung des Waldaigebirges und wegen der Sümpfe im Gouvernementsbezirke Nowgorod die Ausführbarkeit des Bahnbaues zweifelhaft erscheine, dieser aber jedenfalls mit sehr hohen Kosten verknüpft sein werde.

Der Zar, welcher mehrfach den Sitzungen dieses Ausschusses beigewohnt hatte, erklärte in der am 1. Februar 1842 stattgehabten letzten Sitzung desselben, dass er für seine Person von dem Nutzen und der Möglichkeit einer Eisenbahnverbindung zwischen St. Petersburg und Moskau überzeugt sei und befahl, dass die Ausführung derselben auf Staatskosten alsbald in Angriff genommen werden solle.*) Dabei sprach der Zar die Ansicht aus, dass „für jetzt" die Anlage weiterer Eisenbahnen in Russland nicht erforderlich erscheine. Da sämmtliche Minister sich gegen den Bahnbau ausgesprochen hatten, so befahl der Zar zugleich die Einsetzung eines besonderen Ausschusses für die Ausführung seines Befehls. Zum Vorsitzenden dieses Ausschusses, welchem die erforderlichen Bautechniker beigegeben wurden, wurde der Thronfolger, Grossfürst Alexander Nikolaewitsch ernannt.

Mit der unmittelbaren Leitung der Bauausführung wurden die schon genannten Ingenieure Kraft und Melnikow betraut, denen eine grosse Zahl von Hülfskräften beigegeben wurden.**) Als „berathender Ingenieur" wurde von der Regierung noch der nordamerikanische Ingenieur Major Whistler***) berufen, welcher im Juli 1842 in St. Petersburg eintraf. Nach dem mit diesem Ingenieur getroffenen Uebereinkommen sollte derselbe für die ganze

---

*) Der wesentliche Inhalt des hiernach veröffentlichten Erlasses ist im Archiv 1885 Seite 74 wiedergegeben.

**) Die Mittheilungen über die Einleitung der Bauausführung der Nikolaibahn sind einem Aufsatze im Januar-Heft 1886 der im Ministerium der Verkehrsanstalten in St. Petersburg herausgegebenen Monatsschrift „Der Ingenieur" entnommen.

***) Im Russischen werden fremde Eigennamen so geschrieben, dass der russische Leser dieselben ebenso ausspricht, wie sie in der fremden Sprache lauten. Da der Name des amerikanischen Ingenieurs im Russischen „Uistler" geschrieben ist, so erscheint es wahrscheinlich, dass derselbe sich Whistler schrieb.

Dauer des Baues der Nikolaibahn in Russland bleiben, er erhielt dafür monatlich 1000 Dollars und für Hin- und Rückreise je 2000 Dollars.

In Bezug auf die Führung der Eisenbahn von St. Petersburg nach Moskau kam neben der geraden Verbindung dieser beiden Städte insbesondere noch die vielfach gewünschte unmittelbare Berührung der westlich von der geradlinigen Verbindung liegenden Stadt Nowgorod*) in Betracht. Es wurden deshalb auch Vorarbeiten für eine Linie von St. Petersburg über Nowgorod nach Moskau gefertigt, diese Linie aber später wegen der zu grossen Abweichung von der geraden Richtung verworfen und eine Linie zur Ausführung gebracht, welche von der geradlinigen Verbindung St. Petersburg-Wüschny Wolotschek-Twer-Moskau nur insoweit abweicht, als es durch die Bodenbeschaffenheit — die Wahl günstiger Flussübergänge, Vermeidung tieferer Sümpfe u. s. w. — bedingt wurde.

Für die Spurweite der Nikolaibahn war von dem für den Bau dieser Bahn eingesetzten Ausschusse anfänglich das von Gerstner bei der Zarskoeseloer Eisenbahn angenommene Maass von 6 Fuss engl. (1,82 m) in Aussicht genommen und dieses Maass auch bei Aufstellung der ersten Pläne und Kostenberechnungen zu Grunde gelegt worden. Der Ausschuss theilte die Ansicht Gerstners, dass die von Stephenson eingeführte Spurweite von 3 Fuss 8^1/$_2$ Zoll engl. (1,435 m) nicht genüge, um für stärkeren Verkehr genügend leistungsfähige Lokomotiven zu bauen und dass bei einer breiteren Spur auch die Standfähigkeit der Lokomotiven und Wagen und damit die Sicherheit des Betriebes namentlich bei Erhöhung der Fahrgeschwindigkeit wesentlich vergrössert werde. Der Ausschuss berief sich hierbei besonders auch auf das Beispiel anderer Länder — England, Irland, Amerika, Baden u. s. w. — in denen zu jener Zeit ebenfalls Bahnen mit grösserer, als der Stephenson'schen Spurweite zur Ausführung gebracht wurden.**) Der berathende Ingenieur, Major Whistler, stimmte dem Ausschusse zwar darin bei, dass er ebenfalls die Stephenson'sche Spurweite für zu eng hielt, um bei Anwendung derselben den bezüglich der Schnelligkeit und Sicherheit des Betriebes, sowie bezüglich der Leistungsfähigkeit

---

*) Nowgorod, Hauptstadt des gleichnamigen Gouvernementsbezirkes, eine der ältesten Städte Russlands, war früher Hauptstadt eines selbständigen Grossfürstenthums und bedeutende Handelsstadt. Gegenwärtig ist diese Stadt, welche 1882 etwa 21,000 Einwohner zählte, durch eine 68 Werst lange Zweigbahn in Tschudewo an die Nikolaibahn angeschlossen.

**) Der Spurweitenkampf war in England hauptsächlich angeregt worden durch den Ingenieur Brunel, welcher bei der Great Western Eisenbahn eine Spurweite von 7 Fuss engl. (2,13 m) in Anwendung brachte.

der Lokomotiven zu stellenden Anforderungen zu genügen, dagegen hält er die Erhöhung dieses Maasses auf das von Gerstner angenommene für zu weit gehend, erachtete vielmehr das Maass von 5 Fuss engl. (1,524 m) für vollständig ausreichend. Whistler führte unter den für seine Ansicht vorgebrachten Gründen u. A. an, dass die Leistungsfähigkeit der Lokomotiven und die Fahrgeschwindigkeit der Züge aus verschiedenen Gründen doch stets innerhalb gewisser Grenzen bleiben müssten und dass namentlich eine grössere Fahrgeschwindigkeit als 30 bis 35 engl. Meilen (48 bis 56 km) in der Stunde nicht würden zugelassen werden können. Der Ausschuss trat schliesslich der Ansicht Whistler's bei und das von diesem empfohlene Maass von 5 Fuss engl. (1,524 m) kam hiernach sowohl bei der Nikolaibahn, als auch bei den später in Russland gebauten Eisenbahnen zur Anwendung. Eine Ausnahme hiervon bilden ausser einigen kleineren schmalspurigen Bahnen von nur örtlicher Bedeutung nur die auf dem linken Weichselufer gelegenen Warschau-Wiener und Warschau-Bromberger Linien.

Ebenso wie die Spurweite wurde auch der Oberbau der Nikolaibahn in welchem eine in je 3 Fuss (0,9 m) durch Querschwellen unterstützte Schiene mit breitem Fusse von 30 kg für das Meter Gewicht zur Anwendung kam, nach den Rathschlägen Whistlers angeordnet. Schienen sowohl, als Kleineisenzeug mussten, ebenso wie Lokomotiven und Wagen aus dem Auslande bezogen werden, obschon die Regierung im Interesse der russischen Industrie bereit war, für diese Gegenstände Inländern höhere Preise zu gewähren, als Ausländern. Die russische Industrie war in jener Zeit noch zu wenig entwickelt, um diese Eisenbahnbedürfnisse liefern zu können.

Der Bau der im Ganzen 609 Werst (649 km) langen Nikolaibahn nahm verhältnissmässig lange Zeit in Anspruch. Die erste 24 Werst lange Theilstrecke von St. Petersburg bis Kolpino wurde am 7./19. Mai 1847, die ganze Linie am 1./13. November 1851 eröffnet. Die Ursache dieser langen Dauer der Bauausführung, welche 1842 mit grossem Eifer in Angriff genommen worden war, ist aus den vorliegenden Quellen nicht ersichtlich. Ebenso geht aus denselben auch nicht hervor, aus welchen Gründen im Jahre 1868 der Betrieb der bis dahin vom Staate betriebenen Nikolaibahn der Grossen Russischen Gesellschaft übertragen wurde*).

---

*) Die Bedingungen, unter denen der Betrieb der Nikolaibahn an die Grosse Russ. Eisenbahn-Ges. übertragen wurde, sind nie öffentlich bekannt geworden. Vergl. Hoch, Erster Versuch einer Lösung der Eisenbahntariffrage in Russland. St. Petersburg 1885 (Besprochen im Archiv 1886. S. 580).

Das Anlagekapital der Nikolaibahn ist in der russ. amtlichen Eisenbahnstatistik für 1883 zu 144437500 Rubel angegeben, wonach die Werst Bahnlänge auf über 237000 Rubel (das Km etwa 500000 Mk.) zu stehen kommt. Das Anlagekapital ist also ein ausserordentlich hohes.

3. Warschau-Wien und Warschau-Bromberg.

Durch Erlass des Zaren vom 22. Oktober/3. November 1843 wurde eine Direktion für den Bau des auf russischem Gebiete liegenden Theiles der Warschau-Wiener Eisenbahn eingesetzt. Von dieser, auf Kosten des russischen Staates erbauten, mit der deutschen Normalspurweite (1,435 m) ausgeführten Bahn wurde die erste, 30 km lange Theilstrecke von Warschau bis Grodzisk am 3. Juni 1845 eröffnet, während die ganze 307 km lange Linie von Warschau bis zum Anschluss an das österreichische Eisenbahnnetz (Kaiser Ferdinands Nordbahn) bei Graniza am 1. April 1848 in Betrieb genommen wurde. Von der an die Warschau-Wiener Eisenbahn in Skernewize anschliessenden Linie nach Alexandrowo und Bromberg wurde die 21 km lange Theilstrecke Skernewize-Lowitsch am 1. November 1845, die Reststrecke Lowitsch-Alexandrowo aber erst am 20. Dezember 1862/1. Januar 1863 eröffnet. Der Betrieb dieser Bahnstrecken wurde ursprünglich vom Staate geführt, in Folge Erlasses des Zaren vom 28. September/10. Oktober 1857 aber am 1./13. November 1857 einer Privatgesellschaft auf die Dauer von 75 Jahren übertragen.

4. Weitere russische Eisenbahnbauten.

Ausser den im Vorhergehenden bezeichneten Bahnbauten kam in Russland bis zu dem im Februar 1855 erfolgten Tode des Zaren Nikolaus nur noch die am 1. November 1853 eröffnete 42 Werst lange Eisenbahn von St. Petersburg nach Gatschina (kaiserliche Sommerresidenz) zur Ausführung, so dass das grosse russische Reich am Schlusse des Jahres 1855 erst 1045 km Eisenbahnen im Betriebe hatte, während zu derselben Zeit in Grossbritannien schon 13419, in Deutschland 7826, in Frankreich 5529 km Eisenbahnen dem Verkehre dienten. Nach den im Vorhergehenden dargestellten Verhandlungen über den Bau der Zarskoeseloer und der Nikolaibahn hat Zar Nikolaus sich augenscheinlich zwar lebhaft für die Eisenbahnfrage interessirt, doch hat er, ebensowenig wie seine Räthe, die Bedeutung der Eisenbahnen namentlich auch für die Landesvertheidigung richtig erkannt. Diese Bedeutung der Eisenbahnen trat der russischen Regierung aber besonders lebhaft während des Krimkrieges (1853—56)

vor Augen.   Alexander II. beschloss deshalb alsbald nach seiner Thron-
besteigung die militärische und wirthschaftliche Kraft des russischen Reiches
durch die Herstellung eines umfassenden Eisenbahnnetzes zu erhöhen.   Die
in Folge des Krieges zerrütteten Staatsfinanzen, sowie die bei der Nikolaibahn in Bezug auf die Langsamkeit und die hohen Kosten des Baues gemachten Erfahrungen liessen es indessen rathsam erscheinen, von dem
weiteren Bau auf Staatskosten abzusehen und sich an die Privatindustrie
zu wenden.   Die Regierung trat deshalb mit in- und ausländischen Kapitalisten in Verhandlung, in Folge deren im Jahre 1857 hauptsächlich durch
französische Bankhäuser die „Grosse Russische Eisenbahn-Gesellschaft"
gegründet wurde, welche den Bau von etwa 4000 Werst Eisenbahnen
übernahm.   Die nachstehende auszugsweise Wiedergabe des kaiserlichen
Erlasses vom 26. Januar/7. Februar 1857, durch welchen der genannten
Gesellschaft die Konzession ertheilt wurde, erscheint von Interesse für die
Geschichte des russischen Eisenbahnwesens.   Es heisst in dem Erlasse:
„In Unserer unablässigen Fürsorge für das Wohl des Vaterlandes haben
Wir seit langer Zeit erkannt, dass dasselbe bei seinen reichen Natur-
schätzen und bei seiner grossen Ausdehnung vor allem guter Verkehrswege bedarf.   Diese Erkenntniss wurde noch bestärkt durch die persönlichen Beschäftigungen, mit welchen wir von Unserem Vater betraut wurden,
indem Letzterer Uns zum Vorsitzenden des Ausschusses ernannte, welchem
die Prüfung der den Bau der Eisenbahn von St. Petersburg nach Moskau
betreffenden Angelegenheiten, sowie verschiedener anderer Eisenbahnpläne
oblag.   Der Bau der obengenannten Eisenbahn, welche mit Recht jetzt den
Namen „Nikolaibahn" führt, zeigte aufs deutlichste den Nutzen dieses
neuen Verkehrsmittels und seine Unentbehrlichkeit sowohl für Friedens-,
als für Kriegszeiten und gegenwärtig werden die Eisenbahnen, über deren
Nothwendigkeit vor 10 Jahren bei Vielen noch Zweifel bestanden, allgemein als ein dringendes Bedürfniss für das Reich angesehen.   Wir haben
deshalb alsbald nach Beendigung der Feindseligkeiten befohlen, dass erwogen werde, durch welche Mittel dieses dringende Bedürfniss am besten
befriedigt werden könne.   Bei sorgfältiger Prüfung der Frage ergab sich,
dass es zweckmässig sei, nach dem Beispiele anderer Länder sich wegen
des Baues der Eisenbahnen vorzugsweise an die Privatindustrie zu wenden
und zwar sowohl an die einheimische, als an die ausländische, an die
letztere besonders auch deshalb, um die im westlichen Europa bei dem
Bau vieler tausend Werst Eisenbahnen bereits erlangte Erfahrung auszunutzen.   In Folge ergangener Aufforderung sind auch verschiedene Aner-
bietungen gemacht worden, welche vom Minister-Ausschusse in Unserer
Gegenwart eingehend geprüft wurden.   Als das vortheilhafteste Angebot

erschien dabei dasjenige, welches von einer Gesellschaft russischer und
fremdländischer Kapitalisten, an deren Spitze Unser Bankier Stieglitz
steht, gemacht worden ist. Dieses Anerbieten haben Wir deshalb angenommen und die daran geknüpften Bedingungen genehmigt. Nach diesen
Bedingungen ist die Gesellschaft verpflichtet, ein ihr zu bezeichnendes Netz
von etwa 4000 Werst Eisenbahnen auf ihre Rechnung und Gefahr binnen
10 Jahren zu erbauen und hiernach 85 Jahre lang zu unterhalten und zu
betreiben, wogegen die Regierung die Bürgschaft für 5 pCt. Zinsen auf das
für den Bau aufgewendete Kapital übernimmt. Nach Ablauf der angegebenen Zeit fällt das gebaute Netz unentgeltlich der Krone zu. Durch
den Abschluss dieses Vertrages hat die Regierung die sonst erforderlich
gewesene alsbaldige Aufwendung grosser Geldopfer vermieden, und lediglich durch die Kraft des Kredits, welcher dadurch, dass die finanziellen
Verpflichtungen des Staates auch während der schweren Kriegsjahre pünkt-
lich erfüllt worden sind, gestärkt worden ist, es möglich gemacht, dass
nunmehr Russland ein erstes Eisenbahnnetz erhält. Dieses Netz soll sich
ausdehnen von St. Petersburg nach Warschau und an die Preussische
Grenze, von Moskau einerseits nach Nischnei-Nowgorod, andererseits über
Kursk und den unteren Dnjepr nach Feodossia und endlich von Kursk
oder Orel über Dünaburg nach Libau. In dieser Weise wird eine ununterbrochene Schienenstrasse 3 Residenzstädte, unsere wichtigsten schiffbaren
Flüsse, den Mittelpunkt unseres Getreide-Ueberflusses und zwei fast während
des ganzen Jahres offene Häfen am Schwarzen und am Baltischen Meere
verbinden."

Die Erwartungen, welche Alexander II. an die Gründung der
„Grossen Russ. Eisenbahn-Gesellschaft" geknüpft hatte, sollten nicht in
Erfüllung gehen, wenigstens nicht, ohne dass die Regierung schlimme Erfahrungen machte. Der Gesellschaft wurde zunächst der Bau der Linien
St. Petersburg-Warschau und Moskau-Nischnei Nowgorod übertragen. Aber
schon im Jahre 1858, als der Bau der genannten Linien kaum in Angriff
genommen war, war das durch Aktienzeichnung aufgebrachte Kapital von
75 Millionen Rubel auch schon verausgabt und es mussten, damit der Bau
fortgesetzt werden konnte, 35 und bald darauf weitere $2^1/_2$ Millionen Rubel
durch Ausgabe von Obligationen beschafft werden. Doch auch diese Hülfsmittel waren bald erschöpft und die Regierung war genöthigt, bedeutende
Vorschüsse zu gewähren, um die Fortsetzung des Baues und Betriebes der
der Gesellschaft konzessionirten Linien zu sichern. Die hauptsächlich
unter dem Einflusse fremdländischer Bankhäuser stehende Verwaltung und
Betriebsführung der Gesellschaft gab zu vielen Klagen Veranlassung und
nöthigte die Regierung mehrfach zum Einschreiten gegen die Gesellschaft

behufs Wahrung der Rechte des Staates und der verkehrtreibenden Bevölkerung.

Die „Grosse Russ. Eisenb.-Ges." betreibt gegenwärtig einschliesslich der dem Staate gehörigen Nikolaibahn ein Netz von 2273 Werst Eisenbahnen. Am 1. Januar 1884 hatte sie nach der amtlichen russischen Eisenbahnstatistik ein Anlagekapital von 75 Millionen Rubeln in Aktien und 50 506 000 Rubeln in Obligationen. Für Aktien sowohl als Obligationen hat der Staat Zinsbürgschaft übernommen. Die Summe, welche die Gesellschaft der Regierung an geleisteten Garantiezahlungen, sowie für Vorschüsse u. s. w. schuldete, hatte am 1. Januar 1884 die Höhe von 138 525 280 Rubel erreicht.

Trotzdem hiernach die Erfahrungen, welche mit der „Grossen Russ. Eisenb.-Ges." gemacht wurden, nicht als günstige bezeichnet werden können, blieb die russische Regierung doch bei dem weiteren Ausbau des Eisenbahnnetzes bis in die neueste Zeit bei dem Systeme der Zinsgewähr für das zum Zwecke des Eisenbahnbaues aufgewendete Anlagekapital. Seit dem Jahre 1866 trat hierbei nur insofern eine Aenderung ein, als die Regierung die Beschaffung der Baumittel nicht mehr ausschliesslich den Aktiengesellschaften überliess, sondern selbst Anleihen machte und die hierdurch gewonnenen Mittel den Eisenbahngesellschaften nach Bedürfniss überwies. Unmittelbar auf Staatskosten gebaut wurden bis zum Jahre 1881 ausser den Eisenbahnen im Grossherzogthum Finnland, und den im Vorhergehenden näher bezeichneten Linien noch die im Jahre 1867 eröffnete Eisenbahn Moskau-Kursk, sowie verschiedene andere Linien von unwesentlicher Ausdehnung. Mit Ausnahme der 57 Werst langen schmalspurigen Eisenbahn von Liwnü nach Werchowje wurden aber diese letzteren Linien sämmtlich alsbald nach ihrer Fertigstellung oder nachdem sie kurze Zeit von der Regierung betrieben worden waren, an Privatgesellschaften abgetreten. Seit dem Jahre 1881 hat die russische Regierung wegen der vielen Unzuträglichkeiten, welche der Privatbetrieb mit sich brachte, sich veranlasst gesehen, einerseits wieder den Bau und Betrieb von Eisenbahnen selbst in die Hand zu nehmen, andererseits auch ihren Einfluss auf die Betriebsführung der Privatgesellschaften zu vergrössern.[*]) Es sind seitdem verschiedene Privatbahnen in den Besitz und den Betrieb des Staates übergegangen eine Reihe von neuen Bahnlinien ist unmittelbar vom Staate gebaut worden. Die zur Zeit im Bau befindlichen Eisenbahnen sind fast ausschliesslich Staatsbahnen. Einen besonders wichtigen Fort-

---

*) Vgl. „Die Staatseisenbahnen in Russland" Archiv 1885 S. 314.

schritt im russischen Eisenbahnwesen bezeichnet ferner das am 12. Juni 1885
erlassene, sowohl für Staats- als für Privatbahnen gültige allgemeine
russische Eisenbahngesetz*), durch welches besonders eine einheitliche
Regelung des Personen- und Güterverkehrs auf den russischen Eisenbahnen
bezweckt wird. Durch dasselbe Gesetz wurde ein „Eisenbahnrath" eingesetzt, welchem alle wichtigeren auf Bau, Betrieb und wirthschaftliche Verhältnisse der Eisenbahnen bezügliche Angelegenheiten zur Prüfung und in
bestimmten Fällen zur Entscheidung vorgelegt werden müssen. Die Einsetzung dieses Eisenbahnraths, wie der Erlass des allgemeinen Eisenbahngesetzes überhaupt, bezweckt, dass bei allen, die Eisenbahnen betreffenden
Maassnahmen in erster Reihe das allgemeine Landesinteresse Berücksichtigung finde.

5. Uebersicht
der Entwicklung des russischen Eisenbahnnetzes.

Im Betrieb waren Ende des Jahres.	Km	Zuwachs in den einzelnen Zeiträumen Km	Bezeichnung der in den einzelnen Zeiträumen eröffneten wichtigeren Bahnlinien.
1838	27	27	St. Petersburg-Pawlowsk.
1844	27	—	—
1845	144	117	Warschau-Skernewize-Rogow u. Skernewize-Lowitsch.
1850	500	356	Rogow-Czenstochow-Graniza, St. Petersburg-Kolpino und Wüschnij Wolotschek-Twer (Nicolaibahn).
1853	1 044	544	Nicolaibahn vollständig, St. Petersburg-Gatschina.
1856	1 044	—	—
1860	1 590	546	St. Petersburg-Peterhof, Gatschina-Pskow-Dünaburg, Sombkewize-Sosnowize (Warschau-Wien).
1865	3 926	2 336	Dünaburg-Kowno-Wirballen, Landwarowo-Warschau, Riga-Dünaburg, Moskau-Nischnij Nowgorod, Kalatsch-Zarizin, Helsingfors-Tavastehus, Moskau-Rjäsan, Moskau-Sergijewo (Moskau-Jaroslawl), Lowitsch-Alexandrowo, Gruschewska-Aksai (Woronesch-Rostow), Peterhof-Oranienbaum,

---

*) Vgl. „das allgemeine russische Eisenbahngesetz vom 12. Juni 1885". Archiv 1885
Seite 643.

Im Betrieb waren		Zuwachs in den einzelnen Zeiträumen km	Bezeichnung der in den einzelnen Zeiträumen eröffneten wichtigeren Bahnlinien.
Ende des Jahres	km		
			Odessa-Rasdelnaja-Birsula-Balta und Rasdelnaja-Kutschurgan.
1870	11 243	7 317	Dünaburg-Witebsk-Orel-Kasaki (Orel-Grjäsy), Koljuschki-Lodz, Balta-Jelissawetgrad-Poltawa, Kursk-Charkow-Rostow, Aksai-Rostow, Moskau-Orel-Kursk-Kiew, Riga-Mitau, Rjäsan-Kozlow-Woronesch-Liski (Richtung nach Rostow), Warschau-Brest Litewsk, St.Petersburg-Wiborg-Riihimaki, Kutschurgan-Terespol, Riajsk-Morschansk, Orel-Grjäsy-Filonowo (Richtung auf Zarizin), Nowki-Iwanowo, Kozlow-Tambow-Umet (Richtung auf Saratow), Sergiewsk-Jaroslawl (Theil von Moskau-Jaroslawl), Birsula-Schmerinka-Kiew, Baltischport-Tossna (Station der Nicolaibahn), Moskau-Smolensk, Rybinsk-Bologoje.
1875	19 547	8 304	Smolensk-Brest Litewsk, Tschudowo (Nicolaibahn)-Nowgorod, schmalspurig, Werschowje (Orel-Grjäsy)-Liwnü, schmalspurig, (Wilna)Koschedary-Libau, Filonowo-Zarizin (Schlussstrecke von Orel-Zarizin), Jaroslawl-Wologda, schmalspurig, Poti-Tiflis, Mitau-Moscheiki, Kalkuny-Radsiwilischki, Grajewo-Brest Litewsk-Berditschew, Snamenka-Nicolajew, Wileika (bei Wilna)-Romny, Hangöudd-Hyvinkä (Finnland), Morschansk-Ssysran, Rjaschsk-Tula-Wjasma, Uslewaja-Jelez, Losowaja-Sewastopol, Rostow-Wladikawkas, Kischinew-Ungeni.
1880	23 403	3 856	Åbo-Tojata und Tavastehus-Tammersfors in Finnland, Lukow-Iwangorod, Fastow-Snamenka, Dorpat-Taps, Batraki-Orenburg, Kowel-Warschau-Mlawa, Kischinew-Bender, Nowgorod-Staraja Russa, schmalspurig, Strecken der Donetz-Kohlenbahn, Tschussowaja-Beresniki (Uralbahn), Bender-Galatz, Murom-Kowrow.

Im Betrieb waren		Zuwachs in den einzelnen Zeiträumen Km	Bezeichnung der in den einzelnen Zeiträumen eröffneten wichtigeren Bahnlinien.
Ende des Jahres	Km		
1885	27 079	3 676	Strecken der Donetzbahn, Baskuntschak (Salzsee)-Wladimirowka, Tammersfors-Nicolaistadt, Tiflis-Baku, Samtredz-Batum, Wilna-Rowno, Schabinka-Homel, Dolinskaja-Jekaterinoslaw, Sinelnikowa-Jassinowataja, Strecken von Jekaterinburg-Tümen, Jwangorod-Dombrowo, Koluschki-Ostrowetz, transkaspische Eisenbahn.

H. Claus.

Konstante und variable Eisenbahn-Betriebskosten.

Von

Regierungsbaumeister **Sympher** in Kiel.

Mit einem Nachwort

von

Wilhelm von Nördling, k. k. Generaldirektor des österreichischen Eisenbahnwesens a. D.

————

Im vorigen Jahrgange des Archiv für Eisenbahnwesen (S. 45 ff.) giebt Herr Sektionschef v. Nördling einige Zahlenbeispiele, welche die verhältnissmässige Verminderung der Eisenbahn - Betriebskosten bei zunehmendem Verkehr in dem Umfange zu bestätigen scheinen, welchen der Herr Verfasser bereits in einem früheren Werke[*]) nachzuweisen gesucht hat. Die der Statistik entnommenen Zahlen führen dabei zu Schlüssen, deren Besprechung von einem anderen Standpunkte als dem des Herrn v. Nördling unter gleichzeitiger Ergänzung der statistischen Grundlagen hier gestattet sein möge. Das Wagniss, diese Frage vor einem rein eisenbahnfachlichen Leserkreise zu behandeln, muss ich allerdings zunächst aus der Ehre ableiten, dass Herr v. Nördling zu seinem Aufsatze durch eine von mir ausgegangene Besprechung[**]) seines früheren Werkes über Selbstkosten des Eisenbahntransportes veranlasst wurde.

Da die Vorgänge an verschiedenen Stellen zerstreut sind, und anderweite, dringende Arbeiten mich verhindert haben, auf den v. Nördling'schen

---

[*]) W. v. Nördling. Die Selbstkosten des Eisenbahntransportes und die Wasserstrassenfrage in Frankreich, Preussen und Oesterreich. Wien, Alfred Hölder, 1885.

[**]) Schmoller's Jahrbuch für Gesetzgebung u. s. w. Jahrgang 1885 4. Heft, sowie Antwort und Gegenantwort im Jahrgang 1886, 1. Heft. Leipzig, Duncker und Humblot.

Aufsatz im Januarhefte des Archiv sogleich zu erwidern, so mag es
gestattet sein, in kurzen und nach Bemühen unparteiischen Worten Veranlassung und Stand der bisherigen Auseinandersetzungen zu kennzeichnen.

Herr v. Nördling veröffentlichte anfangs 1885 sein Werk über Transportkosten mit dem ausgesprochenen Zweck, Oesterreich von der Anlage
neuer Kanäle zurückzuhalten, und suchte deshalb nachzuweisen, dass die
bestehenden Eisenbahnen im Stande seien, den den erst zu erbauenden
Wasserstrassen zufallenden Verkehr billiger, als die letzteren zu befördern.
Dabei wurde der wissenschaftlich zutreffende — jedoch selten oder nie in die
Wirklichkeit übersetzbare — Schluss gezogen, dass unter der obigen Voraussetzung bei dem Kanal die vollen Kosten für Betrieb und Verzinsung
des Anlagekapitals, bei der Eisenbahn aber nur die Zuwachskosten,
welche der vermehrte Verkehr verursacht, in Rechnung zu stellen seien.
Ueber die Bestimmung dieser Zuwachskosten schreibt Herr v. Nördling
ausführlich das Folgende und zwar wesentlich mit Bezug auf die in ganzen
Zug- oder doch Wagenladungen zur Versendung kommenden Güter:

c) Eigentliche Selbstkosten.

„Wenn man Eisenbahn-Betriebsrechnungen eingehend betrachtet, so überzeugt
„man sich sehr leicht, dass die Ausgaben mit dem Verkehr durchaus nicht in
„geometrischer Proportion wachsen. Nur ein Theil der Ausgabsrubriken befindet
„sich, wenigstens annähernd, in letzterem Falle, so z. B. der Verbrauch an
„Feuerungsmaterial, während andere, wie z. B. die Erhaltung des Unterbaues,
„von der Intensität des Verkehrs fast ganz unabhängig sind und als eine kon-
„stante Grösse behandelt werden können. Wieder andere Rubriken nähern sich
„mehr oder weniger der einen oder der anderen dieser beiden Grenzen. Die ge-
„nauen Gesetze des Wachsthums der verschiedenen Ausgaben oder, um uns
„mathematisch auszudrücken, die verschiedenen Ausgabenkurven als Funktion des
„Verkehrs zu ermitteln, bietet so erhebliche Schwierigkeiten, dass wir auf jeden
„Versuch verzichten und uns darauf beschränken, an die Kurve der Gesammt-
„ausgaben eine approximative Tangente zu führen. Zu diesem Behufe werden
„wir die verschiedenen Ausgabsrubriken entweder als ganz konstant behandeln,
„oder als dem Verkehre proportional. Wenn auf diesem Wege die Gesammt-
„ausgaben in zwei Theile getheilt sind, den konstanten und den variablen d. i.
„proportionalen, und wenn man dann die letztere Summe durch die Zahl der
„faktisch geleisteten Tonnenkilometer dividirt, dann findet man, wenigstens an-
„nähernd, die Selbstkosten des Tonnenkilometers, d. h. diejenige Summe, welche
„die Betriebsverwaltung weniger verausgabt hätte, wenn ein Tonnenkilometer
„weniger geleistet worden wäre, und welche sie hätte weiter verausgaben müssen,
„wenn sie eine weitere Tonne ein Kilometer weit hätte transportiren wollen.“

In der weiteren Folge ermittelt der Verfasser dann die „eigentlichen
Selbstkosten“ oder Zuwachskosten für die Theissbahn, für die Gesammtheit
der österreichisch-ungarischen Bahnen und für die Kaiser-Ferdinands-Nordbahn. Hierbei ist zu bemerken, dass trotz des für neuere Kanäle fast

stets in Aussicht genommenen Frachtenumlaufs (Zirkulation, kilometrischer Verkehr) von 1—2 Millionen Tonnen, die zum grössten Theil als Verkehrsvermehrung vorausgesetzt werden, auf Zinsen für Ausdehnung der baulichen Anlagen und Betriebsmittel der Eisenbahnen nicht gerücksichtigt ist. In der Berechnung der Zuwachskosten bezeichnet Herr v. Nördling nun einen Theil der Betriebsausgaben als konstant, den anderen als variabel und ermittelt den letzteren zu 52,2—55,5 pCt. der gesammten Betriebsausgaben. Diese 52,2—55,5 pCt. werden nunmehr den weiteren Vergleichen mit den Schiffahrtskosten gegenübergestellt und dabei verschwindet jede vorher angedeutete Rücksicht darauf, dass auch die als „konstant" ausgeschiedenen Beträge bei nennenswerthem Verkehrszuwachs zunehmen.

Gegen diese Rechnungsweise wandte ich mich in der sehr begründeten und in der Folge auch bewahrheiteten Besorgniss, dass dieselbe von preussischen Kanalgegnern aufgenommen und gegen die neuen, bei uns beabsichtigten Wasserstrassenanlagen verwendet werden würden. Ich schrieb also, nachdem ich der reichen Vorzüge des v. Nördling'schen Werkes eingehend gedacht, in der Besprechung für Schmoller's Jahrbuch:

„Es erübrigt schliesslich nur noch, einen Blick auf die von Herrn v. Nördling aufgestellte Betriebskostenberechnung der Eisenbahnen zu werfen. Bei der eingangs gegebenen Inhaltsbesprechung war bereits erwähnt, dass der Verfasser den mit der Kanalbenutzung verbundenen Kosten, welche sich aus Betrieb und Kapitalverzinsung zusammensetzen, bei einer bestehenden Eisenbahn nur die Mehrkosten des vergrösserten Betriebes gegenüberstellt. Dies ist an sich durchaus zutreffend, allein die hierunter zu rechnenden Beträge scheinen unserer Ansicht nach für die Eisenbahn allzugünstig bestimmt zu sein. Da zweifelsohne viele Kanalgegner sich bei diesem Punkte auf die Autorität des Verfassers beziehen werden, so haben wir versucht, das Unhaltbare der Nördling'schen Beweisführung, soweit es sich um Preussen handeln könnte, klarzustellen. Herr v. Nördling behauptet nämlich, dass ein grosser Theil der Betriebsausgaben sich mit wachsendem Verkehre nicht oder doch so unbedeutend erhöhe, dass derselbe in der Rechnung als konstant angenommen werden könne. Bei den behandelten Beispielen sollen die konstanten Kosten 45—48 pCt. der gesammten Betriebsausgaben betragen, das heisst so viel: jeder Verkehrszuwachs kann ohne Schaden für etwa die Hälfte der jetzigen Betriebskosten oder bei den meisten Bahnen für etwa den vierten Theil der bisherigen Gesammtkosten, einschliesslich Verzinsung des Anlagekapitals, befördert werden.

Wir haben nun in der dem Schluss des Aufsatzes beigefügten Tabelle und graphischen Darstellung nachzuweisen versucht und zwar nach den Angaben der vom Reichs-Eisenbahn-Amte für das Jahr 1882—83 herausgegebenen Statistik, dass, soweit zunächst die preussischen Staatbahnen in Betracht kommen, mit dem Verkehrszuwachs auch die von Herrn v. Nördling als konstant bezeichneten Beträge erheblich zunehmen. Dass eine stark frequentirte Bahn auch in den reinen Betriebskosten billiger arbeitet, als eine wenig benutzte, ist einleuchtend und wird niemals bestritten werden, aber bei einer Bahn mit mittlerem oder starkem Ver-

kehr fast die Hälfte aller Unkosten als gleichbleibend zu bezeichnen, ist viel zu
weit gegriffen. Den sichersten Schluss hierüber würde eine lange Reihenfolge von
Betriebsergebnissen eines und desselben Bahnnetzes geben, wenn man alle Nebenumstände gehörig in Rücksicht zieht und insbesondere auch darauf Bedacht nimmt,
nicht die in einem Jahre entstandenen Unkosten mit dem gleichzeitigen Verkehr in
unmittelbaren Vergleich ohne Verbesserung der Ausgabebeträge zu stellen. Manche
Abnutzungen machen sich erst in den Aufwendungen späterer Jahre bemerklich;
Unterhaltung und Erneuerung vertheilt sich oft nach ganz anderen Rücksichten, als
nach denen des zur Zeit stattfinden Verkehrs; das Beamtenpersonal ist nicht immer
auf eine aussergewöhnliche, aber durch reiche Ernte oder dergleichen doch plötzlich
eintretende Vermehrung der Transportmengen bemessen, muss aber ausnahmsweise
doch eine erhöhte Arbeitslast auf kürzere Zeit ertragen etc.; kurz, das Betreten
dieses zweifelsohne richtigsten Weges ist nur mit genauer Kenntniss der speziellen
Verhältnisse und mit weitläufigen Umrechnungen der statistischen Zahlen möglich.
Für Preussen war eine ähnliche Betrachtung deswegen nicht leicht anzustellen, weil
die bei Kanalfragen zunächst in Betracht kommenden Eisenbahndirektionsbezirke
erst seit dem 1. April 1881 eine neue Abgrenzung erfahren haben, ein Zurückgehen auf eine längere Reihe von Jahren daher nicht stattfinden konnte. Es ist
deshalb der zwar ebenfalls mit Mängeln behaftete, aber doch zu einem ungefähren
Bilde führende Weg beschritten, die Betriebsergebnisse sämmtlicher preussischer
Staatsbahndirektionsbezirke im Jahre 1882—83 neben einander zu stellen und daran
zu sehen, ob bei den stärker benutzten Bahnen der von Herrn v. Nördling als konstant
bezeichnete Theil der Betriebskosten wirklich, unter Berücksichtigung einiger ein-
flussreichen Nebenumstände. überall ziemlich gleiche Höhe zeigt."

Ohne die beigegebene Uebersicht und zeichnerische Darstellung hier
nochmals vorzuführen, war nach Obigem meine hauptsächlichste Absicht,
nachzuweisen, dass die von Herrn v. Nördling als konstant bezeichneten
Theile auch nicht annäherungsweise konstant seien, sondern dass sie sich
ganz erheblich, wenn auch in gewisser Beziehung sprungweise oder abweichend von einem geraden Verhältniss ändern. Gegen Ende der bezüglichen Betrachtungen fügte ich daher hinzu:

„Eine Tonne kann zwar leicht mit den von Nördling bestimmten Kosten
„mehr befördert werden, aber nicht eine Million Tonnen bei einer bereits
„auskömmlich beschäftigten Bahn."

Auf die Antwort des Herrn Sektionschefs v. Nördling im 1. Hefte
1886 des Schmoller'schen Jahrbuches und auf die ebendaselbst abgedruckte, auf Ersuchen des Herrn Herausgebers verfasste kurze Gegenantwort mag hier nur hingewiesen werden. Aus dem Obigen ergiebt sich
bereits so viel, dass über den Grundsatz, nach welchem bei zunehmendem Verkehr die Betriebskosten für die Transporteinheit abnehmen, ein
Unterschied der Anschauungen nie bestanden hat, und dass der Satz
v. Nördling's in seinem Archiv-Aufsatze, Seite 49:

„Hoffentlich wird der Lehrsatz von der grösseren Wohlfeilheit
„des Verkehrszuwachses nunmehr unangefochten bleiben,"

in einer gegen mich gerichteten Schrift nothwendigerweise zu irrthümlichen
und ungünstigen Auffassungen über meine eigenen Ansichten in der Frage
hat führen müssen.

Was nun den Hauptpunkt, die Zunahme der „konstanten" Kosten,
betrifft, so weist die von Herrn v. Nördling nunmehr für Oesterreich-
Ungarn ermittelte Betriebskostenkurve ein solches Wachsthum der „konstanten" Kosten auf, dass meine ursprüngliche Behauptung bezüglich der
preussischen Staatsbahnen nur bestätigt wird. Die „konstanten" Kosten
nehmen bis zu dem letzten, berechneten Punkte A. fast genau so
viel zu, wie die „variablen" Kosten, so dass es keineswegs gestattet
ist, diese Thatsache rechnerisch zu vernachlässigen. Wenn es sich um
Hunderttausende und Millionen von Tonnen handelt, kann von einer Berufung auf die Differentialrechnung nicht die Rede sein, und wäre wohl
die genauere Bezeichnung der „gewissen Grenzen", in denen eine in ihrer
Ausdehnung neue Theorie Geltung haben soll, von Anfang an nicht überflüssig gewesen. Was nützen ähnliche Vorbehalte und Sicherungen, wenn
sie in der Rechnung zu keinem zahlenmässigen Ausdruck gelangen?

Wenn der geehrte Herr Gegner und ich nunmehr und eigentlich also
schon früher in dem bisher hauptsächlich angegriffenen Punkte übereinstimmen, so könnte es scheinen, als sei damit ein Ausgleich und die Erzielung eines gemeinsam anerkannten Ergebnisses über die voraussichtliche
Höhe der Zuwachs-Betriebskosten möglich. Das ist jedoch keineswegs
der Fall, nachdem Herr v. Nördling in jenem Archiv-Aufsatze zu einer
Beweisführung gegriffen hat, die wesentlich von der bisher von ihm befolgten abweicht, aber die mit der letzteren erzielten Endergebnisse zu
retten sucht.

Was haben z. B. die in der Betriebskurve der Oesterreich-Ungarischen
Bahnen auf der Y-Axe abgeschnittenen „konstanten" Betriebskosten mit
jenen „konstanten" Betriebskosten zu thun, welche Herr v. N. in seinem
Werke nach einzelnen Positionen ausgeschieden und in zahlenmässiger
Höhe bestimmt hat? Nehmen die „konstanten" Ausgaben, wie es nach
der Betriebskostenkurve den Anschein hat, in Wirklichkeit in um so
stärkerem Verhältniss zu, je mehr Verkehr gewonnen wird? Immer grösser
werden nach der v. Nördling'schen Zeichnung die Ordinatenzunahmen auf
der Abscissenaxe, wenigstens bis zu der berechneten Grenze A. Ist das
„konstant"? Ist das nicht vielmehr eine Zunahme, die nach dem ersten,
1600 Gulden, betragenden Grundstock stärker wächst, als der Verkehr?
Bleiben ferner die in der Kurve durch die Tangentenneigung ausgedrückten
Einheits-Betriebskosten innerhalb der durch die vorausgesetzten Kanaltrans-
portmengen gesteckten Grenzen auch nur annähernd sich gleich, wie es
das v. Nördling'sche Werk voraussetzt? In welchem Zusammenhange

stehen die der Betriebskskostenkurve zu entnehmenden „variablen" Kosten
mit denjenigen, ebenfalls nach Positionen der Betriebsausgabenstatistik
ermittelten „variablen" Kosten der früheren Transportkostenschrift?

Beide von Herrn v. Nördling eingeschlagene Wege, die Zuwachskosten
der Eisenbahnen zu ermitteln, können unter gewissen Voraussetzungen zu
richtigen Ergebnissen führen, aber von vorn herein ist zu betonen, dass
zwischen beiden Rechnungsarten ein solcher Unterschied besteht, dass eine
Gleichstellung der dortigen und hiesigen Begriffe der „konstanten" und
„variablen" Kosten im allgemeinen ausgeschlossen ist und nur für einzelne
Fälle zutreffen kann.

Wie verhält es sich nunmehr mit der Richtigkeit des neuerdings
gewählten Rechnungsganges? Bekanntlich gründet der letztere sich auf
folgende Betrachtung:

Wenn eine gewisse Bahnlinie vor n Jahren einen kilometrischen
Verkehr (Umlauf, Zirkulation) von a Einheiten bei einer kilome-
trischen Betriebsausgabe von b Mark hatte, und die bezüglichen
Werthe heute auf A und B angewachsen sind, so betragen die
Kosten des Zuwachsverkehrs für die Transporteinheit:

$$k = \frac{B-b}{A-a} \text{ Mark.}$$

Dieser Schluss ist allerdings sehr einleuchtend und würde auch allgemein zutreffend sein, wenn das Verhältniss des heutigen Transportein-
heitspreises zu demjenigen vor n Jahren lediglich durch die Verkehrsentwicklung bedingt wäre. Das ist aber keineswegs der Fall.
Ich habe deshalb schon in dem mehrerwähnten und auszugsweise mitgetheilten Aufsatze in Schmoller's Jahrbuch der Ermittlung der „konstanten"
Kosten nicht dieselbe Bahn und eine längere Reihe von Jahren, sondern
verschiedene Bahnen derselben Verwaltung in ein und demselben Jahre
zu Grunde gelegt. Auch dieser Weg hat seine Mängel, jedoch mehr bezüglich der Ermittlung der „variablen" als der „konstanten" Kosten, da
letztere bei ähnlich verwalteten Direktionsbezirken in vielen Positionen verhältnissmässig geringe Abweichungen aufweisen. So z. B. enthalten die von
Herrn v. Nördling als „konstant" bezeichneten Beträge einen hohen Antheil
von Beamtengehältern, welche für sämmtliche Direktionen des preussischen
Staates einheitlich geregelt sind.

In Wirklichkeit haben nun gerade während des von Herrn v. Nördling für
seine Berechnungen in Betracht gezogenen Zeitraumes so erhebliche Preis-
schwankungen und zwar ein so bedeutender Preisrückgang auf fast
allen wirthschaftlichen Gebieten stattgefunden, dass zum grossen Theil
hierin die geringe Höhe der hinter der eingetretenen Verkehrszunahme
wesentlich zurückgebliebenen Betriebskosten zu suchen ist. Wir können

auf fast allen Gebieten von der Mitte der siebziger Jahre bis
zum Anfang der achtziger Jahre ein Weichen der Preise feststellen; wir sind nach den übereinstimmenden Anzeichen bei vielen Bahnen
während der Jahre 1881 und 1882 auf einem Minimum der
Betriebsausgaben angelangt gewesen, und alle Vergleiche, welche
zwischen jener Zeit und den vorliegenden 6—8 Jahren gezogen werden,
können nur zu leicht zu der Täuschung verleiten, als habe der
während dessen eingetretene Verkehrszuwachs ausserordentlich
niedrige Mehrkosten des Betriebes erfordert. Auch jetzt scheint
ein normaler Zustand noch nicht wieder erreicht, wenngleich die letzten
Jahre wieder ein Ansteigen der Preise und der Eisenbahnbetriebskosten ausweisen.

Hierfür mögen einige Beläge beigebracht werden, so spärlich auch die
Bahnlinien sind, an denen die neueste Rechnungsweise des Herrn v. Nördling
geprüft werden kann. Bereits in Schmoller's Jahrbuch habe ich dieselbe für eine sehr schwierige, wenn nicht unmögliche erklärt. Die zu
betrachtenden Linien oder Bahnbezirke müssen nämlich einer Reihe von
Bedingungen genügen, welche in der jetzigen Entwicklungszeit des Eisenbahnwesens selten zusammen angetroffen werden. Die hauptsächlichsten
dieser Bedingungen sind:

1. Ein nicht zu kleiner Betriebsbezirk.
2. Bestand des Betriebsbezirkes, für welchen die Betriebsergebnisse
   getrennt angegeben sein müssen, während einer langen Reihe von
   Jahren in derselben oder annähernd derselben Ausdehnung. Dieser
   gleiche Bestand muss jedenfalls schon vor dem Beginn des grossen
   Aufschwunges und Preistreibens der ersten siebziger Jahre vorhanden gewesen sein.
3. Starker Verkehr, der thunlichst eine stets ansteigende Tendenz
   gehabt hat.
4. Starke Verkehrszunahme, damit die Zuwachskosten deutlich zum
   Ausdruck kommen können.

Wie entsprechen zunächst die von Herrn v. Nördling gewählten
Zahlenbeispiele

1. Kaiser-Ferdinands-Nordbahn,
2. Aussig-Teplitzer Bahn,
3. Dux-Bodenbacher Bahn

den obigen Anforderungen?

1. Die Kaiser-Ferdinands-Nordbahn wird den Bedingungen 1, 3 und
4 gerecht, erfüllt aber nicht die sehr wichtige zu 2. Herr v. Nördling
vergleicht nur die Jahre 1879 und 1883, weil nur während dieser kurzen

Spanne Zeit die Betriebslänge unverändert geblieben ist. Ich werde im Folgenden bis auf das Jahr 1876 zurückgehen, da von 1876—1883 die Betriebslänge sich nur von 677 auf 688 km vermehrt hat und sich dann wenigstens annähernd ein Bild der Erscheinungen ergiebt, welche auch andere Bahnen in den siebziger Jahren aufweisen.

2. Die Aussig-Teplitzer Bahn entspricht den Bedingungen 3 und 4, aber sehr wenig denen zu 1 und 2. Sie besitzt in den betrachteten Jahren von 1876—1883 nur eine Betriebslänge für den öffentlichen Verkehr von 94—97 km, erscheint also als Beweisgegenstand sehr unbedeutend und besitzt die weitere Unbequemlichkeit, dass sie noch etwa 60 km nicht öffentlicher Schleppbahnen betreibt, deren Verkehr in den Eisenbahnstatistiken nicht gerechnet, deren Betriebs- und Unterhaltungskosten jedoch anscheinend ganz oder theilweise in die aufgezeichneten Betriebsausgaben mit einbezogen sind. Aus diesem Grunde ergaben sich wahrscheinlich auch die besonders hohen kilometrischen Betriebskosten, die Herr v. Nördling erwähnt. und die in ihrer Auffälligkeit allein stutzig machen, eine derartige Bahn als Beweismittel zu benutzen.

3. Die Dux-Bodenbacher Bahn entspricht keiner der obigen Bedingungen ganz. Ihr Verkehr schwankt mehrfach in nicht unerheblichen Grenzen; eine maassgebende Betrachtung kann nur während der Jahre 1874*)—1883 stattfinden und die Betriebslänge beträgt nur 86—89 km.

Dass namentlich die Bahnen zu 2 und 3 sehr ungeeignet sind, eine stark bestrittene Zuwachskostenberechnung zu stützen, dürfte hiernach und nach Betrachtung der folgenden Zusammenstellungen der Betriebsergebnisse ersichtlich sein. Ich habe mich demnach. bemüht, noch einige andere Bahnbezirke zu finden, welche zu diesen Untersuchungen bessere Gelegenheit bieten. Unter allen deutschen Bahnen — die österreichisch-ungarischen sind nicht näher untersucht, da sie meiner Beurtheilung ferner liegen — habe ich nur zwei gefunden, die allen Anforderungen thunlichst gerecht werden, wenngleich ich Anstand nehmen würde, auf die ermittelten Ergebnisse selbst dieser Linien eine eigene Theorie aufzubauen. Im Gegentheil zeigen die Betriebskostenkurven dieser Bahnen, dass es ziemlich unmöglich erscheint, den v. Nördling'schen Rechnungsgang z. Z. auf die Wirklichkeit anzuwenden. Die Bahnen sind:

1. Die Breslau-Posen-Glogauer Eisenbahn.

Dieselbe hatte 1864 eine Betriebslänge von 210, 1883 eine solche von 212 km. Ihr kilometrischer Verkehr ist mit einigen Schwankungen von

---

*) Im Jahre 1872 betrug die Betriebslänge im Jahresdurchschnitt nur 52 km, nicht 85 km, wie es nach Herrn v. N. vielleicht erscheinen könnte, daher erklärt sich für dieses Jahr eine Abweichung in den beiderseitigen Zahlen.

363 000 auf rund 1 400 000 Einheiten gestiegen. (Als Einheit ist der Einfachheit wegen stets 1 Personen-Kilometer = 1 reiner Tonnen-Kilometer gesetzt; französischer Schlüssel.)

2. Die Rechte-Oder-Ufer-Eisenbahn.

Dieselbe hatte 1864 eine Betriebslänge von 76, 1871 eine solche von 305, 1883 aber von 318 km; ihr kilometrischer Verkehr ist von 124 600 Einheiten in 1864 auf 331 400 in 1871 und auf 947 100 in 1883 gestiegen. Wenigstens in der Zeit von 1871 bis 1883 ist auch diese Bahn daher zu allgemeineren Betrachtungen ziemlich geeignet.

Endlich soll noch an dem Beispiel der Eisenbahndirektion Cöln, rechtsrheinisch, nachgewiesen werden, dass die auch bei den übrigen Beispielen zu Tage tretende Ansteigung der Betriebskostenkurve seit Anfang der achziger Jahre eine allgemeine zu sein scheint.

Die Betriebsergebnisse der verschiedenen Bahnen sind sowohl in Zahlenzusammenstellungen, als in Zeichnungen anschaulich gemacht. Die Angaben sind für die österreichisch-ungarischen Bahnen den „Statistischen Nachrichten über die Eisenbahnen der österreichisch-ungarischen Monarchie", für die deutschen Bahnen der „Deutschen Eisenbahnstatistik", später den „Statistischen Nachrichten von den Eisenbahnen des Vereins deutscher Eisenbahnverwaltungen" entnommen. Für genauere Rechnungen müssen die Zahlen der Statistik noch von einer Reihe Zufälligkeiten befreit werden; dergleichen Aenderungen sind immerhin nur unvollkommen möglich und in diesem Falle einestheils an der Kaiser-Ferdinands-Nordbahn bezüglich der Kohlenpreise und der Erhaltung der Fahrbetriebsmittel, welche sämmtlich nach dem Verhältniss von 1879 umgerechnet wurden, anderentheils an dem rechtsrheinischen Direktionsbezirk bezüglich der vom Personen- und Güterverkehr unabhängigen Einnahmen und der Erneuerung bestimmter Gegenstände versucht worden. Hierdurch werden die Betriebsergebnisse der einzelnen Jahre, wenn auch nicht frei von mancherlei Zufälligkeiten, doch zu gegenseitiger Vergleichung geeigneter. Auch bei der Breslau-Posen-Glogauer und der Rechte-Oder-Ufer-Bahn ist insofern auf eine Ausscheidung von Unregelmässigkeiten Bedacht genommen, als neben der Kurve der gesammten Betriebsausgaben auch diejenige der fraglichen Kosten, abzüglich der sehr wechselnden Beträge, welche aus Reserve- und Erneuerungsfonds bezahlt wurden, gezeichnet ist. Am Schluss der Zusammenstellungen sind noch einige Angaben über Ausnutzung der Wagen und Antheil der Massengüter gemacht, welche von einem gewissen, wenn auch nicht immer zu berechnenden Einflusse auf die Höhe der Betriebskosten sind.

Konstante und variable Eisenbahn-Betriebskosetn.

Kaiser‑Fer

Ansatz		Bezeichnung der Einheit.	Spalte der Statistischen Nachrichten sowie Rechnungsverfahren.*)	1876
1.	Betriebslänge im Jahresdurchschnitt	km	15	677
2.	Kilometrischer Verkehr			
	a. Personen	Stück	703	231 6(
	b. Güter	t	786	926 6(
	c. Zusammen, Verkehrseinheiten		703 + 786	1 158 2
3.	Betriebsausgaben			
	a. im Ganzen	fl	894	8 409 0
	b. für das Kilometer Betriebslänge	fl	$\frac{894}{15}$	12 4
4.	Kosten der Verkehrseinheit			
	(Personen-km, bezw. Güter-tkm)	kr	Ansatz $\frac{3,b}{2,c}$	1,07
5.	Feuerungsmaterial			
	(1 cbm Holz = 1 t Kohle oder Kokes) . . .		664 — 668	100 7
6.	Kosten des Feuerungsmaterials			
	a. im Ganzen	fl	669	547 1
	b. der Einheit (1 cbm Holz = 1 t Kohle) . .	fl	Ansatz $\frac{6}{5}$	5,4
7.	Zuschläge zu den Kosten des Feuerungsmaterials, um Gleichheit mit dem Preise von 1879 zu erzielen			
	a. für die Einheit	fl		+ 0,3
	b. im Ganzen	fl		+ 30 0
8.	Geleistete Wagenachskilometer			
	a. Personenwagen . . . . }	Achskm	641	44 230 0
	b. Lastwagen		642	307 897 0
	c. zusammen			352 127 0
9.	Erhaltung der Fahrbetriebsmittel	fl	887	1 178 0
10.	Dieselbe nach den Kosten für 1879 im Verhältniss der geleisteten Wagenachskilometer umgerechnet .	fl		1 142 0
11.	Demnach Zuschlag zur der Erhaltung der Fahrbetriebsmittel, um gleiche Verhältnisse wie in 1879 zu erzielen	fl	Ansatz 10 — 9	— 36 0
12.	Verbesserte Betriebsausgaben nach Verhältniss von 1879			
	a. im Ganzen	fl	Ansatz	8 403 0
	b. für das Kilometer Betriebslänge	fl	3 a + 7 + 11	12 4
	c. für die Verkehrseinheit	kr	$\frac{12\,a}{1}$	1,07
13.	Verkehrszuwachs gegen 1876, für das km Betriebslänge	Einheiten	$\frac{12\,b}{7-4}$	—
14.	Kosten dieses Verkehrszuwachses			
	a. für das Kilometer Betriebslänge	fl		—
	b. für die Verkehrseinheit	kr	Ansatz $\frac{14}{13\,a}$	—
15.	Verkehrszuwachs gegen 1879, für das km Betriebslänge	Einheiten		—
16.	Kosten dieses Verkehrszuwachses			
	a. für das Kilometer Betriebslänge	fl		—
	b. für die Verkehrseinheit	kr	Ansatz $\frac{15}{16\,a}$	—
17.	Verkehrszuwachs gegen 1881, für das km Betriebslänge	Einheiten		—
18.	Kosten dieses Verkehrszuwachses			
	a. für das Kilometer Betriebslänge	fl		—
	b. für die Verkehrseinheit	kr	Ansatz $\frac{17}{18\,a}$	—
19.	Ausnutzung			
	a. der Personenwagen-Sitzplätze	%	713	24,77
	b. der Lastwagentragfähigkeit	%	788	41,97
20.	Antheil an den Verkehrseinheiten			
	a. Personen	%		20,0
	b. Frachtgüter (ausschliesslich Kohlen)	%		35,3
	c. Kohlen	%		44,7

*) Die Spalten entsprechen den Angaben der „Statistischen Nachrichten von den österreichisch-ungarisc

ands·Nordbahn.   Zusammenstellung 1.

Betriebsergebnisse in den Jahren

1877	1878	1879	1880	1881	1882	1883
674	676	689	688	688	688	688
266 500	233 600	226 800	230 600	245 800	260 700	268 700
1014 900	1 028 100	1 054 500	1 119 200	1 198 700	1 275 200	1 405 200
1220 400	1 261 700	1 281 300	1 349 800	1 444 500	1 535 900	1 673 900
8 448 000	8 371 000	8 467 000	8 668 000	8 791 000	9 091 000	9 633 000
12 534	12 383	12 289	12 599	12 778	13 214	14 001
1,02	0,98	0,96	0,93	0,88	0,86	0,84
100 376	104 601	108 586	104 103	114 530	117 081	122 465
662 876	514 408	617 912	595 556	639 361	565 677	576 061
6,4	4,9	5,7	5,7	5,6	4,8	4,7
−0,9	+ 0,6	—	0	0,1	0,9	1,0
−90 000	+ 63 000	—	0	11 000	105 000	122 000
43 573 000	45 613 000	44 880 000	45 200 000	44 852 000	46 304 000	47 636 000
374 342 000	331 947 000	335 463 000	348 665 000	358 479 000	391 595 000	404 686 000
376 815 000	377 560 000	380 343 000	388 865 000	403 331 000	437 899 000	452 322 000
1 293 000	1 267 000	1 336 000	1 234 000	1 372 000	1 332 000	1 352 000
1 303 000	1 225 000	—	1 261 000	1 308 000	1 421 000	1 467 000
−50 000	− 42 000	—	− 75 000	− 64 000	+ 89 000	+ 115 000
8 368 000	8 392 000	8 467 000	8 593 000	8 738 000	8 285 000	9 870 000
13 267	12 414	12 289	12 490	12 701	13 496	14 346
1,02	0,98	0,96	0,93	0,88	0,88	0,86
−62 200	+ 103 500	+ 123 100	+ 191 600	+ 286 300	+ 377 700	+ 515 700
−145	+ 2	+ 123	+ 78	+ 289	+ 1 084	+ 1 934
Neg. Ergebnis	0	Negat. Ergebnis	+ 0,04	+ 0,10	+ 0,29	0,38
—	—	—	+ 68 500	+ 163 200	+ 254 600	392 600
—	—	—	+ 201	+ 412	+ 1 207	+ 2 057
—	—	—	+ 0,39	0,25	0,47	+ 0,52
—	—	—	—	—	+ 91 400	+ 229 400
—	—	—	—	—	+ 795	+ 1 645
—	—	—	—	—	+ 0,97	+ 0,72
22,56	23,96	23,48	23,88	25,09	25,46	25,67
43,36	44,19	44,32	47,03	46,35	44,63	46,54
—	—	17,7	—	—	—	16,1
—	—	37,4	—	—	—	37,4
—	—	44,9	—	—	—	46,5

"...bahnen", Jahrgang 1876.

Konstante und variable Eisenbahn-Betriebskosten.

Aussig - T

Ansatz		Bezeichnung der Einheit.	Spalte der Statistischen Nachweisungen sowie Rechnungsverfahren.*)	1876
1.	Betriebslänge im Jahresdurchschnitt	km	15	94
2.	Kilometrischer Verkehr:			
	a. Personen	Stück	703	172 6
	b. Güter	t	786	491 8
	c. Zusammen, Verkehrseinheiten		703 + 786	664 4
3.	Betriebsausgaben			
	a. im Ganzen	fl	894	1 182 9
	b. für das Kilometer Betriebslänge	fl	$\frac{894}{15}$	12 5
4.	Kosten der Verkehrseinheit (Personen-km bezw. Güter-tkm)	kr	Ansatz $\frac{3 b}{2 c}$	1,89
5.	Ausnutzung			
	a. der Personenwagensitzplätze	%	713	19,90
	b. der Lastwagentragfähigkeit	%	788	43,65

*) Die Spalten entsprechen den Angaben der „Statistischen Nachrichten von den österreich

Dux - Bo

Ansatz		Bezeichnung der Einheit.	Spalte der Statistischen Nachweisungen sowie Rechnungsverfahren*)	1872	187
1.	Betriebslänge im Jahresdurchschnitt . . .	km	15	52	8
2.	Kilometrischer Verkehr				
	a. Personen	Stück	703	59 000	91
	b. Güter	t	786	127 700	179
	c. Zusammen, Verkehrseinheiten . .		703 + 786	186 700	271
3.	Betriebsausgaben				
	a. im Ganzen	fl	894	234 940	384
	b. für das Kilometer Betriebslänge .	fl	$\frac{894}{15}$	4 518	4
4.	Kosten der Verkehrseinheit (Personen-km bezw. Güter-tkm)	kr	Ansatz $\frac{3 b}{2 c}$	2,42	1,
5.	Ausnutzung				
	a. der Personenwagensitzplätze . . .	%	713	14,03	18,
	b. der Lastwagentragfähigkeit	%	788	38,93	42,

*) Die Spalten entsprechen den Angaben der „Statistischen Nachrichten von den österreich

ker Bahn.

Betriebsergebnisse in den Jahren

[1877]	1878	1879	1880	1881	1882	1883
94	94	94	97	97	97	97
148 600	148 600	152 700	164 700	160 700	168 400	177 500
506 700	538 000	673 700	745 600	795 000	870 800	967 200
657 800	686 600	726 400	910 300	955 700	1 039 200	1 144 700
1 167 510	1 177 459	1 336 471	1 351 838	1 332 717	1 377 637	1 538 039
12 636	12 526	14 133	13 938	13 739	14 202	15 856
1,87	1,89	1,95	1,53	1,44	1,37	1,33
20,1	21,61	23,43	25,03	22,41	21,29	22,79
46,4	47,16	48,41	45,70	47,21	47,81	47,72

...rischen Eisenbahnen", Jahrgang 1876.

...her Bahn.

Betriebsergebnisse in den Jahren

[ ]	1876	1877	1878	1879	1880	1881	1882	1883
	86	86	86	88	89	89	89	89
	88 400	67 100	69 200	71 900	71 700	72 300	72 000	76 500
	614 100	524 800	567 700	495 000	519 300	585 100	624 000	698 000
	702 500	591 900	636 900	566 900	591 000	657 400	696 000	774 500
568 731		964 065	945 330	678 928	658 090	682 737	694 313	708 463
4 613		11 211	10 992	7 715	7 394	7 671	7 801	7 960
		1,83	1,73	1,36	1,25	1,17	1,12	1,03
13,54		16,75	17,45	18,52	19,68	18,37	18,41	19,73
43,44		45,68	46,92	46,65	46,33	46,02	48,11	46,69

...rischen Eisenbahnen", Jahrgang 1876.

Ansatz.		Bezeichnung der Einheit.	Spalte der Statistischen Nachrichten sowie Rechnungs-verfahren.*)	186.
1.	Betriebslänge für öffentlichen Verkehr im Jahresdurchschnitt	km	12,4	
2.	Kilometrischer Verkehr Personen und Güter aller Art, ausschliesslich frachtfreier Dienstgüter; 1 Person = 1 Nettotonne als Verkehrseinheit	Einheiten		363(
3.	Betriebsausgaben, einschliesslich der Beträge aus Reserve- und Erneuerungsfonds			
	a. im Ganzen	ℳ	255 + 269 a, b + 273 a, b	2 060(
	b. für das Kilometer Betriebslänge	ℳ	Ansatz $\frac{3a}{12,4}$	9 ?
4.	Kosten der Verkehrseinheit	₰	Ansatz $\frac{3b}{2}$	2,?0
5.	Betriebsausgaben, ausschliesslich der Beträge der Reserve- und Erneuerungsfonds			
	a. Im Ganzen	ℳ	255	1 513(
	b. für das Kilometer Betriebslänge . . . . , .	ℳ	$\frac{255}{12,4}$	7?
6.	Kosten der Verkehrseinheit	₰	Ansatz $\frac{5b}{2}$	1,96
7.	Kosten der Betriebssteinkohlen für die Tonne . . .	ℳ	136 c	11,1
8.	Ausnutzung			
	a. der Personenwagensitzplätze	%	140	
	b. der Güterwagentragfähigkeit	%	146 b ab 1865	

Ansatz.		Bezeichnung der Einheit	Spalte der Statistischen Nachrichten sowie Rechnungs-verfahren.	187?
1.	Betriebslänge für öffentlichen Verkehr im Jahresdurchschnitt	km	12,4	?
2.	Kilometrischer Verkehr Personen und Güter aller Art, ausschliesslich frachtfreier Dienstgüter; 1 Person = 1 Nettotonne als Verkehrseinheit	Einheiten		917 0
3.	Betriebsausgaben, einschliesslich der Beträge aus Reserve- und Erneuerungsfonds			
	a. im Ganzen	ℳ	255 + 269 a, b + 273 a, b	5 279 0
	b. für das Kilometer Betriebslänge	ℳ	Ansatz $\frac{3a}{12,4}$	25 2
4.	Kosten der Verkehrseinheit	₰	Ansatz 2 $\frac{3b}{2}$	2,75
5.	Betriebsausgaben, ausschliesslich der Beträge aus Reserve- und Erneuerungsfonds			
	a. im Ganzen	ℳ	255	4 362 0
	b. für das Kilometer Betriebslänge	ℳ	$\frac{255}{12,4}$	20 8
6.	Kosten der Verkehrseinheit	₰	Ansatz $\frac{5b}{2}$	2,93
7.	Kosten der Betriebssteinkohlen für die Tonne . . .	ℳ	136 c	6,0
8.	Ausnutzung			
	a. der Personenwagensitzplätze	%	140	29,94
	b. der Güterwagentragfähigkeit	%	146 b ab 1865	49,94

*) Die Spalten entsprechen den Angaben der „Deutschen Eisenbahnstatistik“, späteren „Statistisc

Glogauer Eisenbahn.

Betriebsergebnisse in den Jahren 1864—1883.

1865	1866	1867	1868	1869	1870	1871	1872	1873
210	210	210	210	210	210	210	209	209
396 500	550 800	497 200	592 100	577 200	589 300	626 800	672 400	816 900
2 139 000	2 687 000	3 055 000	3 538 000	3 670 000	3 418 000	3 606 000	4 589 000	5 257 000
10 186	12 795	14 548	16 848	17 476	16 276	17 171	21 957	25 153
2,2	2,32	2,93	2,85	3,03	2,76	2,74	3,27	3,08
1 549 000	1 889 000	2 191 000	2 579 000	2 664 000	2 546 000	2 845 000	3 409 000	3 893 000
7376	8 995	10 433	12 281	12 686	12 124	13 548	16 311	18 627
1,4	1,63	2,10	2 07	2,20	2,06	2,16	2,43	2,28
5,2	6,4	6,2	6,4	7,0	7,5	7,8	11,8	13 0
34,8	41,03	33,71	29,69	29,42	33 22	33,82	33,53	28,50
43,46	46,56	47,37	49,68	48,58	53,32	55,43	49,84	51,80

Betriebsergebnisse in den Jahren 1864—1883.

1875	1876	1877	1878	1879	1880	1881	1882	1883
209	209	209	211	211	211	211	212	212
33 000	924 900	877 600	818 600	922 400	1 088 500	1 154 400	1 258 000	1 391 500
4 433 000	4 304 000	4 215 000	3 457 000	3 494 000	3 543 000	4 282 000	4 393 000	4 868 000
21 234	20 593	20 167	16 384	16 559	16 791	20 294	20 722	22 962
2,5	2,23	2,30	2,00	1 80	1,54	1,76	1,65	1,65
4 121 000	3 836 000	3 563 000	3 286 000	3 102 000	3 495 000	3 812 000	3 936 000	4 868 000
19 718	18 354	17 048	15 573	14 700	16 564	18 066	18 566	23 071
2,31	1,98	1,93	1,90	1,59	1,52	1,57	1,48	1 63
5,2	8,5	6,8	6,1	5,4	5,5	6 1	6,1	5,6
28,81	28,68	29 55	32,86	30,82	24 86	25,10	25,74	26 30
47,46	49,30	51,64	65,71	75,81	48,22	50,15	49,54	50 27

Rechte-Ode

Ansatz.		Bezeichnung der Einheit	Spalte der Statistischen Nachrichten sowie Rechnungsverfahren.[*]	1864
1.	Betriebslänge für öffentlichen Verkehr im Jahresdurchschnitt	km	$12{,}4$	76
2.	Kilometrischer Verkehr, Personen und Güter aller Art, ausschliesslich frachtfreier Dienstgüter; 1 Person = 1 Nettotonne als Verkehrseinheit	Einheiten		124 60
3.	Betriebsausgaben, **einschliesslich** der Beträge aus Reserve- und Erneuerungsfonds			
	a. im Ganzen	ℳ	$255 + 273$ a, b	311 00
	b. für das Kilometer Betriebslänge	ℳ	Ansatz $\frac{3\,a}{12{,}4}$	4 09
4.	Kosten der Verkehrseinheit	₰	Ansatz $\frac{3,b}{2}$	3,28
5.	Betriebsausgaben, **ausschliesslich** der Beträge aus Reserve- und Erneuerungsfonds			
	a. im Ganzen	ℳ	255	253 00
	b. für das Kilometer Betriebslänge	ℳ	$\frac{255}{12{,}4}$	3 32
6.	Kosten der Verkehrseinheit	₰	Ansatz $\frac{5,b}{2}$	2,67
7.	Kosten der Betriebssteinkohlen für die Tonne . . .	ℳ.	136,c	7,30
8.	Ausnutzung			
	a. der Personenwagensitzplätze	%	140	
	b. der Güterwagentragfähigkeit	%	146,b ab 1865	

Ansatz.		Bezeichnung der Einheit.	Spalte der Statistischen Nachrichten sowie Rechnungsverfahren.[*]	1874
1.	Betriebslänge für öffentlichen Verkehr im Jahresdurchschnitt	km	$12{,}4$	309
2.	Kilometrischer Verkehr, Personen und Güter aller Art, ausschliesslich frachtfreier Dienstgüter; 1 Person = 1 Nettotonne als Verkehrseinheit	Einheiten		670 0
3.	Betriebsausgaben, **einschliesslich** der Beträge aus Reserve- und Erneuerungsfonds			
	a. im Ganzen	ℳ	$255 + 273$ a, b	5 282 (
	b. für das Kilometer Betriebslänge	ℳ	Ansatz $\frac{3,a}{12,4}$	17 (
4.	Kosten der Verkehrseinheit	₰	Ansatz $\frac{3,b}{2}$	2,55
5.	Betriebsausgaben, **ausschliesslich** der Beträge aus Reserve- und Erneuerungsfonds			
	a. im Ganzen	ℳ	255	3 821 (
	b. für das Kilometer Betriebslänge	ℳ	$\frac{255}{12,4}$	12 (
6.	Kosten der Verkehrseinheit	₰	Ansatz $\frac{5,b}{2}$	1,88
7.	Kosten der Betriebssteinkohlen für die Tonne . . .	ℳ	136,c	14,70
8.	Ausnutzung			
	a. der Personenwagensitzplätze	%	140	24,x
	b. der Güterwagentragfähigkeit	%	146,b ab 1865	46,4

[*] Die Spalten entsprechen den Angaben der „Deutschen Eisenbahnstatistik" späteren „Statist

r-Bahn.

Betriebsergebnisse in den Jahren 1864—1883.

1865	1866	1867	1868	1869	1870	1871	1872	1873
76	76	76	92		269	305	308	308
9 700	132 400	159 000	192 200		240 900	331 400	485 000	619 400
15 000	390 000	357 000	525 000	1 198 000	1 662 000	2 366 000	3 321 000	4 283 000
4 118	5 132	4 697	5 707	5 700	6 178	7 757	10 782	13 906
2,95	3,88	2,96	2,97	2,98	2,56	2,34	2,92	2,25
11 000	274 000	312 000	468 000	1 120 000	1 605 000	2 243 000	2 861 000	3 567 000
3 566	3 605	4 105	5 087	5 333	5 967	7 354	9 288	11 581
2,55	2,72	2,58	2,65	2,13	2,48	2,92	1,92	1,87
8,95	9,70	10,30	10,90	10,90	13,70	14,10	16,10	15,90
24,50	26,38	26,78	21,50	24,64	31,98	23,95	20,99	25,19
46,ss	51,66	66,10	51,40	38,14	41,43	45,72	54,34	47,06

Betriebsergebnisse in den Jahren 1864—1883.

1875	1876	1877	1878	1879	1880	1881	1882	1883
313	317	320	320	320	320	320	320	318
674 700	716 400	656 600	712 400	743 700	791 400	825 800	843 800	947 100
5 572 000	5 393 000	5 003 000	3 914 000	3 913 000	4 206 000	4 184 000	4 258 000	4 422 000
17 802	17 013	15 634	12 231	12 228	13 144	13 075	13 306	13 906
2,63	2,37	2,39	1,71	1,64	1,66	1,58	1 56	1,47
3 991 000	4 427 000	4 033 000	3 421 000	3 471 000	3 661 000	3 655 000	3 804 000	4 001 000
12 751	13 965	12 603	10 691	10 847	11 441	11 422	11 888	12 582
1,90	1,95	1,92	1,50	1,46	1,45	1,38	1,41	1,33
12,50	10,30	9,80	7 00	7,50	7,80	8,20	8,00	7,80
24,43	25,84	24,80	27,59	26,06	26,92	27,77	28,63	29,06
45,99	47,34	47,65	48,93	48,30	49,93	48,62	48,42	51,57

richten von den Eisenbahnen des Vereins deutscher Eisenbahnverwaltungen" Jahrgang 1864.

6*

Zusammenstellung 6.

Eisenbahn-Direktion Cöln, rechtsrheinisch.

Betriebsergebnisse in den Rechnungsjahren 1881/82—1884/85.

Ansatz		Bezeichnung der Einheit	Anlage der „Berichte über die Betriebsergebnisse" u. s. w.**)	Spalte	1881/82	1882/83	1883/84	1884/85
1.	Betriebslänge für öffentlichen Verkehr im Jahresdurchschnitt .	km	1	19	1742	1727	1706	1817
2.	Kilometrischer Verkehr							
	a. Personen . . .	Stück	6	49	169 004	178 330	184 784	186 167
	b. Güter	t	7	87	829 700	874 121	936 208	914 952
	c. Vieh	t	7	93	2 974	4 350	5 854	4 732
	d. Zusammen, Verkehrseinheiten .		1,	19	1 001 678	1 056 801	1 126 846	1 105 851
3.	Betriebsausgaben, unverändert							
	a. im Ganzen . .	ℳ	5	25	30 331 084	33 821 118	29 283 593	38 995 825
	b. für das Kilometer Betriebslänge .	ℳ	5	26	17 415	19 580	23 024	21 458
4.	Kosten der Verkehrseinheit	₰	Ansatz $\frac{3,b}{5,d}$		1,765	1,878	2,071	1,963
5.	Betriebsausgaben, verbessert*)							
	a. im Ganzen . .	ℳ	berechnet		29 316 541	32 644 189	35 657 396	35 635 374
	b. für das Kilometer Betriebslänge .	ℳ	Ansatz $\frac{5,a}{1}$		16 829	18 902	20 901	19 612
6.	Kosten der Verkehrseinheit	₰	Ansatz $\frac{5,b}{2,d}$		1,706	1,812	1,870	1,739
7.	Verhältniss der verbesserten Betriebs-Einheitskosten zu einander	%/0	berechnet		100	106	110	105
8.	Befördert sind nach Ausnahmetarifen in Wagenladungen zu 10 t; Procente des gesammten Waarenverkehrs	%/0	7	80	(82,7)	77,7	79,3	79,4
9.	1 Wagenachskilometer hat Verkehrseinheiten befördert	Einheit.			2,43	2,40	2,42	2 42

*) An den im „Bericht über die Ergebnisse des Betriebes der für Rechnung des preuss. Staates verwalteten Eisenbahnen" Anlage 5 Spalte 25 angegebenen Betriebsausgaben ist in so fern eine Verbesserung vorgenommen, als zunächst die vom Personen- und Güterverkehr unabhängigen Einnahmen theilweise in Abzug gebracht sind, und als ferner die Kosten für „Erneuerung bestimmter Gegenstände" nicht nach dem zufälligen Ausgabebetrage des betreffenden Jahres, sondern nach der wirklich stattgehabten Abnutzung eingeführt wurden. Ueber den bezüglichen Rechnungsgang vergl. Sympher, Transportkosten, Seite 26—31.

**) Die Angaben über die Nummern der Anlagen und Spalten der „Betriebsberichte" entsprechen den Aufzeichnungen des Berichtes vom Jahre 1881/82.

Die Betrachtung der Betriebskurven der einzelnen Bahnbezirke ergiebt nun das Folgende:

1. Ziemlich allgemein und in grosser Uebereinstimmung bezüglich der beiden vergleichsfähigsten preussischen Bahnen zeigen die Kurven ein starkes Wachsen der Betriebsausgaben vom Anfang bis zur Mitte der siebziger Jahre, zusammenfallend mit dem überall vorhandenen, raschen wirthschaftlichen Aufschwunge. Gerade wie der letzere über das Ziel hinausging, überschritt auch das Maass der Betriebskosten die natürliche Grenze: eine nach der Formel $k = \dfrac{A-a}{B-b}$ angestellte Rechnung würde für den „Zuwachsverkehr" ganz ausserordentliche, den bisherigen Durchschnitt weit übersteigende Einheitskosten ergeben; die durchschnittlichen Einheitsausgaben wachsen erheblich, wärend sie bei zunehmendem Verkehr unter gewöhnlichen Verhältnissen abnehmen sollten.

2. Nach der Mitte der siebziger Jahre tritt ein tiefer Sturz der Betriebskosten ein, das getreue Spiegelbild der übrigen wirthschaftlichen Zustände. Die österreichische Statistik steht mir hier leider nicht vollständig, z. B. für die Dux-Bodenbacher Bahn, zur Verfügung, auch fällt in diese Zeit eine Aenderung in der Art der Aufzeichnungen der statistischen Nachweisungen für die Eisenbahnen Oesterreich-Ungarns. Immerhin zeigt aber auch die Dux-Bodenbacher Betriebskurven das schnelle Aufsteigen und Fallen. Das Zeichen dieser Zeit ist unverhältnissmässig starkes Sinken der Eisenbahnbetriebskosten; die gesammten Betriebsausgaben fallen ausserordentlich, während die Verkehrsmengen stellenweise noch zunehmen. Hier die erwähnte Formel zur Ermittlung der Zuwachskosten anzustellen, dürfte Niemand für zutreffend erachten oder gar verlangen.

3. Seit dem Anfang der achtziger Jahre beginnt allmählich, aber immer kraftvoller ein erneutes Ansteigen der Betriebskostenkurve, das allem Anschein nach mit dem Jahre 1883 noch nicht sein verhältnissmässiges Maximum erreicht hat. Wiederum die Uebereinstimmung mit unserer wirthschaftlichen Bewegung, die langsam und mit manchen Unregelmässigkeiten, aber doch zuversichtlich eine Besserung erfahren hat und noch erfährt.

Aus den so gemachten Beobachtungen lassen sich nun folgende Schlüsse ziehen:

Es ist unzulässig, zur Bestimmung der Zuwachskosten des Betriebes Beziehungen zu suchen zwischen den heutigen Ausgaben und denen früherer Jahre, welche von der Flutwelle des letzten grossen Aufschwunges beein fasst wurden. Bei den starken Konvexen, welche die Betriebskostenkurven seit etwa 1874 gegen die X-Achse und gegen die jeweilige Durchschnitts kostenlinie (O—A) einnehmen (die v. Nördling'sche mittlere Kurve wendet der X-Achse die konkave Seite zu), giebt jede Vergleichung zweier Jahr-

gänge geringere Zuwachskosten, als z. Z. wirklich entstehen und namentlich in nächster Zeit entstehen werden. In der Zeichnung stellt sich dies
so dar, dass die gezogenen Sehnen flacher geneigt sind, als die Tangente
an dem heutigen Endpunkt der Kurve. Zum sprechendsten Ausdruck gelangt dies, wenn wir etwa die Jahre 1874 und 1883 an den beiden
preussischen Bahnen vergleichen: trotz erheblichen Zuwachses an kilome-
trischem Verkehr haben die kilometrischen Betriebskosten erheblich abgenommen; nach der obigen Formel

$$k = \frac{A-a}{B-b}$$

müsste k negativ werden, da $A < a$ ist, aber $B > b$. Im Verfolg der
neuen Zuwachskostentheorie müsste man daraus weiter schliessen können: Jeder,
der der Bahn über die bisherigen Verkehrsmengen hinaus Güter zur Beförderung aufgiebt, hat nichts zu zahlen, sondern bekommt noch etwas
heraus. Bedarf es erst dieses äussersten Hinweises, um den Rechnungsgang des Herrn v. Nördling als bedenklich zu bezeichnen angesichts der von
der Höhe des Verkehrs und seiner Zunahme ganz unabhängigen Umstände,
welche im Laufe der letzten 15 Jahre die Betriebsausgaben beeinflussten?
Mit Hülfe dieser Betriebskostenkurven kann man fast jede beliebige Höhe
für die Zuwachskosten berechnen, je nachdem man die zu vergleichenden
Jahre wählt.

Nach meiner unmaassgeblichen Meinung muss man zunächst wenigstens
die Entwicklung abwarten, welche die Betriebskostenkurve während der
nächsten 10 Jahre annehmen wird. Zu dem Zweck wäre es ausserordentlich erwünscht, wenn die Aufzeichnungen für einige geeignet erscheinende
Linien, z. B. die oben angeführten der Breslau-Posen-Glogauer und der
Rechte-Oder-Ufer-Bahn, auch ferner getrennt für den ursprünglichen Umfang
geführt werden könnten. Haben wir dann wenigstens noch einen Höchstbetrag
der Betriebskosten erlebt, so lassen sich vielleicht eher Schlüsse auf den
Verlauf einer mittleren Betriebskostenkurve ziehen und aus dieser dann
ein Gesetz über die Kosten des „Zuwachsverkehrs“ ableiten. Vor allzu
grossen Schwankungen werden insbesondere die Bahnen in Ländern mit
reinem oder vorwiegendem Staatsbahnsystem bewahrt und werden daher
deren Linien, wenn sie rechnungsmässig genügend getrennt gehalten werden,
den besten Anhalt für weitere Betrachtungen geben. Ob diese aber trotz
alledem brauchbar sein werden, hängt noch wesentlich von den technischen
und administrativen Vervollkommnungen ab, welche sich fortwährend im
Eisenbahnwesen vollziehen, welche aber in ihrem ersparenden Nutzen zum
Theil wieder von den höheren Ansprüchen aufgewogen werden, die an die
Sicherheit, Schnelligkeit und sonstigen Einrichtungen und Eigenschaften
des Bahnbetriebes immer steigend gestellt werden. Schwierig und bedenk-

lich bleibt die hier besprochene Rechnungsweise also auch unter sonst günstigen Verhältnissen, die aber zur Zeit keineswegs vorhanden sind.

Ich enthalte mich angesichts der hervorgehobenen Schwierigkeiten jeder Zeichnung eine mittleren Betriebskostenkurve; für einzelne Bahnen, deren Verhältnisse genau bekannt sind, aus denen man alle Zufälligkeiten entfernen, und bei denen man den Einfluss der sonstigen wirthschaftlichen Zustände abschätzen oder vernachlässigen kann, vermag man sich allerdings ein ungefähres Bild von den augenblicklichen ,,Zuwachskosten'' zu machen. So habe ich z. B. geglaubt, dieselben für den Direktionsbezirk Cöln (rechtsrheinisch) bei einer früheren Gelegenheit*) gleich den Durchschnittskosten der Jahre 1881—83 setzen zu können und zwar um so eher ohne Ueberschätzung, als die Durchschnittskosten der folgenden Jahre trotz zunehmenden kilometrischen Verkehrs noch gewachsen sind. Diesen Umstand zeigen die Zusammenstellung (S. 84) und die Zeichnung, welche hier über die Betriebsergebnisse der rechtsrheinischen Bahn beigefügt sind. In diesen Darstellungen ist die ansteigende Tendenz der Betriebskostenkurven während der letzten Jahre zum deutlichsten Ausdruck gebracht; dieselbe überschreitet sogar das theoretisch zulässige Maass, da die Einheitskosten bei wachsendem Verkehr nicht abnehmen, sondern sogar gestiegen sind. Zum Theil wird diese überraschende Erscheinung in den während dieser Zeit vorgenommenen vielfachen Gehaltserhöhungen für Beamte seinen Grund haben.

Nach dem, was oben bezüglich der Zahlenbeispiele der drei angeführten österreichischen Bahnen gesagt ist, bedarf es kaum der Erwähnung, dass auch den weiteren Schlüssen aus der im Strahlenbündel aller österreichischungarischen Bahnen freihändig gezogenen Betriebskostenkurve des Herrn v. Nördling ein beweisender Werth nicht beizumessen sein dürfte. Insbesondere aber dürften die Zuwachskosten einer Bahn von 1 500 000 Einheiten kilometrischen Verkehrs — mit $0{,}40$ kr. ($0{,}69$ Pf.) für das reine Tonnenkilometer aller Güter — erheblich zu niedrig geschätzt sein, zumal, wie bereits erwähnt, Bahnerweiterungen und Betriebsmittelvermehrungen gänzlich unberücksichtigt gelassen sind. Die Verzinsung der hierfür aufzuwendenden Beträge belastet den Zuwachsverkehr indess nicht unwesentlich und wird bei der Bemessung der niedrigst möglichen Frachtsätze nicht übersehen werden dürfen.

Wenn im Vorstehenden der Versuch gemacht ist, die v. Nördling'sche Selbstkostentheorie als mit den wirklichen Verhältnissen nicht ganz im Einklang zu erweisen, so mag im Folgenden noch kurz auf die Ausführungen

---

*) Sympher, Transportkosten auf Eisenbahnen und Kanälen. 1885. 2. Auflage. Ernst & Korn, Berlin.

der Abschnitte 3 und 4 des Archivaufsatzes des geehrten Herrn Gegners eingegangen werden. Gegenüber den „zur Abwehr" geschriebenen Ausstellungen an meiner früheren Besprechung kann ich theils auf das Obige, theils auf die angegebenen Quellen in Schmoller's Jahrbuch verweisen, in denen diese Anstände bereits einmal im Für und Wider besprochen sind. Ich habe mich bemüht, möglichst genau den von Herrn v. Nördling selbst angegebenen Rechnungsgang zu verfolgen. Wenn ich nach der Ansicht meines geehrten Herrn Gegners darin gefehlt, so mag das zum Theil seine Entschuldigung darin finden, dass ich mich weniger an die beschützenden Worte als vielmehr an die Zahlen und Rechnungen gehalten habe, auf denen in letzter Linie der Beweis der ganzen Theorie beruht.

Der Vorwurf endlich, statt einer Bahn in verschiedenen Zeiträumen mehrere Bahnen in demselben Jahre in Vergleich gezogen zu haben, verhindert nicht, dass Herr v. Nördling auch diesen Rechnungsgang zur Begründung seiner Theorie verwerthet, obgleich ich schon in Schmoller's Jahrbuch 1886, 1. Heft, Seite 256, 5. darauf hingewiesen habe, dass es weit weniger angängig ist, auch die „variablen" Betriebskosten verschiedener Direktionsbezirke in Vergleich zu stellen. Auch darf man nicht einzelne Bezirke herausgreifen und an ihnen etwas beweisen, was mit dem Bilde, welches sämmtliche Bahnen bieten, im Widerspruch steht. So z. B. verglich Herr v. Nördling in seiner Entgegnung in Schmoller's Jahrbuch 1886, 1. Heft, Seite 255 die Anhaltische Bahn mit der Direktion Elberfeld und Magdeburg mit Cöln (rechtsrheinisch), sowie neuerdings wieder Anhaltische und Thüringische Bahn mit Cöln (linksrheinisch), Berlin und Elberfeld. Magdeburg, Anhalt und Thüringen sind nun aber gerade die allertheuersten Bezirke, was nicht nur in dem geringen Verkehr, sondern noch in einer Menge Nebenumständen seinen Grund hat, auf die ich gelegentlich der früheren Besprechungen bereits hingewiesen habe. Herr v. Nördling giebt im Archiv u. A. folgendes Beispiel:

„Vergleichung zwischen Anhalt und Elberfeld:

	Zirkulation.	Kilometrische Kosten.
„Elberfeld	2 313 000 Roh-t	23 223 $\mathcal{M}$
„Anhalt	1 105 000 „	15 508 „
„Zuwachs	1 208 000 „	7 715 $\mathcal{M}$

„Ein zuwachsendes Roh-Tonnenkilometer kostet somit

$$\frac{7\,715}{1\,208\,000} = 0{,}64 \; \mathcal{J}"$$

während der Einheitspreis für Anhalt $1{,}41 \, \mathcal{J}$ beträgt. $\frac{0{,}64}{1{,}41} = 47{,}5$ pCt. Die variablen oder Zuwachskosten scheinen demnach nur 47,5 pCt. der bisherigen Gesammtbetriebsausgaben zu betragen. Ein solcher einzelner

Vergleich ist jedoch nur mit Berücksichtigung der beeinflussenden Nebenumstände angängig; z. B. ist der Verkehr auf der Elberfelder Bahn ein wesentlich mehr Massengut enthaltender, als derjenige auf der Anhalter Bahn. Dort machen die Kohlentransporte 53,5 pCt., hier nur 34.₃ pCt. des gesammten Güterverkehrs aus; dort kostete die Tonne Betriebskohlen im Vergleichsjahre 1882/83 nur 5,₇₄ $\mathcal{M}$., hier dagegen 15,₄₀ $\mathcal{M}$.; auch die Ausgaben für Erneuerung bestimmter Gegenstände scheinen dort verhältnissmässig geringer gewesen zu sein, als hier. Diese und ähnliche Umstände drücken sich naturgemäss weit mehr in den solchergestalt bestimmten „Zuwachs-" als in den Durchschnittskosten aus.

Aehnlich liegen die Verhältnisse bei einem Vergleich zwischen der Direktion Elberfeld und der Thüringer Bahn, dort 53,₅ pCt., hier nur 32,₁ pCt. Kohlentransporte; dort kostet die Tonne Betriebskohlen 5,₇₄ $\mathcal{M}$, hier 10,₅₇ $\mathcal{M}$, während die Verkehrsmengen sich fast wie 5 : 1 stellen, stehen die Erneuerungskosten wie 3 : 1, sind also für die Thüringer Bahn verhältnissmässig in dem gerade betrachteten Jahre höher, ohne dass dies allein seinen Grund in der verschiedenen Höhe des Umlaufs hätte. Man sieht aus dem Vorhergehenden, mit welchen Schwierigkeiten und Ungenauigkeiten der Vergleich einzelner Betriebsergebnisse verbunden ist, und dass es durchaus nothwendig ist, zur Begründung einer in ihrer Ausdehnung neuen Theorie wenigstens thunlichst das auszuscheiden oder zu verbessern, was, durch Zufälligkeiten beeinflusst, ein Bild ergiebt, welches die Tendenz der Gesammtheit unzutreffend darstellt.

Wenn Herr v. Nördling wirklich unparteiisch verfahren wollte, so musste er auch die Verhältnisse betrachten, wie sie sich im Ganzen boten. Da ergiebt denn allerdings ein Vergleich der verkehrsärmsten (Kottbus-Grossenhain) mit der verkehrsreichsten (Elberfeld) Direktion, dass der Betriebskostenpreis für das Roh-Tonnenkilometer bei der letzteren (1,₀₀ ₰) höher ist als bei der ersteren (0,₉₀ ₰); sehen wir aber von den aussergewöhnlich billigen Betriebsverhältnissen der kleinen Kottbus-Grossenhainer Direktion ab und vergleichen den nächst verkehrsarmen Bezirk Bromberg mit dem verkehrsreichsten Elberfeld, so ergeben sich die Zuwachskosten wie folgt:[*])

	Zirkulation.		Kilometrische Kosten.
Elberfeld	2 313 000	Brutto-t	23 223 $\mathcal{M}$.
Bromberg	944 000	„	10 287 „
Zuwachs	1 369 000	„	12 936 $\mathcal{M}$.

---

[*]) Vergl. Schmoller's Jahrbuch 1885, Heft 4, Tabelle.

Ein zuwachsendes Roh-Tonnenkilometer kostet demnach

$$\frac{12\,936}{1\,369\,000}\;\mathscr{M}. = 0{,}94\;\mathscr{J},$$

während der Einheitspreis für Bromberg 1,09 ₰ beträgt.

Die variablen oder Zuwachskosten betragen in diesem Falle

$$\frac{0{,}94}{1{,}09} = 86 \text{ pCt. der Gesammtbetriebsausgaben},$$

wobei die ungünstigeren Verhältnisse Brombergs bezüglich des Preises der Kohlen (14,23 $\mathscr{M}$ die Tonne gegen 5,74 $\mathscr{M}$) u. s. w., sowie der verhältnissmässig geringeren Massenfrachten (der Kohlentransport beträgt z. B. 21,0 gegen 53,5 pCt. des Güterverkehrs) noch nicht berücksichtigt sind. Mit solchen Zahlen dürfte man der Wahrheit näher kommen, als mit Zuwachskosten, die 47,5 oder 60 pCt. der jetzigen Betriebskosten betragen. Die preussische Mittellinie, welche Herr v. Nördling sich gebildet, mag ungefähr einigen für die Zwecke des beabsichtigten Beweises günstig gelegenen Direktionen entsprechen, ein zutreffendes Bild der anwachsenden kilometrischen Betriebskosten in Berücksichtigung der gesammten Verhältnisse giebt sie nicht.

Was die absolute Höhe der von v. Nördling für Preussen ermittelten Betriebskosten für eine Bahn von 1 000 000 Tonnen Zirkulation betrifft (1,2 ₰ für das Netto-Tonnenkilometer), so könnte man derselben etwa zustimmen, wenn sie für ganze Wagenladungsgüter, grössere Entfernungen und auch für verkehrsreichere Bahnen gültig sein sollte. Das ist jedoch nach dem Schlusssatze des beregten Archivaufsatzes nicht der Fall, sondern es wird ähnlich, wie bei der österreichischen Bahn, bei stärkerem Umlauf eine stetige Ermässigung vorausgesetzt. Da über das Maass derselben jedoch nichts gesagt ist, so erscheint eine Besprechung gegenstandslos. Ich selbst habe die Betriebskosten der Eisenbahndirektion Cöln (rechtsrheinisch) für ganze Wagenladungen während der Jahre 1881—83 zu rund 1,00 ₰ für das Netto-Tonnenkilometer + 60 ₰ Expeditionskosten für die Tonne berechnet, ohne indess wegen der damals sehr niedrigen Preise für weiteren Zuwachsverkehr einen Abzug zu machen.

Wenn ich hiermit diese Abhandlung schliesse und voraussichtlich einstweilen auch von jeder weiteren absehe, so geschieht dies zunächst, um die Leser des Archivs nicht mehr, als die Sache unbedingt zu erfordern schien, mit diesem trockenen und keineswegs spruchreifen Gegenstande aufzuhalten, dann auch, weil eine anderweite fernabliegende Thätigkeit mich von dem hier verfolgten Gebiete einstweilen abziehen wird, und endlich, um noch für einige Zeilen Raum zu gewinnen, auf denen ich mein Bedauern darüber aussprechen möchte, dass ich durch die Lage der Verhätnisse und die Gefährdung einer wichtigen Sache gezwungen war, einem Manne gegenüberzutreten, den alle Ingenieure mit Stolz zu den Ihrigen zählen, und dessen hohe Verdienste durch die Gegnerschaft eines jüngeren Fachgenossen wegen eines einzelnen Fragepunktes nicht im Geringsten berührt werden können. In diesem Sinne bitte ich auch, die vorstehenden Ausführungen aufzunehmen.

Berlin, im September 1886. *Sympher.*

Die verbindlichen Schlussworte können mich nicht abhalten, an meinen schrecklichen Gegner, der immer lieber verneint als behauptet, der, wenn er verneint, meist nur halb verneint und das, was er an einer Stelle halb eingeräumt, an einer andern wieder zurückzunehmen scheint, — die Frage zu richten: **Was ist der langen Rede kurzer Sinn?**

Ich behaupte: **Die Kosten eines zuwachsenden Tonnenkilometers seien — natürlich caeteris paribus — stets merklich geringer, als die Durchschnittskosten.** Anstatt diesen einzig wichtigen Hauptlehrsatz zu bekämpfen oder richtig zu stellen, gefällt sich mein geehrter Herr Gegner in dem nebensächlichen, wahrhaft metaphysischen Streite über die konstanten und variablen Betriebskosten.*) Er meint: (Seite 71) ich hätte in meinem Archiv-Aufsatze zu einer ganz anderen Beweisführung gegriffen, als in meinem Buche, und die von den Tangenten meiner Kurve auf der Y-Achse abgeschnittenen konstanten Betriebskosten könnten unmöglich mit jenen etwas gemein haben, die ich in meinem Buche ziffermässig ausgeschieden. — Nun! Beide Methoden unterscheiden sich allerdings wesentlich dadurch: 1) dass die eine theoretisch und bis auf einen gewissen Grad apriorisch, die andere aber empirisch d. h. ausschliesslich auf Erfahrungsresultate gestützt ist; 2) dass die eine arithmetisch, die andere graphisch ist. Beide erläutern sich aber gegenseitig und sind identisch in ihrem Wesen und Gegenstande, so zwar, dass die fraglichen Tangentenabschnitte nach Grösse und Bedeutung genau die theoretisch-apriorischen Ziffern darstellen, falls diese nur richtig berechnet waren, und zu deren Richtigstellung dienen können, falls sie schlecht berechnet sind. Was mich — warum sollte ich es nicht aussprechen? — als eine nicht immer erreichbare Eleganz meines Doppelbeweises erfreute, ist also offenbar meinem geehrten Gegner ganz unverständlich geblieben, was sich vielleicht aus dem Umstand erklärt, dass derselbe die Anschauung zu

---

*) Es wäre vielleicht deutlicher gewesen, wenn ich statt von variablen Ausgaben überall von proportionalen gesprochen hätte, wie es gemeint war und wie ich gerechnet. Wenn der Verkehr, — so fand ich — sagen wir um $1/6$ zunimmt, so wächst nur ungefähr die Hälfte der Betriebsauslagen um $1/6$, während die andere Hälfte unverändert (konstant) bleibt. Wenn man es vorzieht zu sagen, alle Betriebsauslagen wachsen — um $1/12$, so ist das Resultat dasselbe. Aber um vom letzteren Verhältniss sprechen zu können, musste es bekannt sein und ich suchte es erst.

hegen scheint (Seite 71), die Methoden der Differentialrechnung seien
nur auf kleine Grössen anwendbar.*)

Aus diesem Grunde werde ich es auch unterlassen, mich hier über
die „gewissen Grenzen" weiter zu verbreiten. Es würde das in die Lehre
von den Variablen ersten, zweiten, dritten ... Grades hinübergreifen und
die Leser des Archivs auf das Gebiet der reinen Differentialrechnung
führen.

Dass die Zinsen für etwaige Erweiterungsbauten bei der Aufstellung der einschlägigen Tarife zu berücksichtigen seien, habe ich selbst
betont; aber Tarife und Selbstkosten sind zweierlei. Auch dürfte es etwas
voreilig sein, die allfälligen Erweiterungsbauten sofort für Verkehrszuwachse
von 2 Millionen Tonnen auszuführen, denn es kann ja auch der Fall eintreten, dass die erhofften zwei Millionen sich, wie auf dem französischen
Kanal im Osten, in Wirklichkeit auf 100 bis 150000 Tonnen reduziren.

Doch genug des Nebensächlichen!

Nicht ohne Vorbedacht habe ich in obige Fassung meiner These den
Vorbehalt caeteris paribus aufgenommen, denn das ist ja klar und
selbstverständlich, dass ausser der Grösse der Zirkulation auch noch eine
Menge Nebenumstände auf die Höhe der Betriebskosten Einfluss üben,
dass aber da, wo diese Nebenumstände ganz unverändert geblieben, bei ab- oder
zunehmender Zirkulation die Betriebskosten graphisch eine stetig fliessende
Kurve (worunter als spezieller Fall auch eine Gerade zu subsumiren)
bilden müssen, und umgekehrt: dass da, wo die Betriebskostenkurve
Zacken oder Auswüchse zeigt, störende Nebenumstände die Oberhand gehabt haben müssen. Ganz a priori die Gestalt der fraglichen reinen
Betriebskostenkurve zu bestimmen, wäre ein Ding der Unmöglichkeit.
Wenn aber der, wie ich glaube, von allen Fachmännern anerkannte Erfahrungssatz gilt: dass frequente Bahnen billiger arbeiten, als wenig benutzte, so ist die Kluft schon überbrückt. Denn dieser einfache Satz in
mathematische Sprache übersetzt, lautet: die Betriebskostenkurve ist
konvex! Sobald aber die Betriebskostenkurve konvex ist, so ist der Selbst-
kostenpreis des zuwachsenden Tonnenkilometers niedriger als der Durch-
schnittspreis — quod erat demonstrandum. Und es ist das — wenn nur
der als Prämisse dienende Erfahrungssatz richtig ist — eine ebenso un-
umstössliche, nicht nur theoretisch, sondern auch praktisch gültige Schlussfolgerung wie $2 \times 2 = 4$.

---

*) Die Hauptsache ist, sich klar zu werden, dass $\frac{dy}{dx}$ d. h. die Tangente an die
Betriebskostenkurve je für die entsprechende Abscisse (Zirkulazion) den Preis des zuwachsenden Tonnenkilometers darstellt.

Nun handelt es sich nur mehr darum, ziffernmässig das Ausmaass der Kostenabnahme zu bestimmen. Dazu bieten sich die beiden vorerwähnten Wege, der theoretisch-apriorische und der statistisch-empirische.

Den ersteren habe ich in meinem Buche betreten und dabei unter den von der Verkehrsintensität unabhängigen d. h. konstanten Ausgabsposten u. a. die Erhaltung des Unterbaus aufgeführt. Lässt mein geehrter Gegner wenigstens diesen Posten gelten? Es scheint nicht! Denn oben (Seite 70) heisst es: „Dass die von mir als konstant bezeichneten Theile „auch nicht annäherungsweise konstant seien;" und in Schmoller's Jahrbuch . (Anm.: Seite 189) „dass die nach v. Nördling konstanten Betriebsausgaben „sich genau in demselben Maasse ändern, wie die nach v. Nördling mit „der Transportmenge variablen Betriebskosten." — Denjenigen geehrten Lesern, welche noch nicht im Reinen sein sollten, möchte ich empfehlen, die letzte Jahresrechnung ihrer eigenen Bahn in die Hand zu nehmen und selbst nach ihrem Ermessen und Gefühle konstante und proportionale Ausgaben zu durchdenken und zu sieben. Auf diesem Wege kommt wohl jeder am ehesten zu einer subjektiven Ueberzeugung.

Freilich ist eine solche subjektive Ueberzeugung nicht übertragungs-fähig, und ich durfte mich deshalb nicht wundern, wenn das von mir an der Theissbahn ermittelte Verhältniss, wonach der Zuwachspreis nur unge-fähr die Hälfte des Durchschnittspreises betrug, Ueberraschung erregte und den Einwand hervorrief: diese theoretische Formel bedürfe erst noch der Bestätigung durch die Statistik, eine Bestätigung, die ich schuldig geblieben sei.

Ich gestehe es offen: von allen mir von Herrn Regierungsbaumeister Sympher gemachten Einwürfen fand ich den vorstehenden am meisten gerechtfertigt und will davon absehen, dass der fragliche Nachweis nun-mehr als ein sehr schwieriger, wenn nicht unmöglicher erklärt wird. Ich bemühte mich also optima fide, der Forderung nachzukommen, indem ich in meinem Archiv-Aufsatze den zweiten Weg, den empirischen oder stati-stischen betrat. Ich habe aber, wie ich sehe, mit meinen drei statistischen Beispielen bei meinem geehrten Gegner wiederum keine gute Aufnahme gefunden.

Gegen die K.-F.-Nordbahn wird eingewendet, die von mir ins Auge gefasste 5jährige Betriebsperiode 1879—1883 sei zu kurz. Letztere wird deshalb um 3 Jahre nach rückwärts ausgedehnt. Hiergegen habe ich zu bemerken, dass die Jahre 1876—78 sich schon einer Periode nähern, wo die K. F. Nordbahn sehr freigebig verwaltet wurde, ferner aber, dass das solchergestalt hinzukommende statistische Material gar keine wesentliche Aenderung mit sich bringt (Vergl. d. graph. Darstellung) ja dass diese Aenderung zu Gunsten meiner Theorie (geringere Zuwachskosten) ausfällt.

Die Aussig-Teplitzer Bahn wird als zu kurz zurückgewiesen! Ihre 97 km sind ungenügend, die' zulässige Betriebslänge beginnt erst mit 210 km (Breslau-Posen-Glogau)! Warum denn? Doch wohl nicht, weil auf kurzen Bahnen die Betriebskosten verhältnissmässig hoch sind? Denn es handelt sich ja für uns nur um den Grundsatz des Fallens der Zuwachskosten bei zunehmendem Verkehr, und dieser Grundsatz muss sich bestätigen auf kurzen wie auf langen Bahnen, selbst auch wenn Schlepp-bahnen einbezogen sind, wofern sich nur während der ins Auge gefassten Verkehrszunahme der sonstige Status quo nicht ändert, d. h. caeteris paribus.

Die Dux-Bodenbacher Bahn wird gleichfalls als zu kurz zurück-gewiesen und überdies in 2 weiteren Punkten bemängelt. Erstens hat die von mir für das Jahr 1872 zu Grunde gelegte Betriebslänge zwar am Schlusse, nicht aber (wie ich irrthümlich angenommen) während des ganzen Jahres 1872 bestanden. Daraus ergiebt sich eine, jedoch nur unwesent-liche Korrektur. Denn lässt man das Eröffnungsjahr 1872 ganz bei Seite, so finde ich als Zuwachspreis für 1873—74 0,95 Kr., während ich irrthüm-lich für die Periode 1872—74 1,01 Kr. gefunden hatte. — Zweitens werden von der Gegenseite 3 weitere Jahre, die Jahre 1876—78, mit ausserordent-lich hohen Betriebsauslagen einbezogen. Letztere erklären sich aus dem Umstande, dass die Dux-Bodenbacher Gesellschaft nach Erschöpfung ihres knappen Anlagekapitals und Kredits ihre Linie äusserst unvollständig ausgerüstet hatte und beim Eintritt des über Erwartung günstigen Auf-blühens der Unternehmung die Betriebsüberschüsse der Jahre 1876—78 dazu verwendete, bedeutende Erweiterungsbauten zu Lasten der Betriebs-rechnung durchzuführen. Aus diesem Grunde hatte ich mich auf die Jahre 1872—75 und 1879—83 beschränkt und die Jahre 1876—78, welche im gegnerischen Graphikon als eine bedrohliche Wasserhose erscheinen, einfach ausgelassen.

Ob solche Ausnahmsjahre, in denen vom Caeteris paribus nicht die Rede sein kann, besser übergangen oder den von der Gegenseite mehr-fach vorgenommenen „Verbesserungen" und (bis auf die Kohlenpreise sich erstreckenden) „Richtigstellungen" unterzogen werden, möchte ich vorläufig als eine offene, nur von Fall zu Fall lösliche Frage bezeichnen.*)

---

*) Dem aufmerksamen Leser dürfte es nicht entgehen, dass dieselben statistischen Ziffern, angeblich beiderseits derselben amtlichen Quelle entnommen, unter meiner und meines geehrten Gegners Feder fast nirgends übereinstimmen. Nur ein Beispiel! S. 47 meines ersten Aufsatzes bezifferte ich für die K.-F.-Nordbahn 1879 die kilometrischen Kosten mit 12,115 fl. In der vorliegenden Zusammenstellung 1, S. 76/77, Ansatz 3. b. heisst es: 12,289 fl., und da letztere Ziffer inmitten einer jedenfalls mit vieler Mühe zusammengestellten Tabelle vorkommt, so könnte sie der Leser für die richtigere halten. Dem ist jedoch nicht so! Nach Seite 460, Spalte 893 der öst.-ung. Statistik für 1879 ist meine Ziffer die amt-

Nicht genug mit den speziellen Einwürfen gegen meine drei Beispiele ist auch noch von „einer Fluthwelle des letzten grossen Aufschwunges" die Rede, von einem Preistreiben in den 70er Jahren, das erst 1875 sein Ende erreicht habe. Bei solcher Bewandtniss sollte aber mein geehrter Gegner nicht verlangen (S. 73, Punkt 2), dass das statistische Beweismaterial gerade über jene Sturmperiode hinüber, bis an die 70er Jahre zurückerstreckt werde. In Oesterreich hat übrigens meines Wissens ein Ausnahmszustand in gleichem Maasse nicht bestanden und jedenfalls mit dem Krach 1873 seinen Abschluss gefunden. Ich verstehe aber überhaupt nicht den angeblichen Zusammenhang, wonach eine Besserung der wirthschaftlichen Bewegung ein Ansteigen der Betriebskostenkurven, d. h. eine Verschlechterung der Betriebsresultate ergeben soll und umgekehrt (Seite 85) Wenn dem so wäre, so könnte es sich nur durch die unten aufgeführte, für jeden Praktiker unsinnige dritte Alternative erklären.

So lange meiner österreichischen Kurve keine wuchtigeren Scharten beigebracht werden, kann ich dieselbe immerhin dem Leser vertrauensvoll empfehlen. Sie ist bona fide aufgestellt, und wenn sie auch nur annähernde Richtigkeit beanspruchen kann, ist sie doch überaus geeignet, die allgemeinen Anschauungen zu klären.*)

───────────

lich-authentische. — Derartige nebensächliche Differenzen haben nur eine sichere Wirkung: den Leser wirr zu machen.

*) Für Mathematiker, welche versucht sein könnten, die empirische Kurve durch eine reine zu ersetzen, mag hier beigefügt werden, dass nachstehende 2 Versuche diesem Zweck mehr minder entsprechen.

Parabel, $y^2 = 100 x$ Hyperbel, $27\,500\,y^2 = 1\,600\,000\,x + x^2$

Im Vergleich zu den Ordinaten der empirischen Kurve geben diese Formeln nachstehende Resultate:

x	Ordinaten		
	empirische	Parabel	Hyperbel
250 000	4 100	5 000	4 101
500 000	6 300	7 071	6 179
750 000	8 300	8 660	8 006
1 000 000	10 100	10 000	9 723
1 250 000	11 700	11 180	11 382
1 500 000	13 000	12 247	13 004
1 750 000	14 000	13 229	14 601

Da bei der Parabel die Subtangente bekanntlich = 2 x, so wäre bei einer rein parabolischen Betriebskostenkurve der Zuwachspreis stets genau gleich der Hälfte des Durchschnittspreises. Bei der hyperbolischen Betriebskostenkurve wäre das Verhältniss:

$$\frac{\text{Zuwachspreis}}{\text{Durchschnittspreis}} = \frac{x\,dy}{y\,dx} = \frac{x + 800\,000}{x + 1\,600\,000}$$

d. h. am Anfangspunkte wäre der Zuwachspreis gleich der Hälfte, bei unendlich grossem Verkehre gleich dem Ganzen des Durchschnittspreises.

Was die von meinem geehrten Gegner beigegebenen Betriebskosten-kurven, oder richtiger Betriebskosten-Polygone anbelangt, so möchte ich hier einfliessen lassen, dass sie hauptsächlich deshalb ein so abenteuer-liches, mit Vorsprüngen und Ueberhängen behaftetes Gesicht zeigen, weil ihr Verfasser die Polygonseiten nicht nach der Reihenfolge der Abscissen, sondern nach der Reihe der Jahre ausgezogen hat, obwohl nicht die Jahre, sondern die Verkehrsmengen die Abscissen bilden.

Speziell in Betreff der auf preussische Bahnen bezüglichen Betriebs-kurven kann ich mich um so eher einer eingehenden Beurtheilung ent-halten, als bei denselben in auffälliger Weise das Caeteris paribus so wenig eingehalten erscheint, dass ihr Verfasser selbst die Ergebnisse ad absurdum führt (Seite 86) und sich entschliessen will, zehn Jahre auf zuver-lässigere Daten zu warten. —

Nachdem ich im Vostehenden meinen Standpunkt wiederholt erläutert und gewahrt habe, muss ich mir erlauben, auf die Eingangs gestellte Frage zurückzukommen: Was ist der Gegenrede kurzer Sinn? Zu welchem Credo bekennt sich mein geehrter Gegner?

Nach meinem Verständniss giebt es überhaupt nur drei Alterna-tiven, welche ich in nachstehendem Schema charakterisire.

Ich habe mir darin den Ausdruck „Betriebskosten-Profil" statt Be-triebskosten-Kurve gestattet, damit nicht unter 2 eine „geradlinige Kurve" herauskomme, die mir möglicherweise eine neue Zurechtweisung, strenger als für „anwachsende Konstanten", zugezogen hätte. Mit „Durchschnitts-preis-Linie", als gleichbedeutend mit Radius vector, bezeichne ich jede ge-rade Linie vom Nullpunkt (Koordinaten-Ursprung) an einen beliebigen Punkt der Betriebskosten-Kurve.

Alter-na-tiven	Durchschnitts-Preis	Durch-schnitts-Preis-Linie	Zuwachs-Preis	Gestalt des Betriebs-kosten-Profils
1	Bei zunehmendem Verkehr abnehmend	unter dem Profil	niedriger als Durch-schnittspreis { a) fort und fort abnehmend b) konstant	Konvexe Kurve Ueber Null beginnende Gerade
2	konstant	kongruent mit Profil	gleich dem Durchnittspreis	Von Null ausgehende Gerade
3	zunehmend	über dem Profil	höher als Durchschnittspreis	Konkave Kurve

Ich — brauche ich es zu wiederholen? — bekenne mich zu der Al-ternative 1 a. Lässt auch mein geehrter Gegner sie gelten?

Man könnte es glauben, denn wir lesen:

(Seite 69, unten): „Dass eine stark frequentirte Bahn auch in den „reinen Betriebskosten billiger arbeitet, als eine wenig benutzte, ist ein-„leuchtend und wird niemals bestritten werden".

(Seite 70): „Dass über den Grundsatz, nach welchem bei zunehmendem „Verkehr die Betriebskosten für die Transporteinheit abnehmen, ein Unter-„schied der Anschauungen nie bestanden hat".

Allein es heisst weiter:

(Seite 71, mitten): „Es könnte scheinen, als sei damit ein Ausgleich „und die Erzielung eines gemeinsam anerkannten Ergebnisses über die vor-„aussichtliche Höhe der Zuwachsbetriebskosten möglich. Das ist jedoch „keineswegs der Fall!"

Also zu meiner Auffassung ist mein geehrter Gegner nicht bekehrt Sonst hätte er ja wohl auch seine vorliegende Entgegnung überhaupt nicht geschrieben.

Bekennt sich derselbe nun etwa zu der Alternative 2? Nach den von mir oben (Seite 93) beigebrachten Zitaten wäre es nicht ausgeschlossen, aber andere Stellen (S. Seite 95) scheinen auch zu Gunsten der Alternative 3 zu sprechen.

Mein geehrter Gegner allein kann diese Zweifel lösen! Wenn er aber eine kategorische Antwort ablehnt und sich vorerst noch eine 10jährige Bedenkzeit ausbedingen will, so wird nicht jedermann in der Lage sein sie demselben zu gewähren:

Ich für meine Person nicht, weil ich zu alt bin;.

Die Bahnbetriebsmänner nicht, weil an sie tagtäglich Verwaltungs- und Tarif-Angelegenheiten herantreten, in denen die Selbstkostenfrage mitspielt; endlich

Die Staatsverwaltungen nicht, weil man in der Zwischenzeit von ihnen hunderte von Millionen begehrt — für Kanalbauten! —

Zum Schluss muss ich um Entschuldigung bitten, wenn ich mir Wiederholungen zu Schulden kommen liess. Bei solchen rechtsanwältlichen Repliken und Dupliken sind sie schwer zu vermeiden.

Paris, am 25. November 1886.

W. v. Nördling.

———————

Die bayerischen Staatsbahnen im Jahre 1884.

Nach dem „Statistischen Bericht über den Betrieb der Königl. bayerischen
Verkehrsanstalten im Verwaltungsjahre 1884."*)

I. Länge.

Das königl. bayerische Staatseisenbahnnetz bestand Ende 1884 aus:

Hauptbahnen . . . . 3869,01 km

Bahnen untergeordneter Bedeutung . . . . . . 524,48 „

Eigenthumslänge zusammen . . 4393,49 km

Die Länge der Hauptbahnen hat sich gegen 1883 um 51,50 km verringert, da eine Strecke von dieser Ausdehnung unter die Bahnen von
untergeordneter Bedeutung eingereiht und keine neue Hauptbahnstrecke
eröffnet worden ist.

Von der oben angegebenen Länge lagen

im Königreiche Bayern . . . . 4346,26 km

in Oesterreich . . . . 47,23 „

Von der Gesammtlänge waren zweigeleisig . . . . 285,85 „

Zur Eröffnung gelangte im Laufe des Jahres 1884 die 27,81 km
lange Lokalbahn Gemünden—Hammelburg.

Für den Betrieb

gehen ab: als verpachtet . . . . 103 08 km

und kommen hinzu: fremde Strecken als gepachtet 41,05 „

Gesammt-Betriebslänge am Ende 1884 . . . 4331,46 „

und zwar für Personenverkehr . . . . 4310,08 „

„ Güterverkehr . . . . 4331,46 „

Die Betriebslänge im Jahresdurchschnitt war

für Personenverkehr . . . . 4296,25 km

„ Güterverkehr . . . . 4317,63 „

Von der Eigenthumslänge im Königreich Bayern mit 4346,26 km entfallen

auf je 100 qkm Flächenraum . 6,215 km ⎫ durchschnittliche

„ „ 10000 Einwohner . . 9,433 „ ⎭ Bahnlänge.

*) Vgl. Archiv 1885. S. 597 ff.

Das Gesammtnetz — in Länge von 4393.₄₉ km — umfasste:

I. eigentliche Staatseisenbahnen mit . . . . . . 3893,₇₄ km

II. von Gemeinden oder Privaten gebaute, jedoch
sofort nach Vollendung vom Staate endgültig
übernommene Bahnen mit . . . . 304 ₆₄ „

III. Vizinalbahnen mit . . . . 167,₃₀ „

IV. Lokalbahn Gemünden—Hammelburg . . . . 27,₈₁ „

zusammen . . 4393,₄₉ km

Ausserdem sind im Betrieb:

69,₃₂ km Anschlussbahnen für nicht öffentlichen Verkehr, davon
mit Dampfkraft betrieben

von der Bahnverwaltung . . . . . 14.₉₅ km normalspurig

„ Privaten . . . . 19.₈₁ „   „

II. Baukosten.

Die Gesammt-Baukosten betrugen:

	Länge km	Anlagekosten	
		im Ganzen $\mathcal{M}$	für das km $\mathcal{M}$
a) für die vom Staate selbst gebauten und vom Staate erworbenen Bahnen:			
I. eigentliche Staatsbahnen . . .	3893,₇₄	893 753 461	229 537
II. Vizinalbahnen	167.₃₀	15 455 611	92 383
III. Lokalbahn Gemünden-Hammelburg	27,₈₁	1 353 027	48 653
zusammen . .	4088,₈₅	910 567 099	222 695
b) für die von Gemeinden oder Privaten übernommenen Bahnen	304,₆₄	34 028 571	111 701
Insgesammt . .	4393,₄₉	944 595 670	214 999

Die 36 463 654 $\mathcal{M}$ (353 741 $\mathcal{M}$ für das km) betragenden Baukosten
der für Rechnung der bayerischen Eisenbahnverwaltung gebauten, auf
bayerischem Gebiete liegenden, aber an fremde Bahnverwaltungen verpachteten Bahnlinien (103,₀₈ km) sind in obiger Summe von 944 595 670 $\mathcal{M}$
mit einbegriffen.

Dagegen sind die Baukosten der nicht auf bayerischem Gebiete liegenden, von fremden Bahnverwaltungen oder Staaten gebauten Bahnlinien =
41,₀₅ km, welche von den Eigenthümern an die bayerische Bahnverwaltung
verpachtet sind, mit 18 121 575 $\mathcal{M}$ (= 441 451 $\mathcal{M}$ für das km) in obiger
Summe nicht enthalten.

III. Betriebsmittel und deren Leistungen.

a) Bestand am 31. Dezember 1884:	Stückzahl		Beschaffungskosten		
	im Ganzen	auf je 10 km Betriebs- länge Stück	zusammen ℳ	für das Stück ℳ	auf je 10 km Betriebs- länge ℳ
1. Lokomotiven . . .	1 037	2,39 ⎱	49 257 732	47 500	113 721
Tender	860	— ⎰			
2. Personenwagen . . .	2 610	— ⎱	17 191 705	6 587	39 887
Plätze	97 750	227 ⎰			
3. Gepäck-u. Dienstwagen	589	— ⎱			
4. Güterwagen	16 220	— ⎬	56 320 451	3 351	130 026
5. Sonstige Wagen . .	674	— ⎰			
6. Bahnpostwagen . .	248	—	1 670 897	6 737	3 877
zusammen . .	—	—	124 440 785	—	287 295

b) Leistungen:

Die Lokomotiven haben zurückgelegt:

im Ganzen . . . . 22 562 084 Nutzkilometer

durchschnittlich jede Lokomotive . .   21 884   „

Die Personenwagen dgl. . . .   152 106 736 Wagenachskilometer

„ Gepäck-, Heiz- und Güter-

wagen dgl. . . . . . .   649 630 439   „

„ Bahnpostwagen dgl. . . .   27 033 884   „

zusammen . .   828 771 059 Wagenachskilometer

Auf 1 km der durchschnittlichen Betriebslänge kommen Zugkilometer:

während des Jahres   4912

durchschnittlich auf 1 Tag   13,42

Anzahl der im Jahre abgefertigten Züge . . . . . .   229 796.

Die durchschnittliche Stärke der Züge betrug:

bei den Schnellzügen . . . .   18 Achsen

„ „ Personenzügen . . . .   21 „

„ „ Güterzügen mit Personen . . . . . .   50 „

„ „ „ ohne „ . . . . . .   72 „

„ „ Materialzügen . . . .   47 „

„ sämmtlichen Zügen . . . .   39. Achsen

Tonnenkilometer wurden geleistet:

im Ganzen 5 275 692 275

durchschnittlich für 1 km Betriebslänge . . .   1 221 895

„ auf 1 Nutzkilometer   234

IV. Verkehrs-Ergebnisse.

a) Personenverkehr.

	Personen		Personen-kilometer		Jede Person durch-fuhr durch-schnitt-lich km	Einnahmen			auf 1 Per-sonen-kilo-meter
	Anzahl	in %	überhaupt	in %		überhaupt ℳ	in %	auf 1 Per-son ℳ	₰
I. Klasse . .	103 722	0,56	17 657 306	2,74	170,24	1 556 533	6,68	15,01	8,82
II. Klasse . .	2 106 377	11,46	153 266 685	23,78	72,76	8 326 102	35,71	3,95	5,43
III. Klasse . .	15 684 651	85,34	441 270 329	68,47	28,13	12 941 762	55,51	0,83	2,93
Militärbillette etc.	485 219	2,64	32 275 674	5,01	66,52	488 820	2,10	1,01	1,51
zusammen	18 379 969	—	644 469 994	—	35,06	23 313 217	—	1,27	3,62

Die Einnahmen aus dem Personen- und Gepäckverkehr betrugen:

	1884	1883
im Ganzen	24 669 194,79 ℳ	24 544 396,09 ℳ
in Prozenten der Gesammteinnahme .	29,45 %	28,92 %
auf 1 km der durchschnittlichen Be-triebslänge für den Personenverkehr	5742 „	5786 „
auf 1000 Achskilometer der Personen-und Gepäckwagen	123 „	123 „

b) Güterverkehr.

	Tonnen		Tonnenkilometer		Jede Tonne durch-fuhr durch-schnittl. km	Einnahmen			auf 1 Tonnen-km
	Anzahl	in %	überhaupt	in %		überhaupt ℳ	in %	auf 1 Tonne ℳ	₰
I. Eil- u. Express-gut	55 673	0,70	8 598 098	0,73	154,44	1 871 872	3,39	33,62	21,77
II. Frachtgut	7 542 081	95,01	1 132 788 225	96,76	150,20	51 076 329	92,58	6,77	4,51
III. Postgut	—	—	—	—	—	—	—	—	—
IV. Militärgut	10 123	0,13	759 242	0,07	75,00	90 765	0,16	8,97	11,95
V. Viehverkehr . . .	265 439	3,34	23 076 078	1,97	86,94	1 963 774	3,56	7,40	8,51
VI. Eisenbahnbau-material	64 618	0,82	5 515 719	0,47	85,36	169 884	0,31	2,63	3,08
Im Ganzen	7 937 934	93,75	1 170 737 362	93,54	147,49	55 172 624	100,00	6,95	4,71
Regiesendungen	529 176	6,25	80 794 592	6,46	152,37	.	.	.	.
Insgesammt	8 467 110	100,00	1 251 531 954	100,00	147,81	55 172 624	100,00	6,95	4,71

Die Einnahme aus dem Güter - etc. Verkehr, einschliesslich der Nebengebühren betrug:

	1884	1883
überhaupt	56 265 408,82 M	57 483 545,89 M
in Prozenten der Gesammteinnahme	67,17 %	67,72 %
auf 1 km durchschnittliche Betriebs- länge für den Güterverkehr . .	13 032 M	13 483 $\mathit{M.}$
auf 1000 Achskm der Güterwagen durchschnittl. (ohne Nebenerträge)	94 „	95 „
beladen	161 „	164
durchschnittl. bei allen Fahrten (be- laden und leer)	92 „	94 „

Im Nachfolgenden sind die Hauptstationen nach der Grösse des auf sie entfallenden Gesammtgüterverkehrs (ohne Regiesendungen) geordnet:

	Tonnen		Tonnen
München (Zentralbahnhof)	727 179,80	Haidhof	145 948,70
Nürnberg	571 577,46	Fürth	136 702,44
Augsburg	390 100,64	Passau	131 928.90
München (Ostbahnhof) .	334 002,68	Bamberg	114 310,66
Regensburg	206 933,68	Kulmbach	109 834,99
München (Südbahnhof) .	191 743,02	Hof	100 024,90
Würzburg	183 210,72	Erlangen	90 471,94
Lindau	155 906,83		

Von den Gesammt-Transporteinnahmen — 80 934 603,61 M — entfielen:

auf den August (Höchstbetrag) . . . . . . 8 099 162,12 M

„ „ Januar (Mindestbetrag) . . . . . . 5 728 667.06 „

Als Durchschnittsverhältniss ergeben sich:

durchschnittliche Einnahmen für	1884	1883
den Tag	221 132,80 M	224 734,09 M
auf 1 km Bahnbetriebslänge . .	18 745,15 „	19 240.26 „

An Prozenten treffen von den Gesammt-Transporteinnahmen:

	1884	1883
auf Personen	28.81 %	28,26 %
„ Gepäck	1,63 %	1,62 %
„ Thiere	2.47 %	2,76 %
„ Güter	67,09 %	67,36 %
und zwar		
im Binnenverkehr	47,27 %	45,73 %
„ Wechselverkehr	38,89 %	38,75 %
„ Durchgangsverkehr	13,84 %	15,52 %

Die Gesammt-Transporteinnahmen betrugen für nachstehende Hauptstationen:

München (Zentralbahnhof) . . . .   9 715 980.₁₈ $\mathscr{M}$
Nürnberg . . . .   6 784 737,₅₆ „
Augsburg . . . .   3 621 919,₇₈ „
Lindau . . . .   2 603 850.₆₁ „
Würzburg . . . .   2 420 711,₀₃ „
München (Ostbahnhof) . . . .   2 284 383,₀₇ „
Regensburg . . . .   2 122 627.₁₈ „
Fürth . . . .   1 632 882.₉₁ „
München (Südbahnhof) . . . .   1 470 993.₅₇ „
Bamberg . . . .   1 400 713,₄₆ „
Hof . . . .   1 029 732,₃₅ „

V. Finanzielle Ergebnisse.

	1884 $\mathscr{M}$	1883 $\mathscr{M}$
Uebersicht der Betriebseinnahmen:		
Aus dem Personen- und Gepäckverkehr .	24 669 194,₇₉	24 544 396,₀₉
„ „ Güterverkehr	56 265 408.₈₂	57 483 545.₈₉
Sonstige Einnahme	4 287 437,₀₄	4 096 046,₀₉
Ingesammt . .	85 222 040.₆₅	86 123 988,₀₇
Betriebsausgaben:		
Allgemeine Verwaltung	3 561 591,₆₈ = 7,₇₃ %	
Bahnverwaltung	11 536 871.₆₇ = 25.₀₄ „	
Transportverwaltung	30 981 899,₉₅ = 67,₂₃ „	
Zusammen . .	46 080 363,₂₅	
Es betrug hiernach:		
der Ueberschuss	39 141 677.₄₀	
in Prozenten der Einnahme	45,₉₃	
„ „ „ Baukosten im Jahres- durchschnitt (942 909 201 $\mathscr{M}$) . . .	4,₁₅ %	
auf 1 km durchschnittliche Eigenthums- länge (4 379,₆₆) km	8 937	

Von obigen Betriebsausgaben entfallen nach Abzug der Kosten für
erhebliche Ergänzungen, sowie für Vergütung für gepachtete Bahnstrecken
(mit 1 106 178.₉₅ $\mathscr{M}$) auf die einzelnen Verwaltungszweige:

	A. All- gemeine	B. Bahn- Verwaltung	C. Transport-	Gesammtbetrag in	
				1884	1883
1. nach dem Verhältniss der Ge- sammtausgabe	7,92 %/o	23,19 %/o	68,89 %/o	100 %/o	.
2. nach dem Verhältniss der Betriebs- einnahme (83 769 131,40 ℳ) . .	4,25 %/o	12,45 %/o	36,99 %/o	53,69 %/o	53,75 %/o
3. auf 1 km durchschnittliche Be- triebslänge (4 317,43 km) . . .	825 ℳ	2 416 ℳ	7 175 ℳ	10 416 ℳ	10 562 ℳ
4. auf 1000 Nutzkm. bei (22 562 084)	158 „	462 „	1 373 „	1 993 „	2 032 „
5. auf 1000 Wagenachskilometer (bei 828 771 059)	4 „	13 „	37 „	54 „	54 „
6. auf 1 Tag	—	—	—	122 880 „	123 372 „
7. „ 1 Tag und 1 km Betriebslänge	—	—	—	28,46 ℳ	28,94 ℳ

VI. Unfälle.

	auf freier Bahn	in Stationen	zusammen
a) Entgleisungen	10	85	95
b) Zusammenstösse	—	30	30
c) Sonstige Unfälle	144	743	887
Im Ganzen . .	154	858	1 012

Bei sämmtlichen Unfällen verunglückten:

	getödtet	verletzt	ausserdem Selbstmörder	
			getödtet	verletzt
1. Reisende	3	9	—	—
2. Bahnbedienstete und Bahnarbeiter im Dienst	15	496	—	—
bei Nebenbeschäftigungen . . .	2	312	—	—
3. Sonstige Personen	28	35	11	3
Im Ganzen . .	48	852	11	3
	900		14	

	getödtet	verletzt
Ausser Dienst (fern von der Eisenbahn) Bahn- bedienstete	7	246
Im Werkstättenbetrieb, Bahnbedienstete und Werk- stättenarbeiter	1	400

	Tödtungen	Verletzungen
Durchschnittlich kamen auf je 1 Million Reisende . .	0,16	0,49
„ „ 1 „ Personenkilom.	—	0,01

VII. Betriebsergebnisse der Vizinal- und Lokal-Eisenbahnen.

A. Vizinalbahnen:

Betriebslänge . . . . 167,30 km
Gesammt-Bauaufwand, Ende 1884 . . . . 15 455 611,18 $\mathcal{M}$

In 1884 wurden		befördert	eingenommen $\mathcal{M}$
Personen	Zahl	594 143	309 503,26
Reisegepäck	kg	1 334 145	9 570,51
Fahrzeuge	Stück	20	155,40
Thiere	„	7 207	9 159,69
Güter	kg	288 859 920	411 223,06
Sonstige Einnahmen		—	8 917,78
Zusammen . .		—	748 529,70
Ausgaben . .		—	474 919,17
mithin Ueberschuss . .		—	273 610,53

B. Lokalbahnen.

Gemünden—Hammelburg seit 1. Juli 1884 in Betrieb beförderte auf der 27,81 km langen Strecke bis 31. Dezember 1884:

18 765 Personen mit . . . . 11 537.87 $\mathcal{M}$ Einnahme
15 590 kg Reisegepäck „ . . . . 231.30 „ „
793 Stück Thiere „ . . . . 496.81 „ „
9 475 350 kg Güter „ . . . . 16 882.93 „ „
im Uebrigen „ . . . . 595.90 „ „

zusammen . . 29 744,84 $\mathcal{M}$ Einnahme
gegenüber von . . . . 12 110.05 „ Ausgaben
mithin Ueberschuss . . 17 634,79 $\mathcal{M}$

Der Gesammt-Bauaufwand für die 27,81 km lange Bahn betrug 1 387 179,76 $\mathcal{M}$.

VIII. Personal der Staatseisenbahnen.

	Bau-	Betriebs-Abtheilung
Generaldirektor	1 (für beide)	
Pragmatische Beamte	29	703
Statusmässiges Personal	49	10 715
Nicht statusmässiges Personal	180	1 006
zusammen . .	259	12 424
		12 683

Notizen.

Die französischen Kanalbauten. Die Regierungsvorlage, betreffend den französischen Staatshaushalt für 1887, welche seit November 1886 in der Deputirtenkammer in Verhandlung steht, liefert interessante Aufschlüsse beziehungsweise Bestätigungen über den dermaligen Stand der Kanalbauten in Frankreich.

Der Kanal im Osten, obwohl schon im Jahre 1882 eröffnet, erscheint noch in dem Bauetat. Unter den noch auszuführenden Arbeiten verdient Erwähnung die Reparatur des zur Speisung der Scheitelhaltung angelegten Sammelteiches bei Bouzay, welcher durch eine 480 m. lange, ein Seitenthal quer absperrende Mauer gebildet wird. Der Sammelteich soll bei einer Stauhöhe von 13 m. 5 Millionen cbm. fassen, konnte aber bisher nur auf rund 3 Millionen gefüllt werden, weil ein Theil der Mauer eine auffällige seitliche Verschiebung erlitt und man es seither nicht wagte, die Stauung weiter zu treiben. In Folge dessen ist die Speisung des Kanals um so weniger gesichert, als ursprünglich ein Fassungsraum von 7 Millionen beabsichtigt war. Schliesslich wird der Bauaufwand des Kanals im Osten über 230000 Franken das km., anstatt der ursprünglich vorgesehenen 137000 Franken betragen.

Was die übrigen neuen Kanäle anbelangt, so ist die Seite 95 des v. Nördling'schen Werkes über die Wasserstrassenfrage enthaltene Uebersicht immer noch richtig, insofern seitdem keinerlei neue Kanäle in Angriff genommen worden sind.

Auch für den, 1883 eröffneten, 21 km. langen Zweigkanal von Saint-Dizier nach Wassy wird noch ein kleiner Restbetrag begehrt. Seine kilometrischen Baukosten werden sich auf 243000 Fr. statt der veranschlagten 229000 Fr. belaufen.

Für den, 25 km. langen Seitenkanal von Havre nach Tancarville werden Ende des laufenden Jahres 17,5 Millionen verausgabt, und noch 2650000 Fr. zu verausgaben sein. Die Gesammtkosten dieses, mit etwas grösserem Querschnitt ausgeführten Kanals würden demnach für das Kilometer 806000 statt der ursprünglich veranschlagten 780000 Fr. betragen. Die Eröffnung ist frühestens für 1888 in Aussicht zu nehmen.

Die Vollendung des Oise-Aisne-Scheitelkanals wird gleichfalls noch für 1888 erhofft. Dieser, 47 km. lange, auf dem Verkehrswege von den nördlichen Kohlengruben nach Châlons-sur-Marne gelegene Kanal bezweckt die Beschiffung der beiden vorbenannten Flüsse bis zu ihrem Zusammenfluss und den damit verbundenen Umweg zu vermeiden. Sein Bau ist namentlich in dem Scheiteltunnel auf ganz unerwartete Schwierigkeiten gestossen, in Folge deren sich die Gesammtkosten von 15 Millionen auf 30 und die kilometrischen Kosten von 319000 auf 638000 Franken steigern sollen.

Für die zwei weiteren, noch im Bau begriffenen Kanäle kann der Vollendungstermin noch nicht vorausbestimmt werden, da auch dort ganz beträchtliche unvorhergesehene Schwierigkeiten eingetreten sind.

Für den, 82 km. langen, Doubs-Saône-Scheitelkanal, von Mömpelgard nach Conflandey, werden Ende 1886 erst 7 Millionen verausgabt sein und 1,5 Millionen für 1887 begehrt. Die Gesammtkosten sind nunmehr mit 35 Millionen d. h. 426000 Fr. das km., anstatt ursprünglich 268000 Fr. eingestellt.

Für den Marne-Saône-Scheitelkanal, von Donjeux nach Pontailler, 151 km. lang, werden Ende 1886 49 Millionen verausgabt sein und für 1887 1,8 Millionen beansprucht. Da die Gesammtkosten nunmehr auf 66 Millionen veranschlagt werden, so würden also noch 15,2 Millionen auf spätere Jahre zu entfallen haben und die kilometrischen Kosten statt der ursprünglichen 291000 Fr. deren 437000 betragen.

All dies bei dem kleinen französischen Kanalprofil und — falls nicht weitere Nachtragsforderungen entstehen.

Wenn man sich daran erinnert, wie übereifrige Kanalfreunde allen Ernstes versicherten, dass alle diese, übrigens erst im Jahre 1879 beschlossenen Kanäle schon 1878 eröffnet worden seien, so sieht man aus dem Vorstehenden, dass sie sich um mindestens 10 Jahre geirrt haben. Dabei erscheint das Tempo des Kanalbaues in Frankreich als ein so langsames, dass man glauben möchte: wären die fraglichen Binnen-Kanäle nicht längst begonnen, sie würden nicht mehr in Angriff genommen werden! —

Die Entwicklung des Eisenbahnnetzes in England in den Jahren 1854 bis 1885 ist aus der nachstehenden, einem amtlichen englischen Berichte*) entnommenen Zusammenstellung ersichtlich. Die Zusammenstellung bezieht sich auf die gesammten Eisenbahnen im „Vereinigten Königreich", also in England, Wales, Schottland und Irland.

*) Railway Returns for England and Wales, Scotland and Ireland for the year 1885. Presented to both houses of parliament by command of Her Majesty. London 1886.

Uebersicht der Bahnlängen, des Anlagekapitals, des Personenverkehrs, der Roheinnahm
für die Ja

Jahr	Betriebslänge am Jahresschluss			Genehmigtes Kapital			Eingezahltes Kapital					
	Zwei-geleisig	Ein-gleisig	Zu-sammen	Aktien	Anleihen	Zusammen	Aktien	Garan-tirtes Kapital	Vorzugs-kapital	Anleihen	Schulden	Zusammen
	Miles*)			Lstr.*)	£	£	£	£	£	£	£	£
1854	6 103	1950	8 053	276 000 577	92 383 731	368 384 308	166 030 806	49 377 952		70 660 036	} nicht	286 068 794
1855	6 153	2182	8 335	280 628 621	94 343 345	374 971 966	169 605 442	52 818 026		75 161 241	} angebbar	297 584 709
1860	6 690	3743	10 433	298 685 142	100 729 685	399 414 827	190 790 867	67 873 840		81 888 546	7 576 874	348 130 127
1865	7 503	5786	13 289	432 889 245	143 402 418	576 291 663	219 596 196	124 263 475		97 821 097	13 795 375	455 476 143
1870	—	—	15 537	437 963 372	158 215 010	596 178 382	229 282 150	36 188 320	122 563 764	90 713 779	51 290 660	529 908 673
1875	8 898	7760	16 658	529 900 023	187 875 675	717 775 698	254 600 732	77 912 315	134 281 009	40 420 754	123 008 684	630 223 493
1880	9 803	8130	17 933	596 248 649	205 765 355	802 014 004	270 496 503	91 004 931	185 056 783	18 728 421	163 030 297	728 316 848
1881	9 873	8302	18 175	617 998 561	213 128 751	831 127 312	275 935 904	92 076 563	192 889 001	17 079 636	167 547 058	745 528 1624
1882	10 044	8413	18 457	656 605 119	224 105 886	877 711 005	288 574 028	93 935 914	201 114 958	17 042 059	172 293 511	767 899 370
1883	10 105	8576	18 681	671 899 467	233 001 674	904 951 141	293 437 106	94 672 823	206 888 198	15 323 505	180 599 680	784 921 312
1884	10 239	8625	18 864	681 414 345	238 641 685	920 106 030	298 983 446	95 693 613	205 809 234	14 793 420	186 274 654	801 464 367
1885	10 446	8723	19 169	686 333 835	241 360 153	927 743 988	302 254 759	96 021 414	212 107 749	13 356 875	192 117 258	815 858 055

*) 1 Mile = 1,609 km.
 1 Lstr. = 20 *M*.

Die Ausdehnung der englischen Eisenbahnen ist hiernach in der Zeit von 1854 bis Ende 1885 von 8 053 Meilen auf 19 169 Meilen (30 843 km), also um 11 116 Meilen oder 138 % gewachsen. In derselben Zeit ist

Die Eisenbahnen in Schweden. Im Anschlusse an die im Archiv 1885 S. 671 u. flgd. enthaltenen Mittheilungen bringen wir im Nachstehenden nach amtlichen Veröffentlichungen*) weitere auf die Verhältnisse der schwedischen Eisenbahnen in den Jahren 1884 und 1885 bezügliche Angaben.

Im Betriebe waren für den öffentlichen Gebrauch bestimmte Lokomotiv-Eisenbahnen und zwar:

	Ende des Jahres		
	1883	1884	1885
	Kilometer		
Staatsbahnen	2 299	2 312	2 385
Privatbahnen	4 103	4 288	4 505
Zusammen . .	6 402	6 600	6 890

*) Bidrag till Sveriges officiela statistik. L., Statens jernvägstrafik. Trafik-Styrelsens undertäniga berättelse för år 1884. Stockholm 1885 und dieselbe Veröffentlichung für das Jahr 1885, in Stockholm 1886 erschienen. Ferner Allmän svensk jernvägsstatistik för år 1884 jemte några uppgifter am jernvägstrafiken år 1885 utgifven of trafik-Styrelsen. Stockholm 1886.

Betriebskosten und Reineinnahmen der Eisenbahnen in Grossbritannien und Irland 1854 bis 1885.

Zahl der Jahre	Roheinnahmen									Betriebs-ausgabe		Reinertrag	
	im Personen-verkehr		im Güter-verkehr		Im Gesammtverkehr			Verschiedenes			Zusammen	in Prozent der Einnahmen	Zusammen	in Prozent des eingezahlten Kapitals
	Zusammen £	In Prozent	Zusammen £	In Prozent	Zusammen £	für die Betriebs-mile £	für die Zug-mile sh d	Renten, Zölle, Schiff-fahrt etc. £	In Prozent	Ins-gesammt £	£		£	
	10 214 954	50,56	9 970 770	49,44	20 215 724	2 510	5 6½	} nicht angebbar			} nicht angebbar			
	10 694 790	49,73	10 812 809	50,27	21 507 599	2 580	5 9½							
	13 085 756	47,43	14 680 866	52,57	27 766 622	2 661	5 5	} nicht angebbar			13 187 368	47	14 579 254	4,45
	16 372 051	46,47	19 318 062	53,53	35 690 113	2 701	5 1¼				17 149 073	48	18 741 040	4,51
	19 301 911	42,59	24 115 159	53,60	43 417 070	2 794	5 1½	1 661 073	3,58	45 078 143	21 715 525	48	23 362 618	4,41
	25 714 681	41,59	33 268 072	54,33	58 982 753	3 541	5 7½	2 254 247	3,68	61 237 000	33 220 728	54	28 016 272	4,45
	27 200 464	41,62	35 761 303	54,69	61 961 767	3 511	5 2¼	2 529 858	3,49	65 491 625	33 601 124	51	31 890 501	4,39
	27 461 645	41,62	36 446 592	54,49	63 908 237	3 516	5 1¼	2 649 205	3,98	66 557 442	34 602 616	52	31 954 826	4,29
	28 796 813	41,61	37 740 315	54,40	66 537 128	3 605	5 2	2 839 996	4,09	69 377 124	36 170 436	52	33 206 688	4,11
	29 508 733	41,87	38 701 319	54,48	68 210 052	3 651	5 1	2 852 218	4,01	71 062 270	37 368 562	53	33 693 708	4,09
	30 030 450	42,53	37 670 592	53,42	67 701 042	3 589	5 0	2 821 601	4,00	70 522 643	37 217 197	53	33 305 446	4,06
	29 773 022	42,90	36 871 945	53,01	66 644 967	3 477	4 10	2 910 807	4,19	69 555 774	36 787 957	53	32 767 817	4,02

das auf die Eisenbahnen verwendete Kapital, als welches das „eingezahlte Kapital" anzusehen sein dürfte, von 286 068 794 £ auf 815 858 055 £, also um 529 789 261 £ oder 185 % gewachsen.

Im Durchschnitte kamen Ende 1885 auf je 10 000 Einwohner 14,84 und auf je 100 qkm Fläche 1,56 km Eisenbahn. Am dichtesten ist das Eisenbahnnetz im Regierungsbezirk (Län) Malmöhus, in welchem zu der angegebenen Zeit auf je 100 qkm 8,30 km Eisenbahn kamen. Die Regierungsbezirke Nordbotten und Westerbotten waren noch ohne Eisenbahnen.

Die Spurweite ist bei sämmtlichen Staatsbahnen 1,435 m, von den Privatbahnen hatten Ende 1885 3069 km ebenfalls die Spurweite von 1,435 m, während die übrigen 1436 km 6 verschiedene kleinere Spurweiten (zwischen 1,217 und 0,802 m) hatten. Am meisten vertreten ist die Spurweite von 0,891 m, welche bei 771 km Bahnlänge in Anwendung ist; hiernach folgt die Spurweite von 1,067 m bei 222 km Bahnen.

Die Baukosten der im Betrieb befindlichen Staatsbahnen beliefen sich Ende 1885 auf 229 442 291 Kronen (258 122 577 ℳ). Von den Privatbahnen kosteten 63 Linien von zusammen 3 685 km Länge, für welche besondere Angaben gemacht sind, zusammen 217 697 057 Kronen. Einschliesslich der übrigen im Betrieb gewesenen Privatbahnen wird das gesammte Anlagekapital der letzteren für Ende 1884 zu 242 Millionen und für Ende 1885 zu 248 Millionen Kronen (279 Millionen $\mathscr{M}$) berechnet. Bei den Staatsbahnen hat im Durchschnitt das km 97 000 Kronen, bei den normalspurigen Privatbahnen 66 000 und bei den schmalspurigen 36 000 Kronen gekostet. Am theuersten kam das km Bahn zu stehen bei der 98 km langen, mit 1,435 m Spurweite ausgeführten Linie Frövi—Ludvika, nämlich 119 322 Kronen, während die billigste Bahn die 30 km lange, mit 0,891 m Spurweite hergestellte Linie Vintjern—Jädraås war, welche 20 734 Kronen für das km erforderte. Unter Hinzurechnung des Betriebskapitals, der Rücklagen u. s. w. berechnet sich das gesammte Anlagekapital für Ende 1885 für die Staatsbahnen zu 259 und für die Privatbahnen zu 258, im Ganzen also zu 517 Millionen Kronen (581,6 Millionen $\mathscr{M}$).

An Staatsunterstützung waren Ende 1885 für 2673 km Privateisenbahnen zusammen 47 425 795 Kronen gewährt.

An Betriebsmitteln waren Ende 1884 vorhanden:	Staatsbahnen	Privatbahnen	Zusammen
Lokomotiven	317	357	674
Personenwagen	717	766	1 483
Güterwagen	8 144	9 025	17 169
Postwagen	41	34	75
Tragfähigkeit der Güterwagen im Ganzen . . . . t	71 600	76 400	148 000
Tragfähigkeit der Güterwagen für das km Bahnlänge . . . . . . t	31.07	17,82	22.4
Durchschnittliche Tragfähigkeit eines Güterwagens . . . . t	8.80	8,46	8 6
Geleistet wurden von den Betriebsmitteln im Jahre 1884:			
Zugkm	7 099 300	7 500 700	14 600 000
Wagenkm	127 783 737	—	—

Nach den für die Staatsbahnen vorliegenden Mittheilungen hat sich im Laufe des Jahres 1885 der Bestand an Betriebsmitteln nur unwesentlich verändert.

Die finanziellen Ergebnisse der Staatsbahnen in den Jahren 1880 bis 1885 ergeben sich aus nachstehender Uebersicht:

	1885	1884	1883	1882	1881	1880
Betriebslänge im Jahresdurchschnitt . . . . . km	2 370	2 300	2 246	2 212	2 012	1 945
Einnahme aus dem Personen-, Post- und Reisegepäckverkehr . . Kr.	7 648 982	7 552 222	7 423 028	7 241 794	6 801 668	6 325 316
„ aus dem Eilgutverkehr . . . . Kr.	703 958	633 047	625 406	625 707	588 682	466 517
„ aus dem allgemeinen Frachtgutverkehr Kr.	10 872 289	10 678 632	11 020 146	10 442 989	10 009 818	9 004 959
„ aus der Güterbeförderung für Rechnung der Staatsverwaltung	42 532	49 844	51 451	37 865	37 295	50 956
„ aus der Beförderung von Fahrzeugen, lebenden Thieren u. dergl. . . . . Kr.	540 763	623 372	636 534	596 010	456 440	443 779
„ aus dem Telegraphenverkehr . . . Kr.	70 250	69 907	70 634	70 269	64 348	57 736
„ aus sonstig. Quellen „	182 213	201 470	174 209	140 028	114 622	140 737
Gesammt-Roheinnahme Kr.	20 060 987	19 808 494	20 001 408	19 154 692	18 072 873	16 490 000

Die Roheinnahme ist hiernach in 1885 zwar im Ganzen gegen 1884 etwas gestiegen, jedoch nicht entsprechend der Zunahme der Betriebslänge. Für das km Bahnlänge berechnet, erreicht die Einnahme vielmehr kaum den Stand von 1880, wie aus nachstehender Zusammenstellung hervorgeht.

	1885	1884	1883	1882	1881	1880
Die Roheinnahme hat betragen						
für das Bahnkilometer . Kr.	8 464	8 612	8 905	8 659	8 983	8 478
„ „ Zug „ . „	2,68	2,79	2,88	2,86	2,85	2,68
„ „ Wagen „ . „	0,15	0,16	0,16	0,16	0,17	0,16
Die Betriebsausgabe hat betragen						
im Ganzen . . . . . Kr.	12 993 417	12 127 320	12 158 568	10 985 304	10 501 882	9 983 205
für das Bahnkilometer . „	5 482	5 273	5 413	4 966	5 220	5 133
„ „ Zug „ . „	1,74	1,71	1,75	1,64	1,66	1,62
„ „ Wagen „ . Öre	9,9	9,5	9,7	9,2	9,7	9,7
Verhältniss der Ausgaben zur Einnahme . . . . . %	64,77	61,22	60,79	57,35	58,11	60,51
Betriebsüberschuss						
im Ganzen . . . . . Kr.	7 067 570	7 681 174	7 842 840	8 169 388	7 570 991	6 506 795
für das Bahnkilometer . „	2 982	3 339	3 492	3 693	3 763	3 345
in Prozenten des Baukapitals . . . . . %	3,10	3,46	3,65	3,84	3,94	3,42

Die Roheinnahme der gesammten Privatbahnen wird für 1884 auf über 19 Millionen Kronen berechnet. Von den 66 einzelnen Privateisen-

bahnen, für welche genauere Angaben in der amtlichen Statistik gemacht
sind, hatte die 15 km lange, mit 1,217 m Spurweite ausgeführte Söderhamns-
Bahn die höchste kilometrische Einnahme mit 19 403 Kronen, bei einer
kilometrischen Betriebsausgabe von 8031 Kronen, sodass sich bei dieser
Bahn ein Reinertrag von 11 372 Kronen für das Bahnkm, von 15,02 Prozent
des Anlagekapitals ergab. Die geringste kilometrische Einnahme hatte
die nur dem Güterverkehr dienende 30 km lange, mit 0,891 m Spurweite
hergestellte Eisenbahn Vintjern—Jädraås, nämlich 983 Kronen bei einer
Betriebsausgabe von 372 Kronen. Der Betriebsüberschuss dieser letzteren
Bahn betrug hiernach für das Kilometer 611 Kronen oder 2,95 Prozent des
Anlagekapitals. Die Betriebsausgabe der sämmtlichen Privatbahnen wird
auf 9,9 Millionen Kronen berechnet, für das km durchschnittlich 2404 Kronen,
oder 51,9 Prozent der Einnahme.

Die Eisenbahnen in Norwegen im Jahre 1884/85[*]). Im Rechnungsjahre vom 1. Juli 1884 bis zum 30. Juni 1885 hat die Ausdehnung des
norwegischen Eisenbahnnetzes keine Aenderung erfahren und waren daher
am Schlusse des Rechnungsjahres wie im Vorjahre 1562 km Eisenbahnen
im Betrieb, wovon 592 km mit 1,435 m und 970 km mit 1,067 m Spurweite.

Von den 1562 km Eisenbahnen gehörten 1494 km 13 verschiedenen
„Staatsbahninteressenten-Gesellschaften", d. h. Verbindungen des Staates
mit Gemeinden und Privaten, welche Beiträge zur Anlage der Eisenbahnen
gegeben haben. Die Verwaltung dieser Bahnen erfolgt ausschliesslich
durch Staatsbeamte. Die übrigen 68 km bilden die „norwegische Hauptbahn", welche vom Staate in Verbindung mit einer englischen Unternehmer-
Gesellschaft in Gemässheit eines Vertrags vom 17. Dezember 1850 hergestellt wurde. Die Direktion dieser letzteren Bahn setzt sich zusammen
aus 3 Staatsbeamten und 3 von der Privatgesellschaft gewählten Direktoren

Das gesammte bis zum 30. Juni 1885 auf die norwegischen Eisenbahnen verwendete **Anlagekapital** hat betragen:

für die Bahnanlage	113 367 792 Kronen[**])
„ „ Betriebsmittel	12 988 918 „
zusammen . .	126 356 710 Kronen

[*]) Vgl. Archiv 1885 S. 674. Die vorstehenden Mittheilungen sind dem von der
norwegischen Regierung veröffentlichten Betriebsberichte für das Jahr 1884/85 entnommen.
(De offentlige Jernbaner. Beretning om de Norske Jernbaners Drift i terminen 1. Juli
1884 — 30. Juni 1885. Afgivet til det Kgl. Norske Regjerings Departement for de
offentlige arbeider fra Styrelsens for statsbanerne. Kristiania 1886.

[**]) 1 Krone = 1,125 ℳ.

oder für das km Bahnlänge durchschnittlich 80 892 Kronen. In dem Anlagekapital sind einbegriffen 6 089 996 Kronen, welche für Erweiterungsanlagen während des Betriebes vorausgesetzt sind. Das km Bahnlänge kostet bei den normalspurigen Eisenbahnen etwa 107 000 Kronen, bei den schmalspurigen etwa 65 000 Kronen.

Von dem verwendeten Anlagekapital sind beschafft:

durch Ausgabe von Aktien . . . . 117 240 100 Kronen

„   Anleihen . . . . 6 914 929   „

„   Betriebsüberschüsse . . . . . . 2 201 681   „

Zusammen   .   .   126 356 710 Kronen

Von dem gesammten Anlagekapital wurden durch den Staat etwa 92½ Millionen Kronen oder 79 Prozent aufgebracht. Der Rest durch Gemeinden und Private.

An Betriebsmitteln waren am 30. Juni 1885 vorhanden:

.	voll-spurige	schmal-Eisenbahnen
Lokomotiven mit 4 gekuppelten Rädern	50	65
„ „ 6 „ „	14	5
„ .8 „ „	—	1
zusammen Lokomotiven . .	64	71
Darunter sind Tenderlokomotiven	9	64
Auf 1 Lokomotive kommt Bahnlänge km	9,3	13,6
Personenwagenachsen*)	448	695
Anzahl der Sitzplätze in den Personenwagen . . .	7 064	8 861
Anzahl der Sitzplätze in den Personenwagen für das km Bahnlänge	11,9	9,2
Güterwagenachsen	3 342	2 620
Tragfähigkeit der Güterwagen im Ganzen . . Tons	14 734	7 928
Tragfähigkeit der Güterwagen für das km Bahnlänge „	24,8	8,2
Postwagenachsen	16	27

*) Am Schlusse der Mittheilungen über die norwegischen Bahnen im Archiv 1885 S. 678 ist das Wort „Achsen“ hinter den Worten „Personenwagen, Güterwagen, Postwagen“ zu ergänzen.

Finanzielle Ergebnisse im Rechnungsjahr 1884/85:

	Staatsbahnen	Norwegische Hauptbahn	Zusammen
Einnahmen aus dem Personenverkehr, einschliesslich Gepäck- und Postverkehr im Ganzen . . . . Kr.	2 832 196	330 770	3 162 966
für das km Betriebslänge*) . . „	1 876	4 864	2 004
aus dem Eil- und Frachtgut, sowie Viehverkehr im Ganzen . „	2 805 355	909 724	3 715 079
für das km Betriebslänge . . „	1 858	13 378	2 354
aus sonstigen Quellen . . . . „	94 656	50 967	145 623
Gesammteinnahme . . . . „	5 732 207	1 291 461	7 023 668
Gesammteinnahme für das km Betriebslänge . . . . „	3 796	18 992	4 451
Gesammteinnahme in Prozenten des Anlagekapitals . . . . „	4,86	12,87	5,49
Betriebsausgabe im Ganzen . . . „	4 670 626	685 674	5 356 300
für das km Betriebslänge . . „	3 093	10 088	3 394
Verhältniss der Ausgabe zur Einnahme . . . . %	81,5	53,1	76,8
Betriebsüberschuss im Ganzen . . . Kr.	1 061 581	605 787	1 667 368
für das km Betriebslänge . . „	703	8 909	1 057
in Prozenten des Anlagekapitals „	0,90	6,04	1,30

Die Gesammteinnahme im Rechnungsjahr 1883/84 betrug 7 251 519 Kronen, dieselbe ist daher in 1884/85 um 227 851 Kronen gesunken. Der Ausfall war am stärksten bei dem Personenverkehr. —

_____

Russische Eisenbahnbauten in 1886. Einer Veröffentlichung der im russischen Ministerium der Verkehrsanstalten herausgegebenen Zeitschrift „Der Ingenieur“ entnehmen wir die nachstehende Uebersicht der im europäischen Russland im J. 1886 im Bau gewesenen Eisenbahnlinien.

I. Unmittelbar von der Regierung wurden gebaut:

1. Samara-Ufa, von der Station Kinel der Eisenbahn Samara-Orenburg bis Ufa . . . . 454,54 Werst.
2. Baranowitsch-Bjälostock . . . . 196,40 „
3. Brest-Eholm . . . . 106,95 „
4. Sjedletz-Malkin . . . . 62,18 „

Uebertrag . 820,02 Werst.

_____

*) Die Bahnlänge ist im Vorhergehenden zu 1562 km angegeben, die Betriebslänge berechnet sich unter Berücksichtigung der gemeinschaftlich betriebenen Strecken und desgl. zu 1578 km.

Uebertrag . 820,02 Werst.
5. Homel-Brjansk . . . . 256,00 „
6. Romny-Krementschug . . . . 211,53 „
7. Pskow-Riga mit Abzweigung nach Dorpat . . . . 375,36 „
8. Rschewo-Wjasma . . . . 115,25 „
9. Theilstrecke der Suram'schen Umgehungslinie in der
transkaukasischen Eisenbahn . . . . 13,37 „
zusammen 1791,53 Werst.

II. Von Privatgesellschaften wurden gebaut:
10. Tichorezkaja-Noworossisk (Zweiglinie der Eisenbahn
Rostow-Wladikawkas*) . . . . 258,41 Werst.
11. Jaroslaw-Kostroma*) . . . . 93,10 „
12. Theilstrecke der in der transkaukasischen Eisenbahn
bei Suram herzustellenden Umgehungsbahn*) . . . . 8,38 „
zusammen 359,89 Werst.

Im Ganzen waren hiernach im Jahre 1886 im Bau 2151,42 Werst = 2295 km.

Die Spurweite der Eisenbahnen in Nordamerika, welche seither grosse Verschiedenheiten aufzeigte, wird immer einheitlicher gestaltet. Von den Bahnen der Vereinigten Staaten hatten nach dem letzten Zensus am 1. Juli 1880 66,8 pCt. die als „normale" bezeichnete Spurweite von 4 Fuss $8\frac{1}{2}$ Zoll englisch (1,435 m) und 11,4 pCt. eine Spurweite von 4 Fuss 9 Zoll (1,448 m). Da in Amerika bei der Spurweite eine Abweichung von $\frac{1}{2}$ Zoll (1,25 cm) nicht als ein Hinderniss für den durchgehenden Verkehr betrachtet wird, so hatten im Jahre 1880 schon 77,7 pCt. der gesammten Eisenbahnen der Vereinigten Staaten für praktische Zwecke die gleiche Spurweite. Weitere 11,4 pCt. hatten eine Spurweite von 5 Fuss (1,525 m). Die Bahnen mit dieser letzteren Spurweite lagen hauptsächlich in den Südstaaten und zwar in dem Gebiete, welches im Norden vom Ohio und im Westen vom Missouri begrenzt wird. Die in diesem Gebiete liegenden Bahnen bildeten dadurch, dass sie ihre eigene, von der „normalen" abweichende Spurweite hatten, ein abgesondertes Verkehrsgebiet für sich. Im Verkehr über die Grenzen dieses Gebietes hinaus mussten alle Güter umgeladen oder die Wagen auf andere Radgestelle gesetzt werden. Die hierdurch bewirkte Erschwerung des das gedachte Gebiet umfassenden Verkehrs gab den Dampfschifflinien zwischen den Häfen der östlichen Staaten und denen der

*) Vgl. die den Bau dieser Strecken betreffenden kaiserl. Erlasse im Archiv 1885, S. 509 und 1886, S. 707 und 846.

8*

Südstaaten einen grossen Einfluss auf die Tarifbildung. Die Erkenntniss, dass es nothwendig sei, ununterbrochenen Verkehr zwischen den Eisenbahnen in den Südstaaten und denen der übrigen Staaten zu ermöglichen, führte im Februar d. J. auf einer Zusammenkunft der grossen südlichen Eisenbahngesellschaften den Beschluss herbei, in der Zeit vom 31. Mai bis zum 2. Juni d. J. die Spurweite von etwa 14000 engl. Meilen (22526 km) von 5 Fuss auf 4 Fuss 9 Zoll (das sogenannte „Vermittelungsspurmaass", *compromise gauge*) herabzumindern. Dieser Beschluss ist in der angegebenen Zeit auch zur Ausführung gebracht worden und zwar in solcher Weise, dass eine in Betracht kommende Stockung des Verkehrs dadurch nicht verursacht worden ist. Die Kosten dieser Aenderung der Spurweite werden einschliesslich der Kosten der dadurch nothwendig werdenden Aenderungen an den Betriebsmitteln, an Brücken, Werkzeugen u. s. w. auf etwa 150 Dollars für die englische Meile Geleis (etwa 400 $\mathcal{M}$ für das Kilometer) berechnet.

Die nach Abzug der Eisenbahnen mit normaler und mit 5 Fuss Spurweite nach dem Zensus von 1880 noch verbleibenden 10.9 pCt. der Eisenbahnen der Vereinigten Staaten bestanden hauptsächlich aus Bahnen von 6 Fuss (1.83 m) und solchen von 3 Fuss (0,915 m) Spurweite. Die Bahnen mit 6 Fuss Spurweite sind inzwischen fast sämmtlich in solche mit normaler oder annähernd normaler Spurweite umgebaut. Die Umwandlung der schmalspurigen Eisenbahnen in normalspurige dagegen dürfte, abgesehen davon, dass sie mit grösseren Kosten verknüpft ist, als die Umwandlung von breitspurigen, dadurch verzögert werden, dass viele der schmalspurigen Eisenbahnen sich in finanziellen Schwierigkeiten, zum Theil sogar unter gerichtlicher Verwaltung befinden. Die Toledo, Cincinnati und St. Louis Railroad beabsichtigt, wenn es ihr gelingt, sich aus den gegenwärtigen Verwicklungen zu befreien, ihre 777 Meilen (1250 km) Schmalspurgeleise in normalspurige umzuwandeln. Die Texas und St. Louis Railroad hat diese Veränderung für ihre 373 Meilen (599 km) Geleise schon für die nächste Zeit in Aussicht genommen. Von wichtigen Schmalspurbahnen bleibt dann, wenn von den schmalspurigen Bahnen in Florida abgesehen wird, nur die Denver und Rio Grande Railroad übrig, deren Spurweite durch den gebirgigen Character des von ihr durchschnittenen Landestheils begründet sein dürfte.

Die Eisenbahnen in der englischen Kolonie Kanada haben gegenwartig bis auf unwesentliche Ausnahmen die Spurweite von 4 Fuss 8½ Zoll.

Die Eisenbahnen in Brasilien.*) In der Zeit vom Ende des Jahres 1884 bis zum Juli 1886 sind in Brasilien 1320 km neue Eisenbahnen eröffnet worden. Hiernach betrug die Ausdehnung des im Betrieb befindlichen Bahnnetzes zu letztgenannter Zeit 7435 km. Im Bau waren zu derselben Zeit 2164 km, während für weitere 5000 km die technischen Vorarbeiten gefertigt wurden. Das gesammte Netz vertheilte sich auf 65 verschiedene Linien, von denen 32 ganz im Betrieb, 27 theils im Betrieb, theils noch im Bau und 6 noch ganz im Bau begriffen waren. Die S p u r - w e i t e war bei 5631 km Eisenbahn 1 m, mit welcher Spurweite auch fast sämmtliche neue Bahnen ausgeführt werden. Bei 1354 km ist die Spurweite 1,co m, bei 338 km 1,10 m, bei 283 km 0,95 m. Der Rest der Bahnen hat Spurweiten von 1,40 m, 1,20 m, 0,76 und 0,66 m.

Von den Anfangs des Jahres 1886 im Betrieb gewesenen 7062 km Eisenbahn waren nach dem von der brasilianischen Regierung der Landesvertretung für 1885/86 erstatteten Verwaltungsberichte**)

im Besitz des Staates	1717 km
vom Staate garantirt	2202 „
Eigenthum der Provinzen, von denselben garantirte Privatbahnen und ungarantirte Privatbahnen	3143 „
	7062 km

Das vom Staate mit Zinsgarantie versehene Anlagekapital betrug für 3714 km Eisenbahn, von denen 2202 km im Betriebe, der Rest sich noch im Bau befand, 407 982 226 $\mathcal{M}$***), während das Anlagekapital der im Betriebe befindlichen 1717 km Staatseisenbahnen sich auf 305 626 755 $\mathcal{M}$ berechnete. Bei diesen Staatsbahnen betrug im Jahre 1885

die Einnahme	26 689 200 $\mathcal{M}$
die Ausgabe	16 028 310 „
der Ueberschuss	10 660 890 $\mathcal{M}$

oder etwa $3^1/_2$ Prozent des Anlagekapitals.

Ueber die finanziellen Ergebnisse des gesammten Netzes der Privatbahnen liegen Angaben nicht vor. Von einzelnen wichtigeren Privatbahnen sind die Angaben über Anlagekapital, Einnahme und Ausgabe für das Jahr 1885 nach dem vorerwähnten amtlichen Berichte nachstehend zusammengestellt.

---

*) Vergl. Archiv 1886 S. 247.

**) Relatorio apresentado á Assemblea geral na primeira sessão da vigesima legislatura pelo Ministro e secretario de estado dos negocios da agricultura, commercio e obras publicas Antonio da Silva Prado. Rio de Janeiro. 1886.

***) 1 Milreis ist bei der Umrechnung zu 2 $\mathcal{M}$ angenommen.

Eisenbahn	Spur-weite km	Im Betrieb befindliche Länge km	Anlage-kapital ℳ	1 8 8 5			Bemerkungen
				Einnahme ℳ	Ausgabe ℳ	Ueberschuss (+) bezw. Fehlbetrag (—) ℳ	
Natal—Nova Cruz . .	1,0	121	14 222 222	136 983	454 135	— 317 152	Für 10 992 104 ℳ Anlagekapital sind vom Staate 7% Zinsen garantirt.
Conde d'Eu-Bahn nebst Pilao-Zweigbahn . .	1,0	122	12 000 000	212 605	519 085	— 306 480	Der Staat hat für das gesammte Anlagekapital 7 % Zinsen garantirt.
Von Recife nach Palmares	1,co	125	34 351 363	1 954 232	1 425 045	+ 529 187	Der Staat hat für 21 333 333 ℳ 7% und für 8 633 993 ℳ 5% Zinsen garantirt.
Von Recife nach Limoeira nebst Zweigbahn nach Timbauba (96 km im Betrieb, 46 km im Bau)	1,0	96	15 075 000	719 701	752 234	— 32 533	Für 10 Millionen ℳ Anlagekapital hat der Staat 7% Zinsen garantirt.
Von Maceio nach Imperatriz	1,0	88	9 106 000	249 089	278 539	— 29 450	7% Staatsgarantie.
Von Bahia nach Alagoinhas	1,6	123	32 000 000	962 421	964 179	— 1 758	Desgl.
Zentralbahn von Bahia und Zweigbahn von Santa Anna (291 km im Betrieb, 11 km im Bau)	1,0	291	26 000 000	888 375	863 137	+ 25 238	Desgl.
Macahé—Campos . . .	0,95	96	26 197 436	3 070 004	1 717 232	+1 352 772	Anlagekapital ist nicht garantirt.
Santo Antonio de Padua-Bahn	1,00	93					
Von Campos nach Carangolla (188 km im Betrieb, 136 im Bau) .	1,0	188	12 000 000	1 359 575	770 327	+ 589 248	7% Staatsgarantie.
Von Santa Isabel nach Rio Preto	1,0	74	7 600 000	262 249	253 150	+ 9 099	7% Zinsen seitens der Provinz Rio de Janeiro garantirt.
Von San Paulo nach Rio	1,0	231	21 330 000	2 469 251	1 979 571	+ 489 680	7% Zinsen vom Staate garantirt.
Von Santos nach Jundiaby	1,6	139	47 111 700	12 349 483	5 565 561	+6 783 922	Desgl.
Paulista-Bahn	1,6	243	40 000 000	2 734 169	1 139 869	+1 594 300	Anlagekapital ist nicht garantirt.
Ituana-Bahn	1,0	237	10 805 392	709 590	450 788	+ 258 802	Für 4 115 392 ℳ Anlagekapital hat die Provinz S. Paulo 7% Zinsen garantirt.

Eisenbahn	Spurweite km	Im Betrieb befindliche Länge km	Anlagekapital ℳ	1 8 8 5			Bemerkungen
				Einnahme ℳ	Ausgabe ℳ	Ueberschuss (+) bezw. Fehlbetrag (−) ℳ	
Mogyana-Bahn (368 km im Betrieb, 271 km im Bau)	1,0	368	40 700 000	1 601 961	811 429	+ 790 532	10,2 Millionen ℳ Anlagekapital sind von der Provinz San Paulo mit 7% Zinsen garantirt, 14 Millionen ℳ vom Staate mit 6% 6,5 Millionen ℳ sind ungarantirt.
Rio Claw-Bahn (174 km im Betrieb, 87 im Bau)	1,0	174	10 000 000	859 059	415 829	+ 443 230	Anlagekapital nicht garantirt.
Sorocabana-Bahn (186 km im Betrieb, 70 im Bau)	1,0	186	16 000 000	653 925	415 408	+ 238 517	Für 11 Millionen ℳ Anlagekapital sind von der Provinz S. Paulo 7% Zinsen garantirt.
Von Paranaguá nach Eurityba ·	1,0	111	22 984 085	677 102	712 603	− 35 501	7% staatliche Zinsgarantie.
D. Thereza Christina-Bahn	1,0	117	11 218 516	86 883	393 355	− 306 472	Desgl.
Von Rio Grande nach Bagé (281 km im Betrieb, 3 km im Bau)	1,0	281	27 042 906	1 198 861	1 120 355	+ 78 506	Desgl.
Minas und Rio-Bahn . .	1,0	170	30 990 506	890 889	745 825	+ 145 064	Desgl.
Leopoldina - Bahn nebst Abzweigungen (590 km im Betrieb, 284 km im Bau, 121 km geplant)	1,0	590	40 000 000	4 805 843	2 529 582	+2 276 261	Für 30 381 243 ℳ Anlagekapital hat die Provinz Minas Geraes 7% Zinsen garantirt, für 289 km gewährt dieselbe Provinz eine kilometrische Unterstützung von 18 000 ℳ.
Commercio und Rio das Flores-Bahn	1,0	36	1 400 000	175 097	135 201	+ 39 896	Anlagekapital nicht garantirt.
União Valenciana - Bahn	1,10	63	3 470 502	434 088	322 368	+ 111 720	Desgl.
Sant' Anna-Bahn (39 km im Betrieb, 22 im Bau, 59 geplant)	1,0	39	1 200 000	117 379	107 727	+ 9 652	Desgl.

Eisenbahn	Spurweite	Im Betrieb befindliche Länge	Anlagekapital	1 8 8 5			Bemerkungen
				Einnahme	Ausgabe	Ueberschuss (+) bezw. Fehlbetrag (−)	
	km	km	ℳ	ℳ	ℳ	ℳ	
Rezende- und Aréas-Bahn (28 km im Betrieb, 31 geplant)	1,0	28	4 400 000	96 249	126 636	− 30 387	Die Provinz Rio de Janeiro hat für 2 400 000 ℳ Anlagekapital 7° $_{0}$ Zinsen und ausserdem für 26 km eine kilometrische Unterstützung von 18 000 ℳ gewährt.

Unter den Staatsbahnen ist die mit 1,$_{6}$ m Spurweite gebaute Eisenbahn Dom Pedro II besonders wichtig, von welcher Anfangs 1886 725 km im Betriebe waren. Diese Bahn führte von der Hauptstadt des Landes nach der Provinz Minas Geraes, sowie mittelst Abzweigungen nach São Paulo, Porto novo do Cunha, Santa Cruz u. s. w. Die Anlagekosten dieser Bahn betrugen am 31. Dezember 1885 im Ganzen 191 303 922 ℳ oder für das km 263 900 ℳ.

Das finanzielle Ergebniss der Dom Pedro II-Bahn in den Jahren 1881 bis 1885 war:

Jahr	Länge	Roheinnahme*)	Ausgabe**)	Ueberschuss	Verhältniss der Ausgabe zur Roheinnahme
	km	ℳ	ℳ	ℳ	Prozent
1881	648	26 135 822	11 211 531	14 924 291	42,$_{90}$
1882	682	24 858 638	12 964 680	11 893 958	52,$_{15}$
1883	682	23 100 202	12 961 088	10 139 114	56,$_{10}$
1884	725	23 005 122	13 006 055	9 999 067	56,$_{53}$
1885	725	24 425 910	12 736 992	11 688 918	52,$_{14}$

Eisenbahnen und Trambahnen in der Kolonie Neu-Süd-Wales im Jahre 1884.*)

I. Eisenbahnen.

Das Eisenbahnnetz der Kolonie, welches Ende 1883 1320,$_{5}$ engl. Meilen Bahnen umfasste, erhielt im Jahre 1884 einen Zuwachs von

---

*) Es sind lediglich die reinen Betriebseinnahmen angegeben mit Ausschluss der „sonstigen Einnahmen“.

*) Mit Ausschluss der Kosten der Zentralverwaltung.

*) Vgl. die Statistik für 1883 Archiv 1886 S. 239 u. f$_{\text{g}}$d. Die vorstehenden Mittheilungen sind entnommen aus dem, dem Parlamente vorgelegten „Report by the Commissioner for Railways for the year 1884“. Sydney 1885.

297,5 Meilen neu eröffneter Linien, so dass Ende 1884 1618 engl. Meilen (2603 km) Eisenbahn im Betriebe waren. In der Zeit vom 1. Januar bis 1. Juli 1885 wurden weitere 38 Meilen Bahn eröffnet, so dass am 1. Juli 1885 1656 Meilen Eisenbahn im Betriebe waren. Im Bau waren an dem letzteren Tage 445 und zur Ausführung genehmigt weitere 1324 engl. Meilen Eisenbahn. Die durchschnittliche Betriebslänge für das Jahr 1884 betrug 1432 Meilen. Sämmtliche Eisenbahnen der Kolonie sind Staatsbahnen und werden auch vom Staate betrieben.

Das gesammte Anlagekapital betrug für die Ende 1884 im
Betrieb gewesenen Eisenbahnen . . . . £ 20 088 240
Für die zu derselben Zeit noch im Bau befindlichen Eisen-
bahnen waren verausgabt . . . . „ 1 965 016

Im Ganzen waren danach Ende 1884 für Eisenbahnanlagen
verausgabt . . . . £ 22 053 256

An Rollmaterial war vorhanden:	Ende des Jahres	
	1884	1883
Lokomotiven	336	296
Personenwagen	776	695
Güterwagen	6 938	6 386

An Eisenbahnmaterial wurden in 1884 auf 175 Schiffen 45 984 t. im Werthe zu 507 165 £ eingeführt. An Fracht wurden dafür gezahlt 35 399 £, und an Versicherungsgebühr 4160 £. Unter den eingeführten Gegenständen befanden sich 44 Lokomotiven von zusammen 2124 t. Gewicht und 38 745 t. Oberbaumaterial.

Die Einnahme hat betragen	1884	1883
aus dem Personen- und Gepäckverkehr . . £	745 665	661 751
- „ Güterverkehr . . . . „	1 340 572	1 269 713
zusammen Betriebseinnahme „	2 086 237	1 931 464
Betriebsausgabe . . . . „	1 301 259	1 177 788
Reineinnahme im Ganzen . . . . . . „	784 978	753 676
„ für die Meile Bahnlänge . . „	548	579
„ „ „ Zugmeile. . . . Pence	29,42	30,46
Prozentverhältniss der Roheinnahme zum Anlagekapital . . . . %	11,11	11,43
Prozentverhältniss der Reineinnahme zum Anlagekapital . . . . . . -. . . „	4,20	4,48

Der Rückgang in der Verzinsung des Anlagekapitals wurde verursacht durch den bedeutenden Umfang der im Jahre 1884 neu eröffneten, in noch

spärlich bevölkerten Bezirken liegenden und daher zunächst nicht renti-
renden Linien und durch die Ungunst der Witterung, welche die Leistungsfähigkeit der Kolonie in Bezug auf landwirthschaftliche Erzeugnisse in
hohem Maasse beeinträchtigte.

Unfälle beim Eisenbahnbetriebe.

Es wurden ohne eigenes Verschulden:	1884		1883	
	getödtet	verletzt	getödtet	verletzt
Reisende	2	4	—	6
Bedienstete der Eisenbahn und der bei der-selben beschäftigten Unternehmer . .	4	3	2	8
in Folge eigenen Verschuldens und Unvor-sichtigkeit:				
Reisende	3	5	3	6
Bedienstete der Eisenbahn und der bei der-selben beschäftigten Unternehmer . .	7	17	6	23
sonstige Personen	7	7	11	5
zusammen . .	23	36	22	48

Die Zahl der von der Eisenbahnverwaltung im Jahre 1884 gewährten
Freifahrten betrug 18 167. Davon wurden gewährt: 7996 an Freiwillige,
welche sich im Dienste befanden, 7635 an Arbeiter, welche Arbeit im
Lande suchten, 1483 an Auswanderer, 360 an Vertreter der Presse, 277
an Besucher von angesehener Stellung, 123 an Offiziere und Mannschaften
der britischen Kriegsflotte, der Rest an Theilnehmer an Versammlungen,
welche gemeinnützige Zwecke verfolgen u. dgl.

II. Trambahnen.

Die von der Kolonial-Regierung betriebenen Dampftrambahnlinien
hatten am 31. Dezember 1884 zusammen 35 engl. Meilen Länge gegen
$32^1/_2$ Meilen am 31. Dezember 1883. Das auf die Herstellung dieser
Linien, die Ausrüstung derselben mit Betriebsmitteln, sowie für den Bau
zugehöriger Werkstätten verwendete Anlagekapital betrug am 31. Dezember
1884 686 402 £. Die Einnahmen der Trambahnen mit Ausschluss der
$7^1/_2$ Meilen langen Linie von Campbelltown nach Camden hat in 1884
219 942 £ betragen, um 29 243 £ mehr als im Vorjahre, die Ausgabe
215 167 £, so dass nur ein Ueberschuss von 4 775 £ oder $0_{,76}$ Prozent des
Anlagekapitals verblieb gegen $2_{,22}$ Prozent im Vorjahre. Als Ursachen
dieses ungünstigen finanziellen Ergebnisses des Trambahnbetriebes werden
die niedrigen Fahrpreise, der wegen der bergigen Bodengestaltung schwierige

Betrieb, hohe Arbeitslöhne u. s. w. bezeichnet. Die $7^1/_2$ Meilen lange Trambahnlinie von Campbelltown nach Camden hatte in 1884 3 512 £ Einnahme, 2 480 £ Ausgabe, 1 032 £ Reineinnahme. Das 43 291 £ betragende Anlagekapital dieser Linie verzinste sich hiernach mit 2,3; Prozent.

Durch Unfälle wurden bei den Trambahnen	1884		1883	
	getödtet	verletzt	getödtet	verletzt
Reisende	6	18	4	15
Trambahnbedienstete	—	9	1	6
Sonstige Personen	8	19	6	19
zusammen . .	14	46	11	40

Statistisches von den deutschen Eisenbahnen. Aus den amtlichen Veröffentlichungen des Reichs-Eisenbahn-Amtes für die Monate Juli August und September 1886 entnehmen wir Folgendes über die Betriebsergebnisse, Zugverspätungen und Betriebsunfälle auf den deutschen (ausschliesslich der bayerischen) Eisenbahnen:

a. Betriebsergebnisse.

	Länge	Einnahme im Monat in $\mathscr{M}$		Einnahmen vom Beginn des Etatsjahrs	
	Kilometer	im Ganzen	für das km	vom 1. April 1886 ab	vom 1. Januar 1886 ab
I. Juli 1886.					
A. Hauptbahnen.					
1. Staatsbahnen etc.	28 483,51	76 183 263	2 675	245 046 445	64 159 411
gegen 1885	+ 277,37	+ 1 417 275	+ 24	+ 2 721 994	− 672 945
2. Privatbahnen in Staatsverwaltung	210,01	419 603	1 998	1 405 034	393 240
gegen 1885	+ 0	+ 47 256	+ 225	+ 171 396	+ 11 907
3. Privatbahnen in eigener Verwaltung	2 376,40	3 568 921	1 502	303 544	21 031 227
gegen 1885	+ 8,00	− 105 647	− 49	− 993	− 1 982 252
Summe A. . .	31 069,92	80 171 787	2 580	246 755 023	85 583 878
gegen 1885	+ 285,37	+ 1 358 884	+ 20	+ 2 892 397	− 2 643 290
B. Bahnen untergeordneter Bedeutung	1 424,69	917 768	644	1 495 811	2 612 509
gegen 1885	+ 175,30	+ 182 573	+ 56	+ 234 610	+ 257 056

	Länge Kilometer	Einnahme in ℳ		Einnahmen vom Beginn des Etatsjahrs	
		im Ganzen	für das km	vom 1. April 1886 ab	vom 1. Januar 1886 ab
II. August 1886.					
A. Hauptbahnen.					
1. Staatsbahnen etc.	28 546,96	76 488 948	19 030	311 365 717	75 230 070
gegen 1885	+ 326,99	+ 943 589	+ 67	+ 3 790 316	— 98 925
2. Privatbahnen in Staatsverwaltung	210,01	430 733	2 051	1 774 795	456 995
gegen 1885	+ 0	+ 43 928	+ 209	+ 214 755	+ 12 283
3. Privatbahnen in eigener Verwaltung.	2 376,40	3 705 995	1 559	408 406	24 695 996
gegen 1885	+ 8,00	— 108 847	— 52	— 3 193	— 2 067 101
Summe A. . .	31 133,37	80 625 676	2 594	313 548 918	100 383 061
gegen 1885	+ 334,99	+ 878 670	+ · 6	+ 4 001 878	— 2 153 743
B. Bahnen untergeordneter Bedeutung 1886	1 424,69	903 844	634	1 899 404	3 126 059
gegen 1885	+ 175,20	+ 177 793	+ 53	+ 303 424	+ 379 791
III. September 1886.					
A. Hauptbahnen.					
1. Staatsbahnen etc.	28 572,57	76 572 795	2 685	378 754 713	85 828 081
gegen 1885	+ 352,48	+ 418 061	— 14	+ 5 553 509	+ 102 846
2. Privatbahnen in Staatsverwaltung	210,01	408 518	1 945	2 122 989	520 457
gegen 1885	+ 0	+ 30 141	+ 143	+ 238 897	+ 22 615
3. Privatbahnen in eigener Verwaltung.	2 501,94	3 743 616	1 496	489 832	28 608 684
gegen 1885	+ 133,54	— 1 744	— 85	— 3 456	— 1 847 699
Summa A. . .	31 284,52	80 724 929	2 585	381 367 534	114 957 222
gegen 1885	+ 486,02	+ 446 458	— 22	+ 5 788 950	— 1 722 238
B. Bahnen untergeordneter Bedeutung	1 312,61	756 610	576	2 267 914	3 361 086
gegen 1885	+ 63,13	+ 54 595	+ 14	+ 333 634	+ 251 794

b. Zugverspätungen.

		Beförderte Züge			
		fahrplanmässige		ausserfahrplanmässige	
	Betriebslänge Kilometer.	Personen- u. gemischte	Güter- züge.	Personen- u. gemischte	Güter- züge.
Juli 1886 . . .	32 070,69	216 301	115 005	4 255	24 149
August 1886. .	32 153,64	217 834	115 077	4 713	24 720
September 1886 .	32 195,53	210 154	113 649	4 334	23 674

<table>
</table>

	Juli 1886.	August 1886.	September 1886.
Im Ganzen	2597	3366	2816 Züge
Davon durch Abwarten verspäteter An-schlüsse	1212	1606	1267 „
Also durch eigenes Verschulden . . .	1385	1760	1549 Züge
oder	0,64 pCt.	0.81 pCt.	0,74 pCt.

Verspätungen der fahrplanmässigen Personenzüge im

c. Betriebsunfälle.

Zahl der Unfälle		Zahl der getödteten und verletzten Personen.		
Fahrende Züge	Beim Rangiren			

a. Juli 1886.

			getödtet	verletzt
Entgleisungen 7	 23	Reisende	6	6
Zusammen-stösse . . . —	 16	Bahnbeamte u. Arbeiter .	20	67
Sa. 7	Sa. 39	Post-, Steuer- etc. Beamte	—	2
		Fremde	11	6
Sonstige . . 117		Selbstmörder	11	1
		Sa.	48	82
			130	

b. August 1886.

		Reisende	—	4
Entgleisungen 4	 12	Bahnbeamte u. Arbeiter .	24	77
Zusammen-stösse . . . —	 12	Post-, Steuer- etc. Beamte	1	1
Sa 4	Sa. 24	Fremde	12	12
Sonstige . . 134		Selbstmörder	11	2
		Sa.	48	96
			144	

c. September 1886.

		Reisende	2	15
Entgleisungen 4	 22	Bahnbeamte u. Arbeiter .	30	92
Zusammen-stösse . . . 5	 15	Post-, Steuer- etc. Beamte	—	1
Sa. 9	Sa. 37	Fremde	15	12
Sonstige . . 149		Selbstmörder	17	2
		Sa.	64	122
			186	

Die Oldenburgischen Eisenbahnen. Nach dem von der Grossherzoglich Oldenburgischen Eisenbahn-Direktion herausgegebenen Jahres-
bericht über die Betriebsverwaltung der oldenburgischen Eisenbahnen für
das Jahr 1885*).

Am Jahresschluss 1885 waren im Betrieb der oldenburgischen Staats-
eisenbahnverwaltung . . . . 369,82 km

Davon lagen

    1. auf oldenburgischem Gebiet . . . . . 266,02 km
    2. „ preussischem   „   . . . . . 94,58 „
    3. „ niederländischem Gebiet . . . . 0,88 „
    4. „ Gebiet der freien Hansestadt Bremen 8,34 „

                                           369,82 km

Ausserdem war noch im Betrieb die schmalspurige, 7,00 km lange,
einer Gesellschaft gehörende Lokalbahn Ocholt-Westerstede.

An Betriebsmitteln waren vorhanden:

     66 Lokomotiven und 32 Tender,
   150 Personenwagen mit 6244 Sitzplätzen,
    26 Gepäckwagen,
   771 Güterwagen, darunter 212 bedeckte,
   106 Erdtransportwagen,
     3 Torfwagen,
     2 Wagen zum Wassertransport.

Das Anlagekapital für die sämmtlichen unter oldenburgischer Verwaltung stehenden Bahnen (ausschliesslich Ocholt-Westerstede) berechnet
sich auf . . . . 42 679 729 ℳ

Davon entfallen auf die Oldenburg gehörenden Bahnen 32 763 157 „
  „   „   „   „ Bahn Oldenburg-Wilhelms-
haven:

    a) direkt von Preussen verwendetes Baukapital 5 223 195 „
    b) Beitrag zu den Anlagekosten des Bahnhofes
       Oldenburg und zu dem von Oldenburg be-
       schafften Betriebsmaterial . . . . 1 924 800 „

Ferner Baukapital des von Bremen erbauten Theiles der
   Oldenburg-Bremer Bahn . . . . 2 003 577 „

Anlagekapital des von den Niederlanden erbauten Theiles
   der Strecke Ihrhove-Neuschanz . . . . 765 000 „

                           zusammen 42 679 729 „

---

*) Vergl. Archiv 1886, S. 104 ff.

Der für 1885 zu verzinsende Betrag des oldenburgischen Anlagekapitals berechnet sich nach Abzug der von Preussen hergegebenen Sub-
vention von 3 000 000 $\mathcal{M}$ zu 27 756 753 $\mathcal{M}$.

Die wesentlichsten Betriebsergebnisse in den Jahren 1885 und
1884 sind nachstehend zusammengestellt:

		1885	1884
Gesammteinnahme	$\mathcal{M}$	4 251 549	4 152 296
für das Kilometer	„	12 010	11 864
Betriebsausgaben im Ganzen	„	2 634 340	2 525 823
für das Kilometer	„	7 442	7 217
in Prozenten der Einnahme	%	61,96	60,83
Betriebsüberschuss im Ganzen	$\mathcal{M}$	1 617 209	1 626 473
für das Kilometer	„	4 568	4 667
in Prozenten des Anlagekapitals . . .	%	3,79	3,85
Anzahl der beförderten Personen		2 252 866	2 214 563
mit einer Einnahme von	$\mathcal{M}$	1 607 785	1 555 200
für das Kilometer	„	4 542	4 450
Güter aller Art wurden befördert:			
zusammen Tonnen		647 147	652 371
mit einer Frachteinnahme von . . .	$\mathcal{M}$	2 126 922	2 124 759
für das Kilometer	„	6 038	6 079
für das Tonnenkilometer	$\mathcal{A}$	4,40	4,40
An Vieh sind befördert	Stück	208 727	154 682
mit einem Frachtbetrag von	$\mathcal{M}$	224 469	195 156
für das Kilometer	„	637	558
Insgesammt liefen Züge		27 286	24 029
mit Zugkilometern		1 437 404	1 286 376
durchschnittlich täglich Züge		74,76	65,83
mit Zugkilometer		3 938	3 524
auf das Kilometer Bahnlänge Durchschnittszüge		10,79	9,66
Die Gesammtkosten der Zugkraft betrugen:			
für 1000 Nutzkilometer	$\mathcal{M}$	353 18	358,84
„ „ Lokomotivkilometer	„	275,75	277,61
„ „ Achskilometer	„	13,86	13,39
„ die Kilometertonne Rohlast . . .	„	0,002	0,002
„ „ „ Reinlast . . .	„	0,009	0,009

Rechtsprechung und Gesetzgebung.

Rechtsprechung.

Können Beamte einer fiskalischen Behörde in einem von dieser geführten Prozesse zur Vernehmung als Sachverständige zugezogen werden?
Einwand der Verjährung bei Schadensersatzklagen.
Legitimation des Fiskus zur Erhebung von Schadensersatzklagen als Vertreter eines ihm lediglich zum Betriebe und zur Verwaltung übertragenen Eisenbahnunternehmens.

Urtheil des Reichsgerichts (V. Zivil-Senat) vom 7. Juli 1886.

Aus den Entscheidungsgründen.

Der Kläger verlangt von der Beklagten Erstattung von Kosten welche ihm angeblich erwachsen sind durch die Reparatur einer bestimmten Eisenbahnstrecke.

Als Verpflichtungsgrund wird der von der Beklagten betriebene Bergbau bezeichnet, durch welchen auf der Strecke Senkungen entstanden sein sollen, deren Beseitigung den Gegenstand der Reparatur gebildet habe.

Der erste Richter hat die bei der Klageforderung berechneten Fracht-sätze gekürzt und mit dieser Position, sowie mit dem Anspruch auf Zahlung von 5 pCt. Verwaltungskosten den Kläger abgewiesen, im Uebrigen nach dem Antrage verurtheilt. Die dagegen eingelegte Berufung der Beklagten ist zurückgewiesen, auf die Anschlussberufung des Klägers diesem auch die Hälfte der geforderten Verwaltungskosten zuerkannt worden.

Die dagegen eingelegte Revision der Beklagten konnte nicht für begründet erachtet werden.

1. Die Entscheidung beruht, soweit es sich um die Ursache des Schadens und dessen Umfang, sowie die Zeit seines Entstehens handelt, wesentlich auf einer Würdigung der Gutachten, welche Beamte des Klägers abgegeben haben, nämlich die Königlichen Eisenbahn-Bau- und Betriebs-Inspektoren K. und P., zugleich ständige Hülfsarbeiter des Königlichen Betriebsamts zu E., durch welches der Kläger in diesem Prozesse vertreten wird.

Der Berufungsrichter befindet, es würde ihre Vernehmung als Gutachter nur dann unzulässig gewesen sein, wenn sie als Vorstandsmitglieder gesetzliche Vertreter der klagenden fiskalischen Behörde wären, das sei aber von der Beklagten nicht behauptet, auch biete sich sonst kein Anhalt für eine solche Annahme. Besondere thatsächliche Momente, welche die Unbefangenheit der Gutachter zweifelhaft machen könnten, seien nicht vorhanden, ihre Eigenschaft als Beamte des Klägers schliesse das Vertrauen nicht aus, welches der Berufungsrichter in die Objektivität ihres Gutachtens setze.

Die Revision wirft dem Berufungsrichter vor, er habe nicht erwogen und überhaupt nicht ergründet die den Gutachtern beiwohnende Eigenschaft von ständigen Hülfsarbeitern, eine Eigenschaft, welche in der Revisionsbeantwortung als vorhanden anerkannt wird. Nach der Organisation der Verwaltung der Staatseisenbahnen und der vom Staate verwalteten Privateisenbahnen, wie sie durch den Allerhöchsten Erlass vom 24. November 1879 geregelt worden, würden die Eisenbahnbetriebsämter mit einem Betriebsdirektor und der erforderlichen Anzahl von Hülfsarbeitern besetzt von denen Einer mit der ständigen Vertretung des Direktors betraut sei. Dass dem einen oder andern der Gutachter eine solche Vertretung obliege, wird auch jetzt nicht behauptet. Nur dies würde aber nach § 371 der Zivilprozessordnung die abgegebenen Gutachten an sich hinfällig machen. Ausserdem ist es Sache der Partei, die betreffenden Gründe namhaft zu machen, aus welchen die Ablehnung eines Gutachters begründet werden soll. Eine Veranlassung für den Richter über die im § 360 a. a. O. vorgeschriebenen allgemeinen Fragen hinaus, ohne Anregung von Seiten der Parteien, die Sachverständigen über den fraglichen Punkt zu befragen, kann im vorliegenden Falle als vorhanden nicht zugegeben werden. Es ist auch weiter mit der Revision nicht anzunehmen, dass der Berufungsrichter bei Bemessung der Glaubwürdigkeit derselben Sachverständigen auf deren Stellung als ständige Hülfsarbeiter als schwächendes Moment Gewicht gelegt haben würde. Denn er hat ihre Stellung als Beamte derjenigen Behörde, welche den Kläger vertritt und zu deren Geschäftskreis die Instandhaltung der beschädigten Eisenbahn gehört, im Allgemeinen erwogen und wenn er bemerkt, besondere thatsächliche Momente, welche die Unbefangenheit der Sachverständigen verdächtigen könnten, seien nicht vorgebracht, so versteht er unter diesen Momenten nicht eine besondere Art und Aufgabe der amtlichen Geschäftsthätigkeit der Sachverständigen, sondern Verdachtsgründe, welche ausserhalb der amtlichen Beziehung zu der klagenden Behörde liegen würden.

2. Die Beklagte hatte der Klageforderung den Einwand der dreijährigen Verjährung ausserkontraktlicher Ansprüche entgegengestellt mit

Rücksicht darauf, dass Senkungen an dem betreffenden Theile des Bahnkörpers schon vor dem 6. April 1880, dem Tage, welcher drei Jahre vor
Erhebung der Klage zurückliegt, sichtbar gewesen seien, und dass Kläger
auch schon früher deren Ursache gekannt habe.

Der Berufungsrichter hat diesen Einwand aus folgenden Gründen
verworfen: Er stellt fest, dass die Senkungen, welche den Gegenstand
der Klage bilden, nach dem Gutachten der genannten beiden Sachverständigen als eine Folge des Bergbaubetriebs der Beklagten nicht hätten
vorausgesehen werden können; es bestehe zwischen diesen Schäden aus
der Zeit vom 1. Januar 1880—82 und den früher 1876/77 aufgetretenen
eine Ruhepause, welche ein sicheres Erkennen weiterer Schädigungen ausgeschlossen habe. In der Zeit vom 1. Januar bis 6. April 1880 habe
man dieselben ihrem Wesen und ihrem Umfange nach überhaupt noch
nicht wahrnehmen können. Mit Rücksicht auf diese Feststellung erklärt
der Berufungsrichter die Eideszuschiebung darüber für unzulässig, dass
der Kläger bezw. dessen Rechtsvorgänger schon vor länger als drei Jahren
von Erhebung der Klage zurückgerechnet, Kenntniss von der Ursache
und dem Dasein der Schäden gehabt habe.

Auch hier kann dem Berufungsrichter der Vorwurf einer Gesetzesverletzung mit Grund nicht gemacht werden. Der Plenarbeschluss des
früheren preussischen Obertribunals vom 20. März 1846 (Entscheidungen
Band 13 Seite 19) führt aus, es treffe die dreijährige Verjährung des
Anspruchs auf Ersatz eines ausserhalb des Falles eines Kontrakts erlittenen
Schadens das ganze Recht auch in den Fällen, wo der aus einer Handlung
entstehende, dem Beschädigten bekannt gewordene Schaden so beschaffen
ist, dass er, obwohl im wechselnden Umfange, sich auch in der Zukunft
erneuert. Aber derselbe Gerichtshof hat in jüngeren Erkenntnissen
(vergl. Striethorst Archiv Band 61 Seite 316 und Band 76 Seite 46)
diesen Grundsatz mit Recht dahin präzisirt, dass er Anwendung finde auf
spätern Schaden nur dann, wenn deren Eintritt aus der früheren Beschädigung mit Sicherheit vorauszusehen war. Der Berufungsrichter hat
aber aus den Gutachten von P. und K. für vollständig erwiesen
angenommen, dass ein solches Voraussehen · in Bezug auf die von
der Klage befassten Schäden nicht möglich war und dieser Feststellung
gegenüber ist die Zurückweisung des Eidesbeweises nach § 411 der Zivilprozessordnung um so mehr gerechtfertigt, als die Thatsache, über welche
der Eid zugeschoben ist, sich ihrem Wesen nach nur mittels sachverständiger
Kenntniss feststellen lässt.

3. Auch im Uebrigen lässt die angegriffene Entscheidung einen Rechtsirrthum in der Grundlage derselben nicht erkennen. Was namentlich die
Aktivlegitimation des Klägers angeht, so mag es dahin gestellt bleiben,

ob derselbe im Sinne des § 7 des Allgemeinen Landrechts Theil I Titel 7 mit den Vorderrichtern als vollständiger Besitzer bezeichnet werden kann gegenüber der von ihnen festgestellten Thatsache, dass nach dem Vertrage zwischen dem Kläger und der Rh. Eisenbahngesellschaft, aus welchem das Klagerecht hergeleitet wird, der letzteren das Eigenthum belassen ist. Aber dieser Vertrag giebt dem Kläger solche Rechte, dass daraus die Berechtigung zur Erhebung des Klageanspruchs zutreffend gefolgert ist, selbst wenn der Kläger den Willen des Eigenthümers nicht haben kann. Schon darin, dass dem Kläger auf ewige Zeiten der Betrieb und die Verwaltung des ganzen Unternehmens ohne irgend welche Beschränkung übertragen ist, ebenso der Besitz des ganzen Vermögens, liegt Recht und Pflicht, die Gegenstände des Betriebs zu erhalten und sie gegen Beschädigungen Dritter zu bewahren.

Rechtsgrundsätze aus den Entscheidungen des Reichsgerichts.*)
Eisenbahnfrachtrecht.

A. d. H. G. B. Art. 424. Betriebsreglement für die Eisenbahnen Deutschlands §§ 48, 67.

Erkenntniss des Reichsgerichts vom 13. Februar 1886. (Entsch. Nr. 30, S. 146—152.)

Die Nachprüfung einer Auslegung des Betriebsreglements in der Revisionsinstanz ist zulässig; das Betriebsreglement ist eine abstrakte Norm, welcher, als solcher, die den Frachtvertrag abschliessenden Theile sich unterworfen haben.

Sofern bei Aufgabe eines der in Anl. D. zum § 48 des Betriebsreglements verzeichneten Gutes den daselbst enthaltenen Vorschriften über Verpackung und Deklaration entsprochen ist, kann eine Entbindung von der Haftpflicht des Frachtführers aus der Bestimmung des § 48 des Betriebsreglements nicht entnommen werden.

Die Bestimmungen des Art. 424 A. D. H. G. B. beruhen auf der Erwägung, dass die Eisenbahnverwaltung auch bei der grössten Sorgfalt nicht im Stande ist, gewisse Arten von Gütern wegen ihrer besonderen Beschaffenheit gegen gewisse Beschädigungen auf dem Transporte zu sichern, dass sie also,

---

*) Entscheidungen des Reichsgerichts in Zivilsachen. Herausgegeben von den Mitgliedern des Gerichtshofes. Band XV. Leipzig, Veit & Comp., 1886. (Vgl. zuletzt Archiv 1886 S. 704 ff.) Das in diesem Bande veröffentlichte Erkenntniss vom 14. October 1885 (Nr. 2 S. 5—8) betr. die rechtliche Stellung der Generalsaldirungsstelle des Vereins deutscher Eisenbahnverwaltungen ; vom 25. November 1885 (Nr. 21, S. 95—101) betr. die Rechte der Dividendenscheininhaber und vom 19. Januar 1886 (Nr. 24, S. 114, 115) betr. Reichshaftpflichtgesetz sind bereits im vorigen Jahrgang des Archivs und zwar S. 425—429, S. 559, 560, u. S. 567 vollinhaltlich abgedruckt und daher in obiger Zusammenstellung nicht berücksichtigt.

wenn sie sich von der Haftung für solche Beschädigungen nicht freizeichnen dürfte, einen reinen casus übernehmen müsste, wofür sie in der Erhöhung der Fracht ein Aequivalent zu suchen genöthigt wäre.

Ihre wesentlich praktische Bedeutung erhält diese Bestimmung erst durch die in Absatz 2 des Art. 424 aufgestellte Vermuthung. Hieraus erklärt sich auch, warum in Abs. 1 Nr. 4 des Artikels die Freizeichnung von Unfällen miterwähnt wird, für welche die Eisenbahn nach dem Gesetze gar nicht zu haften hat, wie für inneren Verderb.

Diese Vermuthung ist aber nicht betreffs solcher Güter aufgestellt, bei welchem — beispielsweise — die blosse Möglichkeit einer Selbstentzündung vorliegt, sondern sie greift nur dann Platz, wenn das Gut wegen seiner eigenthümlichen natürlichen Beschaffenheit der besonderen Gefahr der Selbstentzündung ausgesetzt war.

Unter dem allgemeinen Begriff der in § 67 Nr. 1 im Anfange bezeichneten Güter fallen solche Gegenstände nicht, welche bei äusserer Berührung mit Feuer leicht entzündbar sind; denn gegen diese Gefahr das Gut zu schützen, ist die Eisenbahn sehr wohl im Stande, eine besondere Transportgefahr ist durch diese Eigenschaft nicht bedingt.

Der Umstand, dass der Frachtführer durch das Gut oder durch ein infolge der besonderen Beschaffenheit desselben eingetretenes Ereigniss Schaden erlitten hat, gewährt demselben an sich keinen Ersatzanspruch gegen den Absender. Ein solcher Anspruch ist nur dann begründet, wenn die Entstehung des betr. Ereignisses oder seine schädigende Wirkung auf ein Verschulden des Absenders zurückzuführen ist.

— — — —

Betriebsreglement f. d. Eisenbahnen Deutschlands §§ 48. 50.
Erkenntniss des Reichsgerichts vom 6. März 1886. (Entsch. Nr. 31 S. 152—156).

Ueber die Verpflichtung des Absenders zum Ersatze des durch das Gut auf dem Transporte verursachten Schadens enthält das Handelsgesetzbuch keine Bestimmung; es kommen daher die Bestimmungen des bürgerlichen Rechts zur Anwendung.

———

Das Eisenbahnbetriebsreglement hat nach keiner Richtung hin die Natur einer zwingenden Vorschrift, indem nämlich die Eisenbahnverwaltungen durch den Bundesrath angewiesen werden, ihre Frachtverträge nach den im Betriebsreglement formulirten Bedingungen abzuschliessen. Allein diese Vorschrift ist nur an die Eisenbahnverwaltungen gerichtet, nicht an die mit diesen in Vertragsverhältniss tretenden Personen. Das Eisenbahnbetriebsreglement hat also nicht die Natur eines Polizeigesetzes.

Für die den Frachtvertrag abschliessenden Personen haben die Bestimmungen des Betriebsreglements über die Beförderung von Gütern nur die Bedeutung einer abstrakten lex contractus, welche dadurch, dass der einzelne Frachtvertrag auf Grund desselben abgeschlossen wird, zur könkreten Vertragsnorm wird. Dies ergiebt sich insbesondere aus der im Eingang des Betriebsreglements den Eisenbahnverwaltungen beigelegten Befugniss, Frachtverträge abzuschliessen, welche dem Publikum günstigere Bedingungen gewähren, eine Bestimmung, die unmöglich wäre, wenn es sich um Vorschriften handelte, welche von einer Staatsbehörde im Interesse der allgemeinen Sicherheit aufgestellt sind.

Gesetzgebung.

Dänemark. Königliche Verordnung vom 29. September 1886 betreffend die Einsetzung eines Eisenbahnraths.

Veröffentlicht unter No. 113 der Lovtidenden No. 38 von 1886.

Mit Rücksicht auf § 1 des Gesetzes vom 2. Juli 1880, betreffend die staatliche Uebernahme der der Seeländischen Eisenbahngesellschaft gehörenden Eisenbahnen nebst Zubehör*), wird Folgendes angeordnet:

§ 1. Durch Vermittelung des Ministers des Innern wird ein Eisenbahnrath eingesetzt behufs berathenden Zusammenwirkens mit der Direktion der Staatsbahnen bei der Behandlung wichtiger, den Staatseisenbahnbetrieb betreffenden Fragen, besonders solcher, welche die Fahrpläne, Tarif- und Beförderungsvorschriften angeben.

§ 2. Der Eisenbahnrath soll aus 23 Mitgliedern bestehen, nämlich:

5 Vertretern der Landwirthschaft,
5 „ des Handels,
5 „ der Industrie und des Handwerks,
2 „ der Fischerei,
2 „ des Gartenbaues, sowie
3 anderen Mitgliedern,
und ausserdem aus Ersatzmännern.

Sämmtliche Mitglieder des Rathes und ihre Ersatzmänner werden von dem Minister des Innern ernannt; der Präsident und die letztgenannte Gruppe von Mitgliedern, sowie ein Ersatzmann für jedes Mitglied dieser Gruppe nach freier Wahl des Ministers; die übrigen Gruppen unter Mitwirkung des Königlichen landwirthschaftlichen Vereins, der gemeinschaftlichen Repräsentation für das Zusammenwirken zwischen den Vertretern des dänischen Handelsstandes, der gemeinschaftlichen Repräsentation für Industrie und Handwerk, des dänischen Fischereiexportvereins und des dänischen Gärtner-Vereins. Zu diesem Zweck wird diesen Vereinen aufgetragen, für jedes Mitglied, welches in die betreffende Gruppe aufgenommen werden soll, drei Männer zu wählen, welche die erforderliche Befähigung besitzen, um einen Sitz im Rathe einzunehmen (s. § 4); von den auf diese Weise gewählten Männern wird ein Mitglied und ein Ersatzmann für dasselbe ernannt. Sollten einige der vorgedachten Vereine nicht geneigt sein, die gedachte Wahl vorzunehmen, oder aufhören zu bestehen, oder es nach Ansicht des Ministers des Innern nicht für wünschens-

---

*) Vgl. Archiv 1880 S. 188 ff.

werth erachtet werden, ihre Mitwirkung zu benutzen, so steht es dem Minister frei, zu bestimmen, dass entweder eine andere Vertretung an Stelle des betreffenden Gewerbes trete, oder die Betreffenden nach eigener Wahl zu ernennen. Für den Fall einer zeitweiligen Verbinderung eines Mitgliedes oder dessen Austritt aus dem Rathe, beruft der Präsident dessen Ersatzmann. Um im Behinderungsfalle für den Präsidenten zu fungiren, bestellt der Minister des Innern ein anderes Mitglied zum Vizepräsidenten.

§ 3. Die Mitglieder des Rathes und deren Ersatzmänner werden für einen Zeitraum von 3 Jahren ernannt, können aber nach Ablauf dieses Zeitraums auf's Neue angestellt werden.

Der Minister des Innern trifft bei Zeiten die nöthigen Anstalten zur Erneuerung des Rathes. Tritt vor Ablauf von 3 Jahren ein Mitglied sowohl, wie dessen Ersatzmann aus, so wird eine neue Wahl für die übrige Zeit unter Beobachtung der im § 2 enthaltenen Vorschriften vorgenommen.

§ 4. Mitglieder von Direktionen für Beförderungsunternehmen, oder Männer, die an der Direktion von solchen Theil nehmen, welche in Wettbewerb mit den Staatsbahnen treten könnten, sowie Personen, welche verfügungsunfähig sind oder durch Urtheilsspruch einer in der öffentlichen Meinung entehrenden Handlung schuldig befunden worden sind, können keinen Sitz im Rathe einnehmen. Die Frage darüber, inwiefern ein Mitglied auf Grund dieser Bestimmungen austreten müsse, wird vom Rathe entschieden, von dessen Beschluss jedoch an den Minister des Innern appellirt werden kann.

§ 5. Der Generaldirektor für den Staatsbahnenbetrieb nimmt an den Verhandlungen des Rathes Theil. Diejenigen Eisenbahnbeamten, deren Mitwirkung dem Generaldirektor im Allgemeinen oder in einzelnen Fällen erforderlich erscheint, haben gleichfalls Zutritt zu den Verhandlungen. Der Präsident kann, wenn von Mitgliedern des Rathes oder vom Generaldirektor der Wunsch danach ausgesprochen wird, auch andere Sachverständige zuziehen, um Aufklärung über die zur Verhandlung kommenden Sachen zu ertheilen.

§ 6. Die Ansicht des Eisenbahnrathes soll in allen wichtigeren Fragen, welche die Veränderung in den bestehenden Fahrplänen oder Tarif- und Beförderungsvorschriften betreffen, eingeholt werden. Der Generaldirektor hat bei Zeiten dem Präsidenten des Rathes die erforderlichen motivirten Vorschläge zuzustellen. Die Mitglieder können Vorschläge zu Anträgen an die Staatsbahndirektionen seitens des Rathes in der gedachten Richtung einbringen, solche Vorschläge aber sollen, bevor sie im Rathe behandelt werden, vom Präsidenten dem Generaldirektor zur Erklärung vorgelegt werden.

Ausser den gedachten Sachen können auch andere wichtige, den Staatsbahnenbetrieb betreffende Fragen dem Rathe zur Behandlung vorgelegt werden, gleichwie derselbe auch auf Vorschlag seiner Mitglieder solche Fragen in Erwägung ziehen und dieserhalb mit Anträgen hervortreten kann, nachdem eine Erklärung des Generaldirektors über diese Vorschläge vorher eingeholt worden ist.

§ 7. Der Rath kann aus seiner Mitte einen ständigen Ausschuss ernennen, um diejenigen Sachen, die im Rathe behandelt werden sollen, vorzubereiten. Der Präsident des Rathes tritt in den Ausschuss ein als dessen Vorsitzender.

§ 8. In dringenden Fällen kann die Staatsbahndirektion in Sachen der im ersten Absatze des § 6 gedachten Art Entscheidung treffen, ohne dass die Erklärung des Eisenbahnrathes vorher eingeholt worden ist; in solchen Fällen aber hat der Generaldirektor über die getroffene Entscheidung dem Präsidenten des Rathes eine Mittheilung zu machen, welcher dieselbe alsdann zur Kenntniss des Rathes zu bringen haben wird.

§ 9. Der Eisenbahnrath tritt wenigstens einmal im Jahr nach näherer Verabredung zwischen dem Präsidenten desselben und dem Generaldirektor für den Staatsbahnbetrieb zu Sitzungen zusammen.

Der Versammlungsort ist Kopenhagen.

Die Mitglieder des Rathes werden vom Präsidenten desselben zur Sitzung geladen. Die Einberufung soll mit einer Frist von wenigstens 14 Tagen stattfinden, und zugleich mit derselben wird den Mitgliedern ein Verzeichniss derjenigen Sachen zugestellt, welche zur Verhandlung kommen sollen. Wenn ein Mitglied des Rathes verhindert ist zu erscheinen, so hat es dies dem Präsidenten sofort anzuzeigen.

§ 10. Ein gültiger Beschluss kann nur im Eisenbahnrathe und dessen ständigen Ausschuss gefasst werden, wenn über die Hälfte der Mitglieder anwesend sind. Die Beschlüsse werden durch Stimmenmehrheit gefasst.

Der Präsident giebt nur in Fällen von Stimmengleichheit seine Stimme ab. Uebrigens setzt der Eisenbahnrath und der Ausschuss selbst seine Geschäftsordnung fest, welche jedoch an den Minister des Innern zur Billigung einzusenden ist.

§ 11. Ueber die Verhandlungen des Rathes wird ein Protokoll geführt, in welchem theils ein Auszug aus den Verhandlungen selbst, theils die von dem Rathe gefassten Beschlüsse Aufnahme finden.

Eine Abschrift des Protokolls wird dem Reichstage, dem Ministerium des Innern, dem Generaldirektor des Staatsbahnenbetriebes und sämmtlichen Mitgliedern des Rathes und dessen Ersatzmännern zugestellt.

§ 12. Den Mitgliedern des Eisenbahnrathes wird freie Reise auf den Staatsbahnen zu und von den Sitzungen des Rathes und des ständigen Ausschusses und 10 Kronen Diäten an den Sitzungstagen, die Reisetage miteinbegriffen, zugestanden.

Der Präsident kann zu seiner Unterstützung besoldete Mithülfe annehmen.

§ 13. Die Kosten des Eisenbahnrathes werden aus den Betriebseinnahmen der Staatsbahnen bestritten.

Italien. Königl. Erlass vom 19. September 1886, betr. den Bau und Betrieb zweier Seilbahnen in Neapel.

Veröffentlicht im Mon. d. Str. ferr. vom 27. Oktober 1886.

Die Konzession für den Bau und Betrieb zweier für Personen- und Postbeförderung bestimmter Seilbahnen — von denen die eine von der Piazza Montesanto, die andere von San Pasquale a Chiaja in Neapel nach der Hochfläche von Vomero führen soll — wird der Stadtgemeinde Neapel ertheilt. Den Staatsbeamten, welche vom Minister der öffentlichen Arbeiten mit der Beaufsichtigung des Baues und Betriebes der Seilbahnen beauftragt werden, hat die Konzessionärin freie Fahrt auf beiden Seilbahnen zu gewähren. Ausserdem sind zur Deckung der Kosten der Staatsaufsicht jährlich 100 Lire an die Staatskasse zu entrichten. Die Konzession ist auf die Dauer von 90 Jahren verliehen.

Königl. Erlass, betr. Bau und Betrieb der Eisenbahn Padua-Chioggia.

Veröffentlicht im Mon. d. Str. ferr. vom 20. Oktober 1886.

Die Konzession für den Bau und Betrieb einer normalspurigen Eisenbahn von Padua über Piove nach Chioggia (am adriatischen Meere) wird der Provinz Padua ertheilt. Die Fertigstellung dieser Linie soll binnen 3 Jahren erfolgen. Der Staat gewährt auf die Dauer von 35 Jahren vom Tage der Betriebseröffnung ab einen jährlichen Zuschuss von 1000 Lire für jedes Kilometer der Länge der Bahn, soweit solche einen besonderen Bahnkörper hat (nicht andere Bahnen benutzt, oder auf Strassen u. s. w. liegt).

Russland. Verordnung vom 15. Oktober 1886, betr. Maassnahmen zur Verhütung der Verbreitung der Viehseuchen.

Veröffentlicht im Verordnungsblatt des Min. der Verkehrsanstalten vom 21. Oktober 1886.

Auf Eisenbahnstationen, welche innerhalb der Gouvernementsbezirke Woronesch, Jekaterinoslaw, Poltawa-Chakow und des Don'schen Gebietes liegen, dürfen grosses Hornvieh und Schafe zur Verladung nur zugelassen werden, nachdem dieses Vieh durch die zuständigen Veterinärbeamten untersucht und ein Zeugniss darüber dem Stationsvorstande übergeben worden ist. In den übrigen Landestheilen des Reiches ist die Ausladung von Hornvieh und Schafen nur auf denjenigen Eisenbahnstationen gestattet, für welche die örtlichen Behörden dies zulassen.

Verordnung vom 20. Oktober 1886, betr. die in jedem Herbst vorzunehmende Untersuchung des baulichen Zustandes der Privatbahnen.

Veröffentlicht im Verordnungsbl. d. Min. d. Verk. vom 28. Oktober 1886.

Im Anschluss an bezügliche frühere Verordnungen werden Vorschriften für das Verfahren bei der in jedem Herbst durch die zuständigen Regierungsinspektoren unter Zuziehung der Bahnverwaltungen vorzunehmenden Untersuchungen des baulichen Zustandes der Privatbahnen gegeben. Das Ergebniss dieser Untersuchung, welches in einer Verhandlung niederzulegen ist, soll hauptsächlich die Unterlagen für die Beurtheilung und Feststellung der von den Verwaltungen der Privatbahnen aufgestellten Etatsentwürfe für das kommende Jahr liefern.

Bücherschau.

Besprechungen.

Schönberg, G. Dr., ordentlicher Professor der Staatswissenschaften an der Universität Tübingen, Handbuch der politischen Oekonomie. Zweite, stark vermehrte Auflage. 3 Bände. Tübingen 1885. 1886. Laupp'sche Buchhandlung.

Es ist eine auf dem deutschen Büchermarkte seltene Erscheinung, dass ein wissenschaftliches Werk von dem Umfange und dem entsprechenden Kaufpreise des vorstehenden Handbuchs in der kurzen Zeit von drei Jahren eine zweite Auflage erlebt. Zu Gunsten der ersten, im Sommer 1882 herausgegebenen Auflage nahm es sogleich ein, dass das Buch als Ganzes, und nicht, wie die meisten Sammelwerke aus anderen Gebieten der Wissenschaft, in nur zu oft unregelmässigen Lieferungen erschien. Der Leser wusste also sofort, was er an dem Buche hatte. Diese Art der Herausgabe hatte indessen den Nachtheil, dass die Mitarbeiter an dem Werke nicht überall Fühlung mit einander gewinnen konnten, dass es dem Leiter des Unternehmens aber ebenso nicht möglich war, gewisse Ungleichmässigkeiten zu beseitigen und einzelne sich widersprechende Ansichten der Mitarbeiter untereinander wenigstens in Beziehung zu setzen. Auch eine Aeusserlichkeit, der verschiedene Umfang der beiden Bände der ersten Auflage, schien darauf hinzudeuten, dass im Verlauf der Arbeit die Einhaltung des ursprünglichen Planes nicht überall möglich war.

Diese Mängel sind nun — Dank dem schnellen Verkauf der ersten Auflage — beseitigt, und die zweite Auflage konnte unbedenklich in Lieferungen ausgegeben werden, weil über den Inhalt und die Bedeutung des Buches jetzt volle Klarheit herrschte. Diese Ende 1886 abgeschlossene Auflage ist daher nicht nur eine stark vermehrte (aus den zwei Bänden mit 1877 Seiten der ersten Auflage sind 3 Bände mit 2783 Seiten in der zweiten Auflage geworden), sondern auch eine wesentlich verbesserte.

Die äussere Eintheilung des Werkes ist unverändert geblieben. Band 1 und 2 enthalten die Volkswirthschaftslehre, Band 3 die Finanzwissenschaft und die Verwaltungslehre. Von den Mitarbeitern der ersten Auflage ist ausgeschieden Prof. Brentano, neu hinzugetreten sind Prof. Conrad (Halle), Prof. Lorey (Tübingen), Bezirkspräsident Frh. von Reitzenstein

(Freiburg) und Prof. Seydel (München). Einzelne der neuen Abschnitte
des Werkes sind von diesen bearbeitet, von Conrad der dritte Theil der Land-
wirthschaftslehre (Volkswirthschaft, Abschnitt XIV a. Band II. S. 225 ff.), von
Lorey das Jagdwesen (daselbst Abschnitt XV a. Band II. S. 317 ff.), von
Frh. von Reitzenstein der besonders wichtige, in Lehrbüchern bisher kaum
behandelte Abschnitt über das kommunale Finanzwesen (Finanzwissenschaft
Abschnitt XI. Band III. S. 559—686) von Seydel über die Sicherheitspolizei
(Verwaltungswesen, Abschnitt IV. Band III. S. 759—804). Auch die älteren
Mitarbeiter haben neben den bisherigen Arbeiten neue geliefert, insbe-
sondere Guifken den letzten Abschnitt des zweiten Bandes (S. 943 bis
Schluss) über Bevölkerungspolitik, Auswanderung und Kolonisation, G.
Meyer den einleitenden Abschnitt Band III. S. 687 ff. über die Grundbegriffe,
das Wesen und die Aufgabe der Verwaltungslehre und Jolly den
letzten Abschnitt dieser Abtheilung (S. 937 bis Schluss) betr. das Unter-
richtswesen. Die Bearbeitung der gewerblichen Arbeiterfrage hat an Stelle
Brentano's Schönberg selbst übernommen.

Es ist nicht meine Absicht, und würde ausserhalb des Rahmens der
dem Archiv für Eisenbahnwesen zugewiesenen Aufgabe liegen, auf den
Inhalt des Werkes im Einzelnen einzugehen. Diese Anzeige verfolgt vielmehr den hauptsächlichen Zweck, auch die Eisenbahnbehörden auf das
Erscheinen der neuen Auflage des hochbedeutenden Werkes aufmerksam
zu machen. Der stets zunehmende Einfluss der Eisenbahnen auf unser
gesammtes wirthschaftliches Leben bedingt gerade für den Eisenbahnver-
waltungsmann eine besonders eingehende, gründliche Kenntniss aller Lehren
der Volkswirthschaft; auf allen Gebieten derselben muss er Bescheid
wissen. Bei dem grossen Wandel, welchen diese Wissenschaft in den
letzten beiden Jahrzehnten durchgemacht hat, ist aber ein zuverlässiger
Wegweiser nicht nur für die Lernenden, sondern auch für die inmitten des
praktischen Berufslebens stehenden Beamten unentbehrlich. Und ein solcher
ist hier durch das Zusammenwirken zahlreicher unserer ersten Kräfte geschaffen; auf alle wichtigeren Fragen findet der aufmerksame Leser die
Antwort eines vollkommen sachverständigen Mannes, dessen Rath in
Zweifelsfällen einzuholen, Niemand versäumen sollte.

Das Handbuch aber ist insbesondere auch keine Parteischrift. Seine Verfasser gehören zwar durchweg der sog. neueren Richtung der Volkswirthschaft an, aber ihre Darstellung ist überall weit entfernt von Einseitigkeit,
die ältere Richtung, die Bedeutung derselben für das Leben und die Entwicklung der Wissenschaft wird voll berücksichtigt und gewürdigt.

Dem Eisenbahnwesen begegnen wir ausführlich an zwei Stellen
des Handbuchs. In Band I, Abschn. IX (S. 503—580) befindet sich die
Darstellung des Transport- und Kommunikationswesens von Prof.

Emil Sax in Prag, dem Verfasser des grundlegenden Handbuchs über
die Verkehrsmittel in Volks- und Staatswirthschaft. Ausserdem wird in
dem dritten Abschnitt der Finanzwissenschaft (Band III S. 61 ff.) betr. die
Erwerbseinkünfte des Staates, die finanzielle Bedeutung der staatlichen
Transportunternehmungen (darunter der Eisenbahnen S. 94—104) von
Geh. Rath v. Scheel (Berlin) besonders erörtert. Beide Abhandlungen zusammen bilden die m. W. jüngste Gesammtdarstellung der Lehre von den
Verkehrsmitteln, insbesondere den Eisenbahnen nach ihrer volkswirthschaftlichen Bedeutung. Es ist dabei eine erfreuliche Wahrnehmung, wie der
privatwirthschaftliche Gesichtspunkt bei dieser Darstellung mehr und mehr
zurücktritt. Vergleicht man z. B. die §§ 52. 53 (S. 564—570), in welchen
Sax die Streitfrage: Staats- oder Privatbahnen? erörtert mit der Behandlung dieses Themas in dem vorerwähnten Handbuche desselben Verfassers,
so lässt sich eine fortschreitende Hinneigung desselben zu dem Staatsbahnsystem gar nicht verkennen, selbstverständlich in dem Sinne, dass bei einer
praktischen Einführung des Staatsbahnsystems in einem bestimmtem Lande
die besonderen Verhältnisse desselben den Ausschlag geben müssen. Sax
erklärt dabei ausdrücklich (S. 570), dass er sich hier in voller Uebereinstimmung mit der bekannten preussischen Denkschrift befinde, welche
die erste der sog. Verstaatlichungsvorlagen im Winter 1879/80 begleitete.
Noch entschiedener nimmt v. Scheel seinen Standpunkt auf dem Boden
des Staatsbahnsystems ein. Derselbe sagt z. B. S. 97 Band III: „Dass
die Staatsbahnen nicht nur wegen der mindestens gleichen Befähigung
zu Bau und Verwaltung von Eisenbahnen, welche den Staatsorganen denen
von Aktiengesellschaften gegenüber zukommt, berechtigt, sondern auch
als Theile der dem Staate zustehenden, von ihm am unparteilichsten und
billigsten zu besorgenden öffentlichen Verkehrsorganisation nothwendig
seien, wird . . . . als erwiesen angenommen." — Die Vertreter des reinen
Privatbahnsystems scheinen aus der Wissenschaft gänzlich verschwunden
zu sein; denn auch die Gegner des Staatsbesitzes und der Staatsverwaltung
verlangen ein kräftiges Eingreifen der Staatsgewalt gegenüber den Eisenbahnen, da nur hierdurch ein den Bedürfnissen des allgemeinen Verkehrs
entsprechende Ordnung des Eisenbahnwesens herbeigeführt werden könne.

Auch alle übrigen wichtigeren Seiten des Eisenbahnwesens werden in
den vorliegenden beiden Abschnitten des Handbuchs unter Zuziehung der
besten und neuesten Materialien kurz und erschöpfend in sachlichster
Weise erörtert. Dieselben scheinen mir besonders geeignet zur Einführung
in das Studium des Eisenbahnwesens, für welches sie eine vortreffliche
Grundlage bilden. *v. d. L.*

Löwe, Ferdinand, Professor der Ingenieurwissenschaften an der kgl. bayerischen technischen Hochschule zu München. **Der Schienenweg der Eisenbahnen.**

Mit 142 Abbildungen. Wien, Pest, Leipzig. A. Hartleben's Verlag 1887.

Das vorliegende Werk bildet den achten Band der von der genannten Verlagsbuchhandlung unter dem Titel „Bibliothek des Eisenbahnwesens" herausgegebenen Sammlung eisenbahnwissenschaftlicher Schriften*). Die Aufgabe, welche der durch anderweitige literarische Arbeiten bereits bekannte Verfasser**) sich bei Abfassung dieser Schrift gestellt hatte, oder welche ihm gestellt worden war, hatte ihre besonderen Schwierigkeiten in Folge der Bedingung, dass das zu schreibende Buch sowohl den Studirenden technischer Hochschulen und den im praktischen Leben stehenden gereiften Fachleuten, als auch einem grösseren Kreise von Gebildeten dienen sollte, welche sich aus irgend welchen Gründen über eisenbahntechnische Angelegenheiten zu unterrichten wünschen. Um diesen verschiedenen Zwecken zu genügen, ist eine Trennung des Stoffes in der Weise vorgenommen worden, dass solche Entwicklungen, deren Verständniss ein höheres Maass mathematischer Vorkenntnisse erfordert, in einem besonderen Anhange übersichtlich zusammengestellt worden sind. Das Buch giebt hiernach in seinem ersten Theile auf 66 Seiten Allgemeines aus der Erdbaukunde und über die Konstruktion des Unterbaues, insbesondere über die Anlage der Böschungen der Dämme und Einschnitte und über die Gleichgewichtsbedingungen bei Erdbauwerken. Im zweiten Theile werden auf 230 Seiten der Oberbau und die Geleisverbindungen (Weichen, Kreuzungen, Drehscheiben, Schiebebühnen) behandelt. Die im Anhange zusammengestellten eingehenderen mathematischen Entwicklungen über das Gleichgewicht der Erdmassen, Untersuchungen über die Beanspruchung der Schienen und dgl. füllen weitere 79 Seiten. Das Werk giebt in gedrängter Darstellung eine gute Uebersicht über die vielfachen beim Schienenweg der Eisenbahnen in Betracht kommenden Fragen. Die geschichtliche Entwicklung ist dabei überall bis auf die neueste Zeit verfolgt. Im Einzelnen würde sich zu dem auf Seite 145 behandelten „exzentrischen Stosse" bemerken lassen, dass derselbe einen praktischen Werth nicht zu haben scheint (vgl. Centralbl. d. Bauverw. 1881 S. 60) und dass in der auf Seite 146 erwähnten Frage der „verwechselten Stösse" der Standpunkt der Fachmänner in Nordamerika und England von dem der deutschen abzuweichen scheint (vgl. Centralbl. d. Bauverw. 1885 S. 26).   *H. C.*

---

*) Vgl. Archiv 1885 S. 361 und S. 630.
**) Vgl. u. A. Archiv 1884 S. 59.

Engelmann's Kalender für Eisenbahnverwaltungsbeamte. V. Jahrgang, 1887. Berlin. Verlag von Julius Engelmann. 2 Theile.
Preis *M.* 2.

Eisenbahnkalender für Oesterreich-Ungarn. X. Jahrgang 1887. Wien.
Selbstverlag der Herausgeber. (Kommissionsverlag Moritz
Perles. I. Bauernmarkt 11).

Förster (Flister) Carl, kgl. Eisenbahnbetriebssekretär, **Taschenkalender
für Eisenbahnexpeditionsbeamte** im deutschen Reiche auf das
Jahr 1887. IV. Jahrgang. Berlin, Franz Siemenroth. Preis
M. 1,60.

Die beiden ersteren Kalender sind den Lesern des Archivs durch die
Anzeigen früherer Jahrgänge*) bereits bekannt.

Der neue Jahrgang von Engelmanns Kalender druckt einen
Theil der im vorigen enthaltenen Gesetze und Verordnungen nicht wieder
ab und bringt an deren Stelle andere Verordnungen und Erlasse, hauptsächlich die auf die Organisation und Verwaltung des Deutschen Reichs,
des preussischen Staates und der preussischen Staatseisenbahnen bezüglichen. Es liegt in der Absicht der Herausgeber, die verschiedenen Jahrgänge des Kalenders allmählich zu einem vollständigen Hand- und Nachschlagebuch für die Eisenbahnverwaltungsbeamten zu machen. An statistischen Nachrichten über die Eisenbahnverhältnisse des Deutschen Reichs
ist dagegen wiederum wenig in dem neuen Jahrgang enthalten. Die Bemerkungen (Th. I. S. 113) über die Organisation des Ministeriums der öffentl.
Arbeiten sind ungenau und stimmen auch nicht überein mit den richtigen
Angaben im Theil II, S. 2. Die Ausstattung lässt, wie in früheren
Jahren, nichts zu wünschen übrig. In dem Inhaltsverzeichniss unter No.
2. 3. und 4. und in dem Monatskalender S. 2-5 hätte an Stelle des
lateinischen Wortes „pro" besser das deutsche Wort „für" gebraucht
werden sollen.

Der Eisenbahnkalender für Oesterreich-Ungarn ist auch
in seinem zehnten Jahrgange nach denselben, bewährten Grundsätzen bearbeitet wie in den früheren Jahrgängen. Er ist eben ein wirklicher Kalender, bringt also das für jedes Jahr Wissenswerthe aus dem gesammten
Gebiete des österreichischen Eisenbahn- und Verkehrswesens in einer gedrängten, übersichtlichen Darstellung; also vornehmlich auch die Bestimmungen über Post- und Telegraphenwesen, Postsparkassen, Chek- und
Clearingverkehr, einen kurzen Auszug aus den Satzungen der Stiftungen
und der Vereine für Eisenbahnbeamte, die wichtigeren Personalien für die

---

*) Vgl. Archiv 1886 S. 130. 131.

österreichischen und die ungarischen Eisenbahnen, und die, nach meinem
Dafürhalten besonders dankenswerthen Uebersichten über die wichtigsten
Vorkommnisse auf dem Gebiete des Eisenbahnwesens überhaupt, die öster-
reichischen und ungarischen Eisenbahngesetze, Verordnungen und eisenbahn-
rechtlichen Entscheidungen, sowie die Eisenbahnliteratur des letzten Jahres.
— Der Ertrag des Jahrganges ist wieder für wohlthätige Zwecke be-
stimmt. Die Herausgeber theilen mit, dass sie seit dem Bestehen des
Unternehmens bereits 13 000 Gulden für diese Zwecke, insbesondere den
Eisenbahnunterstützungsfonds, abgeliefert haben. Das Format des Kalenders
ist ein besonders handliches, die Ausstattung gut, wie in früheren Jahren.

Der gleichfalls lobenswerth ausgestattete Kalender von Förster wendet
sich an einen kleineren Kreis der Eisenbahnverwaltungsbeamten und bringt in
seiner zweiten Hälfte eine vollständige Sammlung aller der gesetzlichen
und reglementarischen Bestimmungen, welche für die Expeditionsbeamten
von Interesse sind und alltäglich von denselben angewendet werden; also
hauptsächlich das Betriebsreglement, die allgemeinen Tarifvorschriften, die
Normaltarifsätze aller deutschen Bahnen, die Bestimmungen über Lieferfrist, Haftung der Eisenbahnen, Berechnung der Konventionalstrafen u. s. w.
Der Zweck, für diese Beamtenklasse ein nützliches Handbuch zu bilden,
scheint durch den Kalender in vollem Umfange erreicht zu werden.

Das wiederholte Erscheinen der drei Kalender beweist wohl am besten,
dass dieselben sich in den Kreisen derjenigen Beamten, für welche sie bestimmt sind, bereits eingebürgert haben.   *v. d. L.*

J. Tesch und **E. Holzbecher.** Katechismus für die Prüfungen zum
    Lokomotivheizer, Dampfkesselheizer und Lokomotiv-
    führer der Staats-Eisenbahnen. Berlin, Franz Siemenroth,
    1886.

In dem vorliegenden Werke haben sich die Verfasser die Aufgabe
gestellt, für die Dampfkesselheizer, Lokomotivheizer und Lokomotivführer
der preussischen Staatseisenbahnverwaltung einen thunlichst vollständigen,
die sämmtlichen Zweige des Betriebs-Maschinendienstes umfassenden Leit-
faden zum Selbststudium und zur Vorbereitung auf die Prüfungen zu
liefern. In der knappsten Form von Frage und zugehöriger Antwort
werden hier die in Frage kommenden Dienstvorschriften, die Signalordnung
und das Bahnpolizeireglement für die Eisenbahnen Deutschlands erläutert,
und die Bearbeitung der im Maschinenbau Verwendung findenden Metalle
und Hölzer, die Eigenschaften und die Verwendung der Lokomotiv-, Heiz-,
Schmier- und Beleuchtungsmaterialien und die Konstruktion der Dampfkessel und der Lokomotiven, sowie deren Behandlung im kalten und ge-

heizten Zustande in leicht verständlicher Weise vorgeführt. Für diejenigen Anwärter des Betriebs-Maschinendienstes, welche an den Unterrichts- und Instruktionsstunden nicht theilnehmen können, wird daher hier ein geeignetes Mittel geboten, sich die erforderlichen Kenntnisse in der leichtesten Weise anzueignen und auf die Prüfungen vorzubereiten.

Die beigegebenen 7 Tafeln bringen die Konstruktion der hauptsächlichsten Theile der Lokomotive zur Anschauung und erleichtern dadurch das Verständniss der Konstruktion der letzteren.   *M.*

Barthold, Karl. Wahrnehmungen bei der Entwicklung der Transportmittel. Berlin 1886. Verlag von Leonhard Simion.

Unter diesem eigenthümlichen Titel werden zu einigen Paragraphen im dritten Bande von Roscher's System der Volkswirthschaft Randglossen veröffentlicht, welche Roscher's Darstellung des Verkehrswesens (Eisenbahn- und Postwesen) theils ergänzen sollen, theils von derselben abweichen.

Wenn ich den Grundgedanken des Verfassers richtig verstehe, so ist ihm Roscher zu sehr Theoretiker, während seine eigenen Wahrnehmungen aus thatsächlichen Erinnerungen geschöpft sind. Würde aber Herr Barthold etwas mehr in der wissenschaftlichen Literatur Bescheid wissen, — er scheint ausser Róscher nur Lehr und Michaelis zu kennen — so würde ihm vielleicht nicht unbekannt geblieben sein, dass das Meiste von dem, was er sagt, bereits von anderer Seite behauptet, aber auch von wieder anderer Seite widerlegt, und vielleicht aus diesem Grunde von Roscher übergangen ist.

Ueber die wirklichen Ansichten des Verfassers bleibt der Leser gleichfalls oft im Unklaren. So will Barthold bei der Frachterstellung an einer Stelle streng individualisiren, d. h. den Transportpreis in jedem einzelnen Falle genau nach dem Werthe der einzelnen Leistung für die Transportgeber bemessen; an einer anderen Stelle ist er wieder für eine Generalisirung, d. h. strenge Durchführung des Einheitstarifs nach Tonne und Kilometer unter Beseitigung *aller Ausnahmetarife.* Als Probe von der Sachkenntniss und zugleich dem Stile des Verfassers möge folgender Satz (S. 113) dienen: „Ein Kapital von 9055 Millionen Mark stellen die Eisenbahnen Deutschlands dar, das, den derzeitigen Ertrag als Zins und Amortisation, nicht ganz $4^1/_2 {}^0/_0$, gerechnet, jährlich annähernd 4000 Millionen Mark erfordert. Dazu über 5000 Millionen Mark Betriebskosten. Die Bedeutung solcher Summen auf das ganze Wirthschaftsleben leuchtet ein. $1^0/_0$ Differenz macht nahezu 100 Millionen jährlich aus."   *v. d. L.*

Musterbuch für Eisen - Konstruktionen. Herausgegeben vom Verein
Deutscher Eisen- und Stahlindustrieller und bearbeitet von
C. Scharowsky, Zivilingenieur in Berlin. Leipzig und Berlin,
Verlag von Otto Spamer. 1887. Preis der ersten Lieferung: 1,50 $\mathcal{M}$.

Das Musterbuch für Eisenkonstruktionen soll in zwei vollständig getrennten und von einander unabhängigen Theilen erscheinen, deren erster
die Einzelkonstruktionen für eine Reihe bestimmter, regelmässig wieder-
kehrender Fälle mit genauer Angabe der erforderlichen Abmessungen und
Gewichte in vier Lieferungen vorführen wird. Die vorliegende erste Lieferung enthält die Angaben für Säulen und Stützen aus Schweisseisen und
Gusseisen. Die drei folgenden Lieferungen sollen die Decken, Dächer,
Treppen und kleineren Brücken umfassen. Der zweite, ebenso wie die
einzelnen Lieferungen für sich verkäufliche Theil des Werkes wird vollständige Entwürfe von Bauwerken zur Darstellung bringen, bei denen das
Eisen vorherrschend verwendet ist.

Das Buch scheint hauptsächlich darauf angelegt zu sein, solchen
Bautechnikern, die mit dem Entwerfen von Eisenkonstruktionen weniger
vertraut sind, als Rathgeber zu dienen; wenigstens ist in der Einleitung
die Erwartung ausgesprochen, dass es mit Hülfe des ersten Theiles z. B.
auch Maurermeistern und Zimmermeistern auf dem Lande oder in kleineren
Städten keinerlei Mühe und Schwierigkeiten mehr bereitet werde, bei
ihren Entwürfen das Eisen in zweckmässiger Form anzuwenden. Abgesehen
davon, dass das mechanische Arbeiten „nach Rezepten" immer etwas
Missliches hat, erscheint die vorliegende erste Lieferung des Werkes wohl
geeignet, die gestellte Aufgabe zu lösen. Auf zehn Tafeln findet sich eine
grosse Auswahl von Säulen und Stützenanordnungen mit genauer Angabe
aller Verbindungen und Zubehörstücke. Hie und da hätte vielleicht —
um Missverständnisse auch für das weniger geübte Auge auszuschliessen
— der Massstab der Zeichnungen etwas grösser oder der Druck etwas
schärfer sein dürfen. Der erklärende Text ist sehr knapp gehalten. Dagegen nehmen die Tragfähigkeitstabellen für Säulen verschiedener Quer-
schnittsform einen bedeutenden Raum ein; sie dürften den werthvollsten
Theil des Heftes bilden, obgleich sie nach der Formel von Schwarz berechnet sind, die bekanntlich mehrere willkürliche Grössen enthält und auf
Voraussetzungen beruht, die theoretisch anfechtbar sind. Trotzdem werden
diese Tabellen auch denjenigen Konstrukteuren, die die Formel von Euler
bevorzugen, als bequemes Hülfsmittel zur ersten Auswahl passender Quer-
schnitte willkommen sein.　　　　　　　　　　　　　　　　—*n.*

UEBERSICHT

der

neuesten Hauptwerke über Eisenbahnwesen und aus verwandten Gebieten.

Braun, F. Die Pensionirung der Staatsbeamten und die Fürsorge für die Wittwen und Waisen derselben. Saarbrücken. 1885. *M* 1,40.

Differt, A. de. Gedanken über Nationalökonomie, Politik, Philosophie. Heidelberg. *M* 1,80.

Swann, John. Au investors notes on American Railroads. New-York and London. 1886. *M* 6,00.

Zeitschriften.

Allgemeine Bauzeitung. Wien.

1886. 12. Heft. Die Donaubrücke der Wiener Verbindungsbahn.

Annales des ponts et chaussées. Paris.

August 1886.

Note sur la réduction des courbes et des alignements droits intermédiaires en pays accidenté. Note sur le calcul des ponts suspendus rigides. Observations sur une formule de la tension maxima par unité à admettre pour une pièce métallique. Note sur le remplacement du pont suspendu de Morannes par un pont métallique en acier.

Bayerische Handelszeitung. München.

No. 44 bis 48. Vom 30. Oktober bis 27. November 1886.

(No. 44:) Die Konkurrenz des ostindischen Weizens. (No. 48:) Türkische Bahnen in Kleinasien.

Bulletin du ministère des travaux publics. Paris.

September 1886.

Garantie d'intérêts aux Compagnies de chemins de fer (Situation au 31 décembre 1885). Recettes de l'exploitation des chemins de fer français d'intérêt général; (1er semestre des années 1885 et 1886). Longueurs des lignes de chemins de fer ouvertes à l'exploitation (Septembre 1886). Situation des chemins de fer de l'Europe au 31 décembre 1885 et ouvertes en 1885.

Oktober 1886.

Circulaire relative aux mesures destinées à assurer aux voyageurs en chemin de fer de nouvelles garanties de protection contre les tentatives criminelles. Situation générale du réseau des chemins de fer au 31 décembre 1883. Inde anglais. (Résultats d'exploitation des chemins de fer en 1884.) Le droit international des chemins de fer.

Bayerische Verkehrsblätter. München.

No. 8 und 9. August und September 1886.

Vorschläge zur Vereinfachung des Güterabfertigungsdienstes. Zu den Eisenbahnunfällen in jüngster Zeit.

Centralblatt der Bauverwaltung. Berlin.

No. 47—50 (vom 20. November bis 11. Dezember 1886).

(No. 47:) Selbstthätiger Schneezaun. Die Kinzigthalbahn. (No. 48 u. 49:) Knallsignale im Eisenbahnbetriebsdienst. (No. 48:) Zur Frage wasserdichter und geräuschloser Fahrbahnen auf Eisenbahnbrücken. (No. 50:) Güterschuppen mit Holzcementdächern. Heizungs- und Beleuchtungsvorkehrungen in amerikanischen Eisenbahn-Personenwagen.

Centralblatt für Eisenbahnen und Dampfschiffahrt. Wien.

Die **No. 124** bis **148** (vom 26. Oktober bis 16. Dezember 1886) enthalten ausser den offiziellen Bekanntmachungen und den Mittheilungen über In- und Ausland nachstehende Aufsätze:

(No. 125:) Stand der Bau- und Projectirungsarbeiten auf den k. k. österr. Staatsbahnen mit Ende des III. Quartals 1886. Zur Frage der Wiener Stadtbahn. (No. 126:) Neue Organisation der kgl. ungarischen Staatsbahnen. (No. 128:) Staatseisenbahnrath. (No. 129 und 130:) Zum fünfzigjährigen Jubiläum des österr.-ungar. Lloyd. (No. 131:) Die Ueberwachung der eisernen Brücken bei Lokomotivbahnen. (No. 132:) Englische und deutsche Konkurrenz. (No. 133:) Dr. Emil Lange von Burgenkron †. (No. 134:) Die englische Railway and Canal traffic bill. (No. 135:) Bericht über die finanziellen, Verkehrs- und Betriebsverhältnisse der in fremdem Betriebe gestandenen k. k. Staatsbahnen im Jahre 1885. (No. 136:) Privatpostanstalten in Deutschland. (No. 137 und 138:) Staatseisenbahnrath. (No. 140:) Dienstinstruktion und Dienstpraxis. (No. 142:) Internationale Konferenz zur Vereinbarung eines einheitlichen Eisenbahntransportrechts.

Der Civilingenieur. Leipzig.

Heft 7. 1886. Ueber die Ausführung von sogenannten Eisenbahn-Präzisionsnivellements in Preussen.

Deutsche Bauzeitung. Berlin.

No. 87. (Vom 30. Oktober 1886.)

Zur Frage der Ueberlastung des Potsdamer Bahnhofs in Berlin.

L'Économiste français. Paris.

No. 43 und 44. (vom 23. und 30. Oktober 1886).

(No. 43 und 44:) Les finances et les grands travaux publics. (No. 44:) Le Métropolitain.

Engineering. London.

No. 1086—1093. (Vom 22. Oktober bis 10. Dezember 1886.)

(No. 1086:) The Forth Bridge Railway. (No. 1087:) Six-ton tip wagon. Continuous brake returns. (No. 1088:) Locomotive on the Belgian State Railways. (No. 1089:) The transportation and refinement of petroleum. The development of the Railway system. (No 1090:) Caledonian and North British Railways-rolling stock. (No. 1090, 1092, 1093:) Ceylon government Railways. Boiler legislation. (No. 1091:) Dangers on foreign Railways. (No. 1092:) The Railway department of New South Wales. The cost of coal carriage. Chilian Railway. (No. 1093:) Express locomotive; Caledonian Railway. Railway rolling stock.

Желѣзнодорожное дѣло (Eisenbahnwesen). St. Petersburg.

Die No. 35 bis 42 des Jahrgangs 1886 enthalten:

Ueber tragbare Eisenbahnen. — Die Prüfung des Stahls für Schienen und Rad-reifen. — Ueber Querschwellen, welche aus mehreren Theilen zusammengesetzt werden. — Die finanziellen Ergebnisse der Sekundärbahnen in Frankreich. — Der internationale Vertrag über die technische Einheit im Eisenbahnwesen. — Ueber das internationale Eisenbahnrecht. — Das erste Invalidenhaus für Eisen-bahnbedienstete und die Eröffnung der ersten Abtheilung desselben. — Ein neues Verfahren für das Abdrehen der Radreifen. — Ueber die gegenwärtige Lage der Eisenbahnen.

Glaser's Annalen für Gewerbe und Bauwesen. Berlin.

Heft 9. 1. November 1886.

Die Ermittelung des Bremsweges und der Bremsdauer für Eisenbahnzüge mit durchgehender selbstthätiger Luftbremse. Kurvenlokomotive mit radial lenkbaren Kuppelachsen. Lokomotiven aus A. Borsig's Fabrik in Berlin. Tunnelprojekt zwischen Schottland und Irland.

Heft 10. 15. November 1886.

Die Radreifenbefestigungen der Eisenbahnfahrzeuge. Transportabler Dampfwasser-Ableiter „Patent Klein" für Dampfheizungen in Eisenbahnzügen. Patentirter Kontrol-Billetverkaufsschrank und patentirte Kontroldatumpresse. Versuchsfahrt der Luftsaugebremse der Vakuum-Brake-Company.

Heft 11. 1. Dezember 1886.

Betrachtungen über amerikanisches Eisenbahnwesen, insbesondere die Ein-richtungen für Personenbeförderung. Die Radreifenbefestigungen der Eisenbahn-fahrzeuge. Eine Eisenbahnoberbau-Ausstellung. Ostindische Eisenbahnen. Die Ermittelung des Bremsweges und der Bremsdauer für Eisenbahnzüge mit durch-gehender selbstthätiger Luftbremse.

Heft 12. 15. Dezember 1886.

Gebühren für Dampfkesseluntersuchungen in Preussen.

Инженеръ. (Ingenieur). Herausgegeben im Ministerium der Verkehrsanstalten in St. Petersburg.

Heft 7 und 8 (Juli und August 1886):

Protokolle des Eisenbahnrathes. — Versuch einer geschichtlichen Darstellung der Fortschritte im Bau und Betriebe der Eisenbahnen in den Hauptstaaten Europas: Belgien. — Neue Beiträge zur Frage über den Werth der Schlagprobe bei der Prüfung von Radreifen und Schienen. — Uebersicht des Eisenbahnwagen- und Lokomotivbaues in Russland. — Kostenberechnung kurzer Tunnelbauten. — Die zweite internationale Konferenz in Bern, betreffend die technische Einheit im Eisenbahnwesen. — Die englische Gesetzgebung in Betreff der Transportfragen und die Eisenbahnen in Poljesje.

10*

Инженеръ (Ingenieur) Kiew.

No. 11 (November 1886): Wasserkrahn nach System Ringland. — Mittheilungen des
mechanischen Laboratoriums der Südwestbahnen. — Versuche mit Compound-
Lokomotiven. — Das Schmieren des Rollmaterials der Eisenbahnen.

No. 12 (Dezember 1886): Versuche mit Compound-Lokomotiven. — Wiederherstellung
stählerner Heizröhren in Lokomotivkesseln. — Nicht einfrierender Wasserkrahn.
— Die Curven der Eisenbahnen.

Journal des chemins de fer. Paris.

No. 43 bis 49. (Vom 23. Oktober bis 4. Dezember 1886.)

(No. 43:) Un argument contre l'exploitation des chemins de fer par l'État.
(No. 44 und 45:) Le cinquantenaire des chemins de fer français. Le Métropolitain de Paris. (No. 45:) La démission de M. Baïhaut. (No. 46:) La discussion
générale du budget et les grandes compagnies de chemins de fer. (No. 47:)
Une nouvelle commission des tarifs de chemins de fer. (No. 49:) Le réseau des
chemins de fer de l'État.

Monitore delle strade ferrate. Torino.

No. 42 bis 50. Vom 20. Oktober bis 15. Dezember 1886.

(No. 42:) Ferrovia Padova-Chioggia. Ferrovie Sarde (linee complementari).
(No. 43:) Le ferrovie del Mediterraneo. Ferrovie funicolari a Napoli. (No. 44:)
Le ferrovie e la concorrenza. Il consorzio di mutuo soccorso fra gli agenti delle
ferrovie ex Alta Italia. (No. 45:) Le ferrovie del Mediterraneo. Ferrovia Treviso
Belluno. Gli accidenti ferroviari in Francia nel 1884. (No. 46:) Prodotti fer-
roviarie (esercizio 1885/86). Ferrovie del Mediterraneo (servizio interno cumu-
lativo italiano). (No. 46, 49, 50). Tariffe ferroviarie. Le ferrovie del Settimo,
Spluga e Maloggia-Landeck. (No. 48:) Società Italiana per le strade ferrate del
Mediterraneo. (No. 48, 49, 50:) Società Italiana per le strade ferrate della
Sicilia. (No. 49:) Cronaca parlamentare ferroviaria. La concorrenza delle
ferrovie negli Stati Uniti. (No. 50:) La ferrovia marmifera di Carrara.

Organ für die Fortschritte des Eisenbahnwesens. Wiesbaden.

1886. Heft 6.

Ueber Leistungsfähigkeit des Oberbaues mit breitfüssigen Schienen und hölzer..en
Querschwellen. Bedeckte Güterwagen der Eisenbahndirektion zu Erfurt mit Einrichtung zur Personen- und Verwundeten-Beförderung. Selbstthätige Vorkehrung
zum Nachstellen der Bremsklötze für Bremsen an Räderfahrzeugen. Sicherung
gegen das vorzeitige Umstellen der Weichen bei zentralen Weichenstellungen.
Die Grösse der Lokomotivcylinder. Mittheilungen über die Dauer der Schienen.
Explosion eines Lokomotivkessels. Bei Luftbremsen entstandene Betriebsstörungen
auf den englischen Eisenbahnen.

Oesterreichische Eisenbahnzeitung. Wien.

No. 44—52. Vom 31. Oktober bis 26. Dezember 1886.

(No. 44:) Das Budget der österreichischen Staatsbahnen. Die Einnahmen der
österreichisch-ungarischen Eisenbahnen in den ersten 8 Monaten 1886. Die
Station. (No. 44 u 45:) Die Pensions-Institute der österreichisch-ungarischen
Eisenbahnen. (No. 45:) Die neue Festsetzung der Bremsenanzahl in den Zügen.
Organisations-Entwurf für die Eisenbahnfachschule in Budapest. Staatseisenbahnrath.

(No. 46:) Ungarische Staatsbahnen. Latowski's Dampfläutewerk für Lokomotiven.
(No. 47:) Oesterreich-Ungarn und Rumänien. Ueber Neuerungen beim Tele-
graphen-Betriebe. (No. 48:) Unsere Tramway. (No. 48, 49, 50:) Zur
Bremsenfrage. (No. 49:) Die Sekundärbahnen in Sachsen. Italienische Mittelmeer-
bahn. (No. 50:) Oesterreichisch-ungarische Abonnements-Verbandskarten. Der
Verband der Bediensteten auf den englischen Eisenbahnen. (No. 51:) Die Tramways in Grossbritannien. Die Eisenbahn-Zentral-Abrechnungsbüreaus in Oesterreich und in Ungarn. (No. 51 und 52:) Der Berner Entwurf eines internationalen Eisenbahnfrachtrechtes. Schlussprotokoll der III. Konferenz zur Ausarbeitung eines internationalen Uebereinkommens über den Eisenbahnfrachtverkehr.
(No. 52:) Ueber Ersparnissprämien in der Erhaltung der Fahrzeuge.

Railroad Gazette. New-York.

No. 42. 15. Oktober 1886.

Compound locomotive, von Borries system. Eames automatic car brake valve.
Trunk Line through freight movement in September. Good practice in bridge
building.

No. 48. 22. Oktober 1886.

The Edison phonoplex. Flat wheels and good running order. Silver Creek
reflections. The roadmasters convention. Profit and loss in cars. General time
convention. The proposed new train rules. Brotherhood of locomotive engineers. Roadmasters association of America. The brake test diagrams.

No. 44. 29. Oktober 1886.

This year's grain crops. The proposed uniform general rules. Dividing the
Pennsylvania Railroad surplus. September accidents. Comparing the earnings
of Northwestern Railroads. The Town of Pullmann. An extraordinary surveying
party. Official record of stops Burlington brake tests.

No. 45. 5. November 1886.

The Monte Carlo disaster. Passenger stations by H. H. Richardson. Baltimore
and Ohio mogul freight locomotive. The Rio disaster. The Paris Railroad exposition.
The Master car-builders' new standards. International Railroad exposition in
France. Report of the Georgia Railroad commissioners. German practice in ballast.
Recent progress in Germany in securing safety in Railroad operation.

No. 47. 19. November 1886.

Johnson's car door fastener. Portable rails for the Michigan Central. Double track one-
armed draw bridge. Combination dimension planing machine. Rapid freight
movement and how it may be accomplished. The first locomotive for America.
Master mechanic's association circulars. The revised rules for the interchange of cars.

No. 48. 26. November 1886.

Stations on the Philadelphia, Germantown and Chestnut Hill Railroad. A re-
invented snow fence. The effect of velocity to reduce grades. Possible effects
of a direct Duluth-Montreal Line. The first locomotive with a truck. The St.
Lawrence Bridge. A visit to the Forth Bridge. The Western Railway club on
the interchange rules. The care of paint on passenger cars. A Boston view
of the Canadian Pacific.

No. 49. 3. Dezember 1886. The elevation of curves. The late Leander Garey. The late William Woodcock. The late Walton W. Evans. The late Gilbert C. Breed Cracking of paint and varnish on cars. New-York tunnel-, terminals and Railroad connections. The impediments to good practice in laying out a Railroad.

No. 50. 10. Dezember 1886.

Bridge diagrams. Boiler Seam, Brooks locomotive works. The Erie report. True economy in bridge building. The expression and arrangement of train rules. Comparisons with English Railroad statistics. The cost of locomotive power on Railroads of different countries. Car accountants association.

The Railway News. London.

No. 1190—1197. Vom 23. Oktober bis 11. Dezember 1886.

(No. 1190:) Railway continuons brakes. (No. 1191:) Railway working expenses. English and American Railroads compared. (No. 1192:) Railways v. canals. The electric lighting question. (No. 1192 und 1193:) Railway employés in France. (No. 1193:) The Grand Trunk and Northern Pacific Railways. Railway lighting. (The Silber lamps.) Indian Railways in 1885/86. (No. 1194:) Railway statistics. Mexican Railway. (No. 1195:) The Railway season in Scotland. Irish Railways 1875/85. Rights of preference and ordinary shareholders. (No. 1196:) Reduction of Railway working expenses. Opening of the Severn tunnel for passenger traffic. Railway coupling competition at Derby. Railways in Victoria. The Great Western Railway and the Thames and Severn canal. Railways, the remedy for Irish distress. (No. 1197:) The North British Railway. The trade revival. Railway rates; English and foreign.

Revue commerciale, diplomatique et consulaire. Bruxelles.

2. Lieferung. Vom 15. November 1886. Les chemins de fer suisses.

Revue générale des chemins de fer. Paris.

August 1886.

Notes sur quelques grandes gares de l'Allemagne. Note sur les appareils d'intercommunication électrique montés sur le matériel de la Compagnie d'Orléans. Résumé comparatif des principaux résultats statistiques des chemins de fer d'intérêt général et d'intérêt local de la France et de l'Algérie, pour l'année 1883. Chronique: (Les chemins de fer d'intérêt local et à voie étroite en France. Dispositions de signaux et systèmes d'exploitation des chemins de fer du Royaume-Uni, au 31 décembre 1885. Locomotive express, à roues libres, du Manchester, Sheffield et Linconlshire Railway).

September 1886.

Correspondances électriques installées dans les cabines d'enclenchement de la gare de la Compagnie des chemins de fer de l'Est à Paris. Note sur le reverbage d'une locomotive renversée dans un ruisseau, au bas d'un talus de 4^m de hauteur. Règlement du 30 novembre 1885, sur la police des chemins de fer de l'Allemagne. Longueur des chemins de fer de l'Europe au 31 décembre 1885 et accroissement de longueur en 1885. Statistique des chemins de fer de l'Italie pour l'année 1884.

Oktober 1886.

Note sur le renouvellement des voies eu fer en rails d'acier. Diverses modifications appliquées par M Ricour aux locomotives des chemins de fer de l'État. Conférences sur l'administration et le droit administratif. Statistique des chemins de fer de la Belgique pour l'année 1884.

Schweizerische Bauzeitung. Zürich.

No. 21 und 22 vom 20. und 27. November 1886.

Das Expertengutachten über die Moratoriumslinien der schweizerischen Nordostbahn.

Wochenblatt für Baukunde. Berlin.

No. 95 bis 104. Vom 26. November bis 28. Dezember 1886.

(No. 95:) Reisenotizen von der Strecke Strassburg—München. (No. 101 u. 103:) Das System Abt in Oertelsbruch.

Wochenschrift des österreichischen Ingenieur- und Architekten-Vereins. Wien.

No. 49. Vom 3. Dezember 1886.

Lartigue's Eisenbahn.

Zeitschrift für Transportwesen und Strassenbau. Berlin.

No. 31 bis 36. Vom 1. November bis 20. Dezember 1886.

(No. 31:) Oberbau-Ausstellung des Stahlwerkes Osnabrück. Ueber die Dampfstrassenbahnen. Pressluft für Trambahnen. (No. 32:) Die Eröffnung der Strassenbahn Strassburg-Markolsheim. Die Einführung elektrischer Lokomotiven auf den Strassenbahnen Londons. (No. 32 und 33:) Anlage und Betrieb von Vizinalbahnen (System Rowan). Schmalspurpferdebahn in Frankfurt a. M. (No. 34 und 35:) Der elektrische Strassenbahnbetrieb. (No. 34:) Die Trambahnlokomotiven von Krauss & Comp. nach dem Antwerpener Wettbewerb. (No. 35:) Lartigue's einschienige Eisenbahn. (No. 36:) Französische Trambahnen. Lokalbahn Wien-Neudorf.

Zeitung des Vereins Deutscher Eisenbahnverwaltungen. Berlin.

Die **Nummern 85** bis 101 vom 30. Oktober bis 29. Dezember 1886 enthalten ausser den regelmässigen Nachrichten aus dem Deutschen Reich, Oesterreich-Ungarn etc., Präjudizien, offiziellen Anzeigen und dergleichen, nachstehende Abhandlungen:

(No. 85:) Der Verein Deutscher Eisenbahnverwaltungen und seine Entwickelung als mitteleuropäischer Eisenbahnverein. Die Güterbewegung zwischen Deutschland, der Schweiz und Italien. Die Sekundärbahnen des Königreichs Sachsen. Enquête-verhandlungen, betr. die Wiener Stadtbahn. Zum Telephonrecht. (No. 86:) Die Betriebssicherheit auf Strassenbahnen. Eisenbahnamt in Neu-Süd-Wales. (No. 86, 90, 92, 93, 94, 95:) Die Sekundärbahnen des Königreichs Sachsen. (No. 87 und 88:) Der Niedergang von Riga's Handel in den letzten 10 Jahren. (No. 87:) Edison's Phonoplex. Elsass-Lothringische und Wilhelm-Luxemburg Eisenbahnen. (No. 88:) Strassenbahnen mit Seilbetrieb. (No. 89:) Die Kinzigthalbahn. Aufstellung der Fahrpläne. (No. 90 und 91:) Der neue Zentralbahnhof in Frankfurt a/M. (No. 90:) Japanische Eisenbahnen. (No. 91:) Die Simplonbahn. Rentabilität einzelner Linien des sächsischen Staatsbahnnetzes im Jahre 1885. (No. 93:) Portugiesische Eisenbahnen. (No. 94:) Maassnahmen gegen die Cholera. Verstaatlichung der schweizerischen Eisenbahnen. Der Verkehr auf der

New-Yorker Hochbahn. (No. 95:) Beseitigung von Ansteckungsstoffen bei Vieh-
beförderungen. Die Pferdeeisenbahnen Berlins. Bayerische Staatsbahnen. (No. 96:)
Eisenbahnbauten in Rumänien. Eisenbahnen der Balkanhalbinsel. Aus dem
elektrotechnischen Verein. (No. 97:) Die Tagespresse und die Eisenbahnen. Statuten-
entwurf für die Eisenbahn-Zentralabrechnungsbüreaus in Oesterreich und in Ungarn.
Einschienige Bahn nach dem System Lartigue. (No. 98, 100, 101:) Mechanischer
Betrieb auf den Strassenbahnen. (No. 98:) Werner Siemens. Eine Gefahr für
Damen beim Aussteigen aus Personenwagen. Reiseerinnerungen aus England.
(No. 99:) Ueber elektrische Akkumulatoren. Die Entwicklung der schwedischen
Staatsbahnen. Aus dem Landeseisenbahnrath. Das 25jährige Jubiläum der Eisen-
bahn Lüttich-Mastricht. (No. 99, 100:) Einheitliche Betriebsvorschriften auf den
nordamerikanischen Eisenbahnen. (Nr 100, 101:) Die k. k. österreichischen
Staatsbahnen im Geschäftsjahre 1885. Militärtarif für Eisenbahnen. Aus den
Geschäftsberichten deutscher Eisenbahnen. Italiens Bahnen. Russlands auswärtiger
Handel. (No. 101:) Die Dänischen Eisenbahnen im Betriebsjahre 1885/86.

Herausgegeben im Auftrage des Königlichen Ministeriums der öffentlichen Arbeiten.

Carl Heymanns Verlag, Berlin W. — Gedruckt bei Julius Sittenfeld, Berlin W.

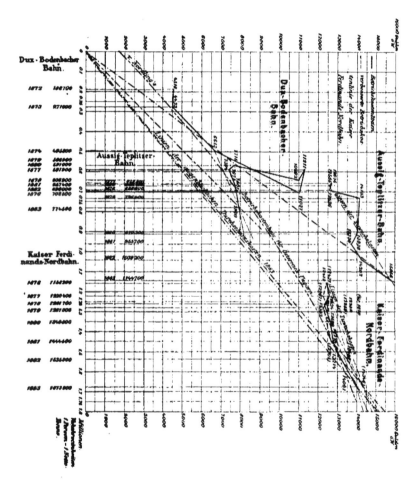

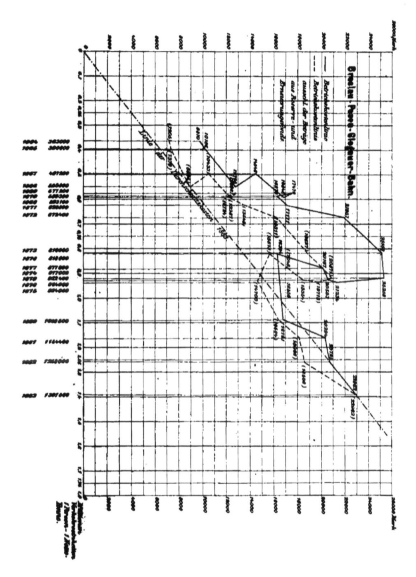

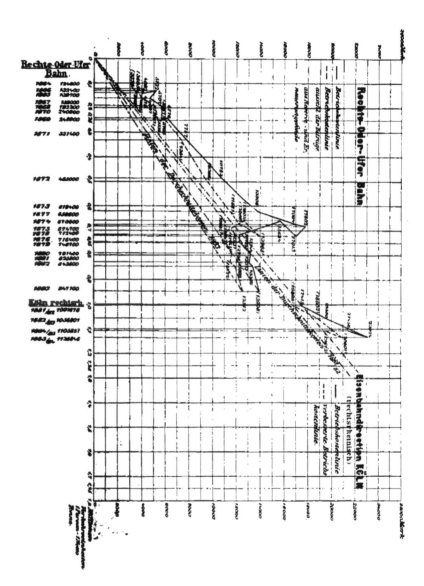

Der Güterverkehr der deutschen Wasserstrassen.

Von

Regierungsrath **Todt** in Köln.

I.

Die bevorstehende Ausführung des Rhein-Emskanales, der verbesserten
Verbindung zwischen Oder und Spree mit theilweiser Kanalisirung der
letzteren, des Nordostseekanales haben die allgemeine Aufmerksamkeit
in erhöhtem Maasse denjenigen Plänen zugewendet, welche auf den weiteren
Ausbau der Wasserstrassen Deutschlands abzielen. Die Fahrbarmachung
der Mosel für den regelmässigen Verkehr grosser Güterschiffe, die Verbindung des Niederrheins mit der Maass, die Kanalisirung der Ruhr, die
Fortführung des Rhein-Emskanales bis Ruhrort und Duisburg, die Ver-
tiefung des Rheinbetts aufwärts bis Köln, die Verbindung des Rheins mit
der Weser und Elbe, die Regulirung der Oder von der Neissemündung
aufwärts bis Kosel: alle diese umfangreichen und kostspieligen Projekte
werden mit Beharrlichkeit in den politischen und Fach-Pressen, in wirthschaftlichen Vereinen, in Flugschriften verfolgt, ihre Ausführung auf Kosten
des Staates als eine dringende wirthschaftliche Nothwendigkeit bezeichnet.
Bei dem Rückgang der Preise für den grössten Theil der Erzeugnisse von
Landwirthschaft und Industrie ist in den hiervon betroffenen Kreisen die
Meinung weit verbreitet, dass die Ermässigung der Herstellungs- und
Absatzkosten der Güter wesentlich dazu beitragen würde, die deutsche
Produktion in dem scharfen Wettbewerb der Kulturvölker zu kräftigen
und zu unterstützen. Diese Verminderung der Kosten aber wäre — wenn
man Lohnherabsetzungen vermeiden wolle — fast nur noch bei den, einen
wichtigen Theil der Preisbildung ausmachenden Beförderungskosten der
Rohmaterialien und Halbfabrikate, unter Umständen auch der fertigen
Erzeugnisse zu suchen. Es bliebe deshalb, und da die Frachtgebühren der
meist im Staatsbesitz befindlichen Eisenbahnen unter ihren gegenwärtigen

Betrag wesentlich nicht mehr herabgesetzt werden könnten, ohne die Verzinsung der Staatseisenbahnschuld in Frage zu stellen, nur übrig, auf Ausdehnung der Wasserstrassen Bedacht zu nehmen. Die Selbstkosten der Wasserbeförderung wären soviel niedriger, wie diejenigen des Eisenbahntransports, dass mit Hülfe der Schiffahrt die angestrebten Ermässigungen ohne Schwierigkeiten vielfach zu erlangen sein, und die deutsche Gütererzeugung in den Stand gesetzt werden würde, billiger zu arbeiten. Damit dieser Zweck aber möglichst vollständig erreicht werde, müsse man sich nicht auf die Fahrbarmachung der natürlichen Wasserläufe beschränken, vielmehr in Verbindung mit denselben und zu ihrer Ergänzung ein ausgebreitetes künstliches Netz herstellen und auf diese Weise einen möglichst grossen Theil der inländischen Arbeit an den Wohlthaten billiger Verkehrswege theilnehmen lassen.

Dem naheliegenden Einwand, dass die gewünschten Anlagen die deutschen Staaten in doppelter Weise belasten würden, einmal durch die Zinsen und Tilgungsbeträge der aufgewendeten Kapitalien, sodann durch die Entwerthung des Eisenbahnbesitzes, sucht man durch den Einwand zu begegnen, dass die den Wasserstrassen zufallenden Transportmengen entweder neue Werthe sein werden, welche vorher unbenutzt oder nicht gehörig ausgenutzt im Schosse der Erde, in den Wäldern, auf den Feldern dagelegen hätten, oder dass sie, auf den Wasserweg übergeleitet, die Eisenbahn von der verhältnissmässig kostspieligen Beförderung geringwerthiger und niedrig tarifirender Rohmaterialien entlasten, den Eisenbahnbetrieb wohlfeiler gestalten und ihn in den Stand setzen würden, sich seinen übrigen Aufgaben — der Beförderung von Personen und höherwerthigen Gütern — mit grösserer Liebe, Sorgfalt und finanzieller Wirkung zu widmen.

Solche Ansichten, vielfach mit Geschick vorgetragen, müssen besonders bestechend wirken, wenn sie durch den zahlenmässigen Nachweis der gewaltigen Verkehrssteigerung unterstützt werden, welche in den letzten Jahrzehnten auf den deutschen Wasserstrassen stattgefunden hat. Herr Regierungsrath Lehmann hat in seinem im Archiv für Eisenbahnwesen (1886, S. 188 ff.) erschienenen Aufsatz über die Verkehrsbedeutung der Wasserstrasse des Rheins die Entwicklung des Rheinverkehrs seit dem Jahre 1840 näher dargestellt; der Durchgang der Güter an der Emmericher Zollstelle hat darnach von 381 000 Tonnen in letzterem Jahr auf 4½ Millionen Tonnen im Jahre 1883 zugenommen. Der Verkehr Hamburgs nach und von der Ober-Elbe ist von 500 000 Tonnen im Durchschnitt der Jahre 1857/60 auf 2 400 000 Tonnen im Jahre 1885 gestiegen. Berlin, das von jeher und namentlich auch vor Entwicklung des deutschen Eisenbahnnetzes einen bedeutenden Wasserverkehr besessen hat, empfing und versendete im Jahre 1840 1 050 000 t, im Jahre 1884 über $3\frac{1}{2}$ Millionen Tonnen auf dem Wasserwege; dabei war Berlins Eisenbahngüterverkehr im ersteren Jahr so gut wie Null, im letzteren ziemlich so gross wie der Wasserverkehr. Der Oderverkehr bei Breslau, dessen Entwicklung erst in jüngster Zeit mit der fortschreitenden Verbesserung des Fahrwassers der Oder stattgefunden hat, betrug im Jahre 1880 120 000, im Jahre 1885 475 000 Tonnen und übertrifft den Rheinverkehr Kölns bereits um 60 pCt.

Rhein, Elbe und Oder haben für die Güterbewegung Deutschlands hiernach steigende Bedeutung gewonnen und ungeachtet der Ausdehnung des Eisenbahnnetzes und des Verkehrs auf demselben den Wettbewerb mit diesem gewaltigen Nebenbuhler kräftig und muthig ausgehalten. Diese Thatsache giebt natürlich den Kanalfreunden eine höchst erwünschte Stütze für ihre Bestrebungen und führt ihren Bemühungen fortwährend neue einflussreiche Freunde zu.

Gleichwohl herrscht im Allgemeinen wenig Klarheit über den Umfang des Verkehrs der deutschen Wasserstrassen, über die hauptsächlichsten Beförderungsgegenstände und über das Verhältniss des Schiffs- zu dem Eisenbahngüterverkehr. Seitdem in der Statistik der Güterbewegung auf deutschen Eisenbahnen (herausgegeben im Königl. Preussischen Ministerium der öffentlichen Arbeiten [*]) neben der von dem Reichseisenbahnamt bearbeiteten deutschen Eisenbahnstatistik eine vorzügliche Zusammenstellung des deutschen Eisenbahngüterverkehrs, nach Verkehrsbezirken und Hauptgegenständen geordnet, vorhanden ist und für den Verkehr der deutschen Wasserstrassen von dem statistischen Büreau des Reiches Zusammenstellungen geliefert werden, ist die Möglichkeit gegeben, solche Vergleiche zwischen der Güterbewegung der Wasserstrassen und Eisenbahnen Deutschlands anzustellen.

Freilich entbehren die Notizen über den Wasserstrassenverkehr derjenigen Vollständigkeit und Zuverlässigkeit, auf welche die Statistik der Eisenbahngüterbewegung Anspruch machen muss. Während bei dieser der Weg, den jede Tonne Gut zwischen zwei Bahnhöfen zurückgelegt hat, genau feststeht und sowohl die beförderten Gesammtmengen, als die durchschnittliche Länge des von ihnen zurückgelegten Weges richtig angegeben werden, vermag die Statistik des Verkehrs der Wasserstrassen zur Zeit nur diejenigen Güter aufzuschreiben, welche an gewissen Hauptorten angekommen und von denselben abgegangen sind. Der Zwischenverkehr der

---

[*] Berlin. Carl Heymanns Verlag. Es liegen bis jetzt die Jahrgänge 1883 bis 1885 und die beiden ersten Vierteljahrgänge 1886 vor.

kleineren Orte fehlt, nicht minder die Angabe der Länge des Weges, der
Herkunft und Bestimmung bei den Durchgangsgütern. Auch ist die Auf-
schreibung bei den einzelnen Flüssen von sehr verschiedenem Werth. An
dem Rhein und der Elbe wird ungleich mehr aufgeschrieben, als an der
Oder; dort sind die grösseren Verkehrsplätze vollständig aufgenommen
und nur einige allerdings auffallende Lücken bei den kleineren Orten vorhanden. An der Oder dagegen fehlen selbst Orte wie Stettin, Frankfurt
a./O.; andere wie Breslau sind nur mit einem Theil des Verkehrs aufgenommen.

Es ist daher die Entscheidung nicht ganz leicht, wie man die bei den
einzelnen Flüssen ermittelten Zahlen benutzen soll, um einen Ueberblick
über den Umfang des Verkehrs und sein Verhältniss zu dem Eisenbahn
verkehr zu gewinnen. Rechnet man die an sämmtlichen Aufschreibestellen
gesammelten Zahlen einfach zusammen, so kommt man augenscheinlich
zu einem unrichtigen Ergebniss. Denn wenn beispielsweise Ruhrort
einen Versand von $1\frac{1}{2}$ Millionen Tonnen angiebt, so erscheint dieser
wieder unter dem Empfang von Mainz, Mannheim, Koblenz und bei dem
Durchgang zu Thal in Emmerich; man würde also in der Gesammtsumme
diesen Verkehr doppelt erhalten, einmal als abgegangen bei Ruhrort und
und dann als Empfang oder Durchgang der übrigen Aufschreibungsorte
Jedenfalls kommt man der Wahrheit näher, wenn man die erhaltene Gesammtsumme halbirt und die Hälfte als wirkliche Gesammt-Verkehrs-
menge annimmt. Genau sind ja auch diese Ziffern nicht, weil eben nicht
sämmtliche Versand- und Empfangsorte in den Aufschreibungen enthalten
sind. So fehlen in der sonst ziemlich vollständigen Statistik des Rheinverkehrs die sämmtlichen Orte zwischen Köln und Koblenz, obwohl von
denselben nicht geringe Mengen von Steinen (Basalt, Trachyt, Sandstein
von Königswinter, Oberkassel, Dollendorf, Mehlem, Andernach u. a.), Thon
(Vallendar, Urmitz), Trass, Obst, Mineralwasser zur Verschiffung gelangen.
Diese Mengen erscheinen in der Statistik nur ein Mal und zwar als
Empfang bei den verschiedenen Empfangsorten oder als Durchgang bei
der Ausfuhr nach den Niederlanden. Halbirt man gleichwohl diese Zahlen,
so wird der nur ein Mal aufgeführte Verkehr mit getheilt und die Gesammtsumme zu niedrig. Hierdurch wird die Genauigkeit des Ergebnisses
nicht unwesentlich beeinträchtigt, jedoch nicht entfernt in der Weise, als
wenn man die ungetheilten Summen einstellt.

II.

Mit diesen durch die Unvollständigkeit der Statistik gebotenen Einschränkungen weist der Verkehr der deutschen Wasserstrassen im Jahre
1884 folgende Mengen nach.

Es sind befördert	Tausend Tonnen (zu 1000 kg)			
		davon in		
	in Schiffen	Dampf- schiffen	Flossholz	zusammen
auf den ost- und westpreussi- schen Gewässern (Memel, Pregel, Passarge, Weichsel) . .	901	(76)	1 326	2 227
Stromgebiet der Oder	696	(37)	165	861
„ „ Elbe	7 477	(206)	290	7 767
„ „ Weser	194		24	218
„ „ Ems	176	(42)		176
„ des Rheins	7 170	(312)	395	7 565
Bodensee	338	(255)		338
Donau	115	(95)	95	210
deutsche Gewässer (einschliesslich der kleineren Küstenflüsse u. der Haffe)	17 067	(1 023)	2 295	19 362

Voran steht das Stromgebiet der Elbe, dann erst folgt der Rhein. Das Bild würde auch wohl kein wesentlich anderes werden, wenn dem Rhein die Niederlande, der Elbe Böhmen zugerechnet wird. Der nieder- ländische grosse Verkehr ist in dem Durchgang von Emmerich (zu Thal — Ausfuhr — 2 702 000, zu Berg — Einfuhr — 1 958 0C0 t, zusammen 4 660 000 t oder 2 330 000 t Antheil an dem Gesammtverkehr) enthalten. Bei der Elbe entfällt auf den Durchgang Schandau eine Menge von 1 821 000 t = 910 500 t Antheil, auf den Hamburger Verkehr 2 630 000 = 1 315 000 t Antheil. Zieht man den Verkehr mit dem Auslande und bei der Elbe ausserdem denjenigen mit Hamburg, als entsprechend dem Austausch mit den niederländischen Häfen auf dem Rhein ab, so bleiben für das

Elbgebiet (Güter ohne Flossholz) . . 5 252 000 t
Rheingebiet „   „   „   . . 4 840 000 „.

Das Verhältniss beider Gebiete stellt sich dagegen wesentlich anders, wenn man nur den Verkehr der Hauptströme ohne ihre Nebenflüsse in Betracht zieht. Es verbleibt alsdann eine Bewegung von (ohne Flossholz)

3 712 000 t für die Elbe
5 960 000 t „ den Rhein.

Die Nebenflüsse der Elbe bewältigen somit einen grösseren Verkehr' als der Hauptstrom selbst, nämlich 3 765 000 t, während auf den Neben- flüssen des Rheins nur 1 140 000 t befördert worden sind. Berlin mit seinem Wasserverkehr von $3^1/_3$ Millionen Tonnen (3 085 000 t Empfang und 273 000 t Versand, ausserdem 365 000 t Durchgang), welcher sogar denjenigen der grossen Rheinhäfen und Hamburgs an Umfang übertrifft,

giebt den Nebenflüssen der Elbe, namentlich der Havel und Spree, das
Uebergewicht über den Hauptstrom.

Gegenüber dem Schiffsverkehr der Elbe und des Rheins will die Bewegung auf den übrigen Flüssen wenig bedeuten; auf jene beiden Ströme
entfallen 87 pCt. der Güterbewegung in Schiffen überhaupt, auf sämmtliche
übrigen Wasserstrassen nur 13 pCt. Bedeutung hat bei letzteren nur der
Flossholzverkehr, von welchem allein auf die ost- und westpreussischen
Gewässer 56 pCt. kommen. Weser, Ems und Donau nehmen den untersten
Rang ein; verhältnissmässig erheblich ist die Bewegung auf dem Bodensee,
doch muss man berücksichtigen, dass dieselbe lediglich als eine Fortsetzung der anschliessenden Eisenbahnbetriebe erscheint und zu ihnen
etwa in demselben Verhältniss steht, wie ein Flussübergang zu dem Verkehr der angrenzenden Uferstrassen. Von den ost- und westpreussischen
Gewässern haben Memel und Weichsel bedeutende Länge und könnten für
den Verkehr sehr viel mehr leisten, als die Statistik erkennen lässt. Doch
ist der Lauf beider Ströme im Inlande nur kurz, das angrenzende Ausland
aber steht in seiner kulturellen und wirthschaftlichen Entwicklung noch
zu weit zurück, um im Stande zu sein, die für die Regulirung und
ordnungsmässige Instandhaltung der Regulirungswerke erforderlichen grossen
Summen aufwenden zu können. Die übrigen Flussläufe der Ostprovinzen
sind von zu geringer Länge und eignen sich schon deshalb wenig für
einen erheblicheren Güterverkehr. Die Bewegung auf der Oder endlich
erscheint in der Statistik geringer, als sie in Wirklichkeit ist, weil, wie
bemerkt, wichtige Ufer-Plätze dem Wasserverkehr ihre Aufmerksamkeit
nicht zugewendet haben.

Ganz unverhältnissmässig bevorzugt ist bei dem Wasserverkehr die
nördliche Hälfte von Deutschland, auf welche von den beförderten Mengen
entfallen:

	Tausend Tonnen	
Stromgebiet der Memel, Weichsel, Passarge, des Pregels	900, (mit Flossholz)	2 227
„ der Oder	696, „ „	861
„ „ Elbe	7 477, „ „	7 767
„ „ Weser und Ems	370, „ „	394
zusammen	9 443, „ „	11 249,

während Süddeutschland zufallen

der Bodensee mit	338, (mit Flossholz)	
das Stromgebiet der Donau . .	115, „ „	210
	459, „ „	548.

Der Verkehr des Rheingebiets muss zu etwa $^2/_3$ dem nördlichen und
zu $^1/_3$ dem südlichen Deutschland zugerechnet werden. Der Niederrhein

abwärts von Bonn umfasst gegen 5 Millionen Tonnen, das Stromgebiet aufwärts Bonn $2\frac{1}{2}$ Millionen Tonnen. Der Niederrhein mit den Häfen Ruhrort, Duisburg und Hochfeld sowie dem Durchgang nach und von den Niederlanden beherrscht den überwiegenden Theil der Rheinschiffahrt; die südlichen Rheinhäfen — Mainz, Gustavsburg, Mannheim, Ludwigshafen — treten an Verkehrsumfang zurück, ebenso die der südlichen Hälfte des Stromgebietes angehörigen grossen Nebenflüsse wie Mosel, Main, Neckar. Grösseren Wasserverkehr haben von den Nebenflüssen nur die Saar (1 Million t), und der Rhein-Marnekanal (722 000 t); der Mainverkehr (etwa 500 000 t) bestand bisher hauptsächlich aus Flössereibetrieb. Im Stromgebiet des Rheins ist kein Nebenfluss oder Kanal vorhanden, welcher sich an Verkehrsumfang mit der Havel oder Spree messen könnte.

. Von der Gesammtmenge des Wasserstrassenverkehrs würden also $11_{,5} + 5 = 16\frac{1}{2}$ Millionen Tonnen Norddeutschland und etwa 3 Millionen Süddeutschland zuzurechnen sein. Bei der Vertheilung nach Osten und Westen dagegen würden auf den Osten; die ost- und westpreussischen Gewässer, Oder und Elbe mit beinahe 11 Millionen Tonnen, auf den Westen, Weser, Ems, Rhein, Donau, Bodensee mit $8\frac{1}{2}$ Millionen Tonnen entfallen. Auch bei dieser Vertheilung würde der Nordosten überwiegen, obwohl die vollkommenste der deutschen Wasserstrassen, der Rhein, dem Westen angehört.

Die stärkere Betheiligung des Nordens und Ostens von Deutschland an dem Wasserverkehr entspricht der grösseren Ausdehnung der schiffbaren Wasserstrassen jener Theile, welche wiederum auf die für die Schiffahrt günstigen Gefällverhältnisse der norddeutschen Tiefebene zurückzuführen ist. Süddeutschland mit der Donau und ihren grossen Nebenflüssen, mit der südlichen Hälfte des Rheingebietes gehört sicherlich zu den gut bewässerten Ländern, hat aber für den Schiffsverkehr keine Bedeutung erlangt, weil die stark geneigten Wasserläufe den Betrieb zu sehr erschweren und nicht genügende Wassertiefe aufweisen.

Wenn Karl v. Scherzer in seinem lehrreichen Buch „das wirthschaftliche Leben der Völker“ die Länge der schiffbaren Kanäle und Flüsse Deutschlands auf 3 416 geographische Meilen = 25 600 km angiebt, so hat diese Ziffer wohl nur einen akademischen Werth und umfasst auch alle diejenigen Wasserläufe, welche zwar zu den sogenannten schiffbaren gehören, in Wirklichkeit aber regelmässig wenigstens nicht befahren werden und für den Güterverkehr im Grunde genommen bedeutungslos sind. Berücksichtigt man nur die dem regelmässigen Verkehr dienenden Strecken, welche über $9/10$ der Gesammtbewegung umfassen, so ist die Ausdehnung derselben verhältnissmässig gering, und beträgt etwa

bei den ost- und westpreussischen Gewässern . .		600 km
„ dem Oderstromgebiet		800 „
„ „ Elbestromgebiet		1 400 „
„ „ Weserstromgebiet		450 „
„ „ Emsstromgebiet		300 „
„ „ Rheinstromgebiet		1 500 „
„ „ Donaustromgebiet		400 „
	zusammen	5 450 km.

Was neben diesen Strecken befahren wird, hat für den Verkehr nur untergeordnete Bedeutung und kommt allenfalls noch für die Flösserei in Betracht. Auch unter jenen 5—6000 km befinden sich umfangreiche Längen, welche dem Gesammtverkehr geringe Mengen zuführen. Von den 19,5 Millionen Tonnen des deutschen Wasserverkehrs entfallen 17—18 Millionen Tonnen auf ein Fluss- und Kanal-Netz von höchstens 4 000 km Ausdehnung, nämlich:

600 km	ost- und westpreussische Gewässer
600 „	Odergebiet
1 400 „	Elbegebiet
1 200 „	Rheingebiet
3 800 „	

Im Gebiet der Elbe und des Rheins ist ein Verkehr von 13 Millionen Tonnen sogar auf eine Ausdehnung von etwa 1 600 km (400 km im Rhein, 1 200 km im Elbgebiet) zusammengedrängt.

Ueber den Schiffsbestand und das Verhältniss der Segel- zur Dampfschiffahrt giebt die Reichsstatistik insofern keinen erschöpfenden Aufschluss, als die ausländischen, auf den deutschen Gewässern verkehrenden Fahrzeuge nicht mitgezählt sind. Dadurch wird das Bild ein verzerrtes, indem bei dem Rhein die Niederlande und Belgien mit ihrer grossen Zahl von den Rhein regelmässig befahrenden Schiffen ausfallen. An deutschen Schiffen sind im Jahre 1882 vorhanden gewesen:

	Segelschiffe			Dampfschiffe		
	Zahl	Tragfähigkeit (Tonnen)	Trag-fähigk. des Schiffs	Zahl	Trag-fähigk. (Tonnen)	Trag-fähigk. des Schiffs
überhaupt . . .	17 885	1 625 000	90	830	33 000	53
insbesondere Strom-						
gebiet Weichsel .	675	58 000	86,6	43	1 800	44
Stromgebiet Oder .	2 904	240 000	88,8	102	2 600	30
„ Elbe .	9 000	760 000	84,4	338	13 250	52
„ Rhein .	2 500	426 000	171	199	10 876	76
„ „	(4 767	870 000	180	467	20 000*)	

*) Diese Reihe enthält die Gesammtziffern für den Rhein einschliesslich der fremden (niederländischen und belgischen) Fahrzeuge.

Die Gesammttragfähigkeit der deutschen Binnenschiffahrtsflotte von 1 658 000 t (zu 1000 kg) = 1 242 000 Registertonnen kommt derjenigen der deutschen Seeschiffahrtsflotte gleich, welche im Jahre 1882 1 194 000, 1885 1 294 000 Registertonnen Tragfähigkeit besass. Dagegen zählte die Seeschiffahrt hierunter 1882 251 000, 1885 413 000 Dampfertonnen, während die Flussdampfschiffahrt nur 33 000 t nachweist. Setzt man eine Dampfschiffstonne gleich 4 Segelschiffstonnen, was nicht zu hoch gerechnet sein wird, so würde die deutsche Seeflotte

1882   1 947 000 Reg.-Tonnen Tragfähigkeit
1885   2 535 000   „   „   „

besessen haben gegenüber

1882   1 300 000   „   „   „

der deutschen Binnenschiffahrtsflotte. Der Vergleich leidet jedoch an zwei Unvollkommenheiten, zunächst sind der letzteren die sämmtlichen Haff- und Küstenschiffe von mindestens 10 t = 7½ Reg.-Tonnen Tragfähigkeit zugerechnet, sodass der Schiffsbestand grösser erscheint, als bei Beschränkung auf die eigentliche Flussschiffahrt der Fall sein würde. Andererseits sind die Dampfschiffsleistungen der Fluss- und Seeschiffahrt nicht gut mit einander zu vergleichen. Das Flussdampfschiff, soweit es zum Schleppen verwendet wird, entwickelt ungleich bedeutendere Leistungen, als ihm nach seiner Tragfähigkeit zukommen. Der Antheil der Flussdampfschiffahrt an der Gesammtleistung der Binnenschiffahrt ist deshalb ein sehr viel grösserer, als nach vorstehenden Ziffern erscheint.

Immerhin lassen diese erkennen, ein wie bedeutendes Material der deutschen Binnenschiffahrt selbst im Vergleich mit der Seeschiffahrt zu Gebote steht. Nach Zahl der Schiffe und Tragfähigkeit derselben steht das Stromgebiet der Elbe weit voran; mit Hinzurechnung der ausländischen Fahrzeuge bleibt die Elbe wohl bezüglich der Zahl an der Spitze, vielleicht auch bezüglich der Tragfähigkeit, nicht aber hinsichtlich der Leistungsfähigkeit, welche dem Rhein wegen des Uebergewichtes der Dampfschiffahrt den Vorrang sichert. Es stellt sich der Bestand an Dampfschiffen für den Güterverkehr (und zwar eigentliche Güterdampfschiffe, Schleppdampfer und Tauer) auf den deutschen Stromgebieten folgendermassen:

	Zahl der Güterdampfschiffe für den Güterverkehr	indizirte Pferdekräfte überhaupt	für das Fahrzeug
Weichsel . . .	21	1 442	70
Oder . . .	75	4 025	53
Elbe	205	22 429	109
Rhein	132	37 251	280

An Zahl der Pferdekräfte überwiegt der Rhein, bei Hinzurechnung
der ausländischen Fahrzeuge würde dies in erhöhtem Masse der Fall sein,
weil auf dem Rhein eine grössere Zahl von ausländischen Dampfern ver-
kehrt, als auf der Elbe. Bei dem Rhein tritt ferner die Grösse und
Leistungsfähigkeit der Dampfer besonders hervor. Es entfallen durchschnittlich auf eine Pferdekraft:

> 625 Tonnen befördertes Gut bei der Weichsel,
> 170   „   „   „   „   „ Oder,
> 333   „   „   „   „   „ Elbe,
> 190   „   „   „   „ „ dem Rhein.

Die hohe Ziffer der Oder hat wegen der Unvollständigkeit der
Statistik gerade bei diesem Strom keinen Werth. Das Verhältniss der
Zahlen für Elbe und Rhein weist dagegen auf einen starken Dampfschiffs-
verkehr des letzteren Stromgebietes hin. Auf dem Rhein selbst wird nur
ein kleiner Theil der Güter ohne Dampfkraft bewegt, hauptsächlich zu Thal
gehende Steine und Erze. Auf der Elbe sind es schon grössere Mengen,
die sich den Dampfbetrieb bei der Thalfahrt versagen; auf den
Nebenflüssen der Elbe, Havel und Spree, überwiegt der Segel- und
Ruderbetrieb.

Nach den hauptsächlichen Beförderungsgegenständen vertheilt
sich der Wasserverkehr folgendermassen. (Siehe die nebenstehende Tabelle,
Seite 163 oben.)

Die grösste Beförderungsmenge stellen Kohlen und Kokes, 28,5 pCt.
Auf dem Rhein nehmen sie fast die Hälfte des gesammten Verkehrs ein
(3 600 000 t), prozentual stark sind sie auf der Oder vertreten (240 000 t
= 27 pCt.), in hoher Gesammtziffer (1 400 000 t = 18 pCt.), wenn auch in
nicht so starkem Prozentverhältniss auf der Elbe. Holz ist der nächst
bedeutende Artikel, dessen Wichtigkeit im Allgemeinen von Osten nach
Westen und von Süden nach Norden abnimmt. Steine und Stein-
waaren werden besonders stark im Elbgebiet befördert, der Bedarf Berlins
an Mauersteinen, Dachziegeln, Thonröhren bestimmt den Umfang dieses
Verkehrs, wie denjenigen der Artikel Kies, Erde, Lehm, Cement, Kalk.
Getreide, Hülsenfrüchte, Oelsaaten werden im Elbe- und Rheingebiet in
sehr bedeutender Menge befördert, Zucker, Melasse und Syrup ist auf
der Elbe hervorragender Artikel. Metallwaaren (Roheisen, verarbeitetes
Eisen, sonstige rohe und verarbeitete Metalle) gelangen — ebenso wie
Erze — vorzugsweise auf dem Rhein, demnächst auf der Elbe, prozentual
stark auch auf der Oder (Zink) zur Beförderung. Petroleum, mineralische
und vegetabilische Oele aller Art, sowie Fette werden am meisten im Elbe-
gebiet befördert.

	Ost- und west- preus- sische Gewässer	Stromgebiet					Prozente der Gesammt- menge u. zwar ein- | aus- schliesslich des Flossatzes	
Tausend Tonnen:		der Oder	der Elbe	des Rheins	der üb- rigen Ge- wässer	zu sammen (2—6)		
1.	2.	3.	4.	5.	6.	7.	8.	9.
a) Stein- und Braunkohlen, Kokes . . .	226	240	1416	3600	24	5506	28,5	32,5
b) Holz . . .	1200	260	850	730	225	3265	16,9	5,1
c) Steine (Bruch-, ge- brannte, bear- beitete), auch Steinwaaren .	128	63	1400	530	134	2255	11,6	13,8
d) Getreide, Hülsenfrüchte, Oelsaaten, Kar- toffeln . . .	143	35	800	890	125	1993	10,3	11,8
e) Erze . . .	—	2	9	393	8	412	2,1	2,4
f) Eisen (roh und verarbei- tet), sowie an- dere rohe Me- talle . . .	31	58	205	310	31	635	3,3	3,8
g) Petroleum u. andere mine- ralische Oele, Fette aller Art	17	27	230	93	14	381	2	2,3
h) Cement, Kalk (gebr.), Erde, Kies, Lehm, Sand	17	8	720	293	27	1065	5,5	6,3
i) Zucker, Sy- rup, Melasse .	16	32	489	54	6	597	3,1	3,5
zusammen	1778	725	6119	6893	594	16109	83,3	81,0

In Prozentsätzen der in den einzelnen Flussgebieten beförderten Mengen vertheilen sich vorgenannte Artikel folgendermassen:

	Ost- und West- preussen	Oder	Elbe	Rhein
a) Kohlen	10,1	27	18	47
b) Holz	53	30	10,9	9,6
c) Steine etc.	5,7	7,3	18	7
d) Getreide etc.	6,4	4	10,3	11,7
e) Erze	—	0,2	0,12	5,2
f) Eisen etc.	1,4	6,7	2,6	4
g) Petroleum etc.	0,7	3,1	3	0,7
h) Cement, Kalk, Erden	0,8	1,7	8,3	3,1
i) Zucker etc.	0,7	3,7	7	0,7

Die ost- und westpreussischen Gewässer einerseits, der Rhein andererseits haben je einen Artikel von ganz überwiegender Bedeutung für ihren Verkehr: dort das Holz, hier die Kohlen. Auf der Oder haben Holz und Kohlen annähernd die gleiche Bedeutung. Auf der Elbe dagegen theilt sich der Verkehr in eine grössere Zahl wichtiger Artikel: Holz, Kohlen, Getreide, Steine, Erden, Zucker. — Im Allgemeinen steigt der Werth der Beförderungsgegenstände mit dem Umfang des Verkehrs; Rhein und Elbe befördern ausser einer grossen Menge geringwerthiger Artikel auch solche von erheblicherem Werth, wie Getreide, Hülsenfrüchte, Sämereien, Petroleum, Oele und Fette, Zucker, Eisenfabrikate; die Oder und die preussischen Gewässer stehen hierin erheblich nach.

Von anderen als vorstehend aufgeführten Gegenständen haben noch nennenswerthe Bedeutung für den Wasserverkehr Mehl und Mühlenfabrikate (im Elbgebiet 110000 t), Kolonialwaaren (Kaffee, Reis, Farbhölzer), Theer Pech, Harze aller Art, Asphalt, Heringe, Spiritus, Wolle (letztere beiden im Elb- und Odergebiet).

Stein- und Braunkohlen, Holz, Steine, Getreide, Erde und Kies, Kalk und Cement (a, b, c und i der Uebersicht) umfassen über $^3/_4$ sämmtlicher Mengen, 14,5 Millionen Tonnen = 75 pCt. Nimmt man den Flossverkehr aus, so verbleiben für diese Artikel 12 Millionen Tonnen = 71 pCt. Von dem Rest von 29 pCt. entfallen gegen 10 pCt. auf Eisen und sonstige Metalle (einschliesslich der daraus gefertigten Gegenstände), Petroleum und Fette, Zucker.

III.

Dem gegenüber zeigt der deutsche Eisenbahn-Güterverkehr des Jahres 1884 folgendes Bild:

Tausend Tonnen.

a. Stein- und Braunkohlen,
Kokes . . . . 51 888 = 48,5 % der überhaupt beförderten Gütermengen.

b. Holz . . . . 6 220 „ 5,8 „ u. zwar Tausend Tonnen
a) 2 558 Nutz- u. Werk-
b) 3 862 Rund-, Brenn-
holz, Schwellen.

c. Steine . . . . 8 101 „ 7,5 „ a) 7600 Bruch-, gebrannte,
b) 330 bearbeitete
c) 168 Thon-u. Cement-
röhren

d. Getreide, Hülsenfrüchte,
Oelsaaten, Kartoffeln, . 6 704 „ 6,2 „ davon 902 Kartoffeln,
5 802 Getr. etc.

e. Erze . . . . 4 376 „ 4 „ u. zwar 3 894 Eisen-,
482 sonst. Erze.

f. Eisen . . . . 6 766 „ 6,3 „ „ „ 3 273 Roheisen,
3 493 Eisenfabri-
kate.

g. Sonstige Metalle . . . 292 „ 0,27 „ „ „ 158 Zink,
134 Blei.

h. Petroleum und andere
Oele, Fette . . . . . 700 „ 0,65 „ „ „ 435 Mineralöle,
265 Fette, vege-
tabilische Oele.

i. Cement, Erden, gebr. Kalk 4 085 „ 3,8 „ „ „ 600 Cement,
2 471 Erde, Kies,
Lehm,
1 014 gebr. Kalk.

k. Zucker, Syrup, Melasse. 1 537 „ 1,4 „ „ „ 1 352 Zucker u.
Syrup,
185 Melasse

$$90\,669 = 84,7\,\%.$$

Der gesammte deutsche Eisenbahngüterverkehr hat 1884 107 Millionen Tonnen, also ungefähr das 5½fache des Wasserverkehrs und mehr, wie das 6fache des Schiffahrtsverkehrs betragen. K. v. Scherzer in seinem bereits erwähnten Buch „das wirthschaftliche Leben der Völker" giebt den

Verkehr der Binnenkanäle Englands, welche etwa $1/6$ der Länge der Eisenbahnen hätten, auf 30—35 Millionen Tonnen $= 1/7$ des Eisenbahngüterverkehrs, den Kanalverkehr der Vereinigten Staaten von Amerika auf 25 bis 30, Frankreichs auf 20 Millionen Tonnen an. Hiernach würde das Verhältniss des Wasser- zum Eisenbahngüterverkehr in Deutschland günstiger sein als in England, der deutsche Wasserverkehr absolut demjenigen von Frankreich entsprechen. Die Länge der Kanäle giebt von Scherzer für England auf 4800 km, für Frankreich auf 4500 km an. Da es sich hierbei jedenfalls nur um brauchbare, von grösserem Verkehr befahrene Strassen handelt, so wird man zum Vergleich deutscherseits auch nur die regelmässig befahrenen Fluss- und Kanalstrecken gegenüberstellen können, welche sich auf etwa 4000 km mit mindestens 18 Millionen Tonnen Verkehr belaufen. Auf das laufende Kilometer Wasserstrasse würde etwa entfallen

> in England   ein Verkehr von . . . . 6000 t
> „ Frankreich   „   „   „   . . . . 4500 t
> „ Deutschland „   „   „   . . . . 4500 t

Auf den deutschen Eisenbahnen und Wasserstrassen zusammen sind $107 + 19{,}5 = 126{,}5$ Millionen Tonnen verfrachtet, mithin 84.8 % der Gesammtmenge auf den Eisenbahnen, 15,2 % auf den Wasserstrassen. Ein sehr erheblicher Theil dieser Mengen hat beide Verkehrswege benutzt. Fast der gesammte Kohlenverkehr der Wasserstrassen (5,5 Millionen Tonnen) hat zunächst längere oder kürzere Eisenbahnstrecken zurücklegen müssen, um zum Wasser zu gelangen; nur an der Saar sind bedeutendere Mengen ohne Berührung der Eisenbahnen in's Schiff verladen. Von der Eisenbahnbeförderung der böhmischen Braunkohlen, deren Einfuhr auf dem Wasserwege gegen 2 Millionen Tonnen beträgt, bis zu den Verladestellen an der Elbe haben die deutschen Eisenbahnen allerdings keine Vortheile gehabt; diejenigen Mengen aber, welche nach der Wasserbeförderung auf den Eisenbahnweg übergegangen sind, werden nicht bedeutend sein. — Häufig kommt der Fall vor, dass die Wasserbeförderung sich zwischen zwei Eisenbahnbeförderungen befindet: die Kohle wird auf der Eisenbahn dem nächsten Flusshafen zugeführt, in das Schiff übergeladen, eine Flussstrecke befördert und wieder der Eisenbahn zur Weiterbeförderung übergeben. Im Verkehr vom Ruhrreviere nach Süddeutschland ist diese umständliche Beförderungsweise nicht selten und wird namentlich seitens derjenigen Versender gewählt, welche Kohlengrubenbesitzer und Rheder in einer Person sind. — Der Verkehr der Rheinhäfen bietet eine grosse Zahl von Beispielen für den lebhaften Umschlag zwischen Eisenbahn und Schiffahrt. Ruhrort und Duisburg haben im Jahre 1884 gegen 250 000 Tonnen Getreide, Hülsenfrüchte und Oelsaaten zu Wasser, und nur 4000 Tonnen mit der Eisenbahn empfangen, dagegen 236 000 Tonnen bahnwärts versandt. Dieselben Häfen

und Hochfeld haben 1884 3 650 000 Tonnen Steinkohlen und Kokes mit der
Bahn erhalten, und etwa 8 000 Tonnen auf demselben Wege, 3 150 000 Tonnen
aber zu Wasser verschickt. Mannheim und Ludwigshafen erhielten zu Wasser
365 000 Tonnen, mit der Bahn 16 000 Tonnen Getreide u. s. w. und verfrachteten davon bahnwärts 275 000 Tonnen, zu Wasser nur 3—4000 Tonnen.
Dieselben Häfen empfingen

622 000 Tonnen Steinkohlen und Kokes zu Wasser (Rhein),
100 000   „   „   „   mit der Eisenbahn,
722 000 Tonnen und versandten
392 000 Tonnen bahnwärts,
45 000   „   den Neckar aufwärts.

Der Umschlagsverkehr von Magdeburg, Dresden, Breslau weist zahlreiche ähnliche Beispiele auf. Man wird daher gewiss nicht zu hoch greifen,
wenn man den Verkehr, welcher sich der Eisenbahnen und der Wasserstrassen bedient, auf mindestens die Hälfte des gesammten Schiffahrtsverkehrs oder 8—9 Millionen Tonnen schätzt. Am Rhein allein wird dieser
Umschlagsverkehr gegen 5 Millionen Tonnen betragen. —

Zur Vergleichung des Eisenbahn- und Wasserstrassenverkehrs sind
die oben aufgeführten Hauptgruppen von Beförderungsgegenständen in nachstehender Uebersicht gegenüber gestellt.

| | Tausend Tonnen | | Es entfallen von der Ge-sammtbeförderung (126 Millionen t) auf die | | Zu-sammen |
| | Wasser-strassen- | Eisenbahn- | Wasser- | Eisenbahn- | |
	Beförderung		Beförderung		
1. Steinkohlen, Braun-kohlen und Kokes . .	5 506	51 888	4,35 %	41,18 %	45,53 %
2. Holz	3 265	6 220	2,59 %	4,93 %	7,52 %
3. Steine	2 255	8 101	1,79 %	6,43 %	8,22 %
4. Getreide, Hülsenfrüchte, Oelsaaten, Kartoffeln .	1 993	6 704	1,53 %	5,82 %	6,90 %
5. Erze	412	4 376	0,32 %	3,47 %	3,79 %
6. Eisen, roh u. verarbeitet, sonstige rohe und ver-abeitete Metalle . . .	635	7 058	0,50 %	5,60 %	6,10 %
7. Petroleum, Oele, Fette	381	700	0,30 %	0,55 %	0,85 %
8. Cement, Kalk, Erden	1 065	4 085	0,84 %	3,24 %	4,08 %
9. Zucker, Syrup, Melasse	597	1 537	0,47 %	1,21 %	1,68 %
	16 110	90 669	12,74 %	71,93 %	84,67 %

= 83,3 %   84,7 %
der
Wasser-   Eisenbahn-
Beförderung.

Die Hauptsummen enthalten eine werkwürdige Uebereinstimmung der Prozentzahlen. Vorstehende 9 Gruppen von Beförderungsgegenständen umfassen 83,3 % des Wasser- und 84,7 % des Eisenbahnverkehrs. Diese Uebereinstimmung setzt sich fort bei den Gruppen 1—4 Kohlen, Holz, Steine, Getreide, welche zusammen 86 Millionen Tonnen = 68 % der Beförderung darstellen. Im Eisenbahnverkehr entfallen davon 72,9 Millionen = 68 % der Eisenbahnbeförderung überhaupt, im Wasserverkehr 13 Millionen Tonnen = 67,6 % der Wasserbeförderung. — Innerhalb der einzelnen Gruppen dagegen herrscht eine grosse Verschiedenheit der Verhältnisszahlen und eine sehr erhebliche Abweichung von dem Durchschnittsverhältniss des Wasser- zum Eisenbahnverkehr (etwa 15 : 85 = 1 : 5,7). Unter Berücksichtigung dieses Verhältnisses erscheint die Wasserbeförderung stark bei Holz (1 : 2), Steinen (1 : 2³/₄), Getreide (1 : 3¹/₂), Petroleum u. s. w. (1 : 1,8), Erden, Kies u. s. w. (1 : 4), Zucker (1 : 2¹/₂); dagegen schwach bei Kohlen (1 : 9¹/₂), Erzen (1 : 10), Eisen und sonstigen Metallen, roh und verarbeitet (1 : 11). Von diesen Gegenständen gehören die Gruppen Holz, Steine, Erden (2, 3, 8) in diejenigen Tarifklassen, welche bei dem Eisenbahnverkehr die niedrigsten regelmässigen Sätze gewähren, in die Spezialtarife II und III und in den allgemeinen Ausnahmetarif A (für Holz); Petroleum, Fette, Oele, welche mit besonderer Vorliebe den Wasserweg suchen, fallen unter die höchsttarifirten Artikel, die allgemeinen Wagenladungsklassen A und B, Zucker ebendahin und in den Spezialtarif I, wenn es sich um Roh- oder Exportzucker handelt, — was bei den auf dem Wasserwege beförderten Mengen meist der Fall sein wird, — Getreide in den Spezialtarif I. Von denjenigen Artikeln, in welchen der Eisenbahnverkehr stark überwiegt, tarifiren Kohlen und Erze meist niedriger, als die billigste regelmässige Tarifklasse (Spezialtarif III), von den Eisenartikeln gehört die eine Hälfte, Roheisen, dem Spezialtarif III, die andere den Spezialtarifen I und II, überwiegend aber dem letzteren an. Ein grosser Theil der Eisenwaaren wird zu Ausnahmesätzen befördert, welche nennenswerthe Ermässigungen enthalten, sodass die sämmtlichen Eisensendungen im Durchschnitt Frachten entrichten, welche sich zwischen den Spezialtarifen II und III halten, aber mehr nach dem letzteren als nach dem ersteren hinneigen.

Die von den Eisenbahnen beförderten Mengen von 107 Millionen Tonnen vertheilen sich auf ein Netz von 35 500 km; auf das Kilometer Bahnlänge entfallen im Durchschnitt 3000 Tonnen beförderten Gutes. Der Fluss- und Kanalverkehr von 19,3 Millionen Tonnen, auf 5450 km Länge der Wasserstrassen vertheilt, ergiebt 3500 Tonnen für das Kilometer. Jede Tonne Gut ist auf den deutschen Eisenbahnen im Durchschnitt etwa 140 Kilometer weit befördert worden; die Gesammtleistung beträgt im Güterverkehr 15 Milliarden Tonnenkilometer, für das Kilometer Bahnlänge 42 250 Tonnen. Die Statistik des Wasserstrassenverkehrs lässt nicht erkennen, wie gross die Beförderungsstrecken der Güter desselben gewesen sind, doch ist die Vermuthung gerechtfertigt, dass die Beförderungslängen des Wasserverkehrs über diejenigen des Eisenbahnverkehrs erheblich hinausgehen. Der grosse Massenverkehr auf dem Rhein lässt sich ziemlich genau übersehen und in seinen Transportlängen schätzen. Er zerfällt in den Verkehr zwischen den niederländischen Häfen und Deutschland, zwischen dem deutschen Niederrhein und dem Mittelrhein und endlich in den Zwischenverkehr der kleinen Orte. Letzterer, an sich unbedeutend, kann ausser Betracht bleiben. Der Verkehr zwischen den Niederlanden und den deutschen Rheinhäfen umfasst über $4^1/_2$ Millionen Tonnen, welche mit der Hälfte $= 2^1/_4$ Millionen in der Gesammtziffer enthalten sind. Die geringste Strecke, welche diese Transporte durchlaufen haben, ist die zwischen Ruhrort-Duisburg und Rotterdam $= 214$ km, grosse Mengen sind von Rotterdam nach Mannheim und Mainz und umgekehrt gegangen (566 und 493 km) — so der grosse Getreideverkehr von Mannheim und Ludwigshafen (365 000 t) —, auch der an sich nicht hervorragende Kölner Verkehr (300 000 t) besteht zum überwiegenden Theil aus Sendungen von und nach Rotterdam (300 km). Der Versand der niederrheinischen Häfen von $3^1/_4$ Millionen Tonnen ist zur einen Hälfte nach den niederländischen und belgischen Plätzen (200—300 km), zur anderen Hälfte nach Mainz, Gustavsburg, Mannheim, Ludwigshafen (280—350 km) gegangen, die Zwischenorte Köln, Koblenz u. s. w. haben nur geringe Mengen erhalten. — Die grosse Masse der Güter auf dem Rhein hat also Transportstrecken von 200—560 km, im Durchschnitt sicherlich von über 300 km, zurückgelegt, wovon gegen 200 km auf die deutschen Strecken entfallen werden. Der Gegensatz gegen die Beförderungsstrecken der anschliessenden Eisenbahnen erscheint hier besonders scharf. Die $3^1/_4$ Millionen Tonnen Steinkohlen, welche aus den Häfen Ruhrort, Duisburg und Hochfeld 1884 abgefahren sind, setzen sich zusammen aus $1{,}_{75}$ Millionen t für die Niederlande (70 km deutsche Wasserstrecke), 800 000 t für Mainz und Mannheim (durchschnittlich 320 km) u. s. w. und stellen eine Durchschnittstransportlänge der deutschen Wasserstrecken von annähernd 200 km dar. Die Eisenbahnen dagegen haben diese Massen auf Strecken von 8—50 km, im Durchschnitt von 20 km Länge befördert.[*])

---

*) Aus dem Geschäftsbericht der Aktiengesellschaft für Tauerei und Schleppschiffahrt in Ruhrort, welche eine bedeutende Zahl grosser Räderboote besitzt, geht hervor, dass die Durchschnittsbeförderungslänge der stromaufwärts geschleppten Güter 1885 430 km beträgt; auf dieser Länge sind von der Gesellschaft über 450 000 t geschleppt worden. Es müssen vorwiegend Güter von den niederländischen Häfen nach Mainz, Mannheim, Ludwigshafen gewesen sein.

Auf der Elbe liegen die Verhältnisse nicht weniger günstig für den Wasserverkehr. Von der deutsch-österreichischen Grenze bis Hamburg hat die Elbe eine Länge von 650 km; die Entfernung Hamburg-Dresden beträgt 580 km, Hamburg-Magdeburg 300 km, Hamburg-Berlin 400 km. Der Verkehr der Orte der deutsch-österreichischen Grenze (Durchgang nach und von Oesterreich), Dresden, Magdeburg, Hamburg umfasst $3^1/_4$ Millionen Tonnen, welche zum nicht unerheblichen Theil die ganze Strecke von der Grenze bis Hamburg zurückgelegt haben (z. B. Zucker 100000 t), im Durchschnitt aber schwerlich Strecken von weniger als 300 km. Von den Braunkohlen, die auf der Elbe aus Böhmen eingeführt sind, wurden 266000 t bis Magdeburg (350 km), 211000 t bis zur Havel (400 km und mehr) gebracht. Der Versand von Hamburg (1 400 000 t) ist überwiegend nach Berlin und weiter bis zur Oder, nach Magdeburg, Dresden und Böhmen gegangen. — Kurze Strecken dagegen hat ein beträchtlicher Theil des Verkehrs der Havel und Spree zurückgelegt. Der Empfang Berlins an Baumaterialien (1 800 000 t) rührt grösstentheils von den an der Spree und Havel belegenen Ziegeleien und Kalkbrüchen her mit Entfernungen von 40—140 km; auch die umfangreichen Holztransporte (165 000 t Brenn-, 210 000 t Nutz- und Speckholz) sind nur theilweise aus entfernteren Landschaften gekommen. Ueberwiegend ist dies wiederum der Fall bei dem Empfang Berlins an Getreide, Hülsenfrüchten, Oelsaaten (250 000 t), Steinkohlen und Koks (150 000 t) u. s. w.

Unter Berücksichtigung dieser Verhältnisse wird man die durchschnittlichen Transportlängen der im Elbgebiet verfrachteten Güter auf wenigstens 200 km ansetzen müssen und für das Odergebiet keinenfalls auf geringere Zahlen kommen, da sich hier der Hauptverkehr zwischen Breslau und Stettin (über 500 km), Breslau-Elbgebiet und Stettin-Berlin (210 km) abwickelt.

Für den Wasserverkehr wird daher eine mindestens doppelt so grosse Durchschnittstransportlänge der Güter in Anspruch zu nehmen sein, als für den Eisenbahnverkehr, wobei noch auf die Eigenthümlichkeit des ersteren hinzuweisen ist, dass die grösseren Längen vorzugsweise der Beförderung höherwerthiger Güter zu Gute kommen. Für den Stückgutverkehr auf dem Rhein und der Elbe, für die Beförderung von Getreide, Petroleum, Oelen und Fetten, Zucker zur Ausfuhr trifft dies in vollem Masse zu. Von den geringwertigen Gütern legen hauptsächlich Steine und Braunkohlen grössere Längen auf den Wasserstrassen zurück, wogegen Artikel wie Sand, Erde, Kies, Kalksteine, Mauer- und Bruchsteine, Brennholz, Torf meist kürzere Strecken gefahren werden.

Unter Berücksichtigung der längeren Beförderungsstrecken ist der Wasserverkehr in Deutschland beträchtlicher, als er nach der blossen An-

gabe der beförderten Tonnen überhaupt und im Verhältniss zu der Eisenbahnbeförderung erscheint. Wenn daher bei der Einschränkung der
Wasserbeförderung auf wenige Hauptstrassen die Gütermenge für das Kilometer Wasserstrasse schon nach der gefahrenen Tonnenzahl grösser ist,
als für das Kilometer Eisenbahnweg, so wird dies in erhöhtem Maasse der
Fall sein bei der Vertheilung der beiderseits bewegten Tonnen kilometer
auf das Kilometer Fluss- und Kanalweg einerseits und Eisenbahnweg
andererseits. Bei der Unsicherheit der Schätzungen der auf den Wasser-
wegen fortgeschafften Tonnenkilometer ist es indessen nicht angängig,
dieses Verhältniss ziffermässig festzustellen.

Ueber das Verhältniss beider Bewegungsarten an einigen grösseren
Orten giebt folgende Uebersicht Aufschluss:

	Zahl der Einwohner	Eisenbahn-Verkehr (Tonnen)	Wasser-Verkehr	Zusammen	auf den Kopf Tonnen
Berlin	1 200 000	3 504 000	3 348 000	6 852 000	5,71
Breslau	270 000	1 237 000	350 000	1 587 000	5,88
Hamburg . .	410 000	1 191 000(?)	3 221 000*)	4 422 000	10,7
Magdeburg (einschl. Buckau und Neu-stadt)	165 000	1 650 000	1 118 000	2 768 000	16,7
Dresden	220 000	1 411 000**)	534 000	1 945 000	8,8
Bremen	112 000	776 000	184 000***)	960 000	8,5
Rheinhäfen (Ruhr-ort, Duisburg, Hochfeld) . etwa	70 000	5 427 000	4 107 000	9 554 000	136
Köln mit Deutz .	160 000	1 320 000	314 000	1 634 000	10
Mannheim und Lud-wigshafen . etwa	75 000	1 776 000	2 041 000	3 817 000	50
Leipzig	160 000	1 675 000	—	1 675 000	10
Hannover mit Linden	150 000	912 000	—	912 000	6
München	230 000	1 252 000	—	1 252 000	5,4

Lässt man die eigentlichen Umschlagsplätze, wie die Rheinhäfen
Ruhrort, Duisburg, Hochfeld, Mannheim, Ludwigshafen ausser Acht, bei
denen der weit über das Durchschnittsmaass hinausgehende Verkehr zum
grossen Theil blosser Durchgang ist und in ungleich stärkerem Verhältniss, als bei den übrigen Plätzen beide Beförderungsarten benutzt hat, so

---

*) Ohne den Seeverkehr, dessen Tonnenzahl ungefähr so gross sein wird, wie die-
jenige des Flussverkehrs.
**) Ohne den Empfang und Versand der Berlin-Dresdener Eisenbahn.
***) Ohne Seeverkehr.

sind die verhältnissmässigen Unterschiede der Gesammtbewegung bei der
Mehrzahl vorstehender Orte nicht auffallend gross. Magdeburg ragt hervor,
weil auch hier der Umschlagsverkehr von Bedeutung ist, die übrigen Plätze
ha ten sich zwischen 5 und 10 t auf den Kopf. Insbesondere kann man
nicht sagen, dass die ausschliesslich oder überwiegend auf den Eisenbahnweg angewiesenen Orte, wie Hannover, Leipzig, München, Bremen in Bezug
auf den Umfang des Verkehrs ungünstiger gestellt sind, als diejenigen
Plätze, welche ausserdem noch günstiger Wasserverbindungen sich er-
freuen. Leipzig übertrifft sogar Berlin, Breslau, Dresden an verhältniss-
mässiger Stärke der Güterbewegung, München steht nur unerheblich zurück,
Hannover kommt Berlin und Breslau mindestens gleich.

IV.

Als Ergebniss der Vergleichung des Eisenbahn- und Wasser-Verkehrs
ist zunächst festzustellen, dass beide Beförderungsarten, was die Beschaffenheit, insonderheit den Werth der Güter anlangt, keine wesentlichen Verschiedenheiten zeigen. Bei beiden überwiegt die Massenbeförderung der
geringwerthigen Güter, bei den Eisenbahnen wahrscheinlich sogar in höherem
Maasse, als bei den Wasserstrassen. Letztere sind durchaus nicht so ge-
nügsam in der Wahl ihrer Transportartikel, wie man im Allgemeinen wohl
anzunehmen geneigt ist, sie verhalten sich gegen die Bewegung der Stückgüter oder höherwerthigen Massengüter keineswegs ablehnend. Aus der
Statistik ist mit Sicherheit zu entnehmen, dass die Betheiligung der
Schiffahrt an der Beförderung der theueren Güter in stetem Wachsthum
begriffen ist. Der Verkehr an Getreide, Hülsenfrüchten, Mühlenfabrikaten,
Oelsaaten, also durchweg Artikeln des Spezialtarifs I des deutschen Eisen-
bahn-Gütertarifs, ist auf dem Rhein von 156 000 t im Jahre 1872 auf
810 000 t im Jahre 1883 gestiegen (vgl. Lehmann, Betheiligung des
Rheins am Güterverkehr). Wenn auch der Bedarf an jenen Gegenständen
in diesem Zeitraum gewachsen ist, so würde sich hierdurch doch nur ein
Verkehrszuwachs von etwa 50 pCt. rechtfertigen, da es sich um Artikel
des Verzehrs handelt, welche in erster Linie von der Bevölkerung, ihrer
Zunahme, Beschäftigung und ihrem Wohlstand abhängig sind. Die Zunahme
der Bevölkerung in den vom Rhein durchschnittenen Industriegegenden
mag in den 11 Jahren 20 pCt. betragen haben, der Wohlstand und damit
die Verbrauchsfähigkeit der arbeitenden Bevölkerung ·hat in jener Zeit
gleichfalls eine Steigerung erfahren. Wenn diese Ursachen einen Verkehrszuwachs von 50 pCt. immerhin als recht beträchtlich erscheinen lassen
würden, der Rheinverkehr aber um mehr als das Zehnfache gestiegen ist,
so weist dies deutlich auf eine Verschiebung der Wege hin, welche die
Mengen eingeschlagen haben. Auch der Hamburger Verkehr zeigt, dass

solche Verschiebungen bei werthvolleren Gütern stattgefunden haben.　Im Durchschnitt der Jahre 1851/60 sind mit der Oberelbe in Hamburg angekommen:

206 000 t Güter, davon 18 700 t = 9　pCt. Stückgüter

von Hamburg abgegangen:

300 000 t Güter, 　„　56 000 t = 18,2　„　　　„

Zusammen angek.

und abgegangen 506 000 t 　　　davon 74 700 t = 14,7　„　　　„

Im Jahre 1885 dagegen sind

angekommen 1 234 000 t, davon　666 000 t = 54 pCt. Stückgut

abgegangen　1 180 000 t,　„　474 000 t = 40　„　　„

zusammen　2 414 000 t, davon 1 140 000 t = 47 pCt. Stückgut.

Der Hamburger Güterverkehr nach und von der Oberelbe ist also in dreissig Jahren auf annähernd das Fünffache, die Stückgutbewegung aber auf das mehr als Fünfzehnfache gestiegen; der Antheil der letzteren an der Gesammtbeförderung ist jetzt bereits um mehr als das Dreifache grösser, als vor dreissig Jahren.　Wenn auch der Begriff Stückgut bei dem Wasserverkehr eine umfassendere Bedeutung hat, als bei dem Eisenbahnverkehr, so wird man doch den überwiegenden Theil dieser Mengen zu den höherwerthigen Gütern rechnen müssen.

Im Odergebiet wird eine jährlich wachsende Menge von Kolonialwaaren die Oder aufwärts, und von Metallen stromabwärts geschafft.　Der Blei- und Zinkversand von Oberschlesien nach Stettin und Hamburg (1885 52 000 t) geht mit etwa 4/5 (41 000 t) auf dem Eisenbahnwege bis Breslau und von da weiter zu Wasser, und nur mit 1/5 (11 000 t) direkt mit der Bahn nach jenen Häfen.

Für den Versand von Petroleum war Bremen viele Jahre der erste Handelsplatz Deutschlands, ja des europäischen Festlandes.　Unter dem wirksamen Einfluss der Elbschifffahrt, welcher Bremen kein gleichwerthiges Verkehrsmittel gegenüberzustellen vermag, hat sich der Versand von Petroleum und anderen mineralischen Oelen mehr und mehr nach Hamburg hingezogen und stellt sich bereits im Jahre 1884 ein Uebergewicht des letzteren Platzes heraus.

In diesem Jahr hat versandt

Hamburg 155 000 t auf der Elbe,

16 500 t mit der Eisenbahn,

171 500 t,

Bremen und die übrigen Weserhäfen (Bremerhafen, Geestemünde, Vege-
          sack, Nordenham etc.)
          150 110 t mit der Eisenbahn,
            4 300 t „   „ Weser,
          _____
          154 410 t, also weniger 17 000 t. Nach Böhmen und dem
übrigen Oesterreich sind von Bremen noch nicht 5 000 t verschickt, von
Hamburg auf dem Eisenbahnweg 2000—3000 t, auf dem Wasserweg 22 000 t.
Mit dem Uebergewicht Hamburgs für den Versand dieses hochwerthigen
Artikels geht Hand in Hand eine immer stärker hervortretende Bevorzugung des Wasserweges und ein allmähliches Verlassen der Eisenbahnbeförderung nach Orten, welche bequem mit der Wasserstrasse zu erreichen sind.

          Berlin hat 1884 empfangen
Petroleum und andere mineralische Oele 7 400 t auf dem Eisenbahnwege,
                              36 500 t „   „ Wasserwege.
          Dem Eisenbahnempfang Berlins an Getreide, Hülsenfrüchten, Oel-
saaten von 150 000 t steht ein solcher von 250 000 t auf dem Wasserwege gegenüber; selbst so hochwerthige Artikel wie Reis und Kaffee gelangen nach Berlin in grösseren Mengen auf dem letzteren, als mit der
Eisenbahn (Reiszufuhr 1885 760 t auf der Bahn, 2400 t zu Wasser).
          In dem Verkehr der eigentlichen Umschlagsplätze tritt dieses Ueber-
gewicht der Wasserstrasse in der Beförderung einzelner werthvollerer
Güter noch mehr hervor. In Mannheim-Ludwigshafen betrug 1884 der
Eisenbahnempfang an mineralischen Oelen 5000 t, der Wasserempfang
24 000 t; der Reisempfang mit der Bahn 200, mit dem Rhein 4500 t. Sogar
die Zufuhr von Eisenwaaren, welche sonst, wie die Mehrzahl der Fabrikate, vorwiegend den Eisenbahnweg benutzen, ist in Mannheim-Ludwigshafen
ziemlich gleichmässig auf beide Beförderungsarten vertheilt, 36 000 t Eisen-
bahn-, 34 000 t Wasserzufuhr. Freilich kommt dieser starke Wasserverkehr
der Umschlagsplätze der Eisenbahnabfuhr wieder zu Gute, aber nur dem Versand dieser Vermittlungshäfen, nicht dem Eisenbahnverkehr überhaupt.
Dem letzteren sind die Transporte bereits entzogen, wenn sie den Wasserweg aufsuchen, und verlassen diesen erst wieder, wenn er nicht mehr im
Stande ist, die weitere Transportleistung zu übernehmen.
          Diese Beispiele liessen sich noch durch zahlreiche andere vermehren;
die vorstehenden Angaben werden genügen, um zu erhärten, dass

    1) die Wasserstrassen im Gegensatz zu der landläufigen Meinung in
       nicht geringem Umfang an der Beförderung höherwerthiger
       Güter betheiligt sind;
    2) dass die Betheiligung bisher in steigendem Maasse stattgefunden hat;

3) dass sie nicht allein durch die Steigerung des Verkehrs im Allgemeinen, sondern auch durch Verschiebungen desselben auf
Kosten der Eisenbahnbeförderung zu erklären ist;

4) dass die auf Kosten der Eisenbahnbeförderung vor sich gehende
Verkehrsverschiebung vorwiegend diejenigen Gegenstände betrifft,
welche längere Beförderungsstrecken zurückzulegen haben.

Die Ursachen der wachsenden Betheiligung der deutschen Wasserstrassen an der Gesammtgüterbewegung liegen theils in dem Verhalten
der staatlichen Gewalten, theils in natürlichen Entwicklungsverhältnissen.
Die staatliche Thätigkeit hat sich nach zwei Richtungen in einer dem
Wasserverkehr günstigen Weise geäussert: in den Arbeiten zur Verbesserung
und Regulirung der Stromläufe, und in der Schaffung von Hafen- und
Werftanlagen an gewissen Verkehrsknotenpunkten. Die Oder ist erst in
Folge ihrer Regulirung zu einem für den regelmässigen Verkehr brauchbaren Weg geworden, welcher von Breslau ab bis Stettin eine Länge
von 500 km hat. Die Elbe, streckenweise insbesondere auf dem unteren
Lauf eine natürliche Strasse von grossem Werth, ist dem durchgehenden
Verkehr von der deutsch-österreichischen Grenze ab bis Hamburg (650 km)
erst durch Verbesserungsarbeiten zugänglich gemacht. Selbst für den
Rhein haben diese Arbeiten bedeutenden Erfolg gehabt und bewirkt, dass
die Rheinschiffahrt sich der Verwendung von Fahrzeugen grosser Tragfähigkeit (bis 1200 t) zuwenden und dadurch nennenswerthe Ermässigungen
der Beförderungskosten erzielen konnte. Die Verbesserungen des Fahrwassers führten zur Verwirklichung des Gedankens, zwischen Köln und
London eine direkte Schiffahrtsverbindung durch Einstellung sogenannter
Rhein-Seedampfer einzurichten. Dieselben haben bei einer Belastung von
400—500 t einen Tiefgang von wenig über 2 Meter, welcher während der
Seefahrt durch Einnahme von Wasserballast auf 2,7 m erhöht wird, und
vermögen in einem Jahr gegen 20 Doppelreisen zurückzulegen.

Die vielen Millionen, welche die deutschen Staaten, voran Preussen,
seit den letzten fünf Jahrzehnten auf die Stromregulirungen verwendet
haben, sind für die Entwicklung der Schiffahrt von um so grösserem
Vortheil gewesen, als von einer Verzinsung und Tilgung jener Beträge
durch Erhebung von Schiffahrtsabgaben von vornherein abgesehen, diese
Gebührenfreiheit durch die verschiedenen Schiffahrtsakte und durch die
Reichsverfassung (Artikel 54) vielmehr ausdrücklich sicher gestellt wurde.
Die Tragfähigkeit der Binnenschiffahrtsflotte hat sich in dem kurzen Zeitraum von 1877 bis 1882 von 1 377 000 t auf 1 658 000 t gehoben*), die

---

*) Frühere zuverlässige Angaben liegen nicht vor.

Zahl der Dampfschiffe von 463 im Jahre 1872 auf 830 im Jahre 1882.
Die durchschnittliche Tragfähigkeit der Segelschiffe betrug:

		1872	1882
auf der	Oder	77	89 Tonnen
„ „	Elbe	75	84 „
„ dem	Rhein	130	171 „

Den Rhein befahren weitaus die grössten Fahrzeuge; die verhältnissmässig geringe Tragfähigkeit der Schiffe im Elbgebiet erklärt sich durch
den starken Antheil, welchen die Nebenflüsse, namentlich Havel und Spree,
mit kleineren Fahrzeugen an der Schiffahrt daselbst haben.

Nicht geringer darf der Einfluss geschätzt werden, welchen die zur
Erleichterung des Ein- und Ausladens der Güter und des Ueberganges
derselben von den Eisenbahnen auf die Wasserstrassen und umgekehrt
geschaffenen Einrichtungen ausgeübt haben. Früher war die Ent- und
Beladung der Fahrzeuge überaus zeitraubend und deshalb kostspielig.
Es mangelte sowohl an ausreichenden Zufahrtsstrassen zu den Flüssen als
auch an zweckmässigen Anlegeplätzen. Der Schiffer musste den grössten
Theil seiner Zeit mit dem Warten auf Einnahme und Abgabe der Ladung
zubringen. Es vergingen oft viele Tage, bevor es ihm überhaupt gelang,
an den Anlegeplatz heranzukommen, und dann gehörte nicht geringerer
Zeitaufwand dazu, die Ladung zu löschen. Mechanische Vorrichtungen zu
diesem Zweck fehlten entweder ganz oder waren sehr unvollkommen.
Speicher- und Niederlage-Räumlichkeiten in der Nähe der Löschplätze
waren selten in ausreichendem Umfange vorhanden. Diesen Verhältnissen
entsprechend bildeten sich an den grösseren Plätzen lange Liegezeiten
aus, die die Schiffer ohne Entschädigung inne zu halten verpflichtet waren.

Der steigende Verkehr, der Wettbewerb der Eisenbahnen drängten
zu anderen Einrichtungen, namentlich dort, wo Eisenbahn- und Schiffsverkehr zusammentraf. Der Umschlagsverkehr musste sich von vornherein
mit kurzen Ladefristen und gedrängten Anlagen behelfen, welche mit
Speichern, Niederlagen, Krahnen nicht zu sparsam ausgerüstet waren.
Auf diese Weise entstanden, zunächst am Rhein, die Hafen- und Werft-
Anlagen in Ruhrort, Duisburg, welchen Mannheim, Ludwigshafen, Mainz
mit Gustavsburg, Hochfeld, in der neuesten Zeit Frankfurt a./Main folgten.

Die drei Häfen des Niederrheins, Ruhrort, Duisburg und Hochfeld besitzen eine Werftlänge von über 15 000 m, sind mit Ueberladevorrich-
tungen, Dampfkrahnen, Kohlentrichtern und Kippern reichlich ausgestattet,
und bewältigen jährlich einen Verkehr von 4—4½ Millionen Tonnen.
An der Elbe befindet sich eine grössere Zahl von Plätzen, welche mit
Hafen- und Werft-Einrichtungen ausgestattet sind, wenn auch von sehr
viel geringerer Ausdehnung als am Rhein. Dresden, Riesa, Wallwitz-

hafen, Magdeburg, Hamburg besitzen derartige Anlagen mit unmittelbarer Eisenbahnverbindung. In Hamburg, dem wichtigsten Elb-Umschlagsplatz, kommt allerdings vorzugsweise die Vermittelung zwischen See- und Flussschiffahrt in Frage, welche andere Bedürfnisse hat, als der Umschlag zwischen Eisenbahn und Schiffahrt; dort werden mit Geleisen ausgestattete Werftanlagen für den Flussverkehr in geringerem Umfang erforderlich sein und möglichst ausgedehnte Schuppen und Speicherräume, unmittelbar am Wasser gelegen, an ihre Stelle treten. — Auffallend dürftig und unzureichend sind dagegen die Anlegeplätze und Werften in Berlin.

Auch an der Oder ist bereits Manches gethan, um dem Wasserverkehr feste Stützpunkte, insbesondere durch Anschluss an die Eisenbahnen zu geben. Die für den Verkehr bedeutendste Anlage befindet sich bei Breslau, woselbst bereits Kippvorrichtungen nach dem Muster der Rheinhäfen thätig sind.

Alle diese Einrichtungen sind entweder vom Staat hergestellt — so die grossartigen Ruhrorter Anlagen — oder von Gemeinden, sei es allein, sei es mit Unterstützung des Staates, oder endlich von Privatgesellschaften. Dagegen ist ein weiteres Belebungsmittel des Schiffahrtsverkehrs lediglich der Privatthätigkeit zu verdanken — die Einführung des Dampfbetriebes, durch welchen die Vortheile, welche Flussregulirungen, Häfen und Werfte dem Wasserverkehr brachten, erst voll und nachdrücklich ausgenutzt werden konnten. So lange die Schiffahrt von der Gunst und Ungunst des Wetters abhängig war, die Ladungen wochenlang unterwegs blieben, feste Lieferfristen nicht innegehalten werden konnten, vermochte die Wasserbeförderung gegen den Eisenbahnverkehr nicht aufzukommen. Nur wo die Schnelligkeit der Beförderung ganz ausser Acht gelassen wurde und lediglich die Billigkeit der Transportpreise entschied, hatte der Wasserweg das Uebergewicht. Dies war meist der Fall bei den geringwerthigsten Rohmaterialien, welche der Schiffahrt auch dann verblieben, als der Eisenbahnbetrieb grössere Ausdehnung genommen hatte. Auf dem Rhein sind diese Verhältnisse längst überwunden und der Dampfbetrieb nicht nur für die Berg-, sondern auch für die Thalfahrt die Regel. Der Stückgutverkehr wird von Güterdampfschiffen besorgt, der Versand der Massengüter erfolgt in Lastschiffen, welche von besonders kräftigen Dampfern geschleppt werden. Die Lieferfristen, welche bei diesen Beförderungsarten innegehalten werden können, würden denen der Eisenbahnen wenig nachstehen, wenn nicht die Ansammlung der Güter zu einer Schiffsladung mitunter zu lange Zeit in Anspruch nähme. Bei dem alten Segelschiff wird man die durchschnittliche tägliche Vorwärtsbewegung, Berg- und Thalverkehr zusammengerechnet und unter Berücksichtigung des häufigen Stillliegens in Folge ungünstigen Windes, auf höchsten 30 km veranschlagen

können. Der Dampfschleppzug legt auf dem Rhein in der Stunde 5 km
zu Berg und 10 km zu Thal, im Durchschnitt 7$\frac{1}{2}$ km und bei 15 stündiger
Fahrt täglich 100—115 km zurück, also drei bis vier Mal mehr, als das
Segelschiff. Das Güterdampfschiff erreicht eine Durchschnittsgeschwindigkeit von 10 km zu Berg, 15 km zu Thal, im Mittel 12$\frac{1}{2}$ km in der
Stunde, und von 180—200 km täglich. Vergleicht man den Schleppzug
mit einem gewöhnlichen Güterzug, das Güterschiff mit einem Eilgüterzug,
so stehen die Schnelligkeiten der Schiffe ja bedeutend hinter denjenigen
der Eisenbahnzüge zurück; selbst ein s c h w e r e r Güterzug durchfährt in
24 Stunden 3—400 km, ein Eilgüterzug die doppelte Länge. Die vollen
im Betriebsreglement festgestellten Lieferfristen der Eisenbahnen werden
deshalb für die Beförderung selten in Anspruch genommen. Immerhin hat
die Schiffahrt insofern mit ungleich günstigeren Verhältnissen zu rechnen
als der Eisenbahnbetrieb, weil jene auf wenige verkehrsreiche Hauptstrassen zusammengedrängt ist, und auch hier der Verkehr sich vorzugsweise zwischen einer geringen Zahl grosser und ziemlich entfernt gelegener
Orte abwickelt, die Schleppzüge und Güterschiffe daher, abgesehen von
den Uebernachtungsaufenthalten, unterwegs selten oder gar nicht anzulegen
brauchen. Anders der Eisenbahnbetrieb. Selbst auf den verkehrsreichsten
Strassen müssen häufige Aufenthalte auf Unterwegsstationen genommen
werden, sei es um Güter ein- und auszuladen, Wagen ein- und auszusetzen, sei es aus Betriebsrücksichten zum Maschinen- und Personal-
wechsel, Wasser- oder Kohlennehmen, um nachkommenden Personenzügen
auszuweichen u. s. w. Dadurch wird die Fahrt auch durchgehender Züge
erheblich verlangsamt. Der Transport der Güter bewegt sich nun aber
nicht allein über wenige Hauptrouten, sondern über ein vielverzweigtes
Eisenbahnnetz mit zahlreichen Uebergängen von einer Route auf die andere
und mit den dadurch nothwendig gebotenen Aufenthalten von mehr oder
weniger Dauer. Bei diesen verwickelten und vielgestaltigen Verhältnissen
hat der Eisenbahngüterverkehr in Bezug auf Schnelligkeit der Beförderung
doch nicht diejenige Ueberlegenheit über den Dampfschiffahrtsbetrieb,
welche ihm bei der grösseren Geschwindigkeit der Fortbewegung an sich
zukommen müsste. Es wird der Schiffahrt sogar unter besonders günstigen
Umständen möglich sein, nicht nur dieselben Maximal-, sondern sogar die
thatsächlichen Lieferfristen innezuhalten, welche die Eisenbahn erfahrungsmässig anwendet. Im Thalverkehr Mannheim-Rotterdam (560 km) kann
ein Güterschiff eine Lieferfrist von 3—4 Tagen übernehmen, welche die
Eisenbahn für den regelmässigen Frachtgutversand nur zu unterbieten
vermag, wenn sie besondere Einrichtungen trifft, welche immerhin einige
Kosten verursachen und nur im Falle eines starken Verkehrs lohnend
sein würden.

Diese dem Verkehr auf den grossen natürlichen Wasserstrassen besonders günstigen Verhältnisse haben zu dem Aufschwung der Dampfschiffahrt wesentlich beigetragen und mit zu Wege gebracht, dass die Schiffahrt durch den Mitbewerb der Eisenbahnen nicht nur nicht erdrückt ist, sondern diesen sogar einen beträchtlichen Theil der Sendungen abgenommen hat. Die zunehmende Verwendung des Dampfes als Fortbewegungsmittel hat der Schiffahrt auf dem Rhein und auf der Elbe zu ihrer gegenwärtigen Bedeutung verholfen, sie giebt auch dem Oderverkehr seit einigen Jahren einen grossen Aufschwung. Wo noch die Segel- und Ruderschiffahrt in grösserem Maassstabe stattfindet, wie auf der Spree und Havel, da handelt es sich vorwiegend um geringwerthige Gegenstände, wie Erde, Kies, rohe und gebrannte Steine, Kalksteine und dergleichen, Artikel, welche auch auf dem Rhein im Thalverkehr heute noch meist ohne Hülfe des Dampfes befördert werden.

Nicht allein an Schnelligkeit, Regelmässigkeit und Stetigkeit hat aber die Schiffahrt durch den Dampfbetrieb gewonnen, sondern auch an Billigkeit. Die sehr viel grösseren Kosten, welche dieser sowohl für die erste Anlage, als für die laufende Unterhaltung, Zinsentilgung erfordert, vertheilen sich auf eine ungleich grössere Leistung, sodass das beförderte Dampfschiffs-Tonnenkilometer weniger Aufwand beansprucht, als das Segelschiffs-Tonnenkilometer. Bei der Benutzung der Dampfkraft kann das Fahrzeug die doppelte bis dreifache Zahl von Fahrten zurücklegen und bedeutend grösser gebaut werden. Die gesteigerte Leistungsfähigkeit in Verbindung mit der beschleunigten Be- und Entladung hat die Beförderungskosten auf die Hälfte bis ein Viertel gegen früher ermässigt. Bei der Seeschiffahrt walten ganz gleiche Verhältnisse ob. Der Seedampfer besitzt bei etwa den dreifachen Kosten eine vier bis fünf Mal grössere Leistungsfähigkeit, als das Segelschiff, widersteht den Gefahren ungleich besser, als dieses und kann bestimmte Fahrzeiten inne halten. Daher sind die Seefrachten seit der Vermehrung der Dampfschiffe wesentlich gefallen; die Ueberproduktion an Fortbewegungsmitteln, welche inzwischen ziemlich gleichzeitig mit einem allgemeinen Stillstand der wirthschaftlichen Verhältnisse eingetreten ist, hat die Preise allerdings auf einen tieferen Punkt herabsinken lassen, als an sich gerechtfertigt wäre. Die täglichen Kosten einer Netto-Tonne Tragfähigkeit sind bei dem grösseren Seedampfer auf etwa 0,50 $\mathcal{M}$ anzunehmen; da dieser täglich 3—400 km zurücklegt, so betragen die eigentlichen Beförderungskosten für das Tonnenkilometer Last etwa $^1/_7$ Pfg. und werden sich durch die Aufenthalte in den Häfen auf etwa $^1/_4$ Pfg. erhöhen. Zwischen Nord-Amerika und Deutschland (5—6000 km) wird Getreide mit 10 $\mathcal{M}$ für die Tonne befördert, was einem Einheitssatz von $^1/_5$ Pfg. entsprechen würde; vor wenigen Jahren betrug die Fracht noch

das Doppelte. Je länger die Beförderungsstrecke, um so niedriger der
Einheitssatz, weil die Liegezeit einen verhältnissmässig kleineren Theil der
gesammten Fahrtdauer beansprucht. Die Kohlenfracht zwischen England
und den deutschen Nordseehäfen (englische Ostküste 700 km, Westküste
1 400 km) beträgt 4—5 $\mathscr{M} = 0{,}5$—$0{,}7$ Pfg. für das Tonnenkilometer,
zwischen letzteren und den preussischen und russischen Ostseehäfen (1 300
und 2300 km) meist 5 $\mathscr{M} = 0{,}2$—$0{,}4$ Pfg. für das tkm (für Segelschiffe).

Mit so niedrigen Einheitssätzen vermag nun die Flussschiffahrt
nicht aufzutreten, immerhin ermöglicht ihr der Umstand, dass sie im Gegensatz zu den Eisenbahnen, die Fahrstrassen unentgeltlich benutzt und nur
die Fortbewegungsmittel zu stellen hat, eine erheblich billigere Berechnung
der Frachtsätze, als sie die Eisenbahnen zu leisten vermögen, von denen
als selbstverständlich vorausgesetzt wird, dass sie die Zinsen und Tilgung
des Aktienkapitals herauswirthschaften. Mit den Seefrachten hat die Flussschiffahrt den Umstand gemein, dass die Frachtpreise bei weiteren Entfernungen im Allgemeinen auf wesentlich niedrigeren Einheiten beruhen, als
bei kürzeren Transportstrecken, dass die Möglichkeit der raschen Be- und
Entladung auf die Frachtsätze von grossem Einfluss ist, und dass endlich
die blosse Aussicht auf Rückladung die Frachtpreise bedeutend herabdrückt.
Der Frachteneinheitssatz wird daher am niedrigsten zwischen zwei verkehrsreichen Plätzen stehen, deren Güteraustausch sich in beiden Richtungen, berg- und thalwärts, bewegt und durch gute Hafen- und Werftanlagen
unterstützt wird. Für die Schiffahrt ist eben die Zeit maassgebend, welche
zum Transport der Güter, einschliesslich des Einnehmens und Löschens derselben erforderlich ist, und der Zeitaufwand regelt den Frachtpreis. Bei
dem Dampfbetrieb ist die Zeit eine feststehende, weshalb auch die Dampfer-
Tarife fest normirt sein könnten. Abgesehen von dem freien Wettbewerb
der Schiffahrt unter sich und den hierdurch sowie durch den Wechsel von
Angebot und Nachfrage entstehenden Schwankungen, ist hauptsächlich die
Aussicht auf Rückfracht für die vielfachen Verschiedenheiten maassgebend,
welche die Frachtpreise auch der Dampfschiffahrt zwischen bestimmten
Orten aufweisen.

Eine fernere Eigenthümlichkeit haben See- und Flussschiffahrt bei
Feststellung der Frachtpreise gemein: die geringere Rücksichtnahme auf
den Werth der Beförderungsgegenstände. Möglichste Ausnutzung des
Schiffsraumes ist der maassgebende Gesichtspunkt, ob dies durch Steinkohlen oder Getreide und Zucker geschieht, ist für die Frachtberechnung
von geringem Belang. Die Gefährlichkeit der Güter, welche beim See-
transport eine grosse Rolle spielt und trotz der Versicherung die Frachtsätze wohl beeinflusst, ist bei der Flussschiffahrt nur von untergeordneter
Bedeutung. Steinkohlen, die für lange Seereisen eine gefährliche, zur

Selbstentzündung neigende Ladung bilden, sind für den Flusstransport
gerade so ungefährlich wie für die Eisenbahnbeförderung, Petroleum sogar
noch weniger. — Wenn die Flussschiffahrt für manche höherwerthige
Güter, deren Beförderung im Uebrigen durchaus bequem ist, höhere Frachtpreise ansetzt, so geschieht dies lediglich aus kaufmännischer Berechnung.
Man hat es eben nicht nöthig, um diese Transporte an sich zu ziehen, besondere Zugeständnisse bezüglich der Höhe der Frachtsätze zu machen;
die konkurrirenden Eisenbahnen nöthigen hierzu nicht, und die Schiffahrt
nimmt die Gelegenheit gern mit, für die Gewährung besonders billiger
Frachtpreise an Massengütern bei anderen Gegenständen einen Ausgleich zu
suchen und zu finden. — Abgesehen von diesen besonderen Rücksichten
kennt die Flussschiffahrt im Grossen und Ganzen nur drei Hauptunter-
schiede in den Frachtsätzen:

    a. Beförderung in besonderen Güterdampfschiffen — das Gegenstück zu
       der Eilgutbeförderung der Eisenbahnen;

    b. Beförderung mittelst Schleppdampfer in Schleppschiffen;

    c. Segelschiffsbeförderung.

    Die erstere ist im Durchschnitt wohl zwei bis vier Mal theurer, als
die zweite; die Segelschiffsbeförderung, d. h. die Vorwärtsbewegung ohne
Hülfe der Dampfkraft, wird theils billiger, theils theurer sein, als die
Schleppschiffbeförderung. Billiger dann, wenn es sich um den Thalverkehr
geringwerthiger Güter auf nicht zu langen Strecken handelt, wo der Dampfbetrieb nicht lohnt, die an sich grössere Billigkeit desselben wegen der
kurzen Strecken der Thalbeförderung, der ungünstigen Löschvorrichtungen
nicht zur Erscheinung kommt; theurer aber stets, wo der Verkehr sich
bergwärts bewegt.

    Von Einfluss auf die Frachtpreise ist bei der zweiten Beförderungsart
noch die Beschaffenheit und der Zustand der Schleppschiffe: ob gross oder
klein, ob von Holz oder Eisen, ob mit einfachem oder doppeltem Boden.
Die eisernen Schiffe bedingen wegen ihrer festeren und zuverlässigeren
Bauart höhere Preise, als die hölzernen; sie sind auch meist zweckmässiger
für die Ent- und Beladung eingerichtet, als die alten Holzschiffe. Die
Grösse der Schiffe ist für die Höhe des Schlepplohnes von Wichtigkeit.
Je besser die Dampfkraft ausgenutzt werden kann, um so niedriger vermag der Entgelt für dieselbe bemessen zu werden. Wenige grössere
Fahrzeuge gestatten aber die Entwicklung einer grösseren Leistungsfähigkeit, als die Verwendung einer beträchtlicheren Zahl kleinerer Schiffe.
Ein eisernes Lastschiff von 500 t Tragfähigkeit zahlt für das Tonnenkilometer höchstens $^2/_3$ derjenigen Schleppgebühr, welche ein hölzernes Schiff
von 100 t zu entrichten hat. Hiernach würde sich folgendes Schema für
die Tarifberechnung der Flussschiffahrt ergeben:

1. Beförderung in Güterdampfschiffen . . erster Satz;
2.   „   vermittelst Schleppdampfer
     a) in eisernen Schleppschiffen   zweiter „
     b) in hölzernen Kähnen . .   dritter „
     2a und 2b wechseln ausserdem
     nach der Grösse der Fahrzeuge;
3.   „   in Segelschiffen . . . . vierter „ .

Als Regel für die Frachtpreise der weitaus überwiegenden Beförderungs-
art zu 2 kann man auf dem Rhein und auf der Elbe einen Pfennig für
das Tonnenkilometer ansehen. Im Einzelnen bewirken die angedeuteten
Umstände ein fortwährendes Auf- und Niederschwanken der Frachtsätze.
Zwischen Ruhrort, dem verkehrreichsten rheinischen Hafen, und den ver-
schiedenen Plätzen des Nieder- und Mittelrheins ergiebt sich etwa folgende
Frachtberechnung für Beförderung von Massengütern (Steinkohlen, Getreide,
Petroleum, Roheisen) in Schleppschiffen:

von Ruhrort [nach Rotterdam	Kilometer	Fracht einschl. Schlepplohn					für das Tonnenkilometer
und Dortrecht	210—220	1,70	$\mathscr{M}$ für die Tonne,				= 0,8 $\mathscr{A}$
von Ruhrort nach Köln . .	92	2	„	„	„	„	, = 2,2 „
„ „ „ Koblenz .	187	2	„	„	„	„	, = 1,1 „
„ „ „ Mainz . .	279	3	„	„	„	„	, = 1 „
„ „ „ Mannheim .	352	3,6	„	„	„	„	, = 1 „

Ruhrort—Rotterdam hat die niedrigsten Einheitssätze, was einestheils
in der Thalrichtung der Transporte, anderntheils in dem Umstande begründet ist, dass in Rotterdam vielfach Gelegenheit zur Einnahme von
Rückladung vorhanden ist. Im Jahre 1884 sind von Ruhrort, Duisburg
und Hochfeld über 1 900 000 Tonnen zu Thal, also überwiegend nach den
holländischen Häfen, zu Berg dorthin 550 000 t befördert worden. Die
hohen Einheitssätze für den Verkehr mit Köln dagegen sind veranlasst
durch die kurze Transportstrecke und mangelnde Gelegenheit zur Rückfracht. Mannheim und Mainz mit ihren regelmässigen grossen Bezügen
und ihren grossen Entfernungen von Ruhrort haben trotz der Bergfahrt
wieder niedrige Sätze; dem Bergempfang von 1 654 000 t steht ein Thal-
versand von 450 000 t gegenüber.

Auch auf der Elbe kann man im Verkehr zwischen Hamburg einer-
seits und Berlin und Magdeburg andererseits für Getreide, Petroleum, Roh-
eisen und ähnliche Massenartikel mit einem Einheitssatz von 1 $\mathscr{A}$ für das
Tonnenkilometer rechnen, im Verkehr nach weitergelegenen Orten wie
Dresden und Laube, sowie im Thalverkehr sogar mit noch etwas niedrigeren
Einheiten. Stückgut tarifirt etwas höher, 1,2—1,5 $\mathscr{A}$. Auf der Oder sind

die Sätze im Allgemeinen höher; die kürzere Schiffahrtsdauer, die noch nicht hinreichend entwickelte Dampfschiffahrt, die geringere Tragfähigkeit der Fahrzeuge, ihre längere Umlaufszeit auch in Folge unzureichender Hafen- und Werftanlagen erklären diese Thatsache zur Genüge. Im Verkehr Breslau-Stettin rechnet man auch bei der Thalfahrt mit Einheitssätzen von 2 ₰ f. d. tkm für Stückgut, 1,4 ₰ für Spiritus, 1,1—1,2 ₰ für Getreide und Rohzucker, 1 ₰ für Steinkohlen und Zink.

Bis vor wenigen Jahren waren die Frachtpreise erheblich höher. Ein Schlepplohntarif der Ruhrorter Aktiengesellschaft für Tauerei und Schleppschiffahrt aus dem Jahre 1880 veröffentlicht Sätze für das Schleppen von Kohlen, welche, für Ladungen von 100 Tonnen, Einheitssätzen von 2 ₰, von 500 Tonnen solchen von 1,5 ₰ entsprechen. Hiervon kommen allerdings höchstens ²/₃ zur wirklichen Erhebung, für Sendungen in grossen eisernen Schleppkähnen sogar weniger als die Hälfte, und Abonnenten wurden weitere Nachlässe gewährt. Die Mindestbeträge für grosse Massensendungen beliefen sich auf 0,6—0,8 ₰ f. d. Tonnenkilometer. Nach dem Bericht derselben Gesellschaft für das Geschäftsjahr 1885 hat die Schlepplohneinnahme aber nur 0,4 ₰ für das tkm betragen, sodass in diesen Jahren ein erheblicher Rückgang stattgefunden hat. Dasselbe ist bei der Kahnmiethe der Fall.

Man kann im Allgemeinen für den Rhein und die Elbe Einheitssätze von 0,8—1,5 ₰ für das Tonnenkilometer als zutreffend annehmen und zwar für den Transport von Massengütern aller Art in durch Dampf bewegten Schleppzügen. Für Stückgüter in besonderen Güterschiffen kommen zwei bis vier Mal höhere Sätze zur Anwendung. Zu den Sätzen muss man regelmässig noch die Versicherungsgebühr rechnen, welche bei der Schiffsbeförderung nicht zu umgehen ist. Um ferner gegenüber den Eisenbahntarifen den richtigen Vergleichsstandpunkt zu gewinnen, ist nicht zu übersehen, dass die Wasserstrassen wegen des gewundenen Laufes der Ströme in der Regel nicht unerheblich länger sind, als die Eisenbahnwege zwischen denselben Endpunkten. Die Entfernung Breslau - Stettin auf der Oder beträgt 500 km, mit der Eisenbahn 350 km, auf ersterem Wege also beinah 50 pCt. mehr.

							(Erstere mithin mehr) pCt.
Entfernung Hamburg-Berlin		400 km zu Wasser,		285 km p. Bahn			(44)
„	„ Magdeburg	300 „	„	„	250 „	„ „	(20)
	„ Dresden	585 „	„	„	470 „	„ „	(24)
„	Rotterdam-Ruhrort	215 „	„	„	200 „	„ „	(7)
	„ Mannheim	560 „	„	„	520 „	„ „	(7)
„	Ruhrort - Mainz	280 „	„	„	250 „	„ „	(12)
	„ Mannheim	350 „	„	„	320 „	„ „	(9)

Versicherungsgebühr, Entfernungsunterschiede, Werft- und Liegegelder erhöhen die Einheitssätze der Schiffsfracht im Vergleich zur Eisenbahnfracht um 10—20 pCt. Eine weitere Erhöhung tritt ein, wenn es sich nicht um Benutzung natürlicher Flussläufe mit gutem Fahrwasser sondern um Kanäle oder kanalisirte Strassen handelt. Einmal sind hier die Gebühren in Rücksicht zu ziehen, welche für die Befahrung erhoben werden; dieselben sind in der Regel gering bemessen, weil sie nicht den Zweck haben, die Verzinsung der Herstellungskosten zu sichern, sondern nur die laufenden Unterhaltungskosten decken sollen. Sodann aber und vorzugsweise kommen die Betriebserschwernisse in Betracht, welche auch der besteingerichtete Kanal gegenüber dem freien Fluss mit sich bringt. Die Durchschleusungen verlangsamen die Beförderung in höherem Grade als dies die Strömung der Flüsse bewirkt, und zwar wird sich dieses um so mehr bemerkbar machen, je stärker der Verkehr ist. Wenn auch die Abmessungen des Kanals die Verwendung grosser Fahrzeuge und die Benutzung der Dampfkraft gestatten sollten, so wird letztere doch nicht annähernd mit der Wirkung zur Geltung kommen können, wie dies bei dem Flussverkehr der Fall ist. Störungen der Schiffahrt durch Hochwasser und mangelnden Wasserstand sind bei dem Kanal allerdings nicht so nachhaltig wie bei dem offenen Fluss, doch wird dieser Vortheil durch die Betriebseinstellungen ausgeglichen, welche die Instandhaltungen der Schleusen und sonstigen Bauwerke erforderlich machen. Auch wird der Frost den Kanalbetrieb in der Regel länger unterbrechen, als die Schiffahrt des offenen Flusses.

Alle diese Umstände machen die Kanalbeförderung zweifellos schwerfälliger, langsamer, hindern den raschen Umschlag der Betriebsmittel und vertheuern den Betrieb. Alle Güter, bei welchen die Schnelligkeit der Beförderung eine gewisse Bedeutung hat, werden daher dem Kanal fern bleiben, oder ihn doch nur unter ganz bestimmten Voraussetzungen aufsuchen. Bei kurzen Kanalstrecken werden diese Uebelstände keine dem Wasserverkehr nachtheilige Wirkung äussern, um so mehr wird dies aber bei längeren Kanalstrecken der Fall sein. Die hierdurch eintretenden Erhöhungen der Frachtpreise, welche die Kanalschiffahrt gegenüber der Flussschiffahrt ansetzen muss, lassen sich in Ermangelung von Erfahrungen, welche für die Befahrung grosser durchgehender Kanal- und kanalisirter Flussstrecken in Deutschland vorliegen, im Voraus mit Sicherheit nicht berechnen, doch wird man nicht fehlgehen, wenn man die Kosten der Kanalbeförderung um 20—50 pCt höher veranschlagt, als diejenigen der Flussschiffahrt. Der Unterschied wird sich noch höher stellen, wenn die Kanalgebühren auch die Verzinsung und Tilgung des Anlagekapitals decken sollen.

Soweit es bei der fortwährenden Bewegung, in welcher sich die Schiff-fahrtsfrachten befinden, überhaupt zulässig ist, von einem Tarif derselben zu sprechen, würde etwa folgende Skala den gegenwärtigen Verhältnissen angemessen sein, wobei — da es hier vornehmlich auf die Vergleichung mit den Eisenbahnfrachten ankommt — den Sätzen die Zuschläge für Umwege, Versicherung, Werftgeld, Kanalgebühr zugerechnet sind. Es be-trägt der durchschnittliche Einheitssatz für die Beförderung von a) Massengütern aller Art, d. h. von Gütern, welche in ganzen Schiffs-ladungen aufgegeben und durch Dampfkraft in Schleppzügen fortbewegt werden, 1—1,5 Pfg. für das Tonnenkilometer; b) für Stückgüter, welche solchen Schleppzügen beigeladen werden, 0,3—0,5 Pfg. mehr, mithin 1,3—2 Pfg. f. d. Tonnenkilometer, c) für Stückgüter, welche in besonderen Güter-schiffen zur Versendung kommen (eilgutmässige Beförderung) 2—5 Pfg. Auf Kanälen und kanalisirten Flüssen wird man für die Beförderung zu a 1,2—1,8, zu b 1,5—2,5 Pfg. rechnen können, die dritte Art wird bei diesen Wasserläufen nicht häufig stattfinden. — Die Segelschiffahrts-beförderung kann wegen ihrer immer mehr abnehmenden Bedeutung, und da sie überdies den Transport einer sehr beschränkten Zahl von Artikeln auf kurze Strecken vermittelt, hier ausser Betracht bleiben.

Gegenüber diesem einfachen Schiffstarif mit seinen 2 bis 3 Sätzen ist der deutsche Eisenbahngütertarif schon durch die Zahl der Tarifklassen verwickelt; ausser den regelmässigen Klassen für Eil- und Stück-gut, zwei allgemeine und vier besondere Wagenladungsklassen hat jede Bahn eine Zahl von Ausnahmetarifen. Die Einheitssätze des regelmässigen Tarifs schwanken zwischen 2,2 und 22 Pfg. für das Tonnenkilometer, sind also zwei bis vier Mal so hoch als die Schiffsfrachten. Die durchschnitt-liche Einnahme der deutschen Eisenbahnen aus der Güterbeförderung hat 1884 4 Pg. für das Tonnenkilometer betragen, sicherlich mindestens drei Mal mehr als die Schiffahrt sich für dieselbe Einheit herauszurechnen vermag. In den einzelnen Tarifklassen schwanken die Einnahmen zwischen 12,99 Pfg. für das Tonnenkilometer (Stückgut) und 2,97 Pfg. (Ausnahme-tarife für Wagenladungen von 10 Tonnen und darüber), verhalten sich also wie 1:4, während bei der Schiffahrt die Fracht für Stück- und Massengüter in Schleppzügen höchstens ein Verhältniss von 1:2 zeigen wird. Was der letzteren in tarifarischer Hinsicht aber besondere Ueberlegenheit ver-schafft, ist der Umstand, dass sie im Grossen und Ganzen dem Werth der Güter keinen Einfluss auf die Höhe des Frachttarifes zugesteht. Es werden Güter, wie Roheisen, Erze, Kohlen, Getreide, Petroleum im Wesent-lichen zu denselben Sätzen befördert, während bei den preussischen Eisen-bahnen für diese Artikel Abstufungen von 2,2—6 Pfg. für das Tonnen-kilometer bestehen.

Rechnet man demgegenüber für Massengüter (einschliesslich Stückgut in grösseren Mengen) auf Flüssen 1—1,5 Pfg., auf Kanälen und kanalisirten Flüssen 1,2—2 Pfg., so ist nicht zu verwundern, dass der Verkehr
der höherwerthigen Güter auf den Wasserstrassen verhältnissmässig stärker
ist, als auf den Eisenbahnen. Der Transport der billigen Massengüter ist
auf jenen im Durchschnitt höchstens halb so theuer, wie auf den Eisenbahnen, die
Beförderung von Gütern dagegen, welche diese zu den Sätzen der allgemeinen
Wagenladungsklassen (wie Petroleum, raffinirten Zucker, Stückgut in
Sammelladungen) oder des Spezialtarifs I (Getreide) übernehmen, ist auf
dem Fluss drei bis vier Mal so billig. Die künstliche Wasserstrasse befördert geringwerthige Massengüter etwa zu $^2/_3$, höherwerthige zu ein halb
bis ein Drittel der regelmässigen Eisenbahnfrachtsätze. Ueberall, wo die Verhältnisse dem Wasserwege einigermassen günstig sind, wird sich dieser
deshalb mit besonderem Erfolge auf die Beförderung der höherwerthigen
Güter werfen; der Massenverkehr von Getreide auf dem Rhein, von Blei
und Zink auf der Oder, von Petroleum und Zucker auf der Elbe bestätigen
dies. Ein Umstand trägt dazu bei, das Uebergewicht der Eisenbahnen
in der Bewältigung geringwerthiger Transportmassen, der Wasserstrassen
beim Verkehr höherwerthiger Güter noch schärfer hervortreten zu lassen. Die
zahlreichen Ausnahmetarife, welche im Eisenbahnverkehr bestehen, umfassen ganz überwiegend Güter des Spezialtarifs III, der niedrigsten regelmässigen Tarifklasse, namentlich Kohlen, Erze, Roheisen, Steine; Güter
der höheren Klassen werden hauptsächlich nur im Verkehr nach den Seehäfen zu niedrigeren Sätzen gefahren. Der Einheitssatz, dem jene Massengüter bei den Eisenbahnen unterliegen, ist der zahlreichen Ausnahmetarifirung wegen mithin niedriger, als der oben angegebene von 2,2 Pfg.
Der Unterschied der Frachtsätze des Schiffs- und Eisenbahnverkehrs wird
hierdurch für die geringwerthigen Güter nicht unerheblich abgeschwächt,
während bei den werthvolleren Gütern diese Milderung der Gegensätze
nur in sehr geringem Umfange eintritt.

Die Billigkeit der Schiffsbeförderung wird durch einen Umstand beein-
trächtigt. Bei dem Wasserverkehr ist die Zufuhr unmittelbar zur Ver-
brauchsstelle die Ausnahme, Regel vielmehr, dass dem Wassertransport ein
Eisenbahn- oder sonstiger Landtransport vorhergegangen ist oder nachfolgt.
Bei der Eisenbahnbeförderung ist gerade das umgekehrte Verhältniss die
Regel. Es kann heut ein industrielles Werk grösseren Umfanges, eine
Eisenhütte, eine chemische Fabrik, namentlich aber ein Kohlenwerk, nicht
wohl bestehen, wenn dasselbe nicht mit der Eisenbahn verbunden und im
Stande ist, unmittelbar in den Eisenbahnwagen zu ver- und aus demselben
zu entladen. Und dies ist so sehr Nothwendigkeit, dass auch die Lage
am Wasser von dem Anschluss an das Eisenbahnnetz nicht befreit. Mit

der Eisenbahn kann so ziemlich überall hin und zu jeder Zeit verfrachtet
werden, während Bezugs- und Absatzgebiet der Wasserwege nur beschränkt,
die Benutzung derselben zeitweise Zufälligkeiten unterworfen ist, die bei
der Eisenbahnbeförderung nicht vorkommen. Die grössere Zuverlässigkeit
der letzteren, die Möglichkeit, auf dem Eisenbahnwege bis in die Fabrik-
höfe, mitten in die Städte, zu günstig gelegenen Lagerplätzen zu gelangen,
wird eine Bevorzugung dieser Beförderungsart auch dann vielfach zur
Folge haben, wenn ausserdem ein brauchbarer Wasserweg mit geringeren
Gesammtfrachten zur Verfügung steht. Dies ist beispielsweise bei dem
Kohlenverkehr von der Ruhr nach den Niederlanden der Fall. Hauptziel-
punkte desselben sind Plätze, welche mit der Schiffahrt bequem erreicht
werden können, insbesondere Rotterdam, Amsterdam, Dordrecht u. a. mit
ihrem starken Verbrauch für den Seeverkehr. Die Schiffahrtssätze sind
niedrig und ergeben einschliesslich der Eisenbahnfrachtkosten Gesammtfrachten von etwa 3 $\mathscr{M}$ für die Tonne; die Eisenbahnsätze betragen im
Durchschnitt mindestens 4 $\mathscr{M}$ und sind an erschwerende Bedingungen
geknüpft. Gleichwohl bewegt sich ein grosser Theil dieses Verkehrs auf
dem Eisenbahnwege, welcher durch seine Pünktlichkeit insbesondere für
die zur Seeausfuhr bestimmte Kohle zweckmässiger ist.

V.

Die natürlichen Flussläufe, welche den grössten Theil des Jahres hindurch genügende Wasserfülle besitzen, um die Verwendung grösserer
Dampf- und Schleppschiffe zu gestatten, sind den Eisenbahnen in Bezug
auf die Billigkeit der thatsächlichen Beförderung unzweifelhaft bedeutend
überlegen und zwar um so mehr, je grösseren Werth die zu befördernden
Güter haben und über je weitere Strecken sich die Sendung bewegt. Bei
den künstlichen Wasserstrassen (Kanälen und kanalisirten Flüssen) ist
diese Ueberlegenheit in eingeschränkterer Weise vorhanden. Sie wird auch
dadurch nicht wesentlich beeinträchtigt, dass die Theuerung des Eisenbahntransports weniger durch die absolut höheren Selbstkosten, als vielmehr dadurch verschuldet wird, dass die Eisenbahnen auch nach Uebergang in das Staatseigenthum sich nicht damit begnügen dürfen, die blossen
Betriebskosten herauszuwirthschaften, sondern auch die zur Einziehung und
Tilgung des Anlage- und Ankaufs-Kapitals nöthigen Summen abwerfen müssen.
Der Personenverkehr ist ein kostspieliger Zweig der Eisenbahnverwaltung und
giebt nur einen geringen Ueberschuss über die Kosten, auf dem Güterverkehr lastet vorzugsweise die Aufgabe, jene Summen zu decken. Die
deutschen Eisenbahnen haben ein Kapital von etwa 10 Milliarden erfordert
beinahe eine halbe Milliarde jährlich ist zur Verzinsung und Tilgung nothwendig. Auf das Tonnenkilometer Gut entfällt ein Beitrag von annähernd

2 Pf. oder etwa die Hälfte der Einnahmen für diese Einheit. Die reinen Beförderungskosten des Güterverkehrs betragen im Durchschnitt gegen 2 Pf. für das Tonnenkilometer und sind nicht viel höher als die bei der Bewegung auf den künstlichen Wasserstrassen erwachsenden Kosten. Auf dem Fluss würde, auch bei Herabsetzung der Eisenbahngütertarife auf die Selbstkosten, die Beförderung erheblich billiger sein, alsdann jedoch auf den Austausch zwischen dem Bedarf und dem Ueberfluss der unmittelbar an den Wasserstrassen belegenen Städte und Gegenden beschränkt bleiben, während der umfangreiche zusammengesetzte Eisenbahn- und Wasserverkehr sich meist als unlohnend erweisen und die Eisenbahnbeförderung die ausschliessliche werden würde.

Eine derartige Annahme hat keinen praktischen Werth, weil die Staatswirthschaft auf die Ueberschüsse der Eisenbahnverwaltung nicht verzichten kann. Dieselbe Rücksicht verhindert erner eine Aenderung des bestehenden Gütertarifsystems in der Richtung, dass die Werthabstufungen der Güterklassifikation fallen gelassen oder nach dem Vorbild der Schifffahrt erheblich eingeschränkt werden. Wollte man lediglich die Betriebskosten für die Tarifirung bestimmend sein lassen, so würde man sich mit vier regelmässigen Klassen: Eilgut, Stückgut, Ladungen in bedeckten und Ladungen in offenen Wagen begnügen können, und daneben als Ausnahmetarifirung vielleicht noch die Beförderung in grösseren Mengen (Extrazugtarife) und zwar entweder für einmalige oder für in gewissen Zeitabschnitten regelmässig wiederkehrende Sendungen zuzulassen brauchen. Ohne Einnahme-Ausfälle würde ein derartiges System indess undurchführbar sein, wenn nicht die Tarifsätze für die geringwerthigen Massengüter (Specialtarif III und Ausnahmetarife) erhöht werden, welche jetzt 80 pCt. der beförderten Mengen und 57 pCt. der Einnahme aus der Güterbeförderung umfassen. Eine solche Maassnahme würde sich aus volkswirthschaftlichen Gründen verbieten, die Erhöhung der Sätze für die höherwerthigen Güter (Eil- und Stückgut, und allgemeine Wagenladungsklassen) ausserdem aus Rücksichten auf den Konkurrenzverkehr der Wasserstrassen, welche den Eisenbahnen dann noch erfolgreicher Transporte entziehen würden, als dies jetzt schon der Fall ist. Die in jenen Tarifklassen beförderten Mengen sind verhältnissmässig nicht erheblich und betragen nur 10—11 pCt. der Gesammtbewegung, die Einnahmen daraus übersteigen aber 26 pCt. und haben sich allein in der Stückgutklasse auf 102,7 Millionen $\mathscr{M}$ = 15,59 pCt. der Einnahmen aus der Güterbeförderung belaufen.

Auf Seiten der Eisenbahnen sind mithin Aenderungen des Tarifsystems und der Tarifsätze, welche die Beförderungspreise denjenigen der Flussschifffahrt anzunähern vermöchten, vorläufig kaum in Aussicht zu nehmen. Auch die etwaigen Ersparnisse, welche durch eine durchgreifende Reform der Personengeldtarife zu erzielen wären, und welche eine theilweise Entlastung des Güterverkehrs von der Verzinsung und Tilgung bezweckten, würden schwerlich so günstige Ergebnisse liefern, dass davon eine zur Beschränkung der Flussschiffahrt führende Ermässigung der Gütertarife erwartet werden könnte. Ebensowenig wären natürlich Maassnahmen zu empfehlen, welche auf eine Vertheuerung des Schiffahrtsbetriebes der offenen Flüsse durch Auferlegung von Gebühren und Lasten abzielten. Bei den beiden Hauptstrassen, dem Rhein und der Elbe, sind solche Auflagen durch die bestehenden Staatsverträge ohnehin ausgeschlossen, sie anderwärts einzuführen, würde ebenso ungerecht wie zwecklos und ausserdem ein gewaltsamer Eingriff in Verhältnisse sein, welche durch Jahrzehnte lange ununterbrochene Uebung historische und sachliche Berechtigung gewonnen haben. Dagegen könnte es sich wohl fragen, ob die von so vielen unserer inländischen Produktion nahestehenden Seiten dringend befürwortete Ausdehnung des Wasserstrassennetzes durch Erbauung von Kanälen und durch Kanalisirung von Flussläufen in der That mit derartigen wirthschaftlichen Vortheilen verknüpft wäre, dass die Ausführung dieser Projekte aus Gründen des allgemeinen Wohles nützlich erscheint, und dass bei Bemessung der Gebühren für die Benutzung der hergestellten Kunststrassen von einer Verzinsung und Tilgung der Baukosten abgesehen werden könnte. —

Die Transportkosten stellen einen wichtigen Theil der Preisbildung dar. Für die Industrie kommen sie sowohl bei der Herstellung, als bei dem Absatz, vorwiegend bei ersterer, für die Land- und Forstwirthschaft besonders bei dem Absatz in Betracht. Einer der wichtigsten Materialien, das Roheisen, beansprucht in Deutschland 20 bis 30 pCt. seiner Herstellungskosten für die Heranschaffung der Kohle, der Erze, des Kalksteines, obwohl diese Industrien nur in der Nachbarschaft von Steinkohlenlagern oder von Erzfeldern gedeihen können. Die Kohle, das wichtigste und unentbehrlichste Hülfsmittel der gesammten gewerblichen Thätigkeit, muss häufig auf Entfernungen verschickt werden, welche ihren Werth an der Fundstätte um das zwei- bis dreifache übersteigen. Dieser Werth, für die Tonne deutscher Steinkohle im Durchschnitt mit 5 $\mathcal{M}$ angenommen, wird durch die Eisenbahnfrachtkosten bereits bei einer Beförderungsstrecke von 175 km erreicht; bei 300 km betragen die normalen Tarife 7,8 $\mathcal{M}$, bei 500 km 12,2 $\mathcal{M}$. Strecken von 5—600 km hat die Steinkohle in Deutschland häufig zurückzulegen; Berlin ist sowohl von Oberschlesien als von dem Ruhrgebiet weit entfernt; der grösste Theil des Absatzes der oberschlesischen Kohle in Deutschland hat mit Entfernungen zu rechnen, auf welchen die Beförderungskosten höher sind als der Grubenwerth der Kohle. Da die Gesammtproduktion Deutschlands an Stein- und Braunkohlen gegen 72 Mil-

lionen Tonnen beträgt, die Fund- und Verbrauchsstätten aber häufig weit
von einander entfernt sind, so ist klar, dass die Beförderung dieser Erzeugnisse eine ebenso wichtige und umfassende wie dankbare und schwierige
Aufgabe bildet — schwierig wegen der richtigen Anpassung der Beförderungspreise an den Werth des Gegenstandes und wegen des Wettbewerbs
des Auslandes, namentlich Englands für die Stein-, und Böhmens für
die Braunkohlen. — Getreide erzeugt der dünnbevölkerte Osten von
Deutschland mehr, als er gebraucht, der dichtbevölkerte Westen und
Süden dagegen weniger, als den Bedarf. Hier würde also die natürliche
Gelegenheit zu einem lebhaften Güteraustausch gegeben sein. Der Haupt-
konsument, der Niederrhein, hat bis zu den Getreide spendenden Provinzen Entfernungen von 500 bis 1000 km, im Durchschnitt 7—800 km
zurückzulegen. Die Eisenbahntarifsätze betragen für diese Strecken 43
bis 50 $\mathscr{M}$ für die Tonne, der durchschnittliche Werth von Brotgetreide
am Erzeugungsort 150 $\mathscr{M}$; die Transportpreise würden diesen hochwerthigen Artikel auf jene Entfernungen mithin um etwa 30 pCt. erhöhen.
Bei den Gütern der allgemeinen Wagenladungsklassen sinken diese Prozent-
sätze, bleiben für weitere Entfernungen aber immer noch erheblich genug.
Für einen Artikel, welcher einen Verschickungswerth von 300 $\mathscr{M}$ für die
Tonne hat, würde die Wagenladungsfracht auf 600 km Entfernung 48 $\mathscr{M}$
= 16 pCt. betragen.

Man sollte daher meinen, dass eine Verminderung der Beförderungspreise unter allen Umständen ein wirthschaftlicher Vortheil von grosser
Tragweite und in höchstem Grade erstrebenswerth sei. Dies trifft jedoch
in der Wirklichkeit nicht unbedingt zu. Zunächst fragt es sich, ob der
mit der Frachtermässigung verbundene Vortheil allgemeiner Natur ist und
der gesammten oder doch einem überwiegenden Theil der inländischen
Wirthschaft zu Gute kommt. Ist dies nicht der Fall, hat nicht die Allgemeinheit, sondern nur einzelne Gruppen, Kreise, Gegenden den Gewinn,
so wird in der Regel der Vortheil des einen durch den Nachtheil des
anderen aufgehoben, ein volkswirthschaftlicher Gewinn nur in beschränktem Maasse erzielt werden. Mitunter können die Nachtheile überwiegen
und die mit Frachtermässigungen verbundenen Produktions- und Absatz-
Verschiebungen für einzelne Kreise verheerende Wirkungen haben, die
ausser Verhältniss zu dem Gewinn anderer stehen. — Sodann ist bei
der heutigen Wirthschaft das Verhältniss zu dem Auslande von der ein-
schneidendsten Bedeutung. Die in den Industrieländern herrschende Zuvielerzeugung hat überall einen Ausfuhrdrang geschaffen, welcher die Preise
der meisten landwirthschaftlichen und gewerblichen Erzeugnisse zum Sinken
gebracht hat. Die Seeschiffahrt hat sich der allgemeinen Ueberproduktion
willig angeschlossen und ist dadurch genöthigt, auf hohen, dem Risiko

dieses Gewerbezweiges entsprechenden Gewinn zu verzichten und sich mit Frachtpreisen von nie dagewesener Billigkeit zu begnügen. Die niedrigen Seefrachten unterstützen wieder die Ausfuhrfähigkeit der Industrieländer, welche nun mit ihren Erzeugnissen die Absatzmärkte überschwemmen, dort in der nachdrücklichsten Weise um den Vorrang kämpfen und die fremden Völker in den Stand setzen, ihren Bedarf häufig billiger zu decken, als die ausführenden Nationen selbst. — Die vorwiegend Land- und Forstwirthschaft treibenden Völker sind diesem Beispiel der Industriestaaten gefolgt und führen letzteren ihren Ueberschuss an Körnerfrüchten, Fleisch, Holz in einem den Bedarf übersteigenden Umfang zu, drücken sich gegenseitig die Verkaufspreise und bereiten der Land- und Forstwirthschaft der Industriestaaten eine verlustbringende Konkurrenz. —

Von diesen Gesichtspunkten aus kann die Verminderung der Transportkosten unter Umständen mehr Schaden als Nutzen stiften. Für Deutschland hat sie den Nachtheil gehabt, dass die auf wirksameren Schutz der inländischen Arbeit gerichteten Absichten der Wirthschaftspolitik zum Theil durchkreuzt worden sind, obwohl sich die Verkehrspolitik der deutschen Eisenbahnen durchaus in Uebereinstimmung mit diesen Zielen befindet. Der Verkehr suchte in erhöhtem Maasse die Wasserstrassen auf und wurde trotz der Umwege, welche er zum Theil hierbei einschlagen musste, noch billiger als früher von den Eisenbahnen bedient, weil sowohl See- als auch Flusschiffahrt sich beeilten, die für sie günstige Wendung möglichst auszubeuten, das Transportmaterial ausserordentlich vermehrten und zur genügenden Beschäftigung desselben mit den Frachtpreisen auf das äusserste Maass heruntergingen. Stellt man die auf dem Rhein, der Elbe und der Oder ein- und ausgeführten Mengen gegenüber, so wird man sich schwer der Ueberzeugung verschliessen können, dass der Verkehr der Wasserstrassen einen nicht geringen Theil seiner Erfolge dem Gegensatz zu den Zielen jener Politik verdankt. Im Jahre 1884 sind in den Zollverein

überhaupt eingeführt 2 775 000 Tonnen Weizen, Roggen, Gerste, Hafer, Mais, Hülsenfrüchte.

davon auf dem Rhein, der Elbe und Oder über Emmerich, Hamburg, Harburg, Finow-Kanal, Schandau 1 575 000 t = 56 pCt. der Einfuhr (Rhein 850 000 t

Elbe 725 000 t),

ausgeführt 104 000 t

davon 46 000 t = 44 pCt. über den Rhein und die Elbe.

Nach dem im Abschnitt III mitgetheilten Verhältniss hätte der Wasserstrassenverkehr dieser Artikel höchstens $1/3$, der Eisenbahnverkehr $2/3$ betragen müssen und die Wasserstrassen etwa 930 000 t der Einfuhr

befördern dürfen. In Wirklichkeit werden sie (einschliesslich Weichsel,
Pregel, Memel, Oder) das Doppelte eingeführt haben.*)

An Bau- und Nutzholz sind 1884 in das Zollvereinsgebiet
eingeführt 1946000 t, ausgeführt 593000 t.

Der Antheil der Wasserstrassen an diesem Verkehr ist aus der Statistik
nicht unmittelbar zu entnehmen, da von den auf diesem Wege eingegangenen Mengen ein Theil nur Durchfuhrgut ist. Es sind auf dem
Wasserwege

eingegangen 1126000 t, ausgegangen 218000 t.

Die Haupteinfuhr hat auf der Weichsel (524000 t) und auf dem
Memel (500000 t) stattgefunden, der Hauptausgang auf dem Rhein (124000 t)
und der Elbe (68000 t). Der Memel hat vorwiegend Durchfuhrgut befördert,
die Weichsel hat den grössten Theil dem Inlande zugeführt, da der Bromberger Kanal einen Bergverkehr von 330000 t aufweist, welcher jedenfalls
von der Weichsel d. h. von Polen und Galizien herrührt und nur in geringen
Mengen in Stettin und Hamburg wieder zur Ausfuhr gelangen. Die Wasserstrassen werden an der Gesammteinfuhr von 1,9 Millionen t mit etwa $1/_3$
betheiligt sein, während der Rest grösstentheils zur See, mit der Eisenbahn
nur 300000 t angelangt sind. Die Flüsse haben mithin etwa das Doppelte
der Eisenbahntransporte eingeführt, während nach dem allgemeinen Verhältniss der Holzsendungen auf den Eisenbahnen und den Flüssen (6220:
3265 Millionen t) die Betheiligung beider Verkehrswege gerade die umgekehrte hätte sein müssen.

Der Kohlen- und Kokes-Verkehr weist folgende Zahlen nach. Es
sind 1884

Tausend Tonnen:

	eingeführt	ausgeführt	davon durch die Bahn		Flussschiffahrt	
	a.	b.	a.	b.	a.	b.
Steinkohlen	2296	8816	} 374	6662	} 942	2262
Kokes . .	123	670				
Braunkohlen	3466	—	1533	—	1300?	—
	5885	9486**)	1907**)	6662**)	1242**)	2262

*) Freilich befindet sich unter den auf dem Rhein eingegangenen Mengen auch aus
dem Inlande (Ost- und Westpreussen, Pommern) herrührendes Getreide, welches indess
höchstens $1/_6$ bis $1/_5$ der gesammten Einfuhr an Getreide auf dem Rhein beträgt.

**) In diesen Zahlen wie überhaupt bei der Ein- und Ausfuhrstatistik ist Luxemburg
als Zollvereinstaat zu dem Wirthschaftsgebiet des deutschen Reiches gerechnet, während
die Eisenbahnverkehrsstatistik Luxemburg in das Ausland verweist, dagegen die Zollaus-
schlüsse der Hansastädte dem deutschen Verkehr einverleibt. Daher decken sich die
Zahlen, welche die allgemeine Ein- und Ausfuhr angeben, nicht mit den Ziffern, welche
diese Bewegung auf den Eisenbahnen und Wasserstrassen nachweisen.

Auch hier tritt wieder eine ungewöhnlich starke Betheiligung der Flussschiffahrt an der Einfuhr hervor. Die Eisenbahnen haben im Allgemeinen beinahe 10mal soviel Kohlen und Kokes befördert, als die Flüsse (51,8 gegen 5,5 Millionen Tonnen); an der Einfuhr sind letztere dagegen mit 1,242 Mill. t = 40 pCt., die Eisenbahnen mit 1,907 Mill. t = 60 pCt. betheiligt. Dabei sind diese Zahlen bezüglich des Wasserverkehrs wahrscheinlich unvollständig. Von den eingeführten $3^{1}/_{2}$ Millionen Tonnen Braunkohlen — fast durchweg aus Böhmen stammend — sind 1533000 t mit der Eisenbahn angekommen, der Rest von etwa 1900000 t muss den Wasserweg eingeschlagen haben. Die Statistik des Wasserverkehrs weist als Eingang bei Schandau nur 1300000 t auf, in Wirklichkeit werden es 600000 t mehr gewesen sein, so dass dann die Kohlen-Einfuhr auf dem Wasserwege genau so gross, wie die Eisenbahnzufuhr und zehnmal grösser gewesen wäre, als sie nach dem allgemeinen Verhältniss des Kohlenverkehrs auf den Eisenbahnen und Wasserstrassen hätte sein dürfen. Die Ausfuhr haben mit über 75 pCt. die Eisenbahnen, mit 25 pCt. die Flüsse und Kanäle besorgt. Die Einfuhr der Steinkohlen hat vorzugsweise auf der Elbe und Oder (Elbe 240000 t, Oder 430000 t), Weichsel (170000 t), dem Memel und Pregel, die Ausfuhr im Rheingebiet (Emmerich 1725000 t, Goar 467000 t) stattgefunden.

Von Artikeln der Eisenindustrie sind 1884

eingeführt	Eisenerze	Roh- u. Brucheisen	verarbeitetes Eisen aller Art
		Tausend Tonnen	
a) überhaupt	980*)	264*)	83
b) auf Eisenbahnen	604	338	38
c) auf Wasserstrassen	443	323	12
ausgeführt			
a) überhaupt	1898*)	274	759
b) auf Eisenbahnen	133	217	670
c. auf Wasserstrassen	—	26	128

Die Wasserstrassen haben für die Ausfuhr von Roheisen eine ganz geringfügige, für die Ausfuhr der Fabrikate eine mässige Bedeutung. Das Roheisen ist zu $^{9}/_{10}$, die Eisenfabrikate sind zu $^{5}/_{6}$ von den Eisenbahnen in das Ausland geschafft, an der Einfuhr von Erzen und Roheisen dagegen haben sich die Wasserstrassen hervorragend betheiligt.

Bei einer Reihe der wichtigsten Gegenstände vermitteln die Wasserstrassen in ungleich höherem Maasse die Einfuhr als die Ausfuhr und

---

*) Die erheblichen Differenzen zwischen den Ein- und Ausfuhrziffern überhaupt und denjenigen der einzelnen Strassen erklären sich grösstentheils durch die verschiedene Behandlung von Luxemburg als Zollvereinsinland bezw. als Verkehrsausland.

stiften, vom Standpunkte des Schutzes der inländischen Wirthschaft betrachtet, mehr Schaden als Nutzen.˙ Bei anderen Industriezweigen haben
die Wasserstrassen günstiger für die Ausfuhr gewirkt. Die Zuckerindustrie
benutzt für ihren Versand nach dem Ausland (1884 671000 t) zu etwa gleichen
Theilen die Wasserstrassen und Eisenbahnen, wobei sie allerdings den Nachtheil hat, dass die böhmische Ausfuhr mit noch grösserem Vortheil sich der
Elbe bedient. Die Blei- und Zinkindustrie haben sich für den Auslandsverkehr
gleichfalls mit Vorliebe den Wasserstrassen zugewandt. Und so wird es
noch manchen Industriezweig geben, dem die Billigkeit der Wasserbeförderung und die günstige Lage an einem Flusslauf in dieser Zeit des
scharfen Wettbewerbs helfend zur Seite steht. Nicht minder sieht sich
der Handel in seinen Bestrebungen gern durch eine ausgedehnte und
brauchbare Wasserstrasse unterstützt und weiss von derselben den vor-
theilhaftesten Gebrauch zu machen, wovon die blühenden Umschlagsplätze
am Rhein und an der Elbe Zeugniss ablegen.

Gleichwohl wird man sich nach den oben angeführten Zahlen der
Ueberzeugung nicht verschliessen können, dass die öffentliche Meinung bei
der Beurtheilung des Werthes der Wasserstrassen für unsere Gesammtwirthschaft zum Theil von unrichtigen Voraussetzungen ausgeht und diesem
Verkehrsmittel sowohl für die Gütererzeugung als für die Steigerung
unserer Absatzfähigkeit nach dem Auslande häufig eine durch die Thatsachen
nicht begründete Werthschätzung beimisst. Eine gewisse Einseitigkeit der
Auffassung tritt namentlich bei Erörterung über die Vortheile der zahlreich
gewünschten Kanäle hervor, welche theils die Herstellungs- theils die Absatzkosten der Güter billiger, als es die Eisenbahnen vermögen, machen
und dadurch die inländische Gewerbthätigkeit heben sollen. Der Rhein-
Ems- in Verbindung mit dem Nordostsee-Kanal, nicht minder auch der
Oder-Spree-Kanal wird solche Wirkungen haben, ohne erhebliche inländische
Interessen zu beeinträchtigen. Durch jenen erhält das Ruhrrevier eine gesteigerte Absatzfähigkeit nach den deutschen Küstenplätzen, nach den
russischen und skandinavischen Häfen und für die überseeische Ausfuhr;
die Vermittelung des Ein- und Ausfuhr-Verkehrs des Ruhrgebiets wird
zum Theil von den ausländischen Häfen auf die deutschen Seeplätze übertragen werden. Der Oder-Spree-Kanal, die natürliche Fortsetzung der
Oder-Regulirung, giebt der entlegenen oberschlesischen Industrie den lang
ersehnten brauchbaren Schiffahrtsweg nach Berlin und — wenn erst die
Wasserstrassen in und um Berlin in zweckentsprechender Weise ausgebaut
sind — nach Hamburg. Dagegen dürften die Vortheile, welche man von
der Ausführung mancher anderen Schiffahrtsstrasse erwartet, in dem erhofften Umfange kaum vorhanden sein oder durch wirthschaftliche Nachtheile so sehr beeinträchtigt werden, dass es fraglich ist, ob die Ausfüh-

rung solcher Projekte im Interesse der Gesammtheit liegt und mit staatlichen Mitteln anzustreben ist. Zu einer Prüfung nach dieser Richtung regt beispielsweise der lebhafte Wunsch der Ruhrindustrie nach Kanalisirung der Mosel von Metz bis zu ihrer Mündung an. Bezweckt wird hiermit, den meist an Wassermangel leidenden Flusslauf zu einer auch für die grösseren Rheinfahrzeuge von 500 bis 1000 Tonnen Tragfähigkeit und 1½ bis 2 Meter Tiefgang brauchbaren Wasserstrasse umzuwandeln, was durch eine grössere Anzahl von Stauwerken bewirkt werden soll. Den Stauanlagen würden eben so viel Schifffahrtsschleusen entsprechen, im Ganzen etwa 32 für die rund 300 km lange Strecke. In der wegen Ausführung des Projekts an die Staatsbehörden gerichteten Petition wird die sichere Erwartung ausgesprochen, dass sehr bald ein Thalverkehr von 1 Million Tonnen Erz und 260 000 Tonnen Eisenfabrikaten, und ein Bergverkehr von 900 000 Tonnen Kohlen und Kokes, und 100 000 Tonnen anderen Gütern zu erwarten sein, diese Summen aber in Wirklichkeit eine rasche Steigerung erfahren würden. Die durch Beförderung der 2¼ Millionen Tonnen zu erzielende Frachtersparniss wird auf 4 Millionen Mark angegeben = 1¾ $\mathcal{M}$ für die Tonne. Der Vortheil soll einerseits der Ruhrindustrie zu Gute kommen, welche durch den billigen Bezug luxemburgischer und lothringischer Erze in den Stand gesetzt würde, ihre Eisenerzeugnisse dem Weltmarkt unter günstigeren Bedingungen zuzuführen; andererseits der Industrie Luxemburgs und Lothringens, welche durch die Möglichkeit, Kohle und Kokes zu niedrigeren Preisen von der Ruhr zu erhalten und die Fabrikate billiger abzusetzen, eine wirksame Hülfe erhalten würde. Von Seiten der Eisenindustrie an der Saar, Sieg und Lahn wird das Projekt bekämpft, weil von der Ausführung desselben eine solche Ueberlegenheit der Ruhrindustrie befürchtet wird, dass sowohl der Hüttenbetrieb als der Bergbau jener Gebiete zum Erliegen kommen würde.

Die Hoffnungen und Befürchtungen dürften übertrieben sein, die Wahrheit wird in der Mitte zwischen beiden liegen. Der durchschnittliche Eisenbahnfrachtsatz für Steinkohlen und Kokes, für Eisenerze und Roheisen zwischen Luxemburg-Lothringen und der Ruhr beträgt 8 bis 8½ $\mathcal{M}$ für die Tonne, die Entfernung 300—350 km. Der Wasserweg ist 100 bis 150 km weiter. Um ihn zu erreichen, ist auf beiden Seiten, an der Mosel und am Rhein, für den grössten Theil der Werke eine, wenn auch kurze Eisenbahnstrecke zu befahren. Die Eisenbahnfracht von den luxemburgischen Erzfeldern bis zur Mosel und von den Rheinhäfen bis zu den Werken an der Ruhr beträgt 2—3 $\mathcal{M}$; die Schiffsfracht die kanalisirte Mosel entlang (gegen 300 km) würde mindestens 3, den Rhein entlang bis Ruhrort-Duisburg (187 km) mindestens 1 $\mathcal{M}$, die Kosten für zweimaliges Ueberladen, Versicherung, Hafengelder u. dergl. nicht unter 0,50 $\mathcal{M}$

betragen. Die Gesammtbeförderung stellt sich mithin auf mindestens 6,50—7,50 ℳ, die Ersparniss gegen die Eisenbahnfracht auf 0,50—1,50 ℳ, im Durchschnitt auf 1 ℳ für die Tonne. Die Ansätze für die Schiffsfracht sind dabei sehr niedrig genommen; mit 1 Pf. für das Tonnen-Kilometer werden die Fahrzeuge auf der kanalisirten Mosel schwerlich auskommen können, da die Zugkraft sich ungleich theurer, als auf dem freien Fluss stellen wird, wenn auch noch so geringe Gebühren für die Benutzung der Kanalstrecke zur Erhebung gelangen würden. Einen nennenswerthen Gewinn würden daher fast nur die besonders günstig am Wasser belegenen Werke haben, welche die Eisenbahnfracht ganz oder zum Theil ersparen und dann mit 5—6 ℳ die Frachtkosten bestreiten könnten. Nun ist jetzt bereits die Möglichkeit vorhanden und wird auch eifrig benutzt, mit theilweiser Umgehung der Eisenbahn die luxemburgischen Erze nach der Ruhr zu beziehen; sie gehen bis Oberlahnstein mit der Eisenbahn und von dort rheinabwärts in Schiffen. Es werden hierbei 150 km Eisenbahnfahrt erspart und die äusserst billige Thalfahrt des Rheins auf etwa 200 km benutzt. Die am Rhein belegenen Werke gewinnen hierdurch beinahe 2 ℳ gegen die direkte Eisenbahnfahrt, die nicht zu weit von demselben entfernten Werke bei Oberlahnstein, Mülheim a/Ruhr u. a. noch ½ bis 1 ℳ Im Jahre 1885 sind auf diesem Wege an 100 000 Tonnen von Luxemburg nach der Ruhr geschafft worden. Was mit der Moselkanalisirung erstrebt wird, ist daher für den Thalverkehr bereits vorhanden. In der umgekehrten Richtung ist dieser Weg allerdings mit Erfolg nicht zu beschreiten, weil die Schiffsfracht rheinaufwärts bis Oberlahnstein von der ersparten Eisenbahnfracht wenig übrig lassen, dieser Rest auch durch die zu umständliche Ueberladung aus dem Schiff in den Eisenbahnwagen in Anspruch genommen würde. Die Ersparniss durch die höhere Schiffsfracht für die Bergstrecke des Rheins würde aber auch die Kanalfahrt in vollem Umfange treffen und vertheuern, zumal diese trotz der durch den Stau gemilderten Strömung bergwärts höhere Kosten beanspruchen wird, als thalwärts. Die Bergfahrt würde daher für die grosse Mehrzahl der Transporte wahrscheinlich gar keine Ersparnisse gegen die direkte Eisenbahnbeförderung aufweisen, der Kohlen- und Kokesbezug Luxemburgs und Lothringens insbesondere dem Eisenbahnweg verbleiben. Indem ferner der in Aussicht gestellte Hauptgegenstand des Bergverkehrs entfällt, können auch die Thalfrachten nicht besonders niedrig gestellt werden, die Fahrzeuge haben meist nur in der einen Richtung Frachten, welche auch die Kosten der Leerfahrt decken müssen.

Die Erwartungen, welche die Ruhrindustrie an die Moselkanalisirung knüpft, dürften daher wenig Berechtigung haben. Bei dieser Zweifelhaftigkeit des Erfolges würde die Staatsregierung ernstlich zu prüfen haben, ob die Staatsfinanzen mit den Kosten der Ausführung einer solchen belastet werden dürfen. Der Bezug einer Million Tonnen Erze von Luxemburg-Lothringen nach der Ruhr bedeutet einen Absatzverlust von wenigstens der Hälfte dieser Menge für den Bergbau an der Sieg und Lahn, welcher einen grossen Theil seiner Förderung nach der Ruhr verkauft und eine solche Verminderung seines Absatzes schwer würde verwinden können. Den Vortheilen für das eine Gebiet würden noch grössere Nachtheile für das andere gegenüber stehen, die Kanalisation also nicht der Gesammtheit zu Gute kommen, sondern die Interessengegensätze mehrere Bezirke verschärfen und den Staat nöthigen, dass benachtheiligte Gebiet in irgend einer mit erheblichen Opfern verknüpften Weise schadlos zu halten.

In dem Gesetz vom 9. Juli 1886, betreffend den Bau neuer Schifffahrtsstrassen und die Verbesserung der vorhandenen Wasserstrassen, ist der Verbindung des Rheins mit der Mosel und Elbe, sowie der Verbesserung der Schiffahrt auf der Oder oberhalb Breslau gedacht. Bei dem ersteren Plane handelt es sich darum, abzweigend von dem Rhein-Emskanal etwa in der Gegend von Münster, eine Kanalverbindung mit Bremen und Hamburg und von dieser wieder etwa unterhalb Osnabrück ausgehend eine Strasse über Hannover nach der Elbe etwa bei Magdeburg zu schaffen. Im Gegensatz zu der Moselkanalisirung, welche sich an die natürlichen Steigungsverhältnisse anlehnt und sie nur im Interesse der Schiffahrt günstiger gestalten will, würde der Rhein-Elbekanal fast in seiner ganzen Ausdehnung senkrecht zu den Stromläufen sich erstrecken und eine ganze Reihe von Wasserscheiden und Flüssen überschreiten müssen. Für unsere hochentwickelte Technik bietet die Lösung dieser Aufgabe gewiss keine unüberwindlichen Schwierigkeiten; auch werden die Kosten bei der grösstentheils geringen Höhe der Wasserscheiden und mässigen Tiefe der zu überbrückenden Flussthäler keine übermässigen sein und kein Hinderniss der Ausführung bilden. Ganz anders wird sich dagegen die Betriebsfrage stellen. Wenn ein von der Ruhr nach Hamburg durchgehendes Fahrzeug mehrere Schleusentreppen überwinden muss, so werden die Betriebskosten der Schiffahrt verhältnissmässig hoch sein; kann die Zahl der Treppen gering gehalten werden, so wird die Speisung des Kanals grössere Kosten verursachen und die Höhe der Kanalgebühren ungünstig beeinflussen. Die Transportkosten sehr mässig mit 1,5 ₰ für das Tonnenkilometer veranschlagt, würden betragen für die Strecke

Ruhrrevier-Bremerhafen (300 km) 4,5 ℳ für die Tonne Massengut

„	Hamburg (über 300 „)	4,5	„	„	„	„	„
„	Hannover	(240 „)	3,60	„	„	„	„	„
„	Magdeburg	(380 „)	5,70	„	„	„	„	„
„	Berlin	(570 „)	6,70	„	„	„	.	„	„

Der grössere Theil der Transportmengen würde noch eine kurze Eisenbahnstrecke zurücklegen müssen, um zum Kanal zu gelangen; hierfür sowie für Ueberladen und sonstige Nebenkosten ist ein Betrag von mindestens 1 $\mathscr{M}$ für die Tonne in Ansatz zu bringen. Es stellt sich also f ü r Kohlen die Kanalbeförderung

Ruhrrevier-Bremerhafen	auf	5,5	$\mathscr{M}$	gegen	4,7—6,3	$\mathscr{M}$	Eisen-
„	Hamburg	„	5,5	„	„	5,5—6,8	„ bahn-
„	Hannover	„	4,60	„	„	6,5	„ fracht
„	Magdeburg	„	6,70	„	„	9,75	$\mathscr{M}$
„	Berlin	„	8,70	„	„	11,5	„

Die Eisenbahnfracht würde nach Bremerhafen zum Theil und zwar gerade bei dem grössten Verbrauchsobjekt, der Schiffsbeizkohle, billiger bleiben, wie der Kanal, nach Hamburg theils ebenso billig, theils nur wenig höher, und nur nach Hannover, Magdeburg und Berlin erheblich theurer sein, als die Kanalfracht. Nun soll aber der Hauptzweck des Kanals die Verdrängung der englischen Kohle aus Hamburg und den Binnenplätzen des Elbgebietes durch die Ruhrkohle und ferner die Steigerung der Ausfuhrfähigkeit derselben sein. Dieser Zweck würde durch den Kanal kaum erreicht werden, zumal bei dem Absatz nach Hamburg die Beschaffenheit der Kohle von Wichtigkeit ist und diese durch das mit der Wasserbeförderung verbundene Stürzen in die Schiffe leidet.

Bessere Aussichten würde der Kanal für die Ausfuhr von Eisenwaaren gewähren. Roheisen zahlt auf der Eisenbahn vom Ruhrrevier nach Bremerhafen 7—8, nach Hamburg 8—9 $\mathscr{M}$, Stabeisen, Schienen, Draht 8 bezw. 9 $\mathscr{M}$, feinere Eisen- und Stahlwaaren 10—12 $\mathscr{M}$. Gegen diese Sätze würde die Kanalschiffahrt mit Erfolg konkurriren und den Ausfuhrverkehr zum Theil von den holländischen und belgischen Häfen nach den deutschen Seeplätzen lenken. Letztere würden überhaupt am meisten gewinnen, indem ihnen auch die Einfuhr nach den westlichen Industriegebieten erleichtert werden würde.

Die Verbesserung der Schiffahrt auf der Oder oberhalb Breslau dürfte in der Kanalisirung der Strecke von Breslau bis Kosel (etwa 150 km) bestehen. Das oberschlesische Industriegebiet würde der Schiffahrtsstrasse um 120 km näher gerückt werden (Oberschlesien-Breslau 160—190 km, Oberschlesien-Kosel 40—70 km). Die Eisenbahnvorfracht bis Kosel würde im Durchschnitt 2,20 bis 4,20 $\mathscr{M}$ (Spezialtarife und Klasse B) betragen, während bis Breslau 5 bis 11,5 $\mathscr{M}$ für die Tonne zu zahlen sind. Die Wasserfracht von Kosel bis Breslau ist mit Rücksicht auf die zahlreichen Schleusen, welche zu durchfahren sind, auf die ungünstigen klimatischen Verhältnisse, welche die Schiffahrt durchschnittlich drei Monate im Jahre behindern, auf die ungenügende Rückfracht, mit wenigstens 2 $\mathscr{S}$ für das

Tonnenkilometer zu veranschlagen = 3 ℳ für die Tonne, dazu treten Nebenkosten (Ueberladekosten, Hafengebühren u. dgl.) mit 0,50 ℳ. Die Kohlenfracht bis Breslau würde sich daher auf 5,70 ℳ belaufen, während die direkte Eisenbahnfracht 5—5,50 ℳ beträgt. Dagegen würden Eisenwaaren, wie Schienen, Stab- und Winkeleisen, ferner Zink und Blei billiger auf dem Wasserwege, als auf dem Eisenbahnwege nach Breslau gelangen. Von den weiteren Bestimmungsorten kommen vornehmlich Stettin und Berlin in Frage. Nach Stettin bestehen auf dem Eisenbahnwege niedrige Sätze für Kohle, Eisen und Zink, welche zur Zeit nur für letzteren Artikel eine wirksame Konkurrenz der Wasserwege aufkommen lassen. Hieran würde durch die Ausdehnung der Wasserstrasse bis Kosel wenig geändert werden. Auch im Verkehr nach Berlin würde der verlängerte Wasserweg vorzugsweise den höherwerthigen Gütern, wie Eisen, Zink und Blei zu Gute kommen. —

Die Wirkung der Kanalisirung schrumpft bei näherer Betrachtung sehr zusammen: für den Hauptverkehrsartikel, Kohlen, (Förderung gegen 13 Millionen Tonnen) geringe Ermässigungen gegen die bereits vorhandenen Eisenbahn- und Schiffahrts-Sätze, für Eisen und Zink Ermässigungen im Verkehr nach Breslau, wo keine Konkurrenz zu bekämpfen ist, und nach Berlin, wo hauptsächlich der Wettbewerb anderer deutscher Produktionsgebiete, namentlich Rheinlands und Westphalens, in Frage kommt. Der Hauptgewinn würde in der Verringerung der Beförderungskosten für Zink im Verkehr nach Stettin und Hamburg bestehen, welche der Ausfuhr zu Gute käme. Vortheil würde ferner die Einfuhr hochwerthiger Güter, wie Petroleum, haben, welche mit Umgehung von Breslau bis Kosel gefahren werden könnten. Möglicherweise würden auch manche ausländische Güter, welche gegenwärtig zu den Elbumschlagsplätzen an die deutsch-böhmische Grenze gehen, zur Oderstrasse herangezogen werden und ebenso umgekehrt, Sendungen nach Galizien, Ungarn, Mähren von der Elbe auf die Oder übergehen.

Soweit die künstlichen Wasserstrassen nicht kurze Verbindungsglieder natürlicher Flusssysteme sind, wie die Verbindungen der Oder mit der Spree und Havel, sondern selbständige grössere Strassen, können sie nicht mit der Billigkeit der Beförderung auf den Flüssen wetteifern, auch wenn der Staat sich darauf beschränkt, durch die Gebühren für die Benutzung lediglich die Kosten der laufenden Unterhaltung zu decken. Die Mängel der Natur in Bezug auf Verkehrswege kann man ferner durch künstliche Wasserwege nur in viel beschränkterer Weise verbessern, als durch Eisenbahnen; jene besitzen eine ungleich grössere Schwerfälligkeit sich den gegebenen Verhältnissen anzupassen als diese. Gerade die Hauptquellen des Verkehrs, die Industriegebiete mit ihrem

Kohlen- und Erzbergbau, sind der unmittelbaren Einführung der Wasserstrassen meist wenig günstig. Der Wasserverkehr neigt deshalb zu ungleich grösserer Konzentration als der Eisenbahnbetrieb, welcher sein weit-
verzweigtes Netz über das ganze Land erstreckt und vor den Hemmnissen
der Alpen so wenig zurückschreckt wie vor der kostspieligen Ueber-
brückung grosser Ströme. — Vor allen Dingen wird bei der Vorliebe für
Kanäle und Flussregulirungen ein Umstand zu wenig beachtet: die Wirkungen solcher neuen Wege auf unsere Gesammtwirthschaft und die einzelnen Theile der wirthschaftlichen Thätigkeit. Die günstigen Einwirkun-
gen auf die Hebung der Volkswirtbschaft treten vielfach zurück gegen die
Verschiebungen, welche die Produktion der einzelnen Gebiete desselben
Landes erfährt, die Güterausfuhr wird in der Regel eine geringere Erleichterung erfahren als die Einfuhr. Beide Umstände, ausreichend gewürdigt, werden den wirthschaftlichen Werth mancher lebhaft gewünschten
Wasserstrasse nicht unwesentlich beeinträchtigen. —

.

Die Choleragefahr und die Eisenbahnen.
Mit Benutzung amtlichen Materials.
Von
Regierungsrath Seydel in Hannover.

Wenn beim Auftreten der Cholera in benachbarten Ländern oder an einzelnen Stellen des Inlandes die Gefahr einer Einschleppung der gefürchteten Krankheit in bisher noch unberührte Gebiete droht, so muss sich die Aufmerksamkeit vorzugsweise auf die Möglichkeit einer Weiterverbreitung derselben mittels der Eisenbahnen richten. Namentlich durch die den internationalen Verkehr vermittelnden durchgehenden Schnell- und Kurirzüge kann in wenigen Stunden aus räumlich weit entfernten Gegenden der Krankheitsstoff mitten in das eigene Land getragen und daher einer Ausbreitung der Seuche in bedenklicher Weise Vorschub geleistet werden. Demgemäss ist denn auch bei der in den letzten Jahren regelmässig wiederkehrenden Choleragefahr seitens der Sanitätspolizeibehörden gerade der Eisenbahnverkehr in den zunächst bedrohten Gegenden einer besonders sorgfältigen Ueberwachung unterworfen werden.

Der Erfolg derartiger Maassnahmen wird in allen Fällen ein um so sicherer sein, wenn die erforderlichen Vorsichtsmaassregeln nicht erst beim unmittelbaren Eintritt der Gefahr getroffen, sondern wenn dieselben nach Anleitung der von den obersten Verwaltungsstellen gegebenen Grundsätze*) schon vorsorglich, thunlichst im wechselseitigen Benehmen zwischen Sanitätspolizei- und Eisenbahnbehörden, vorbereitet werden. Dies liegt zudem auch im eigenen Interesse der Eisenbahnverwaltung. Denn nur auf diesem Wege wird es möglich sein, unvermittelte und für das Verkehrsleben in der Regel höchst empfindliche Eingriffe der Sanitätspolizeibehörden in den Eisenbahnbetrieb zu vermeiden oder doch auf die aller-

---

*) Entsprechende allgemeine Vorschriften sind für Preussen in dem, mit den Ergebnissen der Berathungen einer seitens des Reichskanzlers im Frühjahr 1884 berufenen Cholera-Kommission im Einklange stehenden Erlass des Ministeriums der geistlichen, Unterrichts- und Medizinal-Angelegenheiten vom 14. Juli 1884 gegeben. Diese Vorschriften sind auch im Nachstehenden zum Anhalte genommen.

dringlichsten Fälle beschränkt zu sehen. Geht man weiterhin davon aus,
dass die Eisenbahnverwaltung in vorkommenden Fällen grundsätzlich nicht
erst das Einschreiten der Sanitätspolizeibehörden abwarten und die seitens
der letzteren getroffenen Anordnungen lediglich über sich ergehen lassen
soll, sondern dass ihr, als einer öffentlichen Verkehrsanstalt, wenigstens
die moralische Verpflichtung obliegt, überall da, wo es Noth thut, selb-
ständig einzugreifen und den berufenen Sanitätspolizeibehörden in die Hand
zu arbeiten, so wird man die Nothwendigkeit anerkennen müssen, dass
auch die Eisenbahnverwaltung innerhalb ihres Ressorts alle Einrichtungen,
welche nöthig sind, um der Choleragefahr zu begegnen, soweit dies durchführbar ist, im Voraus trifft, vor Allem aber diejenigen ihrer Organe,
welche in erster Linie mit der Zugbeförderung zu thun haben, also das
Stations- und Zugpersonal, mit den erforderlichen Verhaltungsmaassregeln
versieht.

Wie sich die Eisenbahnverwaltung dieser Nothwendigkeit gegenüber
in Berücksichtigung der seitens der Sanitätspolizeibehörden unmittelbar zu
treffenden Maassnahmen zu verhalten und welche Anweisungen dieselbe
ihren Organen für vorkommende Fälle zu ertheilen hat, soll im Nachfolgenden näher erörtert werden.

I. Eine unmittelbare Mitwirkung der Eisenbahnverwaltung findet
zunächst, wenigstens der Regel nach, nicht statt bei der sanitätspolizeilichen Ueberwachung des Grenzverkehrs.

Im Falle einer Annäherung der Cholera an die deutsche Grenze soll
dem Eisenbahn-Grenzverkehr an denjenigen Orten, an denen ein erheblicher
Zutritt von Reisenden aus dem von der Cholera ergriffenen Lande stattfindet, besondere Aufmerksamkeit zugewandt werden. Es sollen seitens
der Sanitätspolizeibehörden Aerzte mit der Aufgabe betraut werden, die
Reisenden in den Eisenbahnwagen einer Besichtigung zu unterziehen und
Personen, welche an der Cholera erkrankt oder der Erkrankung verdächtig
sind, von der Weiterreise auszuschliessen. In ähnlicher Weise soll verfahren werden, wenn die Cholera in irgend einem Theile des Inlandes aus-
gebrochen ist; indem für diesen Fall seitens der Sanitätspolizeibehörde
eine gleiche Ueberwachung des Gesundheitszustandes der Reisenden auf
allen wichtigeren Knotenpunkten der Eisenbahnen in den bedrohten Bezirken angeordnet wird, um einer weiteren Verschleppung der Krankheit
vorzubeugen.[*)]

Die Auswahl der Eisenbahnstationen, auf denen jene Ueberwachung auszuführen ist, geschieht zunächst durch die zuständigen

---

*) Siehe den oben angeführten Erlass des preussischen Ministeriums der geist-
lichen u. s. w. Angelegenheiten vom 14. Juli 1884.

Sanitätspolizeibehörden. Die gesundheitspolizeilichen Interessen weisen darauf hin, diese Untersuchungsstationen thunlichst nahe der Landesgrenze oder der Grenze des von der Cholera befallenen inländischen Bezirkes einzurichten, damit Cholerakranke oder Verdächtige so wenig weit als möglich in's Land gelangen. Ausserdem kommt es bei der Auswahl des Ortes darauf an, ob daselbst für Aerzte gesorgt werden kann, und ob sich Gelegenheit für eine angemessene Unterbringung Kranker vorfindet oder doch leicht beschaffen lässt. Vom Standpunkte der Eisenbahnverwaltung ist Werth darauf zu legen, dass bei Auswahl der Untersuchungsstationen die Interessen des öffentlichen Verkehrs, namentlich die planmässige Durchführung der Züge, möglichst wenig beeinträchtigt werden. Von diesem Gesichtspunkte aus würden daher thunlichst nur solche Stationen in's Auge zu fassen sein, auf denen alle fahrplanmässigen Personenzüge ohnehin einen Aufenthalt haben, und auf welchen überdies die planmässige Haltezeit so bemessen ist, dass die Untersuchung innerhalb oder doch wenigstens ohne eine erhebliche Ueberschreitung derselben vorgenommen werden kann. Bei nicht zu starken Zügen werden zu der Untersuchung, wenn sich nichts Verdächtiges bei den Reisenden bemerken lässt, fünf Minuten ausreichen, andernfalls aber mindestens zehn Minuten erforderlich sein.

Bei Annäherung der Choleragefahr ist es für die Eisenbahnverwaltung rathsam, sich mit den berufenen Sanitätspolizeibehörden (Landesregierungen, Landespolizeibehörden u. s. w.), sofern diese nicht, wie es allerdings in der Regel der Fall sein wird, hierin die Initiative ergreifen, ungesäumt über die Auswahl geeigneter, thunlichst den beiderseitigen Interessen entsprechender Untersuchungsstationen in's Benehmen zu setzen. Zu berücksichtigen ist hierbei, dass es der grösseren Sicherheit wegen, da möglicher Weise die Krankheit bei einem Reisenden sich erst bemerkbar macht, nachdem er die Grenz-Untersuchungsstation überschritten hat, nicht immer bei der Errichtung von Grenz-Untersuchungsstationen auf den betreffenden Linien das Bewenden behalten wird, unter Umständen vielmehr das Bedürfniss entstehen kann, noch weitere Untersuchungsstationen landeinwärts, namentlich an Eisenbahnknotenpunkten anzuordnen. Ist die Eisenbahnverwaltung von vornherein davon in Kenntniss gesetzt, wo eintretenden Falles Untersuchungsstationen eingerichtet werden, so kann sie auch rechtzeitig diejenigen Anordnungen treffen, welche vom Standpunkte des Betriebes erforderlich sind, um die in Folge der sanitätspolizeilichen Ueberwachung des Verkehrs nicht immer zu vermeidenden Störungen in der Regelmässigkeit der Zugbeförderung nach Möglichkeit wieder auszugleichen. Die für die Untersuchung eingerichteten oder in Aussicht genommenen Stationen sind sämmtlichen Stationen der betreffenden Bahnstrecke, auch den Nachbarverwaltungen behufs Unterweisung ihres Personals, alsbald mitzutheilen.

14*

Die Ausführung der Untersuchung auf den Stationen ist allein
Sache der Sanitätspolizeibehörden, sowie der von denselben damit beauftragten Aerzte. Zur Ermittelung von Cholerakranken oder der Cholera
verdächtigen Reisenden werden sich dieselben vor Allem bei dem Zugführer und den Schaffnern erkundigen, ob ihnen in Beziehung auf den
Gesundheitszustand der Reisenden etwas aufgefallen ist, und diejenigen
zunächst besichtigen, bei denen dies der Fall war. Ausserdem werden
sie den Zug entlang gehen, um sich durch den Augenschein zu überzeugen,
ob an einzelnen Reisenden etwas Verdächtiges ¦zu bemerken ist und
gleichzeitig etwaige Mittheilungen der letzteren über Beobachtungen entgegennehmen, die sie über das Verhalten der Reisegefährten gemacht
haben. Eine genauere ärztliche Untersuchung der einzelnen Reisenden
findet nicht statt.

Da es weder nothwendig noch zulässig ist, die Reisenden behufs der
Ermittelung von Cholerakranken oder Verdächtigen aussteigen zu lassen
und in einem besonderen Raume zu versammeln, die Besichtigung derselben vielmehr in dem Zuge stattfindet, so hat die Eisenbahnverwaltung
dafür zu sorgen, dass die einzelnen Wagenabtheile des Zuges so lange geschlossen bleiben, bis die ärztliche Besichtigung stattgefunden hat.

Zu einer raschen und sachgemässen Erledigung der Untersuchung
wird es wesentlich beitragen, wenn das Eisenbahnpersonal, welches
die aus den verseuchten Gegenden kommenden Züge begleitet, verpflichtet
wird, dem reisenden Publikum seine besondere Aufmerksamkeit zuzuwenden und seine Wahrnehmungen sofort bei Ankunft auf der Untersuchungsstation dem anwesenden Arzte zu melden. Das Zugbegleitpersonal
wird meist schon während der Fahrt Mittheilung von den Reisenden
erhalten, wenn Jemand unterwegs von der Cholera oder einem derselben ähnlichen Leiden befallen werden sollte; aber auch die eigenen
Beobachtungen (Verunreinigung eines Wagens im Innern oder an der
Aussenseite mit erbrochenen Massen, häufiges Aufsuchen des Abortes
seitens einzelner Reisenden) können ihre Aufmerksamkeit erregen. Wenn
ein Reisender an Durchfall und Erbrechen oder auch nur an heftigem
Durchfall erkrankt ist, so muss derselbe von dem Zugpersonal bis auf
Weiteres als choleraverdächtig angesehen werden. Es müssen daher ohne
Aufsehen oder Beunruhigung der Mitreisenden durch Aeusserungen über
die mögliche Natur der Krankheit diejenigen, welche sich mit dem Kranken
in demselben Wagenabtheil befinden, sofern sich vor Ankunft auf der
Untersuchungsstation hierzu die Gelegenheit bietet, womöglich in einem
anderen Abtheil untergebracht werden. Auch hat das Zugpersonal thun-
lichst schon während der Fahrt in geeigneter Weise festzustellen, wer der
Erkrankte ist, woher er kommt und welches das Ziel seiner Reise ist.

Wenn Mitreisende von den Entleerungen des Kranken beschmutzt sind, so sind sie hierauf aufmerksam zu machen, damit sie sich reinigen.

Wird auf der Untersuchungsstation ein an der Cholera oder an einem den Verdacht der Cholera erregenden Leiden Erkrankter vorgefunden, so wird derselbe in der Regel durch die Sanitätspolizeibehörde auch gegen seinen Willen von der Weiterfahrt ausgeschlossen werden. Sache des Arztes und der Polizeibehörde ist es alsdann, das Weitere seinetwegen zu besorgen. Ist jedoch der Kranke dem Ziel seiner Reise bereits nahe, an demselben heimisch und gestattet sein Zustand es, so kann ihm auf seinen Wunsch und unter Zustimmung des Arztes die Weiterreise gestattet werden, falls die nothwendige Absonderung des Kranken in dem Wagenabtheil, in welchem er sich befindet, ausführbar ist. Sache der Eisenbahnverwaltung ist es alsdann, den Kranken weiterhin von anderen Reisenden getrennt zu halten und dafür zu sorgen, dass der betreffende Wagen alsbald aus dem Zuge gesetzt und bis nach Desinfektion ausser Betrieb gelassen wird.

Zur vorläufigen Unterbringung der im Zuge vorgefundenen Kranken hat die Eisenbahnverwaltung auf den Untersuchungsstationen thunlichst die erforderlichen Räume zur Verfügung zu stellen. Die Auswahl solcher Räume wird zu geschehen haben, sobald die Bestimmung der Untersuchungsstationen durch die Sanitätspolizeibehörde erfolgt ist. Ein solcher Raum kann ziemlich klein sein, da er in der Regel kaum mehr als eine oder zwei Personen und zwar für kurze Zeit aufzunehmen hat. Er ist möglichst so auszuwählen, dass er nach seiner eigentlichen Zweckbestimmung weder der Benutzung durch das Publikum offensteht noch auch von den Beamten und Arbeitern der Eisenbahnverwaltung behufs dienstlicher Verrichtungen oder zu Aufenthaltszwecken benutzt zu werden braucht, vielmehr von der Benutzung durch dritte Personen vollkommen abgeschlossen werden kann. Einer besonderen Einrichtung bedarf es gewöhnlich nicht; nur wird ein Lager beschafft werden müssen, das nöthigenfalls sofort in demselben aufgestellt werden kann, sowie Gefässe zur Aufnahme von Entleerungen des Kranken.*) Ausserdem muss der Fussboden so beschaffen (gedielt, zementirt u.s.w.) sein, dass er eine gründliche Reinigung und Desinfektion gestattet. Ist ein geeigneter Raum nicht vorhanden und auch nicht leicht herzustellen, so ist es zur Noth ausreichend, den Wagen, in welchem sich der Kranke

---

*) In Preussen stellt nach einem Uebereinkommen zwischen der Eisenbahn- und der Medizinalverwaltung die erstere die erforderlichen Räume auf den Bahnhöfen, soweit geeignete vorhanden sind, zur Verfügung; dagegen werden etwaige Kosten der Einrichtung und Unterhaltung derselben nicht von der Eisenbahnverwaltung bestritten.

befindet, aus dem Zuge auszusetzen und auf ein Nebengeleise zu führen,
sodass der Kranke in demselben bleiben kann, bis er nach der Krankenanstalt gebracht wird.

Da auf den Untersuchungsstationen die Ortspolizeibehörden angewiesen
werden, rechtzeitig für Bereitstellung einer Krankenanstalt zur endgültigen Unterbringung der Kranken sowie für Transportmittel zur Ueberführung derselben nach der Krankenanstalt Sorge zu tragen,*) so wird
letztere in kürzester Frist erfolgen können, namentlich wenn die Polizei
behörde vorher davon benachrichtigt ist, dass die Ankunft eines Kranken
mit einem bestimmten Zuge zu erwarten sei. Um dies zu ermöglichen,
werden die Organe der Eisenbahnverwaltung, zunächst das Zugpersonal,
anzuweisen sein, allemal dann, wenn ein Reisender in dem Zuge an verdächtigen Erscheinungen erkrankt ist, und wenn der Zug vor Ankunft
auf der Untersuchungsstation noch eine Zwischenstation berührt, auf der
er zu halten hat, sofort beim Eintreffen auf der letzteren dem dienst-
habenden Stationsbeamten Anzeige zu erstatten. Der letztere hat sofort der
nächsten Untersuchungsstation telegraphische Meldung davon zu
machen, dass mit dem Zuge ein verdächtiger Kranker eintreffen werde.
Dem Vorstande der Untersuchungsstation obliegt alsdann, ungesäumt der
Ortspolizeibehörde oder dem auf dem Bahnhofe befindlichen Polizeibeamten
und dem für die Besichtigung der Reisenden bestellten, anwesenden oder
zu erwartenden Arzte, die erforderliche weitere Mittheilung zu machen.

II. Selbst bei sorgfältigster Ueberwachung des Reiseverkehrs wird
es nicht immer zu verhüten sein, dass bei den aus den verseuchten
Gegenden kommenden Reisenden erst nachträglich, nachdem sie die ge-
sundheitspolizeiliche Kontrole und den Bereich der von den Sanitätspolizeibehörden eingerichteten Untersuchungsstationen passirt haben, die Krankheit ausbricht, und damit die Möglichkeit einer Weiterverbreitung derselben
entsteht. Nicht minder besteht die Möglichkeit, dass erkrankte Reisende
schon, bevor der von ihnen benutzte Zug die nächste polizeiliche Untersuchungsstation erreicht, auf einer Zwischenstation den Zug verlassen und
einer unmittelbaren sanitätspolizeilichen Ueberwachung nicht unterworfen
werden können.

In solchen Fällen tritt besonders an die Eisenbahnverwaltung
und deren Organe die Aufgabe heran, aus eigener Entschliessung Maassnahmen zu treffen, um der drohenden Gefahr schnell und gründlich entgegen-
zutreten, bis es gelungen ist, die Sanitätspolizeibehörden, denen alsdann
das Weitere überlassen bleibt, heranzuziehen. Demgemäss bedarf es ge-

*) So wenigstens in Preussen. Vergl. Verordnung vom 8. August 1835, betr. sani-
tätspolizeiliche Vorschriften bei ansteckenden Krankheiten.

rade für diese Fälle einer besonderen Unterweisung des Stations- und des Zugbegleitungspersonals.

A. Zunächst ist der Fall in Betracht zu ziehen, dass ein Reisender an choleraverdächtigen Erscheinungen erkrankt auf dem Zielpunkte seiner Reise eintrifft oder wegen eingetretener Erkrankung aus eigenem Antriebe seine Reise auf einer früheren Station unterbricht und hier den Zug verlässt.

Wenn auf dem Bahnhofe oder in dessen unmittelbarer Nähe eine anlässlich der Choleragefahr eingerichtete besondere Polizeiwache, (welcher der Reisende sogleich zu überweisen sein würde), nicht vorhanden ist, so muss die Station, sobald sie durch das — in solchen Fällen zur Anzeige zu verpflichtende — Zugpersonal oder auf Grund eigener Wahrnehmungen von der eingetretenen verdächtigen Erkrankung Kenntniss erhält, gehalten sein, den Reisenden zu ersuchen, vorläufig bis zum Eintreffen ärztlicher Hülfe auf dem Bahnhofe zu verbleiben. Weigert derselbe sich dessen, so erübrigt in Ermangelung entsprechender Zwangsbefugnisse der Eisenbahnverwaltung nur, Namen und Wohnort, Absteigequartier sowie die Herkunft des Reisenden festzustellen und ungesäumt unter Angabe der näheren Umstände der Polizeibehörde mitzutheilen, damit diese die erforderlichen weiteren Maassnahmen treffen kann. In dieser Weise würde die Station auch dann verfahren müssen, wenn der erkrankte Reisende an dem Stationsorte nachweislich seinen Wohnsitz hat, da dann in der Regel kein Grund vorliegt, denselben auf dem Bahnhofe zurückzuhalten.

Verbleibt der Kranke, sei es in Befolgung des an ihn gerichteten Ersuchens oder durch seinen Zustand genöthigt, auf dem Bahnhofe, so ist für eine vorläufige geeignete Unterbringung desselben zu sorgen. Da ein Bedürfniss hierzu auf jeder einzelnen Station der mit den verseuchten Gegenden in Verbindung stehenden Bahnlinien jeder Zeit eintreten kann, so ist es nothwendig, dass beim Auftreten der Cholera in den angrenzenden Verkehrsgebieten überall, nicht nur auf den von der Sanitätspolizeibehörde angeordneten Untersuchungsstationen auf Bereitstellung der erforderlichen Räumlichkeiten vorsorglich Bedacht genommen wird. Wenn auf kleineren Stationen ein besonderes Gelass nicht verfügbar gemacht werden kann, so wird es genügen, einen geeigneten Raum auszuwählen, welcher im Bedürfnissfalle sofort behufs Aufnahme von Kranken geräumt werden kann. Schlimmsten Falles genügt Aufstellung besonderer Eisenbahnwagen (Güterwagen) auf abseits gelegenen Geleisen.

Die Station, auf welcher ein choleraverdächtiger Reisender vorläufig untergebracht wird, hat schleunigst die örtliche Polizeibehörde zu benachrichtigen und ärztliche Hülfe herbeizuholen. Die Polizeibehörde hat, wenn ein Cholerafall oder Verdacht der Cholera fest-

gestellt wird, gemäss der ihr — wenigstens in Preussen*) — als
solcher obliegenden Verpflichtung für Fortschaffung, Unterbringung und
Verpflegung des Kranken nunmehr allein Sorge zu tragen. Da eine
möglichst beschleunigte Entfernung des Kranken aus dem Bereiche des
Bahnhofes schon mit Rücksicht auf das dort verkehrende Publikum im
allgemeinen Interesse dringend geboten ist, so ist es, um eine rasche
Durchführung der erforderlichen Maassnahmen zu sichern, zweckmässig,
sich schon im Voraus — geeignetenfalls durch Vermittelung der Aufsichtsbehörden (Landespolizeibehörden) — mit den Polizeibehörden am Sitze
der Stationsorte in Benehmen zu setzen und sich diejenigen Stellen oder
Personen bezeichnen zu lassen, an welche vorkommenden Falles die erforderliche Anzeige zu erstatten ist. Um eine möglichst schleunige Heranziehung der Polizeibehörde zu ermöglichen, ist es dringend geboten, wenn
der Krankheitsfall bereits vor Ankunft des Reisenden auf der Zielstation
eintritt und bemerkt wird, schon von der nächst vorhergehenden Station
aus, auf welcher der Zug anhält, der Zielstation telegraphische Nachricht
zugehen zu lassen, damit diese ungesäumt Vorbereitungen treffen kann.

· Der Wagenabtheil, in welchem sich ein cholerakranker oder -verdäch-
tiger Reisender befunden hat, darf vor Desinfektion nicht wieder benutzt
werden. Es ist daher nothwendig, dass derselbe, wenn der Kranke ihn verlassen hat, verschlossen gehalten, und der Wagen, sobald sich dazu die
Gelegenheit bietet, u. U. auf der nächstvorliegenden polizeilich eingerichteten Untersuchungsstation, aus dem Zuge ausgesetzt und auf ein ent-
legenes Nebengeleise geschoben wird, wo er desinfizirt werden muss. Derartige Wagen sind vielleicht zweckmässig bis zur Desinfektion mit einer
Bezettelung zu versehen.

B. Ein anderer Fall ist es, wenn ein Reisender, nachdem der Zug
bereits den Bereich der Untersuchungsstationen verlassen hat, nachträglich
unterwegs, fern von seinem Reiseziele, im Zuge an verdächtigen Erscheinungen erkrankt.

Wenn derselbe nicht aus eigenem Antriebe seine Reise unterbricht
und auf einer Zwischenstation den Zug verlässt, in welchem Falle, wie
unter A. angegeben, zu verfahren ist, so wird es vor allem darauf ankommen, alsbald feststellen zu lassen, ob der Krankheitsfall die Anwendung besonderer Maassnahmen erfordert. Dies wird nun aber mangels der
erforderlichen Einrichtungen und im Uebrigen auch ohne erhebliche Beeinträchtigung der planmässigen Durchführung eines Zuges nicht auf jeder
beliebigen Zwischenstation möglich sein. Es erscheint deshalb nothwendig,
den Kranken, möglichst getrennt von sonstigen Reisenden, zunächst im
Zuge zu belassen und bis nach einer vorliegenden grösseren Station mit-

*) Vergl. die oben bereits angeführte Verordnung vom 8. August 1835.

zuführen*), auf welcher die erforderlichen Aerzte und sonstigen sanitären Einrichtungen vorhanden sind, und auch die Aufenthaltszeit des Zuges zur Vornahme der nöthigen Untersuchung ausreicht. Da in vorkommenden Fällen die Auswahl derartiger Stationen nicht wohl den Vorständen der Stationen überlassen werden kann, so wird sich für die Eisenbahnverwaltung empfehlen, bei eintretender Choleragefahr — neben den von den Sanitätspolizeibehörden besonders eingerichteten (polizeilichen) Untersuchungsstationen (zu I) — für die einzelnen Eisenbahn - Verwaltungsbezirke im Benehmen mit den Landespolizeibehörden von vornherein auch die für die hier in Frage stehenden Fälle geeigneten Stationen auszuwählen und diese alsdann sogleich nach Art jener ersteren (polizeilichen) Untersuchungsstationen einzurichten und zu behandeln. Im Allgemeinen werden hierzu die meisten Schnellzugsstationen, mit Ausschluss etwa viel besuchter Badeorte u. dgl. geeignet sein. Die ausgewählten Untersuchungsstationen wären alsdann sämmtlichen Stationen des engeren Verwaltungsbezirks mitzutheilen.

Findet sich in einem Zuge ein verdächtiger Kranker vor, so muss derjenigen Station, auf welcher der Zug zunächst anhält, seitens des Zugpersonals sofort Meldung hiervon gemacht werden. Der diensthabende Stationsbeamte hat alsdann ungesäumt der nächstvorliegenden, als Untersuchungsstation in dem hier angegebenen Sinne bezeichneten Station telegraphisch mitzutheilen, dass in dem Zuge ein verdächtiger Kranker sich befindet. Wenn die Station, auf welcher der Krankheitsfall zuerst entdeckt oder gemeldet wird, selbst eine solche Untersuchungsstation ist, so würde sie in der Regel auch die Obliegenheiten einer solchen zu übernehmen haben. Wenn indessen eine Heranziehung des Arztes und der Polizeibehörde hier innerhalb des fahrplanmässigen Aufenthalts oder ohne erhebliche Ueberschreitung desselben nicht möglich ist, so würde es unter Umständen, wenn es sich nicht etwa schon um einen schweren Erkrankungsfall handelt, nicht ausgeschlossen sein, zur weiteren Behandlung des Kranken erst die nächste Untersuchungsstation in Anspruch zu nehmen und den Reisenden bis dahin mitzuführen. Die fragliche Station würde alsdann nur die Pflichten der sonstigen Zwischenstationen zu erfüllen haben.**)

---

*) Nach § 13 des Betriebsreglements für die deutschen Eisenbahnen können Personen, welche wegen einer sichtlichen Krankheit oder aus anderen Gründen durch ihre Nachbarschaft den Mitreisenden augenscheinlich lästig werden, sofern kein besonderes Kupee bezahlt und bereitgestellt werden kann, nachträglich von der Weiterbeförderung ausgeschlossen werden. Wenn es sich indessen um die Möglichkeit einer Erkrankung an der Cholera handelt, dürfte diese Vorschrift einerseits aus Humanitätsrücksichten, andererseits aber auch, weil sonst leicht einer Ausbreitung der Krankheit Vorschub geleistet werden könnte, auf den nicht als Untersuchungsstationen vorgesehenen Zwischenstationen nur im äussersten Nothfalle zur Anwendung zu bringen sein.

**) Wenn die nächste Untersuchungsstation ausnahmsweise so nahe belegen ist, dass es zweifelhaft ist, ob bis zur Ankunft des Zuges daselbst der Arzt zur Stelle sein kann,

Die von dem Erkrankungsfalle telegraphisch benachrichtigte Untersuchungsstation hat ohne Verzug die Polizeibehörde zu benachrichtigen und
für ärztliche Hülfe zu sorgen.   In der Regel wird derjenige Arzt herbeizuholen sein, welcher von der Polizeibehörde mit der Vornahme derartiger Untersuchungen besonders betraut und der Eisenbahnverwaltung
als solcher bezeichnet ist.   Im Uebrigen ist in derselben Weise zu verfahren, wie auf den ordentlichen (polizeilichen) Untersuchungsstationen (s. oben
unter I).   Jedenfalls ist der Kranke bis zur Ankunft des Arztes in dem
Wagenabtheil, in welchem er eingetroffen ist, zu belassen, und dieser
verschlossen zu halten.   Die weiteren Anordnungen hat alsdann der Arzt
zu treffen.

Der Wagen ist demnächst aus dem Zuge auszusetzen und so zu behandeln, wie oben unter A. a. E. angegeben ist.

C. Für die mit dem Kranken in demselben Wagenabtheil
befindlichen Mitreisenden sind besondere Maassregeln nicht erforderlich.
Nur sind dieselben allemal thunlichst in einem anderen Wagenabtheil
unterzubringen, und, falls sich erkennen lässt, dass sie von den Entleerungen des Kranken beschmutzt sind, hierauf aufmerksam zu machen,
damit sie sich reinigen. Selbstverständlich steht nichts entgegen, dass An-
gehörige oder Bekannte des Erkrankten, welche zu seiner Unterstützung
bei ihm bleiben wollen, auch bei ihm gelassen werden.

Bei Ankunft auf der Untersuchungsstation sind in allen Fällen diejenigen Personen, welche sich mit dem Kranken in demselben Wagenabtheil befunden haben, seitens des Zugpersonals sofort dem Arzte zu bezeichnen, damit dieser denselben die nöthigen Weisungen ertheilen kann.

III. Eine besondere Wichtigkeit ist überall der strengsten Beachtung der bestehenden.Desinfektionsvorschriften*) auch durch
die Organe der Eisenbahnverwaltung beizumessen.   Wenn auch die Desinfektion der Eisenbahnwagen und der sonst mit den Ausleerungen eines
Kranken in Berührung gekommenen Gegenstände auf den von den Sanitätspolizeibehörden eingerichteten Untersuchungsstationen (zu I.) in der Regel
durch die Polizeibehörden oder durch die von denselben mit der Ueberwachung des Reiseverkehrs betrauten Aerzte unmittelbar veranlasst werden
wird, so können doch Fälle eintreten (s. unter II.), in denen die Organe

---

so würden zweckmässig sogleich die beiden nächstvorliegenden derartigen Stationen zu
benachrichtigen sein, damit nöthigenfalls erst die zweite derselben die Obliegenheiten einer
solchen übernehmen kann.

*) Mit dem Eingangs erwähnten Erlasse des preussischen Ministeriums der geist-
lichen u. s. w. Angelegenheiten vom 18. Juli 1884 ist eine besondere „Instruktion für Vornahme
der Desinfektion" herausgegeben. Die darin gegebenen Vorschriften sind im Folgenden mit-
benutzt.

der Eisenbahnverwaltung aus eigenem Antriebe die erforderlichen Maassnahmen treffen müssen, wenn nicht die Gefahr einer Weiterverbreitung der Krankheitskeime eintreten soll. Es ist desshalb nothwendig, die Eisenbahnstationen einerseits mit den erforderlichen Desinfektionsmitteln (100 prozentiger Karbolsäure, acidum carbolicum depuratum) auszurüsten, andererseits aber sie über die Anwendung derselben, sowie über die sonst zu treffenden Vorsichtsmaassregeln genau zu belehren. Hierbei ist vorzugsweise Folgendes zu berücksichtigen:

1. Zur Desinfektion der von einem Kranken benutzten Eisenbahnwagen ist es erforderlich und ausreichend, dieselben ausser Gebrauch zu setzen und vierzehn Tage lang an einem warmen, trockenen, thunlichst vor Regen geschützten Orte aufzustellen und auslüften zu lassen. Weitere Maassnahmen sind auch zur Desinfektion der verunreinigten Wagenpolster, Matratzen u. s. w. nicht erforderlich.

2. Mit den Ausleerungen der Kranken verunreinigte Fussböden, Möbel, Holz- oder Metalltheile u. s. w. sind mit trockenen Lappen wiederholt und gründlich abzureiben, letzere aber zu verbrennen.

3. Mit Ausleerungen beschmutzte Leib- und Bettwäsche muss sofort in eine Karbolsäure-Lösung, die durch Auflösung von 1 Theil sogenannter 100 prozentiger Karbolsäure in 18 Theilen Wasser unter häufigem Umrühren hergestellt wird, hineingelegt und zum Zweck der Desinfektion 48 Stunden in derselben eingeweicht bleiben, sodann aber mit Wasser gespült werden.

4. Die Ausleerungen der Kranken sind womöglich sofort in einem Gefässe aufzufangen, in welchem eine Karbollösung (wie zu 3) enthalten ist. Die Menge der zur Desinfektion der Ausleerungen zu verwendenden Karbolsäure-Lösung muss mindestens den fünften Theil der ersteren ausmachen.

5. Kleidungsstücke, für welche die unter 3 angegebene Behandlung nicht angängig ist, sowie Betten und andere Effekten müssen, wenn sie durch Ausleerungen verunreinigt sind, sofort ausser Gebrauch gesetzt und demnächst von sachkundiger Hand mit heissen Wasserdämpfen behandelt werden. Gegenstände von geringerem Werthe sind wenn thunlich, statt sie einer Desinfektion zu unterwerfen, zu verbrennen.

6. Alle Personen, welche mit dem Kranken oder seinen Effekten in Berührung gekommen, namentlich aber von den Ausleerungen desselben beschmutzt sind, haben sich, bevor sie wieder mit Menschen in Verkehr treten oder etwas geniessen, gründlich zu reinigen und die Hände mit der vorerwähnten Karbollösung zu waschen.

IV. Allgemein muss es den betheiligten Organen der Eisenbahnverwaltung, dem Stations- und Zugbegleitungspersonal, zur unbedingten Pflicht gemacht werden, den seitens der Polizeibehörden und der beaufsichtigenden Aerzte im Interesse einer raschen und sachgemässen Durchführung der an sie ergebenden Anforderungen, soweit es in ihren Kräften steht und nach den dienstlichen Verhältnissen ausführbar ist, unbedingte Folge zu leisten, und auch ohne besondere Aufforderung denselben alle erforderlichen Mittheilungen zu machen. Im Uebrigen muss das Eisenbahnpersonal beim Vorkommen verdächtiger Erkrankungen mit der grössten Vorsicht und Ruhe zu Werke gehen, damit alles vermieden wird, was zu einer Panik unter den Reisenden oder bei dem sonstigen Publikum Anlass geben könnte.

Die für das Eisenbahndienstpersonal bestimmten Dienstanweisungen müssen den betheiligten Beamten, wenigstens soweit es sich um allgemeine Vorschriften handelt, also etwa vorbehaltlich der jedes Mal den örtlichen Verhältnissen anzupassenden besonderen Bestimmungen, rechtzeitig und nicht erst in der letzten Stunde mitgetheilt werden, damit die Beamten sich mit denselben überall vertraut machen und eintretenden Falles ohne langes Besinnen mit Umsicht und Thatkraft darnach verfahren können.

Um ein fortgesetztes Zusammengehen der Organe der Eisenbahnverwaltung mit denjenigen der Sanitätspolizeibehörden auch in der Ausführung nach Möglichkeit zu sichern, wird es sich auch empfehlen, von allen solchen Dienstanweisungen sowie auch von den auf Grund gegenseitiger Verständigung oder sonst seitens der Behörden getroffenen Einrichtungen und Anordnungen jedes Mal den dabei in Frage kommenden Sanitätspolizeibehörden alsbald Mittheilung zu machen. —

Wenn beim Herannahen der Choleragefahr die zur Abwehr derselben zu treffenden Maassnahmen, insoweit die Eisenbahnverwaltung dabei in Betracht kommt, so zeitig als möglich zwischen den Sanitätspolizeibehörden und den Behörden der Eisenbahnverwaltung vereinbart und von den letzteren entsprechend vorbereitet werden, und wenn ferner das Eisenbahn-Stations- und Zugbegleitungspersonal rechtzeitig und eingehend über besonderen Pflichten unterwiesen und mit den erforderlichen Verhaltungsmassregeln versehen wird, so wird in vorkommenden Fällen nicht nur eine Weiterverbreitung der Cholera durch die Eisenbahnen nach Möglichkeit verhindert, sondern es werden zugleich auch etwaige unvermittelte, die Interessen des öffentlichen Verkehrs mehr als nöthig schädigende Eingriffe der Sanitätspolizeibehörden in die Verhältnisse des Eisenbahnbetriebes in der Regel vermieden werden.

Die Eisenbahnen der Erde.

1881 bis 1885.

Im Anschluss an die in den früheren Jahrgängen enthaltenen Mittheilungen *) über die Entwicklung des Eisenbahnnetzes der Erde bringen
wir im Nachstehenden eine Uebersicht der Entwicklung der Eisenbahnen
der Erde in dem Jahrfünft von 1881 bis 1885 und des Verhältnisses der
Ende 1885 im Betrieb gewesenen Eisenbahnlänge zum Flächeninhalt und
zur Volkszahl der einzelnen Länder. Die in dieser Uebersicht enthaltenen
Zahlen sind wiederum zum grössten Theile amtlichen Quellen entnommen,
nach welchen auch einzelne der in den früheren Uebersichten enthaltenen
Zahlenangaben berichtigt werden konnten.

Das Eisenbahnnetz der Erde hat nach dem Ergebnisse der Zusammenstellung in der Zeit von Ende 1881 bis Ende 1885 im Ganzen einen Zuwachs von 93872 km erhalten und somit zu letzterem Zeitpunkte eine
Ausdehnung von 487740 km erlangt. Die stärkste Zunahme zeigt Amerika,
dessen Eisenbahnnetz in dem bezeichneten Zeitraume um 59698 km oder
um 31,8 pCt. gewachsen ist, und mit 250663 km erheblich mehr Eisenbahnen besitzt, als die übrigen vier Welttheile zusammengenommen. Das
Eisenbahnnetz Europas ist in dem Jahrfünft nur um 22325 km oder 12,9 pCt.
gewachsen. Die verhältnissmässig stärkste Zunahme zeigt sich in
Australien, dessen Eisenbahnlänge um 53 pCt. zugenommen hat.

---

*) Vergl. zuletzt Archiv 1886 S. 289.

Uebersicht der Entwicklung des Eisenbahnnetzes der Erde vom Schlusse der Eisenbahnlängen zur Flächengrösse und

1.	2.	3.	4.	5.	6.	7.
Lau-fen-de No.	Länder	Länge der im Betriebe befindlichen Eisenbahnen am Ende des Jahres				
		1881	1882	1883	1884	1885
	I. Europa.	**K i l o m e t e r**				
1	Deutschland:					
	Preussen	20 061	20 453	21 039	21 680	22 342
	Bayern	4 874	4 948	5 040	5 068	5 142
	Sachsen	2 045	2 070	2 124	2 216	2 232
	Württemberg	1 448	1 550	1 560	1 560	1 560
	Baden	1 312	1 329	1 329	1 329	1 331
	Elsass-Lothringen	1 222	1 240	1 293	1 300	1 361
	Uebrige deutsche Staaten . .	3 295	3 360	3 425	3 567	3 567
	Zusammen Deutschland .	34 257	34 950	35 810	36 720	37 535
2	Oesterreich-Ungarn, einschliesslich Bosnien u. s. w.	18 889	19 696	20 598	22 073	22 613
3	Grossbritannien und Irland . .	29 262	29 531	29 890	30 370	30 843
4	Frankreich	27 618	28 880	29 688	31 216	32 491
5	Russland einschl. Finnland . .	23 896	24 452	25 121	25 767	26 483
6	Italien	8 893	9 182	9 450	10 138	10 354
7	Belgien	4 182	4 240	4 302	4 319	4 410
8	Niederlande einschl. Luxemburg .	2 360	2 400	2 520	2 654	2 800
9	Schweiz	2 618	2 733	2 797	2 797	2 797
10	Spanien	7 794	7 848	8 251	8 281	9 185
11	Portugal	1 219	1 482	1 492	1 527	1 529
12	Dänemark	1 620	1 750	1 790	1 900	1 942
13	Norwegen	1 115	1 500	1 550	1 562	1 562
14	Schweden	6 174	6 300	6 400	6 600	6 892
15	Serbien	—	—	—	244	244
16	Rumänien . . , ...	1 430	1 470	1 500	1 602	1 660
17	Griechenland	11	11	22	175	323
18	Europ. Türkei, Bulgarien, Rumelien	1 394	1 394	1 394	1 394	1 394
	Zusammen Europa .	172 732	177 792	182 575	189 116	195 057
	II. Amerika.					
19	Vereinigte Staaten von Amerika .	163 118	181 326	191 356	201 735	207 508
20	Britisch Nord-Amerika . . .	12 000	13 100	14 200	15.000	17 500
21	Mexico	2 500	3 580	4 840	5 200	5 600
22	Vereinigte Staaten von Columbien	250	265	265	265	265
23	Cuba	1 500	1 600	1 600	1 600	1 600
24	Venezuela	90	90	128	138	153
25	Republik San Domingo . . .	80	80	80	80	80
26	Brasilien	3 900	4 850	5 100	6 115	7 062
27	Argentinische Republik . . .	2 500	2 650	3 500	4 100	5 484
28	Paraguay . , ...	72	72	72	72	72
29	Uruguay	430	430	470	470	500
30	Chili	1 800	1 800	1 800	1 800	2 100
31	Peru	2 600	2 600	2 600	2 600	2 600
32	Bolivia	56	56	56	56	70
33	Ecuador	69	69	69	69	69
	Zusammen Amerika .	190 965	212 568	226 136	239 350	250 663

des Jahres 1881 bis zum Schlusse des Jahres 1885 und das Verhältnis
Bevölkerungszahl der einzelnen Länder.

		10.	11.	12.	13.	2.
		In einzelnen Ländern		Es trifft Ende 1885 Bahnlänge auf je		
		Flächen- grösse qkm	Bevölke- rungszahl	100 qkm	10000 Einw.	Länder
Kilometer				Kilo		I. Europa.
						Deutschland:
2 281	11,4	348 331	28 313 833	6,4		Preussen.
268	5,5	75 863	5 416 180	6,8		Bayern.
187	9,1	14 993	3 179 168	14,9		Sachsen.
112	7,7	19 504	1 994 849	8,0		Württemberg.
19	1,4	15 081	1 600 839	8,8		Baden.
139	11,4	14 509	1 563 145	9,4		Elsass-Lothringen.
272	7,6	52 313	4 772 573	6,8		Uebrige deutsche Staaten.
	9,6	540,594	46 840 587	6,9	8,0	Zusammen Deutschland.
3 724	19,7	674 358	40 495 396	3,4	5,6	Oesterreich - Ungarn, einschliessli Bosnien u. s. w.
1 581	5,4	314 951	36 681 749	9,8	8,4	Grossbritannien und Irland.
4 873	17,6	528 572	37 405 290	6,1	8,7	Frankreich.
2 587	10,6	5 389 628	87 438 572	0,5	3,0	Russland einschl. Finnland.
1 461	16,4	289 172	29 362 335	3,6	3,5	Italien.
228	5,5	29 457	5 784 958	15,0	7,6	Belgien.
440	18,6	35 587	4 487 842	7,9	6,2	Niederlande einschl. Luxemburg
179	6,8	41 390	2 889 826	6,8	9,7	Schweiz.
1 391	17,8	500 443	16 731 565	1,8	5,5	Spanien.
310	25,4	89 143	4 306 554	1,7	3,5	Portugal.
322	19,9	38 302	2 045 179	5,1	9,5	Dänemark.
447	40,1	325 423	1 923 000	0,5	8,1	Norwegen.
718	11,6	450 574	4 644 448	1,5	14,8	Schweden.
244	—	48 582	1 902 419	0,6	1,3	Serbien.
230	16,1	129 947	5 376 000	1,3	3,1	Rumänien.
312	2836,4	64 688	2 018 978	—	—	Griechenland.
—	—	—	—	—	—	Europ. Türkei, Bulgarien, Rumelie
22 325	12,9	—	—	—	—	Zusammen Europa.
						II. Amerika.
44 390	27,2	9 187 360	57 000 000	2,2	36,4	Vereinigte Staaten von Amerika.
5 500	45,8	8 301 503	4 324 810	0,2	40,5	Britisch Nord-Amerika.
3 100	124,0	1 946 292	10 447 974	0,3	5,4	Mexiko.
15	6,0	830 723	3 061 741	—	0,9	Vereinigte Staaten von Columbie
100	6,7	112 190	1 424 649	1,4	11,2	Cuba.
63	70,0	1 639 398	2 121 988	—	0,7	Venezuela.
		23 911	550 000	0,3	1,5	Republik San Domingo.
3 162	81,1	8 337 213	13 002 978	0,1	5,4	Brasilien.
2 984	119,4	2 835 969	2 942 000	0,2	18,6	Argentinische Republik.
—	—	238 290	476 018	—	1,5	Paraguay.
70	16,3	169 822	520 536	0,3	9,6	Uruguay.
300	16,7	675 993	2 465 621	0,3	8,5	Chili.
—	—	1 072 496	3 000 000	0,3	8,7	Peru.
14	25,0	1 222 250	2 303 000	—	0,3	Bolivia.
—	—	650 938	1 500 000	—	0,5	Ecuador.
59 698	31,3	—	—	—	—	Zusammen Amerika.

1.	2.	3.	4.	5.	6.	7.
Lau- fen- de No.	L ä n d e r	Länge der im Betriebe befindlichen Eisenbahnen am Ende des Jahres				
		1881	1882	1883	1884	1885
	III. Asien.	K i l o m e t e r				
34	Britisch-Indien	15 800	16 200	16 650	18 100	19 308
35	Ceylon	200	260	260	260	289
36	Kleinasien	372	372	372	372	372
37	Russisches transkaspisches Gebiet .	—	231	231	231	500
38	Niederländisch Indien	600	990	1 100	1 150	1 150
39	Japan	120	120	298	426	559
	Zusammen Asien . . .	17 092	18 173	18 911	20 539	22 178
	IV. Afrika.					
40	Egypten	1 500	1 500	1 500	1 500	1 500
41	Algier und Tunis	1 400	1 740	1 779	1 900	1 950
42	Kapkolonie	1 400	1 559	1 952	2 487	2 793
43	Natal	120	120	158	158	160
44	Mauritius, Reunion, Senegalgebiet .	200	250	250	270	492
	Zusammen Afrika . . .	4 620	5 169	5 639	6 315	6 895
	V. Australien.					
45	Neuseeland	2 150	2 252	2 313	2 527	2 662
46	Victoria	1 915	2 168	2 400	2 676	2 697
47	Neu-Süd-Wales	1 593	2 030	2 126	2 715	2 860
48	Süd-Australien	1 100	1 300	1 500	1 704	1 711
49	Queensland	1 280	1 350	1 600	1 942	2 308
50	Tasmania	277	277	277	348	413
51	West-Australien	144	144	144	222	296
	Zusammen Australien . .	8 459	9 521	10 360	12 134	12 947
	Wiederholung.					
I.	Europa	172 732	177 792	182 575	189 116	195 057
II.	Amerika	190 965	212 568	226 136	239 350	250 663
III.	Asien	17 092	18 173	18 911	20 539	22 178
IV.	Afrika	4 620	5 169	5 639	6 315	6 895
V.	Australien	8 459	9 521	10 360	12 134	12 947
	Zusammen auf der Erde	393 868	423 223	443 621	467 454	487 740

Werden zur Ermittelung des auf die Eisenbahnen der Erde verwendeten Anlagekapitals die Einheitssätze für das Kilometer Bahnlänge angenommen, welche im vorigen Jahrgange des Archivs S. 296 aus den
grösstentheils amtlichen Quellen entnommenen Angaben über das Anlagekapital von Eisenbahnen in verschiedenen Ländern ermittelt wurden, nämlich 298 283 ℳ für die europäischen und 156 864 ℳ für die ausser-

8.	9.	10.	11.	12.	13.	2.
Zuwachs von 1881—1885		In einzelnen Ländern		Es trifft Ende 1885 Bahnlänge auf je		Länder
im Ganzen 7—3	im Prozenten 8·100 / 3	Flächen- grösse qkm	Bevölke- rungszahl	100 qkm	10000 Einw.	
Kilometer				Kilometer		III. Asien.
3 508	22,2	4 111 619	258 118 449	0,5	0,7	Britisch-Indien.
89	44,5	63 998	2 764 384	0,5	1,4	Ceylon.
—	—	—	—	—	—	Kleinasien.
500	—	522 500	710 000	0,1	7,0	Russisches transkaspisches Gebiet.
550	91,7	—	—	—	—	Niederländisch-Indien.
439	365.8	382 447	36 700 118	0,1	0,2	Japan.
5 086	29,7	—	—	—	—	Zusammen Asien.
						IV. Afrika.
—	—	1 021 354	6 817 265	0,1	2,2	Egypten.
550	39,3	—	—	—	—	Algier und Tunis.
1 393	99,5	} 677 220	1 674 319	0,4	17,6	Kapkolonie.
40	33,3					Natal.
292	146,0	—	—	—	—	Mauritius, Reunion, Senegalgebiet.
2 275	49,2	—	—	—	—	Zusammen Afrika.
						V. Australien.
512	23,3	270 392	608 401	1,0	43,8	Neuseeland.
782	40,9	229 078	860 067	1,2	31,4	Victoria.
1 267	79,5	799 139	739 385	0,4	38,7	Neu-Süd-Wales.
611	55,6	985 720	267 573	0,2	63,9	Süd-Australien.
1 028	80,3	1 730 721	226 077	0,1	102,1	Queensland.
136	49,1	68 309	130 541	0,6	31,6	Tasmania.
152	105,6	2 527 283	29 019	—	102,0	West-Australien.
4 488	53,1	—	—	—	—	Zusammen Australien.
						Wiederholung.
22 325	12,9	—	—	—	—	Europa.
59 698	31,3	—	—	—	—	Amerika.
5 086	29,7	—	—	—	—	Asien.
2 275	49,2	—	—	—	—	Afrika.
4 488	53,1	—	—	—	—	Australien.
93 872	23,9	—	—	—	—	Zusammen auf der Erde.

europäischen Eisenbahnen, so ergiebt sich das Anlagekapital für die Ende 1885 im Betrieb gewesenen Eisenbahnen

für Europa zu . . . . . 58 182 187 131 $\mathcal{M}$

für die übrigen Erdtheile zu 45 911 426 112 „

zusammen also zu 104 093 613 243 $\mathcal{M}$

Die neuesten Gesetzentwürfe über die Erweiterung und Vervollständigung des preussischen Staatseisenbahnnetzes.*)

Dem preussischen Landtage sind auch in diesem Jahre wichtige Eisenbahnvorlagen zugegangen. In den beiden mit Allerhöchster Ermächtigung vom 7. Februar eingebrachten, und durch Beschluss des Hauses der Abgeordneten vom 12. Februar — der eine einer besonderen, der andere der Budgetkommission zur Vorberathung überwiesenen — Gesetzentwürfen**) ist einerseits eine Erweiterung des Staatseisenbahnnetzes durch den Erwerb mehrerer Privateisenbahnen und die Herstellung neuer Eisenbahnlinien, andererseits eine Vervollständigung des Staatseisenbahnnetzes durch verschiedene Bauausführungen (Herstellung von zweiten Geleisen, Umbau und Erweiterung von Bahnhöfen u. s. w.) in Aussicht genommen.

A. Erweiterung des Staatseisenbahnnetzes.

I. Durch den Erwerb mehrerer Privateisenbahnen.

In dem Gesetzentwurf Nr. 41 der Drucksachen soll die Staatsregierung unter Genehmigung der mit den betreffenden Gesellschaften abgeschlossenen Verträge zur käuflichen Uebernahme:

1. der Berlin-Dresdener Eisenbahn . . . . . . rund 181 km
2. der Nordhausen-Erfurter Eisenbahn . . . . . „ 159 „
3. der Oberlausitzer Eisenbahn . . . . „ 122 „
4. der Aachen-Jülicher Eisenbahn . . . . . . „ 40 „
5. der Angermünde-Schwedter Eisenbahn . . . . „ 23 „
   zu 1, 3 und 5 bereits unter Staatsverwaltung.

                                   zusammen   525 km
und zugleich zur Wiederveräusserung der Strecke Dresden-Elsterwerda der Berlin-Dresdener Eisenbahn . .   54 „
an das Königreich Sachsen ermächtigt werden, sodass

also rund . . . .   471 km
in das Eigenthum des preussischen Staates übergehen werden.

*) Vgl. Archiv 1884 S. 115 ff., 1885 S. 152 ff., 1886 S. 332 ff.

**) Betreffend: a) den weiteren Erwerb von Privateisenbahnen für den Staat. (Nr. 41 der Drucksachen des Hauses der Ageordneten); b) die weitere Herstellung neuer Eisenbahnlinien für Rechnung des Staates und sonstige Bauausführungen auf den Staatseisenbahnen. (Nr. 44 der Drucksachen.)

Für die Ueberlassung ihrer Unternehmungen bietet der Staat unter Uebernahme der Prioritätsanleihen und sonstigen Schulden der Gesellschaften den Aktionären folgende Abfindungen an, und zwar den Aktionären:

a) der Berlin-Dresdener Eisenbahn-Gesellschaft für je 7 Stammaktien zu 300 Mark 3¹/₂ prozentige Staatsschuldverschreibungen zum Nennwerthe von 500 ℳ, also für 15750000 ℳ Stammaktien .... 3750000 Mark, für je 7 Stammprioritätsaktien zu 600 Mark 3¹/₂ prozentige Staatsschuldverschreibungen zum Nennwerthe von 2400 Mark, also für 15750000 Mark Stammprioritätsaktien .... 9000000 „

zusammen 12750000 Mark;

b) der Nordhausen-Erfurter Eisenbahn-Gesellschaft für je 7 Stammaktien zu 300 Mark 3¹/₂ prozentige Staatsschuldverschreibungen zum Nennwerthe von 750 Mark, also für 3750000 Mark Stammaktien ..... 1339285,71 Mark, für je 7 Stammprioritätsaktien zu 300 Mark 3¹/₂ prozentige Staatsschuldverschreibungen zum Nennwerthe von 2250 Mark, also für 4500000 Mark Stammprioritätsaktien .. 4821428,57 „

zusammen 6160714,28 Mark;

c) der Oberlausitzer Eisenbahn-Gesellschaft für je 7 Stammaktien zu 300 Mark 3¹/₂ prozentige Staatsschuldverschreibungen zum Nennwerthe von 300 Mark, also für 7200000 Mark Stammaktien .... 1028571,43 Mark, für je 7 Stammprioritätsaktien zu 600 Mark 3¹/₂ prozentige Staatsschuldverschreibungen zum Nennwerthe von 4000 Mark, also für 10800000 Mark Stammprioritätsaktien .. 10285714.29 „

zusammen 11314285,72 Mark;

d) der Aachen-Jülicher Eisenbahn-Gesellschaft für je 7 Stammaktien bezw. Stammprioritätsaktien zu 600 Mark 3¹/₂ prozentige Staatsschuldverschreibungen zum Nennwerthe von 6000 Mark beziehungsweise für je 7 Stammaktien zu 1200 Mark 3¹/₂ prozentige Staatsschuldverschreibungen zum Nennwerthe von

15*

12000 Mark nebst einer baaren Zuzahlung
von 3 Mark für jede Stammaktie zu 600 Mark
oder von 6 Mark für jede Stammaktie zu
1200 Mark und von 36 Mark für jede Stamm-
prioritätsaktie zu 600 Mark, also für 4 800 000
Mark Stammaktien . . . .   6 857 142,86 Mark,
und für 1 800 000 Mark Stammprioritätsaktien   2 571 428,57   „

            zusammen   9 428 571,43 Mark;
(ohne die aus den Reserve- oder Erneuerungsfonds · zu zahlende Baarabfindung
von zusammen 132 000 Mark)

e) der Angermünde-Schwedter Eisenbahn-Gesellschaft für je 7 Stammaktien zu 300 Mark
3½ prozentige Staatsschuldverschreibungen
zum Nennwerthe von 300 Mark, also für
855 000 Mark Stammaktien . . . . . .   122 142,86 Mark,
für je 7 Stammprioritätsaktien zu 600 Mark
3½ prozentige Staatsschuldverschreibungen
zum Nennwerthe von 1 600 Mark, also für
855 000 Mark Stammprioritätsaktien . . .   325 714,29   „

            zusammen   447 857,15 Mark.

Zur Abfindung der Aktionäre für den Umtausch
ihrer Aktien zum Nennwerthe von 66 060 000 Mark
sind hiernach an Staatsschuldverschreibungen erforderlich im Ganzen . . . .   40 101 428,58 Mark
(für die Aktien der bereits erworbenen Privatbahnen 1 994 266 133,75 Mark,
         zusammen also 2 034 367 562,33   „)

Hierzu treten die vom Staate selbstschuldnerisch zu übernehmenden
Prioritätsanleihen in dem Ende 1885 und 1885/86 noch im Umlauf befindlichen Betrage:

a) der Berlin-Dresdener Bahn . . . . . . von   20 546 900 Mark
b) der Nordhausen-Erfurter Bahn . . . . „   4 621 800   „
c) der Oberlausitzer Bahn . . . . „   1 495 200   „
d) der Aachen-Jülicher Bahn . . . . . . „   3 600 000   „
e) der Angermünde-Schwedter Bahn . . . „   48 000   „

         zusammen   30 311 900 Mark.

Unter Hinzurechnung des an die Stamm- und Stammprioritätsaktionäre
der Aachen-Jülicher Eisenbahn-Gesellschaft zu zahlende Baarabfindung
von zusammen 132 000 Mark, welche aus den dem Staate zufallenden
Fonds bestritten werden sollen, stellt sich der Gesammtaufwand für den

Erwerb der bezeichneten Eisenbahnunternehmungen auf 70 545 328.58 Mark, und der zur Verzinsung dieser Summe — unter Berücksichtigung der mit höheren Zinsen belasteten Prioritätsobligationen der Gesellschaften — jährlich erforderliche Betrag auf 2 768 203,50 Mark.

An unbegebenen Prioritätsobligationen befanden sich Ende 1885 und 1885/86 noch in Verwahrung:

    a) der Berlin-Dresdener Eisenbahn-Gesellschaft:
        $4^{1}/_{2}$ prozentige Obligationen . . . . . . 2 160 000 Mark
    b) der Nordhausen-Erfurter Eisenbahn-Gesellschaft:
        $4^{1}/_{2}$ prozentige Obligationen . . . . . . 292 100 „
    c) der Oberlausitzer Eisenbahn-Gesellschaft:
        4 prozentige Obligationen . . . . 244 500 „
                            zusammen 2 696 600 Mark.

welche für die landesherrlich festgesetzten Zwecke verwendet und an deren Stelle nach Maassgabe des Bedürfnisses Staatsschuldverschreibungen verausgabt werden können (§ 5 des Gesetzentwurfs.)

Unerledigte Konzessionen zum Bau neuer Bahnen sind nur bei der Aachen-Jülicher Eisenbahn-Gesellschaft vorhanden, welche die Konzession zum Bau und Betriebe einer Eisenbahn untergeordneter Bedeutung von der Station Morsbach der Aachen-Jülicher Eisenbahn nach der Station Kohlscheid der Aachen-Düsseldorfer Eisenbahn unter dem 5. Juli 1886 erhalten hat. Die Gesellschaft beabsichtigte die im Baufonds Ende 1885 noch vorhandenen Mittel von 758 000 Mark zu dem Bau dieser Bahn zu verwenden.

Der Gesetzentwurf und die beigefügten Erwerbsverträge entsprechen nach Anlage und Fassung im Wesentlichen den in früheren ähnlichen Fällen vorgelegten Gesetzentwürfen und Verträgen.

Danach sollen die sämmtlichen oben bezeichneten Unternehmungen sofort käuflich übernommen und die betreffenden Gesellschaften am ersten des zweiten auf die Perfektion der Verträge folgenden Monats aufgelöst werden. Die Liquidation der Gesellschaften erfolgt für Rechnung des Staates. Der Uebergang des Eigenthums findet bei den bereits unter Staatsverwaltung stehenden Unternehmungen der Berlin-Dresdener, Oberlausitzer und Angermünder-Schwedter Eisenbahn mit der Perfektion der betreffenden Verträge statt, die Nordhausen-Erfurter und Aachen-Jülicher Eisenbahn werden am 1. des zweiten auf die Perfektion der Verträge folgenden Monats übergeben. Die Verwaltung sämmtlicher Unternehmungen geschieht jedoch schon von Beginn des laufenden Rechnungsjahres (1. Januar und 1. April 1887) für Rechnung des Staates.

Mit dem Erwerb der Bahnen fallen dem Staate auch die Aktivfonds der Gesellschaften zu, welche nach dem Uebergange ihrer Unternehmungen auf den Staat für die bisherigen Zwecke der Privatverwaltung entbehrlich wurden. Die Höhe sämmtlicher Fonds beziffert sich nach dem Rechnungsabschlusse 1885 und 1885/86 nach Abzug der an die Gesellschaftsdirektoren zu zahlenden Abfindungen und der an die Garanten der Nordhausen-Erfurter Eisenbahn-Gesellschaft zu leistenden Entschädigung*):

   a) bei der Berlin-Dresdener Eisenbahn auf . . .   1850619 Mark,
   b) bei der Nordhausen-Erfurter Eisenbahn auf . .   10500   „
   c) bei der Oberlausitzer Eisenbahn auf   977331   „
   d) bei der Aachen-Jülicher Eisenbahn auf . . .   273991   „
   e) bei der Angermünde-Schwedter Eisenbahn auf   62300   „
                                   zusammen: 3174741 Mark.

Ausserdem soll nach dem Gesetzentwurf (§ 3) die bereits oben erwähnte haare Zuzahlung an die Aktionäre der Aachen-Jülicher Eisenbahn-Gesellschaft im Betrage von   132000   „
aus den Fonds entnommen werden, so dass noch . . 3042741 Mark zur Verfügung bleiben.

Die Verwendung dieses Betrages ist gesetzlicher Bestimmung vorbehalten. Dieselbe ist hinsichtlich der Fonds der Nordhausen-Erfurter, Oberlausitzer, Aachen-Jülicher und Angermünde-Schwedter Eisenbahn-Gesellschaften im Gesammtbetrage von 1192122 Mark in dem oben erwähnten Gesetzentwurf über die weitere Herstellung neuer Eisenbahnlinien für Rechnung des Staates und sonstige Bauausführungen auf den Staatseisenbahnen (Nr. 44 der Drucksachen) vorgesehen (§ 2), während die Verwendung der Reserve- und Erneuerungsfonds der Berlin-Dresdener Eisenbahn-Gesellschaft, bezüglich welcher noch eine Auseinandersetzung zwischen Preussen und Sachsen vorbehalten ist, durch ein späteres Gesetz erfolgen soll.

Ueber die Verhältnisse der einzelnen Unternehmungen und ihre Bedeutung für den Staat, als Eigenthümer des grossen Verkehrsnetzes, entnehmen wir aus der dem Gesetzentwurf beigefügten allgemeinen Begründung und den Denkschriften Folgendes:

---

*) Die Fürstlich Schwarzburg-Sondershausen'sche Regierung, die Stadtgemeinde Nordhausen, der Fürstlich Schwarzburgische Bezirk Sondershausen und der Kreis Weissensee haben auf Grund einer von ihnen übernommenen Zinsgarantie Vorschüsse im Gesammtbetrage von 1 500 000 Mark an die Gesellschaft gezahlt. Nach einem mit den Garanten abgeschlossenen, dem Gesetzentwurf beigedruckten Vergleich verpflichtet sich die Gesellschaft — im Falle der Perfektion des Verkaufs ihres Unternehmens an die preussische Regierung und vorbehaltlich der Zustimmung der letzteren — denselben 15 Prozent der gezahlten Vorschüsse, also 225 000 Mark zu erstatten.

Wie schon oben erwähnt, befinden sich die Unternehmungen der Berlin-Dresdener, der Oberlausitzer und der Angermünde-Schwedter Eisenbahn-Gesellschaften bereits unter Staatsverwaltung.

Die Berlin-Dresdener Eisenbahn, welche die Reichshauptstadt mit der Hauptstadt des Königreichs Sachsen auf dem kürzesten Wege verbindet, wird z. Z. auf Grund des mit der Gesellschaft im Jahre 1877 abgeschlossenen Vertrages, durch welchen der Staat unter Uebernahme der Zinsgarantie für eine Gesellschaftsanleihe im Betrage von 22 940 000 Mark sich zugleich den Betrieb hat übertragen lassen, für Rechnung der Gesellschaft verwaltet. Nach diesem Vertrage steht dem Staate das Recht zu, vom 1. April 1892 ab die Uebertragung des Eigenthums der Bahn gegen Uebernahme sämmtlicher Schulden der Gesellschaft und Zahlung des fünffachen Betrages eines etwaigen Betriebsüberschusses der letzten fünf Betriebsjahre zu verlangen.

Aus mehrfachen, meist in dem bestehenden Vertragsverhältniss begründeten Rücksichten ist der Verstaatlichung des Unternehmens schon jetzt näher getreten.

Die Berlin-Dresdener Bahn liegt mit rund 48 km auf sächsischem Gebiete, und die sächsische Regierung hat sich in dem Staatsvertrage vom Jahre 1872 das Recht des Erwerbes der in ihrem Gebiete belegenen Strecke nach Maassgabe der Bestimmungen des preussischen Eisenbahngesetzes vom Jahre 1838 vorbehalten. Da der sächsischen Regierung nach einem früheren Schiedssspruche des Oberappellationsgerichts zu Lübeck die Ausübung dieses Rechts auch im Falle des Erwerbes der Bahn durch Preussen auf Grund des oben erwähnten Vertrages vom Jahre 1877 zusteht und unter den veränderten Verhältnissen die Erwägungen nicht mehr zutreffen, welche bei dem Abschlusse des Vertrages vom Jahre 1877 bestimmend waren, Betrieb und Verwaltung der ganzen Bahn in die Hand des preussischen Staates zu bringen, ist für den Fall des Ueberganges der Berlin-Dresdener Eisenbahn auf den preussischen Staat zugleich die Wiederveräusserung der sächsischen Strecke, jedoch, — da die preussisch-sächsische Landesgrenze auf freier Bahn liegt — der Strecke von Elsterwerda bis Dresden, an Sachsen gegen entsprechende Betheiligung an den preussischerseits zu tragenden Erwerbskosten und unter Verabredung angemessener Bestimmungen hinsichtlich der einheitlichen Betriebsleitung in Aussicht genommen. Der dem Gesetzentwurf beigefügte Vertrag mit Sachsen vom 24. Januar 1887 enthält die erforderlichen Abmachungen hierüber. Danach soll die Berlin-Dresdener Bahn bis zum 1. April 1888 in der bisherigen Weise von Preussen verwaltet und zu diesem Zeitpunkt die Strecke Dresden-Elsterwerda (ausschliesslich des Bahnhofes Elsterwerda) an Sachsen abgetreten werden. Falls dieser Vertrag die gesetz-

liche Genehmigung erhält, verzichtet die sächsische Regierung auf das
ihr zustehende Recht des Erwerbes des in Sachsen belegenen Theiles der
von Preussen im Jahre 1884 angekauften Halle-Sorau-Gubener Eisenbahn.

Die Oberlausitzer Eisenbahn, welche mit ihrer Hauptstrecke Kohl-
furt—Falkenberg die gewerbreichen Provinzen Schlesien und Sachsen auf
dem kürzesten Wege verbindet und für die Vermittlung des Verkehrs
zwischen Schlesien und den angrenzenden ausserdeutschen Ländern
(Ungarn, Galizien, Russland und Polen) einerseits und dem Westen des
Landes andererseits, wie auch für den Verkehr mit dem Königreich
Sachsen, insbesondere mit Dresden und Leipzig, sowie dem westlichen
sächsischen Industriebezirk und darüber hinaus mit Böhmen und Bayern
ein wichtiges Glied bildet, ist im Jahre 1882 mit dem Uebergange der
Cotthus-Grossenbainer und der Berlin-Anhaltischen Eisenbahn auf den
Staat auf Grund der zwischen den betreffenden Eisenbahngesellschaften
im Jahre 1878 geschlossenen Verträge in den Pachtbesitz des Staates
übergegangen. Die Verträge gelten, vom 1. Januar 1878 gerechnet, 60
Jahre, also bis zum 31. Dezember 1937. Da die anschliessenden und die
Bahn kreuzenden Linien im Staatsbesitz sich befinden, — sie wird von der
Cottbus-Grossenbainer Bahn in Ruhland, von der Berlin-Dresdener Bahn
in Elsterwerda durchschnitten und schliesst in Falkenberg an die Halle-
Sorau-Gubener Eisenbahn an — so ist mit Rücksicht auf die Interessen
des allgemeinen Verkehrs wie im Interesse einer einheitlichen Verwaltung
die Verstaatlichung der Bahn in Aussicht genommen worden.

Die Angermünde-Schwedter Eisenbahn, welche zur Zeit nur eine
örtliche Bedeutung hat, ist mit dem Berlin-Stettiner Eisenbahnunternehmen
auf den Staat übergegangen. Der mit der Angermünde-Schwedter und
der Berlin-Stettiner Eisenbahngesellschaft im Jahre 1873 abgeschlossene
Betriebsüberlassungsvertrag ist wiederholt, zuletzt bis Ende Dezember 1889,
unter Verabredung einer festen Pachtsumme von jährlich 33 000 Mark
verlängert worden.

Von den beiden noch nicht unter Staatsverwaltung stehenden Eisenbahnen, der Nordhausen-Erfurter und der Aachen-Jülicher Eisenbahn, bildet erstere mit der Stammbahn in einer Länge von rund 70 km
eine werthvolle Verbindungslinie zwischen den im Staatsbesitz befindlichen
Linien der früheren Thüringischen Hauptbahn und der Halle-Kasseler
Bahn. Sie führt auf kürzestem Wege von Erfurt nach der gewerbreichen
Stadt Nordhausen und findet hier Anschluss nicht nur an die Halle-Kasseler
Bahn, sondern auch an die wichtige Staatsbahnlinie, welche von Nordhausen über Northeim die Provinz Sachsen mit den westlichen Industrie-

bezirken verbindet. Durch die nahezu 53 km lange Zweiglinie der früheren Saal-Unstrut-Bahn ist in Grossheringen ein zweiter Anschluss an die Hauptlinie der Thüringischen Staatsbahn und zugleich die Verbindung mit der' von Süden dort einmündenden Saal-Eisenbahn gewonnen. In Sömmerda wird die Zweigbahn von der Staatsbahnlinie Sangerhausen-Erfurt gekreuzt. Das eigene Verkehrsgebiet der Bahn, welche mit 21 km das Grossherzogthum Sachsen-Weimar und mit nahezu 34 km das Fürstenthum Schwarzburg-Sondershausen berührt, liegt in einem fruchtbaren und landwirthschaftlich hoch entwickelten auch in gewerblicher Hinsicht aufstrebenden Bezirk. Da der Erwerb der Bahn im Hinblick auf die Lage ihrer Linie zum Staatsbahnnetz im Interesse einer einheitlichen Verkehrsleitung sehr erwünscht erscheint und auch in Folge der Vereinigung des Betriebes auf den Anschlussbahnhöfen, namentlich in Erfurt und Nordhausen nicht nur Ersparnisse an den Betriebsausgaben, sondern auch werthvolle Erleichterungen für den allgemeinen Verkehr herbeiführen wird, ist der Gesellschaft die nach erstmaliger Ablehnung nunmehr angenommene Abfindung angeboten worden.

Die in Rothe-Erde, Stolberg und Jülich an das Staatseisenbahnnetz angeschlossene Aachen-Jülicher Eisenbahn vermittelt hauptsächlich den Verkehr von Steinkohlengruben und bedeutenden industriellen Werken des Aachener Bezirks, deren Verkehrsbeziehungen sich indessen nicht auf das Gebiet der Aachen-Jülicher Eisenbahn beschränken, sondern mit in das Staatseisenbahnnetz und über dieses hinaus erstrecken. Ein Theil der an die Aachen-Jülicher Eisenbahn angeschlossenen Werke steht gleichzeitig mit den dicht benachbarten Staatsbahnhöfen in Verbindung. In Folge des Wettbetriebs der Aachen-Jülicher Eisenbahn mit den Staatsbahnen, welche mit allen Einrichtungen zur unmittelbaren Beförderung des Verkehrs von und nach den Werken versehen sind, tritt eine Zersplitterung des Verkehrs und in Folge der Umständlichkeit der Uebergabe von der einen zur . anderen Bahn eine Verzögerung in der Beförderung neben einer Erhöhung der Beförderungskosten ein. Die Verstaatlichung der Aachen-Jülicher Eisenbahn, welche als eine natürliche Ergänzung des Staatseisenbahnnetzes sich darstellt, erscheint daher aus wirthschaftlichen Rücksichten geboten.

II. Durch die Herstellung neuer Eisenbahnlinien.

In dem Gesetzentwurf No. 44 der Drucksachen wird im § 1 unter No. I die Ermächtigung nachgesucht, zum Bau nachstehender Eisenbahnen:

 1. von Tilsit nach Stallupönen . . . . 5 414 000 Mark,
 2. von Terespol nach Schwetz . . . . 370 000 „
 3. von Montwy nach Kruschwitz . . . . 597 000 „
 4. von Meseritz nach Reppen . . . . 4 540 000 „
 5. von Reichenbach i. Schles. nach Langenbielau . 412 000 „
 6. von Neusalz a. O. über Freistadt einerseits nach
    Sagan, andererseits nach einem in der Nähe von
    Reisicht belegenen Punkte der Linie Liegnitz-
    Sagan . . . . 5 800 000 „
 7. von Forst i. L. nach Weisswasser . . . . . 1 883 000 „
 8. von Bergen a. Rügen einerseits nach Crampas-
    Sassnitz, andererseits nach Lauterbach. . . . 2 125 000 „
 9. von Glöwen nach Havelberg . . . . 460 000 „
10. von Pratau oder einem in der Nähe belegenen
    Punkte der Linie Wittenberg-Halle nach Torgau 2 800 000 „
11. von Cöthen oder einem in der Nähe belegenen
    Punkte der Linie Cöthen-Dessau nach Aken . 646 000 „
12. von Jerxheim nach Nienhagen . . . . . . 2 390 000 „
13. von Zella-Mehlis oder einem in der Nähe belegenen
    Punkte der Linie Erfurt-Ritschenhausen über
    Schmalkalden nach Kleinschmalkalden . . . . 4 880 000 „
14. von Flensburg (Nordschleswig'sche Weiche) nach
    Niebüll oder einem in der Nähe belegenen Punkte
    der Linie Heide-Ribe . . . . 1 400 000 „
15. von Dillenburg nach Strassebersbach . . . . 1 100 000 „
16. von Bensberg nach Immelkeppel . . . . . . 1 640 000 „
17. von Euskirchen nach Münstereifel . . . . . 1 136 000 „
18. von Dülken nach Brüggen . . . . 900 000 „
19. von Lindern nach Heinsberg . . . . 850 000 „

                     zusammen 39 343 000 Mark,
und für Betriebsmittel (15 000 Mark für das
Kilometer) . . . . 8 595 000 „
                  insgesammt 47 938 000 Mark
zu verwenden.

    Sämmtliche vorbezeichneten Eisenbahnen sollen nach den für Eisen-
bahnen untergeordneter Bedeutung maassgebenden Bestimmungen gebaut
und betrieben werden. Es ist daher auch die Herstellung dieser Bahnen,
den seither bei dem Bau von Nebenbahnen beobachteten Grundsätzen entsprechend, von einer angemessenen Betheiligung der Interessenten abhängig
gemacht und demgemäss unter Berücksichtigung, einerseits der Leistungsfähigkeit der Interessenten, andererseits der für sie aus der Bahnanlage

zu erwartenden Vortheile und endlich der Höhe der Grunderwerbskosten Folgendes bestimmt worden:

1. Für sämmtliche Linien ist, neben der Einräumung des Rechts zur unentgeltlichen Benutzung der Chausseen und sonstigen öffentlichen Wege für die Dauer des Bestehens und Betriebes der Bahnen in dem von der Aufsichtsbehörde für zulässig erachteten Umfange, der erforderliche Grund und Boden in der nach den landesgesetzlichen Bestimmungen der Enteignung unterworfenen Ausdehnung unentgeltlich herzugeben.

2. Ausserdem ist noch ein unverzinslicher, nicht rückzahlbarer Zuschuss zu leisten zu den Baukosten der Linien:

   a) Terespol-Schwetz (No. 2) von . . . . . 60 000 Mark,
   b) Reichenbach-Langenbielau (No. 5) von . . 35 000 „
   c) Glöwen-Havelberg (No. 9) von . . . . . 90 000 „
   d) Cöthen-Aken (No. 11) von . . . . . . 60 000 „
   e) Zella-Mehlis — Kleinschmalkalden (No. 13) von 20 000 „
   f) Flensburg-Niebüll (No. 14) von . . . . . 300 000 „

da in diesen Fällen die Tragung der Grunderwerbskosten als eine ausreichende Betheiligung der Interessenten nicht angesehen werden konnte.

Für die Linie Zella-Mehlis — Kleinschmalkalden ist der geforderte Baarzuschuss von 20 000 Mark von den Interessenten des Herzogthums Sachsen-Coburg-Gotha aufzubringen, welche auch noch für den Fall, dass zu dem Bau der Theilstrecke Schmalkalden-Kleinschmalkalden Grund und Boden innerhalb gothaischen Gebiets überhaupt nicht erforderlich werden sollte, an die preussischen Interessenten zu den alsdann denselben allein zur Last fallenden Grunderwerbskosten dieser Strecke einen unverzinslichen, nicht rückzahlbaren Baarbeitrag von 5000 Mark zu entrichten haben, da auch in diesem Falle gothaischen Gebietstheilen, insbesondere dem zum Theil in Gotha belegenen Orte Kleinschmalkalden Vortheile von der Bahn erwachsen.

Die Gewährung von Staatszuschüssen zu den Grunderwerbskosten ist in dem Gesetzentwurf nicht in Aussicht genommen.

Von den zu erbauenden Bahnlinien liegen die unter No. 11 (Cöthen-Aken), 12 (Jerxheim-Nienhagen) und 13 (Zella-Mehlis — Kleinschmalkalden) bezeichneten zum Theil in fremden Staatsgebieten. Ueber die Bedingungen des Baues und Betriebes sind entsprechende Vereinbarungen mit den Herzoglichen Regierungen zu Dessau, Braunschweig und Gotha getroffen und dem Gesetzentwurf im Abdruck beigefügt.

Ueber die einzelnen Projekte und ihre wirthschaftliche Bedeutung ist aus den Denkschriften des Gesetzentwurfs Folgendes anzuführen:

Die ungefähr 76,2 km lange Bahn Tilsit-Stallupönen ist zur Erschliessung des entwicklungsfähigen, ungefähr 3000 ☐ km grossen Landstrichs der Provinz Ostpreussen bestimmt, welcher, im Westen von der Tilsit-Insterburger Eisenbahn, im Norden von dem Memelstrom und im Süden von der Bahnlinie Insterburg-Eydtkuhnen begrenzt, sich bis nach der deutsch-russischen Grenze erstreckt. Sie berührt, bei der Station Tilsit von der Linie Insterburg-Memel abzweigend, auf eine Länge von etwa 7,5 km den Kreis Tilsit, durchschneidet dann die Kreise Ragnit und Pillkallen unter Berührung ihrer Hauptstädte gleichen Namens auf eine Länge von 34,6 und 24,5 km, um nach einem Laufe von etwa 9,6 km im Kreise Stallupönen bei der Station Stallupönen in die Strecke Insterburg-Eydtkuhnen einzumünden.

Das zu erschliessende Verkehrsgebiet umfasst etwa 1600 ☐ km und ist von ungefähr 85000 Menschen bewohnt, welche meist in dem Betriebe der Landwirthschaft ihren Erwerb finden. Besondere Vortheile stehen für die ausgedehnten fiskalischen Domänen (zum Theil mit Remontedepots verbunden) und Forsten in Aussicht, von denen über 9000 ha zu dem engeren Verkehrsgebiet der Bahn gerechnet werden können. Berühmt ist die Pferdezucht in den Kreisen Pillkallen und Stallupönen. Die den Interessenten zur Last fallenden Grunderwerbskosten betragen etwa 370000 Mark, die kilometrischen Baukosten rund 71000 Mark.

Durch die ungefähr 6,2 km lange, von der Station Terespol der Linie Bromberg-Dirschau abzweigende Zweigbahn Terespol-Schwetz soll die auf dem linken Ufer der Weichsel in der Provinz Westpreussen belegene Hauptstadt des Kreises Schwetz (6300 Einwohner), welche bei Herstellung der Linie Bromberg-Dirschau nicht hat berücksichtigt werden können, mit ihrer fruchtbaren Umgegend an das grosse Verkehrsnetz angeschlossen werden. Das Verkehrsgebiet der neuen Bahn umfasst etwa 90 ☐ km mit ungefähr 14000 Einwohnern.

Die den Interessenten ausser dem Baarzuschuss von 60000 Mark (etwa 10000 Mark für das Kilometer) zur Last fallenden Grunderwerbskosten sind auf 48000 Mark veranschlagt, die kilometrischen Baukosten betragen rund 69400 Mark.

Zur Erschliessung des fruchtbaren und gewerbreichen südlichen Theiles des Kreises Inowrazlaw (Provinz Posen), des jetzigen ungefähr 614 ☐ km grossen und von 31000 Menschen bewohnten Kreises Strelno ist eine Fortsetzung der auf Grund der Allerhöchsten Konzession vom 15. August 1881 seitens der vormaligen Oberschlesischen Eisenbahn-Gesellschaft ausgeführten, zur Zeit nur dem Güterverkehr dienenden Flügelbahn Inowrazlaw — Montwy bis Kruschwitz und die Nutzbarmachung der ganzen Linie Inowrazlaw-Kruschwitz für den Personenverkehr in Aussicht genommen.

Besonders günstigen Einfluss wird die neue Bahn auf das Verkehrsleben der Gegend durch Befestigung der Handelsbeziehungen üben, welche behufs Austausches der beiderseitigen Landeserzeugnisse mit den russischen Grenzbezirken unterhalten werden.

Die den Interessenten zur Last fallenden Grunderwerbskosten der ungefähr 9,4 km langen Bahn betragen etwa 70 000 Mark, die kilometrischen Baukosten rund 63 500 Mark.

Durch den Bau der von Meseritz über Zielenzig und Drossen nach Reppen geplanten Meliorationsbahn soll den langjährigen Wünschen der Bewohner des westlichen Theiles des nördlich der ehemaligen Märkisch-Posener Eisenbahn belegenen und von den Bahnlinien Reppen-Cüstrin, Cüstrin-Kreuz und Kreuz-Posen begrenzten Landstrichs entsprochen werden, nachdem durch die Gesetze vom 21. Mai 1883 und 19. April 1886 der Ausbau der Eisenbahnlinien Bentschen-Meseritz und Meseritz-Rokietnica *) zur Erschliessung des mittleren und östlichen Theiles dieses Landstrichs genehmigt worden.

Die ungefähr 65,4 km lange Linie berührt, bei Meseritz einerseits an die bereits im Betriebe befindliche Stichbahn Bentschen-Meseritz, andererseits an die zum Bau vorbereitete Linie Meseritz-Rokietnica anschliessend, auf etwa 13,4 km den Kreis Meseritz der Provinz Posen und auf ungefähr 27 und 25 km die Kreise Ost-Sternberg und West-Sternberg der Provinz Brandenburg. Das der neuen Bahn zufallende Verkehrsgebiet, von zahlreichen, nach allen Richtungen hin führenden Kunststrassen und gut erhaltenen Wegen durchschnitten, umfasst rund 1 160 ☐ km mit 50 000 Einwohnern, welche sich meist mit dem Betriebe der Landwirthschaft auf dem im Durchschnitt guten Mittelboden beschäftigen. Von der Herstellung der neuen Bahn, durch welche zugleich in Verbindung mit der zur Ausführung genehmigten Bahn Meseritz-Rokietnica eine neue werthvolle Verbindung zwischen wichtigen Linien des Staatseisenbahnnetzes gewonnen wird, ist ein erheblicher Aufschwung der Land- und Forstwirthschaft und eine Erweiterung des Absatzgebietes der zwischen Drossen und Schmagorei und bei Zielenzig befindlichen mächtigen Braunkohlenlager zu erwarten.

Die den Interessenten zur Last fallenden Grunderwerbskosten sind auf 360 000 Mark, die kilometrischen Baukosten auf rund 69 400 Mark veranschlagt.

Durch den Bau der ungefähr 7,1 km langen, von der Linie Königszelt-Frankenstein abzweigenden Stichbahn Reichenbach - Langenbielau kann der Staat nach dem Erwerb des Breslau-Schweidnitz-Freiburger Eisenbahnunternehmens auch dem südlich von Reichenbach in Schlesien

---

*) Vgl. Archiv 1883 S. 188, und 1886 S. 332.

am Abhange des Eulengebirges im Kreise Reichenbach belegenen und von
13200 Menschen bewohnten gewerbreichen und durch seine hochentwickelte
Textilindustrie bekannten Orte Langenbielau die bisher vergeblich erstrebte
Schienenverbindung gewähren. Das Verkehrsgebiet der neuen Bahn, zu
welchem auch der über 2000 Einwohner zählende Ort Weigelsdorf gehört,
umfasst ungefähr 70 ☐ km mit 17000 Einwohnern.

Die Grunderwerbskosten, welche nebst dem Baarzuschuss von
35000 Mark (etwa 5000 Mark für das Kilometer) den Interessenten zur
Last fallen, betragen ungefähr 57000 Mark, die kilometrischen Baukosten
rund 63000 Mark.

Die von Neusalz a/O. über Freistadt einerseits nach Sagan,
andererseits nach Reisicht oder einem in der Nähe belegenen Punkte
der Linie Liegnitz-Sagan in Aussicht genommene Bahn bezweckt die Erschliessung des zwischen den Eisenbahnlinien Liegnitz-Arnsdorf-Gassen
und Raudten-Glogau-Rothenburg belegenen entwicklungsfähigen Landstrichs
der Provinz Schlesien. Die ungefähr 39,8 km lange Linie Neusalz-Frei-
stadt-Sagan zweigt bei Neusalz von der Linie Raudten-Rothenburg ab,
durchschneidet mit etwa 18,8 km den Kreis Freistadt und mit etwa 21 km
den Kreis Sagan, um bei Sagan, wo die Bahnen von Berlin, Breslau, Glogau,
Sorau und Hansdorf zusammenlaufen, in die Hauptbahn einzumünden. Die
ungefähr 61,8 km Bahn Freistadt-Reisicht zweigt bei Freistadt von der
Linie Neusalz-Sagan ab, berührt mit etwa 16,9 km den Kreis Freistadt, mit
ungefähr 27,5 km den Kreis Sprottau, überschreitet die Linie Glogau-Hansdorf in der Nähe von Waltersdorf, durchschneidet demnächst mit etwa 14,8
und 3,1 km die Kreise Lüben und Goldberg-Haynau und schliesst sich in
der Nähe der Station Reisicht an die Linie Liegnitz-Sagan an. Dem Wunsche
der Stadt Sprottau, die Bahn nicht bei Waltersdorf, sondern bei Sprottau
über die Linie Glogau-Hansdorf zu führen, konnte nicht entsprochen
werden, weil alsdann die Kosten der Bahn wegen der Mehrlänge und der
erforderlichen Durchschneidung eines ausgedehnten und für den Bahnbau
äusserst ungünstigen Bruch- und Moorlandes zwischen Sprottau und Primkenau sich erheblich erhöhen und auch bei Wahl dieser Linie die Interessen
des Kreises Freistadt nicht die wünschenswerthe Förderung erfahren würden.
Das Verkehrsgebiet beider Bahnlinien umfasst ungefähr 636 ☐ km
mit 45000 Einwohnern. Landwirthschaft und Viehzucht stehen bei
grosser Fruchtbarkeit des Bodens in Blüthe, in Neusalz (Stapelplatz für
die Oderschiffahrt), Freistadt, Sagan, Neustädtel, Primkenau und Kotzenau
sind auch gewerbliche und industrielle Anlagen vorhanden. Durch die
Linie Neusalz-Sagan wird die Domäne Schönbrunn, durch die Linie Freistadt-Reisicht der ausgedehnte Primkenauer und Kotzenauer Forstbezirk
erschlossen.

Die von den Interessenten zu tragenden Grunderwerbskosten für die im Ganzen 101,6 km langen Bahnstrecken berechnen sich auf etwa 470 000 Mark, die kilometrischen Baukosten auf rund 57 100 Mark.

Durch die von Forst i/Lausitz nach Weisswasser geplante Bahnverbindung soll dem langjährigen Wunsche der Bewohner des zwischen den Eisenbahnlinien Cottbus-Sorau-Kohlfurt und Cottbus-Horka-Kohlfurt belegenen Landstrichs Befriedigung verschafft werden. Die Bahn zweigt von der Station Forst der Halle-Sorau-Gubener Eisenbahn ab und schliesst bei der Station ·Weisswasser an die Berlin-Görlitzer Eisenbahn an. Sie durchschneidet bei einer Länge von etwa 29,8 km die zur Provinz Brandenburg gehörenden Kreise Sorau und Spremberg mit etwa 17,6 und 3,5 km und den in der Provinz Schlesien belegenen Kreis Rothenburg mit ungefähr 8,7 km. Die Bahn erschliesst ein Verkehrsgebiet von rund 240 ☐ km mit 17 000 Einwohnern und stellt zugleich eine wünschenswerthe Verbindung zwischen vorhandenen Staatsbahnlinien her. Die Ausführung des Projekts bezweckt in erster Reihe den Aufschluss der ausgedehnten Braunkohlenlager, welche sich nicht nur durch ihre Mächtigkeit, sondern auch durch gute Beschaffenheit der Kohle auszeichnen, dann aber auch die Förderung der schon jetzt lebhaft betriebenen Glasindustrie und die bessere Ausnutzung der umfangreichen Thonlager. Hierzu treten noch die Vortheile, welche den in das Verkehrsgebiet der Bahn entfallenden Forsten von 15 000 ha Flächeninhalt erwachsen werden.

Die von den Interessenten zu übernehmenden Grunderwerbskosten sind auf 207 000 Mark, die kilometrischen Baukosten auf rund .63 200 Mark veranschlagt.

Durch den Bau der Bahn von Bergen nach Crampas-Sassnitz und nach Lauterbach soll die durch Gesetz vom 25. Februar 1881 zur Ausführung genehmigte, im Betriebe befindliche sogenannte Rügenbahn Stralsund—Bergen eine zweckmässige Fortsetzung zur weiteren Erschliessung der Insel Rügen in der Provinz Pommern erhalten. Der neu anzuschliessende, ebenfalls durch Fruchtbarkeit des Bodens ausgezeichnete Gebietstheil, in welchem etwa 3 700 ha Forsten — darunter 2 700 ha im Staatsbesitz — belegen sind, umfasst mit Ausschluss der Stadt Bergen und ihrer näheren Umgebung etwa 270 ☐ km mit rund 15 000 Einwohnern, welche sich meist vom Betriebe der Landwirthschaft nähren. In gewerblicher Beziehung kommt vornehmlich die Kreidegewinnung in den zahlreichen Brüchen der Halbinsel Jasmund in Betracht. Die etwa 22,5 km lange Strecke Bergen nach Crampas-Sassnitz zweigt vom Bahnhof Bergen der Linie Stralsund-Bergen ab, führt am Jasmunder Bodden entlang, überschreitet die den letzteren mit dem grossen Bodden verbindende

Meerenge unter Benutzung des Körpers der daselbst vorhandenen Chaussee, um bei Lietzower Fähre die Halbinsel Jasmund zu erreichen und über Sagard in den bei den bekannten Badeorten Crampas und Sassnitz angenommenen Endbahnhof einzulaufen. Die Lage des Bahnhofes ist so gewählt, dass im Falle demnächstiger Anlage eines Hafens, welcher für die Verbesserung der Dampfschiffverbindungen mit Schweden von Wichtigkeit sein würde, die Herstellung eines Hafengeleises ohne Schwierigkeiten bewirkt werden kann.

Die ungefähr 12,6 km lange Strecke Bergen-Lauterbach führt über Putbus nach Lauterbach, woselbst der Endbahnhof und, mit Rücksicht auf den zu erwartenden Umschlagsverkehr, ein kurzes Hafengeleis vorgesehen ist.

Die Vortheile der neuen Bahn werden auch dem nordöstlichen Theile der durch besondere Fruchtbarkeit ausgezeichneten Halbinsel Wittow insofern zu Gute kommen, als die Bewohner derselben künftig das Eisenbahnnetz schon bei der Station Sagard werden erreichen können, während sie jetzt auf die etwa 15 km weiter gelegene Station Bergen angewiesen sind.

Die den Interessenten zur Last fallenden Grunderwerbskosten betragen etwa 176000 Mark, die kilometrischen Baukosten rund 60500 Mark.

Die ungefähr 8,9 km lange, durchweg im Kreise Westpriegnitz der Provinz Brandenburg belegene Stichbahn Glöwen-Havelberg zweigt von der Berlin-Hamburger Bahn bei Glöwen ab und erschliesst ein vornehmlich dem südöstlichen Theile des genannten Kreises angehörendes Verkehrsgebiet von etwa 80 □ km mit über 17000 Einwohnern. Den Verkehrsmittelpunkt der Gegend bildet die Stadt Havelberg mit nahezu 7000 Einwohnern und lebhaftem Getreide- und Viehhandel. Die auf dem linken Ufer der Havel und Elbe belegenen und schon zur Provinz Sachsen gehörenden Städte Sandau und Werben werden von der neuen Linie zwar nicht direkt berührt, es werden jedoch von der Herstellung derselben auch diesen Orten wesentliche Verkehrserleichterungen erwachsen.

Die Grunderwerbskosten, welche nebst dem Baarzuschuss von 90000 Mark (rund 10000 Mark für das Kilometer) den Interessenten zur Last fallen, sind auf 40000 Mark, die kilometrischen Baukosten auf rund 61800 Mark veranschlagt.

Durch den Bau der von Pratau (an der ehemaligen Berlin-Anhaltischen Strecke Wittenberg-Halle) nach Torgau an der Linie Falkenberg-Eilenburg geplanten, ungefähr 41,9 km langen Nebenbahn, wird langjährigen Wünschen der betheiligten Kreise Befriedigung verschafft. Die Bahn, welche gegenüber einer in Frage gekommenen mehr östlichen Linienführung durch die entwicklungsfähige Elbau geführt werden soll, durchschneidet mit etwa 27,6 und 14,3 km die Kreise Wittenberg und

Torgau der Provinz Sachsen. Ihr Verkehrsgebiet umfasst rund 400 ☐km mit etwa 30000 Einwohnern, welche sich meist mit dem Betriebe der Landwirthschaft und den mit derselben verbundenen Nebengewerben beschäftigen. Die Gegend von Schmiedeberg und Dommitzsch ist reich an Braunkohlenlagern, bei Splau und Dommitzsch sind bedeutende Thonwaarenfabriken vorhanden; die über 1000 ha grosse Domäne Pretzsch befindet sich im fiskalischen Besitz.

Bei der Wahl der Linie ist auf die demnächstige Herstellung einer Verbindung von einem geeigneten Punkte der Bahn Pratau-Torgau nach Eilenburg und über Düben nach Bitterfeld Rücksicht genommen.

Die den Interessenten zur Last fallenden Grunderwerbskosten sind auf 300000 Mark, die kilometrischen Baukosten auf rund 66800 Mark veranschlagt.

Die ungefähr 13,3 km lange Bahn Cöthen-Aken zweigt in der Nähe von Cöthen von der ehemaligen Berlin-Anhaltischen Linie Cöthen-Dessau ab und berührt mit etwa 8,6 km anhaltisches und mit rund 4,7 km preussisches Gebiet (Kreis Calbe a. S., Provinz Sachsen). Das Verkehrsgebiet der Bahn umfasst etwa 120 ☐km und rund 26000 Einwohner, welche in dem Betriebe der Land- und Forstwirthschaft, des Bergbaues und der Industrie beschäftigt sind. Die Bahn bezweckt hauptsächlich den Anschluss der Stadt Aken mit 5600 Einwohnern und nicht unbedeutendem Schiffsbau. Nach dem Projekt ist zugleich die Herstellung eines Verbindungsgeleises von Aken nach der Sommerladestelle an der Elbe in Aussicht genommen, um den Austausch der Güter zwischen Schiff und Eisenbahn zu ermöglichen. Bei einem etwaigen späteren Ausbau des sogenannten Hornhafens zum Handelshafen würde die Anlage geeigneter Schienenverbindungen ohne Schwierigkeiten möglich sein.

Die den Interessenten zur Last fallenden Grunderwerbskosten sind auf 85000 Mark (49000 Mark für die anhaltische und 36000 Mark für die preussische Theilstrecke), die kilometrischen Baukosten auf rund 53100 Mark veranschlagt. Der ausserdem noch von den Interessenten zu leistende Baarzuschuss von 60000 Mark (nahezu 5000 Mark für das Kilometer) ist in Höhe von 35000 Mark neben der unentgeltlichen Hergabe des im anhaltischen Gebiet erforderlichen Bauterrains von der Herzoglichen Regierung in dem oben erwähnten Staatsvertrage übernommen und in seinem Restbetrage von 25000 Mark von den preussischen Interessenten aufzubringen.

Die zur Erschliessung des durch hervorragende Fruchtbarkeit des Bodens ausgezeichneten zwischen den Eisenbahnlinien Börssum-Oschersleben, Oschersleben-Halberstadt, Halberstadt-Vienenburg und Vienenburg-Börssum belegenen Landstriches geplante ungefähr 32,2 km lange

Nebenbahn Jerxheim-Nienhagen liegt von Jerxheim aus mit etwa
1,8 Kilometer im braunschweigischen Kreise Helmstedt und mit dem
übrigen Theil von 30,4 km im preussischen Kreise Oschersleben
(Provinz Sachsen). Sie erschliesst ein Verkehrsgebiet von rund
326 ☐ km mit 20 000 Einwohnern. In den vorhandenen Zucker-
fabriken werden jährlich über 100 000 t Rüben verarbeitet und dazu
etwa 80 000 t Braunkohlen verbraucht. Aus technischen und wirthschaftlichen Rücksichten — insbesondere auch wegen einer im Auge zu behaltenden
Fortsetzung nach Egeln — musste dem Anschluss bei Nienhagen vor dem
von anderer Seite befürworteten Anschluss bei Halberstadt der Vorzug
gegeben werden.

Fiskalische Domänen und Forsten werden von der neuen Bahn etwa
im Umfange von über 3000 ha erschlossen.

Die Grunderwerbskosten, welche von den preussischen Interessenten
allein zu tragen sind, da in dem mit Braunschweig abgeschlossenen
Staatsvertrage wegen des untergeordneten Interesses Braunschweigs an
der nur auf eine ganz kurze Strecke das Herzogthum berührenden Bahn
Zusicherungen in dieser Beziehung nicht zu erlangen waren, sind auf
455 000 Mark (darunter 14 000 Mark für die braunschweigische Theilstrecke), die kilometrischen Baukosten auf rund 74 200 Mark veranschlagt.

Die von der Station Zella-Mehlis der durch Gesetz vom 9. März 1880
zur Ausführung genehmigten und bereits im Betriebe befindlichen Eisenbahn Erfurt-Ritschenhausen über Schmalkalden nach Kleinschmalkalden geplante Nebenbahn ist zur Erschliessung der von Sachsen-
Meiningen, Sachsen-Weimar und Sachsen-Coburg-Gotha eingeschlossenen
preussischen Enklave bestimmt, welche aus dem früheren kurhessischen,
jetzt zur preussischen Provinz Hessen-Nassau gehörigen Kreise Schmalkalden und dem zur Provinz Sachsen gehörigen Kreise Schleusingen gebildet
wird. Dieselbe ist am Südwestabhange des Thüringer Waldes belegen,
gebirgig, grossen Theils mit Wald bedeckt und arm an gutem Kultur-
lande. Die zahlreiche Bevölkerung lebt vorzugsweise von gewerblicher
Arbeit, insbesondere von der Kleineisenindustrie, die hauptsächlich in
Steinbach-Hallenberg und in Schmalkalden (Schmalkaldener Artikel)
betrieben wird. In Folge der Ausbreitung der Eisenbahnen einerseits
und der Vervollkommnung von Maschinen andererseits — insbesondere der
unlängst gemachten Erfindung von Maschinen zur Anfertigung der Huf-
nägel — ist in den früheren günstigen Erwerbsverhältnissen im Stein-
bacher Grunde eine nachtheilige Aenderung eingetreten. Die neue
Schienenverbindung soll den Landstrich von seiner abgeschlossenen Lage
befreien und durch die Ermöglichung billigerer Frachten in dem Wett-
betriebe mit günstiger belegenen Industriestätten unterstützen.

In dem von der Bahn zu erschliessenden Verkehrsgebiet von 235 ☐km mit ungefähr 36 000 Einwohnern, wovon 200 ☐km mit rund 30 000 Einwohnern in Preussen und 35 ☐km mit rund 6 000 Einwohnern in Coburg-Gotha belegen sind, besitzt der Staat ausgedehnte Forsten von über 6 400 ha Flächeninhalt, etwa 2 360 ha stehen im Besitz von Gemeinden und über 9 000 ha im Besitz des Herzogs von Sachsen-Coburg-Gotha. Die Linie ist ungefähr 35,8 km lang und durchschneidet mit etwa 3,6 km gothaisches und mit etwa 32,2 km preussisches Gebiet (den Kreis Schleusingen mit 7,5 km, den Kreis Schmalkalden mit 24,7 km.)

Die Grunderwerbskosten, welche nebst dem von Gotha nach dem mit der Herzoglichen Regierung abgeschlossenen und dem Gesetzentwurf beigefügten Staatsvertrag zu leistenden Baarzuschuss von 20 000 Mark (nahezu 6 000 Mark für das Kilometer) von den Interessenten zu tragen sind, betragen 255 000 Mark (darunter 20 000 Mark für die gothaische Theilstrecke), die kilometrischen Baukosten rund 136 900 Mark.

Nach dem staatsseitigen Erwerb der schleswigschen Eisenbahnen ist zur Erschliessung der dicht bevölkerten und fruchtbaren Tondernschen Marschen an der Westküste des Herzogthums Schleswig und zur Erleichterung und Befestigung der Verkehrsbeziehungen mit der Stadt Flensburg die Anlage einer Querverbindung von der Nordschleswigschen Weiche über Leck nach Niebüll von der staatlich unterstützten, im Bau begriffenen Linie Heide-Ribe der Holsteinschen Marschbahn in Aussicht genommen. Den Mittelpunkt der Gegend bildet der sogenannte Kornkoog, dessen Bewohner vornehmlich Ackerbau und Viehzucht betreiben.

Die Linie ist ungefähr 38,1 km lang und durchschneidet die Kreise Flensburg und Tondern der Provinz Schleswig-Holstein mit etwa 19,7 bezw. 18,4 km. Das Verkehrsgebiet der Bahn umfasst etwa 383 ☐km mit rund 13 000 Einwohnern (ausschliesslich der 33 300 Einwohner zählenden Stadt Flensburg.) Die den Interessenten ausser dem Baarzuschuss von 300 000 Mark (nahezu 8 000 Mark für das Kilometer) zur Last fallenden Grunderwerbskosten sind auf 165 000 Mark, die kilometrischen Baukosten auf rund 44 600 Mark veranschlagt.

Die zur Erschliessung des oberen Dietzholzthales im Dillkreise der Provinz Hessen-Nassau geplante ungefähr 15,3 km lange Nebenbahn Dillenburg-Strassebersbach zweigt von der Station Dillenburg der Deutz-Giessener Bahn ab und erschliesst ein Verkehrsgebiet von 140 ☐km mit 9 000 Einwohnern (abgesehen von den 3 800 Einwohnern der Stadt Dillenburg.) Sie soll die Erzindustrie im Dillkreise, welche durch den gesteigerten Wettbetrieb benachbarter Bezirke zu leiden hat, vor dem Niedergange bewahren. Die von den Interessenten zu übernehmenden

16*

Grunderwerbskosten sind auf 88 000 Mark, die kilometrischen Baukosten auf rund 71 900 Mark ermittelt.

Die zwischen Bensberg und Immekeppel geplante ungefähr 16,2 km lange Schienenverbindung, die sogenannte Sülzthalbahn, bildet die Fortsetzung der von der vormaligen Bergisch-Märkischen Eisenbahngesellschaft auf Grund der Allerhöchsten Konzession vom 27. September 1867 ausgeführten Zweigbahn Mülheim am Rhein—Bensberg. Ihr Verkehrsgebiet, dem Kreise Mülheim am Rhein der Rheinprovinz angehörend, umfasst etwa 168 □ km mit rund 12000 Einwohnern, welche sich mit dem Betriebe der Land- und Fortswirthschaft und der Eisenindustrie, vornehmlich aber mit Bergbau und Aufbereitungsarbeiten beschäftigen. Bei Bensberg, Volberg, Eschbach und Immekeppel befinden sich Blei-, Zink-, Silber- und Kupfererz- sowie Spatheisenlager, von denen die ersteren beiden von bedeutender Mächtigkeit sind.

Der von der neuen Bahn auf rund 4,1 km durchschnittene fiskalische Wald „Königsforst" von 2 200 ha Umfang besitzt einen grossen Reichthum an Brenn-, Gruben-, Bau- und Nutzholz.

Die Grunderwerbskosten, welche die Interessenten zu übernehmen haben, sind auf 124 000 Mark, die kilometrischen Baukosten auf rund 101 200 Mark veranschlagt.

Die geplante Bahn Euskirchen-Münstereifel bezweckt, wie die durch Gesetz vom 15. Mai 1882 zur Ausführung genehmigte und theilweise bereits dem Betriebe übergebene Linie Ahrweiler-Adenau, den Aufschluss der Osteifel und zwar des oberen Theiles des Erftthales von Euskirchen bis Münstereifel mit seinem bis in den Kreis Adenau sich erstreckenden Hinterlande.

Die in Aussicht genommene ungefähr 13,3 km lange Linie zweigt in der Nähe der Station Euskirchen ab, woselbst die Bahnen von Düren, Cöln, Bonn und Trier zusammenlaufen, und durchschneidet die Kreise Euskirchen und Rheinbach der Rheinprovinz mit ungefähr 2,8 und 10,5 km. Ihr Verkehrsgebiet, in welchem der ungefähr 185 ha umfassende fiskalische Forst „die Haardt" auf dem rechten Ufer der Erft und der über 4000 ha grosse an Eichen- und Buchenholz reiche Flammersheimer Gemeindewald belegen ist, erstreckt sich zugleich auf Theile der Kreise Schleiden und Adenau und umfasst etwa 217 □ km mit — ausschliesslich der 8 100 Einwohner der Stadt Euskirchen — über 11 000 Einwohner.

Die den Interessenten auferlegten Grunderwerbskosten betragen etwa 144 000 Mark, die kilometrischen Baukosten rund 85 400 Mark.

Die unmittelbar nur den Kreis Kempen der Rheinprovinz berührende ungefähr 15 km lange Bahn Dülken-Brüggen erschliesst ein zum Theil auch dem Kreise Erkelenz angehörendes Verkehrsgebiet von etwa 64

☐ km mit rund 18000 Einwohnern. Sie bezweckt vornehmlich die Unterstützung der Hausweberei, welche zum geringeren Theile als Leinenweberei
mit dem Mittelpunkte Burgwaldniel, zum grösseren Theile als Sammet- und
Seidenweberei mit den Mittelpunkten Brüggen, Elmpt, Ober- und Nieder-
krüchten und Amern betrieben wird. Von den in Frage gekommenen
Linienführungen M. Gladbach-Burgwaldniel-Brüggen-Bracht-Kaldenkirchen
einerseits und Dülken-Burgwaldniel-Niederkrüchten-Dalheim andererseits
musste der geplanten Verbindung zwischen Dülken und Brüggen der Vorzug
gegeben werden, da dieselbe den wirthschaftlichen und Verkehrsverhältnissen
der Gegend am meisten entspricht und zur Erreichung des vorgezeichneten
Zweckes als besonders geeignet erkannt worden ist. Sie zweigt bei dem
Bahnhofe Dülken der Linie Viersen-Kaldenkirchen ab, erreicht demnächst
Burgwaldniel, um bei Brüggen an der Schwelm zu enden. Mit Ausschluss
derjenigen Orte, welche bereits durch die vorhandenen Bahnlinien erschlossen sind, befinden sich über 4000 Handwebestühle in der Gegend.

Die den Interessenten zur Last fallenden Grunderwerbskosten sind
auf 196000 Mark, die kilometrischen Baukosten auf rund 60000 Mark
veranschlagt.

Die in der Nähe der Station Lindern der Linie Neuss-Aachen abzweigende ungefähr 12,2 km lange Stichbahn Lindern-Heinsberg
bringt den Kreis Geilenkirchen, besonders aber den Kreis Heinsberg der
Rheinprovinz, welcher durch die bereits bestehenden Linien der vormaligen
Bergisch-Märkischen Eisenbahn-Gesellschaft Neuss-Aachen und M. Glad-
bach-Dalheim theilweise dem Eisenbahnverkehr erschlossen ist, mit seiner
Hauptstadt und ihrem Hinterlande zum Aufschluss. Sie liegt mit etwa
4,2 km im Kreise Geilenkirchen und mit 8 km im Kreise Heinsberg. Ihr
Verkehrsgebiet ist auf etwa 180 ☐ km mit rund 23000 Einwohnern anzunehmen. Letztere betreiben auf dem fruchtbaren und gut kultivirten
Boden vornehmlich Landwirthschaft. In ausgedehntem Umfange wird
der Anbau von Korbweiden gepflegt, für welche Boden und Klima sich
besonders eignen. Als Hausindustrie wird die Herstellung von Holzschuhen,
sowie die Leinen-, Sammet- und Seidenweberei betrieben.

An Grunderwerbskosten werden die Interessenten voraussichtlich etwa
103000 Mark zu übernehmen haben, die kilometrischen Baukosten sind
auf rund 69700 Mark veranschlagt.

Die Gesammtlänge der geplanten Nebenbahnen, welche ein Verkehrsgebiet von nahezu 6500 ☐ km mit über 500000 Einwohnern erschliessen,
beträgt 573 km. Von dem zum Bau der Bahnen erforderlichen
Grund und Boden befinden sich etwa 30 ha, im Werthe von ungefähr
62000 Mark, im domänen- und forstfiskalischen Besitz, deren Hergabe

zu dem verwendeten Verwendungszweck wiederum entschädigungslos erfolgen soll.

Nach dem Ergebniss der über die voraussichtliche Rentabilität der einzelnen Linien angestellten vorsichtigen Ermittelungen lässt sich annehmen, dass die unmittelbaren Erträgnisse der meisten Linien voraussichtlich schon in den ersten Betriebsjahren eine mässige Verzinsung der staatsseitig aufzuwendenden Baumittel zulassen und voraussichtlich schon binnen kurzer Zeit noch erheblichere Beiträge zur Verzinsung liefern werden. Die günstigen Entwicklungsbedingungen des künftigen Verkehrs der Linien Meseritz-Reppen (No. 4), Reichenbach-Langenbielau (No. 5), Forst-Weisswasser (No. 7) und Cöthen-Aken (No. 11) lassen erwarten, dass die Betriebsüberschüsse schon alsbald eine der vollen Verzinsung des staatsseitig erforderlichen Baukapitals sich nähernde Rente abwerfen werden.

Durch den in Aussicht genommenen Erwerb von 471 km Privatbahnen und die geplante Herstellung von 573 km neuer Eisenbahnen erfährt das Staatseisenbahnnetz eine Erweiterung von insgesammt 1044 km.

Das Staatseisenbahnnetz umfasst im laufenden Rechnungsjahre — einschliesslich der in Betrieb genommenen und noch in Betrieb zu nehmenden Neubaustrecken — nach dem Stande vom 15. Mai 1886:

a) für eigene Rechnung verwaltete Strecken . . . . 21814 km.
b) mitbetriebene Strecken . . . . 3 „
c) für fremde Rechnung verwaltete Strecken . . . . 247 „

zusammen 22064 km.

hierzu verpachtete Strecken. . . . . 116*) „

insgesammt 22180 km.

Darunter zu a bis c:

a) zwei- und mehrgeleisige Vollbahnen. . . . . . 8329 km.
b) eingeleisige Vollbahnen . . . . 9707 „
c) Nebenbahnen (einschl. Vollbahnen mit Nebenbahnbetrieb) . . . . 4028 „

22064 km.

hierzu die ausserdem noch im Bau befindlichen und zum Bau vorbereiteten Strecken mit . . . . 2255 „

insgesammt 24319 km.

Die Zahl der zum Theil im Staatsbetrieb befindlichen Anschlussbahnen für nicht öffentlichen Verkehr beträgt 2230 mit 1480 km.

---

*) Ohne die verpachteten 116 km Schmalspurbahnen im oberschlesischen Bergwerks- und Hüttenbezirk.

An Bahnhöfen sind vorhanden . . 2107
,, Haltestellen . . . . . . : 523
,, Haltepunkten 474
zusammen Stationen 3104.

Unter Privatverwaltung stehen im laufenden Rechnungsjahre noch 2670 km Betriebs- und 236 km Baustrecken, zusammen 2906 km.

Die Staatsbahnen werden von 11 Direktionen, 76 Betriebsämtern und 213 Bauinspektionen verwaltet. An Werkstätten sind vorhanden:

a) Hauptwerkstätten . . . 58
b) Nebenwerkstätten . . . 25
c) Betriebswerkstätten . . 162
zusammen 245.

Im Rechnungsjahre 1887/88 wird sich das Verhältniss unter Berücksichtigung der in den beiden Gesetzentwürfen vorgesehenen Erweiterungen wie folgt stellen:

I. Staatsbahnen:
a) für eigene Rechnung . . 22780*) km.
b) im Mitbetrieb . . . . 3 ,,
c) für fremde Rechnung . . 70 ,,
zusammen 22853 km.

Hierzu verpachtete Strecken . . . . . 116**) ,,
insgesammt 22969 km.

Darunter zu a bis c:
a) zwei- und mehrgeleisige Vollbahnen . . . . 8335 km
b) eingeleisige Vollbahnen . . . . 9703 ,,
c) Nebenbahnen (einschliessl. Vollbahnen mit Nebenbahnbetrieb) . . . . 4815 ,,.
22853 km

Hierzu die ausserdem noch im Bau befindlichen und zum Bau vorbereiteten Strecken (einschl. der 573 km des neuen Nebenbahngesetzentwurfs) . . . . . . 2158 ,,
insgesammt: 25011 km

2282***) Anschlussbahnen für nicht öffentlichen Verkehr mit 1418km†).

---

*) Einschliesslich der 54 km langen Strecke Dresden - Elsterwerda, welche erst am 1. April 1888 an Sachsen abgetreten werden soll.

**) Ohne die verpachteten 116 km Schmalspurbahnen im oberschlesischen Bergwerks- und Hüttenbezirk.

***) Ausschliesslich der an die Nordhausen - Erfurter und Aachen - Jülicher Eisenbahn anschliessenden Zweigbahnen für nicht öffentlichen Verkehr.

†) Die gegen das Vorjahr angenommene geringere Länge beruht auf einer anderweiten statistischen Berechnung, nach welcher die Anschlussgeleise auf den Bahnhöfen zu den Nebengeleisen der letzteren gerechnet sind.

Bahnhöfe 2069
Haltestellen ‚ 663
Haltepunkte 503

zusammen Stationen: 3235*)

Unter Privatverwaltung stehende Privatbahnen:

a) Betriebsstrecken . . . . 2437 km

b) Neubaustrecken . . . . 102 „

zusammen: 2539 km

Da über die Verwaltung der in Staatsbetrieb übergehenden Privatbahnen Bestimmung noch nicht getroffen ist, lassen sich hinsichtlich der
Zahl der Behörden und Dienststellen für das Rechnungsjahr 1887/88 Angaben z. Z. nicht machen.

Zur Betriebseröffnung sind im Rechnungsjahre 1887/88 in Aussicht
genommen**):

1. Eisenbahn-Direktionsbezirk Altona:

Neustadt a./D.-Meyenburg-Landesgrenze . . . 63,72 km

Schwarzenbek-Oldesloe . . . . 36.20 „

99,92 km

2. Eisenbahn-Direktionsbezirk Berlin:

Löwenberg-Templin . . . . 32,90 km

Stralsund-Rostock . . . . 71,80 „

Velgast-Barth . . . . 11.20 „

115,90 km

3. Eisenbahn-Direktionsbezirk Breslau:

Oppeln-Neisse mit Schiedlow-Leipe . . . . . 75,07 km

*) Gleiwitz-Orzesche . . . . 21.81 „

96,88 km

4. Eisenbahn-Direktionsbezirk Bromberg:

Allenstein-Hohenstein . . . . 25,78 km

Gnesen-Nakel . . . . 73,20 „

Dt. Krone-Callies . . . . 45,10 „

Posen-Wreschen . . . . 42,60 „

Strasburg-Soldau . . . . 55,50 „

Wreschen-Strzalkowo . . . . 19.00 „

261,18 km

---

*) Ausschliessl. der durch den Erwerb der Nordhausen-Erfurter und Aachen-Jülicher
Bahn hinzutretenden Stationen.

**) Die mit *) bezeichneten Strecken waren bereits zur Betriebseröffnung für 1886/87
in Aussicht genommen, ihre Längen sind daher bei den obigen Zahlenangaben für dieses
Rechnungsjahr mit enthalten. Die Linie Garnsee-Lessen 13,46 km, welche zur Betriebseröffnung im Jahre 1886/87 nicht vorgesehen war, ist am 15. Dezember 1886 dem Betriebe
übergeben worden.

5. Eisenbahn-Direktionsbezirk Köln (linksrheinischer):
*) Eupen-Raeren . . . .   8,00 km
*) Altenahr-Adenau . . . .   17,20 „
Stolberg-Münsterbusch . . . .   2,70 „
Weismes-St. Vith . . . .   17,00 „
                                                  _____
                                                  44,90 km

6. Eisenbahn-Direktionsbezirk Köln (rechtsrheinischer):
Altenkirchen-Au . . . .   12,50 km
*) Ründeroth-Derschlag . . . .   14,20 „
                                                  _____
                                                  26,70 km

7. Eisenbahn-Direktionsbezirk Elberfeld:
*) Kirchen-Freudenberg . . . , ...   13,60 km
Saalhausen-Schmallenberg . . . .   9,90 „
*) Vohwinkel-Wald . . . .   8,93 „
                                                  _____
                                                  32,43 km

8. Eisenbahn-Direktionsbezirk Frankfurt a./M.:
Teutschenthal-Salzmünde . . . .   9,20 km
                                                  _____
                                                  9,20 km

                                    Insgesammt: 687,11 km

Auf die Provinzen bezw. fremden Staatsgebiete vertheilen sich die Betriebsstrecken des preussischen Eisenbahnnetzes im Rechnungsjahre 1887/88
wie folgt:

A. Preussen:

	Staatsbahnen km	Privatbahnen km
1. Ostpreussen	1 128,64	322,18
2. Westpreussen	1 200,78	117,29
3. Brandenburg (mit Berlin)	2 468,01	226,58
4. Pommern	1 254,68	154,33
5. Posen	1 352,92	12,82
6. Schlesien	3 035,57	75,80
7. Sachsen	2 003,07	51,49
8. Schleswig-Holstein	618,92	600,99
9. Hannover	1 899,70	253,61
10. Hessen-Nassau	1 191,37	198,45
11. Westfalen	2 018,58	158,31
12. Rheinprovinz	2 951,15	175,22
mit Hohenzollern	—	80.57
Preussen zusammen:	21 123,34	2 427,59

B. Ausserpreussische Staatsgebiete:

	Staatsbahnen km	Privatbahnen km
1. Elsass-Lothringen	0,92	—
2. Bayern	22,91	—
3. Sachsen	195,06	—
4. Hessen	111,82	—
5. Mecklenburg-Schwerin	124,14	—
6. Mecklenburg-Strelitz	73,75	—
7. Sachsen-Weimar	156,12	—
8. Oldenburg	57,77	—
9. Braunschweig	339,99	—
10. Sachsen-Meiningen	31,33	2,90
11. Sachsen-Altenburg	0,93	—
12. Sachsen-Coburg-Gotha	117,73	—
13. Anhalt	247,57	—
14. Schwarzburg-Rudolstadt	14,84	—
15. „ Sondershausen	49,50	—
16. Waldeck	9,90	—
17. Reuss j. Linie	16,86	—
18. Schaumburg-Lippe	31,69	—
19. Lippe	29,30	—
20. Bremen	38,91	—
21. Hamburg	25,50	6,56
22. Niederlande	24,65	—
23. Oesterreich	9,07	—
Ausserpreussische Staatsgebiete zusammen:	1 729,96	9,46
Hierzu Summa A	21 123,34	2 427,59
	22 853,30	2 437,05

Zur theilweisen Deckung der zum Bau der neuen Nebenbahnen erforderlichen Mittel von 47 938 000 Mark sollen die dem Staate mit dem Erwerb der Nordhausen-Erfurter, Oberlausitzer, Aachen-Jülicher und Angermünde-Schwedter Eisenbahn zur Verfügung stehenden Aktivfonds verwendet werden.

(Ueber die Fonds der Berlin-Dresdener Bahn muss die Verfügung, wie bereits erwähnt, mit Rücksicht auf die Abmachungen mit Sachsen vorbehalten bleiben.)

Die verwendbaren Fonds berechnen sich vorbehaltlich endgiltiger Feststellung nach Abrechnung der Beträge, über welche bereits in dem

Gesetzentwurf und den betreffenden Erwerbsverträgen verfügt ist, auf rund 1192122 Mark.

Nach Abzug dieses Betrages von dem Baubedarf von 47938000 Mark sind daher noch 46745878 Mark erforderlich und durch Ausgabe von Staatsschuldverschreibungen aufzubringen. Es wird daher auch nur in Höhe desjenigen Betrages, welcher in Staatsschuldverschreibungen auszugeben ist, um jene Bausumme von 46745878 Mark zu beschaffen, durch den Bau der neuen Nebenbahnen eine Vermehrung der Staatsschuld herbeigeführt.

Zur Vervollständigung der in dem letzten Jahre mitgetheilten Uebersichten folgt nachstehend eine neue Zusammenstellung der seit dem Jahre 1880 für den Bau neuer Eisenbahnen gesetzlich bewilligten Mittel:

A. Zum Bau von Linien für Rechnung des Staats:	Länge der Bahnen. km	Vom Staate aufzuwendender Betrag. Mark
1. Gesetz vom 7. März 1880	36,0	1 600 000
2. „ „ 9. März / 18.Dezbr. 1880	484,1	50 550 350
3. „ „ 25. Februar 1881 . . .	475,2	37 285 500
4. „ „ 28. März 1882	17,0	5 000 000
5. „ „ 15. Mai 1882	537,8	47 038 000*)
6. „ „ 21. Mai 1883	457,8	54 760 000
7. „ „ 4. April 1884	759,3	69 947 000**)
8. „ „ 7. Mai 1885	587,4	49 484 000
9. „ „ 19. April 1886	603,1	52 907 000
10. Gesetzentwurf vom 7. Februar 1887 .	573,0	47 938 000
Zusammen	4530,2	416 509 850
B. Zum Bau von Linien unter Betheiligung des Staates:		
1. Gesetz vom 9. März 1880	238,8	2 288 000
2. „ „ 23. Februar 1881 . . .	181,6	2 755 000*
3. „ „ 21. Mai 1883	7,0	38 200
4. „ „ 4. April 1884	131,0	2 999 700
5. „ „ 17. Mai 1884	44.5	360 000
6. „ „ 19. April 1886	44,7	550 000
7. Durch den Etat	12,0	120 640
Zusammen	659,1	9 111 540
Hierzu Summa A.	4 530.2	416 509 850
Summa Summarum	5 189.3	425 621 390

*) Abzüglich der in der vorjährigen Nachweisung zugerechneten Mehrkosten für den in eine frühere Zeit fallenden Bau der Bahn Bebra-Friedland von 300000 Mark.

**) Zuzüglich der in die vorjährige Nachweisung nicht aufgenommenen Mehrkosten für den Bau der Nebenbahn Walburg-Grossalmerode im Betrage von 120000 Mark.

Hiervon entfallen auf: a) Vollbahnen.	Länge der Bahnen. km	Vom Staate aufzuwendender Betrag. Mark
1. Staatsbahnen	226,0	51 633 800
2. Privatbahnen mit Staatsbetheiligung .	214,0	5 299 700
b) Nebenbahnen.		
1. Staatsbahnen	4 304,2	364 876 050
2. Privatbahnen mit Staatsbetheiligung .	445,1	3 811 840
Summa wie oben	5 189,3	425 621 390

Die zur Deckung der Gesammtaufwendung für neue Eisenbahnlinien von 425 621 390 Mark zur Verfügung stehenden Aktivfonds betragen unter Berücksichtigung einerseits der bei denselben eingetretenen Aenderungen, andererseits der durch den neuen Verstaatlichungsgesetzentwurf hinzutretenden Fonds rund 180 918 490 Mark.

Nach Abzug dieses Betrages von 425 621 390 Mark sind daher nur noch 244 702 900 Mark durch Staatsschuldverschreibungen zu beschaffen, während die Länge der zur Ausführung genehmigten 145 Linien (darunter 129 für Rechnung und 16 unter Betheiligung des Staats) im Ganzen nahezu 5 200 km beträgt. Das preussische Eisenbahnnetz hat daher, wie von dem Minister der öffentlichen Arbeiten bei der ersten Lesung des neuen Nebenbahngesetzentwurfs bemerkt wurde, seit dem Jahre 1880 auf Kosten sowie mit Unterstützung des Staates eine Erweiterung um nicht weniger als $33^1/_3$ Prozent erfahren.

B. Vervollständigung des Staatseisenbahnnetzes durch verschiedene Bauausführungen.

Im § 1 unter Nr. II. und III. des Gesetzentwurfes (No. 44) sind zur Vervollständigung des Staatseisenbahnnetzes vorgesehen:

1. zur Anlage des zweiten, dritten und vierten Geleises und zu den dadurch bedingten Ergänzungen und Geleisveränderung auf den Bahnhöfen der Strecken: Berliner Ringbahn zwischen der Landsberger Allee und Bahnhof Wedding (Anlage des dritten und vierten Geleises), Berlin-Zehlendorf (desgleichen), Prittitz-Zeitz-Crossen, Siegen-Niederschalden, Herbern-Mersch, Kettwig-Werden . . . .   8 669 000 Mark,
2. für die Vereinigung der Oberschlesischen mit der Rechte-Oderufer Eisenbahn auf der Strecke

Tarnowitz-Beuthen O./Schl., Erweiterung der
Eisenbahnanlagen in Neufahrwasser und Herstellung einer Schienenverbindung derselben
mit dem Bahnhofe in Danzig (Olivaer Thor),
Verlegung der Berlin-Stettiner Eisenbahn
zwischen Berlin und Pankow, Erweiterung der
Bahnhöfe Potsdam und Aschersleben, des Berliner Bahnhofes in Hamburg, des Bahnhofes
Altona (Ottensen), Anlage einer Hafenbahn zu
Apenrade, Erweiterung des Bahnhofes Königs-
dorf, Einführung der Bahn von Neuss über Neer-
sen nach Rheydt-Morr in den Bahnhof Rheydt
der Linie Düsseldorf-Aachen, Errichtung von
Dienstwohngebäuden für das Bahnbewachungspersonal . . . . **14 727 000 Mark**

zusammen **23 396 000 Mark,**
welche durch Ausgabe von Staatsschuldverschreibungen beschafft werden sollen.

Die gesammte Kreditsumme des Gesetzentwurfes beträgt hiernach
71 334 000 Mark.

Von diesen Anlagen verdient besonders die Errichtung von Dienstwohngebäuden für das Bahnbewachungspersonal hervorgehoben zu werden,
wofür nicht weniger als 6 600 000 Mark vorgesehen sind. Es sollen damit
etwa 1436 Dienstwohnungen errichtet werden.

Der vorgelegte Gesetzentwurf entspricht nach Anlage und Fassung
im Allgemeinen den früheren Gesetzen. Nur im § 4 ist wegen der Veräusserung der auszuführenden Eisenbahnen und sonstigen Bahnanlagen
zur Beseitigung der Unzuträglichkeiten, welche in Folge der Auslegung der
bisherigen Vorschriften seitens der Gerichte entstanden sind, mit rückwirkender Kraft für frühere Gesetze die Bestimmung vorgesehen, dass
die Genehmigung des Landtages zu derartigen Veräusserungen nicht
erforderlich sein soll, wenn nach dem Befinden der Eisenbahnaufsichtsbehörde durch die Veräusserung der Zweck, welchen die betreffende
Eisenbahn oder der Eisenbahntheil dienen soll, nicht beeinträchtigt wird.

Im § 5 soll die Regierung ermächtigt werden, zum Ausgangspunkt für
die durch Gesetz vom 4. April 1884 zur Ausführung genehmigte Zweigbahn nach Simmern anstatt der Station Bretzenstein einen nördlich
derselben in der Nähe der Station Langenbensheim belegenen Punkt der
Rhein-Nahebahn zu wählen, da nach dem Ergebniss der Ermittelungen bei
der besonderen Bearbeitung des Projekts der Aufschluss des Kreises Simmern
auf diese Weise voraussichtlich noch besser erreicht werden wird.

Eine Erhöhung der für die Zweigbahn bewilligten Kreditsumme tritt hierdurch ein.

Der § 6 soll endlich die durch Gesetz vom 28. März 1882 ausgesprochene Kreditbewilligung zum Bau der Bahn Eichicht - Probstzella-bayerisch-meiningensche Landesgrenze dahin erweitern, dass aus diesem Kredit noch für 250000 Mark Betriebsmittel beschafft werden können.

Zur Befriedigung der ausserordentlichen Geldbedürfnisse der Eisenbahnverwaltung sind — wie zur Ergänzung der im vorigen Jahre mitgetheilten Uebersicht bemerkt wird — seit dem Jahre 1879/80 bewilligt bezw. beantragt:

a) durch das Extraordinarium des Etats . . . 81161520 Mark
b) durch besondere Kredite . . . . 620754750 „

zusammen 701916270 Mark.

Diesen Bewilligungen stehen gegenüber:

1. die dem Staate anheimgefallenen Aktivfonds in Höhe von rund . . . . 180918000 Mark,
2. die Reinüberschüsse der Eisenbahnverwaltung:
   a) vor dem Inkrafttreten des Garantiegesetzes
      vom 27. März 1882 rund . . . . . 69254000 Mark,
   b) nach Inkrafttreten dieses Gesetzes bis Ende
      1887/88*) rund . . . . 267891000 Mark,
3. die zur Amortisation von Prioritätsanleihen und sonstigen Darlehen der verstaatlichten Bahnen sowie zur Amortisation von Aktien solcher Bahnen bis
   Ende 1887/88 verwendeten und vorgesehenen Beträge (ohne die neu zu
   verstaatlichenden Bahnen) rund . . 100662000 Mark,

zusammen 618725000 Mark.

Eine Vermehrung der Staatseisenbahnkapitalschuld tritt also durch die vorbezeichneten Erweiterungen und Vervollständigungen thatsächlich nur in Höhe von rund 83191270 Mark ein. Nicht mit eingerechnet sind hierbei die für Ergänzungsanlagen aus dem Ordinarium des Etats bis Ende 1887/88 verwendeten und vorgesehenen Beträge von insgesammt über 33200000 Mark. Dr. *M.*

---

*) 1886/87 und 1887/88 nach der Etatsveranschlagung, jedoch ohne die Betriebsergebnisse der zu verstaatlichenden Bahnen. Die vorjährigen Angaben S. 351 enthielten nur die Ergebnisse bis Ende 1885/86.

Ueber neuere Schriften und Anschauungen betreffend die Bestimmung der Gütertarife.

Von

Regierungsrath A. Schübler in Strassburg i. Elsass.

Dem Bestreben von Handel, Industrie und Landwirthschaft nach Ermässigung der Eisenbahngütertarife wird vielfach entgegengehalten,
dass solche Maassnahmen ein allmähliches Sinken des Reinerträgnisses der
Eisenbahnen bedingen würden. Dies Bedenken trifft nur in den Fällen
zu, in welchen durch Tarifermässigungen bestimmte Transportmengen
von einer Linie auf eine andere übergeleitet oder aus handelspolitischen
oder volkswirthschaftlichen Gründen so bedeutende Tarifermässigungen
gewährt werden, dass die eigentlichen Betriebskosten kaum oder nicht
völlig gedeckt sind.

Anders liegen die Verhältnisse jedoch dann, wenn in Folge von Frachtermässigungen die Transportmengen sich wesentlich erhöhen und dabei
der erzielte Ueberschuss trotz der auf das Tonnenkilometer eintretenden
Verminderung sich im Ganzen für die betreffenden Transporte oder
Waarengattungen eher vermehrt als vermindert, der Art, dass das Interesse der Eisenbahnverwaltung und die Ansprüche des Verkehrs gleichzeitig befriedigt sind. Dieses Ziel kann durch die Begünstigung einzelner Bahnstrecken oder Landesgegenden auf die Dauer nicht wohl
erreicht werden, da die hierbei unausbleiblichen Schädigungen anderer
und die hierdurch veranlassten Berufungen in der Regel anderweitige Tarifermässigungen und im Gefolge derselben thatsächliche Einbussen der Eisenbahnverwaltungen ergeben dürften. Man wird so naturgemäss auf ein systematisches Vorgehen hinsichtlich weiterer Herab-
setzungen der Frachten hingewiesen, wobei insbesondere Tarifungleichheiten
thunlichst zu vermeiden sind, ganz entsprechend den Bestrebungen der
preussischen Eisenbahnverwaltung. Die grossen Schwierigkeiten, welche
sich hierbei aus den Beziehungen der einzelnen deutschen Bahngebiete
unter sich und zu fremdländischen Verwaltungen, sowie aus den sehr
verschiedenartigen Anforderungen ergeben, welche aus Interessenten-

kreisen und in den Landes- und Bezirks-Eisenbahnräthen gestellt werden, dürften sich wesentlich vermindern, wenn für diejenigen Eisenbahntransporte, welche für Handel, Industrie und Landwirthschaft von besonderer Bedeutung sind, je nach der Frachtgattung, nach der Transportlänge und nach dem Umfange der Sendungen ganz allgemein diejenigen niedrigsten Sätze festgestellt würden, bei welchen noch ein der Transportfähigkeit der Güter entsprechender Ueberschuss erzielt wird, eine Bedingung, wodurch der Eisenbahnverwaltung die für die Erfüllung ihrer mannigfachen Aufgaben nothwendige Selbständigkeit erhalten bliebe.

Ehe wir auf nähere Darlegungen übergehen, sollen zunächst zwei neuere Werke — „die Selbstkosten des Eisenbahntransports und die Wasserstrassenfrage von dem k. k. Sektionschef Wilhelm von Nördling" und „das Eisenbahntarifwesen von Regierungsrath Franz Ulrich" — zur Gewinnung von allgemein gültigen Erfahrungssätzen und neuen Anschauungen benutzt werden.

Das Buch des Herrn v. Nördling hat den ausgesprochenen Zweck, vor den Illusionen zu warnen, welche von vielen Seiten an die Herstellung von künstlichen Wasserstrassen geknüpft werden. Indem wir uns auf die Besprechung des Buches auf Seite 626 des Jahrganges 1885 des Archivs beziehen, können wir uns hier auf die für den Zweck des Aufsatzes besonders wichtigen Einzelheiten beschränken.

Was zunächst die Notizen über Wasserstrassen betrifft, so ist in Frankreich, welches seit Napoleon I wiederholte Anstrengungen zur Gewinnung eines umfassenden Kanalnetzes gemacht hat, der jährliche Frachtenumlauf (d. h. die auf einer bestimmten Strecke durchschnittlich sich bewegende Tonnenzahl) auf den meisten Wasserstrassen ziemlich unbedeutend. Nur die kanalisirte Seine von Monterau bis Rouen und die von Paris nach Belgien führenden Kanalverbindungen haben einen Umlauf von über 500 000 Tonnen (nämlich 700 000 und 2 000 000 Tonnen) und auch auf diesen belebtesten Wasserstrassen ist der Frachtenverkehr nur halb so gross, als auf den dieselbe Richtung bedienenden Eisenbahnen. Insbesondere gehen die von Belgien kommenden Steinkohlen mehr als zur Hälfte auf der Eisenbahn, welche somit auch hinsichtlich der Massentransporte den Wettbewerb mit Erfolg gegen eine durchaus leistungsfähige Wasserstrasse aufnehmen kann, obgleich auf den französischen Staatskanälen seit 1867 für Güter II. Kl. nur 0,2 Cts. für das Tonnenkilometer Wassermauth eingezogen wurden, welche überdies auf diesen Kanälen im Jahre 1881 mit auffälliger Raschheit gänzlich beseitigt worden ist. Die Schiffsfracht wurde ausschl. Wassermauth von der während der Jahre 1871/77 eingesetzt gewesenen Enquete-Kommission für den Kanal vom Pas de Calais bis Paris auf 2,0 Cts., im Allgemeinen aber zu 1,5 Cts. = 1,2 Pf. angegeben.

Gegenüber den ungünstigen Ergebnissen, welche im Allgemeinen bei Herstellung und Verbesserung der französischen Wasserstrassen erzielt worden sind, werden die preussischen Wasserstrassen in wesentlich vortheilhafterem Lichte dargestellt. Die nach Norden fliessenden deutschen Flüsse, insbesondere Rhein, Elbe, Oder, haben auf einem grossen Theil ihres Laufes sehr geringe Gefälle, wie sie sich in Frankreich nur bei der Seine wiederfinden. Ferner sind die Fluss-Wasserstände in Deutschland sowohl für die Hauptströme als für deren wichtigere Nebenflüsse weit gleichmässiger, der Wassermangel viel seltener als in Frankreich, während allerdings die Unterbrechungen wegen Frosts weitaus höher anzuschlagen sind.

Für das Jahr 1880 gibt Herr v. Nördling den jährlichen Frachtenumlauf auf dem Rhein bei Emmerich zu 3 674 000, bei Mannheim (ohne Ludwigshafen) zu 725 000, im Mittel zu 2 200 000 (richtiger 2 300 000) Tonnen, somit noch höher an, als für die von Belgien nach Paris führende Wasserstrasse oben angeführt worden ist. Die Elbe hatte in demselben Jahre oberhalb Hamburg 1 536 800, bei Schandau (oberhalb Dresden) 1 275 000, somit im Mittel ungefähr 1 400 000 Tonnen Jahresumlauf. Hinsichtlich der niedrigsten Schiffsfrachten wird angegeben, dass nach genauen Notizen, welche bei der Elbe-Dampfschiffahrtgesellschaft für das Jahr 1883/84 erhoben werden konnten, für die Strecke Hamburg-Laube (640 Kilometer) der mittlere Frachtsatz zu Berg für Roheisen $1_{,2}$ Pf., zu Thal für Getreide $0_{,92}$ Pf. für das Tonnenkilometer betragen hat. Ueber die Frachten auf dem Rheine macht Herr v. Nördling keine Angaben, es kann aber nach anderweitigen Erhebungen bemerkt werden, dass die Steinkohlenfracht zu Berg von Ruhrort nach Mannheim in den Jahren 1885/86 für das Tonnenkilometer sich auf etwa $1_{,0}$ Pf. berechnete. Auch mag die Notiz beigefügt werden, dass nach den Mittheilungen des Bergraths Jordan über „Absatzverhältnisse der Saarbrücker Steinkohlengruben“ die Schiffsfracht von Saarbrücken nach Mülhausen auf 265 Kilometer Entfernung von 1874—1883 durchschnittlich 4 Mark betragen hat, und zwar im Jahresdurchschnitte zwischen 3,30 und 4,60 Mk. wechselnd, während auf den elsass-lothringischen Kanälen seit 1873 ein Kanalgebühr nicht mehr erhoben wird.

Während nach vorstehenden Angaben über französische und deutsche Schiffsfrachten für Massentransporte auch unter Berücksichtigung der bei den neuen Kanalbauten beabsichtigten Verbesserungen ein Durchschnitts-Satz von $1_{,0}$ Pf. für das Tonnenkilometer ausschliesslich Wassermauth als nicht zu hoch gegriffen[*]) erscheint, will Herr v. Nördling für

---

[*]) Dass bei der Vorlage über den Dortmund-Ems-Kanal eine Gesammtfracht von $2_{,60}$ Mark einschliesslich Kanalgebühr bei 247 Kilometer Transportlänge für Ruhrkohlen in Aussicht gestellt worden ist, steht hiermit keineswegs im Widerspruch. Denn wenn für diesen Kanal in der Schrift des Herrn Sympher über Transportkosten auf Eisenbahnen und Kanälen

seine Kostenvergleichungen die von den Kanalfreunden aufgestellten niedrigeren Angaben zu Grunde legen und ausschliesslich Kanalgebühr nur
0,5 Kreuzer oder 0,85 Pf. Schiffsfracht annehmen, er glaubt aber auf Grund
der französischen Erfahrungen die für den Eisenbahntransport bestehende
Vorliebe zu mindestens 25 % anschlagen zu müssen und schätzt hiernach
die Gebühr bei welcher die Eisenbahn den Wettbewerb mit einem noch
so leistungsfähigen Kanale aufnehmen könnte, auf 1,05 Pf. für das Tonnenkilometer.   Diesen Satz glaubt er nun dadurch einhalten zu können, dass
er die mit der Schiffsfracht konkurrirenden Eisenbahntransporte von den
sogenannten konstanten, ohnedem vorhandenen Betriebskosten befreit und
dieselben nur mit den variablen, d. h. direkt durch den Transport bedingten Kosten belastet.   Nach den Betriebsergebnissen der Theissbahn
vom Jahre 1875 rechnet er für jedes Tonnenkilometer Fracht — Stückgut und Wagenladungen durcheinander — 0,86 Kreuzer = 1,45 Pf.
einschliesslich Expeditionskosten.   Fernerhin vertheilt er die auf den
Frachtenverkehr treffenden Kosten auf die reine Last und das Wagengewicht und findet für den Fall, dass bei Massentransporten die Wagen
leer zurückgehen müssen, einen Selbstkostenbetrag von 1,8 Pf., welcher
aber, da hierbei die reine Last und das Wagengewicht gerade gleich gross
angenommen und keinerlei Zuschläge angebracht sind, vielleicht ebenso
gut auf den Durchschnitt sämmtlicher ganzen Wagenladungen passen, also
als ein Mittelwerth sich darstellen möchte.   Dieser Selbstkostenbetrag
wird schliesslich für den Durchschnitt sämmtlicher oesterreichisch-unga-
rischen Bahnen unter Uebertragung der für die Theissbahn erhaltenen
Verhältnisszahlen auf 0,62 Kreuzer oder 1,05 Pf. ermittelt, somit auf denselben Betrag, welcher oben für die Tonne und das Kilometer für die
Kanalschiffahrt einschliesslich des 25 prozentigen Zuschlages angenommen
ist.   In beiden Fällen ist von dem Anlagekapital gleichmässig abgesehen
und würde somit — die Richtigkeit der Rechnung und die Annehmbar-
keit der Vorschläge vorausgesetzt — kein Grund vorliegen, hunderte und
wieder hunderte von Millionen für neue Binnenkanäle aufzuwenden, vielmehr dürften nur solche Kanäle gebaut werden, welche zur besseren Ausnutzung vorhandener Wasserstrassen erforderlich sind.

S. 71—75 eine Frachtberechnung angegeben wird, bei welcher bei einer Fracht von 2,40 Mark
möglicherweise noch 0,50 Mark oder rund 0,2 Pf. für das Tonnenkilometer zur Unterhaltung
und u. U. theilweisen Verzinsung des Anlagekapitals der Kanalanlage übrig bleiben sollen,
so ist hierbei die Voraussetzung gemacht, dass Dampfbetrieb unter Anwendung sehr grosser
Kähne stattfinde, dass mindestens 1 Million Tonnen Kohlen jährlich zum Meere geführt
werden, und dass die Rückfahrt unter höherer Tarifirung der in dieser Richtung gehenden
Güter gleichfalls ihre Kosten decke, — lauter Bedingungen, welche den vorliegenden Fall
als einen besonderen, in gewissem Sinne als Versuch dienenden erscheinen lassen.

Wir müssen gegen die vorstehend erläuterte Art der Selbstkostenrechnung einige Bedenken geltend machen. Zunächst bedarf die Ausscheidung des konstanten und des variablen Theils der Betriebskosten (Seite 12—13 des Buches) insofern einer Berichtigung, als die für die Dienstzweige B—D angesetzten Zentralleistungskosten sich auf die einzelnen Positionen, welche theils den konstanten, theils den variablen Ausgaben zugetheilt sind, offenbar gleichmässig vertheilen, so dass nach entsprechender Berichtigung, — wobei auch die allgemeinen Verwaltungskosten vertheilt werden müssen — auf den konstanten Theil nur 37,5 %, auf den variablen Theil aber 62,5 % der Betriebsausgaben fallen und die veränderlichen Kosten um etwa 13 Prozent höher anzunehmen sind. Sodann aber würde gegen die Eingangs dieses Aufsatzes gestellte Bedingung, dass Tarifungleichheiten thunlichst zu vermeiden sind, ganz auffällig gefehlt werden, indem ja nur die neu hinzutretende Transportmenge oder nur die u. U. dem Wassertransport anheim fallenden Frachten mit den geringsten Sätzen bedacht würden, während für alle andere Güter die seitherigen Frachtpreise bestehen blieben, wobei überdies keine Gewähr gegeben wäre, dass neben den neuen, besonders billig auszuführenden Transporten die Gesammtheit des übrigen Frachtenverkehrs seine seitherige Höhe beibehalten werde.

Hiernach können wir der Art der Beweisführung, welche allerdings nur den äussersten Fall eines durch anderweitige Vortheile zu rechtfertigenden ausnahmsweisen Mindestpreises ins Auge fasst, nicht zustimmen. Man wird nach unserer Meinung überhaupt nicht umhin können, bei Berechnung der für Massen-Transporte zulässigen geringsten Sätze die Frachten nach Stückgütern, gewöhnlichen Wagenladungsgütern und Massengütern zu trennen, wobei für letztere nur dann besonders niedrige Selbstkosten erhalten werden können, wenn die Transporte in geschlossenen Zügen oder unter Verhältnissen bewirkt werden, welche eine annähernd ebenso günstige Ausnutzung der Zugkraft und des Zugpersonals ermöglichen.

Im Uebrigen ist der von Herrn v. Nördling geltend gemachte Satz, dass man behufs Gewinnung weiterer Transporte von bedeutendem Umfange erhebliche Tarifermässigungen ohne Nachtheil einführen könne, insoweit ganz richtig, als die sogenannten konstanten Betriebskosten und insbesondere die für die Verzinsung des Anlagekapitals erforderlichen Geldbeträge sich bei Vermehrung der Frachten auf eine grössere Transportmenge vertheilen. Man verfährt daher richtig, wenn man für Gegenstände, welche sehr ins Gewicht fallen, wie Erze, Steine, Kohlen, thunlichst niedrige Frachten ansetzt und dadurch die Transportmenge bedeutend hebt, oder wenn man für Güter, welche einen weiten Transport ertragen können, die Sätze für grössere Entfernungen wesentlich ermässigt, da durch solche

17*

weiten Transporte der durchschnittliche Güterumlauf der Bahn bedeutend gehoben wird. Eine Reihe von Beispielen, welche Herr v. Nördling zu Gunsten der Differentialtarife anführt, lassen sich nach Vorstehendem naturgemäss erklären, und der Satz: „jedes Gut soll so viel zahlen, als es ertragen kann" (S. 25 und 210 des Buches) ist recht gut mit einer einheitlichen Tarifirung in Einklang zu bringen.

Auf einem wesentlich abweichenden Wege kommt Herr Ulrich, der Verfasser des zweiten der obenerwähnten Werke, zu theilweise ähnlichen, theilweise allerdings verschiedenen Ergebnissen. Herr Ulrich, welcher wie-derholt für den staatlichen Betrieb der Eisenbahnen eingetreten ist, ver-langt an Stelle der früher üblichen privatwirthschaftlichen Tarifgestaltung eine durchaus gemeinwirthschaftliche, welche manche in dem sogenannten natürlichen oder Wagenraumsystem zu finden glaubten. Nachdem Ul-rich die reformatorische Bedeutung dieses, die sämmtlichen Wagen-ladungen gleichmässig behandelnden Systems eingehend erläutert, sagt er mit Recht, dass dasselbe in seiner ursprünglichen Gestalt die von Industrie und Landwirthschaft für einzelne Frachtgattungen verlangten, besonders niedrigen Tarifsätze unmöglich gewähren könne, solange das in den Eisenbahnen angelegte Kapital entsprechend verzinst werden soll. Er will überhaupt die bei zunehmendem Verkehr eintretende Verminderung der Selbstkosten den minder transportfähigen, sowie den den kilometrischen Umlauf stark mehrenden längeren Transporten zu Gute kommen lassen. Während er ein entschiedener Gegner von allen willkürlichen, nicht etwa durch ganz besondere Umstände veranlassten Differentialtarifsätzen ist, anerkennt er anderseits die Werthklassifikation, sofern sie eine einheit-liche ist, als durchaus zulässig (vgl. S. 151) und empfiehlt im Einklange mit den soeben ausgesprochenen Grundsätzen die in andern Ländern (z. B. in Belgien und Frankreich) vielfach angewendete fallende Skala, die sogenannten Staffeltarife. Er hebt ferner besonders hervor, dass Gleichmässigkeit und Stetigkeit der Tarife für Handel und Industrie ebenso wichtig sind, als Frachtermässigungen.

Weitere Betrachtungen knüpft Herr Ulrich an die Eintheilung der Betriebsausgaben in konstante und variable, indem er darlegt, dass gerade die konstanten Betriebsausgaben den veränderlichen Tariftheil bilden, während die von der Transportmenge abhängigen variablen Ausgaben für das Tonnenkilometer annähernd gleiche Durchschnittsbeträge ergeben, somit einen mehr oder weniger festen Tariftheil darstellen. Indem er (ohne näheren Nachweis) annimmt, dass die konstanten und variablen Ausgaben ziemlich gleich seien, also je die Hälfte der Betriebsausgaben bilden, und ferner anführt, dass die Verzinsung des Anlagekapitals —

welche er den konstanten Ausgaben hinzufügt, — den Betriebsausgaben etwa gleich sei, kommt er zu dem eigenthümlichen Schlusse, dass der von der Transportmenge abhängige sogenannte feste Tariftheil nur $1/4$ der Selbstkosten des Eisenbahnbetriebs darstelle und somit bei der Tarifbildung ziemlich nebensächlich sei.

Wir haben schon oben dargelegt, dass nach der ergänzten Rechnung des Herrn v. Nördling die konstanten Ausgaben der Theissbahn 37,5, die veränderlichen Ausgaben 62,5 Prozent betragen haben. Es ist aber klar, dass bei den deutschen Bahnen, welche im grossen Durchschnitt einen mehr als doppelt so starken kilometrischen Güterverkehr haben, die veränderlichen Ausgaben jedenfalls einen höheren Betrag, etwa 65 bis 70 pCt. der Gesammtausgaben ausmachen. Ferner ist jedem erfahrenen Eisenbahnfachmanne bekannt, dass bei starker Vermehrung der Transporte nicht nur die Betriebsmittel vermehrt, sondern auch die Werkstätten und Locomotivstationen erweitert werden müssen. Diese in der Regel aus ausserordentlichen Mitteln bestrittenen Ergänzungen, welche entschieden eine Vermehrung des Anlagekapitals verursachen, werden aber jeweils durch die (von Herrn v. Nördling besonders hervorgehobenen) neu hinzutretenden Transporte veranlasst, welche die betreffende Zinslast allein tragen müssten. Ganz derselbe Erfolg wird aber dadurch erreicht, dass man das ganze für Betriebsmittel und deren Unterbringung, sowie für die Reparaturwerkstätten verwendete Anlagekapital auf die Gesammtheit der Transporte vertheilt, d. h. diesen wenigstens 25 pCt. betragenden Theil der Kapitalverzinsung zu den variablen Betriebsausgaben hinzurechnet. — Die Schlussfolgerung ist, dass bei richtiger Rechnung die variablen Ausgaben einschliesslich der Verzinsung des Anlagekapitals den konstanten Ausgaben annähernd gleich sind.

Von besonderer Wichtigkeit ist aber, dass der aus den konstanten Ausgaben sich ergebende veränderliche Tariftheil selbstredend in einem schwankenden Verhältniss zu dem sogenannten festen Tariftheil steht, der Art, dass bei allen niedrig tarifirten Frachten der veränderliche Tariftheil bei weitem nicht die Hälfte, sondern grossentheils nur etwa $1/3$ der durchschnittlichen Selbstkosten beträgt, ganz entgegengesetzt der Ulrich'schen Darstellung, wonach dieser Theil ganz allgemein $3/4$ der Selbstkosten ausmachen soll. Damit werden aber auch alle Bemerkungen über den geringen Werth der Selbstkostenberechnungen und über die Nutzlosigkeit der Bestrebungen, solche anzustellen, hinfällig. Es ist ja richtig, dass bei hochtarifirten Gütern die Zugkraftskosten verhältnissmässig wenig Einfluss haben, und dass man deshalb bei solchen Frachtgütern bis zu einem gewissen Grade Tarifherabsetzungen und willkürliche Instradirungen (bis

·25 %0 Mehrlänge) ohne nachweisbare finanzielle Schädigung anwenden kann.
Je niedriger aber die Taxen werden, desto grösser ist der Einfluss der
eigentlichen Transportkosten, welche schliesslich hinsichtlich der Selbstkosten der Massengüter in erster Linie und nach Umständen fast allein
in Betracht kommen. Je wichtiger diese letzteren Transporte für das
Verkehrsleben werden, je mehr man insbesondere auf thunlichste Billigkeit derselben hingewiesen wird, desto mehr wird man auch gezwungen
sein, bei den Gütertarifen auf die Zugkraftskosten, sowie auf die Steigungsverhältnisse der Bahnen Rücksicht zu nehmen. Es ist gerade die
einheitliche, gemeinwirthschaftliche Tarifbildung, welche in letzterer Hinsicht höhere Anforderungen stellen muss, während bei der früheren Behandlung des Tarifwesens jede Verwaltung ihr Hauptaugenmerk darauf
richtete, möglichst viele Transporte auf ihre Linien überzuleiten. (Zu
vergleichen S. 135/136 des Buches).

Indem wir nunmehr auf die Nutzanwendungen übergehen, beginnen
wir mit den Betriebskosten, welche bei v. Nördling und Ulrich in konstante und veränderliche eingetheilt werden. Wie schon hervorgehoben,
darf die Verzinsung des Anlagekapitals nicht vollständig den konstanten
Ausgaben zugezählt werden. Dasselbe ist vielmehr, soweit es sich um
Beschaffung, Unterhaltung und Unterbringung des Betriebsmaterials handelt,
den veränderlichen Ausgaben hinzuzufügen. Unter dieser Voraussetzung
hat der Verfasser dieses Aufsatzes in der Schrift über Selbstkosten und
Tarifbildung der deutschen Eisenbahnen (1879) nach dem Ergebniss der
preussischen Staatseisenbahnen vom Jahr 1874 für die vollen Wagenladungen zu 10 Tonnen unter Ausscheidung der Stationskosten die konstanten Betriebsausgaben — das Bahngeld — zu $0{,}97$ Pfennig (worunter
$0{,}62$ Pfg. Verzinsung des Anlagekapitals) die veränderlichen Ausgaben —
die eigentlichen Transportkosten — zu $1{,}35$ Pfennig (worunter $0{,}25$ Pfg.
Verzinsung) somit die Gesammtkosten zu $2{,}32$ Pfennig für das Tonnenkilometer berechnet, worunter $0{,}62 + 0{,}25 = 0{,}87$ Pf. Verzinsung des Anlagekapitals, $0{,}35 + 1{,}10 = 1{,}45$ Pf. reine Betriebsausgaben. Um diese Beträge
auf die Gesammtheit der deutschen Eisenbahnen und das Jahr 1883/84
zu übertragen, haben wir Anlagekapital, Betriebsausgaben und Gesammtverkehr der beiden Jahre und Bahnnetze miteinander zu vergleichen. Für
den Verkehr nehmen wir nach Maassgabe der in vorerwähnter Schrift*)

---

*) Diese Angaben sind genauer als der sogenannte französische Schlüssel (1 Personen-
kilometer = 1 Tonnenkilometer) und mussten im vorliegenden Falle deshalb angewendet
werden, weil die verhältnissmässige Menge der Wagenladungsgüter von 5—10 Tonnen im
Jahre 1874 weitaus grösser war, als im Jahr 1883/84.

angegebenen Kostenbeträge 1 Personenkilometer und 1 Tonnenkilometer der Wagenladungen von 5 bis 10 Tonnen je gleich dem $1,4$ fachen eines Tonnenkilometers der ganzen Wagenladungen, 1 Tonnenkilometer Stück- und Eilgüter gleich dem drei- und sechsfachen derselben Einheit. Da hiernach die deutschen Eisenbahnen im Jahr 83/84 zusammen $5,7$ mal mehr Verkehr, fernerhin aber nur $5,1$ mal mehr Betriebsausgaben zeigen, als die preussischen Bahnen im Jahre 1874 gehabt haben, so erhalten wir für das erstere Bahnnetz für das Tonnenkilometer einen Ausgabebetrag von $\frac{5,1}{5,7}$ $1,45$ = rund $1,3$ Pf. — Die hiernach erzielten Betriebsersparnisse vertheilen sich zwar auf konstante und variable Ausgaben insofern gleichmässig, als Verbesserungen und Einschränkungen überall gleichmässig angebracht worden sind, es muss jedoch berücksichtigt werden, dass im Jahre 1883/84 die Länge der deutschen Bahnen 9 mal grösser war, als die der preussischen im Jahre 1874, somit der spezifische Verkehr der deutschen Bahnen 1883/84 nur 63 pCt der preussischen des Jahres 1874 betragen hat, und wenn man auch annehmen darf, dass unter den ersteren weitaus mehr untergeordnete, mit geringeren konstanten Kosten behaftete Bahnstrecken sich befunden haben, so soll doch der geringeren spezifischen Frequenz des Jahres 1883/84 dadurch Rechnung getragen werden, dass die Minderkosten ausschliesslich von den variablen Ausgaben abgezogen werden, welche sonach für das Tonnenkilometer von $1,10$ auf $0,95$ Pf. herabsinken. — Das Anlagekapital ist für die Gesammtheit der deutschen Bahnen des Jahres 1883/84 etwa 9 mal so gross gewesen, als das der preussischen Bahnen des Jahres 1874, so dass der Antheil an den Kosten eines Tonnenkilometers Wagenladungsgüter im Jahre 1883/84 $0,87 \frac{9,0}{5,7} = 1,37$, oder in Rücksicht auf die bedeutende Verminderung des Zinsfusses etwa $1,20$ Pf. betragen hat. — Da ferner das ganze auf die Betriebsmittel verwendete Anlagekapital, wie auch die Zahl der Lokomotiven der deutschen Bahnen 1883/84 gegen das Anlagekapital und die Zahl der Lokomotiven der preussischen Bahnen des Jahres 1874 sich ohngefähr ebenso verhalten haben, wie die beiderseitigen Verkehrsmengen (für das Jahr 1883/84 nur wenig mehr), so muss die ganze Erhöhung des Zinsantheiles den konstanten Ausgaben hinzugefügt werden. — Das Ergebniss ist, dass für das Gesammtnetz der deutschen Eisenbahnen des Jahres 1883/84 für das Tonnenkilometer als konstante Ausgaben $0,95$ Kapitalzinsen und $0,85$ Betriebsausgaben, zusammen $1,80$ Pf., und als variable Ausgaben $0,25$ für Zinsen und $0,95$ Betriebsausgaben, somit zusammen $1,20$ Pf., im Ganzen $2,50$ gegen $2,82$ Pf. des Jahres 1874 erhalten werden. — Inwieweit diese Gesammt-Transportkosten mit den thatsächlich vereinnahmten Frachtsätzen übereinstimmen, kann aus der Statistik des Reichs-Eisenbahn-Amts insofern nicht direkt ersehen werden, als der für das Tonnenkilometer der Wagenladungs-sich begreift.   Es lässt sich aber die durchschnittliche Transportlänge der Wagenladungsgüter, welche in der genannten Statistik für die einzelnen güter erhobene Durchschnittsbetrag von 3,₂₄ Pf. die Expeditionsgebühr in. Direktionsbezirke abgesondert angegeben ist, somit die wirkliche, grossen-theils auf verschiedenen Bahngebieten durchlaufene Entfernung nicht er-kennen lässt, aus den statistischen Nachrichten des Vereins der deutschen Eisenbahnen deshalb ermitteln, weil daselbst für die einzelnen Verwal-tungen zwischen Binnenverkehr, direktem Verkehr und Durchgangsverkehr unterschieden ist, von welchen der letzere gar nicht, der direkte Verkehr nur zur Hälfte bei Erhebung der Expeditionsgebühr betheiligt ist.   Hieraus findet man, dass im Jahre 1883/84 die durchschnittliche Transportweite der Wagenladungsgüter, welche für die einzelnen Bahngebiete zu 79 Kilo-meter angegeben ist, innerhalb des Gesammtnetzes der deutschen Eisen-bahnen 152 Kilometer betragen hat, somit 1,₉₃ mal grösser war.   Nach dem Durchschnitte der normalen Expeditionsgebühr von rund 1,₁ Mark für die Tonne ergiebt dieselbe für das Tonnenkilometer $\frac{110}{152} = 0{,}_{73}$ Pf.; dies von obigen 3,₂₄ Pf. durchschnittlicher Einnahme abgezogen, giebt als mitt-leren Streckensatz rund 2,₅₀ Pf., was mit den oben angegebenen Selbst-kosten von 2,₅₀ Pf. genau übereinstimmt.

Indem wir nach den obigen Ermittelungen den durchschnittlichen Betrag des sogenannten festen Tarifbestandtheils zu 1,₂₀ Pf. für das Tonnen-kilometer ausschl. Stationskosten annehmen, stellen wir in Tabelle A. den Umfang, die durchschnittliche Länge und das Erträgniss der Wagenladungs-transporte des Jahres 1883/84 nach den einzelnen Tarifklassen geordnet für die Gesammtheit der deutschen Eisenbahnen dar. — Es sind hierbei die Angaben der Statistik des Reichs-Eisenbahn-Amts beibehalten und nur die Transportweiten innerhalb des deutschen Reiches durch Multiplikation mit der oben erläuterten Zahl 1,₉₃ bestimmt worden.   Auf der rechten Seite der Tabelle sind sodann die dermalen gültigen Streckensätze des preussischen Reform-Tarifs eingetragen, sowie auch die ermässigten Sätze, welche in Folge von Vereinbarungen über die Leitung der Transporte und die dadurch veranlassten Umwege häufig entstehen.   Hierbei ist für beide Fälle der veränderliche Tariftheil angegeben, welcher durch Abzug des festen Durch-schnittsbetrages von 1,₂₀ Pf. sich ergiebt.

Tabelle A.
Wagenladungs-Verkehr der deutschen Eisenbahnen im Jahre 1883/84.

	Tonnen-Kilometer.		durchschnittl. Beförderungsläng. nach Kilometer		Einnahmen.			Streckensätze für das Tonnenkilometer			
	im Ganzen nach Tausenden.	in Prozent des gesammten Güter-Verkehrs	inner-halbd. einz. Dir.-Bez.	innerhalb. dout schen Ueich.	im Ganzen nach Tausenden	in Prozent des gesammten Frachten-Verkehrs	für das Tonnenkilometer einschliessl. Expeditionsgebühr.	nach dem Ref.-Tarif im Ganz. in	darunter veränd. Tarif-theil	desgl. bei 25% Umw. im Ganzen	darunter veränd. Tarif-theil
Allgemeine Wagenladungs-Klasse B	479674	3,05	117	226	31394	4,76	6,54**)	6,0	4,80	4,80	3,60
Spezialklasse I . .	1045032	6,63	88	170	52521	7,96	5,03	4,5	3,30	3,60	2,40
Spezialklasse II. .	527085	3,35	86	166	21384	3,24	4,06	3,5	2,30	2,80	1,60
Spezialklasse III. .	3220788	20,45	68	131	105694	16,03	3,28	{2,6 / {2,2*)	1,40 / 1,00	2,08 / 1,76	0,88 / 0,56
Ausnahme - Tarife f.Wagenladungen zu 10 Tonnen .	8134687	51,66	80	154	241851	36,67	2,97				
somit sämmtliche Wagenladungen zu 10 Tonnen .	13407266	85,14	79	152	452844	68,66	3,24**)				

Aus der Tabelle A. ersieht man zunächst, welche grosse Bedeutung der Wagenladungsverkehr und insbesondere derjenige hat, welcher nach Spezialtarif III. und nach Ausnahmstarifen gefahren wird. Man sieht aber auch, dass die höher tarifirten Güter auf die grösseren Entfernungen gefahren werden, weil sie dies trotz der höheren Einheitssätze noch ertragen können. Insbesondere aber ersieht man, dass schon für die Spezialklasse III. bei allen längeren Transporten und überhaupt in allen denjenigen Fällen, wo erhebliche Umwege zugelassen werden, der sogenannte feste Tariftheil grösser ist, als der veränderliche Theil, welcher bei dieser Klasse bis auf 0,56 Pf. herabsinkt. Wenn hierbei noch ausserdem in Folge ungünstiger Steigungsverhältnisse der feste Tariftheil nur um 20 pCt. sich erhöht, so bleibt für den veränderlichen Tariftheil ein so geringfügiger Betrag, dass kaum noch die Unterhaltung und Bewachung der Bahn gedeckt wird, eine Theilnahme an der Verzinsung des Anlagekapitals aber nicht mehr stattfindet. Bei dieser Sachlage ist man,

---

*) Der Satz von 2,2 Pf. gilt für alle Transporte des Spezialtarifs III, deren Länge mehr als 100 Kilometer beträgt.

**) Die für das Tonnenkilometer berechneten Einnahmen der einzelnen Tarifklassen sind für die preussischen Staatsbahnen durchgängig um 2 Prozent niedriger. — Die normalen Streckensätze der preussischen Staatsbahnen sind für einen grossen Theil der anderen Bahnen gleichförmig angenommen, die andern Bahnen haben nur wenig abweichende und in diesen Fällen etwas höhere Streckensätze.

ganz abgesehen von einzelnen noch niedrigeren Ausnahmesätzen, jetzt schon
an dem Punkte angelangt, dass weitere Ermässigungen der unteren Tarifklassen auf manchen Bahnstrecken nur unter erheblichen Opfern sich
durchführen liessen.

Ein einfaches Mittel, die Steigungsverhältnisse entsprechend zu
berücksichtigen und dadurch die einheitliche Durchführung auch für die
niedrigen/ und niedrigsten Streckensätze zu ermöglichen, besteht in der
Einführung von virtuellen Tariflängen.   Nach der Darlegung, welche der
Verfasser dieses Aufsatzes in No. 29 des Centralblattes der Bauverwaltung
vom Jahre 1884 gegeben hat, geschieht die Entwicklung der virtuellen
Tariflängen in der Weise, dass der sogenannte feste Tariftheil (die eigen-
lichen Transportkosten) nach den mit den Steigungsverhältnissen wechselnden Selbstkosten bemessen und hierzu der durchschnittliche Betrag
des veränderlichen Tariftheils (das Bahngeld) zugezählt wird, indem die
Gesammt-Anlagekosten sämmtlicher Bahnen, sowohl der theuern als der
billigeren, auf die Gesammtzahl der Bruttotonnenkilometer gleichmässig vertheilt werden.   Die so gewonnenen Verhältnisszahlen geben virtuelle Tariflängen, welche für den Durchschnittbetrag der Streckensätze dem beabsichtigten
Zwecke vollständig entsprechen, aber auch stets hinreichend genau sind,
wenn die veränderlichen Tariftheile, wie bei den niedrigeren Klassen, von
dem Durchschnitte nur wenig abweichen oder wenn, wie bei den Massengütern und Stückgütern, beide Tariftheile gleichmässig niedriger oder höher
sind.   Es kann nun allerdings zweifelhaft erscheinen, ob für die höheren
Wagenladungsklassen, bei welchen der nach dem Durchschnitt bemessenen
virtuellen Verlängerung keine entsprechenden Mehrkosten gegenüber stehen,
dennoch dieselben Tariflängen zulässig sind.   Hierauf ist zu erwidern,
dass bei kürzeren Transportstrecken die Erhöhung des Streckensatzes für
die fraglichen Güter wenig zu bedeuten hat, während bei längeren Strecken
die durchschnittliche virtuelle Verlängerung dem Gesammt - Durchschnitt
stets mehr oder weniger nahe kommt, also wiederum unbedenklich ist.

Ein weiterer Einwurf, welcher gegen die Einführung virtueller Tariflängen gemacht werden kann, bezieht sich auf die gefürchtete Umständlichkeit der Berechnungen.   Diese Umständlichkeit ist aber thatsächlich
nicht vorhanden, indem die allein zeitraubende Bestimmung der durchschnittlichen Steigung sämmtlicher Einzelstrecken für andere Zwecke, z. B.
für Erhebungen über Schienenabnützung, Dampfverbrauch, für Bemessung
der Fahrgeschwindigkeit u. s. w. ohnedies erforderlich ist.   Sind aber die
virtuellen Tariflängen einmal berechnet und angenommen, so würden sie
in dem ganzen Güterverkehr an Stelle der wirklichen Längen, oder der
seither gültigen Tariflängen treten, somit für die bei der Güterabfertigung,

der Kontrole und dem Tarifwesen beschäftigten Beamten keinerlei Mehrarbeit bedingen.

Wir können nunmehr im Hinblick auf die eingangs gestellte Aufgabe dazu übergehen, für die bei minderwerthigen Gegenständen und Massentransporten zulässigen niedrigsten Sätze und für die bei grösseren Beförderungsweiten allgemein zulässigen Tarifermässigungen bestimmte Angaben und Vorschläge zu machen.

Was die zulässigen geringsten Frachtsätze betrifft, so nehmen wir an, dass in Rücksicht auf deren einheitliche Durchführung die soeben besprochenen virtuellen Tariflängen eingeführt werden, wodurch der zu 1,20 Pf. angegebene durchschnittliche Betrag des festen Tariftheiles auf etwa 1,10 Pf. herabgemindert wird. Der veränderliche Tariftheil kann bei einer neu einzuführenden Spezial-Klasse IV. auf etwa 0,6 Pf. herabgesetzt werden, so dass für diese Klasse, welche z. B. die mineralischen Düngstoffe, Erze, Kies, Schotter und dergleichen enthalten würde, unter den gemachten Voraussetzungen ein Streckensatz von höchstens 1,8 Pf. zulässig erscheint. Derselbe Satz scheint aber auch für Güter höheren Werths, wie Steinkohlen und Roheisen, welche vielfach in sehr grossen Mengen verbraucht werden, für die betreffenden Industrien erwünscht und bei grösseren Entfernungen noch einer weiteren Herabminderung fähig zu sein, wie eine solche beispielsweise für die Steinkohlentransporte von Schlesien nach den Ostseehäfen und von den westfälischen Kohlenbezirken nach den Nordseehäfen zugestanden worden ist. — Bei derartigen Massentransporten kann aber auch, sofern sie regelmässig und in genügend grossen Mengen aufgegeben werden, die Zugkraft und das Zugpersonal viel besser ausgenutzt werden, als sonst durchschnittlich geschieht.

Nach dem oben angezogenen Aufsatz im Centralblatt (No. 29 des Jahrganges 1884) können für solche Massentransporte die eigentlichen Transportkosten, der sogenannte feste Tariftheil, für einen in beiden Richtungen gleich starken Verkehr auf 0.8—0,85, für einen einseitigen Verkehr auf 1,0 Pf. bis 1,05 Pf., bei ganz gewöhnlichen Verhältnissen herabsinken. Es darf daher unter Berücksichtigung der oben nachgewiesenen allgemeinen Verminderung der Transportkosten als ein für die Tarifirung brauchbarer Mittelwerth[*]) etwa 0,9 Pf. angenommen werden. Ferner darf bei Trans-

---

[*]) Wenn 30 Prozent der ganzen Wagenladungen statt mit 1,1 Pf. mit 0,9 Pf. berechnet werden, ergiebt sich für die übrigen 70 Prozent ein Satz von 1,2 Pf. — In dem neuesten Hefte der Annalen für Handel und Gewerbe (1887) hat Herr v. Borries für „organisirte Massentransporte" — bei Annahme einer auf das Jahr sich ziemlich gleichmässig vertheilenden Versendung und einer Zugstärke von 110 vollbeladenen Achsen bei 1:313 Maximalsteigung — einen Transportkostenbetrag von 0,72 Pf. berechnet, wobei die etwas zu niedrige Annahme der Kosten für Wagenreparatur, Bahnunterhaltung und Bewachung

porten, welche bei grösseren Entfernungen nur bei sehr niedrigen Taxen möglich sind, der veränderliche Tariftheil auch für Güter von etwas höherem Werthe (wie Steinkohlen, Roheisen) je nach der Transportweite auf 0,3 — 0,5 Pf. herabgesetzt werden, so dass für längere Transporte ein niedrigster Streckensatz von 1,5—1,6 Pf. für das virtuelle Tonnenkilometer sich ergiebt, allerdings unter der Voraussetzung, dass es sich um regelmässig verkehrende geschlossene Züge oder solche Transporte handelt, welche unter ähnlichen Umständen sich vollziehen. Es wäre Sache der näheren Prüfung oder des praktischen Versuches, welche Erfordernisse an die Gewährung dieses Massentransportsatzes zu stellen sind, wobei neben der Mindestzahl der gleichzeitig aufzugebenden Wagen die Regelmässigkeit des Bezugs einzelner Empfänger oder eine auf grössere bestimmte Entfernungen versandte Jahresmenge einzelner Verfrachter in Betracht kommen dürften.

Mit einem Streckensatz von 1,5 bis 1,6 Pf. für das virtuelle Kilometer wird man zwar im Allgemeinen der Rheinschiffahrt bis Mannheim oder der Elbschiffahrt für längere Massentransporte keine gleichstehende Konkurrenz machen können, dieser Streckensatz würde aber vollständig ausreichen, wenn es sich um die Konkurrenz mit einem Kanal handelt, dessen Anlagekapital wenigstens zur Hälfte verzinst werden soll. Denn in dem letzteren Fall würde zu der oben angegebenen Schiffsfracht von 1,0 Pf. wenigstens 0,3—0,4 Pf. Kanalgebühr treten. Wenn man dann noch 25 pCt. für die zu Gunsten der Eisenbahntransporte bestehende Vorliebe rechnet, so würden sich etwa 1,7 Pf. für das Tonnenkilometer ergeben. Da zudem der von den Eisenbahnen erhobenen Expeditionsgebühr die bei der Wasserfracht hinzukommenden Nebenkosten, wie Ueberführungsgebühren, Umladekosten u. s. w. gegenüber stehen, so würde der Wettbewerb unter ziemlich gleichen Bedingungen insofern erfolgen, als es sich heutzutage offenbar nur um Kanäle im Flachlande handeln kann, wo bei der konkurrirenden Eisenbahn die virtuelle Tariflänge mit der wirklichen Länge ziemlich übereinstimmt. Hiernach ist unser Ergebniss von dem des Herrn von Nördling hinsichtlich der für neue Kanalbauten gebotenen Vorsicht nicht zu sehr verschieden, obgleich wir für die neu hinzutretenden Bahntransporte dieselbe verhältnissmässige Rentabilität verlangen, wie für den übrigen Eisenbahnverkehr.

Ebenso wie die allmähliche Herabsetzung der Streckensätze der gegenwärtigen Spezialklasse III. die Transportmassen bedeutend vermehrt und

---

durch die inbegriffenen gleichfalls niedrigen Stationskosten, welche in unserer Berechnung nicht aufgenommen sind, etwa ausgeglichen sein möchte, während wir die angegebene Achsenzahl als Durchschnitt zu hoch erachten.

den Eisenbahnen neue Einnahmequellen eröffnet hat, kann die Menge der höher tarifirten Güter dadurch gehoben werden, dass die Frachten für grössere Entfernungen in erheblichem Maasse herabgesetzt und dadurch der Absatz der Waaren und der Bezug der Ganz- und Halbfabrikate auf einen ungleich grösseren Umkreis ausgedehnt werden. Dies geschieht, wie schon oben besprochen, am zweckmässigsten durch sogenannte Staffeltarife. Wenn die höheren Tarife staffelförmig so herabgesetzt werden, dass man z. B. bei 600 Kilometer Transportweite nicht mehr zu bezahlen hat, als seither bei 450 Kilometern, so wird — da mit der Zunahme der aufgegebenen Frachten auch deren durchschnittliche Transportweite sich erhöht und in Anbetracht der geringen Kostenermässigung der kürzeren Transporte — die durchschnittliche Einnahme für die aufgegebene Tonne nur wenig abnehmen, so dass die bei diesen Tarifklassen erzielte Roheinnahme nahezu nach Maassgabe der vermehrten Anzahl der aufgegebenen Tonnen zunehmen wird, während bei diesen höher tarifirten Gütern die Vermehrung der Betriebsausgaben eine verhältnissmässig geringe ist. — Die Vermehrung der Tonnenzahl der höheren Tarifklassen — welche durch Staffeltarife ohne Zweifel erreicht wird — übt selbstredend auf die Erträge der Bahnen einen weit grösseren Einfluss, als eine gleich grosse Vermehrung der in den untern Klassen aufgegebenen Frachten. Einen anderen ebenso wichtigen Vortheil erblicken wir aber darin, dass durch diese Staffeltarife manche Differentialtarife ersetzt werden können. Denn bei diesen letzteren handelt es sich doch meist um grosse Transportweiten, um Herbeiziehung von Waaren oder Produkten aus grosser Entfernung. Die Staffeltarife geben ähnliche Erleichterungen nach allen Richtungen, und begünstigen dabei die innerhalb des Gesammtnetzes gelegenen Orte gegenüber gleich weit entfernten Orten des Auslandes.

Bei den niedriger tarifirten Gütern haben die Staffeltarife zwar nicht dieselbe grosse Bedeutung, wie bei den höheren Tarifklassen, da die Entfernungen bei den ersteren weniger gross sind und die stufenweise Abminderung der Streckensätze sich in engeren Grenzen bewegen muss. Andererseits kommt es bei mancher Industrie doch sehr auf verhältnissmässig kleine Frachtunterschiede an und ist desshalb auch hier die Anwendung von Staffeltarifen entschieden vortheilhaft.

Nach den hiernach sich ergebenden Grundzügen ist in der folgenden Tabelle B ein Schema für Staffeltarife skizzirt, wobei die gegenwärtigen Streckensätze zu Grunde gelegt, aber in Rücksicht auf die gleichzeitige Einführung von virtuellen Tariflängen ermässigt worden sind. An Stelle eines grossen Theils der Ausnahmetarife ist für minderwerthige Güter eine Spezialklasse IV, sowie eine weitere Klasse für Massengüter der Spezialklassen III und IV getreten. Der Einfachheit halber ist hierbei angenommen, dass eine staffelförmige Abminderung der Streckentaxe IV nur dann eintritt, wenn diesen Transporten der Charakter von Massengütern zuerkannt werden kann.

Tabelle B.

Streckensätze für Wagenladungen für das virtuelle Tonnenkilometer, sowie entsprechende Expeditionsgebühr.

	Streckensätze in Pfennigen				Expeditionsgebühr für alle Entfernungen in ℳ.
	Zwischen bis 100 Kilometer.	Zwischen 100 u. 200 Kilometer.	Zwischen 200 u. 400 Kilometer.	Ueber 400 Kilometer.	
Allgemeine Wagenklasse B. . .	5,4	4,5	3,6	2,7	1,0
Spezialklasse I.	4,2	3,6	3,0	2,4	0,9
Spezialklasse II.	3,2	2,8	2,4	2,0	0,9
Spezialklasse III.	2,4	2,1	1,8	1,5	0,8
Spezialklasse IV.	1,8	—	—	—	0,6
Massengüter der Spezialklassen III. und IV.	1,9	1,6	1,4	1,2	0,6

Bei dieser Tabelle ist vorausgesetzt, wie bei Staffeltarifen üblich, dass für jede Entfernungsstaffel die Sätze stets dieselben bleiben und z. B. für Spezialklasse I bei 400 Kilometer Entfernung 100 Kilometer mit 4,2 sodann 100 Kilometer mit 3,6 und die letzten 200 Kilometer mit 3,0 Pf., somit durchschnittlich 3,45 Pf. gerechnet werden, was bei Benützung geeigneter Tabellen keinerlei Zeitverlust bedingt und auch die Vertheilung auf verschiedene Verwaltungen nicht erschwert. Wie auch in dem Ulrich'schen Buche Seite 71 befürwortet, soll die Expeditionsgebühr nur für die an den Anfang- und Endstationen entstehenden Selbstkosten erhoben werden, indem die auf Zwischenstationen entstehenden Ausgaben besser auf die Streckentaxe geschlagen werden. Ferner ist angenommen, dass die Expeditionsgebühr für die verschiedenen Klassen verschieden sei, da auch sie in Rücksicht auf Anlage und Unterhaltung der Stationen in einen festen und einen veränderlichen Tariftheil zerfällt. Insbesondere können Massengüter, bei welchen u. U. mehrere Wagen mit einem Frachtbrief aufgegeben und alle Manipulationen in gleichmässiger Weise ausgeführt werden, einen erheblich niedrigeren Satz beanspruchen. Selbstredend wäre es Sache der Ausführung, die im Schema angedeuteten Grundsätze den Verhältnissen anzupassen, wobei zunächst wohl darauf zu sehen wäre, dass bei durchschnittlichen Steigungsverhältnissen gegenüber dem dermaligen Zustande bei den Lokaltarifen nirgends eine Preiserhöhung eintritt, bei den Verbands- und Ausnahmetarifen möglichste Erhaltung des Bestehenden erzielt wird.

Die Hauptsätze, welche im Vorstehenden erörtert worden sind, lassen sich etwa folgendermassen aussprechen:

1. Ein einheitliches und stetiges Tarifsystem ist für Handel und Industrie ebenso wichtig, als Frachtermässigungen. Diese letzeren sollen daher thunlichst auf alle Linien des Gesammtnetzes gleichmässig angewendet werden.

2. Bei dem ungemein grossen und segensreichen Einfluss, welchen die Eisenbahnen auf den Volkswohlstand, die Bildung und die Leistungsfähigkeit jedes Landes seither geübt haben und für die Zukunft in ebenbürtiger Weise nur dann leisten können, wenn an der Erweiterung und Vervollkommnung des Eisenbahnnetzes ohne Unterbrechung fortgearbeitet wird, erscheint die vollständige Verzinsung des in den Eisenbahnen angelegten und noch anzulegenden Kapitals als ein besonders wichtiges Erforderniss.

3. Die unter 1 und 2 gestellten Anforderungen können nur dann mit den auf weitere Tarifermässigungen gerichteten Wünschen vereinigt werden, wenn für die Eisenbahntransporte eine genaue Ermittelung der Selbstkosten stattfindet. Hierbei hat eine Trennung der Ausgaben in konstante und veränderliche stattzufinden, wobei die Verzinsung des Anlagekapitals, soweit es für die Betriebsmittel und die zugehörigen Anlagen erforderlich ist, den veränderlichen Ausgaben, im Uebrigen aber den konstanten Ausgaben hinzuzurechnen ist. Diese letzteren, welche den veränderlichen Tariftheil bilden, sollen nach einer der Transportfähigkeit der Güter entsprechenden Klassifikation vertheilt werden.

4. Die Staffeltarife sind bestimmt, die Transporte auf grössere Entfernungen möglich zu machen oder zu erleichtern, gleichzeitig aber auch den Verkehr nach und von den einzelnen grösseren Handels- und Industrieplätzen zu begünstigen und dadurch die Differentialtarife thunlichst einzuschränken. Die Staffeltarife haben ihre grösste Bedeutung für die höheren Tarifklassen, sie können aber auch für die niedrigeren Tarifklassen in der Regel zweckmässig Anwendung finden. Umgekehrt haben die virtuellen Tariflängen ihren Hauptwerth für die niedrigen und niedrigsten Tarifklassen, sie können aber auch unbedenklich in unveränderter Weise für alle höheren Tarifklassen beibehalten werden. Beide, Staffeltarife und virtuelle Längen sollten gleichzeitig eingeführt werden.

5. Besonders niedrige Tarife für Steinkohlen, Roheisen, Bausteine und dergl. sind unter den im Vorstehenden gemachten Voraussetzungen nur dann zu gewähren, wenn diese Gegenstände in geschlossenen Zügen oder unter Verhältnissen befördert werden, welche annähernd dieselbe Ausnutzung der Zugkraft in regelmässiger Weise

gestatten. Die hierbei für Massengüter möglichen Mindestsätze gestatten eine gleichstehende Konkurrenz mit allen Binnenkanälen, deren Baukapital-Zinsen und Unterhaltungskosten wenigstens zur Hälfte durch die Schifffahrtsabgaben aufgebracht werden sollen. —

Die auf Seite 67—79 des laufenden Jahrgangs des Archivs enthaltenen Aufsätze von Sympher und v. Nördling über das Verhältniss zwischen konstanten und variablen Eisenbahnbetriebskosten, auf deren Inhalt wir im Uebrigen Bezug nehmen, geben uns noch zu einigen Bemerkungen Anlass. Wenn Herr Sympher glaubt, durch den nach 1874/75 eingetretenen Rückgang aller Geschäfte die seitdem beobachteten Ermässigungen der Selbstkosten erklären und deshalb eine spätere Erhöhung der letzteren als wahrscheinlich bezeichnen zu dürfen, so lassen sich diese Folgerungen aus den von ihm aufgestellten ersten fünf Tabellen nicht ableiten, da bei den von ihm betrachteten 5 Bahnen die auf das Tonnenkilometer berechneten Betriebsausgaben von 1877 bis 1884 bei annähernd konstanten Lohnsätzen und etwas schwankenden, aber keineswegs anhaltend sinkenden Materialpreisen fast ausnahmslos eine der Verkehrsvermehrung entsprechende Verminderung zeigen. Ferner könnten die in den Jahren 1872 bis 1875 theilweise eingetretenen Selbstkostenerhöhungen, soweit sie sich auf Preisverhältnisse gründen, zu Gunsten der ursprünglichen Behauptung eines gleichmässigen Anwachsens der konstanten und der variablen Ausgaben schon deshalb nicht verwerthet werden, weil sich die Löhne und Materialpreise vorzugsweise bei den letzteren geltend machen, somit das gegenseitige Verhältniss der beiden Ausgabetheile eher in umgekehrtem Sinne beeinflussen. Gegenüber dem scheinbar widersprechenden Ergebniss der sechsten Tabelle (Köln rechtsrheinisch), wonach in den 4 letzten Jahren neben einer schwachen Verkehrsvermehrung eine merkliche Erhöhung der Selbstkosten sich zeigt, ist zu bemerken, dass im Jahre 1883/84, welches gegen 1881/82 die grösste Abweichung zeigt, bedeutend mehr für Erneuerungen ausgegeben worden ist (4,85 gegen 2,2 Millionen Mark) und dass der Rest der kilometrischen Mehrausgaben auf Personalkosten fällt, welche alle Betriebszweige, sowie auch die allgemeine Verwaltung betreffen und anscheinend meist in Gehaltserhöhungen begründet sind, deren finanzielle Vortheile sich gleichfalls erst allmählich zeigen.

Man kann Sympher zugeben, dass die Differenzen der von Jahr zu Jahr nach den Gesammtbetriebskosten ermittelten Selbstkostenbeträge nicht allein von den Aenderungen des Verkehrsumfanges, sondern auch von anderen Umständen abhängen. Die durch letztere veranlassten Abweichungen müssen auf den Betrag der bei gleichzeitiger Vermehrung des

Verkehrs zuwachsenden Betriebsausgaben, auf welche v. Nördling einen Theil seiner Betrachtungen gründet, einen verhältnissmässig grösseren Einfluss üben, als auf die Gesammtheit der betreffenden Jahresausgaben.

Wenn man diese letzteren einschliesslich der Kapitalverzinsung ins Auge fasst, und die Stationskosten ausscheidet, so kann man sich jederzeit leicht überzeugen, dass die Verzinsung, Unterhaltung und Bewachung der Transportbahn für ein bestimmtes Bahngebiet von Jahr zu Jahr annähernd dieselben Ausgaben erfordern, während die übrigen Transportkosten sowie die Unterhaltung der Fahrschienen ceteris paribus ziemlich gleichmässig mit dem Umfange des Verkehrs wachsen. Diese Thatsachen bilden die Grundlage für einen grossen Theil der in dem vorliegenden Aufsatze empfohlenen Tarifeinrichtungen, bei deren folgerichtiger Durchführung auch ohne Zuhilfenahme der Nördling'schen Theorie von den Kosten der zuwachsenden Transporte eine zu weit gehende Ausdehnung der Kanalbauten sollte vermieden werden können.

Die unter königl. sächsischer Staatsverwaltung stehenden Staats- und Privateisenbahnen des Königreichs Sachsen im Jahre 1885.*)

(Nach dem von dem Königl. Sächs. Finanzministerium für das Jahr 1885
herausgegebenen statistischen Berichte.**)

1. Längen.

Ende 1885 war die Betriebslänge der kgl. sächs. Staatseisenbahnen
auf 2208,₂₃ km angewachsen, nachdem im Jahre 1885 zwei schmalspurige
Eisenbahnstrecken von zusammen 25 km Länge eröffnet worden waren.
Von der gesammten Betriebslänge waren Eigenthum der

kgl. sächs. Staatsverwaltung . . . . 2 177,₀₁ km
eingeleisig waren   1 441,₂₈ km (= 65,₂₇ %) und zwar
                         1 310,₈₇ „ normalspurig,
                           130,₄₁ „ schmalspurig,
zwei- u. mehrgeleisig 766,₉₅ „ (= 34,₇₃ %).
Im Vollbetriebe waren 1 627,₈₇ „ (= 73,₇₂ %).
Im Sekundärbetrieb   580,₃₆ „ (= 26,₂₈ %).

Unter kgl. sächs. Staatsverwaltung stehen ausserdem noch 126,₀₃ km
normalspurigen Privateisenbahnen, sodass die Gesammtlänge der unter
dieser Verwaltung stehenden Eisenbahnen sich auf 2 334,₂₆ km beziffert.
Für Bergbau-, land- und forstwirthschaftliche Zwecke sind ferner an das
Staatseisenbahnnetz noch 133 km Privatgeleise angeschlossen.
Im Königreich Sachsen befinden sich mithin noch 208,₈₅ km Bahnen, welche
unter fremder Verwaltung stehen.

2. Bau- und Anlagekapital.

Am Schlusse des Jahres 1885 betrug:

das Baukapital im Ganzen . . . . 652 061 674,₀₉ ℳ
(einschliesslich 96 913 899,₅₅ ℳ für Transportmittel),
mithin bei 2 177,₀₁ km Eigenthumslänge für das
Kilometer Bahnlänge . . . . 299 521,₆₇ „

---

*) Vergl. Statistik für 1884, Archiv 1886. S. 222.

**) Statistischer Bericht über den Betrieb der unter königl. sächsischer Staatsver-
waltung stehenden Staats- und Privatbahnen mit Nachrichten über Eisenbahnneubau im
Jahre 1885. (Hierzu eine Uebersichtskarte vom Bahnnetz, sowie eine desgleichen mit besonderer Markirung der im Sekundärbetriebe befindlichen Linien.

das Anlagekapital ergiebt sich zu . . . . .· .   601 859 493,11 $\mathcal{M}$
    d. i. für das Kilometer Bahn . . . . . .   276 461,52 „
    (gegen 276 689,06 $\mathcal{M}$ im Vorjahre.).
Mittleres Anlagekapital . . . .   601 521 187,33 „
    d. h. für das Kilometer eigenthümlicher Bahnlänge
    im mittleren Jahresdurchschnitt (= 2 165,21 km)   277 811,94 „
    (gegen 284 639,61 $\mathcal{M}$ im Vorjahre).
Für die von der Staatsverwaltung auf Rechnung betriebenen Privateisenbahnen beträgt:
    das Anlage- (Aktien-) Kapital . . . .   19 260 000 „
    „ Baukapital . . . .   22 406 513,12 „
    davon für Transportmittel . . . .   3 906 422,31 „
Als theuerste Linie ergiebt sich:
Bodenbach-Dresden A. mit . . . .   591 213,77 „
als billigste die schmalspurige Linie Mosel-Ort-
mannsdorf mit . . . .   28 880,60 „
für das km.

3. Transportmittel und deren Leistungen.

Am Schlusse des Jahres 1885 waren vorhanden:

a) bei den Staatsbahnen:

    750 Lokomotiven,
    555 Tender,
  2 124 Personenwagen mit 87 234 Plätzen,
20 288 Güterwagen mit 176 455 Tonnen Tragfähigkeit.

b) bei den Privatbahnen in Staatsbetrieb:

    8 Lokomotiven,
    6 Tender,
  15 Personenwagen mit 588 Plätzen,
 562 Güterwagen mit 5 610 Tonnen Tragfähigkeit.

Geleistet wurden a) von den Lokomotiven:	Staatsbahnen	Privatbahnen (in Staatsbetrieb)
Nutzkilometer	17 411 176	449 606
Lokomotiv- und Rangirkilometer	25 340·542	684 776
b) von den Wagen:		
auf der eigenen Bahn Achskilom.	629 591 346	13 523 938
„ fremden Bahnen:		
durch eigene Personenwagen „	6 723 968	235 448
„ „ Güter „ „	147 654 204	11 389 916

4. Finanzielle Ergebnisse.

A. Staatseisenbahnen:

Die Gesammteinnahme derselben betrug in 1885:

67 772 961,$_{36}$ $\mathcal{M}$, und zwar

aus dem Personen- und Gepäckverkehr   20 546 099,$_{55}$ $\mathcal{M}$ (= 30,$_{316}$ %)

„   „   Güterverkehr: . . . . .   43 768 292,$_{34}$ $\mathcal{M}$ (= 64,$_{581}$ %)

durchschnittlich für das km Bahnlänge = ...   30 856 $\mathcal{M}$

„   „   Nutzkilometer = ...   3,$_{892}$ „

„   „   Wagenachskilometer = ...   0.$_{108}$ „

Die Ausgaben — (= 58.$_{228}$ % der Roheinnahme) — haben betragen
im Ganzen 39 462 617.$_{25}$ $\mathcal{M}$,

durchschnittlich für das km Bahnlänge = ...   17 967 $\mathcal{M}$

„   „   Nutzkilometer = ...   2,$_{267}$ „

„   „   Wagenachskilometer = ...   0.$_{063}$ „

Der Ueberschuss ergab 28 310 344,$_{11}$ $\mathcal{M}$,

in % des mittleren Anlagekapitals = ...   4,$_{706}$ %

„ „ „ zum Bahnbau aufgewendeten Kapitals = . .   4.$_{842}$ „

durchschnittlich für das km Bahnlänge = ...   12 889 $\mathcal{M}$

„   „   Nutzkilometer = ...   1,$_{626}$ „

„   „   Wagenachskilometer = ...   0 $_{045}$ „

B. Von der Staatsverwaltung betriebene Privatbahnen.

Gesammteinnahme = ...   2 158 612,$_{93}$ $\mathcal{M}$

Gesammtausgabe = ...   1 277 682.$_{22}$ „

Ueberschuss = 880 930,$_{71}$ „

5. Verkehr.

	Staatsbahnen	Privatbahnen in Staatsbetrieb
Im Jahre 1885 wurden befördert:		
Reisende . . . . Anzahl	23 028 599	802 893
Güter (Eil- und Frachtgut) . . . Tonnen	11801036,$_3$	1 067 333,$_6$
Die Reisenden legten zurück:		
Personenkilometer	583985225	10 842 414
durchschnittlich jede Person Kilometer . . .	25,$_{86}$	—
Die Fracht- und Eilgüter haben zurückgelegt:		
Tonnenkilometer	848122715	22 100 173
durchschnittlich jede Tonne Gut Kilometer .	72,$_{87}$	

Die Gesammteinnahme aus dem Personen- und Gepäckverkehr
betrug bei den Staatsbahnen:

20 538 146,$_{41}$ $\mathcal{M}$ mit

19 870 369,$_{30}$ „ Billeteinnahme,

auf jede Person . . . . 0,863 $\mathcal{M}$

„ jedes Personenkilometer . . . . . . 3,403 „

Die Zunahme gegen das Vorjahr beträgt:

für die Personenzahl . . . . + 6,60 %

„ „ Personengeldeinnahme . . . + 4,34 „

„ „ Personenkilometerzahl . . . + 5,87 „

„ „ Gesammteinnahme . . . . + 4,36 „

Bei den Privatbahnen im Staatsbetrieb ergab sich eine Gesammt-einnahme aus dem Personen- und Gepäckverkehr von 370 640,27 $\mathcal{M}$.

Für den Güterverkehr der Staatseisenbahnen ergaben sich nach-folgende Zahlen:

Frachteinnahme (nach Abzug von Restitutionen, Rebatten etc.) 40 974 610,80 $\mathcal{M}$,

durchschnittlich für die Tonne Gut = ... 3,45 $\mathcal{M}$.

„ das Tonnenkilometer = ... 4,79 $\mathcal{S}$

Die Privatbahnen (im Staatsbetrieb hatten im Güterverkehr überhaupt eine Frachteinnahme von

1 240 991,86 $\mathcal{M}$.

Hinsichtlich der Monatsfrequenz der Staatsbahnen ergab sich im Personenverkehr:

die stärkste Personenfrequenz (2 418 560) der Monat Mai

„ niedrigste „ (1 390 887) „ „ Februar

„ stärkste Billeteinnahme (2 420 403,82 $\mathcal{M}$) „ „ Juli

„ schwächste „ (1 066 494,73 „) „ „ Februar

Im Güterverkehre kam

das grösste beförderte Gewicht (1 136 985,7 t)) auf Monat Oktober

und die grösste Einnahme (3 980 677,85 $\mathcal{M}$))

das niedrigste beförderte Gewicht (891 041,0 t) „ „ April

die „ Einnahme (3 130 311,81 $\mathcal{M}$) „ „ Dezember

Die Gesammteinnahme aller Transporte (nach Abzug der Restitutionen) betrug . . . . 62 417 375,06 $\mathcal{M}$

durchschnittlich für den Tag . . 171 006,51 $\mathcal{M}$

Ueber den Gesammtkohlenverkehr auf den unter sächsischer Staatsverwaltung stehenden Bahnen im Jahre 1885 finden sich nach-stehende Angaben:

Gesammttransport = 1 262 834 Wagenladungen oder

6 314 170 Tonnen und zwar

54,64 % Steinkohlen

45,36 „ Braunkohlen,

Darunter aus Sachsen 27,38 % Steinkohlen
      „   Böhmen 17,82 „ Braunkohlen
      und   49,85 „ Kohlen überhaupt.
Die grösste Monatsfrequenz (125 770 Wagenladungen) ergab
            der Monat Oktober,
   „ kleinste   „   (84 897 Wagenladungen)
            der Monat Mai.
Durchschnittlich für den Monat = 105 236 Wagenladungen
         „   „   Tag =   3 460   „
Dem Vorjahre gegenüber sind
   die Steinkohlentransporte um . . . . . . 4,99 %
   „ Braunkohlentransporte „ . . . . . . 12,18 „
   „ Kohlentransporte überhaupt um . . . . 8,13 „ gestiegen.
Das Gewicht der auf den sächsischen Staatsbahnen allein im Jahre
1885 beförderten Kohlen betrug 5 883 023 Tonnen, welche auf diesen
Bahnen 404 061 365 Kilometer zurückgelegt haben.

6. Unfälle.

	beschädigt	getödtet
Im Ganzen wurden unverschuldet:		
Reisende	—	—
Bahnbeamte und Arbeiter	2	1
dritte Personen	1	—
durch eigene Schuld der Betroffenen:		
Reisende	—	—
Bahnbeamte und Arbeiter	7	20
dritte Personen	4	5
Zusammen . .	14	26

Von den auf den Staatsbahnen stattgefundenen 276 Schienenbrüchen kamen
    33,696 % auf die Sommermonate
    66,304 „ „   „   Wintermonate.

7. Beamte.

Allgemeine Verwaltung . . . . 332 = 3,76 %
Bahnunterhaltung . . . . 2106 = 23,82 „
Transportverwaltung . . . . 6207 = 70,21 „*)
Maschinenhauptverwaltung . . . . 177 = 2,00 „
Bei den unter der königl. Generaldirektion stehenden
   Bauten . . . . 19 = 0,21 „
            Zusammen 8841 Beamte.

_____

*) Davon 36,81 % Stationsdienst
      0,36 „ Telepraphendienst
     33,14 „ Fahr- und Maschinendienst.

Es kamen durchschnittlich auf jeden Beamten

der Bahnunterhaltung . . . . $1,_{972}$ km Geleislänge

des exekutiven Maschinendienstes 21 176 Lokomotiv- und Rangirkilom.

des Fahrdienstes (Zugbegleitungs-

personal) . . . . . 391 427 Wagenachskilom.

Von den Beamten der Stationen und Haltestellen kamen durchschnittlich
auf jedes km Bahn $1,_4$ Beamte
„ jede Station $14._{52}$ „

Die Eisenbahnen in Elsass-Lothringen und die Wilhelm-Luxemburg-Bahnen*)
im Rechnungsjahre vom 1. April 1885 bis 31. März 1886.
(Nach dem Verwaltungsbericht der Kaiserlichen General-Direktion der Eisenbahnen in Elsass-Lothringen.)

1. Die Ausdehnung der Bahn.

Am Schlusse des Rechnungsjahres 1884/85 betrug die Betriebslänge des gesammten Bahnnetzes, einschliesslich der gepachteten Linien und nach Abzug der an die königlich preussische Staatseisenbahnverwaltung verpachteten Strecke Saargemünd-Grenze . . . . 1 488,3 km

Hierzu traten im Rechnungsjahre 1885/86:

    a) am 5. Oktober 1885 die Schiltigheimer Zweig-
        bahn mit . . . . 0,8 „

    b) am 1. November 1885 die Strecke Lutterbach-
        Mülhausen-Nord . . . . 3,8 „

Mithin Betriebslänge am Schlusse des Berichtsjahres 1 492,9 km

Davon sind Eigenthum der Wilhelm-Luxemburg-Eisenbahngesellschaft im Ganzen 185,0 km. Die ausserdem dieser Gesellschaft gehörige 6,8 km lange Strecke Esch—Deutsch-Oth—Redingen wird von der Reichseisenbahnverwaltung gegen Erstattung der Selbstkosten für Rechnung der Eigenthümerin betrieben.

Im Nebenbahnbetriebe befanden sich 13 Strecken mit einer Gesammtlänge von 182,3 km; zweigeleisig waren 553 km.

Die mittlere Betriebslänge betrug 1 478,1 km für den Personenverkehr und 1490,3 km für den Güterverkehr.

2. Anlagekapital.

Bis zum Schlusse des Berichtsjahres sind auf die im Betriebe befindlichen Eisenbahnen in Elsass-Lothringen vom Reiche im Ganzen 467 978 617 ℳ verwendet worden. Zu Zwecken der vergleichenden Statistik ist von dieser Summe ein Betrag von 91 433 428 ℳ, um welchen

---

*) Vergl. Archiv 1886 S. 231 ff.

der Kaufpreis für die gemäss des Friedensvertrages vom 10. Mai 1871 erworbenen Eisenbahnen deren Herstellungskosten übersteigt, in Abzug zu bringen. Als Kosten der Anlage ergiebt sich sodann ein ermässigter Kapitalbetrag von 376 545 189 ℳ.

3. Betriebsmittel und deren Leistungen.

Am 31. März 1886 waren vorhanden:

    514 Lokomotiven, darunter 97 Tenderlokomotiven,
    899 Personenwagen mit 33 456 Sitzplätzen,
  11 901 Gepäck- und Güterwagen und
    540 Arbeitswagen.

Von Lokomotiven (eigenen und fremden) wurden 1885/86 auf eigener Bahn zurückgelegt:

vor Schnell-, Personen-, Güter- und Arbeitszügen
                     11 847 451 Zugkilometer,
ferner im Vorspanndienste . .   246 700 Kilometer,
        zusammen . . 12 094 151 Nutzkilometer;
ausserdem in Leerfahrten . .   367 041 Kilometer,
somit überhaupt (ohne die Leistungen im Rangirdienste) . . 12 461 192 Lokomotivkilometer gegen 12 627 835 in 1884/85.

Mit der vorhandenen Zugkraft wurden an Wagenachskilometern (ausschliesslich der Postwagen-Achskilometer) gefördert: 456 635 700 gegen 467 586 229 in 1884/85.

Die Kosten der Zugkraft betrugen überhaupt 6 263 941 ℳ, auf 1000 Nutzkilometer 527 ℳ.

4. Verkehr.

a) Personen- und Gepäckverkehr.

	Zahl der beförderten Personen	Zurückgelegte Personen-kilometer	Jede Person ist durchschnittlich gefahren km	Die Einnahme betrug ℳ
I. Wagenklasse . .	260 842	14 437 338	55,35	1 168 005
II. „ . .	2 082 366	63 012 902	30,26	3 178 547
III. „ . .	9 588 458	208 957 884	21,79	5 543 047
Militär	314 685	14 786 387	46,99	217 190
Zusammen . .	12 246 351	301 194 511	24,59	10 106 789
Im Vorjahre . .	12 000 226	294 575 217	24,55	9 973 004

Die durchschnittliche Einnahme für das Personenkilometer betrug 3,36 ₰ (1884/85: 3,89 ₰), für das Achskilometer der Personenwagen 13,91 ₰ (1884/85: 13,50 ₰).

An Gepäck wurden befördert 25 619 Tonnen mit einer Einnahme von 622 035 ℳ.

b) Güterverkehr.	Beförderte Tonnen	Zurückgelegte Tonnenkilometer	Jede Tonne ist durch- schnittlich befördert km	Die Einnahme betrug ℳ
Eil- und Expressgut . .	43504	5415889	124,5	923372
Stückgut	363966	26987996	74,2	3462498
Wagenladungsgüter . .	8693106	775092769	89.2	25576940
Militär-, Bau- und Dienst- gut	499349	31353079	62,8	46803
Zusammen .	9599925	838849733	87,4	30009613
Im Vorjahre .	9920003	866455796	87,3	31440894

Von der für 1885/86 nachgewiesenen Einnahme entfallen auf jede mit Frachtberechnung beförderte Tonne durchschnittlich 3,29 ℳ (1884/85: 3,37 ℳ), auf jedes Tonnenkilometer 3,71 ₰ (gegen 3,77 ₰ in 1884/85) und auf das Achskilometer der Güterwagen 9,02 ₰ (1884/85: 9,21 ₰).
Befördertes Vieh: 31473 Achsen mit 422775 ℳ Einnahme.

5. Unfälle.

Im Ganzen wurden unverschuldet:	verletzt	getödtet
Reisende	4	—
Bahnbeamte und Arbeiter . . .	9	2
sonstige Personen	—	—
in Folge eigener Unvorsichtigkeit:		
Reisende	3	3
Bahnbeamte und Arbeiter . . .	21	7
sonstige Personen	6	6
Zusammen .	43	18
Ausserdem: Selbstmörder	2	12

6. Finanzielle Ergebnisse.

Einnahme und Ausgabe.	im Ganzen ℳ	auf das Kilometer Betriebslg. ℳ	auf 1 Loko- motivnutz- kilometer ℳ	auf ein Wagen- achskilom. ₰	in Prozen- ten der Ge- sammtein- nahme
Einnahme aus dem Personenverkehr	10747258	7212	0,80	2,3	23,8
Einnahme aus dem Güterverkehr .	31281434	20990	2,50	6,8	69,3
Gesammte Verkehrseinnahme .	42028692	28202	3,48	9,1	93,1
Sonstige Einnahmen (aus Veräusse- rungen etc.)	3093823	2076	0,25	0,7	6,9
Summe aller Einnahmen .	45122515	30278	3,73	9,8	100,0
Die gesammten Ausgaben betrugen	28121403	18870	2,33	6,1	62,3
Mithin ist Ueberschuss verblieben	17001112	11408	1,40	3,7	37,7

Von dem Ueberschuss entfallen auf die Eisenbahnen in Elsass-Lothringen 15 989 876 $\mathcal{M}$ und auf die Wilhelm-Luxemburg-Bahnen 1 011 236 $\mathcal{M}$. Das auf die Reichseisenbahnen verwendete Anlagekapitel hat sich verzinst:

a) das volle (die Kosten des Erwerbs) mit 3,63 pCt.

b) das herabgesetzte (die Kosten der Anlage) mit 4,52 pCt.

Den grössten Reinertrag lieferte die Strecke Strassburg-Basel. Dieselbe brachte für das Kilometer einen Einnahme-Ueberschuss von 37 643 $\mathcal{M}$ auf und verzinste ihr volles Anlagekapital mit 6,2, ihr herabgesetztes mit 8,0 pCt.

Wie die Betriebsergebnisse des Rechnungsjahres 1885/86 sich zu denjenigen der vorhergehenden Jahre stellen, ist aus der nachfolgenden Zusammenstellung ersichtlich:

Etats-jahr	Mittlere Betriebs-länge in km	Volles Anlagekapital in 1000 $\mathcal{M}$	Herab-gesetztes Anlagekapital in 1000 $\mathcal{M}$	Einnahme überhaupt in 1000 $\mathcal{M}$	Einnahme auf das Kilometer $\mathcal{M}$	Ausgabe überhaupt in 1000 $\mathcal{M}$	Ausgabe auf das Kilometer $\mathcal{M}$	in Prozenten d. Einnahme	Ueberschuss überhaupt in 1000 $\mathcal{M}$	Ueberschuss auf das Kilometer $\mathcal{M}$	in Prozent des vollen Anlagekapitals	herab-gesetzten Anlagekapitals
1878/79	1290,9	394 520	304 544	36 170	28 020	25 418	19 691	70,3	10 752	8 329	2,73	3,53
1879/80	1293,1	412 711	322 718	37 489	28 992	25 233	19 514	67,3	12 256	9 478	2,97	3,60
1880/81	1308,5	423 498	333 488	40 103	30 649	25 841	19 749	64,4	14 262	10 900	3,37	4,28
1881/82	1347,5	444 423	352 990	43 539	32 311	27 424	20 352	63,0	16 115	11 959	3,63	4,57
1882/83	1415,7	452 799	361 365	44 660	31 547	28 177	19 903	63,1	16 483	11 644	3,64	4,56
1883/84	1462,4	462 519	371 086	45 899	31 387	29 392	20 099	64,0	16 507	11 288	3,57	4,45
1884/85	1478,7	466 472	375 038	46 729	31 602	28 908	19 550	61,9	17 821	12 052	3,82	4,75
1885/86	1490,3	467 979	376 545	45 122	30 278	28 121	18 870	62,3	17 001	11 408	3,63	4,52

Die Gotthardbahn im Jahre 1885.*)

Die wesentlichsten Betriebsergebnisse der Gotthardbahn für das Jahr
1885 sind nach dem vierzehnten Geschäftsberichte der Direktion und
des Verwaltungsrathes der Gotthardbahn folgende:

1. Bahnlänge.

Die für die Betriebsrechnung in Betracht kommende
Länge betrug in 1885 wie in 1884 . . . . . . 266 km.

2. Anlagekapital.

Das Anlagekapital der Gotthardbahn beträgt 244 250 279 Frcs,

Davon entfallen auf	Subventionen . .	119 000 000	Frcs.
	Aktienkapital .	34 000 000	„
	Obligationskapital	90 532 000	„
	Baufonds . . .	718 279	„
		244 250 279	Frcs.

Auf den Bau der Bahn waren verwendet am 31. Dezember 1884 . . . . 230 767 373 Frcs.
Im Jahre 1885 kamen hinzu . . . . 1 460 913 „
mithin am 31. Dezember 1885 . . . . 232 228 286 „
An flüssigen, noch nicht verwendeten Kapitalien war
am 31. Dezember 1885 ein Bestand vorhanden von　11 303 714 Frcs.

3. Finanzielle Ergebnisse.

Die Verkehrseinnahme ist durch die in Südfrankreich und Italien aus-
gebrochene Choleraepidemie auch in den ersten Monaten des Jahres 1885
noch ungünstig beeinflusst worden. Es haben betragen:

Die Einnahmen	1885 Frcs.	1884 Frcs.
aus der Personenbeförderung	3 607 437	3 331 951
„ „ Gepäck „	389 733	349 880
„ „ Beförderung von Thieren . . .	174 679	171 678
„ „ „ „ Gütern aller Art	6 002 556	5 828 811
zusammen aus dem Beförderungsdienste	10 174 405	9 682 320
aus verschiedenen sonstigen Quellen . .	357 475	858 938
Im Ganzen . .	10 531 880	10 541 258
Für das Bahnkilometer	38 250	36 400**)
„ „ Zug „ . . .	6,16	6,28
Für den Tag	27 875	26 454

*) Vergl. „Die Gotthardbahn im Jahre 1884", Archiv 1886, S. 235 ff.
**) Die Zahlen weichen von den früheren Angaben etwas ab.

Die Einnahme aus dem Güterverkehr ist in 1885 um 173 745 Frcs. gegen 1884 gestiegen; die Einnahme aus dem Personenverkehr ist um 275 486 Frcs. in die Höhe gegangen.

Nach den Monatsergebnissen war die Einnahme

im September am grössten . . = 1 011 961 Frcs.

„ Januar „ kleinsten . . = 672 763 „

Ausgaben:	1885 Frcs.	1884 Frcs.
Allgemeine Verwaltung	381 952	371 754
Aufsicht und Unterhalt der Bahn . . .	1 143 190	964 114
Stations-, Expeditions- und Zugdienst . .	1 098 929	1 050 821
Fahrdienst	1 565 739	1 635 256
Verschiedene Ausgaben	870 412	833 000
Zusammen . . .	5 060 222	4 854 945
Für das Bahnkilometer	19 023	18 252
„ „ Zugkilometer	3_{0626}	$3_{,1486}$
„ „ Nutzkilometer	$2_{,6650}$	$2_{,7092}$
In Prozenten der Transporteinnahmen	$49_{,78}$ %	$50_{,14}$ %

Der Betriebsüberschuss betrug

in 1885 . . . 5 471 659 Frcs.

in 1884 . . . 5 686 313 „

Zu diesem Ueberschuss treten für die Betriebsrechnung noch hinzu: der Aktivsaldo von 1884 mit 86 795 Frcs. und ein Zuschuss aus dem Reservefonds für Erneuerung des Oberbaues, des Betriebsmaterials und für ausserordentliche Unfälle mit 1 067 738 Frcs., sodass der rechnungsmässige Ueberschuss sich auf 6 626 192 Frcs. stellt.

Dieser Ueberschuss wurde verwendet:

für Provisionen (Kosten der Einlösung von Titeln und Coupons)	16 224 Frcs·
zur Verzinsung der Anleihen: $\begin{cases} 59 175 000 \text{ Frcs. zu } 4\% \\ 31 487 000 \text{ „ „ } 5\% \end{cases} =$	3 814 572 „
zur Einlage in den Reservefonds für Erneuerung des Oberbaues, des Betriebsmaterials und für ausserordentliche Unfälle	823 820 „
zur Kapitaltilgung	130 000 „
zur Dividende für die Aktien (34 000 000 Frcs. zu $3^{1}/_{2}$ %)	1 190 000 „
zu Abschreibungen und Erhöhung des Baufonds . . .	173 304 „
Ausserordentlicher Saldo-Vortrag auf das Jahr 1886 .	276 249 „
Ordentlicher Saldo-Vortrag auf 1. Januar 1886 . . .	202 023 „
	6 626 192 Frcs.

4. Rollmaterial und dessen Leistungen.

An Rollmaterial war vorhanden am 31. Dez.:	1885	1884
Lokomotiven	81	81
Personenwagen	195	195
Sitzplätze in denselben	7 156	7 156
Gepäckwagen	37	37
Güterwagen	732	677
Tragkraft der Güterwagen	8 305	7 620

Abzüglich der Leistungen für die Materialzüge und auf der Strecke
„Schweizer Grenze" bis Luino wurden geleistet mit fahrplanmässigen und
Extrazügen auf der eigenen Linie:

	1885	1884
Zugkilometer	1 647 768	1 540 787
Achskilometer	50 544 336	48 706 147
Roh-Tonnenkilometer	287 117 844	274 903 236
Rein- „	88 355 553	79 748 912

Hiernach hat in 1885 durchschnittlich die Zahl der
Diensttage einer Lokomotive 202,
die Leistung derselben für den Tag . . . . . . 76,2 km betragen.

Die Zahl der auf der eigenen Linie geleisteten Lokomotivkilometer
(einschliesslich Leerfahrten, Verschubdienst- und Materialzüge) betrug

$$\text{in } 1885 = 2\,186\,024$$
$$\text{in } 1884 = 2\,072\,807.$$

Die geringere Leistung der Lokomotiven in 1885 hat in der in Folge
der Choleraepidemie schwächeren Besetzung der Schnellzüge ihren Grund.

5. Verkehrsverhältnisse.

	1885	1884
Zahl der beförderten Personen	983 386	933 479
Davon in I. Klasse	7.03 %	5.96 %
„ II. Klasse	28,12 „	25,81 „
„ III. „	64 85 „	68.23 „
Zahl der gefahrenen Personen-Kilometer . . .	45 097 657	44 074 615
Davon in I. Klasse . . . . . . , . . .	14.79 %	12,15 %
„ II. „	40.86 „	34.75 „
„ III. „	44 85 „	53,10 „
Reisende auf jedes Personenzugs-Kilometer . .	42,09 „	42,87 „
Im Gepäckverkehr wurden:		
befördert . . . . t	4453	3990
geleistet . . . . Tonnenkilom.	519 179	466 004
Zahl der beförderten Thiere	57 131	56 673
Gewicht der „ „ . . . . . t	10 351	9584
Im Viehverkehr wurden geleistet Tonnenkilom.	743 388	763 093

Im Güterverkehr wurden:

	1885	1884
befördert . . . . t	541 149	503 315
geleistet . . . . Tonnenkilom.	87 092 986	78 519 815

Von den beförderten Waarengattungen sind in Bezug auf die Menge die wichtigsten:

	1885	1884
Lebens- und Genussmittel . . . . t	156 141	142 759
Brennmaterialien . . . . „	117 263	106 250
Baumaterialien . . . . „	35 839	33 204
Metallwaaren . . . . „	103 735	107 522
Textilwaaren . . . . „	37 330	36 131

Hinsichtlich der Gesammteinnahmen einzelner Stationen ergaben sich für das Betriebsjahr 1885 nachfolgende Zahlen:

Chiasso	mit	2 303 850	Ercs.
Brunnen	„	1 453 253	„
Luzern	„	771 372	„
Lugano	„	596 632	„
Bellinzona	„	479 895	„
Pino transit	„	426 883	„
Rothkreuz	„	309 915	„
Locarno	„	262 570	„
Flüelen	„	188 134	„
Göschenen	„	135 194	„
Airolo	„	77 303	„

Eine vergleichende Uebersicht der Betriebsergebnisse der Gotthardbahn für die Jahre 1875, 1880, 1883, 1884 u. 1885 ergiebt nachfolgende Zusammenstellung:

	1875 *)	1880	1883	1884	1885
Durchschnittliche im Betrieb befindliche Bahnlänge . km	67	67	296	266	266
Auf das Bahnkilometer kommen:					
Personen . . . . . Zahl	161 174	125 741	207 055	165 694	169 540
Güter . . . . t	12 295	32 915	278 677	295 187	327 417
Gesammteinnahmen . . Frcs.	9 750	11 717	43 559	39 629	39 594
Betriebsausgaben . . . „	10 587	6 561	19 621	18 252	19 023
dgl. für das Zugkilometer „	2,89	2,27	3,13	3,15	3,06
„ „ „ Nutzkilom. „	2,89	2,36	2,87	2,71	2,66
„ „ „ Wagenachskm. „	0,1833	0,1268	0,1089	0,0996	0,1000
Gesammtausgaben für den Fahrdienst: . . . . Frcs.	319 847	125 367	1 996 412	1 841 808	1 750 426
für das Lokomotivkilom. Cts.	123,064	65,309	87,085	86,237	77,677
„ „ Achskilometer . „	7,953	3,573	4,048	3,863	3,350
„ „ Rohtonnenkm. . „	1,7748	0,8018	0,7682	0,6504	0,5895
Leistungen der Locomotiven:					
Lokomotivkilometer. . . .	259 920	191 963	2 292 292	2 135 784	2 253 471
Wagenachskilometer . . .	4 021 126	3 413 778	49 313 213	50 281 467	52 257 605
Rohtonnenkilometer . . .	18 019 825	15 457 352	259 861 264	283 171 247	296 904 804

*) einschl. Dezember 1874.

6. Unfälle.

Im Laufe des Berichtsjahres haben nachfolgende Unfälle stattgefunden:

a) Entgleisungen: 5 und zwar:
   auf Stationen   4
   „ freier Bahn 1

b) Zusammenstösse: keine.

c) Tödtungen und Verletzungen von Menschen: 8,
   getödtet wurden: 6, wovon
        Bahnbedienstete: 3,
        Fremde Personen: 3.
   Verletzt sind: 2 Bahnbedienstete.

7. Personalbestand.

An Beamten und Angestellten waren vorhanden Ende des Jahres:

	1885	1884
1. Allgemeine Verwaltung	103	103
2. Bahnaufsichts- und Unterhaltungsdienst . .	643	629
3. Stations-, Expeditions- und Zugdienst . . .	595	592
4. Maschinendienst . . . . \	244	247
5. Werkstättendienst	206	214
Zusammen	1791	1785
auf das Bahnkilometer	6,73	6,70
davon: Betriebsbeamte	4,23	4,20
Arbeiter	2,50	2.50

Notizen.

Eisenbahntarifgesetzgebung in Grossbritannien. Die parlamentarische Untersuchung über das englische Eisenbahnwesen in den Jahren 1881 und 1882 hat, wie dies den Lesern des Archivs aus den Aufsätzen Gustav Cohn's über die englische Eisenbahnpolitik der letzten zehn Jahre*) bekannt ist, wiederum die zahlreichsten Beschwerden über die Tarife zu Tage gefördert. Ein im Frühjahr 1886 von der Regierung eingebrachter Gesetzentwurf**), welcher u. A. die Beseitigung dieser Beschwerden zum Gegenstande hatte, ist über Berathungen im Unterhause und einem Ausschusse nicht hinausgekommen. Das Parlament, welchem er vorlag, wurde aufgelöst, und dem neugewählten Parlament ist der Entwurf bis jetzt nicht wieder zugegangen.

Am 23. August 1886 ist von einer Anzahl Mitglieder***) im Unterhause ein anderer Gesetzentwurf eingebracht, welcher wenigstens einer der am häufigsten hervortretenden Beschwerden Abhülfe schaffen sollte, dem Missstande, dass auf den englischen Bahnen häufig die Erzeugnisse fremder Länder zu billigeren Sätzen gefahren werden, als die gleichartigen inländischen Erzeugnisse.†) Der Gesetzentwurf††) bestimmte daher, dass es den grossbritannischen Eisenbahnen verboten sein soll, den „inländischen Darstellern, Händlern, Eigenthümern oder Besitzern von Gütern, Vorräthen, Erzeugnissen, lebendem Vieh, Fleisch, Kohlen, Erzen, Getreide, Mehl oder anderen Gegenständen, welche der Ernährung oder dem Handel dienen", höhere Frachten oder Beförderungskosten zu berechnen, als für

---

*) Vgl. insbes. Archiv 1883. S. 91 ff.

**) Vgl. Archiv 1886. S. 430. 431.

***) Colonel Nolan, Mr. Coneybeare, Mr. Richard Power, Mr. Marum.

†) Vgl. Cohn, a. a. O. S. 99.

††) A Bill to secure equal rights of Railway freight to the agriculturists, manufacturers and others of Great Britain and Ireland.

ähnliche ausländische oder koloniale Erzeugnisse. Zuwiderhandlungen gegen dieses Verbot werden mit einer Geldstrafe von £ 5 (*M* 100) für die Wagenladung geahndet. Derselben Strafe unterliegt es, wenn eine Eisenbahn auf irgend einer ihrer Strecken höhere Sätze für heimische Erzeugnisse erhebt, als auf einer anderen Strecke für die gleichartigen ausländischen oder kolonialen Erzeugnisse erhoben werden. — Auch dieser Gesetzentwurf, welcher bereits am 1. Januar 1887 in Kraft treten sollte, ist nicht vollständig durchberathen worden und daher Entwurf geblieben.

Die Vorgänge beweisen aufs Neue, mit welchen Schwierigkeiten es in England verknüpft ist, gesetzgeberische Maassregeln, welche den Interessen der mächtigen Privatbahnen entgegenstehen, zur Einführung zu bringen.

Statistisches von den deutschen Eisenbahnen. Aus den amtlichen Veröffentlichungen des Reichs-Eisenbahn-Amtes für die Monate Oktober, November und Dezember 1886 entnehmen wir Folgendes über die Betriebsergebnisse, Zugverspätungen und Betriebsunfälle auf den deutschen (ausschliesslich der bayerischen) Eisenbahnen:

a. Betriebsergebnisse.

	Länge	Einnahme im Monat in *M*		Einnahmen vom Beginn des Etatsjahrs	
	Kilometer	im Ganzen	für das km	vom 1. April 1886 ab	vom 1. Januar 1886 ab
I. Oktober 1886.					
A. Hauptbahnen.					
1. Staatsbahnen etc.	28 677,01	79 374 329	2 773	448 350 346	96 623 493
gegen 1885	+ 387,85	+ 1 997 675	+ 35	+ 7 741 098	+ 543 994
2. Privatbahnen in Staatsverwaltung	210,01	400 771	1 908	2 483 517	577 928
gegen 1885	+ 0	+ 36 708	+ 174	+ 279 789	+ 19 031
3. Privatbahnen in eigener Verwaltung.	2 520,94	3 832 116	1 520	562 909	32 440 980
gegen 1885	+ 152,54	— 96 279	— 139	+ 4 219	— 1 896 961
Summe A. . .	31 407,96	83 607 216	2 667	451 396 772	129 642 401
gegen 1885	+ 540,39	+ 1 938 104	+ 19	+ 8 025 106	— 1 333 936
B. Bahnen untergeordneter Bedeutung	1 311,75	803 612	613	2 660 116	3 777 303
gegen 1885	+ 62,36	+ 75 008	+ 30	+ 379 537	+ 275 407

	Länge	Einnahme im Monat in ℳ		Einnahmen vom Beginn des Etatsjahrs	
	Kilometer	im Ganzen	für das km	vom 1. April 1886 ab	vom 1. Januar 1886 ab
II. November 1886.		·	· · ·	·	
A. Hauptbahnen.					
1. Staatsbahnen etc.	28 769,31	72 335 509	2 518	513 326 455	106 898 631
gegen 1885	+ 370,10	+ 3 091 048	+ 77	+12 645 979	+ 1 128 546
2. Privatbahnen in Staatsverwaltung	210,01	376 820	1 794	2 822 971	640 638
gegen 1885	+ 0	— 7 914	— 37	+ 285 387	+ 24 713
3. Privatbahnen in eigener Verwaltung	2 520,94	3 470 632	1 377	620 139	35 951 435
gegen 1885	+ 152,54	— 62 873	— 115	+ 15 363	— 1 935 508
Summe A. . .	31 500,16	76 182 961	2 422	516 769 565	142 990 704
gegen 1885	+ 522,64	+ 3 020 261	+ 58	+12 946 729	— 782 249
B. Bahnen untergeordneter Bedeutung	1 312,35	740 034	564	3 010 175	4 175 556
gegen 1885	+ 60,73	+ 65 471	+ 25	+ 411 448	+ 315 669
III. Dezember 1886. ·					
A. Hauptbahnen.					
1. Staatsbahnen etc.	28 834,05	66 897 944	2 324	573 567 628	115 347 476
gegen 1885	+ 384,83	+ 1 031 104	+ 8	+14 864 828	+ 1 226 068
2. Privatbahnen in Staatsverwaltung	210,01	362 173	1 725	3 156 552	699 399
gegen 1885	+ 0	— 14 123	— 67	+ 260 262	+ 33 772
3. Privatbahnen in eigener Verwaltung	2 520,94	3 157 736	1 258	697 665	39 105 789
gegen 1885	+ 152,54	+ 14 749	— 74	+ 39 371	— 1 913 737
Summa A. . .	31 565,00	70 417 853	2 235	577 421 845	155 152 664
gegen 1885	+ 537,37	+ 1 031 730	— 2	+ 15 164 461	— 653 897
R. Bahnen untergeordneter Bedeutung	1 337,17	690 352	519	3 345 439	4 537 664
gegen 1885	+ 85,65	+ 44 076	+ 3	+ 451 633	+ 327 804

b. Zugverspätungen.

		Beförderte Züge			
		fahrplanmässige		ausserfahrplanmässige	
	Betriebslänge Kilometer.	Personen- u. gemischte	Güter- züge.	Personen- u. gemischte	Güter- züge.
Oktober 1886 .	32 358,66	207 843	125 877	2 274	23 522
November 1886 .	32 497,82	201 771	122 669	2 226	21 670

19*

Notizen.

	Verspätungen der fahrplanmässigen Personenzüge im	
	Oktober 1886.	November 1886.*)
Im Ganzen	2224	1429
Davon durch Abwarten verspäteter Anschlüsse	816	462
Also durch eigenes Verschulden . . .	1408	967
oder	0,68 pCt.	0,48 pCt.

c. Betriebsunfälle.

Zahl der Unfälle		Zahl der getödteten und verletzten Personen.	
Fahrende Züge	Beim Rangiren		
a. Oktober 1886.			getödtet — verletzt
Entgleisungen 7	 29	Reisende	1 — 8
Zusammenstösse . . . 5	 25	Bahnbeamte u. Arbeiter .	25 — 96
		Post-, Steuer- etc. Beamte	— — 2
Sa. 12	Sa. 54	Fremde	22 — 10
Sonstige . . 152		Selbstmörder	11 — —
		Sa.	59 — 116
b. November 1886.			175
Entgleisungen 11	 24	Reisende	7 — 12
Zusammenstösse . . . 1	 20	Bahnbeamte u. Arbeiter .	28 — 76
		Post-, Steuer- etc. Beamte	— — 2
Sa. 12	Sa. 44	Fremde	17 — 13
Sonstige . . 144		Selbstmörder	7 — 1
		Sa.	59 — 104
c. Dezember 1886.			163
Entgleisungen 15	 34	Reisende	2 — 15
Zusammenstösse . . . 3	 34	Bahnbeamte u. Arbeiter .	39 — 98
		Post-, Steuer- etc. Beamte	2 — 3
Sa. 18	Sa. 68	Fremde	17 — 10
Sonstige . . 155		Selbstmörder	7 — —
		Sa.	67 — 126
			193

*) Bei Schluss dieses Heftes lagen die Mittheilungen über die Zugverspätungen im Dezember noch nicht vor.

Der Verkehr zwischen Deutschland und Italien*) über die Gotthard-linie hat sich nach einer, dem Berichte des italienischen Konsuls in Basel entnommenen Mittheilung des Mon. d. str. fer. in den Jahren 1882 bis 1885 in Bezug auf einige den Hauptbestandtheil dieses Verkehrs ausmachende Waarengattungen, wie folgt entwickelt:

Aus Deutschland wurden in Italien eingeführt:	1882	1883	1884	1885
Kohle . . . . Wagenladungen	3 102	7 808	9 561	9 864
Eisen . . . . „	2 222	10 169	8 823	8 327
Aus Italien wurden in Deutschland eingeführt:				
Getreide . . . Wagenladungen	167	120	93	119
Baumwolle . . „	130	498	478	287
Wolle	48	70	59	3
Hanf	130	279	283	271
Eier und sonstige Lebensmittel . „	520	1 571	1 621	1 334
Oel . . . . „	41	273	150	126
Zusammen Einfuhr in Deutschland aus Italien . . Wagenladungen	1 036	2 811	2 684	2 140

Vor der Eröffnung der Gotthardbahn kostete die Tonne Steinkohlen in Mailand 45 Lire, in 1886 in Folge der Herabminderung der Fracht-kosten nur 30 Lire. Jeder Ermässigung der Frachten auf den deutschen und schweizerischen Eisenbahnen folgte stets eine entsprechende Er-mässigung der Frachtsätze für Steinkohle von Cardiff nach Genua, sodass die englische Kohle in einer sich bis Mailand erstreckenden Zone die deutsche Kohle besiegte, während Como von Deutschland aus versorgt wird.

Die Roheinnahme der italienischen Eisenbahnen**) hat nach einer amtlichen Veröffentlichung im Giornale del Genio Civile in der Zeit vom 1. Juli 1885 bis zum 30. Juni 1886 im Ganzen 216 220 871 Lire gegen 208 816 446 Lire im Vorjahre betragen. Die Länge der im Betrieb befindlichen Eisenbahnen ist dabei von 10 389 km in 1884/85 auf 10 939 in 1885/86, also um 550 km gestiegen. Für das km Bahn-länge betrug die Roheinnahme durchschnittlich in 1885/86 20 570 Lire gegen 20 908 Lire in 1884/85. Während die Gesammteinnahme in 1885/86

---

*) Vgl. Archiv 1884 S. 553.
**) Vgl. Roheinnahme der ital. Eisenb. in der Zeit vom 1. Juli bis 31. Dezbr. 1885. Archiv 1886 S. 550.

hiernach um 7404425 Lire gegen 1884/85 gestiegen ist, ist die durchschnittliche kilometrische Einnahme um 338 Lire gefallen.

Auf die einzelnen Bahnnetze vertheilt sich die Einnahme, wie folgt:

	1886	1885
	L i r e	
1. Eisenbahnen, welche in Gemässheit des Gesetzes vom 27. April 1885 von Privat- gesellschaften betrieben werden:		
a) mittelländisches Netz	107 218 370	99 750 078
b) adriatisches Netz	92 405 701	93 041 887
c) sizilisches Netz	7 466 891	7 825 447
Zusammen . .	207 090 962	200 617 412
2. von der Societa Veneta betriebene Staats- bahnen	1 402 142	1 215 079
3. sardinische Eisenbahnen	1 512 193	1 421 824
4. sonstige Eisenbahnen	6 215 574	5 562 131
Zusammen . .	216 220 871	208 816 446

Für Eisenbahnneubauten wurden im Etat des Königreichs Italien
für das Rechnungsjahr vom 1. Juli 1886 bis 30. Juni 1887 im Ganzen
102 Millionen Lire (81,6 Millionen Mark) vorgesehen, wovon der Betrag
von 2164000 Lire demnächst von Provinzen und anderen bei den Bahnbauten betheiligten Körperschaften und Privaten dem Staate zurück-
zuerstatten ist. Von dem angegebenen Betrage von 102 Millionen Lire
sollen verwendet werden:

für den Bau von Bahnen der 1. Kategorie 49 782 057 Lire
„   „   „   „   „   „   2.   „   11 622 284 „
„   „   „   „   „   „   3.   „   12 964 720 „
„   „   „   „   „   „   4.   „   2 338 075 „

Zusammen für eigentliche Neubauten . 76 707 136 Lire.

Für Beschaffung von Betriebsmitteln (Lokomotiven und Wagen) sind
8 Millionen Lire vorgesehen. Der Restbetrag (17 292 864 Lire) soll
verwendet werden zu Zahlungen (etwa 8 Millionen Lire) an verschiedene
Körperschaften (Provinzen u. s. w.), welche in Gemässheit des Gesetzes
vom 27. April 1885 früher zu Bahnbauten geleistete Beiträge zurück-
zuverlangen berechtigt sind, ferner zur Berichtigung von Ansprüchen des
allgemeinen Staatsschatzes an die Eisenbahnfonds (etwa 8 Millionen Lire)
und für rückständige Zahlungen für angekaufte Bahnlinien.

Die italienischen Dampftrambahnen[*]) hatten nach einem von der
italienischen Regierung der Landesvertretung vorgelegten Berichte am

---

[*]) Vgl. Archiv 1886 S. 420.

30. September 1886 eine Ausdehnung von 2667 km erlangt. Davon waren zu der erwähnten Zeit 2170 km im Betrieb, 497 km im Bau. Das Netz dieser Dampftrambahnen besteht aus 111 einzelnen Linien. Die längste derselben ist die 98,7 km lange, noch im Bau befindliche Trambahn Pescia-Pontedera; danach folgt die im Betrieb befindliche Trambahn Mantua-Brescia mit 70 km. Die kürzeste Linie ist die 1,250 km lange Bahn Colonne-Giugliano.

Ausstellung in Jekaterinburg. In der am Ostsaume des mittleren Ural inmitten der reichsten Erzlagerstätten gelegenen, zum Gouvernementsbezirke Perm gehörigen Kreisstadt Jekaterinburg soll nach einer Veröffentlichung im Verordnungsblatte des russischen Ministeriums der Verkehrsanstalten im Sommer des Jahres 1887 eine naturwissenschaftliche und gewerbliche Ausstellung stattfinden. Diese Ausstellung, deren Zustandekommen durch die am $\frac{28. \text{Juli}}{9. \text{August}}$ 1886 erfolgte Eröffnung der Eisenbahn Jekaterinburg-Tjümen wesentlich erleichtert wird, hat besonders zum Zweck, die Erzeugnisse des Uralischen Bezirks, insbesondere die der dortigen Berg- und Hüttenindustrie, in Russland und Sibirien bekannter zu machen, als sie es zur Zeit sind. Der Minister der Verkehrsanstalten fordert in der vorerwähnten Veröffentlichung die Eisenbahnverwaltungen auf, die durch diese Ausstellung gebotene Gelegenheit, die Erzeugnisse des Uralgebietes kennen zu lernen, zu benutzen und hiernach zu erwägen, in wie weit von diesen Erzeugnissen im Interesse der Förderung des russischen Gewerbes für die Zwecke der Eisenbahnen Gebrauch gemacht werden könne. Zugleich theilt der Minister mit, dass auch die Staatsbahnverwaltung sich an der Ausstellung betheiligen werde.

Das Staatseisenbahnnetz in Finnland[*]) hat einen Zuwachs erhalten durch die im Herbst 1886 erfolgte Eröffnung der 316 Werst langen Eisenbahn von der an der Linie Tammersfors-Nikolaistadt gelegenen Station Oestermyra über Gamla, (Alt-) Karleby nach Uleåborg und dem noch 4 Werst nördlicher gelegenen Toppila (am Toppila-Sunde). Dieses Netz besteht nunmehr aus folgenden Linien:

1. St. Petersburg-Wiborg-Riihimäki . . . . 346 Werst
2. Zweigbahn von Simola nach Wilmanstrand . . . . . 11 „
3. Helsingfors-Hyvinge-Riihimäki-Tavastehus . . . . . . 100 „
4. Hangö-Hyvinge . . . . 139 „
5. Abo-Toiala . . . . 119 „

[*]) Vgl. „Die Staatseisenbahnen in Finnland" im Archiv 1885 S. 687.

6. Tavastehus-Toiala-Tammersfors-Oestermyra-Nikolaistadt

   (Wasa) . . . . 362 Werst

7. Oestermyra-Gamla Karleby-Uleåborg-Toppila . . . . . 316 „

                           Zusammen . . 1393 Werst.

Ausser diesen Staatsbahnen befindet sich im Grossherzogthum Finnland noch die 31 Werst lange Privatbahn Kerwo-Borgå, sodass daselbst zur Zeit im Ganzen 1414 Werst (1508 km) Eisenbahnen im Betriebe sind.

In Aussicht genommen ist der Bau einer von der Station Kaipiais an der Linie Wiborg-Riihimäki in nördlicher Richtung über St. Michel nach Kuopio führenden Eisenbahn.

Auf der Strecke Oestermyra-Uleåborg verkehren nach dem zur Zeit gültigen Fahrplan in jeder Richtung 2 Züge und zwar ein „Post- und gemischter Zug" und ein „Güterzug mit 3. Klasse". Der letztere Zug durchfährt indessen nicht täglich die ganze Strecke, sondern geht von Oestermyra jeden Dienstag, Donnerstag und Sonnabend bis nach dem von da 125 Werst entfernten Gamla Karleby und von letzterer Station weiter nach Uleåborg jeden Mittwoch, Freitag und Sonntag. In gleicher Weise geht in der entgegengesetzten Richtung der „Güterzug mit 3. Klasse" von Uleåborg jeden Montag, Mittwoch und Freitag bis Gamla Karleby und von da jeden Dienstag, Donnerstag und Sonnabend weiter nach Oestermyra. Die Fahrgeschwindigkeit des Postzuges beträgt auf der Strecke durchschnittlich etwa 22 Werst (23 km) in der Stunde, die des Güterzuges nur etwa $16{,}1$ Werst (17 km). Bei den Verkehrsverhältnissen in dem durchschnittenen Landestheile würde es nicht lohnen, Züge mit grösserer Geschwindigkeit zu fahren, um die sehr bedeutenden Entfernungen zwischen den Endpunkten an einem Tage zurückzulegen. Da ferner das Klima des Landes während des grösseren Theiles des Jahres eine Nachtfahrt zwischen zwei Tagfahrten für die Reisenden unzuträglich macht, die Einstellung von Schlafwagen aber zu theuer sein würde, so hat die Staatseisenbahnverwaltung den Fahrplan so angeordnet, dass einzelne Züge auf bestimmten Stationen über Nacht bleiben. Auf diesen Stationen sind seitens der Verwaltung Gasthäuser eingerichtet, in welchen die Reisenden Unterkunft finden können. Die den Pächtern dieser Gasthäuser von den Reisenden zu zahlenden Preise sind von der Staatseisenbahnverwaltung festgestellt, der Betrieb wird von derselben beaufsichtigt und die Reisenden sind allgemein mit der getroffenen Einrichtung zufrieden.

Die Eisenbahnen auf der Insel Cuba. Auf der 112190 qkm umfassenden Insel Cuba, deren Einwohnerzahl im Jahre 1880 auf 1424649 Personen angegeben wurde, befanden sich Ende des Jahres 1885 im Ganzen etwa 1600 km Eisenbahen im Betriebe. Sämmtliche Eisenbahnen Cuba's sind im Besitz von Privatgesellschaften oder Privatpersonen. Der gesetzlichen Verpflichtung, nach Schluss eines jeden Geschäftsjahres einen Bericht über die Betriebsergebnisse und die finanzielle Lage zu veröffentlichen, wird nur in unvollkommener Weise genügt, sodass die Kenntniss dieser Verhältnisse eine mangelhafte ist. Im Nachstehenden sind die einzelnen, das cubanische Eisenbahnnetz bildenden Linien, ihre Spurweite, Ausdehnung und ihr ungefährer Werth (nach Schätzung), soweit hierüber Angaben vorliegen, zusammengestellt.

A. Eisenbahnen mit 1,₄₄ m Spurweite.

No.	Bezeichnung der einzelnen Bahnlinien.	Bahnlänge im Jahre		Schätzungswerth des Bahneigenthums im Jahre 1885	
		1881 km	1885 km	im Ganzen Dollars.	für das Kilometer Bahnlänge Dollars.
1	Habana-Bahn, von Habana nach Matanzas, Union, Batabano und Guanajay führend	288	288	10.494 915	36 410
2	Westbahn, vom südlichen Ende der Meeresbucht, an welcher Habana liegt, zuerst in südlicher, dann in westlicher Richtung nach Pinal del Rio führend	133	154	5 796 262	37 710
3	Bahia-Bahn, von Regla am Ostufer der Bucht von Habana über Jaruco und Matanzas nach Bemba führend	142	142	3 500 000	24 640
4	Matanzas-Bahn, Matanzas—Union—Navajas—Colon mit Abzweigung von Navajas nach Jaguey Grande. . .	175	175	4 856 012	27 830
5	Cardenas- und Jucaro-Bahn, von Cardenas an der Nordküste der Insel in einer Linie über Bemba nach Navajas, in einer zweiten in südöstlicher Richtung nach Aguada führend. Eine wichtige dritte Linie führt von Bemba über Colon, Macagua und Sto. Domingo nach Esperanza	279	316	7 829 680	24 810
6	Sagua-Bahn, von Concha an der Nordküste der Insel über Sagua, Sitiecito und Sto. Domino nach Las Cruces mit Abzweigung von Sitiecito nach Encrucijada	112	112	2 538 102	22 610
7	Cienfuegos-Bahn, von Cienfuegos an der Südküste der Insel über Las Cruces nach Sta. Clara	69	69	2 284 933	33 110

No.	Bezeichnung der einzelnen Bahnlinien.	Bahnlänge im Jahre		Schätzungswerth des Bahneigenthums im Jahre 1885	
		1881 km	1885 km	im Ganzen Dollars.	für das Kilometer Bahnlänge Dollars.
8	Caibarien-Bahn, von Puerte de Caibarien an der Nordküste der Insel in südlicher Richtung nach Sto. Espiritu	54	61	1 538 684	25 220
9	Trinidad-Bahn, von dem Hafenorte Casilda an der Südküste der Insel aus über Trinidad in nordöstlicher Richtung nach Fernandez führend (Fortsetzung dieser Bahn nach Sto. Espiritu ist in Aussicht genommen)	?	31	—	—
10	Tunas-Bahn, von dem Hafenorte Tunas an der Südküste der Provinz Santa Clara nach Sto. Espiritu	?	40	—	—
11	Marianao-Bahn, von Habana nach dem Orte Marianao und dem Seebade Playa de Marianao	?	14	—	—
12	Zaza-Bahn, verbindet Caibarien mit dem Ingenio (Zuckerfabrik) Zaza .	?	36	—	—
	Zusammen Eisenbahnen mit 1,44 m Spurweite		1438		

B. Eisenbahnen mit 0,75 m Spurweite.

No.	Bezeichnung der einzelnen Bahnlinien.	Bahnlänge im Jahre		Schätzungswerth des Bahneigenthums im Jahre 1885	
		1881 km	1885 km	im Ganzen Dollars.	für das Kilometer Bahnlänge Dollars.
13	La Prueba-Bahn, von Regla bei Habana nach Guanabacoa (gehört der Dampfer-Gesellschaft „Primera Compañia de Vapores de la Bahia de la Habana“, unter deren Aktiven diese Bahn mit einem Werthe von 49 926 Dollars aufgeführt ist)	?	4	—	—
14	Alfonso XII.-Bahn, verbindet Union de Reyes mit dem Ingenio Alfonso XII	?	11	—	—
15	Sagua'er West-Eisenbahn, verbindet Sagua la Grande mit Chinchilla	?	8	—	—
	Zusammen Eisenbahnen mit 0,75 m Spurweite		23		

Sodann liegt auf Cuba noch die im Jahre 1840 erbaute, etwa 50 km lange Eisenbahn, welche die Binnenstadt Puerto Principe mit dem Hafenorte Nuevitas im Nordosten der Insel verbindet. Ueber die Spurweite, sowie die sonstigen Verhältnisse dieser und einiger weiteren, in der Provinz Santiago de Cuba befindlichen kleineren Eisenbahnlinien ist nichts angegeben.

Ausser den vorerwähnten, für den öffentlichen Verkehr bestimmten Eisenbahnen befinden sich auf Cuba noch eine grössere Zahl kurzer, schmalspuriger Anschlussbahnen, welche zur Beförderung des Zuckerrohrs nach den Ingenios und der Erzeugnisse der letzteren nach den benachbarten Eisenbahnstationen und Schiffahrtsplätzen dienen.

Ueber die kilometrischen Roheinnahmen und Ausgaben der bedeutenderen cubanischen Eisenbahnen sind nachstehende Angaben zu machen.

No.	Bahnlinie.	Roheinnahme für das Kilometer		Ausgaben, einschl. der Zinsen der Anleihen für das km	
		jährl. Mittel für die 5 Jahre 1881—1885	im Jahre 1885	jährl. Mittel für die 5 Jahre 1881—1885	im Jahre 1885
		Goldpesos.[*]			
1	Habana-Bahn . .	4440,84	3405,74	3643,08	2977,84
2	Westbahn . . .	3750,87	3116,09	3046,60	2449,90
3	Bahia-Bahn . .	5120,96	4671,90	4017,75	2931,00
4	Matanzas-Bahn .	4868,63	4554,81	3236,57	2860,20
5	Cardenas-Bahn .	4717,90	3964,62	2060,27	1997,09
6	Sagua-Bahn . .	4841,36	4387,52	3643,17	3602,03
7	Cienfuegos-Bahn .	5311,88	4255,72	3275,72	2648,49
8	Caibarien-Bahn .	4720,07	4182.80	3233,75	2857,82
	Durchschnittlich	4721,56	4067,82	3244,61	2790,42

Eisenbahnen der Republiken San Domingo und Haïti. In San Domingo ist eine Eisenbahn, die von Samaná nach Santiago, im Bau, von welcher Ende 1886 etwa 80 km von Samaná aus gebaut und im Betriebe waren. In Haïti sind noch keine Eisenbahnen vorhanden. Im August des Jahres 1886 ertheilte die Landesvertretung der Republik die Genehmigung zu einem seitens der Regierung wegen des Baues und Betriebes einer Eisenbahn von Gonaïves (an der Westküste der Insel Haïti) nach Gros Morne in der Richtung auf Port de Paix (Nordküste) mit einem Unternehmer abgeschlossenen Vertrage. Hiernach verpflichtet sich

---

[*] Soweit aus vorliegenden Quellen ersichtlich, ist 1 Goldpeso = 1 Dollar = 4,25 ℳ.

letzterer, die Eisenbahn mit einer Spurweite von 1 m, mit Steigungen von höchstens 3 pCt. und mit Krümmungen von mindestens
80 m Halbmesser herzustellen, den Bau spätestens 10 Monate nach
erfolgter Genehmigung des Vertrags in Angriff zu nehmen und die
Bahn hiernach in längstens 18 Monaten betriebsfähig fertig zu stellen. Für
die Personenbeförderung sollen 2 Wagenklassen eingerichtet werden, die
Fahrgeschwindigkeit soll einschliesslich der Aufenthalte mindestens 20 km
in der Stunde betragen. Die Regierung gewährt dem Unternehmer keine
Geldunterstützung und keine Zinsgewähr für das Anlagekapital, gesteht
ihm aber neben anderen Vergünstigungen, wie zollfreie Einführung der
Eisenbahnbedürfnisse und dergleichen, das Recht zu, die auf den Staats-
ländereien in einem Streifen von je 10 km Breite auf beiden Seiten der
Bahnlinie befindlichen Wälder auszubeuten. Die Konzession wird auf die
Dauer von 50 Jahren nach Eröffnung der Linie ertheilt, nach welcher
Zeit die Bahn mit allem Zubehör in den Besitz des Staates übergeht.
Nach Ablauf der ersten 20 Jahre nach Ertheilung der Konzession steht
der Regierung jederzeit das Recht zu, die Bahn käuflich zu erwerben.
Der Kaufpreis soll in diesem Falle, nach Maassgabe des Reinertrages in
den vorhergegangenen letzten 7 Jahren festgestellt werden.

Auf der zu Spanien gehörigen Insel Portorico (Puerto-Rico),
welche mit den zugehörigen kleinen Inseln zusammen etwa 9144 qkm
umfasst und im Jahre 1880 754 313 Einwohner zählte, befindet sich zur
Zeit (Anfang 1887) noch keine Eisenbahn. Nach einem königlichen Erlasse vom 17. Dezember 1886 ist indessen der Bau eines 547 km umfassenden Eisenbahnnetzes in Aussicht genommen, dessen Herstellungskosten auf 49 645 000 Frcs. veranschlagt sind. In dem erwähnten königlichen Erlasse ist auf den 20. April 1887 ein Termin anberaumt, in welchem seitens der spanischen Regierung Angebote bezüglich der Uebernahme des Baues und Betriebes der sämmtlichen auf Portorico herzustellenden Eisenbahnen entgegengenommen werden sollen. Die Regierung
will für das auf dem Wege der Verdingung festzustellende Anlagekapital,
welches keinenfalls die vorangegebene Summe übersteigen soll, 8 Prozent
Zinsen gewährleisten.

In der Republik Ecuador befand sich Ende 1886 nur eine Eisen-
bahnstrecke von 69 km Länge in Betrieb, welche von dem Flecken
Yaguachi an dem gleichnamigen Nebenflusse des Guayas in westlicher
Richtung bis zu dem Flecken Puente de Chimbo am rechten Ufer des
Flusses Chimbo führt. Der Bau dieser Bahnstrecke, welche in Yaguachi
an die nach dem Hafenorte Guayaquil führende schiffbare Wasserstrasse

anschliesst und hauptsächlich der Ausfuhr der Landeserzeugnisse — Kakao, Zucker, Kaffee, Baumwolle — dient, wurde unter der Regierung des Präsidenten Garcia Morenos in Angriff genommen und im Jahre 1876 vollendet. Nachdem im letzteren Jahre der genannte Präsident ermordet worden, unterblieb die von ihm beabsichtigte Fortführung der Strecke nach der Hauptstadt Quito. Erst in neuester Zeit ist die Fortsetzung auf der Strecke Chimbo — Sibambe (82 km) in Angriff genommen worden und Ende 1886 waren von dieser Strecke etwa 10 km im Bau fertiggestellt.

Yaguachi, der Anfangspunkt der mit einer Spurweite von 0,98 m — von Schienenmitte zu Schienenmitte gemessen — ausgeführten Eisenbahn, liegt 10 m, Chimbo etwa 345 m und Sibambe etwa 2740 m über dem Meeresspiegel. Die Steigungen der Bahn betragen auf der Strecke Yaguachi Chimbo 1,80 bis 3,20 pCt.; auf der für Rechnung der Regierung von einem Generalunternehmer (einem Engländer) zu bauenden Strecke Chimbo-Sibambe soll die Steigung nach dem Bauvertrage höchstens 3 pCt., der kleinste Krümmungshalbmesser 60 m betragen. Nur an einzelnen Stellen ist die Anwendung eines Krümmungshalbmessers von 40 m unter der Bedingung zugelassen, dass an diesen Stellen die Steigung entsprechend ermässigt werde.

Die Regierung von Ecuador hat ferner in 1886 an nordamerikanische Unternehmer die Konzession für den Bau und Betrieb einer Eisenbahn von San Lorenzo in der Küstenprovinz Esmeraldas nach der Stadt Ibarra in der Provinz Imbabura ertheilt.

Die Eisenbahnen in Argentinien, über deren Umfang und Entwicklung im Archiv von 1885 S. 489 und 691, von 1886 S. 107 unter Angabe der einzelnen Linien berichtet wurde, hatten im Herbste 1886 nach einer ausführlichen Mittheilung im deutschen Handelsarchiv[*]) eine Länge von überhaupt 5484 km mit einem Kapitalwerthe von über 129 Millionen Pesos (529 000 000 ℳ). Hiervon entfielen auf die Staatsbahnen 1841 km, die Provinzialbahnen 892 km und die Privatbahnen 2751 km, von welchen sich über 2500 km zum grössten Theil in englischen Händen befanden. Die meisten Privatbahnen sind ohne Staatszuschuss gebaut, dagegen ist ihnen meist eine Verzinsung des Anlagekapitals zu 7 pCt. staatsseitig verbürgt worden. Im Bau begriffen waren ausserdem 1280 km, geplant und theilweise schon genehmigt 6149 km Bahnen. Zu den grossartigsten Unternehmungen gehört die Ueberschienung der Anden, welche an drei Punkten geplant wird und zum Theil bereits ausgeführt ist. Die Richtung dieser drei Ueberlandbahnen ist die folgende:

[*]) Jahrgang 1887. Januarheft S. 19—22.

1) von Mendoza, als Fortsetzung der Pacificbahn über den Uspallata-
   pass nach Santa Rosa in Chile zum Anschluss an die Bahn nach
   Valparaiso.*)
2) von Buenos-Ayres und Bahia Blanca zwischen den 37. und 38.
   Grad südl. Breite über den Pichachen-Pass nach Yumbel in Chile
   zur Einmündung in die nach dem Hafen Talcahuano führende
   chilenische Bahn und
3) von der Mündung des Chubut in patagonien über einen niedrigen
   Gebirgspass nach dem chilenischen Hafen Valdivia.

Die Eisenbahnen in Venezuela befinden sich sämmtlich in den
Händen von Privatgesellschaften. Seitens der Regierung werden den Unternehmern Zinsbürgschaften (meist 7% des Anlagekapitals) und andere
Vergünstigungen eingeräumt, als zollfreie Einfuhr des Bau- und Betriebsmaterials, unentgeltliche Ueberlassung von Grund und Boden, freier Holz-
schlag in den Staatswäldern. Die Konzessionen erstrecken sich meist
auf 99 Jahre, nach deren Ablauf die Bahn mit allem Zubehör Staatseigenthum wird.

Die einzige Bahn, welche in ihrer ganzen Ausdehnung für Personen-
und Güterverkehr im Betriebe steht, ist die im Jahre 1883 eröffnete
eingeleisige, 38 km lange, schmalspurige Gebirgsbahn von La Guaira nach
Carácas.**) Dieselbe hat von Anfang an gute Erträge geliefert. Für das
Jahr 1885 konnten, nach Deckung der Betriebskosten und der Zinsen für
die Obligationen, noch auf das Aktienkapital von £ 320000 sieben Prozent
Dividende gezahlt werden.

Die Bahn von Aroa nach Tucacas, 90 km lang, von der Gesellschaft
der Kupferminen von Aroa zur Beförderung ihrer Erzeugnisse an die
Meeresküste erbaut, sowie die Eisenbahnverbindung von La Guaira mit
Maiquetia und Macuto (10 km lang), von Carácas mit Antimano (10 km)
und mit El Valle (5,5 km) dienen nur beschränkten örtlichen Zwecken.

Im Bau oder in der Vorbereitung befinden sich folgende Bahn-
unternehmen:

von Puerto Cabello nach Valenzia;
die Venezolanische Zentralbahn von Carácas in südöstlicher Richtung
   nach Santa Luzia, dann westlich nach Victoria und Valenzia;
von Puerto Carenero nach Rio Chico;
von Puerto Cabello nach San Félipe-Arcune mit Ausblick auf dereinstigen Weiterbau bis an den Orinoko;

---

*) vergl. Archiv 1885 S. 691.
**) Vgl. auch Archiv 1886 S. 100, 101.

von Cojoro nach Maracaibo und
von Barcelona nach Soledad.

Aussicht auf Verwirklichung in absehbarer Zeit hat wohl die Bahn von Guacipati nach Guayana vieja am Orinoko.

Die Eisenbahnen der Vereinigten Staaten von Columbien, bisher nur von Privatunternehmern erbaut, sind von geringer Ausdehnung und stehen unter sich in keiner Verbindung. Die einzelnen Bahnen waren im Jahre 1886:

1. die Isthmusbahn von Panamá nach Colon, 77 km lang, mit Spurweite von 5 Fuss englisch und eingeleisig, ist in den Jahren 1850 bis 1855 für $ 7 407 553 erbaut; die Bahn gehört z. Z. der Panamá-Kanal-Aktiengesellschaft;

2. die Bolivarbahn von Barranquilla zum Seehafen Savanilla, 28 km lang mit 1 m Spurbreite und eingeleisig, in den Jahren 1870 und 1871 für 650 000 bis 700 000 $ Silber erbaut;

3. die Cucutabahn von Villamizar am Flusse Zulia nach Aqua Blanca, 36 km lange Theilstrecke der seit 1878 im Bau begriffenen Bahn nach Cucuta (nach Vollendung 54 km lang), mit 1 m Spurweite und eingeleisig; Anlagekapital 700 000 $ Silber;

4. die Antioquiabahn von Puerto Berrio, am linken Ufer des Magdalenenstroms, in westlicher Richtung, Theilstrecke der Bahn nach Medellin, seit 1875 im Bau, 39 km lang, mit Spurweite von 3 Fuss englisch und eingeleisig; Anlagekapital 1 400 000 $ Silber. Der Betrieb ist oft unterbrochen;

5. die Doratabahn bei Honda am linken Ufer des Magdalenenstroms zur Umgebung der Stromschnellen in einer Länge von 25 km mit Spurweite von 3 Fuss englisch, eingeleisig, für 598 000 $ Silber erbaut;

6. die Girardotbahn*) von Girardot am rechten Ufer des Magdalenenstroms nach Portillo, angeblich Theilstrecke der im Archiv von 1882, S. 243 erwähnten Bahn nach Bogotá, 33 km lang, mit Spurweite von 3 Fuss englisch, eingeleisig, für 695 000 $ Silber erbaut; es fahren zur Zeit 2 Züge wöchentlich;

7. die Caukabahn von Buenaventura am Stillen Ocean in östlicher Richtung; 27 km lange Theilstrecke der Bahn nach Cali; seit 1878 im Bau mit Spurweite von 3 Fuss englisch und eingeleisig; Anlagekapital 1 200 000 $ Silber.

---

*) vgl. auch Archiv. 1882. S. 243.

Die Eisenbahnen in der Kolonie Queensland (Australien).[*]) Die erste in dieser Kolonie in Betrieb genommene Eisenbahn war die am 31. Juli 1865 eröffnete 21 engl. Meilen lange Linie Ipswich-Grandchester. Die hiernach erfolgte Entwicklung des Eisenbahnnetzes der Kolonie, ist in der nachstehenden Uebersicht dargestellt, in welcher auch das verwendete Anlagekapital, sowie Einnahme, Ausgabe und Ueberschuss des Eisenbahnbetriebs angegeben sind.

Jahr	Länge der am Jahresschlusse im Betrieb gewesenen Eisenbahnen engl. Meil.	Anlage-kapital £	Einnahme £	Ausgabe £	Reineinnahme		Von der Einnahme kommen auf den	
					im Ganzen £	in Prozenten des verwendeten Anlagekapitals %	Personen- und Gepäck-Verkehr £	Güter-Verkehr £
1865	21	268 172	5 663	3 588	2 075	0,773	3 738	1 925
1870	206	2 192 537	71 509	68 541	2 968	0,135	17 014	54 495
1875	263	2 929 539	161 044	92 085	68 959	2,353	63 902	97 142
1880	633	4 995 360	307 727	166 083	141 644	2,835	88 323	219 404
1881	801	5 789 832	348 590	195 279	153 311	2,647	113 490	235 100
1882	897	6 244 682	464 160	242 131	222 029	3,555	151 163	312 997
1883	1 035	7 092 973	590 551	291 347	299 204	4,218	171 381	419 170
1884	1 203	8 031 539	682 179	357 535	324 644	4,042	223 133	459 046

Die Gesammtausdehnung der am 31. Dezember 1884 im Betrieb gewesenen Eisenbahnen, auf welche sich die vorstehenden Angaben über das Anlagekapital u. s. w. beziehen, ist hier zu 1203 engl. Meilen, an einer anderen Stelle zu 1207 Meilen (1942 km) angegeben. Auf je 1000 Einwohner kamen Ende 1884 3,89 Meilen (6,26 km) Eisenbahn, während die Anlagekosten für den Kopf der Bevölkerung sich auf 26 £ (520 ℳ) berechnete. Bis zum Ende des Jahres 1885 war nach dem Berichte des Regierungsstatistikers der Kolonie Victoria vom 1. November 1886 die Ausdehnung der Eisenbahnen in der Kolonie Queensland auf 2308 km gewachsen.

Die mittlere Betriebslänge berechnet sich für das Jahr 1884 zu 1123 Meilen.

Die Spurweite der Eisenbahnen beträgt 3 Fuss 6 Zoll engl. (1,067 m).

Für die Bahnlinien, welche Ende 1884 noch im Bau begriffen waren, sowie für Vorarbeiten zu weiteren Bahnbauten waren ferner ausgegeben 850 742 £, sodass sich das gesammte bis Ende 1884 für Eisenbahnzwecke verausgabte Kapital auf 8 882 281 £ belief.

---

*) Vgl. Archiv 1883, S. 379. Die hier gebrachten Mittheilungen sind entnommen aus dem von der Regierung dem Parlamente vorgelegten Berichte über das Eisenbahnwesen der Kolonie Queensland im Jahre 1884. Annual report of the Commissioner for Railways for the year 1884. Presented to both Houses of Parliament by command. Brisbane, 1885.

Das gesammte vom Parlamente für Eisenbahnzwecke bewilligte Kapital betrug Ende 1883 9 708 487 £. Im Jahre 1884 wurden für denselben Zweck weiter bewilligt 6 917 000 £, wonach eine bedeutende Ausdehnung des Eisenbahnbaues in Aussicht genommen ist. Von der früher beabsichtigten Uebertragung von Eisenbahnbauten an Privatunternehmer[*]) scheint vollständig Abstand genommen zu sein.

An Betriebsmitteln waren vorhanden:	1883	1884
Lokomotiven	97	125
Personenwagen	113	142
Bremswagen	43	73
Güterwagen	590	779
Viehwagen	69	76
Wagen für Beförderung von Schafen	64	67
Platform- und Holzwagen	134	189
Kohlenwagen	101	203
Sonstige Fahrzeuge	296	478
Zusammen . .	1 507	2 132

Die Vermehrung der Betriebsmittel ist hiernach im Jahre 1884 eine sehr beträchtliche gewesen.

Der Ankaufswerth der in der Kolonie im Jahre 1884 aus Grossbritannien eingeführten Betriebsmittel, Theile von solchen, Schienen und sonstigen Eisenbahnbedürfnisse bezifferte sich auf 208 259 £. An Schiffsfracht wurde für diese Gegenstände gezahlt 49 095 und an Versicherungsgebühr 2 952 £, sodass der gesammte Kostenbetrag in der Kolonie sich auf 260 306 £ berechnete.

Freifahrtscheine wurden ausgegeben:	1883	1884
An Einwanderer	5 094	5 697
„ Polizeibeamte (police)	3 740	5 053
„ entlassene Gefangene	196	172
„ Arme und Kranke (benevolent and hospital patients)	361	427
„ Eisenbahn-Bedienstete und Arbeiter . . .	11 105	11 652
„ Staatsbeamte aus verschiedenen Dienstzweigen .	1 349	2 142
„ Freiwillige (volunteers)	1 141	645
„ sonstige Personen	673	937
Zusammen . .	23 659	26 725

[*]) Vgl. Archiv 1883, S. 379.

Die an Mitglieder der beiden Häuser des Parlaments abgegebenen Freifahrtkarten sind hierbei nicht mitgerechnet.

Bezüglich der Betriebsergebnisse in den Jahren 1883 und 1884 sind noch die nachstehenden Angaben zu machen.

	1883	1884
Zugmeilen wurden geleistet	1 698 482	2 192 454
Für die Zugmeile betrug die Einnahme	6 sh 11$\frac{1}{2}$ d	6 sh 2$\frac{3}{4}$ d
Für die Zugmeile betrug die Ausgabe	3 sh 5$\frac{1}{4}$ d	3 sh 3$\frac{1}{4}$ d
Verhältniss der Betriebsausgaben zu den Einnahmen . . . . °/0	49,83	52,41
An Gütern wurden befördert . . . . . tons	350 451	408 635
Zahl der an Reisende abgegebenen Fahrscheine .	756 581	1 025 552
Zahl der beförderten Ballen Wolle	75 982	85 610

Rechtsprechung und Gesetzgebung.

Rechtsprechung.

Obligationenrecht.

§ 1 des Deichgesetzes vom 28. Januar 1848.

Urtheil des Reichsgerichts, (V. Zivil-Senat) vom 20. Januar 1886.

Voraussetzungen der Haftbarkeit juristischer Personen für Handlungen oder Unterlassungen ihrer Vertreter.

Aus den Entscheidungsgründen.

Die für den Revisionsrichter bindenden thatsächlichen Grundlagen des Berufungsurtheils sind folgende: Der Bau einer Brücke über die Lohe in den Jahren 1882 und 1883 war von der Oberschlesischen Eisenbahngesellschaft (an deren Stelle jetzt Beklagter getreten ist) dem Regierungsbaumeister S. und dem Bauführer H. aufgetragen. Einzelne Maurerarbeiten hatte ein Unternehmer E. übernommen. Die beiden gedachten Baubeamten haben die Ausführung des ganzen Baues geleitet. Ihnen ist auch die Abgrabung des Lohedeiches durch E. bekannt gewesen. Sie haben jedoch die Genehmigung des Bezirksrathes zu der Abgrabung gemäss § 1 des Deichgesetzes vom 28. Januar 1848 und § 121 des Zuständigkeitsgesetzes vom 26. Juli 1876 nicht eingeholt. Am 18. und 19. Juni 1883 haben die Gewässer der Lohe den abgegrabenen und damals noch nicht wiederhergestellten Deich durchbrochen, und die Ländereien der Kläger beschädigt. Für diese Beschädigung hält der Berufungsrichter die Oberschlesische Eisenbahngesellschaft, resp. den Eisenbahnfiskus, verantwortlich, weil deren Beamte durch Nichteinholen der Genehmigung zur Abgrabung schuldbarer Weise gegen das im § 1 des Deichgesetzes gegebene polizeiliche Verbot gehandelt haben.

Die von dem Beklagten gegen diese Entscheidung eingelegte Revision ist unbegründet.

Der Angriff des Beklagten ist vorzugsweise gegen die Annahme des Berufungsrichters gerichtet, dass hier ein Fall, in welchem juristische Personen für Handlungen oder Unterlassungen ihrer Vertreter haften, vorliege. Das Allgemeine Landrecht hat diese Haftung allerdings nicht generell geordnet. Die konstante Praxis sowohl des früheren Obertribunals,

als des früheren Reichs-Oberhandelsgerichts und jetzt des Reichsgerichts nimmt jedoch an, dass juristische Personen und insbesondere auch der Fiskus für die Handlungen ihrer Vertreter haften:

1. bei kontraktlichen Verpflichtungen, und

2. bei den durch spezielle Gesetze ihnen auferlegten positiven Verbindlichkeiten.

> (Vergl. das Urtheil des Reichsgerichts, V. Zivil-Senat, bei Gruchot, Beiträge Band 29 Seite 871 und die dortigen Citate.)

Von dieser rechtlichen Grundlage geht auch der Berufungsrichter bei seiner Entscheidung aus. Die Frage, was unter einer durch spezielle Gesetze auferlegten Verbindlichkeit zu verstehen sei, wird von den Instanzrichtern verschieden beantwortet. Der erste Richter nimmt an, der Fall trete nur ein, wenn eine der juristischen Person durch spezielles Gesetz auferlegte Verbindlichkeit verletzt werde. Mit Recht bezeichnet jedoch der Berufungsrichter diese Auffassung als zu beschränkt. Eines Spezialgesetzes für juristische Personen bedarf es nicht. Der Sinn des von der Judikatur zum Ausdruck gebrachten Rechtsgrundsatzes geht vielmehr dahin, dass Verpflichtungen, welche aus polizeilichen Gründen, also z. B. behufs Sicherung des Verkehrs, Schutz gegen Unglücksfälle u. s. w. bestimmten Personen auferlegt werden, von diesen selbst erfüllt werden müssen, und dass es ihnen nicht erlaubt ist, diejenigen, welche durch Nichtbefolgung solcher Vorschriften verletzt sind, an ihre Beauftragten, Vertreter oder Beamte zu verweisen. In Anwendung dieses Grundsatzes sind in einer Reihe von Fällen juristische Personen, wenn sie als Eigenthümer von Grundstücken, Bauunternehmer oder Gewerbetreibende von dem polizeilichen Gebote betroffen wurden, bei Verschuldung ihrer Vertreter für selbst haftbar erklärt worden. Ein solcher Fall liegt auch hier vor. Es unterliegt zunächst keinem Bedenken, dass § 1 des Deichgesetzes ein polizeiliches Gebot enthält, vor der Aenderung von Deichen oder Dämmen die behördliche Genehmigung einzuholen. Gegen dieses Gebot hat E. gehandelt, indem er einen Theil des Lohedammes ohne behördliche Genehmigung abgrub und die so gewonnene Fläche, wie der Berufungsrichter feststellt, zum Bauplatz nahm. Wenn die mit der Bauleitung betrauten Beamten dies sahen und duldeten, ohne die Genehmigung der zuständigen Behörde nachzusuchen, so liegt darin eine schuldbare Vernachlässigung der gesetzlichen Anordnung. Durch die Behauptung, es hätten die Deich- oder Polizeibeamten die Anzeige erstatten müssen, kann der Beklagte das schuldvolle Benehmen seiner Vertreter nicht entkräften. Denn das Gesetz verpflichtet zunächst diejenigen, welche die verbotene Handlung vorgenommen haben. Für sie bildet es keine Entschuldigung, dass vielleicht auch noch andere Beamten ihrer Pflicht nicht nachgekommen sind. Der Berufungsrichter hat deshalb mit Recht angenommen, dass hier ein Fall vorliegt, in welchem juristische Personen für schuldbare Handlungen ihrer Beamten haften.

_____

Strafrecht.

Urtheil des Reichsgerichts (II. Straf-Senat) vom 5. November 1886 in der Strafsache gegen den Redakteur Dr. Z. zu B. wegen Beleidigung.

Grenzen der Wahrnehmung berechtigter Interessen bei Besprechung vermeintlicher Uebelstände durch die Presse.

Strafgesetzbuch § 193.

Gründe.

Nach dem Eröffnungsbeschluss ist der Angeklagte beschuldigt, durch den im Abendblatt des von ihm redigirten B. Tageblatts vom 16. März 1886 enthaltenen Artikel „Ist die Tortur abgeschafft?" den Ersten Staatsanwalt in H. öffentlich mittels der Presse beleidigt zu haben.

Der Beschluss ist auf Grund der §§ 185, 194, 200, nicht des § 186 des Strafgesetzbuchs, wie das angegriffene Urtheil im Eingange seiner Gründe mittheilt, ergangen und erwägt, dass der Artikel eine Beleidigung enthalte und aus seiner Fassung die Absicht zu beleidigen entnommen werden könne.

Das Urtheil stellt fest, dass der fragliche Artikel unter Beifügung selbständiger Bemerkungen eine vom Abgeordneten H. im Reichstage gehaltene Rede reproduzire, in welcher wahrheitswidrige, den Vorwurf eines schweren Amtsvergehens gegen den Vorsteher des Gefängnisses in H. (den Staatsanwalt S.) involvirende, denselben in der öffentlichen Meinung herabzuwürdigen und verächtlich zu machen geeignete Behauptungen und demgemäss der Thatbestand des Vergehens der Beleidigung nach § 186 des Strafgesetzbuches in Betreff des H. enthalten, wenn dieser nicht nach § 11 des Strafgesetzbuchs straflos wäre.

Das Urtheil gelangt zur Freisprechung des Angeklagten, indem es davon ausgeht:

1) dass den Angeklagten bei dem objektiv beleidigenden Charakter der reproduzirten Rede auf Grund des § 20 des Pressgesetzes als verantwortlichen Redakteur die Strafe des Thäters treffen würde, wenn ihm die Absicht zu beleidigen innegewohnt hätte;

2) dass die Absicht einer Beleidigung nicht als vorhanden angenommen werden könne, da es dem Verfasser lediglich um den Hinweis auf ein im öffentlichen Leben zur Sprache gekommenes beunruhigendes Vorkommniss und um Herbeiführung der Aufklärung darüber von zuständiger Seite zu thun gewesen, das Tageblatt durch die ihm zustehende rückhaltlose sach-

liche Besprechung eines vermeintlich zu Tage getretenen Uebelstandes nur
ein berechtigtes Interesse im Sinne des § 193 des Strafgesetzbuchs wahrgenommen habe, durch den beim Nichtvorhandensein einer anderweit
zu entnehmenden beleidigenden Absicht die Strafbarkeit ausgeschlossen
werde.

Diese Begründung ist allerdings rechtsirrthümlich und verstösst gegen
die von der Revision als verletzt bezeichneten §§ 185, 186, 193 des Strafgesetzbuchs. Denn sie läuft darauf hinaus, dass der Thatbestand der §§
185, 186 des Strafgesetzbuchs entweder allgemein oder, wenn ein Redakteur der Thäter, die Absicht zu beleidigen erfordert, und dass die Wahrnehmung berechtigter Interessen das Vergehen gegen die §§ 185, 186 des
Strafgesetzbuchs straflos mache, weil dadurch die Absicht zu beleidigen
ausgeschlossen werde. Beides ist falsch. — —

Alles dies würde zur Aufhebung des Urtheils führen, selbst wenn es
richtig wäre, dass ein Fall der Wahrnehmung berechtigter Interessen im
Sinne des § 193 des Strafgesetzbuchs vorliegt. Aber auch in dieser Beziehung kann der Strafkammer nicht beigetreten werden.

Sie geht davon aus, dass wie jedem Einzelnen, so auch der Presse
das Recht zusteht, vermeintlich zu Tage getretene Uebelstände rückhaltlos sachlich zu besprechen, und dass die Presse in Wahrnehmung eines berechtigten allgemeinen Interesses handelt, wenn sie von dieser Befugniss
Gebrauch macht. Richtig in diesem Satze ist, dass das Recht der Besprechung der Presse wie jedem Einzelnen zusteht, d. h. in demselben
Maass und demselben Umfange; denn dass die Presse als solche kein
anderes, mehreres Recht hat, als der einzelne Staatsbürger, ist rechtlich
unbedenklich. Richtig ist auch, dass der Presse wie dem Einzelnen das
Recht der Besprechung selbst vermeintlicher, d. h. angenommener, aber in
Wahrheit nicht bestehender Uebelstände zusteht. Aber aus beidem folgt
für den vorliegenden Fall nichts.

Nach dem, was das Urtheil feststellt, reproduzirt der fragliche Artikel
mit der Rede des Abgeordneten H. übertriebene, entstellte und unwahre
Thatsachen von ehrverletzendem Charakter der schwersten Art. Die Strafkammer nimmt an, dass die Rede den Thatbestand des § 186 des Strafgesetzbuchs erfüllt, und muss danach davon ausgehen, dass auch der Artikel
den Thatbestand des § 186 des Strafgesetzbuchs erfüllt, da sie keine besonderen Umstände feststellt, aus denen zu folgern, dass die Wiederholung
der in der Rede enthaltenen unwahren, ehrverletzenden Behauptungen nicht
unter dem § 186 des Strafgesetzbuchs fällt. Die am Schluss des Urtheils
angeregte Frage, ob die Wiedergabe der Rede nicht nach § 12 des Strafgesetzbuchs straflos, braucht auch hier nicht erörtert zu werden, weil das
Urtheil nichts feststellt, woraus zu entnehmen, dass der inkrimirte Artikel

ein Bericht im Sinne des § 12 a. a. O. ist, der überdies hier überhaupt
nicht in Betracht kommt, da er sich auf Berichte über Verhandlungen
eines Landtages oder einer Kammer eines Bundesstaats bezieht, nicht auf
Berichte über Reichstagsverhandlungen, die der Artikel 22 der Reichsverfassung schützt.

Wenn aber die Strafkammer den Satz, dass die Presse wie jeder
Einzelne berechtigt sei, zu Tage getretene vermeintliche Uebelstände rückhaltlos zu besprechen, und in Ausübung dieses Rechts sich in Ausübung
berechtigter Interessen im Sinne des § 193 des Strafgesetzbuchs befinde,
auf den vorliegenden Fall anwendet und daraus, dass es sich um Besprechung eines vermeintlichen Uebelstandes im allgemeinen Interesse gehandelt, die Straflosigkeit des objektiv eine Beleidigung enthaltenden
Artikels folgert, so gewinnt der Satz die Bedeutung, dass die Presse und
jeder Einzelne berechtigt, unwahre ehrenrührige Thatsachen in Beziehung
auf einen andern zu behaupten oder zu verbreiten, wenn dies zum Zwecke
der Besprechung im allgemeinen Interesse geschieht. Es liegt auf der
Hand, dass ein solcher Grundsatz in seiner Konsequenz dahin führen würde,
die Ehre des Einzelnen der Presse und jedem Dritten schutzlos preiszu-
geben. Der Grundsatz folgt weder aus dem Begriff der Wahrnehmung
berechtigter Interessen noch aus dem Sinne und der Bedeutung des § 193
des Strafgesetzbuchs überhaupt.

Der § 193 des Strafgesetzbuchs beruht darauf, dass die äusserlich sich
als Nichtachtung fremder Persönlichkeit darstellende Handlung nicht strafbar, weil nicht rechtswidrig ist, wenn sie in Ausübung eines Rechts erfolgt, welches neben oder über dem Recht auf·Achtung der Person steht,
weil und insoweit in solchem Falle die Handlung sich nur äusserlich gegen
die Person richtet, ihrem inneren Wesen nach aber nicht gegen die Person,
sondern auf die Ausübung des Rechts gerichtet ist. Der Grundgedanke
des § 193 ist derselbe, welcher die Straflosigkeit des Handelns in der
Nothwehr und im Nothstande begründet, und Missbandlung, Freiheitsbe-
raubung, Hausfriedensbruch als straflos, weil nicht rechtswidrig, erscheinen
lässt, wenn sie in Ausübung eines Züchtigungsrechts, eines Rechts zur Ver-
haftung, Durchsuchung erfolgt oder zur Abwehr eigner oder fremder Gefahr. Von diesem Gedanken aus lässt der § 193 die Vorhaltungen und
Rügen Vorgesetzter gegen Untergebene, dienstliche Anzeigen und Urtheile,
tadelnde Kritik von Leistungen, welche zur Kritik bestimmt, und Aeusserungen zur Ausführung oder Vertheidigung von Rechten straflos, weil und
insoweit in allen diesen Fällen ein Recht (der Kritik, der Rüge, der Vor-
haltung, Anzeige) ausgeübt wird oder geschützt werden soll. Von diesem
Gedanken aus ist auch die allgemeine Kategorie der ähnlichen Fälle im
§ 193 zu bestimmen und der Fall der Aeusserung „zur Wahrnehmung be-

rechtigter Interessen" zu beurtheilen. Das Gesetz stellt nicht die Wahrnehmung jedes Interesse gleichwerthig neben die Ausübung eines Rechts
oder die Ausführung oder Vertheidigung von Rechten, sondern fordert die
Wahrnehmung eines berechtigten Interesses. Damit ist nicht bloss ausge-
drückt, dass der Wahrnehmende subjektiv zur Wahrnehmung des Interesses
befugt sein muss, sondern auch der Kreis der vom Gesetz berücksichtigten
Interessen objektiv begrenzt. Objectiv berechtigte Interessen sind aber nur
solche, welche das Recht anerkennt, und zwar auch gegenüber dem Recht
auf Achtung der Person anerkennt. Diese Beschränkung ergiebt sich als
nothwendig aus dem oben entwickelten Sinne und der Bedeutung des § 193.
Ob ein objektiv berechtigtes Interesse in diesem Sinne vorliegt, ist in jedem
einzelnen Falle zu prüfen, aber nicht bloss Sache thatsächlicher, sondern
auch rechtlicher Prüfung, da der Begriff des berechtigten Interesses im
Sinne des § 193 ein Rechtsbegriff ist.

Von vorstehenden Gesichtspunkten aus ist die oben mitgetheilte Ausführung des angegriffenen Urtheils unhaltbar.

Das Recht der Presse, vermeintlich zu Tage getretene Uebelstände
„rückhaltlos", wie das Urtheil betont, zu besprechen, ist nichts anderes, als
das Recht jedes Einzelnen, seine Meinung durch Worte, Schrift, Druck und
bildliche Darstellung frei zu äussern, welches der Artikel 27 der preuss.
Verfassung jedem Preussen garantirt. Dass aus diesem Recht der freien
Meinungsäusserung kein Recht zu Aeusserungen folgt, welche das Recht
auf Achtung der Person verletzen, bedarf kaum weiterer Darlegung.
Solches Recht ist weder dem Einzelnen noch der Presse gegeben, vielmehr
richten sich gerade dagegen die Strafvorschriften des Strafgesetzbuchs wie
des Pressgesetzes. Am allerwenigsten folgt aus jenem Recht der freien
Meinungsäusserung ein Recht auf Behaupten oder Verbreiten erweislich
nicht wahrer ehrenrühriger Thatsachen. Die Presse hat so wenig wie der
Einzelne ein Recht, vermeintlich zu Tage getretene Uebelstände rückhaltlos zu besprechen, in dem Sinne, dass sie zum Zwecke solcher Besprechung
vermeintliche, d. h. in Wahrheit nicht bestehende Uebelstände, behaupten
und dabei durch Behaupten oder Verbreiten unwahrer Thatsachen die Ehre
des Einzelnen kränken kann. Solches Recht folgt weder aus ihrem Rechte
zur freien Meinungsäusserung, noch aus dem von der Strafkammer angenommenen Recht der Wahrnehmung allgemeiner, sittlicher, öffentlich-recht-
licher oder ähnlicher Interessen. Es kann dahingestellt bleiben, wie weit
das Recht des Einzelnen und der Presse geht, wahre Thatsachen, aus
denen ein Uebelstand sich ergiebt, im Interesse aller öffentlich bekannt zu
machen und zur Besprechung zu bringen, auch wenn dadurch die Ehre
einer Person berührt wird. Aber wenn sie unwahre Thatsachen, aus denen
ein vermeintlicher, in Wahrheit nicht bestehender Uebelstand zu folgern,

öffentlich bekannt macht und bespricht, so thut sie dies ebenso wie der Einzelne auf ihre Gefahr. Denn es besteht überhaupt kein und am allerwenigsten ein objektiv berechtigtes, vom Recht anerkanntes allgemeines sittliches oder öffentlich-rechtliches Interesse an der Aufdeckung und Besprechung nicht bestehender Uebelstände. Das Recht auf Achtung der Person steht höher, als das Recht auf Besprechung solcher vermeintlichen Uebelsände. Der Einzelne hat das Recht, Handlungen, die er für strafbar hält, oder von denen er in gutem Glauben annimmt, dass sie strafbar begangen, der zur Verfolgung berufenen Behörde anzuzeigen; er handelt damit subjektiv berechtigt und in Wahrnehmung eines objektiv berechtigten Interesses, das der Einzelne wie die Gesammtheit daran hat, dass strafbare Handlungen nicht unverfolgt bleiben, auch wenn nur der Verdacht besteht, dass sie begangen. Die Bestimmungen der Strafprozessordnung § 152, 156, 201 erweisen, dass das Gesetz dies Interesse als ein solches objektiv berechtigtes anerkennt, neben welchem das Recht des Einzelnen auf Achtung seiner Person zurücktritt. Darum bleibt nach § 193 des Strafgesetzbuchs straflos, wer der Behörde Thatsachen mittheilt, aus denen sich eine strafbare Handlung eines anderen ergiebt, auch wenn sie nicht erweislich wahr, sobald er in gutem Glauben gehandelt; die Anzeige ist straflos, auch wenn der beleidigende Verdacht den Angezeigten zu Unrecht trifft. Dagegen besteht weder ein subjektives Recht, noch ein objektiv berechtigtes Interesse, nicht erweislich wahre Thatsachen in Beziehung auf einen anderen öffentlich zu behaupten und zu verbreiten, und zu besprechen. Das Recht rückhaltloser sachlicher Besprechung, von dem die Strafkammer ausgeht, ist eben in Wahrheit, wie bereits hervorgehoben, nichts als das Recht der Meinungsäusserung, welches das objektive Recht nicht über oder neben das Recht des Einzelnen auf Achtung seiner Person stellt, sondern durch seine Strafvorschriften geradezu durch dieses letztere Recht beschränkt. Dieses Recht der freien Meinungsäusserung besteht nur unter der Voraussetzung der Beachtung der allgemeinen Strafgesetze. Und darin steht die Presse nicht anders, als jeder Einzelne; sie handelt wie der Einzelne bei ihren Meinungsäusserungen auf ihre eigene Gefahr. Anzuerkennen ist, dass der § 193 Platz greifen könnte, wenn die Umstände so liegen, dass die Anrufung der zuständigen Behörde nutzlos erscheint oder in gutem Glauben für nutzlos, die öffentliche Besprechung als der einzige geeignete Weg erachtet wird, Uebelstände zur allgemeinen Kenntniss zu bringen und dadurch ihre Abhülfe herbeizuführen. Aber davon ist vorliegend nichts festgestellt und offensichtlich nicht die Rede.

Von diesen Grundsätzen ist der Senat im Wesentlichen bereits in seinem in den Entscheidungen des Reichsgerichts in Strafsachen Band 5 S. 239 veröffentlichten Urtheile ausgegangen, in welchem er das Recht der Presse verneint hat, vermeintliche Uebelstände öffentlich zu rügen.

Das angegriffene Urtheil verletzt danach auch den § 193 des Strafgesetzbuchs, indem es ihn auf einen Fall anwendet, für den er nicht zutrifft.

Aus diesen Gründen musste das Urtheil sammt seinen Feststellungen
aufgehoben und die Sache zur anderweiten Verhandlung und Entscheidung
gemäss §§ 393, 394 der Strafprozessordnung in die Instanz zurückgewiesen werden.

Urtheil des Reichsgerichts (II. Straf-Senat) vom 5. November 1886 in der Strafsache gegen
den Redakteur B. zu B.

**Verantwortlichkeit für Zeitungsberichte über Verhandlungen des Reichstages.
Reichsverfassung Art. 22.**

Gründe.

Nach den Urtheilsgründen ist am 16. März 1886 in der unter der
verantwortlichen Redaktion des Angeklagten erscheinenden, periodischen
Zeitschrift „Freisinnige Zeitung“ ein Artikel veröffentlicht, welchen der
Angeklagte zwar nicht verfasst, aber vor der Veröffentlichung gekannt hat.
Dieser Artikel beginnt mit den Worten: „Eine schwere Beschuldigung gegen
die preussische Justizpflege, insbesondere gegen den Staatsanwalt S. in H.
erhob der sozialdemokratische Reichstagsabgeordnete H. in der Reichstagssitzung vom 12. März“, theilt dann den Wortlaut der von H. in der
Reichstagssitzung gehaltenen Rede mit und schliesst mit den Worten: „Es
erscheint nöthig, dass die Sache behufs der Untersuchung im preussischen
Abgeordnetenhause zur Sprache gebracht wird. Der preussische Justiz-
Minister darf nicht dulden, dass Justizbeamte von Gefangenen Geständnisse
zu erpressen suchen. Sollten sich H.'s Angaben als richtig herausstellen,
so müsste eine Anklage gegen den Staatsanwalt auf Grund des § 343 des
Deutschen Strafgesetzbuchs erhoben werden, welcher lautet etc.“ In jener
Rede hatte H. die unwahre Thatsache behauptet, dass der Staatsanwalt
S. gegen ihn Zwangsmittel zur Erpressung eines Geständnisses ange-
wendet habe.

Der erste Richter stellt hiernach fest, dass der Angeklagte als ver-
antwortlicher Redakteur der vorerwähnten Zeitung in Beziehung auf den
Staatsanwalt S. öffentlich nicht erweislich wahre Thatsachen behauptet und
verbreitet habe, welche geeignet sind, den S. verächtlich zu machen und
in der öffentlichen Meinung herabzusetzen, nimmt an, dass dem Angeklagten
der § 193 des Strafgesetzbuchs nicht zur Seite stehe, und straft demgemäss den Angeklagten auf Grund des § 186 a. a. O. und des § 20 des
Gesetzes über die Presse vom 7. Mai 1874 wegen öffentlicher Beleidigung.

Die Rüge, dass das Urtheil den Art. 22 der durch das Gesetz vom
16. April 1871 veröffentlichten Reichsverfassung verletze, ist unbegründet.
Die Vorschrift des Art. 22, dass wahrheitsgetreue Berichte über Verhand-

lungen in öffentlichen Sitzungen des Reichstages von jeder Verantwortlichkeit frei bleiben, ist eine Ausnahmevorschrift und lässt als eine solche eine ausdehnende Auslegung nicht zu. Ihr liegt der gesetzgeberische Gedanke zu Grunde, dass bei der gesetzlich stattfindenden Oeffentlichkeit der Reichstagsverhandlungen keine Veranlassung vorliegt, deren wahrheitsgetreue Verbreitung durch den Druck zu verhindern, dass es vielmehr dem Geiste der Reichsverfassung entspricht, niemanden über das, was in den öffentlichen Sitzungen des Reichstages verhandelt ist, in Unkenntniss zu lassen. Daraus ergiebt sich, dass der Artikel 22 nur Berichte im Auge hat, welche sich auf die wahrheitsgetreue Mittheilung dessen, was in den Sitzungen des Reichstages öffentlich verhandelt ist, beschränken, jedenfalls aber nicht Berichte, welche den Inhalt einer von einem Reichstagsabgeordneten gehaltenen Rede nicht nur wiedergeben, sondern auch, wie der erste Richter bezüglich des in Rede stehenden zutreffend hervorhebt, einer Besprechung unterwerfen. Von diesem Standpunkte aus ist es gleichgültig, dass der erste Richter die strafbare Beleidigung in dem Inhalte der mitgetheilten Rede und nicht in den dieser beigefügten Bemerkungen gefunden hat. Entscheidend ist es, dass der fragliche Bericht, weil er die mitgetheilte Rede zum Gegenstande der Besprechung macht, einen wesentlich andern Charakter trägt, als diejenigen Berichte, auf welche sich der Art. 22 a. a. O. bezieht, und deshalb diese Bestimmung hier nicht in Frage kommt. Damit ist nicht ausgesprochen, dass jeder Zeitungsartikel, welcher das in einer öffentlichen Reichstagssitzung Verhandelte wahrheitsgetreu mittheilt, schon deshalb als ein wahrheitsgetreuer Bericht im Sinne des Art. 22 a. a. O. nicht anzusehen ist, weil dem Berichte einleitende und schliessende Worte hinzugefügt sind, auch wenn die hinzugefügten Bemerkungen eine Erörterung des in der Reichstagssitzung Verhandelten nicht enthalten. Um einen solchen Artikel handelt es sich hier nicht; denn der erste Richter stellt fest, dass der inkriminirte Artikel den von H. dem Staatsanwalt S. gemachten Vorwurf nicht nur wiedergiebt, sondern auch bespricht, und dass er der H.'schen Rede in Bezug auf diese selbständige Bemerkungen vorausschickt und mit solchen schliesst. Es liegt auch ein Zeitungsartikel nicht vor, welcher unter Bezugnahme auf den an einer anderen Stelle veröffentlichten, wahrheitsgetreuen Bericht über eine öffentliche Reichstagsverhandlung das Verhandelte einer Besprechung unterwirft, so dass zu entscheiden wäre, ob eine solche jedenfalls nicht unter den Art. 22 a. a. O. fallende Besprechung deshalb eine strafbare Beleidigung enthält, weil in dem in Bezug genommenen Bericht Aeusserungen vorkommen, welche objektiv beleidigend sind. In Rede steht ein einheitlicher Zeitungsartikel, bei welchem die Frage, ob die darin enthaltene Beleidigung strafbar ist, von der Beantwortung der Vorfrage abhängt, ob derselbe den Charakter eines

Berichtes hat, welcher nach Art. 22 a. a. O. von jeder Verantwortlichkeit frei ist, und diese Vorfrage muss verneint werden.

Gesetzgebung.

Preussen. Entwurf eines Gesetzes, betr. den weiteren Erwerb von Privateisenbahnen für den Staat.

> Dem Abgeordnetenhause am 7. Februar 1887 vorgelegt und in erster Lesung an eine Kommission zur Vorberathung überwiesen.

Entwurf eines Gesetzes, betr. die weitere Herstellung neuer Eisenbahnlinien für Rechnung des Staates und sonstige Bauausführungen auf den Staatseisenbahnen.

> Dem Abgeordnetenhause am 7. Februar 1887 vorgelegt und in erster Lesung an die Budgetkommission zur Vorberathung überwiesen.

Der Inhalt der beiden vorstehenden Gesetzentwürfe wird in dem Aufsatze S. 218 bis 246 dieses Heftes dargestellt.

Oesterreich-Ungarn. Verordnung des Handelsministeriums vom 10. Dezember 1886, betreffend die Gültigkeitsdauer von Frachtbegünstigungen auf Eisenbahnen.

> Abgedruckt in dem am 10. Dezember 1886 ausgegebenen LIII. Stücke des R.-G.-Bl. unter No. 170.

Im Nachhange zu der in Ergänzung der Verordnungen vom 12. März 1879 (R.-G.-Bl. No. 38) und vom 31. Dezember 1879 (R.-G.-Bl. No. 3 ex 1880) ergangenen Verordnung vom 15. Mai 1886 (R.-G.-Bl. No. 73*) wird Nachstehendes verfügt:

§ 1. Von der im § 2 ersten Absatz, der Verordnung vom 15. Mai 1886 enthaltenen Anordnung, wonach Frachtbegünstigungen ohne Bedingung eines Minimalquantums stets „bis auf Widerruf" oder „bis auf Weiteres" und in der Regel mit dem Maximal-Gültigkeitstermine bis zum Schlusse des jeweilig laufenden Kalenderjahres zu publiziren sind, wird neben den bereits im obigen § 2, zweiter und dritter Absatz, vorgesehenen Ausnahmen noch eine weitere Ausnahme zugelassen, dahin gehend, dass die in der Zeit zwischen 1. Oktober und 31. Dezember eines Jahres ohne Bedingung eines Minimalquantums in Wirksamkeit tretenden Frachtbegünstigungen mit der Gültigkeit bis zu Ende des nächsten Kalenderjahres zur Veröffentlichung gelangen dürfen.

§ 2. Die gegenwärtige Verordnung tritt mit dem Tage ihrer Kundmachung in Wirksamkeit.

Der kgl. ungarische Minister hat für die ungarischen Eisenbahnen eine Verordnung gleichen Inhalts erlassen.

---

*) Vgl. Archiv 1886, S. 570, 571.

Schweiz. Vollziehungsverordnung zu den Bundesgesetzen über polizeiliche Maassregeln gegen Viehseuchen vom 8. Februar 1872[1]), 19. Juli 1873[2]) und 1. Juli 1886[3]); vom 17. Dezember 1886[*]).

Abschn. 5. Viehverkehr auf Eisenbahnen und Abschn. 6. Desinfektion der Eisenbahnwagen.

5. Viehverkehr auf Eisenbahnen.

Art. 88. Zur Verhütung der Einschleppung und Verbreitung ansteckender Krankheiten und der Viehseuchen überhaupt beim Eisenbahnverkehr werden die nachfolgenden Bestimmungen aufgestellt:

a) Mit ansteckenden Krankheiten behaftete oder derselben verdächtige Thiere sind vom Verkehr ausgeschlossen; hiervon ausgenommen sind die unter Litt. *f* bezeichneten Fälle.

b) Thiere des Rindviehgeschlechts jeden Alters, sowie Schafe, Ziegen und Schweine dürfen auf Eisenbahnen nur verladen werden, wenn sie von dem vom Gesetze und von der vorliegenden Verordnung vorgeschriebenen Gesundheitsscheine begleitet sind. Thiere des Pferdegeschlechts dürfen ohne Gesundheitsscheine auf Eisenbahnen verladen werden.

c) Schafe und Schweine dürfen nicht gleichzeitig mit Thieren des Rindviehgeschlechts in einem und demselben Wagen transportirt werden.

d) Frische Häute sind in Wagen unterzubringen, welche kein Vieh enthalten. Sie sind derart zu verladen, dass Blut und andere in ihnen enthaltene flüssige Stoffe nicht auf die Bahn ausrinnen können.

e) Die kantonalen Sanitätsbehörden und der eidgenössische Oberpferdearzt können die Eisenbahnen zum Transport infizirter und namentlich solcher Thiere benützen, welche für die Schlachtbank bestimmt sind. In jedem Falle werden dieselben die Bedingungen, unter welchen der Transport zu erfolgen hat, zum Voraus feststellen.

f) Die zum Schutze des Viehs auf den Bahnhöfen bestimmten Schuppen, die Rampen und die zum Viehtransport bestimmten Wagen sind von den Eisenbahngesellschaften beständig in reinem Zustande und frei von ansteckenden Stoffen zu erhalten. Sie sind nach jedem Viehtransporte und nach jedem Transporte von frischen Häuten zu reinigen und zu desinfiziren.

Art. 89. Die Eisenbahnverwaltungen haben auf jeder Station eine Kontrole aufzulegen, in welche die ausgeladenen Stücke Gross- und Kleinvieh, mit Angabe der Nummern der Gesundheitscheine oder der Passirscheine und des Wagens, mit welchem dieselben transportirt worden sind, eingetragen werden sollen.

Diese Kontrole ist jederzeit den mit der Ueberwachung des Viehverkehrs auf Eisenbahnen beauftragten Personen zur Verfügung zu stellen. Die Eisenbahnverwaltungen sind für die Ausführung dieser Vorschriften verantwortlich.

Art. 90. Die kantonalen Behörden treffen auf Grundlage des Gesetzes und der vorliegenden Verordnung innert der Grenzen ihres Gebiets die nothwendigen Maassnahmen zur Ausübung einer wirksamen Kontrole des Viehverkehrs auf Eisenbahnen. Sie ernennen in der Person eines diplomirten Thierarztes den Experten, welcher auf einer oder mehreren

---

[1]) Eidgen. Gesetzsamml. Bd. X S. 1029.
[2]) Eidgen. Gesetzsamml. Bd. XI S. 211.
[3]) Eidgen. Gesetzsamml. n. F. Bd. IX S. 274.
[*]) Stämpflische Buchdruckerei in Bern.

Stationen die Reinigung und Desinfektion der Wagen, Quais, Rampen, Schuppen, Plätze u. s. w., sowie die schleunige Entfernung der hierbei abfallenden Düng- und Abgangstoffe zu kontroliren hat.

Art. 91. Die Bestimmungen über den Viehverkehr auf Eisenbahnen gelten auch für die dem öffentlichen Verkehre dienenden Schiffe, mit Ausnahme der Fähren.

Der Bund ordnet eine einheitliche Ueberwachung der von den Kantonen ausgeübten Kontrole an. Ein Doppel der von den letztern in Ausführung der gegenwärtigen Bestimmungen gefassten Beschlüsse ist dem schweizerischen Landwirthschaftsdepartement zu übermitteln.

6. Desinfektion der Eisenbahnwagen.

Art. 92. Für die Desinfektion der Eisenbahnwagen gelten folgende Vorschriften:

1. Alle Eisenbahnwagen, in welchen Pferde, Maulthiere, Esel, Rindvieh, Ziegen, Schafe, Schweine oder frische Häute transportirt worden sind, sowie alle Geräthe und Werkzeuge, die zur Fütterung, Tränkung, zum Anbinden oder zu andern Zwecken beim Transport von Vieh genannter Gattungen benutzt wurden, müssen vor ihrer neuen Verwendung im Verkehr einem Reinigungs- (Desinfektions-) Verfahren unterworfen werden, welches geeignet ist, die Ansteckungstoffe vollständig zu zerstören.

Die Werkzeuge und Geräthe, welche behufs Durchführung der Desinfektion benutzt wurden, sind jeweilen gleichfalls zu desinfiziren. Beim Auftreten der Rinderpest haben sich die bei der Desinfektion der Transportgeräthe verwendeten Personen einer Reinigung zu unterziehen.

Rampen und Quais, von welchen aus die Thiere verladen werden, sind nach jedem Gebrauch sorgfältig zu reinigen.

Es ist also die Desinfektion nicht bloss in dem Falle vorzunehmen, wo Eisenbahnmaterial durch Thiere verunreinigt wurde, die an einer ansteckenden Krankheit litten, sondern in allen Fällen, wo Thiere vorgenannter Gattungen und frische Häute transportirt wurden.

2. Jeder zum Viehtransport verwendete Wagen ist unmittelbar nach der Entladung durch einen, auf einer der beiden Längsseiten des Wagens angebrachten weissen Zettel, welcher die grossgedruckten Worte: „zu desinfiziren" enthält und auf welchem auch Tag und Stunde der Entladung unter Beifügung des Stationstempels zu bemerken ist, kenntlich zu machen.

Nach der Desinfektion ist unter dem weissen Zettel ein gelber Zettel aufzukleben, welcher das grossgedruckte Wort „desinfizirt" enthält und auf welchem auch der Tag und die Stunde der Beendigung der Desinfektion nebst dem Stationstempel anzubringen ist.

Die Desinfektion hat, wenn möglich, auf der Ausladestation oder dann auf der nächsten Hauptstation in geeigneter Entfernung vom Verladungsplatz stattzufinden.

Bevor die desinfizirten Wagen getrocknet und gelüftet worden sind, ist deren Verwendung untersagt.

3. Der Desinfektion der zum Viehtransport benutzten Wagen und Schiffe hat eine gründliche Reinigung voranzugehen. Die vorhandenen Abfälle, Streuematerialien und Exkremente werden beseitigt und mit dem halben Gewicht ungelöschten Kalk vermengt oder mit verdünnter Schwefelsäure (1 Theil Schwefelsäure auf 20 Theile Wasser) übergossen. Der Boden, die Wände und Thüren werden mit steifen Bürsten oder stumpfen Besen unter Abspülen mit Wasser ausgefegt, die zum Transport benutzten Geräthe ebenfalls mit Wasser gewaschen. Bei Frost ist heisses Wasser zu verwenden, um angefrorene Unreinigkeiten besser loszubringen.

4. Die Desinfektion der Wagen und Schiffe muss bewirkt werden entweder
a) durch auf mindestens 110° C. überhitzte Wasserdämpfe, die auf alle Theile im Innenraume des Wagens geleitet werden, oder

b) durch heisses Wasser von mindestens 70° C., dem ein halbes Prozent kalzinirter Soda oder Pottasche zugesetzt ist, womit alle Theile des Wagens und der Schiffe bis zum Verschwinden des thierischen Geruches zu waschen sind;

c) durch gründliche Waschung mit (bei Frost heissem) Wasser, in dem 2% Karbolsäure oder 10% Chlorkalk aufgelöst worden sind.

5. Die Geräthschaften, welche während der Beförderung der Thiere zum Tränken und Füttern benutzt wurden, sind ausschliesslich entweder durch Abbrühen mit heissem Wasserdampf (wie oben unter a) oder mit heisser Lauge (wie oben unter b) zu desinfiziren.

6. Sind Transportmaterial, Quais und Rampen mit Vieh in Berührung gekommen, das besonders seucheverdächtig ist, oder das verseucht war und auf Anordnung von Sanitätsbehörden transportirt wurde (Art. 88, f.), so hat die Desinfizirung unter thierärztlicher Ueberwachung mittelst 1% Quecksilbersublimatlösung zu geschehen.

Italien. Königlicher Erlass vom 3. November 1886, betr. die Staatsaufsicht über die Eisenbahnen.

Veröffentlicht im „Mon. d. Str. ferr." vom 22. Dezember 1886.

Im Anschluss an den Erlass vom 22. Oktober 1885 *), durch welchen eine besondere dem Minister der öffentlichen Arbeiten unterstellte Behörde für die Ausübung der Staatsaufsicht über die Eisenbahnen eingesetzt wurde, wird bestimmt, dass zur Hülfeleistung bei Erledigung der Geschäfte dieser Behörde Inspektoren vom Civilgeniekorps — höchstens jedoch etwa 6 — nebenamtlich zugezogen werden können.

Königl. Erlass vom 16. Novbr. 1886, betr. die Ausgabe von Eisenbahnobligationen.

Veröffentlicht in der Gazzetta Ufficiale vom 24. Septbr. 1886.

Nach dem Gesetze vom 27. April 1885**), betr. den Betrieb des mittelländischen, des adriatischen und des sizilischen Eisenbahnnetzes und den Bau der Ergänzungsbahnen, steht der Regierung das Recht zu, die Betriebsgesellschaften zur Ausgabe von Obligationen zu ermächtigen, für welche der Staat eine Zinsgewähr übernimmt. In dem vorliegenden Erlasse werden die Bedingungen angegeben, unter welchen gegebenen Falles von dieser Ermächtigung seitens der Regierung Gebrauch gemacht werden soll, und Bestimmungen über die staatliche Kontrole der durch die Betriebsgesellschaften zu bewirkende Ausgabe von Obligationen getroffen. Der Staat übernimmt die Gewähr für 3% Zinsen, welche in halbjährlichen Raten gezahlt werden. Die Tilgung der Obligation ist binnen 90 Jahren zu bewirken. Die einzelnen Stücke lauten auf 500 und auf 2500 Lire in der Regel auf den Inhaber. Auf Antrag des Inhabers können jedoch Stücke auch auf Namen ausgestellt, auch die auf Namen lautenden Obligationen auf Verlangen wieder in auf den Inhaber lautende umgewandelt werden.

Russland. Kaiserlicher Erlass vom 24. Novbr. 1886, betreffend die Konversion des Obligationenkapitals der Kursk-Kiewer Eisenbahngesellschaft.

Veröffentlicht im amtlichen Theile der im Ministerium der Verkehrsanstalten herausgegebenen Zeitschrift 1887 S. 29.

*) Vgl. Archiv 1886 S. 122.
**) Vgl. Archiv 1886 S. 141 ff.

Die Kursk-Kiewer Eisenbahngesellschaft wird ermächtigt, eine Obligationenanleihe im Nennwerthe von 67 286 500 deutscher Reichsmark bebufs Rückkaufs aller ihrer noch im Umlauf befindlichen Obligationen vom Jahre 1867 zu machen. Für diese neue Anleihe übernimmt der Staat eine unbedingte Gewähr für 4°/o Zinsen und für die Tilgung bis zum Ablauf der der Gesellschaft ertheilten Konzession. Auch sollen diese Obligationen befreit sein von der in Gemässheit der Verordnung vom 20. Mai 1885 von den Einnahmen aus Kapitalvermögen zu zahlenden Abgabe. Die Kursk-Kiewer Eisenbahngesellschaft verpflichtet sich dagegen, für alle Eisenbahnbedürfnisse ausschliesslich russische Erzeugnisse zu verwenden, ferner an die Regierung 1/2°/o der Roheinnahme für die Deckung der durch die Ausübung der Staatsaufsicht entstehenden Kosten zu zahlen, sowie auch die Kosten der Eisenbahn-Gendarmerie dem Staate zu ersetzen, 15 Rubel jährlich für jede Werst-Bahnlänge zur Unterhaltung der Eisenbahnschulen beizutragen und Militär, Geschütze und sonstiges Kriegsgeräth, Munition u. s. w. zu ermässigten Preisen zu befördern.

Verordnung vom 30. Novbr. 1886, betr. die auf Eisenbahnstationen für die Reisenden bestimmten Räume und die Ausstattung derselben.

Veröffentlicht im amtlichen Theile der Zeitschrift des Ministeriums der Verkehrsanstalten 1887 S. 10.

In Gemässheit des Art. 168 des allgemeinen russischen Eisenbahngesetzes vom 12. Juni 1885*) werden Vorschriften über die auf den verschiedenen Klassen der Eisenbahnstationen für die Reisenden einzurichtenden Räume — Wartesäle, Speisezimmer, Waschräume u. s. w. —, sowie über die Ausstattung, Heizung und Beleuchtung derselben erlassen. Danach müssen mit Wasserklosets in Verbindung stehende Waschräume (Toiletten) für Damen bei allen zu den ersten 4 Klassen gehörigen Stationen vorhanden sein, für Männer nur bei den Stationen der 1. und 2. Klasse. Auf Stationen der ersten 4 Klassen müssen vorhanden sein in jedem Wartesaal 3. Klasse: ein Heiligenbild, ein Fahrplan, Holzbänke, ein Pult für das Beschwerdebuch nebst Schreibgeräth, Tische, Trinkwasser und Beleuchtungseinrichtungen; in jedem Wartesaal 1. und 2. Klasse: ein Heiligenbild, eine Wanduhr, ein Fahrplan, eine Karte der russischen Verkehrswege, ein Thermometer, Divans, Stüble, Tische, eine Vorrichtung für die Reinigung des Trinkwassers nebst Gläsern, Beleuchtungsvorrichtung, ein Pult für das Beschwerdebuch u. s. w. Auf den Perrons der Stationen aller Klassen sollen vorhanden sein: eine Glocke, Laternen, ein Thermometer und im Sommer ein Bottich mit Wasser und Trinkgefässe.

Verordnung vom 30. Novbr. 1886, betr. die Kontrolstationen.

Veröffentlicht im amtlichen Theile der Zeitschrift des Ministeriums der Verkehrsanstalten 1887 S. 12.

Nach Art. 23 des allgemeinen russischen Eisenbahngesetzes vom 12. Juni 1885 wird die von einem ohne Fahrschein im Zuge betroffenen Reisenden zu erhebende Geldstrafe nach der Strecke berechnet, welche der Zug von der letzten „Kontrolstation" bis zu der auf den Ort, an welcher das Fehlen des Fahrscheins bemerkt wurde, unmittelbar folgenden Station zurückgelegt hat. Durch die vorstehende Verordnung wird ein Verzeichniss der als „Kontrolstationen" geltenden Eisenbahnstationen veröffentlicht und angeordnet, dass ein solches gedrucktes Verzeichniss in den Wartesälen auszuhängen ist.

*) Vgl. Archiv 1885 S. 643.

Kaiserlicher Erlass vom 12. Januar 1887, betr. Besteuerung der Einnahmen aus Eisenbahnaktien.

Veröffentlicht im amtlichen Theile der Zeitschrift des Ministeriums der Verkehrsanstalten 1887 S. 48.

Von den aus den Aktien der Eisenbahngesellschaften entspringenden Einnahmen ist eine Steuer an den Staat zu zahlen und zwar im Betrage von 5% für die staatlich verbürgten Einnahmen und im Betrage von 3% für die staatlich nicht verbürgten Einnahmen. Befreit von dieser Steuer sind die Aktien folgender Eisenbahngesellschaften: Warschau-Bromberg, Warschau-Wien, Warschau-Terespol, Dünaburg-Witebsk, Kursk-Kiew, Lodz, Orel-Witebsk, Tambow-Koslow, Zarskoeselo, sowie die der grossen russischen Eisenbahngesellschaft für die Petersburg-Warschauer und die Nischegorodskoer Linie. Wegen Zahlung der Steuer von den Einnahmen, welche die Aktionäre der letztgenannten Gesellschaft aus dem Betrieb der Nikolaibahn beziehen, bleibt Bestimmung vorbehalten.

Verordnung des Ministers der Verkehrswege über das Tabakrauchen auf den Eisenbahnstationen und den Eisenbahnzügen und über Rauchwagen und Rauchkupees bei den Personenzügen.

Abgedruckt in der Nummer 49 des Verordnungsblattes des Verkehrsministeriums vom $\frac{2.}{14.}$ Dezember 1886.

Regeln über das Tabakrauchen auf den Eisenbahnstationen und Eisenbahnzügen.

I. Das Tabakrauchen ist verboten auf den Eisenbahnstationen und Eisenbahnzügen;

a) in den Damenzimmern und an den allgemeinen Speisetischen der Stationsbuffets;

b) in den Gepäckabtheilungen;

c) in den Packhäusern und Magazinen;

d) auf den Waarenplattformen;

e) auf den Bau- und Brennholzhöfen und den Lagern von Mineral-Brennmaterialien.

II. In den Eisenbahnzügen ist das Rauchen verboten:

a) in allen Personenwagen und Kupees, ausser denen, in welchen laut Anschlag zu rauchen gestattet ist;

Anmerkung. In nicht für Raucher bestimmten Wagen und Kupees ist das Rauchen selbst auch bei allgemeiner Zustimmung der in denselben befindlichen Personen untersagt;

b) in Gepäckwagen, in Wagen mit Pferden und anderen Thieren und in Equipagen auf offenen Plattformen, bei denen Begleiter oder Passagiere zugelassen sind.

III. An allen Orten auf den Eisenbahnstationen und an den Speisetischen, wo das Rauchen verboten ist, müssen dementsprechende Anschläge (Punkt I) angebracht sein.

Die dem Punkt II entsprechenden Anschläge werden in den nicht für Raucher bestimmten Wagen und Kupees angebracht.

IV. Auf Erfüllung dieser Regeln haben zu achten, abgesehen von den Beamten der Gendarmerie-Polizei-Verwaltung: in den Passagierräumen — die Stationsbeamten; auf den Waarenhöfen, in den Packhäusern, auf Brennmaterialienlägern — diejenigen Personen, deren

Aufsicht dieselben unterstellt sind; in den Eisenbahnzügen — die Schaffner und Ober-schaffner.

             Anmerkung. Die Angestellten der Eisenbahnen haben, wenn sie sich in Räumen befinden, in denen das Rauchen verboten ist, die allgemeinen Regeln zu beachten.

Regeln über Rauchwagen und Rauchkupees bei den Eisenbahnzügen.

    1. In jedem aus mehreren Wagen einer Klasse oder mehreren Wagen verschiedener Klassen bestehenden Eisenbahnzuge ist für Raucher zum mindesten ein Wagen jeder Klasse und nicht mehr als die Hälfte der Gesammtzahl der Wagen einer Klasse einzuräumen.

    2. Falls im Personen- oder gemischten Zuge sich nur ein Wagen einer oder der anderen Klasse befindet, so ist in diesem Wagen ein Kupee für Raucher einzurichten. Falls in einem Zuge, statt der Wagen beider Klassen nur ein gemischter Wagen dieser Klassen ist, so findet sich ein Rauchkupee in solchem Wagen nicht vor.

    3. Die Rauchwagen und Kupees sind durch entsprechende Anschläge sowohl innerhalb als ausserhalb zu bezeichnen.

Bücherschau.

Besprechungen.

Cohn, Gustav, ordentlicher Professor der Staatswissenschaften in Göttingen, Nationalökonomische Studien. Stuttgart, Ferdinand Enke 1886.

Die Weiterarbeit an seinem System der Nationalökonomie, dessen erster Band im vorigen Jahrgang dieser Zeitschrift angezeigt ist[*]), hat Gustav Cohn durch Herausgabe einer zweiten Sammlung seiner Aufsätze unterbrochen. Die erste Sammlung derselben erschien unter dem Titel: Volkswirthschaftliche Aufsätze (Stuttgart, Cotta'scher Verlag) im Jahre 1882. Die jetzt, unter obigem Titel, vorliegende bringt acht, meistens recht umfangreiche Arbeiten aus den Jahren 1883 bis 1886. Denselben sind eine Anzahl Kritiken englischer und deutscher Schriften, Schriftsteller und Zustände angefügt, über deren erste Erscheinungszeit nichts mitgetheilt wird.

Die Sammlung eröffnet der Vortrag: „Politik und Staatswissenschaft", welchen Cohn beim Antritt des Lehrstuhls für Staatswissenschaften im Mai 1885 an der Universität Göttingen gehalten hat. Cohn legt hier gleichsam ein Glaubensbekenntniss für die Wissenschaft ab, die zu lehren er berufen ist. Er widerlegt in glänzender Weise die Angriffe der sog. Praktiker gegen den Werth der wissenschaftlichen Theorien. In der Mehrzahl der übrigen Aufsätze werden solche wirthschaftliche und wissenschaftliche Fragen erörtert, welche gerade auf der Tagesordnung stehen: die Börsensteuer. (Aufsatz VIII.: Ein Wort zur Börsensteuer), die Gewerbefreiheit. (Aufsatz IV.: Das Grundrecht der Gewerbefreiheit), der Normalarbeitstag. (Aufsatz V.: Die gesetzliche Regelung der Arbeitszeit im Deutschen Reich), die Vorzüge und Mängel des Genossenschaftswesens (Aufsatz III.: Ideen und Thatsachen im Genossenschaftswesen), die Reform des juristischen und staatswissenschaftlichen Studiums. (Aufsatz II.: Ueber das staatswissenschaftliche Studium der preussischen Verwaltungsbeamten). Der letztere Aufsatz ist den Lesern des Archivs bereits bekannt. Er er-

---

[*]) Archiv 1886 S. 124 ff.

schien zuerst im Jahrgang 1885 (S. 252 ff.) unserer Zeitschrift, ist allerdings in seiner jetzigen Gestalt, wie die Mehrzahl auch der übrigen Aufsätze, umgearbeitet und erweitert. Vor allem ist die gerade über diese
Frage nach seiner ersten Veröffentlichung erschienene reichhaltige Literatur
sorgfältig berücksichtigt. Es gewinnt beinahe den Anschein, als ob Cohn's
Aufsatz den Anstoss dazu gegeben hätte, dass auch von anderer Seite
dieser, für die Zukunft unseres Beamtenthums so wichtigen Frage einmal
wieder ernstlich zu Leibe gegangen ist.

In den Aufsätzen erfreut man sich von Neuem an dem klaren Blick,
dem selbständigen Urtheil, dem unerschrockenen Freimuth, mit welchem
der Verfasser den Anschauungen nicht nur seiner Gegner, sondern auch
seiner Gesinnungsgenossen, da, wo er von denselben abweicht, offen ent-
gegentritt. „Es ist nothwendig, dass man die Dinge sieht, nicht weil sie
schön, sondern weil sie wahr sind. Den Thatsachen des sozialen Lebens
muss man ins Auge schauen, wenn man soziale Reformen will, welche
im Leben wurzeln". Dieses Wort (S. 170 in dem Aufsatz über Genossenschaftswesen) könnte Cohn allen seinen Arbeiten als Sinnspruch voran-
schreiben. — In den Aufsätzen über Genossenschaftswesen, über die Gewerbefreiheit und den Normalarbeitstag verwerthet übrigens Cohn besonders die Erfahrungen, welche er in der Schweiz gemacht hat. Bei den
gesetzgeberischen Arbeiten auf diesen Gebieten im Deutschen Reiche ver-
dienen dieselben besondere Beachtung. Die schweizerischen Verhältnisse
werden ausschliesslich erörtert in dem sechsten und umfangreichsten Aufsatze: Die Steuerreform im Kanton Zürich und der Bundeshaushalt der
Schweiz, ein Aufsatz, welcher mit seinem reichen thatsächlichen Material,
seiner eingehenden Betrachtung bestehender Verhältnisse vielleicht am
meisten die Bezeichnung einer Studie verdient, und zwar einer Studie
über die Frage der direkten und indirekten Steuern und dem, was damit
zusammenhängt. Für die Leser des Archivs dürfte von ganz besonderem
Interesse der siebente, im Sommer vorigen Jahres in Schmollers Jahr-
büchern zuerst erschienene Aufsatz sein: Erörterungen über die finanzielle
Behandlung der Verkehrsanstalten. Cohn prüft in demselben die Frage,
ob es denn wirklich wahr ist, was, ich möchte sagen unbesehen, in zahlreichen Kreisen unserer Bevölkerung als eine ebenso unanfechtbare, wie
selbstverständliche Wahrheit hingestellt wird, dass jede Ermässigung der
Beförderungspreise unserer Verkehrsmittel (Post, Telegraphie, Eisenbahnen) einen wirthschaftlichen Fortschritt bedeute, der für die Allgemeinheit unbedingt vortheilhaft sei? Cohn antwortet darauf — und es
ist ihm dies selbstverständlich von manchen Seiten übel genommen worden —, dass es ihm denn doch zweifelhaft sei, ob ein solcher Fortschritt
unbedingt anerkannt werden könne, ob nicht die Vortheile derartiger

Preisherabsetzungen in erster Linie, ja fast ausschliesslich der besitzenden Klasse zu Gute kämen und die unausbleiblichen Nachtheile, also insonderheit die finanziellen Einbussen — welche die Allgemeinheit der Steuerzahler treffen —, grösser seien, als die vermeintlichen Vortheile. Die finanziellen Einbussen werden allerdings in einzelnen Ländern und bei einzelnen der Verkehrsanstalten der allgemeinen Kenntniss dadurch beinahe entzogen, dass ein sehr wesentlicher Theil der Ausgaben z. B. der Post, von einer anderen Verwaltung (der der Eisenbahnen) getragen wird, und auch bei diesen selbst rechnungsmässig regelmässig nicht zur Erscheinung kommt. Cohn denkt übrigens nicht daran, eine Wiedererhöhung der geltenden Gebührensätze zu empfehlen. Er warnt nur vor einem weiteren, allzu schleunigen Fortschreiten auf dem bisherigen Wege, vor Allem vor dem abenteuerlichen Vorschlage des „Personenporto".

So findet sich auch in diesem, geschmackvoll, ja vornehm ausgestatteten Bande wieder eine Fülle von Anregung und Belehrung. Nebenbei aber kann man nur staunen über die Arbeitskraft des Verfassers, der neben der Thätigkeit an seinem grossen Werke noch die Zeit zu so sorgfältigen und gründlichen Studien über wichtige Einzelfragen gefunden hat.

v. d. L.

Hürlimann H. Dr. Die Eidgenössische Eisenbahngesetzgebung mit Angabe der Quellen für die Kenntniss der darauf bezüglichen Praxis der Bundesbehörden. Ein Hülfsbuch für praktische und theoretische Zwecke. Zürich. Verlag von Orell Füssli u. Co. 1887.

Die Schweiz nimmt in Betreff der Eisenbahngesetzgebung unter den Kulturstaaten eine besondere, man darf vielleicht sagen, bevorzugte Stellung ein. Kaum ein anderer Staat hat eine in gleichem Maasse systematische, übersichtliche und erschöpfende gesetzliche Regelung der Verhältnisse seiner Eisenbahnen aufzuweisen; nur in einzelnen Ländern entspricht die Eisenbahngesetzgebung, wie die der Schweiz, dem gegenwärtigen Bedürfniss. Ihre Erklärung findet diese Erscheinung vorzugsweise darin, dass mit Ausnahme des nicht ausschliesslich für Eisenbahnen erlassenen Enteignungsgesetzes sämmtliche zur Zeit geltenden Eisenbahngesetze erst der dem Jahre 1871 folgenden Zeit ihre Entstehung verdanken und daher die reichen Erfahrungen, welche die Entwicklung der Eisenbahnen in der Schweiz selbst und anderwärts damals bereits an die Hand gaben, verwerthen konnten. Ganz ohne gesetzliche Regelung waren die Verhältnisse der Bahnen zwar auch früher nicht. Das Eisenbahngesetz vom 28. Juli 1852 ordnete das Konzessionswesen und die gegenseitigen Beziehungen der einzelnen Eisenbahnen zu einander in verschiedenen Richtungen.

Allein die Grundlage dieses Gesetzes war eine von dem jetzt geltenden Gesetze völlig abweichende; das Recht des Baues und Betriebes von Eisenbahnen und folgeweise auch das Recht, Eisenbahnen zu konzessioniren, stand nach der damaligen Bundesverfassung den Kantonen zu. Dem Bunde war dies Recht nur für den Fall vorbehalten,[1] dass das Interesse der ganzen Eidgenossenschaft oder eines grossen Theils derselben den Bau oder die Unterstützung von Eisenbahnen durch den Bund erfordern sollte. Die von den Kantonen ertheilten Konzessionen bedurften zwar der Genehmigung der Bundesversammlung, die Versagung war jedoch nur wegen Gefährdung der militärischen Interessen statthaft. Der bundesgesetzlichen Regelung war das Eisenbahnwesen nur insoweit unterworfen, als es sich um die Sicherung einer Einheitlichkeit in technischer Beziehung handelte. Das Bundesgesetz über den Bau und Betrieb der Eisenbahnen auf dem Gebiete der schweizerischen Eidgenossenschaft vom 23. Dezember 1872 übertrug die Konzessionirung sämmtlicher Eisenbahnen auf Schweizer Gebiet dem Bunde, und durch Art. 26 der Bundesverfassung vom. 29. Mai 1874 ging auch die gesammte Gesetzgebung über den Bau und Betrieb der Eisenbahnen auf denselben über. Die Bundesgesetzgebung hat nunmehr auf dem hierdurch ihr erschlossenen Gebiete in der Form von Gesetzen, Verordnungen und Bundesrathsbeschlüssen eine sehr fruchtbare Thätigkeit entwickelt. In Ergänzung und in Ausführung der grundlegenden Bestimmungen des Eisenbahngesetzes vom 23. Dezember 1872, in Betreff des Konzessionswesens und des einheitlichen Bau und Betriebs der Eisenbahnen ist am 1. Februar 1875 eine Verordnung zu diesem Gesetze ergangen, welche die Vorarbeiten für die Konzessionsgesuche und für die Bauarbeiten sowie die nach Vollendung des Baues von dem Unternehmer zu erbringenden Nachweise betrifft, und der Betrieb im engern Sinne hat seine Regelung durch das Gesetz, betreffend Handhabung der Bahnpolizei vom 18. Februar 1878, die Verordnung, betreffend Vorlage, Prüfung und Genehmigung der Eisenbahnfahrtenpläne vom 6. Januar 1879 und das Reglement über den Signaldienst vom 30. März 1886 erfahren. Das Transportwesen ist geordnet durch das Transportgesetz vom 20. März 1875, das Transportreglement vom 1. Juli 1876 und die allgemeinen Tarifvorschriften der Reformbahnen. Dem Gebiete der eigentlichen Verwaltung gehören an die Bundesrathsbeschlüsse vom 17. März 1875, betreffend die Portofreiheit der Eisenbahnen und die Benutzung der Bahntelegraphen, und das Gesetz über das Rechnungswesen der Eisenbahngesellschaften vom 21. Dezember 1883. Die Privatrechtsverhältnisse der Eisenbahnen betreffen das Gesetz über die Verpfändung und Zwangsliquidation der Eisenbahnen vom 24. Juni 1874 nebst der unterm 17. September 1874 hierzu erlassenen Pfandbuchordnung und das Haftpflichtgesetz vom 1. Juli 1875. Durch ein besonderes Gesetz vom 19. Dezember 1874 sind endlich die Rechtsverhältnisse der Verbindungsgeleise zwischen Eisenbahnen und gewerblichen Anstalten geordnet.

Die übersichtliche Zusammenstellung dieser Gesetze und der in anderen Gesetzen enthaltenen Bestimmungen, welche sich auf Eisenbahnen beziehen, und die Erläuterung derselben in einem gewissen Sinne hat sich der Verfasser der eingangs bezeichneten Schrift zur Aufgabe gemacht. Die Erläuterung besteht nicht sowohl in eingehenden Ausführungen, als vielmehr in mehr oder minder kurzen, jedoch genauen Hinweisungen auf die Motive und die Verhandlungen der gesetzgebenden Organe, wie auch auf die bundesgerichtliche Rechtsprechung und die Verwaltungspraxis, wodurch es dem Leser ermöglicht wird, durch eigne Einsicht der Quellen das richtige Verständniss der Gesetze zu gewinnen. Die Schrift ist deshalb nicht nur für die zur praktischen Anwendung der schweizerischen Eisenbahngesetze Berufenen, sondern insbesondere auch für diejenigen von Werth, welcher sich über das Eisenbahnrecht der Eidgenossenschaft umfassend oder nur in einzelnen Beziehungen unterrichten wollen. Das vorgedruckte Verzeichniss der in der Sammlung enthaltenen Gesetzesbestimmungen und ein sehr ausführliches und genaues alphabetisches Sachregister sind dazu bestimmt und geeignet, die Uebersicht über dies Gebiet und das Zurechtfinden in demselben wesentlich zu erleichtern. Die Aufgabe, welche sich der Verfasser gestellt hat, ein Hülfsbuch für praktische und theoretische Zwecke zu liefern, ist daher in dankenswerther Weise gelöst.   *G.*

Seydel, F., Regierungsrath. Das Gesetz über die Enteignung von Grundeigenthum vom 11. Juni 1874. Mit Benutzung der Akten des Königlichen Ministeriums der öffentlichen Arbeiten für den praktischen Gebrauch erörtert. Zweite neu bearbeitete Auflage. Berlin. Carl Heymanns Verlag. 1887.

Der zwischen dem Erscheinen der ersten und zweiten Auflage vorbezeichneter Schrift liegende, kaum fünfjährige Zeitraum ist für die Entwicklung des preussischen Enteignungsrechts von nicht unerheblicher Bedeutung gewesen. Sowohl die für das Enteignungsverfahren, als die für die Bemessung der Entschädigung maassgebenden Vorschriften des Enteignungsgesetzes sind in dieser Zeit durch Entscheidungen der höchsten Instanzen, der Ministerialinstanz und des Reichsgerichts, in vielen und wichtigen Beziehungen geklärt worden. Auf anderen, in das Enteignungsrecht eingreifenden Gebieten, insbesondere in Betreff des Rechts der öffentlichen Wege sind zahlreiche Entscheidungen des Oberverwaltungsgerichts ergangen, welche die im Enteignungsverfahren von der Enteignungsbehörde zu treffenden Anordnungen wesentlich beeinflussen. Nicht minder sind

auch durch eine Reihe allgemeiner Verwaltungsverfügungen der Enteignungsbehörde in verschiedenen Richtungen Direktiven für das Verfahren gegebe nworden. In ihrer ursprünglichen Gestalt konnte daher
die Schrift ihrem Zwecke, dem praktischen Gebrauche zu dienen, nicht
mehr in dem erwünschten Maasse genügen, und man wird dem Verfasser Dank wissen, dass er sich zu einer, man darf sagen, neuen Bearbeitung des Enteignungsgesetzes entschlossen hat. Eine neue Bearbeitung
muss die jetzt erschienene zweite Auflage genannt werden, nicht nur wegen
ihres wesentlich veränderten Umfangs, welcher sich in der von 152 auf
256 vermehrten Seitenzahl kennzeichnet, sondern auch wegen des völlig
veränderten Inhalts der in der ersten Auflage sich findenden Erläuterungen.
Voran geht dem eigentlichen Kommentar des Gesetzes eine Einleitung,
welche die rechtliche Natur der Enteignung erörtert, sich über die Entstehung, den Inhalt und die Handhabung des Gesetzes im Allgemeinen
verbreitet und die Quellen und Litteratur verzeichnet, soweit diese für das
Verständniss des Gesetzes von Bedeutung sind. Die Erläuterungen selbst
mussten schon durch die nach dem Erscheinen der ersten Auflage ergangenen
vorerwähnten Entscheidungen und Verwaltungsverfügungen, welche sämmtlich Berücksichtigung gefunden haben, erhebliche Aenderungen erfahren.
Beispielsweise mag hervorgehoben werden, dass in den an den § 14 des
Gesetzes sich anknüpfenden Erörterungen, deren Umfang mehr als verdoppelt ist, die gerade im Laufe der letzten fünf Jahre auf dem Rechts-
gebiete der öffentlichen Wege vom Oberverwaltungsgericht getroffenen, grundsätzlich sehr wichtigen Entscheidungen verarbeitet sind. Ferner waren die
neueren Gesetze, insbesondere das Verwaltungsorganisations- und das Zu-
ständigkeitsgesetz in mancherlei Beziehungen auch für das Enteignungsrecht von Einfluss, worüber die neue Auflage ebenfalls Aufschluss giebt.
Endlich hat der Verfasser in einigen wenigen Punkten unzutreffende Auffassungen, welche in der ersten Auflage zum Ausdruck gekommen sind,
berichtigt. Als Anlagen sind dem Kommentar die für das Enteignungsrecht in Betracht kommenden Bestimmungen des Zuständigkeitsgesetzes,
des Baufluchtengesetzes, der Hinterlegungsordnung und des Gesetzes über
die Ablösung der Reallasten und die Regulirung der gutsherrlichen und
bäuerlichen Verhältnisse, sowie mehrere die Abwendung der Feuersgefahr
von Gebäuden und Materialien in der Nähe von Eisenbahnen betreffende
Polizeiverordnungen beigefügt. Den Abschluss der Schrift bilden eine
Nachweisung der angeführten Gesetze, Verordnungen, Reskripte und
Entscheidungen und ein alphabetisches Sachregister.

Das reiche Material, welches der Verfasser bietet, die sorgfältige Bearbeitung und die übersichtliche Anordnung desselben verleihen der Schrift
vor Allem einen grossen Werth für den praktischen Gebrauch. Sowohl

die zur Leitung des Enteignungsverfahrens berufenen Beamten, als auch
die Unternehmer und Expropriaten werden sich daraus unschwer über die
Lage der für die Enteignung und das Enteignungsverfahren in Betracht
kommenden Gesetzgebung, die zu dem Gesetze gegebenen Verwaltungsverfügungen und die Auslegung des Gesetzes, soweit die dasselbe betreffenden Landtagsverhandlungen, die bisherige Rechtsprechung und Litteratur Mittel an die Hand geben, zurechtfinden können. Es soll aber hiermit
nicht behauptet werden, dass ihr Werth hierauf beschränkt wäre. Auch
für theoretische Studien auf dem Gebiete des preussischen Enteignungsrechts wird sie, zumal sie die genaue Angabe der Belegstellen enthält, eine sehr willkommene Unterstützung gewähren. Wenn, wie kaum zu
bezweifeln ist, die erste Auflage des Kommentars den Enteignungsbehörden
ihre Aufgabe nicht unerheblich erleichtert hat, so lässt sich dies in noch
höherem Grade von der zweiten Auflage erwarten, welche eine wesentlich
vermehrte und auch verbesserte ist. *G.*

Lange August, Handbuch des gesammten Verkehrswesens des
Deutschen Reichs. Vierte, vollständig neu bearbeitete Auf-
lage. (Abgeschlossen am 8. August 1886.) Gräfenhainichen
(Bez. Halle) 1886, Druck und Verlag von C. H. Schulze u. Co.
Preis, gebunden 8 Mark.

Der zweite Titel dieses Handbuchs, welcher zugleich als Inhalts-
angabe dienen möge, lautet: „Verzeichniss sämmtlicher Verkehrswege
und Verkehrsanstalten sowie sämmtlicher Eisenbahn-, Post-, Telegraphen-
und Schiffahrtsstationen, Zoll- und Steuerstellen sowie Gerichtssitze.
Unter genauer Angabe der postalischen Bezeichnung, Einwohnerzahl,
Landes- und Verwaltungsbezirks - Zugehörigkeit, der im Orte befindlichen
Verkehrsanstalten, Gerichtsstellen, Zoll- und Steuerämter — bezw. der
bestellenden Postanstalt, der nächstgelegenen Bahnstation (mit Entfernungs-
angabe) und des zuständigen Amtsgerichts. — Nebst einem Verzeichniss
sämmtlicher Eisenbahnen, schiffbaren Flüsse, Kanäle und Seen und der
Reichsbankstellen. Mit einer nach den Taxquadraten der Post ein-
getheilten Kurskarte behufs Zonenberechnung nach und von jedem Orte
mit Postanstalt."

Nach dem Vorworte enthält das Werk etwa 39000 Ortsnamen.
Dasselbe hat einen Umfang von 378 Seiten. Dass ein so reicher Inhalt
auf einem so kleinen Raum, bei deutlichem und gutem Druck zusammen
gedrängt ist, hat der Verfasser durch bedeutende Abkürzungen in allen
den Angaben erreicht, welche den einzelnen Orten beigefügt sind. Die
Verständlichkeit dieser Angaben wird hierdurch allerdings mehr oder

weniger beeinträchtigt, und in den meisten Fällen wird der Schlüssel zu diesen Abkürzungen (S. V—VIII) zu Rathe gezogen werden müssen.

Von dem rühmlich bekannten, alljährlich regelmässig erscheinenden, zuletzt in 17. Auflage im Herbst 1886 veröffentlichten Eisenbahnstationsverzeichniss von Dr. Koch unterscheidet sich das Lange'sche Handbuch dadurch, dass es für das Deutsche Reich erheblich mehr (also insbesondere auch alle Orte ohne Eisenbahnstationen), enthält, dagegen die übrigen Länder Europas nicht berücksichtigt, und hinsichtlich der Angaben über die Eisenbahnverhältnisse weniger ausführlich ist. Wenngleich daher für die Eisenbahnverwaltungen das Koch'sche Stationsverzeichniss nach wie vor ein unentbehrliches Nachschlagebuch bleiben wird, so dürfte doch auch das Lange'sche Handbuch sich als ein nützliches Hülfsmittel erweisen. Für seine Brauchbarkeit spricht wohl auch das Erscheinen einer vierten Auflage. Zum 1. Juli 1887 wird ein, alle im Laufe des Jahres stattfindenden Veränderungen umfassender Nachtrag angekündigt.

UEBERSICHT

der

neuesten Hauptwerke über Eisenbahnwesen und aus verwandten Gebieten.

Baernreither, J. M. Die englischen Arbeiterverbände und ihr Recht. Tübingen. ℳ 9,—.

Baupolizeiordnung für die selbständigen Städte des Landdrosteibezirks Hannover mit Ausnahme der Residenzstadt Hannover vom 1. Juli 1883. Hannover.   ℳ 0,35.

Baupolizeiordnung für die Landgemeinden des Landdrosteibezirks Hannover vom 1. März 1884.   ℳ 0,25.

Bernard, A. Chemin de fer d'intérêt local et à voie étroite de l'île de Ré. La Rochelle.

Borodine, A. Recherches expérimentales sur l'emploi des enveloppes de vapeur et du fonctionnement du compound dans les locomotives. Paris.

Boudenoot, L. Mémoire sur le projet de chemin de fer Métropolitain de Paris.   Paris.

Bricka. Voies entièrement métalliques à l'étranger. Paris.

Busquet, L. Chemin de fer à navires reliant l'Océan à la Méditerranée. Bordeaux.

Cantagrel, S. Les voies entièrement métalliques. Paris.

Chemins de fer français. Situation au 31 décembre 1885. Paris.   Fr. 9,—.

Considérations sur la substitution des traverses métalliques aux traverses en bois dans les voies ferrées. Paris.   Fr. 2,50.

Deghilage. Origine de la locomotive. Paris.   Fr. 7,50.

Dilwyn. Our railway system. London.

Dubuisson, J. Études définitives d'une voie ferrée entre deux points donnés. Paris.

Fassiaux. L'union des chemins de fer. Nancy.

Fechner, H. Die handelspolitischen Beziehungen Preussens zu Oesterreich, während der provinziellen Selbständigkeit Schlesiens. 1741—1806. Berlin.   ℳ 12,—.

Fischer, P. D. Die deutsche Post- und Telegraphen-Gesetzgebung. Berlin.   ℳ 2,50.

Garien, V. Nouvelles considérations sur le chemin de fer de Nice à Coni. Nice.

Gaudin, P. Le chemin de fer Métropolitain de Berlin. Paris.

George, H. Fortschritt und Armuth und soziale Probleme. Deutsch von Gutschow & Stöpel. Berlin. _M_ 0,50.

Grierson, J. Railway rates: english and foreign. London.

Hasenöhrl, V. Das österreichische Obligationenrecht in systematischer Darstellung mit Einschluss der handels- und wechselrechtlichen Lehren. Wien. _M_ 6,—.

Heyer. Die preussische Stempelgesetzgebung für die alten und neuen Landestheile. Berlin. _M_ 20,—.

Jäckel, P. Die Zwangsvollstreckung in Immobilien. Gesetz vom 13. Juli 1883. Berlin. _M_ 0,50.

Jeans, J. S. Railway problems. London. 1887.

Koep, C. Der Panama-Kanal, sein Bau und seine Zukunft. Dresden. _M_ 1,—.

Krech, J. und Fischer O. Das preussische Gesetz betr. die Zwangsvollstreckung in das unbewegliche Vermögen vom 13. Juli 1883. Berlin. _M_ 10,—.

Launhardt, W. Theorie des Trassirens. Hannover. _M_ 3,—.

Leroy, A. Traité pratique des maschines locomotives. Paris.

Limousin, C: M. La théorie commerciale des tarifs de chemins de fer. Paris.

„ L'organisation générale des chemins de fer français et les systèmes de tarification des transports. Paris. Fr. 1,—.

Marlet, A. Inauguration du chemin de fer de la vallée d'Ornans.

Martel, E. A. Chemins de fer du Velber-Tauern et tunnels des Alpes.

Meitzen, A. Geschichte, Theorie und Technik der Statistik. Berlin. _M_ 4,60.

Métropolitain-tramway à traction mécanique. Paris.

Ministère des travaux publics. Album de statistique graphique de 1885.

Möller, H. Der Niedergang der Volkswirthschaft. Hamburg. _M_ 0,50.

Railroad cases. The american and english. Northport. $ 4,50.

Regnard, P. Traverses métalliques. Paris.

Renouard, A. La question des accidents du travail. Paris.

Schmitz, J. Reichsgesetz betr. die Unfall- und Krankenversicherung der in land- und forstwirthschaftlichen Betrieben beschäftigten Personen vom 5. Mai 1886. Neuwied. _M_ 0,90.

Schulz, W. Der Verwaltungsdienst der königlich preussischen Kreis- und Wasserbau-Inspektoren. Berlin. _M_ 8,—.

Sekundär-Eisenbahnen, die, des Königreichs Sachsen. Berlin.

Statistik der Eisenbahnen Deutschlands. Herausgegeben vom Reichs-Eisenbahn-Amt. Band VI. 1885/86. Berlin.

Stein, L. v. Lehrbuch der Finanzwissenschaft. Leipzig. _M_ 8,—.

Tarifreform und Eisenbahn-Verstaatlichung in Oesterreich. Prag. _M_ 0,72.

Troje. Abänderung der Bestimmungen des Begleitschein-Regulativs. Harburg. _M_ 1,20.

Uebersicht der wichtigsten Angaben der deutschen Eisenbahnstatistik. Herausgegeben vom Reichs-Eisenbahn-Amt. Band V. 1884/85 und 1885/86. Berlin.

Van Looy, H. Choses utiles: les chemins de fer. Rouen.

Verzameling van Wetten, Besluiten enz betreffende de Spoorwegen in Neederland. 1885. s'Gravenhage. Fl. 5,50.

Wort, ein, zu der Eisenbahnfrage des Kreises Soest. Werl. _M_ 1,—.

Zeitschriften.

Annales des ponts et chaussées. Paris.

Oktober 1886.

Travaux publics: Chemins de fer de l'Europe. (Situation au 31 décembre 1885.) Ouverture en 1885.

November 1886.

Sur les expériences de M. Marcel Deprez relatives au transport de la force entre Crell et Paris. Note sur un contrôleur automatique de la marche des trains. Le défaut de la vision chez les employés de chemins de fer.

Bayerische Handelszeitung. München.

No. 1 bis 5. Vom 8. Januar bis 5. Februar 1887.

(No. 4:) Bruttoeinnahmen der bayerischen Staatseisenbahnen 1886. (No. 5:) Eisenbahnpolitisches.

Bayerische Verkehrsblätter. München.

No. 10 und 11. Oktober und November 1886.

Zu den Vorschlägen über Vereinfachung des Güterabfertigungsdienstes. Reiseerinnerungen aus England. Kreuzungsverlegungen. Vergleichende Zusammenstellung der Frequenz und Einnahmen in den Jahren 1880—85 aus dem Personenverkehr der kgl. bayerischen Staatseisenbahnen. Die Tagespresse und die Eisenbahnen.

No. 12. Dezember 1886.

Amerikanisches Eisenbahnwesen, insbesondere die Einrichtungen für Personenbeförderung Vorschlag über ein verändertes Frachtbriefformular. Zur Tarif- und Speditionsreform des Güterverkehrs.

Bulletin du ministère des travaux publics. Paris.

November 1886.

Circulaire du 3 novembre 1886 relative à l'établissement d'un tarif kilométrique différentiel au profit des voyageurs et à la création de chèques de circulation. Circulaire du 4 novembre 1886 relative aux conventions conclues par les compagnies françaises de chemins de fer soit avec des administrations de chemin de de fer étrangers, soit avec des entreprises de navigation. Circulaire du 4 novembre 1886 relative aux nouvelles mesures de sécurité à prendre pour l'exploitation des chemins de fer à voie unique. Documents statistiques concernant les chemins de fer français d'intérêt général au 31 décembre 1883. Situation du réseau des chemins de fer français, algériens, coloniaux et des pays de protectorat au 31 décembre 1884. Longueurs des lignes de chemin de fer ouvertes à l'exploitation (novembre 1886). Grande Bretagne et Irlande (Résultats d'exploitation des chemins de fer en 1885) Pays - Bas. (Résultats d'exploitation des chemins de fer en 1884). Égypte. (Résultats d'exploitation des chemins de fer 1877 à 1885.)

Dezember 1886.

Documents statistiques concernant les chemins de fer français d'intérêt général au 31 décembre 1884. Documents statistiques concernant les chemins de fer français d'intérêt local au 31 décembre 1883. Longueurs des lignes de chemins de fer ouvertes à l'exploitation (décembre 1886). Grand-duché de Hesse: Loi du 29 mai 1884 sur les chemins de fer accessoires. Belgique: Résultats d'exploitation des chemins de fer en 1884; Résultats d'exploitation des tramways en

1884 et 1885. Statistique des accidents de chemins de fer en 1884. Canada: Résultats d'exploitation des chemins de fer en 1883—1884 et 1884—1885. — Note sur la législation des chemins de fer au Brésil.

Centralblatt der Bauverwaltung. Berlin.

No. 1 bis 8. Vom 1. Januar bis 19. Februar 1887.

(No. 1:) Ueber Schneeschutzanlagen. (No. 2:) Schmalspurbahnen im Staate Colorado. (No. 3:) Maassnahmen zur Erhöhung der Sicherheit des Eisenbahnbetriebes. (No. 5a:) Ueber Eisenbahnvorarbeiten. (No. 6:) Die Berliner Stadtbahn im ersten Jahrfünft. (No. 7:) Schutzmittel gegen Schneeverwehungen. Die tragbaren Bahnen auf der Weltausstellung zu Antwerpen. Erweiterung des preussischen Staatseisenbahnnetzes und Anlage neuer Eisenbahnen untergeordneter Bedeutung. Ueber Schneeverwehungen und Schneeschutzanlagen auf Eisenbahnen (No. 8:) Schneeschutzanlagen an den Schleswigschen Bahnen. Brücke über den Sorocobafluss im Zuge der Botucatubahn, Prov. S. Paulo, Brasilien.

Centralblatt für Eisenbahnen und Dampfschiffahrt. Wien.

No. 144 bis 20 (vom 18. Deezember 1886 bis 17. Februar 1887) enthalten ausser offiziellen Bekanntmachungen und den Mittheilungen über In- und Ausland nachstehende Aufsätze:

(No. 146, 147:) Statistische Nachrichten über die Eisenbahnen der österreichisch-ungarischen Monarchie für das Betriebsjahr 1884. (No. 148:) Das belgische Nebenbahnwesen. (No. 1:) Zum neuen Jahre. Die Erböhung der ungarischen Transportsteuer. (No. 2:) Die neue Rhonebahn. (No. 6:) Eisenbahnthätigkeit Ungarns im Jahre 1886. Oberstes Komite der italienischen Eisenbahnen. (No. 7:) Holzriesen und Bahnbetrieb. (No. 6:) Ueber Eisenbrücken. (No. 9:) Italienischer Tarifrath. Erböhung der Transportsteuer in Ungarn. (No. 10:) Stand der Bau- und Projektirungsarbeiten auf den k. k. öster. Staatsbahnen Ende 1886. (No. 11, 12, 13:) Hauptergebnisse der österreichischen Eisenbahnstatistik im Jahre 1885. (No. 14:) Berechtigung zur und Vorgang bei Ertheilung von Tarifbegünstigungen im Personen- und Güterverkehre der Eisenbahnen. (No. 18:) Die Weltzeit vom kommerziellen Standpunkt betrachtet. (No. 16:) Nachweisung der Betriebsergebnisse der Bosnischen Eisenbahnen. (No. 20:) Stand der Fahrbetriebsmittel auf den österreichischen und gemeinsamen Eisenbahnen mit Ende des ersten Semesters 1886.

Danubius. Wien.

No. 2. (Vom 13. Januar 1887.)

Konstante und variable Eisenbahnbetriebskosten.

Deutsche Bauzeitung. Berlin.

No. 1—15. (vom 1. Januar bis 19. Februar 1887).

(No. 5:) Zapfendrehbrücke über den Eldefluss im Zuge der Mecklenburgischen Südbahn. (No. 15:) Erweiterung des preussischen Eisenbahnnetzes.

L'Économiste français. Paris.

No. 1—6. (Vom 1. Januar bis 5. Februar 1887).

(No. 2:) La concurrence de la navigation intérieure et le traffic des chemins de fer. (No. 3:) Les chemins de fer routiers en Alsace-Lorraine. (No. 5:) L'exploitation et le rendement des chemins de fer de l'État. (No. 6:) La constitution et les produits des réseaux ferrés de l'Inde anglaise.

326 Bücherschau.

Engineering. London.

No. 1094—1102. (Vom 17. Dezember bis 11. Februar 1887.)

(No. 1094:) The transportation and refinement of petroleum. The Manchester ship canal. Cable Tramways. (No. 1095:) Single-rail Railways. Cable Tramways (No. 1098 und 1099:) The Eastern and Midlands Railway extension to Cromer. (No. 1099:) Western Australia. American Locomotivs. (No. 1100:) Permanent way inspector's carriage. The Eastern and Midlands Railway extension to Cromer. Four-cylinder locomotive for the Mexican Central Railway. (No. 1102:) The interchangeable automatic brake.

Желѣзнодорожное дѣло (Eisenbahnwesen). St. Petersburg.

Die **No. 43** bis **48** des Jahrgangs 1886 enthalten:

Die Prüfung des Schienen- und Radreifenstabls. — Der Bau des Zentralbahnhofs der belgischen Staatsbahn in Mecheln in seiner Beziehung zum Rollmaterial. — Ueber den Eisenbahnoberbau in verschiedenen Ländern. — Die Eisenbahnen nach Uleaborg und nach Jalta. — Die Eisenbahnen in der englischen Kapkolonie. — Bemerkungen über Rückfrachten und Tarife.

Giornale del Genio Civile. Rom.

1886. No. 11—12. (November-Dezember.)

Notizie sopra alcune modalità di esercizio sulle ferrovie svizzere, tedesche e belghe; estratto di una relazione dell' ing. Comm. A. Billia al Consiglio d'amministrazione delle ferrovie sicule.

Glaser's Annalen für Gewerbe und Bauwesen. Berlin.

Heft 1. 1. Januar 1887.

Ueber die Frachtkosten auf Eisenbahnen und Kanälen. Die elektrische Beleuchtung des schlesischen Bahnhofs zu Berlin. Die Ermittelung des Bremsweges und der Bremsdauer für Eisenbahnzüge mit durchgehender selbstthätiger Luftbremse.

Heft 2. 15. Januar 1887.

Die Pilatusbahn. Die praktische Ausbildung der Eleven und Regierungs-Bauführer des Maschinenbaufaches in Preussen.

Heft 3. 1. Februar 1887.

Etat der Eisenbahnverwaltung für das Jahr 1. April 1887/88. Beitrag zur Bestimmung des Eigenwiderstandes arbeitender Lokomotiven. Konstruktion für Feld- und Industrie-Eisenbahnen. Die beweglichen Industrie- und Feldeisenbahnen in Preussen. Explosion einer Lokomotive.

Heft 4. 15. Februar 1887.

Die Eisenbahnen auf einer Tour um die Erde. Konstruktion für Feld- und Industrie-Eisenbahnen. Zu: Die Ermittelung des Bremsweges und die Bremsdauer für Eisenbahnzüge mit durchgehender selbstthätiger Luftbremse.

Инженеръ (Ingenieur) Kiew.

`1887` **Heft 1.** (Januar.)

Die Wiederinstandsetzung der Räder der Eisenbahnfahrzeuge. — Ueber die Eigenschaften des Eisens alter Lokomotivkesselbleche. — Ueber den kaufmännischen Theil des Eisenbahnwesens.

Инженеръ. (Ingenieur). Herausgegeben im Ministerium derVerkehrsanstalten in St.Petersburg.
Heft 9 und 10 (September und Oktober) 1886:
    Protokolle des russischen Eisenbahnrathes. — Versuch einer geschichtlichen Dar-
stellung der Fortschritte im Bau und Betrieb der Eisenbahnen in den Hauptstaaten Europas — Trockenlegung des Bahnplanums auf einer Strecke der Eisenbahn Tambow-Saratow. — Ueber die Tränkung der Eisenbahnschwellen mit
Chlorzink. — Ueber die von der russischen Technikerversammlung im Jahre 1886
vorgeschlagenen Vorschriften für die Prüfung der Stahlschienen. — Ueber die
Aufstellung von Bedingungen für die Abnahme von Stahlschienen.

Journal of the Association of Engineering societies. Boston.
   November 1886.
    Cable Railways and discussion.

Journal des chemins de fer. Paris.
   No. 1 bis 7. (Vom 1. Januar bis 12. Februar 1887.)
    (No. 1:) Le cinquantenaire des chemins de fer. Chemins de fer des États-Unis.
(No. 2:) L'année 1886. Le nouvel album de statistique graphique. (No. 5:)
Faut-il-reviser les conventions de 1883. Le cinquantenaire des chemins de fer
(No. 6:) Les chemins de fer belges. Le Métropolitain. (No. 7:) Rétablissement
de l'impôt sur la petite vitesse. Le rapport de M Prevet. Le cinquantenaire
des chemins de fer français.

Monitore delle strade ferrate. Torino.
   No. 51—7. (Vom 22. Dezember 1886 bis 12. Februar 1887.)
    (No. 51:) Comitato superiore delle strade ferrate. Società Italiana per le strade
ferrate della Sicilia. Tariffe ferroviarie. Le galerie dell Gottardo e dell' Arlberg.
(No. 1:) La Ferrovia del Monte Generoso. Il traffico del Gottardo In difesa
dello Spluga. (No. 2 und 4:) Le Obligazioni ferroviarie. (No. 3 und 6:) Ferrovia Genova-Ventimiglia. Le stazioni ferroviarie di Torino. Liquidazioni ferroviarie. Il Bilancio dei Lavori Publici. Traforo del Sempione. (No. 4:) Ancora
della galleria della ferrovia succursale dei Giovi. Forniture di materiale ferroviario. (No. 6:) Le tramvie italiane. I treni-tramways sulle ferrovie. (No. 7:)
Le costruzioni ferroviarie. La ferrovia del Sempione.

Organ für die Fortschritte des Eisenbahnwesens. Wiesbaden.
   1887. I. Heft.
    Ueber Geleisverwerfungen, ihre Ursachen und die Mittel zu ihrer Bekämpfung.
Schlafplatzwagen I. Klasse der Gebrüder Gastell in Mainz. Bruch einer Bessemer-
stahlschiene in 17 Stücke durch einen dieselbe überfahrenden Schnellzug. Personenwagen der Holländischen Eisenbahn mit Drehgestell. Radreifen-Stärkemesser.
Schauwecker's neueste patentirte Oeltropfvorrichtung für Schieber und Kolben
der Lokomotiven. Studien über die Wirkung der Eisenbahnwagenbremsen.
Compound-Lokomotiven. Ueber die Feststellung der Joy'schen Steuerung bei
gegebener Füllung. Die Worthington-Pumpe.

Oesterreichische Eisenbahnzeitung. Wien.
   No. 1—8. (Vom 2. Januar bis 20. Februar 1887.)
    (No. 1:) Die österreichischen Eisenbahnen im Jahre 1886. Der Panamakanal
im Jahre 1886. Transportsteuer in Ungarn. (No. I und 2:) Schlussprotokoll
der III. Konferenz zur Ausarbeitung eines internationalen Uebereinkommens über

den Eisenbahnfrachtverkehr. (No. 2:) Die Nebenbahnen in ihren Beziehungen
zu den Hauptbahnen. Statistik der Kurse der Transportaktien an der Wiener
Börse. (No. 2, 3 und 5:) Eichenschwellen und Waldsubstanz. (No. 3:) Ueber
die Erkrankungsverhältnisse der Beamten auf den Vereinsbahnen. Eine internationale Ausstellung für Eisenbahnen. (No. 4:) Die Oekonomie der Eisenschwelle. Konversion der ungarischen [Eisenbahnprioritäten. (No. 5 und 6:)
Statistik der österreichischen Eisenbahnen für das Jahr 1885. (No. 5:) Tramways in Oesterreich. (No. 6:) Querschwellen-Oberbau aus alten Eisenschienen.
Der Fahrpark der Vereinsbahnen und dessen Entwicklung innerhalb der Jahre
1864/84. Abonnementskarten nach dem Kilometersystem bei der österreichisch-
ungarischen Staatseisenbahngesellschaft. (No. 7:) Das neue Eisenbahngesetz
der Vereinigten Staaten von Amerika. Die Einnahmen der österreichisch-ungarischen Eisenbahnen im Jahre 1886. (No. 8:) Die ungarische Transportsteuer
und die Donauverträge. Dienstunfähigkeits- und Sterbens-Statistik bei dem
Beamtenpersonal der Bahnen des Vereins deutscher Eisenbahnverwaltungen in
1885. Zentralabrechnungsbüreau der österreichisch-ungarischen Eisenbahnen.

Railroad Gazette. New-York.
No. 51. (17. Dezember 1886.)
Worn rail from track of Manhattan Elevated Railroad. Morrow's car brake.
Mogul passenger locomotive with wootten fire-box. The Forth bridge. Advan-
tages of interlocked signals. Profit and loss in cars. The conference comittees
interstate commerce bill. Steel-tired cab wheels. Triangulation and measurement
of the Forth bridge. Car mileage and cost of repairs.

No. 52. 24. Dezember 1886.
Transportation principles and legislation. Going back to flag. Growth of flour
exports at Baltimore and Boston. Boiler joints. Notes of the Michigan Central.
Boston passenger traffic. Locomotives built Schenectady. Master car painters
association.

No. 53. 31. Dezember 1886.
The year. Traffic statistics. Calling in the flagman. November accidents.
Railroad washouts. Throw of eccentrics. The full text of the interstate com-
merce bill. Car shop notes. Italian Railroad construction.

No. 1. 7. Januar 1887.
The discussion at the general time convention. The Abt rack-rail system. Safety
on the New-York Elevated Roads. Trial of an electric freight brake. The iron
trade of the United States in 1886. Notes at Aurora. The park electric freight
train brake. The Abt system of Railroads for steep inclines. The composition
of high explosive.

No. 2. 14. Januar 1887.
Large universal radial drill. The attempt to probibit pools. The car coupler
question. The Hoosac tunnel consolidation. West-bound shipments in 1886.
The Baltimore and Ohio collision. A German view of American Railroads. Why
do angle bars break? The Abt system of Railways for steep incline. New-York
Railroad Commission. Railroads in Michigan.

No. 3. 21. Januar 1887.
Martin's anti-fire car heater. The Senat and the Railroads. The long and
short haul clause. Car heating. The Mittenague accident. The railjoint of the

future. The Sherwin Williams paint works. August Borsig and German locomotive building. The prevention of boiler incrustation. American society of civil engineer's annual meeting.

No. 4. 28. Januar 1887.

Passenger locomotive, Caledonian Railway. Slack and elastic couplings. Union Pacific legislation. Torpedoes and distant signals. The Burlington experiments on slack. Lighting passenger cars. Dressed beef and cattle traffic. The Massachusetts Railroad Commission report. New Railroads built in 1886. Train lighting by electricity. Experiments of effects of rail-joints in bridge strains. Early American inquiry into the value of Railroads. Railroads in Equador.

No. 5. 4. Februar 1887.

The Mt Pilatus Rack Railroad. Express refrigerator car, Wickes patent. The car coupler tribunal. The Norris locomotive. The eyesight of Railroad men. Trunk line through shipments. Muir on the details of Railroad working. Western Railway club. New-York Railroads in 1886. Maine Railroad Commission. Working single track Railroads. American engineers in Japan.

No. 6. 11. Februar 1887.

Derailment of steam-heated cars at Fredonia. N. Y. Steam inspection car. Are independent wheels desirable? Railroad taxation in New Jersey. High speed locomotives. The white river disaster. Railroad competition and New York trade. The handling of Railway supplies. The interstate commerce bill reviewed. Freight train brakes.

The Railway News. London.

No. 1198—1206. (Vom 18. Dezember 1886 bis 12. Februar 1887.)

(No. 1198:) Christmas holiday Railway arrangements. (No. 1199:) North Eastern Railway. The Wabash Railway. Tramways in the United Kingdom. A deserving charity. Railway law. Railway season ticket traffic. Scandinavian Railway News. Railway Guides. The Railway rates bill. (No. 1199 und 1201:) Railway employes in France. (No. 1200:) The weather and the Railways. The past half-year's traffic returns. The revenue and net receipts of Tramways. (No. 1201:) The new-year and the Railways. Electric lighting and the act of 1882. Coal traffic by Railway to London. (No. 1202:) Russian Railways. Purchase of Prussian Railways by the State. Oil on Railways. Railway problems. (No. 1203:) The interstate commerce bill. (No. 1204:) Mr. Grierson on American Railway legislation. Railway rates in Mexico. (No. 1205) Scandinavian Railway notes. Clifford's history of private bill legislation. (No. 1206:) American Railroad legislation. Railways in Ecuador. A new mode of working points.

Revue commerciale, diplomatique et consulaire. Bruxelles.

8—10. Lieferung. Vom 15. Januar bis 5. Februar 1887.

(No. 8, 9 und 10:) Les tarifs intérieurs italiens. (No. 9 und 10:) Les chemins de fer, postes, télégraphes et marine de Belgique en 1885. Le percement du Simplon. (No. 10:) Congrès international des chemins de fer français en 1887.

330 Bücherschau.

Revue générale des chemins de fer. Paris.

Heft 5. November 1886.

Note sur l'appropriation du matériel dit américain au service de certains trains express des réseaux européens. Note sur: 1. l'emploi des scies sans.fin pour le travail des métaux dans les ateliers des chemins de fer du Midi. 2. une nou velle machine à essayer les reports, construite dans les mêmes ateliers. Note sur le pont tournant, à l'épaule de 17 m de longueur en usage à la Compagnie du Nord. Résultats obtenus en 1885 sur les réseaux des six compagnies principales des chemins de fer français. Résumé d'une étude sur le chemin de fer de la ville de Berlin. Locomotive-tender, à deux bogies, système Fairlie, des chemins de fer secondaires de l'État-Saxon à void de 0,75 m.

Heft 6. Dezember 1886.

Note sur le souterrain de Philippeville. Application de l'inducteur Postel-Vinay au services des cloches électriques. Les locomotives compound et les expériences de M. Borodine. Statistique de chemins de fer allemands pour l'exercise 1884.

Schweizerische Bauzeitung. Zürich.

No. 25 bis 7. Vom 18. Dezember 1886 bis 12. Februar 1887.

(No. 25:) Eisenbahnbauten in Rumänien. (No. 1 und 2:) Simplon-Bahn. Die hydraulische Fernbetriebsanlage im neuen Zentralbahnhof zu Frankfurt a./M. (No. 2 und 3:) Die kontinuirliche Bremse. (No. 4 und 5:) Dreigekuppelte Personenzuglokomotive der Schweizer-Nordostbahn. (No. 4:) Schmalspurbahn am Südabhange des Jura. (No. 5 und 6:) Die Strassenbahn Kriens-Luzern. Drahtseilbahn auf den Bürgenstock. (No. 6 und 7:) Seilbahn Lugano. (No. 7:) Ueber den Bau grosser Tunnels vermittelst Verwendung komprimirter Luft.

Wochenblatt für Baukunde. Frankfurt a./M.

No. 13 bis 15. Vom 11. bis 18. Februar 1887.

(No. 13:) Ueber Ausführungen von Kunstbauten bei Eisenbahnen. (No. 18:) Ueber Betriebssicherheit.

Wochenschrift des österreichischen Ingenieur- und Architekten-Vereins. Wien.

No. 6. Vom 11. Februar 1887.

Neuere Kuppelungsvorrichtungen für Eisenbahnfahrzeuge.

Zeitschrift des Architekten- und Ingenieur-Vereins. Hannover.

1887 Heft 1.

Der Schiffsverkehr auf dem Rheine an der Ruhrmündung.

Zeitschrift für Bauwesen. Berlin.

1887. Heft 1—3.

Ueber den Transport und das Verladen der Steinkohlen. Berechnung des Eisenbahn-Oberbaues.

Zeitschrift für Lokal- und Strassenbahnwesen. Wiesbaden.

1886. Heft 3.

Strassen-Eisenbahnbauten in Berlin. Die Bilanz der Strasseneisenbahnen nach dem heutigen Aktienrecht, Betriebsresultate der Schmalspurbahnen. Elektrischer Strassenbahnwagen-Betrieb. Beispiele ausgeführter Betriebsmittel und interessanter Einrichtungen.

Zeitschrift für Lokomotivführer. Hannover.

Heft 8. (Januar 1887.)

Lokomotivtypen. Die Arlbergbahn. Die Harzer Zahnradbahn.

Zeitschrift des österreichischen Ingenieur- und Architekten-Vereins.
1886. Heft 3.

Die Donaukanal-Kettenbrücke der Wiener Verbindungsbahn.

Журнаю хинисква путец сообченіл. (Zeitschrift des russischen Ministeriums der Verkehrsaustalten.)

Diese seit 1. Januar 1887 wöchentlich erscheinende Zeitschrift enthält ausser amtlichen Veröffentlichungen, Protokollen des Landeseisenbahnraths und kleineren Mittheilungen in den No. 1—4:

Mittheilungen über Bau und Betrieb der Nikolaibahn in der ersten Zeit. — Der Grundsatz des staatswirthschaftlichen Nutzens in seiner Anwendung auf Tariffragen und Verstaatlichung der Eisenbahnen. — Das Verladen von Kohlen im Rotterdamer Hafen. — Das Eisenbahnnetz Europas am 1. Januar 1886. — Eisenbahnschwellen aus alten Schienen.

Zeitschrift für Transportwesen und Strassenbau. Berlin.

No. 1—6. (Vom 1. Januar bis 20. Februar 1887.)

(No. 1:) Einige Beiträge zur Frage der Schmalspurbahnen. Die Tramways in Grossbritannien. (No. 2:) Elektrische Strasseneisenbahnen. Entwicklung des Sekundärbahnwesens im Königreich Sachsen. (No. 3, 4 und 5:) Die New-Yorker Hochbahnen. (Nr. 3, 4, 5 und 6:) Die Organisation des belgischen Nebenbahnwesens. (No. 3:) Transportable Bahnen in Frankreich. (Nr. 6:) Taubahnen in New York.

Zeitung des Vereins Deutscher Eisenbahnverwaltungen. Berlin.

Die No. 1—15 vom 5. Januar 1886 bis 23. Februar 1887 enthalten ausser den regelmässigen Nachrichten aus dem Deutschen Reich, Oesterreich-Ungarn u. s. w., Präjudizien, offiziellen Anzeigen und dergleichen, nachstehende Abhandlungen:

(No. 1:) Zum neuen Jahr. Betriebseröffnungen in 1886. Ueber Wassergasbeleuchtung. Eine Konkurrenz Frankreichs gegen die Gotthardlinie. (No. 2:) Die Simplonbahn. Statistik der Rundreisebillette. Gefahr für Damen beim Aussteigen aus Personenwagen. K. K. österreichische Staatsbahnen 1885. Südbahn-Geschäftsbericht 1885. Oesterreichisch-ungarische Staatsbahngesellschaft. Rigibahn. Eine Eisenbahn über den Septimer oder über den Splügen nach Landeck? Die Kongobahn. Aus dem elektrotechnischen Verein. (No. 3:) Die Ohrenerkrankungen der Eisenbahnbediensteten. Schlafwagenbetrieb auf der Strecke Berlin-Breslau-Oderberg. (No. 3 und 4:) Eichenschwelle und Waldsubstanz. (No. 4:) Internationales Eisenbahnfrachtrecht. (No. 5:) Schneeverwehungen der Eisenbahnen. Praktische Ausbildung der Eleven und der Regierungs-Bauführer des Maschinenbaufaches in Preussen. Maassnahmen zur Erhöhung der Sicherheit des Eisenbahnbetriebes. Vorrichtung zur Trennung eines fahrenden Zuges in mehrere Theile. Das niederländische Eisenbahnnetz. Zur Geschichte der dänischen Eisenbahnen. (No. 6:) Aus dem Etat der preussischen Staatsbahnen für 1887/88. Aus den Geschäftsberichten deutscher Sekundärbahnen. Das australische Verkehrswesen (No. 7:) Die Erkrankungsverhältnisse der Beamten auf den Vereins-

bahnen im Jahre 1885. (No. 8:) Orientalische Anschlussbahnen. Internationale
Ausstellung für Eisenbahnen in Paris. (No. 9:) Das Eisenbahntarifwesen.
Eisenbahnunfall auf der Berliner Dampfstrassenbahn. Das Simplonprojekt und
die Betheiligung Italiens. (No. 10:) Zur Frage der Uebertragbarkeit der Retourbillets. (No. 11:) Technische Einheit im Eisenbahnwesen. Die Berliner Stadtbahn im ersten Jahrfünft. (No. 12:) Die Kilometer-Abonnements der privilegirten
österreichisch-ungarischen Staatseisenbahngesellschaft. Preussischer Gesetzentwurf
betreffend den weitern Erwerb von Privateisenbahnen für den Staat. Preussischer
Gesetzentwurf betreffend die weitere Herstellung neuer Eisenbahnlinien für Rechnung des Staates und sonstige Bauausführungen auf den Staatseisenbahnen.
Zentralabrechnungsbüreau der österreichisch-ungarischen Eisenbahnen. Spanische
und portugiesische Eisenbahnen im Jahre 1886. Die egyptischen Eisenbahnen in
den Jahren 1877—1885. (No. 13:) Versuchslegungen eiserner Querschwellen.
Vertrag zwischen Preussen und Sachsen, betreffend die anderweite Regelung der
Verhältnisse der Berlin-Dresdener Eisenbahn. Die internationale Ausstellung für
Eisenbahnen in Paris. Die Finnländischen Eisenbahnen. (No. 14:) Die Eisen-
bahnen im Grossherzogtbum Baden. Brennmaterialienfrequenz der Stadt Berlin
für das Jahr 1886. Personal der englischen Eisenbahnen. (Nr. 15:) Der deutsche
Eisenbahn-Verkehrsverband. Schneewehen und Eisenbahnen. Die Eisenbahnen
Nord-Amerikas im Jahre 1886.

Druckfehlerberichtigung.

Seite 35 No. 16 in Spalte „Gesammtausgabe" muss es heissen: 12 337 .ℳ statt 22 337.
Seite 132 Zeile 32 von oben muss es heissen einer statt keiner.

Herausgegeben im Auftrage des Königlichen Ministeriums der öffentlichen Arbeiten.

Carl Heymanns Verlag, Berlin W. — Gedruckt bei Julius Sittenfeld, Berlin W.

Das neue amerikanische Bundeseisenbahngesetz.

Der nachstehend abgedruckten Uebersetzung des für das Gebiet der Vereinigten Staaten von Amerika erlassenen Gesetzes vom 4. Februar 1887, betr. die Regelung des Verkehrs (sog. Interstate Commerce Law), schicken wir einige Worte zur Erläuterung voraus. Das Gesetz ist das Ergebniss Jahre lang fortgesetzter Bestrebungen in beiden Häusern des Kongresses der Vereinigten Staaten, einen gewissen Einfluss der Bundesgewalt auf die immer mächtiger heranwachsenden grossen Eisenbahngesellschaften zu gewinnen. Das Eisenbahnwesen unterstand in den Vereinigten Staaten bisher nahezu ausschliesslich[*]' der Gesetzgebung der Einzelstaaten. Den aus der unumschränkten Freiheit der Eisenbahnen in Bau, Verwaltung und Betrieb erwachsenen argen Missständen (darunter vor allem die völlige Unsicherheit und Ungleichmässigkeit der Tarife, die maasslose Ausdehnung der heimlichen Begünstigungen einzelner Versender, die wilde Spekulation in Eisenbahnwerthen, die von Jahr zu Jahr in grösserem Umfange hervortretende Bildung von Verkehrsmonopolen in den Händen weniger Privatpersonen) konnte zunächst nur gesteuert werden durch gesetzgeberische Maassnahmen der Einzelstaaten. Von diesen hat denn auch nach und nach die Mehrzahl Eisenbahngesetze erlassen, Gesetze allerdings mit ganz verschiedenem Inhalte, und mit Geltungskraft nur für die innerhalb des Einzelstaates belegenen Strecken der Eisenbahnen und den ausschliesslich auf diesen sich bewegenden Verkehr. Im Jahre 1886 stand die Sache so, dass von den 39 Staaten und 7 Territorien der Union (ausschl. Alaska), 16 überhaupt keine Eisenbahngesetze hatten.[**] Von den übrigen 30 hatten 5 (Nevada, Nord Carolina, Oregon, Texas und das Territorium Montana) gesetzliche Bestimmungen über die Regelung der Eisenbahnverhältnisse getroffen, die übrigen 25 ausserdem auch Behörden

---

[*] Nur zweimal, am 15. Juli 1866 und am 1. Oktober 1873 hat der Kongress kurze Bestimmungen über den zwischenstaatlichen Eisenbahnverkehr erlassen.

[**] vergl. Report of the Senate Select Committee on Interstate Commerce. (1886) S. 64 ff.

eingesetzt, welchen die Ausführung der Gesetze und die Beaufsichtigung
der Eisenbahnen innerhalb der Grenzen der Gesetze obliegt. Die Staaten,
in welchen derartige Behörden — Railway Commissions — bestehen, sind: Alabama, California, Colorado, Connecticut, Dacota, Georgia,
Illinois, Jowa, Kansas, Kentucky, Maine, Massachusetts, Michigan, Minnesota,
Mississippi, Missouri, Nebraska, New Hampshire, New York, Ohio, Rhode
Island, Süd Carolina, Vermont, Virginia und Wisconsin. — Soweit aber
der Verkehr der in diesen Staaten belegenen Eisenbahnen die Grenzen
derselben überschritt, und sich durch zwei oder mehrere Staaten oder
Territorien bewegte, — und dies trifft für den Verkehr gerade der grössten
und wichtigsten Eisenbahnen am ersten zu — war derselbe einer Beschränkung durch Gesetze überhaupt nicht unterworfen, seine Regelung
der freien Willkür der Eisenbahnen überlassen.

Diesem Zustande konnte nur durch ein Bundesgesetz ein Ende
gemacht werden. Die Berechtigung der Bundesgewalt zum Erlass eines
solchen wird aus der Bestimmung in Art. 1 § 8 der Verfassungsurkunde
hergeleitet, wonach „der Kongress die Befugniss hat, Bestimmungen zu
treffen über die Regelung des Verkehrs mit fremden Ländern, zwischen
den verschiedenen Staaten und mit den Indianerstämmen". Seit
länger als 10 Jahren beschäftigt sich der Kongress mit dieser Angelegenheit. Nach wiederholten vergeblichen Anläufen wurde im Winter 1877/78
ein Gesetzentwurf über den Gegenstand im Repräsentantenhause vom Abg.
John H. Reagan (Texas) eingebracht und damals in diesem Hause angenommen, vom Senate abgelehnt. In den folgenden Jahren brachte Reagan
ähnliche Entwürfe ein, welche in Ausschüssen vorberathen, durch Entwürfe
anderer Abgeordneter geändert und ergänzt worden sind, ohne dass sich
der Kongress über die Annahme eines Entwurfs schlüssig machen
konnte. Erst eine vom Senator für Illinois, S. M. Cullom, dem Senate
gegenüber ausgehende Anregung gab der Sache eine günstigere Wendung.
Auf seinen Antrag fasste der Senat am 17. März 1885 den Beschluss,
einen besonderen Ausschuss zur Untersuchung der Verhältnisse des Verkehrs zwischen den Einzelstaaten einzusetzen. Der Ausschuss wurde am
21. März 1885 ernannt, und erstattete nach eingehender Untersuchung
einen ausführlichen Bericht,*) welcher am 18. Januar 1886 dem Senate
zugleich mit einem neuen Gesetzentwurf — der sog. Cullom Bill —
zuging. Dieser Entwurf wurde vom Senate mit einigen Aenderungen am
12. Mai 1886 angenommen, gelangte an das Repräsentantenhaus, welches
auf einen unter dem 22. Mai 1886 erstatteten Bericht hin aber einen
anderen, wiederum vom Abg. Reagan ausgehenden Entwurf annahm.
Die Angelegenheit gelangte nunmehr an den, aus Mitgliedern beider Häuser

*) Der Bericht bildet nebst Anhängen 2 starke Bände von zusammen 1952 Seiten.

bestehenden Vermittlungsausschuss (Conference Committee), welcher sich unter Zustimmung beider Antragsteller über einen gemeinsamen Entwurf einigte, und denselben am 15. Dezember 1886 dem Senate vorlegte. Der Senat hat diesen Entwurf am 14. Januar mit 43 gegen 15 Stimmen, das Repräsentantenhaus am 21. Januar mit 219 gegen 41 Stimmen unverändert angenommen, der Präsident der Republik das Gesetz am 4. Februar 1887 vollzogen.

Die Bestimmungen der 24 Paragraphen des Gesetzes sind zweierlei Art; sie betreffen theils das materielle Eisenbahnrecht, insbesondere die Eisenbahntarife, theils die Einsetzung eines Bundesamts für den zwischenstaatlichen Verkehr (Interstate Commerce Commission). § 1 enthält die Festsetzung, dass das Gesetz sich nur auf den zwischenstaatlichen Verkehr bezieht, und dass alle Fracht- und Gebührensätze für den Personen- und Güterverkehr vernünftig und billig (reasonable and just) sein müssen. Im § 23 werden die Geldmittel für die Ausführung des Gesetzes angewiesen, im § 24 der Zeitpunkt seines Inkrafttretens festgestellt.

Das Bundesamt (§§ 9, 11 bis 21) besteht aus fünf vom Präsidenten der Vereinigten Staaten unter Zustimmung des Senates auf die Dauer von je 6 Jahren ernannten Mitgliedern.*) Die Amtsdauer der zuerst ernannten Mitglieder ist eine entsprechend kürzere, so dass schon nach zwei Jahren regelmässig alljährlich ein Mitglied ausscheidet. Der Sitz des Amts ist die Bundeshauptstadt Washington. Die Mitglieder beziehen eine feste Besoldung; sie dürfen an der Verwaltung einer Eisenbahn nicht betheiligt sein, auch keinerlei Eisenbahnaktien- oder Prioritäten besitzen. Die Befugnisse des Amtes bestehen im wesentlichen in dem Rechte der Einsicht in die Geschäftsführung der Eisenbahngesellschaften, der Einforderung von Jahresberichten seitens derselben, für welche bestimmte einheitliche Formen vom Amte festgestellt werden können, und der Entgegennahme und Untersuchung von Beschwerden über die Eisenbahnen. Das Amt hat Vorschläge zur Beseitigung der zu seiner Kenntniss kommenden Missstände zu machen, und, soweit das Gesetz solche vorschreibt, Straffestsetzungen gegen die Eisenbahnen zu treffen, deren Ausführung den ordentlichen Gerichten obliegt. Die Entscheidungen des Amtes sind in der Regel schriftlich aufzusetzen und auf Verlangen der Betheiligten zu veröffentlichen. Alljährlich hat das Amt über seine Thätigkeit einen zur Vorlage an den Kongress bestimmten Bericht zu erstatten.

Von den materiellen Bestimmungen ist wohl die wichtigste die, dass die Eisenbahnen verpflichtet werden, alle ihre im zwischenstaatlichen Ver-

---

*) Die Ernennung der Mitglieder ist am 22. März d. J. erfolgt. Vorsitzender ist der frühere Oberbundesrichter Cooley, auch die vier anderen Mitglieder sind Juristen.

kehr geltenden „vernünftigen und billigen" Tarife zu veröffentlichen und
für das Publikum znr Kenntniss aufzulegen, auch Exemplare derselben
dem Bundesamte einzureichen. In Zukunft müssen Tariferhöhungen 10
Tage vor ihrem Inkrafttreten veröffentlicht werden. Für Tarifermässigungen
ist eine solche Frist nicht vorgeschrieben. Die Anwendung nicht veröffentlichter Tarife, sei es ermässigter, sei es erhöhter, ist untersagt; sie
berechtigt den hierdurch Geschädigten zur Forderung von Schadenersatz,
die zuwiderhandelnde Eisenbahn macht sich ausserdem eines Vergehens
schuldig, für welches in jedem einzelnen Falle eine Geldbusse bis auf
Höhe von 5 000 Dollar (21 250 $\mathcal{M}$) festgesetzt werden kann. Tarifermässigungen für öffentliche, für wohlthätige, für religiöse Zwecke, sowie
die Ausgabe von ermässigten Abonnementsbillets u. dergl. fallen jedoch
nicht unter dieses Verbot. Eine Umgehung dieser Bestimmungen durch
künstliche Unterbrechung der zwischenstaatlichen Transporte an den
Grenzen der Einzelstaaten ist verboten und strafbar.

    Während die vorstehenden Bestimmungen des neuen Gesetzes in der
letzten Zeit auch von Seiten der Eisenbahnen nur vereinzelt angefochten
sind, haben die §§ 4 und 5 noch während der Berathungen des Kongresses
einen so lebhaften Widerspruch erfahren, dass es eine Zeit lang den Anschein gewann, als ob das Zustandekommen des Gesetzes an diesen beiden
Paragraphen scheitern werde. Der erstere Paragraph (Short haul clause
genannt) bestimmt, dass unter wesentlich gleichen Verhältnissen nach einer
vorliegenden Station einer Strecke nicht mehr an Gesammtfracht erhoben
werden darf, als nach einem darüber hinaus liegenden Bestimmungsorte.
Ausnahmen von dieser Regel darf das Bundesaufsichtsamt gestatten. Der
§ 7. (die sogenannte Antipooling clause) erklärt Verbände der in Wettbewerb stehenden Eisenbahnen über Verkehrstheilungen (Pools) für verboten
und strafbar. Die Strafe beträgt bis zu 5 000 Dollar für jeden Tag, an
welchem ein solcher Verband fortdauert.

    Das letztere Verbot, welches erst im Laufe der Berathungen des
Vermittlungs-Ausschusses auf Antrag des Abgeordneten Reagan und im
Widerspruch mit der Auffassung des Untersuchungsausschuss des Senates
aufgenommen ist, beruht auf der Abneigung des verkehrtreibenden Publikums gegen die sogenannten Pools. Man befürchtete vielfach, dass dieselben
eine Erhöhung der Frachten — in Folge der Beseitigung des Wettbewerbs — und eine Stärkung der Monopolneigungen zur Folge haben würden, Befürchtungen, welche durch die Erfahrungen mit den zur Zeit bestehenden derartigen Verbänden bis jetzt allerdings nicht gerechtfertigt
scheinen. Die Verbände haben vielmehr im Allgemeinen eine wohlthätige
Wirkung ausgeübt, insbesondere zur Verminderung von Tarifkriegen und
zur Herbeiführung einer grösseren Stetigkeit und Oeffentlichkeit der

Frachten und Beseitigung von Refaktien beigetragen. Die Eisenbahnen befürchten von einer strengen Durchführung dieses Verbotes ein Wiederaufleben verheerender Tarifkriege, und sinnen auf Mittel und Wege, sich mit demselben abzufinden.

Bezüglich des § 4 glaubt man schon jetzt sich davon überzeugt zu haben, dass derselbe für die Eisenbahnen unschädlich sei, sie in der Tariffreiheit nicht zu sehr beschränke. Die Worte „unter wesentlich gleichen Umständen und Bedingungen" (under substantially similar circumstances and conditions) gewähren allerdings der Auslegung einen sehr freien Spielraum, und für Nothfälle steht es, wie bemerkt, dem Amte zu, noch weitere Ausnahmen von der Regel zu gestatten.

Eine wesentliche Besserung der Eisenbahnzustände in den Vereinigten Staaten würde es — dies muss man zugeben — zur Folge haben, wenn in Veranlassung des neuen Gesetzes die Tarife für den durchgehenden Verkehr in der That veröffentlicht, wenn das Refaktienunwesen beseitigt oder auch nur wesentlich eingeschränkt werden sollte. Eines bescheidenen Zweifels, ob dies geschieht, wird man sich aber nicht erwehren können. Sollte es einem einzigen, aus fünf Mitgliedern bestehenden Amte, wirklich, auch bei Aufwendung ungewöhnlichen Geschicks und übermenschlicher Arbeitskraft, möglich sein, eine einigermaassen wirksame Aufsicht über ein Eisenbahnnetz von jetzt rund 220 000 km, über 1 500 bis 1 600 verschiedene Eisenbahn-Aktien-Gesellschaften auszuüben? Nach den in europäischen Ländern mit der Staatsaufsicht über die Eisenbahnen gemachten Erfahrungen wird man diese Frage nur verneinen können. Unter diesem Gesichtspunkte wird es auch verständlich, dass die mächtigen Eisenbahngesellschaften, die allgewaltigen Eisenbahnkönige in den Vereinigten Staaten, dem Erlass dieses Bundesgesetzes neuerdings keinen nachdrücklicheren Widerstand entgegen gesetzt haben. Die gegen ihr Gebahren aufs Aeusserste gereizte öffentliche Meinung verlangte immer stürmischer ein solches Gesetz. Sie wird sich einstweilen beruhigen, das Gesetz zu besitzen, und, wenn die Eisenbahnen einigermaassen geschickt vorgehen, wird es immerhin einige Jahre dauern können, bevor es jedermann klar wird, dass ungeachtet des Gesetzes auch in den Vereinigten Staaten — wie in England nach der Regulation of Railways Act von 1873 — alles im Eisenbahnwesen im wesentlichen beim Alten geblieben ist.

Das Gesetz vom 4. Februar 1887 lautet in wortgetreuer Uebersetzung, wie folgt:

Gesetz vom 4. Februar 1887, betreffend die Regelung des Verkehrs.

§ 1. Dieses Gesetz findet Anwendung auf alle gemeinen Frachtführer („Common
Carriers"), welche Personen oder Güter, sei es ausschliesslich auf Eisenbahnen, oder theils
auf Eisenbahnen und theils auf Wasserstrassen unter gemeinsamer Verwaltung durchgehend
von einem Staate oder Territorium der Union oder dem Bezirke Columbia nach einem
anderen, oder von einem Orte in den Vereinigten Staaten nach einem Nachbarlande, oder
von einem Orte in den Vereinigten Staaten durch ein Nachbarland nach einem andern
Orte in den Vereinigten Staaten befördern oder verschiffen, ferner auf die gleichartige Beförderung von Gütern von einem Orte in den Vereinigten Staaten nach einem fremden
Lande, welche zunächst von dem gedachten Orte nach dem Verschiffungshafen gefahren,
oder umgekehrt von einem fremden Lande nach den Vereinigten Staaten verschifft und von
dem Einfuhrhafen nach einem Orte in den Vereinigten Staaten oder einem Nachbarlande
gefahren werden.

Dagegen findet das Gesetz keine Anwendung auf die Beförderung von Personen oder
Frachtgütern sowie die Uebergabe, Ablieferung, Aufbewahrung oder sonstige Behandlung
von Frachtgütern, soweit solche lediglich innerhalb der Grenzen eines einzelnen Staates und
nicht zwischen einem Staate oder Territorium und einem fremden Lande erfolgt.

Das Wort „Eisenbahn" schliesst in diesem Gesetze alle Brücken und Fähren ein,
welche in Zusammenhang mit einer Eisenbahn benutzt oder betrieben werden, ebenso auch
die von einer Eisenbahn betriebenen, gepachteten oder sonst ihr gehörigen Bahnen. Das
Wort „Beförderung" begreift alle Maassnahmen in sich, welche zur Verladung oder Fortbewegung dienen.

Alle Gebühren, welche für solche Beförderung und in Verbindung damit für Empfang
und Ablieferung, für Aufbewahrung und Verladung berechnet werden, müssen vernünftig
und billig sein. Die Erhebung ungerechter und unangemessener Sätze ist gesetzwidrig und
verboten.

§ 2. Falls ein gemeiner Frachtführer mittelbar oder unmittelbar durch besondere
Frachtsätze, Nachlässe oder Rückvergütung irgend einer Person für geleistete Beförderung
grössere oder geringere Kosten berechnet, als einer anderen für den gleichen gleichzeitig
bei Beförderung derselben Güterart unter ähnlichen Umständen geleisteten Dienst in Rechnung gestellt werden, so ist er einer ungerechten und gesetzwidrigen Bevorzugung schuldig.

§ 3. Es ist gesetzwidrig, wenn ein gemeiner Frachtführer irgend einer Person, Gesellschaft, Handlung, Körperschaft oder Oertlichkeit, oder irgend einem besonderen Handels-
zweige in irgend einer Weise einen ungebührlichen oder unangemessenen Vorzug einräumt,
ebenso, wenn er denselben einen ungebührlichen oder unangemessenen Schaden oder Nachtheil zufügt.

Alle den Bestimmungen dieses Gesetzes unterworfenen gemeinen Frachtführer sind nach
Maassgabe der ihnen zustehenden Befugnisse verpflichtet, alle vernünftigen, geeigneten und
gleichmässigen Erleichterungen für den Verkehr zwischen ihren Linien, sowie für den
Empfang, die Beförderung und die Ablieferung von Personen und Gütern nach und von
ihren Strecken und Anschlussbahnen zu gewähren, und den letzteren dieselben Frachtsätze

und Gebühren zu berechnen, welche sie für ihre eigenen Strecken erheben; jedoch sind die gemeinen Frachtführer nicht verpflichtet, anderen, das gleiche Geschäft betreibenden Frachtführern die Benutzung ihrer Schienen und ihrer Bahnhofsanlagen zu gestatten.

§ 4. Es ist gesetzwidrig, wenn ein den Bestimmungen dieses Gesetzes unterworfener gemeiner Frachtführer für die Beförderung von Reisenden oder von Frachtgütern gleicher Art unter wesentlich gleichen Umständen und Bedingungen für eine kürzere Strecke einen höheren Gesammtfrachtsatz berechnet oder empfängt, als für eine längere Strecke auf derselben Linie, in derselben Richtung und vorausgesetzt, dass die kürzere Strecke einen Theil der längeren Strecke bildet.

Diese Bestimmung soll aber nicht so gedeutet werden, als wäre ein gemeiner Frachtführer berechtigt, für eine kürzere Strecke eine ebenso hohe Vergütung zu berechnen und zu empfangen, wie für eine längere. Er ist indessen berechtigt, bei dem durch dieses Gesetz eingesetzten Bundesamte in besonderen Fällen, nach Untersuchung durch das Amt, für die Beförderung von Reisenden und Gütern auf längeren Strecken geringere Sätze zu berechnen, als für kürzere.

Das Amt hat von Zeit zu Zeit festzustellen, bis zu welchem Umfange ein derartiger gemeiner Frachtführer von der Beachtung der Bestimmungen dieses Paragraphen entbunden werden kann.

§ 5. Es ist gesetzwidrig für die den Bestimmungen dieses Gesetzes unterworfenen gemeinen Frachtführer, mit anderen Frachtführern einen Vertrag, eine Vereinbarung oder eine Uebereinkunft zu schliessen über Verkehrsgemeinschaften (poolings) zwischen verschiedenen und mit einander in Wettbewerb stehenden Eisenbahnen, sowie über eine Vertheilung der gesammten Roh- oder Reineinnahmen, oder eines Theiles derselben unter die einzelnen Bahnen. Im Falle gleichwohl derartige Vereinbarungen abgeschlossen werden, bildet jeder Tag der Fortdauer derselben eine besondere Uebertretung.

§ 6. Alle den Bestimmungen dieses Gesetzes unterworfenen gemeinen Frachtführer sind verpflichtet, Tabellen zu drucken und zur öffentlichen Einsichtnahme bereit zu halten, aus welchen die Frachtsätze und sonstigen Gebühren für die Beförderung von Personen und Gütern zu ersehen sind, welche der Frachtführer aufgestellt hat, und welche zur Zeit auf den, diesem Gesetze unterworfenen Eisenbahnen (vgl. § 1) in Geltung stehen. Diese, wie vorbemerkt gedruckten Tabellen müssen deutlich die Eisenbahnstationen bezeichnen, zwischen welchen Güter und Reisende befördert werden, sie müssen die auf der Eisenbahn geltende Güterklassifikation enthalten und getrennt davon die Bahnhofsgebühren und Festsetzungen, welche in irgend einer Weise die Berechnung der Gesammtfracht oder eines Theils derselben, sowie der Gebühren, ändern, beeinflussen oder bestimmen. Die Tabellen sind deutlich mit grossen Schriftzeichen, mindestens von der Grösse der gewöhnlichen Cicero-Schrift, zu drucken, auch müssen auf jedem Bahnhofe und an jeder Station der betreffenden Eisenbahnen Exemplare für das Publikum an solchen Orten aufliegen, an welchen dasselbe von den Tabellen bequem Einsicht nehmen kann.

Alle den Bestimmungen dieses Gesetzes unterworfenen gemeinen Frachtführer, welche in den Vereinigten Staaten Frachtgüter annehmen zur Beförderung durch ein fremdes Land an einen anderen Platz in den Vereinigten Staaten, sind verpflichtet, in derselben Weise ihre Frachtsätze zu drucken und zur öffentlichen Einsicht an allen Bahnhöfen, an welchen derartige Güter angenommen werden, aufzulegen. Die Frachttabellen müssen die durchgehenden Frachtsätze nach allen den jenseits des Auslandes belegenen Plätzen der Vereinigten Staaten enthalten, nach welchen Güter zur Beförderung angenommen werden; falls die durchgehenden Frachtsätze für solche Güter in dieser Weise nicht veröffentlicht sind, so sind die Güter, wenn sie vom Auslande wieder in die Vereinigten Staaten eintreten, zollpflichtig gleich ausländischen Erzeugnissen. Alle dieser Bestimmung entgegenstehenden Gesetze werden hiermit aufgehoben.

Erhöhungen der in Gemässheit der vorstehenden Bestimmungen aufgestellten und veröffentlichten Fracht- und Gebührensätze können erst nach vorheriger zehntägiger Veröffentlichung eingeführt werden. In der Veröffentlichung müssen deutlich sowohl die Aenderungen der geltenden Frachtsätze, als die Zeit, zu welcher sie in Kraft treten sollen, angegeben werden. Die Aenderungen sind zu bewirken 'durch den Druck von neuen Tabellen oder durch deutliche Vermerke auf den in Geltung stehenden und zur öffentlichen Einsicht aufliegenden Tabellen. Ermässigungen in den Fracht- und Gebührensätzen können ohne vorherige Veröffentlichung eingeführt werden, doch sind dieselben sofort öffentlich bekannt zu machen und die Aenderungen in derselben Weise äusserlich zu bemerken, wie dies für Erhöhungen vorgeschrieben ist.

Hat ein gemeiner Frachtführer seine Gebühren- und Frachtsätze in der vorgeschriebenen Art vorschriftsmässig öffentlich bekannt gemacht, so gilt als gesetzwidrig, wenn er für irgend jemand höhere oder geringere Vergütung für die Beförderung von Reisenden oder Gütern in Rechnung stellt, verlangt, einzieht oder empfängt, als in den veröffentlichten zur Zeit in Geltung stehenden Frachttabellen enthalten sind.

Jeder den Bestimmungen dieses Gesetzes unterworfene gemeine Frachtführer ist verpflichtet, dem nachstehend erwähnten Amte Exemplare der in Gemässheit vorstehender Bestimmungen aufgestellten und veröffentlichten Fracht- und Gebührentabellen einzureichen und dem Amte unverzüglich alle Aenderungen derselben anzuzeigen. Ebenso sind demselben einzureichen alle Verträge, Vereinbarungen und Uebereinkünfte mit anderen gemeinen Frachtführern in Bezug auf irgend einen der durch dieses Gesetz betroffenen Verkehre oder einen Theil derselben.

In Fällen, wo Reisende oder Güter über zusammenhängende Strecken befördert werden, welche von mehr als einem gemeinen Frachtführer betrieben werden und die einzelnen Inhaber der verschiedenen Strecken gemeinsame Fracht- und Gebührensätze für solche zusammenhängende Strecken aufstellen, sind Exemplare dieser gemeinschaftlichen Tarife in derselben Weise dem gedachten Amte einzureichen. Auf Anordnung des Amtes sind derartige ihm eingereichte Verbandstarife, soweit es dies für erforderlich erachtet, gleichfalls durch den gemeinen Frachtführer zu veröffentlichen; das Amt hat von Zeit zu Zeit Anordnung zu treffen, in welchem Umfange und an welchen Plätzen diese öffentlichen Bekanntmachungen stattfinden müssen. Kein an einem solchen Verbandstarife betheiligter Frachtführer ist verantwortlich dafür, wenn ein anderes der zu dem Vorstande gehörigen Mitglieder von den vereinbarten und veröffentlichten Frachtsätzen sich Abweichungen zu Schulden kommen lässt.

Falls irgend ein gemeiner Frachtführer es unterlässt oder sich weigert, seine Gebühren- oder Frachtsätze nach den Vorschriften dieses Gesetzes zu veröffentlichen, so ist er (zusätzlich zu den anderen in diesem Gesetze vorgesehenen Strafen), vor das Kreisgericht innerhalb des Gerichtsbezirkes, in welchem sein Hauptbetriebsamt liegt oder in welchem eine solche Uebertretung begangen ist, und wenn der gemeine Frachtführer ein Ausländer ist, vor das Kreisgericht, in dessen Bezirk er Güter annimmt und einen Vertreter für sein Geschäft hat, vorzuladen und zur Erfüllung der gesetzlichen Bestimmungen anzuhalten. Eine solche Vorladung ergeht im Namen des Volks der Vereinigten Staaten und auf den Bericht des in diesem Gesetze eingesetzten Amtes. Nichtbeachtung der Vorladung ist als Verachtung des Gerichtshofes (— contempt of court —) strafbar.

Das Amt kann ausserdem als Beschwerdeführer von irgend einem Gerichtshof der Vereinigten Staaten einen Arrestbefehl gegen den beklagten gemeinen Frachtführer erwirken, in welchen demselben die Annahme und die Beförderung von Gütern zwischen den Staaten und Territorien der Union oder zwischen den Vereinigten Staaten und dem angrenzenden Auslande oder zwischen den Verschiffungs- und Eingangshäfen der verschiedenen Staaten und Territorien der Union (vgl. § 1 des Gesetzes) verboten wird, so lange, bis letzterer sich den gesetzlichen Vorschriften unterworfen hat.

§ 7. Es ist gesetzwidrig, wenn ein gemeiner Frachtführer einer Vereinigung beitritt, einen Vertrag schliesst oder eine Verabredung trifft, welche ausgesprochenermaassen oder stillschweigend den Zweck verfolgt, durch Aenderung des Fahrplanes, durch Wagenwechsel, oder sonst irgendwie die durchgehende Beförderung von Frachten zwischen Ausgangs- und Bestimmungsort willkürlich zu verhindern. Ungeachtet einer etwaigen Umladung, eines Aufenthalts oder einer Unterbrechung gilt eine derartige Beförderung von Gütern als eine ununterbrochene, wenn nicht die Umladung, der Aufenthalt oder die Unterbrechung in gutem Glauben zu irgend einem nothwendigen Zwecke und ohne die Absicht bewirkt war, einen ununterbrochenen Transport zu vermeiden oder unnöthiger Weise zu unterbrechen oder die Bestimmungen dieses Gesetzes zu umgehen.

§ 8. Wenn ein den Bestimmungen dieses Gesetzes unterworfener gemeiner Frachtführer irgend eine Handlung begeht oder begehen lässt, welche durch dieses Gesetz verboten ist, oder für ungesetzlich erklärt wird, oder wenn er unterlässt, eine Handlung zu begehen, welche dieses Gesetz vorschreibt, so haftet der Frachtführer den durch diese Handlung oder Unterlassung geschädigten Personen zum vollen Betrage des ihnen erwachsenen Schadens und ausserdem für einen entsprechenden Theil der Anwaltsgebühren, welcher vom Gerichtshofe in jedem Falle als ein Theil der Prozesskosten festzusetzen ist.

§ 9. Die durch einen den Bestimmungen dieses Gesetzes unterworfenen Frachtführer geschädigten Personen haben das Recht, Klage anzustellen entweder vor dem in diesem Gesetze eingesetzten Amte oder vor einem zur Entscheidung dieser Angelegenheiten zuständigen Bezirks- oder Kreisgericht der Vereinigten Staaten; diese beiden Rechtsmittel können aber nicht gleichzeitig in Anwendung gebracht werden; es ist vielmehr in jedem Falle die Wahl zwischen einem von beiden zu treffen. Der zuständige Gerichtshof hat das Recht, die Direktoren, Beamten, Verwalter, Bevollmächtigten oder Agenten der beklagten Bahn zu zwingen, vor ihm zu erscheinen und Zeugniss abzulegen, auch die Vorlage der Bücher und Urkunden der Eisenbahn oder einer anderen am Prozess betheiligten Gesellschaft zu erzwingen.

§ 10. Wenn ein den Bestimmungen dieses Gesetzes unterworfener gemeiner Frachtführer, oder wenn derselbe eine Gesellschaft darstellt, ein Direktor oder Beamter derselben oder ein Verwalter, Bevollmächtigter, Pächter, Agent oder sonstiger Angestellter derselben, allein oder in Gemeinschaft mit anderen absichtlich irgend eine Handlung begeht oder begehen lässt, oder duldet oder gestattet, welche in diesem Gesetze als ungesetzlich verboten ist, oder wenn er daran mithilft oder dabei beharrt; oder wenn er eine durch dieses Gesetz vorgeschriebene Handlung absichtlich nicht ausführt oder unterlässt, oder absichtlich duldet, dass eine vorgeschriebene Handlung nicht geschieht, oder sich an dieser Unterlassung betheiligt, oder dabei verharrt; oder wenn eine der vorbezeichneten Personen sich einer Uebertretung dieses Gesetzes schuldig macht, an einer solchen hilft oder dabei beharrt, so ist dieselbe eines Vergehens (misdemeanor) schuldig und wird, falls sie desselben vor einem zuständigen Gerichtshofe der Vereinigten Staaten überführt wird, mit einer Geldbusse bis zu 5000 Dollar für jeden einzelnen Uebertretungsfall bestraft.

§ 11. Es wird hiermit ein Bundesamt eingesetzt, welches die Bezeichnung: „Intenstate-Commerce Commission" führt und aus 5 Mitgliedern besteht, welche vom Präsidenten der Vereinigten Staaten unter Beirath und Bestätigung des Senates ernannt werden.

Die ersternannten Mitglieder dieses Amtes bleiben 2, 3, 4, 5 und 6 Jahre im Amte, gerechnet vom 1. Januar 1887 ab. Die Amtsdauer für jeden Einzelnen ist vom Präsidenten zu bestimmen. Ihre Nachfolger werden regelmässig auf je 6 Jahre ernannt. Im Falle ein Mitglied an die Stelle eines anderen ausgeschiedenen tritt, so dauert sein Amt so lange, wie dasjenige des Mitgliedes, in dessen Stelle es eingetreten ist.

Mitglieder, welche ihre Pflichten vernachlässigen oder ungenügend erfüllen, können vom Präsidenten ihres Amtes enthoben werden.

Es dürfen jedesmal nicht mehr als 3 Mitglieder des Amtes der gleichen politischen Partei angehören.

Beamte allgemeiner Verkehrsanstalten im Sinne dieses Gesetzes, oder Personen, welche in unmittelbaren Beziehungen zu solchen stehen, Aktien oder Obligationen derselben besitzen oder sonst irgendwie finanziell an denselben betheiligt sind, dürfen nicht in das Amt berufen werden. Seine Mitglieder dürfen kein eigenes Geschäft betreiben oder sonst eine Berufung oder Anstellung annehmen. Der Austritt eines Mitgliedes beeinträchtigt die übrig bleibenden Mitglieder in keiner Weise an der vollen Ausübung ihrer Befugnisse.

§ 12. Das in dieser Weise gebildete Amt hat die Befugniss, in die Geschäftsführung aller der diesem Gesetz unterworfenen gemeinen Frachtführer Einsicht zu nehmen und sich über die Art und Weise ihres Betriebes in allen Einzelheiten soweit zu unterrichten, als dies zur vollständigen Erfüllung aller ihm übertragenen Aufgaben erforderlich ist. Zu diesem Zwecke ist dasselbe ermächtigt, Zeugen vorzuladen und auch zu vernehmen, und die Vorlage aller Bücher, Urkunden, Tarife, Verträge, Vereinbarungen und sonstigen Schriftstücke zu verlangen, welche zur Aufklärung nöthig sind; zur Mitwirkung und Unterstützung bei dieser Beweiserhebung auch die Beihülfe eines Gerichtshofes der Vereinigten Staaten anzurufen. Das Kreisgericht, vor welchem eine solche Untersuchung anhängig gemacht wird, hat das Recht, falls irgend ein den Bestimmungen dieses Gesetzes unterworfener gemeiner Frachtführer oder eine andere Person einer von dem Amte an ihn ergangenen Aufforderung oder Vorladung nicht folgt oder Folge zu leisten weigert, den Befehl zu erlassen, dass der Frachtführer oder die andere Person vor dem Amte erscheint (auf Verlangen seine Bücher und Urkunden vorlegt) und den von ihm verlangten Beweis antritt. Unterlässt er, diesem Befehl zu gehorchen, so wird dies bestraft als Verachtung des Gerichtshofes. Die Behauptung, dass ein solches Zeugniss oder Urkundenbeweis dazu führen könne, die Zeugniss ablegende Person einer strafbaren Handlung zu bezichtigen, ist kein Grund zur Zeugnissverweigerung; doch soll ein solches Zeugniss oder Urkundenbeweis in einem Strafprozesse nicht gegen die betreffende Person benutzt werden.

§ 13. Einzelne Personen, Geschäfte, Körperschaften, Handels-, Ackerbau- und Gewerbevereine und politische oder Gemeinde-Verbände können, wenn sie in irgend einer Weise durch Handlungen oder Unterlassungen eines gemeinen Frachtführers einen Verstoss gegen die Bestimmungen dieses Gesetzes begangen glauben, sich unter kurzer Feststellung des Thatbestandes beschwerdeführend an das Amt wenden. Dieses hat dann den Beklagten aufzufordern, dem Beschwerdeführer Genüge zu leisten oder sich schriftlich binnen einer von dem Amte festzustellenden angemessenen Frist zu verantworten. Wenn der Frachtführer innerhalb der gestellten Frist den angegebenen Schaden beseitigt, so wird der Verstoss gegen die gesetzlichen Bestimmungen als gesühnt angesehen. Befriedigt er dagegen die Beschwerdeführer in der angesetzten Frist nicht, oder liegt sonst ausreichender

Grund vor, eine nähere Untersuchung der Beschwerde einzuleiten, so hat das Amt eine solche Untersuchung in der ihm geeignet erscheinenden Art und Weise zu veranstalten.

In gleicher Weise soll das Amt auch alle von den Eisenbahn-Aufsichtsämtern der Bundesstaaten oder Territorien vorgebrachten Beschwerden auf Ersuchen derselben prüfen und erledigen.

Dasselbe kann aber auch, ohne dass ein solcher Antrag vorliegt, seinerseits auf eigene Entschliessung hin Untersuchungen anstellen.

Jeder Beschwerde ist Folge zu geben, auch wenn eine unmittelbare Schädigung des Beschwerdeführers nicht vorliegt.

§ 14. Wenn das Amt eine Untersuchung anstellt, so ist es seine Pflicht, über dieselbe einen schriftlichen Bericht zu erstatten und die Thatsachen anzugeben, auf denen das von ihm gefundene Urtheil sich gründet, zugleich auch seine Vorschläge darüber zu machen, in welcher Art und Weise die vom Frachtführer dem Beschwerdeführer zugefügte Schädigung, wenn eine solche vorliegt, auszugleichen ist. Derartige Urtheile bilden späterhin, in allen gerichtlichen Prozessen, vorläufigen Beweis hinsichtlich der festgestellten Thatsachen.

Die Untersuchungsberichte des Amtes sind zu sammeln und in jedem einzelnen Falle dem Kläger und allen Beklagten abschriftlich mitzutheilen.

§ 15. Wenn im Laufe einer von dem Amte angestellten Untersuchung aus der Zeugenaussage oder anderen Beweismitteln hervorgeht, dass irgend eine Handlung oder Unterlassung vorliegt, durch welche dieses Gesetz, oder ein anderes von dem Amte auszuführendes Gesetz durch einen Frachtführer verletzt ist, oder dass die Beschwerdeführer oder andere Personen durch einen Frachtführer geschädigt sind, so ist es die Pflicht des Amts, einen Auszug aus dem Berichte über diese Angelegenheit dem Frachtführer mitzutheilen und demselben gleichzeitig eine angemessene Frist zur Beseitigung des Schadens oder Leistung von Schadensersatz, oder zu beidem zu stellen. Kommt der Frachtführer dieser Aufforderung zur Zufriedenheit des Amtes oder der geschädigten Personen nach, so hat das Amt dies in seine Bücher einzutragen, und der Frachtführer ist sodann von · einer weiteren Haft- und Schadensersatzpflicht befreit.

§ 16. Falls ein den Bestimmungen dieses Gesetzes unterworfener gemeiner Frachtführer sich weigert, den gesetzlich und ordnungsmässig an ihn ergehenden Anordnungen des Amtes nachzukommen, so hat dasselbe oder eine andere an der Angelegenheit mitbetheiligte Person sich an das zuständige Kreisgericht der Vereinigten Staaten mit summarischen Anträgen, in welchen der Ungehorsam und die Rechtsverletzung nach Lage der Sache darzustellen sind, zu wenden. Das Gericht hat demnächst die Sache zu verhandeln und zu entscheiden, nachdem es dem Beklagten, seinen Beamten, Agenten oder Angestellten eine kurze Nachricht in der ihm geeignet erscheinenden Form hat zugehen lassen. Die Verhandlung und Entscheidung erfolgt im abgekürzten (schiedsrichterlichen) Verfahren ohne die sonst vorgeschriebenen prozessualischen Formen, auch hat das Gericht das Recht, alle weiteren ihm zur Aufklärung der Sache nothwendig scheinenden Maassnahmen zu treffen. Der Bericht des Amtes bildet bei derartigen Untersuchungen vorläufigen Beweis. Falls das Gericht findet, dass die gesetzliche Anordnung des Amtes verletzt oder·missachtet ist, so hat es den Beklagten durch einen Arrestbefehl von der weiteren Missachtung der Anordnung abzuhalten und denselben zum Gehorsam gegen dieselbe aufzufordern. Im Falle fortdauernden Ungehorsams hat das Gericht gegen den Frachtführer, oder, wenn derselbe eine Gesellschaft bildet, gegen einen oder mehrere Direktoren, Beamte, Agenten, oder gegen den Eigenthümer, Pächter, Verwalter oder andere widerspenstige Personen, die Beschlagnahme zu verhängen, und wenn es dies für geeignet hält, gegen denselben ausserdem eine Geldstrafe bis zu 500 Dollars für jeden Tag des Ungehorsams von dem in dem Befehle genannten Tage an bis zur Einstellung des gesetzwidrigen Verfahrens festzustellen. Diese Geldsumme ist nach dem Belieben des Gerichts entweder an die beschwerdeführende Partei, oder an das Gericht bis zur endgültigen Austragung der Sache, oder an die Staatskasse zu zahlen. Die Geldsummen sind in der gewöhnlichen gerichtlichen Art und Weise zwangsweise beizutreiben.

Wenn es sich bei einem einzelnen Beschwerdefall um eine Angelegenheit im Werthe von mehr als 2000 Dollars handelt, so steht beiden Parteien Berufung beim Oberbundesgerichte zu. Diese Berufung hat keine aufschiebende Wirkung, und das Gericht hat in jedem Falle Festsetzung über die Höhe der gerichtlichen und aussergerichtlichen Kosten und Gebühren zu treffen. Wenn eine Berufung von dem Amte ausgeht, so hat der Staatsanwalt unter der Oberleitung des Generalstaatsanwalts der Vereinigten Staaten dieselbe zu verfolgen, und die Kosten und Auslagen sind von der Staatskasse zu tragen. Für Zwecke dieses Gesetzes, abgesehen von seinen Strafbestimmungen, müssen die Kreisgerichte der Vereinigten Staaten jederzeit in Thätigkeit treten.

§ 17. Das Amt hat für sein Verfahren eine zur Erledigung seiner Geschäfte zweckmässige Geschäftsordnung festzustellen. Die Mehrheit seiner Mitglieder genügt zur Beschlussfähigkeit. Kein Mitglied darf an einem Verhör oder einer Verhandlung theilnehmen, an denen es selbst irgend ein Geldinteresse hat. Das Amt hat von Zeit zu Zeit Regeln und Bestimmungen über das von den Parteien vor ihm zu beachtende Verfahren, einschliesslich der Formen der Vorladungen und ihre Zustellung festzustellen und zu ändern. Diese Bestimmungen sollen sich thunlichst den für die Gerichtshöfe der Vereinigten Staaten in Geltung stehenden anschliessen.:

Jede Partei kann vor dem Amte erscheinen und muss gehört werden, ob sie selbst erscheint, oder sich durch einen Rechtsanwalt vertreten lässt.

Jede Abstimmung und jede amtliche Handlung des Amtes ist schriftlich aufzuzeichnen und die Verhandlungen zu veröffentlichen, sobald eine der betheiligten Parteien es verlangt. Das Amt hat ein Amtssiegel, welches gerichtlich einzutragen ist.

Jedes einzelne Mitglied des Amtes ist befugt, Eide und eidesstattliche Versicherungen abzunehmen.

§ 18. Jedes Mitglied des Amtes bezieht ein Jahresgehalt von 7500 Dollars, welches in derselben Weise bezahlt wird wie die Gehälter der Richter der Vereinigten Staaten. Das Amt bestellt einen Schriftführer mit einem in derselben Weise zahlbaren Jahresgehalt von 3500 Dollars, und kann sonstige für den Dienst erforderliche Beamte nach eigenem Ermessen, aber unter Zustimmung des Staatssekretärs des Innern anstellen. Der Staatssekretär weist ihm eine Kanzlei an, welche mit den erforderlichen Geräthschaften auszustatten ist. Die von dem Amte vernommenen Zeugen erhalten dieselben Tagegelder und Reisekosten, wie die vor den Gerichten vernommenen. Alle Ausgaben des Amtes, einschliesslich der seinen Mitgliedern oder Beamten erwachsenen Beförderungskosten bei Untersuchungen an anderen Plätzen, als in Washington, werden angewiesen und bezahlt auf Anweisungen hin, welche von dem Vorsitzenden des Amtes und dem Staatssekretär des Innern zu vollziehen sind.

§ 19. Die Hauptgeschäftsstelle des Amtes ist Washington, wo auch seine regelmässigen Sitzungen stattfinden. Doch können im Allgemeinen oder im Interesse der betheiligten Parteien und um Verzögerung oder grössere Kosten zu vermeiden, auch besondere Sitzungen an irgend einem anderen Orte der Vereinigten Staaten stattfinden. Auch kann das Amt eines oder mehrere seiner Mitglieder an irgend einen anderen Platz in den Vereinigten Staaten entsenden, falls dies zur pflichtmässigen Untersuchung von Angelegenheiten oder Geschäftsverhältnissen eines den Bestimmungen dieses Gesetzes unterworfenen Frachtführers erforderlich erscheint.

§ 20. Das Amt ist ermächtigt, von allen gemeinen Frachtführern im Sinne dieses Gesetzes Jahresberichte einzufordern, die Zeit für die Vorlage und die Art und Weise, wie sie aufzustellen sind, festzusetzen, und ihnen besondere Fragebogen über alle Punkte, welche das Amt klar gestellt zu sehen wünscht, vorzulegen.

In den Jahresberichten ist im Einzelnen anzugeben: das ausgegebene Aktienkapital, der dafür gezahlte Betrag und die Art und Weise, wie dieses aufgebracht wurde, die gezahlten Gewinnantheile, die etwaigen Rücklagen, die Zahl der Aktionäre, die festen und schwebenden Schulden, und die Zinsen, welche dafür gezahlt werden, die Kosten und der Werth der Anlagen nebst Betriebsmaterialien und allen erworbenen Vorrechten, die Zahl der Angestellten und ihre Gehälter, die jedes Jahr für Verbesserungen aufgewendeten Beträge, die Art dieser Ausgaben und die Beschaffenheit der Verbesserungen, die Einnahmen und Erträge aus jedem einzelnen Zweige der Verkehrsanlage und des Unternehmens im ganzen, die Betriebs- und anderen Ausgaben, eine Gegenüberstellung von Gewinn und Verlust und eine vollständige Uebersicht über im Verlauf des Jahres vorgenommene Finanzgeschäfte einschliesslich einer Jahresbilanz.

Diese Berichte müssen zugleich die von dem Amte für nöthig erachteten Mittheilungen über die Fracht- und Gebührensätze, über Verständigungen, Vereinbarungen oder Verträge mit anderen gemeinen Frachtführern enthalten.

Das Amt kann, falls es dies zur besseren Erfüllung dieses Gesetzes für zweckmässig, auch eine gleichmässige Form und Behandlung für alle solche Rechnungen für praktisch durchführbar erachtet, eine Frist festsetzen, nach deren Ablauf alle gemeinen Frachtführer bei Aufstellung ihrer Jahresrechnungen und Berichte thunlichst die gleiche Form und das gleiche Verfahren anzuwenden haben.

§ 21. Das Amt hat bis spätestens zum 1. Dezember jeden Jahres dem Staatssekretär des Innern einen Rechenschaftsbericht zu erstatten, welchen dieser dem Kongress vorzulegen und in Abdrücken zur Vertheilung zu bringen hat.

Dieser Bericht muss alle von dem Amte gesammelten Auskünfte und Angaben enthalten, welche für die Entscheidung von Fragen über Handel und Verkehr von Werth sind, und zugleich von Vorschlägen zur Ergänzung der Gesetzgebung auf diesem Gebiete begleitet sein, soweit das Amt solche für erforderlich hält.

§ 22. Die Bestimmungen dieses Gesetzes finden keine Anwendung auf unentgeltliche oder zu ermässigten Sätzen erfolgende Beförderung, Lagerung oder Verladung von Gütern, welche für die Bundesregierung, für die Regierung eines Einzelstaates, für städtische Verwaltungen, für mildthätige Zwecke oder für Messen und Ausstellungen bestimmt sind, auch nicht auf die Ausgabe von Meilenkarten, sowie Personenfahrkarten für Ausflüge oder Abonnementsfahrkarten. Ferner ist es keinem gemeinen Frachtführer verwehrt, Fahrpreisermässigungen für Geistliche zu gewähren.

Auch ist den Eisenbahnen nach wie vor gestattet, ihren eigenen Beamten und Angestellten freie Fahrt auf ihren Linien zu gewähren und mit anderen Bahnen für die beiderseitigen Beamten und Angestellten Freifahrtkarten auszutauschen.

Die bereits gesetzlich in Bezug auf Nachlässe in der Fahrpreisberechnung bestehenden Bestimmungen werden überhaupt durch dieses Gesetz in keiner Weise beschränkt oder abgeändert, vielmehr nur ergänzt, soweit es sich nicht um bereits anhängige Rechtsstreitigkeiten handelt.

§ 23. Für das mit dem 30. Juni 1888 ablaufende Rechnungsjahr und die demselben vorausgehende Zeit wird zur Ausführung dieses Gesetzes die Summe von 100 000 Dollars bewilligt.

§ 24. Die Bestimmungen der §§ 11 und 18 dieses Gesetzes, betreffend die Einsetzung und Organisation eines Bundeseisenbahnamtes, treten sofort in Kraft, die übrigen Bestimmungen 60 Tage nach seiner Verkündigung.

Die Frage der Eisenbahnverstaatlichung in Schweden.

Im Königreich Schweden waren Ende 1885 im Ganzen 6 890 km Eisenbahnen [*]) im Betrieb. Hiervon waren 2 385 km Staats- und 4 505 km Privatbahnen, welche letztere unter etwa 70 verschiedenen Verwaltungen stehen. Die Netze der Staats- und Privatbahnen sind nicht von einander getrennt, sondern durchkreuzen sich vielfach. Die Spurweite der Eisenbahnen ist ausserdem keine gleiche. Während sämmtlichen Staatsbahnen und 3 069 km Privatbahnen die volle Spurweite 1,435 cm haben, sind 1 436 km Privatbahnen, welche zwischen den übrigen Bahnen zerstreut liegen, mit 6 verschiedenen kleineren Spurweiten ausgeführt. Ein grosser Theil der Privatbahnen hat Unterstützungen seitens des Staates und betheiligter Gemeindeverbände in Form von theils rückzahlbaren, theils nicht rückzahlbaren Zuschüssen, Uebernahme von Aktien und Zinsbürgschaften erhalten. [**]) Das Anlagekapital der Ende 1885 im Betrieb gewesenen 4 310 km Privatbahnen betrug im Ganzen 257 328 449 Kronen. [***]) Hiervon waren 4 962 005 Kronen als nicht rückzahlbare und 33 022 332 Kronen vom Staate als rückzahlbare Zuschüsse gewährt. Durch Ausgabe von Aktien waren 94 892 918 Kronen, durch Ausgabe von Obligationen 92 433 966 Kronen beschafft. Ueber die Beschaffung des Restes des Anlagekapitals (etwa 32 Millionen Kronen) liegen Nachrichten nicht vor. Von Gemeindeverbänden waren 19 796 900 Kronen zu dem vorangegebenen Aktienkapitale einbezahlt und ausserdem Zinsbürgschaft für 11 631 680 Kronen übernommen worden. Die Roheinnahme der schwedischen Privatbahnen hat in 1885 im Ganzen 17 331 210 Kronen, die Ausgabe 8 943 885 Kronen, der Ueberschuss also 8 387 325 Kronen betragen.

In Folge vielfacher Klagen der Handel- und Gewerbetreibenden über die Höhe der Frachtsätze war die Direktion der schwedischen Staats-

---

[*]) Vergl. „Die Eisenbahnen in Schweden" Archiv 1887 S. 108.

[**]) Vergl. Koefoed, L., Ingenieuroberst, Danemarks, Norges og Sverrigs Jernbaner. Kjöbenhaven 1884 S. 320 u. ff.

[***]) 1 Krone = 1,125 ℳ.

eisenbahnen durch königlichen Erlass vom 18. Dezember 1885 aufgefordert worden, sich darüber zu äussern, ob mit Rücksicht auf die schwierige
Lage der Landwirthschaft und anderer Gewerbe eine Ermässigung der
Frachtsätze für Getreide und andere wichtigere Beförderungsgegenstände
angemessen und angängig erscheine. Die genannte Direktion war der Ansicht, dass unter den Verhältnissen des schwedischen Eisenbahnwesens
eine wirksame Ermässigung der Frachtsätze nur unter Betheiligung der
Privatbahnen werde herbeigeführt werden können, und wandte sich deshalb
mit Schreiben vom 15. Januar 1886 an die Privatbahnverwaltungen mit
dem Ersuchen, Vorschläge darüber zu machen, in welcher Weise ihrer-
seits zur Verwirklichung der vom Könige in dem letzterwähnten Erlasse
bezüglich der Ermässigung der Frachtsätze ausgesprochenen Absichten
beigetragen werden könne.

Die hierauf eingegangenen Antworten der Privatbahnverwaltungen
lauteten durchaus ablehnend. Die Privatbahnen hätten eben so sehr, wenn
nicht noch mehr, als die anderen Gewerbe unter der Ungunst der wirthschaftlichen Verhältnisse zu leiden. Bei ihnen könne daher eine Ermässigung der Frachtsätze nur eintreten, wenn dieselbe für die Privatbahnen selbst von Nutzen sein würde. Ob diese Voraussetzung zutreffe,
müsse für jeden einzelnen Fall der Beurtheilung der Privatbahnverwaltungen
vorbehalten bleiben. Es wurde weiter darauf hingewiesen, dass der Staat,
welcher seither durch Konzessionirung und Gewährung von Unterstützungen
die Privatbahnen so gefördert habe, dass sie ihre gegenwärtige Ausdehnung
erlangen konnten, nunmehr auch die Pflicht habe, von solchen Maassnahmen
abzusehen, aus welchen Nachtheile für die Privatbahnen hervorgehen
könnten. Der Staat dürfe daher auch nicht einseitig auf seinen Eisenbahnen Frachtermässigungen einführen, sofern diese zur Folge haben
könnten, dass Frachten von den Privatbahnen abgelenkt würden oder
letzteren in anderer Weise Schaden erwachse. Die Privatbahnen seien
zum Theil den Ansprüchen der Verkehrtreibenden bereits dadurch ent-
gegengekommen, dass sie mit den Staatsbahnen Vereinbarungen wegen
des direkten Verkehrs getroffen und dabei nicht unerhebliche Opfer gebracht hätten, da diesen Vereinbarungen die niedrigeren Tarifsätze der
Staatsbahnen zu Grunde gelegt seien. Weitere Zugeständnisse könnten
von den Privatbahnen nicht gemacht werden, ja es würden die wegen
des direkten Verkehrs bestehenden Vereinbarungen gekündigt werden
müssen, wenn in Folge einer Ermässigung der Staatsbahn-Tarifsätze die
Grundlage der Vereinbarungen geändert werde.

Eine Mitbetheiligung der Privatbahnen bei der gewünschten allgemeinen Frachtermässigung und besseren Regelung des Verkehrs war nach
dieser Antwort der Privatbahnen ausgeschlossen.

Durch königlichen Erlass vom 19. März 1886 war inzwischen ein aus 11 sachkundigen Männern bestehender Ausschuss mit der Erörterung der Frage beauftragt worden, welche Maassnahmen seitens der Regierung zur Besserung der wirthschaftlichen Verhältnisse des Landes zu treffen seien. Dieser Ausschuss gelangte bei seinen Berathungen nach dem von ihm unter dem 19. November 1886 erstatteten ersten Berichte*) zu dem Schlusse, dass nur durch die Eisenbahnen, insbesondere durch Ermässigung der Frachtsätze und die dadurch ermöglichte Erweiterung der Absatzgebiete in kurzer Frist eine Besserung herbeigeführt werden könne. In Bezug auf die vorerwähnten, seitens der Privatbahnen gegen eine Herabminderung der Frachtsätze der Direktion der Staatsbahnen gegenüber gemachten Einwendungen wurde von dem Ausschusse anerkannt, dass Vereinbarungen wegen des direkten Verkehrs zwischen 57 Privatbahnen und den Staatsbahnen, sowie mit 2 mit letzteren ebenfalls in direkten Verkehr stehenden norwegischen Bahnen getroffen wurden, und dass die auf Grund dieser Vereinbarungen geförderte Gütermenge eine sehr beträchtliche sei. Von der im Jahre 1885 auf den Staatsbahnen gegen Frachtzahlung beförderten Gütermenge von zusammen 2 169 380 Tonnen waren abzüglich der nur im Durchgangsverkehre beförderten Güter 940 237 Tonnen oder 43,3 Prozent im direkten Verkehr mit den Privatbahnen empfangen und versandt worden. Der Ausschuss bemerkte hierzu, dass das Entgegenkommen der Privatbahnen hinsichtlich des direkten Verkehrs nicht allzu hoch angeschlagen werden dürfe, da dieselben durch diese Vereinbarungen in Folge des dadurch gesteigerten Verkehrs selbst unmittelbaren Nutzen gehabt und bei Berechnung der Frachtsätze allerdings zwar die Einheitssätze der Staatsbahnen zu Grunde gelegt worden seien, die einzelnen Privatbahnen aber von den ihr Gebiet berührenden Sendungen noch besondere Zuschlagsgebühren erhöben, so dass also thatsächlich trotz der Vereinbarungen die Privatbahnen für gleiche Leistungen höhere Vergütung erhalten, als die Staatsbahnen. Da die Privatbahnen sich nicht in der Lage sahen, weitere Zugeständnisse zu machen, die Regierung dagegen gewillt schien, die Tarifsätze der Staatsbahnen, welche ohnedies schon niedriger waren, als die der Privatbahnen, noch weiter herabzumindern, so

---

*) Betänkande I. Den 19. November 1886. Af Komitén för afgifvande af förslag till åtgärder i syfte att uppbjelpa den ekonomiska ställningen i landet. Stockholm 1886. — Der Ausschuss erörterte zuerst die Frage der Erleichterung der Kreditgewährung für Landwirthe und sonstige Gewerbetreibende, sah aber davon ab, alsbald Vorschläge in dieser Beziehung zu machen, da bei der Vielseitigkeit der in Betracht kommenden Verhältnisse vorerst noch eine eingehendere, längere Zeit in Anspruch nehmende Prüfung stattfinden müsse und von etwaigen Maassnahmen nicht die erwünschte rasche Wirkung erwartet werden könnte.

drängte sich dem Ausschusse die Frage auf, woher es komme, dass die
Staatsbahnen besser, als die Privatbahnen, öffentlichen Bedürfnissen entgegenkommen können. Die Beantwortung dieser Frage wurde darin gefunden, dass für die Verwaltung der Staatsbahnen überhaupt nur die
Rücksicht auf das Beste des Landes maassgebend sei und für sie keine
Veranlassung vorliege, einen höheren Gewinn, als zur Deckung der Betriebskosten und der landesüblichen Verzinsung und Tilgung des
Baukapitals erforderlich ist, aus dem Betriebe herauszuschlagen, während
bei den Privatbahnen die Erzielung einer möglichst hohen Verzinsung des
aufgewendeten Kapitals der Hauptzweck sei. Bei der weiteren Erörterung*)
der gestellten Frage kam der Ausschuss zu der Schlussfolgerung, dass
bei aller Anerkennung der guten Dienste, welche die Privatbahnen auf
allen von den Eisenbahnen beeinflussten Gebieten geleistet haben, doch
nach Lage der gegenwärtigen Verhältnisse für Schweden dem Staatsbahnsystem vor dem Privatbahnsystem unbedingt der Vorzug
gegeben werden müsse. So lange das Eisenbahnwesen eines Landes
noch wenig entwickelt ist, die einzelnen Eisenbahnlinien noch vielfach von
einander getrennt, ohne Verbindung sind, so lange sei auch die Frage,
„Staats- oder Privatbahnen?" von geringerem Interesse, da der Verkehr
alsdann mehr einen nur örtlichen Charakter trage, und die Regelung dieses
Verkehrs auch den örtlichen Verwaltungen überlassen bleiben könne. Sobald aber das Eisenbahnnetz eines Landes ein ausgedehnteres, mehr ge-
schlossenes und dadurch der Verkehr zwischen allen Theilen des Landes
ermöglicht wird, so treten an die Eisenbahnen auch immer mehr Fragen
heran, deren Lösung vom Standpunkte der allgemeinen Staatsinteressen aus
erfolgen müsse und nicht dem Ermessen der einzelnen Eisenbahnverwaltungen, welche naturgemäss nur ihre Privatinteressen im Auge haben
werden, überlassen bleiben könne. Diese Erwägungen führten aber mit
Nothwendigkeit zu dem Schlusse, dass die Verfügung über die Eisenbahnen — soweit diese nicht lediglich örtlichen Zwecken dienen — sich
in den Händen des Staates befinden müsse, wenn die allgemeinen Interessen des Landes, soweit sie von den Eisenbahnen beeinflusst werden,
gefördert werden sollen.

---

*) Bei diesen Erörterungen sind nach dem Berichte des Ausschusses neben den schwe-
dischen Eisenbahnverhältnissen auch die des Auslandes, insbesondere Englands, Deutschlands, Frankreichs und Oesterreich-Ungarns, vergleichsweise in Betracht gezogen worden.
Als wichtigste von dem Ausschusse benutzte Quellen für die Kenntniss dieser Verhältnisse
werden in dem Berichte bezeichnet: mehrere in Preussen von der Regierung dem Abgeordnetenhause vorgelegte Entwürfe für Gesetze, betreffend den Ankauf von Privatbahnen
für den Staat, nebst zugehörigen Motiven, ferner das Archiv für Eisenbahnwesen und Cohn
„zur Beurtheilung der englischen Eisenbahnpolitik", Berlin 1875 und „die Entwicklung der
Eisenbahngesetzgebung in England" Leipzig 1874.

Abgesehen von den allgemeinen Vortheilen, welche der Erwerb sämmtlicher wichtigen Privatbahnen seitens des Staates und die hiernach mögliche Verwaltung des gesammten Eisenbahnnetzes des Landes nach einheitlichen, das Beste der Allgemeinheit bezweckenden staatswirthschaftlichen
Gesichtspunkten für das Land mit sich bringen werde, bezeichnet der
Ausschuss als besondere Vortheile, welche sich aus der Verstaat-
lichung der Privatbahnen für Schweden ergeben würde, noch: Beständigkeit,
Ordnung, Uebersichtlichkeit und vollkommene Oeffentlichkeit des ganzen
Tarifwesens, sowie Beseitigung des Refaktienwesens. Eine Ermässigung
der Frachtsätze werde sich alsbald nach erfolgter Verstaatlichung der
Privatbahnen dadurch ergeben, dass auf diesen die niedrigeren Sätze der
Staatsbahnen zur Einführung gelangen; eine weitere Ermässigung werde
dann noch ohne Schaden für die Staatskasse stattfinden können, da der
Staat die Verwaltung der jetzt von einer grossen Zahl verschiedener Gesellschaften betriebenen Bahnen vereinfachen, also die Verwaltung billiger
führen und ausserdem das Geld zu geringerem Zinsfusse beschaffen könne,
als die Gesellschaften. Ferner werde der Erwerb der Privatbahnen durch
den Staat auch eine Erleichterung des Geldmarktes herbeiführen und eine
mehr oder weniger vollständige Freimachung der seitens der Gemeinden
in den Privateisenbahnen angelegten Kapitalien, welche meist durch Anleihen gegen höhere Zinsen beschafft wurden, möglich machen und so eine
Entlastung der Gemeinden bewirken.

Nach allen diesen Erwägungen spricht der Ausschuss seine Ansicht
schliesslich dahin aus, dass „Privatbahnen, welche eine mehr als
lediglich örtliche Bedeutung haben, vom Staate erworben
werden müssen, wenn dies zu einem annehmbaren Preise geschehen kann und der Erwerb auch im Uebrigen für das
Gemeinwesen vortheilhaft ist, sowie dass Maassnahmen
zu diesem Behufe so bald wie möglich getroffen werden
müssen.“

Nur ein Mitglied des Ausschusses hat geglaubt, dieser Ansicht nicht
vollständig beipflichten zu können. Auch dieses Mitglied ist, soweit aus
den von ihm der Denkschrift des Ausschusses beigefügten besonderen ausführlichen Erklärungen ersichtlich, kein grundsätzlicher Gegner der Eisen-
bahnverstaatlichung, er ist indessen der Meinung, dass die Verstaatlichung
der Privatbahnen in Schweden mit Schwierigkeiten verbunden sein
und, wenn durchgeführt, unter den bestehenden Verhältnissen doch die daran
geknüpften Hoffnungen nicht in dem erwarteten Maasse erfüllen werde, sowie dass namentlich die sehr hohen Ansprüche der Interessenten auf Ermässigung der Frachtsätze nicht würden befriedigt werden können. Ferner
hält dieses Mitglied den Erwerb der Privatbahnen zur Zeit in finanzieller

Beziehung für den Staat nicht für vortheilhaft, da letzterer für diejenigen
Privatbahnen, welche ihren Aktionären überhaupt eine Rente abwerfen,
jedenfalls einen zu hohen, nach Maassgabe der bei den jetzigen hohen Tarifen der Privatbahnen erzielten Einnahmen berechneten Kaufpreis würde
zahlen müssen und nach dem Erwerb bei der in Aussicht genommenen
bedeutenden Ermässigung der Tarife — die Einnahme aus denselben Bahnen
sich wesentlich verringern werde; Ein bestimmter anderweitiger Vorschlag
wird von dem, seine abweichende Meinung aussprechenden Mitgliede
indessen nicht gemacht.

Ob und in wie weit die königlich schwedische Staatsregierung gewillt
und in der Lage sein wird, dem ihr von dem Ausschusse bezüglich der
Verstaatlichung der Privatbahnen gemachten Vorschlage Folge zu geben,
entzieht sich unserer Beurtheilung. Dem Vernehmen nach ist die Regierung inzwischen trotz der Ablehnung der Betheiligung seitens der Privatbahnen mit einer Ermässigung der Frachtsätze für eine Reihe wichtigerer
Beförderungsgegenstände auf den Staatsbahnen vorgegangen. Diese Ermässigung soll zwischen 10 und 30 Prozent der bisherigen Sätze betragen
und insbesondere eintreten für Getreide, Mehl, künstliche Düngungsstoffe,
Gegenstände der Eisenindustrie, Holzkohlen, Thon, Kalk, Ziegelsteine,
Drainröhren, Eis, Zündhölzchen, Holzmasse, sonstige Gegenstände der Holz-
industrie u. s. w.

Die im Vorstehenden dargestellten Vorgänge in Schweden geben
einerseits einen neuen Beleg für die hohe Bedeutung der Rolle, welche
die Eisenbahnen im wirthschaftlichen Leben der Staaten spielen und welche
dazu führt, dass auch die Heilung wirthschaftlicher Nothstände in erster
Reihe von den Eisenbahnen erwartet wird. Andrerseits sind diese Vorgänge aber auch ein Beleg für das weitere Fortschreiten der Erkenntniss,
dass die Eisenbahnen ihre Aufgabe im Interesse der Allgemeinheit nur
dann voll erfüllen können, wenn der Einfluss des Staates auf sie ein
möglichst grosser ist, d. h. wenn sie völlig in den Händen des Staates
sind.

H. C.

Deutschlands Getreideernte in 1885 und die Eisenbahnen.

Von

C. Thamer.

Wie Seite 165 des Archivs für 1885 Deutschlands Getreideernte in 1883 und Seite 311 des Archivs für 1886 die Ernte von 1884 und deren Austausch zwischen den einzelnen Verkehrsbezirken mittelst der Eisenbahnen betrachtet worden sind, so wird im Nachstehenden eine gleiche Zusammenstellung der Getreideernte Deutschlands im Jahre 1885 und der während des Zeitraumes vom 1. Juli 1885 bis 30. Juni 1886 auf den Eisenbahnen beförderten Getreidemassen geliefert. Ebenso wie früher, sind nach Anleitung der Veröffentlichungen des Kaiserlichen Statistischen Amtes in Band 20 und 22 der „Neuen Folge" die während des Jahres 1885 mittelst der See- und Binnenschiffahrt beförderten Getreide- und Mehlmengen nachrichtlich aufgeführt worden.

Einen Vergleich der Gesammt-Ernteerträge mit den Ziffern des Gesammt-Eisenbahnverkehrs in den Erntejahren 1883/84, 1884/85 und 1885/86 liefert die nachstehende Uebersicht.

	Weizen	Roggen	Gerste	Hafer	Mehl	Summa
			Tonnen			
Im J. 1883/84 Ernte	2 797 655	5 600 070	2 131 203	3 718 469	—	14 247 397
Gesammt-Eisenbahnverkehr	1 526 016½	1 132 858	766 167	706 764	1 438 154½	5 569 960
Im J. 1884/85 Ernte	2 959 458	5 450 992	2 229 598	4 236 664	—	14 876 712
Gesammt-Eisenbahnverkehr	2 076 973½	1 384 925½	1 043 119	663 076½	1 769 679	6 937 773½
Im J. 1885/86 Ernte	3 065 717	5 820 096	2 260 637	4 342 361	—	15 488 813
Gesammt-Eisenbahnverkehr	1 813 068	1 058 031	960 844	613 408½	1 744 087½	6 189 429
Der Gesammt-Eisenbahnverkehr betrug also in Proz. der				(der Gesammternte)		
Ernte in 1883/84	55	20	36	19	(10)	39
„ in 1884/85	70	25	47	16	(12)	47
„ in 1885/86	59	18	42	14	(11)	40
durchschnittlich	61	21	42	16	(11)	42

Im Uebrigen ist der Eisenbahnverkehr der deutschen Seehäfen und der Rheinhäfen wegen seiner nahen Beziehungen zu dem Schiffahrtsverkehr, da sich die betreffenden statistischen Aufzeichnungen hinsichtlich des Zeitraumes nicht decken, bei den nachstehenden Ermittelungen ausser Betracht gelassen und nur in so weit in Berücksichtigung gezogen, als derselbe in dem Empfang oder Versand der übrigen deutschen Verkehrsbezirke wiederkehrt.

No.	Bezeichnung	Ernte in 1885	Verkehr innerhalb der einzelnen Verkehrsbezirke	Versand	Empfang	Mehr-Versand überhaupt	Mehr-Empfang überhaupt
1	2	3	4	5	6	7	8
1	Provinz Ost- und Westpreussen	} 190 112	26 669½	71 500½	2 556½	·	158 948
2	Ost- und westpreussische Häfen		13 544	1 401	229 293		
3	Provinz Pommern	} 79 576	15 846	12 104½	8 173	·	5 419
4	Pommersche Häfen		201	2 462	11 813		
5	Grossherzogth. Mecklenburg etc.	} 116 891	23 357½	25 226½	3 546	25 795½	·
6	Häfen Rostock, Lübeck, Kiel .		461½	20 287	16 172		
7	Provinz Schleswig-Holstein etc.	} 93 177	9 523½	12 955	15 914	·	10 382
8	Elbhäfen		331	8 002½	15 425½		
9	Weserhäfen		175½	2 602	225½		
10	Emshäfen	} 192 625	190½	4 367½	274½	26 635½	·
11	Hannover, Braunschweig, Oldenburg und Lippe-Schaumburg		52 775½	37 535½	17 369½		
12	Provinz Posen	93 531	27 179	42 062½	6 268½	35 794	·
13	Reg.-Bez. Oppeln	57 894	16 842½	8 561½	4 508	4 053½	·
14	Stadt Breslau		62	2 793½	28 998	1 489½	·
15	Reg.-Bezirke Breslau und Liegnitz	} 157 013	36 703½	45 103½	17 409½	·	15 872
16	Berlin	1	120	4 165	20 037	·	14 479
17	Provinz Brandenburg. . . .	62 949	26 704	20 154	34 633	·	
18	Reg.-Bez. Magdeburg und Anhalt.	127 090	41 775	71 223	6 903½	64 319½	·
19	Reg.-Bez. Merseburg und Thüringen.	186 705	44 030½	45 865½	29 342½	16 523	·
20	Königreich Sachsen	80 595	80 252½	2 972	117 695½	·	114 723
21	Provinz Hessen-Nassau, Oberhessen etc. . . .	110 836	35 908½	21 714	23 123	·	1 409
22	Ruhrrevier (Westfalen) . .	} 99 829	5 525½	4 998	23 712	·	36 994
24	Provinz Westfalen, Waldeck .		21 499½	18 992½	37 272½		
23	Ruhrrevier (Rheinprovinz) . .		2 927	1 517½	18 986		
25	Rheinprovinz r. des Rheins etc.		2 898½	3 983½	7 753		
26	Rheinprovinz l. des Rheins etc. und Birkenfeld	185 308	45 801	13 122½	15 875½	4 107	·
27	Saarrevier etc.		475	227½	8 885		
28	Duisburg, Hochfeld, Ruhrort .		95	40 471	3 715½		
29	Lothringen	105 788	14 445½	14 228½	5 277	8 951½	·
30	Elsass	113 525	7 927½	2 151	42 579½	·	40 428½
31	Bayerische Pfalz	41 070	4 834	2 293½	25 604	·	23 310½
32	Grossherzogthum Hessen . .	33 646	2 855½	8 132½	9 432	·	1 299½
33	Grossherzogthum Baden . .	} 146 169	15 421	5 179	76 983½	109 811½	·
34	Mannheim und Ludwigshafen .		1 346½	188 163	6 547		
35	Königreich Württemberg und Hohenzollern	260 450	30 534½	11 901½	71 566½	·	59 662
26	Königreich Bayern	530 937	108 456	58 381	29 142	29 239	·
	Summe . .	3 065 717	717 698½	836 804½	993 012	326 719½	482 927
							326 719
							156 207

u n d   S p e l z   (T o n n e n)

im I. Halbjahr 1886 Mehr- (mit Ausnahme der See- und Rheinhäfen)		Seeschiffahrtsverkehr in 1885		Binnenschiffahrtsverkehr in 1885 Mehr-		Ueberhaupt Mehr-	
Versand	Empfang	Versand	Empfang	Versand	Empfang	Versand (7+11+13)	Empfang (8+12+14)
9	10	11	12	13	14	15	16
68 944	.	.	.	33 361	.	} 151 606	.
3 931½	—	338 593	754	.	60 646		.
—	—	10 761	18 562	21 188	.	} 7 968	.
21 680½	—	1 493	31 723	.	.	} .	4 434½
.	2 959	1 940	70 043	11 717	.	} .	66 768
—	—	450	7 624	.	.		
—	—	.	.	.	5 094		
50 166	.	.	.	.	1 916	12 451½	.
35 794	.	.	.	4 850	.	40 644	.
4 053½	.	.	.	200	.	4 253½	.
1 489½	.	.	.	.	367	} .	1 839½
.	.	.	.	.	2 962		
.	15 872	.	.	.	3 180	.	19 052
.	14 479	.	.	.	.	.	14 479
64 319½	.	.	.	.	27 177	37 142½	.
16 523	.	.	.	.	.	16 523	.
.	114 723½	.	.	.	8 432	.	123 155½
.	1 409	.	.	.	.	.	1 409
.	36 994	.	.	.	.	.	36 994
.	32 648½	.	.	.	50 005	.	45 898
8 951½	.	.	.	.	.	8 951½	.
.	40 428½	.	.	.	.	.	40 428½
.	23 310½	.	.	.	.	.	23 310½
.	1 299½	.	.	.	8 740	.	10 039½
.	71 804½	.	.	.	208 300	} .	98 488½
.	59 662	.	.	.	1 153	.	60 815
29 239	.	.	.	.	20 869	8 870	.
375 092	415 590	353 237	128 706	71 316	398 841	287 910	547 111½
275 092	275 092	128 706			71 316		287 910
140 498		224 531			327 525		259 201½

R o g

Der Verkehrsbezirke		Ernte in 1885	Güterbewegungsstatistik vom II. Halbjahr 1885				
			Verkehr innerhalb der einzelnen Verkehrsbezirke	Versand	Empfang	Mehr-Versand	Mehr-Empfang
No.	Bezeichnung					überhaupt	
1		3	4	5	6	7	8
1	Provinz Ost- und Westpreussen	591 126	27 974	63 634½	3 091	.	18 648½
2	Ost- und westpreussische Häfen		1 317½	1 293½	80 485½		
3	Provinz Pommern	361 878	15 983	35 116½	3 507	12 876	.
4	Pommersche Häfen		325	1 357	20 288½		
5	Grossherzogth. Mecklenburg etc.	318 274	10 010	29 234	2 869	48 120½	.
6	Häfen Rostock, Lübeck, Kiel		129	27 351½	5 596		
7	Provinz Schleswig-Holstein etc.	201 147	7 236½	8 825	15 011½	.	11 875
8	Elbhäfen		110½	3 998	9 686½		
9	Weserhäfen		3 817½	20 332½	279½		
10	Emshäfen	529 754	831	3 423	149½	.	36 902½
11	Hannover, Braunschweig, Oldenburg, und Lippe-Schaumburg		28 359	4 568	64 797		
12	Provinz Posen	400 255	30 054	107 497½	5 080½	102 417	.
13	Reg.-Bez. Oppeln	170 853	12 675	3 481½	34 300		30 818½
14	Stadt Breslau		175	4 414	42 249½		
15	Reg.-Bezirke Breslau und Liegnitz	373 127	26 507	20 078	24 311		42 068½
16	Berlin	200	1 962	4 812½	29 348	.	24 535½
17	Provinz Brandenburg	462 994	23 023½	40 010½	21 975½	18 035	.
18	Reg.-Bez. Magdeburg und Anhalt	201 538	16 136	34 193	7 357	26 836	.
19	Reg.-Bez. Merseburg und Thüringen	333 658	20 377½	8 788	36 875	.	28 087
20	Königreich Sachsen	282 579	82 947½	4 805½	95 257½	.	90 452
21	Provinz Hessen-Nassau, Oberhessen etc.	158 555	11 586½	4 963½	13 849½	.	8 886
22	Ruhrrevier (Westfalen)	269 636	1 898	2 096½	22 305	.	38 441½
24	Provinz Westfalen, Waldeck		5 723	2 579½	20 812½		
23	Ruhrrevier (Rheinprovinz)		4 171	1 711½	33 895½		
25	Rheinprovinz r. des Rheins etc.		2 321	7 187	5 342½		
26	Rheinprovinz l. des Rheins etc. und Birkenfeld	302 116	23 557½	9 348½	11 836½	26 086½	.
27	Saarrevier etc.		3 628½	2 508½	3 227½		
28	Duisburg, Hochfeld, Ruhrort		905	60 291½	662		
29	Lothringen	15 091	3 269½	5 062	3 960	1 102	
30	Elsass	24 452	1 240½	877½	2 283	.	1 405½
31	Bayerische Pfalz	58 381	1 394½	1 088	6 834		5 746
32	Grossherzogthum Hessen	68 140	5 406	12 042½	2 027	10 015½	
33	Grossherzogthum Baden	50 757	1 780	242½	9 915½	4 180	
34	Mannheim und Ludwigshafen		220	14 589	736		
35	Königreich Württemberg und Hohenzollern	44 278	213½	264½	2 052½	.	1 788
36	Königreich Bayern	601 307	22 582	2 310	6 527		4 217
	Summe	5 820 096	399 512	554 379½	648 780½	249 470½	343 871½
							249 470½
							94 401

Mehr-Versand (mit Ausschluss der See- und Rheinhäfen)	Mehr-Empfang (mit Ausschluss der See- und Rheinhäfen)	Seeschiffahrtsverkehr in 1885 Versand	Seeschiffahrtsverkehr in 1885 Empfang	Binnenschiffahrtsverkehr in 1885 Mehr-Versand	Binnenschiffahrtsverkehr in 1885 Mehr-Empfang	Ueberhaupt Mehr-Versand (7+11+13)	Ueberhaupt Mehr-Empfang (8+12+14)
60 543½	.	.	.	10 265	.		
—	—	161 897	175	.	47 387	105 951½	.
31 609½		.	.	.	.		
—	—	563	151 507	97 325	.	.	40 941
26 365		.	.	.	.		
—	—	846	23 278	.	.	25 688½	.
	6 186½	.	.	.	.		
—	—	250	203 100	155 162	.	.	59 563
—	—	189	75 279	.	.		
—	—	.	.	.	11 692		
						.	141 666½
	60 229	.	.	.	17 982		
102 417		.	.	28 844	.	131 261	.
	30 818½	.	.	.		.	30 818½
					.		
.	42 068½				270	.	42 338½
.	24 535½	.	.	.	161 618	.	186 153½
18 035				.	65 300	.	47 265
26 836				.	25 262	1 574	.
.	28 087	.	.		.	.	28 087
.	90 452	.	.	.	19 673	.	110 125
.	8 886	.	.				8 886
.	38 441½	.	.		.	.	38 441½
.	33 546	.	.	.	143 989	.	117 902½
—	—						
1 102	.					1 102	.
.	1 405½				.	.	1 405½
.	5 746				.		5 746
10 015½				.	33 487	.	23 471½
	9 673						
				.	24 562	.	20 382
.	—						
.	1 788	.	.		.		1 788
.	4 217	.	.	.	1 600	.	5 817
3½	386 080	163 745	453 339	291 596	552 822	265 577	910 798
	276 923½		163 745		291 596		265 577
	109 156½		289 594		261 226		645 221

Der Verkehrsbezirke		Ernte in 1885	G e …				
			Güterbewegungsstatistik vom II. Halbjahr 18…				
			Verkehr innerhalb der einzelnen Verkehrsbezirke	Versand	Empfang	Mehr-	
No.	Bezeichnung					Versand	Empfang
						überhaupt	
1		3	4	5	6	7	8
1	Provinz Ost- und Westpreussen	141 058	10 611½	15 841	2 575½	.	
2	Ost- und westpreussische Häfen		933	2 727½	25 041½		
3	Provinz Pommern	68 577	3 353½	7 003	4 102½	.	4 975
4	Pommersche Häfen		5½	1 170	9 045½		
5	Grossherzogth. Mecklenburg etc.	41 261	2 506½	1 967	1 343½	1 088	
6	Häfen Rostock, Lübeck, Kiel		43½	3 976½	3 512		
7	Provinz Schleswig-Holstein etc.	75 640	4 167	1 633	9 065½	1 078½	
8	Elbhäfen		200½	9 418	937		
9	Weserhäfen	77 587	3 331½	16 426	273	.	
10	Emshäfen		111	690	497		
11	Hannover, Braunschweig, Oldenburg und Lippe-Schaumburg		8 748½	2 440½	41 344		
12	Provinz Posen	71 162	8 462½	5 000½	1 735	3 265½	
13	Reg.-Bez. Oppeln	63 995	6 150½	7 466	3 444½	4 021½	
14	Stadt Breslau	118 050	170	2 467½	10 165½	236½	
15	Reg.-Bezirke Breslau und Liegnitz		7 661	13 841½	5 907		
16	Berlin	90	693	5 250	37 907	.	32
17	Provinz Brandenburg	80 931	13 841	15 637½	14 920½	717	
18	Reg.-Bez. Magdeburg und Anhalt	159 328	49 440	54 006	5 684	48 322	
19	Reg.-Bez. Merseburg und Thüringen	279 258	61 276	46 279	14 354½	31 924½	
20	Königreich Sachsen	57 351	13 496½	1 411	50 687½	.	49
21	Provinz Hessen-Nassau, Oberhessen etc.	63 312	3 523	1 043½	22 121½	.	21
22	Ruhrrevier (Westfalen)	33 162	332	534½	28 467	.	50
24	Provinz Westfalen, Waldeck		1 808½	511½	22 927½		
23	Ruhrrevier (Rheinprovinz)	53 214	1 559½	2 598½	19 924	321½	
25	Rheinprovinz r. des Rheins etc.		497	2 076	5 867		
26	Rheinprovinz l. des Rheins etc. und Birkenfeld		17 159	5 462½	17 842		
27	Saarrevier etc.		58½	24½	2 225		
28	Duisburg, Hochfeld, Ruhrort		190	36 926	908		
29	Lothringen	17 526	767	1 326	741½	584½	
30	Elsass	70 175	10 651	6 847½	5 880	967½	
31	Bayerische Pfalz	45 212	5 068	3 719	9 542	.	
32	Grossherzogthum Hessen	69 055	14 248	17 592½	13 893	3 699½	.
33	Grossherzogthum Baden	89 847	9 758½	7 067½	19 763½	.	24 508
34	Mannheim und Ludwigshafen		398½	6 991	18 803½		
35	Königreich Württemberg und Hohenzollern	147 383	12 233	6 596	32 262½	.	25 66
36	Königreich Bayern	437 463	118 661½	55 711½	95 296	.	39 584
	Summe	2 260 637	392 115½	369 709½	559 006½	96 226½	285 523
							96 226
							189 297

…ste (Tonnen)

…und I. Halbjahr 1886 Mehr- Versand mit Ausschluss der See- und Rheinhäfen	…und I. Halbjahr 1886 Mehr- Empfang mit Ausschluss der See- und Rheinhäfen	Seeschiffahrtsverkehr in 1885 Versand	Seeschiffahrtsverkehr in 1885 Empfang	Binnenschiffahrtsverkehr in 1885 Mehr- Versand	Binnenschiffahrtsverkehr in 1885 Mehr- Empfang	Ueberhaupt Mehr- Versand (7+11+13)	Ueberhaupt Mehr- Empfang (8+12+14)
9	10	11	12	13	14	15	16
13 265½	.	.	.	1 943	.		
—	—	28 935	1 443	.	2 798	17 588½	.
2 900½		.	.	.	.		
.		.	3 302	5 010	.	.	3 267
623½		.	.	.	.		
—	—	560	8 460	.	.	.	6 812
	7 432½	.	.	.	.		
—	—	23 492	66 116	5 157	.	.	36 388½
—	—	.	14 767	.	.		
—	—	.	.	.	1 522	.	
						.	40 424½
	38 903½	.	.	.	1 578		
3 265½		.	.	360	.	3 625½	.
4 021½		.	.	.	.	4 021½	.
236½		.	.	435	.	671½	.
.	32 657	.	.	.	2 526	.	35 183
717	.	.	.	.	.	717	.
48 322		.	.	.	39 379	8 943	.
31 924½		.	.	.	.	31 924½	.
.	49 276½	.	.	479	.	.	48 797½
.	21 078	.	.	.	.	.	21 078
.	50 348½	.	.	.	.	.	50 348½
.	35 696½	.	.	.	62 783	.	62 461½
—	—						
584½		.	.	.	.	584½	.
967½		.	.	.	.	967½	.
.	5 823	.	.	.	.	.	5 823
3 699½		.	.	980	.	4 679½	.
—	12 696	.	.				
		.	.	6 000	.	.	18 508½
.	25 666½	.	.	646	.	.	25 020½
.	39 584½	.	.	.	31 836	.	71 420½
110 528	319 162½	52 987	94 088	21 010	142 422	73 723	425 533
	110 528		52 987		21 010		73 723
	208 634½		41 101		121 412		351 810

	Der Verkehrsbezirke	Ernte in 1885	Güterbewegungsstatistik vom II. Halbjahr. 1			Mehr-	
			Verkehr innerhalb der einzelnen Verkehrsbezirke	Versand	Empfang	Versand	Empfa...
No.	Bezeichnung					überhaupt	
1		3	4	5	6	7	8
1	Provinz Ost- und Westpreussen	} 314 969	8 586	26 236½	2 593½	} 6 512½	
2	Ost- und westpreussische Häfen		814	1 659	18 789½		
3	Provinz Pommern	} 221 845	4 560	32 497	1 710½	} 31 407½	
4	Pommersche Häfen		16½	5 021½	4 400½		
5	Grossherzogth. Mecklenburg etc.	} 246 866	3 182½	19 713½	966½	} 35 238	
6	Häfen Rostock, Lübeck, Kiel .		96½	19 366	2 875		
7	Provinz Schleswig-Holstein etc.	} 267 954½	7 061	5 401½	5 516½	.	
8	Elbhäfen		38½	913	15 640½		
9	Weserhäfen		1 910½	2 476½	965		
10	Emshäfen	} 353 530	93	12 164	781½	} 9 392	
11	Hannover, Braunschweig, Oldenburg und Lippe-Schaumburg		23 932	10 018½	13 517½		
12	Provinz Posen	97 120	5 904½	4 617½	3 222	1 395½	
13	Reg.-Bez. Oppeln	118 754	7 604½	10 300	3 025	7 275	
14	Stadt Breslau		51½	1 871	10 403½		7
15	Reg.-Bezirke Breslau und Liegnitz	} 224 891	7 205	8 576	7 434½	.	
16	Berlin	158	544	8 374	72 435½		64
17	Provinz Brandenburg . . .	178 445	6 599	14 779	17 399½	.	2
18	Reg.-Bez. Magdeburg und Anhalt	129 349	11 457	6 566½	10 759½	.	4
19	Reg.-Bez. Merseburg und Thüringen	310 335	18 319½	7 188½	11 204½	.	4
20	Königreich Sachsen	245 563	24 839½	4 473½	23 122½	.	13
21	Provinz Hessen-Nassau, Oberhessen etc.	170 804	12 058½	7 632	6 520	1 112	
22	Ruhrrevier (Westfalen) . . .	} 179 469	2 915½	1 685	21 852½		
24	Provinz Westfalen, Waldeck .		6 018½	6 658½	21 235½		
23	Ruhrrevier (Rheinprovinz) . .		4 824½	2 414	18 433		
25	Rheinprovinz r. des Rheins etc.		3 236	5 043	5 114		
26	Rheinprovinz l. des Rheins etc. und Birkenfeld	} 314 997	12 224	3 495½	7 754	} 10 351	
27	Saarrevier		642½	61	4 272		
28	Duisburg, Hochfeld, Ruhrort .		342	35 537½	627		
29	Lothringen	107 024	6 445	8 114½	750	7 364½	
30	Elsass	28 780	4 211	536	12 839½		123
31	Bayerische Pfalz	37 870	1 230	2 278	3 081½		8
32	Grossherzogthum Hessen . .	29 031	1 059	1 013	8 079½		70
33	Grossherzogthum Baden . . .	} 77 874	7 154½	10 510½	· 9 622½		50
34	Mannheim und Ludwigshafen .		276	1 419	7 329		
35	Königreich Württemberg und Hohenzollern	186 679	13 466½	25 888	1 928½	23 959½	
36	Königreich Bayern . . .	500 054	33 510½	12 844½	2 506½	10 338	
	Summe . .	4 342 361	242 429	327 343	358 711	144 345½	175... 144... 31...

fer (Tonnen)

I. Halbjahr 1886 Mehr- mit Ausschluss der See- und Rheinhäfen		Seeschiffahrts-verkehr in 1885		Binnenschiffahrts-verkehr in 1885 Mehr-		Ueberhaupt Mehr-	
Versand	Empfang	Versand	Empfang	Versand	Empfang	Versand (7+11+13)	Empfang (8+12+14)
9	10	11	12	13	14	15	16
	—	19 884		4 397		19 885½	
30 786½	—	11 077	46 554	48 502		44 432½	
13 747	—	328	23 104			12 462	
—	115	69	7 916		1 188		23 877½
—	—	183	7 060		1 518		
	3 499				416	581	
1395½				1 125		2 520½	
7 275				60		7 335	
	7 391			520			6 871
	64 061½				23 248		87 309½
	2 620½						2 620½
	4 193				26 774		30 967
	4 016						4 016
	18 649				1 334		19 983
1 112						1 112	
	34 744½						34 744½
	24 559½				70 782		60 431
	—					7 364½	
	12 303½						12 303½
	803½						803½
	7 066½			1 228			5 838½
	—				2 400		7 422
23 95·½				911		24 870½	
10 338					210	10 128	
125 509	184 022½ 125 509	31 541	84 634 31 541	56 725	138 760 56 725	130 691½	297 187½ 130 691½
	58 513½		53 093		82 035		166 496

		Mehl, Mühler				
		Güterbewegungsstatistik vom II. Halbjahr 188				
Der Verkehrsbezirke		Verkehr innerhalb der einzelnen Verkehrs- bezirke	Versand	Empfang	Mehr-	
					Versand	Empfang
No.	Bezeichnung				überhaupt	
1	2	3	4	5	6	7
1	Provinz Ost- und Westpreussen . .	29 192	25 767	18 419	} .	14 380½
2	Ost- und westpreussische Häfen . .	1 018	9 162	30 890½		
3	Provinz Pommern	14 054	14 910½	7 065½	} 5 929½	.
4	Pommersche Häfen	1 452½	9 430	11 345½		
5	Grossherzogthum Mecklenburg etc. .	4 930½	19 352	1 205	} 33 231	
6	Häfen Rostock, Lübeck, Kiel . . .	242	21 575½	6 491		
7	Provinz Schleswig-Holstein etc. . .	8 561½	17 839	19 141½	} .	10 765½
8	Elbhäfen	2 853½	18 459½	27 922½		
9	Weserhäfen	1 824	8 572½	6 036½	} 37 437½	
10	Emshäfen	668	1 112	2 370		
11	Hannover, Braunschweig, Oldenburg und Lippe Schaumburg	68 438½	75 980	39 820½		
12	Provinz Posen	24 304½	12 521½	24 045½		11 524
13	Reg.-Bez. Oppeln	27 632	19 066½	10 971½	8 095	
14	Stadt Breslau	240	44 039½	15 274½	} 12 654½	.
15	Reg.-Bezirke Breslau und Liegnitz .	17 235	31 816½	47 927		
16	Berlin	20	65 942½	60 740½	5 202	
17	Provinz Brandenburg	32 789½	59 512½	45 901	13 611½	.
18	Reg.-Bez. Magdeburg und Anhalt .	33 592½	32 806	40 074	.	7 268
19	Reg.-Bez. Merseburg und Thüringen	55 778	40 417	65 252		24 835
20	Königreich Sachsen	160 916	65 440	51 779½	13 660½	
21	Provinz Hessen - Nassau, Ober- hessen etc.	37 817	22 568	45 630½	.	23 062½
22	Ruhrrevier (Westfalen)	15 310½	20 292½	35 211½	}	4 721
24	Provinz Westfalen, Waldeck . . .	23 139	39 105½	28 907½	.	
23	Ruhrrevier (Rheinprovinz)	5 225½	6 299½	40 096½	}	
25	Rheinprovinz r. des Rheins etc. . .	3 668	4 516½	16 395		
26	Rheinprovinz l. des Rheins etc. und Birkenfeld	49 859½	21 131	33 799½	.	48 775
27	Saarrevier etc.	1 544½	1 672	9 591½		
28	Duisburg, Hochfeld, Ruhrort . . .	70	21 762	4 273½		
29	Lothringen	8 043½	9 137	7 075	2 062	
30	Elsass	13 406	3 966½	27 309		23 342½
31	Bayerische Pfalz	8 587	9 881½	17 896		8 014½
32	Grossherzogthum Hessen	9 930½	8 499½	40 515		32 015½
33	Grossherzogthum Baden	16 885½	25 574½	20 514½	} 9 936½	.
34	Mannheim und Ludwigshafen . . .	250	13 999	9 092½		
35	Königreich Württemberg und Hohen- zollern	25 724½	38 516½	10 149½	28 366½	
36	Königreich Bayern	78 531½	18 594	49 557½		30 963½
	Summe . .	783 734½	859 237½	928 718½	170 186½	239 667½
						170 186½
						69 481

fabrikate, Kleie (Tonnen)

	uf I. Halbjahr 1886						
Mehr-		Seeschiffahrts-verkehr		Binnenschiffahrts-verkehr in 1885		Ueberhaupt Mehr-	
Versand	Empfang						
mit Ausschluss der See- und Rheinhäfen		Versand	Empfang	Versand	Empfang	Versand (7+11+13)	Empfang (8+12+14)
8	9	10	11	12	13	14	15
7 348	•	12 720	1 019	10 534	•	} 1 045½	•
7 845	—	45 268	10 379	38 518	6 809	} 79 336½	
18 147	—	10 139	3 102	•	•	} 40 268	
•	1 302½	50 045	1 194	•	22 504	} 15 581½	
—	—	80	1 218	•	1 534	}	
—	—	•	•	•		} 36 703½	•
36 159½	11 524	•	•	1 938	•	•	4 499
8 095	•	•	•	7 025	•	8 395	•
12 654½	•	•	•	300	•	} 21 359½	•
5 202	•	•	•	2 164	•	•	24 570
13 611½	•	•	•	6 541	29 772	13 611½	•
•	7 268	•	•	•	21 226	•	28 494
•	24 835	•	•	•	•	•	24 835
13 660½	•	•	•	3 648	•	17 308½	23 062½
•	23 062½				•	•	
•	4 721	•	•	•	•	•	4 721
•	66 263½	•	•	•	8 527	•	57 302
	—						
2 062	23 342½	•	•	•	•	2 062	23 342½
•	8 014½	•	•	•	•	•	8 014½
•	32 015½	•	•	•	500	•	32 515½
5 030	—	•	•	•	9 100	} 836½	•
28 366½	30 963½	•	•	•	•	28 366½	30 963½
158 181½	233 312½	118 252	16 912	70 668	99 972	264 874½	
158 181½	158 181½	16 912			70 668	262 319½	
	75 131	101 340			29 304	2 555	

Werden von dem vorstehend nachgewiesenen Versand und Empfang der sämmtlichen deutschen Verkehrsbezirke der Versand und Empfang der deutschen See- und Rheinhäfen (Verkehrsbezirke 2, 4, 6, 8, 9, 10, 28 und 34) abgesetzt, so bleibt

	Verkehr innerhalb der einzelnen Verkehrsbezirke	Versand	Empfang	Mehr-Empfang
	Tonnen			
bei Weizen und Spelz . .	701 350$^{1}/_{2}$	569 048	283 466	140 498
gegen 1884/85	(684 813)	(471 500$^{1}/_{2}$)	(871 207$^{1}/_{2}$)	(399 707)
gegen 1883/84		(436 023)	(725 751)	(289 728)
„ Roggen	391 856$^{1}/_{2}$	421 740$^{1}/_{2}$	530 897	109 156$^{1}/_{2}$
gegen 1884/85	(439 893)	(442 352$^{1}/_{2}$)	(711 755$^{1}/_{2}$)	(269 403)
gegen 1883/84		(378 907)	(683 707)	(304 800)
„ Gerste	386 902	291 354$^{1}/_{2}$.	499 989	208 634$^{1}/_{2}$
gegen 1884/85	(400 390$^{1}/_{2}$)	(275 773$^{1}/_{2}$)	(534 109)	(258 335$^{1}/_{2}$)
gegen 1883/84		(277 006)	(417 779)	(140 773)
„ Hafer	238 841	248 786$^{1}/_{2}$	307 300	58 513$^{1}/_{2}$
gegen 1884/85	(241 415)	(225 887$^{1}/_{2}$)	(328 174)	(102 286$^{1}/_{2}$)
gegen 1883/84		(217 302)	(414 102)	(196 800)
„ Mehl, Mühlenfabrikate,				
Kleie	775 356$^{1}/_{2}$	755 165	830 296$^{1}/_{2}$	75 131
gegen 1884/85	(779 515$^{1}/_{2}$)	(778 665$^{1}/_{2}$)	(845 494)	(56 828$^{1}/_{2}$)
gegen 1883/84		(694 201)	(769 120)	(74 609)

Dieser Mehrempfang entspricht den Mengen, welche vom Ausland über die Landgrenze eingeführt wurden.

Im Jahre 1885 wurden in ganz Deutschland geerntet:

	Tonnen	Der Verkehr innerhalb der einzelnen Verkehrsbezirke	der Versand	der Mehr-Empfang
		beträgt in Prozenten der Ernte		
Weizen und Spelz	3 065 717	23	19	5
gegen 1884	(2 959 458)	(23)	(16)	(14)
gegen 1883	(2 797 655)			
Roggen	5 820 096	7	7	2
gegen 1884	(5 450 992)	(8)	(8)	(5)
gegen 1883	(5 600 070)			
Gerste	2 260 637	17	13	9
gegen 1884	(2 229 598)	(18)	(12)	(11)
gegen 1883	(2 131 203)			
Hafer	4 342 361	6	5	1
gegen 1884	(4 236 664)	(5)	(5)	(2)
gegen 1883	(3 718 469)			

An Weizen und Spelz haben geerntet:

	1885	1884	1883
		Tonnen	
Vbz. 36 (Bayern r. d. Rheins) . . .	530 937	531 405	504 223
„ 35 (Württemberg u. Hohenzollern)	260 450	276 896	252 199
„ 11 (Hannover, Braunschweig, Oldenburg, Lippe etc.). .	192 625	178 189	193 318
„ 1 (Ost- und Westpreussen) . .	190 112	178 507	172 193
„ 19 (Rbz. Merseburg u. Thüringen)	186 705	175 547	156 919
„ 23, 25, 26, 27 (Rheinprovinz) .	185 308	170 674	154 103
„ 14, 15 (Rgbze. Breslau u. Liegnitz)	157 013	146 362	128 459
„ 33 (Baden)	146 169	148 796	145 000
„ 18 (Rbz. Magdeburg und Anhalt)	127 090	124 334	119 446
„ 5 (Mecklenburg)	116 891	106 986	99 944
„ 30 (Elsass)	113 525	106 858	122 237
„ 21 (Hessen-Nassau, Oberhessen)	110 836	99 948	88 921
„ 29 (Lothringen)	105 788	106 168	100 002
„ 22, 24. (Westfalen und Waldeck)	99 829	93 391	92 173
„ 12 (Posen)	93 531	90 914	82 999
„ 7 (Schleswig-Holstein) . . .	93 177	89 465	81 559
„ 20 (Königreich Sachsen) . . .	80 595	74 741	66 802
„ 3 (Pommern)	79 576	76 334	64 408
„ 16 und 17 (Brandenburg) . .	62 950	60 189	. 55 961
„ 13 (Rbz. Oppeln)	57 894	54 042	49 522
„ 31 (Pfalz)	41 070	38 433	38 767
„ 32 (Grhrzth. Hessen ohne Ober- hessen)	33 646	31 279	28 503
Mehr versandt als empfangen haben:			
Vbz. 1 (Ost- und Westpreussen) .	68 944	60 201^1/$_2$	45 464
„ 18 (Magdeburg u. Hzgth. Anhalt)*)	64 319^1/$_2$	62 322^1/$_2$	45 686
„ 12 (Posen)	35 794	22 714	14 829
„ 36 (Bayern r. d. Rheins) . .	29 239	— 4 052	21 501
„ 5 (Mecklenburg)	21 680^1/$_2$	16 839	18 448
„ 11 (Hannover, Braunschweig, Oldenburg, Lippe etc.) .	20 166	— 1 125	25 627
„ 19 (Rbz. Merseburg u. Thüringen)	16 523	3 655	— 6 884
„ 29 (Lothringen)	8 951^1/$_2$	1 820	3 089
„ 13 (Rbz. Oppeln)	4 053^1/$_2$	— 12 553	— 5 343
„ 3 (Pommern)	3 931^1/$_2$	1 793	— 3 570
„ 14, 15 (Rbz. Breslau und Liegnitz)	1 489^1/$_2$	— 20 857	— 11 476

. *) Unter dem Versand ist das im Elbschiffahrtsverkehr nach Magdeburg und Wall-vitzhafen beförderte und mit der Eisenbahn weiter versandte Getreide mitenthalten.

Mehr empfangen als versandt haben:

	1885	1884	1883
		Tonnen	
Vbz. 20 (Königreich Sachsen) . . .	114 723$\frac{1}{2}$	111 256$\frac{1}{2}$	73 927
„ 33 (Baden)	71 804$\frac{1}{2}$	91 285	80 718
„ 35 (Württemberg u. Hohenzollern)	59 662	86 624	89 060
„ 30 (Elsass)	40 428$\frac{1}{2}$	55 681$\frac{1}{2}$	37 834
„ 22, 24 (Westfalen und Waldeck)	36 994	55 546$\frac{1}{2}$	40 291
„ 23, 25, 26, 27 (Rheinprovinz) .	32 648$\frac{1}{2}$	37 205	36 751
„ 16, 17 (Brandenburg)	30 351	30 053$\frac{1}{2}$	30 563
„ 31 (Pfalz)	23 310$\frac{1}{2}$	34 397	23 297
„ 7 (Schleswig-Holstein) . . .	2 959	7 010$\frac{1}{2}$	11 011
„ 21 (Hessen-Nassau, Oberhessen)	1 409	22 602	14 317
„ 32 (Grossherzogth. Hessen ohne			
Oberhessen)	1 299$\frac{1}{2}$ +	1 196$\frac{1}{2}$ +	670

Wird der Bedarf der einzelnen Verkehrsbezirke nach vorstehenden Unterschieden bemessen, so hat die Ernte in Prozenten des Bedarfs betragen im:

	1885	1884	1883	im Durchschnitt der 3 Jahre 1883—85
Vbz. 18 (Rbz. Magdeburg und Herzogth. Anhalt)*)	203	201	162	189
„ 12 (Posen)	162	133	122	139
„ 1 (Ost- und Westpreussen)	157	151	136	148
„ 5 (Mecklenburg)	123	119	123	122
„ 11 (Hannover, Braunschweig, Oldenburg,				
Lippe etc.)	111	99	115	105
„ 19 (Rbz. Merseburg und Thüringen). . .	110	102	96	102
„ 29 (Lothringen)	109	102	103	105
„ 13 (Rbz. Oppeln)	108	81	90	93
„ 36 (Bayern r. d. Rheins)	106	99	104	103
„ 3 (Pommern)	105	102	95	101
„ 14 und 15 (Rbz. Breslau und Liegnitz). .	101	88	92	94
„ 21 (Hessen-Nassau und Oberhessen) . .	99	82	86	89
„ 7 (Schleswig-Holstein)	97	93	88	93
„ 32 (Grossherzogth. Hessen ohne Oberhessen)	96	104	102	101
„ 23, 25, 26, 27 (Rheinprovinz)	85	82	81	83
„ 35 (Württemberg und Hohenzollern). . .	81	76	74	77
„ 30 (Elsass)	74	66	76	72
„ 22 und 24 (Westfalen und Waldeck) . .	73	63	70	67
„ 16 und 17 (Brandenburg)	67	67	65	66

---

*) Vergl. Anmerkung auf Seite 365.

	1885	1884	1883	Im Durchschnitt der drei Jahre 1883—85
Vbz. 33 (Grossherzogtbum Baden)	67	62	64	64
„ 31 (Pfalz)	64	53	62	60
„ 20 (Königreich Sachsen)	41	40	47	43

An Roggen haben geerntet:

	1885	1884	1883
		Tonnen	
Vbz. 36 (Bayern r. d. Rheins) . . .	601 307	600 893	570 345
„ 1 (Ost- und Westpreussen) . .	591 126	620 912	599 595
„ 11 (Hannover, Braunschweig, Oldenburg, Lippe etc.)	529 754	452 495	617 872
„ 16 und 17 (Brandenburg) . . .	463 194	462 323	499 957
„ 12 (Posen)	400 255	391 626	366 707
„ 14 u. 15 (Rbz. Breslau und Liegnitz)	373 127	357 898	326 859
„ 3 (Pommern)	361 878	338 793	310 789
„ 19 (Rbz. Merseburg und Thüringen)	333 658	320 775	302 756
„ 5 (Mecklenburg)	318 274	262 402	299 733
„ 23, 25, 26, 27 (Rheinprovinz) . .	302 116	264 404	240 213
„ 20 (Königreich Sachsen)	282 579	263 767	248 860
„ 22 und 24 (Westfalen und Waldeck)	269 636	258 209	275 974
„ 18 (Rbz. Magdeburg und Anhalt) .	201 538	197 002	214 039
„ 7 (Schleswig-Holstein)	201 147	180 047	193 214
„ 13 (Rbz. Oppeln)	170 853	166 314	154 847
„ 21 (Hessen-Nassau und Oberhessen)	158 555	115 521	142 049
„ 32 (Ghzth. Hessen ohne Oberhessen)	68 140	44 595	56 901
„ 31 (Pfalz)	58 381	40 593	54 436
„ 33 (Baden)	50 757	36 063	47 116
„ 35 (Württemberg und Hohenzollern)	44 278	42 135	36 845
„ 30 (Elsass)	24 452	20 702	26 404
„ 29 (Lothringen)	15 091	13 523	14 599

Mehr versandt als empfangen haben:

	1885	1884	1883
		Tonnen	
Vbz. 12 (Posen)	102 417	120 299½	62 291
„ 1 (Ost- und Westpreussen) . .	60 543½	70 252½	31 089
„ 3 (Pommern)	31 609½	10 403	— 10 578
„ 18 (Rbz. Magdeburg und Anhalt) .	26 836	32 862	56 491
„ 5 (Mecklenburg)	26 365	8 242½	10 665
„ 32 (Ghzth. Hessen ohne Oberhessen)	10 015½	15 128½	10 421
„ 29 (Lothringen)	1 102	— 4 837	— 488

Mehr empfangen als versandt haben:

	1885	1884	1883
		Tonnen	
Vbz. 20 (Königreich Sachsen)	90 452	90 127½	89 974
„ 11 (Hannover, Braunschweig, Olden- burg, Lippe etc.)	60 229	114 741½	51 604
„ 14 u. 15 (Rbz. Breslau und Liegnitz)	42 068½	55 369½	64 728
„ 22 u. 24 (Westfalen und Waldeck)	38 441½	55 113	59 218
„ 22, 25, 26, 27 (Rheinprovinz) . .	33 546	48 345	59 609
„ 13 (Rez. Oppeln)	30 818½	47 391½	56 778
„ 19 (Rbz. Merseburg und Thüringen)	28 087	35 159	44 364
„ 33 (Baden)	9 673	9 208	6 943
„ 21 (Hessen-Nassau und Oberhessen)	8 886	24 163½	14 111
„ 16 und 17 (Brandenburg) . . .	6 500½	3 860	+ 11 964
„ 7 (Schleswig-Holstein)	6 186½	11 249	15 689
„ 31 (Pfalz)	5 746	13 950½	10 603
„ 36 (Bayern r. d. Rheins) . . .	4 217	9 659½	4 049
„ 35 (Württemberg und Hohenzollern)	1 788	2 498	2 420
„ 30 (Elsass)	1 405½	918½ +	395

Wird der Bedarf der einzelnen Verkehrsbezirke nach vorstehenden Unterschieden bemessen, so hat die Ernte in Prozenten des Bedarfes betragen in:

	1885	1884	1883	im Durch-schnitt der drei Jahre 1883—85
Vbz. 12 (Posen)	134	144	120	133
„ 32 (Ghzth. Hessen ohne Oberhessen) .	117	151	122	130
„ 18 (Rbz. Magdeburg und Anhalt) . . .	115	120	136	124
„ 1 (Ost- und Westpreussen)	111	113	105	110
„ 3 (Pommern)	109	103	97	103
„ 5 (Mecklenburg)	109	103	104	105
„ 29 (Lothringen)	108	74	97	93
„ 36 (Bayern r. d. Rheins)	99	98	99	99
„ 16 u. 17 (Brandenburg)	99	99	102	100
„ 7 (Schleswig-Holstein)	97	94	92	94
„ 35 (Württemberg und Hohenzollern) . .	96	94	94	95
„ 21 (Hessen-Nassau und Oberhessen) .·.	95	83	90	89
„ 30 (Elsass)	95	96	102	98
„ 19 (Rbz. Merseburg und Thüringen) . .	92	90	88	90
„ 31 (Pfalz)	91	74	84	83
„ 11 (Hannover, Braunschweig, Oldenburg, Lippe etc.)	90	80	92	87
„ 14 u. 15 (Rbz. Breslau und Liegnitz) .	90	87	83	87

	1885	1884	1883	im Durch-schnitt der drei Jahre 1883—85
Vbz. 23, 25, 26, 27 (Rheinprovinz)	90	85	80	85
„ 22, 24 (Westfalen und Waldeck)	88	82	82	84
„ 13 (Rbz. Oppeln)	85	78	73	79
„ 33 (Baden)	84	79	87	83
„ 20 (Kgrch. Sachsen)	76	75	73	75

An Gerste haben geerntet:

	1885	1884	1883
		Tonnen	
Vbz. 36 (Bayern r. d. Rheins) . . .	437 463	450 835	414 010
„ 19 (Rbz. Merseburg u. Thüringen) .	279 258	261 335	280 364
„ 18 (Rbz. Magdeburg u. Anhalt) .	159 328	158 064	157 159
„ 35 (Württemberg und Hohenzollern)	147 383	149 853	138 790
„ 1 (Ost- u. Westpreussen) . . .	141 058	137 592	141 587
„ 14 u. 15 (Rbz. Breslau u. Liegnitz) .	118 050	117 032	112 682
„ 33 (Baden)	89 847	90 862	82 863
„ 16 u. 17 (Brandenburg)	81 021	80 492	74 330
„ 11 (Hannover, Braunschweig, Oldenburg, Lippe etc.)	77 587	73 943	76 517
„ 7 (Schleswig-Holstein)	75 640	71 156	63 174
„ 12 (Posen)	71 162	78 792	71 156
„ 30 (Elsass)	70 175	70 789	68 468
„ 32 (Ghzth. Hessen ohne Oberhessen)	69 055	65 060	57 522
„ 3 (Pommern)	68 577	64 519	59 554
„ 13 (Rbz. Oppeln)	63 995	61 475	61 989
„ 21 (Hessen-Nassau u. Oberhessen)	63 312	60 157	52 775
„ 20 (Kgrch. Sachsen)	57 351	61 141	55 923
„ 23, 25, 26, 27 (Rheinprovinz) .	53 214	49 733	45 416
„ 31 (Pfalz)	45 212	46 431	39 816
„ 5 (Mecklenburg)	41 261	36 186	30 552
„ 22 u. 24 (Prov. Westfalen u. Waldeck)	33 162	32 060	28 708
„ 29 (Lothringen)	17 526	17 091	17 748

Mehr versandt als empfangen haben:

	1885	1884	1883
		Tonnen	
Vbz. 18 (Rbz. Magdeburg u. Anhalt)*) .	48 322	51 619	40 258
„ 19 (Rbz. Merseburg u. Thüringen)	31 924$\frac{1}{2}$	17 558$\frac{1}{2}$	53 369
„ 1 (Ost- und Westpreussen) . .	13 265$\frac{1}{2}$	9 221$\frac{1}{2}$	6 337
„ 13 (Rbz. Oppeln)	4 021	— 863	6 646

*) Vergl. Anmerkung S. 365.

	1885	1884	1883
		Tonnen	
Vbz. 32 (Gbzth. Hessen ohne Oberhessen) .	3 699¹/₂	3 404	2 823
„ 12 (Posen)	3 265¹/₂	7 018	2 972
„ 3 (Pommern)	2 900¹/₂ —	210¹/₂ —	2 431
„ 30 (Elsass)	967¹/₂	4 052¹/₂ —	5 472
„ 5 (Mecklenburg)	623¹/₂	604¹/₂ —	1 923
„ 29 (Lothringen)	584¹/₂	1 157¹/₂	3 109
„ 14 u. 15 (Rbz. Breslau und Liegnitz)	236¹/₂ —	8 103	2 978

Mehr empfangen als versandt haben:

	1885	1884	1883
		Tonnen	
Vbz. 22 u. 24 (Westfalen u. Waldeck) .	50 348¹/₂	52 227¹/₂	51 366
„ 20 (Kgrch. Sachsen)	49 276¹/₂	47 825	11 530
„ 36 (Bayern r. d. Rheins) . . .	39 584¹/₂	57 273	4 908
„ 11 (Hannover, Braunschweig, Oldenburg, Lippe etc.)	38 903¹/₂	50 525¹/₂	37 908
„ 23, 25, 26, 27 (Rheinprovinz) .	35 696¹/₂	39 676¹/₂	50 051
„ 16 u. 17 (Brandenburg) . . .	31 940	34 441¹/₂	37 843
„ 35 (Württemberg und Hohenzollern)	25 666¹/₂	19 957	17 889
„ 21 (Hessen-Nassau u. Oberhessen)	21 078	20 741¹/₂	16 891
„ 33 (Baden)	12 696	6 248	6 312
„ 7 (Schleswig-Holstein)	7 432¹/₂	8 602	12 324
„ 31 (Pfalz)	5 823	5 068	2 417

Wird hiernach der Bedarf der einzelnen Verkehrsbezirke ermessen, so hat die Ernte in Prozenten des Bedarfs betragen im:

	1885	1884	1883	im Durchschnitt der drei Jahre 1883–85
Vbz. 18 (Rbz. Magdeburg und Anhalt)*) . . .	145	149	134	143
„ 19 (Rbz. Merseburg und Thüringen) . .	113	107	124	115
„ 1 (Ost- und Westpreussen)	110	107	105	107
„ 13 (Rbz. Oppeln)	107	99	112	106
„ 32 (Ghzth. Hessen ohne Oberhessen) . .	107	105	105	106
„ 12 (Posen)	105	111	104	107
„ 3 (Pommern)	104	99	96	100
„ 5 (Mecklenburg)	103	98	94	98
„ 29 (Lothringen)	103	107	121	110
„ 30 (Elsass)	101	106	92	100
„ 14 u. 15 (Rbz. Breslau und Liegnitz) . .	100	94	103	99
„ 36 (Bayern r. d. Rheins)	92	89	99	93

Vergl. Anmerkung S. 365.

	1885	1884	1883	Im Durchschnitt der drei Jahre 1883—85
Vbz. 7 (Schleswig-Holstein)	91	89	84	88
„ 31 (Pfalz)	89	90	94	91
„ 33 (Baden)	88	94	93	92
„ 35 (Württemberg und Hohenzollern) . .	85	88	89	87
„ 21 (Hessen-Nassau und Oberhessen) . .	75	74	76	75
„ 16 u. 17 (Brandenburg)	72	70	66	69
„ 11 (Hannover, Braunschweig, Oldenburg, Lippe etc.)	67	59	67	64
„ 23, 25, 26, 27 (Rheinprovinz)	60	56	48	55
„ 20 (Kgrch. Sachsen)	54	56	83	64
„ 22 u. 24 (Westfalen und Waldeck) . . .	40	38	36	38

An Hafer haben geerntet:

	1885	1884	1883
		Tonnen	
Vbz. 36 (Bayern r. d. Rheins) . . .	500 054	509 100	510 167
„ 11 (Hannover, Braunschweig, Oldenburg, Lippe etc.)	353 530	329 336	260 869
„ 23, 25, 26, 27 (Rheinprovinz) . .	314 997	287 183	226 903
„ 1 (Ost- und Westpreussen) . .	314 969	318 895	330 849
„ 19 (Rbz. Merseburg und Thüringen)	310 335	308 748	269 694
„ 7 (Schleswig-Holstein)	267 954	254 494	205 916
„ 5 (Mecklenburg)	246 866	221 770	134 822
„ 20 (Kgrch. Sachsen)	245 563	284 549	254 373
„ 14 u. 15 (Rbz. Breslau und Liegnitz)	224 891	237 826	223 725
„ 3 (Pommern)	221 845	208 966	183 554
„ 35 (Württemberg und Hohenzollern)	186 679	168 912	174 892
„ 22 u. 24 (Westfalen und Waldeck)	179 469	169 452	126 408
„ 16 u. 17 (Brandenburg)	178 603	182 950	140 383
„ 21 (Hessen-Nassau u. Oberhessen)	170 804	156 004	120 447
„ 18 (Rbz. Magdeburg u. Anhalt) .	129 349	132 617	105 749
„ 13 (Rbz. Oppeln)	118 754	117 335	107 085
„ 29 (Lothringen)	107 024	93 322	99 693
„ 12 (Posen)	97 120	99 962	93·670
„ 33 (Baden)	77 874	69 476	65 050
„ 31 (Pfalz)	37 870	34 067	32 909
„ 32 (Ghzth. Hessen ohne Oberhessen)	29 031	26 449	23 719
„ 30 (Elsass)	28 780	25 251	27 502

Mehr versandt als empfangen haben:

	1885	1884	1883
Vbz. 3 (Pommern)	30 786$\frac{1}{2}$	12 595	— 1 184
„ 35 (Württemberg u. Hohenzollern)	23 959$\frac{1}{2}$	18 690	23 725

	1885	1884	1883
		Tonnen	
Vbz. 1 (Ost- und Westpreussen) . .	23 643	19 688½	10 826
„ 5 (Mecklenburg)	18 747	9 516 —	8 504
„ 36 (Bayern r. d. Rheins) . . .	10 338	12 224	20 953
„ 29 (Lothringen)	7 364½	3 263	5 977
„ 13 (Rbz. Oppeln)	7 275	— 1 112½ —	3 879
„ 12 (Posen)	1 395	— 728 —	7 506
„ 21 (Hessen-Nassau u. Oberhessen)	1 112	— 6 006	— 13 510
„ 33 (Baden)	888	34½ —	750

Mehr empfangen als versandt haben:

	1885	1884	1883
		Tonnen	
Vbz. 16 u. 17 (Brandenburg)	66 682	55 982½	68 126
„ 22 u. 24 (Westfalen und Waldeck)	34 744½	41 505½	55 406
„ 23, 25, 26, 27 (Rheinprovinz) . .	24 559½	27 172½	35 358
„ 20 (Kgrch. Sachsen)	18 649	+ 2 915½	+ 13 565
„ 30 (Elsass)	12 308½	15 881½	12 869
„ 14 u. 15 (Rbz. Breslau u. Liegnitz)	7 391	+ 2 344½ +	2 390
„ 32 (Ghzth. Hessen ohne Oberhessen)	7 066½	4 514½	2 472
„ 18 (Rbz. Magdeburg und Anhalt)	4 193	+ 5 848	+ 2 449
„ 19 (Rbz. Merseburg und Thüringen)	4 016	15 891½	23 791
„ 11 (Hannover, Braunschweig, Olden- burg, Lippe etc.)	3 499	· 16 191	28 471
„ 31 (Pfalz)	803½	1 685	1 333
„ 7 (Schleswig-Holstein)	115	2 735	13 526

Wird hiernach der Bedarf der einzelnen Verkehrsbezirke bemessen, so hat die Ernte in Prozenten des Bedarfs betragen im:

	1885	1884	1883	im Durch- schnitt der drei Jahre 1883–85
Vbz. 3 (Pommern)	116	106	99	107
„ 35 (Württemberg und Hohenzollern) . .	115	112	116	114
„ 5 (Mecklenburg)	109	105	94	103
„ 1 (Ost- und Westpreussen)	108	107	103	106
„ 29 (Lothringen)	107	104	106	106
„ 13 (Rbz. Oppeln)	106	100	96	101
„ 36 (Bayern r. d. Rheins)	102	102	104	103
„ 12 (Posen)	101	99	93	98
„ 21 (Hessen-Nassau und Oberhessen) . .	101	96	90	96
„ 33 (Baden)	101	100	99	100
„ 7 (Schleswig-Holstein)	100	99	94	98

	1885	1884	1883	im Durch-schnitt der drei Jahre 1883—85
Vbz. 11 (Hannover, Braunschweig, Oldenburg, Lippe etc.)	99	96	90	95
„ 19 (Rbz. Merseburg und Thüringen) . .	99	95	92	95
„ 31 (Pfalz)	98	95	96	97
„ 14 u. 15 (Rbz. Breslau und Liegnitz) . .	97	101	101	100
„ 18 (Rbz. Magdeburg und Anhalt) . . .	97	105	102	101
„ 20 (Kgrch. Sachsen)	93	101	106	100
„ 23, 25, 26, 27 (Rheinprovinz)	93	91	87	94
„ 22 u. 24 (Westfalen und Waldeck) . .	84	80	79	81
„ 32 (Gbztb. Hessen ohne Oberhessen) . .	80	85	91	85
„ 16 u. 17 (Brandenburg)	73	77	67	72
„ 30 (Elsass)	70	61	68	66

An Mehl, Mühlenfabrikaten und Kleie haben mehr versandt als empfangen:

	1885	1884	1883
		Tonnen	
Vbz. 11 (Hannover, Braunschweig, Oldenburg, Lippe etc.)	36 159½	44 415	56 267
„ 35 (Württemberg u. Hohenzollern)	28 366½	29 145	35 272
„ 16 u. 17 (Brandenburg) . . .	18 813½	27 595½	27 346
„ 5 (Mecklenburg)	18 147	13 004	— 20 955
„ 20 (Kgrch. Sachsen)	13 660½	26 745½	3 148
„ 14 u. 15 (Rbz. Breslau u. Liegnitz)	12 654½	13 522½ —	1 943
„ 13 (Rbz. Oppeln)	8 095	448½	4 056
„ 3 (Pommern)	7 845	1 283	— 2 011
„ 1 (Ost- und Westpreussen) . .	7 348	9 405	4 254
„ 33 (Baden)	5 030	2 364	4 467
„ 29 (Lothringen)	2 062	204½	2 855

Mehr empfangen als versandt haben:

	1885	1884	1883
Vbz. 23, 25, 26, 27 (Rheinprovinz) .	66 263½	59 580	59 420
„ 32 (Gbzth. Hessen ohne Oberhessen)	32 015½	32 218½	23 427
„ 36 (Bayern r. d. Rheins) . . .	30 963½	39 364	22 608
„ 19 (Rbz. Merseburg u. Thüringen)	24 835	28 440½	17 305
„ 30 (Elsass)	23 342½	25 273½	21 142
„ 21 (Hessen-Nassau u. Oberhessen)	23 062½	30 331	26 867
„ 12 (Posen)	11 524	2 300	4 059
„ 31 (Pfalz)	8 014½	7 856½	4 503
„ 18 (Rbz. Magdeburg und Anhalt) .	7 268	10 904½	12 681
„ 22 u. 24 (Westfalen und Waldeck)	4 721	8 502½ +	8 174
„ 7 (Schleswig-Holstein)	1 302½	2 805	2 827

Die Güterbewegungs-Statistik in kartographischer Darstellung.

Von

Ober-Güterverwalter **Rörig** in Erfurt.

I.

Die Königliche Eisenbahndirektion zu Erfurt hat im Auftrage des Königl. Preussischen Ministers der öffentlichen Arbeiten vor Kurzem eine „Graphische Darstellung der Beförderung einiger Frachtartikel in den Verkehrsbezirken der Statistik der Güterbewegung auf deutschen Eisenbahnen für das Jahr 1885" bearbeitet und herausgegeben.[1] Bevor diese in ihrer Art ganz neue Form der graphischen Darstellung hier näher erörtert wird, verlohnt es sich, auf die Entstehung sowie Fortbildung der Eisenbahn-Güterbewegungsstatistik einen kurzen Rückblick zu werfen.[2]

Nachdem im Jahre 1861 von der Kölner Generalversammlung des deutschen Eisenbahnvereins die Kommission für Angelegenheiten des Güterverkehres beauftragt worden war:

> „ein gleichförmiges von allen Vereinsverwaltungen zu beobachtendes Waarenverzeichniss aufzustellen und der Generalversammlung zur Annahme vorzulegen, gleichzeitig sich darüber zu äussern, in welcher Weise ohne Aufwendung übermässiger Arbeitskräfte sich in den Waarenstatistiken der Herkunfts- und der Bestimmungsort der bewegten Güter nachweisen lassen würde",

wurde von jener Kommission ein Schema mit 33 Hauptrubriken vorgelegt, welche jede Verwaltung in den von ihr zu veröffentlichenden Jahresberichten auszufüllen hätte. Die in diesen Hauptrubriken vorgesehenen besonderen Rubriken für einzelne namhafte Artikel sollten je nach den Verhältnissen der einzelnen Bahnen, sowie dem Maasse der Wichtigkeit, welche diesen Gegenständen beizulegen, nur theilweise oder gar nicht ausgefüllt werden. Ueber die Herkunft und den Bestimmungsort der beförderten Güter würde, wie die Kommission annahm, bei den meisten Verwaltungen ein Nachweis nicht zu erlangen sein; indess erachtete man es

---

[1] Im Kommissions-Verlag bei F. A. Brockhaus in Leipzig.

[2] Im Archiv ist wiederholt von der Güterbewegungsstatistik die Rede gewesen; vergl. Jahrgang 1882 S 491, 1883 S. 561, 1884 S. 491 sowie die Auszüge aus der amtlichen Statistik Jahrgang 1884 S. 312, 1885 S. 165 und 423, 1886 S. 311 und 597.

für wünschenswerth, dass von den einzelnen Verwaltungen, nach den Hauptrubriken des vorgedachten Waarenverzeichnisses getrennt:

1. der Versand einer jeden Endstation einer Bahnverwaltung nach
jeder Endstation;
2. der Versand jeder Endstation nach allen Nichtendstationen (in
einer Summe) und
3. der Versand im direkten Verkehre (Verbandverkehr) von allen
Verbandstationen über die Endstation der betreffenden Bahn hinaus

zusammengestellt und veröffentlicht werde.

Dieser Antrag der Kommission wurde von der (1862 in Amsterdam
abgehaltenen) Generalversammlung zwar nicht zum Beschlusse erhoben,
aber einstimmig den Vereinsverwaltungen zum Versuch empfohlen.

Der Versuch wurde indess nicht bei allen Verwaltungen gemacht;
den Ermittelungen und Uebersichten, welche von einzelnen derselben ihren
Geschäftsberichten beigegeben wurden, konnte daher für den beabsichtigten Zweck eine grössere Bedeutung nicht beigelegt werden.

Diese ersten unvollkommenen Versuche bezeichnen den Anfang einer
Reihe von weiteren Vorschlägen, Anträgen und Beschlüssen, mit denen die
folgenden Vereinsversammlungen das Richtige auf diesem Gebiete der
Eisenbahnstatistik zu treffen hofften.

Auch der internationale statistische Kongress, welcher sich (1863 in
Berlin) mit diesem schwierigen Thema befasste, hatte darauf hingewiesen, dass die Aufzeichnungen statistischer Notizen, der von ihm in
früheren Beschlüssen gegebenen Anregung folgend, zwar theilweise stattgefunden, den Gegenstand jedoch keineswegs erschöpften, namentlich aber
nicht genügten, um die Güterbewegung auf den Eisenbahnen klar darzustellen. Aus diesen Eisenbahnstatistiken waren nur die Jahressummen
der überhaupt bewegten Güter, und zwar der Eilgüter, der Postgüter, der
Frachtgüter der Normalklasse und der ermässigten Klassen, letztere mit besonderem Nachweis der Kohlen- und Kokesbeförderung, ersichtlich, wobei
sodann nur noch zwischen Gütern des Binnen- und des direkten Verkehres
unterschieden wurde. Mit Recht bezeichnete der Kongress das Ergebniss
einer solchen summarischen Aufzeichnung nur als eine Leistung der einzelnen Eisenbahn auf diesem Gebiete, als einen Nachweis, welcher wohl
vom Standpunkte der Eisenbahn, nicht aber den volkswirthschaftlichen
Erfordernissen genügen könne.

Von dieser Annahme ausgehend, bezeichnete es der von der vorbe-
rathenden Sektion an den Kongress erstattete Bericht[1]) für erforderlich,
bezüglich der statistischen Aufzeichnungen folgende Eintheilung zu treffen:

[1]) Als Verfasser dieses Berichtes sowie als Referenten bezeichnen die Kongressver-
handlungen Herrn Geh. Regierungsrath Maybach (den jetzigen Minister der öffentlichen
Arbeiten).

a) im Binnenverkehr aufgegeben (und angekommen) . . . Ztr. Sendungen, welche zwischen den Endpunkten einer Bahn beginnen
   und endigen;

b) im direkten Verkehr aufgegeben . . . Ztr., vom Versender den
   eignen Stationen übergeben und für Stationen fremder Bahnen bestimmt, mit Angabe, an welche fremde Bahn;

c) im direkten Verkehr angekommen . . . . Ztr., Sendungen von
   fremden Bahnen, mit Angabe, von welcher fremden Bahn, an die
   Stationen der eignen Bahn zur Abgabe an den Empfänger;

d) im Durchgangs-Verkehr befördert . . . . Ztr., Sendungen, welche
   an der einen Bahngrenze übernommen und an der andern
   Bahngrenze unverändert weiter gegeben werden.

Um den Weg des Guts verfolgen zu können, erschien es erforderlich,
jede der vier Rubriken zu theilen und die in jeder Wegrichtung der Bahn
beförderten Mengen besonders aufzuführen.

Die Durchführung dieses Vorschlages vorausgesetzt, sollte demnächst
der Frage näher getreten werden, wie die vom volkswirthschaftlichen
Standpunkte daraus hergeleiteten Ergebnisse am zweckmässigsten zu veröffentlichen seien.

Es ist bemerkenswerth, dass der die Beschlüsse des Kongresses vor-
bereitende Bericht schon damals die Ansicht zum Ausdruck brachte, dass
eine graphische Darstellung einzelner Hauptartikel des Eisenbahnverkehres,
welche schon im Eingange des Berichts als sehr interessant bezeichnet
wurde,[1] ohne erhebliche Schwierigkeiten (nach dem Muster der Kohlen-
produktionskarte von Preussen) auszuführen sein würde, wenn erst die
dazu vorliegenden statistischen Notizen von sämmtlichen betheiligten
Eisenbahnen vorlägen.

Der Kongress selbst fasste hierauf im Sinne des sehr erschöpfenden
Berichtes folgenden Beschluss:

---

[1] Als solche wurden u. A. folgende Frachtartikel bezeichnet, welche im Jahre 1861
auf dem 350,₅₀ Meilen umfassenden Eisenbahnnetze in den Provinzen Schlesien, Posen,
Pommern, Preussen und Brandenburg in Mengen von je über ¹/₂ Million Zentner (zusammen über 88 Millionen Zentner) zur Beförderung kamen: Steinkohlen (29 931 845 Ztr.),
Feld- und Gartenerzeugnisse (18 571 594 Ztr.), Eisen- und Stahl, Eisen- und Stahlwaaren
(4 653 160 Ztr.), Holz und Holzwaaren (4 077 846 Ztr.), Stein-Erden, Cement (3 272 768 Ztr.),
Kalk und Kalkasche (2 497 913 Ztr.), Manufakturwaaren (1 810 080 Ztr.), Mühlenfabrikate
(1 759 200 Ztr.), Zink (1 396 289 Ztr.), Spiritus und Spirituosen (1 276 629 Ztr.), Garne: Baumwolle,
Lein und Wolle (903 508 Ztr.), Droguen, Apothekerwaaren, Chemikalien und Farbstoffe (879 212
Ztr.), Baumwolle, roh (670 813 Ztr.), Braunkohlen (631 836 Ztr.), Zucker, roh und raffinirt
(607 777 Ztr.), Wolle, thierische (602 410 Ztr.), Heringe (598 735 Ztr.), Häute, Felle, Leder,
Pelzwerk (583 046 Ztr.), Oel (566 450 Ztr.), Kaffee (563 378 Ztr.), Oelkuchen und -Mehl
(517 344 Ztr.), Maschinen und Maschinentheile (503 687 Ztr.), Lumpen (502 464 Ztr.).

Am nächsten in der Reihe standen dann: Kokes (428 562 Ztr.), Flachs, Hanf, Hede,
Werg (428 922 Ztr.), Tabak und Tabaksfabrikat (408 874 Ztr.) und Wein (358 436 Ztr.).

1. Es ist für die Statistik des Verkehres von grosser Wichtigkeit, dass über die Bewegung der Güter auf den Eisenbahnen — wenigstens für die wichtigsten Artikel — zur Feststellung deren Ursprungs- (ersten Aufgabe-) und Bestimmungsortes thunlichst genaue Erhebungen gepflogen werden. Unter Anerkennung des auf diesem Gebiete von den Eisenbahnverwaltungen bereits Geleisteten, hält der Kongress dafür, dass Einrichtungen, welche die Güterbewegung so vollkommen veranschaulichen, als ob alle Eisenbahnen, mindestens diejenigen eines Landes, ein Ganzes ausmachten, ein erstrebenswerthes Ziel bilden.

2. Zur Anbahnung des vorgedachten Zweckes erscheint es wünschenswerth, dass seitens der Eisenbahnverwaltungen

a) mindestens jährliche statistische Notizen gesammelt werden über die Bewegung folgender im internationalen Verkehr hervorragend wichtiger und einer gleichmässigen internationalen Nomenklatur sich erfreuender Artikel: Blei, rohe Baumwolle, Bauholz, Erze, Eisen (fabrizirt), Farbhölzer, Getreide (aller Art), Garne aller Art (Twiste), Harze, Häute und Felle, Kaffee, Manufakturwaaren aller Art, Maschinen und Maschinentheile, Oele aller Art (Thran), Roh- oder Gusseisen, Steine, Erden, Cement, Steinkohlen und Kokes, Wein, Wolle (roh), Tabak, Zink, Zucker;

dass ferner

b) diese Notizen sich auch auf die Richtung der Bewegung — unter Annahme einer allgemeinen Bezeichnung für die erstere — ausdehnen.

In Folge dieses Beschlusses wurde vier Jahre später, im Jahre 1867, von der Königlichen Direktion der Ostbahn im Auftrage des Handels-Ministeriums der Antrag beim Verein der deutschen Eisenbahnverwaltungen gestellt: Die Einführung einer „Statistik der Güterbewegung" innerhalb des Vereins anzustreben.

Die Generalversammlung des Vereins, welche im Juli 1867 in Mainz tagte, fasste demgemäss folgenden Beschluss:

1. Jede Vereinsverwaltung ist gehalten, den auf jeder ihrer Anschlussstationen nach und von den Anschlussbahnen übergehenden Verkehr in einer ihren Jahresberichten beizugebenden Nachweisung in der Weise zur Darstellung zu bringen, dass mindestens ersichtlich ist:

a) welche Durchgangstransporte über die eigne Bahn von jedem Anschlusspunkte nach jedem andern Anschlusspunkte in beiden

Transportrichtungen, ohne Rücksicht auf etwaige Umkartirungen
unterwegs, stattgefunden haben, und

b) welche Transporte von Gütern, die auf den Stationen der eignen
Bahn zur Beförderung nach Bestimmungsorten an fremden
Bahnen oder umgekehrt im Bereiche fremder Bahnen zur Be-
förderung nach Stationen der eignen Bahnen aufgegeben sind,
auf jedem Anschlusspunkte, einschliesslich der dort umkartirten
Sendungen, in jeder Richtung im Ganzen übergegangen sind.

2. Diesen Nachweisungen ist die durch die Amsterdamer General-
Versammlung empfohlene Benennung der Transportartikel zu Grunde
zu legen, und es verbleibt dabei, dass jede Verwaltung mindestens
die Hauptrubriken derselben zu berücksichtigen hat, wohingegen
die Benutzung und beliebige Vermehrung der Unterrubriken der
Wahl jeder Verwaltung überlassen bleibt.

Obwohl die Beschlüsse der Generalversammlungen zu Cöln (1861)
und Amsterdam (1862), sowie der eben erwähnten zu Mainz (1867), welche
sich mehr oder weniger mit der Einführung einer Güterbewegungsstatistik beschäftigt hatten, zur Annahme gelangt waren, so liess doch die
Ausführung derselben viel zu wünschen, da bei verschiedenen Verwaltungen
wohl der Umfang der mit der Aufstellung der Güterstatistik verbundenen
Arbeit bedenklich sein mochte, überdies aber auch die bisherigen Güter-
transportübersichten, welche sich lediglich auf die Wiedergabe der Gewichtsmengen nach den bestehenden Tarifklassen und einzelner Spezial-
artikel beschränkte, einem Theil der Verwaltungen für die Beurtheilung
der eignen Verkehrsverhältnisse ausreichend erschien. Aber auch das,
was einzelne Verwaltungen an statistischem Material in grösserem Umfange
brachten, liess trotz der darauf verwendeten erheblichen Arbeit eine einheitliche Gestaltung und jenen Grad von Zuverlässigkeit vermissen, welche
für die Zwecke der Güterstatistik unerlässlich ist.

Die Mangelhaftigkeit der Aufschreibungen führte zu dem Antrage, die
statistischen Arbeiten einem zu bildenden „Zentralbüreau für die Statistik
der Güterbewegung auf den deutschen Eisenbahnen" zu übertragen, welcher
zwar die Billigung der Berliner Generalversammlung (1871) fand, auch
behufs Prüfung der technischen Ausführbarkeit, besonders aber der ökonomischen Seite, einer Kommission überwiesen, allein von der Frankfurter
Generalversammlung (Januar 1873) wieder abgelehnt wurde. Die Ermittelungen der Kommission ergaben u. A. das überraschende Resultat,
dass die Einrichtung und Unterhaltung jenes „Zentralbüreaus" einen jährlichen Kostenaufwand von ungefähr 400 000 Thlr. verursachen würde.

Schon im September desselben Jahres beschäftigte sich die Generalversammlung des deutschen Eisenbahnvereins abermals mit der Frage und
kam zu dem, dem Kommissionsantrage entgegengesetzten Beschlusse:

„in eine nochmalige Berathung über die Einführung einer Statistik der Güterbewegung auf den Eisenbahnen nicht einzutreten", indem man von der Ansicht ausging, dass das Reichs-Eisenbahn-Amt sich voraussichtlich mit Einführung gleichmässiger Eisenbahnstatistiken überhaupt beschäftigen werde, und dass es sonach zweckmässig erscheine, für jetzt von weiteren Berathungen in dieser Frage innerhalb des Deutschen Eisenbahnvereins Abstand zu nehmen.

Im Jahre 1876 wurden demnächst durch einen preussischen Ministerialerlass an die Stelle der vom Verein deutscher Eisenbahnen (1. Januar 1868) angenommenen Waarengattungsstatistik für die preussischen Staatsbahnen einfachere Erhebungen gesetzt; in einem weiteren Reskript (vom 8. März 1878) wurde angeordnet, dass in einer Konferenz der preussischen Staatsbahnen die bei Führung der vereinfachten Statistik gewonnenen Erfahrungen erörtert würden und ferner darüber zu berathen sei, ob das angewandte Verfahren als Grundlage einer gemeinschaftlichen Verkehrsstatistik der deutschen Bahnen empfohlen werden könne. Diese Konferenz entschied sich in wiederholten Berathungen (1879 und 1881) dahin, dass die im Jahre 1876 eingeführte Statistik, bei welcher die Bewegung der Güter im Wesentlichen nur verkehrsweise zur Darstellung kommen konnte, als ausreichend nicht anzusehen sei. Nachdem Versuche ergeben hatten, dass die von der Kommission zur Vorberathung einer Waarenstatistik für die Reichs- und preussischen Staatsbahnen zur Einführung empfohlenen Vorschriften für die Aufstellung einer Statistik der Güterbewegung zur allgemeinen Durchführung sich eignen, wurden die „Vorschriften für die Aufstellung einer Statistik der Güterbewegung" mittelst Ministerialerlasses vom 22. September 1882 festgestellt und vom 1. Januar 1883 ab zur Einführung gebracht.

In dieser Statistik ist das Deutsche Reich in 36, das Ausland in 15 Verkehrsbezirke eingetheilt worden; die Güter werden nach Gewicht unter 70 verschiedene Nummern, die lebenden Thiere nach Stückzahl und 5 Gattungen aufgeschrieben. Da nach diesen Aufzeichnungen die Bewegung innerhalb des ganzen Deutschen Reichs dargestellt werden sollte, so musste Werth darauf gelegt werden, dass demnächst auch die übrigen deutschen Eisenbahnen der neu geschaffenen Einrichtung beitraten. Schon im ersten Jahre schloss sich auch eine Reihe anderer deutscher Eisenbahnverwaltungen (45 an Zahl) derselben an, denen im Jahre 1884 weitere Bahnen — darunter namentlich die bayerischen und sächsischen Staatsbahnen — folgten, sodass z. Z. (1887) nur noch 9 Bahnen,[1] allerdings

---

[1] u. zw.: Bröhlthalbahn, Krefelder E., Gnoien-Teterower E., Güstrow-Plauer E., Marienburg-Mlawkaer E., Mechernicher Bergwerksbahn, Niederländ.-Rhein. E., Peine-Ilseder bahn, Wismar-Rostocker E.

zum grossen Theil von untergeordneter Bedeutung und mit einer Gesammtlänge von etwa 700 km, sich an der gemeinsamen Arbeit statistischer
Aufschreibungen noch nicht betheiligen.

Auf die gewonnenen statistischen Ergebnisse derjenigen Bahnlinien
des Deutschen Reichs, welche dem Uebereinkommen beigetreten sind, wird
indess die Nichtbetheiligung jener noch fehlenden Strecken kaum von erheblichem Einfluss sein, da erstere ein Verkehrsgebiet von etwa 37 700 km
umfassen, die fehlenden Linien daher nur einen geringen Bruchtheil (1.86 %)
ausmachen.

Die Entwicklungsgeschichte der Güterbewegungsstatistik, wie sie
in Vorstehendem dargestellt ist, lässt die Schwierigkeiten erkennen,
welche sich der Ausführung dieses für die Kenntniss der wirthschaftlichen und finanziellen Bedeutung der deutschen Eisenbahnen hoch-
wichtigen Werkes entgegenstellten. Dass die Durchführung desselben trotz
der inzwischen erfolgten ausserordentlichen Entwicklung des Bahnnetzes
endlich gelang und Aufschreibungen liefert, deren Umfang und Genauigkeit
weit über das ursprünglich gesteckte Ziel hinausgeht, ist wesentlich dem
Umstand zu danken, dass die Verstaatlichungen der preussischen Privatbahnen einen Rest von widerstrebenden Einflüssen beseitigten.

Ob die jetzige Güterbewegungsstatistik, auf welche seit den vier
Jahren ihres Bestehens viel Sorgfalt, Mühe und Kosten verwendet worden,
im Schema, in der Abgrenzung der Verkehrsbezirke, in der getroffenen
Auswahl der Frachtartikel, sowie in der Methode der Aufschreibungen
einer Verbesserung bedarf, und ob die Ergebnisse der Ermittelungen den
gesteigerten Anforderungen an diesen Theil der Eisenbahnstatistik noch genügen, kann erst die weitere Erfahrung entscheiden.

_____

Aus dem reichen Zahlenmaterial, welches dieses Werk in seinen
letzten Jahrgängen in übergrosser Fülle bietet, für einzelne wichtige
Frachtartikel bestimmte Verhältnisse zu ermitteln, die Beförderungsmengen
im eigenen Bezirk, sowie im Wechselverkehr mit den anderen Verkehrsbezirken des Deutschen Reiches und des Auslandes in ein anschauliches
Bild zu bringen, endlich aber auch noch festzustellen, in welchem Umfange
der Eisenbahnverkehr jener Artikel der Erzeugung, der Einfuhr aus dem
Auslande und der Ausfuhr in dasselbe gegenübersteht,[*] ist der Zweck
der Eingangs erwähnten „Graphischen Darstellung". Indem dieselbe
die im königlich preussischen Ministerium der öffentlichen Arbeiten
herausgegebene „Statistik der Güterbewegung"[**] bezüglich derjenigen

_____

[*] Diese Angaben sind den „Monatsschriften der Statistik des Deutschen Reichs"
(Berlin, Verlag von Puttkammer und Mühlbrecht) entnommen.

[**] Erscheint in Vierteljahrsbänden in C. Heymann's Verlag in Berlin.

Frachtartikel zu ergänzen sucht, welche zunächst in dieser karto-graphischen Darstellung behandelt worden sind: Braunkohlen, Stein-kohlen, Weizen, Roggen und Mehl, — giebt sie (für je einen Artikel auf einem Kartenblatt) über die von den einzelnen Verkehrsbezirken abgesandten und dort angekommenen Mengen in arithmetisch geordneten Ziffern ein übersichtliches Bild. Diese Ziffern erscheinen in folgenden Gruppirungen:

I. In den Verkehrsbezirken des Deutschen Reichs

1. die Summe der im Verkehrsbezirke verbliebenen, also nur innerhalb desselben beförderten Gewichtsmengen (in den Karten mit V. i. B. — Verkehr im Bezirk — bezeichnet);

2. die Gewichtsmenge des Versandes nach den andern und des Empfanges aus den andern Bezirken (in den Karten mit V in rother und mit E in schwarzer Schrift bezeichnet):

a) insgesammt,

b) bezirksweise.

II. In den Verkehrsbezirken des Auslandes:

die Gewichtsmenge des Versandes und Empfanges, welche auf den Eisenbahnen in das Deutsche Reich ein- und von dort ausgeführt worden ist:

a) insgesammt,

b) bezirksweise.

Die aufgeführten Ziffern geben die Gewichtsmengen durchweg in Tonnen (1 t = 1000 kg) an, dergestalt, dass bei den vorstehend unter I 2 b und II b, um eine Ueberfüllung der Karten zu vermeiden, die Mengen von weniger als 100 t, welche für die allgemeine Betrachtung eine geringere Bedeutung haben, weggelassen sind.

Endlich sind diejenigen Bezirke, welche im Rahmen des geographischen Gesammtbildes die Eintragung der Zahlen wegen Raummangels nicht ge-statteten, am Rande der Karte in vergrössertem Maassstabe besonders zur Darstellung gebracht.

Im Vorwort zu dieser kartographischen Darstellung wird eine weitere Vervollständigung dieser Karten, sowie der denselben aufgedruckten erläuternden Uebersichten in der Weise ins Auge gefasst, dass nicht allein aus den Materialien für die Güterbewegungsstatistik jene Uebersichten durch Mittheilungen über den Versand und Empfang einzelner besonders wich-tiger Orte beigefügt, sondern auch thunlichst zuverlässige Angaben über die Beförderung auf Flüssen und Kanälen sowie auf dem Seewege heran-gezogen werden. Auf die Wichtigkeit dieser letzteren Ergänzung hatte die Sektion des internationalen volkswirthschaftlichen Kongresses bereits im Jahre 1863 aufmerksam gemacht.

„Obgleich", so heisst es in deren Berichte „der Landtransport gegenwärtig zum grössten Theile durch die Eisenbahnen ausgeführt wird, so ist
doch nicht zu übersehen, dass auch die Wassertransporte auf den Flüssen,
Kanälen, Seen und Meeren einen wichtigen Faktor im Verkehrsleben
der Völker bilden. Die Statistik des Güterverkehrs sowohl auf den Eisen-
als auf den Wasserstrassen in einen innern organischen Zusammenhang
zu bringen, das ist gleichfalls eine Aufgabe des statistischen Kongresses. Der Lösung dieser Aufgabe würde erheblich näher getreten
werden, wenn der Kongress eine nicht bloss für den Eisenbahn-, sondern
auch für den Wassertransport giltige Waarennomenklatur feststellte und
letztere dann allenthalben in Anwendung gelangte."

Die kartographisch dargestellten Ergebnisse der Güterbewegungsstatistik und die zugleich in Betracht kommenden, mit Erläuterungen
versehenen Uebersichten über Produktion, Ein- und Ausfuhr von zwei*) der
behandelten Frachtartikel sollen, soweit dieselben besonders hervortreten,
nachstehend geschildert werden.

II.

Das erste Blatt bringt eine Darstellung der **Braunkohlen**-Bewegung
und lässt zunächst im Versande dieses Frachtartikels vier grössere Ver-
kehrsgruppen erkennen, deren (roth gedruckte) Ziffern grössere Gütermengen in den Verkehrsbezirken

> Nr. 19 — Reg.-Bez. Merseburg und Erfurt und Thüringische
> Staaten;
> Nr. 54 — Böhmen;
> Nr. 18 — Reg.-Bez. Magdeburg und Herzogthum Anhalt;
> Nr. 17 — Provinz Brandenburg

aufweisen.

Behufs Gewinnung einer besseren Uebersicht über die Ausbreitung
der Braunkohlen sind in der nachfolgenden Tabelle (s. Seite 000) die Verkehrsbezirke zu 5 geographisch und wirthschaftlich näher zusammenhängenden Gebieten vereinigt. Aus dieser Uebersicht geht hervor, dass

1. der Gesammtversand der oben bezeichneten 4 Verkehrsbezirke in
die 5 geographisch geordneten Verkehrsgebiete (I.—V.) einschl.
des eignen (Lokal-) Verkehrs, und zwar aus den Produktionsgebieten

> des Bezirkes Nr. 19 . . . . . . 2 484 212 t = 34,1 pCt.
> „   „   Nr. 54 . . . . . . 2 188 239 „ = 30,1 „
> „   „   Nr. 18 . . . . . . 1 953 778 „ = 26,9 „
> „   „   Nr. 17 . . . . . .   648 708 „ = 8,9 „
> zusammen also . . . . 7 274 937 t betrug, und

---

*) Bezüglich der drei anderen Artikel auf Blatt 3 bis 5 (Weizen und Spelz, Roggen,
Mehl u. s. w.) verweisen wir auf den Aufsatz S. 353 ff. dieses Heftes.

2. von diesen Gewichtsmengen

    I. nach Nordwestdeutschland . . .   280 t =   0,0 pCt.

    II. „   Süddeutschland . . . . .   376 570 „ =   5,2 „

    III. „   Norddeutschland. . . . . 3 572 975 „ = 49,1 „

    IV. „   Mitteldeutschland . . . . 3 229 099 „ = 44,4 „

    V. „   Ostdeutschland . . . . . 96 013 „ =   1,3 „

befördert wurden. Der Verbrauch von Braunkohle von sämmtlichen Produktionsplätzen hat sich mithin wesentlich auf das nord- und mitteldeutsche Gebiet und zwar in diesen beiden wieder hauptsächlich nur auf die Verkehrsbezirke Nr. 17, 18 und 19 beschränkt, denn von den in denselben zur Beförderung kommenden Mengen einheimischer Kohle (zus. 5 086 698 t) verblieben in jenen Bezirken allein 3 494 803 t, also 68,7 pCt., welche über die Grenzen der eigenen Bezirke nicht hinausgingen.

Die aus den böhmischen Braunkohlenrevieren eingeführten 2 188 239 t gingen hauptsächlich mit

    1 202 769 t = 55,0 pCt. nach dem Königreich Sachsen (Verkehs-Gebiet IV. Mitteldeutschland);

    386 479 „ = 17,7 „ nach Norddeutschland (Verk.-Gebiet III.) und fast gleiche Mengen:

    375 553 „ = 17,1 „ nach Süddeutschland bezw. nach Bayern (Verkehrs-Gebiet II.), während den Rest mit

    72 243 „ = 3,3 „ die Reg.-Bez. Liegnitz und Breslau aufnahmen.

Eine Verfrachtung der böhmischen Braunkohle nach dem nordwestlichen Deutschland und einer Reihe von Verkehrsbezirken Süddeutschlands fand hiernach nicht statt.

Hinsichtlich der Braunkohlen-Produktion, welche sich auf 15 289 543 t belief, ist hervorzuheben, dass hiervon 12 348 295 t = 80,8 pCt. auf Preussen (davon 11 385 500 t auf den Oberbergamtsbezirk Halle), der Rest auf die übrigen deutschen Staaten kommt. Von den geförderten Kohlen gelangten 5 699 668 t = 37,3 pCt. (hiervon allein 5 638 731 t in Preussen) zur Beförderung auf den Eisenbahnen. Die mit 3 647 777 t angegebene Einfuhr zu der oben bezeichneten Produktionsziffer hinzugerechnet, ergiebt eine Verbrauchsmenge von 18 937 320 t, von welcher 7 890 645 t = 41,7 pCt. auf dem Bahnwege befördert wurden, so dass 11 046 675 t = 58,3 pCt. durch Landfuhrwerk, auf Flüssen und Kanälen befördert, auf Lager verblieben oder in eignem Bedarf an den Förderungsgruben verwendet wurden.

No. der Verkehrs-Bezirke	Versand nach den Verkehrsbezirken.	Versand des Verkehrsbezirks			
		No. 54	No. 19	No. 18	No. 17
		Böhmen	Reg.-Bez. Merseburg u. Erfurt und die Thüring. Staaten	Reg.-Bez. Magdeburg	Provinz Branden-burg
	I. Nordwestliches Deutschland.				
26	Rheinprovinz links des Rheins	—	—	—	—
25	Rheinprovinz rechts des Rheins	—	—	—	—
24	Prov. Westphalen (ausschliessl. d. Ruhrrev.)				
	Fürstenth. Lippe-Detmold u. Waldeck .	—	—	—	—
23	Ruhrrevier der Rheinprovinz	—	—	—	—
22	Ruhrrevier der Provinz Westalen . . .	—	—	—	—
28	Ruhrort, Duisburg und Hochfeld . . .	—	—	—	—
10	Emshäfen: Papenburg, Leer, Emden . .	—	130	—	—
9	Weserhäfen: Bremen, Bremerhafen u. s. w.	—	150	—	—
	im Ganzen: 280 t	—	280	—	—
	II. Süddeutschland.				
29	Lothringen	—	—	—	—
27	Saarrevier von Neunkirchen bis Trier . .	—	—	—	—
31	Bayerische Pfalz	740	—	—	—
32	Grossherzogth. Hessen, ausschl. der Prov.				
	Oberhessen	—	—	—	—
34	Ludwigshafen und Mannheim	—	—	—	—
30	Elsass	—	—	—	—
33	Grossherzogthum Baden	1 110	—	—	—
35	Kngr. Württemberg u. Hohenzollersche Lande	886	—	—	—
36	Königreich Bayern	372 817	1 017	—	—
	im Ganzen: 376 570 t	375 553	1 017	—	—
	III. Norddeutschland.				
8	Elbhäfen: Altona, Hamburg u. s. w. . .	—	437	130	—
11	Prov. Hannover, Kr. Rinteln, H. Braun-				
	schweig, Oldenburg ausschl. Häfen . .	3 643	27 422	153 339	127
18	Rgb. Magdeburg u. H. Anhalt	29 600	409 222	*1 686 811	4 495
7	Prov. Schleswig-Holstein und Fürstenthum				
	Lübeck ausschl. Häfen	—	190	—	—
6	Ostseehäfen: Rostock, Wismar, Lübeck, Kiel	—	1 010	—	455
5	Grossherzogth. Mecklenburg-Schwerin und				
	Strelitz ausschl. Häfen	1 291	280	330	19 603
4	Ostseehäfen: Stettin, Swinemünde u. s. w.	5 304	570	—	4 015
3	Prov. Pommern ausschl. Häfen	1 002	330	—	7 569
16	Stadt Berlin	146 811	148 735	12 820	125 387
17	Provinz Brandenburg	198 828	136 154	3 676	*443 389
	im Ganzen: 3 572 975 t	386 479	724 350	1 857 106	605 040

* Versand und Empfang im eigenen Bezirk (Lokalverkehr).

No. der Verkehrs-Bezirke	Versand nach den Verkehrsbezirken.	Versand des Verkehrsbezirks			
		No. 54	No. 19	No. 18	No. 17
		Böhmen	Reg.-Bez. Merseburg u. Erfurt und die Thüring. Staaten	Reg.-Bez. Magdeburg	Provinz Brandenburg
	IV. Mitteldeutschland.				
19	Reg.-Bez. Merseburg u. Erfurt u. Thüring. Staaten	146 672	*1 364 603	96 381	5 152
20	Königreich Sachsen	1 202 769	390 217	120	15 326
21	Prov. Hessen-Nassau, Kr. Wetzlar u. Prov. Oberhessen	4 523	3 165	171	—
	im Ganzen: 3 229 099 t	1 353 964	1 757 985	96 672	20 478
	V. Ostdeutschland.				
1	Prov. Ost- u. Westpreussen, ausschl. Häfen	—	—	—	—
2	Ostseehäfen: Memel, Königsberg, Danzig u.s.w.	100	130	—	—
12	Provinz Posen	683	—	—	206
15	Rgb. Liegnitz und Breslau, ausschl. der Stadt Breslau	71 091	120	—	22 984
14	Stadt Breslau	229	330	—	—
13	Reg.-Bez. Oppeln	140	—	—	—
	im Ganzen: 96 013 t	72 243	580	—	23 190
		2 188 239	2 484 212	1 953 778	648 708
		5 066 698			
		7 274 937 ·			

In Betreff der Braunkohlen-Ausfuhr ist bemerkt worden, dass die in den „Monatsheften zur Statistik des Deutschen Reiches" nachgewiesenen Ziffern (14 122 t) die ausgeführten Briquets· nicht enthalten, während in den Gewichtsmengen (46 275 t), welche nach der Güterbewegungsstatistik im Eisenbahnverkehr in das Ausland befördert wurden, beide Fracht-artikel ohne Trennung der Gewichte nachgewiesen wurden. Das Verhält-niss der Betheiligung des Bahntransportes an der Gesammtausfuhr konnte daher nicht angegeben werden.

Das zweite Blatt enthält eine Darstellung des **Steinkohlen- und Kokes-Verkehrs.** Auch hier finden wir besonders hervortretende Zahlen-gruppen, welche auf bedeutende Verkehrsverhältnisse schliessen lassen. Es sind die Bezirke:

Nr. 22/23 — **Ruhrreviere der Provinz Westfalen und der Rhein-provinz;**

---

* Versand und Empfang im eigenen Bezirk (Lokalverkehr).

Nr. 27   — Saarrevier;
Nr. 13   — Reg.-Bez. Oppeln (sog. oberschlesisches Kohlenrevier:
Nr. 15   — Reg.-Bez. Breslau und Liegnitz (sogen. nieder-
                  schlesisches Kohlenrevier);
Nr. 20   — Königreich Sachsen,·

welche erkennen lassen, wie weit die Bewegungen dieses wichtigen Frachtartikels, dessen Produktionsbezirke theils im Westen, theils im Osten des
Deutschen Reiches liegen, reichen.

Hier möge die nachfolgende Tabelle ebenfalls zur Erleichterung der
allgemeinen Uebersicht beitragen, aus welcher zunächst hervorgeht, dass

1. der Gesammtversand jener 6 Verkehrsbezirke in andre Bezirke
   einschl. des eignen (Lokal-) Verkehrs aus den Produktionsgebieten

des Bezirkes	Nr. 22/23.	. . .	23 368 775 t	=	56,1 pCt.
„ „	Nr. 27.	. . . .	4 977 910 „	=	12,0 „
„ „	Nr. 13.	. . . .	8 146 424 „	=	19,5 „
„ „	Nr. 15.	. . . .	2 113 682 „	=	5,0 „
„ „	Nr. 20.	. . . .	3 089 841 „	=	7,4 „
	zusammen also		41 696 632 t	=	100 pCt.

betrug. Es kamen hiernach auf

die westlichen Bezirke	. . . . .	28 346 685 t	=	68,1 pCt.;
„ östlichen „	. . . . .	13 849 947 „	=	31,9 „ ;

und dass

2. von diesen Gewichtsmengen

I.	nach Nordwestdeutschland	. .	15 240 535 t	=	36,5 pCt.
II.	„ Süddeutschland	. . .	4 861 963 „	=	11,6 „
III.	„ Norddeutschland	. . .	4 728 821 „	=	11,3 „
VI.	„ Mitteldeutschland	. . .	4 732 013 „	=	11,4 „
V.	„ Ostdeutschland	. . . .	5 721 059 „	=	13,8 „
	I.—V.	=	35 284 391 t	=	84,6 pCt.

sowie

IV.	„ dem Auslande	. . . .	6 412 241 „	=	15,4 „
	zusammen (wie oben)		41 696 632 t	=	100 pCt.

befördert wurden.

Von den aus dem Ruhr- und Saar-Revier im Lokal-, sowie im In-
und Auslands-Verkehre verfrachteten Mengen (28 346 685 t) kommen

1. auf Nordwestdeutschland	. . . .	15 240 535 t
2. „ Süddeutschland	. . . .	4 532 911 „
3. „ Norddeutschland	. . . .	2 957 118 „
4. „ Mitteldeutschland	. . . .	1 880 470 „
5. „ Ostdeutschland	. . . .	1 540 „
	zusammen	24 612 574 t

und

6. „ das Ausland . . . . 3 734 111 t

28 346 685 t

während von den Verfrachtungen aus dem ober- und niederschlesischen, sowie den sächsischen Revieren

1. auf Nordwestdeutschland . . . .   —   t

2. „ Süddeutschland. . . . .   329 052 „

3. „ Norddeutschland . . . .   1 771 703 „

4. „ Mitteldeutschland . . . .   2 851 543 „

5. „ Ostdeutschland. . . . .   5 719 519 „

zusammen 10 671 817 t

und

6. „ das Ausland . . . . 2 678 130 „

im Ganzen also 13 349 947 t

kommen.

In welchem prozentualen Verhältnisse die Beförderung der aus den verschiedenen Revieren stammenden Steinkohlen in die einzelnen Gebiete des Deutschen Reiches und des Auslandes erfolgte, ist aus der nachstehenden Tabelle ersichtlich.

	Aus dem Kohlengebiete					
	der Ruhr	der Saar	in Ober-schle-sien	in Nieder-schle-sien	im Königr. Sach-sen	zusam-men
I. Nordwestliches Deutschland	99,1	0,9	—	—	—	100 pCt.
II. Süddeutschland	18,6	74,6	—	—	6,8	„
III. Norddeutschland	62,6	0,0	29,9	6,8	0,7	„
IV. Mitteldeutschland	37,9	1,9	1,2	1,6	57,4	„
V. Ostdeutschland.	0,0	—	81,9	18,1	0,0	„
VI. Ausland	40,9	17,3	31,0	10,6	0,2	„

Hiernach beherrschte die Ruhrkohle fast ausschliesslich das nordwestliche Deutschland; sie fand überwiegenden Absatz in Norddeutschland und im Auslande, während das Saarrevier den grössten Theil Süddeutschlands versorgte. Die Steinkohlen des ober- und niederschlesischen Revieres verbreiteten sich hauptsächlich im östlichen Deutschland, wogegen die sächsischen Kohlen im mitteldeutschen Gebiet, und zwar vorzugsweise im Königreich Sachsen selbst, Abnahme fanden.

Nr. der Verkehrsbezirke	Versand nach den Verkehrsbezirken.				
	I. Nordwestliches Deutschland (Gebiet links der Weser).				
26	Rheinprovinz links des Rheins .	2 037 114	149 571		—
25	Rheinprovinz rechts des Rheins .	1 398 716	631		
24	Provinz Westfalen (ausschl. des Ruhrreviers) Fürstenth. Lippe-Detmold und Waldeck. . .	2 032 646	—	—	—
23	Ruhrrevier der Rheinprovinz . . ⎫				
22	Ruhrrevier der Provinz Westfalen ⎬	5 019 929*)	—	—	—
28	Ruhrort, Duisburg und Hochfeld	4 177 954	—	—	—
10	Emshäfen: Papenburg, Leer, Emden	52 597	—		—
9	Weserhäfen: Bremen, Bremerhafen u. s. w.	371 377	—		—
	. zusammen: 15 240 535 t				
	II. Süddeutschland				
29	Lothringen	293 950	487 745	—	—
27	Saarrevier von Neunkirchen bis Trier	6 550	1 411 974	—	
31	Bayrische Pfalz	21 316	459 656	—	—
32	Grossherzogthum Hessen, ausschl. der Provinz Oberhessen . .	183 971	73 725	—	—
34	Ludwigshafen und Mannheim .	18 590	67 010	—	—
30	Elsass	24 340	340 745	—	—
33	Grossherzogthum Baden . . .	76 735	367 993	—	—
35	Königreich Württemberg und Hohenzollernsche Lande . .	77 061	315 821	—	2
36	Königreich Bayern	204 029		—	
	zusammen: 4 861 963 t				
	III. Norddeutschland (nördliches Gebiet zwischen Weser und Oder).				
8	Elbhäfen: Altona, Hamburg u. s. w.	356 263	—	—	—
11	Provinz Hannover, Kreis Rinteln, Herzogthum Braunschweig u. Oldenburg ausschl. Häfen .	1 817 019	5 468	—	11
18	Reg.-Bezirk Magdeburg und Herzogthum Anhalt	424 185	2 046	—	22 10
7	Prov. Schleswig-Holstein und Fürstenth. Lübeck ausschl. Häfen	139 722	—	—	—
6	Ostseehäfen: Rostock, Wismar, Lübeck, Kiel	64 655	—	—	—

*) In dieser Zahl ist der Eigen-(Lokal-)Verkehr der Bezirke Nr. 22 und bezw. 23, sowie der Versand aus dem Verkehrs-Bezirk Nr. 22 in Nr. 23 und umgekehrt enthalten.

Versand nach den Verkehrsbezirken.	Des Verkehrsbezirks Nr.				
	22 23 Ruhrrevier	27 Saar-revier	13 Reg.-Bez. Oppeln	15 Reg.-Bez. Breslau u. Liegnitz	20 Königreich Sachsen
Grossherzogth.Mecklenburg-Schwerin und Strelitz ausschl. Häfen	20 970	—	11 564	881	—
Ostseehäfen: Stettin, Swinemünde u. s. w.	1 470	—	138 130	18 889	—
Provinz Pommern ausschl. Häfen	950	—	126 179	13 919	—
Stadt Berlin	79 957	130	723 003	149 293	8 610
Provinz Brandenburg	51 797	—	408 188	140 359	2 955
zusammen: 4728821 t	2 956 988	130	1 414 578	323 341	33 784
IV. Mitteldeutschland.					
Reg.-Bezirk Merseburg und Erfurt und Thüringische Staaten	595 336	—	27 453	1 472	525 810
Königreich Sachsen	86 643	—	33 434	74 194	2 189 180
Provinz Hessen - Nassau, Kreis Wetzlar und Prov. Oberhessen	1 109 679	88 812	—	—	—
zusammen: 4732013 t	1 791 658	88 812	60 887	75 666	2 714 990
V. Ostdeutschland.					
Provinz Ost- und Westpreussen, ausschl. Häfen	150	—	442 737	2 138	—
Ostseehäfen: Memel, Königsberg, Danzig u. s. w.	—	—	71 569	—	—
Provinz Posen	110	—	827 386	18 591	—
Reg.-Bez. Liegnitz und Breslau, ausschl. der Stadt Breslau	1 280	—	1 039 888	889 436	587
Stadt Breslau	—	—	583 550	97 869	—
Reg.-Bezirk Oppeln	—	—	1 721 058	24 710	—
zusammen: 5721059 t	1 540	—	4 686 188	1 032 744	587
VI. Ausland.					
Königreich Polen	—	—	270 343	20 946	—
Galizien, Bukowina und Moldau	—	—	166 402	—	—
Ungarn, Wallachei, Serbien, Bulgarien u. s. w.	—	—	137 991	3 937	—
Böhmen	1 580	—	317 930	606 111	10 928
Das übrige Oesterreich	2 370	11 460	1 092 105	50 937	500
Schweiz	41 116	490 949	—	—	—
Italien	34 880	55 715	—	—	—
Frankreich	258 680	500 642	—	—	—
Luxemburg	425 860	53 631	—	—	—
Belgien	326 320	—	—	—	—
Holland	1 528 408	—	—	—	—
Dänemark	2 500	—	—	—	—
zusammen: 6412241 t	2 621 714	1 112 397	1 984 771	681 931	11 428
Summe I—VI	23 368 775	4 977 910	8 146 424	2 113 682	3 089 841

Was den Verkehr mit dem Auslande betrifft, so gingen

1. ausschliesslich Ruhr- und Saarkohlen und Kokes in Mengen

        a) von 1 528 408 t nach Holland;

        b) „   759 322 t   „   Frankreich;

        c) „   532 065 t   „   der Schweiz;

        d) „   479 491 t   „   Luxemburg;

        e) „   326 820 t   „   Belgien;

        f) „   90 595 t   „   Italien;

        g) „   2 500 t   „   Dänemark;

dagegen

2. ausschliesslich schlesische und sächsische Kohlen und Kokes in Mengen

        a) von 291 289 t nach Polen;

        b) „   166 402 t   „   Galizien etc.

        c) „   141 928 t   „   Ungarn etc.;

während

4. sämmtliche obengenannte Kohlenreviere von West- und Ostdeutschland gemeinschaftlich an der Beförderung

        a) von   936 549 t nach Böhmen,

        b) „ 1 057 372 t   „   dem übrigen Oesterreich

betheiligt waren.

Die Gesammtausfuhr aus dem Deutschen Reiche wird auf 9 589 385 t angegeben, wovon auf dem Bahnwege 6 833 093 t = 71,2 pCt. (einschliesslich derjenigen Mengen, welche auch noch von andern als den oben behandelten Bezirken herrühren) über die Grenze befördert wurden, während die Gesammteinfuhr auf 2 527 029 t, davon 298 985 t = 11,8 pCt. auf dem Bahnwege befördert, beziffert wird.

Die Produktion betrug 58 293 873 t, wovon auf Preussen (und zwar in den Oberbergamtsbezirken Dortmund 28 970 323 t, Breslau 15 785 786 t, Bonn 7 634 306 t u. s. w.) 52 879 004 t = 90,8 pCt., und auf Sachsen 4 124 000 t = 7,7 pCt. entfallen. Von der geförderten Menge gelangten zur Beförderung 45 925 694 t = 78,7 pCt. (davon auf Preussen 40 969 581 t = 89,2 pCt. und auf Sachsen 3 089 951 t = 6,7 pCt.).

Produktion und Einfuhr ergaben einen Gesammtvorrath von 60 820 902 t, wovon

    a) auf den Bahnweg . . . . 46 224 679 t = 76 %

    b) lediglich durch Landfuhr, auf Flüssen und Kanälen u. s. w. befördert wurden, bezw. im eigenen Bedarf an den Förderungsgruben verwendet wurden . . . . 14 596 223 t = 24 %.

Noch ein Wort über konstante und variable Eisenbahn-Betriebskosten.*)

Von

Wilhelm von Nördling.

———

Nach den wiederholten Auseinandersetzungen über konstante und variable Betriebskosten[1]) müssen wir fürchten, dass dieses Thema bei den Lesern des Archivs noch grösserer Ermüdung begegne, als bei dessen Mitarbeitern. Wir bitten deshalb um Entschuldigung, wenn wir uns durch die so beachtungswerthe und gewiss viel beachtete jüngste Abhandlung des Herrn Geheimen Regierungsrathes A. Schübler hinreissen lassen, noch einmal die Feder zu ergreifen. Es geschieht, theils um eine Entkräftung der gegen unsern Standpunkt erhobenen „Bedenken", theils um eine Klarstellung zu versuchen, die uns nicht ganz leicht geworden ist und vielleicht auch einigen Lesern erwünscht sein dürfte.

Wird man uns gestatten, mit einem Gleichniss zu beginnen?

Gesetzt: Herr Schübler habe 1879[2]) nicht die Selbstkosten der deutschen Eisenbahnen, sondern die Jahresrechnung eines Familienhaushaltes analysirt und mit Hülfe seiner Theilungsschlüssel gefunden, dass auf den Hausvater jährlich x, auf die Hausfrau y, jeden der Söhne z, endlich auf die einzige Tochter t Mark entfallen; und es sei nun die Rede davon, eine arme Nichte als zweite Tochter in das Haus aufzunehmen, vor der Entscheidung aber die wirklichen Mehrkosten zu veranschlagen, die diese Aufnahme ver-

———

*) Die Redaktion hat im Einverständniss mit dem Herrn Verfasser diese Entgegnung Herrn Geheimen Regierungsrath Schübler mitgetheilt, dessen Erwiderung am Schluss S. 397 ff. abgedruckt ist. Sie benutzt die Gelegenheit auch zur Aufklärung der in der Anmerkung Seite 94 des Archivs 1887 berührten Verschiedenheit in den von den Herren v. Nördling und Sympher mitgetheilten, derselben amtlichen Quelle entnommenen Zahlen. Es bezieht sich die von Herrn v. Nördling der amtlichen Statistik richtig entnommene Zahl (12 115 fl.) auf die Kosten für das Kilometer Bahnlänge, die Zahl des Herrn Sympher (12 289 fl.) dagegen auf das Kilometer Betriebslänge im Jahresdurchschnitt.

Die Redaktion des Archiv für Eisenbahnwesen.

[1]) Archiv 1886 S. 45. 1887 S. 67 und 247.

[2]) A. Schübler. Stuttgart 1879.

ursachen würde. — Mit Rücksicht darauf, dass Raum zur Aufstellung
eines zweiten Bettes vorhanden ist, dass die Erzieherin ebensowohl zwei
Mädchen unterrichten kann, als eines, dass Heizung und Beleuchtung unverändert bleiben u. s. w., betrachten wir die einschlägigen Ausgaben für
Wohnung, Unterricht, Bedienung, Beleuchtung, Heizung als konstant, d. h.
wir lassen dieselben bei Bemessung des durch den Neuankömmling verursachten Mehraufwandes ausser Spiel und finden solchergestalt einen
Mehrkostenbetrag von weit unter t Mark. Herr Schübler lässt diese Rechnung nicht gelten; er will dem Ankömmling einen aliquoten Antheil an
den fraglichen „konstanten" Kosten anlasten und findet so zwar auch nicht
den vollen Betrag t, aber doch eine viel geringere Ermässigung als wir.

In der That lesen wir (Seite 251): „dass man behufs Gewinnung
„weiterer Transporte ohne Nachtheil Tarifermässigungen einführen könne,
„insoweit als die sogenannten konstanten Betriebskosten und insbesondere
„die für die Verzinsung des Anlagekapitals erforderlichen Geldbeträge sich
„bei Vermehrung der Frachten auf eine grössere Transportmenge
„vertheilen."

Dieser abweichende Standpunkt des Herrn Schübler erklärt sich
aus dem Umstande, dass er die Tariffrage von der Frage der Selbstkosten
nicht zu trennen vermag, und dass er, weil z. B. die Kohle in einunddem-
selben Verkehre füglich nicht verschiedenartig tarifirt werden könne, sich
gern überreden möchte, dass auch die aufgegebene millionste Tonne Kohle
nahezu die gleichen Selbstkosten verursacht, wie die tausendste, obwohl
das Gegentheil durch die beigebrachte Betriebskostenkurve[1]) erhärtet zu
sein scheint.

Bei der Theissbahn, meint Herr Schübler, hätten die nicht unbe-
trächtlichen Zentralleitungskosten unter die konstanten und die proporzionalen
Betriebskosten vertheilt werden müssen.[2]) Wir glauben, dem entschieden
widersprechen zu können. Die Direktionen der verschiedenen Dienstzweige
waren nämlich bei der Theissbahn 1875 so kräftig organisirt, dass sie
ohne nennenswerthe Steigerung für einen mehr als doppelten Verkehr aus-
gereicht hätten.

Dass eine aus Erweiterungsbauten oder Fahrparkvermehrung etwa
erwachsende Zinsenlast bei der Aufstellung der Tarife für den Transportzu-
wachs zu berücksichtigen sei, wurde nie bestritten; eine entsprechende
Zinsquote jedoch zum Voraus und für alle Fälle den Selbstkosten zuzu-
schlagen, dafür liegt bei Aufstellung eines Grenzwerthes um so weniger
ein Anlass vor, als ja doch auch der Fall eintreten kann, dass die neu zu

---

[1]) Archiv 1886 S. 50.
[2]) Archiv 1887 S. 251, 253.

gewinnenden Güter als Rückfracht oder zu einer Jahreszeit zu befördern sind, wo der vorhandene Fahrpark dazu vollauf ausreicht, insbesondere wenn von vornherein die Gültigkeit des ermässigten Frachtsatzes auf gewisse Jahreszeiten eingeschränkt würde.

Uebrigens wäre es nachgerade an der Zeit, die für die Theissbahn a priori aufgestellten und deshalb immerhin anfechtbaren Rechnungen weniger in den Bereich der Kritik zu ziehen und sich mehr an die seitdem beigebrachten bestätigenden Erfahrungsresultate zu halten, durch welche die früheren Rechnungen in den Hintergrund gedrängt werden.

Wir wenden uns nun den von Schübler selbst aufgestellten Rechnungen zu.

Herr Schübler bekennt sich als Feind der Willkür und sucht derselben überall durch Aufstellung von Grundsätzen zu entgehen, scheint uns aber zu übersehen, dass die aufgestellten Grundsätze selbst zum Theil auf Willkür beruhen.

Ist es nicht Willkür, für die Eisenbahn volle, für die Kanäle nur halbe Verzinsung zu verlangen? Und die Art und Weise der Einbeziehung und Vertheilung der Zinsen des Anlagekapitals unter die Rubriken der Betriebsausgaben, ist sie nicht willkürlich? Warum rechnet er andererseits für die preussischen Bahnen 5 pC. Zinsen, wenn doch die Darlehen zu 4 pCt. aufgenommen wurden? Durch die Tilgungsquote[1]) ist der Unterschied nicht genügend begründet. Und wozu überhaupt die mühsame Vertheilung, wenn nachträglich herausgerechnet und einbekannt werden muss,[2]) dass die so berechneten Selbstkosten durch die faktischen Einnahmen nicht gedeckt wurden, dass sich das Kapital in Wirklichkeit im Personenverkehr nur zu 3,97 und im Frachtenverkehr zu 3,79 pCt. verzinst habe? Die Einbeziehung der Zinsen lässt sich nicht einmal als Mittel zu der (von der Selbstkostenberechnung sehr verschiedenen) Tarifbildung allgemein rechtfertigen, denn nicht selten gelangt man auf diesem Wege zu Tarifsätzen, die sich schlechterdings nicht einheben lassen; so insbesondere bei denjenigen Bahnen, welche Jahrzehnte lang mit den Betriebskostenabgängen kämpfen, d. h. nicht nur gar keinen Reinertrag erzielen, sondern nicht einmal die eigentlichen Betriebskosten aus den Einnahmen zu decken vermögen. Die „vollständige Verzinsung des Kapitals" ist gewiss ein berechtigter Wunsch, aber durch blosse Einrechnung der Zinsen in die Selbstkosten schwerlich zu erzielen. Und wenn der vorhandene Verkehr nicht 5 pCt. des Anlagekapitals abwirft, so ist dies ein Grund mehr, sich bei einem zu gewinnenden Zuwachsverkehr auch mit 3 oder 2 oder

---

[1]) Schübler 1879 S. 8.
[2]) Ebendort S. 44 und 45.

gar 1 pCt. zu begnügen, denn durch den kleineren Reinertragszuwachs bessert sich doch immerhin das finanzielle Gesammtergebniss.[1]

Wenn der Verfasser anderseits darauf verzichtet, das Baukapital der einzelnen Linie eines Bahnnetzes zu ermitteln, und sich darauf beschränkt, die Gesammtsumme kilometrisch zu vertheilen, so stimmen wir diesem Vorgange gern bei, meinen aber, Herr Schübler könnte dann auch noch einen Schritt weiter gehen und auf seine virtuellen Betriebslängen verzichten. Die starken Steigungen und die scharfen Kurven, denen die virtuellen Längen Rechnung tragen sollen, hätten ja in den meisten Fällen durch höhere Baukosten vermieden oder eingeschränkt werden können. Solange also das Baukapital als gemeinsame Last behandelt wird, sollte auch von virtuellen Längen nicht die Rede sein, zumal sie einen neuen Zankapfel bilden und für jede der beiden Verkehrsrichtungen einen verschiedenen Werth ergeben. Nur wenn es sich um Verkehrstheilungen zwischen konkurrirenden Bahnverwaltungen oder um Instradirungen innerhalb des eigenen Bahnnetzes handelt, betrachten wir die Aufstellung und Berücksichtigung der virtuellen Längen als nützlich. Zur Bemessung der Frachtgebühren halten wir sie für entbehrlich.

Die Betriebskosten einschliesslich Zinsen aus dem Anlagekapital vertheilt Herr Schübler in 3 Haupttheile, nämlich:

1. Kosten für Bahnaufsicht und Bahnerhaltung ausschliesslich Schienenabnützung; Kosten, welche als konstant bezeichnet werden und, durch die Zahl der Tonnenkilometer dividirt, das Bahngeld oder den veränderlichen Tariftheil bilden sollen;

2. Eigentliche Transportkosten (Schienenabnützung, Wagendienst, Zugkraft), welche als veränderlich bezeichnet werden und, durch die Zahl der Tonnenkilometer dividirt, den festen Tariftheil ergeben sollen.

Zusammen bilden diese zwei ersten Posten die Ausgaben für den „Streckendienst" im Gegensatz zu

3. Bahnhofdienst (Beaufsichtigung und Erhaltung von Stationen, Wagenverschieben, Expediren), dessen Kosten durch Expeditionsgebühr gedeckt werden sollen.

In den Bahnhofdienst sind die Zinsen aus dem betreffenden Baukapital eingerechnet, dessen Ermittelung uns einigermassen in Verlegenheit setzen würde, u. a. auch deshalb, weil die Wahl der Lage der Stationen nicht selten die Trasse und ihre Kosten beeinflusst und umgekehrt.

Das Wagenverschieben ist ganz zu dem Bahnhofdienst (Expeditionsgebühr) geschlagen, während ein oft beträchtlicher, auf die Zweigbahnhöfe entfaltender Antheil, unseres Erachtens, in die Transportkosten gehören würde.

---

[1] Archiv 1887 S. 260 und 263.

Dasselbe gilt für das Stationspersonal, welches nicht nur in den Zweig-bahnhöfen, sondern auch in den Zwischenstationen vielfach von dem durch-gehenden Verkehr in Anspruch genommen ist.

Diese wenigen Bemerkungen nur zum Beweis, wie alle derartigen Vertheilungen meist nur ihren Urheber ganz befriedigen und der Anfech-tung ausgesetzt bleiben.

Noch bedenklicher aber erscheint uns der zur Vertheilung der Kosten zwischen Personen- und Güterverkehr angewandte Schlüssel der beider-seitigen Verkehrseinnahmen. Die ganze Schübler'sche Selbstkostenauf-stellung hat den ausgesprochenen Zweck, einen „festen Grund" zur Tarif-bildung zu gewinnen, und nun werden die mittelst der zufällig bestehenden Personen- und Frachtentarife erzielten Einnahmen zum Theilungsschlüssel der Selbstkosten gewählt! Ist das nicht eine petitio principii?

Sei dem, wie ihm wolle, auf den von ihm eingeschlagenen Wegen hat Herr Schübler für volle Wagenladungen nachstehende Ergebnisse gefunden: [1]

a) für die preussischen Staatsbahnen 1874:

Für das Tonnenkilometer	Eigentl. Ausgaben	Zinsen	Zu-sammen	Pro-zente	
	₰	₰	₰		
1. Bahngeld	0.35	0.62	0.97	33 %	„Konst. Ausg."
2. Transportkosten . .	1.10	0.25	1.35	46 „	
Zus. Streckendienst . .	1.45	0.87	2.32	79 %	
3. Bahnhofdienst[2]) . .	—	—	0.63	21 „	
			2.95	100 %	

b) für die Gesammtheit der deutschen Bahnen 1883/84:

1. Bahngeld	0.35	0.95	1.30	40 %	„Konst. Ausg."
2. Transportkosten . .	0.95	0.25	1.20	37 „	
Zus. Streckendienst . .	1.30	1.20	2.50	77 %	
3. Bahnhofdienst . . .	—	—	0.73	23 „	
			3 23	100 %	

Obwohl die betreffenden Antheile im Vorstehenden nicht ausgeworfen sind, bestehen doch auch die Ziffern für den Bahnhofdienst aus eigent-lichen Betriebsausgaben und aus Zinsen. Diese mehrfache Zersplitterung

---

[1]) Da in Tab. VII S. 41 (1879) $\frac{41.927.000}{156.250.000} = 0.27$ so mussten wir den Bahnhofdienst annähernd mit $2.32 \times 0.27 = 0.63$ Pf. beziffern, obwohl uns nicht entgeht, dass diese Durchschnittsziffer sich nicht speziell auf Wagenladungen bezieht.

[2]) Archiv 1887 S. 254—256.

erschwert die Uebersicht über die konstanten und variablen Kosten, welche sich überdies ganz verschieden gestalten müssen, je nachdém man als Eintheilungsgrund die wechselnde Transportdistanz (welche Herrn Schübler vorzuschweben scheint) oder aber einen Zirkulationszuwachs d. h. eine weitere Tonne (wie wir) ins Auge fasst.

Prinzipiell können beide Resultate nicht stimmen. So abweichend aber die beiderseitigen Standpunkte sind, so findet (nach obiger Zusammenstellung) doch auch Herr Schübler, dass die konstanten Auslagen 33 bis 40 pCt. der Gesammtkosten betragen, und diese Ziffern stimmen nicht übel mit den von uns aufgestellten,[1] soweit dies in Ermangelung der entsprechenden Zirkulationen, welche leider nicht angegeben sind, beurtheilt werden kann. Der von Herrn Schübler weiter in Vorschlag gebrachte Streckensatz von 1.5—1.6 Pf.[2] könnte also für zuwachsende Frachten nöthigenfalls auf 0.9—1.0 Pf. herabgesetzt werden, wenn man sich nur entschliessen wollte, von dem „System" abzuweichen.

Oh! wir begreifen vollkommen, dass Bahnverwaltungen überhaupt und Statsbahnverwaltungen insbesondere von dem Wunsche beseelt sind, ihre Tarife in ein System zu bringen und womöglich daran festzuhalten. Denn wo immer ausnahmsweise eine Härte oder eine Begünstigung hervortritt oder zu treten scheint, da wetteifern alle betheiligten Kreise, von den Privaten an aufwärts bis zu den Landesvertretungen, in den Versuchen einestheils die Härten von sich abzuwälzen und anderntheils der Begünstigungen auch theilhaftig zu werden. Mit einem „System" sind derartige Bestrebungen noch am ehesten zurückzuweisen. Die Schwierigkeit ist nur die, ein solches, vom Standpunkte des öffentlichen Nutzens und aller sonstigen Interessen erspriessliches und unanfechtbares System zu entdecken. Man will dabei einen Gegensatz finden zwischen privatwirthschaftlicher und gemeinwirthschaftlicher Tarifgestaltung; so lange aber die Herren Finanzminister die Schmälerung der Staatsbahnerträgnisse sich verbitten müssen, mögen wir einen grossen Unterschied zwischen beiden nicht zu erkennen. Es ist für uns auch nicht erwiesen, dass der höchste Reinertrag nothwendig gegen die gemeinwirthschaftlichen Interessen verstosse.

Im Uebrigen erkennen wir gerne an und haben es ja auch weitläufig auseinandergesetzt,[3] dass es nicht immer leicht sei, niedrige Tarife für zuwachsende Verkehre aufzustellen, ohne schädigende Rückwirkungen hervorzurufen. Aber ausgeschlossen sind solche Fälle doch nicht, insbesondere

---

[1] Archiv 1886 S. 51.
[2] Archiv 1887 S. 260.
[3] Nördling. Wien 1885 S. 23.

bei Absendungen nach solchen Verbrauchsorten, wohin bis dahin noch keine oder nur wenige bestanden. Die richtige Form zu finden, um Rückwirkungen hintanzuhalten, ist Sache der Tarifmänner, nicht der Betriebsmänner d. h. nicht eine Frage der Selbstkosten. Wenn es den ersteren auch in den wohl nicht allzu häufigen Fällen, wo in der That ein wichtiges gemeinwirthschaftliches Interesse in Frage steht, nicht gelingen sollte, eine Tarifform zu finden, um die dem Verkehrszuwachse entsprechende Abnahme der Selbstkosten im Sinne der Verbilligung der Massentransporte zu verwerthen, dann freilich wird der Ruf nach Kanälen sobald nicht verstummen, so trügerisch er sich auch meist erweisen dürfte. Trügerisch! weil die Zinsen aus den Kanalanlagekosten oft höher sein werden, als die gefürchteten Rückwirkungen. Trügerisch aber auch, weil, wenn man dabei beharrt, von den Eisenbahnen volle, von den Kanälen aber nur halbe oder gar keine Verzinsung zu verlangen, der Schein der Billigkeit künstlich auf diese Gattung Wasserstrassen geworfen wird, und weil dann die unter der Firma der neuen Kanäle in irgend einer Provinz ausnahmsweise geschaffenen niedrigsten Frachtsätze in allen übrigen Provinzen die Lüsternheit nach ähnlichen Kanälen wecken werden, oder — falls diese nicht gewährt werden könnten oder wollten — als Ersatz, den Ruf nach Herabsetzung der Bahntarife, die dann Gefahr laufen wird, eine systematische, d. h. allgemeine zu werden, also finanziell viel schädigender, als die partielle, der man durch den lokalen Kanalbau zu entgehen trachtete.

Wollte man den jakobinischen Grundsatz der Gleichberechtigung aufkommen lassen, so könnte auch einmal der Wunsch laut werden, die Weser in den Rhein oder die Elbe verwandelt zu sehen.

Paris am 22. März 1887.

———

Nach freundlichst gestatteter Durchsicht des vorstehenden Aufsatzes finde ich, dass Herr v. Nördling die Bedeutung der auf Seite 263 des Archivs ausgesprochenen Sätze doch etwas einseitig beurtheilt, weshalb auch mir die Anführung eines Beispiels gestattet sein möge. — Die Verwaltung der Reichseisenbahnen hat mit ganz wesentlicher Mithülfe des Landes und der betheiligten Gemeinwesen und Privaten die 70 km lange Eisenbahnlinie Diedenhofen-Völklingen erbaut, wodurch die Entfernung Diedenhofen-Saarbrücken von 113 km auf 81 km eingeschränkt ist. Da die neue Linie mehrere längere Steigungen von 1 : 100 enthält, so stellen sich die Beförderungskosten nach dieser Richtung ungefähr eben so hoch, als auf der älteren, über Metz führenden Linie und hat deshalb die Abkürzung sowohl für die Eisenbahnverwaltung, als für die Eisenindustrie genau die Bedeutung einer der Minderlänge entsprechenden

Tarifermässigung gehabt. Es hat sich auf der neuen Linie bei ganz geringem Lokalverkehr alsbald eine ganz bedeutende Güterbewegung [entwickelt, welche grossentheils als neu [hinzutretende deshalb anzusehen ist, weil der Verkehr der älteren Strecke, ehe die französische Ostbahn durch Begünstigung der belgischen Kohle die Saarkohle zurückgedrängt hat, sich nicht entsprechend vermindert hatte und der spezifische Güterverkehr beider Linien zusammen im Jahre 1884/85 etwa 1 900 000 t betragen hat, gegenüber 1 650 000 t im Jahre 1882/83 auf den älteren Strecken allein, letzteres einschliesslich des Verkehrs der frühzeitiger vollendeten, gleichfalls gegen Metz angeschlossenen Theilstrecke Teterchen-Völklingen. — Nach Herrn v. Nördling hätte derselbe Erfolg durch eine den zwischen Diedenhofen und Saarbrücken gehenden Erz- und Kohlentransporten gewährte Tarifermässigung erreicht werden können, was aber nach diesseitiger Auffassung aus mehrfachen Gründen nicht durchführbar gewesen wäre. Dagegen erscheint es wohl angängig, für derartige, eine regelmässige Ausnutzung der Zugkraft gestattende Massentransporte unter näher zu bestimmenden Bedingungen ganz allgemein eine gleichmässige Tarifermässigung dann zu gewähren, wenn die Steigungsverhältnisse genügend berücksichtigt werden, eine Bedingung, welche umsomehr zu stellen wäre, als bei solchen nicht besonders weiten Transporten eine Ausgleichung zwischen flacheren und steileren Strecken in der Regel nicht stattfindet. Eine allgemeine Begünstigung der Massengüter würde in den verschiedensten Landesgegenden neue, seither nicht mögliche Transporte veranlassen, was durch Differentialtarife schon deshalb nicht erreicht werden kann, weil die neu sich bildenden Geschäftsverhältnisse zum Voraus gar nicht bekannt sind. Durch gleichzeitige Einführung von Massenguttaxen und von thunlich weit ausgedehnten Staffeltarifen würde der durchschnittliche Jahresumlauf des deutschen Eisenbahnnetzes, zudem auch der Hebung des Personenverkehrs neuerdings mehr Aufmerksamkeit gewidmet wird, wohl bald auf diejenige Höhe kommen können, welche die preussischen Staatsbahnen im Jahre 1874 zeigten. Hiermit wäre ganz abgesehen von der bessern Ausnutzung der Zugkraft eine unmittelbare Ermässigung der durchschnittlichen Selbstkosten um etwa 15 Prozent verbunden. Diese bedeutenden Minderkosten ständen für die vorausgesetzten Tarifermässigungen zur Verfügung, was nicht der Fall wäre, wenn für einen grossen Theil des Frachtenzuwachses ein viel zu geringes oder gar kein Bahngeld angerechnet würde.

Herr v. Nördling ist wohl deshalb kein Freund der virtuellen Tariflängen, weil dieselben die Tariffreiheit zu beschränken scheinen, im Uebrigen glaubt derselbe, dass ein neuer Zankapfel hereingeworfen und für jede Verkehrsrichtung eine verschiedene Länge berechnet werden müsste. Letzteres hat nach meiner Meinung nicht zu geschehen, vielmehr wäre für die Tarifirung die Gleichwerthigkeit der beiden Richtungen anzunehmen und die virtuelle Tariflänge ohne Rücksicht auf den Verkehrsumfang zu bestimmen, während bei steilen Stichbahnen mit entschieden einseitigem Verkehre Ausnahmen gemacht werden könnten. — Dass Herr v. Nördling die Anwendung von virtuellen Längen für Verkehrstheilungen zwischen konkurrirenden Bahnverwaltungen und für Verkehrsleitungen innerhalb des eigenen Bahnnetzes als nützlich anerkennt, erlaube ich mir unter Hinweis auf meine Ausführungen auf Seite 303 des Zentralblattes der Bauverwaltung vom Jahre 1884 mit Befriedigung festzustellen.

Nothwendig erscheint es mir ferner, einige angebliche Mängel meiner Schrift über Selbstkosten und Tarifbildung vom Jahre 1879 klar zu legen.

Dasjenige, was auch von anderer Seite an der Vertheilung der Selbstkosten zwischen Personen- und Güterverkehr beanstandet worden ist, bezieht sich nicht auf die eigentlichen Beförderungskosten, sondern ausschliesslich auf den sogenannten konstanten, hauptsächlich von den Anlagekosten abhängigen Kostenaufwand. Für die Vertheilung dieses letzteren bot — nach Ausscheidung der besonders behandelten Bahnbewachungskosten — die wesentlich auch zur Verzinsung des Anlagekapitals dienende Roheinnahme einen sichern, auf andere Weise nicht wohl zu gewinnenden Maassstab, wie auch im ferneren Verlaufe der Rechnung das gegenseitige Verhältniss zwischen konstanten und veränderlichen Ausgaben für beide Verkehrszweige keinen auffallenden Unterschied, für Stückgüter und Personen sogar vollständige Gleichheit zeigt. — Dass ich im Jahre 1878 eine fünfprozentige Verzinsung angenommen, entsprach dem Erträgnisse der preussischen Staatsbahnen in den Jahren 1875—1878, welche der Ausarbeitung meiner Schrift zunächst lagen. Der seitdem erfolgten Ermässigung des Zinsfusses ist dadurch Rechnung getragen, dass in meinem Aufsatze S 255 des Archivs der für 1884/85 auf das Tonnenkilometer Wagenladungsgüter ausschliesslich Bahnhofskosten ausgerechnete Zinsantheil von 1,87 ₰ auf 1,20 ₰ ermässigt worden ist, was einem Zinsfuss von 4¹/₃ pCt. entspricht. — Dass auch die Bahnhofskosten sich in konstante und veränderliche eintheilen, ist in meiner Schrift vom Jahre 1879 von Anfang an durchgeführt (z. B. geben für Wagenladungen zu 10 Tonnen die Angaben auf Seite 42 in Verbindung mit der Tabelle III genaue Auskunft), im Uebrigen gebe ich gerne zu, dass die Berechnungen heute etwas eleganter entwickelt werden könnten, als vor 8 Jahren. Das Ergebniss dürfte aber z. B. für den Wagenladungsverkehr des Jahres 1883/84 nicht wesentlich anders werden, als in der vorstehenden von

Herrn v. Nördling zusammengestellten Tabelle angegeben ist, abgesehen von einer voraussichtlich sich empfehlenden Aenderung. Ich habe nämlich für das Jahr 1874 die sämmtlichen Bahnhofskosten der Expeditionsgebühr gegenübergestellt, weil dieselben bei den ganzen Wagenladungen gerade mit dem damals gültigen Betrage der letztern (1,$_{20}$ $\mathcal{M}$ für die Tonne) übereinstimmten, und deshalb auch die übrigen Beförderungskosten mit den durchschnittlichen Streckensätzen unmittelbar verglichen werden konnten. Es ist aber schon auf Seite 68 jener Schrift auf die auf den Zwischenstationen entstehenden Bahnhofskosten und eine dadurch gerechtfertigte Ermässigung der Expeditionsgebühr hingewiesen, wie dies auch in meinem letzten Aufsatze geschehen ist. —

Auf einem Versehen dürfte es beruhen, dass Herr v. Nördling die in der soeben erwähnten Tabelle als konstante Selbstkosten des Streckendienstes angegebenen 33 und 40 Prozent mit denjenigen Zahlen vergleicht, welche auf Seite 51 des Archivs von 1886 in der 8. Spalte der dortigen Tabelle verzeichnet sind. Wenn man nämlich, wie hier geschehen, von der Verzinsung des Anlagekapitals absieht, so finden sich nach meiner Rechnung $\frac{0,35}{1,45}$ und $\frac{0,35}{1,30}$ oder 24 und 27 pCt. der Betriebsausgaben als konstant. Letztere Zahlen stimmen mit der Nördling'schen Tabelle auf Seite 51 des vorjährigen Archivs insofern gut überein, als daselbst für Jahresbewegungen von 500 000—750 000 t wie sie dem Verkehr der Gesammtheit der deutschen Eisenbahnen von 1874—1883 [*]) entsprechen, etwa 28 pCt. der Betriebsausgaben als konstant angegeben sind, noch etwas weniger, als ich Herrn Ulrich gegenüber als Höchstbetrag bezeichnet hatte. An meinen zur Vergleichung gestellten Zahlen würde durch nachträgliche Einrechnung der Bahnhofskosten nur wenig geändert, da ja die letzteren gleichfalls in konstante und veränderliche sich eintheilen.

Hinsichtlich der Bedenken, welche gegen die Anlage von neuen Binnenkanälen zu erheben sind, glaubte ich von Herrn v. Nördling nicht allzusehr abzuweichen, und die gelegentliche Anrechnung der halben Kosten der Anlage und Unterhaltung der Kanäle kann mir nicht wohl als eine unfreiwillige Beförderung der Kanalbestrebungen vorgeworfen werden. — Wenn die Kanäle unter günstigen Verhältnissen und gegenüber der Anwendung von allgemein gültigen Eisenbahngütertarifen selbst dann nicht im Vortheile

---

[*]) Für Bewegungen von 1^1/$_2$—2 Millionen Tonnen erscheint die hier auf wenige Zahlen begründete Kurve der österreichischen Betriebskosten auf S. 51 des Archivs von 1886 insofern zweifelhaft, als die überdies ziemlich rasche Zunahme des konstanten Antheils in Spalte 8 nicht wahrscheinlich ist.

sind, wenn nur die Hälfte ihrer Anlagekosten verzinst werden soll, so scheint mir eine Rechnung, bei welcher die gesammten Anlage- und Unterhaltungskosten des Kanals in Betracht gezogen werden, vollständig überflüssig.[*])

Strassburg, den 13. April 1887.

A. Schübler.

---

[*]) Seite 264 Zeile 9 von unten (im vorigen Hefte des Archivs) müsste anstatt „kilometrischen" genauer gesagt sein „auf das Tonnenkilometer berechneten". Hierzu soll noch bemerkt werden, dass die Mehrkosten der Erneuerungen sich durch Nebenkosten, insbesondere Tagelöhne wesentlich erhöhen.

Der Güterverkehr der deutschen Wasserstrassen.

Von

Regierungsrath Todt in Köln.

Nachtrag.

Nach Veröffentlichung des Aufsatzes Seite 154 bis 200 des Archivs ist der Band 22 neue Folge der Statistik des Deutschen Reiches erschienen, welcher den Verkehr der deutschen Wasserstrassen im Jahre 1885 enthält. In der Einleitung ist ein Rückblick auf die Entwicklung desselben in den Jahren 1876 bis 1885 geworfen. Die hierbei mitgetheilten Zahlen umfassen zwar nicht die gesammte Güterbewegung und sind für einzelne Stromgebiete, namentlich für die Oder, wegen ihrer Unvollständigkeit wenig brauchbar; sie geben indess von dem Aufschwung des Verkehrs auf den bedeutendsten Strömen, der Elbe und dem Rhein, ein höchst anschauliches Bild und ergänzen die Ausführungen jenes Aufsatzes vielfach in treffender Weise. In Nachfolgendem sollen die Hauptzahlen wiedergegeben werden.

Der vergleichende Rückblick erstreckt sich auf den Verkehr von 14 Aufschreibungsstellen, von welchen je eine den Durchgangsverkehr des Memelstromes, der Weichsel, des Bromberger Kanals, der Oder, der Weser, der Ems, der Saar, des Rhein-Marne-Kanals, drei den Durchgangsverkehr auf der Elbe (zwei bei Hamburg, eine bei Schandau), eine den Durchgang bei Emmerich und zwei die Zufuhr Berlins und den Ortsverkehr von Mannheim umfassen. Die Aufschreibungen für die Oder bei Ohlau haben keinen Werth, da der Hauptverkehr auf der Oder erst unterhalb Breslau beginnt, und soll deshalb hier unberücksichtigt bleiben.

Der Verkehr an den übrigen 13 Aufschreibungsorten hat betragen

	Güter-Verkehr	Flossholz-	zusammen
		Tonnen (zu 1000 kg).	
1876	9 046 000	1 637 000	10 685 000
1885	15 455 000	1 984 000	17 439 000*)
mithin 1885 mehr	6 409 000	347 000	6 754 000
	70 pCt.	17 pCt.	62 pCt.

*) Der Gesammtverkehr der deutschen Wasserstrassen ist im Archiv Seite 157 für 1884 berechnet mit

	Güter-Verkehr	Flossholz-	zusammen
		Tonnen	
	17 067 000	2 295 000	19 362 000

Die deutschen Eisenbahnen umfassten

1876	[28 400 km mit ein. Verk. v. etw. 72 Mill. t == 2 530 t					für das
1885	37 300 „ „ „ „ „ „ 111 „ t == 3 000 t					Kilometer
mithin 1885 mehr 8 900 km mit			39 Mill. t ==		470 t	Bahnlänge
== + 32 pCt.			54 pCt.		18,5 pCt.	

Der Güterverkehr der Wasserstrassen an den angegebenen 13 Stellen hat sich sonach

1876 auf 12 pCt. des deutschen Eisenbahngüterverkehrs
1885 „ 14 pCt. „ „ „ .

belaufen.

Da der Flussverkehr schon wegen der Witterungseinflüsse in den einzelnen Jahren grösseren Schwankungen ausgesetzt ist, als der Eisenbahnverkehr, so sind in der Statistik des Deutschen Reiches die Durchschnittsergebnisse mehrerer Jahre in Vergleich gezogen. Danach weist der Verkehr folgende Zahlen auf

Durchschnitt der Jahre (Tonnen)

1876/78	1883/85	mithin 1883/85
Güter		mehr
9 930 000	15 344 000	5 414 000 == 54,5 pCt.
Flossholz		
1 989 000	2 155 000	166 000 == 8,4 pCt.
zusammen 11 919 000	17 499 000	5 580 000 == 46,8 pCt.

Die Zunahme fällt fast ausschliesslich dem Elbe- und Rheingebiet zu. Memel und Weichsel zeigen sogar eine Abnahme der Güterbeförderung, Weser und Ems nur eine geringe Zunahme derselben. Es hat betragen der Güterverkehr des

	1876/78	1883/85,	mithin 1883/85
			mehr
Elbegebiets	[4 568 000 t	7 377 000 t,	2 809 000 t == 61,5 pCt.
Rheingebiets	4 180 000 t	6 740 000 t,	2 560 000 t == 61 pCt.
zusammen	8 748 000 t	14 117 000 t,	5 369 000 t == 61 pCt.

Für die Elbe und den Rhein allein, also ohne den Verkehr von Berlin einerseits, der Saar und des Rhein-Marne-Kanals andrerseits ergeben sich folgende Zahlen

Durchschnitt der Jahre

	1876/78	1883/85	mithin 1883/85
			mehr
Elbe	1 637 000 t	4 245 000 t,	2 608 000 t == 159 pCt.
Rhein	3 418 000 t	5 779 000 t,	2 361 000 t == 69 pCt.

Schon bei diesen Ziffern fällt die gewaltige Steigerung des Elb-
verkehrs auf; der Durchgang bei

Durchschnitt der Jahre
1876/78   1883/85

Hamburg ist von 986 000 t auf 2 526 000 t, mithin um 1 539 000 t = 156 pCt.
Schandau „   „ 651 000 t „ 1 719 000 t,   „   „ 1 067 000 t = 163 pCt.
gestiegen und es bleiben

Durchschnitt
1876/78   1883/85,   mithin 1883/85 mehr

Emmerich mit 2 864 000 t   4 550 000 t,   1 685 000 t = 58 pCt.
Mannheim „   694 000 t   1 380 000 t,   686 000 t = 98 pCt.
hinter der prozentualen Zunahme des Elbeverkehrs bedeutend zurück.
Die Verbesserungen des Fahrwassers der Elbe sind in diesem Jahrzehnt
erst für die Schiffahrt, namentlich für den Dampfbetrieb recht wirksam
geworden, während die natürlichen Vorzüge des Fahrwassers des Rheins
schon früher eine bessere Ausnutzung durch Verwendung grösserer Fahrzeuge in Verbindung mit der Dampfkraft gestatteten.

Die Verkehrssteigerung macht sich, wie dies bereits hervorgehoben, bei den höher werthigen Gegenständen und bei der Einfuhr
besonders bemerkbar. Die Ober-Elbe bei Hamburg haben durchfahren

(Tonnen)

		1876	1885	1885 mehr	
Einfuhr	Roggen	10 744	156 000*),	145 000*) =	1 350 pCt.
in das	Petroleum	3 723	151 000,	147 000 =	3 950 „
Zollvereins-	Oele, Fette	6 000	69 000,	63 000 =	1 050 „
gebiet	Steinkohlen	109 000	150 000,	41 000 =	37 „
Ausfuhr	Zucker, Me-lasse, Syrup	49 000	433 000,	384 000 =	780 „
aus dem	Spiritus	8 000	41 000,	33 000 =	410 „
Zollvereins-	Salz	70 000	178 000,	108 000 =	154 „
gebiet	Steine und Steinwaaren	31 000	97 000,	66 000 =	212 „

den Durchgang Schandau

Tonnen

		1876	1885,	mithin 1885 mehr	
Einfuhr	Braunkohlen	481 000	1 180 000,	699 000 =	145 pCt.
	Zucker	10 000	77 000**),	67 000 =	670 „
	Getreide	3 500	60 000,	56 500 =	1 614 „

Die verhältnissmässig geringe Ausfuhr (1876 25 700 t, 1885 171 667 t)
hat vornehmlich in Roh- und Brucheisen, Petroleum, fetten Oelen, Reis
und Baumwolle bestanden.

---

*) 1884 239 000 t = 228 000 t mehr.
**) 1884 100 000 t = 900 pCt. mehr als 1876.

Getreide, Petroleum, fette Oele, Kolonialwaaren, Braun- und Steinkohle sind die hervorragendsten Einfuhr-, Zucker und Spiritus die bedeutendsten Ausfuhrgegenstände des Elbeverkehrs; je höher der Werth
dieser Gegenstände — desto stärker im Allgemeinen die Verkehrszunahme.

Bei Emmerich sind auf dem Rhein folgende Mengen durchgegangen

		Tonnen		
		1876	1885,	1885 mehr
Ausfuhr	Steinkohlen .	1 258 000	1 830 000,	572 000 = 45 pCt.
	Steine und Steinwaaren .	281 000	296 000,	15 000 = 5,3 „
	verarbeitetes Eisen . . .	75 000	137 000,	62 000 = 83 „
Einfuhr	Getreide und Hülsenfrüchte	325 000	647 000*),	322 000 = 99 „
	Petroleum .	9 600	72 000,	62 400 = 650 „
	Eisenerz .	71 000	363 000,	292 000 = 410 „
				1885 weniger
	Roheisen .	217 000	105 000,	112 000 = 51,6 „

Im Mannheimer Verkehr haben zugenommen

	1876	1885,	mithin 1885 mehr
Steinkohlen von	285 000 t	auf 607 000 t,	322 000 t = 113 pCt.
Getreide „	92 000 t	„ 228 000 t,	136 000 t = 147 „
Petroleum „	7 000 t	„ 26 000 t,	19 000 t = 270 „

Auf der Saar ist die Steinkohlenausfuhr von 512 000 t im Jahre 1876
auf 702 000 t 1885, mithin um 37 pCt. gestiegen.

Verhältnissmässig gering ist in dem zehnjährigen Zeitraume die Zunahme des Berliner Verkehrs gewesen. Die Zufuhr Berlins auf dem
Wasserwege hat sich von

2 871 000 t im Jahre 1876 auf 3 426 000 t im Jahre 1885,

also um 550 000 t = 19 pCt. gehoben, wovon 50 000 t = 2,36 pCt.
auf den Bergverkehr (Richtung von der Havel), 504 000 t = 69 pCt. auf
den Thalverkehr (Richtung von der Oberspree) entfallen. Im Durchschnitt
der drei Jahre 1876/78 und 1883/85 ist die Steigerung noch geringer,
nämlich von 2 931 000 t auf 3 132 000 t oder um 201 000 t = 6,9 pCt·
Der Bergverkehr hat nach der Durchschnittsrechnung sogar um 188 000 t
= 8,5 pCt. ab, der Thalverkehr hat dagegen um 389 000 t = 53,5 pCt.
zu genommen; letzterer ist von 25 pCt. der Gesammtzufuhr im Jahre 1876
auf 36 pCt. derselben in 1885 gestiegen. Die absolut grösste Zunahme hat
die Steinzufuhr (1876 1 765 000 t, 1885 2 232 000 t = 467 000 t oder 26 pCt.

---

*) 1884 850 000 t = 525 000 t oder 167 pCt mehr als 1876.

mehr), die relativ erheblichste Steigerung die Zufuhr von 'Nahrungsmitteln
(hauptsächlich Getreide) und von Kaufmannsgütern erfahren (erstere von
158 000 auf 427 000 t, um 269 000 t — 170 pCt., letztere von 118 000 t
auf 172 000 t, um 54 000 t — 45 pCt.). Wie sich der Mehrempfang
auf die einzelnen Verkehrsrichtungen vertheilt, ist aus den Mittheilungen
nicht zu entnehmen; im Jahre 1885 fällt dem Bergverkehr der überwiegende Theil des Empfangs an Nahrungsmitteln (Getreide, Hülsenfrüchte,
Mehl, Obst, Fische u. s. w.) und Kaufmannsgütern, dem Thalverkehr der
Empfang von Erde, Kies, Sand, Kalk und Cement, Steinen in vorwiegendem
Maasse zu. Mauersteine kommen mit über $2/_3$ zu Berg, mit noch nicht $1/_3$
zu Thal, Steinkohlen mit fast $9/_{10}$ zu Berg.

Die verhältnissmässig geringe Zunahme des Berliner Gesammtverkehrs
deutet darauf hin, dass die unzureichenden Lösch- und Ladevorrichtungen
Berlins die Verkehrsentwicklung beeinträchtigen. Der Aufschwung des Thal
verkehrs lässt die bevorstehende Regulirung der Oberspree und die
Ausführung der besseren Verbindung der Spree mit der Oder als eine
besonders glückliche und den Interessen des Berliner Verkehrs heilsame
Maassnahme der Staatsregierung erscheinen. Ihre volle Wirkung für die
Hauptstadt wird sie jedoch nur zu äussern vermögen, wenn die Stadt-
verwaltung sich entschliesst, den ankommenden Massen eine leichte, be-
queme und rasche Entladung und Abfuhr durch Herstellung ausreichender
Werftanlagen zu sichern.

Zur Eisenbahnfrage in Russland.

———

In der russischen Eisenbahnpolitik trat die erste Wendung in der Zeit des Krimkrieges (1853—1856) ein.[*]) Während die vor diesem Kriege in Russland gebauten Eisenbahnen (zusammen 1044 km) mit Ausnahme der 27 km langen, gewissermaassen nur als Versuchsstrecke hergestellten ersten Eisenbahn (St.-Petersburg—Zarskoeselo) sämmtlich vom Staate gebaut waren und von diesem auch betrieben wurden, glaubte die Regierung für die nach jenem Kriege als nothwendig erkannte baldige Herstellung eines ausgedehnten Eisenbahnetzes die Vermittelung von Privatgesellschaften nicht entbehren zu können. Sie übertrug solchen deshalb den Bau und Betrieb von Eisenbahnen, wobei den meisten bestimmte Zinsen für das von ihnen aufgewandte Kapital verbürgt und auch anderweitige Vortheile gewährt wurden. Da die Unzuträglichkeiten, welche dieses System mit sich brachte, sich immer mehr häuften, und namentlich die Zahlungen, welche in Folge der übernommenen Zinsbürgschaften vom Staate geleistet werden mussten, immer mehr wuchsen, trat seit dem Jahre 1880 eine neue Wendung in der russischen Eisenbahnpolitik ein. Seit dem letztgenannten Jahre hat die russische Regierung wieder selbst den Neubau von Bahnen in die Hand genommen und nur solche Linien an Privatgesellschaften übertragen, welche als Erweiterungen der denselben gehörigen Netze anzusehen waren. Ausserdem hat die Regierung seit jener Zeit auch drei Bahnen ihren früheren Eigenthümern abgekauft und in eigene Verwaltung übernommen.[**])

———

[*]) Vergl. die Aufsätze „Zur Geschichte des russischen Eisenbahnwesens" Archiv 1887 S. 50 ff.) und „Die Staatseisenbahnen in Russland" (Archiv 1885 S. 314 ff.). Es möge noch bemerkt werden, dass bei der vorstehenden Erörterung der russischen Eisenbahnverhältnisse die Eisenbahnen im Grossherzogthum Finnland, welche fast ausschliesslich Staatsbahnen sind, nicht in Betracht gezogen sind.

[**]) Ende 1886 waren in Russland (ausschliesslich Finnland und des transkaspischen Gebiets) im Ganzen 25 979 km Eisenbahnen im Betrieb, wovon 3615 km Staats- und 22 364 km Privatbahnen waren. Letztere waren im Besitz und in Verwaltung von 43 verschiedenen Gesellschaften.

Wenn durch diese Maassnahmen auch der Uebernahme weiterer Verpflichtungen des Staats gegenüber Privatgesellschaften eine gewisse Grenze
gesteckt wurde, so wachsen doch die finanziellen Lasten, welche für den
Staat durch das bisherige Privatbahnsystem herbeigeführt wurden, in hohem
Maasse und bilden in Russland den Gegenstand vielfacher Erörterungen in
der Tagespresse und in besonderen Schriften. Einige Mittheilungen aus
einer der letzteren*) dürfte von Interesse sein.

Der Verfasser stellt zunächst nach den Angaben der vom Ministerium
der Verkehrsanstalten veröffentlichten statistischen Nachrichten über die
russischen Eisenbahnen die in den Jahren 1879 bis 1882 vom Staate an
die Privatgesellschaften in Folge .der übernommenen Zinsbürgschaft gezahlten Beträge, sowie die bis dahin aufgelaufenen Schulden der Privatbahnen
zusammen und zieht hieraus Schlüsse für das Maass des weiteren Anwachsens der vom Staate zu leistenden Zahlungen und der Schulden der
Gesellschaften.

Jahr	Von der Regierung geleistete Zahlung für übernommene Bürgschaft für Verzinsung und Tilgung von Aktien und Obligationen	Ausfall bei der Verzinsung und Tilgung von Obligationen, welche die Regierung behalten hat	Zinsen (zu 5½ pCt.), welche die Gesellschaften der Regierung für die aufgelaufene Schuld zahlen müssten	Zusammen von der Regierung für die Privatbahnen geleistet
		Kreditrubel		
1879	14 630 589	32 509 820	29 152 750	76 293 159
1880	21 147 403	33 818 009	32 642 036	87 607 448
1881	19 886 093	29 985 676	34 600 300	84 472 069
1882	16 410 738	29 515 972	40 815 963	86 742 673
Durchschnittl. in 1 Jahr . . .	49 476 074			83 877 837

Wie in dem Aufsatze „Zur Geschichte des russischen Eisenbahnwesens"**) erwähnt, überliess die russische Regierung seit dem Jahre 1866
die Beschaffung der Baumittel nicht mehr ausschliesslich den Gesellschaften, sondern sie machte selbst Anleihen und überwies die dadurch gewonnenen Mittel den bauenden Gesellschaften nach Bedürfniss. Solche Anleihen sind selbstverständlich', soweit ihre Zinsen nicht durch die Ein-

---

*) „Die russischen Eisenbahnen und ihre schwachen Seiten". Von Ingenieur N. P.
Dobrynin. Kiew 1886. Der Verfasser dieser (in russischer Sprache geschriebenen) Schrift
hat nach den Besprechungen derselben in der russischen Presse früher das Amt eines
Regierungs-Inspektors der Eisenbahnen bekleidet und wird als Kenner des russischen
Eisenbahnwesens bezeichnet.

**) Archiv 1887 S. 63.

nahmen aus dem Eisenbahnbetriebe gedeckt werden, vom Staate zu verzinsen. Für die Beträge, welche die Gesellschaften der Regierung schulden, sollen nach den Konzessionsbedingungen zwischen 4 und 5 pCt. Zinsen berechnet werden; in der vorstehend geführten Rechnung sind aber $5\frac{1}{2}$ pCt. in Rechnung gestellt, weil der Staat thatsächlich für seine Anleihen so viel zahle, indem die 5prozentigen Anleihen nur zum Kurse von 90 veräussert wurden.

Das Anwachsen der Schulden der Eisenbahngesellschaften an die Regierung in den Jahren 1879 bis 1883 geht aus nachstehender Uebersicht hervor. Die Schulden bezifferten sich:

Am 1. Januar des Jahres	Für Zahlungen, welche seitens der Regierung in Folge der übernommenen Zinsbürgschaft für die von den Gesellschaften veräusserten Aktien und Obligationen geleistet sind	Für rückständige Zahlungen auf die der Regierung verbliebenen Obligationen	Für Anleihen, Vorschüsse, überlassene Bahnstrecken und Arbeiten	Im Ganzen
		Kreditrubel		
1879	187 434 300	143 730 490	198 885 220	530 050 010
1880	212 116 422	170 835 112	210 540 011	593 491 545
1881	237 995 937	226 261 260	164 839 159	629 096 356*
1882	265 759 863	268 562 034	207 786 523	742 108 420
1883	288 229 684	323 296 864	221 344 275	832 870 823

Von den im Vorstehenden mitgetheilten statistischen Angaben ausgehend, berechnet der Verfasser der in Rede stehenden Schrift die Höhe, welche im Laufe der nächsten Zeit die von der Regierung für die Eisenbahngesellschaften jährlich zu leistenden Zahlungen und der Schuldbetrag der Gesellschaften voraussichtlich erreichen werden, wenn kein Wandel in der seitherigen Eisenbahnpolitik eintritt. Unter der, seiner Meinung nach für den Staat günstigen Voraussetzung, dass die jährliche Zubusse der Regierung zu der Verzinsung und der Tilgung der Aktien und Obligationen dem Durchschnittsbetrage für die 4 Jahre 1879 bis 1882 (49 476 074 Rubel)

---

*) Der Zuwachs im Jahre 1880 erscheint verhältnissmässig gering, weil in diesem Jahre die Schulden verschiedener Bahnen mit zusammen 41 669 590 Rubel dem Obligationenkapital zugerechnet wurden. — In den Angaben für 1882 und 1883 sind die Schuldbeträge der inzwischen vom Staate übernommenen Bahnen Tambow-Saratow und Charkow-Nikolajeff einbegriffen.

gleich bleibt, und dass die jährlichen Leistungen des Staates und die Schulden
der Gesellschaften sich alljährlich nur um jenen Betrag und die Zinsen der
bereits aufgelaufenen Schuld vergrössern, ergebe sich, dass der Staat
beispielsweise im Jahre 1890 ausser den obigen 49 476 074 Rubel noch
89 131 531 Rubel an ausfallenden Zinsen einbüsse, im Ganzen also
138 607 605 Rubel für die Privatbahnen zu leisten haben würde. Am
Schlusse des genannten Jahres würde also die Schuld der Eisenbahngesellschaften auf den Betrag von 1 759 140 887 Rubel angewachsen sein. Im
Jahre 1900 würde die Leistung der Regierung an baaren Zuschüssen
und ausfallenden Zinsen sich auf 236 758 178 Rubel belaufen und die
Schuld am Schlusse dieses Jahres auf 3 641 887 335 Rubel anwachsen.
Wird die Rechnung in gleicher Weise bis zum Jahre 1905 fort-
geführt, so ergiebt sich, dass die Regierung in diesem Jahre
309 432 857 Rubel für die Privatbahnen zu leisten haben würde und dass
die Schuld dieser letzteren am Schlusse dieses Jahres sich auf eine Höhe
von 5 035 919 824 Rubel, also von mehr als 5 Milliarden Rubel steigern
würde. Derartige Zahlen machen es verständlich, dass der Verfasser
unserer Schrift im Interesse des Landes dringend Maassnahmen fordert,
durch welche die für die Eisenbahnen zu leistenden Staatszahlungen,
wenn nicht ganz beseitigt, so doch wesentlich herabgemindert werden.

Derselbe untersucht dann weiter die Ursachen, durch welche diese
Verhältnisse herbeigeführt worden sind. Die wesentlichste dieser Ursachen
wird in dem bei der Konzessionirung der Eisenbahnen befolgten System
gefunden. In Folge der Gewährung der Zinsbürgschaft für das aufzuwendende Kapital seitens des Staates hatten die Gesellschaften kein unmittel-
bares Interesse daran, durch sparsame und doch solide Bauausführung
einerseits auf thunlichste Beschränkung des Anlagekapitals, andererseits
auf Erleichterung des Betriebs und Herabminderung der Unterhaltungs-
und Erneuerungskosten hinzuwirken. Im Gegentheil trachteten die Gesellschaften danach, das Aktien- und Obligationenkapital so hoch wie möglich
zu schrauben, davon aber so wenig wie möglich für den eigentlichen Zweck
— den Bahnbau — zu verwenden. War die Bahn dann glücklich im
Betrieb und zeigten sich die Mängel in der Bauausführung und in der
Beschaffung der erforderlichen Betriebsmittel, so wurden die für die Beseitigung dieser Mängel erforderlichen Gelder aus den Betriebseinnahmen
entnommen und soweit diese hierfür und für die Deckung der Zinsen des
hohen Anlagekapitals nicht reichten, in Folge der übernommenen Bürgschaft vom Staate „vorgeschossen".

Die durch Regierungsbeamte über die Privatbahnen geübte Aufsicht
hat sich diesen Missbräuchen gegenüber als unwirksam erwiesen. Es hatte
dies einerseits seinen Grund darin, dass nach den gültigen Bestimmungen

die Thätigkeit der Regierungsbeamten sich fast ausschliesslich auf die
Prüfung der formellen Richtigkeit der Rechenschaftsberichte, sowie auf die
allgemeine Beaufsichtigung in technischer Beziehung beschränkte, andererseits aber scheint auch vielfach gegen das Geschäftsgebahren der Gesellschaften eine recht weitgehende „Nachsicht" geübt worden zu sein. Der
Verfasser theilt in dieser Beziehung viele Thatsachen nach den Berichten
amtlicher Untersuchungskommissionen mit und verlangt, wie uns scheint
mit Recht, vor allem eine strengere Handhabung der Staatsaufsicht über
die Privatbahnen. Ob freilich die zum Theil sehr einschneidenden Maassnahmen, welche er zu diesem Zwecke befürwortet, richtig und durchführbar
sind, das möchten wir nicht ohne Weiteres zugehen. Einzelne werden sich nicht
ohne Aenderung der den Einfluss der Regierung beschränkenden Bestimmungen der Statuten vieler Gesellschaften ausführen lassen. Wie weit
diese Beschränkung geht, ist z. B. aus dem in der vorliegenden Schrift
mitgetheilten Auszuge aus dem im Jahre 1878 genehmigten Statut der
Gesellschaft der Südwestbahnen ersichtlich, dessen Bestimmungen den
Regierungsbeamten noch grössere Vollmachten geben sollen, als die in
den 60er und anfangs der 70er Jahre genehmigten Statuten anderer Gesellschaften. Nach dem Statut der Südwestbahnen unterliegen diejenigen
Beschlüsse des Gesellschaftsvorstandes und der Generalversammlungen,
welche den allgemeinen Gesetzen, dem Statut oder den bezüglich der
Aktiengesellschaften und der Eisenbahnen erlassenen Bestimmungen widersprechen und gegen welche von den Regierungsvertretern Einspruch erhoben worden ist, der Entscheidung des Verkehrsministeriums. Dagegen hat
bezüglich solcher Beschlüsse und Maassnahmen der Gesellschaftsverwaltung,
gegen welche zum Schutz der Vortheile der Gesellschaft Einspruch erhoben
wird, die nächste Generalversammlung der Aktionäre endgültig zu entscheiden.

Der Verfasser befürwortet ausserdem Ersparnisse im Bau und Betrieb
sowohl für Privat- als für die bereits gebauten und zu bauenden Staatsbahnen. In wie weit mit diesen Maassnahmen — Herabminderung des
Lokomotiv- und Schienengewichts, vermehrte Anwendung des Holzes anstatt
der Steine und des Eisens beim Bau von Durchlässen und dergleichen,
Einführung von gemischten Zügen an Stelle der besonderen Personen- und
Güterzüge und Beschränkung der Zahl der Züge, Ermässigung der Fahrgeschwindigkeit auf 15 bis 20 Werst in der Stunde u. s. w. — in ausge-
dehnterer Weise ohne Schädigung der im Interesse des Verkehrs von den
Eisenbahnen zu fordernden Leistungsfähigkeit vorgegangen werden kann,
vermögen wir ebenfalls nicht zu beurtheilen.

Man fragt sich, warum die Regierung die Bahnen, für welche sie
Zinsbürgschaft übernommen hat und so hohe Zahlungen leisten muss, nicht

in eigenen Besitz und Verwaltung übernimmt? In Beantwortung dieser Frage sagt der Verfasser, dass die Verstaatlichung der betreffenden Bahnen durch die Konzessionsbedingungen in hohem Grade erschwert und für den Staat finanziell unvortheilhaft gemacht werde. Die Bestimmungen bezüglich des Kaufpreises, welchen der Staat im Falle des Ankaufes einer Bahn zu gewähren hat, lauten meist dahin, dass der durchschnittliche Gewinn, welchen die Aktionäre aus dem Unternehmen in den letzten sieben Jahren nach Ausscheidung der beiden ungünstigsten Jahre gezogen haben, zu Grunde gelegt werden soll. Ist der in dieser Weise ermittelte durchschnittliche Ertrag indessen geringer, als der Ertrag des letzten der in Betracht gezogenen sieben Jahre einschliesslich der Summe, welche von der Regierung in Folge der übernommenen Bürgschaft für die Verzinsung und Tilgung der Aktien und Obligationen etwa hat gezahlt werden müssen, so sind diese letzteren Beträge für die Berechnung der den Eigenthümern der Bahn zu gewährenden Entschädigung in Rechnung zu stellen.

Die jetzige russische Regierung hat hiernach bei der Regelung der Eisenbahnverhältnisse ihres Landes mit vielfachen, aus früherer Zeit übernommenen Schwierigkeiten zu kämpfen. Die in den letzten Jahren getroffenen gesetzgeberischen Maassnahmen, über welche im Archiv laufende Mittheilung gemacht worden, zeigen aber auch, dass man in Russland stetig bemüht ist, den Einfluss des Staates auf die Privatbahnen zu stärken und zu erweitern — ob mit Erfolg, das muss die Zukunft lehren. H. C.

Notizen.

Eisenbahngesetzgebung in England. Der im Frühjahr 1886 von der englischen Regierung dem Unterhause vorgelegte Gesetzentwurf, betreffend den Eisenbahn- und Kanalverkehr *(Railway and Canal Traffic Bill)*, ist in Folge der Auflösung des Parlaments nicht zur Verabschiedung gekommen. Am 28. Februar 1887 hat der Präsident des englischen Handelsamts, Lord Stanley of Preston, dem Oberhause einen Gesetzentwurf unter demselben Titel und von wesentlich gleichem Inhalte vorgelegt. Wir behalten uns vor, auf diesen Entwurf im Einzelnen einzugehen, sobald über das Schicksal desselben endgültig entschieden sein wird, möchten aber schon jetzt unsern Lesern die wesentlichen Aenderungen des bestehenden Rechtszustandes mittheilen, welche der Entwurf vorschlägt. Der erste Theil desselben (§§ 2—23) betrifft Einsetzung eines neuen Eisenbahn- und Kanalgerichtshofes (Railway and Canal-Commission) welcher an die Stelle der durch Eisenbahngesetz vom 21. Juli 1873 (Regulation of Railways Act*) bestellten Railway Commissioners treten soll. Die letzteren waren ursprünglich nur auf fünf Jahre eingesetzt, so dass die Geltungsdauer des Gesetzes von Zeit zu Zeit verlängert werden musste. Für die neue Behörde ist eine solche zeitliche Beschränkung nicht vorgesehen (§ 37). Die Zahl der Mitglieder ist von drei auf sechs erhöht. Drei sind festangestellte Beamte (Permanent Commissioners), der Eine (u. zw. der Vorsitzende) muss Jurist, zwei in der Regel Eisenbahnsachverständige sein. Die drei anderen Mitglieder treten nur zeitweise in Thätigkeit (Ex officio Commissioners). Es wird nämlich je ein Mitglied des höchsten Gerichtshofes für England, für Schottland und für Irland zu dem Zwecke ernannt, um auf Verlangen des Vorsitzenden des Amts, sowie regelmässig, sofern es sich um Entscheidung schwieriger Rechtsfragen in dem Gebiete, für welches das betreffende Mitglied ernannt ist, handelt, den Vorsitz in dem Gerichtshofe zu übernehmen. Dem neuen Gerichtshofe sind alle die Befugnisse des zur Zeit bestehenden Gerichtshofes in Eisenbahnsachen und ausserdem folgende

*) Vgl. den Inhalt dieses Gesetzes Archiv 1883. S. 346 ff.

wesentlicheren neuen Befugnisse übertragen: 1. Derselbe kann auch auf
Leistung von Schadensersatz erkennen; 2. nicht nur geschädigte Privatpersonen oder Eisenbahngesellschaften, sondern auch eine Anzahl öffentlicher und sonstiger Körperschaften, sofern es sich um Fragen allgemeiner
Natur handelt, können als Kläger vor ihm auftreten; 3. die Berufung gegen
seine Entscheidungen findet nur noch bei Rechtsfragen statt. Dieselbe
geht zunächst an den höchsten Gerichtshof des betreffenden Landestheils,
von diesem an das Oberhaus.

Der zweite Theil des Entwurfs (§§ 24—30) betrifft die Tarife
der Eisenbahnen, und zwar ausschliesslich die Gütertarife, nicht auch,
wie der Entwurf von 1886, die Personentarife. Die Eisenbahnen werden
verpflichtet, innerhalb Jahresfrist nach dem — für den 1. Januar 1888 in
Aussicht genommenen (§ 44) — Inkrafttreten des Gesetzes, dem Handelsamt eine neue Güterklassifikation nebst Maximaltarifsätzen, vorzulegen.
Das Handelsamt prüft die Vorschläge und die etwa gegen dieselben
erhobenen Einwendungen, und, wenn dasselbe sich mit der Eisenbahngesellschaft verständigt, so werden die Klassifikation und die Sätze vorläufig
in Geltung gesetzt und dem Parlament zur endgültigen Genehmigung vorgelegt. Gelingt eine solche Verständigung nicht, so stellt das Handelsamt
seinerseits eine Klassifikation nebst Maximaltarifen fest, welche vorläufig
in Kraft tritt, demnächst aber im Parlamente unter Zuziehung der Eisenbahnen geprüft und endgültig festgestellt wird. (§ 24.) In § 25 wird
das Verfahren gegen Eisenbahnen bei ungebührlichen Bevorzugungen
(undue preferences) neu geregelt. Bei Gewährung verschieden bemessener
Frachten für dieselben Gegenstände an verschiedene Personen, oder für
verschiedene Plätze u. dgl. spricht die Vermuthung für das Vorhandensein einer ungebührlichen Bevorzugung. Die Eisenbahn hat, im Falle
deswegen Beschwerde über sie geführt wird, zu beweisen, dass die vorliegenden besonderen Umstände die verschiedene Behandlung rechtfertigen.
Des Weiteren wird bestimmt (§ 26), dass es erlaubt ist, für verschiedene
Orte des gleichen Gebietes dieselben Frachtsätze — ohne Rücksicht auf
die Entfernung der einzelnen Orte — zu erheben (sog. group rates).
Beschwerden über die Eisenbahnen in Tarifangelegenheiten gehen an das
Handelsamt. (§ 27), die bestehenden Vorschriften über die Erstattung
von Jahresberichten, Veröffentlichung der Tarife und Gebührensätze, über
die Befugnisse des Handelsamts gegenüber den Eisenbahnen, werden neu
zusammengefasst und hie und da verschärft (§§ 28—30). Der dritte
Theil des Gesetzentwurfes (§§ 31—36) beschäftigt sich mit den Kanal-
gesellschaften, welche insbesondere in Bezug auf die Tarife u. s. w. den
Eisenbahnen im Wesentlichen gleichgestellt werden. In dem vierten Theil
(§§ 37—46) sind die in englischen Gesetzen üblichen vermischten Be-

stimmungen über das Verhältniss des Gesetzes zu früheren Gesetzen, das Inkrafttreten desselben, Begriffsfeststellung verschiedener Ausdrücke, das Verfahren vor den einzelnen Behörden u. dgl. enthalten.

Das Oberhaus hat über den Entwurf in zweiter Lesung am 14. März berathen und denselben in der Spezialberathung der einzelnen Artikel am 29. März und 1. April mit allerdings wesentlichen Aenderungen gerade der wichtigsten Bestimmungen angenommen. So sind die Befugnisse des Eisenbahn- und Kanalgerichtshofs wieder abgeschwächt, bezüglich der neu einzureichenden Maximaltarife ist bestimmt, dass dieselben den zur Zeit bestehenden gleich sein dürfen, die Beschränkungen der Differenzialtarife sind zum Theil wieder beseitigt, ja sogar die Verpflichtung der Bahnen zur Veröffentlichung ihrer Gütertarife ist nur mit wesentlichen Einschränkungen stehen geblieben.

Major Georg Washington Whistler, welcher sich um die Einführung der ersten Eisenbahnen in Russland grosse Verdienste erworben hat,[*] war nach einem von Prof. G. L. Vose am 15. Sept. 1886 in einer Versammlung des Vereins der Zivilingenieure zu Boston gehaltenen Vortrage[**] ein hochgebildeter Mann von ausgezeichneten Charaktereigenschaften. Geboren am 19. Mai 1800 zu Fort Waine, Indiana, als Sohn des Major John Whistler, welcher zu jener Zeit Kommandant dieses Ortes war, kam er im Alter von 14 Jahren auf die Kriegsschule der Vereinigten Staaten zu West-Point und wurde am 1. Juli 1819 zum Sekondlieutenant in der Artillerie der Vereinigten Staaten ernannt. Bei dieser Waffe diente er indessen nur kurze Zeit, da er bald beim Topographendienst verwendet wurde und auch einige Zeit als Hilfslehrer an gedachter Kriegsschule wirkte. In seiner Eigenschaft als Topograph nahm er in den Jahren 1822 bis 1826 an der Feststellung der Grenze zwischen den Vereinigten Staaten und Kanada Theil. Da in jener Zeit Zivilingenieure in Amerika nur in sehr geringer Zahl vorhanden waren, wandten sich Körperschaften und Privatunternehmer, welche grössere Bauten — Strassen, Kanäle und später Eisenbahnen — auszuführen beabsichtigten, an die Regierung wegen Zuweisung von Militäringenieuren, und die Regierung kam diesen Gesuchen im Interesse der Förderung der Bauthätigkeit bereitwillig nach. So wurde auch G. W. Whistler im Jahre 1828 zur Uebernahme einer Beschäftigung bei den Vorarbeiten zum Bau der Baltimore- und Ohio-Eisenbahn beurlaubt. Im Auftrage der Verwaltung dieser Bahn besuchte er in der Zeit vom November 1828 bis

---

[*] Vgl. Archiv 1887 S. 57.

[**] Der Vortrag ist veröffentlicht in dem Dezember-Hefte 1886 des „Journal of the Association of Engineering Societies". Transactions and proceedings. Boston. St. Louis. Chicago. Cleveland. Minneapolis. St. Paul.

Mai 1829 mit mehreren anderen amerikanischen Ingenieuren England, um
sich mit dem dort schon weiter entwickelten Eisenbahnwesen bekannt zu
machen. Whistler war hiernach fortgesetzt bei Eisenbahnbauten thätig,
schied Ende 1833 aus dem Militärdienste aus und leitete in der Zeit von
1834 bis 1837 die Lokomotivwerkstätten zu Lowell. Im Jahre 1836
wurde er bei den Vorarbeiten für die Westbahn in Massachussets zu Rathe
gezogen. Der Bau dieser Bahn, welche von Worcester über Springfield
und Pittsfield nach Albany führen sollte, bot wegen der dabei nöthigen
Ueberschreitung der Wasserscheide zwischen dem Connecticut und dem
Hudson für die damalige Zeit grosse Schwierigkeiten. Whistler stellte
in dem von ihm über die beste Führung dieser Bahn abgegebenen Gutachten in sehr zutreffender Weise den Einfluss der Krümmungen und Steigungen auf die Betriebskosten dar und veranlasste dadurch die bauende
Gesellschaft für den Betrieb günstigere, wenn auch wesentlich theuerere
Linien auszuführen, als anfänglich beabsichtigt war. Die Westbahn, deren
oberste Bauleitung seit 1840 sich in den Händen Whistler's befand,
wurde auch von den vom Zaren Nikolaus zum Studium des Eisenbahnwesens im Jahre 1839 nach Amerika gesandten Ingenieuroffizieren Melnikow und Krafft besucht, auf deren Veranlassung Whistler im Jahre
1842 behufs Mitwirkung beim Bau der Eisenbahn St. Petersburg - Moskau
nach Russland berufen wurde. Der Einfluss, welchen er hier auf die Gestaltung des Eisenbahnbaues ausübte, war ein sehr bedeutender, insbesondere wurde
auch die Spurweite der russischen Bahnen nach dem von ihm abgegebenen Gutachten auf 5 Fuss engl. ($1{,}524$ m) festgestellt[*]). Das letztere Gutachten soll nach
der uns vorliegenden Quelle ein besonders beredtes Zeugniss von dem umfassenden Wissen Whistler's ablegen. Er habe in derselben eine vollständige Geschichte der Spurweitenfrage, in welcher damals die Meinungen
der Eisenbahntechniker sehr getheilt waren (the battle of the gauges) gegeben und alle Umstände, welche für die Bestimmung der Spurweite in
Betracht kommen, in eingehendster und klarster Weise erörtert. Zar Nikolaus, welcher Whistler noch bei verschiedenen anderen öffentlichen
Bauten zu Rathe zog, zeichnete ihn mehrfach aus. Als Whistler im
November 1848 trotz der herrschenden Choleraepidemie in gewohnter Weise
seinen dienstlichen Verpflichtungen nachging und die im Bau begriffene
Bahn besichtigte, erkrankte er an der Cholera und starb am 7. April 1849
in St. Petersburg. Seine Leiche wurde nach Amerika gebracht und in
Stonington beigesetzt. In Anerkennung seiner hervorragenden Verdienste
um die Entwicklung des Eisenbahnwesens wurde ihm von amerikanischen
Fachgenossen im Jahre 1850 auf dem berühmten Greenwood Kirchhof in
Brooklyn (New-York) ein Denkmal gesetzt.

---

[*]) Vgl. Archiv 1887 S. 57.

Die Eisenbahnen im Königreich der Niederlande in 1885.*)

Innerhalb der Reichsgrenzen wurden am Schlusse des Jahres 1885 nach dem amtlichen statistischen Bericht**) im Ganzen 2 392 km Eisenbahnen (gegen 2 247 km am Schlusse des Jahres 1884) von 14 verschiedenen Unternehmungen betrieben. Die bedeutendste Unternehmung ist die der „Gesellschaft für den Betrieb von Staatsbahnen", welche Ende 1885 ein Netz von 1 283 km Eisenbahnen (gegen 1 230 km Ende 1884) betrieb. Hiernach folgen: die „Holländische Eisenbahngesellschaft" mit 539 km (gegen 446 km Ende 1884), die „Niederländische Rheinbahn-Gesellschaft" mit 228 km (ebenso wie alle übrigen unverändert gegen 1884), die „Niederländische Zentralbahn-Gesellschaft" mit 101 km, die „Nordbrabant-Deutsche Eisenbahn-Gesellschaft" mit 52 km, die „Grande Central Belge" mit 103 km. Die übrigen 8 Unternehmungen betreiben Linien, deren Länge zwischen 23 und 1 km beträgt. An Betriebsmitteln waren Ende 1885 auf den niederländischen Eisenbahnen vorhanden: 869 Lokomotiven, 674 Tender, 2 071 Personenwagen mit zusammen 90 225 Sitzplätzen, 4 316 bedeckte und 11 025 offene Güter- und Viehwagen. Befördert wurden 23 171 146 Reisende, darunter 19 937 691 im Binnenverkehr, 2 888 570 im direkten und 344 885 im Durchgangsverkehr. Im Güterverkehr wurden befördert: 101 134 t Bestellgüter (bestelgoederen), 76 990 t Eilgüter, 4 680 631 t Stückgüter, 6 175 499 t Wagenladungsgüter, 718 808 t Dienstgüter, zusammen 11 753 062 t. Beförderte Fahrzeuge und Vieh sind in dieser Zahl nicht einbegriffen.

Die vorstehend gemachten Angaben beziehen sich auf die innerhalb der Grenzen des Königreichs befindlichen Eisenbahnen. Unter diesen befinden sich verschiedene Bahnlinien, welche zu ausländischen Eisenbahn-Unternehmungen (Preuss. Staatsbahnen, Oldenburger Staatsbahn, Central Belge u. s. w.) gehören und im Zusammenhange mit diesen betrieben werden, weshalb auch die vorangegebenen auf den Verkehr u. s. w. bezüglichen Zahlen sich nicht ausschliesslich auf niederländische Eisenbahnen beziehen. Um ein Bild von den eigentlich niederländischen Eisenbahn-Verhältnissen und der Entwicklung derselben zu geben, werden in der von der niederländischen Regierung herausgegebenen Statistik die oben zuerst genannten 5 grösseren Eisenbahn-Unternehmungen für sich betrachtet, wobei die zu diesen Unternehmungen gehörigen und von denselben betriebenen, im Auslande gelegenen Strecken einbegriffen werden. Die auf diese 5 Unternehmungen bezüglichen wichtigsten statistischen An-

---

*) Vergl. „die Eisenbahnen in den Niederlanden im Jahre 1884" Archiv 1876 S. 544.

**) Statistiek van het vervoer op de spoorwegen en tramwegen over het jaar 1885. Uitgegeven door het Departement van Waterstaat, Handel en Nijverheid.

gaben für die Jahre 1884 und 1885 sind im Anschlusse an die im vorigen Jahrgang des Archivs S. 546 enthaltene Uebersicht für die Jahre 1878 bis 1884 im Nachstehenden zusammengestellt.

	1884	1885
Länge der am Jahresschluss im Betrieb gewesenen Bahnlinien . . . . km	2 196	2 341
Länge der im Jahresdurchschnitt im Betrieb gewesenen Bahnlinien . . . . . „	2 103	2 249
Von der Länge am Jahresschluss waren eingeleisig . . . . „	1 546	1 641
Von der Länge am Jahresschluss waren zweigeleisig . . . . „	650	700
Zahl der vorhandenen Lokomotiven	610	634
„ „ „ Personenwagen	1 588	1 625
„ „ „ - Güter- und Viehwagen .	7 674	7 668
„ „ beförderten Reisenden	16 766 896	16 645 764
An Gütern (Gepäck-, Eil-, Stück-, Wagenladungs-Güter und Vieh) wurden befördert . . . t	6 450 747	6 519 111
Unter den beförderten Gütern befanden sich Dienstgüter . . . . t	425 043	486 208
Die Einnahme hat betragen:		
aus dem Personen-Verkehr . . . . Gulden	13 822 392	13 546 528
„ „ Gepäck-, Güter- und Vieh-Verkehr . . . . „	10 373 014	10 490 598
zusammen Einnahme aus dem Verkehr „	24 195 406	24 037 126
Für das km Bahnlänge wurden eingenommen:		
aus dem Personen-Verkehr . . . . Gulden	6 372	6 024
„ „ Gepäck-, Güter- und Vieh-Verkehr . . . . „	4 782	4 665
zusammen aus dem Verkehr . . . „	11 154	10 689
Durchschnittliche Einnahme:		
für 1 Reisenden . . . . „	$0_{,824}$	$0_{,813}$
„ 1 Personen-Kilometer . . . . . „	$0_{,025}$	$0_{,025}$
„ 1 Tonne befördertes Gepäck, Güter und Vieh . . . . . . „	$1_{,606}$	$1_{,609}$
„ 1 Tonnen-Kilometer befördertes Gepäck, Güter und Vieh . . „	$0_{,02}$	$0_{,019}$

Die kilometrische Verkehrseinnahme ist hiernach bei den niederländischen Eisenbahnen in 1885 um 465 Gulden gegen 1884 zurückgeblieben.

Die Trambahnen in den Niederlanden[*]) hatten am Schlusse des Jahres 1885 eine Ausdehnung von 711 km, wovon 669 km ein- und 42 km zweigeleisig waren. Die Spurweite dieser 38 verschiedenen Unternehmungen war bei 312 km gleich der Normalspurweite der deutschen Eisenbahnen (1,485 m), bei 300 km = 1,067 m, bei 59 km nahezu gleich der normalen (1,41 und 1,42 m), bei 35 km = 0,75 und bei 5 km = 1,0 m. Für den Betrieb verwendeten 23 Unternehmungen mit 428 km Trambahnen ausschliesslich Lokomotiven, 12 Unternehmungen mit 131 km ausschliesslich Zugthiere und 3 Unternehmungen mit 152 km theils Lokomotiven, theils Zugthiere. Im Ganzen wurden für den Betrieb verwendet 167 Lokomotiven, 688 Pferde, ferner 715 Personen- und 374 Güterwagen. Die Zahl der auf den Trambahnen im Jahre 1885 beförderten Reisenden war ungefähr 25 616 264, wobei indessen 4 Unternehmungen mit zusammen 105 km Trambahn, für welche bezügliche Angaben nicht vorliegen, nicht einbegriffen sind. Der Güterverkehr auf den Trambahnen ist in 1885 gegen 1884 stark gestiegen, es wurden befördert in 1885: 357 057 t gegen 88 295 t in 1884; ausser der angegebenen Menge wurden in 1885 noch befördert: 24 460 Gepäckstücke (colli), 2 455 Wagenladungen Frachtgut und 2 798 Stück Vieh. Die Einnahme der Trambahnen hat in 1885 betragen: aus dem Personenverkehr 3 113 548 Gulden, aus dem Güterverkehr 184 156 Gulden, im Ganzen einschliesslich der aus sonstigen Quellen geflossenen Einnahmen 3 317 421 Gulden (1 Gulden holländ. = 1,701 $\mathcal{M}$.).

Die Eisenbahnen in Britisch-Ostindien in 1885/86.[**]) Die Ausdehnung der im Betrieb befindlichen Eisenbahnen betrug am 31. März 1886 12 376 engl. Meilen (19 913 km), nachdem im Laufe des Rechnungsjahres 1885/86 376 Meilen eröffnet worden waren. Im Bau waren zu der angegebenen Zeit noch weitere 3 700 Meilen. Von letzteren wurden bis zum 1. Juni 1886 noch 149 Meilen eröffnet, so dass an letzterem Tage im Ganzen 12 525 Meilen (20 153 km) im Betrieb waren.

---

[*]) Vergl. „die Trambahnen in den Niederlanden in 1884" im Archiv 1886 S. 547. Die vorstehend gemachten Angaben sind einem amtlichen niederländischen Berichte entnommen (Statistiek van het vervoer op de spoorwegen en tramwegen over het jaar 1885. Uitgegeven door het Departement van Waterstaat, Handel en Nijverheid.)

[**]) Vgl. Archiv 1886 S. 802: „Ueber die Eisenbahnen in Britisch-Ostindien in 1884/85." Die gemachten Angaben sind entnommen aus dem amtlichen Jahresberichte der britisch-ostindischen Eisenbahn-Behörde: Administration Report on the Railways in India for 1885/86, by Colonel F. S. Stanton, R. E., Director General of Railways. London 1886.

Von den am 31. März 1886 im Betrieb gewesenen Eisenbahnen waren:

	im Ganzen	davon zwei-gleisig
	engl. Meilen	
Kaiserliche Staatsbahnen im Privatbetrieb　.　.	3 486$^1/_4$	470$^3/_4$
〟　　　　　〟　　　〟 Staatsbetrieb　.　.	2 073	2$^1/_2$
Provinziale Staatsbahnen im Privatbetrieb　.　.	105	—
〟　　　　　〟　　　〟 Staatsbetrieb　.　.	1 448$^1/_4$	—
Privatbahnen mit Zinsbürgschaft　.　.　.　.　.	3 922$^1/_2$	408$^3/_4$
Unterstützte (assisted) Privatbahnen　.　.　.　.	645$^1/_2$	—
Sonstige Privatbahnen　.　.　.　.　.　.　.　.　.	7$^3/_4$	—
Eisenbahnen einheimischer Staaten im Privatbetrieb	250$^3/_4$	—
〟　　　　　〟　　　〟　〟 Staatsbetrieb	437	—
Zusammen　.　.　.	12 376	882

Von der Zunahme, welche das Eisenbahnnetz in 1885/86 erfahren, treffen auf:

　　　die Kaiserlichen Staatsbahnen　.　.　.　.　.　114 Meilen
　　　〟 Provinzial-　　　　〟　.　.　.　.　.　153 〟
　　　〟 Privatbahnen mit Zinsbürgschaft　.　.　85 〟
　　　〟 Staatsbahnen einheimischer Staaten　.　24· 〟
　　　　　　　　　　　　　　　　= 376 Meilen.

Das 691 Meilen umfassende Netz der Sind-, Punjab- und Dehli-Eisenbahn-Gesellschaft, deren Anlagekapital eine staatliche Zinsbürgschaft genoss, ist am 1. Januar 1886 in den Besitz des Staates übergegangen und von letzterem für den Betrieb mit der Industhalbahn, der Nord-Punjab- und anderen Bahnen zu einem „Nordwestnetze“ vereinigt worden, welches am 31. März 1886 ausschliesslich der zugehörigen Zweigbahnen 1 791$^3/_4$ Meilen im Betrieb befindlicher Eisenbahnstrecken umfasste. Dieser, sowie der weitere Umstand, dass die in 1885/86 neu eröffneten Bahnstrecken zum grössten Theil ebenfalls Staatsbahnen sind, dürften darauf hinweisen, dass bei der beabsichtigten Erweiterung des indischen Eisenbahnnetzes der Privatindustrie nur ein beschränkter Spielraum gelassen werden wird*).

Die Spurweite ist bei dem grössten Theile (etwa 12 000 km) der Eisenbahnen in Britisch-Ostindien = 5 Fuss 6 Zoll engl. (1,67 m), daneben findet sich noch in grösserer Ausdehnung (über 7 000 km) die Spurweite von 3 Fuss 3$^3/_8$ Zoll (1,0 m). Spurweiten von 4 Fuss (1,22 m), 2 Fuss 6 Zoll (0,76 m) und 2 Fuss (0,61 m) sind nur auf kürzeren Strecken vorhanden.

---

*) Vgl. „die englische Eisenbahnpolitik in Ostindien“. Von Gustav Cohn. Archiv 1886 S. 1 ff.

Für den Oberbau sind grösstentheils hölzerne Querschwellen verwendet. Von den einschliesslich der zweiten und der Nebengeleise im Ganzen vorhandenen 14 993 Meilen (24 124 km) Geleis sind 9 750 Meilen mit hölzernen, 4 521 Meilen mit gusseisernen, 335 Meilen mit Stahl-Querschwellen, der Rest (387 Meilen) in verschiedener anderer Weise (mit eisernen Glocken, flachen eisernen Schwellen und dergl.) hergestellt.

Der Bestand an Lokomotiven und Wagen war bei sämmtlichen Bahnen zusammengenommen:

	für die Spurweiten von 5 Fuss 6 Zoll		für die kleinen Spurweiten	
	am 31. Dezember			
	1884	1885	1884	1885
Lokomotiven	1 943	2 068	811	906
Wagen für den Personenverkehr .	4 785	4 958	2 585	2 999
Güterwagen	34 925	36 103	13 964	16 114
Bremswagen	1 608	1 599	526	632
Gesammtzahl der Wagen	41 318	42 660	17 075	19 745

An Brennstoffen wurde auf den indischen Bahnen in 1884 und 1885 verbraucht:

	Kohle aus		Kokes	Patent-Brennstoff	Holz
	England	Ostindien			
im Jahre 1885 . . tons	225 721	476 277	10 439	23 117	255 178
„ „ 1884 . . „	197 342	436 804	12 805	18 657	216 443

Das Ergebniss der schon früher angestellten und im Jahre 1885 fortgesetzten Bohrungen auf Petroleum (bei Khatun) lässt auf dauernde Ergiebigkeit der erbohrten Quellen schliessen. Die wegen Verwendung des gewonnenen Oels als Heizmittel für Lokomotiven angestellten Versuche haben ein günstiges Ergebniss geliefert.

Das bis zum 31. Dezember 1885. auf die indischen Eisenbahnen, einschliesslich der im Bau befindlichen, verwendete Anlagekapital wurde zu 166 146 651 £ berechnet.

Die wesentlichsten Betriebsergebnisse waren in den Jahren 1883 bis 1885:

	1883	1884	1885*)
Betriebslänge im Jahresdurchschnitt engl. Meilen	10 409	11 114	12 091
Zahl der beförderten Reisenden	65 098 953	73 815 119	80 864 779
Beförderte Güter . . . . tons	16 999 264	16 663 007	18 925 385
Zurückgelegte Personenmeilen	3 018 897 913	3 355 746 323	3 640 337 596
Im Güterverkehr geleistete Tonnenmeilen .	2 970 703 599	2 761 518 023	3 319 574 447
Roheinnahme . . . . ℳ**)	325 595 050	319 526 512	357 610 370
Betriebsausgabe . . . . „	157 563 890	161 252 926	175 403 924
Reineinnahme . . . . „	168 031 160	158 273 586	182 206 446

*) Zwei Eisenbahnen von zusammen 59 Meilen Länge sind ausgeschlossen, da Angaben für dieselben nicht vorlagen.
**) Bei der Umrechnung ist 1 Rupie = 2 ℳ gerechnet.

In dem Berichte wird an anderer Stelle angegeben, dass das auf die indischen Eisenbahnen verwendete Anlagekapital im Jahre 1885 sich zu $5{,}84 \,^0/_0$ verzinst habe, gegenüber $5{,}27 \,^0/_0$ in 1884. Hiernach würde sich das Kapital, welches auf die vorstehend für 1885 in Betracht gezogenen 12 091 Meilen verwendet worden ist, soweit es für die Berechnung der Verzinsung in Rechnung gestellt wird, zu etwa 3 120 000 000 $\mathcal{M}$ oder für die Meile auf etwa 258 000 $\mathcal{M}$ (161 000 $\mathcal{M}$ für das Kilometer) berechnen.

Die Zahl der Eisenbahnbediensteten, sowie die Stammeszugehörigkeit derselben war:

	Europäer	Ostindier	Eingeborene	Zusammen Bedienstete	Ausdehnung der im Betrieb befindlichen Eisenbahnen	Zahl der Stationen
am 30. Sept. 1884	4 069	4 250	189 429	197 748	11 130$^3/_4$	1 526
„ 31. Dezbr. 1885	4 375	4 598	206 893	215 866	12 200$^1/_2$	1 716

Die Bediensteten sind hiernach zu etwa $96^0/_0$ aus den Eingeborenen entnommen.

Die Zahl der Zugunfälle betrug auf je 1 000 Zugmeilen in 1885 $0{,}07$, ebensoviel wie in 1884. Getödtet wurden dabei in 1885 vier Reisende ohne eigenes Verschulden, so dass eine Tödtung auf $20^1/_5$ Millionen beförderter Reisenden kommt. Verletzt wurden 33 Reisende oder durchschnittlich einer von $2^2/_5$ Millionen beförderter Reisenden.

Die Ausgabe für Eisenbahnbedarfs-Gegenstände, welche im Jahre 1885 für die ostindischen Staatseisenbahnen in England angekauft wurden, hat 1 895 778 £ betragen. Davon kamen auf Oberbaumaterialien 1 129 457 £, auf Lokomotiven und Wagen 443 217 £ und auf eiserne Brücken 234 410 £. Bei der Beförderung dieser in England angekauften Gegenstände (zusammen 187 886 tons) nach Indien waren 332 Schiffe betheiligt.

Die Weizenausfuhr der drei wichtigsten ostindischen Häfen war:

	1883	1884	1885
aus Bombay . . . . . . tons	488 096	376 834	565 376
„ Calcutta . . . . . . „	405 891	130 004	213 759
„ Kurrachee . . . . . „	217 348	193 000	325 981
Zusammen . .	1 111 335	699 838	1 105 116

Die Eisenbahnen auf der Insel Ceylon. Ueber die Eisenbahnen auf der zu Grossbritannien gehörigen 63 998 qkm umfassenden und nach einer anfangs 1881 stattgehabten Zählung von 2 764 384 Menschen bewohnten Insel Ceylon entnehmen wir der Zeitschrift „Engineering" die nachstehenden Angaben.

Die Eisenbahnen Ceylons sind sämmtlich Eigenthum des Staates und werden auch vom Staat betrieben. Ihre Ausdehnung betrug anfangs 1886 180¼ engl. Meilen (289 km), die Spurweite ist bei allen 5 Fuss 6 Zoll englisch (1,676 m). Ueber die einzelnen Linien, welche das Eisenbahnnetz der Insel zusammensetzen, über die Anlagekosten, Neigungs- und Krümmungsverhältnisse ist folgendes zu bemerken:[*])

Lfde. Nr.	Bezeichnung der einzelnen Linien.	Länge km	Ursprüngliche Anlagekosten		Stärkstes Steigungsverhältniss.	Kleinste Krümmungsachse. m.
			im Ganzen ℳ	für das km Bahnlänge ℳ		
1.	Colombo-Kandy	120	34 769 660	289 747	1 : 45	201
2.	Kandy-Mátalé	28	6 783 904	242 282	—	—
3.	Peradeniya (Station der Bahn Colombo-Kandy, 6 km vor Kandy) — Náwalapitia .	27	5 349 254	198 121	—	—
4.	Náwalapitia-Nanuoya . . .	65	14 188 338	218 282	1 : 44	100
5.	Colombo-Kaltura (Küstenbahn)	44	4 384 424	96 646	—	—
6.	Zweigbahn (von Colombo-Kandy) nach den Mahara-Steinbrüchen.	4	—	—	—	—
7.	Werftbahn in Colombo . .	1	—	—	—	—
		289				

Das Innere der Insel ist gebirgig. Der Bahnbau war daher hier mit Schwierigkeiten verbunden, deren Ueberwindung, obgleich starke Steigungen und scharfe Krümmungen zur Anwendung kamen, bedeutende Kosten verursachte. Die ursprünglichen Anlagekosten bezeichnen, soweit aus der Mittheilung des Engineering hervorgeht, die den Bauunternehmern gezahlten Beträge. Bei der unter Nr. 4 genannten Bahn sind das Eisenwerk der Brücken, die Telegrapheneinrichtungen, sowie die Betriebsmittel von der Regierung unmittelbar beschafft worden. Die durch diese Beschaffung entstandenen Kosten sind in dem angegebenen Betrage des Anlagekapitals nicht enthalten. Ob und inwieweit bei den übrigen Bahnen, für welche

---

[*]) Für die Umrechnung in deutsches Maass und Geld ist angenommen: 1 englische Meile = 1,609 km, 1 chain = 20 m, 1 Rupie = 2 ℳ. Der Werth der letzteren ist nach einer Bemerkung im Engineering vielfachem Wechsel unterworfen, im Dezember 1885 haben 13,35 Rupien den Werth eines englischen Sovereign gehabt. Hiernach würde ein Rupie = 1,54 ℳ sein. Im Verkehr mit den Eingeborenen habe die Rupie indessen einen festen Werth. In den amtlichen Berichten über die Eisenbahnen in Britisch-Ostindien wird, soweit nicht in den Verträgen der Regierung mit den Eisenbahn-Gesellschaften eine anderweitige Feststellung getroffen, bei der Umrechnung der indischen Währung in englische 1 Rupie = 2 Shilling, also etwa = 2 ℳ gerechnet. Vergl. Administration Report on the Railways in India for 1885/86 S. 51.

die Kosten sich angegeben finden, etwa ebenfalls noch Beschaffungen unmittelbar von der Regierung gemacht sind, ist aus den Mittheilungen des
Engineering nicht zu ersehen.

Der Oberbau der Bahn Colombo-Kandy und deren Fortsetzungen
besteht aus 36 kg auf das laufende Meter wiegenden Stahlschienen,
welche auf Holzschwellen, deren Entfernung von Mitte zu Mitte 76 cm
beträgt, gelagert sind. Die 2,7 m langen, 27 cm breiten und 13 cm
starken Schwellen sind theils aus kreosotirtem baltischem Föhrenholz (baltic
fir), theils aus harten einheimischen Hölzern hergestellt. Als Bettung wird
meist Steinschlag verwendet. Auf der Küstenbahn Colombo-Kaltura, auf
welcher nur gemischte Züge von geringer Fahrgeschwindigkeit verkehren,
wird eine Schiene von 30 kg Gewicht auf das Meter verwendet.

An Fahrbetriebsmitteln waren vorhanden: 56 Lokomotiven, 164
Personen- und 508 Güterwagen. Im Jahre 1884 wurden damit im Ganzen
610 198 Zugmeilen geleistet, wobei Kieszüge und Leerfahrten der Lokomotiven nicht eingerechnet sind. In demselben Jahre betrug die Gesammt-
Einnahme 2 544 585 Rupien, (916 878 aus dem Personen-, 1 597 717 aus
dem Güter- und Viehverkehr, 29 989 aus sonstigen Quellen). Die Ausgabe betrug 1 359 102 Rupien, also 53,4 Prozent der Einnahmen.

Die auf den Eisenbahnen Ceylons beförderten Züge werden in
Schnell-, gemischte und Güterzüge eingetheilt. Schnellzüge (Express
Passenger Trains) werden anscheinend nur auf der Hauptlinie Colombo-
Kandy und Peradeniya-Nanuoya befördert, wobei die 206 km lange Strecke
Colombo-Peradeniya-Nanuoya einschliesslich 14maligen Aufenthalts in 7
Stunden 56 Minuten durchlaufen wird, was einschliesslich der Aufenthalte
eine Durchschnittsgeschwindigkeit von 26 km in der Stunde ergiebt. Auf der in
dieser Linie liegenden nach der Hochebene führenden steilen Rampe zwischen
Rambukenna und Kadugannawa wird die Fahrgeschwindigkeit für alle Züge
auf 19 km in der Stunde herabgemindert. Güterzüge fahren auf den weniger steilen Strecken mit 21 km in der Stunde. Die gemischten Züge
auf der flaches Land durchschneidenden Küstenbahn durchfahren die ganze,
44 km lange Strecke bei 14maligem Aufenthalt in 1³/₄ bis 2 Stunden, also
mit einer durchschnittlichen Geschwindigkeit von 22 bis 25 km in der Stunde.
Das Personal der Eisenbahnen Ceylons besteht fast ausschliesslich aus Eingeborenen. Nur die obersten Stellen sind mit Europäern besetzt.

Eisenbahnen in der Republik Peru waren am Schlusse des Jahres
1886 im Ganzen 1309 km*) im Betrieb und 38 km im Bau. Die Spur-

----

*) Hiernach ist auch die in der Zusammenstellung der Eisenbahnen der Erde im
Archiv 1887 S. 214 in Bezug auf Peru für die Jahre 1881 bis 1885 eingestellte Zahl zu
berichtigen. Dieselbe (2600 km) ist einer aus früherer Zeit (1878) stammenden Mittheilung

weite dieser Bahnen war bei 1189 km = 1,44 m, bei 158 km = 0,914 m Zwei Linien mit zusammen 38 km Länge sind Privatbahnen, die übrigen gehören dem Staate. Die Herstellung dieser letzteren ist durch Generalunternehmer erfolgt, welchen zum grössten Theile auf Grund der mit der Regierung abgeschlossenen Verträge auch das Recht der Betriebsführung noch für längere oder kürzere Zeit zusteht, während von der Regierung selbst zur Zeit nur die 37 km lange Staatsbahn Lima—Ancon betrieben wird.

Die peruanischen Bahnen führen in 10 verschiedenen Linien von der Küste des Stillen Meeres nach dem Innern. Die bedeutendste ist die 522 km lange Bahnlinie, welche von Mollendo am Stillen Meere über Arequipa nach Puno am Titicaca-See und von da in nordwestlicher Richtung nach Santa Rosa führt. Diese Bahn erhebt sich mit Steigungen bis 1:25 von der Küste, wo sie 1,83 m über dem Meeresspiegel liegt, bei Arequipa auf eine Höhe von 2301 und bei Puno auf 4470 m über dem Meere. Die Fortsetzung der Bahn von Santa Rosa bis Cuzco wurde im chilenischen Kriege zerstört und ist noch nicht wieder in Betrieb genommen worden. Die zweitgrösste Linie ist die 140 km lange Strecke, welche von Callao über Lima ins Innere nach San Mateo führt, wo sie mit Steigungen bis zu 1:25 eine Höhe von etwa 4000 m erreicht. Die Fortsetzung dieser Bahn, welche früher bereits in Angriff genommen wurde, aber liegen geblieben ist, würde nach Cerro de Pasco, dem an mineralischen Schätzen reichsten Bezirke Perus, führen.

In der ein Gebiet von 238 290 qkm umfassenden südamerikanischen **Republik Paraguay** ist zur Zeit nur eine 72 km lange Eisenbahn im Betrieb, welche von Asuncion, der Hauptstadt des Landes, in südöstlicher Richtung nach Paraguary führt. Der Bau dieser Bahn, welche 1,30 m Spurweite und als stärkstes Steigungsverhältniss 1:75 hat, wurde im Jahre 1864 von der Regierung der Republik in Angriff genommen, wurde dann aber in Folge des Krieges mit Brasilien, Argentinien und Uruguay vom Jahre 1865 bis 1870 unterbrochen. Nach der Fertigstellung wurde sie bis zum Jahre 1877 vom Staate betrieben, im letzteren Jahre einer Privatgesellschaft übertragen, welcher sie von der Regierung im Jahre 1885 wieder abgekauft wurde. Bei der Ausführung der Bahn waren englische

entnommen. In dieser Zahl waren anscheinend einige damals im Bau befindliche Bahnstrecken mit einbegriffen, deren Fertigstellung in Folge der danach eingetretenen politischen Wirren, insbesondere in Folge des Krieges mit Chile (1879 bis 1883) unterblieb. Während des letzteren Krieges wurden auch einzelne Linien, welche bereits in Betrieb waren, zerstört, welche bis jetzt noch nicht wieder in Betrieb genommen sind (etwa 400 km). Ferner befanden sich auch auf dem Gebiete, welches nach den Friedensbedingungen im Jahre 1883 an Chile abgetreten wurde, Eisenbahnen.

Ingenieure thätig und die Oberbaumaterialien, Betriebsmittel u. s. w. wurden aus England bezogen. Für den Oberbau wurden drei verschiedene Arten eiserner Schienen verwendet: für 12 km ⌐_⌐förmige (sogenannte Omegaschienen), für 10 km breitbasige (Vignol-) und für den übrigen Theil der Strecke Stuhlschienen. An Betriebsmitteln waren im Jahre 1886 7 Lokomotiven, 6 Personen- und 50 Güterwagen vorhanden.

Die Betriebseinnahme betrug im Durchschnitt monatlich im Jahre 1878 2410 $ (Pesos fuertes)*), im Jahre 1881 5250 $, im Jahre 1885 7752 $. Im Ganzen wurden eingenommen im Jahre 1885 93 027 $ gegen 88 451 $ in 1884. In den ersten drei Monaten des Jahres 1886 wurden 29 949 $ eingenommen gegen 23 722 $ im gleichen Zeitraum des Vorjahres. Die Betriebsausgaben beliefen sich in 1885 auf 64 947 $, so dass sich für dieses Jahr ein Ueberschuss von 28 080 $ ergeben hat. Befördert wurden in 1885 · 118 943 Personen gegen 95 762 in 1884. Der Buchwerth der Bahn ist in der von der Eisenbahnverwaltung veröffentlichten Statistik für das Jahr 1885 zu 1 223 910 $ angegeben.

Der Bau einer Fortsetzung dieser Eisenbahn von Paraguary in südöstlicher Richtung nach Villa Rica ist in Aussicht genommen.·

---

*) 1 Peso fuerte ist zu ungefähr 4 ℳ zu rechnen.

Rechtsprechung und Gesetzgebung.

Rechtsprechung.

Obligationenrecht.

In wie weit ist für den Umfang der vertragsmässig übernommenen Verpflichtung, einem andern den ihm aus einer Anlage etwa künftig entstehenden Schaden zu ersetzen, eine spätere Veränderung der zur Zeit des Vertragsabschlusses bestehenden Verhältnisse von Einfluss?

Urtheil des Reichsgerichts (V. Zivil-Senat) vom 11. Februar 1886.

Aus den Entscheidungsgründen.

Der Streit unter den Parteien betrifft die rechtliche Bedeutung des am 25. April 1874 zwischen der Firma E. und S. einerseits, der M.-H.-Eisenbahngesellschaft andererseits abgeschlossenen Vertrages. Laut desselben hat die · bezeichnete Firma der genannten Eisenbahngesellschaft gegenüber die Haft für die Schäden jeder Art übernommen, welche aus dem Eisenbahnbetriebe auf einer Geleisanschlussanlage, deren Herstellung der Firma E. und S. von der Eisenbahngesellschaft gestattet worden war, entstehen würde. In diesem Vertrag ist durch spätere Rechtsakte an die Stelle der mehrgenannten Firma die Beklagte, an die Stelle der mehrgenannten Eisenbahngesellschaft der Kläger (Fiskus) getreten. Auf Grund des Vertrages hat der Kläger von der Beklagten Erstattung dessen, was er an den bei dem Bahnbetriebe auf der Geleisanschlussanlage am 2. November 1882 körperlich verletzten und hierdurch dauernd erwerbsunfähig gewordenen damaligen Zugführer D. auf Grund des mit demselben am 21. Oktober 1884 abgeschlossenen Vergleichs zu zahlen habe mit jährlich 1467 ℳ gefordert. Dieser Betrag setzt sich laut des Vergleichs zusammen

a) aus 525 ℳ, welcher Betrag die dem D. als Mitglied der Pensionskasse für die Beamten der ehemaligen M.-C.-H.-L.-Eisenbahngesellschaft zustehende jährliche Pension darstellt,

b) aus dem auf Grund des Haftpflichtgesetzes zur Ergänzung des bisherigen Diensteinkommens des D. zu zahlenden Zuschüsse von 942 ℳ

Die Beklagte will nur zur Zahlung des Zuschusses von 942 ℳ. verpflichtet sein, weil die Verpflichtung zur Zahlung der 525 ℳ, welche der Kläger an D. als Mitglied der Pensionskasse zu zahlen habe, sich nicht unter den Begriff des Schadens bringen lasse, den der Kläger „nach dem Vertrage vom 25. April 1874" zu tragen habe. Der Kläger dagegen hält sich für berechtigt, die Erstattung auch der 525 ℳ jährlich zu fordern, weil die Pensionskasse als solche nicht mehr bestehe, vielmehr nach dem durch den Vertrag vom 4. März 1876 und das Gesetz vom 7. Juni 1876 erfolgten Erwerbe der M.-H.-Eisenbahn seitens des preussischen Staats in das Staatsvermögen übergegangen sei, die 525 ℳ daher dem D. aus dem Staatsvermögen gezahlt werden. Der gegenwärtige Prozess betrifft nur diese 525 ℳ.

Beide Vorderrichter haben den Kläger mit dem Erstattungsanspruche abgewiesen, das Berufungsgericht, indem es ausführt, dass, da beim Abschlusse des Vertrages vom 25. April 1874 für die Bahnbeamten der Zwang des Beitritts zur Pensionskasse bestanden habe, die Firma E. und S. bei einer Beschädigung des Personals immer nur für denjenigen Betrag zu haften gehabt habe, welcher der aus der Pensionskasse zu zahlenden Pension auf Grund des Haftpflichtgesetzes vom 7. Juni 1871 zuzulegen gewesen sei, und dass die nach Uebernahme der Bahn durch den Staat erfolgte Aufhebung der Pensionskasse die Rechtslage der Firma E. und S. und der an deren Stelle getretenen Beklagten nicht ungünstiger gestalten könne.

Gegen diesen Entscheidungsgrund macht der Kläger geltend, es komme ür die Frage, worin sein Schaden bestehe, auf die Verhältnisse zur Zeit des Eintrittes des Schadens, nicht auf die Verhältnisse zur Zeit des Vertragsabschlusses an, und die Schadensersatzpflicht könne nicht auf die Nachtheile beschränkt werden, welche eingetreten sein würden, wenn entweder der Unfall sich vor dem Abschlusse des Vertrages vom 4. März 1876 ereignet hätte, oder dieser Vertrag überhaupt nicht abgeschlossen worden wäre.

Es sei dies ebensowenig zulässig, wie es dem Kläger zustehen würde, Ersatz für Nachtheile zu fordern, welche er zwar durch den Unfall nicht erleide, die er aber erlitten haben würde, wenn der Unfall sich zur Zeit des Abschlusses des Vertrages vom 25. April 1874 ereignet hätte.

Die Revisionsbeklagte hat die Revision mit der Ausführung bekämpft, dass die Entscheidung auf einer der Nachprüfung des Revisionsgerichtes entzogenen Auslegung des Vertrages vom 25. April 1874 beruhe.

Dieser Annahme der Revisionsbeklagten lässt sich indess nicht beitreten. Das Berufungsgericht leitet aus dem unstreitigen Inhalte des Vertrages rechtliche Folgerungen her, ohne festzustellen, dass der Wille der Vertragschliessenden dahin gegangen sei, dieselben eintreten zu lassen.

Die Folgerungen stellen sich in dem den eigentlichen Entscheidungsgrund bildenden Satze dar, dass die Verbindlichkeit der Firma E. und S., wie sie zur Zeit des Vertragschlusses bestand und sich dem in Rede stehenden Unfalle gegenüber, wenn derselbe sich zur Zeit des Vertragschlusses ereignet hätte, gestaltet haben würde, durch die späteren, vom Kläger selbst herbeigeführten Vorkommnisse, welche auf den Erwerb der Eisenbahn durch den Kläger folgten, ohne Zustimmung der mehrbezeichneten Firma oder der Beklagten nicht habe vergrössert werden können. Dieser Satz reicht zur Begründung der erkannten Abweisung der Klage nicht hin.

Bei Bestimmung der Haftung desjenigen, der sich zum Ersatze des Schadens verpflichtet, welcher einem andern aus einer Anlage künftig entstehen möchte, ist nicht nothwendig und begriffsmässig die Berücksichtigung des Schadens ausgeschlossen, welcher nicht entstanden sein würde, wenn die Verhältnisse, unter denen die Schadensersatzpflicht übernommen worden ist, dieselben geblieben wären, wie zur Zeit dieser Uebernahme. Auch der Satz hat keinen Anspruch auf allgemeine Geltung, dass eine jede von dem Ersatzpflichtigen ausgegangene, durch dessen freie Handhabung bewirkte Veränderung der Verhältnisse, durch welche die Schadensersatzpflicht zum Nachtheile des Verpflichteten sich erweitern würde, bei Bestimmung dieser Ersatzpflicht ausser Betracht bleiben müsse. Da aber das Berufungsurtheil ausschliesslich auf jenem Entscheidungsgrunde beruht und dasselbe sich auch nicht aus einem anderen Grunde aufrecht halten lässt (§ 526 C. P. O.), so unterliegt es der Aufhebung.

Reichshaftpflichtgesetz.

Urtheil des Reichsgerichts (VI. Zivil-Senat) vom 18. Oktober 1886 in Sachen des königlich preussischen Eisenbahnfiskus, Beklagten und Revisionsklägers, wider den Obersteiger H. zu B., Kläger und Revisionsbeklagten.

Nichteinrechnung einer dem durch Unfall Verletzten aus einer Unterstützungskasse zustehenden Pension auf die zufolge des Haftpflichtgesetzes ihm gebührende Entschädigung.
Haftpflichtgesetz vom 7. Juni 1871 §§ 3, 4.

Entscheidungsgründe.

Der Kläger ist in der Nacht vom 19./20. Januar 1884 durch einen Eisenbahnunfall erwerbsunfähig geworden. Der Beklagte hat die ihm als Unternehmer obliegende Haftpflicht anerkannt, und die Parteien haben sich über die dem Kläger als Entschädigung zu zahlende Rente bis auf einen Punkt verständigt. Es ist nämlich unter ihnen streitig geblieben, ob der

Kläger auf die ihm sonst zu gewährende Rente sich eine Pension anrechnen lassen müsse, welche er aus der Pensions- und Unterstützungskasse der Beamten der B.-S. Herrschaften beanspruchen kann. Mitglieder dieses Pensions- und Unterstützungsvereins können nur die zu den betreffenden Beamten gehörenden Personen werden. Die Dienstherrschaft hat im Jahre 1857 nach Gründung des Vereins die Verpflichtung übernommen, jedem neu anzustellenden Beamten den Beitritt zum Verein zur Bedingung zu machen. Die Mitglieder des Vereins haben $3^{1}/_{3}$ pCt. von dem für sie versicherten Diensteinkommen beizutragen, ausserdem leistet die Dienstherrschaft einen Zuschuss von $10^{1}/_{2}$ pCt. des versicherten Diensteinkommens. Der Kläger ist Mitglied des betreffenden Vereins gewesen und hat als Invalide Anspruch auf die dem Statut entsprechende Pension. Wie Kläger behauptet, Beklagter aber bestreitet, bezieht er thatsächlich die Pension nicht, indem er von einer im Statut des Vereins ihm freigelassenen Befugniss, aktives Mitglied des Vereins zu bleiben, Gebrauch gemacht habe. Von Seiten des Beklagten wird nun insbesondere geltend gemacht, dass dem Kläger nach dem Haftpflichtgesetze nur der Vermögensnachtheil ersetzt werden solle, welchen er durch den Verlust oder die Verminderung seiner Erwerbsfähigkeit erleide, und dass, wenn der Kläger neben seiner Pension die volle Entschädigung für den Verlust, beziehungsweise Verminderung seiner Erwerbsfähigkeit erhalte, seine Vermögenslage sich in Folge des Unfalls verbessern würde.

Es ist zuzugeben, dass es im Allgemeinen nicht in der Absicht des Reichshaftpflichtgesetzes liegt, den Verletzten in eine bessere Vermögenslage zu bringen, als diejenige, in welcher er sich befinden würde, wenn der Unfall nicht eingetreten wäre. Allein die Frage ist, ob dieser allgemeine Grundsatz auch für einen Fall der vorliegenden Art als entscheidend anzusehen ist. Hier ist über die Einbusse, welche der Kläger in Folge des Eisenbahnunfalls in seinem Erwerbe erlitten hat, kein Streit; und ebenfalls steht es fest, dass der Beklagte zur Entschädigung für den vollen Betrag dieser Einbusse verpflichtet sein würde, wenn der Kläger nicht aus einem andern, mit dem Unfalle nicht im Zusammenhang stehenden Verhältnisse zum Theil einen Ersatz erhielte. Es entsteht nun das Bedenken, dass, wenn man den oben erwähnten Grundsatz zur Anwendung bringen wollte, es an einem Grund fehlen würde, warum der Betriebsunternehmer aus einem solchen, ihm ganz fremden Verhältnisse einen Vortheil ziehen solle; dieses Bedenken tritt namentlich hervor, wenn die anderweitige Deckung des Verlustes nicht eine zufällige ist, sondern wenn der Verletzte selbst hierfür durch eigene Geld- und Arbeitsleistungen Sorge getragen hat. Schon die Motive zu dem dem Reichstage vorgelegten Entwurfe des Haftpflichtgesetzes stehen auf dem Standpunkte, dass eine derartige anderweitige

Deckung des Verlustes nicht ohne Weiteres den Entschädigungsanspruch gegen den haftpflichtigen Unternehmer vermindere, also dem letzteren zu Gute komme. Denn es heisst in denselben zu § 5: „Als selbstverständlich darf vorausgesetzt werden, dass der Richter bei Abschätzung des Schadens auch darauf werde Rücksicht zu nehmen haben, ob etwa dem Verletzten oder den Hinterbliebenen der Getödteten, insbesondere auf Grund von Leistungen der Ersatzpflichtigen Pensions- oder sonstige Entschädigungsansprüche zur Seite stehen. Nur die Schadloshaltung, nicht die Bereicherung der Beschädigten kann das Gesetz im Auge haben." Der § 4 des Gesetzes hat nun abweichend von dem dem Reichstage vorgelegten Entwurfe eine ausdrückliche Bestimmung über die Anrechnung derartiger Ansprüche auf die Entschädigung getroffen. Es heisst hier: „War der Getödtete oder Verletzte unter Mitleistung von Prämien oder anderen Beiträgen durch den Betriebsunternehmer bei einer Versicherungsanstalt, Knappschafts-, Unterstützungs-, Kranken- oder ähnliche Kasse gegen den Unfall versichert, so ist die Leistung der letzteren an den Ersatzberechtigten auf die Entschädigung anzurechnen, wenn die Mitleistung des Betriebsunternehmers nicht unter einem Drittel der Gesammtleistung beträgt." Dieser Paragraph bezieht sich auf das Verhältniss des Arbeitgebers zu einem verletzten Arbeiter oder zu den Hinterbliebenen eines getödteten Arbeiters. Einen derartigen Fall hat der Paragraph wenigstens vorzugsweise im Auge; es kann hier dahingestellt bleiben, ob die Voraussetzungen desselben auch noch sonst vorkommen können, jedenfalls findet er nur Anwendung, wenn derjenige, welcher mindestens ein Drittel der Gesammtleistung zu den Prämien und Beiträgen an die Kasse beigetragen hat, der haftpflichtige Betriebsunternehmer ist. Die Zahlungen einer Versicherungsanstalt, Knappschafts-, Unterstützungs-, Kranken- oder ähnlichen Kasse sollen sonach nur dann auf die von dem Betriebsunternehmer zu leistende Entschädigung angerechnet werden, wenn der Betriebsunternehmer mindestens ein Drittel von der Gesammtleistung übernommen hat. Sonst findet eine solche Anrechnung nicht statt. (Entscheidungen des Reichsgerichts Bd. 11 S. 22.)*) Hieraus ergiebt sich, dass das Gesetz es als Regel unterstellt, dass die Leistungen der im § 4 des Gesetzes erwähnten Kassen im Allgemeinen auf die zu gewährenden Entschädigungen nicht angerechnet werden, und dass von dieser Regel nur eine Ausnahme unter den besonderen Voraussetzungen des Paragraphen gemacht worden ist. Man könnte den Einwurf machen, dass die Vorschrift des angeführten § 4 bezwecke, eine Versicherung der Arbeiter gegen Unfälle auf gemeinschaftliche Kosten der Arbeiter und der Arbeitgeber zu befördern, und dass zu diesem Zwecke auch eine im Ver-

---

*) Auch Archiv 1885 S. 221 ff.

hältniss zu der allgemeinen Regel dem Arbeitgeber ungünstige Bestimmung
getroffen sein könne, in der Weise, dass, während der Regel nach die
Leistungen aus den erwähnten Kassen auf die Entschädigungen anzurechnen
seien, eine derartige Anrechnung ausnahmsweise im Verhältnisse zwischen
Arbeitgeber und Arbeiter ausgeschlossen sein solle, wenn ersterer sich
nicht bei den Beiträgen zu der Kasse oder zu der Versicherung in dem
vorgeschriebenen Maasse betheiligt habe. Allein die Entstehungsgeschichte
des § 4 ergiebt in keiner Weise, dass man es als Regel, geschweige
denn als unzweifelhafte Regel, deren ausdrückliche Erwähnung im Gesetze
entbehrlich sei, angesehen habe, dass die Leistungen aus Kassen der fraglichen Art auf die Entschädigungen anzurechnen seien; im Gegentheile, es
ist bei der Berathung der Bestimmungen des Paragraphen zum Theil
sogar eine Unbilligkeit gegen den Arbeiter darin gefunden, dass die Leistung
der Kasse zu ihrem vollen Betrage zu Gunsten der Arbeitgeber angerechnet
werden solle, auch wenn der Arbeiter den hauptsächlichsten Antheil von
den Beiträgen getragen habe. Man muss daher annehmen, dass das Gesetz davon ausgegangen ist, die Leistungen aus den im § 4 erwähnten
Kassen seien im Allgemeinen nicht, sondern nur ausnahmsweise unter
den Voraussetzungen des Paragraphen auf die Entschädigungen anzurechnen.

Nun handelt es sich bei der fraglichen Pension um eine Leistung aus
einer „Unterstützungs- oder ähnlichen Kasse" im Sinne dieses Paragraphen,
denn die Pensions- und Unterstützungskasse der Beamten der Besitzer der
B.-S. Herrschaften ist unter anderem auch bestimmt, den Beamten in
Invaliditätsfällen eine Unterstützung unter dem Namen einer Pension zu
gewähren, und die für die Kasse erforderlichen Geldmittel werden in
ähnlicher Weise, wie der Bedarf der im § 4 erwähnten Kassen, durch
Beiträge der Mitglieder und der Dienstherrschaft aufgebracht. Es kann
also der beklagte Fiskus eine Anrechnung der Pension auf die von ihm
zu leistende Entschädigung nicht beanspruchen, denn er hat Beiträge zu
der Kasse nicht geleistet. Unerheblich ist es, ob die von der Dienstherrschaft zu der Pensions- und Unterstützungskasse geleisteten Beiträge als
freiwillige oder als auf einer rechtlichen Verpflichtung beruhend anzusehen
sind. Bei der Berathung des Haftpflichtgesetzes im Reichstage war von
dem Abgeordneten Hausmann die Aufnahme folgender Bestimmung in
das Gesetz beantragt:

„Beziehen der Verletzte oder die Erben des Getödteten aus Veranlassung
des Unfalls irgend eine Pension, so ist diese von der leistenden Gesammt-
entschädigung abzuziehen."

Bezüglich dieses Antrags wurde von einem Bundesbevollmächtigten
bemerkt, dass die Aufnahme einer derartigen Bestimmung wohl nicht
erforderlich sei, da dasjenige, was jemand in Folge des Unfalls oder um

des Unfalls willen anderwärts an Entschädigung bekomme, schon nach dem Grundsatz des § 3 auf die von dem haftpflichtigen Betriebsunternehmer zu leistende Entschädigung anzurechnen sei. Mit Rücksicht auf diese Erklärung zog der Abgeordnete Hausmann seinen Antrag zurück. (Stenographische Berichte über die Verhandlungen des Reichstages 1. Session 1871, Bd. 1 S. 605, 616, Bd. 3 S. 296.) Welche Bedeutung man diesen Verhandlungen auch für die Auslegung des Gesetzes beilegen will, jedenfalls würde hieraus bezüglich der Leistungen aus den § 4 des Gesetzes erwähnten Kassen nichts hergeleitet werden können, weil hierüber eine besondere, mit dem Antrage nicht übereinstimmende Vorschrift im Gesetze getroffen ist. Uebrigens ist auch bereits durch die Entscheidung des Reichsgerichts vom 11. Juli 1883[*]) anerkannt, dass auf die einer Wittwe auf Grund des § 1 des Haftpflichtgesetzes wegen Tödtung ihres Ehemannes gebührende Entschädigung die Wittwenpension, welche ihr Ehemann ihr durch seine Beiträge bei der Preussischen allgemeinen Wittwenverpflegungsanstalt gesichert hatte, nicht anzurechnen sei. Die Revision ist hiernach nicht begründet.

Strafrecht.

Urtheil des Reichsgerichts (I. Straf-Senat) vom 7. Februar 1887.

Missbräuchliche Benutzung eines für einen anderen bestimmten, unübertragbaren Fahrbillets.

Strafgesetzbuch § 263.

Gründe.

Die Revision des wegen Betrugs im wiederholten Rückfalle unter Annahme mildernder Umstände zu 3 Monaten Gefängniss verurtheilten Angeklagten W. rügt Verletzung des § 263 Strafgesetzbuchs, da weder die Rechtswidrigkeit des Vermögensvortheils, noch Täuschungshandlungen, noch Vermögensbeschädigung der Eisenbahnverwaltung vorliege. Die Beschwerde ist unbegründet; das Instanzgericht stellte fest, dass der Angeklagte W. am 14. September v. J. den mitverurtheilten Taglöhner T. von K. gegen Zahlung von 20 ₰ veranlasste, das von letzterem für die Eisenbahnstrasse Königsbach—Pforzheim und zurück gelöste Arbeiterwochenbillet, welches unübertragbar war, ihm zur Benutzung für die Fahrt nach Pforzheim zu überlassen, und dass W. mit diesem Billete, welches er dem kontrolirenden Schaffner vorzeigte, die Fahrt auch wirklich machte; das Instanzgericht führte hierbei aus, dass der auf dem Wochenbillet aufgedruckte Vermerk: „nicht übertragbar" ein durchaus statthafter sei, da kein

---

[*]) Vgl. Archiv 1884 S. 481.

Gesetz der Bahnverwaltung verbiete, in dieser Richtung Bedingungen der
Eisenbahnbenutzung aufzustellen und auf den Billeten zum Ausdruck zu
bringen und der Empfänger eines in solcher Weise gekennzeichneten Billets
sich durch dessen Annahme den Bedingungen unterwerfe, dass ferner jeder
Dritte aus dem Billet die Benutzungsbeschränkung entnehmen könne und
müsse, und auch in der ganzen Gegend allgemein die Strafbarkeit der
Billetbenutzung durch Dritte bekannt sei, und dass insbesondere W., wie
aus seinem Verhalten im Vorverfahren, in welchem er die Benutzung des
Billets leugnete, zu folgern sei, der Rechtswidrigkeit des von ihm im
Betrage von 20 ₰ erstrebten Vermögensvortheils sich wohl bewusst war;
die Taxe für ein einfaches Billet III. Klasse auf dieser Strecke ist nämlich
40 ₰; das Instanzgericht nahm aber auch an, dass eine Beschädigung der
Bahnverwaltung durch Erregung eines Irrthums vorliege, da W. die Bahnstrecke Königsbach—Pforzheim thatsächlich benutzte, · die Bahnverwaltung
somit einen Anspruch auf das Fahrgeld von 40 ₰ gegen ihn erlangte, die
Verwirklichung dieser Forderung aber durch das Verhalten des Angeklagten,
das Vorzeigen des für einen andern, nicht für ihn giltigen Billets vereitelt
worden sei, wobei gleichgiltig sei, dass die Bahnverwaltung von einer Verpflichtung gegen den rechtmässigen Besitzer des Billets entbunden und dass
bei Nichtüberlassung des Billets jener Anspruch gegen W. angeblich nicht zur
Entstehung gekommen sein würde, da er die Fahrt alsdann unterlassen
hätte.   Hiernach sind die sämmtlichen Bemängelungen der Revision schon
von dem Instanzgericht, bei welchem sie auch bereits vorgetragen wurden,
widerlegt.   Die Rechtswidrigkeit des vom Angeklagten erstrebten, wenn
auch unbedeutenden Vermögensvortheils ist objektiv und subjektiv festgestellt, ohne dass ein Rechtsirrthum ersichtlich wäre; insbesondere schlagen
die Ausführungen des in der Revision zitirten Aufsatzes, abgesehen von
der Richtigkeit derselben, nicht an, da hier von einem Irrthum über die
Unübertragbarkeit der Wochenbillete und der Anwendung des § 59 Strafgesetzbuchs keine Rede sein kann; nach den bestehenden Vorschriften ist das die
Berechtigung zur Fahrt gewährende Billet vor Abgang des Zuges zu lösen
und auf Verlangen beim Einsteigen vorzuzeigen (vergleiche Entscheidungen
Band 4 S. 295, Band 8 S. 409); in dem Vorzeigen eines von einem Dritten
für sich genommenen unübertragbaren, also für den Angeklagten ungültigen
Billets durch letzteren liegt somit die Vorspiegelung der unwahren Thatsache, dass der Vorzeigende das Billet für sich gelöst, dass er der berech-
tigte Inhaber und auf Grund desselben beziehungsweise der geleisteten
Zahlung der Taxe befugt sei, die Fahrt zu machen; nicht allein durch
Aeusserungen, sondern auch durch konkludente Handlungen können unwahre
Thatsachen vorgespiegelt werden; das Vorweisen des Billets an den kon-
trolirenden Schaffner ist die Täuschungshandlung, welche ausreicht, wenn

auch kein Wort dabei gesprochen wurde; dass der Angeklagte den Willen nicht gehabt, zu täuschen, verstösst gegen die Feststellung des Bewusstseins der Rechtswidrigkeit der Billetbenutzung; auch die Vermögensbeschädigung der Bahnverwaltung durch die Täuschung ist einwandfrei angenommen; das Wochenbillet berechtigte, eben weil es unübertragbar war, nur den T., welcher dasselbe gelöst, zu den betreffenden Abonnements-fahrten; dieses Rechtsverhältniss berührt den Angeklagten W. nicht; wenn der Angeklagte W. die Strecke Königsbach—Pforzheim befahren wollte, hatte er von der Bahnverwaltung zuvor durch Billetlösen die Berechtigung hierzu zu erwirken; er hat nun aber in dem zweiseitigen Beförderungsvertrag seinerseits nicht geleistet, und die Gegenleistung, auf welche er keinen Anspruch hatte, durch Irrthumserregung erwirkt; die Erwirkung dieser Gegenleistung ohne vorherige Zahlung des Fahrgeldes enthält die Beschädigung der Eisenbahnverwaltung. Hiernach war die Revision zu verwerfen.

Gesetzgebung.

Königreich Ungarn. Statut des Lehrkursus zur Heranbildung von Eisenbahnbeamten.

Erlassen Anfang 1887.

§. 1. Der königl. ung. Minister für öffentliche Arbeiten und Kommunikationen errichtet unter Zustimmung der Eisenbahnunternehmungen in Budapest einen Lehrkurs zur Heranbildung von Eisenbahnbeamten, dessen Zweck und Aufgabe die theoretische Ausbildung jener Individuen ist, welche bei Eisenbahnunternehmungen im Verkehrs- oder kommerziellen Dienste als Beamte Unterkommen zu finden wünschen.

§. 2. Der Lehrkurs steht unter direkter Leitung und Aufsicht eines — unter Präsidium des Staatssekretärs des Ministeriums für öffentliche Arbeiten und Kommunikationen — aus einem Sektionschef des genannten Ministeriums, aus dem Leiter der betreffenden Fachabtheilung des Ministeriums, aus einem Delegirten des Kultus- und Unterrichts-Ministeriums und der königl. ungar. Eisenbahn-General-Inspektion, schliesslich aus je einem Delegirten der einzelnen Betriebs-Direktionen zusammengesetzten Komités, welches die Modalitäten der Leitung und Beaufsichtigung des Lehrkursus durch ein vom königl. ungar-Minister für öffentliche Arbeiten und Kommunikationen bestätigtes Verwaltungs-Reglement selbst feststellt.

§. 3. Organe des Aufsichts-Komités sind: Der Direktor des Lehrkursus und sein Sekretär, wie auch die fungirenden Professoren und event. Supplenten, welche demzufolge insgesammt dem Aufsichts-Komité unterstehen.

Als Professoren können, — ausgenommen für die unter Punkt 5, 6, 7, 8 und 9 des nachfolgenden §. 7 angeführten Gegenstände, — nur solche Personen verwendet werden, welche bei zur direkten Beaufsichtigung der Bahnen berufenen Behörden und bei vaterländischen Unternehmungen im aktiven Dienste stehen.

§. 4. Den Direktor des Lehrkursus, welcher jedenfalls aus den Professoren zu wählen ist, sowie auch die Professoren und Supplenten, ernennt auf Grund Vorschlages des Aufsichts-Komités der Minister für öffentliche Arbeiten und Kommunikationen, wogegen er den Sekretär eben aus dem unter Leitung des königl. ungar. Ministers für öffentliche Arbeiten und Kommunikationen stehenden Beamtenstande bestellt.

Sowohl der Direktor, wie die Professoren übernehmen durch die Annahme der Er. nennungs-Dokumente die Verpflichtung, dass sie in der gleichen Eigenschaft mindest durch drei Lehrkurse (Jahre) wirken werden.

Auf Grund motivirten Vorschlages kann dagegen sowohl der Direktor, wie die Professoren von ihren Stellen durch den königl. ungar. Minister für öffentliche Arbeiten und Kommunikationen wann immer entboben werden

§. 5. Den Rechts- und Wirkungskreis des Direktors und des Sekretärs, wie auch die Rechte und Pflichten der Professoren und deren Verhältniss zum Direktor stellt das Aufsichts-Komité in einem besonderen Normativ fest.

§. 6. Die Unterrichtssprache des Lehrkurses ist die ungarische und können die Prüfungen nur in der ungarischen Sprache abgelegt werden.

§. 7. Im Lehrkurse werden nachfolgende obligatorische Gegenstände vorgetragen u. z.

1. Eisenbahn-Technologie,
2. Telegraphen-Dienst,
3. Verkehrs-Dienst,
4. kommerzieller Dienst,
5. Eisenbahn-Geographie,
6. Eisenbahn-Geschichte,
7. Eisenbahnrecht und Gesetzkunde, besonders mit Rücksicht auf die vaterländischen Verfassungen und die Organisation der Staatsverwaltung,
8. kaufmännisches Rechnen und Eisenbahn-Buchführung,
9. kaufmännische Waarenkunde.

Als nicht obligatorische Gegenstände werden vorgetragen:

1. die deutsche Sprache und
2. die französische Sprache.

Den Maassstab und Umfang der vorzutragenden Gegenstände stellt das Aufsichts-Komité auf Grund Vorschlages des Professorenkörpers in einem vom königl. ungar. Minister für öffentliche Arbeiten und Kommunikationen zu genehmigenden Lehrplane fest.

§. 8. Hörer des Lehrkurses sind:

a) öffentliche ordentliche Hörer,
b) Privathörer und
c) öffentliche ausserordentliche Hörer.

Oeffentliche ordentliche Hörer sind in erster Linie solche, welche von den betheiligten Eisenbahnverwaltungen als solche zur Aufnahme empfohlen werden, in zweiter Linie aber jene, welche sich in den Lehrkurs freiwillig einschreiben lassen und die Vorträge durch das ganze Lehrsemester regelmässig anhören.

Im Falle die von den betheiligten Eisenbahnverwaltungen empfohlenen öffentlichen ordentlichen Hörer in grösserer Anzahl als durch den Lehrplan festgestellt, angemeldet werden sollten, kann deren Aufnahme durch das Aufsichts-Komité nach Verhältniss des Kostenaufwandes beschränkt werden.

Privathörer sind jene, welche entweder als Betriebs-Aspiranten oder als Diurnisten bei den Eisenbahnverwaltungen schon aktiv im Dienste stehen und zu Beginn des Lehrkurses oder im Laufe desselben bei der Direktion des Lehrkurses durch die vorgesetzte Eisenbahn-Direktion behufs Zulassung zur Schlussprüfung aus den Gegenständen des Lehrkurses angemeldet werden.

Oeffentliche ausserordentliche Hörer sind jene, welche auch schon aktiv im Eisenbahndienste stehen und nur behufs Vermehrung ihrer Kenntnisse ohne Verpflichtung zur

Ablegung der Prüfung nach ihrem Belieben zu wählende Gegenstände hören wollen. Diesen können am Schlusse des Lehrkurses Frequenz-Zeugnisse ausgefolgt werden.

Sowohl als öffentliche ordentliche Hörer, wie als Privathörer können nur jene auf-genommen werden, welche die durch die bestehenden Verordnungen für die Eisenbahn-beamten vorgeschriebene Schulvorbildung besitzen und welche ausserdem das 18. Lebens-jahr zurückgelegt haben und ihre körperliche Eignung zum Eisenbahndienste durch ein vom Chefarzt einer Eisenbahnverwaltung ausgestelltes Zeugniss nachweisen.

Die zur Aufnahme in den Lehrkurs sich meldenden öffentlichen ordentlichen Hörer und Privathörer haben eine Aufnahmsprüfung abzulegen, deren Gegenstände und Modali-täten das Aufsichts-Komité durch ein spezielles Normativ feststellen wird.

Von der Ablegung der Aufnahmsprüfung sind jene befreit, welche am Obergymnasium oder Oberrealschule die Maturitäts- und an der höheren Handelsakademie die Schluss-prüfung mit Erfolg abgelegt haben.

Von der Aufnahmsprüfung sind ferner befreit, die im k. und k. Heere und bei der königl. ungar. Landwehr im aktiven Stande gedient und die Offizierprüfung mit Erfolg auch abgelegt haben, vorausgesetzt, dass sie der ungarischen Sprache im gehörigen Maasse mächtig sind.

§. 9. Der Lehrjahrgang beginnt immer am 1. September und dauert ununterbrochen durch 10 Monate.

Nach Schluss des Lehrjahrganges werden jene öffentlichen ordentlichen Hörer, welche den Lehrkurs mit entsprechendem Fleisse und Erfolge absolvirt und hierüber von Seite der Direktion des Lehrkurses Zeugniss erlangt haben, behufs Aneignung praktischer Kennt-nisse zur Vollstreckung der Probedienstleistung im Wege des Aufsichts-Komités bei den betheiligten Bahnverwaltungen eingereicht.

Derlei Probedienstleistung ist mindestens durch drei Monate ununterbrochen zu verrichten und können die ordentlichen öffentlichen Hörer erst dann zur Befähigungs-prüfung zugelassen werden, wenn von der betreffenden Eisenbahnverwaltung die Voll-streckung der Probedienstleistung durch ein gutes Zeugniss bekräftigt wird.

Die auf Anempfehlung der betheiligten Bahnen aufgenommenen öffentlichen ordent-lichen Hörer, welche unmittelbar vor Einschreibung in den Lehrkurs mindestens durch drei Monate im praktischen Dienste gestanden sind und dies durch Erhalt eines guten Zeugnisses von Seite der betreffenden Eisenbahnverwaltung nachweisen, können sofort nach Schluss des Lehrkurses zur Befähigungsprüfung zugelassen werden.

Privathörer dagegen können erst mindestens nach 13 Monaten aktiven Dienstes zur Befähigungsprüfung zugelassen werden.

Zur Vollziehung der Prüfung wird unter Präsidium eines vom Minister für öffentliche Arbeiten und Kommunikationen von Fall zu Fall zu delegirenden Organes, eine aus einem Organe der königl. ungar. General-Inspektion, aus zwei Organen des Aufsichts-Komités und dem vortragenden Professor, — als ordentlichen Mitgliedern — bestehende Kommission ermittirt.

Insofern ein Angestellter irgend einer betheiligten Eisenbahn der Prüfung zu unter-ziehen ist, hat der im Aufsichts-Komité sitzende Vertreter der betreffenden Eisenbahn als Prüfungs-Mitglied zu fungiren.

Jeder betheiligten Eisenbahnverwaltung wird ausserdem das Recht vorbehalten, dass sie sich in den Prüfungs-Kommissionen, insofern ihre eigenen Angestellten der Prüfung unterzogen werden, durch zwei besondere Delegirte vertreten lasse, welche an den der Prüfung zu unterziehenden Hörer resp. Studirenden nicht nur Fragen stellen können, sondern auch bei Konstatirung des Prüfungs-Resultates insoweit Stimmrecht besitzen, dass wenn zwischen dem an der Prüfungs-Kommission theilnehmenden ordentlichen Vertreter

der betreffenden Eisenbahn und den zwei besonders Exmittirten, zwei das Resultat der
Prüfung der eigenen Angestellten für nicht befriedigend fänden, in diesem Falle der zu
Prüfende als für nichtbefähigt zu klassifiziren ist.

Die anderen Mitglieder des Aufsichts-Komités können immer bei den Prüfungen anwesend sein und können an den der Prüfung unterzogenen Hörer, bezw. Studirenden Fragen
richten, können aber in der Prüfungs-Kommission das Stimmrecht nicht ausüben.

Jene öffentlichen ordentlichen Hörer, bezw. Privatstudirende, welche bei der Befähigungsprüfung in allen oder einzelnen Gegenständen gefallen sind, können mit Genehmigung
des königl. ungar. Ministers für öffentliche Arbeiten und Kommunikationen zur nochmaligen
Prüfung aus allen, bezw. einzelnen Gegenständen zugelassen werden. Derlei Wiederholungs-
Prüfung findet aber nur einmal statt.

Das Prüfungs-Regulativ im Uebrigen stellt das Aufsichts-Komité fest, welches Re-
gulativ behufs Genehmigung dem königl. ungar. Minister für öffentliche Arbeiten und
Kommunikationen zu unterbreiten ist.

§. 10. Die durch die Prüfungs-Kommission über die erfolgreiche Ablegung der
Befähigungsprüfung ausgestellten Zeugnisse, sind von den am Territorium der ungarischen
Krone befindlichen Eisenbahnverwaltungen als rechtsgültig anzuerkennen und zwar mit der
Rechtskraft:

1. dass Personen, welche diese Art Befähigung erlangt haben, von den einzelnen
   Eisenbahnunternehmungen zur Ablegung der bisher üblichen Telegraphen-, Ver-
   kehrs- und kommerziellen Fachprüfungen nicht mehr verpflichtet werden können:
2. dass vom 1. Oktober 1889 angefangen, bei den im § 1 angeführten Dienst-
   fächern zu Beamten nur solche Personen ernannt werden können, welche ein
   solches Befähigungszeugniss erlangt haben.

Den Eisenbahnunternehmungen wird inzwischen das Recht vorbehalten, dass sie
einerseits sich von der praktischen Verwendbarkeit der die Befähigung erlangten Organe,
durch mindestens dreimonatlichen unter Beaufsichtigung zu versehenden Dienst Ueberzeugung
verschaffen, und dass sie andererseits diese Organe, hinsichtlich deren Versirtheit in den —
in Bezug auf die abweichenden Verhältnisse der eigenen Bahn — bestehenden Instruktionen
und Normen, auch prüfen können.

Die Gegenstände dieser ergänzenden Prüfungen sind dem Aufsichts-Komité anzu-
melden, ebenso der Ort und die Zeit deren Abhaltung, aus dem Grunde, damit das Aufsichts-Komité sich bei diesen Prüfungen vertreten lassen könne.

Die Eisenbahnunternehmungen stellen mit 1. Oktober 1888 die bisher üblichen
Betriebs-Aspiranten- (Telegraphen-, Verkehrs- und kommerziellen) Prüfungen ein.

§. 11. Den Professoren und Hörern des Lehrkurses wird die Bibliothek des königl.
ungar. Ministeriums für öffentliche Arbeiten und Kommunikationen zur Verfügung und
Benutzung gestellt und ausserdem wird für den Lehrkurs eine besondere Fachbibliothek
und Museum aufgestellt werden.

Für das Museum überlässt der königl. ungar. Minister für öffentliche Arbeiten und
Kommunikationen jene Lehrmittel und Instrumente, Apparate, Modelle, Bücher, Zeichnungen u. a., welche für den bisher bestandenen Eisenbahn-Fachkurs angeschafft wurden
und derzeit unter Obhut der Budapest'er Handels-Akademie stehen. Weiter werden einerseits der königl. ungar. Minister für öffentliche Arbeiten und Kommunikationen, andererseits die Eisenbahnunternehmungen dafür sorgen, dass solche vorräthigen Instrumente,
Modelle, Pläne u. s. w., welche das Ministerium, bezw. die Eisenbahnen zu eigenen Zwecken
nicht mehr benöthigt, zur Benutzung dem Lehrkurse, eventuell unter Aufrechthaltung des
Eigentumsrechts, dem Museum des genannten Lehrkurses überlassen bezw. dahin überführt werden.

Ausserdem wird es Aufgabe des Aufsichts-Komités sein, mit den Budapester Stationen und den mit Werkstätten versehenen Eisenbahnunternehmungen in der Hinsicht noch besondere Uebereinkunft zu treffen, damit die Hörer des Lehrkurses unter Führung der Professoren durch Aneignung praktischer Kenntnisse und direkte Beaugenscheinigung praktische Erfahrungen sammeln, indem sie in den Stationen und Werkstätten praktische Uebungen vornehmen und den Dienstgang verfolgen können.

§. 12. Die öffentlichen ordentlichen Hörer sowie auch die ausserordentlichen Hörer haben an Einschreibe- und Lehrgebühr 70 fl. zu entrichten, welcher Betrag zum Zwecke des Lehrkurses zu verwenden ist.

An Prüfungstaxe, welche zu gleichen Theilen zwischen dem Präsidenten der Prüfungs-Kommission und den ordentlichen Mitgliedern zu vertheilen ist, wird für jeden zu Prüfenden mit 10 fl. festgesetzt.

§. 13. Sämmtliche — nach Abzug der aus den Lehrgebühren einfliessenden Geldern verbleibenden Auslagen des Lehrkurses, wie das Honorar des Direktors, der Professoren, eventuell deren Stellvertreter, sowie jenes des Sekretärs, Erhaltung der Lokalitäten, Reinigung, Beheizungs- und Beleuchtungskosten — überhaupt alle Personal- und sonstigen Auslagen des Lehrkurses trägt das königl. ungar. Ministerium für öffentliche Arbeiten und Kommunikationen gemeinschaftlich mit den interessirten Eisenbahnunternehmungen — einbezogen die königl. ungar. Staatseisenbahnen.

Der auf die Eisenbahnen entfallende Kostenantheil wird unter diesen im Verhältnisse der Länge der in ihrem Betriebe stehenden Linie vertheilt.

Der jährliche Kostenbedarf des Lehrkursus wird über Vorschlag des Aufsichts-Komités durch den königl. ungar. Minister für öffentliche Arbeiten und Kommunikationen von Jahr zu Jahr vorher festgestellt; die betheiligten Eisenbahnunternehmungen sind verpflichtet, die auf sie entfallenden Kostenquoten in einvierteljährigen Raten an die Budapest-Franzstädter, königl. ungar. Staatskassa vorhinein einzuzahlen.

Am Schlusse des Lehrsemesters ist über die Auslagen eine detaillirte Rechnung — in welcher die betheiligten Eisenbahnunternehmungen Einsicht nehmen können — zusammenzustellen und ist der aus der Bilanz resultirende Ueberschuss oder Abgang an die Gründer des Lehrkurses verhältnissmässig rückzuerstatten, bezw. von denselben verhältnissmässig zu ersetzen.

Frankreich. Erlass des Ministers der öffentlichen Arbeiten vom 29. Dezember 1886, betreffend die Lieferfristen für Frachtgut.

Angesichts der Lastenhefte der Eisenbahnkonzessionen, insbesondere des Artikels der Lastenhefte, welcher den Höchstbetrag der Beförderungsfrist für Thiere, Lebensmittel, Waaren und sonstige Gegenstände bei Beförderung als Frachtgut auf 24 Stunden für je angefangene 125 Kilometer festgesetzt;

angesichts des Artikel 50 der Verordnung vom 15. November 1846;

angesichts des Ministerialerlasses vom 12. Juni 1886, betreffend die Expeditions-, Beförderungs- und Uebergabefristen auf den Eisenbahnen von allgemeinem Interesse, und besonders des Artikel 8, welcher für jedes Netz diejenigen Linien bezeichnet, auf welchen die Beförderungsfrist auf 24 Stunden für je angefangene 200 Kilometer verkürzt ist für lebende Thiere und die Güter 1. und 2. Klasse der allgemeinen Tarife jeder Gesellschaft;

angesichts des Erlasses vom 15. März 1877, welcher auf eine grössere Zahl von Linien den Vortheil dieser Lieferfrist-Verkürzung ausgedehnt hat;

in Erwägung, dass es statthaft ist, einestheils neue Linien denjenigen hinzuzufügen, welche in den vorbezeichneten Erlassen genannt sind, anderentheils die Frist von 24 Stunden

für 200 Kilometer nicht nur auf die Güter der 1. und 2. Klasse anzuwenden, sondern
auch auf die der 3. und 4. Klasse der Klassifikation von 1879;
    nach Anhörung der Eisenbahngesellschaften;
    entsprechend dem Beschluss des Eisenbahnraths vom 3. November 1886;
    auf den Bericht des Direktors der Eisenbahnen;
wird folgendes bestimmt:

Einziger Artikel. Der Artikel 8 des Ministerialerlasses vom 12. Juni 1876 wird
folgendermaassen abgeändert und ergänzt:

Auf den nachfolgend bezeichneten Linien und Netzestheilen wird in beiden
Richtungen, sowohl im Durchgangs- als im örtlichen Verkehr die Beförderungsfrist
für je angefangene 200 Kilometer auf 24 Stungen verkürzt für lebende Thiere
und die Güter der ersten 4 Klassen der Klassifikation von 1879 in den allgemeinen Tarifen der Eisenbahngesellschaften, sowie für alle Güter, Lebensmittel
und sonstigen Gegenstände der niedrigern Klassen, welche auf Verlangen des
Aufgebers zu den Preisen der 4. Klasse befördert werden.

Nordbahn.

Linie von Paris nach Boulogne.
„ „ Paris nach Calais.
„ „ Paris nach Dünkirchen.
„ „ Paris nach Lille und Mouscron.
„ „ Paris nach Lille und Baisieux.
„ „ Paris nach Valenciennes und Quiévrain.
„ „ Paris nach Erquelines.
„ „ Paris nach Cambrai und nach Somain.
„ „ Paris nach Arras, nach Béthune und nach Hazebrouck.
„ „ Rouen nach Lille.
„ „ Amiens nach Ormoy, über Estrées-Saint-Denis.
„ „ Paris nach Anor.
„ „ Amiens nach Laon.

Ostbahn.

Linie von Paris nach Igney-Avricourt.
„ „ Paris nach Pagny-sur-Moselle.
„ „ Paris nach Belfort.
„ „ Paris nach Givet.
„ „ Laon nach Gray.
„ „ Givet nach Nancy.
„ „ Laon nach Is-sur-Tille.

Westbahn.

Linie von Paris nach Havre.
„ „ Paris nach Cherbourg.
„ „ Paris nach Brest.
„ „ Paris nach Grandville.
„ „ Paris nach Dieppe, über Pontoise.
„ „ Serquigny nach Rouen.
„ „ Mans nach Mézidon.
„ „ Mans nach Angers.

Orléansbahn.

Linie von Paris nach Bordeaux (Bastide, Saint-Jean oder transit).

„   „ Paris nach Agen.
„   „ Paris nach Saincaize.
„   „ Paris nach Nantes und nach Saint-Nazaire.
„   „ Paris nach Toulouse.
„   „ Paris nach Montluçon.
„   „ Mans nach Bordeaux.
„   „ Mans nach Saincaize.
„   „ Mans nach Gannat.
„   „ Nantes nach Saincaize.
„   „ Nantes nach Gannat.
„   „ Bordeaux nach Gannat.
„   „ Bordeaux nach Toulouse, über Périgueux.
„   „ Montluçon nach Moulins.

Paris-Lyon-Mittelmeerbahn.

Linie von Paris nach Marseille und nach Nizza.

„   „ Paris nach Nîmes über Clermont.
„   „ Saint-Germain-des-Fossés nach Lyon, über Tarare und über Saint-Etienne.
„   „ Paris nach Genf.
„   „ Paris nach Modane.
„   „ Paris nach Belfort.
„   „ Tarascon nach Cette.
„   „ Paris nach Grenoble.
„   „ Dijon nach Pontarlier.
„   „ Vesoul nach Lyon, über Besançon.
„   „ Lyon nach Nîmes, auf dem rechten Rhone-Ufer.

Südbahn.

Linie von Bordeaux (Bastide oder Saint-Jean) nach Irun.

„   „ Bordeaux (Bastide oder Saint-Jean) nach Cette.
„   „ Narbonne nach Port-Bou.

Staatsbahn.

Linie von Tours nach Sables-d'Olonne.

„   „ Nantes nach Coutras, über Clisson.
„   „ Paris nach Bordeaux, über Château-du-Loir und Saumur.
„   „ Poitiers nach La Rochelle und nach Rochefort.

Italien. Verordnung vom 27. Januar 1887, betreffend die Geschäfts-ordnung für den oberen Eisenbahnausschuss.

Veröffentlicht im amtlichen Theile des „Giornale del Genio Civile" 1887 No. 1—2 S. 25.

Im Anschluss an die königlichen Erlasse vom 22. Oktober 1885 (vgl. Archiv 1886 S. 122) und vom 3. November 1886 (vgl. Archiv 1887 S. 311) wird eine Geschäftsordnung für den oberen Eisenbahnausschuss (Comitato superiore delle Strade ferrate) erlassen. Dieser Ausschuss zerfällt in 3 Abtheilungen. Der ersten fallen alle Angelegenheiten zu, welche sich auf den Bau, den Betrieb und die Konzessionirung der Eisenbahnen beziehen, der zweiten die Angelegenheiten, welche sich auf Tarife und Beförderungsbedingungen beziehen, soweit dieselben nicht der Begutachtung des Raths für Tarifangelegenheiten (consiglio delle tariffe) unterliegen, der dritten die Angelegenheiten, welche sich auf die Einrichtung der Geschäftsführung und das Personal der Bezirksaufsichtsämter beziehen. Alle wichtigeren Angelegenheiten sollen in gemeinschaftlichen Sitzungen der 3 Abtheilungen berathen werden.

Russland. Kaiserlicher Erlass vom 5. Dezember 1886 betr. die Vertheilung der Reineinnahme der Schuja-Jwanowoer Eisenbahn.

Veröffentlicht im amtlichen Theile der Zeitschr. d. Min. d. Verk. 1887 No. 9.

Die unter dem 10. Juli 1870 konzessionirte Schuisko-Jwanowoer Eisenbahngesellschaft besitzt und betreibt die 171 Werst lange, von Nowki (Station der Linie Moskau-Nischnij Nowgorod) nach Knieschma (an der Wolga) führende Eisenbahn. Nach der amtlichen russischen Statistik bestand das Aktienkapital dieser Gesellschaft am 1. Januar 1884 aus 1 593 250 Rubel, für welche die Regierung 5⁴/₄₅ pCt. Zinsen verbürgt hatte und aus weiteren 1 500 000 Rubel, für deren Verzinsung keine Gewähr übernommen war. Das Obligationenkapital der Gesellschaft betrug 5 711 300 Rubel, wovon 3 162 500 Rubel, deren Verzinsung mit 5⁴/₄₅ pCt. von der Regierung verbürgt worden, von der Gesellschaft und 2 548 800 Rubel vom Staate beschafft waren. Die Gesellschaft schuldete der Regierung zu dem angegebenen Zeitpunkte 2 725 854 Rubel für Zahlungen, welche die Regierung in Folge der übernommenen Zinsbürgschaft geleistet und 1 848 542 Rubel nicht bezahlte Zinsen für das vom Staate beschaffte Obligationenkapital. Nach dem vorliegenden Erlass soll unter Aufhebung der bezüglichen im Statut der Gesellschaft getroffenen Bestimmungen die von letzterer erzielte Reineinnahme vom 1. Januar 1886 ab in folgender Weise vertheilt werden: 2 pCt. werden zunächst dem Reservefonds zugeschrieben, hiernach wird der Betrag (242 014 Rubel) entnommen für die Verzinsung des Aktien- und Obligationenkapitals, für welches von der Regierung 5⁴/₄₅ pCt. Zinsen verbürgt sind; von dem übrig bleibenden Betrage sollen zunächst die Mittel entnommen werden für die Verzinsung des übrigen Aktien- und Obligationenkapitals mit 5⁴/₄₅, bezw. 5¹/₁₀ pCt.; von dem hiernach etwa noch verbleibenden Rest erhält die Gesellschaft ⅓, die Regierung ⅔; sind die Schulden der Gesellschaft getilgt, so erhält dieselbe den letzteren Betrag ganz.

Die Gesellschaft übernimmt nach dem Erlasse zugleich die Verpflichtung, alle Eisenbahnbedarfsgegenstände künftig ausschliesslich aus russischen Fabriken zu entnehmen und unterwirft sich allen Kontrolmaassnahmen, welche die Regierung für erforderlich erachtet. Auch gesteht die Gesellschaft der Regierung das Recht zu, jederzeit die auf der Schuja-Jwanowoer Eisenbahn gültigen Tarife für Personen- und Güterverkehr einer Prüfung zu unterziehen und dieselben, sofern es für erforderlich erachtet wird, abzuändern.

Kaiserlicher Erlass vom 19. Dezember 1886, betr. die Befreiung der der Gesellschaft der Südwestbahnen von der Haftbarkeit bezüglich der gegen sie wegen Zurückzahlung zu viel erhobener Gebühren angestrengten Klagen.

Veröffentlicht im amtlichen Theile der Zeitschrift des Min. d. Verk. 1887 Nr. 5.

Dieser Erlass ist nach einer Besprechung desselben in der russischen Zeitschrift „Das Eisenbahnwesen" nicht nur für die Südwestbahnen, sondern für sämmtliche russische Eisenbahnen von weittragender Bedeutung. Nach Artikel 137 des allgemeinen russischen

Eisenbahngesetzes vom 12. Juni 1885 (vergl. Archiv 1885 S. 664) sollen Klagen gegen Eisenbahnen, welche aus dem Verkehre entspringen, binnen einem Jahre verjähren, wenn nicht binnen dieser Zeit der Anspruch bei der Eisenbahn oder dem Gerichte geltend gemacht wird. Es würden hiernach auch alle aus früherer Zeit stammenden Ansprüche an die Eisenbahnen binnen einem Jahre nach Veröffentlichung des Eisenbahngesetzes verjährt gewesen sein, und sehr viele Klagen wurden deshalb bald nach dieser Veröffentlichung gegen Eisenbahnen bei den Gerichten anhängig gemacht. In einem grossen Theile dieser Klagen handelt es sich um die Rückerstattung von Beförderungsgebühren, welche nach der Behauptung der Kläger von den Eisenbahnen zu Unrecht erhoben worden sind. Diese Behauptung gründet sich theils darauf, dass der Betrag der erhobenen Gebühren — insbesondere der Gebühren für Be-, Ent- und Umladen von Gütern — nicht den zu den betreffenden Zeiten für die Bemessung dieser Gebühren gültig gewesenen allgemeinen Bestimmungen entsprochen habe, theils darauf, dass die von den Eisenbahnen erhobenen Sätze nicht die zu ihrer Gültigkeit erforderliche ministerielle Genehmigung erhalten hätten und deshalb die früher gültig gewesenen niedrigeren Sätze hätten zur Anwendung kommen müssen. Seitens der Eisenbahnen wurde dagegen behauptet, dass bei der Feststellung der angefochtenen Beträge den gesetzlichen Bestimmungen entsprechend verfahren worden sei, und dass die von ihnen aufgestellten Tarifsätze auch dem Ministerium der Verkehrsanstalten vorgelegt worden seien. Wenn hiernach von letzterem keine ausdrückliche Genehmigung ertheilt worden sei, so seien doch auch Einwendungen gegen die gemachten Vorlagen seitens des Ministeriums nicht erfolgt und die betreffenden Sätze daher als zu Recht bestehend anzusehen. Diese Anschauung der Eisenbahnen wird nach dem Vorliegenden im Wesentlichen als zutreffend anerkannt, indem für eine Reihe von tarifarischen Bestimmungen, welche zu verschiedenen Zeiten seit 1871 eingeführt worden, nachträglich die Genehmigung mit rückwirkender Kraft ertheilt und zugleich allgemein bestimmt wird, unter welchen Voraussetzungen früher eingeführte Tarifbestimmungen, für welche eine ausdrückliche ministerielle Genehmigung nicht ausgesprochen worden ist, als zu Recht bestehend angesehen werden sollen.*)

Kaiserlicher Erlass vom 22. Januar 1887, betr. nachträgliche Genehmigung der von der Moskau-Jaroslawer Eisenbahngesellschaft in 1869 eingeführten Tarife und allgemeine Bestimmung über die Gültigkeit der von Eisenbahngesellschaften früher eingeführten Tarife.**)

Veröffentlicht im amtlichen Theile der Zeitschrift des Min. d. Verkehrsanst. 1887 Nr. 8.

Die Verwaltung der Moskau-Jaroslawer Eisenbahn richtete an den Minister der Verkehrsanstalten die Bitte, sie von den Nachtheilen zu befreien, welche ihr aus den wegen Rückerstattung des zwischen den Tarifen von 1864 und 1869 bestehenden Unterschiedes gegen sie angestrengten Klagen erwachsen. Nach Prüfung dieses Gesuchs im Minister-Ausschuss wurden durch den vorliegenden kaiserlichen Erlass die von der Verwaltung der Moskau-Jaroslawer Eisenbahn dem Ministerium der Verkehrsanstalten am 5. September 1869 vorgelegten Tarifbestimmungen für rechtsgültig erklärt und gleichzeitig allgemein bestimmt, dass alle Tarifbestimmungen als zeitweilig von der Regierung genehmigt angesehen werden sollen, welche unter genauer Beachtung der Statuten der betreffenden Eisenbahngesell-

---

*) Vergl. auch den nachstehenden kaiserlichen Erlass vom 22. Januar 1887.
**) Vergl. auch den vorstehenden kaiserlichen Erlass vom 19. Dezember 1886.

rchaften dem Ministerium der Verkehrsanstalten vorgelegt, und gegen welche inzwischen
Einwendungen seitens des genannten Ministeriums nicht gemacht worden sind. Als
Zeitpunkt der Genehmigung soll der Tag des Inkrafttretens der betreffenden Tarif-
bestimmungen angesehen werden.

Kaiserlicher Erlass vom 26. Januar 1887, betreffend die Fortsetzung der transkaspischen Eisenbahn bis Samarkand.

Veröffentlicht im amtlichen Theile der Zeitschrift des Ministeriums der
Verkehrsanstalten 1887 S. 107.

Nachdem die Fortsetzung der transkaspischen Militärbahn über die Grenze des russischen Reiches hinaus bis zur Stadt Samarkand beschlossen ist, wird der Kriegsminister
angewiesen, wegen der Enteignung der für diesen Bahnbau zu benutzenden Liegenschaften
und der Entschädigung der seitherigen Besitzer das Erforderliche nach den für die Uebernahme von Privat- in Kronbesitz gültigen Bestimmungen zu veranlassen.

Kaiserlicher Erlass vom 3. Februar 1887, betr. die Erhöhung der Leistungsfähigkeit der Weichselbahn.

Veröffentlicht im amtlichen Theile der Zeitschrift des Min. der Verk. 1887
S. 119.

Der Weichselbahn-Gesellschaft wird die Beschaffung eines Ergänzungs-Obligationenkapitals im Betrage von 1 122 000 Rubel zur Ausführung verschiedener, im Interesse der
Erhöhung der Leistungsfähigkeit der Bahn erforderlichen Arbeiten gestattet.

Kaiserlicher Erlass vom 16. Februar 1887, betr. die Erhöhung des Obligationenkapitals der Jwangorod-Dombrowoer Eisenbahn.

Veröffentlicht im amtlichen Theile der Zeitschrift des Min. der Verk. 1887
S. 120.

Der Jwangorod-Dombrowoer Eisenbahngesellschaft wird gestattet, zur Deckung der
Kosten, welche durch die Ausführung der zur österreichischen und preussischen Grenze
und zu den Dombrowoer Steinkohlengruben führenden Zweigbahnen, sowie der von der
Militärverwaltung als erforderlich bezeichneten Ergänzungsanlagen entstehen, ihr Obligationenkapital um den Betrag von 1 518 215 Rubel zu erhöhen. Die Regierung übernimmt
für dieses Kapital die Bürgschaft für 4½ prozentige Verzinsung und für die Tilgung
nach den in der Konzession der Gesellschaft festgestellten Bedingungen.

Verordnung vom 17. Februar 1887, betr. das Aushängen privater Bekanntmachungen auf Eisenbahnen.

Veröffentlicht im amtlichen Theile der Zeitschrift des Min. der Verk. 1887
Nr. 8.

Private Bekanntmachungen aller Art dürfen auf den Stationen u. s. w. der Eisenbahnen nur mit ausdrücklicher Genehmigung der örtlichen Polizeiverwaltung ausgehängt
werden.

Bücherschau.

Besprechungen.

Canter, O., Kaiserlicher Telegraphen - Inspektor. Der technische Telegraphendienst. Lehrbuch für Telegraphen-, Post- und Eisenbahnbeamte. Dritte Auflage. Breslau. J. U. Kern's Verlag (Max Müller). 1886.

Während die früheren Auflagen dieses Werkes in Briefform abgefasst waren, ist in der vorliegenden dritten Auflage für die Behandlung des überwiegend wissenschaftlichen Stoffes die rein wissenschaftliche Form gewählt worden. Von den elf Abschnitten, in welche das Buch eingetheilt ist, enthalten die drei ersten eine kurze Zusammenstellung der bekannten Grundgesetze des Magnetismus, der Reibungselektrizität und des Galvanismus. Die Abschnitte 4—7 betreffen die Anwendung dieser Gesetze auf die Bildung der galvanischen Elemente, sowie auf die Erzeugung und Fortpflanzung der verschiedenen Arten elektrischer Ströme; es wird eingehend nachgewiesen, wie die Leitungswiderstände durch Rechnung und durch mannigfache Messungsmethoden ermittelt werden können, und wie sich danach die Stromstärke bestimmt. Die Abschnitte 8—11 endlich beziehen sich auf die eigentliche Telegraphie; es wird eine kurze Entwicklungsgeschichte vorangeschickt und dann besonders der Morse-Telegraph und der von Hughes erfundene Typendruckapparat nebst den dazu gehörigen Hülfsapparaten — Galvanoskop, Blitzableiter, Relais, Wecker, Regulirvorrichtungen u. s. w. — ausführlich beschrieben, auch der Fernsprecher in seinen verschiedenen Wandlungen dargestellt. Daran schliesst sich die Beschreibung der Stromwender und Umschalter in ihrer praktischen Anwendung auf die einzelnen Arten von Telegraphenämtern, sowie eine Abhandlung über die Störungen im Telegraphenbetriebe und deren Ursachen. Zum Schluss wird die Kabeltelegraphie in ihrer geschichtlichen Entwicklung und in Bezug auf Bildung der Kabel und auf den Betrieb in Kabelleitungen näher besprochen.

Die Darstellung ist durchweg klar und übersichtlich; die in den Text eingeschalteten 175 Holzschnitte erleichtern das Verständniss in erwünschter

Weise, namentlich auch dadurch, dass die theilweise sehr verwickelten
Apparate perspektivisch wiedergegeben sind. Die Ausstattung ist vortrefflich. Das Werk kann daher für den in seinem Titel angeführten Zweck
nur bestens empfohlen werden.   O.

_____

Borodine, A. Recherches expérimentales sur l'emploi des
    enveloppes de vapeur et du fonctionnement du com-
    pound dans les locomotives. Paris. Baudry et Cie.
    1887.

Das vorliegende Heft enthält eine Darstellung der auf der russischen
Südwestbahn in den Jahren 1881 bis 1885 stattgehabten vergleichenden
Versuche über die Anwendung der Dampfmäntel und des Compoundsystems bei den Lokomotiven. Zu diesen Versuchen wurde eine Compound-
Lokomotive Mallet'scher Konstruktion benutzt, welcher eine gewöhnliche
Lokomotive von sonst gleicher Konstruktion gegenübergestellt wurde. An
beiden Lokomotiven waren die Cylinder mit Dampfmänteln ausgerüstet,
welche unmittelbar von den Lokomotivkesseln gespeist wurden und so
eingerichtet waren, dass der Dampfzutritt beliebig abgesperrt werden konnte,
so dass die einzelnen Versuche abwechselnd mit und ohne Benutzung
derselben vorgenommen werden konnten. Die Versuche fanden zunächst
in einer hierzu besonders eingerichteten Abtheilung der Reparaturwerkstätte
zu Kiew und alsdann mit besonderen Versuchszügen auf der 62 Werst
langen Bahnstrecke von Kiew nach Falstow statt, hierbei wurden die
erforderlichen Ermittelungen über den Verbrauch an Wasser, Dampf und
Brennmaterial angestellt, sowie die zur Feststellung der von den Lokomotiven dabei geleisteten Arbeit erforderlichen Indikatordiagramme aufgenommen.

Da ein näheres Eingehen auf den Verlauf der Versuche an dieser
Stelle zu weit führen würde, so sei nur bemerkt, dass nach Ausweis der
in den mitgetheilten Tabellen zusammengestellten Versuchsergebnisse durch
die Anwendung der Dampfmäntel und des Compoundsystems recht erhebliche Dampf- und Brennmaterial-Ersparnisse erzielt wurden. Wenn auch
im gewöhnlichen Betriebe auf eine gleich grosse Dampf- und Brennmaterial-
Ersparniss wegen der auftretenden Zufälligkeiten und der weniger sorgfältigen Bedienung der Lokomotiven nicht zu rechnen sein wird, so werden
dieselben jedoch immerhin noch gross genug sein, um dem Compoundsystem
auch bei den Lokomotiven weiteren Eingang zu verschaffen.

Für die Anstellung ähnlicher Versuche dürften die in der vorliegenden
Arbeit niedergelegten Erfahrungen, sowie die Beschreibung der für die
stattgehabten Versuche getroffenen Einrichtungen sich als recht nützlich
erweisen.   *M.*

Tesch, Johannes, und Comer, Caspar, Regierungsbaumeister. Katechismus für die Prüfungen zum Bahnmeister der Staatseisenbahnen. Unter Berücksichtigung der neuesten bezüglichen
Bestimmungen bearbeitet. Mit 14 lithogr. Tafeln. Berlin 1886,
Fr. Siemenroth, SW. Wilhelmstrasse 25. Preis geheftet 7½,
gebunden 8½ *M.*

Mit dem vorliegenden Werk soll den Anwärtern für Bahnmeisterstellen
im Bezirke der königlich preussischen Staatseisenbahnverwaltung ein Hülfsbuch für die Vorbereitung zu der von ihnen abzulegenden Prüfung an die
Hand gegeben werden. Dasselbe zerfällt in einen administrativen und
einen technischen Theil. Der erstere, 162 Seiten umfassend, enthält
gesetzliche, mit dem Eisenbahnwesen in Beziehung stehende Bestimmungen
und von der Staatseisenbahnverwaltung erlassene Vorschriften, wie die
Bestimmungen über die Organisation der Staatseisenbahnverwaltung, die
gemeinsamen Bestimmungen für alle Beamten im Staatseisenbahndienst,
das Freifahrtreglement, das Gesetz, betreffend die Pensionirung der unmittelbaren Staatsbeamten, das Gesetz, betreffend die Fürsorge für Wittwen
und Waisen der unmittelbaren Staatsbeamten, die Dienstanweisung für die
im Staatseisenbahndienst beschäftigten Bahnmeister, das Bahnpolizeireglement, die Normen für die Konstruktion und Ausrüstung der Eisenbahnen Deutschlands und dergleichen mehr. Wenn der Werth der für die
Behandlung dieses Stoffes gewählten Form — Frage und Antwort — im
Allgemeinen zweifelhaft erscheint, so müssen wir dieselbe in dem vorliegenden Falle für durchaus ungeeignet erachten. Die Uebersichtlichkeit
würde jedenfalls wesentlich gefördert und das Erfassen des Stoffes erleichtert werden, wenn die betreffenden Gesetze und Bestimmungen, soweit sie
für den beabsichtigten Zweck von Interesse sind, einfach ihrem Wortlaute
nach angegeben und, wo nöthig, Erläuterungen beigefügt wären.

Der zweite, 224 Seiten umfassende technische Theil des Werkes behandelt Geometrie, Geodäsie, Baukonstruktionslehre, sowie den Eisenbahn-
Unter- und Oberbau. Dieser Theil ist mit Sachkenntniss bearbeitet. *H. C.*

Bödecker, Königlicher Eisenbahn-Bau- und Betriebs-Inspektor. Die
Wirkungen zwischen Rad und Schiene und ihre Einflüsse
auf den Lauf und den Bewegungswiderstand der Fahrzeuge in
den Eisenbahnzügen. Nach eigener Theorie aus der Konstruktion
der Fahrzeuge und mit Rücksicht auf die Lage des Geleises ermittelt. Mit 44 Holzschnitten und 2 lithographirten Tafeln.
Hannover. Hahn'sche Buchhandlung. 1887.

Für die Beantwortung vieler für das Eisenbahnwesen sehr wichtiger
Fragen, wie der Frage nach dem Widerstande, welcher beim Fortbewegen

der auf den Schienen stehenden Fahrzeuge zu überwinden ist, nach der
Abnutzung der Schienen und der Radreifen, der Wirkung der Bremsen,
der Bewegungen der Geleise und dergleichen mehr ist die Kenntniss der
Wechselwirkungen, welche zwischen der Schiene und dem Rade des Fahr-
zeuges stattfinden, erforderlich. Für die Bestimmung dieser Wechselwirkungen liefert die vorliegende, 113 Seiten umfassende Schrift einen
schätzbaren Beitrag. Der Werth der Schrift für den Eisenbahntechniker
ist dadurch noch erhöht, dass die allgemeinen Ergebnisse der Untersuchungen auf praktische Beispiele angewendet werden, denen die Normal-
konstruktionen der Betriebsmittel der preussischen Staatsbahnen zu Grunde
liegen. *H. C.*

UEBERSICHT

der

neuesten Hauptwerke über Eisenbahnwesen und aus verwandten Gebieten.

Clark, J. B. The philosophy of wealth. Boston. sh. 6,—.

Eger, G. Eisenbahnrechtliche Entscheidungen deutscher Gerichte. Berlin. ℳ 10,—.

Farrer, Sir T. H. Free trade versus fair trade. London. sh. 5,—.

Gesetz, betreffend die Beseitigung von Ansteckungsstoffen bei Viehbeförderungen auf Eisenbahnen. Berlin. ℳ 0,40.

Haberstich, J. Handbuch des schweizerischen Obligationenrechts. Zürich. ℳ 12,—.

Herrfurth, G. Das gesammte preussische Etats-, Kassen- und Rechnungswesen einschl.
der Rechtsverhältnisse der Staatsbeamten. Berlin. ℳ 10,—.

Imperatori, V. La contabilità ferroviaria et le società concessionarie dell' esercizio delle
reti mediterranea, adriatica e sicula. Roma. L. 4,—.

v. Kirchenheim, A. Lehrbuch des deutschen Staatsrechts. Stuttgart 1887, ℳ 8,—.

Newton, R. H. Social studies. New York. $ 1,60.

Nördling, W. de. Le prix de revient des transports par chemin de fer et la question des
voies navigables en France, en Prusse et en Autriche. Paris. 1887.

Picard, A. Traité des chemins de fer. Paris 1887. 4 Bände. ungefähr Fr. 80,—.

Railroad cases, The American and English. Northport. $ 4,50.

Raleigh, T. Elementary politics. London. sh. 1,6 d.

Schäffle, A. E. F. Gesammelte Aufsätze. 2. (Schluss-) Band. ℳ 6,—.

Sourdat, A. Traité général de la responsabilité, ou de l'action en dommages-intérêts en
dehors des contrats. Paris. Fr. 18,—.

Switzler, W. F. Report on the Internal Commerce of the United States subm. Dec. 20.
1886. Washington. 1886.

Umpfenbach, K. Lehrbuch der Finanzwissenschaft. 2. Aufl. Stuttgart 1887. ℳ 10,—.

Zeitschriften.

Annales des ponts et chaussées. Paris.

　　Dezember 1886.

　　　　Note sur les derniers travaux de M. Bauschinger, relatifs à l'élasticité du fer et
　　　　de l'acier. Bulletin des accidents arrivés dans l'emploi des appareils à vapeur,

pendant l'année 1885. Extraits d'une note sur les chemins de fer suédois. Emploi des huiles minérales comme combustible. Le cinquantennaire des chemins de fer français.

Januar 1887.

Rapport présenté à la commission centrale des machines à vapeur, au nom de la sous-commission chargée d'étudier la question de la réglementation des récipients de gaz sous pression.

Februar 1887.

L'inauguration des chemins de fer en France.

Archiv für Post und Telegraphie. Berlin.

No. 3. Februar 1887.

Störungen im Eisenbahn- und Postbetrieb in Folge starken Schneefalles während der Weihnachtszeit 1886.

Bayerische Handelszeitung. München.

No. 14 vom 9. April 1887.

Schnellzugsverbindung Wien-München-Paris. Der deutsche Eisenbahnverkehrsverband. Berlin-Münchener Schnellzugsverbindungen.

Bayerische Verkehrsblätter. München.

No. 2. Februar 1887.

Die Personenbeförderung bei Güterzügen. Stand der Fahrbetriebsmittel der österreichischen Eisenbahnen zu Ende des I. Semesters 1886. Kreuzungsverlegungen.

Bulletin du ministère des travaux publics. Paris.

Januar 1887.

Répertoire des lois pour le mois de janvier 1887. Documents statistiques concernant les chemins de fer algériens d'intérêt général au 31 décembre 1883. Recettes de l'exploitation des chemins de fer français d'intérêt général (3 premiers trimestres des années 1886 et 1885). Italie: Règlement du 17 janvier 1886 pour la construction des lignes concédées aux compagnies de chemins de fer de la Méditerranée, de l'Adriatique et de la Sicile. Grande Bretagne et Ireland: Accidents survenus dans l'exploitation des chemins de fer en 1885. Note sur l'organisation militaire des chemins de fer allemands.

Februar 1887.

Ouvertures des chemins de fer français, algériens et coloniaux pendant l'année 1886. Concessions et déclaration d'utilité publique des chemins de fer français, algériens et coloniaux pendant l'année 1886. Eléments comparatifs concernant les chemins de fer français d'intérêt général et d'intérêt local et les chemins de fer algériens au 31 décembre 1883. Longueurs des lignes de chemins de fer ouvertes à l'exploitation pendant le mois de février 1887. Valeurs maxima et minima des actions des grandes compagnies de chemins de fer français pour l'année 1886. Valeurs maxima et minima des obligations des grandes compagnies de chemins de fer français pour l'année 1886. Autriche-Hongrie. Résultats d'exploitation des chemins de fer en 1884. Les chemins de fer de l'Australie et de la Nouvelle-Zélande.

Centralblatt der Bauverwaltung. Berlin.

No. 9 bis 17 vom 26. Februar bis 23. April 1887.

(No. 9:) Schneepflüge auf den nordischen Eisenbahnen. Maassstab zur Prüfung der Zuggeschwindigkeit auf den mit Radtastern ausgerüsteten Strecken. (No. 10:)

Die Gestaltung der Schneeschutzanlagen. (No. 11:) Schutzmittel gegen Rutschungen auf der Unter-Westerwaldbahn. (No. 11a:) Statistik der Eisenbahnen Deutschlands im Betriebsjahre 1885/86. Die Anwendung von Neigungsmessern bei Eisenbahnvorarbeiten. (No. 12:) Die Berechnung des Eisenbahnoberbaues. (No. 14:) Die Wischer'sche Zugschranke. Verdrückung im Tunnel von Rondo auf der Hülfslinie der Giovi-Bahn. (No. 15:) Prüfgestell für das Normalprofil. (No. 16:) Viadukt über den Eckfluss bei Whitby in England. Dampfheizung in amerikanischen Eisenbahnwagen.

Centralblatt für Eisenbahnen und Dampfschiffahrt. Wien.

No. 22 bis 44 vom 22. Februar bis 19. April 1887.

(No. 22:) Der Lufttelegraph Edison. Zur Frage der Wiener Stadtbahn. (No. 23:) Konzessionsertheilung für an die im Privatbetriebe stehenden österreichischen Eisenbahnen anschliessenden Schleppbahnen im Jahre 1886. Jahres-Abonnementsbillets nach dem Kilometertarif. Italiens Eisenbahnen im Jahre 1885/6. (No. 25:) Das fünfzigjährige Jubiläum der französischen Eisenbahnen und ihre Geschichte. (No. 26:) Elektrische Waggonbeleuchtung. (No. 27:) Die Widerstände der Lokomotiven und Bahnzüge. (No. 28:) Stand der Fahrbetriebsmittel der ungarischen Eisenbahnen am 30. Juni 1886. Blocksignalanlagen auf den österreichischen Eisenbahnen. (No. 33:) Unfälle auf den österreichischen Eisenbahnen im I. Semester 1886. (No. 34:) Ein neues Eisenbahnverkehrsgesetz in Amerika (Interstate Commerce Bill). (No. 36:) Transportable Brücken. (No. 37:) Bericht über die Ergebnisse des Betriebes der für Rechnung des preussischen Staates verwalteten Eisenbahnen im Betriebsjahr 1885/6. Mexikanische Tarife. (No. 38:) Russische Eisenbahnaktiensteuer. (No. 41:) Die transkaspische Bahn. (No. 42:) Eröffnung neuer Eisenbahnstrecken in Oesterreich-Ungarn im Jahre 1886.

Der Civilingenieur. Leipzig.

Heft 2. 1887.

Schneewehen und Schneewehren im Eisenbahnbetrieb, mit besonderer Bezugnahme auf Sachsen.

Deutsche Bauzeitung. Berlin.

No. 17—32 vom 26. Februar bis 20. April 1887.

(No. 17:) Noch Einiges über die Beanspruchung der Brückenpfeiler durch starkes Bremsen der Züge. (No. 22 u. 23:) Die Uleaborgs-Bahn in Finnland. (No. 31 u. 32:) Neuere Oberbausysteme auf den Berliner Strasseneisenbahnen.

L'Économiste français. Paris.

No. 8—13. Vom 19. Februar bis 26. März 1887.

(No. 8:) L'inauguration des chemins de fer en France: sa véritable date. (No. 17:) Les chemins de fer de l'État et le budget.

Железнодорожное дело (Eisenbahnwesen). St. Petersburg.

1887. No. 1 bis 13.

(No. 1:) Ueber Vorzüge und Mängel der Staats- und Privatbahnen. Ueber die jährlichen Rücklagen zur Bildung eines Erneuerungsfonds für Betriebsmittel bei der Eisenbahn Rybinsk-Bologoje (fortgesetzt in No. 3). Versuch der Aufstellung von Namen für die Kosten des Bahndienstes (fortgesetzt in No. 5, 9, 10 u. 13). Die Eisenbahnen in Britisch-Ostindien in 1885/86. (No. 2:) Bericht über die in der VIII. Abtheilung der kais. russ. techn. Ges. stattgehabte Prüfung der Frage wegen Einführung der Strecken-Glockensignalisirung auf den Südwestbahnen (fortgesetzt in No. 4). (No. 3:) Explosion eines·Lokomotivkessels. Ueber neuere Anwendungen der Elektrizität bei den Eisenbahnen (fortgesetzt in No. 6 u. 11—12). (No. 5:) Versuch mit Anwendung eines Dampfmotors bei der Eisenbahn System Lartigue. Die Arbeiterkrankenkassen bei den preussischen Staatsbahnen. Georg de Laveleye über die belgischen Staatsbahnen. (No. 7—8:) Typen für die allgemeine Anordnung der Eisenbahnstationen (fortgesetzt in No. 9). Die grossbritannischen Eisenbahnen in 1885/86. Besondere Beilage: Ueber die in Vorschlag gebrachte Reform der Einfuhrtarife. (No. 9:) Elektrische Akkumulatoren auf Trambahnen (fortgesetzt in No. 10). (No. 10:) Die Thätigkeit der internationalen Kommission für die Organisation der zweiten Sitzung des Eisenbahnkongresses (fortgesetzt in No. 13). (No. 11—12:) Die Bewahrung des Holzes vor der Zerstörung durch Insekten und durch Fäulniss. (No. 13:) Die Gesundheitsverhältnisse der Bediensteten der deutschen Eisenbahnen in 1885.

Engineering. London.

No. 1103—1111. Vom 18. Februar bis 15. April 1887.

(No. 1103:) Continuous brakes. (No. 1104:) Swivel Bogie locomotive. Railway companies as manufacturers. The Hawkesbury bridge. New system of heating Railway carriages. (No. 1105:) The Railway and Canal traffic bill. (No. 1106:) Electrical transmission of power by Brown's dynamos. The Hawkesbury bridge. Recent Railway accidents. (No. 1107:) Erection of the Forth bridge. Portable Rail-bending machine. Locomotives for New-South-Wales. James B. Eads. (No. 1109:) The American society of civil ingineers. Drawbridge over the Harlem river. (No. 1110:) The economics of great Railways. The Hawkesbury bridge. „Leviathan" floating crane. (No. 1111:) Locomotive for the Adelaide and Murray bridge Railway.

Glaser's Annalen für Gewerbe und Bauwesen. Berlin.

Heft 5. 1. März 1887.

Etat der Eisenbahnverwaltung 1887/88. Ueber Schneeverwehungen. Konstruktionen für Feld- und Industrie-Eisenbahnen. Eisenbahnoberbau mit Keilunterlagen. Lieferungen für die italienischen Eisenbahnen. Die Dampftrambahnen in Italien. Eisenbahn zum Monte Generoso. Japanische Eisenbahnen.

Heft 6. 15. März 1887.

Ueber Schneeverwehungen. Die technische Einheit im Eisenbahnwesen. Der Zirkularerlass vom 27. Dezember 1886 und das Gesetz, betreffend die Krankenversicherung der Arbeiter vom 15. Juni 1883. Uebergangsbestimmungen zu den Vorschriften über Ausbildung und Prüfung für den preussischen Staatsdienst im Baufach.

Heft 7. 1. April 1887.

Strassenbahnen mit Seilbetrieb in Nordamerika. Geleisehebebock. Die Eisenbahnen der Erde.

Heft 8. 15. April 1887.

Die elektrische Beleuchtung der Eisenbahnzüge. Untersuchungen über das Farbenerkennungs- und Farbenunterscheidungsvermögen. Bestimmung der Maximalentfernung zweier Wasserstationen. Ueber Dampfkesselexplosionen. Amerikanische Urtheile über Wasserdruckproben für Dampfkessel. Die Weichen der preussischen Staatsbahnen.

Инженеръ (Ingenieur) Kiew.

1887. **Heft 2.** (Februar.)

Die elektrische Beleuchtung des Bahnhofs Wüsoko-Litowsk der Südwestbahnen zur Zeit der Herbstmannöver 1886. Die Ergebnisse des Ersparnissprämien-Systems im Betriebsdienste der Südwestbahnen (in Heft 3 fortgesetzt). Die Wiederinstandsetzung der Räder der Eisenbahnfahrzeuge (in Heft 4 fortgesetzt).

Heft 3. (März.)

Die Belastung der äusseren Räder der Eisenbahnfahrzeuge in Krümmungsstrecken.

Heft 4. (April.)

Warum wollen die russischen Eisenbahnen die Glockensignale einführen? Apparat zum Messen der Stärke der Radreifen und der Flantschen und des Grades der Abnutzung dieser letzteren. Der kaufmännische Theil des Eisenbahnwesens.

Journal des chemins de fer. Paris.

No. 8 bis 14 vom 19. Februar bis 2. April 1887.

(No. 8:) Chemins de fer français. Le réseau de l'État. Le cinquantennaire des chemins de fer en France. (No. 10:) Le Métropolitain de Paris. (No. 14:) Chemin de fer d'Orléans. Chemin de fer de l'Ouest.

Monitore delle strade ferrate. Torino.

No. 8 bis 16 vom 19. Februar bis 16. April 1887.

(No. 8, 9, 10, 12:) Deliberazioni della 3a conferenza di Berna per la convenzione internazionale pei trasporti di merci su strade ferrate. (No. 8:) Le costruzioni ferroviarie. (No. 9:) Il congresso ferroviario. Spluga e Sempione. (No. 9, 10, 11, 14, 15, 16:) Le strade ferrate negli Stati Uniti d'America. (No. 10:) Le nuove costruzioni delle rete del Mediterraneo. (No. 12:) Congresso ferroviario. (No. 13:) Sulle condizioni geologiche dei terreni attraversati della Galleria Succursale dei Giovi. (No. 14:) Strade ferrata centrale e tramvie del Canavese. (No. 15 und 16:) Genova ed il Gottardo. (No. 15:) La ferrovia dello Spluga. Una gara tra il vapore e l'elettricità. (No. 16:) Tariffe ferroviarie.

Organ für die Fortschritte des Eisenbahnwesens. Wiesbaden.

1887. **Heft 12.**

Ueber Geleisverwerfungen, ihre Ursachen und die Mittel zu ihrer Bekämpfung. Studien über die Wirkung der Eisenbahnwagen-Bremsen. Verbesserter Staubverschluss für Achslager. Selbstthätige Vorkehrung gegen das vorzeitige Umstellen der Weichen von Zimmermann und Buchlob. Die Kegelform der Radreifen der Eisenbahnfahrzeuge als Ursache des Zugwiderstandes und des Wanderns der Schienen. Beitrag zur Untersuchung der Erdleitungen. Güterzuglokomotive der Pennsylvaniabahn. Registrirender Geschwindigkeitsmesser mit zwangläufiger Bewegung. Selbstthätige sichfähige Vorkehrung zum Abdrucken des Ergebnisses der Wägungen. Versorgungsstätten für dienstuntauglich gewordene Eisenbahnbeamte in Russland.

Oesterreichische Eisenbahnzeitung. Wien.

No. 9 bis 17 vom 27. Februar bis 24. April 1887.

(No. 9 u. 10:) Die Kranken- und Unterstützungskassen der österr.-ungar. Eisenbahnen. (No. 9:) Das neue Eisenbahngesetz der Vereinigten Staaten von Amerika. Stand der Eisenbahnbetriebsmittel der österr. Eisenbahnen zu Ende des 1. Semesters 1886. Dienstunfähigkeits- und Sterbens-Statistik bei dem Beamtenpersonal der Bahnen des Vereins deutscher Eisenbahnverwaltungen für 1885

(No. 10:) In welches Jahr fällt das 50jährige Jubiläum der französischen Eisenbahnen? Die Einnahmen der österreich-ungarischen Eisenbahnen im Jahre 1886. Die Eisenbahnfachschule in Budapest. (No. 11:) Billiger Eisenbahnbetrieb. Der Simplondurchstich. (No. 11 u. 12:) Das Kapital und die Eisenbahnen. (No. 11:) Stand der Fahrbetriebsmittel der ungarischen Eisenbahnen Ende des I. Semesters 1886. (No. 12:) Qualitätsproben mit Eisenbahnmaterialien. Die Eisenbahnen der Erde. (No. 13:) Der neue englische Eisenbahngesetzentwurf. Ueber Bepflanzung von Bahndämmen und Anlagen mit Hecken aus schwedischem Boxdorn. (Nr. 13 u. 14:) Ueber einen Irrthum in der Bremsfrage. Ein- und Ausfahrtsversicherungsanlage in Lübeck. (No. 14:) Die Betriebsergebnisse der sechs französischen Hauptbahnen im Jahre 1885. Unfälle auf den österreichischen Eisenbahnen im I. Semester 1886. (No. 15:) Der auswärtige Handel der österreichisch-ungarischen Monarchie im Jahre 1886. Ueber Accumulatoren. Betriebsergebnisse der preussischen Staatsbahnen in 1885/86. Geschäftsberichte der österreich-ungarischen Eisenbahnen. (No. 16:) Die Goliath-Schiene. Das neue englische Eisenbahngesetz. Eisenbahneröffnungen in Oesterreich-Ungarn in 1886. Buschtehrader Bahn. (No. 17:) Die Statistik der deutschen Eisenbahnen im Jahre 1885/86.

Railroad Gazette. New-York.

No. 7. Vom 18. Februar 1887.

The Strong locomotive „Duplex". Flange worn rail. Progress of Railroads in the United States. Snow flanger. Second thoughts on the Interstate Commerce Bill. Automatic brakes. Underground vs. elevated Railroads. Freight train brakes. Growth of Railroads in the United States shown graphically. London Underground traffic and rates. Some notes on the working stress of iron and steel.

No. 8. 25. Februar 1887.

Chicago, Burlington & Quincy iron pipe culverts. Browning automatic freight car coupler. Smith and Owen heater. Passenger locomotive: Old Colonie Railroad. Public rights in labor disputes. Premiums for good work on Railroads. Fire extinguishers on locomotives. The St. Clair River tunnel. Sub-aqueous tunnels. Another view of the Interstate Commerce Law. The Kansas Railroad commissioners' report. Commissioner Fink on Interstate Commerce. Heating and ventilating cars.

No. 9. 4. März 1887.

Star portable forge. Boston and Albany standard splice on rail section. Sleeper's piston-road packing. Brake test apparatus. Safety appliances for fast trains. Long and short hauls. The law of tickets and time tables. Car heating. The St. Mary's Falls Canal. Dowling car coupler. Transcaspian Railway.

No. 10. 11. März 1887.

Erecting a pier of the Forth bridge. Compact fire-proof baker heater. Schwartzkopf gauge glass. Accidents and legislation. Baltimore and Ohio and Richmond terminal. The position of draughtsmen. Signals at crossings. Heating and lighting cars by legislation. Remarks upon Mr. Fink's interpretation of the Interstate Law. Freight classification and rates. Discriminating against private cars. Proportion of locomotive cylinders. Oscillating yacht engines.

No. 11. 18. März 1887.

James Buchanan Eads. The extinguisher actuated by derailment brake. Derailment brake. The Forest Hills disaster. Hundred-pound rails. Arbitration and its enforcement. Steel: its properties and uses. Trunk Line Committee and Central Traffic Association. Williams system of heating cars.

No. 12. 25. März 1887.

Forney's improved car seat. Bridge inspection. Uniform train rules. Local and through traffic. Freight car trucks. Car seats. Giving notice of irregular trains. Investigation of Forest Hills disaster. Heating and lighting cars. Locomotives built by the Baldwin locomotive works. President Adams on the Interstate Commerce Law. Poughkeepsie bridge. Dry goods merchants and the freight classifications. Witner automatic brake appliances. The uniform code.

No. 13. 1. April 1887.

The enforcement of the Interstate Commerce Act. Anthracite vs. bituminous coal burning locomotives. Free passes. Erecting stations and freight houses. Missouri Pacific system. Train accidents in February. Investigation of the Forest Hills disaster. Performance of a wootten engine. The purchasing agent. Typographie of time tables. The Rothschilds and the export of Russian petroleum to India. Mr. Jeans on Railways and the development of India.

No. 14. 8. April 1887.

Big Otter bridge, Norfolk and Western Railroad. Rail sections M. F. Mattes. Railroad regulation in England and America. The best size of freight cars. More about bridge testing. The Union Pacific system. Forest Hills disaster. Dennis' safety appliance for car stoves.

No. 15. 15. April 1887.

Edgehill gridiron sidings, Liverpool. French bridge, with articulated members. Rail sections. Burlington brake trials. Recent events and Railroad discipline. The superintendents. Railroad legislation in Minnesota. Freight thefts on the Panhandle. The lighting of Railway trains. Von Weber's experiments to determine the thickness required in the web of a rail.

The Railway News. London.

No. 1207—1215. Vom 19. Februar bis 16. April 1887.

(No. 1207:) Metropolitan District meeting. Isle of Wight Railway. (No. 1208:) Pooling on English Railways. Cross channel traffic in 1886. Costa Rica. (No. 1209:) Railway traffic returns. Turkish junction Railways. Rambles by Rail. The Railway and Canal traffic bill. (No. 1210:) Fares on the Underground Railways. Comparative results of the past half-year's working. The Interstate Commerce Bill. A new tunnel under the Alps. (No. 1211:) The Railway and Canal traffic bill. Irish Railways in the second half of 1886. How to develop India. (No. 1212:) The North-West wheat traffic and the Grand Trunk. The Interstate Commerce Bill, its effect on Canadian Railways. The Railway rates bill. (No. 1213:) The Railway and Canal traffic bill. The Manchester ship canal. Mortimer Harris. (No. 1214:) The Railway and Canal traffic bill. Railway receipts and expenditure. Joint Stock Companies' prospectuses. (No. 1215:) Fish supply and the Railways. The Metropolitan and District Railways management. International Railway convention.

Revue commerciale, diplomatique et consulaire. Bruxelles.

12.—17. Lieferung. Vom 25. Februar bis 15. April 1887.

(No. 12 u. 13:) Les tarifs italiens. Les chemins de fer, postes, télégraphes et marine de Belgique pendant l'exercice 1885. (No. 15:) Exposition internationale des chemins de fer et des industries qui s'y rattachent. Paris 1887. (No. 17:) Le congrès des chemins de fer à Milan. Le chemin de fer de l'Asie centrale.

Revue générale des chemins de fer. Paris. — Januar 1887.

Note sur les conditions techniques d'établissement du chemin de fer à voie de 1 m, de Cambrai à Catillon (Nord), en partie sur accotement de route. Le

chemin de fer et le tunnel de la Mersey. Locomotives express à deux essieux couplés et à roues libres du Caledonian Railway. Statistique des chemins de fer de l'Autriche-Hongrie pour l'exercice 1884. Lampe lucigène, alimentée par les huiles lourdes enrichies d'oxygène. Nouveau bogie des voitures-salon, à couloir latéral, du Great Western Railway. Système d'attelage entre la machine et le tender, essayé sur le chemin de fer Charles-Louis (Galicie).
Februar 1887.

Notes sur les locomotives aux États-Unis. Note sur les difficultés que présente l'application de tous les systèmes de block automatique. Inauguration des chemins de fer en France, sa véritable date. Statistique: Ouvertures, concessions et déclarations d'utilité publique des chemins de fer d'intérêt général et d'intérêt local en France, en Algérie et dans les colonies françaises, pendant l'année 1886. Résumé du rapport du „Board of trade" sur la longueur, la situation financière et les résultats généraux de l'exploitation des chemins de fer du Royaume-Uni pour l'année 1885. Le chemin de fer russe de la Caspienne à l'Oxus. Durée comparative des rails en fer et en acier, d'après les observations faites sur la ligne de Cologne à Minden.

Schweizerische Bauzeitung. Zürich.

No. 14. Vom 2. April 1887.

Eiserner Oberbau für Eisenbahngeleise.

Wochenblatt für Baukunde. Frankfurt a./M.

No. 23 bis 31. Vom 18. März bis 15. April 1887.

(No. 23 u. 25:) Zur Frage der Schienenbeanspruchung.

Wochenschrift des österreichischen Ingenieur- und Architekten-Vereins. Wien.

No. 11—14. Vom 18. März bis 8. April 1887.

(No. 11:) Die Bohrmaschine für Tunnelbauten. (No. 14:) Der Widerstand der Züge auf Eisenbahnen. Kurven und Uebergangskurven.

Журналъ министерства путей сообщенія. (Zeitschrift des Ministeriums der Verkehrs-anstalten.) St. Petersburg.

Die No. 5 bis 12 enthalten ausser den amtlichen Bekanntmachungen (kaiserliche Erlasse, Verordnungen u. s. w. des Ministeriums der Verk. u. dergl.) und den Protokollen des Eisenbahnraths. (No. 5:) Bemerkungen vom technischen Standpunkte über die Kasan-Murom. (No. 5 und 9:) Bau- und Betrieb-Skizzen aus der ersten Zeit der Eisenbahn St. Petersburg-Moskau. (No. 6:) Zahnradbahn nach System Abt Holzbahnen in Nordamerika. (No. 7:) Ueber Ventilation der Eisenbahntunnel. Ueber Abt's Zahnradbahnsystem. (No. 9:) Ueber Eisenbahn-vorarbeiten. Der Simplontunnel. Ueber die Verwendung des Abt'schen Zahnrad-systems beim Bau der russischen Eisenbahnen. Die Eisenbahnen in Schweden und Norwegen. (No. 11:) Vorrichtung zum Messen der Eisenbahnwagen- und Lokomotivräder in den Werkstätten der Uraler Bergwerkeisenbahn. Der 2. internationale Eisenbahn-Kongress in Mailand im Jahre 1887. Die internationale Eisenbahnausstellung in Paris im Jahre 1887. (No.12:) Die einschienigen Eisenbahnen.

Zeitschrift für Lokomotivführer. Nordstemmen.

Bd. VII. Heft 9. März 1887.

Die Dampferzeugungsorgane der Lokomotivführer und ihre Vervollkommnung.

Zeitschrift für Transportwesen und Strassenbau. Berlin.

No. 7—12 vom 1. März bis 20. April 1887.

(No. 7:) Tramways in Oesterreich. Die Organisation des belgischen Nebenbahnwesens. Transportable Bahnen. (No. 8:) Signalvorrichtungen der Strassenbahnwagen. Erweiterung des preussischen Eisenbahnnetzes. Die beweglichen

Industrie- und Feldeisenbahnen in Preussen. (No. 9:) Field's elektrischer Tram
wagen. Tramwayzüge. Seilbahn in Lugano. (No. 10:) Entwurf zu einem
Trambahnnetz für das Montmartreviertel in Paris. Tramwaylokomotive der Ma-
schinenfabrik Esslingen. (No. 10 u. 11:) Die schmalspurige Kreiseisenbahn
Flensburg-Kappeln. (No. 12:) Hochbahn, System Meiggs. Schmalbahnen und
deren Bau in der Remscheid-Solinger Gegend.

Zeitung des Vereins Deutscher Eisenbahnverwaltungen. Berlin.
No. 16—32 vom 26. Februar bis 27. April 1887
(No. 16:) Schneewehen und Eisenbahnen. (No. 16, 17, 21, 22 u. 24:) Die Eisen-
bahnen der australischen Kolonieen. (No. 17 u. 18:) Grundzüge für den Bau und
Betrieb der Nebeneisenbahnen. (No. 18:) Deutsche Militärtransportordnung für
Eisenbahnen im Kriege. Seilbahn in Lugano, Niederländische Tramways in 1885.
(No. 19:) Arbeiterpensionskassen der preussischen Staatseisenbahnverwaltung.
Bahnsteig und Abtheil. Der Fernsprechverkehr in Berlin. Gesetzgebung, betr. den
zwischenstaatlichen Verkehr in den Vereinigten Staaten von Nordamerika. Südameri-
kanische Eisenbahnen. (No. 20:) Das Hebesystem Gonin. Badische Dampfschiffahrt
auf dem Bodensee. (No. 21:) Kartographische Darstellung der Güterbewegungsstatistik.
Verhandlungen über Einführung von Rundreiseanweisungen in Frankreich. Der
grosse Tunnel von Ronco. Italiens Tramways. (No. 22 u. 23:) Das preussische
Gesetz vom 3. November 1838 ist auf die Staatseisenbahnen nicht anwendbar.
(No. 22:) Württemberg-bayerischer Staatsvertrag vom 10. Februar 1887. Die
griechischen Eisenbahnen. (No. 23:) „Bahnsteig". (No. 23 u. 25:) Die sechs
grossen französischen Privateisenbahngesellschaften. (No. 24:) Ein Wettbewerb
zwischen Dampf und Elektrizität. Bericht über die Bauausführungen und Beschaffungen der preussischen Staatseisenbahnverwaltung. (No. 25, 26, 27:) Die
Ergebnisse des Betriebes der für Rechnung des preussischen Staates verwalteten
Eisenbahnen im Betriebsjahr 1885/86. (No. 27:) Jubiläum der ersten Lokomotiv-
fahrt auf der Strecke Leipzig-Altben. Strassenbahn Kriens-Luzern. (No. 28:)
Ausbildung von Handwerkslehrlingen in den Werkstätten der preussischen Staats-
eisenbahnverwaltung. Die Wasserdruck-Betriebsanlage des neuen Zentralbahnhofs
zu Frankfurt a. M. (No. 29:) Kilometerabonnements. (No. 30, 31 u. 32:) Statistik
der Eisenbahnen Deutschlands für das Betriebsjahr 1885/86. Das Reichsgericht
über die Frage der Uebertragbarkeit der Retourbillets. Vereinslenkachsen. Kapitän James B. Eads †. (No. 31:) Einrichtungen zur Beförderung der Spar-
samkeit bei den Beamten und Arbeitern der preussischen Staatsbahnen. Pfälzische
Eisenbahnen. Die Pariser Stadtbahn. Rekonstruktion der Preislokomotive Rocket.
(No. 32:) Das neue Wagenübereinkommen. Deutscher Eisenbahnverkehrsverband.
Behandlung der Eisenbahn-Personen- und Schlafwagen bei Choleragefahr.

Druckfehlerberichtigung.

Archiv 1886. S. 900, Spalte 1, letzte Zeile 11. „ muss heissen 11. Juli. Das be-
treffende Erkenntniss würde richtig auf S. 901 hinter dem Erkenntniss vom 6. Juli 1883 stehen.
Archiv 1887. S. 169 Zeile 1 von oben anstatt 42 250 muss es 422 500 heissen.
S. 247 Zeile 25 von unten ist statt „nur" zu lesen „allerdings".
S. 256 Zeile 5 von oben gehört zwischen Zeile 2 und Zeile 3 von oben.

Herausgegeben im Auftrage des Königlichen Ministeriums der öffentlichen Arbeiten.

Carl Heymanns Verlag, Berlin W. — Gedruckt bei Julius Sittenfeld, Berlin W.

Die rechtliche Natur und das Recht der Privatanschlussgeleise.

Gleim, Geheimer-Oberregierungsrath in Berlin.

Die eigenartige Natur der Eisenbahnen bedingt auch eine eigenthüm-
liche Regelung ihrer rechtlichen Verhältnisse. Kein anderes Gebiet des
wirthschaftlichen Lebens hat eine in gleichem Maasse umfassende gesetzliche und reglementarische Regelung erfahren; kaum auf einem andern Gebiete ist die Rechtsgestaltung in gleichem Maasse das Ergebniss einer
wechselseitigen Einwirkung und gegenseitigen Durchdringung öffentlich-
rechtlicher und privatrechtlicher Normen. Die eminente Bedeutung der
Eisenbahnen für das nationale Leben in allen seinen Beziehungen erheischt
für den Staat den Vorbehalt viel weitergehender Rechte, als ihm solche in
Betreff irgend eines anderen Verkehrsgebietes zustehen. Ihre Zweckbestimmung ist nur gesichert, wenn dieselben mindestens bis zu einem gewissen Grade dem Privatrechtsverkehr entzogen sind. Die Nachtheile,
welche die Eisenbahnanlage, und die Gefahren, welche der Eisenbahnbetrieb
in vielen Richtungen mit sich bringen, machen es nothwendig, den Eisen-
bahnunternehmern Verpflichtungen besonderer Art aufzuerlegen. Diese und
noch andere hier nicht weiter zu erörternde Verhältnisse haben zu einer
Rechtsbildung geführt, welche sowohl die Begründung und Herstellung der
Eisenbahnen, als auch die vollendete Bahnanlage und ihren Betrieb einer
besonderen Regelung unterzogen und dadurch ein wirkliches Eisenbahnrecht geschaffen hat. Der Erwerb des Rechts zur Anlage und zum Betriebe
der Eisenbahnen, die Herstellung der gesammten Eisenbahnanlage, welche
öffentliche und Privatinteressen in sehr weitgehendem Maasse in Mitleidenschaft zieht, die Rechtsverhältnisse des Bahneigenthums sind in besonderer,
von dem Rechte der übrigen Verkehrsgebiete abweichender Weise geordnet.
Für den Betrieb der Eisenbahnen gelten Grundsätze, welche für keine
andere wirthschaftliche Thätigkeit zur Anwendung kommen. Dahin gehört
vor allem die dem Eisenbahnunternehmer obliegende Pflicht, die Eisenbahn
zu betreiben, welche wiederum die Quelle zahlreicher besonderer Verpflichtungen ist, und insbesondere Veranlassung geben musste, auch die

Archiv für Eisenbahnwesen. 1887.

Art des Betriebes, die Bedingungen der Beförderung von Personen und
Gütern in eingehender Weise zu regeln. Die grossen Gefahren, welche mit
dem Eisenbahnbetriebe verbunden sind, erfordern eine weit intensivere
polizeiliche Regelung und Ueberwachung desselben, als es deren für andere
Verkehrsmittel bedarf. Mit Rücksicht auf das vom Staate verliehene werthvolle Konzessionsrecht ist der Vorbehalt verschiedener Rechte im Interesse
einzelner staatlicher Verwaltungen, insbesondere der Militär-, Post- und
Telegraphenverwaltung für gerechtfertigt erachtet werden. In vollem Umfange gilt das Eisenbahnrecht, dessen Inhalt hier nur in seinen hauptsächlichsten grundlegenden Normen angedeutet ist, allerdings nur für Privatbahnen, während es für Staatsbahnen einer gesetzlichen Regelung ihrer
Beziehungen zum Staate selbstredend zum grossen Theile nicht bedarf.
Immerhin bieten auch Staatsbahnen sowohl hinsichtlich ihrer Begründung
als auch des Betriebes in weiterem Umfange zu einer gesetzlichen Regelung
Anlass, in noch höherem Grade da, wo, wie im Deutschen Reiche den
Staaten, welche als Inhaber der Staatsbahnen in Betracht kommen, nicht
auch das volle Gesetzgebungsrecht auf dem Gebiete des Eisenbahnwesens
zusteht.

Angesichts der hiernach sehr weitgreifenden Bedeutung des Eisenbahnrechts ist die Begrenzung des Begriffs der Eisenbahnanlage, wie auch des
Eisenbahnbetriebes von grosser Wichtigkeit. Gehören zur Eisenbahn im
rechtlichen Sinne alle Anlagen, welche räumlich oder wirthschaftlich mit
derselben im Zusammenhange stehen? begreift der Eisenbahnbetrieb eine
jede Thätigkeit, welche mehr oder weniger unmittelbar dem Zweck der
Eisenbahn dient?

In beiderlei Beziehungen entstehen Zweifel nach den verschiedensten
Seiten hin. Sind diejenigen Anlagen als integrirender Theil der Eisenbahn anzusehen, welche der Bahnunternehmer zur Beschaffung der Bedürfnisse seines Betriebes errichtet oder erworben hat, wie z. B.
Wagen- und Maschinen-Bau und Reparatur-Werkstätten, Imprägniran-
stalten, Gasanstalten auf Bahnhöfen, Kiesgruben? Ist ihr Betrieb Theil
des Eisenbahnbetriebes? Begreift die Eisenbahnanlage auch diejenigen
Anlagen und der Eisenbahnbetrieb auch diejenigen Thätigkeiten, welche die
Beförderung von Personen oder Gütern über die Grenzen der dem öffentlichen Verkehr dienenden Eisenbahn und ihrer Stationen hinaus, bezwecken, möge diese in der Abholung von Gütern von der Behausung
des Absenders oder in der Zubringung nach der Behausung des Empfängers durch Rollfuhrunternehmer, oder auf besonders zu diesem
Zwecke hergestellten Geleisen, oder in der Beförderung mittelst Trajektanstalten über Flüsse und Meeresarme bestehen? Die Beantwortung dieser
Fragen ist keineswegs leicht, die Antwort selbst wird auch meist keine

einfach bejahende oder verneinende sein können. Jedenfalls bedarf es für jede derselben einer besonderen Untersuchung, ob und inwieweit auf die betreffenden Einrichtungen die eisenbahnrechtlichen Normen Anwendung finden. Hier soll nur der Frage eine nähere Betrachtung gewidmet werden, ob und inwieweit die von Eisenbahnen abzweigenden Geleise, welche anderen als öffentlichen Verkehrszwecken dienen, in rechtlicher Hinsicht als Eisenbahnen anzusehen und zu behandeln sind.

Bevor in die Erörterung dieser Frage eingetreten wird, bedarf zunächst der Gegenstand, d. h. der Kreis der hierunter begriffenen Anlagen, der Präzisirung. Im Wesentlichen ist diese Begrenzung bereits durch die Frage selbst gegeben, welche sich nur auf Geleise bezieht, die nicht dem öffentlichen Verkehr dienen, aber von einer dem öffentlichen Verkehr dienenden Eisenbahn abzweigen. Es kommt deshalb nur darauf an, festzustellen, um welche einzelnen Gattungen von Geleisen es sich hierbei handelt.

Dass alle diejenigen Geleise nicht zum Gegenstand dieser Betrachtung gehören, welche in irgend einer Weise für den Betrieb der Eisenbahn nothwendig sind, wenn sich auch auf ihnen nicht der eigentliche Zugverkehr vollzieht, wie z. B. Rangir-, Aufstellungs-, Ver-, Entladegeleise u. s. w. bedarf wohl kaum der besonderen Erwähnung. Alle derartigen Anlagen können für den ordnungsmässigen Betrieb der Eisenbahn nicht entbehrt werden. Hier kommen nur solche Geleise in Frage, welche für den Betrieb der Eisenbahn nicht unbedingt erforderlich sind. Die Zweckbestimmung derselben kann eine sehr verschiedene sein, mit den Interessen der Eisenbahn mehr oder weniger zusammenhängend. Die Geleise können auch dem Betriebe der Eisenbahn dienen, ohne jedoch ein nothwendiges Glied des gesammten Betriebsapparats zu bilden; sie können ferner zwar Verkehrszwecke verfolgen, aber nicht öffentlichen, sondern nur Privatverkehr vermitteln; sie können endlich auch für einen öffentlichen Zweck, jedoch nicht für den öffentlichen Verkehrszweck bestimmt sein. Es sind demnach drei Gattungen von Geleisen, welche in den Kreis unserer Betrachtung fallen:

1. Die für Betriebszwecke der Eisenbahnen angelegten Geleise, welche ohne Gefährdung einer ordnungsmässigen und prompten Betriebsführung auch entbehrt werden könnten. Hierher gehören insbesondere solche Geleise, welche von den Eisenbahnen abgezweigt sind, um selbst hergestellte oder selbst zu Tage geförderte Gegenstände, welche bei dem Eisenbahnbetriebe zur Benutzung oder zur Verzehrung kommen, an die Bahn heranzuschaffen. Alle diejenigen Gegenstände, welche bei dem Eisenbahnbetrieb zur Verwendung kommen müssen, die Bestandtheile des Oberbaus, das gesammte Betriebsinventar, die Fahrbetriebsmittel, die Betriebsmaterialien im engeren Sinne u. s. w. sind zwar nothwendige Bedürfnisse des Betriebs, sie sind

aber im Allgemeinen Gegenstand des Handels, der Bahnunternehmer ist daher in der Regel nicht genöthigt, selbst für ihre Herstellung und ihre Zuführung zur Bahn Sorge zu tragen, er wird vielmehr meist in der Lage sein, durch Verträge mit Privatunternehmern sich die rechtzeitige Lieferung dieser Gegenstände zu sichern. Soweit diese Voraussetzung zutrifft und die Anfuhr auf der Eisenbahn möglich ist, kann auch die Anlage und der Betrieb von Abzweigungsgeleisen zur Heranschaffung dieser Gegenstände nicht als ein nothwendiges Erforderniss des Betriebs gelten. Gleichwohl erachten es die Bahnunternehmer zuweilen aus ökonomischen Rücksichten für zweckmässig, selbst Anlagen zur eignen Beschaffung dieser Bedürfnisse, z. B. Kiesgruben, Kohlengruben zu erwerben oder Anstalten zur eignen Herstellung derselben z. B. Wagen- und Maschinenbauanstalten zu errichten und durch Geleise mit der Bahn zu verbinden. Diese Geleise können ebensowenig, wie die dadurch angeschlossenen Anlagen und Anstalten, als integrirende Theile der Eisenbahnen und der Betrieb auf denselben als integrirender Theil des Eisenbahnbetriebes in rechtlicher Beziehung angesehen werden, weil sie für den öffentlichen Verkehrszweck nicht nothwendig sind. Eine andere Beurtheilung muss selbstredend insoweit Platz greifen, als wegen der besonderen Natur des erforderlichen Gegenstands oder aus andern Gründen die eigene Beschaffung durch die Bahnunternehmer zur Aufrechterhaltung eines ordnungsmässigen Betriebs unentbehrlich ist. Wenn derartige Gründe vorliegen, erscheinen die betreffenden Anlagen nebst den dieselben mit der Eisenbahn verbindenden Geleisen als wesentliche Glieder des gesammten Betriebsapparats und scheiden daher aus dem Kreise der hier zu betrachtenden Anlagen aus. Geleise, welche die von den Eisenbahnen angelegten und betriebenen Reparaturwerkstätten mit den dem Verkehr der laufenden Züge dienenden Geleisen verbinden, werden deshalb als integrirende Theile der Eisenbahnen anzusehen sein. Denn ein prompter Eisenbahnbetrieb würde nicht gesichert sein, wenn der Bahnunternehmer zur Beseitigung der Beschädigungen seiner Fahrbetriebsmittel auf fremde Hülfe angewiesen und damit der Gefahr ausgesetzt wäre, bei Verzögerung ihrer rechtzeitigen Rücklieferung im Augenblick des Bedürfnisses darüber nicht verfügen zu können.

2. Die zweite und weitaus wichtigste Gattung der hier in Betracht kommenden Geleise bilden diejenigen, welche nur Privatverkehr, aber nicht öffentlichen Verkehr vermitteln. Eisenbahnen im Sinne des Eisenbahnrechts sind nur diejenigen, welche dem öffentlichen Verkehr dienen. Der Eisenbahnbetrieb wird räumlich im Allgemeinen durch den Bezirk des Bahngebiets begrenzt. Zweck und Aufgabe der Eisenbahnen ist in der Regel nur die Beförderung von Personen und Sachen von und bis zu den Haltepunkten der den Verkehr vermittelnden Züge, den Stationen im weiteren

Sinne, mögen dieselben End- oder nur Zwischenpunkte einer Eisenbahn sein. Den Passagieren bleibt es überlassen, für ihre Beförderung von und zu diesen Haltepunkten selbst Sorge zu tragen, den Befrachtern und Frachtempfängern, die Güter von ihrem Lagerungsorte nach den Haltepunkten sowie von denselben nach ihrem Bestimmungsort (Behausung des Empfängers u. s. w.) zu schaffen. Das Verkehrsbedürfniss hat aber in letzterer Beziehung zu Einrichtungen geführt, welche mehr oder minder mit dem Betriebe der Eisenbahnen im Zusammenhang stehen. Während die Eisenbahnen auf zahlreichen Stationen die Stückgüter durch Rollfuhrunternehmer von den Absendern abholen und den Empfängern zuführen lassen, sind häufig in der Nähe der Bahnen befindliche gewerbliche oder sonstige Anstalten, welche der betreffenden Bahn in grösserem Maasse Güter zuführen oder solche mit der Bahn erhalten, mit der benachbarten Station, seltener mit der freien Strecke, durch Geleise verbunden, welche lediglich den Zweck haben, die An- und Abfuhr der Güter zwischen den Eisenbahnen und diesen Etablissements zu vermitteln. Es handelt sich danach immer nur um bestimmte einzelne Anstalten, welche durch den Betrieb auf diesen Geleisen bedient werden; die letzteren dienen daher nicht dem öffentlichen, sondern nur dem Privatverkehr.

Alle diesem Zweck gewidmeten Verbindungsgeleise fallen in den Kreis unserer Betrachtung, wie verschieden im Uebrigen auch ihre rechtlichen und wirthschaftlichen Verhältnisse gestaltet sein mögen, und für wessen Privatzwecke dieselben auch bestimmt sind. Es soll hiermit nicht gesagt sein, dass diese Verschiedenheiten, welche eine Unterscheidung verschiedener Arten dieser Bahngeleise bedingen, ganz ohne Einfluss auf ihre rechtliche Natur seien. Die weitere Untersuchung wird zeigen, dass die verschiedenen Arten derselben auch in einzelnen wichtigen Beziehungen einer verschiedenen rechtlichen Behandlung unterliegen. Der Grundcharakter dieser Bahngeleise als privater Verkehrsmittel bleibt aber davon unberührt.

Die Verschiedenheiten in den Rechtsverhältnissen der einzelnen Anschlussgeleise beruhen im Wesentlichen darauf, dass die Frage des Eigenthums, der Unterhaltung und des Betriebs verschieden geregelt ist. Entweder sind dieselben von dem Eisenbahnunternehmer, in dessen Bahn sie einmünden, für seine eigne Rechnung angelegt und werden von ihm unterhalten und betrieben, d. h. die für die Weiterbeförderung auf der Eisenbahn bestimmten Transporte der angeschlossenen Anlage werden von ihm dort abgeholt, die mit der Eisenbahn für dasselbe ankommenden Transporte dahin befördert, beides gegen eine von dem Inhaber des betreffenden Etablissements zu entrichtende Transportvergütung. Oder das Anschlussgeleise wird von dem Inhaber des betreffenden Etablissements oder doch für seine Rechnung angelegt, unterhalten und betrieben, indem derselbe die auf der angeschlossenen Eisenbahnstation für ihn angekommenen beladenen Wagen dort abholt und die für die Weiterbeförderung auf der Eisenbahn bestimmten Güter auf seinem Etablissement in Wagen der Eisenbahn verladet und auf die Station befördert. Häufig werden aber auch dem Inhaber des Etablissements gehörige Anschlussgeleise von dem Eisenbahnunternehmer unterhalten und betrieben oder nur betrieben, während die Unterhaltung vom Eigenthümer besorgt wird.

Die Frage, welcher wirthschaftliche Betrieb durch das Anschlussgeleise mit der Eisenbahn in Verbindung gesetzt wird, ist deshalb nicht ohne Bedeutung für die rechtliche Beurtheilung, weil für einzelne der sich hierdurch ergebenden Arten der Anschlussgeleise nach einzelnen Gesetzgebungen besondere Grundsätze gelten. Jeder Betrieb, welcher Art er auch sei, kann durch solche Anschlussgeleise mit einer Eisenbahn in Verbindung gesetzt werden, wenn ein Bedürfniss hierfür vorhanden ist und die örtlichen Verhältnisse nicht hindernd im Wege stehen. Thatsächlich finden wir solche Verbindungen meist zum Anschlusse von industriellen Etablissements, Bergwerken, Hütten, Steinbrüchen und Forsten, womit nicht gesagt sein soll, dass dieselbe nur auf diese Betriebe beschränkt seien. Inwieweit hierdurch die Unterscheidung verschiedener Arten von Anschlussgeleisen für ihre rechtliche Betrachtung geboten ist, wird die weitere Erörterung ergeben.

3. Der dritten und letzten Gattung gehören diejenigen Anschlussgeleise an, welche zwar auch öffentlichen Zwecken, aber nicht dem öffentlichen Verkehrzwecke dienen. Es handelt sich demnach hier um Geleise, die für andere staatshoheitliche Interessen hergestellt und betrieben werden. Ist es z. B. zum Transport von Armeebedürfnissen oder Truppen erforderlich, militärische Etablissements an eine Eisenbahn anzuschliessen, oder im Interesse der Zollverwaltung, die Zollabfertigung in besonderen, von den Eisenbahnanlagen getrennten Räumen oder Plätzen vorzunehmen und die letzteren behufs Zuführung der mit Gütern beladenen Eisenbahnwagen mit der Eisenbahn durch Geleise zu verbinden, so sind diese auch einem öffentlichen Zwecke, im ersteren Falle der Landesvertheidigung, im letzteren der Finanzverwaltung gewidmet. Da sie aber nur Transporte für die Militär- und Zollverwaltung, dagegen keinen öffentlichen Verkehr vermitteln, kommt ihnen die Natur von Eisenbahnen im rechtlichen Sinne nicht zu. Ein anderes Beispiel bietet die in Berlin befindliche sog. Markthallenbahn, welche den Bahnhof Alexanderplatz der Berliner Stadtbahn mit der diesem benachbarten Zentralmarkthalle verbindet. Der Betrieb auf diesem Geleise wird lediglich im Interesse der Markthallenverwaltung geführt. Nur an ihre Adresse gerichtete Transporte wurden anfänglich darauf nach der

Markthalle, nur Transporte, für welche die Markthallenverwaltung Absender war, nach der Stadtbahn befördert. Die Markthallenbahn diente demnach nicht dem öffentlichen Verkehr, sondern nur dem Marktverkehr und zwar auch nicht allgemein, sondern vielmehr derart beschränkt, dass nur eine einzige Person, die Markthallenverwaltung, mittelst derselben Güter empfangen und versenden kann. Später ist in den Verhältnissen dieser Bahn insofern eine Aenderung eingetreten, als nicht nur die Markthallenverwaltung, sondern auch alle diejenigen Personen, welche die erstere zu diesem Zweck bezeichnet, unter ihrem Namen mittelst der Bahn Güter absenden und empfangen können. Die rechtliche Natur der Markthallenbahn wird hierdurch nicht berührt. Wenn auch an Stelle des einen Versenders und Empfängers eine Mehrheit von Personen getreten ist, kann doch von einem öffentlichen Verkehr keine Rede sein, da der Kreis der zur Beförderung berechtigten Personen ein ganz beschränkter, lediglich vom Ermessen der Markthallenverwaltung abhängiger ist.

Die hier in Frage stehenden Geleise sind selbstredend auf die beispielsweise erwähnten Interessen nicht beschränkt. Auch anderweite staatshoheitliche, z. B. polizeiliche Interessen können möglicherweise die Anlage eines solchen Geleises erfordern. Voraussetzung der Zugehörigkeit zu dieser dritten Gattung ist aber immer, dass sie einem staatshoheitlichen Zwecke dienen. Sind sie nur zur Förderung fiskalischer Interessen bestimmt, wie z. B. Anschlussgeleise der Staatsbergwerke oder Staatsforsten, so gehören sie nicht dieser, sondern der vorerwähnten zweiten Gattung an.

Auch die Rechtsverhältnisse der Geleise dieser dritten Gattung können im Einzelnen verschieden gestaltet sein. Es gilt in dieser Beziehung das zu 2 Gesagte. Dieselben können für Rechnung der Eisenbahn, in welche sie einmünden, oder für Rechnung der betreffenden Verwaltung angelegt und betrieben, oder endlich von der letzteren zwar für ihre Rechnung angelegt, aber von der Eisenbahn betrieben werden. Für ihre öffentliche Zweckbestimmung ist dies ohne Einfluss, wenn auch ihre rechtliche Beurtheilung in einzelnen Beziehungen deshalb verschieden ausfallen sollte.

Es sind hiernach Geleisanlagen sehr verschiedener Art, welche uns beschäftigen sollen. Gemeinsam sind ihnen nur ʼdie beiden Momente, dass sie an Eisenbahnen anschliessen und nicht für den öffentlichen Verkehr bestimmt sind. Gerade diese Momente sind es aber, welche zu Zweifeln über ihre rechtliche Natur und die auf sie anzuwendenden Rechtsgrundsätze Anlass geben. Insbesondere ihr Anschluss an Eisenbahnen und die dadurch in höherem oder niederem Maasse bedingte Gemeinsamkeit der Anlagen und des Betriebs mit den Eisenbahnanlagen und dem Eisenbahnbetriebe regen die Frage an, ob diese auch eine gewisse Gemeinsamkeit des für sie geltenden Rechts zur Folge habe.

Eine gemeinschaftliche feststehende Bezeichnung hat sich für die hier
zu betrachtenden Geleise noch nicht herausgebildet. Häufig werden dieselben nach der mittelst des Geleises angeschlossenen Anlage oder dem
angeschlossenen wirthschaftlichen Betrieb, Zechen-, Gruben-, Hütten-, In-
dustrie-, Forst-, Kiesbahnen u. s. w. genannt. Mit der gebräuchlichen
Benennung „Privatanschlussgeleise" hat man in der Regel nur die der
zweiten Gattung angehörigen im Auge. Es ist aber durchaus nicht unzulässig, die Geleise der ersten Gattung als Privatanschlussgeleise der
Eisenbahnen selbst und diejenigen der dritten Gattung als Privatanschlussgeleise der betreffenden öffentlichen Verwaltung anzusehen und demnach
unter dieser Bezeichnung die Geleise sämmtlicher Gattungen zu begreifen.

Die praktische Bedeutung dieser Einrichtung veranschaulicht die Anzahl der im Betriebe befindlichen Privatanschlussgeleise. Nach der vom
Reichseisenbahnamt veröffentlichten Statistik der im Betriebe befindlichen
Eisenbahnen Deutschlands (Tabelle 35) waren im Betriebsjahre 1885/86
3 212 solche Geleise mit einer Gesammtgeleislänge von 3 132 Kilometer
an deutsche Eisenbahnen angeschlossen, und zwar an die Reichs- und
preussischen Staatsbahnen 2 242 mit einer Geleislänge von 2 420 Kilometer. Die Zahl der in den Eisenbahn-Direktionsbezirken Elberfeld und
Cöln (rechtsrheinisch) vorhandenen Privatanschlüsse betrug je 367. Wie
sich diese Zahlen auf die bezeichneten drei Gattungen vertheilen, ist aus
der Statistik nicht ersichtlich. Der mit den Verhältnissen der Eisenbahnen
Vertraute kann aber darüber nicht im Zweifel sein, dass die Zahl der
der ersten und dritten Gattung angehörigen Privatgeleise eine verhältnissmässig sehr geringe ist. Man wird daher nicht fehlgreifen mit der Annahme, dass die Zahl der Privatgeleise der zweiten Gattung nicht erheblich von der angegebenen Gesammtzahl abweicht.

Die Untersuchung der rechtlichen Natur sämmtlicher Privatanschlussgeleise muss von dem Begriffe der Eisenbahnen ausgehen, welcher aber
hier nur in einer Richtung nämlich der Zweckbestimmung für den öffentlichen Verkehr in Betracht kommt. Nur eine für den öffentlichen Verkehr
bestimmte Bahn ist eine Eisenbahn im rechtlichen Sinne. Ein für Privatverkehr bestimmtes Anschlussgeleise kann daher als eine Eisenbahn nicht
gelten. Das will aber nur besagen, dass demselben nicht die Natur einer
selbständigen Eisenbahn zukommt. Es folgt daraus noch nicht mit
Nothwendigkeit, dass ein solches Geleise nicht vielleicht wegen seiner
Verbindung mit einer wirklichen Eisenbahn als Theil oder als Zubehör
derselben in Betracht kommen und in dieser Eigenschaft ganz oder doch
zum Theil dem für die Eisenbahnen geltenden Rechte unterworfen sein
könne.

Die Anlage und der Betrieb von Privatanschlussgeleisen ist fast niemals Gegenstand eines besonderen selbständigen Unternehmens. Von sehr seltenen, ganz aussergewöhnliche Verhältnisse voraussetzenden Ausnahmen abgesehen stehen sie immer in Verbindung mit einem andern Unternehmen, und zwar entweder mit einer Eisenbahn, wie die der ersten Gattung und derjenigen der zweiten Gattung angehörigen Geleise, welche von einer Eisenbahn angelegt und betrieben werden, oder mit einem andern Privatunternehmen oder Privatbetriebe, wie die übrigen unter die zweite Gattung fallenden Geleise, oder mit Einrichtungen, welche einem Staatshoheitszwecke dienen, wie die Geleise der dritten Gattung, welche von der zur Ausübung des betreffenden Hoheitsrechts berufenen Verwaltung betrieben werden. In allen diesen Fällen, ist eine wirthschaftliche Verbindung mit einem andern Betriebe vorhanden, entweder mit einem Eisenbahnbetriebe oder einem gewerblichen, berg- oder land- oder forstwirthschaftlichen Betriebe oder mit einer, allerdings nur in einem weitern Sinne als Betrieb zu bezeichnenden staatlichen Verwaltung. Dieser Umstand hat jedenfalls die Folge, dass der Betrieb des Anschlussgeleises allen denjenigen gesetzlichen Bestimmungen gegenüber als integrirender Theil des Hauptbetriebs gelten muss, welche gewisse rechtliche Wirkungen an den wirthschaftlichen Betrieb eines Unternehmens ohne Rücksicht auf die Beschaffenheit der einzelnen Zweige dieses Betriebs knüpfen. Für die Steuern, welche von dem Betriebseinkommen eines Eisenbahnunternehmers, eines Bergbautreibenden, des Inhabers eines gewerblichen Etablissements, eines Forstbesitzers zu entrichten sind, wird daher das Gesammteinkommen des Betriebs, mithin einschliesslich desjenigen, welches durch den Betrieb des mit dem Hauptbetriebe verbundenen Anschlussgeleises erzielt ist, maassgebend sein. Ebenso ist es für die Unfallversicherungspflicht dieser Betriebsunternehmer und der betreffenden Berufsgenossenschaften gleichgültig, ob der Unfall bei dem Hauptbetriebe oder bei dem Betriebe des Anschlussgeleises eingetreten ist. Anders verhält es sich mit der Haftpflicht und den sog. Haftpflichtgesetzen, insofern in denselben, wie im deutschen Reichsgesetze vom 7. Juni 1871 die Entschädigungspflicht nach der verschiedenen Natur der Betriebe verschieden geregelt ist. Hier ist lediglich die Frage entscheidend, ob der Betrieb, bei welchem der Schaden eingetreten ist, seiner Eigenart nach den Voraussetzungen entspricht, welche die einzelnen Bestimmungen des Gesetzes erfordern, und es ändert hieran der Umstand nichts, dass dieser Betrieb wirthschaftlich mit einem andern Betriebe vereinigt ist, für welchen nach dem Haftpflichtgesetz andere Grundsätze zur Anwendung kommen.

Die hier berührten Gesetze gehören aber nicht dem eigentlichen Eisenbahnrechte an. Es handelt sich hierbei nicht um die prinzipielle Regelung der Rechtsverhältnisse derjenigen Eisenbahnen, welche der besonderen

Eisenbahngesetzgebung — in Preussen dem Eisenbahngesetze vom
3. November 1838, im Deutschen Reiche den Art. 41 ff. der Reichsverfassung — unterworfen sind. Das Eisenbahnrecht hat den Inhalt und
die rechtliche Natur des Eisenbahnunternehmungsrechts, die Art seiner
Ausübung, sowohl bei Herstellung der Bahn, als beim Betriebe, in allen
denjenigen Richtungen zu regeln, deren Ordnung oben als die wesentliche
Aufgabe dieses Rechtsgebiets bezeichnet worden ist. Durch diese Regelung
wird die Eisenbahnanlage zu einem Rechtsobjekt eigenartiger rechtlicher
Natur, der Eisenbahnbetrieb zu einer rechtlich ganz eigenthümlich gestalteten
wirthschaftlichen Thätigkeit, und es entsteht die Frage, ob und eventuell
inwieweit die hier zu betrachtenden Anschlussgeleise in Folge ihrer Verbindung mit der Eisenbahn ebenfalls dieser ihrer besonderen Rechtsnatur theilhaftig werden und ferner ob die Verbindung des Betriebs der Anschlussbahn
mit dem der Eisenbahn eine solche Wirkung habe.

Für die zunächst zu erörternde Frage, ob der Zusammenhang eines
Anschlussgeleises mit einer Eisenbahn auch eine gänzliche oder theilweise
Rechtsgemeinschaft mit dieser bedinge, ist das Rechtsverhältniss, in welchem
das erstere zu dem letzteren steht, entscheidend. In dieser Beziehung ist
ein Dreifaches denkbar: Das Anschlussgeleise könnte rechtlich Theil oder
Zubehör der Eisenbahn sein oder in keinem rechtlichen Verhältnisse zu
derselben stehen. Im ersten Falle würde von etwaigen auf besondern
Gründen beruhenden Ausnahmen abgesehen auch das Anschlussgeleise dem
für die Eisenbahn geltenden Rechte unterworfen, im letzten Falle würde
keinerlei Rechtsgemeinschaft vorhanden sein; wie weit im zweiten Falle
das Recht der Hauptsache auch für die Pertinenz maassgebend sein würde,
bedarf einer besonderen Untersuchung.

Die Prüfung, welche dieser drei Alternativen zutreffe, muss davon
ausgehen, dass eine Eisenbahn eine Sachgesammtheit, eine universitas
rerum darstellt, aus der Vereinigung einer grossen Anzahl theils körperlich
zusammenhängender, theils nicht zusammenhängender Gegenstände bestehend.
Ihre Entstehung sowohl als ihren Fortbestand verdankt diese Gesammtheit
dem Zwecke, welchem die Einzelsachen in ihrer Vereinigung dienen sollen;
der Zweck bestimmt daher auch den Kreis der zur Sachgesammtheit gehörigen Einzelsachen, mit andern Worten alle Gegenstände, welche zur Erreichung dieses Zwecks nothwendig und deshalb mit dem Unternehmen
vereinigt sind, gehören der Sachgesammtheit als ihre Theile an. Es kommt
deshalb für unsere Frage vor allem darauf an, den Zweck einer Eisenbahn genau
festzustellen. In dieser Beziehung ist bereits erwähnt worden, dass eine
Schienenbahn, um als Eisenbahn im Sinne des Eisenbahnrechts zu gelten, dem
öffentlichen Verkehr dienen muss. Die Zweckbestimmung der Eisenbahn ist
daher die Vermittelung des öffentlichen Verkehrs zwischen bestimmten Orten.

Alle Anlagen, welche für diese Zweckbestimmung nothwendig sind, müssen daher als Theile der Eisenbahn angesehen werden. Entscheidend für die Theileigenschaft ist aber nur die Zweckbestimmung. Es ist nicht unbedingt erforderlich, dass die einzelne Anlage thatsächlich für diesen Zweck schon benutzt wird. Eine rationelle Baudisposition berücksichtigt nicht nur das augenblickliche, sondern auch das voraussichtliche erweiterte Bedürfniss. Anlagen zum Aufstellen von Wagen oder Maschinen, Geleise zum Rangiren werden in der ersten Zeit des Betriebes zuweilen noch gar nicht benutzt, ohne deshalb die Eigenschaft als Theil der Eisenbahn einzubüssen. Einzelne Anlagen, insbesondere Geleise, können deshalb auch, so lange das Bedürfniss ihrer Verwendung für den öffentlichen Verkehr noch nicht hervorgetreten ist, für private oder doch für andere als öffentliche Verkehrszwecke benutzt werden. Wenn sie bestimmt sind, bei eintretendem Bedürfnisse dem öffentlichen Verkehr zu dienen, sind sie gleichwohl als Theil der Eisenbahn anzusehen.

Die uns beschäftigende Frage, welche Privatanschlussgeleise Theil der anschliessenden Bahnen seien, ist demnach dahin zu beantworten, dass nur denjenigen mit dem Eisenbahnunternehmen vereinigten Anschlussgeleisen diese Eigenschaft zukommt, welche, obwohl zur Zeit nur einem Privatverkehr dienend, doch für den öffentlichen Verkehr bestimmt sind. Die Vereinigung mit dem Eisenbahnunternehmen liegt überall da vor, wo der Eisenbahnunternehmer das betreffende Geleise für seine Rechnung und nicht als selbständiges Unternehmen angelegt hat, sei es, dass die Anlage auf Grund des ihm in Betreff der Hauptbahn verliehenen Rechts erfolgt ist oder auf Grund einer ihm zu diesem Zweck zwar besonders, jedoch ausdrücklich mit der Maassgabe, dass die Anschlussbahn einen integrirenden Theil des Hauptunternehmens bilden solle, ertheilten Berechtigung. Die Zweckbestimmung für den öffentlichen Verkehr wohnt allen denjenigen Anschlussgeleisen inne, welche in Ausübung eines Eisenbahnunternehmungsrechts — bei Privatbahnen einer Eisenbahnkonzession, bei Staatsbahnen Willensäusserung der zuständigen staatlichen Organe — hergestellt sind. Auch hier macht es keinen Unterschied, ob das Recht besonders für das betreffende Anschlussgeleise ertheilt ist oder ob die Herstellung auf Grund des für die Hauptbahn ertheilten Rechts stattgefunden hat. Denn das letztere ist nur auf ein dem öffentlichen Verkehr dienendes Unternehmen gerichtet. Führt der Unternehmer Anlagen aus, deren Herstellung ihm nicht ohne besonderes Recht freisteht, so können dieselben, wenn er nicht eine besondere Berechtigung dazu erworben hat, nur in Ergänzung des dem öffentlichen Verkehr dienenden Hauptunternehmens vorgenommen sein.

Alle diese dem Eigenthümer der Hauptbahn gehörigen, der Zweckbestimmung für den öffentlichen Verkehr unterworfenen, nur bis zum Eintritt
des öffentlichen Verkehrsbedürfnisses lediglich Privatzwecken dienenden
Anschlussgeleise sind daher Theile der Eisenbahnen, mit welchen sie verbunden sind, und unterliegen als solche dem für diese geltenden Rechte.
Es gilt dies unbedingt von denjenigen Rechtsnormen, welche die Anschlussanlage selbst, insbesondere die Herstellung, die rechtliche Natur derselben,
ihr Rechtsverhältuiss anderen Bahnen gegenüber (Gestattung des Anschlusses
neuer Bahnen u. s. w.) betreffen. Von denjenigen Normen, welche zur
Regelung des Betriebs bestimmt sind, bleiben nur diejenigen für die Dauer
der lediglich privaten Benutzung suspendirt, welche wie z. B. die Publi-
kation der Tarife, nur für die thatsächliche Benutzung für den öffentlichen
Verkehr Bedeutung haben.

Nicht als Theile der Eisenbahnen, an welche sie angeschlossen sind,
können daher die nur für den Verkehr eines oder mehrerer wirthschaftlicher Anlagen oder Betriebe bestimmten Geleise angesehen werden, auch
wenn sie von dem Eisenbahnunternehmer angelegt und ihm eigen sind.
Dagegen wird nicht in Zweifel gezogen werden können, dass diesen Geleisen,
sofern sie dem Eisenbahnunternehmer gehören, die Eigenschaft von Zubehörungen, Pertinenzstücken der betreffenden Eisenbahnen zukommt. Denn
das Anschlussgeleise steht mit der Eisenbahn, an welche es angeschlossen
ist, in einer fortwährenden Verbindung und in wirthschaftlichem Zusammenhange, es dient mindestens mittelbar den Zwecken des Eisenbahnunternehmers, indem dadurch das Transportgeschäft der Eisenbahn gefördert
wird. Die Begriffsmerkmale der Pertinenzqualität sind daher sowohl nach
Römischem, wie auch nach Preussischem Landrechte vorhanden und es
findet demnach auch der für die Pertinenzstücke nach beiden Rechten geltende
Grundsatz, dass alle privatrechtlichen Verfügungen über die Hauptsache
ohne Weiteres sich auch auf das Pertinenzstück mit erstrecken, unbeschränkte Anwendung. Die Verpfändung, die Veräusserung einer Eisenbahn begreift auch die dem Eigenthümer derselben gehörigen Privatanschlussgeleise, wenngleich dieselben in dem Pfand- oder Veräusserungs-
vertrage nicht ausdrücklich als Gegenstand dieser Rechtsgeschäfte aufgeführt sind. Auf die hierdurch begründete Rechtsgemeinschaft der subjektiven
Rechte ist aber die Rechtswirkung der Pertinenzeigenschaft der Anschlussgeleise beschränkt, insoweit nicht einzelne Bestimmungen die öffentliche
Eisenbahn einschliesslich ihrer Zubehörungen zum Gegenstande haben. Es
kann dahin gestellt bleiben, ob und in wie weit die Zubehörungen von
Sachen andrer Gattungen auch dem für diese Sachen geltenden objektiven
Rechte unterstehen; für die Zubehörungen der Eisenbahn tritt diese
Rechtswirkung jedenfalls nicht schon lediglich wegen ihrer Pertinenzeigen-

schaft ein. Das objektive Recht der Eisenbahnen basirt auf ihrer öffentlichen Zweckbestimmung, ihrer eminenten Bedeutung für das öffentliche
Interesse und auf der eigenthümlichen Natur des Eisenbahnbetriebes,
welcher, um den damit verbundenen Gefahren und Nachtheilen in physischer
und wirthschaftlicher Beziehung zu begegnen, einer besondern Regelung in
den verschiedensten Richtungen bedarf. Hieraus ist ein Recht eigner Art
erwachsen, in welchem sich Grundsätze des öffentlichen und des Privatrechts gegenseitig durchdringen, wie wir dies in gleichem Maasse bei
keinem andern Spezialrechte finden. Deshalb ist aber das Eisenbahnrecht
ein Recht exzeptioneller Natur. Die Eisenbahnanlage ist bis zu einem
gewissen Umfang dem freien Privatverkehr entzogen, das dem Eisenbahnunternehmer zustehende Recht ist ein Privilegium, begründet durch eine
lex specialis, deren Wesen gerade darin besteht, dass sie eine Ausnahme
von der lex generalis schafft; der Eisenbahnbetrieb ist bis zu einem Grade
rechtlich gebunden, wie das bei keinem andern wirthschaftlichen Betriebe
auch nur annähernd der Fall ist. Hiermit ist aber die Nothwendigkeit
der Beschränkung des objektiven Eisenbahnrechts auf die Eisenbahn im
eigentlichen Sinne, in ihrem wesentlichen Umfang gegeben. Nur dasjenige,
was als nothwendiger Bestandtheil der Eisenbahn anzusehen ist, untersteht diesem Ausnahmerechte. Seine Anwendung auf Anlagen, welche
der Eisenbahnunternehmer aus Gründen, die nicht auf dem objektiven
Bedürfnisse des Eisenbahnbetriebes, sondern auf besondern subjektiven
Interessen beruhen, mit der Bahnanlage in Verbindung gebracht hat, würde
auf eine willkürliche und deshalb unzulässige Ausdehnung dieses Spezial-
rechts, welches aber nur für ein durch seine Zweckbestimmung und seine
besondere Natur begrenztes Unternehmen bestimmt ist, hinaus kommen.
Es kann daher auch kein Zweifel darüber bestehen, dass Anschlussgeleise,
welche der Eisenbahnunternehmer nur für seine oder zugleich auch für
die Privatzwecke bestimmter anderer Personen angelegt hat, obwohl sie
Zubehörungen seiner Eisenbahn sind, an dem für diese geltenden objektiven
Rechte nicht ohne Weiteres Theil nehmen.

Die weder dieser noch der vorher besprochenen Kategorie zugehörigen
Anschlussgeleise stehen mit den Eisenbahnen in keinem weiteren Zusammenhang, als dass sie in diese einmünden. Eine Rechtsgemeinschaft mit
denselben wird hierdurch in keiner Richtung begründet. Wohl aber kann
eine solche mit derjenigen wirthschaftlichen oder öffentlichen Anlage bestehen, welche durch das betreffende Geleise an eine Eisenbahn angeschlossen
wird. Ist dadurch ein Bergwerk oder ein industrielles Etablissement angeschlossen, so wird dasselbe als Theil oder als Zubehör der Bergwerks- oder
der industriellen Anlage anzusehen sein. Die Entscheidung der Frage, ob
als Theil oder als Zubehör, hat nur für den Fall, dass auf Anlagen dieser

Art ein Spezialrecht Anwendung findet, wie dies z. B. in betreff der Berg-
werke fast allenthalben der Fall ist, Bedeutung. Alsdann hängt diese
Entscheidung davon ab, ob nach den Bestimmungen des betreffenden Spezial-
rechts das Anschlussgeleise als ein wesentlicher oder nur als unwesentlicher
Bestandtheil der Gesammtanlage zu betrachten ist. Erstern Falls erstreckt
sich die Rechtsgemeinschaft auf das objektive und subjektive Recht, letztern
Falls nur auf das subjektive Recht der durch das Geleise angeschlossenen
Anlage. Die der oben bezeichneten dritten Gattung zugehörigen Anschlussgeleise können ebenfalls Theil oder Zubehör derjenigen öffentlichen Anlage
sein, für deren Zwecke sie angelegt sind. Die Geleise, welche eine Kaserne,
einen Exerzier- oder Schiessplatz mit einer Eisenbahn in Verbindung
setzen, werden mindestens als Zubehör der Kaserne, des Exerzier- oder
Schiessplatzes, die von der Zollverwaltung für ihre Zwecke angelegten
Geleise mindestens als Zubehör der betreffenden Verzollungsräume zu betrachten sein, und in demselben Verhältnisse steht die Markthallenbahn
zu der Markthalle, für deren Verkehr sie bestimmt ist. Der Beantwortung
der Frage, ob Theil- oder Pertinenzqualität begründet sei, bedarf es aber
betreffs dieser Geleise nicht, weil das für sie geltende objektive Recht
schon durch den Umstand bestimmt wird, dass ihre Anlage in Ausübung
des Staatshoheitsrechts erfolgt ist. Dieser Ursprung und Zweck hat die
Wirkung, dass sie demselben objektiven Rechte unterworfen sind, wie die
dem gleichen Rechte und gleichem Zwecke ihr Dasein verdankenden
öffentlichen Anlagen, welche sie mit einer Eisenbahn verbinden.

Es bleibt nunmehr noch die zweite der oben erwähnten Fragen zu
beantworten, ob die Verbindung des Betriebs eines Anschlussgeleises mit
dem Betriebe der Eisenbahn, in welches das letztere einmündet, eine Rechtsgemeinschaft beider in irgend einer Richtung zur Folge habe. Bedeutung
hat diese Frage nur für diejenigen Anschlussgeleise, welche gar nicht für
den öffentlichen Verkehr bestimmt sind. Denn die für den öffentlichen
Verkehr bestimmten und nur vorläufig lediglich dem Privatverkehr dienenden
sind nach dem Ergebnisse der vorhergehenden Eröterungen wirkliche
Eisenbahnen, beziehungsweise Theile von andern Eisenbahnen und unterliegen
deshalb in dem oben bezeichneten Umfange dem für diese geltenden
objektiven Rechte. Insbesondere gilt dies auch für die Betriebsausübung
und zwar auch dann, wenn der Betrieb auf dem betreffenden Geleise nicht
von dem Eisenbahnunternehmer, sondern von dem Inhaber des angeschlossenen Etablissements geführt werden sollte. Für die übrigen Anschlussgeleise, welche demnach hier allein in Betracht kommen, ist die zu
beantwortende Frage ohne Weiteres dahin einzuschränken, ob die Gemeinschaftlichkeit des Betriebes auch eine Gemeinschaftlichkeit des Betriebsrechts zur Folge haben, ob insbesondere auch für den Betrieb auf der

Anschlussbahn die für den Betrieb auf der Hauptbahn maassgebenden Sicherungsvorschriften, die Grundsätze über die Beaufsichtigung des Betriebs u. s. w. maassgebend sind. Denn dass das für das Anschlussgeleise als Sache geltende objektive Recht, das Sachenrecht der Eisenbahnen nicht zur Anwendung kommen könne, haben die vorhergehenden Betrachtungen ergeben. Auch in dieser Beschränkung ist die bezeichnete Frage überall da zu verneinen, wo nicht durch gesetzliche Vorschrift auch die nicht für den öffentlichen Verkehr bestimmten Anschlussgeleise dem die Sicherheit des Betriebs betreffenden Theile des Betriebsrechts der Eisenbahnen unterstellt sind.

Weder der Betrieb überhaupt, noch der Betrieb einer bestimmten wirthschaftlichen Thätigkeit ist ein allgemein verwerthbarer Rechtsbegriff. Ein Betrieb umfasst eine grössere oder geringere Zahl einzelner Handlungen, welche zum grössten Theil gar keine Rechtshandlungen sind. Der Umfang des Betriebs, d. h. der Kreis der darin begriffenen Handlungen ist allgemein objektiv nicht zu begrenzen; der einzig mögliche Maassstab für seine Begrenzung, der Betriebszweck, ist zu unbestimmt, um auch rechtlich als allgemeiner Maassstab gelten zu können. In der Gesetzgebung der Neuzeit spielt allerdings auch der wirthschaftliche Betrieb als Rechtsbegriff eine Rolle, so namentlich in den Gewerbeordnungen, den Haftpflicht- und Unfallversicherungsgesetzen und den Spezialrechten einzelner wirthschaftlicher Zweige, wie z. B. der Eisenbahnen und des Bergbaus. Sein Inhalt ist aber fast in allen diesen Gesetzen ein verschiedener; die Feststellung und Begrenzung desselben muss für jedes Gesetz, seinen Bestimmungen und seiner Absicht entsprechend, besonders erfolgen, m. a. W. nicht der allgemeine Begriff des Betriebs ist maassgebend für den Umfang der Anwendung des Gesetzes, sondern der Inhalt des Gesetzes ist maassgebend für den Begriff und Umfang des Betriebs. Wenn hiernach ein allgemeiner objektiver Rechtsbegriff des Betriebs nicht existirt, so kann auch im Allgemeinen nicht von Theilen oder Zubehörungen des Betriebs nach Analogie der Sachen, ihrer Theil-Pertinenzen die Rede sein; es kann nur allenfalls die Frage aufgeworfen werden, was als Theil oder Zubehör des Betriebs im Sinne eines bestimmten Gesetzes anzusehen ist. Im Eisenbahnrecht ist nun der Begriff des Betriebs ebenso wie der Begriff der Eisenbahn selbst durch die Bestimmung für den öffentlichen Verkehr gegeben. Nur die zu diesem Zweck nothwendigen Verrichtungen sind Theile des Eisenbahnbetriebs im Sinne dieses Rechts, nur sie unterliegen den zur ordnungsmässigen Durchführung des Betriebs getroffenen Bestimmungen. Für ihre Ausdehnung auf Handlungen und Verrichtungen, welche ausserhalb des öffentlichen Verkehrszwecks liegen, insbesondere auf den Betrieb von Privatgeleisen, fehlt es an jeder rechtlichen Grundlage.

Die bisherige Betrachtung bezweckte lediglich, aus dem Begriffe und der rechtlichen Natur der Eisenbahnen zur Beantwortung der Frage zu gelangen, ob die Privatanschlussgeleise den eisenbahnrechtlichen Normen unterworfen seien. Die Antwort lautete in verneinendem Sinne. Damit ist aber nur nach der negativen Seite das Recht dieser Geleise da. gekennzeichnet, wo nicht durch ausdrückliche gesetzliche Bestimmungen die Regelung ihrer Verhältnisse erfolgt ist. Zur vollständigen Lösung unserer Aufgabe bedarf es daher noch der Untersuchung, ob und inwieweit durch Gesetz die Privatanschlussgeleise etwa den eisenbahnrechtlichen Normen unterstellt sind, und ferner, welcher rechtlichen Beurtheilung und Behandlung sie nach der positiven Seite unterliegen. Selbstredend kann diese Untersuchung nur an der Hand der Gesetzgebung jedes einzelnen Staats vorgenommen werden. Hier soll dieselbe auf Preussen und nach dem Maasse des zu Gebote stehenden Materials auf Oesterreich, Frankreich, die schweizerische Eidgenossenschaft und England erstreckt werden.

Die preussische Gesetzgebung enthält, abgesehen von einer einzigen, nachher zu erwähnenden Ausnahme, keinerlei besondere Bestimmungen für Privatanschlussgeleise und dasselbe gilt von der auch für die preussischen Eisenbahnen maassgebenden Gesetzgebung des Deutschen Reichs. Ferner besteht auch darüber kein Zweifel, dass sowohl die preussischen wie die Reichs-Eisenbahngesetze fast überall lediglich die für den öffentlichen Verkehr bestimmten Bahnen zum Gegenstand haben, und es muss sonach die aus der vorstehenden allgemeinen Betrachtung gewonnene Auffassung mit ihren rechtlichen Folgen auf die im preussischen Gebiete belegenen Anschlussgeleise in vollem Maasse Anwendung finden, soweit nicht einzelne Bestimmungen der Eisenbahngesetze auch auf diese Geleise bezogen werden müssen. Hiermit in Einklang steht auch die Verwaltungspraxis, und es ergiebt sich daher für die Anschlussgeleise die folgende rechtliche Gestaltung:

Die Eigenschaft der Eisenbahnen im rechtlichen Sinne kommt nur den für den öffentlichen Verkehr bestimmten Anschlussbahnen zu, welche nur vorläufig für Privatzwecke betrieben werden. Dieselben sind integrirende Theile der Eisenbahnen, in welche sie einmünden, wenn sie in Ausübung des für diese Bahn verliehenen Eisenbahnunternehmungsrechts hergestellt und demnach für den öffentlichen Verkehr bestimmt sind. Hierzu gehören die von Privatbahnen auf Grund einer besonderen oder der für ihr Unternehmen überhaupt ertheilten Konzession angelegten Anschlussgeleise. Als auf Grund dieser Konzession angelegt müssen auch diejenigen gelten, welche ohne ausdrückliche Bestimmung für den öffentlichen Verkehr und ohne thatsächliche Benutzung für den öffentlichen Verkehr unter Anwendung der mit dem Konzessionsrechte verbundenen Rechte, insbesondere des Enteignungsrechts hergestellt sind. Für jede dieser Entstehungsarten könnten zahlreiche Beispiele aufgeführt werden. In ersterer Beziehung mag nur an die der vormaligen Bergisch-Märkischen Eisenbahngesellschaft vom 18. September 1871 ertheilte Konzession für eine Eisenbahn durch das Emscherthal und in demselben erinnert werden, auf Grund deren zahlreiche, zur Zeit noch lediglich dem Privatverkehr dienende Anschlussgeleise angelegt sind. Dieser sowie namentlich der Oberschlesischen Eisenbahngesellschaft sind aber auch zahlreiche Konzessionen zur Anlage einzelner Anschlussbahnen zur Verbindung bestimmter gewerblicher Anlagen mit der Bahn verliehen, alle mit dem ausdrücklichen Bemerken, dass dieselben eine Erweiterung des Unternehmens der Gesellschaft bilden und unter Gewährung des Enteignungsrechts. Die Herstellung von Anschlussbahnen seitens der Staatseisenbahnverwaltung erfolgt wohl kaum jemals mit ausdrücklicher Bestimmung derselben für den öffentlichen Verkehr. Diese Zweckbestimmung wird daher, wenn sie nicht in Wirklichkeit für den öffentlichen Verkehr benutzt werden, nur aus solchen begleitenden Umständen entnommen werden können, welche die Schlussfolgerung rechtfertigen, dass sie auf derselben Rechtsgrundlage, wie die Staatsbahnen selbst beruhen. Als ein solcher Umstand ist auch hier namentlich die Ausübung des Enteignungsrechts anzusehen, sei es, dass dasselbe in dem Gesetze, durch welches die Mittel zum Bau der Anschlussbahn bewilligt sind, ausdrücklich ertheilt ist, oder dass das Geleis aus hierzu bereiten Mitteln unter Anwendung des für die Hauptbahn verliehenen Enteignungsrechts hergestellt ist.

Auf alle diese Anschlussgeleise kommen die auf die Anlage der Eisenbahnen bezüglichen Normen in vollem Umfang zur Anwendung, und zwar sowohl die reichsrechtlichen Bestimmungen der Reichsverfassung, des Bahnpolizeireglements, der Normen für die Anlage und Ausrüstung der Bahnen, als auch die landesrechtlichen Vorschriften betreffend die Behandlung der Bauprojekte, insbesondere die landespolizeiliche Prüfung, die Genehmigung, die landespolizeiliche und eisenbahntechnische Abnahme der fertig gestellten Bahn, ebenso auch die Bestimmungen, welche die Eisenbahnverwaltungen verpflichten, sich den Anschluss neu angelegter Eisenbahnen gefallen zu lassen (Art. 41 der Reichsverfassung; §. 45 des preussischen Eisenbahngesetzes vom 3. November 1838). Die Anschlussanlage ist in derselben Weise, wie die Hauptbahn in Betreff der privatrechtlichen Verfügungen beschränkt und theilt in jeder Beziehung deren Natur als Rechtsobjekt. Auch die für den Eisenbahnbetrieb bestehenden Vorschriften haben an sich für diese Anschlussgeleise Gültigkeit. Da aber die Betriebspflicht nicht dergestalt eine absolute ist, dass die Eisenbahnaufsichtsbehörde nicht zeitweise gänzlich oder theilweise von ihrer Erfüllung ent-

binden könnte, so kann diese auch gestatten, dass bis zum Eintritt des
öffentlichen Verkehrsbedürfnisses das Anschlussgeleis nur im Interesse
eines oder mehrerer Privaten betrieben werde. Selbstredend ist die Eisenbahnaufsichtsbehörde befugt, die Einführung des öffentlichen Transport-
betriebs zu verlangen, sobald sie das Bedürfniss hierfür für gegeben erachtet. Bis dahin ist kein Betrieb vorhanden, auf welchen die lediglich
für öffentlichen Betrieb gegebenen gesetzlichen und reglementarischen Vorschriften Anwendung finden, kein Betrieb, welcher als solcher der Beaufsichtigung der Eisenbahnaufsichtsbehörde untersteht. Die Funktionen der
letzteren in Betreff der Anschlussanlage ruhen auch zu der Zeit des
Privatbetriebs nicht; insbesondere ist es ihre Pflicht, fortwährend darüber
zu wachen, dass dieselbe in einem Zustande erhalten werde, welcher die
jederzeitige Aufnahme des öffentlichen Betriebs im Falle des Bedürfnisses
gestattet.

Alle nicht dem öffentlichen Verkehr dienenden Anschlussgeleise haben
das mit einander gemein, dass sie nicht Theile von Eisenbahnen, und daher abgesehen von der oben erwähnten Ausnahme weder in Betreff der
Anlage noch auch des Betriebes dem Eisenbahnrechte unterworfen sind.
Insbesondere kann für sie nicht das Recht des Anschlusses an eine Eisenbahn beansprucht werden. Im freien Belieben des Eigenthümers der
letzteren steht es, den Anschluss zu gewähren oder zu versagen, und eventuell die Gewährung von den ihm geeignet erscheinenden Bedingungen abhängig zu machen. Die Prüfung des Projekts für die Einmündung in die
Eisenbahn auf deren Terrain ist, auch in allen diesen Fällen, da es sich
hierbei um Anlagen einer wirklichen Eisenbahn handelt, Sache derjenigen
Behörde, welcher die Prüfung der Eisenbahnprojekte zukommt. Auf denjenigen Anschlussgeleisen dieser Art, welche von dem Unternehmer der
Eisenbahn, in welche sie einmünden, selbst für ihre Rechnung angelegt
sind und betrieben werden, greift allerdings die Eisenbahnaufsicht
auch über den Privatbetrieb Platz, jedoch aus einem andern Grunde. Die
Bestimmung des § 46 des preussischen Eisenbahngesetzes, derzufolge zur
Ausübung des staatlichen Aufsichtsrechts über das Eisenbahnunternehmen
ein beständiger Kommissarius ernannt werden soll, wird dahin aufgefasst,
dass hierdurch das gesammte Unternehmen mit allen seinen Zubehörungen
ohne Rücksicht darauf, ob diese unmittelbar dem öffentlichen Verkehr
dienen und als öffentliche Anlagen anzusehen seien, deren besondere Aufsicht habe unterstellt werden sollen, da nicht wohl angenommen werden
könne, dass es Absicht des Gesetzes gewesen sei, die Aufsicht über ein
in Anlage und Betrieb einheitliches Unternehmen zu zersplittern. S. auch
Circ. Rescr. des Ministers der öff. Arb. vom 17. Juni 1887. Hiernach erstreckt sich die Eisenbahnaufsicht auf sämmtliche Anschlussgeleise, welche von

den Eisenbahneigenthümern für ihre Rechnung angelegt und betrieben
werden und deshalb als Zubehörungen dieser Bahnen anzusehen sind,
mögen sie für den öffentlichen, oder nur für Privatverkehr bestimmt sein,
und mag im letzteren Falle das Privatinteresse des Eisenbahneigenthümers
selbst oder aber einer oder mehrerer anderer Personen zu der Anlage des
Anschlussgeleises Veranlassung gegeben haben.   Es gilt dies daher auch
von den im Folgenden nunmehr zu betrachtenden Arten von rein privaten
Anschlussgeleisen, insofern sie für Zubehörungen von Eisenbahnen zu erachten sind.   Im Uebrigen gelten für diese Anschlussgeleise die allgemeinen
Rechtsgrundsätze, nur zwei Gattungen derselben haben in einzelnen Richtungen eine besondere rechtliche Gestaltung, nämlich die einem anderen
öffentlichen Zwecke und die den Zwecken des Bergbaues dienenden Anschlussgeleise.

Für die erstere lassen sich allgemeine Grundsätze nicht aufstellen.
Das für sie geltende Recht regelt sich nach dem öffentlichen Zwecke, für
welchen sie bestimmt sind.   Das Enteignungsrecht kann dafür verliehen
werden, wenn der betreffende öffentliche Zweck dies rechtfertigt; es kann
ohne weiteres dafür ausgeübt werden, wenn dasselbe für diesen Zweck etwa
allgemein durch Gesetz gegeben sein sollte.   Einer Genehmigung durch andere
als die ausführenden Behörden bedürfen diese Anschlussgeleise nicht.   Ihre Anlage und ihr Betrieb unterliegen, abgesehen von den Anschlusseinrichtungen auf
dem Eisenbahnterrain, nur der Einwirkung der allgemein zur Wahrnehmung
der Bau-, Sicherheits-, Feuer- etc. Polizei berufenen Behörden, sofern für
den betreffenden öffentlichen Zweck nicht besondere Polizeibehörden bestehen; die Eisenbahnpolizei erstreckt sich auf diese Geleise nicht.   Ihre
rechtliche Natur wird ebenfalls durch den öffentlichen Zweck, welchem sie
ihre Entstehung verdanken, bestimmt; insbesondere kann nur danach beurtheilt werden, ob und inwieweit sie als öffentliche Sachen dem Privatrechtsverkehr entzogen sind.

Die einzige, für Privatgeleise bestehende gesetzliche Bestimmung betrifft die im Interesse des Bergbaubetriebs angelegten Geleise.   Nach § 135
ff. des Allgemeinen Berggesetzes für die preussischen Staaten vom 24.
Juni 1865 (G.-S. S. 705) ist derjenige Grund und Boden, welcher für
Eisenbahnen, die im Interesse des Bergbaubetriebes hergestellt werden, er-
forderlich ist, von dem Eigenthümer oder Nutzungsberechtigten gegen Ent-
schädigung abzutreten, und die Abtretung darf nur aus überwiegenden
Gründen des öffentlichen Interesses versagt werden.   Da diese Geleise als
Theile der gesammten Bergbauanlage, und der Betrieb auf denselben als
Theil des gesammten Bergbaubetriebes angesehen werden, so wird die Be-
stimmung des § 67 des Berggesetzes, demzufolge der Betriebsplan des
Bergbautreibenden der Prüfung der Bergbehörde unterliegt, auch auf die

32*

Bauprojekte für diese Geleise, und die Bestimmung des § 196 daselbst, welcher die polizeiliche Aufsicht über den Bergbau den Bergbehörden überträgt, auch auf den Betrieb auf diesen Geleisen angewendet. In Betreff des § 196 ist die Berechtigung dieser Auffassung in einem Zirkularreskript des Ministers der öffentlichen Arbeiten vom 4. Juni 1886 (Eisenbahn-Verordn.-Bl. 1886, S. 377) ausdrücklich anerkannt werden. Hieraus ergiebt sich für die rechtliche Gestaltung der sog. Zechenbahnen, d. h. der in Gemässheit des § 135 ff. des Berggesetzes im Interesse des Bergbaues hergestellten Geleise Folgendes:

Die Zechenbahnen sind dem Privatrechtsverkehr nicht entzogen. Sie haben keine öffentliche Zweckbestimmung und sind mit einer einzigen Ausnahme den für Privateigenthum gültigen Rechtsnormen unterworfen. Die Ausnahme betrifft nur die Möglichkeit der Enteignung für derartige Anlagen. Das Gesetz gewährt das Enteignungsrecht für dieselben, nicht etwa deshalb, weil es sich dabei um öffentliche Anlagen handelt, sondern weil dem Bergbau an sich keine solche Bedeutung für das öffentliche Interesse zuerkannt wird, dass im Falle einer Kollision das Privateigenthum dagegen zurücktreten müsse; wie auch andererseits mit Rücksicht auf diese Bedeutung für das öffentliche Interesse der Bergwerksbesitzer zum Betriebe seines Bergwerks verpflichtet ist, wenn der Unterlassung oder Einstellung desselben überwiegende Gründe des öffentlichen Interesses entgegenstehen, § 65 daselbst. Wenn nun auch die Enteignungsberechtigung der mittelst derselben hergestellten Zechenbahn nicht den Charakter einer Privatsache benimmt, so hat sie doch die Wirkung, dass der Bestand der Zechensache gegen Rechtsangriffe anderer Personen, welche zu einer Beseitigung der Anschlussanlage oder zur Einstellung des Betriebs auf derselben führen könnten, gesichert ist, da einem jeden derartigen Angriffe durch einen bezüglichen Antrag auf Enteignung des verletzten Rechts die Wirksamkeit entzogen werden kann. Einer besonderen Genehmigung zur Anlage einer Zechenbahn bedarf es nicht. Dagegen unterliegt der Bauplan für dieselbe ausschliesslich der Anschlussweiche der Prüfung durch die Bergbehörde, da er, wie bereits erwähnt, als Theil des gesammten, nach § 67 des Berggesetzes durch diese Behörde zu prüfenden Betriebsplans anzusehen ist. Diese Prüfung ist aber nur eine polizeiliche und auf diejenigen Gesichtspunkte beschränkt, auf welche der § 196 dieses Gesetzes die polizeiliche Aufsicht der Bergbehörden überhaupt beschränkt. Auch der Betrieb steht unter der polizeilichen Aufsicht der Bergbehörden, welche ebenfalls durch die Vorschriften des § 196 angeführten begrenzt ist. Der Eisenbahnpolizei und der Eisenbahnaufsicht unterstehen die Zechenbahnen und zwar auch dann nicht, wenn ihr Betrieb durch den Unternehmer der Hauptbahn, an welche sie anschliessen, erfolgt.

Hiermit sind die für einzelne Gattungen von Privatgeleisen in Betracht kommenden besonderen Rechtsnormen erschöpft. Alle übrigen Privatgeleise sind, abgesehen von der Eisenbahnaufsicht über die Eisenbahnzubehörungen, lediglich dem allgemeinen Rechte unterworfen, und es finden auf sie alle diejenigen Bestimmungen und Grundsätze Anwendung, welche allgemein für Anlagen dieser Art und für die Benutzung des Privateigenthums gelten. Im Einzelnen gestaltet sich hiernach das Recht dieser Privatgeleise in folgender Weise:

Soweit dieselben nicht das Terrain und die Betriebsanlagen einer öffentlichen Eisenbahn benutzen, sind sie nur privatrechtlicher Natur. Das Recht, sie anzulegen, ist ein Ausfluss des Eigenthumsrechts; einer besonderen Genehmigung bedarf die Anlage nur insofern, als solche vermöge ihrer besonderen Lage oder Beschaffenheit nach den einschlagenden Bestimmungen, z. B. des Deichgesetzes oder der Baupolizeiverordnungen erforderlich ist. Das für die Bahn, in welche sie einmünden, verliehene Enteignungsrecht kann zum Erwerb des für diese Geleise zu benutzenden Grund und Bodens nicht ausgeübt werden. Auch die besondere Verleihung dieses Rechts für derartige Geleise ist in der Regel nicht gerechtfertigt. Nur in dem Falle, dass für den Betrieb einer bestimmten wirthschaftlichen Anlage ein erhebliches öffentliches Interesse anzuerkennen, und der Betrieb von dem Anschlusse dieser Anlage an eine Eisenbahn abhängig sein sollte, wird die Ertheilung des Enteignungsrechts unbedenklich sein. Die Anlage hat demnach in der Regel zur Voraussetzung, dass der Unternehmer des Privatgeleises selbst Eigenthümer der benöthigten Flächen ist, oder von dem Eigenthümer die Befugniss zur Verwendung seines Eigenthums erwirbt. Dies gilt auch von der Benutzung öffentlicher Wege, deren Kreuzung oder sonstige Inanspruchnahme nur soweit erfolgen kann, als die Wegepolizeibehörde hierzu ihre ausdrückliche Einwilligung erklärt hat. Der Bauplan bedarf weder der landespolizeilichen Prüfung, noch gewährt ihre Vornahme die Garantie für den gesicherten Bestand des Anschlussgeleises, wenn dadurch Rechte Dritter verletzt sein sollten, mit welchen der Fortbestand der Anlage oder der Betrieb auf derselben nicht vereinbart sein sollte. Auch der technischen Prüfung unterliegt der Bauplan gesetzlich nur insoweit, als dabei Anlagen zur Ausführung kommen, für welche eine solche durch die allgemeinen gesetzlichen Bestimmungen vorgeschrieben ist, und dasselbe gilt von der technischen Abnahme des Anschlussgeleises nach seiner Vollendung. Der Unternehmer des letzteren hat nicht die Pflicht, anderen Eisenbahnunternehmungen den Anschluss an sein Geleise zu gestatten, wie er andererseits auch nicht das Recht hat, den Anschluss des letzteren an eine Eisenbahn zu verlangen. Er ist daher auf eine freie Vereinbarung mit dem Eigenthümer dieser Bahn wegen Gestattung des

Anschlusses hingewiesen, und der letztere ist somit in der Lage, die Gestattung von Bedingungen, welche ihm in seinem Interesse erforderlich
erscheinen, abhängig zu machen. Insbesondere wird er sich für den Fall,
dass sein Betriebsmaterial auf das Anschlussgeleise übergeht, was auch
der Anschlussinhaber nicht zu fordern berechtigt ist, vertragsmässig
eine gewisse Einwirkung oder eine Kontrole der Bauausführung, entweder
eigene Ausführung des Baues oder Prüfung des Planes ausbedingen. Für
den Bereich der preussischen Staatseisenbahnverwaltung sind durch die
Zirkularreskripte des Ministers der öffentlichen Arbeiten vom 25. November 1885 IIb. 18394 und vom 12. Mai 1887 IIb 5688 Normalbedingungen
für die Gestattung von Privatanschlüssen festgesetzt worden.

Für den Betrieb auf den Anschlussgeleisen kommen nicht die den
Eisenbahnbetrieb regelnden Bestimmungen, sondern nur die allgemeinen
Gesetze und Polizeiverordnungen, oder die besonders für diese Geleise etwa
erlassenen Polizeiverordnungen zur Anwendung. Zum Erlasse der letzteren
sind an sich die ordentlichen Polizeibehörden befugt. Der Zusammenhang
der Anschlussgeleise mit den Eisenbahnen und des Betriebes der ersteren
mit dem Betriebe der letzteren, und anderntheils der Umstand, dass den
Eisenbahnpolizeiaufsichtsbehörden vorzugsweise in dieser Beziehung Sachkenntniss und Erfahrung innewohnt, machen es jedoch sehr rathsam, der Mitwirkung der letzteren beim Erlasse solcher Polizeiverordnungen sich zu
bedienen. Das in Bezug auf den Betrieb Gesagte gilt auch für das Transportgeschäft. Wird die Beförderung von dem Unternehmer der Eisenbahn
ausgeführt, so sind die Bedingungen des Transportvertrages Sache freier
Vereinbarung. Auch die Bestimmung des § 52 Abs. 2 des Eisenbahn-
betriebsreglements, welche den Eisenbahnunternehmer zur Veröffentlichung
der für die Abholung von der Behausung und die Ueberführung dahin zu
entrichtenden Vergütungen verpflichtet, findet hier keine Anwendung, weil
dieselbe ebenfalls einen öffentlichen Verkehr dieser Art zur Voraussetzung hat.

Die Aufsicht sowohl über diese Anschlussanlagen selbst, als auch
über den Betrieb ist nur eine polizeiliche und kommt den ordentlichen
Polizeibehörden zu. Die Eisenbahnaufsichtsbehörde ist hierfür selbst in
dem Falle nicht zuständig, wenn das Anschlussgeleise von dem Unternehmer der Eisenbahn betrieben wird (cf. auch die Zirkularerlasse des
Ministers der öffentlichen Arbeiten vom 22. Dezember 1882 im Eisenb.-
Verordn.-Blatt 1883 S. 1., vom 9. Februar 1886 im E.-V.-Bl. S. 291 und
vom 4. Juni 1886 im E.-V.-Bl. S. 377). Dass sich dagegen die Eisenbahnaufsicht auf diejenigen Anschlussgeleise erstreckt, welche Zubehörungen von Eisenbahnen sind, ist oben bereits erwähnt.

Die Frage, ob auf die beim Betriebe eines Privatanschlussgeleises
eingetretene körperliche Verletzung oder Tödtung von Menschen die Be-

stimmungen des Reichshaftpflichtgesetzes vom 7. Juni 1871 Anwendung finden, ist in den neuen Entscheidungen des Reichsgerichts (s. insb. die Entscheidung vom 16. Mai 1882 in Bd. 7 S. 40 der Entscheid. des Reichsgerichts in Zivilsachen) in bejahendem Sinne beantwortet worden. Es erübrigt hier, auf eine weitere Erörterung dieser Frage einzugehen, da hierfür nicht die Grundsätze des Eisenbahnrechts, sondern die des Haftpflichtrechts maassgebend sind.

In Oesterreich ist die Anlage und der Betrieb der dort „Schleppbahnen" genannten Privatanschlussgeleise in vielen Beziehungen gesetzlich geregelt. Die den betreffenden Gesetzen zu Grunde liegende Auffassung, dass die Schleppbahnen keine Eisenbahnen im rechtlichen Sinne und daher an sich der Eisenbahngesetzgebung nicht unterworfen sind, stimmt mit der in Preussen maassgebenden überein; Rücksichten der Zweckmässigkeit haben aber dahin geführt, dieselben einzelnen der für Eisenbahnen geltenden Bestimmungen zu unterwerfen, oder anologe Bestimmungen für dieselben zu treffen.

Den Begriff der Schleppbahnen ergiebt der § 35 der Verordnung des Handelsministeriums vom 25. Januar 1879, betreffend die Verfassung der auf Eisenbahnen bezüglichen Projekte und die damit zusammenhängenden Amtshandlungen (R.-G.-Bl. Nr. 19), wonach darunter die in öffentliche Bahnen einmündenden Bergwerks- oder Industriebahnen mit oder ohne Lokomotivbetrieb zu verstehen sind. Dass die Industriebahnen hier einen weitern Sinn haben und insbesondere auch Forstbahnen in sich schliessen, geht aus den §§ 20 ff. der Ministerialverordnung vom 29. Mai 1880 (R.-G.-Bl. Nr. 57) hervor.

Zur Anlage einer Schleppbahn lediglich zu eigenem Gebrauche auf eigenem Grund und Boden oder unter der vorläufig nachzuweisenden Zustimmung des Grundeigenthümers bedarf es keiner eigentlichen Konzession, sondern nur des nach den Gesetzen erforderlichen polizeilichen Baukonsenses, welcher nur ertheilt werden soll, nachdem Eisenbahnbauverständige mit ihrem Gutachten gehört worden sind. (§ 1 der Verordnung des Ministeriums für Handel u. s. w. vom 14. September 1854, R.-G.-Bl. Nr. 238.)

Der Baukonsens wird ertheilt vom Handelsministerium im Einverständnisse mit dem Ackerbauministerium, wenn diese Bahnen mit gleicher Spurweite in öffentliche Bahnen derart einmünden, dass ein Uebergang von Fahrbetriebsmitteln stattfinden kann. Andernfalls unterliegen der Genehmigung des Handelsministeriums nur die durch die Ausmündung der Schleppbahn an der öffentlichen Bahn hervorgerufenen baulichen Veränderungen (§§ 21, 23 und 24 der Ministerialverordnung vom 29. Mai 1880; Haberer, Das österreichische Eisenbahnrecht S. 270). Die Baubewilligung darf, wenn

durch die Anlage die Landverkehrsverhältnisse oder die Wasserläufe oder
Bergwerke beeinflusst werden, nur nach der politischen Begehung (landespolizeilichen Prüfung) ertheilt werden. Trifft diese Voraussetzung nicht zu,
so kann die Baubewilligung ohne Weiteres erfolgen, sofern Enteignungen
nicht erforderlich sind. Ist dies der Fall, so muss zuvor das zur Feststellung des Gegenstands und Umfangs der Enteignung vorgeschriebene
Verfahren in Gemässheit des § 21 des Enteignungsgesetzes vom 18. Februar
1878 (R.-G.-Bl. Nr. 30) eingeleitet und durchgeführt werden (§ 24 der
Ministerialverordnung vom 29. Mai 1880, § 18 der Ministerialverordnung
vom 25. Januar 1879).

Das Enteignungsrecht ist gesetzlich allgemein für die zum Bergbau-
betriebe nothwendigen Schleppbahnen begründet (§§ 98 und 131 des allgemeinen Berggesetzes vom 23. Mai 1854, R.-G.-Bl. Nr. 146). Für Schleppbahnen anderer Art kann dasselbe nur insoweit in Anspruch genommen
werden, als die Gemeinnützigkeit des Unternehmens von der hierzu berufenen staatlichen Verwaltungsbehörde anerkannt ist (§ 1 des Enteignungsgesetzes vom 18. Februar 1878; Haberer, Das österreichische Eisenbahnrecht S. 46, 47).

Der Konsens zur Eröffnung einer Schleppbahn oder zur Benutzung
einzelner Theile derselben wird durch die Generalinspektion der österreichischen Eisenbahnen ertheilt. Ihrem Ermessen ist es überlassen, ob
sie einen vorherigen Lokalaugenschein für nothwendig hält (§ 24 der
Ministerialverordnung vom 29. Mai 1880, § 32 der Ministerialverordnung
vom 25. Januar 1879).

Die auf den Betrieb der Eisenbahnen bezüglichen Vorschriften kommen
auf Schleppbahnen insoweit nicht zur Anwendung, als der Verkehr, für
welchen dieselben erlassen sind, auf den Schleppbahnen nicht stattfindet.
Die den Personenverkehr betreffenden Bestimmungen entfallen daher
gänzlich, die auf den Güterverkehr bezüglichen insoweit, als sie einen
öffentlichen Güterverkehr voraussetzen. Die übrigen Betriebsvorschriften,
insbesondere diejenigen, welche lediglich Sicherheitszwecke verfolgen, sind
auch auf Schleppbahnen anwendbar. Dabei entsteht nur die Frage, ob die
für Hauptbahnen oder die für Lokal- (Sekundär-, Normal- u. s. w.) Bahnen
erlassenen maassgebend sind. Nach einer Entscheidung des Handelsministeriums fallen die Privatzwecken dienenden, nur für Güterverkehr
bestimmten Schleppbahnen, welche eigentlich nur ein Annex der Bahn sind, in
welche sie einmünden, strenge genommen nicht unter den Begriff der
Lokalbahnen; es soll jedoch mit Rücksicht auf die äusserst geringe Fahrgeschwindigkeit und die einfachen Verkehrsverhältnisse von derlei Schleppbahnen kein Anstand erhoben werden, und es wird sogar der Konformität
wegen für wünschenswerth erklärt, wenn die Grundzüge der Vorschriften

für den Betrieb von Lokalbahnen per analogiam auf Schleppbahnen thunlich angewendet würden, selbstverständlich aber nur insoweit, als dies mit dem Charakter der Schleppbahn und insbesondere mit dem Mangel des Personen-verkehrs vereinbarlich ist, und insoweit nicht eine nicht beabsichtigte Er-schwerniss der bisher als zulässig erachteten Verkehrsmodalitäten eintreten würde (Reskript des Handelsministeriums vom 26. November 1883 bei Röll, Oesterreichische Eisenbahngesetze S. 559 und 560).

In die zufolge des Gesetzes vom 19. Mai 1874 (R.-G.-Bl. No. 70) angelegten Eisenbahnbücher sind nach Ansicht des Handelsministeriums die einer öffentlichen Eisenbahn gehörigen, lediglich zu Privatzwecken dienenden Industriegeleise und Schleppbahnen nicht einzutragen, weil der § 1 dieses Gesetzes die Eisenbahnbücher nur für die dem öffentlichen Verkehr dienenden Eisenbahnen bestimmt. Zirk.-Erlass des Handels-Ministeriums bei Röll a. a. O. S. 252 und 253.

Dass das Gesetz vom 5. März 1869, betreffend die Haftpflicht der Eisenbahnunternehmungen für die beim Verkehre sich ereignenden körper-lichen Verletzungen und Tödtungen sich auch auf Unfälle bezieht, welche beim Betriebe auf einer Schleppbahn eintreten, wird nicht bezweifelt. Reskript des Handels-Ministeriums vom 16. Oktober 1878 bei Röll a. a. O. S. 440 und 441.

In Frankreich hat das Recht der Anschlussgeleise eine wesentlich andere Grundlage. Diese Geleise, chemins de fer industriels und in ihrem Verhältnisse zu der Hauptbahn, in welche sie einmünden, embranchements genannt, werden als wirkliche Eisenbahnen angesehen; sie sind Theil des domaine public und mit einigen, noch zu erwähnenden Modifikationen den-jenigen Normen unterworfen, welche für die grande voirie gelten. Unter den Eisenbahnen nehmen sie nur in sofern eine Ausnahmestellung ein, als sie, solange das Bedürfniss des öffentlichen Verkehrs noch nicht eingetreten ist, nur den Privatzwecken des dadurch an die Eisenbahn angeschlossenen Etablissements dienen und deshalb solange auch denjenigen Bestimmungen nicht unterstehen, welche einen öffentlichen Betrieb zur Voraussetzung haben.

Die Verpflichtung der Eisenbahnen, diesen Industriegeleisen den An-schluss an ihre Linie zu gestatten, ist in den den ersteren ertheilten Konzessionen begründet. In den Konzessionsbedingungen, cahier des charges, für die Eisenbahnen d'intérêt général wie auch d'intérêt local ist der Staatsverwaltung das Recht vorbehalten, über Anträge der Eigen-thümer von Bergwerken oder industriellen Anlagen auf Gestattung von Anschlüssen mangels einer Vereinbarung der Betheiligten Entschei-dung zu treffen, und zugleich die näheren Modalitäten für den Bau und Betrieb derselben, soweit das Verhältniss zwischen Eisenbahn und Anschlusseigenthümer in Frage kommt, festzusetzen. Art. 61 des modèle de cahier des charges bei Fleury Code annoté des chemin de fer en exploitation S. 122. Das Recht zum Bau und Betriebe einer industriellen Anschlussbahn wird durch staatsseitige Konzession erworben. Zuständig zur Konzessionsverleihung sind diejenigen Staatsorgane, welchen diese Befugniss in Betreff der Eisenbahnen überhaupt zusteht; das ist nach dem Gesetze vom 27. Juli 1870 das Gouvernement, wenn die Bahnlänge nicht über 20 Kilometer beträgt, andernfalls die gesetzgebende Gewalt. Konzessionen für Bergwerksbahnen werden ohne Rücksicht auf ihre Länge stets von dem Gouvernement ertheilt. Art. 44 des Gesetzes vom 27. Juli 1880. Bulletin des lois. 2. Semester de 1880 S. 140. Die Dauer der Konzession wird in der Regel auf 90 Jahre bestimmt. Die Konzessionsbedingungen stimmen, abgesehen von den durch den vorläufigen privaten Betrieb gebotenen Modifikationen im Wesentlichen mit den für die Bahnen d'intérêt général maassgebenden überein, enthalten aber den Vorbehalt für die Staatsverwaltung, die Einrichtung des öffentlichen Personen- und Güterverkehrs zu verlangen, sobald nach ihrem Ermessen ein Bedürfniss hierfür eintreten sollte. Die Voraussetzung für die Enteignungsberechtigung ist die in den gesetzlichen Formen erfolgte Erklärung der zuständigen Staatsorgane, dass die betreffende Bahn von öffentlichem Nutzen sei. Art. 1 und 2 des Gesetzes über die Enteignung vom 3. Mai 1841 Bulletin des lois 1841 1. Semester S. 601. Diese Erklärung ist für Industriebahnen vom Staatsrath abzugeben. Für Bergwerksbahnen, welche sich innerhalb eines périmètre bewegen und nicht mit einer Veränderung der Niveauverhältnisse verbunden sind, kann die Enteignungsbefugniss vom Präfekten verliehen werden. Art. 43 des bezeichneten Gesetzes vom 27. Juli 1880.

Als Theil der grande voirie sind die Industriebahnen dem Privatrechtsverkehr entzogen; sie können weder freihändig veräussert, noch enteignet werden. Alle für das domaine public geltenden Rechtsgrundsätze finden auch auf diese Bahnen Anwendung. Insbesondere sind sie den Bestimmungen des für die Bahnen d'intérêt général maassgebenden Gesetzes vom 15. Juli 1845 in Betreff der Konstruktion der Bahn und deren Sicherungsanlagen unterworfen. Die für Bahnen von lokalem Interesse erlassenen Gesetze vom 12. Juli 1865 und 11. Juni 1880 sind auf die Industriebahnen bis auf die Bestimmung, dass der Präfekt die Befugniss hat, von der Einfriedigung der Bahn gänzlich oder theilweise und von der Anlage von Barrièren bei Niveauübergängen nicht frequenter Wege zu dispensiren (Art. 8 des Gesetzes vom 12. Juli 1865 und Art. 22 des Gesetzes vom 11. Juni 1880), nicht anwendbar. Der Bauplan für Industriebahnen bedarf nach Inhalt der Konzessionsbedingungen der Genehmigung des Ministers der öffentlichen Arbeiten.

Zur Betriebsführung auf der Industriebahn ist der Unternehmer der Hauptbahn nicht verpflichtet, sondern nach Art. 62 des cahier des charges nur gehalten, die für das betreffende Etablissement ankommenden Wagen bis zur Anschlussweiche zu befördern, die von demselben zur Versendung kommenden da abzuholen. Die Unterhaltung der Industriebahn und ihr Betrieb ist demnach Sache ihres Eigenthümers. Der Unternehmer der Hauptbahn muss jedoch seine Wagen zur Entladung und zur Beladung auf die Industriebahn übergehen lassen. Die Rücklieferung muss binnen 6 Stunden erfolgen, wenn das Anschlussgeleise die Länge eines Kilometer nicht übersteigt; für jedes weitere Kilometer tritt eine halbe Stunde hinzu. Die Nachtzeit wird dabei nicht mitgerechnet. Bei Ueberschreitung dieser Zeit ist die übliche Wagenstrafmiethe zu entrichten. Für die Benutzung seiner Wagen auf der Industriebahn kann der Unternehmer der Hauptbahn eine Vergütung von 12 centimes für die Tonne für das erste Kilometer und bei grösserer Länge des Anschlussgeleises von 4 centimes für jedes weitere Kilometer und für Beschädigung derselben auf dem Anschlussgeleise Schadenersatz fordern. Nicht voll beladene Wagen werden dabei als voll berechnet. Art. 62 des cahier des charges.

Die für den Betrieb der Eisenbahnen geltenden Normen, insbesondere auch das durch königliche Ordre erlassene Reglement d'administration publique sur la police, la sûreté et l'exploitation des chemins de fer vom 15. November 1846 (Fleury a. a. O. S. 13 ff.) finden auf Industriebahnen in ihrem technischen Theil Anwendung. In seiner wirthschaftlichen Seite ist der Betrieb dieser Geleise dem freien Ermessen ihrer Eigenthümer überlassen.

In technischer Beziehung unterstehen die Industriebahnen der Aufsicht der Eisenbahnaufsichtsbehörden. Mit Rücksicht auf das Interesse des Unternehmers der Hauptbahn an der ordnungsmässigen Unterhaltung der Industriebahn und der ordnungsmässigen Verwendung seiner auf dieselbe übergehenden Wagen kommt auch ihm Befugniss zu einer Aufsicht in diesen Richtungen zu. Art. 62 cahier des charges. Wegen Vernachlässigung der dem Eigenthümer der Industriebahn obliegenden Pflichten kann die Einstellung ihres Betriebes vom Präfekten vorbehaltlich des Rekurses an die höhere Instanz verfügt werden. ebenda. Vergl. wegen der gesammten Darstellung: Aucoc, Conférences sur l'administration et le droit administratif. Tome. III. 2. Auflage. Paris 1882. S. 906 ff.

Für die schweizerische Eidgenossenschaft ist das Recht der Privatanschlussgeleise durch ein Bundesgesetz über die Rechtsverhältnisse der Verbindungsgeleise zwischen dem schweizerischen Eisenbahnnetz und gewerblichen Anstalten vom 19. Dezember 1874 geregelt. Hiernach kommt diesen Geleisen der Charakter eigentlicher Eisenbahnen zwar nicht zu;

dagegen ist den für die Eisenbahnen gegebenen Normen in verschiedenen
Richtungen auch für die Verbindungsgeleise Gültigkeit verliehen. Dies
gilt zunächst von der Verpflichtung des Eisenbahneigenthümers, den zu
einem gewerblichen Etablissement irgend welcher Art führenden Schienen-
geleisen zu keinen schwereren, als den nach dem Gesetze statthaften Bedingungen, den Anschluss an seine Bahn zu gestatten, und deren Betriebsmaterial mit Ausschluss der Lokomotiven auf seiner Bahn zirkuliren
zu lassen, soweit dies ohne Gefährdung des öffentlichen Betriebs geschehen
kann. Dieselbe Verpflichtung hat der Eigenthümer eines Verbindungsgeleises den Eigenthümern anderer neben- oder hinterliegender Etablissements gegenüber, welche an dessen Geleise anschliessen wollen; für die
Zirkulation des fremden Betriebsmaterials auf seinem Verbindungsgeleise
kann er jedoch eine Entschädigung fordern, welche nöthigenfalls durch
das Bundesgericht bestimmt wird. Art. 1 des Gesetzes.

Der Antrag auf Gestattung des Anschlusses ist an den Bundesrath
zu richten, welchem die Entscheidung hierüber, ebenso wie die Feststellung der Baupläne zusteht. Art. 2 das. Der Bundesrath kann
aber die Aenderung oder Beseitigung eines mit seiner Genehmigung
hergestellten Verbindungsgeleises verlangen, wenn veränderte Bau-
oder Betriebsverhältnisse der Hauptbahn dies erfordern, oder wenn der
Besitzer des Verbindungsgeleises durch beharrliche Zuwiderhandlung gegen
bestehende Vorschriften den Betrieb oder die Sicherheit der Hauptbahn
gefährdet. Art. 4 das. Das Enteignungsrecht kann für die Anlage von
Verbindungsgeleisen auf Grund des Bundesgesetzes, betreffend die Verbindlichkeit zur Abtretung von Privatrechten vom 1. Mai 1850 nicht in Anspruch genommen werden. Vielmehr ist für die Frage, ob Enteignung
zulässig sei, die Gesetzgebung des betreffenden Kantons maassgebend.
Art. 3 des Gesetzes vom 19. Dezember 1874. Sowohl die Bau-, als auch
die Unterhaltungsarbeiten, soweit sie auf dem Terrain der Hauptbahn
auszuführen sind, ist der Eigenthümer der letzteren berechtigt, auf Kosten
des Unternehmers des Verbindungsgeleises selbst vorzunehmen. Art. 5 das.
In Betreff des Betriebs beschränken sich die Verpflichtungen des Unternehmers der Hauptbahn auf die und zwar unentgeltliche Beförderung der
zum Transport nach oder von dem Verbindungsgeleise bestimmten Wagen
von der Anschlussstation bis zur Anschlussweiche und umgekehrt, während
der Unternehmer des Verbindungsgeleises dieselben dort abzuholen und
dahin zu schaffen hat; Art. 6 und 10 das.; ferner auf die Gestattung des
Uebergangs und der Zirkulation der Wagen — nicht der Lokomotiven —
des letzteren auf der Hauptbahn Art. 1 das., und auf die Gestellung seiner
Wagen zur Ent- oder Beladung durch den Unternehmer des Verbindungsgeleises. Die beiden letztgedachten Verpflichtungen fallen hinweg, wenn

in Folge ausserordentlicher Ereignisse der Transport unmöglich ist oder die Transportmittel in Folge einer aus ausserordentlichen Umständen hervorgegangenen Geschäftsüberhäufung unzulänglich sind. Die dem Unternehmer des Verbindungsgeleises zur Be- oder Entladung überlassenen Wagen sind bei Meidung der Zahlung einer Entschädigung von 3 Frcs. für den Tag und der von der betreffenden Bahn fremden Verwaltungen gegenüber wegen verspäteter Rücklieferung ihrer Wagen berechneten Conventionalstrafe binnen 10 Stunden zurückzuliefern. Art. 7 und 8 das. Für die gegenseitige Benutzung der Güterwagen der Hauptbahn und des Verbindungsgeleises sind die im Verkehr der schweizerischen Bahnen unter sich üblichen Vergütungen zu leisten. Art. 9 das.

Auf die Gütertransporte, welche der Unternehmer der Hauptbahn für den Eigenthümer des Verbindungsgeleises ausführt, kommen die für den Transportbetrieb geltenden bundesgesetzlichen Bestimmungen zur Anwendung mit der Maassgabe, dass dem Ersteren dabei die Vergünstigungen zu Statten kommen, welche ihm das Gesetz oder das Transportreglement gegenüber dem das Auf- und Abladen selbst besorgenden Absender und Empfänger einräumt. Der Besitzer des Verbindungsgeleises kann jedoch auf seine Kosten die Anwesenheit eines Angestellten der Hauptbahn bei der Entladung verlangen. Geschieht dies und erfolgt die Entladung der Wagen ohne Verzug, so gilt die Ablieferung und Empfangnahme mit Vollendung der Entladung, andernfalls schon mit der Uebergabe der Wagen an der Anschlussweiche vollzogen. Art. 11 das.

Die Aufsicht über den Bau und Betrieb der Verbindungsgeleise übt der Bundesrath aus, welchem das Recht zusteht, die nöthigen Weisungen zu ertheilen. Auch der Eigenthümer der Hauptbahn kann die Einsicht von allen Theilen des Verbindungsgeleises verlangen. Art. 2 Abs. 2 das.

Für Beschädigungen der Hauptbahn ist der Besitzer des Verbindungsgeleises verantwortlich, wenn dieselben bei Bedienung dieses Geleises durch ihn selbst, durch seine Angestellten oder durch die ungehörige Beschaffenheit des Verbindungsgeleises oder des Betriebsmaterials derselben verursacht ist. Art. 12 das. Wegen Verletzungen oder Tödtungen, die beim Bau oder Betriebe von Verbindungsgeleisen vorkommen, kommen in Betreff der Haftpflicht des Unternehmers die für Eisenbahnen geltenden Bestimmungen zur Anwendung. Art. 13 das.

Das englische Recht gestattet jedermann, sei er Eigenthümer oder Pächter des an eine Eisenbahn angrenzenden Terrains, auf seinem eigenen oder mit Genehmigung des Eigenthümers auf fremdem Terrain Anschlüsse an die Eisenbahn herzustellen, und verpflichtet den Eigenthümer der letzteren, an einer Stelle, an welcher für den Betrieb der Hauptbahn dadurch keine Gefahr oder Störung erwächst, die Anschluss-

weiche auf Kosten des Anschlussunternehmers herzustellen. Das Anschlussgeleise darf jedoch nicht parallel der Hauptbahn angelegt werden. Der Anschluss kann nicht verlangt werden an solchen Punkten, an welchen der
Eisenbahneigenthümer ein Spezialwerk herzustellen beabsichtigt, an nicht
horizontalen Flächen, auf Brücken und Tunnels. Die Anschlussweiche
muss von Zeit zu Zeit nach den Dispositionen des Eisenbahneigenthümers
und unter seiner Leitung erneuert werden. Art. 76 der Railways Clauses
Consolidation Act vom 8. Mai 1845. 8 und 9 Vict. cap. 20.

Für die Anschlussgeleise kommen nach dieser Gesetzesvorschrift ferner
die Bestimmungen der Railway Regulation Act vom 30. Juli 1842. 5 und
6 Vict. cap. 55 zur Anwendung. Hiernach bedarf es auch zur Eröffnung
des Betriebs auf diesen Geleisen einer vorgängigen Anzeige an das Handelsamt (Board of Trade) behufs Prüfung der Anlage und etwaiger Genehmigung des Betriebs. Zur Betriebsführung auf dem Anschlussgeleise
ist der Unternehmer der Hauptbahn nicht verpflichtet. Ist von dem Betriebe des Anschlusseigenthümers Gefahr für das die Hauptbahn be-
nutzende Publikum zu befürchten, so kann das Handelsamt bestimmen,
dass dieser Betrieb nach den Weisungen des Unternehmers der Hauptbahn
geführt werde.

Die Bestimmungen in Betreff der Niveauüberführung der Eisenbahnen
über öffentliche, Privatwege und Tramways finden auch auf Anschlussgeleise Anwendung.

Die Vergleichung der vorstehend dargestellten Gesetzgebungen zeigt,
dass in den sämmtlichen hier in Betracht gezogenen Staaten, mit alleiniger
Ausnahme Preussens, besondere Vorschriften bestehen, welche die ordnungsmässige Herstellung der Anschlussbahnen und in grösserem oder
minderem Maasse auch einen ordnungsmässigen Betrieb auf denselben zu
sichern bestimmt sind, mit anderen Worten, dass in diesen Staaten eine
besondere gesetzliche Regelung des Rechts dieser Bahnen nach ihrer technischen Seite für nothwendig erachtet worden ist. Ebenso besteht auch
insofern Uebereinstimmung, als eine rechtliche Ordnung der wirthschaftlichen Verhältnisse dieser Geleise wenigstens für die Dauer ihrer Benutzung
im Privatinteresse einzelner Personen nirgends stattgefunden hat. Im
Uebrigen weichen aber diese Gesetzgebungen sehr erheblich von einander
ab. Während das französische Recht alle Anschlussgeleise als Eisenbahnen
im rechtlichen Sinne ansieht und abgesehen davon, dass die nur auf einen
öffentlichen Betrieb anwendbaren Bestimmungen für die Dauer des Privatbetriebs ausser Wirksamkeit bleiben, auch als solche behandelt, beruhen
die Gesetze der anderen Staaten auf der Auffassung der Anschlussgeleise
als Anlagen privatrechtlicher Natur. Dem entspricht es, dass die letzteren
zur Anlage solcher Geleise wenigstens prinzipiell nicht das Enteignungs-

recht gewähren, während in Frankreich nach der in den gesetzlichen Formen erfolgten Erklärung des öffentlichen Nutzens die Ausübung des Enteignungsrechts zu diesem Zwecke keinem Bedenken unterliegt. Unerachtet der Festhaltung des privatrechtlichen Charakters dieser Bahnen verpflichtet sowohl das schweizerische, wie das englische Recht die Eigenthümer der benachbarten Eisenbahnen, die Einmündung in ihre Bahnen zu gestatten. Die Verpflichtung des Unternehmers der Hauptbahn, seine Wagen zur Be- und Entladung auf die Anschlussbahn übergehen zu lassen, besteht nur nach dem französischen und dem schweizerischen Rechte. Endlich weichen auch die Rechte der betreffenden Staaten auch in der Art, in welcher für die sichere Konstruktion und den sicheren Betrieb der Anschlussgeleise Fürsorge getroffen ist, wesentlich von einander ab. In Frankreich hat die Auffassung dieser Geleise als wirklicher Eisenbahnen folgerichtig dahin geführt, dieselben den in dieser Beziehung für die Eisenbahnen geltenden Bestimmungen materieller Natur zu unterwerfen. In Oesterreich werden auf sie als für Annexe der Hauptbahnen die für diese geltenden Betriebsbestimmungen angewendet. Das englische Recht hat einzelnen dieser Bestimmungen Gültigkeit für die Anschlussgeleise zuerkannt. In der Schweiz besteht die Fürsorge für eine ordnungsmässige Konstruktion derselben in der Prüfung des Projekts, in Oesterreich auch der fertig gestellten Bahn durch sachverständige Behörden, deren Genehmigung es zur Bauausführung und zur Inbetriebnahme bedarf.

Schon der Umstand, dass in den Gesetzen der sämmtlichen hier in Betracht gezogenen ausserdeutschen Staaten die Regelung des Baues und Betriebes der Privatanschlussgeleise nach der technischen Seite bis zu einem gewissen Grade für angezeigt erachtet worden ist, weist darauf hin, dass ein Bedürfniss hierfür anzuerkennen sein möchte. Und in der That sprechen verschiedene Gründe dafür, derartige Anlagen und ihren Betrieb nicht nur derjenigen Kontrole zu überlassen, welcher alle anderen wirthschaftlichen Anlagen und Betriebe unterstellt sind. Es soll keineswegs behauptet werden, dass es erforderlich oder auch nur zweckmässig sei, diese Geleise den in dieser Richtung für die Eisenbahnen gegebenen Vorschriften, den Bahnpolizeireglements, den Normen für die Konstruktion der Eisenbahnen u. s. w., allgemein zu unterwerfen. Die Gefahren, welche ihr Betrieb mit sich bringt, treten gegen die Gefahren des Betriebs der Eisenbahnen so sehr zurück, dass eine solche Maassnahme weit über das Ziel hinausschiessen und diesen Anschlussgeleisen eine unnöthige und nach andern Richtungen schädlich wirkende Fessel auferlegen würde. Gleichwohl ist aber nicht zu verkennen, dass ihr Zusammenhang mit den Eisenbahnen, die Benutzung des Betriebsmaterials der letzteren auf den Anschlussgeleisen und die aus dem Lokomotivbetrieb immerhin erwachsenden Ge-

fahren es rathsam erscheinen lassen, die Prüfung der Bauprojekte vor der
Bauausführung und die Revision der vollendeten Anschlussanlage vor der
Inbetriebnahme durch eine eisenbahnsachverständige Behörde vornehmen zu
lassen, ebenso auch die Beaufsichtigung des Betriebs dieser Geleise den
Eisenbahnaufsichtsbehörden zu übertragen. Das Bedürfniss einer derartigen
Regelung ist auch in Preussen in gleichem Maasse wie anderwärts hervorgetreten. Wenn man gleichwohl ohne eine bezügliche gesetzliche Regelung
bisher auskommen konnte, so erklärt sich dies nur daraus, dass die Verwaltung derjenigen Eisenbahnen, an welche der Anschluss erfolgen sollte,
bei Gestattung desselben sich eine Einwirkung auf die Anlage und den
Betrieb der Anschlussgeleise wenigstens im Wege des Vertrages sicherten.
Hierdurch wird aber nur den Interessen der Hauptbahnen und auch nur
in unvollkommener Weise Rechnung getragen. Die weitergehenden öffentlichen Interessen erfahren hierdurch gar keine Berücksichtigung.

Mit einer derart beschränkten gesetzlichen Regelung der Anlage und
der Beaufsichtigung des Betriebes der Anschlussgeleise dürfte dem praktischen Bedürfnisse genügt sein. Die Verleihung des Enteignungsrechts
für alle Anschlussgeleise, wie solche in Preussen für die Bergwerksbahnen
erfolgt ist, würde sich überdies gar nicht rechtfertigen lassen, da dieselben
nur Privatzwecken dienen, und nicht behauptet werden kann, dass für den
Betrieb der dadurch angeschlossenen Etablissements so erhebliche öffentliche Interessen sprechen, dass dagegen die Privatrechte zurückzutreten
hätten. Anders verhält es sich in dieser Beziehung mit der Verpflichtung
des Eisenbahneigenthümers, den Anschluss einer wirthschaftlichen Anlage
an seine Bahn zu gestatten und dem Unternehmer des hergestellten Anschlussgeleises seine Wagen zur Be- und Entladung auf dem letzteren zu
überlassen. Es mag dahingestellt bleiben, ob es gerechtfertigt erscheine,
die Verpflichtung zur Gestattung der Einmündung in die Eisenbahn dem
Eigenthümer der benachbarten wirthschaftlichen Anlage gegenüber mit der
Wirkung zu begründen, dass dieser nun ohne Weiteres den Anschluss zu
verlangen und erforderlichen Falls zu erzwingen in der Lage sei, wie dies
nach dem in England und in der Schweiz geltenden Rechte geschehen
kann. Jedenfalls lassen sich nicht unerhebliche Gründe gegen die Ertheilung eines so absoluten Rechts an den Anschlusssucher geltend
machen. Dagegen würde ein Vorbehalt in der dem Eisenbahnunternehmer
zu verleihenden Konzessionen dahin, dass dieser zur Gestattung derjenigen
Anschlüsse verpflichtet sei, welche staatsseitig für zweckmässig und ausführbar erachtet werden sollten, kaum einem ernstlichen Bedenken begegnen.
Denn zweifelsohne wird der Zweck der Eisenbahnen in umso höherem
Maasse erreicht, je grösser der Kreis derjenigen ist, welche von ihnen
Gebrauch machen können, und würde sich daher eine Konzessionsbedingung

des bezeichneten Inhalts innerhalb des Rahmens der durch den Verkehrszweck der Eisenbahnen gebotenen Konzessionsverpflichtungen des Unternehmers bewegen. Ein praktisches Bedürfniss für einen solchen Vorbehalt lässt sich jedoch kaum behaupten. Nach den in Preussen gewonnenen Erfahrungen sind von den Privatbahnverwaltungen ohne eine
konzessionsmässige Pflicht Privatanschlüsse eher in zu grosser, als zu
geringer Anzahl angelegt und gestattet worden, und das sehr erhebliche Interesse, welches gerade die Eisenbahnen an der Gewinnung der
Transporte von und nach allen wirthschaftlichen Anlagen ihres Verkehrsgebietes haben, wird dieselben auch in Zukunft bestimmen, den Anschluss
derselben an ihre Geleise nicht zu hemmen, sondern zu fördern. Bei der
Begründung von Staatseisenbahnen kann ja von einem solchen Vorbehalte
ohnedies nicht die Rede sein.

Wenn hier für Preussen die gesetzliche Regelung der Verhältnisse der
Privatanschlussgeleise in einem beschränkten Umfange befürwortet ist, so
soll damit der Werth einer solchen Regelung durchaus nicht überschätzt
werden. Es handelt sich dabei nicht etwa darum, die Existenzbedingungen
solcher Geleise zu erleichtern oder gar erst zu schaffen, sondern vielmehr
im Wesentlichen nur um eine zweckmässigere und einheitlichere Regelung
der polizeilichen Aufsicht über ihren Bau und Betrieb. Dass aber eine
solche durch ein wirkliches praktisches Bedürfniss geboten ist und namentlich
auch zur Beseitigung zahlreicher, zur Zeit bestehender Zweifel beitragen
würde, wird ein jeder, welcher vermöge seiner Interessen oder seines
Berufes bei der Anlage oder dem Betriebe dieser Geleise in irgend einer
Weise betheiligt ist, schon erfahren haben.

Die Güterbewegung auf deutschen Eisenbahnen im Jahre 1886 im Vergleich zu der in den Jahren 1885 und 1884.

Von

C. Thamer.

Die jetzt vorliegenden 20 Bände der Statistik der Güterbewegung umfassen den Verkehr auf den deutschen Eisenbahnen in den 4 Jahren 1883 bis 1886. Die Ergebnisse des Jahres 1883 sind, weil damals noch mehrere grössere Bahnverwaltungen sich an der Statistik nicht betheiligten, in mancher Richtung noch lückenhaft. Ein Vergleich derselben mit den Ergebnissen der späteren Jahre würde daher zu irrigen Schlussfolgerungen führen. Da im Jahre 1884 mehrere grössere Bahnverwaltungen nicht im Beginne, sondern erst im Laufe des Jahres der Statistik beigetreten sind, so ist zwar auch das Ergebniss dieses Jahres nicht ganz vollständig und zu zuverlässigen Vergleichungen geeignet, doch sind die Differenzen im Ganzen nicht erheblich. Bei den wenigen, in der Anmerkung auf S. 597 des Archivs für 1886 namhaft gemachten Verkehrsbeziehungen, für welche die Statistik des Jahres 1884 nicht den Verkehr des ganzen Jahres umfasst, wird im Nachstehenden durch Vorsetzen des Zeichens * vor die betreffende Zahlenangabe auf die gedachte Anmerkung Bezug genommen werden. In den Jahren 1885 und 1886 hat, abgesehen von dem Hinzutritt einiger kleineren Eisenbahnen untergeordneter Bedeutung und dem Ausbau neuer Strecken, eine wesentliche Veränderung in dem Geltungsbereich der Statistik nicht stattgefunden.

1. Gesammtverkehr.

	1886	1885	1884
		Tonnen	
Der gesammte Güterverkehr umfasste	113 614 975	111 200 231	*107 074 927
Hiervon entfielen auf den Verkehr:			
im Inlande	96 624 535	93 460 456½	91 047 412½
mit dem Auslande	16 990 440	17 739 774½	16 027 514½
Von dem Inlandsverkehr blieben im engeren Lokalverkehr der einzelnen Verkehrsbezirke . .	38 514 150	37 418 200½	*36 450 375½
und wurden im gegenseitigen Austausche der Verkehrsbezirke befördert	58 110 385	56 042 256	54 597 037

	1886	1885	1884
		Tonnen	
Vom Auslandsverkehr kamen			
auf den direkten Verkehr zwischen Deutschland und dem Auslande	15 479 676½	16 235 113½	*15 496 423
auf die Durchfuhr von Ausland zu Ausland	1 510 763½	1 504 661	*531 091½
Aus Deutschland ausgeführt wurden	9 513 464	9 772 281½	9 801 479½
Nach Deutschland eingeführt wurden	5 966 212	6 462 832	*5 694 943½

Bei Berücksichtigung des Umstandes, dass der Verkehr mit den Seehäfen zu einem grossen Theil den Verkehr mit dem überseeischen Auslande darstellt, und dass der hier nachgewiesene Empfang mit der Eisenbahn sich vielfach als Ausfuhr aus Deutschland, der Versand mit der Eisenbahn sich als Einfuhr nach Deutschland charakterisirt, beträgt:

	1886	1885	1884
der Wechselverkehr zwischen den deutschen Verkehrsbezirken (mit Ausschluss der Seehäfen)	52 050 714	50 365 957½	48 583 954½
der Verkehr der deutschen Verkehrsbezirke (ausschliesslich der Seehäfen) mit dem Auslande (einschliesslich der Seehäfen):			
in der Ausfuhr:			
a) Versand des deutschen Binnenlandes nach dem Ausland	9 230 925	9 487 249	9 516 879
b) Empfang der Seehäfen aus dem deutschen Binnenland	3 601 147½	3 239 114	3 127 837½
zusammen =	12 832 072½	12 726 363	12 644 716½
in der Einfuhr:			
a) Empfang des deutschen Binnenlandes aus dem Ausland	5 560 899	5 751 501	5 144 892½
b) Versand der Seehäfen nach dem deutschen Binnenland	2 458 523½	2 437 184½	2 885 245
zusammen —	8 019 422½	8·188 685½	8 030 137½
die Durchfuhr von Ausland zu Ausland, sowie zwischen dem Auslande und den deutschen Seehäfen:			
a) Durchfuhr von Ausland zu Ausland . .	1 510 763½	1 504 661	*531 091½
b) Versand der Seehäfen nach dem Auslande	282 539½	285 032½	284 600½
c) Empfang der Seehäfen aus dem Auslande	405 313	711 331	550 051
zusammen =	2 198 616	2 501 024½	1 365 748

Bei den späteren Ausführungen wird der Verkehr der Seehäfen in der ebengedachten Weise berücksichtigt werden.

Nach den beförderten Mengen ordnen sich die einzelnen Verkehrsbezirke wie folgt:

1. Lokalverkehr.

No.	Des Verkehrsbezirks Bezeichnung	Beförderte Mengen in 1886	1885	1884
		Tonnen		
20	Königreich Sachsen	5 351 179	4 414 124½	*3 281 317½
18	Regierungsbezirk Magdeburg und Anhalt	3 420 907½	3 436 431½	3 471 957
22	Ruhrrevier der Provinz Westfalen	3 167 584½	3 175 181	3 065 580
13	Regierungsbezirk Oppeln	2 785 583½	2 928 915½	3 074 777
36	Königreich Bayern, rechts des Rheins	2 617 209	2 611 792½	2 522 069½
11	Provinz Hannover, Braunschweig, Oldenburg, Lippe (ausser den Häfen)	2 575 073½	2 531 669	2 595 762½
19	Regierungsbezirk Merseburg und Thüringen	2 502 878	2 599 099½	2 481 840
26	Rheinprovinz l. d. Rheins (ausser Saarrevier)	2 045 213½	1 938 048	1 943 190½
15	Regierungsbezirke Breslau (ausser Stadt Breslau) und Liegnitz	1 894 761½	1 876 202	1 937 639½
23	Ruhrrevier der Rheinprovinz	1 872 505½	1 830 966	1 895 621
27	Saarrevier	1 405 719½	1 530 127	1 595 479½
17	Provinz Brandenburg (ausser Berlin)	1 108 888½	1 044 243	1 071 721
21	Provinz Hessen-Nassau, Oberhessen und Kreis Wetzlar	988 220	1 023 232½	1 083 979
24	Provinz Westfalen (ausser Ruhrrevier) und Waldeck	970 308½	1 009 343	955 395
35	Königreich Württemberg und Hohenzollern	922 794½	854 678	875 826½
1	Provinzen Ost- und Westpreussen (ausser den Häfen)	692 796½	684 007½	705 135½
29	Lothringen	690 500	628 321½	633 922½
12	Provinz Posen	582 323	539 336½	648 071½
33	Grossherzogthum Baden (ausser Mannheim)	516 850½	466 186½	435 414
25	Rheinprovinz rechts des Rheins (ausser Ruhrrevier, Rheinhäfen und Kreis Wetzlar)	342 258	297 194	298 867½
32	Grossherzogthum Hessen (ausser Oberhessen)	339 596	321 752½	*253 419½
30	Elsass	327 288	297 502	295 694
31	Bayerische Pfalz (ausser Ludwigshafen)	313 846½	313 687½	341 783
7	Prov. Schleswig-Holstein (ausser d. Häfen)	269 805	264 403	277 873
3	Provinz Pommern (ausser den Häfen)	187 890½	177 471	169 017½
5	Grhzgth. Mecklenburg (ausser den Häfen)	178 067	187 613	168 453½
28	Rheinhäfen Duisburg, Ruhrort, Hochfeld	152 497	132 950½	144 536
9	Weserhäfen	100 295½	99 190½	88 978½
2	Ost- und westpreussische Häfen	70 378	90 705½	63 812½
8	Elbhäfen	28 658	30 386½	25 313½
16	Stadt Berlin	28 166	28 397	8 617½
4	Pommersche Häfen	25 368½	13 522	9 241
34	Mannheim und Ludwigshafen	14 286½	16 211½	12 884½
14	Stadt Breslau	12 204½	9 642½	3 996½
6	Rostock, Lübeck, Kiel, Flensburg etc.	8 096½	5 494	7 744
10	Emshäfen	4 152	6 172½	5 444½

2. Inland-Wechselverkehr (mit Ausschluss der Seehäfen).

No.	Des Verkehrsbezirks Bezeichnung	Beförderte Mengen in 1886	1885 Tonnen	1884
	Im Versand.			
22	Ruhrrevier der Provinz Westfalen . . .	12 769 462	12 668 846½	12 251 563½
23	„ „ Rheinprovinz	6 914 437½	6 890 681	6 659 721
13	Regierungsbezirk Oppeln	5 489 412½	5 287 683	4 959 211
27	Saarrevier	2 826 485	2 749 819	2 738 965
19	Regierungsbezirk Merseburg und Thüringen	2 558 139½	2 455 871½	2 266 277½
24	Provinz Westfalen (ausser Ruhrrevier) und Waldeck	2 313 098	2 378 851½	2 303 778
11	Provinz Hannover, Braunschweig, Oldenburg, Lippe etc. (ausser den Häfen)	1 920 527½	1 747 685½	1 814 309½
15	Regierungsbezirke Breslau (ausser Stadt Breslau) und Liegnitz	1 729 231½	1 597 897	1 603 918½
20	Königreich Sachsen	1 713 001	1 705 664½	1 565 346½
18	Regierungsbezirk Magdeburg und Anhalt	1 594 322½	1 564 007	1 536 224
17	Provinz Brandenburg (ausser Berlin) . .	1 502 931	1 299 499½	1 228 466
25	Rheinprovinz rechts des Rheins (ausser Ruhrrevier, Rheinhäfen und Kreis Wetzlar)	1 458 503½	1 331 907½	1 317 821½
21	Provinz Hessen-Nassau, Oberhessen und Kreis Wetzlar	1 410 637	1 321 104	1 425 883
28	Rheinhäfen Duisburg, Ruhrort, Hochfeld	1 274 896	1 206 475	1 102 943½
26	Rheinprovinz links des Rheins (ausser Saarrevier)	1 197 130½	1 139 127	1 052 386½
29	Lothringen	1 192 813	1 080 137½	1 006 028
36	Königreich Bayern rechts des Rheins .	1 171 744	1 140 297	1 096 571½
34	Mannheim und Ludwigshafen	1 061 487	1 004 868	1 002 393½
1	Provinzen Ost- und Westpreussen (ausser den Häfen)	672 285	547 506½	530 408½
32	Grossherzogthum Hessen (ausser Oberhessen)	658 503½	636 594½	539 780½
12	Provinz Posen	653 880	582 105	563 929
31	Bayerische Pfalz (ausser Ludwigshafen) .	587 382½	534 899½	537 681½
33	Grossherzogthum Baden (ausser Mannheim)	581 636½	524 529	475 375½
35	Königreich Württemberg und Hohenzollern	511 369	487 556½	498 919
16	Stadt Berlin	503 402½	496 621	546 482½
3	Provinz Pommern (ausser den Häfen) .	464 742½	390 347½	311 327
14	Stadt Breslau	314 073½	303 267	286 497½
5	Grossherzogthum Mecklenburg (ausser den Häfen).	220 703	178 474½	157 220
30	Elsass	205 241½	185 264½	184 622½
7	Provinz Schleswig-Holstein	185 383	171 484	147 740½

No.	Des Verkehrsbezirks Bezeichnung	Beförderte Mengen in Tonnen		
		1886	1885	1884
	Im Empfang.			
28	Rheinhäfen Duisburg, Ruhrort, Hochfeld	4 985 236½	4 822 839½	4 241 484
23	Ruhrrevier der Rheinprovinz	3 882 758½	3 719 178½	8 607 142
24	Provinz Westfalen (ausser Ruhrrevier) und Waldeck	3 373 067	3 332 831	3 354 123½
11	Provinz Hannover, Braunschweig, Oldenburg, Lippe etc. (ausser den Häfen)	3 361 956	3 429 511½	3 483 580
26	Rheinprovinz links des Rheins (ausser Saarrevier)	3 329 925½	3 196 115½	3 257 336½
16	Stadt Berlin	3 310 457½	2 837 221	2 699 819
22	Ruhrrevier der Provinz Westfalen . . .	2 808 286½	2 781 764	2 736 406½
19	Regierungsbezirk Merseburg und Thüringen	2 428 440	2 382 963	2 282 468½
20	Königreich Sachsen	2 399 374½	2 225 137	2 008 039
21	Provinz Hessen-Nassau, Oberhessen und Kreis Wetzlar	2 253 016½	2 226 304½	2 131 033½
25	Rheinprovinz rechts des Rheins (ausser Ruhrrevier, Rheinhäfen u. Kr. Wetzlar)	2 173 364	2 276 128½	2 359 213
15	Regierungsbezirke Breslau (ausser Stadt Breslau) und Liegnitz	1 927 361½	1 836 692½	1 780 711
18	Regierungsbezirk Magdeburg und Anhalt	1 894 725	1 906 714	1 988 320½
17	Provinz Brandenburg (ohne Berlin) . .	1 874 455	1 691 244½	1 684 370½
36	Königreich Bayern rechts des Rheins .	1 532 127	1 499 807	1 347 765½
33	Grossherzogthum Baden (ausser Mannheim)	1 410 237	1 400 272½	1 354 458½
14	Stadt Breslau	1 335 882	1 310 695	1 209 629
35	Königreich Württemberg und Hohenzollern	1 249 087	1 162 646	1 113 813
12	Provinz Posen	1 246 761½	1 247 519	1 240 688½
29	Lothringen	1 107 110½	1 072 984½	1 026 428½
30	Elsass	966 285	991 205	1 046 172
27	Saarrevier	965 916½	882 739½	773 766
1	Provinzen Ost- und Westpreussen (ausser den Häfen)	907 298	859 490½	962 405½
31	Bayerische Pfalz (ausser Ludwigshafen) .	900 277	881 101	848 097
32	Grossherzogthum Hessen (ausser Oberhessen)	719 000	715 329½	724 840
34	Mannheim und Ludwigshafen	629 110½	592 243½	559 725
7	Provinz Schleswig-Holstein (ausser den Häfen)	523 088½	505 914	551 054½
3	Provinz Pommern (ausser den Häfen) .	409 070	382 584	447 272
13	Regierungsbezirk Oppeln	365 026½	400 554½	414 347
5	Grossherzogthum Mecklenburg (ausser den Häfen)	240 536½	233 411½	264 690

3. Eisenbahnverkehr der Seehäfen.

Des Verkehrsbezirks No.	Des Verkehrsbezirks Bezeichnung	Beförderte Mengen in Tonnen 1886	1885	1884
	Versand (Einfuhr nach Deutschland).			
8	Elbhäfen	720 043⅓	708 898	803 814½
6	Rostock, Lübeck, Kiel, Flensburg etc.	500 707½	477 823½	507 462½
9	Weserhäfen	497 768½	547 391	611 473½
4	Pommersche Häfen	356 086	325 818	490 613½
2	Ost- und westpreussische Häfen	299 969	298 412	396 893⅓
10	Emshäfen	83 949	78 842	74 987½
	Empfang (Ausfuhr aus Deutschland).			
8	Elbhäfen	1 208 069	1 093 734⅓	1 073 713½
9	Weserhäfen	785 043	688 934	675 821
4	Pommersche Häfen	565 090⅓	505 845⅓	442 660½
2	Ost- und westpreussische Häfen	550 135	468 802	456 320½
6	Rostock, Lübeck, Kiel, Flensburg	378 605	372 377⅓	370 544½
10	Emshäfen	114 205	109 420½	108 777⅓

4. Wechselverkehr mit dem Auslande (mit Ausschluss der Seehäfen).

Des Verkehrsbezirks No.	Des Verkehrsbezirks Bezeichnung	Beförderte Mengen in Tonnen 1886	1885	1884
	Im **Versand** der deutschen Verkehrsbezirke.			
13	Regierungsbezirk Oppeln	2 344 103	2 218 577	2 115 604½
22	Ruhrrevier der Provinz Westfalen	2 213 052½	2 264 595	2 172 389
27	Saarrevier	1 037 619	1 162 470½	1 179 162
15	Regierungsbezirke Breslau (ausser Stadt Breslau) und Liegnitz	744 403⅓	751 803½	751 281⅓
23	Ruhrrevier der Rheinprovinz	541 176	706 538	717 505
26	Rheinprovinz links des Rheins (ausser Saarrevier)	487 683½	533 868	609 881½
29	Lothringen	391 977⅓	392 432½	379 683
36	Königreich Bayern rechts des Rheins	242 693	231 871½	250 125
34	Mannheim und Ludwigshafen	165 274	130 884½	161 553
30	Elsass	159 443	162 219	188 057½
20	Königreich Sachsen	124 201½	131 132½	124 076
33	Grossherzogthum Baden (ausser Mannheim)	119 273	120 413	124 356
24	Provinz Westfalen (ausser Ruhrrevier) und Waldeck	106 132	123 543½	122 682½
21	Provinz Hessen-Nassau, Oberhessen und Kreis Wetzlar	92 668⅓	80 863	79 893⅓
35	Königreich Württemberg und Hohenzollern	75 320½	70 145	72 196½
25	Rheinprovinz rechts des Rheins (ausser Ruhrrevier, Rheinhäfen und Kr. Wetzlar)	57 248½	87 677	87 300

No.	Des Verkehrsbezirks Bezeichnung	1886	Beförderte Mengen in 1885 Tonnen	1884
11	Provinz Hannover, Braunschweig, Oldenburg, Lippe etc. (ausser den Häfen) .	55 282½	54 182½	77 549½
18	Regierungsbezirk Magdeburg und Anhalt	50 174½	48 234	50 901½
31	Bayerische Pfalz (ausser Ludwigshafen) .	44 583	42 794	49 222½
28	Rheinhäfen Duisburg, Ruhrort, Hochfeld	35 829½	35 904	41 640
19	Regierungsbezirk Merseburg und Thüringen	35 592	28 694	43 339
14	Stadt Breslau	25 642	33 987½	29 107
32	Grossherzogth. Hessen (ausser Oberhessen)	22 508	17 213	20 058
16	Stadt Berlin	20 344½	21 095½	23 680
1	Provinzen Ost- und Westpreussen (ausser den Häfen)	17 756½	17 008½	15 015½
12	Provinz Posen	8 620½	9 451	19 007
17	Provinz Brandenburg (ausser Berlin) . .	7 464½	4 767½	5 782½
7	Provinz Schleswig-Holstein (ausser den Häfen)	4 622	4 417½	5 227½
3	Provinz Pommern (ausser den Häfen) .	185½	443½	401
5	Grossherzogthum Mecklenburg (ausser den Häfen)	51	23	201½
	Im Empfang der deutschen Verkehrsbezirke.			
20	Königreich Sachsen	1 672 479	1 593 343	*1 099 957½
36	Königreich Bayern rechts des Rheins . .	845 859½	814 567	749 778½
26	Rheinprovinz links des Rheins (ausser dem Saarrevier)	431 426	429 958	441 409½
22	Ruhrrevier der Provinz Westfalen . . .	279 629½	366 235	345 243
13	Regierungsbezirk Oppeln	264 271½	271 247	271 057½
16	Stadt Berlin	244 831½	244 840	235 007½
17	Provinz Brandenburg (ausser Berlin) . .	216 056½	207 734	179 111
19	Regierungsbezirk Merseburg und Thüringen	205 881	183 294½	152 819
30	Elsass	186 275½	205 053	223 809
23	Ruhrrevier der Rheinprovinz	178 752½	268 756	253 275½
29	Lothringen	150 079	192 747	182 120½
15	Regierungsbezirke Breslau (ausser Stadt Breslau und Liegnitz	138 557½	145 634	161 879½
27	Saarrevier . . . . , . .	102 993½	113 100	126 105½
21	Provinz Hessen-Nassau, Oberhessen und Kreis Wetzlar . . . . • . . .	102 208½	116 354½	73 445
35	Königreich Württemberg und Hohenzollern	83 246½	64 040½	62 552½
14	Stadt Breslau	65 441½	90 300½	98 375
11	Provinz Hannover, Braunschweig, Oldenburg, Lippe etc. (ausser den Häfen) .	56 191	50 749	36 662
18	Regierungsbezirk Magdeburg und Anhalt	47 019	42 726	21 792
1	Provinzen Ost- und Westpreussen . . .	43 292½	45 187½	60 991½

No.	Des Verkehrsbezirks Bezeichnung	Beförderte Mengen in		
		1886	1885 Tonnen	1884
24	Provinz Westfalen (ausser Ruhrrevier) .	43 234	41 063	39 177
33	Grossherzogthum Baden (ausser Mannheim)	42 870	48 306½	59 042¼
32	Grossherzogthum Hessen (ausser Ober-hessen)	31 236	40 491	67 647¼
34	Mannheim und Ludwigshafen	29 822¼	48 717½	54 477¾
25	Rheinprovinz rechts des Rheins (ausser Ruhrrevier, Rheinhäfen und Kreis Wetzlar)	26 666½	29 404¼	33 014
28	Rheinhäfen Duisburg, Ruhrort, Hochfeld .	24 267	37 601	43 205½
31	Bayerische Pfalz (ausser Ludwigshafen) .	22 195	35 501	41 547
12	Provinz Posen	19 993	18 256	25 704
7	Provinz Schleswig-Holstein (ausser den Häfen).	2 913	3 778½	3 235½
5	Grossherzogthum Mecklenburg (ausser den Häfen).	1 739	1 322½	1 074½
3	Provinz Pommern (ausser den Häfen). .	1 471½	1 193	1 376

5. Eisenbahnverkehr der Seehäfen mit dem Auslande.

No.	Des Verkehrsbezirks Bezeichnung	Beförderte Mengen in		
		1886	1885 Tonnen	1884
	Versand (Ein- bezw. Durchfuhr).			
2	Ost- und Westpreussische Häfen . . .	128 607	127 648	103 297
9	Weserhäfen	65 690	65 577½	74 044¼
8	Elbhäfen	59 329	66 219½	74 341½
4	Pommersche Häfen	24 282½	20 912½	27 811½
6	Rostock, Lübeck, Kiel, Flensburg etc. .	3 724	4 000½	4 401½
10	Emshäfen	907	674½	704½
	Empfang (Aus- bezw. Durchfuhr).			
2	Ost- und Westpreussische Häfen . . .	284 004½	604 501½	440 047
8	Elbhäfen	71 283	60 944	68 772
4	Pommersche Häfen	28 186	23 849	18 872½
9	Weserhäfen	14 781	14 032	14 859½
6	Rostock, Lübeck, Kiel, Flensburg etc. .	4 441½	5 710½	5 766
10	Emshäfen	2 617	2 294	1 734

6. Versand des Auslandes.

No.	Des Verkehrsbezirks Bezeichnung	Beförderte Mengen in 1886 Tonnen	1885	1884
54	Böhmen	2 977 557½	2 750 093	2 163 855
59	Luxemburg	597 444½	664 944	574 219½
61	Holland	440 555	578 362½	586 704½
60	Belgien	434 107½	489 010	504 696
55	Oesterreich (ohne Böhmen, Galizien, Ungarn)	328 485½	365 562	380 362
51	Polen	279 787	292 210	226 780½
50	Russland (ohne Polen)	236 550	580 888½	490 207
52	Galizien	198 533½	208 559½	218 838
53	Ungarn	177 334½	213 138½	216 641½
58	Frankreich	149 613½	169 690½	188 454
56	Schweiz	89 208	88 343	88 344½
57	Italien	43 312	44 142	40 498½
64	Dänemark	12 821	15 879	13 941
63	Schweden	553½	1 545½	811
62	England	349	464	560½

7. Empfang des Auslandes.

No.	Des Verkehrsbezirks Bezeichnung	Beförderte Mengen in 1886 Tonnen	1885	1884
61	Holland	2 058 836	1 991 654	1 879 382
55	Oesterreich (ohne Böhmen, Galizien, Ungarn)	1 511 327½	1 422 891⅓	1 392 657½
54	Böhmen	1 199 848	1 208 248	1 205 755
56	Schweiz	1 020 977½	978 238½	1 052 332½
58	Frankreich	1 011 797	1 177 010	1 346 335½
60	Belgien	872 187½	1 035 092½	1 095 213
59	Luxemburg	593 925	747 441	676 247
51	Polen	550 922	545 883	514 938
52	Galizien	221 864	214 305	173 089
57	Italien	186 285	174 523½	181 538½
53	Ungarn	179 308½	167 050	163 299
50	Russland (ohne Polen)	73 841	65 042	76 414½
64	Dänemark	30 562½	42 180	38 328½
62	England	1 540½	2 305	5 569½
63	Schweden	242½	417½	380½

Die einzelnen Artikelgruppen des Waarenverzeichnisses (s. S. 343 ff.
des Archivs von 1884) ordnen sich nach den beförderten Mengen des
Gesammtverkehrs:

No. des Waaren-verzeichnisses.	Abgekürzte Bezeichnung.	Beförderte Mengen in		
		1886	1885	1884
		Tonnen		
60	Steinkohlen	47 122 912½	46 273 341	43 964 064½
6	Braunkohlen	8 148 422½	7 914 956	6 886 550
59	Steine, gebrannte	8 110 910½	7 667 983½	7 601 014
20	Eisenerze	4 147 507½	4 461 234	3 894 350½
11	Eisen, roh	3 377 001	3 129 523	3 237 361
70	Sonstige Güter	2 886 778	2 611 406	2 847 574½
21	Erde	2 681 782½	2 570 324½	2 471 878
49	Rüben	2 647 766½	2 769 578½	3 373 990½
31c	Brennholz	2 501 274	2 378 183½	2 266 774½
31b	Nutzholz	2 474 915½	2 466 441	2 357 930
28a	Weizen	1 830 018	1 982 759½	1 868 280½
41	Mehl	1 808 111½	1 756 710½	1 665 033½
10	Düngemittel	1 650 781	1 597 307	1 568 823
31a	Rundholz	1 539 187½	1 650 737½	1 596 438
12	Eisen und Stahl	1 461 174½	1 360 597	1 382 845½
36	Kalk	1 204 827	1 129 792½	1 014 185
28b	Roggen	1 128 491½	1 226 589	1 270 155½
28d	Gerste	1 040 307	1 003 657½	973 676
52	Salz	1 005 096	889 266	855 220
37	Kartoffeln	955 779½	871 041½	902 335½
68a	Zucker, roh	914 381	927 443½	1 020 382½
69	Sammelladungen	809 492	791 343	741 506
3	Bier	759 573	667 665	641 340
7	Cement	689 567	648 809½	599 865½
28e	Hülsenfrüchte	651 985	638 026	630 587½
28c	Hafer	646 227½	638 057	720 397½
13	Eisenbahnschienen	614 132	590 988	581 240
56	Spiritus	562 771½	546 628½	500 793
22	Erze	503 484½	534 867	482 478½
46	Petroleum und Mineralöle	468 782½	449 488	435 812½
19	Eisen- und Stahlwaaren	428 824½	407 784½	394 531
42	Obst	427 122½	364 388½	319 095½
16	Eiserne Dampfkessel	384 885½	419 500½	452 004
68a	Zucker, raffinirt	358 041	332 737	352 133½
58	Steine, bearbeitet	344 371	388 017½	329 938½
45	Papier	344 198	320 058½	283 709½
18	Eisen- und Stahldraht	311 918	294 842½	289 178
2	Baumwolle	298 239½	283 945½	271 404½
29	Glas	296 410	267 415½	252 182

No. des Waarenverzeichnisses.	Abgekürzte Bezeichnung	Beförderte Mengen in 1886	1885	1884
		Tonnen		
32	Holzzeugmasse	290 142	277 524½	222 617½
44	Oelkuchen	283 759	268 921	274 368½
43	Oele, Fette	270 258	271 378½	265 150½
62	Theer	265 189½	256 527½	250 207
66	Wolle	258 638	233 232	230 378½
27	Garn	250 065	230 264½	210 610½
40	Lumpen	237 906	236 959½	240 274
65	Wein	222 369	203 070½	193 370½
64	Torf	216 541½	206 918	217 031½
28f	Leinsaat	214 869½	218 855	232 958½
50	Rübensyrup	191 844	226 119½	185 659
57	Stärke	191 284	170 620½	163 747
17	Eiserne Röhren	186 433	163 108½	182 985½
67	Zink	183 133½	179 377½	158 310
30	Häute	177 322	176 484	168 671½
24	Fische	176 708	161 639	135 666
25	Flachs	171 319½	211 818	204 854
55a	Soda, rohe	168 615½	160 823½	143 962½
63	Thonwaaren	167 692½	160 391	148 180
8	Chemikalien	154 208½	151 402	140 500
53	Schiefer	151 122½	147 306½	141 247
48	Thonröhren	149 217½	153 026	168 075
54	Schwefelsäure	148 162	143 066	138 758½
5	Borke	140 837½	139 400½	129 606½
4	Blei	134 815½	131 799	134 178½
47	Reis	127 904	150 442½	128 637
35	Kaffee	109 515	102 155	106 242½
28g	Sämereien	106 488½	104 934½	108 773
14	Eisenbahnschwellen, eiserne	102 396	113 643	113 765½
61	Tabak, roh	97 585½	99 275½	95 637
15	Eiserne Achsen	87 193	88 116	99 283
38	Knochen	83 894	89 131	87 945½
51	Salpetersäure	81 846	79 075½	81 864½
23	Farbhölzer	64 227½	67 206	58 866
33	Hopfen	48 847½	38 919	37 694
9	Dachpappe	46 177	43 935½	44 183
34	Jute	33 153	32 806½	30 951
1	Abfälle	28 016½	28 225½	35 604½
26	Fleisch	20 835	22 210	20 677½
55b	Soda, kaustische	20 524½	17 008	19 925½
39	Knochenkohle	16 524	19 680½	26 049½

2. Erzeugnisse der Landwirthschaft.

Es wurden befördert	Jahr	Ueberhaupt	Davon entfallen auf den Verkehr		Im engeren Lokalverkehr der einzelnen Verkehrsbezirke	Im Wechselverkehr der deutschen Verkehrsbezirke mit Ausschluss der Seehafenstationen.
			im Inlande	mit dem Auslande		
		Tonnen				
Weizen	1886	1 830 018	1 578 341	251 677	748 806	668 821
	1885	1 982 759½	1 508 949	473 810½	733 439½	628 573
	1884	1 868 280½	1 429 377½	438 903	645 083½	629 921
Roggen	1886	1 128 491½	1 038 697	89 794½	421 670	475 801
	1885	1 226 589	1 028 399	198 190	449 025	420 993
	1884	1 270 155½	1 064 560½	205 595	421 758	448 506½
Hafer	1886	646 227½	587 934	58 293½	250 919½	256 337½
	1885	638 057	565 409½	72 647½	251 085	236 725
	1884	720 397½	603 827½	116 570	239 311	239 808½
Gerste	1886	1 040 307	865 492	174 815	441 751	345 445½
	1885	1 003 657½	758 812½	244 845	386 915	306 736½
	1884	973 676	763 403½	210 272½	399 230½	286 015
Mais und Hülsenfrüchte . . .	1886	651 985	489 127	162 858	171 706	224 925
	1885	638 026	490 892	147 134	187 041	212 666½
	1884	630 587½	451 027½	179 560	162 441½	195 026½
Leinsaat	1886	214 869½	174 117½	40 752	68 499½	63 124
	1885	218 855	174 837½	44 017½	73 695½	61 713½
	1884	232 958½	175 580½	57 378	68 196	64 620
Sämereien . . .	1886	106 488½	79 801	26 687½	26 573	34 690
	1885	104 934½	82 154	22 780½	26 200½	36 795½
	1884	108 773½	84 357½	24 416	25 698½	35 446½
Mühlenfabrikate .	1886	1 808 111½	1 669 272½	138 839	801 774½	738 310
	1885	1 756 710½	1 641 817½	114 893	793 808½	721 676
	1884	1 665 033½	1 528 835½	136 198	714 324	682 007½
Kartoffeln . . .	1886	955 779½	887 592	68 187½	297 207½	503 701½
	1885	871 041	820 882½	50 159	257 032½	491 463½
	1884	902 335½	847 640½	54 695	291 095	486 224
Spiritus	1886	562 771½	537 797	24 974½	151 485	224 366
	1885	546 628½	520 252½	26 376	156 469½	236 429½
	1884	500 793	480 708½	20 084½	148 968½	225 041
Rüben	1886	2 647 766½	2 620 433	27 333½	2 239 208½	365 137½
	1885	2 769 578½	2 731 730	37 848½	2 347 180	373 436½
	1884	3 373 990½	3 343 295½	30 695	2 822 430	510 094½
Rübensyrup . . .	1886	191 844	186 342½	5 501½	94 287½	86 101
	1885	226 119½	217 006	9 113½	105 691½	94 113½
	1884	185 659	180 235	5 424	94 383½	78 844½
Rohzucker . . .	1886	914 381	842 737½	71 643½	355 667	290 204½
	1885	927 443½	836 636	90 807½	370 694½	292 118
	1884	1 020 382½	870 904½	149 478	336 278½	306 225½

Es wurden befördert	Jahr	Ueberhaupt	Davon entfallen auf den Verkehr		Im engeren Lokalverkehr der einzelnen Verkehrsbezirke	Im Wechselverkehr der deutschen Verkehrsbezirke mit Ausschluss der Seehäfenstationen
			im Inlande	mit dem Auslande		
			Tonnen			
Raffinirter Zucker .	1886	358 041	330 847	27 194	87 175	187 874
	1885	332 737	307 502½	25 234½	83 650½	180 353½
	1884	352 133½	303 472½	48 661	83 386	160 248
Düngemittel . . .	1886	1 650 781	1 528 987½	121 793½	748 811½	526 855½
	1885	1 597 307	1 480 503½	116 803½	766 685	484 213½
	1884	1 568 823	1 458 477½	110 345½	709 007	484 092½
			Stück			
Pferde	1886	350·176	303 897	46 279	110 229	144 782
	1885	333 278	297 487	35 791	103 357	137 803
	1884	325 927	295 418	30 509	116 134	133 977
Rindvieh	1886	3 152 689	3 070 380	82 309	1 619 161	1 231 603
	1885	2 899 488	2 826 192	73 296	1 511 881	1 119 298
	1884	2 795 964	2 726 121	68 943	1 450 461	1 089 106
Schafe	1886	3 577 807	2 805 646	772 161	523 567	1 864 300
	1885	3 131 288	2 486 573	664 715	443 098	1 620 085
	1884	3 868 413	2 635 034	1 233 379	514 547	1 620 417
Schweine. . . .	1886	6 755 636	6 156 988	598 648	2 419 329	3 042 901
	1885	6 539 256	6 249 288	289 968	2 539 323	2 972 980
	1884	6 246 291	5 949 485	296 776	2 199 940	2 760 649
Geflügel	1886	5 145 950	3 808 682	1 337 268	1 342 165	2 393 664
	1885	4 154 120	3 169 383	984 737	1 191 014	1 903 137
	1884	3 549 068	2 842 141	706 927	1 241 421	1 518 045

Der stärkste Versand (nach den anderen deutschen Verkehrsbezirken einschliesslich der Seehäfen) fand statt:

an Weizen: 155 594 t (gegen 183 003½ t in 1885 und 244 776 t in 1884) aus V.-B. 34 (Mannheim und Ludwigshafen), 93 018½ t (gegen 68 976½ t in 1885 und 61 135½ in 1884) aus V.-B. 1 (Ost und Westpreussen) und 75 870½ t (gegen 70 785 und 67 634) aus V.-B. 18 (Reg.-Bez. Magdeburg etc.);

an Roggen: 109 723 t (111 289 und 100 398) aus V.-B. 12 (Provinz Posen), 77 991½ t (62 728½ und 64 511) aus V.-B. 1 (Ost- und Westpreussen) und 67 325½ t (62 104½ und 84 723) aus V.-B. 28 (Duisburg, Ruhrort, Hochfeld);

an Hafer: 34 793 t (41 840 und 56 806½) aus V.-B. 28 (Duisburg, Ruhrort, Hochfeld), 33 472 t (21 290½ und 6 956½) aus V.-B. 3 (Provinz Pommern) und 32 713 t (62 728½ und 64 511) aus V.-B. 1 (Ost- und Westpreussen);

an Gerste: 56 072 t (42 898 und 49 474$^1/_2$ aus V.-B. 19 (Reg.-Bez. Merseburg und Thüringen), 54 728$^1/_2$ t (63 171$^1/_2$ und 52 950) aus V.-B. 18 (Reg.-Bez. Magdeburg etc.) und 39 837$^1/_2$ t (38 908$^1/_2$ und 32 268) aus V.-B. 28 (Duisburg, Ruhrort, Hochfeld);

an Mais und Hülsenfrüchten: 45 151$^1/_2$ t (39 691 und 37 078$^1/_2$) aus V.-B. 19 (Reg.-Bez. Merseburg und Thüringen), 30 810$^1/_2$ t (35 827$^1/_2$ und 31 053$^1/_2$) aus V.-B. 18 (Reg.-Bez. Magdeburg etc.) und 23 308$^1/_2$ t (14 001$^1/_2$ und 19 452$^1/_2$) aus V.-B. 1 (Ost- und Westpreussen);

an Leinsaat: 18 449$^1/_2$ t (16 978$^1/_2$ und 15 204$^1/_2$) aus V.-B. 34 (Mannheim und Ludwigshafen), 10 956 t (9 367 und 9 772$^1/_2$ t) aus V.-B. 1 (Ost- und Westpreussen) und 10 366 t (10 912$^1/_2$ und 9 424$^1/_2$) aus V.-B. 5 (Mecklenburg);

an Sämereien: 7 491 t (6 809$^1/_2$ und 9 769$^1/_2$) aus V.-B. 18 (Reg.-Bez. Magdeburg etc.), 7 479$^1/_2$ t (5 763 und 4904) aus V.-B. 14 (Stadt Breslau) und 5 254$^1/_2$ (5 285 und 6 711$^1/_2$) aus V.-B. 19 Reg.-Bez. Merseburg und Thüringen);

an Mühlenfabrikaten: 85 198$^1/_2$ t (76 205$^1/_2$ und 87 566$^1/_2$) aus V.-B. 11 (Provinz Hannover etc.), 67 505 t (68 683$^1/_2$ und 59 003$^1/_2$) aus V.-B. 20 (Königreich Sachsen) und 62 959 t (73 009$^1/_2$ und 80 872$^1/_2$) aus V.-B. 16 (Berlin);

an Kartoffeln: 117 128 t (118 018 und 99 969) aus V.-B. 18 (Reg.-Bez. Magdeburg etc.), 95 553 t (91 780 und 105 537) aus V.-B. 17 (Provinz Brandenburg) und 59 692$^1/_2$ t (33 168 und 35 171) aus V.-B. 12 (Provinz Posen);

an Spiritus: 63 912 t (66 854$^1/_2$ und 70 892$^1/_2$) aus V.-B. 17 (Provinz Brandenburg), 52 541$^1/_2$ t (44 176$^1/_2$ und 36 483$^1/_2$) aus V.-B. 12 (Provinz Posen) und 33 516 t (31 747$^1/_2$ und 28 798$^1/_2$) aus V.-B. 19 (Reg.-Bez. Merseburg und Thüringen);

an Rüben: 54 813 t (50 194 und 96 521) aus V.-B. 19 (Reg.-Bez. Merseburg und Thüringen), 53 074 t (57 843$^1/_2$ und 55 493) aus V.-B. 18 (Reg.-Bez. Magdeburg etc.) und 41 296$^1/_2$ t (43 526 und 53 806$^1/_2$) aus V.-B 15 (Reg.-Bez. Breslau und Liegnitz);

an Rübensyrup: 21 380$^1/_2$ t (21 988$^1/_2$ und 17 411) aus V.-B. 19 (Reg.-Bez. Merseburg und Thüringen), 20 029 t (12 563 und 12 362$^1/_2$) aus V.-B. 18 (Reg.-Bez. Magdeburg etc.) und 12 675$^1/_2$ (16 137$^1/_2$ und 12 170$^1/_2$) aus V.-B. 11 (Provinz Hannover etc.);

an Rohzucker: 146 318 t (111 573 und 151 353 aus V.-B. 11 (Provinz Hannover etc.), 83 348 t (90 917$^1/_2$ und 105 223$^1/_2$) aus V.-B. 19 (Reg.-Bez. Merseburg und Thüringen) und 45 791$^1/_2$ t (39 694$^1/_2$ und 42 841$^1/_2$) aus V.-B. 1 (Ost- und Westpreussen);

an raffinirtem Zucker: 54 051 t (53 785 und 55 608) aus V.-B. 18 (Reg.-Bez. Magdeburg etc.), 33 495 t (31 317$\frac{1}{2}$ und 28182) aus V.-B. 31 (Pfalz) und 30 049$\frac{1}{2}$ (26 830 und 22 846) aus V.-B. 15 (Reg.-Bez. Breslau und Liegnitz);   .

an Düngemitteln: 158 522$\frac{1}{2}$ t (154 004$\frac{1}{2}$ und 147 362$\frac{1}{2}$) aus V.-B. 18 (Reg.-Bez. Magdeburg etc.), 58 086$\frac{1}{2}$ t (49 239$\frac{1}{2}$ und 49 182) aus V.-B. 11 (Provinz Hannover etc.) und 52 533 t (60 020 und 59 967) aus V.-B. 16 (Berlin);

an Pferden: 27 140 St. (31 260 und 29 651) aus V.-B. 16 (Berlin), 26 377 St. (32 175 und 32 608) aus V.-B. 1 (Ost- und Westpreussen) und 15 530 St. (17 745 und 14 586) aus V.-B. 11 (Provinz Hannover etc.);

an Rindvieh: 160 914 St. (144 172 und 140 552) aus V.-B. 11 (Provinz Hannover etc.), 118 954 St. (108 729 und 105 231) aus V.-B. 1 (Ost- und Westpreussen) und 110 894 St. (103 611 und 103 262) aus V.-B. 17 (Provinz Brandenburg);

an Schafen: 345 596 St. (282 951 und 261 846) aus V.-B. 16 (Berlin), 275 017 St. (236 755 und 238 306) aus V.-B. 1 (Ost- und West- preussen) und 202 099 St. (145 791 und 152 315) aus V.-B. 12 (Provinz Posen);

an Schweinen: 608 212 St. (569 134 und 574 869) aus V.-B. 11 (Pro- vinz Hannover etc.), 588 518 St. (623 126 und 618 837) aus V.-B. 1 (Ost- und Westpreussen) und 354 680 St. (380 477 und 384 642) aus V.-B. 12 (Provinz Posen);

an Geflügel: 847 650 St. (691 186 und 558 210) aus V.-B. 1 (Ost- und Westpreussen), 693 658 St. (563 124 und 417 931) aus V.-B. 12 (Provinz Posen) und 321 858 St. (228 780 und 229 089) aus V.-B. 16 (Berlin).

Der stärkste Empfang von den anderen deutschen Verkehrsbezirken einschliesslich der Seehäfen fand statt:

an Weizen: 95 722 t (80 772$\frac{1}{2}$ und 68 783) im V.-B. 20 (Königreich Sachsen), 81 461 t (83 122 und 90 231$\frac{1}{2}$) im V.-B. 33 (Baden) und 72 533$\frac{1}{2}$ t (84 177$\frac{1}{2}$ und 93 519) im V.-B. 35 (Württemberg etc.);

an Roggen: 99 471$\frac{1}{2}$ t (86 170 und 85 195 im V.-B. 20 (Königreich Sachsen), 66 347 t (86 392$\frac{1}{2}$ und 94 425) im V.-B. 11 (Provinz Hannover etc.) und 43 734 t (43 399$\frac{1}{2}$ und 32 238$\frac{1}{2}$) in V.-B. 14 (Stadt Breslau);

an Hafer: 78 699$\frac{1}{2}$ t (57 877 und 37 856) im V.-B. 16 (Berlin), 22 780$\frac{1}{3}$ t (22 702$\frac{1}{2}$ und 27 507$\frac{1}{2}$) im V.-B. 22 (westf. Ruhrrevier) und 21 042$\frac{1}{2}$ t (19 048$\frac{1}{2}$ und 23 335$\frac{1}{2}$) im V.-B. 23 (rhein. Ruhrrevier);

an Gerste: 45 539 t (48 065 und 49 323^1/$_2$) im V.-B. 11 (Provinz Hannover etc.), 28 295^1/$_2$ t (29 193^1/$_2$ und 28 692) im V.-B. 22 (westf. Ruhrrevier) und 25 457 t (25 909 und 16 902) im V.-B. 35 (Württemberg etc.);

an Mais und Hülsenfrüchten: 36 394^1/$_2$ t (38 559 und 37 358 im V.-B. 11 (Provinz Hannover etc.), 21 043^1/$_2$ t (19 874 und 16 963^1/$_2$) im V.-B. 24 (Provinz Westfalen) und 20 197 t (19 013 und 17 719^1/$_2$) im V.-B. 22 (westf. Ruhrrevier);

an Leinsaat: 9 321^1/$_2$ t (9 598^1/$_2$ und 8 621^1/$_2$) im V.-B. 35 (Württemberg), 9 071 t (8 407^1/$_2$ und 7 972) im V.-B. 17 (Provinz Brandenburg) und 8 864^1/$_2$ t (9 354 und 7 785^1/$_2$) in V.-B. 33 (Baden etc.);

an Sämereien: 3 361 t (2 221 und 2 512^1/$_2$) in V.-B. 15 (Reg.-Bez. Breslau und Liegnitz), 3 354 t (3 604^1/$_2$ und 4 330) im V.-B. 11 (Provinz Hannover etc.) und 3 020 t (5 233^1/$_2$ und 3 261) im V.-B. 14 (Stadt Breslau);

an Mühlenfabrikaten: 65 204^1/$_2$ t (67 256 und 58 949^1/$_2$ im V.-B. 19 (Reg.-Bez. Merseburg und Thüringen), 61 237^1/$_2$ t (60 999^1/$_2$ und 61 371^1/$_2$) im V.-B. 16 (Berlin) und 50 770 t (46 983 und 40 943^1/$_2$) im V.-B. 36 (Königreich Bayern);

an Kartoffeln: 96 085 t (92 379^1/$_2$ und 85 993^1/$_2$) im V.-B. 23 (rhein. Ruhrrevier), 92 127^1/$_2$ t (82 265^1/$_2$ und 68 215) im V.-B. 16 (Berlin) und 72 951 t (55 131^1/$_2$ und 47 094) im V.-B. 17 (Provinz Brandenburg);

an Spiritus: 54 176 t (55 688^1/$_2$ und 50 045^1/$_2$) im V.-B. 16 (Berlin), 38 478^1/$_2$ t (38 948^1/$_2$ und 31 948^1/$_2$) im V.-B. 14 (Stadt Breslau) und 29 585^1/$_2$ t (27 912^1/$_2$ und 26 811^1/$_2$) im V.-B. 19 (Reg.-Bez. Merseburg und Thüringen);

an Rüben: 64 398^1/$_2$ t (66 189 und 70 923) im V.-B. 11 (Provinz Hannover etc.), 43 137^1/$_2$ t (43 144 und 65 711) im V.-B. 18 (Reg.-Bez. Magdeburg etc.) und 39 800^1/$_2$ t (43 144 und 65 711) im V.-B. 19 (Reg.-Bez. Merseburg und Thüringen);

an Rübensyrup: 18 898^1/$_2$ t (24 931 und 23 462) im V.-B.18 (Reg.-Bez. Magdeburg etc), 17 415^1/$_2$ t (9 095 und 8 620) im V.-B. 11 (Provinz Hannover etc.) und 11 451^1/$_2$ t (7 778^1/$_2$ u. 8 932) im V.-B.33 (Baden);

an Rohzucker: 84 460^1/$_2$ t (90 817 und 125 499^1/$_2$) im V.-B. 18 (Reg.-Bez. Magdeburg etc.), 49 934^1/$_2$ t (46 611^1/$_2$ und 36 952^1/$_2$) im V.-B. 31 (Pfalz) und 36 281^1/$_2$ (28 494^1/$_2$ und 29 417) im V.-B. 26 (Rheinprovinz links des Rheins);

an raffinirtem Zucker: 33 431 t (32 245 und 27 787^1/$_2$) im V.-B. 36 (Bayern), 23 256 t (21 052 und 20 532) im V.-B. 20 (Königreich Sachsen) und 15 273^1/$_2$ t (12 748^1/$_2$ und 15 730^1/$_2$) im V.-B. 16 (Berlin);

an Düngemitteln: 102 873$^1/_2$ (98 770$^1/_2$ und 109 765) im V.-B. 11 (Provinz Hannover etc.), 84 474 t (89 372$^1/_2$ und 83 808$^1/_2$) im V.-B. 17 (Provinz Brandenburg) und 75 927 t (74 405$^1/_2$ und 86 019$^1/_2$) im V.-B. 19 (Reg.-Bez. Merseburg und Thüringen);

an Pferden: 36 657 St. (38 660 und 37 383) im V.-B. 16 (Berlin), 17 093 St. (16 288 und 15 497) im V.-B. 11 (Provinz Hannover etc.), 15 178 (12 224 und 11 879) im V.-B. 19 (Reg.-Bez. Merseburg und Thüringen);

an Rindvieh: 306 036 St. (277 262 und 262 845) im V.-B. 16 (Berlin), 114 185 St. (95 984 und 89 726) im V.-B. 23 (rhein. Ruhrrevier) und 92 420 St. (73 428 und 69 046) im V.-B. 20 (Königreich Sachsen);

an Schafen: 749 799 St. (643 354 und 664 781) im V.-B. 16 (Berlin), 327 114 St. (273 508 und 268 832) im V.-B. 26 (Rheinprovinz links des Rh.) und 136 959 St. (104 360 und 69 020) im V.-B. 20 (Königreich Sachsen);

an Schweinen: 762 434 St. (773 523 und 785 922) im V.-B. 16 (Berlin), 422 892 St. (415 590 u. 341 242) im V.-B. 17 (Provinz Brandenburg) und 279 039 St. (282 824 u. 283 352) im V.-B. 23 (rhein. Ruhrrevier);

an Geflügel: 1 112 002 St. (981 138 und 753 957) im V.-B. 16 (Berlin), 501 716 St. (334 596 und 306 639) im V.-B. 17 (Provinz Brandenburg) und 151 536 St. (91 064 und 73 278) im V.-B. 20 (Königreich Sachsen).

Der stärkste Lokalverkehr (Verkehr innerhalb eines einzelnen Verkehrsbezirkes) fand statt:

an Weizen: 97 846$^1/_2$ t (112 635 und 101 870) im V.-B. 36 (Bayern), 85 417$^1/_2$ t (87 396$^1/_2$ und *65 765$^1/_2$) im V.-B. 20 (Königreich Sachsen) und 63 509$^1/_2$ t (54 865 und 50 050) im V.-B. 11 (Provinz Hannover etc.);

an Roggen: 86 982 t (95 040$^1/_2$ und *78 744$^1/_2$) im V.-B. 20 (Königreich Sachsen), 32 387 t (29 689 und 29 638) im V.-B. 1 (Ost- und Westpreussen) und 32 289$^1/_2$ t (30 697 und 32 469) im V.-B. 11 (Provinz Hannover etc.);

an Hafer: 34 207 t (37 513 u. 36 757) im V.-B. 36 (Bayern), 29 127$^1/_2$ t (28 067$^1/_2$ und *19 433$^1/_2$) im V.-B. 20 (Königreich Sachsen) und 26 121 t (24 047$^1/_2$ und 18 531) im V.-B. 11 (Provinz Hannover etc.);

an Gerste: 119 494$^1/_2$ t (107 664 und 119 427$^1/_2$) im V.-B. 36 (Bayern), 74 712$^1/_2$ t (58 662$^1/_2$ und 52 942) im V.-B. 18 (Reg.-Bez. Magdeburg etc.) und 65 885 t (60 030$^1/_2$ und 61 191) im V.-B. 19 (Reg.-Bez. Merseburg und Thüringen);

an Mais und Hülsenfrüchten: 23 862^1/$_2$ t (26 147^1/$_2$ und *15 316^1/$_2$) im V.-B. 20 (Königreich Sachsen), 17 406 t (17 548 und 15 699^1/$_2$) im V.-B. 19 (Reg.-Bez. Merseburg und Thüringen) und 16 910 t (25 494^1/$_2$ und 17721) im V.-B. 36 (Bayern);

an Leinsaat: 16 927 t (15 485 und 11 929) im V.-B. 26 (Rheinprovinz links des Rheins), 11 709^1/$_2$ t (12 179^1/$_2$ und 11 272^1/$_2$) im V.-B. 32 (Grossherzogthum Hessen etc.) und 6 416 t (7 402 und *5 294) im V.-B. 20 (Königreich Sachsen);

an Sämereien: 3 263^1/$_2$ t (3 214 und 3 611^1/$_2$) im V.-B. 18 (Reg.-Bez. Magdeburg etc.), 2 550 t (3 138^1/$_2$ und 3 356) im V.-B. 19 (Reg.-Bez. Merseburg und Thüringen) und 2 478 t (2 683 und 1 707^1/$_2$) im V.-B. 12 (Provinz Posen);

an Mühlenfabrikaten: 165 387^1/$_2$ t (160 600 und *108 089) im V.-B. 20 (Königreich Sachsen), 79 392 t (81 753 und 80 533^1/$_2$) im V.-B. 36 (Bayern) und 70 397^1/$_2$ t (70 407 und 69 550) im V.-B. 11 (Provinz Hannover etc.);

an Kartoffeln: 65 952 t (51 749^1/$_2$ und 64 798^1/$_2$) im V.-B. 17 (Provinz Brandenburg), 33 126 t (20 664^1/$_2$ und 28 807) im V.-B. 12 (Provinz Posen) und 29 172^1/$_2$ (24 396 und 20 641^1/$_2$) im V.-B. 20 (Königreich Sachsen);

an Spiritus: 27 102 t (29 890^1/$_2$ und 30 829) im V.-B. 19 (Reg.-Bez. Merseburg und Thüringen), 24 844^1/$_2$ t (22 447 und 16 539^1/$_2$) im V.-B. 12 (Provinz Posen) und 15 853 t (14 884 und *10 529^1/$_2$) im V.-B. 20 (Königreich Sachsen);

an Rüben: 290 979^1/$_2$ t (342 348 und 442 508^1/$_2$) im V.-B. 18 (Reg. Bez. Magdeburg etc.), 278 361^1/$_2$ t (269 032^1/$_2$ und 343 907) im V.-B. 15 (Reg.-Bez. Breslau und Liegnitz) und 277 363^1/$_2$ t (235 967 und 293 701) im V.-B. 26 (Rheinprovinz links des Rheins);

an Rübensyrup: 35 100^1/$_2$ t (39 499 und 32 069^1/$_2$) im V.-B. 18 (Reg.-Bez. Magdeburg etc.), 28 111 t (27 472^1/$_2$ und 29 760) im V.-B. 11 (Provinz Hannover etc.) und 11 156 t (12 694^1/$_2$ und 9 952) im V.-B. 15 (Reg.-Bez. Breslau und Liegnitz);

an Rohzucker: 194 596^1/$_2$ t (192 293^1/$_2$ und 181 769^1/$_2$) im V.-B. 18 (Reg.-Bez. Magdeburg etc.), 37 776^1/$_2$ t (54 007^1/$_2$ und 52 222^1/$_2$) im V.-B. 11 (Provinz Hannover etc.) und 34 765 t (30 962^1/$_2$ und 22 239^1/$_2$) im V.-B. 26 (Rheinprovinz links des Rheins);

an raffinirtem Zucker: 15 693^1/$_2$ t (16 581^1/$_2$ und 20 243^1/$_2$) im V.-B. 18 (Reg.-Bez. Magdeburg etc.), 9 860 t (9 169 und 8 993) im V.-B. 15 (Reg.-Bez. Breslau und Liegnitz) und 9 193^1/$_2$ t (8 432 und 7 024) im V.-B. 11 (Provinz Hannover etc.);

an Düngemitteln: 252 846 t (277 872$^1/_2$ und 251 789$^1/_2$) im V.-B. 18
(Reg.-Bez. Magdeburg etc.), 74 459 t (72 553$^1/_2$ und 64 472$^1/_2$ im
V.-B. 21 (Provinz Hessen-Nassau etc.) und 56 640$^1/_2$ t (56 022 und
70 777$^1/_2$) im V.-B. 11 (Provinz Hannover etc.);

an Pferden: 22 176 St. (20 768 und 21 921) im V.-B. 36 (Bayern),
11 872 St. (11 154 und 9 684) im V.-B. 11 (Provinz Hannover etc.)
und 11 496 St. (10 765 und 12 670) im V.-B. 1 (Ost- und Westpreussen).

an Rindvieh: 456 758 St. (435 297 und 444 480) im V.-B. 36 (Bayern),
171 975 St. (163 779 und 171 920) im V.-B. 35 (Württemberg etc.)
und 131 391 St. (125 736 und *82 101 im V.-B. 20 (Königreich
Sachsen);

an Schafen: 89 772 St. (73 549 und 83 129) im V.-B. 36 (Bayern),
60 532 St. (43 528 und 38 937) im V.-B. 11 (Provinz Hannover etc.)
und 50 904 St. (37 963 und 39 918) im V.-B. 18 (Reg.-Bez. Magdeburg etc.);

an Schweinen: 535 352 St. (558 845 und 423 265) im V.-B. 46 (Bayern),
269 441 St. (251 957 und *164 558) im V.-B. 20 (Königreich Sachsen) und 237 321 St. (220 961 und 172 488) im V.-B. 1 (Ost- und
Westpreussen);

an Geflügel: 307 958 St. (233 142 und *180 412) im V.-B. 20 (König-
reich Sachsen), 257 953 St. (272 229 und 184 858) im V.-B. 36
(Bayern) und 149 164 (121 321 und 140 502) im V.-B. 1 (Ost- und
Westpreussen).

Der Verkehr zwischen den deutschen Verkehrsbezirken (ausschl.
der Seehäfen) und dem Auslande (einschl. der deutschen Seehäfen) war
in der Ausfuhr:

	Jahr	Versand nach dem Auslande	Empfang der Seehafen-stationen aus Deutsch-land	Zu-sammen	Stärkster Versand nach dem Auslande (Empfang und Versand der deutschen Seehäfen ausgeschlossen)				
					1886	1885	1884		aus dem Verkehrsbezirk
		Tonnen				Tonnen		№	Bezeichnung
Weizen . .	1886	100 133	123 724$\frac{1}{2}$	223 857$\frac{1}{2}$	70 178$\frac{1}{2}$	40 790	74 671$\frac{1}{2}$	34	Mannh. u. Ludwh.
	1885	60 528	92 187$\frac{1}{2}$	152 715$\frac{1}{2}$	18 949$\frac{1}{2}$	12 672	25 605	36	Bayern
	1884	107 328	81 808	189 136	5 579$\frac{1}{2}$	3 165$\frac{1}{2}$	3 424$\frac{1}{2}$	35	Württemberg
Roggen . .	1886	8 003	84 630	92 633	3 621$\frac{1}{2}$	1 838$\frac{1}{2}$	1 112	1	Ost- und Westpr.
	1885	4 720	66 962	71 682	1 407$\frac{1}{2}$	440	1 061	20	Königr. Sachsen
	1884	3 631$\frac{1}{2}$	57 676$\frac{1}{2}$	61 308	1 158	10	21	11	Hannover
Hafer . . .	1886	8 439	39 335	47 774	4 366$\frac{1}{2}$	2 959	4 141	35	Württemberg
	1885	5 752	37 083	42 835	1 662$\frac{1}{2}$	836$\frac{1}{2}$	3 591	36	Bayern
	1884	11 992	34 116	46 108	1 238	1 152	2 211	33	Baden

| | Jahr | Versand nach dem Auslande | Empfang der Seehafenstationen aus Deutschland | Zusammen | Stärkster Versand nach dem Auslande (Empfang und Versand der deutschen Seehäfen ausgeschlossen) | | | No. | aus dem Verkehrsbezirk |
| | | | | | 1886 | 1885 | 1884 | | Bezeichnung |
		Tonnen			Tonnen				
Gerste . . .	1886	4 440½	39 184	43 624½	1 414½	1 481½	1 133	36	Bayern
	1885	3 821½	23 020½	26 842	845½	441½	1 350½	29	Lothringen
	1884	8 250½	22 180½	30 431	441	155	464½	26	Rheinprovinz l.
Mais und Hülsenfrüchte .	1886	17 286½	31 615½	48 902	10 473	7 222½	5 190	34	Mannh. u. Ludwh
	1885	12 337	25 282½	37 619½	1 552½	1 077½	2 423½	36	Bayern
	1884	13 475	28 509½	41 984½	1 180	720½	1 203	35	Württemberg
Leinsaat . .	1886	1 524½	26 577½	28 102	673½	469	370½	14	Breslau!
	1885	1 344	25 166½	26 510½	262½	37½	39½	19	Thüringen
	1884	1 311	25 176	26 487	182½	22	17½	26	Rheinprovinz l.
Sämereien .	1886	7 642	11 657	19 299	3 012½	2 256½	3 535½	18	Magdeburg
	1885	6 431½	12 722	19 153½	973	571	800½	19	Thüringen
	1884	7 893	11 001½	18 894½	635	752	831	32	Hessen
Mühlenfabrikate . . .	1886	19 591	66 866½	86 457½	3 468	5 098	6 386	29	Lothringen
	1885	14 817½	64 720	79 537½	2 642½	749½	1 451	11	Hannover
	1884	16 587½	69 412½	86 000	2 632	619½	614½	24	Westfalen
Kartoffeln .	1886	54 230	82 854	137 084	8 809	4 859	4 919	26	Rheinprovinz l.
	1885	27 449½	69 644½	97 094	6 419½	2 023½	7 048½	31	Pfalz
	1884	36 693½	67 485½	104 179	6 342½	2 220	4 480	30	Elsass
Spiritus . .	1886	10 408½	115 790½	126 199	2 929	3 075	1 989½	14	Breslau
	1885	11 833	94 885½	106 718½	1 999	2 602½	2 791½	20	Sachsen
	1884	11 202½	80 944½	92 147	1 930	2 000½	191;	23	Rheinprovinz l.
Rüben . . .	1886	13 630	12 538	26 168	7 898½	7 153½	4 888½	18	Magdeburg
	1885	14 955	7 095½	22 050½	1 500	2 124	1 768	33	Baden
	1884	16 006	7 680	23 686	1 211½	1 880	2 863½	35	Württemberg
Rübensyrup .	1886	2 790	5 173½	7 963½	1 620½	3 608	2 618	26	Rheinprovinz l.
	1885	7 590½	15 258½	22 849	500	487	1 019½	31	Pfalz
	1884	4 571	5 841	10 412	197	1 482	510	35	Württemberg
Rohzucker .	1886	8 202½	194 242	202 444½	4 646	3 671	28 112	11	Hannover
	1885	9 326½	170 007½	179 334	2 427½	1 922½	2 100½	13	Reg.-Bez. Oppeln
	1884	40 671	224 614	265 285	913	2 989½	6 613	26	Rheinprovinz l.
Raffinirter Zucker . .	1886	20 837½	52 657	73 494½	8 275	7 033	9 531	31	Pfalz
	1885	17 726½	41 037½	58 764	7 898	8 027	13 362½	26	Rheinprovinz l.
	1884	27 636	56 144½	83 780½	1 370	787	1 689½	33	Baden
Düngemittel .	1886	49 429½	30 996½	80 426	16 733½	14 754	14 810	18	Magdeburg
	1885	44 637½	33 462½	78 100	6 543	4 919½	4 048	13	Reg.-Bez. Oppeln
	1884	47 174	30 966½	78 140½	4 535	5 835	5 662½	21	Hessen-Nassau
				Stück					
Pferde . . .	1886	6 723	25 382	32 105	2 287	1 095	1 374	26	Rheinprovinz l.
	1885	6 383	31 608	37 991	1 569	1 640	2 851	11	Hannover
	1884	6 391	25 952	32 343	743	1 388	188	23	rhein. Ruhrrevier

	Jahr	Versand nach dem Auslande	Empfang der Seehafenstationen aus Deutschland	Zusammen	Stärkster Versand nach dem Auslande (Empfang und Versand der deutschen Seehäfen ausgeschlossen)			aus dem Verkehrsbezirk	
					1886	1885	1884	No.	Bezeichnung
		Stück			Stück				
Rindvieh . .	1886	17 639	140 130	157 769	11 143	7 258	9 469	35	Württemberg
	1885	19 454	129 344	148 798	2 289	1 207	2 990	26	Rheinprovinz L.
	1884	31 204	125 471	156 675	678	1 585	1 763	33	Baden
Schafe . . .	1886	761 736	346 843	1108 579	355 056	326 917	334 774	26	Rheinprovinz L.
	1885	608 103	338 556	946 659	114 185	53 395	24 527	35	Württemberg
	1884	846 769	428 157	1274 926	70 203	32 057	32 536	11	Hannover
Schweine . .	1886	8 323	423 781	432 104	2 597	7 314	7 218	33	Baden
	1885	12 660	472 630	485 290	2 263	1 136	12 012	26	Rheinprovinz L.
	1884	26 474	610 620	637 094	833	758	739	35	Württemberg
Geflügel . .	1886	31 054	56 722	87 776	15 821	20 428	38 494	35	Württemberg
	1885	76 420	55 378	131 798	10 373	18 846	7 684	11	Hannover
	1884	53 147	60 614	113 761	1 804	2 071	1	32	Hessen

Die Einfuhr nach Deutschland betrug:

	Jahr	Empfang aus dem Auslande	Versand der Seehafenstationen nach Deutschland	Zusammen	Stärkster Empfang aus dem Auslande (Versand und Empfang der deutschen Seehäfen ausgeschlossen)			nach dem Verkehrsbezirk	
					1886	1885	1884	No.	Bezeichnung
		Tonnen			Tonnen				
Weizen . .	1886	58 918½	36 989½	95 908	30 304	27 308½	46 099	36	Bayern
	1885	103 247½	54 749	157 996½	16 319	39 325	24 624	20	Sachsen
	1884	147 738½	72 565	220 303½	2 821½	5 695	7 892	26	Rheinprovinz L.
Roggen . .	1886	55 342	56 596	111 938	40 266½	35 597½	57 070	13	Reg.-Bez. Oppeln
	1885	81 508½	91 419	172 927½	4 877	10 190½	20 098	26	Rheinprovinz L.
	1884	126 741½	136 619½	263 361	3 589	12 821	8 561½	29	Lothringen
Hafer . . .	1886	22 056	41 342	63 398	8 932	12 235½	2 632½	20	Sachsen
	1885	46 839½	40 516½	87 356	3 315	7 799½	13 982	16	Berlin
	1884	56 389½	90 592	146 981½	2 155	6 792½	6 321½	14	Breslau
Gerste . . .	1886	151 938½	39 111½	191 050	73 924	90 099	70 997½	36	Bayern
	1885	202 595½	42 140½	244 736	32 539	34 191	24 830½	20	Sachsen
	1884	167 266½	55 977½	223 244	15 143½	22 544	23 369½	16	Berlin
Mais und Hülsenfrüchte .	1886	103 453	60 880½	164 333½	23 707½	21 038	18 711	36	Bayern
	1885	101 493½	65 902	167 395½	12 921½	17 096½	11 785	16	Berlin
	1884	116 571	65 050	181 621	11 763	13 279	8 490	20	Sachsen
Leinsaat . .	1886	18 469½	15 916½	34 386	4 877	5 197½	10 331½	14	Breslau
	1885	22 341½	14 262	36 603½	4 430½	6 844½	9 271½	26	Rheinprovinz L.
	1884	33 994	17 588½	51 582½	3 245½	2 651	2 273	20	Sachsen
Sämereien .	1886	11 398½	6 881	18 279½	3 710½	2 337	3 596	14	Breslau
	1885	10 278½	6 436	16 714½	1 158	933	653	20	Sachsen
	1884	11 877½	12 211	24 088½	1 098	1 303½	1 372	36	Bayern

	Jahr	Empfang aus dem Auslande	Versand der Seehafenstationen nach Deutschland	Zusammen	Stärkster Empfang aus dem Auslande (Versand und Empfang der deutschen Seehäfen ausgeschlossen)			nach dem Verkehrsbezirk	
					1886	1885	1884	№	Bezeichnung
		Tonnen			Tonnen				
Mühlenfabrikate . . .	1886	82 848½	62 321½	145 170	16 364½	10 320½	8 194	26	Rheinprovinz L.
	1885	67 995	61 613	129 608	10 097	7 667½	6 076	1	Ost- u. Westpr.
	1884	76 950	63 091½	140 041½	9 316½	6 171½	4 109	12	Posen
Kartoffeln . .	1886	8 208½	3 829	12 037½	3 381	5 401½	5 414	26	Rheinprovinz L.
	1885	16 044½	2 737	18 781½	1 159	974	880½	36	Bayern
	1884	14 790½	2 836	17 626½	939	3 232	4 170	23	rhein. Ruhrrevier
Spiritus . .	1886	4 227½	46 155½	50 383	1 872½	934½	182½	14	Breslau
	1885	3 525	32 468	35 993	1 237	456½	180	1	Ost- u. Westpr.
	1884	1 874½	25 754½	27 629	321½	555½	538	26	Rheinprovinz L.
Rüben . . .	1886	5 692½	3 549	9 241½	1 631	528	1 294½	30	Sachsen
	1885	8 566½	4 018	12 584½	1 470	2 655	1 129½	35	Württemberg
	1884	8 992	3 091	12 083	620½	964½	550	33	Baden
Rübensyrup .	1886	103	780½	883½	60	55½	30	26	Rheinprovinz L.
	1885	154½	1 942½	2 097	15	83½	½	23	rhein. Ruhrrevier
	1884	548½	1 166	1 714½	11	—	28	30	Elsass
Rohzucker .	1886	44 180½	2 624	46 804½	42 985½	33 824	42 715½	30	Sachsen
	1885	44 920½	3 816	48 736½	1 020	9 402½	30 418	33	Hessen
	1884	73 287½	3 786½	77 074	107	1 595	74	36	Bayern
Raffinirter Zucker .	1886	561½	3 141	3 702½	166	189½	221	30	Elsass
	1885	952	2 461	3 413	115	103	222	29	Lothringen
	1884	1 664	3 694	5 358	76	21	50½	13	Reg.-Bez. Oppeln
Düngemittel .	1886	57 726	222 324	280 050	9 644	9 919½	10 805½	26	Rheinprovinz L.
	1885	59 492½	196 142½	255 635	8 092½	9 038	8 458½	30	Sachsen
	1884	54 607	234 411½	289 018½	7 156	4 571½	5 704½	13	Reg.-Bez. Oppeln
					Stück				
Pferde . . .	1886	23 677	23 504	47 181	9 040	4 915	4 195	26	Rheinprovinz L.
	1885	18 257	24 719	42 976	3 978	3 699	3 059	23	rhein. Ruhrrevier
	1884	19 574	19 355	39 929	1 878	2 009	1 643	16	Berlin
Rindvieh . .	1886	44 190	79 486	123 676	22 446	20 617	16 686	30	Elsass
	1885	43 045	65 669	108 714	7 092	9 751	12 256	7	Schles.-Holstein
	1884	34 020	61 083	95 103	4 125	4 082	1 047	33	Baden
Schafe . . .	1886	564	70 936	71 500	280	168	141	29	Lothringen
	1885	27 904	84 834	112 738	169	142	—	33	Baden
	1884	380 663	71 913	452 576	66	968	17 800	30	Sachsen
Schweine . .	1886	371 463	270 977	642 440	92 097	33 614	26 935	30	Sachsen
	1885	197 752	264 355	462 107	82 212	22 211	25 027	36	Bayern
	1884	214 963	378 276	593 239	35 178	34 672	35 720	13	Reg.-Bez. Oppeln
Geflügel . .	1886	1305952	16 131	1 322 083	434 192	196 232	106 695	33	Hessen
	1885	907 036	19 854	926 890	308 812	203 700	137 904	1	Ost- u. Westpr.
	1884	651 938	22 061	673 999	272 129	273 675	229 937	35	Württemberg

Ueber die Durchfuhr von Ausland zu Ausland und zwischen dem Auslande und den deutschen Seehäfen giebt die nachstehende Uebersicht Aufschluss.

	Durchfuhr von Ausland zu Ausland	Versand der deutschen Seehäfen nach	Empfang der deutschen Seehäfen von dem Auslande	Zusammen		Durchfuhr von Ausland zu Ausland	Versand der deutschen Seehäfen nach	Empfang der deutschen Seehäfen von dem Auslande	Zusammen
	Tonnen					Tonnen			
Weizen:					Rüben:				
1886 .	29 603	27	62 995½	92 625½	1886 .	7 880	70	61	8 011
1885 .	28 040	16½	281 978½	310 035	1885 .	13 382½	129	815½	14 327
1884 .	25 656½	329	157 851	183 836½	1884 .	5 355½	240½	101	5 697
Roggen:					Rübensyrup:				
1886 .	7 029½	46	19 373½	26 419	1886 .	352	71	2 185½	2 608½
1885 .	6 326½	58½	105 576½	111 961½	1885 .	637½	59	622	1 318½
1884 .	4 115	111½	70 995½	75 222	1884 .	179½	41½	83½	304½
Hafer:					Rohzucker:				
1886 .	5 638	155½	22 005	27 798½	1886 .	9 768	114	49 378½	59 260½
1885 .	3 774½	48½	16 233	20 056	1885 .	29 804½	403½	6 352½	36 560
1884 .	5 636½	24½	42 527½	48 288½	1884 .	30 692½	235½	4 591½	35 519½
Gerste:					Raffinirter Zucker:				
1886 .	5 235½	109½	13 091	18 436	1886 .	5 578½	106½	110	5 795
1885 .	5 077½	96½	32 254	38 428	1885 .	6 359½	61½	135	6 556
1884 .	3 180½	507½	31 067½	34 755½	1884 .	18 930½	59	371½	19 361
Mais und Hülsenfrüchte:					Düngemittel:				
1886 .	14 108	667	27 343½	42 118½	1886 .	6 273½	7 316½	1 048	14 638
1885 .	9 849½	865	22 589	33 303½	1885 .	5 823½	5 818	1 032	12 673½
1884 .	17 213	846½	31 454½	49 514	1884 .	2 059	5 714	971½	8 564½
Leinsaat:					Pferde:				Stück
1886 .	504	1 380	18 874	20 758	1886 .	4 784	2 121	8 974	15 879
1885 .	731	1 413½	18 187½	20 332	1885 .	2 612	1 253	7 286	11 151
1884 .	270	1 531½	20 271½	22 073	1884 .	84	2 003	2 457	10 797
Sämereien:					Rindvieh:				
1886 .	1 489½	967½	5 190	7 647	1886 .	6 920	64	13 496	20 480
1885 .	2 311½	1 164	2 595	6 070½	1885 .	4 288	141	6 368	10 797
1884 .	1 589½	1 292	1 764	4 645½	1884 .	447	671	2 601	3 719
Mühlenfabrikate:					Schafe:				
1886 .	10 775½	2 135½	23 488½	36 399½	1886 .	7 311	148	2 402	9 861
1885 .	8 801½	4 645½	18 633½	32 080½	1885 .	6 223	175	2 310	8 708
1884 .	18 200½	5 013	19 447	42 660½	1884 .	546	2 152	3 249	5 947
Kartoffeln:					Schweine:				
1886 .	5 315½	172	261½	5 749	1886 .	17 321	26 016	175.525	218 862
1885 .	6 480½	39½	145	6 665	1885 .	9 379	961	69 216	79 556
1884 .	3 174½	22½	14	3 211	1884 .	879	49 517	4 943	55 339
Spiritus:					Geflügel:				
1886 .	6 160½	589	3 589	10 338½	1886 .	228	4	30	262
1885 .	79½	453½	3 092½	3 625½	1885 .	302	43	936	1 281
1884 .	6 157	434½	416	7 007½	1884 .	407	35	1 400	1 842

	Der stärkste Versand nach den deutschen Verkehrsbezirken (einschl. der Seehäfen) fand statt in den Auslands-Verkehrsbezirken:				
	1886	1885	1884	No.	Der Verkehrsbezirke
	Tonnen				Bezeichnung
Weizen	46 461½	40 238½	10 852	51	Polen
	17 624	49 433	40 885½	52	Galizien
	17 466½	245 988	157 605½	50	Russland ohne Polen
Roggen . . · . .	42 353½	38 806	63 440	51	Polen
	12 655	96 538	66 371¼	50	Russland ohne Polen
	7 823	18 025½	19 897	52	Galizien
Hafer	20 957	15 499	44 866	50	Russland ohne Polen
	10 246	17 542	19 167½	54	Böhmen
	3 321½	9 162	5 274	52	Galizien
Gerste	50 301	70 618½	56 053½	55	Oesterreich ohne Galizien, Ungarn, Böhmen.
	46 668½	46 800½	41 957½	54	Böhmen
	43 398	69 884½	53 126½	53	Ungarn
Mais u. Hülsenfrüchte	41 903½	39 841½	38 263½	55	Oesterreich ohne Galizien, Ungarn, Böhmen.
	21 890½	17 806	42 633½	52	Galizien
	20 504½	17 997	13 989½	53	Ungarn
Leinsaat	17 242½	14 846	18 425	50	Russland ohne Polen
	4 510¼	6 888	7 399	52	Galizien
	3 516½	2 768	3 977½	51	Polen
Sämereien	3 449½	1 815	1 753½	52	Galizien
	2 392	1 562	1 526½	55	Oesterreich ohne Galizien, Ungarn, Böhmen.
	2 367	506	706	50	Russland ohne Polen
Mühlenfabrikate . .	23 096	19 414	20 070	50	Russland ohne Polen
	22 224	13 200½	8 491	51	Polen
	15 560	11 559	9 202½	61	Holland
Kartoffeln	3 555	7 292	4 983	61	Holland
	1 312	1 154	1 010	55	Oesterreich ohne Galizien, Ungarn, Böhmen.
	1 257½	5 260	6 560	60	Belgien
Spiritus	6 270	4 837	794	51	Polen
	505½	368	445	61	Holland
	330	54½	37	50	Russland ohne Polen
Rüben	3 033½	5 420½	5 219	60	Belgien
	1 683	711½	1 501	54	Böhmen
	756	2 548½	2 163	61	Holland
Rübensyrup . . .	1 514	410	83½	51	Polen
	661½	180½	1	50	Russland ohne Polen
	57½	45	26½	61	Holland
Rohzucker	45 677	43 777	74 979½	54	Böhmen
	5 169¼	3 956	—	51	Polen
	1 537½	909	1 285	55	Oesterreich ohne Galizien, Ungarn, Böhmen.
Raffinirter Zucker .	278½	292	437	58	Frankreich
	213	261	392½	61	Holland
	45	151	105½	56	Schweiz

	1886	1885	1884	No.	Der Verkehrsbezirke Bezeichnung
	Der stärkste Versand nach den deutschen Verkehrsbezirken (einschl. der Seehäfen) fand statt in den Auslands-Verkehrsbezirken:				

Der stärkste **Versand** nach den deutschen Verkehrsbezirken (einschl. der Seehäfen) fand statt in den Auslands-Verkehrsbezirken:

	1886	1885	1884	No.	Der Verkehrsbezirke Bezeichnung
	Tonnen				
Düngemittel . . .	15 234	18 777	11 538	60	Belgien
	11 542	10 116	5 797	52	Galizien
	7 572	8 566½	10 605½	61	Holland
	Stück				
Pferde	11 290	7 117	5 953	60	Belgien
	9 890	8 313	7 289	64	Dänemark
	5 002	3 929	2 914	59	Luxemburg
Rindvieh	24 568	25 033	16 464	56	Schweiz
	19 770	15 815	14 583	64	Dänemark
	6 168	4 400	424	61	Holland
Schafe	2 402	2 311	3 610	64	Dänemark
	282	126	1	59	Luxemburg
	169	142	—	56	Schweiz
Schweine	155 560	60 138	8 774	64	Dänemark
	136 794	81 923	95 492	53	Ungarn
	87 573	21 057	25 054	54	Böhmen
Geflügel	668 379	440 772	333 549	57	Italien
	229 693	132 900	94 404	51	Polen
	173 351	157 056	144 632	54	Böhmen

Der stärkste **Empfang** von den deutschen Verkehrsbezirken (einschl. der Seehäfen) fand statt in den Auslands-Verkehrsbezirken

	1886	1885	1884	No.	Der Verkehrsbezirke Bezeichnung
	Tonnen				
Weizen	93 294	55 840	99 347	56	Schweiz
	3 259	2 394	825	59	Luxemburg
	1 119	938½	1 383½	55	Oesterreich ohne Galizien, Ungarn, Böhmen
Roggen	6 408	3 662	2 396	54	Böhmen
	635½	182½	126½	60	Belgien
	455	197	493	56	Schweiz
Hafer	7 467½	4 934½	8 614	56	Schweiz
	258	52½	221	61	Holland
	198	204½	644½	59	Luxemburg
Gerste	1 613½	1 997	3 869	56	Schweiz
	1 308	721½	1 178½	59	Luxemburg
	564	538½	1 284	61	Holland
Mais u. Hülsenfrüchte	12 006½	8 587	8 702	56	Schweiz
	1 224	805	1 101	58	Frankreich
	1 116½	735	1 500½	61	Holland
Leinsaat	1 308	1 239	1 303	64	Böhmen
	773½	552	806	55	Oesterreich ohne Galizien, Ungarn, Böhmen
	263½	468	226	51	Polen

	Der stärkste Empfang von den deutschen Verkehrsbezirken (einschl. der Seehäfen) fand statt in den Auslands-Verkehrsbezirken:				
	1886	1885	1884	No.	Der Verkehrsbezirke
	Tonnen				Bezeichnung
Sämereien	2 049	1 311	2 583½	54	Böhmen
	1 281	1 251½	891½	58	Frankreich
	1 173	1 206½	1 285½	51	Polen
Mühlenfabrikate . .	8 838	3 295	2 893½	61	Holland
	2 903½	4 719	5 588½	59	Luxemburg
	2 707	1 743½	1 446½	56	Schweiz
Kartoffeln	23 167	9 943	10 030	60	Belgien
	13 688½	3 979	2 482½	61	Holland
•	12 545	8 210	18 325½	56	Schweiz
Spiritus	4 365	5 173	6 012½	56	Schweiz
	2 692	2 449	1 102	55	Oesterreich, ohne Galizien, Ungarn, Böhmen
	1 934½	2 003	1 957	60	Belgien
Rüben	6 156½	5 812	4 953	54	Böhmen
	2 623	2 757½	4 347½	55	Oesterreich, ohne Galizien, Ungarn, Böhmen
	1 975½	493	—	51	Polen
Rübensyrup . . .	1 347½	5 672	2 852	58	Frankreich
	993½	943	1 357	60	Belgien
	291	634½	245	56	Schweiz
Rohzucker	4 715½	4 555	33 125½	61	Holland
	2 427½	1 923	2 132½	55	Oesterreich, ohne Galizien, Ungarn, Böhmen
	913	986½	1 648½	60	Belgien
Raffinirter Zucker .	12 098½	9 637½	11 944½	56	Schweiz
	4 197½	3 540½	6 326½	60	Belgien
	1 233½	—	133	52	Galizien
Düngemittel . . .	10 741	7 262	8 264	54	Böhmen
	9 369½	7 223	6 590½	55	Oesterreich, ohne Galizien, Ungarn, Böhmen
	9 041	7 819	11 262½	60	Belgien
			Stück		
Pferde	2 722	2 254	1 510	60	Belgien
	2 591	1 520	3 683	61	Holland
	1 376	1 192	1 051	56	Schweiz
Rindvieh	11 002	8 487	11 613	56	Schweiz
	2 855	3 855	9 084	60	Belgien
	1 749	2 781	5 102	58	Frankreich
Schafe	409 310	385 680	591 463	58	Frankreich
	215 423	157 991	150 609	60	Belgien
	132 489	62 533	54 826	61	Holland
Schweine	27 320	1 094	45 580	60	Belgien
	3 466	7 697	7 840	56	Schweiz
	2 137	2 271	1 447	59	Luxemburg
Geflügel	12 693	28 762	13 750	61	Holland
	7 018	26 802	20 842	60	Belgien
	5 810	15 165	6 321	58	Frankreich

3. Erzeugnisse der Forstwirthschaft.

Es wurden befördert	Jahr	Ueberhaupt	Davon entfallen auf den Verkehr		Im engeren Lokalverkehr der einzelnen Verkehrsbezirke	Im Wechselverkehr der deutschen Verkehrsbezirke mit Ausschluss der Seehäfen
			im Inlande	mit dem Auslande		
			Tonnen			
Rundholz	1886	1 539 187½	1 346 465	192 722½	766 229½	506 265½
	1885	1 650 737½	1 395 897	254 840½	777 387½	545 145½
	1874	1 596 438	1 402 684	193 754	753 763½	586 339½
Nutzholz	1886	2 474 915½	2 227 337	247 578½	812 988½	1 106 161½
	1885	2 466 441	2 152 423	314 018	828 317	1 018 282
	1884	2 357 930	2 020 632½	337 297½	783 956½	964 581
Brennholz, Gruben- holz, Schwellen .	1886	2 501 274	2 280 194	221 080	1 140 545½	1 033 197
	1885	2 378 183½	2 164 629	213 554½	1 089 438	961 046½
	1884	2 266 774½	2 068 421½	198 353	1 056 619½	920 448½
Borke	1886	140 837½	89 648	51 189½	42 876	42 868½
	1885	139 400½	90 570½	48 830	44 999	40 885½
	1884	129 606½	85 083½	44 523	43 607½	36 271

Der stärkste Versand nach den anderen deutschen Verkehrsbezirken
(einschliesslich der Seehäfen) fand statt:

an Rundholz: 150 358½ t (gegen 152 528 in 1885 und 155 015½
in 1884) aus V.-B. 36 (Bayern), 36 146½ t (46 189½ und 67 605)
aus V.-B. 35 (Württemberg etc.) und 34 039½ t (40 194½ und
34 956) aus V.-B. 19 (Reg.-Bez. Merseburg und Thüringen);

an Nutzholz: 315 350 t (308 575 und 314 783½) aus V.-B. (Bayern).
100 335½ t (76 379½ und 66 287½) aus V.-B. 1 (Ost- und Westpreussen) und 96 869 t (87 701 und 86 326½) aus V.-B. 35
(Württemberg etc.);

an Brennholz, Grubenholz und Schwellen: 293 481 t·(304 795
und 271 009½) aus V.-B. 24 (Prov. Westfalen etc.); 125 805½ t
(120 700 und 114 860½) aus V.-B. 11 (Provinz Hannover etc.) und
75 489 t (76 746½ und 53 310½) aus V.-B. 17 (Prov. Brandenburg):

an Borke: 10 921 t (11 898½ und 9 145) aus V.-B. 36 (Bayern),
8 594½ t (6 546½ und 5662) aus V.-B. 26 (Rheinprovinz l. d. Rh. etc.)
und 4 895 t (4 697 und 4 093½) aus V.-B. 33 (Baden).

Der stärkste Empfang von den anderen deutschen Verkehrsbezirken
(einschliesslich der Seehäfen) fand statt:

an Rundholz: 89 097$\frac{1}{2}$ t (91 776$\frac{1}{2}$ und 85 981$\frac{1}{2}$) im V.-B. 20 (Königreich Sachsen), 73 679$\frac{1}{2}$ t (67 851 und 78 389$\frac{1}{2}$) im V.-B. 35 (Württemberg etc.) und 38 567$\frac{1}{2}$ t (39 977 und 34 246$\frac{1}{2}$) im V.-B. 22 (westfälisches Ruhrrevier);

an Nutzholz: 127 053 t (98 418$\frac{1}{2}$ und 81 998$\frac{1}{2}$ im V.-B. 16 (Berlin), 110 710 t (98 968 und 97 963$\frac{1}{2}$) im V.-B. 34 (Mannheim und Ludwigshafen) und 84 205$\frac{1}{2}$ t (79 263$\frac{1}{2}$ und 76 517) im V.-B. 26 (Rheinprovinz l. d. Rh.);

an Brennholz, Grubenholz und Schwellen: 320 804 t (310 324 und 288 051) im V.-B. 22 (westfäl. Ruhrrevier), 123 520 t (131 348$\frac{1}{2}$ und 129 615) im V.-B. 23 (rheinisch. Ruhrrevier) und 62 540$\frac{1}{2}$ t (55 613 und 65 046$\frac{1}{2}$) im V.-B. 27 (Saarrevier);

an Borke: 6 497$\frac{1}{2}$ t (7 139$\frac{1}{2}$ und 5 437) im V.-B. 35 (Württemberg etc.), 5 016 t (4 182$\frac{1}{2}$ und 3 291) im V.-B. 19 (Reg.-Bez. Merseburg und Thüringen) und 4 516 t (4 818 und 3 855$\frac{1}{2}$ im V.-B. 32 (Grossherzth. Hessen).

Der stärkste Lokalverkehr (Verkehr innerhalb eines einzelnen Verkehrsbezirks) fand statt:

an Rundholz: 205 573$\frac{1}{2}$ t (187 048 und 190 435$\frac{1}{2}$) im V.-B. 36 (Bayern), 95 766$\frac{1}{2}$ t (109 719$\frac{1}{2}$ und 98 255$\frac{1}{2}$) im V.-B. 35 (Württemberg etc.) und 91 948$\frac{1}{2}$ t (97 314 und 76 018$\frac{1}{2}$) im V.-B. 20 (Königreich Sachsen);

an Nutzholz: 175 966 t (185 869 und 188 766 im V.-B. 36 (Bayern) 118 814$\frac{1}{2}$ t (131 970$\frac{1}{2}$ und 105 694) im V.-B. 20 (Königreich Sachsen) und 61 858 t (60 522$\frac{1}{2}$ und 53 978) im V.-B. 19 (Reg.-Bez. Merseburg und Thüringen);

an Brennholz, Grubenholz und Schwellen: 233 336 t (230 182 und 244 469) im V.-B. 36 (Bayern), 92 724$\frac{1}{2}$ t (85 953 und 84 259$\frac{1}{2}$) im V.-B. 35 (Württemberg etc.) und 87 733$\frac{1}{2}$ t (98 341 und 99 264) im V.-B. 13 (Reg.-Bez. Oppeln);

an Borke: 7 278 t (8 799$\frac{1}{2}$ und 8 395$\frac{1}{2}$) im V.-B. 36 (Bayern), 6 418 t (6 094$\frac{1}{2}$ und 5 986$\frac{1}{2}$) im V.-B. 26 (Rheinprovinz l. d. Rh.) und 4 695 t (4 877 und 5 069) im V.-B. 35 (Württemberg etc.).

Der Verkehr zwischen den deutschen Verkehrsbezirken (ausschl. der Seehäfen) mit dem Auslande (einschl. der deutschen Seehäfen) war in der Ausfuhr:

	Versand nach dem Auslande	Empfang der Seehafenstationen aus Deutschland	Zusammen	Stärkster Versand nach dem Auslande (Empfang und Versand der deutschen Seehäfen ausgeschlossen):				
				1886	1885	1884	No. aus dem Verkehrsbezirk	Bezeichnung
	Tonnen			Tonnen			No.	Bezeichnung
Rundholz:								
1886 .	49 721	52 461	102 182	11 107	15 076½	27 677	26	Rheinprovinz l. d. Rh.
1885 .	64 522	48 003½	112 525½	10 900	7 590	5 815	35	Württemberg
1884 .	75 742½	35 111	110 853½	10 065½	18 499	12 219	33	Baden
Nutzholz:								
1886 .	85 347½	99 958	185 305½	22 733½	25 701½	34 244½	36	Bayern
1885 .	97 331½	93 194	190 525½	21 269½	23 713½	28 396	33	Baden
1884 .	123 398½	85 155	208 553½	17 238	18 628½	22 231	30	Elsass
Brennholz, Gruben-holz u. Schwellen:								
1886 .	112 468½	74 670	187 138½	31 578½	26 773	26 220	33	Baden
1885 .	118 253	73 145½	191 398½	26 387½	22 218	29 288	26	Rheinprovinz l. d. Rh.
1884 .	141 367	56 489½	197 856½	10 671½	13 630	14 645½	35	Württemberg
Borke:								
1886 .	1 470	2 550½	4 020½	661½	1 066½	1 086	29	Lothringen
1885 .	1 582	2 769	4 351	217½	138½	90	33	Baden
1884 .	2 382½	2 663	5 045½	121	40	216	13	Reg.-Bez. Oppeln

Die Einfuhr nach Deutschland betrug:

	Empfang aus dem Auslande	Versand der Seehafenstationen nach Deutschland	Zusammen	Stärkster Empfang aus dem Auslande (Versand und Empfang der deutschen Seehäfen ausgeschlossen):				
				1886	1885	1884	No. nach d. Verkehrsbezirk	Bezeichnung
	Tonnen			Tonnen			No.	Bezeichnung
Rundholz:								
1886 .	129 759½	21 509	151 268½	60 222½	54 713½	34 973½	20	Königr. Sachsen
1885 .	178 018½	25 360½	203 379	36 655	76 840½	32 632½	13	Reg.-Bez. Oppeln
1884 .	112 471	27 470	139 941	11 443½	19 774½	18 807	15	„ Breslau u. Liegnitz
Nutzholz:								
1886 .	111 367	208 229	319 596	20 419	37 865½	20 923	20	Königr. Sachsen
1885 .	168 178½	212 630	380 808½	12 613	17 480½	24 888½	13	Reg.-Bez. Oppeln
1884 .	156 772½	186 940	343 712½	11 185½	10 896	11 458	19	„ Merseburg u. Thür.
Brennholz, Gruben-holz u. Schwellen:								
1886 .	81 919½	31 781½	113 701	51 968	25 837½	22 660½	13	Reg.-Bez. Oppeln
1885 .	73 174½	40 999	114 173½	20 085	19 775½	5 591	20	Königr. Sachsen
1884 .	48 530½	34 864	83 394½	3 430	17 251½	10 061½	14	Stadt Breslau
Borke:								
1886 .	44 085½	1 353	45 438½	7 322½	7 839½	5 717½	30	Elsass
1885 .	42 084½	1 917	44 001½	6 202½	5 059	4 118½	26	Rheinprovinz l. d. Rh.
1884 .	39 034½	2 542	41 567½	5 339	4 175½	4 498	35	Württemberg etc.

Ueber die Durchfuhr von Ausland zu Ausland und zwischen dem Auslande und den deutschen Seehäfen giebt die nachstehende Uebersicht Aufschluss.

	Jahr	Durchfuhr von Ausland zu Ausland	Versand der deutschen Seehäfen nach dem Auslande	Empfang der deutschen Seehäfen von dem Auslande	Zusammen
		Tonnen			
Rundholz	1886	3 766½	190	9 285	13 241½
	1885	7 569	195½	4 535½	12 300
	1884	4 762	150	628½	5 540½
Nutzholz	1886	22 852½	698	27 313½	50 864
	1885	21 171	1 010½	26 326½	48 508
	1884	45 729½	1 634	9 754	57 120½
Brennholz, Grubenholz und Schwellen	1886	16 103	13	10 576	26 692
	1885	15 161	32	6 934	22 127
	1884	3 621	69½	4 765	8 455½
Borke	1886	2 938	599	2 097	5 634
	1885	1 906½	443	2 814	5 163½
	1884	502	180½	2 423½	3 106

	Der stärkste Versand nach den deutschen Verkehrsbezirken (einschl. der Seehäfen) fand statt in den Auslands-Verkehrsbezirken: 1886	1885	1884	Der Verkehrsbezirke No.	Bezeichnung
	Tonnen				
Rundholz	63 642½	63 047	48 767½	54	Böhmen
	36 492½	78 399½	30 867	51	Polen
	12 450½	18 203	11 240½	55	Oesterreich ohne Galizien, Ungarn, Böhmen
Nutzholz	47 982½	61 973	56 700½	55	Oesterreich ohne Galizien, Ungarn, Böhmen
	23 559	23 094½	25 678½	52	Galizien
	18 537½	23 104½	11 582½	50	Russland ohne Polen
Brennholz, Grubenholz, Schwellen .	27 850½	15 346½	15 522	51	Polen
	27 586	13 331½	8 061	52	Galizien
	20 961	18 568½	7 844½	54	Böhmen
Borke	13 395½	13 572	15 951	53	Ungarn
	11 438	10 426	7 958	58	Frankreich
	8 582½	7 919½	6 559½	55	Oesterreich ohne Galizien, Ungarn, Böhmen

	1886	1885	1884	No.	Der Verkehrsbezirke Bezeichnung
	Der stärkste Empfang aus den deutschen Verkehrsbezirken (einschl. der Seehäfen) fand statt: in den Auslands-Verkehrsbezirken:				
	Tonnen				
Rundholz	14 204½	18 616½	17 543½	58	Frankreich
	11 648	17 217	29 383½	60	Belgien
	9 874	8 969½	11 868	56	Schweiz
Nutzholz	37 958	46 456½	54 670	58	Frankreich
	18 976	21 924½	33 782	56	Schweiz
	7 352	8 635	9 719	61	Holland
Brennholz, Gruben-holz und Schwellen	41 071½	44 973½	53 375½	60	Belgien
	40 186	38 532½	41 516	56	Schweiz
	15 136	17 745	25 728½	58	Frankreich
Borke	581½	382½	159	51	Polen
	507	580	422	58	Frankreich
	205½	527	702	59	Luxemburg

4. Erzeugnisse des Berg- und Hüttenwesens.

Es wurden befördert	Jahr	Ueberhaupt	Davon entfallen auf den Verkehr		Im engeren Lokalverkehr der einzelnen Verkehrs-bezirke	Im Wechselverkehr der deutschen Verkehrsbezirke mit Ausschluss der Seehafen-stationen
			im Inlande	mit dem Auslande		
			Tonnen			
Steinkohlen . . .	1886	47 122 912½	40 095 734	7 027 178½	12 406 635	26 330 795½
	1885	46 273 341	39 092 605½	7 180 735½	11 643 763	26 151 153½
	1884	43 964 064½	36 907 598	7 056 466½	10 768 772	24 880 739½
Braunkohlen . . .	1886	8 148 422½	5 676 892	2 471 530½	3 832 712	1 826 393½
	1885	7 914 956	5 653 394	2 261 562	3 854 728	1 785 494
	1884	6 886 550	5 295 912	1 590 638	3 663 270	1 621 552½
Eisenerz	1886	4 147 507½	2 810 410	1 337 097½	844 164	1 948 954
	1885	4 461 234	2 832 913	1 628 321	885 139½	1 929 410½
	1884	3 894 350½	3 155 953	738 397½	1 029 065½	2 087 727
Roheisen	1886	3 377 001	2 723 393½	653 607½	1 028 181	1 630 861½
	1885	3 129 523	3 547 720	581 803	972 050½	1 507 163½
	1884	3 237 361	2 676 887	560 474	1 013 379½	1 526 433½
Eisen und Stahl . .	1886	1 461 174½	1 214 700	246 474½	286 413½	805 771
	1885	1 360 597	1 118 270	242 327	269 185½	745 125
	1884	1 382 845½	1 153 424½	229 421	270 618½	773 928½
Eisenbahnschienen .	1886	614 132	500 415	113 717	143 914½	336 480
	1885	590 988	443 122½	147 865½	134 673½	278 263½
	1884	581 240	412 579½	168 660½	126 104½	263 444

Es wurden befördert	Jahr	Ueberhaupt	Davon entfallen auf den Verkehr im Inlande	Davon entfallen auf den Verkehr mit dem Auslande	Im engeren Lokalverkehr der einzelnen Verkehrsbezirke	Im Wechselverkehr der deutschen Verkehrsbezirke mit Ausschluss der Seehafenstationen
		Tonnen				
Eiserne Eisenbahnschwellen . . .	1886	102 396	94 311½	8 084½	32 518½	60 557½
	1885	113 643	102 608½	11 034½	33 350	66 645
	1884	113 765½	99 041½	14 724	26 783	68 713½
Eiserne Achsen . .	1886	87 193	64 862½	23 330½	13 501½	46 494½
	1885	88 116	68 361½	19 754½	11 363	52 289½
	1884	99 283	76 774½	22 508½	12 461½	59 450½
Eiserne Dampfkessel .	1886	384 835½	305 126½	79 709	96 926	168 049½
	1885	419 500½	327 692½	91 808	100 632½	177 439½
	1884	452 004	343 226	108 778	102 060½	184 908
Eiserne Röhren . .	1886	186 433	165 790½	20 642½	33 729	122 120½
	1885	163 108½	139 529½	23 579	29 082	101 108½
	1884	182 985½	163 982	19 003½	36 892½	118 511½
Eisen- u. Stahldraht .	1886	311 918	188 968½	122 949½	35 161	121 622½
	1885	294 842½	167 091½	127 751	33 095	107 964
	1884	289 178	164 708	124 470	34 604	101 592½
Eisen- u. Stahlwaaren	1886	428 824½	360 608	68 216½	116 431	196 047
	1885	407 784½	337 574½	70 210	105 014½	187 950½
	1884	394 531	333 006	61 525	101 346	187 967½
Rohe Erze	1886	503 484½	409 438½	94 046	92 620	284 670
	1885	534 867	419 981	114 886	90 749½	299 506
	1884	482 478½	419 542	62 936½	99 509½	301 407
Blei	1886	134 815½	113 140½	21 675	50 824½	54 397½
	1885	131 799	107 092	24 707	49 053	52 574
	1884	134 178½	100 762½	33 416	48 216½	47 553
Zink	1886	183 133½	151 640	31 493½	41 492½	90 893½
	1885	179 377½	149 235	30 142½	41 155	92 481
	1884	158 310	130 785	27 525	39 664½	76 352½
Salz	1886	1 005 096	972 457½	32 638½	445 194½	454 534½
	1885	889 266	852 168	37 098	369 085½	429 364
	1884	855 220	804 254	50 966	333 952½	418 466

Der stärkste **Versand** nach den anderen deutschen Verkehrsbezirken (einschliesslich der Seehäfen) fand statt:

an **Steinkohlen**: 11 563 726½ t (gegen 11 636 058 in 1885 u. 11 171 851 in 1884) aus V.-B. 22 (westfäl. Ruhrrevier), 5 792 359 t (5 818 028½ und 5 517 289½) aus V.-B. 23 (rhein. Ruhrrevier), 4 616 508 t (4 440 631 und 4 148 322½) aus V.-B. 13 (Rbz. Oppeln), 2 482 501 t (2 453 659½ und 2 453 363) aus V.-B. 27 (Saarrevier), 875 889 t (889 326½ und 800 012½) aus V.-B. 20 (Königreich Sachsen), 616 768 t (542 383 und 555 530½) aus V.-B. 15 (Rbzk. Breslau

und Liegnitz), 462 293 t (434 621 und 392 647^1/$_2$) aus V.-B. 34
Mannheim und Ludwigshafen) und 306 925 t (347 009 und 371 518)
aus V.-B. 24 (Prov. Westfalen);

an Braunkohlen: 1 144 453 t (1 120 278 und *960 704^1/$_2$) aus V.-B. 19
(Rbz. Merseburg und Thüringen), 255 966 t (205 493^1/$_2$ und 186 842^1/$_2$)
aus V.-B. 17 (Prov. Brandenburg), 225 822 t (267 174^1/$_2$ und 285 430)
aus V.-B. 18 (Rbz. Magdeburg etc.) und 132 171 t (144 279 und
147 460) aus V.-B. 11 (Prov. Hannover);

an Eisenerz: 507 517 t (479 320 und 598 375^1/$_2$) aus V.-B. 29
(Lothringen), 474 251 t (448 426^1/$_2$ und 410 607^1/$_2$) aus V.-B. 21
(Provinz Hessen-Nassau etc.) und 388 393^1/$_2$ t (343 052^1/$_2$ und
389 464^1/$_2$) aus V.-B. 25 (Rheinprovinz rechts des Rheins);

an Roheisen: 240 813^1/$_2$ t (244 546 und 237 804^1/$_2$) aus V.-B. 25
(Rheinprovinz r. d. Rh.), 216 981^1/$_2$ t (200 660^1/$_2$ und 182 365^1/$_2$)
aus V.-B. 28 (Duisburg, Ruhrort, Hochfeld), 202 374^1/$_2$ t (127 624
und 150 529^1/$_2$) aus V.-B. 29 (Lothringen) und 184 673 t (179 749
und 160 467) aus V.-B. 24 (Provinz Westfalen);

an Eisen und Stahl: 153 144 t (123 656^1/$_2$ und 120 978) aus V.-B. 27
(Saarrevier), 136 937^1/$_2$ t (127 113^1/$_2$ und 131 211^1/$_2$) aus V.-B. 13
(Rbz. Oppeln) und 133 772 t (118 089^1/$_2$ und 129 362^1/$_2$ aus V.-B. 22
(westfäl. Ruhrrevier);

an Eisenbahnschienen: 115 950^1/$_2$ t (101 383 und 95 753^1/$_2$) aus
V.-B. 22 (westfäl. Ruhrrevier), 86 322^1/$_2$ t (76 982^1/$_2$ und 66 555^1/$_2$)
aus V.-B. 23 (rhein. Ruhrrevier), 21 126^1/$_2$ t (16 127 und 21 421^1/$_2$)
aus V.-B. 28 (Duisburg, Ruhrort, Hochfeld);

an eisernen Eisenbahnschwellen: 23 729 t (19 040 und 28 659)
aus V.-B. 22 (westfäl. Ruhrrevier), 6 604^1/$_2$ (5 636 und 5 353^1/$_2$)
aus V.-B. 29 (Lothringen) und 5 952 t (9 064 und 8 364) aus
V.-B. 23 (rhein. Ruhrrevier);

an eisernen Achsen: 14 430 t (15 041^1/$_2$ und 17 156^1/$_2$) aus V.-B. 23
(rhein. Ruhrrevier), 14 308 t (17 207^1/$_2$ und 18 816) aus V.-B. 22
(westfäl. Ruhrrevier) und 5 796^1/$_2$ t (7 359 und 7 886^1/$_2$) aus V.-B. 28
(Duisburg, Ruhrort, Hochfeld);

an eisernen Dampfkesseln: 26 790 t (27 672 und 25 072^1/$_2$) aus
V.-B. 20 (Königreich Sachsen), 13 591^1/$_2$ t (12 937 und 20 165)
aus V.-B. 18 (Rbz. Magdeburg etc.) und 13 561^1/$_2$ t (16 284 und
20 669^1/$_2$) aus V.-B. 16 (Berlin);

an eisernen Röhren: 41 388 t (36 971^1/$_2$ und 41 240^1/$_2$) aus V.-B. 23
(rhein. Ruhrrevier), 21 050^1/$_2$ t (14 396 und 18 208^1/$_2$) aus V.-B. 27
(Saarrevier) und 11 963 t (8 481 und 9 761^1/$_2$) aus V.-B. 26
(Rheinprovinz l. d. Rh.);

an Eisen- und Stahldraht: 96 042¹/₂ t (77 240¹/₂ und 61 872¹/₂) aus V.-B. 22 (westfäl. Ruhrrevier), 26 719¹/₂ t (23 664 und 24 622) aus V.-B. 24 (Prov. Westfalen) und 9 596¹/₂ t (9 398 und 14 646) aus V.-B. 23 (rhein. Ruhrrevier);

an Eisen- und Stahlwaaren: 31 218 t (31 230 und 31 744) aus V.-B. 24 (Prov. Westfalen etc.), 29 961 t (25 604 und 26 757) aus V.-B. 22 (westfäl. Ruhrrevier) und 26 481¹/₂ t (25 783¹/₂ und 25 110) aus V.-B. 23 (rhein. Ruhrrevier);

an rohen Erzen: 96 280¹/₂ t (99 178¹/₂ und 121 325¹/₂) aus V.-B. 24 (Prov. Westfalen etc.), 35 576¹/₂ t (47 134¹/₂ und 34 461) aus V.-B. 25 (Rheinprovinz r. d. Rh.) und 31 993¹/₂ t (17 067¹/₂ und 15 778) aus V.-B. 21 (Prov. Hessen-Nassau);

an Blei: 14 784 t (13 389 und 7 925¹/₂) aus V.-B. 13 (Rbz. Oppeln), 14 454¹/₂ t (12 199 und 10 889) aus V.-B. 26 (Rheinprovinz links des Rheins) und 10 760¹/₂ t (11 684 und 13 146¹/₂) aus V.-B. 11 (Prov. Hannover);

an Zink: 66 178 t (67 322 und 56 657) aus V.-B. 13 (Rbz. Oppeln), 11 771 t (13 782¹/₂ und 11 043¹/₂) aus V.-B. 23 (rhein. Ruhrrevier) und 7 796 t (7 861¹/₂ und 4 634) aus V.-B. 22 (westfäl. Ruhrrevier);

an Salz: 168 917 t (140 089¹/₂ und 130 267) aus V.-B. 18 (Rbz. Magdeburg etc.) 72 177¹/₂ t (58 117¹/₂ und 57 785) aus V.-B. 11 (Prov. Hannover etc.) und 66 669¹/₂ t (71 684¹/₂ und 70 670) aus V.-B. 19 (Rbz. Merseburg und Thüringen).

Der stärkste Empfang von den anderen deutschen Verkehrsbezirken (einschliesslich der Seehafenstationen) fand statt:

an Steinkohlen: 4 261 603 t (4 233 043¹/₂ und 3 672 942) im V.-B. 28 (Ruhrort, Duisburg, Hochfeld), 2 212 711¹/₂ t (2 198 202¹/₂ und 2 242 500¹/₂) im V.-B. 26 (Rheinprovinz l. d. Rh.), 2 032 470 t (2 045 515¹/₂ und 1 992 168¹/₂ im V.-B. 24 (Prov. Westfalen) und 1 959 696¹/₂ t (1 923 898 und 1 886 624¹/₂) im V.-B. 11 (Prov. Hannover etc.),

an Braunkohlen: 515 718 t (557 347¹/₂ und 504 466) im V.-B. 18 Rbz. Magdeburg etc.), 420 166¹/₂ t (405 875 und 306 046) im V.-B. 20 (Königreich Sachsen) und 387 443 t (300 869¹/₂ und 273 800) im V.-B. 16 (Berlin);

an Eisenerzen: 503 217¹/₂ t (444 109 und 384 486) im V.-B. 27 (Saarrevier), 431 260 t (359 909 und 405 675¹/₂) im V.-B. 22 (westfäl. Ruhrrevier), 306 418 t (313 911 und 353 618¹/₂) im V.-B. 24 (Prov. Westfalen) und 300 519¹/₂ t (367 357 und 429 995¹/₂) im V.-B. 23 (rhein. Ruhrrevier);

an Roheisen: 378 530^1/$_2$ t (316 636 und 312 573^1/$_2$) im V.-B. 23
(rhein. Ruhrrevier), 336 076 t (349 810^1/$_2$ und 364 373^1/$_2$) im V.-B. 22
(westfäl. Ruhrrevier) und 138 836^1/$_2$ t (123 350^1/$_2$ und 105 413^1/$_2$)
im V.-B. 28 (Ruhrort, Duisburg, Hochfeld);

an Eisen und Stahl: 80 601 t (67 506^1/$_2$ und 68 712^1/$_2$) im V.-B. 16
(Berlin), 68 111^1/$_2$ t (61 720 und 61 560^1/$_2$) im V.-B. 20 (Königreich
Sachsen) und 51 641 t (48 974 und 44 756 im V.-B. 36 (Bayern);

an Eisenbahnschienen: 83 387^1/$_2$ t (46 634 und 38 684^1/$_2$) im
V.-B. 28 (Ruhrort, Duisburg, Hochfeld), 24 421 t (18 141 und
11 615^1/$_2$) im V.-B. 19 (Rbz. Magdeburg etc.) und 18 029 t (9 201^1/$_2$
und 11 038^1/$_2$) im V.-B. 21 (Prov. Hessen-Nassau);

an eisernen Eisenbahnschwellen: 8 408 t (7 738 und 4 911^1/$_2$)
im V.-B. 28 (Ruhrort, Duisburg, Hochfeld), 6 919^1/$_2$ t (4 383 und
6 510^1/$_2$) im V.-B. 21 (Provinz Hessen-Nassau etc.) und 5 836 t
(3 576^1/$_2$ und 1 145) im V.-B. 34 (Mannheim und Ludwigshafen);

an eisernen Achsen: 3 868^1/$_2$ t (2 816 und 2 365) im V.-B. 15
(Rbz. Breslau und Liegnitz), 3 781^1/$_2$ t (4 655 und 5 929) im V.-B. 26
(Rheinprovinz l. d. Rh.) und 3 260^1/$_2$ t (3 357^1/$_2$ und 2 445) im
V.-B. 22 (westfäl. Ruhrrevier);

an eisernen Dampfkesseln: 13 520^1/$_2$ t (11 719 und 13 208) im
V.-B. 19 (Rbz. Merseburg und Thüringen), 12 683^1/$_2$ t (13 954 und
12 820^1/$_2$) im V.-B. 20 (Königreich Sachsen) und 11 204^1/$_2$ t (11 623^1/$_2$
und 10 019) im V.-B. 36 (Bayern);

an eisernen Röhren: 15 814^1/$_2$ t (12 130^1/$_2$ und 16 107^1/$_2$) im V.-B. 16
(Berlin), 10 943 t (8 756^1/$_2$ und 8 577) im V.-B. 22 (westfäl. Ruhrrevier) und 10 660 t (9 265 und 13 809^1/$_2$) im V.-B. 36 (Bayern);

an Eisen- und Stahldraht: 29 802 t (29 122 und 24 158) im V.-B. 24
(Prov. Westfalen), 25 056^1/$_2$ t (11 477 und 9 274) im V.-B. 28
(Ruhrort, Duisburg, Hochfeld) und 18 614 t (19 772 und 18 316)
im V.-B. 25 (Rheinprovinz r. d. Rh.);

an Eisen- und Stahlwaaren: 23 872 t (21 404 und 20 187) im
V.-B 16 (Berlin), 20 969^1/$_2$ t (21 230^1/$_2$ und 19 904) im V.-B. 22
(westfäl. Ruhrrevier) und 16 208^1/$_2$ t (16 678^1/$_2$ und 15 037^1/$_2$) im
V.-B. 19 (Rbz. Merseburg und Thüringen);

an rohen Erzen: 56 291 t (59 667^1/$_2$ und 59 656^1/$_2$) im V.-B. 26
(Rheinprovinz l. d. Rh.), 41 001 t (26 505 und 36 861) im V.-B. 23
(rhein. Ruhrrevier) und 37 686^1/$_2$ t (43 049 und 42 325^1/$_2$) im
V.-B. 21 (Prov. Hessen-Nassau);

an Blei: 10 330 t (11 191 und 5 862) im V.-B. 14 (Stadt Breslau),
8 563 t (7 208 und 7 268) im V.-B. 25 (Rheinprovinz r. d. Rh.) und
5 395^1/$_2$ t (6 352^1/$_2$ und 8 505^1/$_2$) im V.-B. 18 (Rbz. Magdeburg);

an Zink: 35 276 t (40 152 und 25 906^1/$_2$) im V.-B. 14 (Stadt Breslau), 6 597^1/$_2$ t (5 427 und 4 058) im V.-B. 16 (Berlin) und 5 921^1/$_2$ t (6 009^1/$_2$ und 5 391) im V.-B. 20 (Königreich Sachsen);

an Salz: 37 506 t (36 061 und 32 592^1/$_2$) im V.-B 21 (Prov. Hessen-Nassau), 36 842^1/$_2$ t (37 749 und 36 411^1/$_2$) im V.-B. 20 (Königreich Sachsen) und 36 262^1/$_2$ t (36 412^1/$_2$ und 33 105^1/$_2$) im V.-B. 36 (Bayern).

Der stärkste Lokalverkehr (Verkehr innerhalb eines einzelnen Verkehrsbezirkes) fand statt:

an Steinkohlen: 3 067 320 t (2 189 180^1/$_2$ und *1 559 481) im V.-B. 20 (Königreich Sachsen), 2 154 326 t (2 178 603 und 2 112 433) im V.-B. 22 (westf. Ruhrrevier), 1 700 603^1/$_2$ (1 721 058 und·1 726 534^1/$_2$) im V.-B. 13 (Rbz. Oppeln) und 1 276 604 t (1 411 974 und 1 474 112) im V.-B. 27 (Saarrevier);

an Braunkohlen: 1 664 746^1/$_2$ t (1 686 811 und 1 651 474) im V.-B. 18 (Rbz. Magdeburg etc.), 1 316 342^1/$_2$ t (1 364 603 und 1 246 319^1/$_2$) im V.-B. 19 (Rbz. Merseburg und Thüringen), 466 949^1/$_2$ t (443 389 und 452 877^1/$_2$) im V.-B. 17 (Prov. Brandenburg);

an Eisenerzen: 144 831 t (184 884^1/$_2$ und 238 454^1/$_2$) im V.-B. 13 (Rbz. Oppeln), 140 541 t (139 305^1/$_2$ und 137 896^1/$_2$) im V.-B. 24 (Prov. Westfalen etc.) und 135 921 t (171 373^1/$_2$ und 243 675) im V.-B. 21 (Prov. Hessen-Nassau);

an Roheisen: 278 041 t (256 556^1/$_2$ und 272 856) im V.-B. 22 (westfäl. Ruhrrevier), 164 506 t (142 644 und 161 529) im V.-B. 13 (Rbz. Oppeln) und 72 207^1/$_2$ t (66 986^1/$_2$ und 61 700) im V.-B. 29 (Lothringen);

an Eisen und Stahl: 46 207^1/$_2$ t (45 743 und 45 032^1/$_2$) im V.-B. 22 (westfäl. Ruhrrevier), 34 132 t (28 139 und 32 025^1/$_2$) im V.-B. 13 (Rbz. Oppeln) und 27 011 t (27 174 und 31 418^1/$_2$) im V.-B. 36 (Bayern);

an Eisenbahnschienen: 22 553^1/$_2$ t (23 506^1/$_2$ und 15 359^1/$_2$) im V.-B. 22 (westfäl. Ruhrrevier), 15 091 t (17 270^1/$_2$ und 13 878) im V.-B. 13 (Rbz. Oppeln) und 14 159^1/$_2$ t (9 003 und 9 811^1/$_2$) im V.-B. 20 (Königreich Sachsen);

an eisernen Eisenbahnschwellen: 6 867 t (6 136^1/$_2$ und 3 575) im V.-B. 22 (westfäl. Ruhrrevier), 5 691^1/$_2$ t (6 262 und 3 837^1/$_2$) im V.-B. 35 (Württemberg) und 5 502^1/$_2$ t (1 952 und 1 247^1/$_2$ im V.-B. 23 (rhein. Ruhrrevier);

an eisernen Achsen: 3 246^1/$_2$ t (3 003^1/$_2$ und 3 088) im V.-B. 22 (westfäl. Ruhrrevier), 1 927 t (290 und 128^1/$_2$) im V.-B. 20

(Königreich Sachsen) und 1 214$^1/_2$ t (1 177 und 683) im V.-B. 35
(Württemberg etc.);

an eisernen Dampfkesseln etc.: 19 271$^1/_2$ t (19 065 und 15 026)
im V.-B. 20 (Königreich Sachsen), 9 739$^1/_2$ t (10 235$^1/_2$ und 9 116$^1/_2$)
im V.-B. 36 (Bayern) und 8 363 t (7 123 und 9 114) im V.-B. 18
(Rbz. Magdeburg etc.);

an eisernen Röhren: 9 025 t (5 874$^1/_2$ und 7 383) im V.-B. 20
(Königreich Sachsen), 3 184$^1/_2$ (1 206$^1/_2$ und 571) im V.-B. 22
(westfäl. Ruhrrevier) und 2 793 t (2 367$^1/_2$ und 4 895$^1/_2$) im V.-B. 11
(Prov. Hannover etc.);

an Eisen- und Stahldraht: 17 353 t (15 727 und 16 933 im V.-B. 24
(Prov. Westfalen), 4 999 t (4 468 und 4 036$^1/_2$) im V.-B. 22 (westfäl.
Ruhrrevier) und 4 261$^1/_2$ t (3 973$^1/_2$ und 4 231$^1/_2$) im V.-B. 23
(rhein. Ruhrrevier);

an Eisen- und Stahlwaaren: 19 162 t (18 021$^1/_2$ und 17 578) im
V.-B. 22 (westfäl. Ruhrrevier), 13 821 t (11 490 und 9 757$^1/_2$) im
V.-B. 36 (Bayern) und 9 825 $^1/_2$ t (8 574 und 6 118) im V.-B. 20
(Königreich Sachsen);

an rohen Erzen: 13 994$^1/_2$ t (12 820$^1/_2$ und 12 515) im V.-B. 24
(Prov. Westfalen), 13 606 t (13 370$^1/_2$ und 14 465) im V.-B. 23
(rhein. Ruhrrevier) und 12 229$^1/_2$ t (3 082$^1/_2$ und 1 831$^1/_3$) im
V.-B. 11 (Prov. Hannover etc.);

an Blei: 28 373 t (29 280 und 26 732) im V.-B. 26 (Rheinprovinz
l. d. Rh.), 7 951$^1/_2$ t (8 167$^1/_2$ und 8 546) im V.-B. 11 (Prov.
Hannover etc.) und 5 853 t (4 263$^1/_2$ und 5 924$^1/_2$) im V.-B. 13
(Rbz. Oppeln);

an Zink: 15 217 t (12 924 und 12 404$^1/_2$) im V.-B. 23 (rhein. Ruhrrevier), 7 573$^1/_2$ t (8 175 und 8 149) im V.-B. 26 (Rheinprovinz
l. d. Rh.) und 6 554$^1/_2$ t (9 209$^1/_2$ und 8 774) im V.-B. 13
(Rbz. Oppeln);

an Salz: 248 255$^1/_2$ t (177 799 und 153 942$^1/_2$) im V.-B. 18 (Rbz.
Magdeburg etc.), 44 007$^1/_2$ t (44 110 und 42 942) im V.-B. 36
(Bayern) und 25 716$^1/_2$ t (25 893 und 25 256$^1/_2$) im V.-B. 19
(Rbz. Merseburg und Thüringen).

Der Verkehr zwischen den deutschen Verkehrsbezirken (ausschliesslich
der Seehäfen) mit dem Auslande (einschliesslich der deutschen Seehäfen)
war in der Ausfuhr:

	Jahr	Versand nach dem Auslande	Empfang der Seehafenstationen aus Deutschland	Zusammen	Stärkster Versand nach dem Auslande (Empfang und Versand der deutschen Seehäfen ausgeschlossen)				Der Verkehrsbezirke
					1886	1885	1884	Nr.	Bezeichnung
		Tonnen			Tonnen				
Steinkohlen .	1886	6 602 038	1 136 383	7 738 421	2 118 669½	1 984 772½	1 874 250	13	Rbz. Oppeln
	1885	6 828 144	1 105 821	7 933 965	2 052 405	2 068 366½	1 953 718	22	westfäl. Ruhrrevier
	1884	6 657 898½	1 053 660	7 711 558½	971 825	1 112 423	1 129 994	27	Saarrevier
Braunkohlen .	1886	49 954½	11 434½	61 389	45 099	44 034½	38 157½	26	Rheinprovinz l. d. Rh.
	1885	46 276	10 425	56 701	4 015	629	98	15	Rbz.Breslau u. Liegnitz
	1884	39 684	9 896½	49 580½	480	681	786	21	Hessen-Nassau
Eisenerz . .	1886	144 906	816½	145 722½	73 404	105 079½	83 120	29	Lothringen
	1885	169 171	730	169 901	34 722	21 651	21 382½	21	Hessen-Nassau
	1884	132 838½	348	133 186½	28 732	28 263	19 956½	36	Bayern
Roheisen . .	1886	207 686½	27 168½	234 855	63 662½	47 146½	48 036½	13	Rbz. Oppeln
	1885	203 666	17 173	220 839	42 044½	39 601	25 204½	29	Lothringen
	1884	210 670	17 320	227 990	14 046	14 528½	14 212½	34	Mannheim u. Ldhsfn.
Eisen u. Stahl .	1886	207 767½	105 975½	313 743	49 910½	43 764½	49 773½	29	Lothringen
	1885	201 733	86 938	288 671	32 531	23 581	20 304½	27	Saarrevier
	1884	200 296	90 486	290 782	31 789½	31 066	35 884½	13	Rbz. Oppeln
Eisenbahn-schienen . .	1886	110 817½	16 337½	127 155	36 129½	60 362	85 975	22	westfäl. Ruhrrevier
	1885	139 518½	24 287½	163 806	32 281	46 065	47 165½	23	rhein. Ruhrrevier
	1884	160 686	17 196½	177 882½	16 985½	5 821½	2 318	29	Lothringen
Eiserne Eisen-bahnschwellen	1886	8 000	1 162½	9 162½	2 611½	3 886½	2 304½	22	westfäl. Ruhrrevier
	1885	10 938	2 554½	13 492½	2 473½	4 719½	3 273½	34	Mannheim u. Ldhsfn.
	1884	14 236½	2 468½	16 705	1 995½	—	2 488	27	Saarrevier
Eiserne Achsen	1886	21 220½	4 467½	25 688	8 084	5 868	5 408	23	rhein. Ruhrrevier
	1885	16 146	3 846½	19 992½	5 785½	3 310½	4 820½	22	westfäl. Ruhrrevier
	1884	20 811½	4 375½	25 187	3 535½	3 038	2 933	29	Lothringen
Eiserne Dampfkessel .	1886	47 889	23 091½	70 980½	11 994½	10 145	11 903	20	Königreich Sachsen
	1885	53 366½	25 200½	78 567	9 030	10 167	14 011	30	Elsass
	1884	60 936	28 882½	89 818½	2 570	3 398½	2 223	26	Rheinprovinz l. d. Rh.
Eiserne Röhren	1886	18 149½	8 487	26 636½	10 305	12 691½	9 073	23	rhein. Ruhrrevier
	1885	20 880½	7 831	28 711½	2 098½	1 653	1 650½	26	Rheinprovinz l. d. Rh.
	1884	15 985½	6 867	22 852½	1 972	1 516	1 895	25	Rheinprovinz r. d. Rh.
Eisen- und Stahldraht .	1886	122 039½	31 442½	153 482	56 595½	66 309	55 200	22	westfäl. Ruhrrevier
	1885	127 088	23 944½	151 027½	28 203½	23 721	20 375½	26	Rheinprovinz l. d. Rh.
	1884	123 623½	25 014½	148 638	11 990	15 615½	20 967	24	Prov. Westfalen
Eisen- und Stahlwaaren .	1886	60 721	37 714	98 435	18 268½	18 167½	10 764½	23	rhein. Ruhrrevier
	1885	60 585½	33 967	94 552½	10 377	9 144	9 838	24	Prov. Westfalen
	1884	54 652½	32 296½	86 949	10 171½	9 118	12 283	22	westfäl. Ruhrrevier

	Jahr	Versand nach dem Auslande	Empfang der Seehafenstationen aus Deutschland	Zusammen	Stärkster Versand nach dem Auslande (Empfang und Versand der deutschen Seehäfen ausgeschlossen)				
		Tonnen			1886	1885	1884	No.	Der Verkehrsbezirke Bezeichnung
be Erze ..	1886	14 596	2 643½	39½	4 482	7 243	9 381	24	Prov. Westfalen
	1885	23 291	1 820	11	2 597½	7 217½	6 185	13	Rgbz. Oppeln
	1884	21 286½	2 036	22½	1 739½	2 814½	35½	14	St. Breslau
l......	1886	19 693	7 308½	0½	13 955½	16 492½	21 017	26	Rheinpr. l. d. Rh.
	1885	22 639	4 778½	17½	4 235	4 119	8 221	13	Rgbz. Oppeln
	1884	31 140	4 369	509	479½	585	436½	20	Kgr. Sachsen
	1886	26 715	18 584	299	15 016½	15 837½	14 946	13	Rgbz. Oppeln
	1885	26 383½	15 051	434½	7 970	6 977½	6 304½	26	rhein. Ruhrrevier
	1884	23 854½	14 315	38 169½	1 976	1 932½	1 123	23	rhein. Ruhrrevier
.	1886	26 030	48 986	75 016	7 407	9 712½	11 314	18	Rgbz. Magdeburg
	1885	30 291	29 204	59 495	5 316½	4 555½	5 731	29	Lothringen
	1884	39 902½	22 384½		2 691	5 565	15 118	12	Prov. Posen

Die Einfuhr nach Deutschland betrug:

	Jahr	Empfang aus dem Auslande	Versand der Seehafenstationen nach Deutschland	Zusammen	Stärkster Empfang aus dem Auslande (Versand und Empfang der deutschen Seehäfen ausgeschlossen)				
		Tonnen			1886	1885	1884	No.	Der Verkehrsbezirke Bezeichnung
inkohlen ..	1886	296 888½	221 920½	518 809	180 639½	164 855½	236 061	36	Bayern
	1885	298 976½	191 868	490 844½	59 513	65 763½	59 986	29	Lothringen
	1884	374 114	204 426½	578 540½	35 939½	39 209	38 636½	30	Elsass
unkohlen	1886	2 391 492½	6 352	2 397 844½	1 303 536½	1 202 865	*801 231	20	Kgr. Sachsen
	1885	2 185 574	2 747	2 188 321	430 085	375 029	227 351	36	Bayern
	1884	1 530 065½	1 193	1 531 258½	202 395	198 828	170 736	17	Prov. Brandenburg
enerz ..	1886	468 335	16 475½	484 810½	209 868½	306 366	286 072	22	westf. Ruhrrevier
	1885	700 461	17 633	718 094	70 849	84 170	93 380	27	Saarrevier
	1884	604 620	38 812½	643 432½	68 405½	148 993½	193 153½	23	rhein. Ruhrrevier
	1886	392 087	37 182½	429 269½	165 015½	148 780	139 023	26	Rheinpr. l. d. Rh.
	1885	349 199½	51 333	400 532½	49 417	51 372½	43 801½	23	rhein. Ruhrrevier.
n und hl ...	1884	338 100½	119 754	457 854½	47 660½	29 728	36 329½	22	westf. Ruhrrevier
	1886	9 493½	16 540	26 033½	1 697½	2 432½	3 416½	30	Elsass
	1885	10 640	17 021½	27 661½	1 258½	457½	1 271	27	Saarrevier
enbahn- bienen ...	1884	10 783	18 391½	29 174½	1 160½	911½	803½	36	Bayern
	1886		3 683	4 154	175	12½	40½	20	Kgr. Sachsen
	1885		5 898	6 555	100	186	74	36	Bayern
	1884		5 834½	6 543	72	197½	49½	30	Elsass

	Jahr	Empfang aus dem Auslande	Versand der Seehafenstationen nach Deutschland	Zusammen	Stärkster Empfang aus dem Auslande (Versand und Empfang der deutschen Seehäfen ausgeschlossen.)				Der Verkehrsbezirke Bezeichnung
					1886	1885	1884	No.	
		Tonnen			Tonnen				
Eiserne Eisenbahnschwellen	1886	10	73	83	10	—	—	22	westfäl. Ruhrrevier
	1885	26	59	65	—	—	—		
	1884	80	1 076½	1 156½	—	—	—		
Eiserne Achsen	1886	599	399	998	234	199½	32½	26	Rheinprovinz l. d. Rh.
	1885	528	862½	1 390½	131	53½	109½	36	Bayern
	1884	970	487	1 457	96½	108	631	30	Elsass
Eiserne Dampfkessel	1886	12 283½	17 059½	29 343	3 004½	3 639	4 298	26	Rheinprovinz l. d. Rh.
	1885	15 392	24 420	39 812	1 723½	2 189	2 231	30	Elsass
	1884	18 471	27 375	45 846	1 637	2 320	1 265	36	Bayern
Eiserne Röhren	1886	888	1 454	2 342	376	249	134	30	Elsass
	1885	1 149	1 508	2 657	106	12	109½	36	Bayern
	1884	1 207	1 711	2 918	101	383½	83	26	Rheinprovinz l. d. Rh.
Eisen- und Stahldraht . .	1886	481	742½	1 223½	159	32½	14	24	Prov. Westfalen
	1885	365	2 088	2 453	104	134½	157½	26	Rheinprovinz l. d. Rh.
	1884	616	3 497	4 113	57	20	83	25	Rheinprovinz r. d. Rh.
Eisen- und Stahlwaaren .	1886	3 789	10 416	14 205	949½	1 179	1 149½	30	Elsass
	1885	5 119½	10 642½	15 762	665	1 944	856	26	Rheinprovinz l. d. Rh.
	1884	3 872	11 396	15 268	508½	29	11	13	Rbz. Oppeln
Rohe Erze . .	1886	39 997½	29 505	69 502½	18 220	19 778	16 693	26	Rheinprovinz l. d. Rh.
	1885	41 550	27 905½	69 455½	6 393	3 216	5 966½	13	Rbz. Oppeln
	1884	38 563½	16 589½	55 153	2 727	3 278½	341½	21	Hessen-Nassau
Blei	1886	1 299	610	1 909	355½	552½	932½	26	Rheinprovinz l. d. Rh.
	1885	1 484	686½	2 170½	277½	215½	192	29	Lothringen
	1884	1 843	624	2 467	147	227	146½	36	Bayern
Zink	1886	2 666½	670½	3 337	1 433	883½	758½	26	Rheinprovinz l. d. Rh.
	1885	2 273	548	2 821	482	272	165	20	Königreich Sachsen
	1884	2 637	453	3 090	140½	109½	54½	29	Lothringen
Salz	1886	468½	23 742½	24 211	122	100	335	26	Rheinprovinz l. d. Rh.
	1885	1 062	24 514½	25 576½	80	1	3½	27	Saarrevier
	1884	2 237	29 451	31 688	74½	73½	274½	30	Elsass

Ueber die Durchfuhr von Ausland zu Ausland und zwischen dem Auslande und den deutschen Seehäfen giebt nachstehende Uebersicht Aufschluss:

	Jahr	Durchfuhr von Ausland zu Ausland	Versand nach dem Auslande (der deutschen Seehäfen)	Empfang von dem Auslande (der deutschen Seehäfen)	Zusammen
		Tonnen			
Steinkohlen	1886	123 524½	4 699½	28	128 252
	1885	48 652½	4 532½	10	53 615
	1884	19 921½	4 532½	—	24 454
Braunkohlen	1886	23 369	—	6 714½	30 083½
	1885	24 307½	—	5 404½	29 712
	1884	17 162½	—	3 726	20 888½
Eisenerz	1886	723 856	½	—	723 856½
	1885	758 679	1	9	758 689
	1884	*27½	901½	10	939
Roheisen	1886	32 398	21 345	91	53 834
	1885	20 920	7 848½	169	28 937½
	1884	5 350	6 309	44½	11 703½
Eisen und Stahl	1886	25 673½	2 666½	873½	29 213½
	1885	27 706	2 095	153	29 954
	1884	16 116	2 115	111	18 342
Eisenbahnschienen	1886	2 183	245½	—	2 428½
	1885	7 623	66	1	7 670
	1884	6 695	554½	16½	7 266
Eiserne Eisenbahnschwellen	1886	74½	—	—	74½
	1885	70½	—	—	70½
	1884	407½	—	—	407½
Eiserne Achsen	1886	479	11½	20½	511
	1885	3 072½	2½	5½	3 080½
	1884	708	18½	½	727
Eiserne Dampfkessel	1886	8 996½	10 090½	449½	19 536½
	1885	10 740½	11 753½	555½	23 049½
	1884	12 315	16 094	962	29 371
Eiserne Röhren	1886	1 468½	115½	21	1 605
	1885	1 067	434½	48	1 549½
	1884	1 519½	266	25½	1 811
Eisen- und Stahldraht	1886	264½	83	81½	429
	1885	200½	97½	5	303
	1884	153	78½	—	231½
Eisen- und Stahlwaaren	1886	2 035½	1 355½	315½	3 706½
	1885	2 641	1 241½	622½	4 505
	1884	1 659	1 069½	272	3 000½
Rohe Erze	1886	39 141	197	114½	39 452½
	1885	49 679½	191½	174	50 045
	1884	*1 586	1 195½	305	3 086½
Blei	1886	355½	276½	51	683
	1885	477½	85½	21	584
	1884	298	75	60	433

*) Der Verkehr der Luxemburgischen Wilhelmsbahn mit dem Auslande, soweit er deutsches Gebiet nicht berührte, ist in der Statistik vom Jahre 1884 nicht berücksichtigt.

	Jahr	Durchfuhr von Ausland zu Ausland	Versand der deutschen Seehäfen nach dem Auslande	Empfang der deutschen Seehäfen von dem Auslande	Zu- sammen
			T o n n e n		
Zink	1886	768½	77	1 266½	2 112
	1885	582	96½	807½	1 486
	1884	373½	8½	651½	1 033½
Salz	1886	5 052½	1 084	3½	6 140
	1885	4 867	866	12	5 745
	1884	6 956	1 866	4½	8 826½

	Der stärkste Versand nach den deutschen Verkehrsbezirken (einschl. der Seehäfen) fand statt in den Auslands-Verkehrsbezirken:				
	1886	1885	1884	No.	Der Verkehrsbezirke Bezeichnung
	T o n n e n				
Steinkohlen . .	182 287	173 045	245 636	54	Böhmen
	82 233	85 841	81 326	60	Belgien
	25 296	31 519½	30 865	58	Frankreich
Braunkohlen . .	2 394 094½	2 188 344½	*1 531 036	54	Böhmen
	3 801	2 390	2 480	54	Oesterreich, ohne Galizien, Ungarn, Böhmen
	196	10	20	53	Ungarn
Eisenerze . . .	232 015½	349 913½	345 588	61	Holland
	173 535	284 135	200 967	59	Luxemburg
	20 208½	27 045	19 542	51	Polen
Roheisen . . .	381 150	339 925½	318 188½	59	Luxemburg
	4 727½	2 966	9 224	61	Holland
	3 913	4 778	8 846½	60	Belgien
Eisen und Stahl .	3 803	4 703	3 411	59	Luxemburg
	2 019½	2 236	1 707½	60	Belgien
	1 665½	248	1 610½	51	Polen
Eisenbahn- schienen . .	180	24	77	54	Böhmen
	159½	413½	228	60	Belgien
	47½	22	18	58	Frankreich
eiserne Eisenbahn- schwellen . .	10	24	1	61	Holland
	—	—	—		
	—	—	—		
eiserne Achsen .	367	223	239½	60	Belgien
	168½	165½	477	58	Frankreich
	40½	49½	119½	56	Schweiz
eiserne Dampf- maschinen . .	4 603	6 560	5 339½	60	Belgien
	2 807	3 606	2 330	56	Schweiz
	2 145	2 100½	3 127	61	Holland

	Der stärkste Versand nach den deutschen Verkehrsbezirken (einschl. der Seehäfen) fand statt in den Auslands-Verkehrsbezirken:				
	1886	1885	1884	No.	Der Verkehrsbezirke
	Tonnen				Bezeichnung
eiserne Röhren .	332½	322	212½	60	Belgien
	243½	188	162½	58	Frankreich
	138	105½	79½	61	Holland
Eisen- und Stahldraht . . .	340	184	294½	60	Belgien
	80	.—	150	51	Polen
	59	71½	70	61	Holland
Eisen- und Stahlwaaren . . .	1 392½	1 787	1 828½	58	Frankreich
	1 011	472½	486	55	Oesterreich ohne Galizien, Ungarn, Böhmen
	561½	1 751	751½	60	Belgien
Rohe Erze . . .	18 214½	20 058½	19 000½	60	Belgien
	5 873½	8 099½	4 619½	55	Oesterreich ohne Galizien, Ungarn, Böhmen
	3 280	5 999½	1 637½	61	Holland
Blei	624½	268½	216½	60	Belgien
	323	947	1 311½	54	Böhmen
	212	51	113½	55	Oesterreich ohne Galizien, Ungarn, Böhmen
Zink	1 783	998½	1 160½	60	Belgien
	1 423½	1 126	1 232	52	Galizien
	302	355½	160½	54	Böhmen
Salz	182½	132	448	60	Belgien
	101½	217	1 019	58	Frankreich
	54	51	273	55	Oesterreich ohne Galizien, Ungarn, Böhmen

	Der stärkste Empfang von den deutschen Verkehrsbezirken (einschl. der Seehäfen) fand statt in den Auslands-Verkehrsbezirken:				
	1886	1885	1884	No.	Der Verkehrsbezirke
	Tonnen				Bezeichnung
Steinkohlen . .	1 685 681	1 584 460	1 430 467½	61	Holland
	1 280 509½	1 166 538½	1 096 578½	55	Oesterreich ohne Galizien, Ungarn, Böhmen
	711 905½	835 019	943 623½	58	Frankreich
Braunkohlen . .	23 964½	28 640½	24 261½	61	Holland
	15 221½	11 415	11 656	56	Schweiz
	5 120½	3 410	1 894	58	Frankreich
Eisenerze · · ·	100 085	118 823½	93 870	59	Luxemburg
	27 956½	28 225½	20 272	54	Böhmen
	5 365½	5 488	1 917	55	Oesterreich ohne Galizien, Ungarn, Böhmen
Roheisen · · ·	84 620	57 582	53 328	51	Polen
	57 863	65 250½	59 630	60	Belgien
	22 824	25 154½	19 004	56	Schweiz

	Der stärkste Empfang von den deutschen Verkehrsbezirken (einschl. der Seehäfen) fand statt in den Auslands-Vekehrsbezirken:				
	1886	1885	1884	No.	Der Verkehrsbezirke
	Tonnen				Bezeichnung
Eisen und Stahl .	71 845½	67 006½	60 319	60	Belgien
	36 662	46 614½	40 083	61	Holland
	30 775½	22 653½	26 252½	57	Italien
Eisenbahn-schienen . .	42 479½	70 240½	90 678	61	Holland
	41 866½	35 811	25 770½	60	Belgien
	9 816½	8 568	15 297½	56	Schweiz
eiserne Eisenbahn-schwellen . .	4 521	4 923	6 333½	56	Schweiz
	2 054	1 703½	1 968½	60	Belgien
	911	3 228½	4 726½	61	Holland
eiserne Achsen .	6 153½	1 770	4 432½	57	Italien
	4 339	3 790	5 081	61	Holland
	3 874½	2 981	3 620½	60	Belgien
eiserne Dampf-maschinen . .	8 945	10 029½	15 252½	58	Frankreich
	7 185	7 916	8 920	54	Böhmen
	6 711½	6 283	4 505½	57	Italien
eiserne Röhren .	5 755½	4 468	3 403½	60	Belgien
	3 264½	3 308½	2 454½	56	Schweiz
	2 408	5 427½	2 090	61	Holland
Eisen- und Stahl-draht . . .	63 382	61 553	57 852½	60	Belgien
	42 464½	48 868½	51 707	61	Holland
	3 017½	6 478	6 759	58	Frankreich
Eisen- und Stahl-waaren . . .	24 252	22 298½	16 773	60	Belgien
	15 075½	16 597	16 852½	61	Holland
	4 038½	3 003½	3 136	57	Italien
Rohe Erze . .	4 299½	6 591½	6 564½	60	Belgien
	3 510½	4 644	2 986½	55	Oesterreich ohne Galizien, Ungarn, Böhmen
	2 670½	2 746	4 207½	54	Böhmen
Blei	7 283	10 288	12 969½	58	Frankreich
	5 846½	5 622	7 459½	60	Belgien
	2 717½	3 304	2 575½	51	Polen
Zink	8 103	8 400	8 322½	55	Oesterreich ohne Galizien, Ungarn, Böhmen
	4 623	5 172	3 449½	52	Galizien
	4 345½	3 487½	1 894½	61	Holland
Salz	8 934	9 538	7 869½	60	Belgien
	4 123½	9 071	20 347½	51	Polen
	3 644	2 535	3 950	54	Böhmen

5. Bedürfnisse des Bauwesens.

Es wurden befördert	Jahr	Ueberhaupt	Davon entfallen auf den Verkehr im Inlande	Davon entfallen auf den Verkehr mit dem Auslande	Im engeren Lokalverkehr der einzelnen Verkehrsbezirke	Im Wechselverkehr der deutschen Verkehrsbezirke mit Ausschluss der Seehafenstationen
		Tonnen				
Cement	1886	689 567	583 634	105 933	208 571	271 111½
	1885	648 809½	522 872½	125 937	189 541	258 853
	1884	599 865½	493 301½	106 564	177 430	231 115
Dachpappe	1886	46 177	44 205½	1 971½	15 660½	20 859½
	1885	43 935½	41 730	2 205½	13 396	20 981
	1884	44 183	41 468½	2 714½	13 472½	19 540½
Erde	1886	2 681 782½	2 468 426½	213 356	1 148 929½	1 238 245½
	1885	2 570 324½	2 348 531½	221 793	1 081 440	1 188 744
	1884	2 471 878	2 296 004½	175 873½	1 095 684	1 126 148½
Kalk	1886	1 204 827	1 098 287	106 540	399 688	657 635
	1885	1 129 792½	1 036 977½	92 815	384 529	621 201½
	1884	1 014 185	931 540½	82 644½	344 638	555 340½
Thonröhren	1886	149 217½	145 105½	4 112	70 800½	64 944
	1885	153 026	148 889½	4 136½	69 979	67 663½
	1884	168 475	164 303½	4 171½	85 223	67 448
Schiefer	1886	151 122½	122 121	29 001½	39 678	68 529½
	1885	147 306½	118 679½	28 627	43 011½	62 253½
	1884	141 247	118 820	22 427	45 435	60 559½
Bearbeitete Steine	1886	344 371	314 083½	30 287½	163 158½	138 844
	1885	388 017½	359 054½	28 963	192 044	156 983
	1884	329 938½	295 466	34 472½	164 429½	121 446
Gebrannte Steine	1886	8 110 910½	7 878 126	232 784½	4 395 150½	3 277 329
	1885	7 667 983½	7 429 861	238 122½	4 320 967½	2 929 182
	1884	7 601 014	7 360 727	240 287	4 388 675	2 780 601
Theer, Asphalt etc.	1886	265 189½	220 469½	44 720	56 731	124 221½
	1885	256 527½	204 201	52 326½	57 904	108 437
	1884	250 207	204 808½	45 398½	53 370½	109 213

Der stärkste Versand nach den anderen deutschen Verkehrsbezirken (einschl. der Seehafenstationen) fand statt:

an Cement: 77 266 t (56 029 und 58 179½) aus V.-B. 11 (Prov. Hannover), 43 051½ t (39 447½ und 32 503) aus V.-B. 13 (Rbz. Oppeln) und 30 978½ t (30 561½ und 25 532½) aus V.-B. 24 (Prov. Westfalen);

an Dachpappe: 4 030 t (3 900½ und 3 092) aus V.-B. 17 (Prov. Brandenburg), 3 673 t (3 754½ und 4 449½) aus V.-B. 16 (Berlin) und 2 784½ t (2 453 und 2 491½) aus V.-B. 14 (Stadt Breslau);

an Erde: 218 619 t (235 463¹/₂ und 224 505¹/₂) aus V.-B. 28 (Ruhrort, Duisburg, Hochfeld), 178 181¹/₂ t (156 996¹/₂ und 141 839)
aus V.-B. 25 (Rheinprovinz rechts des Rheins) und 123 789¹/₂ t
(149 307 und 144 276) aus V.-B. 26 (Rheinprovinz links des Rheins);

an Kalk: 244 505 t (232 959 und 221 842) aus V.-B. 13 (Rbz. Oppeln),
172 627 t (157 659 und 136 306) aus V.-B. 24 (Prov. Westfalen)
und 70 241¹/₂ t (78 931¹/₂ und 65 498¹/₂) aus V.-B. 23 (rheinisches
Ruhrrevier);

an Thonröhren: 17 959¹/₂ t (21 465¹/₂ und 20 912¹/₂) aus V.-B. 19
(Rbz. Merseburg und Thüringen), 8 867¹/₂ t (7 539 und 10 111) aus
V.-B. 15 (Rbz. Breslau und Liegnitz) und 8 456 t (8 215 und 8 115)
aus V.-B. 33 (Baden);

an Schiefer: 32 433¹/₂ t (28 133 und 27 958¹/₂) aus V.-B. 19 (Rbz.
Merseburg und Thüringen), 14 184 t (13 448 und 11 762¹/₂) aus
V.-B. 26 (Rheinprovinz links des Rheins) und 6 586 t (5 396 und
4 288) aus V.-B. 24 (Prov. Westfalen);

an bearbeiteten Steinen: 32 932¹/₂ t (34 369 und 26 426¹/₂) aus
V.-B. 31 (Pfalz), 21 623 t (31 091¹/₂ und 19 573¹/₂) aus V.-B. 15
Rbz. Breslau und Liegnitz) und 18 961¹/₂ t (15 050¹/₂ und 10 685¹/₂)
aus V.-B. 36 (Bayern);

an gebrannten Steinen etc.: 410 839¹/₂ t (453 944¹/₂ und 364 082¹/₂)
aus V.-B. 24 (Prov. Westfalen), 281 086¹/₂ t (239 735 und 265 656¹/₂)
aus V.-B. 15 (Rbz. Breslau und Liegnitz) 263 593 t (209 222 und
181 598) im V.-B. 25 (Rheinprovinz rechts des Rheins);

an Theer, Asphalt etc.: 30 647 t (28 581 und 31 683) aus V.-B 11
(Prov. Hannover etc.), 14 278 t (11 411 und 14 113¹/₂) aus V.-B.
16 (Berlin) und 8 665 t (7 228 und 7 161¹/₂) aus V.-B. 34 (Mannheim und Ludwigshafen).

Der stärkste Empfang von den anderen deutschen Verkehrsbezirken
(einschliesslich der Seehäfen) fand statt:

an Cement: 31 390¹/₂ t (23 765¹/₂ und 21 043¹/₂ im V.-B. 20
(Königreich Sachsen), 29 019 t (27 567 und 23 616) im V.-B. 36
(Bayern) und 23 859¹/₂ t (21 749 und 21 319¹/₂) im V.-B. 26
(Rheinprovinz links des Rheins);

an Dachpappe: 2 968 t (3 007¹/₂ und 3 253¹/₂ im V.-B. 1 (Ost- und
Westpreussen), 2 157 t (2 147¹/₂ und 2 017) im V.-B. 3 (Prov.
Pommern) und 2 143¹/₂ t (2 495 und 2 331¹/₂) im V.-B. 17 (Prov.
Brandenburg);

an Erde: 322 031¹/₂ t (321 934¹/₂ und 296 312 im V.-B. 22 (westfälisches Ruhrrevier), 274 873¹/₂ t (249 473 und 230 882) im V.-B.

23 (rheinisches Ruhrrevier) und 73 639 t (66 042 und 95 119) im
V.-B. 24 (Prov. Westfalen);

an Kalk: 87 851^1/$_2$ t (90 447^1/$_2$ und 83 839^1/$_2$) im V.-B. 22 (westfälisches Ruhrrevier), 70 558^1/$_2$ t (71 074 und 67 167^1/$_2$) im V.-B.
15 (Rbz. Breslau und Liegnitz) und 63 971^1/$_2$ t (64 476 und 59 690)
im V.-B. 26 (Rheinprovinz links des Rheins);

an Thonröhren: 7 054 t (6 505^1/$_2$ und 6 531^1/$_2$) im V.-B. 36 (Bayern),
6 391^1/$_2$ t (9 551 und 9 074) im V.-B. 16 (Berlin) und 4 651^1/$_2$ t
(2 599^1/$_2$ und 2 766) im V.-B. 18 (Rbz. Magdeburg etc.);

an Schiefer: 29 055 t (28 211^1/$_2$ und 27 448^1/$_2$) im V.-B. 20 (Königreich Sachsen), 8 234^1/$_2$ t (2 808 und 1 843) im V.-B. 36 (Bayern)
und 6 005 t (5 886^1/$_2$ und 4 921) im V.-B. 23 (rheinisches Ruhrrevier);

an bearbeiteten Steinen: 24 518 t (26 230 und 12 478) im V.-B.
21 (Prov. Hessen-Nassau etc.), 18 368^1/$_2$ t (16 243^1/$_2$ und 11 746^1/$_2$)
im V.-B. 16 (Berlin) und 11 703^1/$_2$ t (9 752 und 9 560) im V.-B.
34 (Mannheim und Ludwigshafen);

an gebrannten Steinen: 456 430^1/$_2$ t (412 802 und 357 646^1/$_2$) im
V.-B. 22 (westfälisches Ruhrrevier), 338 300^1/$_2$ t (208 443 und
171 672) im V.-B. 16 (Berlin) und 245 523 t (232 709^1/$_2$ und
158 453^1/$_2$) im V.-B. 23 (rheinisches Ruhrrevier);

an Theer, Asphalt etc.: 13 612^1/$_2$ t (10 462^1/$_2$ und 10 141) aus
V.-B. 22 (westfälisches Ruhrrevier), 12 657^1/$_2$ t (10 649^1/$_2$ und
16 559^1/$_2$) im V.-B. 11 (Prov. Hannover etc.) und 12 524^1/$_2$ t
(12 957 und 11 641) im V.-B. 17 (Prov. Brandenburg).

Der stärkste Lokalverkehr (Verkehr innerhalb eines einzelnen
Verkehrsbezirks) fand statt:

an Cement: 46 502^1/$_2$ t (29 313^1/$_2$ und 29 618) im V.-B. 36 (Bayern),
41 875 t (41 896^1/$_2$ und 36 773) im V.-B. 35 (Württemberg etc.)
und 32 081^1/$_2$ t (40 562^1/$_2$ und 31 902^1/$_2$) im V.-B. 11 (Prov. Hannover etc.);

an Dachpappe: 2 539 t (2 109^1/$_2$ und 2 211) im V.-B. 20 (Königreich
Sachsen), 2 499^1/$_2$ t (2 233^1/$_2$ und 2 708) im V.-B. 12 (Prov. Posen)
und 1 755 t (1 340^1/$_2$ und 1 204) im V.-B. 17 (Prov. Brandenburg);

an Erde: 137 939^1/$_2$ t (108 817^1/$_2$ und 129 728^1/$_2$) im V.-B. 11 (Prov.
Hannover etc.), 120 245^1/$_2$ t (125 775 und 138 070^1/$_2$) im V.-B. 26
(Rheinprovinz links des Rheins) und 117 503 t (96 623^1/$_2$ und 84 134)
im V.-B. 23 (rheinisches Ruhrrevier);

an Kalk: 61 819 t (58 905^1/$_2$ und 49 585^1/$_2$) im V.-B 13 (Rbz. Oppeln),
55 386^1/$_2$ t (51 852 und 53 011) im V.-B. 11 (Provinz Hannover
etc.) und 46 968^1/$_2$ t (40 549 und 37 039) im V.-B. 36 (Bayern);

an Thonröhren: 15 288 t (14 436 und 10 286$^1/_2$) im V.-B. 20 (König-
reich Sachsen), 6 120$^1/_2$ t (6 169 und 5 386$^1/_2$) im .V.-B. 19 (Rbz.
Merseburg und Thüringen) und 6 053 t (7 073 und 9 646$^1/_2$) im
V.-B. 12 (Prov. Posen);

an Schiefer: 9 285$^1/_2$ t (9 176 und 9 012) im V.-B. 21 (Prov. Hessen-
Nassau), 7 250 t (7 247 und 7 277) im V.-B. 20 (Königreich Sach-
sen) und 6 239$^1/_2$ t (6 256$^1/_2$ und 6 255$^1/_2$) im V.-B. 19 (Rbz.
Merseburg und Thüringen);

an bearbeiteten Steinen: 31 586 t (47 223$^1/_2$ und 26 945$^1/_2$) im
V.-B. 20 (Königreich Sachsen), 31 494 t (32 867 und 27 385$^1/_2$) im
V.-B. 36 (Bayern) und 13 424$^1/_2$ t (15 683$^1/_2$ und 11 393$^1/_2$) im
V.-B. 33 (Baden);

an gebrannten Steinen: 543 253 t (505 005 und 364 572$^1/_2$) im
V.-B. 20 (Rbz. Sachsen), 491 858$^1/_2$ t (504 008$^1/_2$ und 410 437) im
V.-B. 36 (Bayern) und 468 505 t (462 880$^1/_2$ und 444 462$^1/_2$) im
V.-B. 11 (Prov. Hannover etc.);

an Theer, Asphalt etc.: 12 326$^1/_2$ t (12 101$^1/_2$ und 8 910) im V.-B.
20 (Königreich Sachsen), 5 784 t (6 273$^1/_2$ und 6 235) im V.-B. 11
(Prov. Hannover) und 5 656$^1/_2$ t (5 890$^1/_2$ und 5 420) im V.-B. 36
(Bayern).

Der Verkehr zwischen den deutschen Verkehrsbezirken (ausschliesslich der Seehäfen) mit dem Auslande (einschliesslich der deutschen Seehäfen) war in der Ausfuhr:

	Jahr	Versand nach dem Auslande	Empfang der Seehafen-stationen aus Deutsch-land	Zu-sammen	Stärkster Versand nach dem Auslande (Empfang und Versand der deutschen Seehäfen ausgeschlossen)				
					1886	1885	1884	No.	Der Verkehrsbezirke Bezeichnung
		Tonnen			Tonnen				
Cement . .	1886	58 403	66 345	124 748	28 469	36 751	33 215$\frac{1}{2}$	13	Rbz. Oppeln
	1885	72 081	38 941$\frac{1}{2}$	111 022$\frac{1}{2}$	13 170$\frac{1}{2}$	21 126	10 740$\frac{1}{2}$	36	Bayern . .
	1884	61 732$\frac{1}{2}$	36 980$\frac{1}{2}$	98 713	5 722$\frac{1}{2}$	4 414$\frac{1}{2}$	6 305$\frac{1}{2}$	34	Mannheim u. Ludwgb.
Dachpappe .	1886	1 563	2 270	3 833	248$\frac{1}{2}$	248$\frac{1}{2}$	311	20	Königreich Sachsen
	1885	1 473$\frac{1}{2}$	2 180	3 653$\frac{1}{2}$	233$\frac{1}{2}$	142$\frac{1}{2}$	185	13	Rbz. Oppeln
	1884	1 794	2 304	4 098	224$\frac{1}{2}$	383	371	14	Stadt Breslau
Erde . . .	1886	108 500	47 066	155 566	33 872$\frac{1}{2}$	32 334$\frac{1}{2}$	28 498	15	Rbz.Breslau u.Liegnitz
	1885	104 860	44 208	149 068	28 783	27 924$\frac{1}{2}$	30 132	26	Rheinprovinz l. d. Rh.
	1884	94 918	39 407	134 325$\frac{1}{2}$	11 717	10 361	4 820$\frac{1}{2}$	21	Hessen-Nassau
Kalk . . .	1886	26 089	38 744$\frac{1}{2}$	64 833$\frac{1}{2}$	20 269$\frac{1}{2}$	24 760	33 735	13	Rbz. Oppeln
	1885	31 621	29 592$\frac{1}{2}$	61 213$\frac{1}{2}$	3 219$\frac{1}{2}$	3 513	1 948	36	Bayern .
	1884	39 737	29 683$\frac{1}{2}$	69 420$\frac{1}{2}$	1 489	1 660$\frac{1}{2}$	1 877	24	Prov. Westfalen
Thonröhren .	1886	2 864	5 255	8 119	569	328	741$\frac{1}{2}$	15	Rbz.Breslau u.Liegnitz
	1885	2 819$\frac{1}{2}$	5 953	8 772$\frac{1}{2}$	383	96$\frac{1}{2}$	122	33	Baden
	1884	3 064$\frac{1}{2}$	5 626	8 690$\frac{1}{2}$	369	224$\frac{1}{2}$	165$\frac{1}{2}$	27	Saarrevier

	Jahr	Versand nach dem Auslande	Empfang der Seehafenstationen aus Deutschland	Zu- sammen	Stärkster Versand nach dem Auslande (Empfang und Versand der deutschen Seehäfen ausgeschlossen.)				
		Tonnen			1886	1885	1884	No.	Der Verkehrsbezirke Bezeichnung
					Tonnen				
Schiefer . .	1886	14 680	1 107	15 787	4 550	855½	1 886	15	Rbz. Breslau u. Liegnitz
	1885	10 218½	1 248½	11 467	4 452½	3 811	4 037½	20	Königreich Sachsen
	1884	11 009½	824	11 833½	4 057½	2 663	2 788	19	Rbz. Mersebg. u. Thür.
bearb. Steine .	1886	10 446	9 209½	19 655½	2 857	2 053	5 555½	29	Lothringen
	1885	10 070½	6 271½	16 342	2 527	555½	1 169	36	Bayern
	1884	14 369½	5 777½	20 147	2 218½	3 344	872½	15	Rbz. Breslau u. Liegnitz
gebr. Steine .	1886	151 108	137 086	288 194	20 736½	18 477	26 851	36	Bayern
	1885	154 898½	108 480	263 378½	17 817	22 764	28 597½	26	Rheinprovinz l. d. Rh.
	1884	179 052	87 937	266 989	16 446	15 849½	16 499½	29	Lothringen
Theer, Asphalt	1886	14 982	16 332	31 314	2 859	5 559	5 294½	30	Elsass
	1885	18 805½	10 617½	29 423	2 124½	1 747	2 536½	26	Rheinprovinz l. d. Rh.
	1884	21 696½	16 114	37 810½	1 878	1 366	984½	20	Königreich Sachsen

Die Einfuhr nach Deutschland betrug:

	Jahr	Empfang aus dem Auslande	Versand der Seehafenstationen nach Deutschland	Zu- sammen	Stärkster Empfang aus dem Auslande (Versand und Empfang der deutschen Seehäfen ausgeschlossen)				
		Tonnen			1886	1885	1884	No.	Der Verkehrsbezirke Bezeichnung
					Tonnen				
Cement . .	1886	11 126½	37 606½	48 733	6 051	6 523½	2 738½	36	Bayern
	1885	12 345½	35 537	47 882½	3 029½	3 573½	4 203	30	Elsass
	1884	8 728	47 776	56 504	1 258	1 511	1 024	26	Rheinprovinz l. d. Rh.
Dachpappe .	1886	225	5 415½	5 640½	165	175	112	14	Stadt Breslau
	1885	535½	5 173	5 708½	44	37	175	20	Königreich Sachsen
	1884	692	6 151½	6 843½	—	—	—		
Erde . . .	1886	75 593	34 185½	109 778½	14 352½	11 697½	10 501	20	Königreich Sachsen
	1885	80 876	34 139½	115 015½	12 219	9 517	9 539	26	Rheinprovinz l. d. Rh.
	1884	72 444½	34 765	107 209½	8 660	9 508½	8 882	13	Rbz. Oppeln
Kalk . . .	1886	68 873	2 219½	71 092½	33 123	25 132	19 523	29	Lothringen
	1885	51 451½	1 654½	53 106	14 944½	9 002½	6 612	20	Königreich Sachsen
	1884	41 587½	1 878½	43 466	13 725½	10 862½	9 483	36	Rheinprovinz l. d. Rh.
Thonröhren .	1886	321½	4 106	4 427½	74	120	60	26	Rheinprovinz l. d. Rh.
	1885	529	5 294	5 823	71	110	86	33	Baden
	1884	618½	6 006½	6 625	70½	99	185	36	Bayern
Schiefer . .	1886	8 435	12 806½	21 241½	1 997	1 311	1 795	36	Bayern
	1885	13 134½	16 166	29 300½	1 878	6 185	1 626	29	Lothringen
	1884	8 427½	12 001½	20 429	1 005	293½	41	15	Rbz. Breslau u. Liegnitz

	Jahr	Empfang aus dem Auslande	Versand der Seehafen-stationen nach Deutsch-land	Zu-sammen	Stärkster Empfang aus dem Auslande (Versand und Empfang der deutschen Seehäfen ausgeschlossen.)				
					1886	1885	1884	No.	Der Verkehrsbezirke
		Tonnen			Tonnen				Bezeichnung
Bearb. Steine .	1886	15 441½	2·871½	18 313	3 357½	2 541	3 570	23	Rheinisch. Ruhrrevier
	1885	13 903½	3 756	17 659½	2 634½	2 326	3 111	36	Bayern
	1884	16 975½	3 813	20 788½	1 867	1 648	2 105	25	Rheinprovinz r. d. Rh.
Gebr. Steine .	1886	47 585½	68 560½	116 146	11 435½	9 929	10 412	26	Rheinprovinz l. d. Rh.
	1885	48 283½	71 231½	119 515	7 768½	8 804½	8 873	20	Königreich Sachsen
	1884	52 801½	103 514	156 315½	3 942	4 331	3 307	36	Bayern
Theer, Asphalt	1886	18 764	23 185	41 949	3 746½	3 943	5 470	30	Elsass
	1885	20 932½	21 962½	42 895	3 526½	4 215½	3 514	34	Mannheim u. Ludwgsh.
	1884	20 062½	26 111	46 193½	2 028	1 919½	859	35	Württemberg

Ueber die Durchfuhr von Ausland zu Ausland und zwischen dem Auslande und den deutschen Seehäfen giebt nachstehende Uebersicht Aufschluss:

	Durchfuhr von Ausland zu Ausland	Versand der deutschen Seehäfen nach	Empfang der deutschen Seehäfen von dem Auslande	Zu-sammen		Durchfuhr von Ausland zu Ausland	Versand der deutschen Seehäfen nach	Empfang der deutschen Seehäfen von dem Auslande	Zu-sammen
	Tonnen					Tonnen			
Cement:					Schiefer:				
1886	28 124	8 267	12½	36 403½	1886	3 719½	2 013	154	5 886½
1885	30 115½	11 367	28	41 510½	1885	3 053½	1 637½	583	5 274
1884	27 685	8 288	130½	36 103½	1884	1 925½	845	219½	2 990
Dachpappe					Bearbeitete				
1886	75½	88	20	183½	Steine				
1885	80	96½	20	196½	1886	3 777	252½	370½	4 400
1884	84½	64	80	228½	1885	4 483½	320	185½	4 989
Erde					1884	2 326	326½	475	2 127½
1886	22 221½	5 349½	1 692	29 263	Gebrannte				
1885	29 956	5 196½	904½	36 057	Steine				
1884	2 477	5 392½	641	8 510½	1886	27 110½	4 415½	2 565	34 091
Kalk					1885	27 382	4 626½	2 932	34 940½
1886	11 199	2	377	11 578	1884	4 089½	2 736	1 608	8 433½
1885	9 054	2	686½	9 742½	Theer und				
1884	1 210	—	110	1 320	Asphalt				
Thonröhren					1886	8 937½	1 677½	359	10 974
1886	361½	525½	39½	926½	1885	8 464	3 763	361½	12 588½
1885	417½	350½	20	788	1884	2 297	1 103½	219	3 619½
1884	44½	444	—	488½					

	Der stärkste Versand nach den deutschen Verkehrsbezirken (einschl. der Seehäfen) fand statt in den Auslands-Verkehrsbezirken:				
	1886	1885	1884	No.	Der Verkehrsbezirke
	Tonnen				Bezeichnung
Cement	6 112	6 433½	2 740½	55	Oesterreich ohne Galizien, Ungarn, Böhmen
	3 144½	3 668	4 413	58	Frankreich
	951	1 090½	891	61	Holland
Dachpappe	244	364	414	54	Böhmen
	—	—	—	—	
	—	—	—	—	
Erde	28 265	24 759	22 550	54	Böhmen
	19 722½	23 187½	17 254	60	Belgien
	6 582½	7 413½	10 462	58	Frankreich
Kalk	45 091	33 912½	26 902	60	Belgien
	16 950½	10 389	8 571	54	Böhmen
	3 500	3 174	2 473	58	Frankreich
Thonröhren . . .	95½	115	107	56	Schweiz
	91	190½	200	60	Belgien
	72	113	116	54	Böhmen
Schiefer	3 406½	7 182	3 250	58	Frankreich
	2 024½	3 173½	2 913	60	Belgien
	1 135½	1 151	1 001½	56	Schweiz
Bearbeitete Steine .	6 237½	4 555	6 439½	60	Belgien
	3 601½	3 727	4 443½	57	Italien
	1 504	1 012	1 288	58	Frankreich
Gebrannte Steine .	13 526½	12 831½	19 582	60	Belgien
	12 730	13 985	12 136½	54	Böhmen
	7 681½	7 731	6 759	59	Luxemburg
Theer und Asphalt .	12 416½	14 619½	8 913½	56	Schweiz
	1 643	1 083½	2 653	58	Frankreich
	1 578	1 436	2 176	60	Belgien

	Der stärkste Empfang von den deutschen Verkehrsbezirken (einschl. der Seehäfen) fand statt in den Auslands-Verkehrsbezirken:				
	1886	1885	1884	No.	Der Verkehrsbezirke
	Tonnen				Bezeichnung
Cement	19 267½	26 277	18 334	55	Oesterreich ohne Galizien, Ungarn, Böhmen
	14 706½	12 538	13 193	52	Galizien
	9 823	8 266	10 767	56	Schweiz
Dachpappe	700½	625	740	54	Böhmen
	203	371	393½	55	Oesterreich ohne Galizien, Ungarn, Böhmen
	166	152	228½	52	Galizien

	Der stärkste Empfang von den deutschen Verkehrsbezirken (einschl. der Seehäfen) fand statt in den Auslands-Verkehrsbezirken:				
	1886	1885	1884	No.	Der Verkehrsbezirke
	Tonnen				Bezeichnung
Erde	33 914½	24 180½	16 846½	54	Böhmen
	27 880	27 777	23 167½	60	Belgien
	12 923	17 975	23 476½	55	Oesterreich ohne Galizien, Ungarn, Böhmen
Kalk	19 308	23 481½	32 633½	55	Oesterreich ohne Galizien, Ungarn, Böhmen
	4 108½	4 476	2 482½	54	Böhmen
	1 562½	1 988	2 072½	61	Holland
Thonröhren . . .	978½	761½	569½	56	Schweiz
	446½	836½	1 039	55	Oesterreich ohne Galizien, Ungarn, Böhmen
	437½	358½	358½	54	Böhmen
Schiefer	8 250	6 740½	6 034	54	Böhmen
	7 423	3 626	4 326½	55	Oesterreich ohne Galizien, Ungarn, Böhmen
	462½	756½	707½	53	Ungarn
Bearbeitete Steine .	2 825	3 198½	957	55	Oesterreich ohne Galizien, Ungarn, Böhmen
	2 641½	1 352½	3 152½	59	Luxemburg
	1 739	1 750½	997½	54	Böhmen
Gebrannte Steine .	27 590½	27 158½	35 393	54	Böhmen . . . .
	25 982	27 187½	28 458½	58	Frankreich
	24 157	26 800½	31 267	55	Oesterreich ohne Galizien, Ungarn, Böhmen
Theer, Asphalt . .	2 905½	8 694	10 121½	58	Frankreich . . . . .
	2 561	2 182½	1 712	54	Böhmen
	2 445	2 628	3 329½	60	Belgien . . . . .

Die Eisenbahnen Deutschlands und Englands in den Jahren 1883, 1884 und 1885.*)

Im Anschluss an die entsprechenden früheren Mittheilungen dieser Zeitschrift soll im Nachstehenden ein Vergleich der wichtigsten, den

1. Ausdehnung und

Vergleichende Zusammenstellung der Längenverhältnisse und des Anlagekapitals

	Deutschland		
	1883/84	1884/85	1885/86
Länge der im Betrieb befindlichen Eisenbahnen . . . . km	35 824	36 538	37 271
Davon doppel- oder mehrgeleisig . . km	10 589	10 816	10 947
Auf je 10 000 Einwohner kommt Bahnlänge . . . . km	7,79	7,90	7,94
Auf je 100 qkm Fläche kommt Bahnlänge . . . . km	6,61	6,74	6,88
Länge der im Betrieb befindlichen, dem öffentlichen Verkehre dienenden schmalspurigen Eisenbahnen . . . . km	250	323	382
Gesammt-Anlagekapital . . . . . ℳ	9 459 527 092	9 612 297 502	9 722 106 530
Anlagekapital für das Kilometer Bahnlänge . . . . ℳ	264 497	263 620	261 355
Von dem verwendeten Anlagekapital sind beschafft:			
bei den Staatsbahnen:			
durch Staatsanleihen und aus extraordinären Fonds . . . . ℳ	8 301 632 391	8 757 402 833	8 847 971 142
bei den Privatbahnen:			
durch Ausgabe von Aktien . ℳ	572 083 701	523 746 343**)	535 358 636**)
„ „ „ Obligationen „	312 257 680	287 561 094	287 064 418
„ schwebende Schulden . „	81 914 640	34 533 771	41 555 057
„ Anleihen und Schulden (loans and debenture stocks) ℳ	—	—	—

*) Vgl. zuletzt Archiv 1886, S. 637 ff.

**) Ausserdem sind in der deutschen Statistik noch für 1884/85 — 10 053 461 ℳ und für 1885/86 10 157 277 ℳ aufgeführt, ohne dass die Art der Beschaffung näher angegeben ist.

Bestand und die Betriebsergebnisse der deutschen und englischen Eisenbahnen betreffenden statistischen Angaben für die Jahre 1883, 1884 und 1885 aufgestellt werden. Als Quellen für die statistischen Angaben sind ebenso, wie in den Vorjahren, bezüglich der deutschen Eisenbahnen die betreffenden Jahrgänge der im Reichs-Eisenbahn-Amt bearbeiteten „Statistik der im Betriebe befindlichen Eisenbahnen Deutschlands" und hinsichtlich der englischen Eisenbahnen die dem Parlamente vorgelegten Berichte des Handelsamtes (board of trade) benutzt worden.

Anlagekapital.*)

der deutschen und englischen Eisenbahnen in den Jahren 1883, 1884 und 1885.

England			Zunahme oder Abnahme in 1885 gegen 1883			
			Deutschland		England	
1883	1884	1885	Betrag	in Prozenten	Betrag	in Prozenten
30 076	30 371	30 862	+ 1 447	+ 4,0	+ 786	+ 2,6
16 269	16 485	16 818	+ 358	+ 3,4	+ 549	+ 3,4
8,53	8,62	8,41	+ 0,15	+ 1,9	+ 0,12	—
9,55	9,66	9,80	+ 0,27	+ 4,1	+ 0,25	—
—	—	—	+ 132	+ 52,8	—	—
15 698 426 240	16 029 287 340	16 317 161 100	+ 262 579 438	+ 2,5	+ 618 734 860	+ 3,9
521 950	527 783	528 714 £.26435	— 3 142	— 1,2	+ 6 764	+ 1,3
—	—	—	+ 546 838 751	+ 6,6	—	—
5 868 742 120	5 979 668 920	6 045 095 180	— 36 725 065	— 6,4	+ 176 353 060	+ 3,0
5 911 220 420	6 028 256 940	6 162 583 260	— 25 193 262	— 8,1	+ 251 362 840	+ 4,3
—	—	—	— 40 359 583	— 49,3	—	—
3 918 463 700	4 021 361 480	4 109 482 660	—	—	+ 191 018 960	+ 4,9

*) Für die Umrechnung des englischen Maasses und Geldes sind nachstehende Verhältnisszahlen gebraucht: 1 mile = 1,61 km, 1 £ = 20 ℳ.

Das Eisenbahnnetz Deutschlands übertraf hiernach am Ende des Jahres 1885 dasjenige Englands in der Ausdehnung um 6409 km.

Die Zunahme in den 3 Jahren 1883—1885 betrug

in Deutschland 1447 km oder 4,0 %
„ England　　786 „　„ 2,6 „.

Bezüglich der zweigeleisigen Strecken war in dem in Betracht gezogenen Zeitraume die Zunahme

in Deutschland 358 km oder 3,4 %,
„ England　549 „　„ 3,4 „.

Die für die Längen der deutschen Eisenbahnen eingesetzten Zahlen bezeichnen, wie bisher, nach der vom Reichs-Eisenbahn-Amt bearbeiteten Statistik die „Eigenthumslängen", für welche die Länge der im Eigenthum der einzelnen Verwaltungen stehenden durchgehenden Geleise, von Mitte zu Mitte der Stationsgebäude gemessen, maassgebend ist. Aus dieser „Eigenthumslänge" ergiebt sich die „Betriebslänge" durch Hinzurechnung der von andern Verwaltungen gepachteten und der in Mitbetrieb genommenen Strecken, unter Abrechnung der verpachteten, von der Verwaltung nicht betriebenen eigenen Strecken.

Diese Betriebslänge ergiebt für die gesammten deutschen Eisenbahnen:	1883/84 km	1884/85 km	1885/86 km
am Jahresschlusse	36 058	36 782	37 511
im Jahresdurchschnitt	35 542	36 454	37 199
von dieser durchschnittlichen Betriebslänge waren benutzt:			
gemeinschaftlich für Personen und Güterverkehr	34 878	35 797	36 547
ausschliesslich für Personenverkehr	63	61	65
„　　„ Güterverkehr	601	596	587

Hinsichtlich der Längen der englischen Eisenbahnen ist aus der englischen Statistik nicht ersichtlich, ob dieselben Eigenthums- oder Betriebslängen sind.

Für die deutschen Eisenbahnen beziehen sich die angegebenen Längen nur auf die vollspurigen, für den öffentlichen Verkehr bestimmten Eisenbahnen, neben welchen in Deutschland noch im Betriebe waren:

Deutschland noch im Betriebe waren:	1883/84 km	1884/85 km	1885/86 km
Anschlussbahnen für Privatzwecke	1 783	1 896	1 983
Schmalspurbahnen	250	323	382

Betreffs der Längenangaben für die englischen Eisenbahnen ist aus den vorliegenden Quellen nicht ersichtlich, ob Anschlussgeleise für Privatzwecke, sowie schmalspurige Eisenbahnen miteinbegriffen sind oder nicht.

Von den deutschen Bahnen wurden betrieben:	1883/84 km	1884/85 km	1885/86 km
als Vollbahnen nach Maassgabe der Bestimmungen des Bahnpolizei-Reglements . .	30 539	30 440	30 612
als Bahnen untergeordneter Bedeutung nach Maassgabe der „Bahnordnung für deutsche Eisenbahnen, untergeordneter Bedeutung"	5 285	6 098	6 659
	35 824	36 538	37 271

In England besteht keine derartige Unterscheidung der Eisenbahnen. Sämmtliche Eisenbahnen in England sind in Privateigenthum und werden auch von Privaten betrieben.

Dagegen waren von den deutschen Eisenbahnen:	1883/84 km	1884/85 km	1885/86 km
Staatsbahnen und auf Rechnung des Staats verwaltete Privatbahnen	30 050	32 045	32 568
Privatbahnen unter Staatsverwaltung . . .	648	464	463
„ „ Privatverwaltung . . .	5 126	4 029	4 240
	35 824	36 538	37 271

Das in der vorhergehenden Nachweisung angegebene Anlagekapital der deutschen Eisenbahnen bezeichnet das für die Verzinsung in Betracht kommende, von den gegenwärtigen Besitzern auf die Bahnanlage verwendete Kapital. In der deutschen Statistik ist daneben noch die Gesammt-Bauaufwendung angegeben. Dieselbe ergiebt sich dadurch, dass von den eigentlichen Baukosten (den durch die Bahnanlage verursachten Ausgaben) die Ueberschüsse aus dem Betriebe von Strecken für Rechnung des Baufonds, Rückeinnahmen, Kursgewinne, Verwendungen aus Betriebseinnahmen, Beihülfen, Zahlungen à fonds perdu und sonstige Einnahmen abgezogen werden.

Diese Gesammt-Bauaufwendung für die deutschen Eisenbahnen hat betragen:

	1883/84 ℳ	1884/85 ℳ	1885/86 ℳ
im Ganzen	9 170 236 116	9 346 602 691	9 449 226 274
für das km Eigenthumslänge . .	256 408·	256 333	254 020
die von den Baukosten in Abzug gebrachten, seitens Dritter geleisteten Beihülfen und verlorenen Beiträge haben betragen . . .	57 762 328	60 754 879	61 412 690

Die genauere Bedeutung der Zahlen für das Anlagekapital in der englischen Statistik ist aus der vorliegenden Unterlage nicht ersichtlich. Wahrscheinlich stellen dieselben den Nennbetrag der Aktien und Obligationen der Eisenbahn-Gesellschaften, sowie der von letzteren gemachten Anleihen und Schulden dar.

2. Betriebsmittel und

I. Bestand.

Lokomotiven zusammen	11 726	12 098	12 450
Auf 10 km Betriebslänge	3,25	3,29	3,32
Beschaffungskosten der Lokomotiven (einschl. Tender) . . . . _M_	570 489 823	581 097 313	588 551 463
Personenwagen zusammen	21 684	22 145	22 735
Beschaffungskosten . . . . _M_	164 020 477	168 493 204	174 642 008
Sitz- und Stehplätze in den Personenwagen . .	932 841	952 102	976 594
Zahl der Achsen in denselben	48 732	49 586	50 680
Postwagen	1 368	1 389	1 414
Gepäck-, Güter- und sonstige Wagen	241 634	246 588	250 313
Zahl der Achsen derselben	493 236	503 223	510 560
Tragfähigkeit derselben . . . . t	2 337 433	2 393 773	2 439 931
Beschaffungskosten derselben . . . . . _M_	714 528 794	727 494 712	736 548 115

II. Leistungen.

Die eigenen und fremden Lokomotiven leisteten auf den eigenen Betriebsstrecken:			
a) Lokomotivkilometer (Nutz-, Leerfahrt- und Rangirkilometer) zusammen	357 370 873	375 971 422	384 172 906
auf 1 km der durchschnittlichen Betriebslänge	10 068	10 327	10 525
b) Nutzkilometer	242 447 398	254 004 795	258 205 544
An Wagenachskilometern sind auf den eigenen Betriebsstrecken geleistet:			
von Personenwagen im Ganzen	1 653 579 351	1 753 105 492	1 789 020 773
„ Gepäck- und Güterwagen desgl. . . .	7 716 394 436	7 903 606 971	7 837 167 153
„ Postwagen „ . . .	206 458 621	210 112 392	215 116 416
zusammen von den verschiedenen Wagengattungen	9 576 432 408	9 866 824 855	9 841 304 342
auf 1 km der durchschnittlichen Betriebslänge	269 785	271 038	269 614

---

*) In der vorliegenden englischen Statistik sind Angaben über Sitzplätze, Tragfähigkeit,

·deren Leistungen.

England			Zunahme oder Abnahme in 1885 gegen 1883			
			Deutschland		England	
1883	1884	1885·	Betrag	in Prozent	· Betrag	in Prozent
14 469	14 827	15 196	+ . 724	+ 6,2	+ 727	+ 5,0
4,81	4,91	4,93	+ 0,07	—	+ 0,11	—
—*)	—	—	+ 18 111 640	+ 3,2	—	—
32 304	33 031	33 658	+ 1 051	+ 4,8	+ 354	+ 1,1
—	—	—	+ 10 621 531	+ 6,5	—	. —
—	—	—	+ 43 753	+ 4,7	—	—
—	—	—	+ 1 948	+ 4,0	—	—
—	—	—	+ . 46	+ 3,4	—	—
458 357	479 695	488 887	+ 8 679	+ 3,6	+ 30 530	+ 6,7
—	—	—	+ 17 324	+ 3,5	—	—
—	—	—	+ 102 498	+ 4,4	—	—
—	—	—	+ 22 019 321	+ 8,1	—	—
—*)	—	—	+ 26 802 033	+ 7,5·	—	—
—	—	—	+ 457	+ 4,5	· —	—
—	—	—	+ 15 758 146	+ 6,5	—	—
—	—	—	+ 135 441 422	+ 8,2	—	—
—	—	—	+ 120 772 717	+ 1,6	—	—
—	—	—	+ 8 657 795	+ 4,2	—	—
—	—	—	+ 264 871 934	+ 2,8	—	—
—	—	—	— 171	— 0,1	—	—

Kosten und Leistungen der Betriebsmittel nicht enthalten.   . .

3. Finanzielle

Zusammenstellung der Einnahmen, der Ausgaben und des Ueberschusses der in den Jahren 1883,

	Deutschland		
	1883/84	1884/85	1885/86
Einnahme aus dem Personenverkehr.			
1. Klasse . . . . ℳ	14 282 825	13 930 313	13 422 156
2. „ . . . . „	73 796 722	74 871 398	75 023 328
3. „ . . . . „	123 290 266	127 643 405	131 052 773
4. „ . . . . „	35 752 460	37 547 781	38 614 991
Militär . . . . „	5 935 764	6 195 217	6 390 148
3. Klasse und Parlamentszüge . . . . „	—	—	—
Abonnementsbillets (periodical tickets) . . „	—	—	—
Nebeneinnahme aus dem Personenverkehr . „	9 395 765	9 424 209	9 419 964
Gesammteinnahme aus dem Personenverkehr „	262 453 802	269 612 323	273 923 360
Für das km Betriebslänge . . . . . . „	7 521	7 529	7 491
Einnahme aus dem Güterverkehr.			
Eilgut . . . . ℳ	19 143 829	19 388 344	19 825 884
Frachtgut . . . . „	608 174 746	611 799 622	598 723 048
Postgut . . . . „	2 251 518	2 286 579	2 200 157
Militärgut . . . . „	1 061 667	1 083 488	1 289 048
Dienstgut . . . . „	7 332 066	8 770 309	8 605 631
Vieh . . . . „	23 784 729	22 718 629	21 476 065
Mineralklasse . . . . „	—	—	—
Allgemeine Güter (general merchandise) . . „	—	—	—
Nebenerträge . . . . „	18 596 576	19 006 309	17 888 263
Gesammteinnahme aus dem Güterverkehr . „	680 345 131	685 053 280	670 008 096
Für das km Betriebslänge . . . . . . „	19 201	19 383	18 065
Sonstige Einnahmen . . . . „	59 492 096	57 634 293	50 580 329
Gesammteinnahme . . . . „	1 002 291 029	1 012 299 896	994 511 785
für das km Betriebslänge . . . . . . „	28 237	27 770	26 768
auf 1000 Nutzkilometer . . . . . „	4 134	3 985	3 852
Einnahme aus dem Personen- und Güterverkehr zusammen . . . . „	942 798 933	954 665 603	943 931 456
Für das km Bahnlänge . . . . . . „	26 318	26 128	25 326
Auf 1000 Nutzkilometer . . . . . . „	3 889	3 758	3 656
Auf 1000 Zugkilometer . . . . . . „	—	—	—
Betriebsausgaben.			
Allgemeine Verwaltung:			
im Ganzen . . . . ℳ	54 925 836	55 415 406	58 065 197
auf 1 km Betriebslänge . . . . . . „	1 547	1 520	1 563
auf 1000 Nutzkilometer . . . . . . „	227	218	225

Betriebsergebnisse.

Einnahmen über die Ausgaben bei den deutschen und englischen Eisenbahnen 1884 und 1885.

England			Zunahme oder Abnahme in 1885 gegen 1883			
1883	1884	1885	Deutschland		England	
			Betrag	in Prozent	Betrag	in Prozent
73 400 000	69 620 000	64 860 000	− 860 669	− 6,0	− 8 540 000	− 11,6
66 600 000	62 100 000	58 620 000	+ 1 226 606	+ 1,7	− 7 980 000	− 12,0
—	—	—	+ 7 762 507	+ 6,3	—	—
—	—	—	+ 2 862 531	+ 8,0	—	—
—	—	—	+ 454 384	+ 7,7	—	—
341 000 000	352 120 000	351 780 000	—	—	+ 10 780 000	+ 3,2
33 840 000	35 260 000	36 440 000	—	—	+ 2 600 000	+ 7,7
75 320 000	81 500 000	83 760 000	+ 24 139	+ 0,3	+ 8 440 000	+ 11,2
590 160 000	600 609 000	595 460 440	+ 11 469 558	+ 4,4	+ 5 300 440	+ 0,9
19 622	19 776	19 294	− 30	− 0,4	− 328	− 1,7
—	—	—	+ 682 055	+ 3,6	—	—
—	—	—	− 9 451 698	− 1,6	—	—
—	—	—	− 51 361	− 2,3	—	—
—	—	—	+ 227 381	+ 21,4	—	—
—	—	—	+ 1 273 565	+ 17,4	—	—
23 448 000	24 756 000	24 856 000	− 2 308 664	− 9,7	+ 1 408 000	+ 6,0
325 108 000	310 573 000	304 925 000	—	—	− 20 183 000	− 6,2
424 970 000	417 600 000	407 643 000	—	—	− 17 327 000	− 4,1
500 380	482 840	14 900	− 708 313	− 3,9	− 485 480	− 97,0
774 026 380	753 411 840	737 438 900	− 10 337 035	− 1,5	− 36 587 480	− 4,7
25 736	24 807	23 895	− 1 136	− 5,9	− 1 841	− 7,1
57 044 360	56 432 020	58 216 140	− 8 911 767	− 15,0	+ 1 171 780	+ 2,1
1 421 245 400	1 410 452 860	1 391 115 480	− 7 779 244	− 0,78	− 30 129 920	− 2,1
47 255	46 440	45 075	− 1 469	− 5,2	− 2 180	− 4,6
—	—	—	− 282	− 6,8	—	—
1 364 201 040	1 354 020 800	1 332 899 300	+ 1 132 523	+ 0,1	− 31 301 740	− 2,3
45 358	44 583	43 189	− 992	− 3,3	− 2 169	− 4,3
—	—	—	− 233	− 6,0	—	—
3 151	3 083	3 012	—	—	− 139	− 4,4
—	—	—	+ 3 139 361	+ 5,7	—	—
—	—	—	+ 16	+ 1,0	—	—
—	—	—	− 2	− 0,9	—	—

	Deutschland		
	1883/84	1884/85	1885/86
Bahnverwaltung:			
im Ganzen . . . . ℳ	161 162 607	154 763 592	154 193 056
auf 1 km Betriebslänge . . . . . . „	4 540	4 246	4 150
auf 1000 Nutzkilometer . . . . . . „	665	609	597
Transportverwaltung:			
im Ganzen . . . . ℳ	346 276 428	354 370 934	348 421 840
auf 1 km Betriebslänge . . ¸ . . . „	9 755	9 721	9 378
auf 1000 Nutzkilometer . . . . . . „	1 428	1 395	1 349
Gesammte Betriebsausgabe . . . . ℳ	562 364 871	564 549 932	560 680 093
auf 1 km Betriebslänge . . . . . . „	15 843	15 487	15 091
auf 1000 Nutzkilometer . . . . . . „	2 320	2 223	2 171
auf 1000 Zugkilometer . . . . . . „	—	—	—
Gesammtausgabe in Prozenten der Gesammteinnahme . . . . %	56,11	55,77	56,38
Die Betriebsausgaben für je 1000 Zugkilometer setzten sich wie folgt zusammen:			
Bahnunterhaltung . . . . ℳ	—	—	—
Lokomotivzugkraft . . . . „	—	—	—
Betriebsmaterial . . . . „	—	—	—
Verkehrsausgaben . . . . „	—	—	—
Allgemeine Kosten . . . . „	—	—	—
Steuern . . . . „	—	—	—
Regierungsabgaben . . . . „	—	—	—
Entschädigungen für Personenverletzungen . „	—	—	—
Entschädigungen für Güterbeschädigung . . „	—	—	—
Rechtsbeistand und Parlamentskosten . . . „	—	—	—
Sonstige Kosten . . . . „	—	—	—
Ueberschuss der Einnahme über die Ausgabe im Ganzen . . . . „	427 764 744	433 545 497	423 103 948
auf das km Betriebslänge . . . . . . „	12 394	12 282	11 676
auf 1000 Nutzkilometer . . . . . . „	1 775	1 763	1 680
auf 1000 Zugkilometer . . . . . . „	—	—	—
Der Ueberschuss beträgt in Prozenten des Anlagekapitals . . . . %	4,61	4,60	4,61

Aus der vorstehenden Zusammenstellung geht hervor, dass die Gesammtsumme in 1885 gegen 1883 bei den deutschen Eisenbahnen

| England | | | Zunahme oder Abnahme in 1885 gegen 1883 | | | |
| | | | Deutschland | | England | |
1883	1884	1885	Betrag	in Prozent	Betrag	in Prozent
—	—	—	— 6 969 551	— 4,3	—	—
—	—	—	— 390	— 8,6	—	—
—	—	—	— 68	— 10,2	—	—
—	—	—	+ 2 145 412	+ 0,7	—	—
—	—	—	— 377	— 3,9	—	—
—	—	—	— 79	— 5,5	—	—
747 371 240	744 343 940	735 759 140	— 1 684 778	— 0,2	— 11 612 100	— 1,6
24 849	24 508	23 808	— 752	— 4,8	— 1 041	— 4,2
—	—	—	— 149	— 6,4	—	—
1 665	1 635	1 601	—	—	— 64	— 3,9
52,7	53,0	53,2	+ 0,27	—	+ 0,5	—
311	301	283	—	—	— 28	— 9,0
430	432	424	—	—	— 6	— 1,4
153	155	158	—	—	+ 5	+ 3,3
517	513	510	—	—	— 7	— 1,4
75	75	74	—	—	— 1	— 1,3
86	88	91	—	—	+ 5	+ 5,8
36	18*	16*	—	—	—	—
	* nur für England					
11	8	6	—	—	— 5	— 45,5
9	9	8	—	—	— 1	— 11,1
17	15	11	—	—	— 6	— 35,3
20	21	20	—	—	—	—
673 874 160	666 108 920	665 356 340	— 4 660 796	— 1,1	— 18 517 820	— 2,7
22 406	21 932	21 269	— 718	— 5,8	— 1 137	— 5,1
—	—	—	— 95	— 5,2	—	—
1 486	1 448	1 411	—	—	— 75	— 5,0
4,22	4,16	4,02	+ 0,01	—	0,27	—

um 7 779 244 $\mathscr{M} = $ 0,78 %, bei den englischen Eisenbahnen um 30 129 920 $\mathscr{M} = $ 2,1 % gefallen ist.

Abgesehen von den „sonstigen Einnahmen", unter welchen sich vielfache mit dem eigentlichen Verkehrsdienste nicht unmittelbar zusammenhängende Einnahmeposten befinden und welche deshalb auch in der
englischen Statistik für die Berechnung der Einnahmen auf das Zugkilometer ausser Betracht bleiben, ergiebt sich für die Einkünfte im
Jahre 1885 gegen 1883

bei den deutschen Bahnen eine Zunahme von 1 132 523 $\mathcal{M} = 0,1$ %,
bei den englischen Bahnen eine Abnahme von 31 301 740 $\mathcal{M} = 2,3$ %.

Die kilometrische Einnahme aus dem Personen- und Güterverkehr
zusammen ist in 1885 gegen 1883

bei den deutschen Bahnen um 3,8 %,
bei den englischen Bahnen um 4,8 % gefallen.

Dieses Ergebniss ist für Deutschland auf die Ausdehnung der in den
Jahren 1883—1885 neu eröffneten Bahnlinien mit ihrem zunächst fast
ausnahmslos geringeren Verkehre zurückzuführen.

Die Einnahme aus dem Personenverkehr im Ganzen ist in
1885 gegen 1883

bei den deutschen Bahnen um 11 469 558 $\mathcal{M} = 4,4$ %,
bei den englischen Bahnen um 5 300 440 $\mathcal{M} = 0,9$ % gestiegen.

Hinsichtlich des Erträgnisses der verschiedenen Klassen ist bemerkenswerth, dass die Einahme aus der I. Klasse sich verringert hat, und zwar

bei den deutschen Bahnen um 860 669 $\mathcal{M} = 6,0$ %,
bei den englischen Bahnen um 8 540 000 $\mathcal{M} = 11,6$ %.

Das Erträgniss aus der II. Klasse hat dagegen

bei den deutschen Bahnen um 1 226 606 $\mathcal{M} = 1,7$ % zugenommen,
bei den englischen Bahnen um 7 980 000 $\mathcal{M} = 12,0$ % abgenommen.

Für die Steigerung der Einnahme aus dem Personenverkehr haben
daher, abgesehen von den Nebeneinnahmen,

bei den deutschen Bahnen vorwiegend die III. u. IV. Klasse,

bei den englischen Bahnen ausschliesslich die III. Klasse und die
billigeren Parlamentszüge beigetragen.

Die durchschnittliche Verzinsung des Anlagekapitals ist in der Zeit
von 1883 bis 1885.

bei den deutschen Bahnen um 0,01 % gestiegen,
bei den englischen Bahnen um 0,27 % gefallen.

Von den deutschen Privatbahnen wurde in 1885 die höchste Dividende
für die Stammaktien erzielt:

für die Ludwigs-Eisenbahn (Nürnberg-Fürth) mit 21,00 %,
für die Mecklenburg-Friedrich-Franz-Eisenbahn mit 7,75 %.

Die preussischen Staatsbahnen ergaben in 1885/86 durchschnittlich
4,89 % auf das verwendete Anlagekapital.

Die Verzinsung des in den englischen Eisenbahnen angelegten Kapitals für das Jahr 1885 ergiebt sich aus der nachstehenden Uebersicht:

Prozentsatz	Stammaktien		Garantirtes Kapital		Prioritäts-Obligationen		Anleihen und Schulden	
	Betrag ℳ	Prozente des Gesammt-betrages	Betrag ℳ	Prozente des Gesammt-betrages	Betrag ℳ	Prozente des Gesammt-betrages	Betrag ℳ	Prozente des Gesammt-betrages
Keine Zinsen wurden gezahlt	962 800 080	15,9	3 303 800	0,2	252 497 600	5,9	11 726 880	0,3
nicht über 1 % Zinsen auf	46 067 480	0,8	—	—	2 721 400	0,1	—	—
von 1— 2 „ „ „	308 001 620	5,1	2 023 600	0,1	6 298 380	0,1	3 026 400	0,1
„ 2— 3 „ „ „	323 642 080	5,3	—	—	38 327 720	0,9	31 391 660	0,8
„ 3— 4 „ „ „	1 068 543 720	17,7	1 075 283 900	56,0	2 286 046 240	53,9	2 823 666 380	68,7
„ 4— 5 „ „ „	820 090 580	13,6	756 154 040	39,4	1 573 572 540	37,1	1 173 268 160	28,5
„ 5— 6 „ „ „	1 631 129 180	27,0	82 391 600	4,3	78 591 100	1,9	66 179 180	1,6
„ 6— 7 „ „ „	748 340 880	12,4	—	—	—	—	—	—
„ 7— 8 „ „ „	71 556 000	1,2	271 340	0,0	—	—	224 000	0,0
„ 8— 9 „ „ „	960 000	0,0	—	—	—	—	—	—
„ 9—10 „ „ „	29 816 240	0,5	1 000 000	0,0	800 000	0,0	—	—
„ 10—12 „ „ „	—	—	—	—	—	—	—	—
„ 12—13 „ „ „	600 000	0,0	—	—	—	—	—	—
zu 13½ „ „ „	33 517 320	0,5	—	—	3 300 000	0,1	—	—
Insgesammt	6 045 095 180	—	1 920 428 280	—	4 242 154 980	—	4 109 482 660	—

Im Mittel betrug

die Dividende der Stammaktien . . . . 4,04 %

„ „ des garantirten Kapitals . . . 4,41 % ⎫

„ „ der Prioritäts-Obligationen . . 4,06 % ⎬ 4,17 %

der Zinsfuss für Anleihen und Schulden . . . . . 4,18 %

Im Durchschnitt 4,18 %

In den Jahren 1879 bis 1885 verzinste sich das Anlagekapital der englischen Eisenbahnen wie nachstehend angegeben:

	Stammaktien %	Garantirtes Kapital und Prioritäts-Obligationen %	Anleihen und Schulden %	Insgesammt %
1879	4,02	4,30	4,21	4,17
1880	4,72	4,35	4,22	4,46
1881	4,66	4,29	4,22	4,41
1882	4,73	4,28	4,21	4,43
1883	4,68	4,26	4,21	4,41
1884	4,34	4,24	4,21	4,27
1885	4,04	4,17	4,18	4,13

Die Verzinsung war hiernach in 1885 geringer als in einem der Vorjahre seit 1879.

Die Eisenbahnen im Kaiserreich Russland.

(Hierzu eine Uebersichtskarte.)

Das Archiv ist wiederholt in der Lage gewesen, nach zuverlässigen
Quellen die Eisenbahnverhältnisse anderer Länder eingehend darstellen zu
können. Die nachstehende Schilderung der russischen Eisenbahnen dürfte
für die Leser von besonderem Interesse sein, weil diese Bahnen mit den
deutschen an 5 Punkten — in Eydtkuhnen, Prostken, Illowo, Alexandrowo,
und Sosnowice — in unmittelbarer Berührung stehen, wodurch mannigfache Wechselbeziehungen zwischen den Eisenbahnnetzen der beiden Länder
hervorgerufen werden, und ihre Kenntniss daher, abgesehen von dem rein
wissenschaftlichen von praktischem Werthe ist. Im Nachstehenden sollen
hienach im Anschluss an frühere Mittheilungen[*]) die Ausdehnung des
russischen Eisenbahnnetzes, das auf dasselbe verwendete Anlagekapital,
die Ausrüstung mit Betriebsmitteln und Personal, sowie die finanziellen
Ergebnisse des Betriebes nach amtlichen russischen Quellen[**]) dargestellt
werden. Am Schlusse wird sodann eine Uebersicht der Hauptergebnisse
der russischen Eisenbahnen für die Jahre 1875 bis einschliesslich 1885
gegeben werden. —

1. Ausdehnung des russischen Eisenbahnnetzes Ende 1886.

Am Schlusse des Jahres 1886 waren im russischen Reiche im Ganzen
26 642 Werst (28 400 km) Eisenbahnen für den öffentlichen Verkehr im
Betriebe. Davon liegen im europäischen Russland 25 637 Werst (27 329 km),
im asiatischen Russland — die unter Militärverwaltung stehende transkaspische Eisenbahn[***]) 1 005 Werst (1 070 km). Staatsbahnen waren
von den im europäischen Russland befindlichen Eisenbahnen 4 508 Werst,

---

[*]) Vgl. Archiv 1886 S. 353.

[**]) Als Quellen sind benutzt: 1. Die vom russischen Ministerium der Verkehrsanstalten
veröffentlichten Monatsnachweisungen über Ausdehnung der russischen Eisenbahnen und
Roheinnahmen derselben; 2. die von derselben Behörde herausgegebenen statistischen Berichte über die Verkehrsanstalten für die Jahre 1884 und 1885; 3. die von der „provisorischen Direktion der Staatsbahnen" herausgegebenen Betriebsberichte für die Jahre
1884 und 1885.

[***]) Vgl. Archiv 1886 S. 695.

wovon 1 098 Werst im Grossherzogthum Finnland liegen, Privatbahnen waren
21 129 Werst, davon 31 Werst im Grossherzogthum Finnland (Linie Borgo-
Kerwo). Von den 43 verschiedenen Gesellschaften, welche die Privatbahnen
betreiben, sind — nach dem Umfange des von ihnen betriebenen Bahnnetzes — die wichtigsten:

1. Die Gesellschaft der russischen Südwestbahnen. Das Netz
   derselben umfasst 2 297 Werst Bahnlänge. Diese Gesellschaft
   hat eine ununterbrochene Schienenverbindung im Betrieb, welche
   von Odessa über Schmerinka, Kasatin, Rowno, Brest Litowsk und
   Bjelostock nach Grajewo an der preussischen Grenze zum Anschluss an die Ostpreussische Südbahn führt. Von dieser grossen
   durchgehenden Linie führen Zweiglinien in östlicher Richtung nach
   Elisabetgrad und Kiew, in westlicher Richtung bei Reni und Ungheni
   an die rumänische, bei Wolotschisk und Radsinilow an die österreichische Grenze.

2. Die Grosse Russische Eisenbahngesellschaft. Ausdehnung des Netzes 2 278 Werst, wovon 640 Werst — die Nikolaibahn und die Petersburger Hafenbahn — dem Staate gehören.

   An eigenen Linien betreibt die Grosse Russische Eisenbahngesellschaft die von St. Petersburg über Pskow (Pleskau), Dünaburg, Wilna, Landwarowo und Kowno nach Wirballen an der
   preussischen Grenze, wo sie an die preussische Ostbahn in Eydtkuhnen anschliesst. Von der Linie St. Petersburg-Wirballen zweigt
   in Landwarowo eine über Grad und Bjelostock nach Warschau
   führende Bahn ab. Ferner besitzt und betreibt die Grosse
   Russische Eisenbahngesellschaft noch die von Moskau über Wladimir
   nach Nischni-Nowgorod führende Eisenbahn.

3. Die Libau-Romnyer Eisenbahngesellschaft mit 1 207 Werst
   Bahnlänge, welche die beiden durch eine 71 Werst lange Strecke
   der Linie St. Petersburg-Wirballen von einander getrennten Linie
   Wileiskaja- (bei Wilna)-Minsk-Gomel-Bachmatsch-Romny und Libau-
   Radsiwilischki-Koschedary nebst einer von Radsiwilischki nach
   Kalkuny bei Dünaburg führenden Zweiglinie betreibt.

4. Die Moskau-Brester Eisenbahngesellschaft mit 1 028 Werst
   Bahnlänge. Die Linie Moskau-Brest führt von Moskau über
   Wjasma, Smolensk, Minsk und Baranowitschi nach Brest Litowsk.

5. Die transkaukasische Eisenbahngesellschaft mit 940 Werst
   Bahnlänge. Die von dieser Gesellschaft betriebene Eisenbahn führt
   von den Hafenplätzen Poti und Batum am Schwarzen Meer nach

*) Vgl. Archiv 1886 S. 695.

37*

Baku am Kaspischen Meere. Die Linie von Batum vereinigt sich bei Samtredi, 61 Werst östlich von Poti mit der Linie Poti-Tiflis.

6. Die Koslow-Woronesch-Rostow'er Eisenbahngesellschaft mit 780 Werst Bahnlänge. Die Stadt Rostow, von welcher diese Bahnlinie in nördlicher Richtung über Grjäsy nach Koslow, dem Endpunkte der Eisenbahn Rjäsan-Koslow, führt, ist ein am Dom, in der Nähe der Mündung desselben gelegener wichtiger Hafenplatz.

7. Die Kursk-Charkow-Asow'sche Eisenbahngesellschaft mit 763 Werst Bahnlänge. Die von dieser Gesellschaft betriebene Bahnlinie führt von Kursk über Charkow und Losowaja nach Taganrog am Asow'schen Meere und von da nach Rostow.

8. Die Grjäsy-Zariziner Eisenbahngesellschaft mit 698 Werst Bahnlänge. Der an der Wolga liegende Endpunkt Zarizin ist als Binnenhafenplatz von Bedeutung.

9. Die Donetz-Steinkohlen-Eisenbahngesellschaft mit 660 Werst Bahnlänge. Das Netz dieser Gesellschaft besteht aus mehreren, das südlich von Charkow befindliche, 27 300 qkm umfassende Donetz-Kohlenbecken nach verschiedenen Richtungen durchschneidenden Linien und einer von diesem Becken nach dem Hafenorte Mariupol am Asow'schen Meere führenden Linie.

10. Die Wladikawkas'sche Eisenbahngesellschaft mit 652 Werst Bahnlänge. Die von dieser Gesellschaft betriebene Bahnlinie führt von Rostow am Don nach Wladikawkas am Nordabhange des Kaukasus.

11. Die Losowo-Sewastopoler Eisenbahngesellschaft mit 644 Werst Bahnlänge. Die Ausgangsstation Losowaja liegt südlich von Charkow an der Linie Kursk-Charkow-Asow'sches Meer.

12. Die Moskau-Kursker Eisenbahngesellschaft mit 512 Werst Bahnlänge.

13. Die Orenburg'sche Eisenbahngesellschaft mit 508 Werst Bahnlänge. Die von dieser Gesellschaft betriebene Linie führt von dem am rechten Wolgaufer gelegenen Endpunkte Batraki der Morschans-Sysraner Eisenbahn nach dem am linken Wolgaufer gelegenen Samara und von da nach dem am Ural gelegenen Orenburg.

14. Die Orel-Witebsk'sche Eisenbahngesellschaft mit 488 Werst Bahnlänge.

Die Linien des russischen Staatseisenbahnnetzes liegen mit Ausnahme der 1 098 Werst umfassenden finnländischen Staatsbahnen zwischen den Privatbahnen zerstreut. Den bedeutendsten zusammenhängenden Theil der Staatsbahnen bildet das Netz der sogenannten Polässze- d. h. der „durch

Waldgegenden führenden" Eisenbahnen, welches Ende 1886 1153 Werst umfasste. Zu diesem Netze gehören die Linien Wilna-Baranowitschi-Luninetz-Rowno (Station der Eisenbahn Kasatin-Brest Litowsk) Schabinka (Station der Eisenbahn Brest in Litowsk-Minsk) — Luninetz-Gomel (Station der Linie Wilna-Romny) und Baranowitschi-Bjelostock. Das nächstgrösste Staatsbahnnetz wird durch die 830 Werst umfassende Charkow-Nikolajewer Bahn gebildet. Dieselbe setzt sich zusammen aus den Zweigen: Charkow-Ljubotin-Krementschug-Snamenka-Dolinskaja-Nikolajew (Hafenplatz an der Mündung des Bug in das Schwarze Meer), Merjefa-Ljubotin-Woroschba und Snamenka-Elisabetgrad. An die Charkow-Nikolajewer Bahn schliesst sich die von der Staatsverwaltung erbaute, am 18. Mai 1884 (a. St.) eröffnete 471 Werst lange Katharinenbahn.*) Diese Bahn besteht aus 2, durch eine 42 Werst lange, zur Losowo-Sewastopoler Eisenbahn gehörige Strecke getrennten Zweigen: Dolinskaja-Jekaterinoslaw mit einer Brücke über den Dnjeper bei letzterer Stadt und Sinelnikowa (Station der Linie Losowo-Sewastopol) — Jassinowataja (Station der Donetzbahn). Die 360 Werst lange Eisenbahn von Tambow nach der an der Wolga gelegenen Stadt Saratow ging 1882 aus dem Besitz einer Privatgesellschaft in den Besitz und die Verwaltung des Staates über. Die auf der Ostseite des Urals gelegenen, die Bergwerksbezirke dieses Gebirges mit den sibirischen Wasserstrassen in Verbindung setzende, 347 Werst lange Eisenbahn Jekaterinburg-Tjumen, wurde vom Staate gebaut und im Jahre 1886 in ganzer Ausdehnung eröffnet.

Im Bau befanden sich Ende 1886 folgende Staatsbahnlinien:

1. Von Samara nach Ufa, 488 Werst.
2. Von Romny nach Krementschug, 198 Werst. Nach der voraussichtlich in kürzester Frist bevorstehenden Fertigstellung dieser Bahn wird eine ununterbrochene Schienenverbindung zwischen den Häfen Libau an der Ostsee und Nikolajew am Schwarzen Meere hergestellt sein.
4. Brest Litewsk-Cholm, 110 Werst.
5. Sjedlez-Malkin, 63 Werst.
   Die Eröffnung der beiden letztgenannten Strecken wird voraussichtlich im Sommer 1887 erfolgen.
6. Pskow-Riga, 289 Werst, mit der 65 Werft langen Abzweigung Werro-Dorpat.
7. Gomel-Brjansk, 259 Werst.
8. Rschew-Wjasma, 115 Werst.

---

*) Die Bezeichnung „Katharinenbahn" wurde dieser, früher als die „Kriworog'sche Eisenbahn" bezeichneten Bahnlinie durch kaiserlichen Befehl vom 18. Februar 1882 beigelegt, „zum Gedächtniss der weisen Regierung der Kaiserin Katharina II."

Im europäischen Russland sind hiernach 1 522 Werst neuer Staatsbahnen im Bau. Hierzu tritt im asiatischen Russland noch die Fortsetzung
der transkaspischen Eisenbahn.*)

An Privatbahnen sind im Bau: eine 258 Werst lange Linie, welche
von der Station Tichoretzkaja an der von Rostow nach Wladikawkas über
Jekaterinodar nach dem am Schwarzen Meere gelegenen Hafenplatze
Noworossisk führen soll.**) Diese Bahn wird mit Unterstützung der Regierung von der Wladikawkaser Eisenbahngesellschaft gebaut. Ferner sind
noch etwa 23 Werst Anschlussbahnen der Iwangorod-Dombrowo'er Eisenbahn an die Stationen Sosnowize und Graniza der Warschau-Wiener
Eisenbahn und an die Dombrower Steinkohlengruben,***) sowie eine 93 Werst
lange Eisenbahn von Jaroslawl nach Kostroma†) im Bau.

II. Anlagekapital.

a) Staatsbahnen.††)

In den Betriebsberichten der „provisorischen Direktion der Staatsbahnen" für 1884 und 1885 finden sich für das Anlagekapital der russischen Staatseisenbahnen die nachstehenden Angaben:

	Länge Ende		Anlagekapital am Schlusse des Jahres			
			1885		1884	
	1885	1884	im Ganzen	f. d. Werst Bahnl.	im Ganzen	f. d. Werst Bahnl.
	Werst		Kreditrubel			
Charkow-Nikolajew	830	830	71 842 739	86 558	71 888 120	86 612
Katharinenbahn	471	471	31 942 450	67 819	31 943 000	67 819
Tambow-Saratow	365	360	44 850 104	122 877	44 774 579	124 374
Baskuntschak'sche Eisenbahn .	72	72	3 140 000	43 611	3 133 254	43 517
Schabinska-Pinsk	—	138			4 170 001	30 217
Liwnybahn (Spurw. 1,067 m) .	57	57	1 524 835	26 751	1 524 835	26 751
Muromsche Bahn	106	—	5 762 600	54 364	—	—

Die Anlagekosten der beiden ersten Eisenbahnen sind für 1885 um
geringe Beträge niedriger angegeben, als für 1884. Der Grund hierfür ist

*) Vgl. Archiv 1886 S. 695.
**) Vgl. Archiv 1885 S. 509.
***) Vgl. Archiv 1886 S. 270.
†) Vgl. Archiv 1886 S. 707.

††) Unter „Staatsbahnen" sind im Nachstehenden stets nur die in Verwaltung der
„provisorischen Direktion der Staatseisenbahnen" stehenden Linien verstanden. Von den im
Vorhergehenden aufgeführten russischen Staatsbahnen sind der genannten Behörde nicht
unterstellt: die finnländischen Bahnen und die transkaspische Eisenbahn. Auf diese letzteren
Bahnen beziehen sich daher auch die nachstehenden Angaben nicht.

aus den vorliegenden Quellen nicht ersichtlich, wahrscheinlich ist der Unterschied nur durch anderweitige rechnungsmässige Feststellung hervorgerufen worden.

Von den Polässje-Eisenbahnen (Wilna-Rowno und Pinsker Eisenbahn) waren Ende 1885 zusammen 666 Werst im Betrieb. Ein Betrag für die Anlagekosten dieser Bahnen ist in dem Berichte der „provisorischen Direktion der Staatsbahnen" für 1885 nicht angegeben, weil dieser Betrag noch nicht festgestellt sei.

Die Murom'sche Eisenbahn (Kowrow-Murom) gehörte einer Privatgesellschaft und wurde am 1. Oktober 1885 vom Staate übernommen.[*] Das in der obigen Uebersicht nach dem russischen Berichte angegebene Anlagekapital ist nach dem Nennwerthe der Aktien und Obligationen der früheren Privatgesellschaft berechnet. Die Länge der Muromschen Eisenbahn ist mit dem Uebergang in Staatsbesitz von 100 auf 106 Werst gewachsen durch Hinzutritt der am 1. Oktober 1885 eröffneten von Murom zum Oka-Flusse führenden Zweigbahn.

b. Privatbahnen.[**]

In dem „statistischen Berichte des Ministeriums der Verkehrsanstalten" für 1885 finden sich über die finanziellen Verhältnisse der russischen Privatbahnen die nachstehenden Angaben:

Am 1. Januar 1885 waren für 20 744 Werst im Betrieb befindliche und 53 Werst im Bau begriffene, noch nicht eröffnete Privateisenbahnen ausgegeben:

	Metall-	Kredit-	Zusammen Kredit[***]
		Rubel	
Aktien im Nennwerthe zu .	284 215 194	149 608 521	575 931 312
Obligat. „ „ „ .	1 020 604 745	8 010 858	1 538 917 975
im Ganzen	1 304 819 939	157 619 379	2 114 849 287
Von diesem Anlagekapitale gehörte der Regierung			
an Aktien	4 298 375	3 327 500	9 775 062
„ Obligationen	681 094 787	5 454 858	1 027 097 038
zusammen	685 393 162	8 782 358	1 036 872 100

[*] Vgl. den bezüglichen kaiserlichen Erlass im Archiv 1885 S. 510.

[**] Bei den nachstehenden Angaben ist überall die im Grossherzogthum Finnland befindliche Privatbahn nicht einbegriffen.

[***] In der russischen Statistik sind die Kapitalien, wie vorstehend, nach der Valuta angegeben, in welcher die Beschaffung erfolgt ist. Für die Umrechnung ist dabei, soweit in den Statuten einzelner Gesellschaften nicht ein anderweitiges Verhältniss zwischen Kredit- und Metallrubel festgesetzt ist, 1 Rubel Metall = 1½ Rubel Kredit gerechnet.

	Metall-	Kredit-	zusammen Kredit
			Rubel
Von der Regierung war Zinsgarantie gewährt für Aktien im Nennwerthe zu	254 783 907	100 674 940	482 850 801
„ Obligationen, welche von den Gesellschaften veräussert worden, im Betrage zu	278 921 029	—	418 381 544
zusammen für	533 704 936	100 674 970	901 232 345
Der Höchstbetrag, mit welchen die Regierung für die übernommene Zinsbürgschaft für das Jahr 1884 in Anspruch genommen werden konnte, war			
für Aktien	11 159 740	5 109 212	21 848 822
„ Obligationen	13 247 453	—	19 871 180
zusammen	24 407 193	5 109 212	41 720 002

Die finanzielle Betheiligung der russischen Regierung bei den Privatbahnen ist nach den vorstehenden Angaben eine sehr bedeutende. Von dem im Ganzen*) nahezu 2 115 Millionen Rubel betragenden Anlagekapitale der Privatbahnen waren etwa 1 037 Millionen von der Regierung direkt beschafft und den Gesellschaften überwiesen; für 901 Millionen Rubel, welche von den Gesellschaften selbst beschafft wurden, hatte die Regierung Zinsbürgschaft übernommen und konnte dafür bis zum Betrage von 41 720 000 Rubel für das Jahr 1884 in Anspruch genommen werden. Die Regierung war also mit 1 938 Millionen Rubel oder mit 91,6 pCt. des gesammten am 1. Januar 1885 in den russischen Privatbahnen angelegten Kapitals unmittelbar betheiligt.

Gezahlt wurden von der Regierung auf die von ihr geleistete Zinsbürgschaft für Eisenbahn-Aktien und -Obligationen

         in 1884 . . . .   9 486 000 Rubel
         „ 1883 . . . .   13 316 000   „
         „ 1882 . . . .   16 411 738   „
         „ 1881 . . . .   19 886 093   „
         „ 1880 . . . .   21 147 403   „

Diese von der Regierung zu leistenden jährlichen Zahlungen nehmen hiernach seit 1880 stetig ab, was als ein Erfolg der wegen besserer Be-

*) Im Archiv 1886 S. 358 ist als Anlagekapital der russischen Privatbahnen für den 1. Januar 1883 ein höherer Betrag — 2 210 Millionen Rubel — angegeben. Es hat dies seinen Grund in dem Umstande, dass in der letzteren Summe das Anlagekapital der inzwischen im Staatsbesitz übergegangenen Eisenbahnen, sowie konzessionirtes Kapital für noch nicht eröffnete Privatbahnstrecken mit enthalten war, während im Vorstehenden nur das Kapital der am 1. Januar 1885 im Betrieb gewesenen Privatbahnen angegeben ist.

aufsichtigung der Geschäftsführung der Privatbahnen getroffenen Maassnahmen anzusehen sein dürfte.[*])

Zu den im Vorstehenden angegebenen Beträgen, welche seitens der russischen Regierung zur Deckung der Zinsen für die im Privatbesitz befindlichen Aktien und Obligationen in den angegebenen Jahren gezahlt worden sind, tritt als Staatsleistung für die Privatbahnen noch der jährliche Ausfall bei der Verzinsung des vom Staate aufgebrachten Theils des Aktien- und Obligationenkapitals. Da dieser Theil am 1. Januar 1885 1 037 Millionen Rubel betrug, würde die Verzinsung zu 5 pCt. gerechnet, für 1884 etwa 52 Millionen erfordert haben. Wieviel hiervon vom Staate wirklich hat gedeckt werden müssen, geht aus den vorliegenden Quellen nicht hervor. Nach den finanziellen Eisenbahnbetriebsergebnissen des Jahres 1884 ist jedoch anzunehmen, dass der Staat für dieses Jahr den berechneten Betrag, wenn nicht ganz, so doch zum überwiegenden Theile, hat übernehmen müssen.

Die Schuld der Eisenbahngesellschaften, welche durch die aus der Reichskasse geleisteten und von den Gesellschaften nicht zurückerstatteten Zinszahlungen, sowie durch Gewährung von Vorschüssen, überlassene Bahnstrecken u. s. w. entstanden ist, hat betragen:

am 1. Januar 1885	. . .	897 112 728	Rubel	Kredit
„ 1. „ 1884	. . .	870 321 314	„	„
„ 1. „ 1883	. . .	782 888 880	„	„
„ 1. „ 1882	. . .	720 982 868	„	„

Diese Schuld ist hiernach von 1882 bis 1885 um mehr als 176 Millionen Rubel gewachsen, wobei noch zu berücksichtigen ist, dass die Schulden der inzwischen verstaatlichten Privatbahnen in dem für 1885 angegebenen Schuldbetrage nicht mehr einbegriffen sind.

Getilgt waren:

am 1. Januar 1885 an Aktienkapital . 13 662 212 Rubel
„ Obligationskapital 22 435 100 „
„ 1. „ 1884 „ Aktienkapital . 12 024 276 „
„ Obligationskapital 19 433 068 „

An Reservekapital waren vorhanden:

am 1. Januar 1885 . . . 9 768 280 Rubel
„ 1. „ 1884 . . . 9 837 780 „

---

[*]) Vgl. den Aufsatz: „Zur Eisenbahnfrage in Russland" Archiv 1887 S. 407 u. ff.

III. Betriebsmittel und deren Leistungen.
a) Bestand am 31. Dezember.

| | Staats- | | Privat- | | Zusammen | |
| | Eisenbahnen | | | | | |
	1884	1883	1884	1883	1884	1883
Bahnlänge, auf welche sich die nachstehenden Angaben beziehen . . . . Werst	2 295	1 471	20 744	20 744	23 039	22 215
Betriebslänge im Jahresdurchschnitt . . . . Werst	1 788	1 379	20 744	20 522	22 532	21 901
Lokomotiven im Ganzen . .	386	324	5 703	5 642	6 089	5 966
„ für die Bahnwerst	0,17	0,22	0,27	0,27	0,26	0,27
Unter der Zahl der Lokomotiven befinden sich Tenderlokomotiven	5	8	175	141	180	149
Zahl der Personenwagen .	490	413	6 602	6 637	7 092	7 050
Zahl der Personenwagen-Achs. im Ganzen	1 360	1 191	19 338	19 403	20 698	20 594
Zahl der Personenwagen-Achs. für die Bahnwerst . . .	0,59	0,81	0,93	0,94	0,90	0,93
Zahl der Sitzplätze in den Personenwagen	16 356	14 117	245 791	249 703	262 147	263 820
Zahl der Sitzplätze in einem Personenwagen durchschn.	33,38	34,18	37,23	37,62	36,96	37,42
Zahl der Sitzplätze für die Bahnwerst	7,13	9,60	11,84	12,04	11,37	11,86
Zahl der Güterwagen . . .	7 794	6 768	111 530	111 359	119 324	118 127
Zahl der Güterwagen-Achsen im Ganzen	15 622	13 534	227 004	226 354	242 626	239 888
Zahl der Güterwagen-Achsen für die Bahnwerst . . .	6,81	9,20	10,94	10.91	10,83	10,80
Tragkraft der Güterwag. Pud*)	4 601 800	4 040 400	67 446 087	66 430 443	72 047 887	70 470 843
Mittlere Tragkraft eines Güterwagens . . . . . Pud	590.43	596,99	604,73	596,54	603,80	596,57
Durchschnittliche Tragkraft der Güterwagen für 1 Bahnwerst . . . . . Pud	2 006,02	2 746,70	3 251,35	3 202.39	3 126,78	3 172,51
Zahl der Eisenbahn-Postwagen	24	21	205	207	229	228

In dem vorstehend angegebenen Bestande an Betriebsmitteln sind auch diejenigen, welche seitens der Regierung einzelnen Gesellschaften aus dem der Krone gehörigen Bestande zur ständigen Benutzung gegen Anrechnung der Beschaffungskosten übergeben worden sind. Es waren dies im Ganzen

*) 1 Pud = 16,38 Kg.

	Ende	
	1884	1883
Lokomotiven	225	347
Personenwagen	60	34
Güterwagen	7 374	10 227
Tragfähigkeit der letzteren . Pud	4 492 850	5 850 650
Postwagen	86	71

Dass hiernach Ende 1884 weniger Lokomotiven und Güterwagen aus dem Kronbestande an Gesellschaften verliehen waren, als Ende 1883, rührt wahrscheinlich daher, dass im Laufe des Jahres 1884 einigen Gesellschaften die Erhöhung ihres Obligationenkapitals gestattet worden ist, wobei der Regierung der Beschaffungspreis der Betriebsmittel zurückerstattet wurde und letztere in das Eigenthum der betreffenden Gesellschaften übergingen.

Die Ausstattung der einzelnen wichtigeren Eisenbahnnetze mit Betriebsmitteln am Schlusse des Jahres 1883 und 1884 ist aus nachstehender Zusammenstellung ersichtlich:

		Betriebslänge am Jahresschluss Werst	Lokomotiven im Ganzen	für die Bahnwerst	Personenwagen Zahl	Achsen im Ganzen	Achsen für die Bahnw.	Güterwagen Zahl.	Achsen im Ganzen	Achsen für die Bahnwerst
1	Südwestbahnen . . . 1883	2 207	718	0,31	892	2 583	1,13	13 862	27 915	12,15
	1884	„	717	0,30	889	2 562	1,10	13 663	27 676	12,04
2	Grosse russ. Eisenbahngesellschaft									
	a) St. Petersburg-Moskau									
	(Nikolaibahn) . 1883	609	461	0,76	309	1 191	1,96	10 221	22 382	37,05
	1884	„	460	0,76	309	1 190	1,96	10 221	22 382	37,05
	b) St. Petersburg-Warschau									
	1883	1 207	278	0,23	374	1 126	0,93	5 976	12 057	9,99
	1884	„	278	0,23	376	1 128	0,93	5 974	12 041	9,97
	c) Moskau-Nischnigorod									
	1883	410	149	0,36	222	666	1,62	3 662	7 368	17,97
	1884	„	149	0,36	222	666	1,62	3 663	7 370	17,97
3	Moskau-Brest . . . 1883	1 028	254	0,24	303	909	0,88	3 844	7 726	7,51
	1884	„	254	0,24	303	909	0,88	3 844	7 726	7,51
4	„ -Kursk . . . 1883	512	216	0,43	327	981	1,95	4 367	8 820	17,53
	1884	„	216	0,43	327	981	1,95	4 367	8 820	17,53
5	„ -Rjäsan . . . 1883	243	103	0,42	143	378	1,60	2 167	4 336	17,84
	1884	„	103	0,42	142	377	1,60	2 167	4 336	17,84

		Betriebslänge am Jahresschluss Werst	Lokomotiven		Personenwagen			Güterwagen		
			Im Ganzen	für die Bahnwerst	Zahl	Achsen Im Ganzen	Achsen für die Bahnw.	Zahl	Achsen Im Ganzen	Achsen für die Bahnw.-werst
6	Libau-Romny									
	a) Libau-Koschedary und Radsiwilischki-Kalkuhn									
	1883	480	103	0,21	78	234	0,49	1 699	3 410	7,10
	1884	„	103	0,21	78	234	0,49	1 701	3 414	7,10
	b) Wilejka-Romny . 1883	711	186	0,26	127	370	0,51	3 400	6 814	9,46
	1884	„	186	0,26	127	370	0,51	3 403	6 820	9,50
7	Baltische Eisenbahn . 1883	568	128	0,23	279	825	1,45	2 461	4 968	8,73
	1884	„	130	0,23	271	801	1,41	2 404	4 854	8,55
8	Riga-Dünaburg . . . 1883	231	79	0,31	109	234	1,13	1 701	3 547	15,35
	1884	„	78	0,34	100	223	0,97	1 693	3 532	15,29
9	Dünaburg-Witebsk . 1883	244	91	0,37	95	192	0,79	1 451	2 909	11,92
	1884	„	91	0,37	88	199	0,82	1 447	2 901	11,89
10	Orel-Witebsk . . . 1883	488	135	0,23	131	393	0,80	2 983	5 976	12,24
	1884	„	135	0,23	131	393	0,80	2 799	5 964	12,22
11	Orel-Grjäsy 1883	283	91	0,31	80	240	0,83	2 046	4 100	14,13
	1884	„	91	0,31	80	240	0,83	2 134	4 268	15,09
12	Kursk-Kiew 1883	439	78	0,17	115	346	0,78	1 508	3 049	6,92
	1884	„	83	0,18	115	346	0,79	1 520	3 073	6,95
13	Kursk-Charkow-Asow'sches Meer 1883	763	251	0,33	288	870	1,10	5 119	10 268	13,4
	1884	„	251	0,33	288	870	1,10	5 119	10 268	13,4
14	Losowo-Sewastopol . 1883	644	159	0,25	158	474	0,74	2 744	5 520	8,57
	1884	„	159	0,25	158	474	0,74	2 744	5 520	8,57
15	Koslow-Woronesch-Rostow 1883	780	212	0,27	243	729	0,9	4 110	8 237	10,56
	1884	„	212	0,27	243	729	0,9	4 110	8 263	10,60
16	Transkaukasische Eisenbahn 1883	940	153	0,16	199	572	0,61	2 533	5 066	5,38
	1884	„	170	0,18	200	574	0 61	2 532	5 084	5,40
17	Weichselbahn . . . 1883	507	114	0,22	116	348	0,68	1 714	3 442	6,79
	1884	„	114	0,22	116	348	0,68	1 714	3 442	6,79
18	Warschau-Wien . . 1883	325	225	0,69	192	452	1,39	4 125	8 573	26,38
	1884	„	229	0,70	192	452	1,39	4 361	9 043	27,82
19	„ -Bromberg . 1883	138	37	0,27	65	176	1,27	558	1 346	9,75
	1884	„	38	0,28	65	176	1,27	558	1 346	9,75

b) Leistungen der Betriebsmittel in den Jahren 1883 und 1884.

	Jahr	Staats- Bahnen	Privat- Bahnen	Zusammen
Lokomotiven haben vor Zügen zurückgelegt . . . . Werst	1883	4 519 004	103 621 606	108 140 610
	1884	4 834 600	102 204 122	107 038 722

	Jahr	Staats-	Privat-	Zusammen
		Bahnen		
Davon wurden mit 2 Lokomotiven gefahren . . . . Werst	1883	200 916	5 402 360	5 603 276
	1884	233 336	4 998 081	5 231 417
Lokomotiven fuhren leer, im Rangirdienst*) u. s. w. . . . . . Werst	1883	1 910 977	40 457 947	42 368 924
	1884	1 997 240	39 344 061	41 341 301
Zusammen Leistungen der Lokomotiven . . . . Werst	1883	6 429 981	144 079 553	150 509 534
	1884	6 831 840	141 548 183	148 380 023
Eigene Personenwagen haben auf der eigenen und auf fremden Bahnen zurückgelegt . . . . . Achswerst	1883	35 774 000	837 311 000	873 085 000
	1884	42 670 000	840 278 000	882 948 000
Durchschnittlich die Achse . . Werst	1883	30 037	43 154	42 395
	1884	31 375	43 449	42 659
Fremde Personenwagen haben auf der eigenen Bahn zurückgelegt Achswerst	1883	444 000	50 555 000	50 999 000
	1884	1 034 000	34 750 000	35 784 000
Von eigenen und fremden Personenwagen zusammen sind auf der eigenen Bahn zurückgelegt worden . . Achswerst	1883	35 591 000	844 280 000	879 871 000
	1884	42 525 000	844 110 000	886 635 000
Von eigenen Güterwagen sind auf der eigenen und auf fremden Bahnen zurückgelegt worden . . Achswerst	1883	185 714 000	3 868 220 000	4 053 934 000
	1884	212 037 000	3 883 412 000	4 095 449 000
Durchschnittlich hat 1 Achse zurückgelegt . . . . Werst	1883	13 723	17 089	16 899
	1884	13 573	17 107	16 880
Von fremden Güterwagen wurden auf der eigenen Bahn zurückgelegt Achswerst	1883	106 208 000	2 253 545 000	2 359 753 000
	1884	119 571 000	2 332 125 000	2 451 696 000
Zusammen wurden von eigenen und fremden Güterwagen auf der eigenen Bahn geleistet . . . . Achswerst	1883	154 130 000	4 044 495 000	4 198 625 000
	1884	168 017 000	4 092 959 000	4 260 976 000
Eigene und fremde Postwagen haben auf der eigenen Bahn zurückgelegt Achswerst	1883	2 693 000	42 427 000	45 120 000
	1884	3 260 000	39 044 000	42 304 000
Ueber jede Werst Bahnlänge sind im Durchschnitt von eigenen u. fremden Personen-, Güter- und Postwagen gefahren worden . . . . Achswerst	1883	139 529	240 289	233 944
	1884	119 576	239 882	230 591

*) 1 Stunde Rangirdienst einer Lokomotive ist = 8, und 1 Stunde Wartedienst unter Dampf = 1 Werst Fahrt gerechnet worden.

Zum Vergleich der aus den vorstehend zuletzt angegebenen Zahlen ersichtlichen spezifischen Frequenz auf den russischen Bahnen ist zu bemerken, dass die Zahl bei den deutschen Eisenbahnen im Betriebsjahr 1885 der durchschnittlich auf 1 km Betriebslänge 266 344 Personen-, Gepäck-, Güter- und Post-Wagenachskm. geleistet wurden.

Von den bei russischen Staats- und Privatbahnen im Ganzen geleisteten Lokomotivwerst (148 380 023 in 1884, 150 509 534 in 1883) kamen auf

	1884	1883
Verkehrszüge von grosser und mittlerer Geschwindigkeit . . . . %	24,75	24,51
Verkehrszüge von geringer Geschwindigkeit . . „	44,45	44,40
Militärzüge . . . . „	0,45	0,50
Dienstzüge (im Interesse der Bahnunterhaltung u. s. w.) %	2,49	2,44
Leerfahrten . . . . „	27,86	28,15
Zusammen . .	100,00	100,00

Die Feuerung der Lokomotiven erfolgte	1884		1883	
	im Ganzen Lokomotivwerst	in %	im Ganzen Lokomotivwerst	in %
mit Holz bei	66 886 402	45,08	71 334 729	47,40
mit mineralischen Brennstoffen bei	81 493 621	54,92	79 174 805	52,60
	148 380 023	100,00	150 509 534	100,00

An mineralischen Brennstoffen wurden verwandt:

	1884	1883	1882	1881
	Lokomotivwerst			
Anthrazit bei . . .	6 924 799	8 738 536	8 825 329	7 729 508
Eigentliche Steinkohlen bei	64 709 327	63 482 808	63 270 853	55 807 874
Briquets bei	2 913 878	3 232 938	3 520 409	9 515 324
Kokes bei	—	62 803	63 533	19 864
Torf bei	1 276 794	1 328 508	1 725 191	2 244 880
Naphta bei	5 667 923	2 329 212	83 420	63 846
	81 492 721	79 174 805	77 488 735	75 381 296

Aus der letzteren Zusammenstellung ist zu ersehen, dass die Verwendung von Naphta in der Lokomotivheizung in bedeutendem Maasse zugenommen hat.

IV. Finanzielle Betriebsergebnisse.

Die nachstehenden Angaben beziehen sich auf die Staats- und Privatbahnen des europäischen Russlands mit Ausschluss Finnlands.

	1884	1883	1882	1881
Betriebslänge:				
am Jahresschluss . . Werst	23 054	22 215	21 593	21 262
im Jahresdurchschnitt „	22 507	21 900	21 321	21 232
Roheinnahme*):				
im Ganzen . . . . Rbl.	229 765 817	231 875 496	215 162 891	200 840 088
für die Werst Bahnlänge „	10 209	10 588	10 092	9 460
für die Zug-Werst . . Kop.	226	226	222	215
Ausgabe:				
im Ganzen . . . . Rbl.	143 512 853	147 437 307	144 772 444	145 126 071
für die Werst Bahnlänge „	6 376	6 732	6 790	6 836
für die Zug-Werst . . Kop.	141	144	149	155
Verhältniss der Ausgabe zur Einnahme . . . in Proz.	62,46	63,58	67,29	72,26
Ueberschuss:				
im Ganzen . . . . . Rbl.	86 252 964	84 438 190	70 390 447	55 714 017
für die Werst Bahnlänge „	3 833	3 856	3 302	2 624
für die Zug-Werst . . Kop.	85	82	72	60
Verhältniss des Ueberschusses zur Einnahme . . in Proz.	37,54	36,42	32,71	27,74
In der vorangegebenen Roheinnahme ist enthalten:				
die Einnahme aus dem Personen-Verkehr mit . Rbl.	45 126 201	45 752 257	45 184 600	42 895 833
die Einnahme aus dem Güter-Verkehr mit . . . Rbl.	178 343 282	180 016 148	164 344 518	151 021 982
Auf die Werst Bahnlänge wurde eingenommen:				
aus dem Personen-Verkehr Rbl.	2 005	2 089	2 119	2 020
aus dem Güter-Verkehr (ausschliesslich der Post) Rbl.	6 798	7 103	6 649	6 131
Für eine im Güter-Verkehr geleistete Pud-Werst wurde durchschnittlich eingenommen Kop.	0,027	0,028	0,029	0,030
Desgleichen für eine Personen-Werst . . . . . Kop.	1,20	1,19	1,22	1,23

*) Die Staatssteuer, welche in Gemässheit eines Kaiserl. Erlasses vom 26. Dezember 1878 aus dem Personen-, Gepäck- und Eilgutverkehr erhoben wird, ist in den angegebenen Einnahmebeträgen nicht einbegriffen.

Die Roheinnahme, welche im Jahre 1883 gegen die beiden Vorjahre
sowohl im Ganzen, als auch für die Werst Bahnlänge und für die Zug-
Werst gestiegen war, ist im Jahre 1884 gegen 1883 wieder zurückgegangen,
beziehungsweise für die Zugwerst sich gleich geblieben. Dagegen ist in
1884 die Ausgabe wesentlich herabgemindert worden, sodass sich in 1884
im Ganzen ein höherer Ueberschuss, für die Werst Bahnlänge ein nur
wenig niedrigerer als in 1883 ergeben hat. Das 1881 eingetretene
bedeutende Wachsen des Ueberschusses — um mehr als 30 Millionen
Rubel — dürfte in der seit jener Zeit stattgehabten strengeren Handhabung der Staatsaufsicht über den Betrieb und die Geschäftsgebahrung
der Privatbahnen seinen Grund haben. Behufs Vergleichs sind im Nachstehenden die wesentlichsten finanziellen Ergebnisse des Betriebes der
russischen Eisenbahnen in 1883 und 1884 mit den entsprechenden Ergebnissen der deutschen Eisenbahnen in den Betriebsjahren 1883/84 und
1884/85 zusammengestellt.

Auf 1 km Bahnlänge hat betragen:

	Deutsche		Russische	
	Eisenbahnen			
	1883/84	1884/85	1883	1884
die Roheinnahme . . . . . . ℳ	28 237	27 770	22 330	21 531
die Ausgabe . . . . „	15 843	15 487	14 196	13 447
der Ueberschuss . . . . . . „	12 394	12 283	8 134	8 084
Verhältniss der Ausgabe zur Einnahme in Prozenten	56,11	55,77	63,58	62,46
In der vorangegebenen Roheinnahme ist enthalten die Einnahme aus dem Personenverkehr mit . . . . ℳ	7 521	7 529	4 405	4 229
die Einnahme aus dem Güterverk. m. ℳ	19 201	29 383	14 980	14 337

Beamte und Arbeiter im Jahre 1884.

Die nachstehenden Angaben über den Bestand der russischen Eisenbahnen an Beamten und Arbeitern und die an dieselben an Gehalt, Nebenbezügen und Lohn gezahlten Geldbeträge beziehen sich auf die im europäischen Russland mit Ausschluss von Finnland befindlichen Staats- und
Privatbahnen. Die Zahl der Beamten und ständigen Arbeiter ist nach dem
Stande am Jahresschlusse angegeben, während die Zahl der durchschnittlich beschäftigten Tagearbeiter dadurch erhalten wurde, dass die Gesammtzahl der Arbeitstage durch 300 dividirt wurde. In den angegebenen Zahlen
sind nicht inbegriffen die Beamten der Regierungsinspektionen und Direktionen, der Eisenbahn-Gendarmerie und der dem Ministerium der Verkehrsanstalten unmittelbar unterstellten Eisenbahnschulen, sowie die von Unternehmern beschäftigten Arbeiter.

Dienstzweige	Staatsbahnen (Länge Ende 1884 = 2 295 Werst, durchschnittl. Betrieb. in 1884 = 1788 Werst)						Privatbahnen (Länge Ende 1884 = 20 744 Werst, Betriebslänge in 1884 ebenso gross)					
	Beamte u. ständige Arbeiter		Tagearbeiter		Zusammen		Beamte und ständige Arbeiter		Tagearbeiter		Zusammen	
	Zahl	an Gehalt, Nebenbez. und Lohn gezahlter Betrag Rubel	Zahl	an Löhnen gezahlter Betrag Rubel	Zahl	gezahlter Geldbetrag Rubel	Zahl	an Gehalt, Nebenbez. und Lohn gezahlter Betrag Rubel	Zahl	an Löhnen gezahlter Betrag Rubel	Zahl	gezahlter Geldbetrag Rubel
Zentralverwaltung	128	115 545	—	—	128	115 545	1 992	3 289 357	—	—	1 992	3 289 357
Örtliche Hauptverwaltung	777	550 166	56	10 666	833	560 832	8 849	6 197 629	1 508	249 120	10 352	6 446 749
Zusammen	905	665 711	56	10 666	961	676 377	10 841	9 486 986	1 503	249 120	12 344	9 736 106
Bahnunterhaltungsdienst	5 455	706 312	1 157	152 737	6 612	859 049	62 800	11 030 606	16 843	2 703 698	79 643	18 734 304
Telegraphendienst	465	126 903	34	6 503	499	133 406	6 683	2 557 109	397	87 457	7 080	2 644 566
Verkehrsdienst	2 119	746 381	181	17 626	2 250	764 007	44 136	15 200 301	4 497	986 893	48 633	16 187 194
Zugförderungsdienst und Verwaltung d. Rollmaterials	1 668	768 437	2 170	616 290	3 838	1 384 727	22 749	13 586 648	30 227	9 427 160	52 976	23 013 808
Sämmtliche Dienstzweige zusammen	10 612	3 013 744	3 548	803 822	14 160	3 817 566	147 209	51 861 650	53 467 / 3 548 / 57 015	13 454 828	200 656	65 315 978
Auf 1 Werst Bahnlänge komm. hiernach	4,61	1 685	1,55	450	6,16	2 135	7,09	2 500	2,58	649	9,67	3 149

Bei den Staats- und Privatbahnen zusammen waren im Jahre 1884 hiernach 157 821 Beamte und ständige Arbeiter nebst 57 015 Tagearbeiter beschäftigt. An diese Beamten und Arbeiter wurde an Gehalt, Nebenbezügen (Reisekosten u. dergl.) und Lohn 69 133 544 Rubel gezahlt. Im Durchschnitt sämmtlicher Bahnen kommen auf die Werst Bahnlänge 6,83 Beamte und ständige Arbeiter (6,4 auf das km) und 2,48 Tagearbeiter (2,32 auf das km), zusammen 9,31 beschäftigte Personen (8,72 auf das km).

Der an Beamte und Arbeiter an Gehalt, Nebenbezügen und Lohn gezahlte Betrag berechnet sich für 1 km Bahnlänge für das Jahr 1884 auf 6 478 Mark, bei den deutschen Bahnen für das Jahr 1884/85 auf 8 313 Mark, ausschliesslich der Kosten der Werkstättenverwaltung, welche in der Angabe für die russischen Bahnen anscheinend einbegriffen sind.

Unter der Zahl der voraufgeführten in 1884 bei den russischen Eisenbahnen beschäftigten Beamten und Arbeitern befanden sich:

	Staats-	Privat-	Zusammen
	Bahnen.		
Lokomotivführer und Gehülfen derselben . .	444	7 574	8 018
Lokomotivheizer	77	2 736	2 813
Oberschaffner und Schaffner	452	10 143	10 595
Weichensteller	548	10 625	11 173
Beim Rangirdienst beschäftigte Personen . .	98	1 887	1 985
Bahnwärter	1 162	18 182	19 344

VI. Unfälle in den Jahren 1883 und 1884.

	1883	1884
Länge am Jahresschluss (Staats- und Privatbahnen des europäischen Russlands mit Ausschluss von Finnland) . . . . Werst	22 215	23 039
Mittlere Betriebslänge . . . . "	21 901	22 507
Es fanden statt:		
Entgleisungen auf freier Strecke	134	108
" " Stationen	173	143
Zusammenstösse auf freier Strecke	15	18
" " Stationenen	95	46
Sonstige Unfälle auf freier Strecke	287	256
" " " Stationen	212	180
Im Ganzen Unfälle auf freier Strecke	436	382
" " " Stationen	480	369

Getödtet wurden beim Eisenbahnbetriebe in 1884 420, in 1883 439 Personen, verletzt in 1884 654, in 1883 717 Personen.

	1883	1884
Gesammtzahl der beförderten Reisenden	37 561 107	37 799 147
Von den Reisenden wurden zurückgelegt . Personenwerst	3 829 482 000	3 748 167 000
" " Zügen " " . . . Zugwerst	102 537 334	101 807 305

	1883		1884	
	ge-tödtet	ver-letzt	ge-tödtet	ver-letzt
Bei Bewegung der Züge wurden Reisende	24	78	25	85
Davon bei Entgleisungen	—	—	1	2
„ „ Zusammenstössen	—	2	1	1
Ohne eigenes Verschulden wurden Reisende.	—	3	2	4
In Folge eigener Schuld oder Unvorsichtigkeit wurden				
Reisende	24	75	23	81
Auf 1 Million beförderter Reisender kamen	0,64	2,08	0,66	2,25
„ 1 „ Personenwerst kamen	0,006	0,020	0,006	0,022
„ 1 „ Zugwerst „	0,22	0,76	0,25	0,83
Eisenbahnbeamte und Arbeiter wurden	211	456	172	387
Davon bei Entgleisungen	4	26	2	27
„ Zusammenstössen	3	20	4	16
beim Rangiren	71	198	54	163
Ohne eigenes Verschulden	14	78	13	68
In Folge eigener Schuld oder Unvorsichtigkeit	197	378	159	319
Auf 1 Million Zugwerst kamen	2,06	4,45	1,89	3,80
Unter den verunglückten Eisenbahnbediensteten befanden sich				
Lokomotivführer, Gehülfen derselben und Heizer . .	10	61	12	40
Oberschaffner und Schaffner	24	60	16	70
Weichensteller	20	46	12	28
beim Rangiren beschäftigte Personen	15	64	13	43
Bahnwärter	62	49	46	46
Sonstige Personen wurden	204	183	223	182
Davon ohne eigenes Verschulden	9	12	12	14
aus eigener Schuld oder Unvorsichtigkeit. . .	195	171	211	168
Auf 1 Million Zugwerst kamen Verunglückungen sonstiger				
Personen	1,99	1,79	2,19	1,78
Unter den verunglückten sonstigen Personen befanden sich				
Selbstmörder und solche, welche Selbstmord versuchten	50	8	51	14
Ausserhalb des eigentlichen Eisenbahnbetriebes,				
beim Be- und Entladen von Wagen, in Werkstätten,				
bei Bauarbeiten und dergleichen wurden Personen . .	18	252	24	215
Davon ohne eigenes Verschulden	6	37	7	34
in Folge eigenen Verschuldens oder Unvorsich-				
tigkeit.	12	215	17	181
In Folge von Unfällen, welche mit dem Eisenbahn-				
betriebe nicht im Zusammenhange stehen, wie				
plötzliche Todesfälle, Blitzschlag, Verbrechen gegen das				
Leben und dergleichen wurden auf den Eisenbahnen				
ausserdem noch Personen	97	22	101	39

VI. Uebersicht der Hauptergebnisse der russischen Eisenbahnen für die Jahre 1875 bis einschliesslich 1885.

Die nachstehende Uebersicht giebt in abgerundeten Zahlen ein Bild der Entwicklung der russischen Eisenbahnen in Bezug auf Roheinnahme, Ausgabe und Ueberschuss. Die Angaben beziehen sich ebenso, wie die vorhergehenden, auf die Eisenbahnen des europäischen Russlands mit Ausschluss Finnlands. Die Angaben für die Jahre 1875 bis 1884 sind den vom Ministerium der Verkehrsanstalten herausgegebenen statistischen Nachrichten, die auf das Jahr 1885 bezüglichen Angaben einer Mittheilung der in Kiew erscheinenden Monatsschrift „Der Ingenieur" entnommen. Diese letzteren Angaben dürften indessen ebenfalls auf amtlicher Grundlage beruhen.

Jahr	Länge am Jahres- schluss	Roh- einnahme	Ausgabe	Ueber- schuss	Der Ausgabe Verhältniss zur Roheinnahme	Des Ueber- schusses
	Tausend Werst	Millionen Rubel			Prozent	
1875	17,7	142,4	93,6	48,8	65,7	34,3
1876	18,3	147,7	100,4	47,3	68,0	32,0
1877	19,3	193,5	121,7	71,8	62,9	37,1
1878	20,5	221,7	145,7	76,0	65,7	34,3
1879	21,1	213,2	152,7	60,5	71,7	28,3
1880	21,2	193,2	151,7	41,5	78,5	21,5
1881	21,3	200,8	145,1	55,7	72,3	27,7
1882	21,6	215,2	144,8	70,4	67,3	32,7
1883	22,2	231,9	147,4	84,5	63,6	36,4
1884	23,1	229,8	143,5	86,3	62,5	37,5
Mittel der 10 Jahre . . .	20,6	198,9	134,6	64,3	67,8	32,3
1885	24,0	233,5	140,3	93,2	60,0	40,0
Prozentuales Verhältniss des Ergebnisses von 1885 a) im Vergleich zum Mittel der 10 vorhergehenden Jahre	+ 16,5	+ 17,3	+ 4,2	+45,3	— 7,8	+ 7,8
b) im Vergleich zu 1875	+ 36,5	+ 63,9	+ 69,8	+90,9	— 5,7	+ 5,7

Die Einnahme sowohl, als die Ausgabe sind hiernach seit 1875 in stärkerem Maasse gewachsen, als die Ausdehnung des Bahnnetzes. Besonders günstig zeigt sich die seit 1882 eingetretene Ermässigung der Ausgaben und die hierdurch sowie durch die gleichzeitig eingetretene Erhöhung der Roheinnahme hervorgerufene Steigerung des Ueberschusses. Letzterer hat im Jahre 1885 sowohl in seinem Betrage, als im Verhältniss zur Roheinnahme eine bis dahin noch nicht dagewesene Höhe erreicht. Dieses günstige Ergebniss dürfte wohl vorzugsweise in der seit 1882 eingetretenen Verschärfung der Staatsaufsicht seinen Grund haben.

Die nachstehende Uebersicht zeigt noch die Entwicklung der auf die Werst Bahnlänge und die Zugwerst bezogenen finanziellen Ergebnisse an.

Jahr	Roheinnahme		Ausgabe		Ueberschuss	
	auf die Werst Bahnlänge	auf die Zug·Werst	auf die Werst Bahnlänge	für die Zug·Werst	auf die Werst Bahnlänge	auf die Zug·Werst
	Rubel	Kop.	Rubel	Kop.	Rubel	Kop.
1875	8 210	204	5 394	134	2 816	70
1876	8 312	208	5 653	142	2 659	66
1877	10 201	217	6 414	136	3 787	81
1878	11 223	224	7 378	148	3 845	76
1879	10 282	216	7 366	155	2 916	61
1880	9 145	208	7 178	168	1 967	45
1881	9 460	215	6 836	155	2 624	60
1882	10 092	222	6 790	149	3 301	73
1883	10 587	226	6 732	144	3 855	82
1884	10 209	226	6 375	141	3 834	85
Mittel der 10 Jahre . . .	9 772	216	6 611	146	3 161	70
1885	10 097	227	6 066	136	4 031	91
Prozentuales Verhältniss des Ergebnisses des J. 1885 a) im Vergleich zum Mittel der 10 Jahre . . .	+ 3,3	+ 5,0	— 8,2	— 4,1	+ 27,5	+ 41,4
b) im Vergleich zu 1875	+22,9	+11,3	+12,4	+ 1,4	+ 43,1	+ 29,7

Auf die Werst Bahnlänge berechnet, ist die Einnahme in 1885 um nahezu 23 Prozent, die Ausgabe aber nur um etwa 12 Prozent gestiegen. Auf die Zugwerst berechnet, ist die Einnahme um 11, die Ausgabe nur um 1,4 Prozent gewachsen. Das finanzielle Ergebniss der russischen Eisenbahnen entwickelt sich hiernach in den letzten Jahren in sehr günstiger Weise.

H. C.

Die Eisenbahnen im Grossherzogthum Baden im Jahre 1885.*)

1. Längen.

Dem Vorjahre gegenüber ist die Betriebslänge nur durch die am 26. August für den Nebenbahnbetrieb eröffnete eingeleisige Privatbahnstrecke: Ettlingen Bahnhof-Ettlingen Stadt um $1_{,80}$ km vermehrt worden, sodass am 31. Dezember 1885 im Betrieb waren:

	Im Ganzen km	davon als Nebenbahn betrieben. km
I. Badische Staatsbahnen	1 185,06	107,17
II. gepachtete Strecken	24,48	—
III. mitbetriebene Strecken	4,89	—
IV. Privatbahnen	104,66	49,34
Zusammen	1 319,09	156,51
Doppelgeleisig waren davon . . .	396,86	—

Im Jahresdurchschnitt waren im Betrieb
für den Personenverkehr (abzüglich $12_{,00}$ km) . 1 305,92 km
„ „ Güterverkehr (abzüglich $1_{,80}$ km) . . . 1 317,29 „
Die volle Eigenthumslänge der Staatsbahnen betrug
(zuzüglich von $1_{,64}$ km verpachtete Strecke). . . 1 186,70 „

Die Gesammtlänge des Eisenbahnnetzes auf badischem Gebiete ergiebt sich hiernach nach Abzug der auf anderen Staatsgebieten (Preussen, Bayern, Württemberg, Hessen-Darmstadt und Schweiz) liegenden badischen Eisenbahnen und Hinzurechnung der auf badischem Gebiete liegenden auswärtigen Bahnen einschliesslich der verpachteten $1_{,64}$ km und der badischen Strecke der Main-Neckarbahn ($38_{,78}$—$0_{,50}$ = $38_{,28}$ zu 1 330,64 km.

---

*) Vergl. die Statistik der badischen Bahnen für 1884 Archiv 1886 S. 658 ff. Die nachstehenden Angaben sind dem von der Grossherzogl. Generaldirektion der bad. Staatsbahnen herausgegebenen „Jahresberichte über die Eisenbahnen und die Dampfschifffahrt im Grossherzogthum Baden für das Jahr 1885" (Karlsruhe 1886) entnommen.

2. Betriebsmittel und Leistungen derselben.

Am Schlusse des Jahres 1885 waren vorhanden:

439 Lokomotiven und

383 Tender,

auf das Kilometer Bahnlänge hiernach 0,333 Lokomotiven.

1 091 Personenwagen mit	. . .	2 223	Achsen
7 059 Lastwagen	„ . . .	14 224	„
zusammen 8 150 Wagen mit	. . . . .	16 447	Achsen.

Auf 1 km Bahnlänge entfallen:

0,827 Personenwagen mit	. . . .	1,685	Achsen
5,351 Güterwagen	„ . . .	10,783	„
im Ganzen 6,178 Wagen mit	. . . . . .	12,468	Achsen.

Mit Westinghouse-Bremse und Interkommunikationssignal waren Ende 1885 476 Gepäck- und Personenwagen versehen,

mit Westinghouse-Bremsleitung und Interkommunikationssignal 235 Personenwagen.

Geleistet wurden:

von den 439 Lokomotiven zusammen 12 706 211 km,

auf 1 Maschine 28 944 „

die gleiche Leistung wie im Vorjahre.

Von den 8 150 badischen Wagen (mit 16 447 Achsen)

auf badischen Bahnen	. . .	206 538 952	Achskilometer
„ auswärtigen „	. . .	77 965 824	„
zusammen		284 504 776	Achskilometer.
durchschnittlich für 1 Achse		17 298	„

Die Ausnützung der Personenwagen betrug für jedes Achskilometer derselben

in 1885 = 4,21 Personen

„ 1884 = 4,16 „

3. Anlagekapital.

Am Jahresschlusse 1885 betrug das Anlagekapital:

bei den Staatsbahnen	. . . .	403 085 525,25 $\mathcal{M}$
„ ., Privatbahnen	. . . .	11 080 349,42 „
zusammen		414 165 874,67 $\mathcal{M}$

also für 1 km Eigenthumslänge:

bei den Staatseisenbahnen (1 186,70 km)	. . . . .	= 339 669 $\mathcal{M}$
„ „ Privatbahnen (im Staatsbetrieb 104,66 km)	. .	= 105 870 „
zusammen (1 291,36 km)		= 320 721 $\mathcal{M}$

Das der Renteberechnung zu Grunde liegende Anlagekapital beziffert sich auf 412 208 216,₈₀ $\mathscr{M}$.

4. Beamte und Arbeiter.

Die Zahl der Beamten und Arbeiter betrug im Jahre 1885:

	etatsmässige	diätarische	Arbeiter
	Beamte		
	im Jahresdurchschnitt		
A. Allgemeine Verwaltung	282,₁₉	18	15,₇₀
B. Bahn- „	856	10,₅₀	1 219,₁₅
B. Transport-Verwaltung:			
a) äusserer Bahnhofsdienst . .	1 344	2,₀₅	707,₇₀
b) Expeditionsdienst	668	52,₇₀	530,₁₀
c) Zugbegleitungsdienst . . .	540	24,₈₀	502,₈₀
d) Zugbeförderungsdienst . . .	690	—	527,₅₀
zusammen . .	4 380,₁₉	107,₅₅	3 502,₉₅
Werkstätten-Verwaltung	85	14	1 614,₆₄
Im Ganzen . .	4 465,₁₉	121,₅₅	5 117,₅₉

5. Verkehr und finanzielle Betriebsergebnisse.

		1885	1884
Beförderte Personen		13 001 095	11 526 778
Güter (gegen Frachtzahlung)	t	5 210 912	5 274 339
Dienstgüter (frachtfreie)	„	304 303	260 935
Einnnahmen:			
aus dem Personenverkehr	$\mathscr{M}$	11 453 047	10 979 001
„ „ Güterverkehr	„	18 671 990	20 110 511
„ „ Verkehr überhaupt	„	31 774 640	32 664 122
im Ganzen einschliesslich der aus sonstigen			
Quellen fliessenden	„	34 520 639	35 605 318
auf 1 km Bahnlänge	„	26 193	27 029
Ausgaben:			
im Ganzen	$\mathscr{M}$	21 692 425	22 258 877
auf 1 km Bahnlänge	„	16 459	16 897
in Prozenten der Roheinnahme	pCt.	62,₈₄	62,₅₂
Einnahmeüberschuss:			
der Staatsbahnen	$\mathscr{M}$	12 257 171	12 834 020
„ Privatbahnen	„	571 043	512 421
im Ganzen	„	12 828 214	13 346 441

		1885	1884
auf 1 km Bahnlänge	„	9 734	10 132
in Prozenten des Anlagekapitals . . .	pCt.	· 3,11	3,27
1 Person hat durchschnittlich durchfahren .	km	23,40	24,72
1 Tonne Gut desgl. .	„	75,18	75,65
Transporteinnahme auf 1 km im Durchschnitt:			
von 1 Person	₰	3,76	3,85
„ 1 Tonne Gut	„	4,93	5,04

Im Vergleich mit dem Vorjahre hat

die Zahl der Personen	um 12,79 pCt. zugenommen,
„ Tonnenzahl der Güter	„ 1,20 „ abgenommen,
„ Gesammteinnahme	„ 3,05 „ „
„ Gesammtausgabe	„ 2,54 „ „
der Einnahmeüberschuss	„ 3,86 „ „
das Anlagekapital zur Rentenberechnung .	„ 0,91 „ zugenommen.

Von der durchschnittlichen Anzahl Plätze eines Zuges waren besetzt:

		1885	1884
I. Klasse	pCt.	11,22	10,22
II. „	„	22,09	20,73
III. „	„	24,63	23.62
im Ganzen		23,10	21,97

		1885	1884
Von der gesammmten Roheinnahme mit	ℳ	34 520 639	35 605 318
entfallen auf die Staatsbahnen . . . :	„	33 135 019	34 239 319
„ „ Privatbahnen	„	1 385 620	1 365 999
Der den Privatbahnen vom Staat in Form von eingeräumten Vergünstigungen geleistete Betriebsüberschuss bezifferte sich auf . . .	ℳ	239 204	271 288
Von den Roheinnahmen mit . . .	„	34 520 639	35 605 318
entfallen auf Personenbeförderung		35,33 pCt.	32,83 pCt.
„ Güterverkehr		56,94 „	59,13 „
„ sonstige Quellen		7,73 „	8,04 „

Es entfallen:	1885			1884		
	Ein-nahme ℳ	Aus-gabe ℳ	Ueber-schuss ℳ	Ein-nahme ℳ	Aus-gabe ℳ	Ueber-schuss ℳ
auf 1 Lokomotivkilometer	2,72	1,71	1,01	2,92	1,83	1,09
„ 1 Nutzkilometer	3,61	2,37	1,34	3,89	2,43	1,46
„ 1 km Bahnlänge	26 193	16 460	9 738	27 029	16 897	10 132

Hinsichtlich des Personen- und Güterverkehres ergaben sich für 1885 nachfolgende Hauptstationen:

Stationen	Verkaufte Fahrscheine		Jahres-Güterverkehr (Tonnen)	
	1885	1884	1885	1884
Mannheim	424 625	387 062	1 104 617	1 169 410
Basel	248 325	233 391	323 535	396 200
Karlsruhe (Bahnhof) . .	600 516	518 139	175 569	172 210
Heidelberg (Bahnhof) . .	370 493	330 732	171 643	159 833
Freiburg	281 993	257 228	165 459	158 028
Konstanz	72 066	70 140	94 988	101 540
Rheinau	—	—	93 187	103 243

Die Einnahmen betrugen bei obigen Hauptstationen in 1885:

im

für:	Personenverkehr $\mathscr{M}$	Güterverkehr $\mathscr{M}$
Mannheim	798 512,99	5 006 317,90
Basel	692 422,99	3 924 943,22
Karlsruhe (Bahnhof)	1 180 039,72	1 378 328,94
Heidelberg (Bahnhof)	649 010,95	843 900,83
Freiburg	636 901,29	1 316 726,58
Konstanz	254 487,05	1 065 781,46
Rheinau	—	289 447,76

Bei einer Vergleichung des Verkehrs der Jahre 1885 und 1884 nach der amtlichen Waarenstatistik ergiebt sich, dass von der Gesammtbeförderung von 3 575 000 t entfallen:

		1885	1884
auf Steinkohlen	pCt.	30,63	26,94
„ Holz	„	17,36	17,19
„ Getreide	„	13,71	15,29
„ Steine	„	9,50	8,51
„ Eisen und Stahl	„	4,75	4,46
„ Salz	„	3,01	3.02
also im Ganzen	pCt.	78,96	75,41

Dem Vorjahre gegenüber ergiebt sich für 1885 eine Verkehrsabnahme von rund 200 000 t, wovon auf Getreide 43 pCt. der Abnahme entfallen.

Hinsichtlich der Monatsfrequenz ergiebt sich die höchste Einnahme im Personenverkehr:

in 1885 im August mit . . . . . 1 651 262 $\mathscr{M}$

„ 1884 „   „   „   . . . . . 1 561 140 „

im Güterverkehr:

in 1885 im Oktober mit . . . . 2 008 853 $\mathscr{M}$.

Die durchschnittliche Monatseinnahme betrug in 1885:

im Personenverkehr . . . . . 1 016 393 $\mathscr{M}$

„ Güterverkehr . . . . . . 1 692 534 „

Für das Personenkilometer beziffern sich die Einnahmen:

in 1885 auf 3,76 $\mathscr{M}$(= 33,18 pCt. der Gesammtroheinnahme im Personenverkehr)

„ 1884 „ 3,85 „(= 30,84 „ „ „ „ „)

6. Unfälle.

Es haben 14 Entgleisungen und Zusammenstösse auf Stationen stattgefunden.

Getödtet wurden:

8 Bahnbedienstete und 8 fremde Personen (6 durch Selbstmord).

Verletzt sind:

60 Bedienstete und 9 andere Personen.

Durch eigenes Verschulden (einschl. Selbstmord) erlitten den Tod:

8 Bedienstete und 8 sonstige Personen.

Verletzt wurden:

60 Bedienstete, 2 Reisende und 4 sonstige Personen.

Ohne Verschulden, bei Ausübung des Dienstes oder in Folge von Unfällen erlitten Verletzungen:

1 Reisender, 2 sonstige Personen.

zusammen:	1885		1884	
	getödtet	verletzt	getödtet	verletzt
Bedienstete	8	60	12	44
Reisende	—	3	—	—
Sonstige Personen	8	6	9	13
	16	69	21	57

7. Main-Neckarbahn.

Vom badischen Antheil der Main-Neckarbahn betrug für das Jahr 1885:

das Anlagekapital (Ende 1885 und im Jahresmittel) 8 182 389,74 $\mathscr{M}$

der Einnahmeüberschuss . . . . 607 429,10 „

Es rentirte sich daher das Anlagekapital:

in 1885 zu . . 7,42 pCt.

„ 1884 „ . . 6,94 „

8. Entwicklung der badischen Eisenbahnen in der Zeit von 1840 bis 1885.

Nachfolgende Zusammenstellung giebt einen Ueberblick über die Hauptergebnisse der Jahre 1840 bis 1885.

Betriebslänge:	1840/41	1845	1855	1865	1875	1885
im Ganzen . . km	18,67	224,93	289,53	564,93	1 155,86	1 319,09
im Jahresdurchschnitt . . „	18,67	186,05	288,73	561,33	1 150,39	1 317,91
Anlagekapital:						
im Ganzen . . ℳ	2 430 202	30 455 966	65 267 966	134 575 589	336 307 008	414 165 875
auf 1 km Bahnlänge (Eigenthumslänge) . „	130 166	135 408	225 427	238 516	298 592	320 721
Beförderte Personen Anzahl	333 740	1 838 486	1 755 443	6 362 916	10 732 202	13 001 095
Beförderte Güter t	—	67 087	290 633	1 106 680	3 281 110	5 210 912
Einnahmen:						
Im Ganzen . . ℳ	193 870	2 679 196	6 313 962	12 986 373	29 716 181	35 175 812
auf 1 km Bahnlänge . . . „	10 384	14 400	21 867	23 135	25 831	26 690
Ausgaben:						
Im Ganzen . . ℳ	132 982	1 083 883	4 469 114	6 521 859	18 477 585	21 692 425
auf 1 km Bahnlänge . . . „	7 123	5 825	15 478	11 619	16 062	16 460
in Prozenten der Roheinnahme pCt.	68,59	40,46	70,78	50,22	62,16	61,67
Einnahmeüberschuss:						
Im Ganzen . . ℳ	60 888	1 595 313	1 844 848	6 464 514	11 238 596	13 483 387
auf 1 km Bahnlänge . . . „	3 261	8 575	6 389	11 516	9 769	10 231
in Prozenten des Anlagekapitals pCt.	1,94	5,24	2,83	4,80	3,40	3,27
Durchlaufene Kilometer:						
von 1 Person . .	17,56	25,85	35,19	24,22	25,19	23,40
„ 1 Tonne Gut	—	103,70	104,81	73,19	76,68	75,16
Einnahme auf 1 km:						
auf 1 Person . ₰	3,14	3,49	3,89	3,69	4,04	3,76
„ 1 t Gut (einschl. Nebenerträge) ₰	—	11,43	10,39	7,43	6,17	4,93

Die Eisenbahnen der Schweiz in den Jahren 1883, 1884 und 1885.*)

(Nach den von dem schweizerischen Post- und Eisenbahn-Departement herausgegebenen
schweizerischen Eisenbahnstatistiken.)

1. Längen.

Bezeichnung der Bahnen	Am 31. Dezember 1883		1884		1885	
	Bau-längen	Betriebs-längen	Bau-längen	Betriebs-längen	Bau-längen	Betriebs-längen
	km	km	km	km	km	km
a) Normalbahnen mit Loko-motivbetrieb	2 668,294	2 785,320	2 667,359	2 784,399	2 667,359	2 784,399
b) Spezialbahnen desgl. (schmal-spur., Zahnrad- etc. Bahnen)	81,790	83,563	90,599	92,294	90,599	92,294
c) Drahtseilbahnen	3,386	2,714	3,546	2,876	3,653	2,981
d) Tramways	25,337	25,258	25,328	25,359	25,336	25,257
e) Bahnstrecken ausländischer Unternehmungen in der Schweiz	57,530	63,487	57,530	63,487	57,530	63,487
zusammen . .	2 836,357	2 960,342	2 844,364	2 968,215	2 844,467	2 968,318
Davon für Doppelstrecken . .	—	74,096	—	74,096	—	74,096
		2 886,246		2 894,119		2 894,222
Hiervon sind im Ausland gelegen	9,135	12,841	9,135	12,401	9,135	12,401
Insgesammt für die Schweiz	2 827,122	2 373,405	2 835,229	2 881,718	2 835,332	2 881,821
Darunter doppelgeleisig . . .	—	285,661	—	285,991	—	286,975

Die im Ausland gelegenen und für Rechnung ausländischer Eigenthümer theilweise oder ganz durch schweizerische Unternehmungen betriebenen und befahrenen Strecken werden nicht zum schweizerischen
Bahnnetz gerechnet.

Die Staatsbahn Bern-Luzern wird seit 1. Januar 1882 gegen Zahlung
eines festen Pachtzinses von den Jurabahnen auf ihre Rechnung betrieben.

Alle übrigen Bahnen gehören Aktiengesellschaften und stehen im
Privatbetrieb.

*) Vgl. Archiv 1884 S. 367 ff. u. 1885 S. 80.

Die in die Betriebsrechnungen eingestellte Betriebslänge der schweizerischen Bahnen betrug:

Bezeichnung der Bahnen	1883		1884		1885	
	am Jahres-schluss km	im Jahres-durchschnitt km	am Jahres-schluss km	im Jahres-durchschnitt km	am Jahres-schluss km	im Jahres-durchschnitt km
Normalbahnen . . .	2 797	2 758	2 795	2 795,5	2 795	2 795
Spezialbahnen . . .	86	86	95	89,4	95	95
zusammen . .	2 883	2 844	2 890	2 884,9	2 890	2 890
Davon doppelgeleisig .	287	—	287	—	287	—

2. Anlagekapital.

Das einbezahlte Kapital betrug am Jahresschlusse:

	1883 Frcs.	1884 Frcs.	1885 Frcs.
Aktien	353 692 784	355 914 446	353 359 016
Konsolidirte Anleihen . . .	570 380 816	571 305 816	571 720 313
Subventionen	122 020 105	122 131 370	121 591 934
Amortisirtes Kapital u. Baufonds aus Betriebserträgen	580 404	1 796 957	1 956 339
Dotationen	—	—	—
Insgesammt . .	1 046 674 109	1 051 148 589	1 048 627 602
Davon entfallen auf:			
Normalbahnen	1 029 129 109	1 033 166 679	1 030 918 277

Die Baukosten der im Betriebe stehenden eigenen Linien haben betragen:

	1883		1884		1885	
	zusammen Frcs.	für das Bahnkm Frcs.	zusammen Frcs.	für das Bahnkm Frcs.	zusammen Frcs.	für das Bahnkm Frcs.
Für Anlage und Ausrüstung der Eisenbahn	853 496 993	310 360	803 182 151	291 223	798 261 627	289 439
Für Beschaffung des Rollmaterials	88 689 537	30 280	86 912 181	29 472	87 004 410	29 634
Für Anlage und Ausrüstung der Werkstätten . . .	8 865 749	3 027	7 836 344	2 841	7 880 862	2 858
zusammen . .	951 052 279	343 667	897 930 676	323 536	893 146 899	321 931
Davon entfallen auf:						
Normalbahnen	933 659 700	347 715	880 504 887	328 020	875 881 955	326 419

Hierbei sind die kilometrischen Kosten für Anlage und Ausrüstung der Eisenbahn auf die Baulänge der eigenen Bahn bezogen, dagegen wurde den Durchschnitten, betreffend Beschaffung des Rollmaterials, und Anlage und Ausrüstung der Werkstätten die Betriebslänge derjenigen Linien zu Grunde gelegt, welche durch das entsprechende Rollmaterial oder die Werkstätten bedient werden.

3. Betriebsmittel und deren Leistungen.

Am 31. Dezember waren im Bestand:

	1883 im Ganzen	1883 für das Bahnkm	1884 im Ganzen	1884 für das Bahnkm	1885 im Ganzen	1885 für das Bahnkm
Lokomotiven	615	0,310	619	0,310	623	0,312
	(580)*)	(0,302)	(583)	(0,305)	(587)	(0,307)
Personenwagen	1 786	—	1 807	—	1 810	—
	(1 707)	(—)	(1 724)	(—)	(1 725)	(—)
Zahl der Sitzplätze derselben . .	79 403	27,11	80 245	27,31	80 337	27,36
	(76 454)	(26,89)	(77 120)	(27,02)	(77 199)	(27,17)
Lastwagen	8 972	—	9 031	—	9 088	—
	(8 862)	(—)	(8 913)	(—)	(8 970)	(—)
Tragkraft derselben . . . . t	92 463,0	31,57	93 020,0	31,54	93 902,5	31,96
	(91 826,0)	(32,30)	(92 337,0)	(32,35)	(93 218,5)	(32,81)

Die eigenen Lokomotiven haben durchfahren auf eigener und fremder Bahn:

	1883	1884	1885
	Lokomotivkilometer		
Im Nutzdienst	14 692 820	14 687 186	15 063 493
Vor Arbeitszügen, bei Leerfahrten und im Rangirdienst	2 714 018	2 704 499	2 752 370
zusammen . .	17 406 838	17 391 685	17 815 863
	(17 154 860)	(17 120 188)	(17 515 366)
Durchschnittlich für das Jahr und die Lokomotive	28 739	28 229	28 666
	(30 112)	(29 477)	(29 915)

Von den Personenwagen wurden gefahren:

	1883	1884	1885
	Achskilometer		
Im Ganzen	96 964 084	94 274 174	97 232 486
	(95 855 113)	(93 211 015)	(96 032 838)
Durchschnittl. für das Jahr u. die Achse	22 108	20 916	21 478
	(22 794)	(21 566)	• (22 163)

Von den Lastwagen sind gefahren:

	1883	1884	1885
	Achskilometer		
Im Ganzen	201 075 794	204 172 434	201 690 740
	(200 516 860)	(203 523 329)	(200 947 951)
Durchschnittl. für das Jahr u. die Achse	11 321	11 312	11 134
	(11 431)	(11 419)	(11 240)

*) Die hier und im Nachstehenden in Klammern eingesetzten Zahlen beziehen sich auf die Normalbahnen allein.

Die Gesammtzahl der Zugkilometer betrug:

	1883	1884	1885
Im Ganzen	13 747 649	13 888 000	14 204 732
Davon auf Normalbahnen. . . .	(13 496 074)	(13 624 395)	(13 912 922)

Es ergaben sich ferner für:

	1883	1884	1885
Durchschnittliche Zusammensetzung der Züge:			
Lokomotiven	1,055	1,045	1,048
	(1,056)	(1,046)	(1,049)
Achsen	25,38	25,34	25,23
	(25,72)	(25,70)	(25,61)
für die Lokomotive.	24,05	24,34	24,07
	(24,35)	(24,55)	(24,41)
Tägliche Züge über die Bahn:			
Im Ganzen	13,34	13,15	13,47
	(13,41)	(13,33)	(13,64)
Durchschnittlich für das Bahnkilometer:			
Zugkilometer	4 834	4 814	4 915
	(4 893)	(4 874)	(4 980)
Nutzkilometer.	5 102	5 032	5 152
	(5 170)	(5 098)	(5 223)
Achskilometer	122 684	121 968	123 989
	(125 900)	(125 251)	(127 500)

An Kilometertonnen (todtes und Nutzgewicht) sind befördert:

	1883	1884	1885
Im Ganzen	2 165 811 013	2 193 675 245	2 251 472 871
	(2 158 453 729)	(2 186 132 471)	(2 242 974 174)
Für das Bahnkilometer	761 537	760 399	779 056
	(782 616)	(781 998)	(802 495)
Für das Nutzkilometer.	149,2	151,0	151,2
	(151,3)	(153,4)	(153,7
Davon entfallen (in Prozenten des Gesammtgewichts):			
auf Nutzgewicht . . . . . %	20,7	20,9	21,0
	(20,8)	(21,0)	(21,1)
auf todtes Gewicht. . . . . %	79,3	79,1	79,0
	(79,2)	(79,0)	(78,9)

4. Verkehr.

Es wurden befördert:

	1883	1884	1885
Reisende	24 047 487	23 488 640	24 182 156
	(23 368 910)	(22 842 544)	(23 450 134)
Personenkilometer	568 721 363	521 357 623 ·	539 672 509
	(564 012 281)	(516 932 667)	(534 554 537)
Jeder Reisende legte durchschnittlich zurück . . . . km	23,65	22,20	22,31
	(24,13)	(22,63)	(22,80)
Die mittlere Ausnutzung der Sitzplätze ergab º/0	32,27	30,7	30,7
	(32,35)	(30,7)	(30,7)
Gesammtgewicht aller Güter (einschliesslich Gepäck u. Thiere) t	7 088 105	7 344 500	7 492 797
	(7 047 020)	(7 292 157)	(7 429 224)
Zahl der Tonnenkilometer: im Ganzen	406 339 259	420 251 207	433 384 198
	(406 055 489)	(419 921 708)	(432 901 391)
für das Bahnkilometer	142 911	145 673	149 943
	(147 228)	(150 213)	(154 884)
Jede Tonne Gut durchfuhr . km	57,33	57,22	57,83
	(57,62)	(57,59)	(58,37)
Die mittlere Ausnutzung der Tragkraft ergab º/0	33,13	33,3	33,9
	(33,01)	(33,3)	(33,8)

Hinsichtlich der Natur des Güterverkehrs entfielen:

	1883	1884	1885
auf Lebens- u. Genussmittel . º/0	28,08	27,87	27.36
	(28,07)	(27,70)	(27,41)
» Brennmaterialien . . . . „	19,50	20,03	21,07
	(19,47)	(20,02)	(21,05)
» Baumaterialien . . . . „	19.59	16,54	17.02
	(19,54)	(16,38)	(16,29)
» Metallindustrie . . . . „	11,33	10,45	9,70
	(11,28)	(10,50)	(9,76)
» Textilindustrie . . . . „	5 35	5,34	5,37
	(5,35)	(5,35)	(5,38)

5. Finanzielle Ergebnisse.

	1883 Frcs.	1884 Frcs.	1885 Frcs.
Betriebseinnahmen:			
aus dem Personenverkehr . . .	30 894 933	27 728 265	28 950 766
in Prozenten (der Transportein-			
nahme) . . . . °/o	43,83	40,83	41,78
	(43,15)	(40,33)	(41,11)
aus dem Güterverkehr (einschliessl.			
Gepäck u. s, w.)	39 592 764	40 184 601	40 340 747
in Prozenten (desgl.) . . . °/o	56,17	59,17	58,22
	(56,85)	(59,77)	(58,89)
aus verschiedenen Quellen . .	3 765 882	3 732 864	4 445 899
in Prozenten (der Gesammtein-			
nahmen) . . . . °/o	5,07	5,31	6,43
	(5,01)	(5.16)	(5,99)
Insgesammt . .	74 253 579	71 645 230	73 737 412
	(73 008 658)	(70 558 669)	(72 447 323)
für das Bahnkilometer	26 109	24 834	25 515
	(26 472)	(25 240)	(25 920)
„ „ Nutzkilometer	5,12	4,82	4,96
1	(5,12)	(4,95)	(4,94)
„ „ Achskilometer	0,2128	0,2036	0,2068
	(0,2103)	(0,2015)	(0,2053)
„ den Reisenden	1,28	1,18	1,20
	(1,28)	(1.18)	(1,19)
„ das Personenkilometer . . .	0,0543	0,0532	0,0536
	(0,0530)	(0,0521)	(0,0524)
„ „ Tonnenkilometer	0,0974	0,0956	0,0931
	(0,0971)	(0,0952)	(0,0977)
Betriebsausgaben:			
Im Ganzen . . . . . . Frcs.	39 250 967	38 534 915	39 577 625
	(38 502 071)	(37 773 390)	(38 750 899)
Reine Betriebskosten	34 945 150	34 192 231	34 546 288)
	(34 311 601)	(33 530 898)	(33 837 125)
Davon entfallen:			
auf Allgemeine Verwaltung . . .	6,25 °/o	6.44 °/o	6,56 °/o
	(6,16) „	(6,37) „	(6·50) „
„ Unterhaltung und Aufsicht der			
Bahn	29,07 „	28,37 „	28,24 „
	(29,17) „	(28,46) „	(28,26) „
„ Expeditions- und Zugdienst .	29,64 „	30,43 „	30,50 „
	(29,90) „	(30,62) „	(30,67) „
„ Fahrdienst	35,04 „	34,76 „	34,70 „
	(34,87) „	(34,55) „	(34,57) „

	1883	1884	1885
Die reinen Betriebskosten betragen:			
in Prozenten der Gesammtausgaben	89,03 % (89,19) „	88,73 % (88,77) „	87,39 % (87,32) „
in Prozenten der Gesammt-Transporteinnahmen	49,58 „ (49,48) „	50,35 „ (50,11) „	49,86 „ (49,68) „
Die Gesammtausgaben ergaben:			
für das Bahnkilometer. . . Frcs.	13 801 (13 960)	13 357 (13 512)	13 695 (13 864)
„ „ Nutzkilometer . . . „	2,71 (2,70)	2,65 (2,63)	2,66 (2,65)
„ „ Achskilometer . . . Cents	11,95 (11,09)	10,95 (10,79)	11,05 (10,97)
in Prozenten der Gesammteinnahmen . . . . %	52,86 (52,74)	53,79 (53,53)	53,67 (53,49)
Ueberschuss:			
Im Ganzen . . . . . . Frcs.	35 002 612	33 110 315	34 159 787
in Prozenten der Gesammteinnahme	47,14 % (47,26) „	46,31 % (46,47) „	46,33 % (46,51) „
Ertrag in Prozenten des Kapitals .	2,83 „ (2,83) „	2,83 „ (2,86) „	2,94 „ (2,96) „

6. Unfälle.

	1883	1884	1885
Entgleisungen	55 (50)	40 (33)	60 (51)
Zusammenstösse	17 (17)	14 (14)	23 (23)
Sonstige Unfälle.	153 (152)	138 (133)	129 (128)
zusammen .	225 (219)	192 (180)	212 (202)

Die Gesammtzahl der Verunglückten beträgt:	1883 getödtet	1883 verletzt	1884 getödtet	1884 verletzt	1885 getödtet	1885 verletzt
Reisende	(4)	(9)	(5)	(11)	(2)	28 (26)
Bahnbedienstete	(19)	(50)	(20)	47 (46)	28 (27)	61 (52)
Dritte Personen	(18)	(14)	25 (22)	(16)	(15)	(11)
zusammen .	(41)	(73)	50 (47)	74 (73)	45 (44)	100 (89)
		(114)	124 (120)		145 (133)	

39*

Ausserdem: Selbstmorde oder Selbst- mordversuche	1883		1884		1885	
	getödtet	verletzt	getödtet	verletzt	getödtet	verletzt
	10 (9)	— (—)	(13)	(1)	(17)	(1)
	10 (9)		(14)		(18)	

Es kommen Tödtungen und Verletzungen:	1883		1884		1885	
	getödtet	verletzt	getödtet	verletzt	getödtet	verletzt
auf 1 000 000 Reisende .	$0,17$ $(0,17)$	$0,87$ $(',38)$	0.21 $(0,22)$	$0,47$ $(0,48)$	$0,08$ $(0,09)$	$1,16$ (1.11)
auf 100 000 Lokomotivkilom. Bahnbedienstete . . .	$0,11$ $(0,11)$	$0,29$ $(0 29)$	$0,12$ $(0,12)$	$0,27$ $(0,27)$	$0,16$ $(0,16)$	$0 35$ $(0,30)$
auf 100 Bahnkilom., dritte Personen	$0,63$ $(0,70)$	0.49 $(0,51)$	$0,84$ $(0,79)$	0.56 $(0,57)$	$0,52$ $(0,54)$	$0,38$ $(0,39)$

7. Personal.

Bezüglich des im Betriebsdienste verwendeten Personals ergiebt sich nachstehende Uebersicht:

	1883	1884	1885
Allgemeine Verwaltung	769 (764)	759 (743)	788 (772)
Unterhalt. u. Beaufsichtig. der Bahnen	4 901 (4 778)	4 748 (4 626)	4 792 (4 666)
Expeditions- und Zugdienst . . .	6 252 (6 175)	6 424 (6 341)	6 389 (6 310)
Fahr- und Werkstättendienst . .	3 364 (3 288)	3 809 (3 728)	3 760 (3 687)
zusammen*) .	15 286 (14 995)	15 740 (15 438)	15 729 (15 435)
Nebengeschäfte	186 (182)	217 (213)	233 (229)
Gesammtpersonal .	15 472 (15 177)	15 957 (15 651)	15 962 (15 664)
*) Davon kommen auf: Beamte und Angestellte	9 563 (9 350)	9 680 (9 451)	11 227 (11 013)
das Bahnkilometer	$5,30$ $(5,36)$	$5,45$ $(5,52)$	$5,44$ $(5,52)$
10 000 Frcs. der gesammten Be- triebseinnahmen	$2,06$ $(2,03)$	$2,19$ $(2,19)$	$2,13$ $(2,13)$

Notizen.

Ueber die Anzahl der Bremsen bei Eisenbahnzügen hat der durch mehrfache Veröffentlichungen über diesen Gegenstand bekannte Generaldirektionsrath der österreichischen Staatsbahnen, Roman Baron Gostkowski neuerdings im österreichischen Ingenieur- und Architekten-Verein einen Vortrag gehalten. Nach dem in Nr. 21 der Wochenschrift dieses Vereins erstatteten Bericht stellt der Genannte u. A. auch die Behauptung auf, dass die Annahme, die Bremswirkung hänge von dem Gewicht des zu bremsenden Wagens ab, mit dem physikalischen Gesetze von der Erhaltung der Energie im Widerspruch stehe und schon aus diesem Grunde unhaltbar sei. Der Redner sucht dies mit folgenden Worten zu beweisen: „Ich bitte, einen leeren Wagen sich vorzustellen. Der Bremser sitzt oben und weiss nicht, ob sein Wagen beladen oder leer ist. Auf das gegebene Signal treibt er seine Bremskurbel an. Ich nehme an, die Kraft des Bremsers reiche gerade aus, um mit Rücksicht auf das bestehende Hebelübersetzungsverhältniss die Räder dieses leeren Wagens in jenen Zustand zu versetzen, in welchem die rollende Bewegung in die gleitende zu übergehen beginnt. Es ist dies bekanntlich jener Moment, in welchem die grösste Bremswirkung erreicht wird. Durch Antreiben der Bremskurbel hat der Bremser eine gewisse **Arbeit** geleistet, er hat nämlich bewirkt, dass jede Tonne des Gewichtes seines Wagens eine Reibung von k Kilogramm auf der Schiene erzeugt und diese Reibung während der ganzen Dauer des Laufes der gebremsten Wagen bestanden hat. Wog der leere Wagen W Tonnen, so hat der Mann durch Aufwand seiner physischen **Kraft** eind Reibung von kW Kilogramm während der Auslaufdauer des gebremsten Wagens erzeugt. Nun belade ich den Wagen. Der Bremser weiss nichts hiervon, er weiss also nicht, dass durch die Einlagerung von a Tonnen Fracht in das Innere des Wagens, dessen Gewicht nunmehr auf (W + a) Tonnen angeschwollen ist. Er treibt seine Kurbel mit derselben **Kraft** wie früher an, verausgabt sonach keinen grösseren Kraftaufwand, und doch soll, nach der These von der grösseren Wirkung eines schweren Bremswagens, diesmal eine grössere Wirkung, nämlich die Reibung von (W + a) k Kilogramm auf der Schiene erzielt werden. Die obige These

setzt also voraus, dass eine Reibung von a.k Kilogramm ohne jedweden
Aufwand von Kraft, also aus nichts, entstanden ist. Die Herren sehen
also, dass der Satz von dem Zusammenhang der Bremswirkung mit dem
Gewicht des gebremsten Wagens unhaltbar ist, da aus nichts eine Arbeit
nicht entstehen kann."

Das Verständniss dieser Ausführungen wird dadurch, dass der Herr
Redner wiederholt die Ausdrücke „Kraft" und „Arbeit" wie gleichwerthige
Begriffe gebraucht, während es doch ganz verschiedene Dinge sind, einigermaassen erschwert. Trotzdem ist leicht einzusehen, dass diese Art der
Beweisführung auf den Trugschluss hinausläuft, als hätte der Bremser
die Arbeit zu liefern, welche den Zug zum Stillstand bringen soll. Das
wäre ungefähr so, wie wenn gesagt würde, der Lokomotivführer leiste mit
dem Oeffnen des Regulators seiner Maschine die Arbeit, die den Zug in
den Gang bringt. Wollte man aber hiergegen einwenden, es sei nicht die
Arbeitsleistung des Bremsers gemeint, sondern die Grösse der Kraft
mit welcher er die Bremsklötze an die Räder drückt, so entfällt jede
Möglichkeit einer Bezugnahme auf das „Gesetz der Erhaltung der Energie",
denn Energie ist Arbeit, nicht Kraft; und die ganze Frage, um die es sich
dann noch dreht, betrifft lediglich das Uebersetzungsverhältniss.
Wie wenig die — nicht Bremsarbeit schaffende, sondern nur einen
Widerstand einschaltende — Thätigkeit des Bremsers mit der Grösse
der Bremswirkung durch ein unwandelbares Gesetz verbunden ist, kann
man sich am leichtesten klar machen, indem man annimmt, es seien auf
den Achsen des Bremswagens Sperrräder und am Wagengestell Klinken angebracht, die der Bremser nur mit einer Bewegung des Zeigefingers ein-
zuwerfen braucht, um sofort die Achsen festzustellen. Dann ist die Reibung
$(W + a)k$ vorhanden ohne irgend eine nennenswerthe Arbeit von Seite
des Bremsers.*)

Der vorgebrachte Beweis für die Fehlerhaftigkeit der gebräuchlichen
Bemessung der Bremsenzahl ist also nicht stichhaltig. Aehnliches lässt
sich von einem anderen Beweisversuch desselben Fachmannes zeigen, der
sich darauf stützt, dass die Länge des Auslaufes für einen festgebremsten
beladenen Wagen dieselbe sei, wie für einen leeren Wagen. Angenommen,
dies wäre in aller Strenge richtig, so folgt daraus doch gar nichts, was
gegen die fragliche Berechnungsweise spräche. Denn in einem Eisenbahn-
zuge sind im Allgemeinen leere und beladene Wagen gleichzeitig vorhanden, und nur insofern dies der Fall ist, hat der ganze Streit einen
Sinn; dass aber die Auslauflänge zweier verbundener Wagen, von denen

---

*) Hiermit soll eine derartige Vorrichtung natürlich nicht als zweckmässig bezeichnet
werden.

der eine leer, der andere beladen ist, dieselbe bleibe, gleichgültig, ob man nur den leeren oder nur den beladenen Wagen bremst, das behauptet selbst Herr Gostkowski nicht, und darauf kommt es doch gerade an.

Richtig ist allerdings — und fast selbstverständlich —, dass die höhere Anrechnung der beladenen Achsen zu Täuschungen führen kann, wenn die zur Verfügung stehenden Bremsen die vollständige Ausnützung des grösseren Raddruckes nicht gestatten. Das ist dann aber ein Mangel der Bremseinrichtung und begründet nicht ohne weiteres einen Vorwurf gegen die Berechnungsweise. Die Ausführungen Gostkowski's halten diese beiden Seiten der Frage nicht genügend auseinander und verlieren dadurch an Klarheit und an Wirkung. Denn es ist nicht nur im Absatz (2) des § 13 des Bahnpolizeireglements für die Eisenbahnen Deutschlands vorgeschrieben, dass bei Ermittlung der zu bremsenden Räderpaare eines Güterzuges bezüglich der Gesammtzahl der Achsen wie der Bremsachsen eine unbeladene Achse als halbe Achse gerechnet werden soll, sondern es ist auch im Absatz (1) des § 28 der Normen für die Konstruktion und Ausrüstung der Eisenbahnen Deutschlands bestimmt, dass die Bremsen der Fahrzeuge so beschaffen sein müssen, dass mit denselben eine annähernde Feststellung der Achsen erreicht werden kann. Da hier ohne Zweifel die beladenen Achsen eingeschlossen sind, so beruhen die Angriffe gegen die erstere Regel — wenigstens soweit die deutschen Eisenbahnen in Betracht kommen — auf der Voraussetzung, dass die andere Vorschrift nicht erfüllt sei. Es wäre wohl richtiger und zweckdienlicher gewesen, wenn Herr Gostkowski sich darauf beschränkt hätte, nachzuweisen, in wieweit die vorhandenen Bremseinrichtungen jener Vorschrift nicht entsprechen, und welche Abänderungen getroffen werden müssen, damit der Raddruck der beladenen Wagen für die Bremswirkung vollständig ausgenutzt werden kann.

Dr. H. Zimmermann.

Die Staats-Eisenbahnen Frankreichs hatten am Schluss des Jahres 1886 eine Gesammtlänge von 2 494 Kilometer, einschliesslich der 88 Kilometer langen Strecke von Chartres nach Paris, welche der Staat von der Westbahn gepachtet hat, um den Staatsbahn-Personen- und Güterverkehr bis nach Paris durchzuführen. Im Laufe des Jahres 1887 sollen 124 Kilometer Neubaustrecken dem Betriebe übergeben werden, so dass am Schluss des Jahres 1887 das gesammte Staatsbahnnetz Frankreichs 2 618 Kilometer umfassen wird.

Das Gesammt-Anlage-(Erwerbs-)Kapital für die vorbezeichneten Bahnstrecken wird sich, wie wir dem Berichte der Budgetkommission der französischen Kammer entnehmen, Ende 1887 auf ungefähr 850 Millionen Francs stellen. Nach der Etatsveranschlagung betragen:

die Betriebseinnahmen . . . . . 30 084 370 Francs
die Betriebsausgaben . . . . . . 25 203 227   „
der Betriebsüberschuss . . . .   4 881 143 Francs

Daraus ergiebt sich, dass die Staatseisenbahnen das Budget der französischen Republik mit einer Summe von 30 bis 35 Millionen Francs jährlich für Verzinsung des Anlagekapitals und Amortisation des Betriebsmaterials belasten.

Dies ungünstige Ergebniss musste der Budgetkommission die auch anderweit vielfach erörterte Frage nahelegen, ob es sich nicht empfehle, das Staatseisenbahnnetz an eine Privatgesellschaft zu verpachten. Es verdient hervorgehoben zu werden, dass diese Frage nach eingehender Erörterung unter Hinweis auf die erheblichen Vortheile des Staatsbahnsystems für die Lebensinteressen von Handel und Industrie mit Entschiedenheit verneint wurde. In dem Kommissionsbericht wird anerkannt, dass die Eisenbahnen vermöge ihrer eigenthümlichen monopolistischen Natur auf alle anderen industriellen Unternehmungen und das allgemeine Staatswohl einen überwiegenden Einfluss ausüben, welchen man der Ausnutzung für private Interessen nicht überlassen darf. Der Staat muss durch den eigenen Besitz von Eisenbahnen in der Lage sein, sich den ihm gebührenden Einfluss auf das Verkehrs- und Erwerbsleben zu sichern und durch sein Beispiel den Widerstand beseitigen, welchen nothwendige Reformen bei den privaten Verkehrsanstalten finden. In dieser Hinsicht hat auch bereits die Staatseisenbahnverwaltung die Initiative ergriffen und zahlreiche Verbesserungen eingeführt, welchen die Privatbahn-Gesellschaften in grösserem oder geringerem Umfange zu folgen genöthigt waren. Namentlich in der Tarifstellung ist die Staatsbahnverwaltung mit Erleichterungen vorgegangen, welche, ohne die Staatseinkünfte zu schmälern, dem Handel und Verkehr zu grossem Segen gereichen. Ein Staatsbahnnetz neben den bestehenden grossen Privateisenbahnen ist daher als ein nothwendiges Gegengewicht gegen diejenigen Interessen zu betrachten, welche im Privatbahnsystem ihre Vertretung finden. In finanzieller Beziehung sind die Ergebnisse der Staatseisenbahnverwaltung lediglich deshalb wenig befriedigend, weil es derselben an einer durchgehenden Hauptverkehrslinie fehlt. Aber trotz der ungünstigen Finanzlage sind die Staatseisenbahnen in der Lage, wichtige Dienste für die öffentliche Wohlfahrt zu leisten, und es würde einen Mangel staatsmännischer Auffassung und Voraussicht beweisen, wenn man im Ernste an die Veräusserung derselben denken wollte.   *D.*

Russisch - Schwedischer Verkehr. Die königlich schwedisch - norwegische Regierung hat mit der Dampfschiff-Gesellschaft „Vestervik-Libau" im Jahre 1886 einen Vertrag abgeschlossen, wonach die genannte Gesellschaft sich verpflichtet, vom 21. November 1886 ab auf 5 Jahre einen regelmässigen Dampfschiffsdienst zwischen Vestervik (an der Ostküste Schwedens südlich von Stockholm) einzurichten. Die hierzu zu benutzenden Dampfer sollen ungefähr 200 t Tragfähigkeit haben, Personen, Güter und die Post befördern und das ganze Jahr hindurch allwöchentlich an bestimmten Tagen und zu bestimmter Stunde verkehren. Die schwedischnorwegische Regierung leistet der Gesellschaft eine jährliche Beihülfe von 45 000 schwedischen Kronen (50 625 Mark), und übernimmt ausserdem eine Bürgschaft für etwaige Verluste bis zum Betrage von 25 000 Kronen (28 125 Mark) jährlich. Die kaiserlich russische Regierung hat sich nach einer Veröffentlichung im amtlichen Theile der Zeitschrift des Min. d. Verkehrsanst. bei diesem Unternehmen in der Weise betheiligt, dass sie sich durch Vertrag vom 14./26. Januar 1887 verpflichtet hat, der schwedischnorwegischen Regierung alljährlich den Betrag von 10 000 schwed. Kronen (11 250 Mark) als Beitrag zu der von letzterer gewährten Beihülfe zu zahlen.

Ausdehnung des Eisenbahnnetzes in den Vereinigten Staaten von Amerika. Der „Railroad Gazette" vom 18. Februar d. J. entnehmen wir die diesem Hefte beigefügte Darstellung, welche in anschaulicher Weise einen Ueberblick über die Entwicklung des Eisenbahnbaues in den einzelnen nach 6 Gruppen geordneten Staaten der Union gewährt. Die Schnittpunkte der mit Jahreszahlen bezeichneten Linien mit den die Meilenzahl vorstellenden Theilungen geben die Gesammtlänge der am Schlusse des betreffenden Jahres in jedem einzelnen Staate und Territorium vorhandenen Bahnen an. So ergiebt sich beispielsweise für den Staat Illinois, der mit seinen 9 600 engl. Meilen bei Ablauf des Jahres 1886 an der Spitze steht, dass sich dort, wo 1870 nur 4 850 engl. Meilen ausgebaut waren, das Bahnnetz seither nahezu verdoppelt hat. Die dem Jahre 1870 zukommende Schaulinie ist von den übrigen durch stärkeren Druck hervorgehoben, weil dieses Jahr das erste war, in welchem für alle 6 Gruppen zugleich ein Aufschwung im Eisenbahnbau auftritt. Unter den sonstigen Aufschlüssen, welche diese bildliche Darstellung giebt, ist besonders bemerkenswerth, dass der Staat Texas, welcher bis zum Jahre 1870 weniger Eisenbahnen hatte als Maine, New-Hampshire oder Maryland, im Jahre 1886 ein Bahnnetz, welches dem des Staates New-York an Ausdehnung nahezu gleichkommt, also eine mehr als 10fache Zunahme binnen 16 Jahren aufweist. Ebenso lehrreich ist es, zu verfolgen, wie sich der Einfluss der Handelskrise vom Jahre 1857 und des Bürgerkrieges geäussert hat. Während der Dauer des Krieges ist in allen Staaten ein Stillstand wahrnehmbar, nur Pennsylvanien erfährt eine erhebliche Ausdehnung seiner Eisenbahnen, eine

Erscheinung, die vornehmlich durch die Erschliessung seiner Petroleum-
Bezirke und den durch die Kriegstarife begünstigten Aufschwung im Betrieb seiner Eisen- und Kohlenbergwerke sich erklärt.   *H.*

Eisenbahnen in Portorico (Puerto-Rico). Die Notiz S. 292 (Heft 2
1887) des Archivs bedarf der Berichtigung. Auf der Insel sind zwei
schmalspurige Eisenbahnen: Die bedeutendere derselben führt von der
Hauptstadt San Juan nach Rio Pedras, ist 12 km lang und hat eine
Spurweite von 76 cm. Sie ist Eigenthum eines Privatmannes. Die zweite
Bahn führt von Bayamon nach Cataño, ist $6^1/_2$ km lang und hat eine
Spurweite von 1 m. Sie gehört einer Aktiengesellschaft.

Ueber einige Eisenbahnlinien in Kleinasien bemerken wir im Anschluss an die im Archiv für 1882, S. 292 ff. insbesondere S. 303 ff. enthaltene
Mittheilung, dass die Bahn Smyrna-Aidin-Kuyudschak inzwischen durch die
das Mäanderthal weiter verfolgende Strecke Kuyudschak-Saraikiö — 44,68 km
— im Juli 1882 verlängert ist, während im Juli 1883 eine bei der Station
Turbali abzweigende, im Thale des Kaistros über Baindir nach Tireh
führende Nebenlinie von 47,90 km Länge dem Verkehre übergeben wurde.
Die Gesammtlänge der im Betriebe stehenden Haupt- und Nebenstrecken
beträgt jetzt etwa 279 km. Eine Weiterführung der Hauptlinie von
Saraikiö bis Dineïr — 123 km, und der Zweiglinie von Tireh bis Ode-
misch — 24 km, wird geplant, doch fehlt dazu noch die staatliche Genehmigung. Die Betriebseinnahmen der Bahn haben bis jetzt zur Bestreitung der Betriebsausgaben und Kapitalzinsen sowie zur planmässigen
Tilgung der Prioritätsschulden nicht genügt. Die Seite 298 des Archiv für
1882 genannte Eisenbahn Smyrna-Cassaba hat dagegen für das Jahr
1885 bereits eine Dividende von 7 Prozent ihren Aktionären eingebracht.
Die Verlängerung dieser Bahn von Alaschehr über Afion nach Karahissar
sowie der Bau von Zweiglinien von Magnesia nach Soma und von Menemen
nach Bergama (Pergamon) ist in Aussicht genommen.

Eisenbahnen in den Malayischen Staaten.*) Seitens der englischen
Regierung ist in den letzten Jahren mit dem Bau von Eisenbahnen in den
unter ihrer Schutzherrschaft stehenden malayischen Staaten der Anfang
gemacht. In den Jahren 1884 und 1885 wurde im Staate Perak eine
Eisenbahn von Thaipeng nach Port Weld mit einer Hafenbahn an letzterem

---

*) Vgl. Further Correspondence respecting the Protected Malay States. (Parlaments-
drucksache. C. 4958.) London 1887.

Orte gebaut. Die Länge derselben beträgt rund 13 km, ihre Kosten beliefen sich auf ungefähr 87 000 Mark für das km. In den ersten Monaten waren die Betriebsergebnisse sehr befriedigende.

Eine zweite Bahn wurde im Staate Selangor im Jahre 1884 begonnen, und im Sommer 1886 vollendet. Dieselbe geht von Kuala Lumpur nach dem am Klang-Flusse belegenen Orte Bukit Kuda. Ihre Länge beträgt rund 32 km. Eine Fortsetzung bis zu dem $3,2$ km weiter entfernten Orte Klang ist in Aussicht genommen. Die Bahn wurde am 15. September 1886 feierlich in Gegenwart des englischen Gouverneurs und der Spitzen der einheimischen Behörden eröffnet.

Nachweisung der am 1. April 1887 auf den preussischen Staats- und vom Staate verwalteten Privateisenbahnen mit Sicherheitskuppelungen an Stelle der mit Nothketten ausgerüsteten Eisenbahnwagen.[*])

Laufende Nummer	Direktions-Bezirk	Anzahl der am 1. April 1887 vorhandenen Wagen					Von den am 1. April 1887 vorhandenen Wagen waren mit Sicherheitskuppelungen ausgerüstet					Es bleiben noch mit Sicherheitskuppelungen auszurüsten.				
		Personenwagen	Postwagen	Gepäckwagen	Güterwagen	zusammen	Personenwagen	Postwagen	Gepäckwagen	Güterwagen	zusammen	Personenwagen	Postwagen	Gepäckwagen	Güterwagen	zusammen
		Stück	Stk.	Stk.	Stück	Stück	Stk.	Stk.	Stk.	Stück	Stück	Stk.	Stk.	Stk.	Stück	Stück
1	Berlin	2217	130	419	17116	19882	1467	86	275	4966	6794	750	44	144	12150	13088
2	Bromberg	1512	85	385	14819	16801	1146	41	209	4924	6320	366	44	176	9895	10481
3	Hannover	1488	44	451	13956	15939	1488	38	428	5977	7931	—	6	23	7979	8008
4	Frankfurt a. M.	999	24	228	5695	6946	994	23	228	4491	5736	5	1	—	1204	1210
5	Magdeburg	1396	146	318	14786	16646	1230	144	278	4843	6495	166	2	40	9943	10151
6	Cöln (linksrh.)	1212	80	336	16784	18412	1152	80	310	7314	8856	60	—	26	9470	9556
7	Cöln (rechtsrh.)	833	57	465	27434	28789	607	33	393	14632	15665	226	24	72	12802	18124
8	Elberfeld	698	56	305	23369	24428	698	56	305	12465	13524	—	—	—	10904	10904
9	Erfurt	1078	77	211	8468	9834	887	52	168	2844	3451	191	25	43	6124	6383
10	Breslau	1068	90	343	19403	20904	808	78	262	7693	8841	260	12	81	11710	12063
11	Altona	678	—	148	5238	6064	157	—	27	463	647	521	—	121	4775	5417
	Summa	13179	789	3609	167068	184645	10634	631	2883	70112	84260	2545	158	726	96956	100385

Statistisches von den deutschen Eisenbahnen. Aus den amtlichen Veröffentlichungen des Reichs-Eisenbahn-Amtes für die Monate Dezember 1886, Januar, März, April 1887 entnehmen wir Folgendes über die Betriebsergebnisse, Zugverspätungen und Betriebsunfälle auf den deutschen (ausschliesslich der bayerischen) Eisenbahnen:

---

[*]) Vgl. Archiv 1880, S. 192; 1882, S. 401; 1885, S. 484; 1886, S. 543.

a. Betriebsergebnisse.

	Länge Kilometer	Einnahme im Monat in ℳ		Einnahmen vom Beginn des Etatsjahrs	
		im Ganzen	für das km	vom 1. April 1886 ab	vom 1. Januar 1887 ab
I. Januar 1887.					
A. Hauptbahnen.					
1. Staatsbahnen etc.	28 839,01	65 046 761	2 258	632 518 604	8 639 102
gegen 1886	+ 391,52	+ 2 563 808	+ 61	+19 703 816	+ 483 133
2. Privatbahnen in Staatsverwaltung	210,01	348 496	1 659	3 472 983	56 216
gegen 1886	+ 0	+ 10 453	+ 49	+ 269 585	+ 5 164
3. Privatbahnen in eigener Verwaltung	2 520,94	2 824 695	1 120	758 657	2 763 558
gegen 1886	+ 152,54	+ 145 437	— 11	+ 53 505	+ 131 158
Summe A. . .	31 569,96	68 219 952	2 163	636 750 244	11 458 876
gegen 1886	+ 544,06	+ 2 719 698	+ 52	+20 026 906	+ 619 455
B. Bahnen untergeordneter Bedeutung	1 367 67	654 333	478	3 657 287	352 937
gegen 1886	+ 81,67	+ 38 072	— 1	+ 478 872	+ 20 988
II. Februar 1887.					
A. Hauptbahnen.					
1. Staatsbahnen etc.	28 864,97	63 131 599	2 189	688 648 089	16 910 838
gegen 1886	+ 417,48	+ 3 223 153	+ 84	+23 793 373	+ 825 451
2. Privatbahnen in Staatsverwaltung	210,01	341 890	1 627	3 756 784	109 470
gegen 1886	+ 0	+ 16 160	+ 77	+ 297 550	+ 7 403
3. Privatbahnen in eigener Verwaltung	2 520,94	2 729 219	1 083	816 953	5 432 312
gegen 1886	+ 152,54	+ 137 489	— 11	+ 53 696	+ 266 287
Summe A. . .	31 595,92	66 202 708	2 097	693 221 826	22 452 620
gegen 1886	+ 570,02	+ 3 376 802	+ 73	+24 144 619	+ 1 099 141
B. Bahnen untergeordneter Bedeutung	1 367,67	622 669	455	3 948 338	684 074
gegen 1886	+ 81,67	+ 31 313	— 5	+ 497 285	+ 35 069
III. März 1887.					
A. Hauptbahnen.					
1. Staatsbahnen etc.	28 864,97	71 110 330	2 465	751 981.229	26 104 377
gegen 1886	+ 406,52	+ 3 354 854	+ 85	+27 707 827	+ 1 571 377
2. Privatbahnen in Staatsverwaltung	210,01	366 520	1 745	4 111 613	161 811
gegen 1886	+ 0	+ 27 941	+ 133	+ 352 367	+ 13 105
3. Privatbahnen in eigener Verwaltung	2 520,94	3 176 715	1 260	883 718	8 547 142
gegen 1886	+ 152,54	+ 194 977	+ 1	+ 42 754	+ 474 506
Summe A. . .	31 595,92	74 653 565	2 364	756 976 560	34 813 330
gegen 1886	+ 559,06	+ 3 577 772	+ 75	+28 102 948	+ 2 058 988
R. Bahnen untergeordneter Bedeutung	1 367,67	720 960	527	4 307 071	1 055 927
gegen 1886	+ 81,67	+ 42 058	— 1	+ 522 485	+ 57 792

b. Zugverspätungen.

			Beförderte Züge			
			fahrplanmässige		ausserfahrplanmässige	
		Betriebslänge Kilometer.	Personen- u. gemischte	Güter- züge.	Personen- u. gemischte	Güter- züge.
Dezember	1886 .	32 564.₆₇	205 860	118 311	2 728	17 977
Januar	1887 .	32 564.₆₇	210 116	121 064	1 962	16 640
Februar	1887 .	32 598.₈₀	190 424	111 465	1 848	15 139
März	1887 .	32 598.₃₀	211 688	123 938	2 056	22 301

	Verspätungen der fahrplanmässigen Personenzüge im			
	Dezember 1886.	Januar 1887.	Februar 1887.	März 1887.
Im Ganzen	4 720*)	1 706	877	970 Züge
Davon durch Abwarten ver- späteter Anschlüsse .	1 824	647	292	344 „
Also durch eigen.Verschulden	2 896	1 059	585	626 Züge
oder	1.₄₁ pCt.	0.₅₀ pCt.	0.₃₁ pCt.	0.₈₀ pCt.

c. Betriebsunfälle.

Zahl der Unfälle		Zahl der getödteten und verletzten Personen.		
fahrende Züge	beim Rangiren			
a. Januar 1887			getödtet	verletzt
Entgleisungen 8	 24	Reisende	1	6
Zusammen-		Bahnbeamte und Arbeiter	25	85
stösse . . . 2	 11	Post-, Steuer- etc. Beamte	—	—
Sa. 10	Sa. 35	Fremde	14	6
		Selbstmörder	6	—
Sonstige . . 135		Sa.	46	97
			143	
b. Februar 1887				
Entgleisungen 9	 19	Reisende	1	5
Zusammen-		Bahnbeamte und Arbeiter	21	81
stösse . . . 1	 9	Post-, Steuer- etc. Beamte	—	—
Sa. 10	Sa. 28	Fremde	11	6
		Selbstmörder	7	3
Sonstige . . 136		Sa.	40	95
			135	

*) Ausserdem sind in Folge von Schneeverwehungen 2 716 Züge ganz, 711 Züge streckenweise ausgefallen und 2426 Anschlüsse versäumt worden.

	Zahl der Unfälle		Zahl der getödteten und verletzten Personen.	
fahrende Züge	beim Rangiren			
c. März 1887.			Reisende	—	6
Entgleisungen 6	 14		Bahnbeamte und Arbeiter	18	72
Zusammen-			Post-, Steuer- etc. Beamte	1	—
stösse . . . 1	 7		Fremde	9	8
Sa. 7	Sa. 21		Selbstmörder	13	1
Sonstige . . 122			Sa.	41	87
				128	

Roheinnahmen der italienischen Eisenbahnen in den Halbjahren Juli - Dezember 1885 und 1886.

	Länge				Roheinnahme in dem Halbjahr vom 31. Juli bis 31. Dezember			
	am 31. Dezember		Betriebslänge im Mittel des 2. Halbjahres		1886		1885	
	1886	1885	1886	1885	im Ganzen	für das km	im Ganzen	für das km
	Kilometer				Lire			
I. Eisenbahnen, welche in Gemässheit des Gesetzes vom 27. April 1885 von Privatgesellschaften betrieben werden:								
1. Mittelmeer - Netz . .	4 478	4 245	4 412	4 219	56 923 398	12 901	53 936 900	12 781
2. Adriatisches „ . .	4 687	4 420	4 606	4 386	48 537 214	10 537	49 706 645	11 336
3. Sizilisches „ . .	647	615	647	613	4 211 013	6 508	3 775 657	6 159
zusammen I. . .	9 812	9 280	9 665	9 218	109 671 655	11 347	107 419 202	11 653
II. Staatsbahnen, welche von der Società Veneta betrieben werden . .	140	140	140	140	630 614	4 504	745 044	5 321
III. Sardinische Eisenbahnen	411	411	411	411	761 714	1 853	768 817	1 870
IV. Sonstige Eisenbahnen	1 025	720	926	718	4 092 963	4 420	3 228 114	4 495
Im Ganzen . .	11 388	10 561	11 142	10 487	115 156 916	10 335	112 161 177	10 693

*) Nach einer amtlichen Veröffentlichung im Giornale del Genio Civile 1887, S. 100. Die Roheinnahmen für das Jahr 1885/86 vgl. Archiv 1887, Seite 285.

Rechtsprechung und Gesetzgebung.

Rechtsprechung.

Gewerbeordnung.

Urtheil des Reichsgerichts (VI. Zivil-Senat) vom 16. Dezember 1886.

Inhalt der dem Unternehmer durch § 120 Abs. 3 der Gewerbeordnung auferlegten Verpflichtungen. Folgen der Verletzung derselben.

Aus den Gründen.

Der Kläger hat der Beklagten die Aufstellung eines Signal- und Weichenstellapparats auf der Eisenbahnstrecke von B. nach S., wobei unmittelbar neben den Schienen Kanäle für Röhrenzüge auszuwerfen waren, mit der Bestimmung verdungen, dass durch die dazu erforderlichen Arbeiten keine Störung des Eisenbahnbetriebes herbeigeführt werden dürfe.

Der Arbeiter H. ist im Dienste der Beklagten bei der Ausführung der letzteren durch einen Eisenbahnzug des Klägers überfahren und getödtet und der letztere im Vorprozess der Wittwe H. nach § 1 des Haftpflichtgesetzes vom 7. Juni 1871 zum Ersatz von entzogenem Unterhalt u. s. w. rechtskräftig verurtheilt.

Der Regressanspruch, welchen der Kläger gegen die Beklagte auf Liberirung von dieser Verpflichtung und Erstattung der gezahlten Beträge erhebt, kann, wie der Berufungsrichter zutreffend annimmt, auf die Fiktion einer Zession der Entschädigungsforderung, welche angeblich der Wittwe H. gegen die Beklagte zusteht, nicht gestützt werden. Denn eine solche Fiktion würde nur auf eine besondere gesetzliche Vorschrift gestützt werden können.

Das Haftpflichtgesetz enthält eine derartige Vorschrift nicht. Nach § 9 desselben bleiben die Landesgesetze unberührt, nach welchen eine andere Person als der Unternehmer einer in den §§ 1 und 2 bezeichneten Anlage, insbesondere wegen eigenen Verschuldens, für den beim Betriebe der Anlage entstandenen Schaden haftet. Die Möglichkeit einer Haftung anderer Personen neben derjenigen des Betriebsunternehmers ist also durch diese Bestimmung besonders ins Auge gefasst. Es hätte danach nahe gelegen, mit derselben die Vorschrift, dass die gegen einen Dritten bestehende Entschädigungsforderung auf den in Anspruch genommenen

Betriebsunternehmer von selbst übergeben solle, zu verbinden, wenn deren Uebergang auf den letzteren beabsichtigt wäre. Gleichwohl ist solches nicht geschehen.

Der § 98 des Unfallversicherungsgesetzes vom 6. Juni 1884, auf dessen Analogie die Revision verweist, schreibt allerdings vor: die Haftung Dritter, in den §§ 95 und 96 nicht bezeichneter Personen, welche den Unfall vorsätzlich herbeigeführt oder durch Verschulden verursacht haben, bestimmt sich nach den bestehenden gesetzlichen Vorschriften, jedoch geht die Forderung der Entschädigungsberechtigten an den Dritten auf die Genossenschaft insoweit über, als die Verpflichtung der letzteren zur Entschädigung durch dieses Gesetz begründet ist. Auch wird in ähnlicher Weise der Uebergang von Entschädigungsforderungen in § 10 des Gesetzes, betreffend die Fürsorge für Beamte und Personen des Soldatenstandes in Folge von Betriebsunfällen, vom 15. März 1886 ausdrücklich vorgeschrieben. Allein, dass auch bei Erlass des Haftpflichtgesetzes von 1871 eine gesetzliche Zession der betreffenden Forderungen gegen Dritte beabsichtigt sei, kann hieraus nicht gefolgert werden, und selbst wenn eine solche Absicht der Verfasser desselben etwa anzunehmen wäre, so würde dies doch rechtlich bedeutungslos sein, weil dieselbe jedenfalls in dem Gesetze selbst keinen Ausdruck gefunden hat.

Ferner beruft sich die Revision mit Unrecht darauf, dass nach § 46 Theil I Titel 16 des Allgemeinen Landrechts der, welcher eine fremde Schuld zahlt, regelmässig auch ohne ausdrückliche Zession in die Rechte des bezahlten Gläubigers trete, dass aber der Kläger durch Erfüllung der ihm in dem Urtheil des Vorprozesses auferlegten Verpflichtung eine Schuld der Beklagten zahle. Denn das letztere ist unrichtig, da die nach § 1 des Haftpflichtgesetzes begründete Entschädigungspflicht des Betriebsunternehmers als eine eigene, von konkurrirenden gleichen Verpflichtungen dritter Personen unabhängige Verbindlichkeit desselben sich darstellt, wenngleich durch Erfüllung der letzteren auch die ersteren, weil diese dadurch gegenstandslos werden, erlöschen.

Ganz abgesehen hiervou ist bei der Heranziehung des § 46 a. a. O. nicht beachtet, dass darnach der Zahlende nur die Rechte des Gläubigers auf Zahlung geltend zu machen befugt ist, dass dagegen ein Anspruch auf Liberirung von Verpflichtungen nicht auf denselben gestützt werden kann.

Eine andere Frage ist es, ob nicht dem Kläger wegen der ihm durch das Urtheil des Vorprozesses auferlegten Verpflichtungen ein selbständiger Regressanspruch zusteht.

Das Haftpflichtgesetz entscheidet hierüber nicht. Vielmehr bleibt es, wie bereits anderweit zutreffend hervorgehoben ist, nach dem sonstigen Recht zu würdigen, welches Rechtsverhältniss zwischen dem Betriebsunternehmer, der nach § 1 entschädigen muss, und dem schuldigen Urheber, sei dieser nun einer seiner Leute oder ein Dritter, wegen des Regresses entsteht. (Vergleiche Endemann, Haftpflicht [3. Auflage], Seite 48).

Vor allem fragt es sich daher, ob der Klageanspruch nicht schon nach den allgemeinen Vorschriften des Titels 6 Theil I des Allgemeinen Landrechts in Verbindung mit § 120, Absatz 3 der Gewerbeordnung gerechtfertigt ist.

Der Kläger macht geltend, dass die Beklagte der durch die letztgedachte Vorschrift begründeten Verpflichtung zuwider die mit Rücksicht auf die besondere Beschaffenheit ihres Gewerbebetriebes und der für die fraglichen Arbeiten bestimmten Betriebsstätte unmittelbar neben dem Eisenbahngeleise nothwendigen Einrichtungen zur thunlichsten Sicherheit gegen Gefahr für Leben und Gesundheit, wozu insbesondere Wachtposten, welche die Arbeiter auf herannahende Züge aufmerksam gemacht hätten, gehört haben würden, nicht hergestellt und unterhalten, und dass sie hierdurch die Tödtung des H., also auch den ihm aus seiner Verurtheilung im Vorprozess erwachsenen Schaden verschuldet habe.

Der Berufungsrichter nimmt nun zwar mit Recht jene Verpflichtung der Beklagten nach § 120 a. a. O. an, lässt aber unentschieden, ob diese Vorschrift von ihr verletzt sei, weil dieselbe nur das Rechtsverhältniss zwischen dem Gewerbeunternehmer und seinen Arbeitern beziehungsweise den Beschädigten regele, darüber aber nichts bestimme, dass und unter welchen Voraussetzungen der von einem Beschädigten oder dessen Rechtsnachfolgern in Anspruch Genommene seinen Regress an denjenigen nehmen dürfe, welchen er für den mittelbaren Urheber des Schadens halte.

Diese Auffassung erscheint als rechtsirrthümlich.

Der § 120 der Gewerbeordnung enthält nach der ihm durch das Gesetz vom 17. Juli 1878 gegebenen Fassung eine allgemeine Zwangsvorschrift für die Gewerbeunternehmer zur Sicherung von Leben und Gesundheit anderer Personen, sowohl ihrer Arbeiter als Dritter. Die privatrechtlichen Folgen, welche sich aus einer Verletzung dieser Vorschrift ergeben, regelt derselbe allerdings nicht. Diese aber sind nach den bezüglichen Bestimmungen des Privatrechts, im vorliegenden Falle nach Titel 6 beziehungsweise 3 Theil I des Allgemeinen Landrechts zu beurtheilen.

Nach § 12 Theil I Titel 6 des Allgemeinen Landrechts haftet, wer auch nur aus mässigem Versehen einen anderen durch eine Handlung oder Unterlassung beleidigt, für den daraus entstandenen wirklichen Schaden.

Ob daher der letztere durch eine Handlung oder durch eine Unterlassung verursacht ist, macht hierbei, wenn die letztere als Unterlassung einer Zwangspflicht sich darstellt, (vergl. § 9 das.), keinen Unterschied.

Auch ist es für den Ersatz des durch eine Handlung oder Unterlassung bewirkten Schadens an sich gleichbedeutend, ob dieser daraus unmittelbar oder nur in Verbindung der Handlung oder Unterlassung mit einem andern, von ihr verschiedenen Ereignisse (als mittelbarer Schaden) entstanden ist. Vergleiche § 2 und 3 daselbst, §§ 4 und 5 Theil I Titel 3 des Allgemeinen Landrechts. Auch die unmittelbaren Folgen einer Handlung oder der Unterlassung einer Zwangspflicht, welche bei Anwendung der schuldigen Aufmerksamkeit und Sachkenntniss vorausgesehen werden konnten, sind von dem Schuldigen zu vertreten. Vergleiche § 10 Theil I Titel 3 des Allgemeinen Landrechts.

Wenn die Tödtung des Arbeiters H. durch eine schuldhafte Nichterfüllung der nach § 120 der Gewerbeordnung begründeten Zwangsverpflichtung der Beklagten verursacht ist, so erscheint der der Wittwe des Getödteten erwachsene, im Vorprozess dem Kläger zur Last gelegte Schaden als ein unmittelbarer, der dem letztern durch die Verurtheilung zu dessen Erstattung zugefügte Schaden aber als ein unmittelbarer wirklicher Schaden aus jener Unterlassung, welchen die Beklagte nach den bezeichneten Vorschriften ihm als dem Beschädigten zu ersetzen hat.

Es kann dagegen auch nicht eingewendet werden, dass eine Verletzung der gesetzlichen Pflicht der Beklagten nicht die Ursache des eingetretenen Unfalls bilde, weil dieser durch den Eisenbahnbetrieb des Klägers verursacht sei. Denn hierdurch wird der ursachliche Zusammenhang des Unfalls mit einer Pflichtverletzung der Beklagten nicht ausgeschlossen, vielmehr ist dieser auch dann vorhanden, wenn der Unfall durch eine solche Pflichtverletzung nur mit verursacht wurde, also ohne dieselbe nicht eingetreten wäre.

Ebensowenig wird dadurch geändert, dass der Klageanspruch als Regressanspruch sich darstellt, insofern Kläger Ersatz des im Vorprozess gegen ihn Beanspruchten fordert, wie umgekehrt, wenn zunächst die Beklagte zum Schadenersatz verurtheilt wäre, ein bezüglicher Erstattungsanspruch gegen Kläger ebenfalls als Regressanspruch zu bezeichnen wäre. Denn diese Bezeichnung betrifft nur das Verhältniss der Ansprüche zu einander, berührt aber nicht deren rechtliche Natur.

Hiernach bedarf es noch der Feststellung, ob die Beklagte mindestens aus mässigem Versehen ihre Verpflichtung aus § 120 der Gewerbeordnung unerfüllt gelassen hat, und ob ohne diese Unterlassung der Unfall nicht eingetreten sein würde. Denn in diesem Falle haftet die Beklagte dem Kläger für den Ersatz seines mittelbaren Schadens, wenn nicht etwa seine Haftung durch ein konkurrirendes Versehen des Klägers bei Abwendung desselben als ausgeschlossen anzusehen ist. Vergleiche § 18 ff. Theil I Titel 6 des Allgemeinen Landrechts.

Rechtsgrundsätze aus den Entscheidungen des Reichsgerichts.*)
Reichshaftpflichtgesetz.
§ 2.

Erkenntniss des Reichsgerichts vom 17. Mai 1886. Entsch. Nr. 5, S. 19—23.

Arbeiten, welche zur Einrichtung und Ausstattung einer Fabrik mit den erforderlichen Geräthschaften dienen, sind zum Fabrikbetriebe im Sinne des § 2 des Reichshaftpflichtgesetzes nicht zu rechnen.

§ 5.

Erkenntniss des Reichsgerichts vom 1. Juni 1886. Entsch. Nr. 8, S. 30—32.

Durch den § 5 des Reichshaftpflichtgesetzes werden nur solche Verträge zum Vortheil des Unternehmers für unwirksam erklärt, welche vor Eintritt des Unfalles abgeschlossen worden; dagegen nicht solche Verträge, welche nach dem Unfalle, aber vor rechtskräftiger Entscheidung über den Anspruch aus demselben eingegangen sind.

§ 3 Nr. 2. § 7.

Erkenntniss des Reichsgerichts vom 8. November 1886. Entsch. Nr. 17, S. 80—84.

Unter den nach § 3 Nr. 2 des Reichshaftpflichtgesetzes zu ersetzenden Vermögensnachtheil fällt auch der Schade, welcher dem Verletzten durch zeitweilige Entbehrung seines früheren Einkommens erwachsen ist. (In dem der Entscheidung zu Grunde liegenden Falle handelte es sich um Zahlung von Verzugszinsen von den einzelnen Vierteljahrestheilen des früheren Diensteinkommens des Verletzten, deren Forderung als berechtigt anerkannt wurde.)

Auf die Behauptung, dass der Verletzte auch ohne den Unfall nach Ablauf einer bestimmten Zeit den früheren Erwerb nicht mehr hätte erzielen können, ist bei Festsetzung der zum Ersatze für den zukünftigen Erwerb bestimmten Rente Rücksicht zu nehmen.

Strafrecht.
Strafgesetzbuch §§ 331 bis 333.

Erkenntniss des Reichsgerichts vom 17. Dezember 1885. Entsch. XIII Nr. 58, S. 181/182.

Wer einem Beamten (im vorliegenden Falle einem Eisenbahnschaffner) ohne die Absicht, denselben zu einer pflichtwidrigen Handlung zu be-

---

*) Entscheidungen des Reichsgerichts in Zivilsachen. Band XVI. (Vgl. zuletzt Archiv 1887, S. 131 ff.) In Strafsachen Band XIII. XIV. (Vgl. zuletzt Archiv 1886, S. 568.) Herausgegeben von den Mitgliedern des Gerichtshofes. Leipzig. Veit & Comp. 1886/1887. — Das in Band XIII der Strafsachen Nr. 63, S. 193 ff. abgedruckte Erkenntniss vom 23. Dezember 1885 befindet sich bereits im Archiv 1886, S. 561, der Rechtsgrundsatz aus dem Erkenntniss vom 17. September 1885 (Band XIII Nr. 76 S. 243 ff.) im Archiv 1886 S. 121. Diese beiden Erkenntnisse sind daher in obiger Zusammenstellung nicht berücksichtigt.

stimmen, ein Geschenk angeboten, versprochen oder gewährt hat, kann ebenso wenig wegen Theilnahme an dem im § 332 Str.-G.-B. vorgesehenen Vergehen, als wegen aktiver Bestechung bestraft werden.

Strafgesetzbuch §§ 315, 316.
Erkenntniss des Reichsgerichts vom 2. März 1886. Entsch. XIII. Nr. 113, S. 380—383.

Die §§ 315, 316. Str.-G.-B. finden auch auf Lokomotiveisenbahnen Anwendung, welche zu industriellen Zwecken im Privatinteresse betrieben werden (es handelte sich um eine Lokomotiv - Rübenbahn) und dem Publikum nicht zugänglich sind.*)

Strafgesetzbuch §§ 4, 6. — Vereinszollgesetz vom 1. Juli 1869. §§ 16. 135, 136 Nr. 1. 137. — Staatsvertrag mit Oesterreich-Ungarn vom 2. März 1887 betr. Herstellung einer Eisenbahn von Altwasser nach Chotzen. Art. 13, 15.
Erkenntniss des Reichsgerichts vom 19. März 1886. Entsch. XIII. Nr. 123, S. 410—421.

Eine auf einer Grenzstation gegenüber dem Beamten eines ausserhalb der deutschen Grenze belegenen deutschen Zollamts erfolgte unrichtige Waarendeklaration unterliegt dem inländischen Gesetze auch dann, wenn die zur Einfuhr bestimmten Waaren die deutsche Grenze noch nicht erreicht haben.

Zur Abwendung der Defraudationsstrafe bei unrichtiger Zolldeklaration genügt der Nachweis, dass der Deklarant seinerseits eine Zollhinterziehung nicht beabsichtigt habe. Der Deklarant braucht nicht nachzuweisen, dass eine solche Absicht überhaupt nicht obgewaltet hat.**)

Strafgesetzbuch §§ 315, 316.
Erkenntniss des Reichsgerichts vom 18. Mai 1886. Entsch. XIV, Nr. 36, S. 135—137.

Durch die thatsächliche Feststellung, dass gerade in dem Augenblick, in welchem ein Eisenbahnzug auf ein Hinderniss stiess, der Transport nicht gefährdet war, wird die Annahme einer Gefahr für einen Eisenbahntransport nicht ausgeschlossen.

Prozessrecht.

§ 39 des Preuss. Ausführungsgesetzes zum Gerichtsverfassungsgesetz.
Erkenntniss des Reichsgerichts vom 12. Januar 1887.***)

Für die Klage aus einem direkt gegen den Staat als Frachtführer begründeten privatrechtlichen Ansprüche ist die ausschliessliche Zuständig-

---

*) Vergl. auch Erkenntniss des Reichsgerichts vom 16. Mai 1882. Entscheidungen in Zivilsachen VII. S. 40 ff. Archiv 1883. S. 186.

**) Vgl. auch das Erkenntniss vom 29. Januar 1883. Archiv 1884. S. 376.

***) Abgedruckt in den Entscheidungen des Reichsgerichts, besondere Beilage zum Reichsanzeiger 1887, Nr. 3 S. 182—184.

keit des Landgerichts aus § 39 Nr. 2 des preuss. Ausführungsgesetzes
zum Gerichtsverfassungsgesetz nicht zu begründen.

Rechtsgrundsätze aus den Entscheidungen des Ober-verwaltungsgerichts.*)

Zusammengestellt von F. Seydel, Regierungsrath in Hannover.

I. Kreis- und Kommunalabgaben.

Heranziehung der Staatsdiener zu den Gemeindelasten.

Endurtheil (II) vom 18. Februar 1886. Entschd. Bd. 13. S. 115 ff.
Gesetz vom 11. Juli 1822 (G.-S. S. 184).

Wenn ein, einer bestimmten Behörde angehörender Beamter zur
kommissarischen Beschäftigung bei einer an einem anderen Orte
domizilirten Behörde einberufen worden ist, und zu diesem Behufe unter
Aufgabe seiner früheren häuslichen Wirthschaft seinen Umzug nach dem
letzteren Orte bewirkt hat, so kann derselbe, beim Vorhandensein der
sonstigen gesetzlichen Erfordernisse, an seinem neuen Wohnorte zu den
Gemeindeabgaben herangezogen werden. Dass ein Staatsdiener neben
seinem sogen. Dienstdomizil zugleich einen zweiten Wohnsitz mit privatrechtlichen und öffentlich-rechtlichen Wirkungen an dem Orte seiner
kommissarischen Beschäftigung zu begründen vermag, unterliegt keinem
Zweifel. Der Umstand, dass der so Beschäftigte jeden Augenblick wieder
abberufen werden kann, und sein Aufenthalt also in diesem Sinne kein
dauernder ist, trifft auch bei allen den Reichs- und Staatsbeamten zu, die
nach der Natur ihres Amtes jeder Zeit eine Versetzung ohne oder auch
wider ihren Willen zu gewärtigen haben, und bildet für sich allein kein
Hinderniss, überhaupt einen „Wohnsitz" zu begründen und zu haben. Ob
letzteres der Fall ist, entscheidet sich nach den objektiv vorliegenden thatsächlichen Verhältnissen.

Heranziehung der bei der Staatseisenbahnverwaltung beschäftigten Regierungsbaumeister und Regierungsbauführer zu den Gemeindelasten.

Endurtheil (II) vom 28. Januar 1886, Entschd. Bd. 13 S. 122 ff. und vom 12. Oktober
1886, Entschd. Bd. 13 S. 128 ff.
Gesetz vom 11. Juli 1822 (G.-S. S. 184) § 11.

Die Regierungsbaumeister und Regierungsbauführer erlangen mit
ihrem Eintritt in die Staatseisenbahnverwaltung der Regel nach die
Eigenschaft von Staatsdienern, und zwar ohne Unterschied, ob ihre
Einberufung durch den Minister der öffentlichen Arbeiten oder — in die

---

*) Fortsetzung der Zusammenstellungen im Archiv für Eisenbahnwesen 1879, S. 119
ff., 1880, S. 125 ff., 1881 S. 126 ff., 1883 S. 73 ff., 1884 S. 42 ff. und S. 572 ff., 1885
S. 698 ff. 1886 S. 810 ff.

Stellung eines Regierungsbauführers — durch eine Behörde der Staatseisenbahnverwaltung — erfolgt ist. Sie haben demgemäss auch einen Anspruch auf das Steuerprivilegium aus dem Gesetze vom 11. Juli 1822.

Ob dieselben ausnahmsweise nur als „ausserordentliche und einstweilige Gehülfen" im Sinne des § 11 des angezogenen Gesetzes angenommen sind und daher unter die Ausnahmebestimmung dieses Paragraphen
fallen, entscheidet sich nach den thatsächlichen Verhältnissen des einzelnen
Falles. Jedenfalls ist dies zu verneinen, wenn der betreffende Baubeamte
in einer Stelle beschäftigt wird, welche fortdauernd beibehalten werden
muss; er würde dann, selbst wenn er als „einstweiliger" Gehülfe zu betrachten sein möchte, jedenfalls kein „ausserordentlicher" Gehülfe sein.

Staatsdiener-Eigenschaft und Steuerprivilegium der bei der Ausführung von Staatseisenbahnbauten beschäftigten technischen Hülfsarbeiter.

Endurtheil (II.) vom 26. Februar 1885, Entschd. Bd. 13 S. 134 ff.

Gesetz vom 11. Juli 1822 (G.-S. S. 184) § 11.

Erlass des Ministers der öffentlichen Arbeiten vom 16. Oktober 1877 (E.-V.-Bl. 1878 S. 9).

Den bei der Ausführung von Staatseisenbahnbauten beschäftigten
technischen Hülfsarbeitern sollen bestimmungsmässig — vergl. Erlass des
Ministers der öffentlichen Arbeiten vom 16. Oktober 1877 — nur in dem
Falle die Eigenschaften von Staatsbeamten beigelegt werden, wenn dieselben nicht allein für die Zeit des betreffenden Baues, sondern in der Absicht dauernder Beibehaltung angenommen werden. Um die Eigenschaft
als Staatsdiener zu erlangen, muss dieselbe hiernach dem betreffenden
Hülfsarbeiter besonders „beigelegt" sein. Die Annahme in der Absicht
dauernder Beibehaltung, welche möglicher Weise einen irgendwie erkennbaren Ausdruck zwar nicht findet, genügt hierzu ebenso wenig, wie die
Bewilligung monatsweise fixirter Remunerationen, welche nur bei vorhandener Absicht der dauernden Beibehaltung geschehen darf. Fehlt es
an einer besonderen Verleihung der Beamten-Eigenschaft, so kann der
Hülfsarbeiter auch nicht die den Beamten in dem Gesetze vom 11. Juli
1822 gewährten Rechte für sich in Anspruch nehmen.

„Gebäude" im Sinne des § 30 des Einkommensteuergesetzes vom 1. Mai 1851.

Endurtheil (II) vom 7. Januar 1886, Entschd. Bd. 13 S. 38 ff

Gesetz vom 1. Mai 1851 (G.-S. S. 193), § 30.

Unter den im § 30 Absatz 2 des Einkommensteuergesetzes vom 1.
Mai 1851 erwähnten „Gebäuden", für deren jährliche Abnutzung bei der
Steuerveranschlagung die übliche Absetzung stattfinden darf, sind Gebäude
im weiteren Sinne des Wortes, bauliche Anlagen, Bauwerke jeder Art, bei
welchen überhaupt eine zu einer Erneuerung führende Abnutzung in Frage
kommen kann, zu verstehen.

Die „Bestimmung zu öffentlichen oder gemeinnützigen Zwecken" im Sinne der die
Befreiung gewisser Grundstücke von den Gemeindeabgaben regelnden Gesetze.
Endurtheil (I) vom 28. April 1886, Entschd. Bd. 13 S. 222 ff.
Allerhöchste Kabinetsordre vom 8. Juni 1834 (G.-S. S. 87).

Unter den Grundstücken, welchen wegen ihrer „Bestimmung zu öffentlichen oder gemeinnützigen Zwecken" die Befreiung von Steuern zusteht,
können nur solche verstanden werden, welche diesen Zwecken unmittelbar dienen. Nur diese unmittelbare Bestimmung, nicht aber das
Eigenthums- und Besitzverhältniss ist das Maassgebende, also auch
nicht das Eigenthum solcher Personen oder Korporationen, welche
„öffentliche und gemeinnützige Zwecke" verfolgen.

II. Strassen- und Wegebau.
Vertheilung der Wegebaulast in der Provinz Hannover.
Endurtheil (II) vom 31. Mai 1886, Entschd. Bd. 13 S. 53 ff.
Hannoversches Gesetz über Gemeindewege und Landstrassen vom 28. Juli 1851, § 35.
Abänderungsgesetz vom 12. März 1868 (G.-S. S. 225).

Die ausserhalb eines Wegeverbandes wohnenden Besitzer von im Verbande belegenen Grundstücken gehören nicht zu den von den persönlichen Steuern zu den Wegelasten beitragspflichtigen „Eingesessenen"
im Sinne des § 35 des Hannoverschen Gesetzes über Gemeindewege und
Landstrassen vom 28. Juli 1851. Diese Grundbesitzer können dagegen
nach der Grund- bezw. Häusersteuer zu den Wegeverbandslasten
herangezogen werden. Das Wort „Eingesessene" in der angezogenen Gesetzesbestimmung bezieht sich nur auf die persönlichen direkten Steuern,
nicht auf die Grund- und Häusersteuer.

Anlage neuer Strassen; Pflichten der Anlieger.
Endurtheil (II) vom 12. April 1886, Entschd. Bd. 13 S. 161 ff.
Gesetz, betr. die Anlegung und Veränderung von Strassen etc., vom 2. Juli 1875
(G.-S. S. 561), § 15.

1. Bei der Anlegung einer neuen oder bei der Verlängerung einer schon
bestehenden Strasse im Sinne des § 15 des Gesetzes vom 2. Juli 1875
bilden die Grunderwerbskosten einen Theil der zur „Freilegung" der
neuen Strasse erforderlichen Kosten. Aus der Bestimmung im § 14 des
Gesetzes kann das Gegentheil nicht hergeleitet werden, weil die §§ 13 und
14, welche von der Entschädigung wegen Entziehung oder Beschränkung
des durch die Festsetzung neuer Fluchtlinien betroffenen Grundeigenthums
handeln, ausser allem Zusammenhange mit § 15 stehen.

2. Durch Ortsstatut kann festgestellt werden, dass auch der Werth
der von einem angrenzenden Eigenthümer unentgeltlich hergegebenen

Strassenflächen nach dem Durchschnittspreise der entgeltlich überlassenen Flächen jenen Kosten beigerechnet, dann aber von dem Gesammtkostenbeitrage jenes Eigenthümers wieder abgesetzt werde.

3. Auch in Ansehung der bereits bei Anlegung einer neuen Strasse (theilweise) bebauten Grundstücke können die angrenzenden Eigenthümer zum Ersatze der Kosten des Grunderwerbes, sobald sie Gebäude an der Strasse errichten, verpflichtet werden. Für die Annahme, dass der § 15, nur unbebaute Grundstücke betreffe, bietet der Wortlaut keinen Anhalt; als einzige Voraussetzung für eine Heranziehung der „angrenzenden Eigenthümer" stellt das Gesetz die Thatsache hin, dass „sie Gebäude an der neuen Strasse errichten"; ein Gebäude kann aber an der neuen Strasse auch dann errichtet werden, wenn das Grundstück bereits (theilweise) mit Gebäuden besetzt ist.

Umfang der Wegebaulast.

Endurtheil (I) vom 5. Juni 1886, Entschd. Bd. 13. S. 307 ff.

Die Wegebaulast in Betreff aller Arten der öffentlichen Fahrwege begreift in der Regel die Verpflichtung in sich, dem Bedürfnisse des Verkehrs entsprechend den Weg, ingleichen auch die für denselben erforderlichen Entwässerungsanstalten, Durchlässe, Brücken und Fähren über Gewässer, soweit sie nicht schiffbar sind, Baumpflanzungen, Schutzgeländer und Wegeweiser anzulegen, zu unterhalten, und, wo es nöthig ist, zu verbreitern, bezw. zu verlegen, sowie Gegenstände, welche den Verkehr hemmen, zu beseitigen.

Die Wegebaulast schliesst demnach grundsätzlich auch die Beschaffung des zu dem Wege und seinem Zubehör erforderlichen Grund und Bodens in sich.

Auch das Pflanzen von Bäumen oder das Setzen von Pfählen an den Kommunikationswegen, sofern hierzu ein Bedürfniss besteht, gehört zur Wegebaulast.

Errichtung von Stacheldrahtzäunen an öffentlichen Wegen.

Endurtheil (I) vom 21. April 1886, Entschd. Bd. 13 S. 420 ff.

Die Befugniss des Eigenthümers eines an einen öffentlichen Weg grenzenden Grundstückes zum Schutze des letzteren gegen das Betreten der Passanten ist bezüglich der Wahl der Schutzmittel nicht lediglich dadurch beschränkt, dass diese den Verkehr auf dem Wege selbst nicht gefährden; vielmehr reicht diese Beschränkung so weit, dass die Schutzmittel auch nicht Leben, Gesundheit und Eigenthum derer in Gefahr bringen dürfen, welche von Wegen abkommen, ohne diese Gefahr bewusst oder leichtsinnig herauszufordern.

Wenn daher die öffentliche Sicherheit durch die Errichtung eines Stacheldrahtzaunes an einem öffentlichen Wege gefährdet wird, indem die Mitglieder des Publikums auf dem Wege durch Herantreten an die Grenze desselben oder durch geringes Abweichen von demselben über die Grenze hinaus in die Gefahr der Verletzung ihres Körpers oder ihrer Kleidung gerathen, so ist die Polizeibehörde die Entfernung eines derartigen Zaunes zu fordern berechtigt.

III. Bauangelegenheiten.
Polizeiliche Bauerlaubniss.
a. Endurtheil (II) vom 18. März 1886, Entschd. Bd. 13 S. 389 ff.

Eine polizeiliche Bauerlaubniss ist nichts anderes, als die Erklärung der zuständigen Behörde, dass dem beabsichtigten Baue Hindernisse in dem öffentlichen Rechte nicht entgegenstehen.

Durch einen derartigen Ausspruch kann an sich nicht darüber befunden werden, inwieweit der Bauunternehmer befugt sein würde, den Bau etwa auch in anderer als der zuerst projektirten Weise auszuführen. Der Mangel einer besonderen polizeilichen Erlaubniss zu dem abweichend von dem ursprünglich vorgelegten Projekte ausgeführten Bau bewirkt daher noch nicht ohne Weiteres einen unstatthaften, von der Polizeibehörde abzustellenden Zustand; ein solcher ist vielmehr erst dann vorhanden, wenn die Anlage gegen das bestehende, dem Schutze der Polizeibehörde anvertraute öffentliche Recht verstösst und also die Anlage im öffentlichen Interesse nicht zu dulden ist.

b. Endurtheil (II) vom 18. Januar 1886, Entschd. Bd. 13 S. 397 ff.

Wenn eine bauliche Anlage nach dem bestehenden örtlichen Rechte baupolizeilich unzulässig ist, so kann hierauf noch nicht ohne Weiteres die Befugniss der Polizeibehörde gegründet werden, eine völlige Beseitigung derselben zu verlangen. Bei dem Vorhandensein eines polizeilich unzulässigen Bauwerkes hat sich vielmehr das polizeiliche Einschreiten zunächst nur auf eine Umänderung des Baues in einen den bestehenden Vorschriften entsprechenden Zustand zu richten, während die Beseitigung des ganzen Bauwerkes erst für den Fall gefordert werden darf, wenn die Unmöglichkeit vorliegt, den Bau in einen dem Gesetze entsprechenden Zustand zu versetzen.

IV. Andere Entscheidungen.
Räumung von Gräben, Privatflüssen u. s. w.
a. Endurtheil (II) vom 25. März 1886, Entschd. Bd. 13 S. 316 ff.
Vorfluthgesetz vom 15. November 1811 (G.-S. S. 352).

Die Wasserpolizeibehörde ist als solche nicht berechtigt, an den zur Räumung eines Grabens nicht verpflichteten Adjazenten des letzteren das

Verlangen zu stellen, dem Räumungspflichtigen das zur Ablagerung der ausgehobenen Stoffe erforderliche Land (Schutzstreifen) bereit zu stellen. Eine dahin gehende Verfügung ist nicht als eine „Anordnung wegen Räumung von Gräben" im Sinne des § 66 des Zuständigkeitsgesetzes vom 1. August 1883 zu erachten.

b. Endurtheil (II) vom 24. Juni 1886, Entschd. Bd. 13 S. 323 ff.

Vorfluthgesetz vom 15. November 1811 (G.-S. S. 352) § 10.

Gesetz über die Benutzung der Privatflüsse vom 28. Februar 1843 (G.-S. S. 41) § 7.

Steht jemandem das ausschliessliche Eigenthum an einem Privatflusse zu, so liegt ihm in den Grenzen seines Eigenthums die gesetzliche Pflicht zur Räumung des Flusses auch da ob, wo er nicht zugleich Uferbesitzer ist.

Krankenversicherung der Arbeiter.

Endurtheil (II) vom 25. März 1886, Entschd. Bd. 13 S. 374 ff. — und vom 29. April 1886, Entschd. Bd. 13 S. 379 ff.

Krankenversicherungsgesetz vom 15. Juni 1883 (R.-G.-Bl. S. 73) §§ 28, 57 Abs 2.

Reichsgesetz über den Unterstützungswohnsitz vom 6. Juni 1870, § 28.

1. Wenn eine Stadtgemeinde in ihrer Eigenschaft als Ortsarmenverband auf Grund des Gesetzes über den Unterstützungswohnsitz vom 6. Juni 1870 ein Mitglied einer Krankenkasse in einem Krankenhause hat verpflegen lassen und von der betreffenden Krankenkasse demnächst die Erstattung der ihr daraus erwachsenen Kosten beansprucht, so kann die Krankenkasse die Erstattung nicht aus dem Grunde ablehnen, weil nach ihrem Statute nur auf besonderen Antrag des Kassenarztes und Verfügung des Vorstandes freie Kur und Verpflegung in einem Krankenhause trete,*) in dem betreffenden Falle aber die Aufnahme in das Krankenhaus ohne solchen Antrag bezw. Anordnung des Vorstandes erfolgt sei. Nach § 57 Absatz 2 des Reichsgesetzes vom 15. Juni 1883 kann die Gemeinde zwar nur denjenigen Anspruch gegen die Kasse geltend machen, welcher dem von ihr verpflegten Kassenmitgliede gegen die Kasse zusteht; sie muss also nöthigenfalls nachweisen, dass die von ihr erhobene Forderung sich innerhalb der Grenzen des dem Unterstützten statutenmässig gebührenden Anspruches hält. Wenn und soweit aber die Forderung der Gemeinde innerhalb dieser Grenzen bleibt, so ist es unerheblich, ob die betreffenden Kosten durch Verpflegung im eigenen Hause oder in einer Krankenanstalt

---

*) Nach § 11 der Normalstatuten für Krankenkassen im Bereiche der preussischen Staatseisenbahnverwaltung vom 28. März 1884 gewährt die Kasse an Stelle der regelmässig vorgesehenen Leistungen (§§ 9 Abs. 1 und 10 Abs. 1) freie Kur und Verpflegung in einem Krankenhause, wenn nach dem Gutachten des Kassenarztes oder eines anderen seitens der Eisenbahnverwaltung oder einer Eisenbahn-Krankenkasse bestellten Arztes und mit Zustimmung oder auf Verlangen des Kassenvorstandes ein erkranktes Mitglied in einem Krankenhause untergebracht wird.

entstanden sind. Denn die Vorschriften des Statutes sind für die Gemeinde bei der Erfüllung der ihr gesetzlich als Ortsarmenverband obliegenden Pflichten nicht bindend.

2. Aus § 57 Absatz 2 des Krankenversicherungsgesetzes vom 15. Juni
1883 ist eine Klage auf Ersatz etwaiger zukünftiger Unterstützungen
unzulässig.

3. „Kassenmitglieder, welche erwerbslos werden" (§ 28 des
Reichsgesetzes vom 15. Juni 1883) sind solche erwerbslos werdenden Per-
sonen, welche bis zum Eintritte ihrer Erwerbslosigkeit Mitglieder der
Kasse gewesen sind. Dieselben haben nach § 28 a. a. O. nicht auf die-
jenigen Leistungen der Kasse, welche statutarisch regelmässig den
Mitgliedern gewährt werden, sondern nur auf die „gesetzlichen
Mindestleistungen" (§§ 6, 7, 8, 20, 64, 72 a. a. O.) Anspruch. Ihnen
ist, wenn sonst die Voraussetzungen des § 28 a. a. O. vorliegen, die
Krankenunterstützung in dem angegebenen Umfange nicht etwa nur bis
zum Ablaufe der im § 28 erwähnten drei Wochen, sondern während der
ganzen Dauer der Krankheit, jedoch nur bis zum Ablaufe von dreizehn
Wochen zu gewähren.

4. Die Vorschrift im § 28 des Reichsgesetzes vom 15. Juni 1883 umfasst auch den Fall, wenn ein bisheriges Kassenmitglied bei Beendigung
derjenigen Beschäftigung, auf welcher seine Kassenmitgliedschaft be-
ruhte, erwerbslos wird. Nach der Absicht des Gesetzes sollen die beim
Ausscheiden aus dem Arbeitsverhältnisse erwerbslos werdenden bisherigen Mitglieder für eine bestimmte Dauer der Erwerbslosigkeit ihre
Ansprüche an die Kasse — obschon nur auf die gesetzlichen Mindestleistungen derselben — behalten. Es ist nicht etwa Voraussetzung hierfür, dass von dem betr. Mitgliede die im § 27 a. a. O. bezeichneten Bedingungen (Anzeige u. s. w.) erfüllt werden. Denn der besondere, von den
Vorschriften des § 27 unabhängige Anspruch aus § 28 — für den Fall
der Erwerbslosigkeit — ist an derartige Bedingungen nicht geknüpft.

Gesetzgebung.

Königreich Württemberg. Gesetz vom 24. Mai 1887, betreffend die
Beschaffung von Geldmitteln für den Eisenbahnbau sowie für ausserordentliche Bedürfnisse der Eisenbahnverwaltung in der Finanzperiode 1887/89.

Veröffentlicht in Nr. 67 des Amtsblattes der königl. württemberg. Verkehrsanstalten. S. 309 ff.

Art. 1. Neben vollständiger Herstellung der Bahnlinien Bietigheim-Hessenthal und
Heilbronn-Eppingen, sowie der Bahn von Freudenstadt nach Schiltach, welche durch Art 1
Ziff. 3 und Art. 2 Ziffer 1 des Gesetzes vom 11. Juni 1876 (Reg.-Bl. S. 185), beziehungs-

weise durch Art. 3 des Gesetzes vom 25. August 1879 (Reg.-Bl. S. 315) zur Ausführung
bestimmt wurden, ist in der Finanzperiode 1887/89 eine lokale Zweigbahn von Schramberg
nach Schiltach in Angriff zu nehmen und soweit möglich dem Ausbau entgegenzuführen.

Zur Vollendung der genannten früher schon zur Ausführung bestimmten Bahnen und
zur Herstellung der Bahn von Schramberg nach Schiltach werden für die Finanzperiode
1887/89 1 000 000 Mark bestimmt.

Art 2. Für Erweiterungen und Verbesserungen an den im Betrieb befindlichen
Eisenbahnlinien kommen . . . . 1 310 000 Mark
und für die Vermehrung des Betriebsmaterials der Staatsbahnen . . . 450 000 „

zusammen 1 760 000 Mark
zur Verwendung.

Art. 3. An den Kosten der in Art. 1 und 2 erwähnten Bauten sind die Kaufschillinge
für die Bauplätze der erforderlichen Gebäude, sowie für die Grundflächen der Bahnhöfe
und Stationen, wie bisher, von der Grundstocksverwaltung zu bestreiten.

Zur Deckung des weiteren Aufwands nach Art. 1 und 2 sind Staatsanlehen bis zum
Betrage von 2 760 000 Mark unter möglichst günstigen Bedingungen aufzunehmen. Der
hierdurch, sowie durch die Leistungen der Interessenten ungedeckt bleibende Theil des
Auswandes für den Bau einer Zweigbahn von Schramberg nach Schiltach im Betrage von
190 000 Mark ist aus verfügbaren Mitteln der Restverwaltung zu bestreiten.

**Oesterreich. Gesetz vom 19. März 1887, betreffend die Erwerb- und
Einkommensteuerpflicht der Staatseisenbahnen.**

Veröffentlicht im XV. Stück des Reichsgesetzblattes für die im Reichsrathe
vertretenen Königreiche und Länder. S. 179 f.

§ 1. Die im Eigenthum des Staates befindlichen Eisenbahnen sind der Erwerb- und
Einkommensteuer*) zu unterziehen.

Soweit denselben eine zeitliche Steuerbefreiung nach § 2 nicht zukommt, hat die
Steuerpflicht für die bisher ganz steuerfrei gebliebenen Bahnen mit dem Zeitpunkte des
Aufhörens der Steuerbefreiung (§ 2) für die aus dem Privatbesitze erworbenen, bereits
steuerpflichtig gewesenen Bahnen mit dem Zeitpunkte der Eigenthumserwerbung durch den
Staat zu beginnen.

§ 2. Den im § 1 bezeichneten Staatseisenbahnen hat jedoch eine zeitliche Befreiung
von der Erwerb- und Einkommensteuer, sowie von jeder neuen, an deren Stelle tretenden
direkten Steuer, welche etwa durch künftige Gesetze eingeführt werden sollte, zuzukommen,
und zwar:

a) den vom Staate selbst gebauten Eisenbahnen und Trajektanstalten auf die Dauer
von dreissig Jahren, vom Tage der Betriebseröffnung auf der ganzen Linie der
betreffenden Bahn;

b) den vom Staate aus dem Privatbesitze in sein Eigenthum erworbenen Eisenbahnen
für die Dauer der mit dem Zeitpunkte der Eigenthumsübernahme der bezüglichen
Bahn noch nicht abgelaufenen Frist der derselben mittelst der Konzessionsurkunde
gewährten Steuerbefreiung.

§ 3. In Bezug auf die nach § 1 vorzunehmende Steuervorschreibung sind die daselbst bezeichneten Staatsbahnen, welche vom Staate selbst betrieben werden, als eine
einheitliche Unternehmung zu behandeln, wobei im Sinne der mit der Verordnung des
Handelsministeriums vom 23. Juni 1884 (R.-G.-Bl. Nr. 103) kundgemachten Organisation

---

*) Die Steuer wird zu Gunsten der einzelnen Kronländer erhoben.

der Staatseisenbahnverwaltung in den im Reichsrathe vertretenen Königreichen und Ländern als Sitz der obersten Geschäftsleitung Wien anzunehmen ist.

Die Ermittelung des der Einkommensteuer zu unterziehenden Reineinkommens ist auf Grund des von der Staatseisenbahnverwaltung mit dem Rechnungsabschlusse vorzulegenden Einkommensbekenntnisses den bestehenden Gesetzen gemäss vorzunehmen.

Die Ausscheidung des nach § 2 von der Steuerbemessung freizulassenden Reineinkommens der daselbst bezeichneten Staatseisenbahnen, beziehungsweise die Ermittelung des nach § 1 der Besteuerung zu unterziehenden Reineinkommens hat nach Maassgabe der in dem betreffenden Jahre auf die steuerfreien Linien einerseits und auf die steuerpflichtigen anderseits entfallenden Bruttotonnenkilometer zu erfolgen.

Im Uebrigen hat die Steuervorschreibung für die Staatseisenbahnen in Anwendung des Gesetzes vom 8. Mai 1869 (R.-G.-Bl. Nr. 61), betreffend die Bemessung, Vorschreibung und Einhebung der Erwerb- und Einkommensteuer von Eisenbahnunternehmungen, in den Landeshauptstädten zu erfolgen.

§ 4. Dieses Gesetz tritt mit dem Tage seiner Kundmachung in Wirksamkeit.

§ 5. Mit dem Vollzuge dieses Gesetzes sind die Minister der Finanzen und des Handels beauftragt.

Italien. Königlicher Erlass vom 13. März 1887, betreffend den Sanitätsdienst bei den Eisenbahnen.

Veröffentlicht im Giornale de Genio Civile 1887 S. 89.

Für die Bearbeitung der Sanitätsangelegenheiten und zur Ueberwachung des Sanitätsdienstes der Eisenbahnen soll im königlichen Eisenbahn-Inspektorat ein Oberinspektor für das Sanitätswesen angestellt werden.

Verordnung vom 17. März 1887, betreffend Abänderung der Vorschriften über das Rollmaterial der Eisenbahnen.

Veröffentlicht im Giornale del Genio Civile 1887 S. 89.

Nachdem die italienische Regierung den Beschlüssen der Berner Konferenz für die Einführung der technischen Einheit im Eisenbahnbetriebe vom 15. Mai 1886 beigetreten ist, werden die für die italienischen Eisenbahnen gültigen, das Rollmaterial betreffenden Vorschriften vom 14. April 1878, soweit sie mit jenen Beschlüssen nicht übereinstimmen, abgeändert.

Gesetzentwurf, betreffend die Eisenbahn-Neubauten.

Von der Regierung der Landesvertretung vorgelegt am 18. April 1887, mitgetheilt im Monitore delle Strade ferrate vom 30. April 1887 S. 283.

Durch Gesetz vom 29. Juli 1879 wurde der Bau von 6 020 km Eisenbahnen genehmigt, deren auf 1200 Millionen Lire veranschlagte Kosten vom Staate unter Beihülfe von örtlichen Interessenten bestritten werden sollten.*) Nachdem nunmehr ein Theil der in jenem Gesetz vorgesehenen Eisenbahnen ganz oder nahezu fertig gestellt ist, zeigt sich, dass die veranschlagten und der Regierung zur Verfügung gestellten Beträge zur Deckung der bereits entstandenen und noch entstehenden Kosten nicht ausreichen. In der Begründung des vorliegenden Gesetzentwurfs wird für 19 auf Grund des erwähnten Gesetzes gebaute Bahnen die nachstehende Uebersicht über die veranschlagten und die wirklich entstandenen Kosten gegeben.

*) Vergl. Archiv 1880 S. 264 und 1882 S. 357.

No.	Bahnlinien.	Länge	Baukosten (mit Ausschluss der Betriebsmittel)		
			nach dem Voranschlag	wirklich entstandene bezw. entstehende	Mehrbetrag gegen den Voranschlag
		Km	Lire		
	Linien der 1. Klasse.				
1	Novara-Pnio	66,00	20 000 000	44 500 000	24 500 000
2	Codola-Nocera	4,50	600 000	900 000	300 000
3	Hülfslinie von Chiovi	19,00	21 000 000	64 000 000	43 000 000
	Linien der 2. Klasse.				
4	Aosta-Ivrea	67,00	14 350 350	22 500 000	8 149 650
5	Sondrio-Colico-Chiavenna	63,70	8 447 572	10 300 000	1 852 428
6	Belluno-Feltra-Treviso	76,00	8 610 210	15 000 000	6 389 790
7	Ascoli - S. Benedetto	28,00	2 870 070	5 500 000	2 629 930
8	Adria-Chioggia	30,60	3 444 084	7 400 000	3 955 916
	Linien der 3. Klasse.				
9	Novara -Varallo	53,50	5 603 000	8 900 000	3 297 000
10	Bra-Carmagnola	19,00	1 703 312	2 000 000	296 688
11	Vercelli-Mortara-Pavia	72,00	6 275 360	7 800 000	1 524 640
12	Airasca-Cavallermaggiore	32,00	2 868 736	4 800 000	1 931 264
13	Mantua-Legnago	32,00	3 872 793	5 700 000	1 827 207
14	Viterbo-Attigliano	31,00	4 751 344	7 300 000	2 548 656
15	Station Frascati-Stadt	4,10	645 466	800 000	154 534
16	Foggia-Manfredonia	36,00	2 510 144	3 500 000	989 856
17	Zollnio-Gallipoli	35,00	2 689 440	3 400 000	710 560
18	Legnago-Monselice	39,00	4 392 752	7 600 000	3 207 248
19	Von Gallarate zur Linie Pino-Novara	31,00	5 827 120	13 500 000	7 672 880
	Insgemein sind noch zu rechnen	—	—	6 061 753	6 061 753
	Zusammen . .	739,40	120 461 753	241 461 753	121 000 000

Im Ganzen werden die Mehrkosten der nach dem Gesetze von 1879 zu bauenden Eisenbahnen über die daselbst bewilligten Beträge auf 220 Millionen Lire berechnet. Durch das Gesetz, dessen Entwurf der Landesvertretung nunmehr vorgelegt wurde, soll Bestimmung wegen Deckung dieser Mehrkosten getroffen werden.

Ferner soll die Regierung durch dieses Gesetz ermächtigt werden, den für gewisse Eisenbahnlinien staatlicherseits zu gewährenden Betriebszuschuss von 1000 Lire für das Kilometer und Jahr bis auf 3000 Lire zu erhöhen und die Dauer, auf welche dieser Zuschuss gewährt wird, von 35 bis auf 70 Jahre festzusetzen.

Russland. Verordnung vom 9. März 1887, betreffend Normalsätze für Gewichtsverlust bei den auf Eisenbahnen beförderten Gütern.
Veröffentlicht im amtlichen Theile der Zeitschrift des Ministeriums der Verkehrsanstalten 1887, S. 169.

In Gemässheit des Artikel 106 des allgemeinen russischen Eisenbahngesetzes vom 12. Juni 1885 werden, zunächst für die Dauer eines Jahres, die Normalsätze für Gewichtsverluste der auf Eisenbahnen beförderten Güter festgestellt. Dieser Normalsatz soll betragen: für trockene Güter 1%, für flüssige oder in rohem Zustande von der Bahn angenommene Güter (wie alle Arten Bau- und Nutzholz, Farbholz, Rinde, Tabak, Fette, frische Früchte, Felle, Pelze, Thierflechsen, Hörner, Hufe, Knochen, Hopfen, Hanf u. s. w.) 2%; für Salz, Erze, Düngmittel, Erde, welche in vollen Wagenladungen befördert werden, 3%..

Verordnung vom 11. März 1887 betreffend die Rechte und Pflichten der bei der Beaufsichtigung der Privatbahnen beschäftigten Unterinspektoren.

Veröffentlicht im amtlichen Theile der Zeitschrift des Ministeriums der Verkehrsanstalten 1887. S. 131.

Durch kaiserlichen Erlass vom 14. Juni 1885 wurden an Stelle der früheren „Gehülfen" der mit der Beaufsichtigung der Privatbahnen betrauten Regierungsinspektoren „Unterinspektoren" eingesetzt, welche mit der Beaufsichtigung je eines Theiles des dem Inspektor übertragenen Bezirks beauftragt wurden. Durch die vorliegende Verordnung werden die Rechte und Pflich'en dieser Unterinspektoren, sowie deren dienstliches Verhältniss zu den Verwaltungen der beaufsichtigten Privatbahnen festgestellt. Danach haben die Unterinspektoren innerhalb des ihnen zur Beaufsichtigung überwiesenen Privatbahnbezirkes nach Anweisung des Regierungsinspektors, welchem sie unterstellt sind, auf die Sicherheit und Ordnung des Betriebes, sowie auf ordnungsmässige Unterhaltung und Erneuerung der Bahnanlagen zu achten. Bemerkt der Unterinspektor in Bezug auf den Zustand oder den Betrieb der ihm übertragenen Strecke eine Verletzung der bestehenden gesetzlichen Bestimmungen und ministeriellen Verordnungen, so setzt er hiervon den zuständigen örtlichen Beamten der Eisenbahngesellschaft schriftlich in Kenntniss und berichtet zugleich darüber an den Inspektor und zwar, je nach der Dringlichkeit der Sache schriftlich oder telegraphisch. Im Uebrigen geht der Schriftwechsel des Unterinspektors mit der Privatbahnverwaltung durch die Hand des Inspektors. Dem Unterinspektor steht das Recht zu, von der Verwaltung der Eisenbahngesellschaft und den Bediensteten derselben mündliche Auskunft über Angelegenheiten seines Geschäftskreises zu fordern, sowie die von der Verwaltung geführten Geschäftsbücher aller Art einzusehen. Er muss mindestens dreimal jährlich die ihm übertragene Strecke mit allen Gebäuden, sowie die Betriebsmittel einer eingehenden Prüfung unterziehen und über das Ergebniss an den Inspektor berichten. Ausserdem hat er nach Bedürfniss noch weitere besondere Prüfungen vorzunehmen, um sich stets in genauer Kenntniss über den Zustand der Bahnanlagen zu erhalten. Er hat ferner darauf besonderes Augenmerk zu richten, dass etwaige auf Stationen eingetretene Stockungen in der Güterabfertigung beseitigt werden, dass die im Betriebsdienst beschäftigten Personen die erforderliche Befähigung haben, ferner dass die von den Bahnhofsrestaurationen verabreichten Speisen und Getränke gut sind, und die Preise derselben dem genehmigten Preisverzeichnisse entsprechen u. s. w. Für seine Inspektionsreisen kann der Unterinspektor alle auf der Strecke fahrenden Züge benutzen, ferner müssen ihm dafür im Bedürfnissfalle Draisinen, Reservemaschinen und auf Verlangen des Inspektors Extrazüge zur Verfügung gestellt werden. Von vorgekommenen Unfällen muss dem Unterinspektor von den Betriebsbeamten stets sofortige Mittheilung gemacht werden.

Verordnung vom 20. März 1887, betreffend die Prüfung der mineralischen Leuchtöle und die bei Beförderung und Aufbewahrung der als feuergefährlich erkannten Oele dieser Art zu beachtenden Vorsichtsmaassregeln.

Veröffentlicht im amtlichen Theile der Zeitschrift des Min. der Verk. 1887
S. 209 u. ff.

Alle Destillationsprodukte des Petroleums (Naphta), deren Dämpfe bei einem Barometerstande von 760 mm bei einer Temperatur von weniger als 28 ^{0} Celsius (22,4 ^{0} Reaumur) sich entzünden, sind als feuergefährlich anzusehen. Zum Bestimmen des Entflammungspunktes ist der Abel-Pensky'sche Apparat zu verwenden. Solche Produkte dürfen
nur in starken Metallgefässen oder in emaillirten, mit eisernen Reifen versehenen Holzfässern befördert werden. Nur kleinere Mengen, bis zu 1 Pud, dürfen in umflochtenen
Glasgefässen befördert werden. Auf allen Gefässen, welche solches Petroleum enthalten,
muss die Aufschrift „Feuergefährlich" angebracht und der Name des Produzenten oder des
versendenden Grosshändlers angegeben sein. Für die Untersuchung des Petroleums und
die Ausübung der staatlichen Aufsicht bezüglich der Beachtung der für die Aufbewahrung
und Versendung des Petroleums gegebenen Vorschriften wird in Baku eine Behörde eingesetzt. Diese Behörde, welcher für die Bearbeitung der den Eisenbahntransport betreffenden Fragen der Betriebsleiter der transkaspischen Eisenbahn beigeordnet ist, hat jeder
Petroleumsendung ein Zeugniss beizufügen, in welchem Ursprung, Entflammungspunkt,
spezifisches Gewicht u. s. w. des betreffenden Oeles angegeben sind. (Vergl. deutsches
Reichsgesetz über den Verkehr mit Petroleum vom 24. Februar 1882, sowie Betriebsreglement §. 48. Anl. D. No. XXI. Petroleum wird als „feuergefährlich" angesehen, wenn der
Entflammungspunkt bei 21 ^{0} C. liegt.)

Verordnung vom 26. März 1887, betr. Abänderung der Bestimmungen über die Annahme von Gepäck und Gütern mit Werthversicherung.

Veröffentlicht im amtlichen Theile der Zeitschrift des Min. der Verk. 1887
S. 234.

Nach der Verordnung vom 30. März 1886 (Vergl. Archiv 1886 S. 844) über die Annahme von Gepäck und Gütern, bei welchen seitens des Absenders ein höherer Werth angegeben wird, als im Art. 97 des Eisenbahngesetzes vorgesehen ist, sind von den Eisenbahnen an Versicherungsprämie zu erheben für je 100 Rubel angegebenen Werthes und
100 Werst Weg für Gepäck 1½ Kopeken, für Güter ½ Kopeken. Diese Sätze sollen auch
nach der vorliegenden Verordnung im Allgemeinen in Gültigkeit bleiben, es werden aber
erhöht die Sätze für solche Gegenstände, welche dem Verderben ausgesetzt sind, als Esswaaren, Früchte, Fische u. s. w., sowie für solche, welche leicht beschädigt werden können
wie Gemälde, Spiegel, Kunstwerke und dergleichen. Werden derartige Gegenstände als
Fracht befördert, so sind für je 100 Rubel angegebenen Werthes und 100 Werst Weg 5
Kopeken; werden dieselben als Reisegepäck befördert 15 Kopeken zu zahlen.

Verordnung vom 8. Mai 1887, betr. die Anlage von Militär-Verpflegungsanstalten an Eisenbahnen.

Veröffentlicht im amtlichen Theile der Zeitschrift des Min. der Verkehrsanst.
1887 S. 214.

Vorschriften für die bei Anlage von Militär-Verpflegungsanstalten vorzusehenden Einrichtungen — Küchen, Bäckerei, Vorrathsräume, Aborte u. s. w. — werden den Eisenbahnbehörden und den Verwaltungen der Privatbahnen zur Nachachtung mitgetheilt.

Bücherschau.

Besprechungen.

Grierson, J., General Manager of the Great Western Railway. *Railway rates: English and Foreign.* London: Edward Stanford 1886.

Das vorliegende Buch ist eine Vertheidigung der englischen Privatbahnen gegen die bei Gelegenheit der Untersuchung von 1881/82 und der im Jahre 1886 eingebrachten Gesetzentwürfe[*]) erhobenen Beschwerden über die englischen Tarife. Die Vertheidigung ist nicht nur sachverständig, wie man es von dem Verfasser, einem hervorragenden praktischen Eisenbahnmann erwarten konnte, sondern im Allgemeinen auch maassvoll und geschickt. Der Verfasser leugnet nicht, dass Uebelstände im englischen Tarifwesen bestehen, er will nur zeigen, dass von den gegen die Tarife der Privatbahnen erhobenen Beschwerden einige irrig, einige übertrieben, viele bestritten und zweifelhaft sind; dass von den beklagten Uebelständen einige nicht von den Eisenbahnen geschaffen sind und auch von ihnen nicht geändert werden können, andere sich überhaupt nicht beseitigen lassen, ohne der Allgemeinheit Schaden zuzufügen.

Im Einzelnen führt er aus, wenn man die englischen Bahnen anklage, die Tarife aufs Gerathewohl und nach Willkühr festzusetzen, so müsse man Grundsätze angeben, wonach sie festgesetzt werden sollten. Das sei aber bis jetzt noch nicht geschehen und praktisch undurchführbar. Die vielfach geforderte Festsetzung nach den Selbstkosten sei nicht ausführbar und würde nur zu grösseren Uebelständen führen, als die jetzige Tariffestsetzung. Dabei bezeichnet der Verfasser als einen auf den Selbstkosten beruhenden Tarif den Wagenraumtarif, wozu er auch die zur Zeit in Deutschland und den Niederlanden geltenden Tarifsysteme rechnet. Abgesehen davon, dass man diese Tarifsysteme nicht als einen auf den Selbstkosten beruhenden Wagenraumtarif bezeichnen kann, zeigt Grierson in seiner weiteren Darstellung eine Unwissenheit über die Grundsätze dieser Tarife, die um so unbegreiflicher ist, als er in Anhang III. dieselben ganz richtig wiedergiebt. Er stellt nämlich S. 11 die Sache so hin, als ob

---

[*]) Vgl. Archiv für Eisenbahnwesen 1887 S. 281.

nach dem deutschen und niederländischen Tarif die Eisenbahnverwaltungen
nur Wagenladungen zur Beförderung übernähmen, wer weniger verfrachten
wolle, müsse sich an einen Sammelspediteur wenden und zahlen, was dieser
verlange. Auf einen solchen Zustand, wie er in England vor 1844 bestanden habe, zurückzugeben, erklärt er, sei doch nicht möglich und gegen
das Interesse aller kleinen Verfrachter. Dass im jetzigen deutschen und
niederländischen Tarif, ebenso wie früher im elsass-lothringischen Wagenraumtarif, eine Stückgutklasse besteht, nach deren Sätzen Sendungen jeden
Gewichts von der Eisenbahnverwaltung befördert werden, und dass der
Sammelspediteur deshalb mit seinen Uebernahmesätzen unter der Stück-
gutfracht bleiben muss, wenn er Transporte erhalten will, wird einfach
verschwiegen. Es wird also hier, wie häufig, der Sammelspediteur gewissermaassen als Popanz gebraucht und die Bedeutung der Sammelladungen
gewaltig übertrieben, obgleich in solchen thatsächlich nur ein kleiner Theil
des Stückguts Beförderung findet.

Nachdem er so die Tarifbildung auf Grund der Selbstkosten abgethan,
sucht der Verfasser auch den Grundsatz der Bildung der Tarife nach
gleichen Einheitssätzen als unrichtig zu widerlegen, aber mit sehr schwachen
Gründen. Zunächst führt er die Verschiedenheit der Anlagekosten und der
Selbstkosten des Transports dagegen in das Feld, während er vorher selbst
dargelegt hat, dass dieselben für die Bildung der Tarife nicht maassgebend
seien; dann schildert er die nachtheiligen Folgen insbesondere die Verschiebung aller bestehenden wirthschaftlichen Verhältnisse, die eine Festsetzung der Tarife nach gleichen Einheitssätzen für den Verkehr herbeiführen werde, indem er verschweigt, dass bei einem Uebergang zu einer
derartigen Tarifbildung die bestehenden besonderen wirthschaftlichen Verhältnisse recht gut berücksichtigt werden können und Ausnahmen von
dem Grundsatz der gleichen Einheitssätze sehr wohl zulässig sind. Warm
tritt er dagegen für die unbeschränkte Anwendung von Differentialtarifen
und den bekannten privatwirthschaftlichen Grundsatz einer Tarifbildung
nach den Bedürfnissen des Verkehrs und des Wettbewerbs ein und sucht
in geschickter Weise darzuthun, dass die Interessen der Privatbahnen und
der Allgemeinheit die gleichen und in den Händen der Privatbahnen vollkommen gewahrt seien. Wenn hie und da einzelne Verkehrtreibende oder
Bezirke durch Festsetzung ihrer Tarife sich geschädigt fühlten z. B. dadurch,
dass sie höhere oder ebenso hohe Frachten zahlen müssten als andere,
weiter gelegene Bezirke, und sich über Verschiebung der natürlichen geographischen und wirthschaftlichen Verhältnisse beklagten, so sei das in
der That nichts als eine weise Fürsorge der Privatbahnen für das Wohl
der grossen, die Güter verbrauchenden Mehrzahl, indem so der Wettbewerb
der entfernter gelegenen Erzeugungsgebiete ermöglicht und die Preise der

Güter zum Besten der Verbraucher ermässigt würden. Raum und Zeit auszugleichen, sei die Aufgabe der Eisenbahnen und Niemand habe ein Recht auf seine geographische Lage, oder auf ein sich daraus ergebendes wirthschaftliches Monopol.

Man weiss, was sich hinter diesen schönen Redensarten von der Uebereinstimmung der Interessen der Allgemeinheit und der Privatbahnen, von der Fürsorge der letzteren für das Allgemeinwohl verbirgt. In Wirklichkeit ist es lediglich die eigennützige Sorge für ihren Geldbeutel, welche die Privatbahnen zu derartiger Tarifstellung treibt, und ihre Fürsorge für das Allgemeinwohl erstreckt sich genau soweit, als solche Tarifmaassregeln ihnen Geld einbringen. Verlangt man dagegen von ihnen Ermässigungen, welche wohl der Allgemeinheit nützen, aber den Privatbahnen nichts einbringen oder gar Opfer in Aussicht stellen, so ist es mit der Uebereinstimmung der Interessen und der Fürsorge für das Allgemeinwohl zu Ende, und man wird einfach abgewiesen.

Eher kann man sich mit dem befreunden, was Grierson bezüglich der Nothwendigkeit der Güterklassifikation und der terminals (Expeditions- und Stationskosten) anführt, zumal er das Bedürfniss zugiebt, durch eine einheitliche Güterklassifikation, einheitliche Festsetzung der Maximalsätze und angemessene Festsetzung der terminals seitens der Eisenbahnkommission den in England herrschenden Tarifwirrwarr etwas aufzuhellen und den Verkehrtreibenden wenigstens die Möglichkeit zu gewähren, zu prüfen, ob die Eisenbahnen nicht höhere Sätze erheben, als sie nach ihrer Konzession und den Tarifen dürfen, was bis jetzt in den meisten Fällen ganz oder nahezu unmöglich ist. Wie Grierson angiebt, sind die englischen Privatbahnen zu einer derartigen Reform bereit und haben einen dahin zielenden Gesetzentwurf bereits in der Session von 1885 vorgeschlagen.

Sodann wendet er sich gegen die Behauptung, dass die englischen Tarife höher, als die festländischen seien und deshalb ermässigt werden müssten. Selbst wenn die erstere Behauptung richtig sei, was nicht einmal ganz zuträfe, (in Anlage I. giebt er einige Ausstellungen gegen die in der Schrift des Parlamentsmitgliedes B. Samuelson: A report on the Railway goods tariffs of Germany, Belgium and Holland, compared with those of this Country, enthaltenen Zahlen), so sei die daraus gezogene Schlussfolgerung unrichtig, weil nicht berücksichtigt sei, dass die englischen Privatbahnen die einzigen der Welt seien, welche ohne jede staatliche Unterstützung lediglich durch privates Kapital hergestellt seien, weil sie überdies die höchsten Anlagekosten und Betriebskosten hätten. An letzterer Thatsache, welche zur Folge habe, dass die durchschnittliche Dividende der englischen Privatbahnen bei den jetzigen Tarifen nur 4,02 pCt. betrage, seien aber gerade diejenigen Schuld, welche jetzt eine Herabsetzung der

41*

Frachten verlangten: Die Regierung, welche durch das kostspielige Verfahren bei der Konzessionsertheilung einen besonderen sonst unbekannten
und nicht unbedeutenden Theil der Anlagekosten (die sogen. legal expenses)
verursacht und durch die Konzessionirung zahlreicher unnützer Parallel-
und Wettbewerbsbahnen das zu verzinsende Anlagekapital ausserordentlich
erhöht, auf der andern Seite aber nicht einmal die Möglichkeit der Enteignung der zum Bahnbau erforderlichen Grundstücke gewährt habe; die
Grundbesitzer, welche letzteres benutzt hätten, um ungeheure Preise für
ihr Land den Bahnen abzupressen; die Verkehrtreibenden endlich, welche
die weitestgehenden Anforderungen an die Schnelligkeit der Beförderung
u. s. w. stellten und dadurch einen wirthschaftlichen Betrieb, insbesondere eine
bessere Zug- und Wagenausnutzung hinderten.   Im Uebrigen, wenn auch
die britischen Bahnen zum Theil höhere Einheitssätze hätten, als die des
Festlandes, seien doch die wirklichen Frachten wegen der geringeren
Entfernungen, welche in Grossbritannien insbesondere für die Ausfuhr in
Betracht kämen, erheblich niedriger als die festländischen, insbesondere die
deutschen Frachten, wie an Beispielen (S. 144—148) dargethan wird.
Und wenn gar behauptet würde, dass die zu hohen Frachten der britischen
Bahnen an dem allgemeinen Rückgang von Handel, Industrie und Landwirthschaft Schuld seien, und deshalb eine Herabsetzung gefordert würde,
so sei darauf zu erwidern, dass die Ursache dieses Rückgangs wesentlich
die Zuvielerzeugung sei, welche durch Tarifermässigungen nur noch gefördert werde.

  In allen diesen Punkten kann man Grierson nicht Unrecht geben.
Und wenn man auch mit den eingangs erörterten allgemeinen Grundsätzen
des Tarifwesens der britischen Privatbahnen nicht übereinstimmt, so wird
man doch anerkennen müssen, dass solange die jetzigen Eisenbahnverhältnisse in Grossbritannien bestehen und nicht etwa eine Verstaatlichung der
Bahnen erfolgt, hierin sich wenig ändern lässt, und die einzig praktische
Reform die ist, welche Grierson vorschlägt: einheitliche Klassifikation,
einheitliche Festsetzung der Maximalsätze und angemessene Festsetzung
der terminals.   Hierdurch würde wenigstens eine formelle Tarifeinheit
herbeigeführt werden, und dies ganz der Entwicklung entsprechen, welche
das Eisenbahntarifwesen schon in andern Ländern, z. B. Deutschland,
Oesterreich-Ungarn und Frankreich genommen hat.   U.

Jeans, J. S., Fellow and Member of Council of the Statistical Society.
Railway problems: An Inquiry into the Economic Conditions of Rail-
way working in different Countries.   London, Longmans, Green
and Co. 1887.

Das Werk ist von einem Statistiker und wesentlich vom statistischen Standpunkt aus geschrieben. Die Absicht desselben ist, wie in der Einleitung gesagt wird, die wirthschaftlichen Verhältnisse der Eisenbahnen in den Hauptländern der Erde zu untersuchen; sie zu vergleichen in Bezug auf ihre Entwicklung, ihren Verkehr, ihre Einnahmen, ihre Betriebskosten, ihre gegenwärtige finanzielle Lage und ihre künftigen Aussichten. Diese Absicht ist verwirklicht insofern, als in der That die Eisenbahnverhältnisse in allen wichtigen Ländern in dem Werke besprochen werden, aber allerdings in einem sehr verschiedenen Umfange und mit einem sehr verschiedenen Maasse von Sachkenntniss. Von den Verhältnissen der festländischen europäischen Eisenbahnen und von der festländischen Eisenbahnliteratur und Statistik kennt der Verfasser anscheinend nicht viel, seine Mittheilungen hierüber sind im Wesentlichen aus der internationalen Eisenbahnstatistik entnommen. Was er sonst über die festländischen Eisenbahnverhältnisse giebt, ist dürftig, zum grossen Theil veraltet und unrichtig. Dagegen zeigt er sich über die Verhältnisse der Eisenbahnen des britischen Reichs und seiner Kolonien, sowie Nordamerika's wohl unterrichtet und das, was er hierüber bringt, ist nicht nur der Hauptinhalt, sondern auch der werthvollste des Buches. Er schildert und beurtheilt die britischen Eisenbahnen von unparteiischem Standpunkte und man kann annehmen, dass er in seiner Darstellung die Ansichten der grossen Mehrzahl des englischen Volkes über die dortigen Eisenbahnverhältnisse wiedergiebt. Dabei bringt er eine Menge interessanter statistischer Thatsachen und Zahlen über die britischen Eisenbahnen, die freilich ebenso wie die vergleichenden Zahlen aus anderen Ländern zum Theil mit Vorsicht genossen werden müssen. Es ist ja bekannt, dass bei allen dergleichen statistischen Vergleichungen häufig eine Ziffer für das eine Land eine ganz andere Bedeutung hat, als für das andere, obgleich sie anscheinend dieselbe Thatsache betrifft, es kommt aber hinzu, dass der Verfasser nicht selten sich durch gewagte Annahmen und Berechnungen Zahlen verschafft, die ihm fehlen, insbesondere für die britischen Eisenbahnen, deren Statistik ausserordentlich viel zu wünschen übrig lässt und weit hinter der der festländischen Eisenbahnen zurücksteht, was der Verfasser mehrfach beklagt.

Indem ich diese Schwächen des Buches erwähne, liegt es mir fern, den Werth desselben irgendwie herabzusetzen. Ich halte es vielmehr für eine sehr beachtenswerthe Bereicherung der Eisenbahnliteratur und bekenne gern, dass ich vielfache Belehrung und Anregung aus demselben geschöpft habe. Und da wohl nur ein kleiner Theil der Leser des Archivs das umfangreiche Werk lesen wird, sei es mir gestattet, eine Uebersicht des Inhalts und einiges besonders Bemerkenswerthe aus der reichen Fülle des Stoffs hier mitzutheilen, wodurch vielleicht auch dem einen oder anderen Anregung zu näherem Studium geboten wird.

Nach einer Einleitung behandelt Kapitel 1 die geschichtliche Ent-
wicklung der Eisenbahnen, Kap. 2 das in den Eisenbahnen angelegte
Kapital, Kap. 3 die Anlagekosten der Eisenbahnen, Kap. 4 die Eisenbahnen
als Kapitalanlage in Bezug auf ihren Ertrag, Kap. 5 giebt eine kurze
Uebersicht der englischen, Kap. 6 der Eisenbahngesetzgebung der übrigen
Hauptländer. Kap. 7 werden die Roh- und Reineinnahmen, Kap. 8 die
Betriebskosten, Kap. 9 Leistungen der Lokomotiven, Kap. 10 Kosten der
Lokomotivheizung erörtert, wobei interessante Vergleichungen zwischen den
Leistungen und Kosten der Lokomotivkräfte der britischen und nord-
amerikanischen Bahnen angestellt werden.

Kap. 11, Kosten des Bahnkörpers, bringt Mittheilungen über die erhebliche allmähliche Verminderung dieser Kosten bei den englischen Eisenbahnen in den letzten 10 Jahren. Danach waren die Kosten der Unterhaltung und Erneuerung des Bahnkörpers auf den Eisenbahnen des Vereinigten Königreichs im Jahre 1884 um 22 Prozent für die Zugmeile und
10 Prozent auf die Bahnmeile geringer, als im Jahre 1875, was hauptsächlich zurückgeführt wird auf die geringeren Kosten und grössere Haltbarkeit des Oberbaues, insbesondere Einführung der Stahlschienen an Stelle
der Eisenschienen. Kap. 12 behandelt die Besteuerung der Eisenbahnen,
Kap. 13 die Vertheilung und Kosten der Arbeit. In letzterem finden sich
werthvolle Untersuchungen und Vergleichungen über den Personalbedarf
der Eisenbahnen, insbesondere wird durch eine Vergleichung des Personals
der englischen Bahnen in den Jahren 1860 und 1884 dargethan, wie sehr
durch die in dieser Periode erfolgte Verschmelzung der vielen kleinen zu
grossen Netzen an Personal, insbesondere in den höheren Stellen gespart ist.

Aus Kap. 14, rollendes Material, ergiebt sich, dass die Zahl der
Privatwagen auf den britischen Eisenbahnen eine noch weit höhere ist, als
man gewöhnlich annimmt. Dieselben sollen sogar die eigenen Wagen der
Bahn an Zahl übersteigen, indem 1884 nach Angabe von Jeans 454 945
eigene und 582 000 Privatwagen vorhanden waren. Jedoch beruht die
letztere Ziffer auf Schätzung, da eine zuverlässige Statistik darüber nicht
besteht.

Kap. 15 behandelt die Verkehrsausgaben (traffic charges), was etwa
unseren Kosten der Transportverwaltung, mit Ausnahme jedoch der eigentlichen Zugförderungskosten, entspricht, Kap. 16 Ausdehnung und Wesen
des Personenverkehrs. In letzterem finden sich interessante Angaben über
den Personenverkehr der verschiedenen Länder, woraus einige Zahlen in
nachfolgender Tabelle zusammengestellt sind:

	Zahl der Reisenden		Einnahme auf 1 Einw. sh.
	auf die (englische) Bahnmeile	auf 1 Einwohner	
1. Vereinigtes Königreich	37 000	19	13,8
2. Belgien	28 276	9,8	5,9
3. Frankreich	12 045	5,5	7,6
4. Deutschland	10 571	5,1	5,4
5. Oesterreich-Ungarn	3 632	1,2	2,6
6. Vereinigte Staaten von Amerika . . .	3 070	5,4	11,4
7. Europäisches Russland	2 658	0,4	1,7

In Kap. 17, finanzielle Ergebnisse des Personenverkehrs, giebt der Verfasser einige Zahlen über das Anwachsen des Verkehrs III. Klasse in England, welche als Erklärung dienen zu der aus vorstehender Tabelle sich ergebenden Thatsache, dass der Personenverkehr des Vereinigten Königreichs den aller andern Länder, sogar des dichter bevölkerten Belgiens, so erheblich übertrifft. Danach betrug im Jahre 1874 die Zahl der Reisenden III. Klasse 325 655 000 mit einer Einnahme von 10 523 000 £, im Jahre 1884 dagegen 537 582 000 mit einer Einnahme von 15 207 000 £, hatte sich also um mehr als 50 pCt. vermehrt. Der Verfasser führt dies darauf zurück, dass die britischen Eisenbahnen in den letzten 10 Jahren die III. Klasse in Bezug auf Ausstattung und namentlich Einstellung in die schnellen Züge wesentlich verbessert und dadurch einen ganz neuen Verkehr herangezogen hätten.

Kap. 18 erörtert die Betriebskosten des Personenverkehrs; in Kap. 19, Güterverkehr, giebt der Verfasser wieder interessante statistische Zusammenstellungen über den Güterverkehr, woraus ich Folgendes wiedergebe:

	Verkehr in Tonnen auf die (englische) Bahnmeile	Einnahme	
		in Pfd. Sterl. auf die (englische) Bahnmeile	in Schilling auf die (englische) Zugmeile
1. Vereinigtes Königreich	14 376	2033	5,9
2. Belgien	14 132	1936	6,1
3. Deutschland	8 447	1511	9,3
4. Frankreich	5 840	1824	10,9
5. Oesterreich-Ungarn	5 138	1448	12,3
6. Vereinigte Staaten von Amerika . .	3 321	948	8,9
7. Russland	3 098	1848	12
8. Italien	1 975	737	8,1

Die Zahlen sind den Ergebnissen des Jahres 1883, nur bei den
Vereinigten Staaten denen des Jahres 1880 entnommen, weil spätere nicht
zur Verfügung standen.

In Kap. 20, Eisenbahntarife, bezeichnet der Verfasser unumwunden die
Eisenbahntarifverhältnisse in dem Vereinigten Königreich als unbefriedigend
und verbesserungsbedürftig, die Frachten im Durchschnitt höher als auf
den Eisenbahnen des europäischen Festlandes und der Vereinigten Staaten
von Amerika.

In Kap. 21, amerikanische Eisenbahnen, werden die vielfach von den
Eisenbahnen der alten Welt so abweichenden Verhältnisse dieser Bahnen
durch eine Reihe statistischer Thatsachen und Zahlen beleuchtet. Das
ungeheure und so rasche Wachsthum derselben beruht ausser in verschiedenen andern Gründen in den gegenüber den europäischen Eisenbahnen
ausserordentlich niedrigen Anlagekosten der amerikanischen Bahnen, welche
durchschnittlich für die englische Meile 11 092 £ betragen, gegen durchschnittlich 24 950 £ der ersteren. Hieraus erklärt sich auch die Möglichkeit niedrigerer Tarife. Dennoch konnten die zum Theil ganz ausserordentlichen Frachtherabsetzungen, welche ein Theil der Bahnen der
Vereinigten Staaten in den letzten 20 Jahren haben eintreten lassen, nicht
ohne eine wesentliche Verminderung der Betriebskosten ermöglicht werden.
Beispielsweise hatte die New-York-Central- and Hudson-River-Bahn:

	Roh-Einnahme		Ausgabe	Rein-Einnahme
	auf die (englische) Bahnmeile	auf die Tonnenmeile	auf die Tonnenmeile	
	Dollars	Cents	Cents	Cents
1865	13 681	3,45	2,53	0,91
1870	17 015	1,85	1,16	0,71
1875	17 899	1,27	0,90	0,37
1880	22 176	0,87	0,54	0,33
1883	20 284	0,91	0,68	0,23

Aehnliche Ermässigungen der Frachten und Betriebskosten haben nach
Jeans auf den andern östlichen Hauptbahnen stattgefunden, während allerdings die westlichen Bahnen und Nebenlinien bei weitem höhere Frachten
und Betriebskosten haben.

Als die wesentlichsten Ursachen der ausserordentlichen Verminderung
der Betriebskosten bezeichnet der Verfasser folgende:

1. die Erhöhung der Tragfähigkeit und der durchschnittlichen Nutzlast
der Wagen gegenüber dem todten Gewicht,

2. die Erhöhung der durchschnittlichen Zugladung,
3. die erhöhten Leistungen der Lokomotiven,
4. die bessere Herstellung der Fahrbahn und in Folge dessen Ersparniss an Ausbesserungen.

Im Einzelnen wird dies unter anderem mit folgenden Thatsachen begründet:

Bis vor 10 Jahren etwa war die durchschnittliche Tragfähigkeit der Güterwagen 9 t, seitdem ist sie auf 12 und neuerdings vielfach auf 18 bis 20 t erhöht worden, wobei an todtem Gewicht ausserordentlich gespart wurde. So betrug bei der Pennsylvania-Eisenbahn bei bedeckten Wagen

	das Gewicht	die Tragfähigkeit
1870	20 500 Pfd. (engl.)	20 000 Pfd. (engl.)
1881	22 000	40 000

Auf der Pittsburg, Fort Wayne und Chicago-Eisenbahn betrug die durchschnittliche Nutzlast eines Wagens 1867 7,98 t, 1881 10,65 t, die durchschnittliche Nutzlast eines Güterzuges 1867 102,8 t, 1881 171,53 t, auf der Philadelphia und Erie-Eisenbahn die durchschnittliche Nutzlast eines Güterzuges 1867 118 t, 1881 275 t. Auf derselben Bahn machte im Jahre 1870 eine Lokomotive durchschnittlich 19 880 (engl.) Meilen, 1881 29 297 Meilen, während sich die Kosten der Ausbesserung der Lokomotiven verminderten von 16,45 Doll. für 100 Lokomotivmeilen in 1865 auf 9,13 Doll. in 1870 und 6,02 Doll. in 1881. Das sind in der That sehr beachtenswerthe Ergebnisse, die auch für den europäischen Betriebstechniker Stoff zur Erwägung abgeben können. Insbesondere die Frage der Vergrösserung der Tragfähigkeit der Wagen scheint mir wohl der Prüfung werth. Bekanntlich ist man in Deutschland von einer Tragfähigkeit von unter 5 t im Anfang des Eisenbahnbetriebs zu einer solchen von 10 t seit länger als 10 Jahren gelangt. Sollen wir hierbei stehen bleiben? Wenn in der That bei Wagen grösserer Tragfähigkeit das todte Gewicht sich so stark vermindert, wie in dem obigen Beispiel der Pennsylvania-Eisenbahn, ohne dass, was zu untersuchen wäre, anderweite Nachtheile entgegenstehen, so wäre es doch sehr wirthschaftlich, zu Wagen grösserer Tragfähigkeit mindestens für Massengüter wie Kohlen und Erze überzugehen, wo die grösseren Empfänger ohnedies mehr als 10 000 kg beziehen und die Ersparniss an todtem Gewicht von erheblichem Einfluss auf die Beförderungskosten sein würde.

Nachdem er in Kap. 22 interessante Mittheilungen über die Eisenbahnen der englischen Kolonien gemacht hat, kommt der Verfasser in Kap. 23, die englische Eisenbahnverwaltung, auf die eben erörterten Fragen zurück und betont mit grossem Nachdruck die Nothwendigkeit für die englischen Eisenbahnen, ihre Betriebsausgaben durch Verminderung der

todten Last gegenüber der Nutzlast zu ermässigen. Die britischen Eisenbahnen, führt der Verfasser aus, hätten zwar die höchsten Anlagekosten
andererseits aber auch den dichtesten Verkehr und die höchsten Tarife,
und wenn ihr Ertrag wenig zufriedenstellend sei, sie vielmehr die niedrigsten
Einnahmen auf die Zugmeile hätten (vgl. die Tabelle bei Kap. 19) so liege
die Schuld wesentlich an der schlechten Ausnutzung ihrer Wagen, Züge
und Maschinen, die sich in dem letzten Jahrzehnt nicht verbessert, sondern
verschlechtert habe. Nach der Schätzung von Grierson, General Manager
der Great Western-Eisenbahn, seien die Güterwagen mit 6—7 t Tragfähigkeit durchschnittlich nur mit $2\frac{1}{2}$—3 t, die Züge durchschnittlich
nur mit 70—100 t beladen. Es sei dies um so unverzeihlicher, als nahezu
70 pCt. des Güterverkehrs in die Mineralienklasse gehöre, die eine volle
Ausnutzung der Wagen und Züge zulasse. Ebenso würden im Personenverkehr viele ganz oder fast leere Züge gefahren, auch die erste Klasse
koste mehr als sie einbringe. Noch mehrmals, insbesondere auch in Kap. 31,
erörtert der Verfasser diese Fragen auf das Eingehendste und empfiehlt
den englischen Bahnen, das Beispiel der amerikanischen Bahnen nachzu-
ahmen. Nach seinen Mittheilungen ist anzunehmen, dass die Frage des
Abgehens von dem gegenwärtigen Betriebssystem der englischen Bahnen,
welche das Hauptgewicht auf die Schnelligkeit der Beförderung legen und
viele, aber schlecht ausgenutzte Züge fahren, jetzt vielfach erörtert wird.

In den Kap. 24 und 25 wird über die schottischen und irischen
Eisenbahnen gehandelt und ihre Verschiedenheiten von den englischen Bahnen
erörtert, in Kap. 26 der Wettbewerb der Kanäle und Eisenbahnen, wobei
die nahezu vollständige Lahmlegung der englischen und nordamerikanischen
Kanäle durch die Eisenbahnen bestätigt wird. In Kap. 27, Ausdehnung
und Verhältnisse des Binnenverkehrs, kommt der Verfasser in Anknüpfung
an den erfolgreichen Wettbewerb der Eisenbahnen gegen die Kanäle auf
den Wettbewerb der britischen Eisenbahnen gegen die Küstenschiffahrt zu
sprechen und erklärt, dass die ernste Gefahr bestehe, dass auch dieser
heilsame und für den Verkehr so wichtige Wettbewerb von den Eisenbahnen beseitigt werde, indem sich dieselben allmählich in den Besitz der
wichtigsten Häfen und Rheden setzen und dies benutzen, um den Vekehr
soweit möglich, von dem Seeweg auf ihre Linien abzuleiten. Dass dies
keine übertriebenen Befürchtungen sind, dafür spricht das mitgetheilte Verzeichniss der wichtigen Häfen, in deren Besitz sich die Eisenbahnen bereits gesetzt, oder welche sie ihrem Einfluss vollständig unterworfen haben.

In Kap. 29 werden die hohen Anlagekosten der englischen Eisenbahnen zum Gegenstand der Untersuchung gemacht und die Hauptgründe
in den hohen Kosten der Konzessionsertheilung, des Grunderwerbs und
der Bahnhöfe namentlich in den grossen Städten gefunden. Besonders die

letzteren sind die Ursache, weshalb die Anlagekosten auch der älteren Bahnen in dem letzten Jahrzehnt noch erheblich gewachsen sind.

Es ist gewiss bemerkenswerth, dass in Kap. 30, Eisenbahnen als Staatseigenthum, der Verfasser, welcher auf einem unparteiischen und den Privatbahnen keineswegs unfreundlichen Standpunkt steht, sich entschieden für die Nothwendigkeit des staatlichen Erwerbs der britischen Eisenbahnen ausspricht. Und zwar ist ihm der Hauptgrund der, dass die Eisenbahnen des Festlandes über kurz oder lang in Staatsbesitz gelangen und nach Tilgung des Anlagekapitals in der Lage sein würden, ihre Tarife auf die Betriebskosten deckende Beträge herabzusetzen, dann aber die britische Industrie und der britische Handel bei den jetzigen Eisenbahntarifen nicht mehr in der Lage sein würden, den Wettbewerb auf dem Weltmarkte zu bestehen. In Kap. 31 behandelt der Verfasser die Betriebskosten und Einrichtungen in verschiedenen Ländern und in Kap. 32 ganz kurz einige der schwierigsten und wichtigsten Eisenbahnprobleme, die ihm aber weniger geläufig zu sein scheinen, nämlich die Güterklassifikation, die Expeditionsgebühren (terminals), den Wettbewerb und die Kartelle, endlich die Differentialtarife der Eisenbahnen. Bei Erörterung des Wettbewerbs und der Kartelle stellt der Verfasser den seine Kenntniss der festländischen Eisenbahnverhältnisse kennzeichnenden Satz auf, dass ein Wettbewerb unter den Eisenbahnen des Festlandes in nennenswerthem Umfange nicht vorkäme, weil selten mehr als ein Transportweg vorhanden sei. (!)

Am Schlusse ist ausser mehreren statistischen Tabellen und einem Inhaltsverzeichniss als Anhang noch eine zeitliche Uebersicht der eisenbahngeschichtlichen Thatsachen und der Eisenbahngesetzgebung im Vereinigten Königreich beigefügt. *U.*

Die Sekundär-Eisenbahnen des Königreichs Sachsen. Berlin. Druck von H. S. Hermann.

Das zu den dichtbevölkertsten und industriereichsten Ländern Europas zählende Königreich Sachsen besitzt neben Belgien das dichteste Eisenbahnnetz der Erde.*) Eine grössere Zahl der Linien, welche das vielverzweigte, sächsische Netz bilden, dient nicht dem grossen Durchgangsverkehr, sondern der Befriedigung örtlicher Verkehrsbedürfnisse, welche, wenn an sich auch verhältnissmässig nur geringfügig, doch aus Rücksicht auf die Bevölkerung der betreffenden Gegenden und im Interesse der Entwicklung der Gewerbthätigkeit des Landes nicht vernachlässigt werden durften. Um diesen Verkehrsbedürfnissen zu genügen, ohne dem Staate zu hohe Opfer auf-

----

*) Vergl. Archiv 1887 S. 213 u. ff. „Die Eisenbahnen der Erde" und S. 266 u. ff. „Die unter königlich sächsischer Staatsverwaltung stehenden Staats- und Privateisenbahnen."

zuerlegen, konnte Anlage und betriebliche Ausrüstung dieser Linien nicht
nach dem Muster der dem grossen Verkehre dienenden Hauptbahnen
erfolgen, sondern es mussten sowohl Bau- als Betriebskosten den besonderen Verhältnissen jeder einzelnen Linie entsprechend herabgemindert
werden. Welche Anordnungen für diesen Zweck getroffen worden, ist in
der vorliegenden, offenbar unter Benutzung der besten Quellen abgefassten
Schrift dargestellt. Dieselbe behandelt nach einem geschichtlichen Ueberblick über die Entwicklung des Sekundärbahnwesens im Allgemeinen und
in Sachsen im Besondern die Konstruktions- und Anlageverhältnisse von
8 verschiedenen, seit dem Jahre 1880 erbauten Sekundärbahnen, nämlich
der Linien Pirna-Berggiesshübel, Johanngeorgenstadt-Schwarzenberg, Wilkau-
Saupersdorf, Hainsberg-Kipsdorf, Oschatz-Döbeln, Radebeul-Radeburg,
Klotzsche-Königsbrück und Zittau-Markersdorf. Die beiden ersteren sind
normalspurig, die übrigen mit 0,75 m Spurweite hergestellt. Weiter finden sich
Mittheilungen über das auf diese Bahnen verwendete Bau- und Anlagekapital,
die besonders beschafften Betriebsmittel, die für die Vermittelung des
Güterverkehrs zwischen den Schmal- und Normalspurbahnen dienenden
Umladevorrichtungen, die Verwaltungsformen und Einrichtungen für den
Güter-, Personen- und Gepäckverkehr, welche ebenfalls den besonderen
Verhältnissen der einzelnen Bahnen angepasst sind. Schliesslich werden
noch statistische Mittheilungen über die Ergebnisse des Personen- und
Güterverkehrs, sowie über die finanziellen Ergebnisse im Jahre 1884 bezüglich der 4 oben zuerst genannten, vor dem letztgenannten Jahre eröffneten Bahnlinien gemacht. Dass diese Ergebnisse als günstige bezeichnet
werden können, obgleich die Bahnen erst seit sehr kurzer Zeit im Betriebe
stehen, darf wohl als ein Beweis für die Zweckmässigkeit der bezüglich
der Anlage und des Betriebes dieser Bahnen getroffenen Anordnungen
angesehen werden.

Die mit Lage- und Höhenplänen, Zeichnungen von Betriebsmitteln und
Gebäuden, sowie graphisch-statistischen Darstellungen reich ausgestattete
Schrift ist ein werthvoller Beitrag zur Beurtheilung des Sekundärbahn-
wesens.　　　　　　　　　　　　　　　　　　　　　　　　*H. C.*

C. Lehmann's Eisenbahn-Karte der Bahngebiete Mittel-Europas. Be-
　　arbeitet von Schultz und Koch. Berlin. Verlag von Julius
　　Springer. 1887. — Preis 1,50 M., auf Leinwand gezogen und in
　　Leinwanddecke 3,50 M.

Unter den zahlreichen Eisenbahnkarten verdient die Lehmann'sche
schon wegen des Umstandes Beachtung, dass dieselbe bereits in elfter
Auflage vorliegt. Sie umfasst ausser den Bahngebieten Deutschlands auch
einen grossen Theil von Oesterreich-Ungarn, der Schweiz, Oberitalien, den

östlichen Theil von Frankreich bis Paris und Lyon, Belgien und Holland. Die verschiedenen Bahngebiete sind direktionsweise durch verschiedene Farben gekennzeichnet. Durch beigesetzte Nummern und ein entsprechendes Verzeichniss auf der Karte und in einem besonderen Anhang wird die Auffindung der Zugehörigkeit der einzelnen Bahngebiete erleichtert. Der Anhang enthält ausserdem eine Aufzählung der zu jedem Direktionsbezirk gehörenden einzelnen Bahnstrecken, bei den preussischen Staatsbahnen nach der gegenwärtigen Eintheilung der verschiedenen Betriebsämter.

Die deutlich gezeichnete und angemessen ausgestattete Karte dürfte vielleicht demnächst noch eine Vervollständigung dahin erfahren können, dass auch die in unmittelbarem Zusammenhang mit Eisenbahnzügen bestehenden Dampfschiffsverbindungen nach England, Schweden und Dänemark angedeutet werden. Auch fällt es auf, dass ausser der recht nothwendigen Spezialkarte für die Umgegend von Düsseldorf nur noch solche für die Umgegend von Aachen und Frankfurt a./M. beigefügt sind; Spezialkarten für die Umgegend von Berlin, Hamburg, Leipzig, Breslau, München, Wien und anderen grösseren Eisenbahn-Knotenpunkten dürften theilweise wichtiger für die Orientirung sein.

Anweisung zur Ausführung der Linieninstandsetzungs-Arbeiten. Berlin 1887. R. v. Deckers Verlag. Preis 1 Mark.

Dieser sauber und gut ausgeführte Abdruck ist den im Telegraphenunterhaltungsdienst beschäftigten Eisenbahnbeamten bestens zu empfehlen.

UEBERSICHT
der
neuesten Hauptwerke über Eisenbahnwesen und aus verwandten Gebieten.

Becocny, Dr. A. Die Rechte der ausschl. priv. Kaiser Ferdinands Nordbahn, sowie eisenbahnrechtliche Studien. Wien 1887.

Die ersten fünfzig Jahre der Kaiser Ferdinands Nordbahn 1836 bis 1886. Wien 1887.

Dos Passos. The Interstate Commerce Act. An analysis of its provisions. New-York. 1887. *M* 6,50.

Foville, A. de. La France économique. Paris.

Meili, F. Internationale Eisenbahnverträge und speziell die Berner Konvention über das internationale Eisenbahnfrachtrecht. Hamburg. *M* 3,00.

Mucke, J. R. Deutschlands Getreideverkehr mit dem Auslande. Greifswald. *M* 15,00.

Nachrichten über Industrie, Handel und Verkehr aus dem statistischen Departement im k. k. Handelsministerium. Band 33 enthält: Hauptergebnisse der österreichischen Eisenbahn-Statistik im Jahre 1885. Wien. *M* 4,50.

Patterson, Ch. J. Railway Accident Law. The liability of Railways for injuries to the person. Philadelphia 1886. sh. 36.

Railroad cases, the American and English. Northport. $ 4,50.

Sax, E. Grundlegung der theoretischen Staatswirthschaft. Wien. ℳ 11,00.

Schreiber, J. F. Die Eisenbahnen als öffentliche Verkehrseinrichtungen und ihre Tarifpolitik. Wien. Pest. Leipzig 1887. ℳ 4.

United States. The Interstate Commerce Act of Febr. 4. 1887. Philadelphia.

Vocke, W. Die Abgaben, Auflagen und die Steuern vom Standpunkt der Geschichte und der Sittlichkeit. Stuttgart. ℳ 10,00.

Waring, Ch. State Purchase of Railways, London 1887. ℳ 6.

Winkler, E. Vereinigte Eisenbahnrouten- und Ladeprofil-Karte von Mittel-Europa. Dresden 1887. ℳ 2,50.

Zimmermann, F. Sammlung der Bestimmungen über die Tagegelder und Reisekosten der Staatseisenbahnverwaltung. Hannover. ℳ 3,00.

Zimmermann, H. Beiträge zur Theorie der Dienstunfähigkeits- und Sterblichkeits-Statistik.

Zeitschriften.

Annales des ponts et chaussées. Paris.
April 1887.
   Les voies de communication en Norvège.

Bayerische Verkehrsblätter. München.
No. 3 und 4. März und April 1887.
   Ein Bahnhofsbild aus dem Feldzuge 1870. Fahrbetriebsmittel schmalspuriger Sekundärbahnen. Apparat zum selbstthätigen Richtigstellen der Eisenbahnstationsuhren.

Bulletin de la Commission internationale du Congrès des chemins de fer. Bruxelles.
No. 5. Mai 1887.
   Note sur les derniers perfectionnements du frein électrique Achard. Note sur les résultats économiques obtenus en 1884 et 1885, sur le chemin de fer de Fastow, par l'introduction du système d'exploitation secondaire.

Bulletin du ministère des travaux publics. Paris.
März 1887.
   Répertoire des lois pour le mois de mars 1887. Résultats comparatifs de l'exploitation des chemins de fer d'intérêt local (3 premiers trimestres des années 1885 et 1886). Longueurs des lignes de chemins de fer ouvertes à l'exploitation (mars 1887). Développement des chemins de fer du monde au 31 décembre 1885. Résultats d'exploitation des chemins de fer d'Alsace-Lorraine et du Guillaume-Luxembourg de 1882/83 à 1885/86.

April 1887.
   Recettes de l'exploitation des chemins de fer français d'intérêt général (années 1885 et 1886). Recettes de l'exploitation des chemins de fer algériens (années 1885 et 1886). Accidents sur les chemins de fer d'intérêt général pendant l'année 1885. Longueurs des lignes de chemins de fer ouvertes à l'exploitation pendant le mois d'avril 1887. Suède (Résultats d'exploitation des chemins de fer de 1882 à 1885). Russie (Les chemins de fer de la Finlande). L'organisation de trains légers en Belgique.

Centralblatt der Bauverwaltung. Berlin.

No. 20 bis 26. Vom 14. Mai bis 25. Juni 1887.

(No. 20 u. 21:) Zur Sicherung des Eisenbahnbetriebes. (No. 20A:) Wörterbuch der Eisenbahn-Materialien. Getreideverkehr in Russland. Ueber Eisenbahnvorarbeiten. (No. 22:) Eine neue selbstthätige durchgehende Bremse und ihre Bedeutung für den Durchgangsverkehr. Die Kuppelung der Fahrzeuge auf Zahnstangenbahnen. (No. 24:) Brückeneinstürze in Amerika. (No. 25:) Benutzung eines Eisenbahndammes als Niederungsschutzdeich. (No. 26:) Prüfung der Fahrgeschwindigkeit.

Centralblatt für Eisenbahnen und Dampfschiffahrt. Wien.

No. 45 bis 69. Vom 21. April bis 18. Juni 1887.

(No. 45:) Entwicklung des Eisenbahnnetzes der Erde vom Schlusse des Jahres 1881 bis zum Schlusse des Jahres 1885. (No. 47:) Stand der Bau- und Projektirungsarbeiten auf den k. k. österr. Staatsbahnen mit Ende des I. Quartals 1887. (No. 48:) Die Vorschriften, betreffend das Betreten der Bahnanlagen. (No. 52:) Erprobungen und Revisionsdruckproben von Lokomotivkesseln im Jahre 1886. Lokomotivprüfungen in 1886. (No. 54:) Eine neue Weltlinie. (No. 55:) Das einschienige Bahnsystem Lartigue. (No. 56:) Lehrkurs zur Heranbildung von Eisenbahnbeamten in Ungarn. (No. 58:) Die Railway- und Kanal-Traffik-Bill. (No. 59:) Die Eisenbahnen Deutschlands und Oesterreich-Ungarns im Jahre 1885. (No. 60:) Staatseisenbahnrath. (No. 65 u. 66:) Die Kaiser-Ferdinand-Nordbahn. (No. 68:) Staatseisenbahnrath.

Der Civilingenieur. Leipzig.

Heft 3. 1887.

Die sächsische Staatsbahn Mehltheuer-Weida und der eiserne Pendelviadukt über das Obschützbachthal. Was heisst Maschine und was ist des Wortes Urbedeutung?

Deutsche Bauzeitung. Berlin.

No. 34—39. Vom 27. April bis 1. Juni 1887.

(No. 34:) Neuere Oberbausysteme auf Berliner Strassen-Eisenbahnen. (No. 39:) Zur Theorie des Eisenbahn-Oberbaues.

Журналъ министерства путей сообщенія. (Zeitschrift des Ministeriums der Verkehrsanstalten.) St. Petersburg.

1887. (No. 13 u. 17:) Der Grundsatz des staatswirthschaftlichen Nutzens in seiner Anwendung auf die Tariffragen und Verstaatlichung der Eisenbahnen. — Uebersicht des Eisenbahnwagen- und Lokomotivbaues in Russland. Bau- und Betriebs-Skizzen aus der ersten Zeit der Nikolaibahn. (No. 15:) Zur Frage der Einführung eiserner Querschwellen auf den russischen Eisenbahnen. Ueber Berechnung der Belastung der Eisenbahnbrücken. Entwurf eines endlosen Zuges. — (No. 16:) Die Betriebsergebnisse der Staatseisenbahnen in 1885. Ueber Spurerweiterung und Geleiseüberhöhungen in den Kurven. — (No. 17:) Bau eines Durchlasses auf der Luniastrecke der Uraler Bergwerkseisenbahn. — (No. 18:) Die April-Zusammenkunft der Vertreter der Eisenbahnen 3er Gruppe zur Berathung der direkten Tarife. — (No. 19:) Voruntersuchungen für eine Eisenbahn zwischen der Station Inkerman der Losowaja-Sewastopoler Bahn und der Stadt Zialta. — (No. 20:) Der Tunnelausbau. Gusseiserne Durchlassröhren.

Железнодорожное дѣло (Eisenbahnwesen). St. Petersburg.

1887. (No. 14. 15. 16:) Die Bewahrung des Holzes, insbesondere der Holzschwellen vor Zerstörung durch Insekten und Fäulniss. — (No. 16 u. 17:) Zum internationalen Eisenbahnkongress in Mailand. Dampf-Draisine. Versuch der Festsetzung von Normalkosten für den Beförderungsdienst. — (No. 17:) Die internationale Eisenbahnausstellung in Paris.

L'Économiste français. Paris.

No. 17—25. Vom 23. April bis 18. Juni 1887.

(No. 17:) De la nécessité de modifier et de ralentir les travaux de chemins de fer (No. 22:) L'exploitation des chemins de fer en Belgique.

Engineering. London.

No. 1112—1117. Vom 22. April bis 27. Mai 1887.

(No. 1112:) The Hawkesbury River bridge. (No. 1113:) Boiler explosions in 1886. The Strong-locomotive. (No. 1115:) The Poughkeepsie bridge. The Mount Pilatus Railway. (No. 1116:) Hill's Railway wagon coupling. Express locomotive; Great Northern Railway. (No. 1118:) Bagain river bridge.

Glaser's Annalen für Gewerbe und Bauwesen. Berlin.

Heft 9. 1. Mai 1887.

Achsbuchsen mit Schalen aus Pergamentpapier. Kombination elektrischer Blockapparate mit mechanischer Verschlussvorrichtung zur Herstellung einer Abhängigkeit zwischen entfernt liegenden Gefahrpunkten. Fahrbetriebsmittel für Sekundärbahnen. Ueber Dampfkessel-Explosionen. Stand der Fahrbetriebsmittel der österr. Eisenbahnen Ende des I. Semesters 1886. Die Brücke über den Indus bei Sukkur in Ostindien. Ueber Strassenbahnen mit Seilbetrieb in Nord-Amerika. Der Blitzzug Cöln-Basel. Westfälische und englische Kohlen zum Lokomotivbetrieb. Lokomotivkesselexplosionen in den Vereinigten Staaten. Sicherung der Personenbeförderung. Die Eisenbahnen Süd-Amerikas. Lokomotivfeuerung.

Heft 10. 15. Mai 1887.

Ueber Unfallgesetzgebung. Die Pariser Stadtbahn. Versuche mit Dampfhemden und Verbundlokomotiven auf der russischen Südwestbahn. Amerikanische Bremsversuche. Die Benennung der einzelnen Eisenbahnzüge. Schmids Schraubenrad-Bremse mit Reibungsapparat. Bau einer Eisenbahn bei elektrischer Beleuchtung. Der Einfluss des Schwefels auf Kessel.

Heft 11. 1. Juni 1887.

Einheitliche Anordnung für die Weichen der preussischen Staatseisenbahnen. Ueber Unfallgesetzgebung. Die Frage der Personenwagenheizung in Amerika.

Heft 12. 15. Juni 1887.

Mittheilungen über Farbenblindheit der Beamten des äusseren Eisenbahndienstes. Mittheilungen über die erste russische Eisenbahn. Die Radreifenbrüche auf den deutschen Eisenbahnen im Jahre 1886.

Инженеръ (Ingenieur) Kiew.

1887. Heft 5. (Mai.)

Ofen für das Wärmen der Bandagen. — Dreischenkliger Zirkel für das Messen der Durchmesser der Bandagen und Radsterne. — Ueber nicht einfrierende Wasserkrahne. Der kaufmännische Theil des Eisenbahnwesens. (Fortsetzung aus Heft 4.)

Heft 6. (Juni.)

Die wesentlichsten Ergebnisse des Betriebes der russischen Staatsbahnen in 1885 Entgleisungen in Bahnkrümmungen. Mittheilungen des chemischen Laboratoriums der Südwestbahnen. Ueber das Wiegen der Lokomotiven. Ueber das Rechnungswesen der Eisenbahnen.

Journal des chemins de fer. Paris.

No. 17 bis 25. Vom 23. April bis 18. Juni 1887.

(No. 17:) Chemin de fer du Midi. (No. 18:) Chemin de fer de Paris-Lyon-Méditerranée. Le Métropolitain. (No. 20:) Les nouveaux tarifs de la Compagnie d'Orléans. Compagnies des chemins de fer de l'Est, de l'Ouest, de Paris à Orléans et de Paris à Lyon et à la Méditerranée. (Rapports.) (No. 22:) La proposition de loi relative aux agents commissionnés des chemins de fer. (No. 26:) Le cinquantenaire des chemins de fer français.

Journal of the Association of Engineering societies. Boston.

Mai 1887.

Traction rope Railways.

Monitore delle strade ferrate. Torino.

No. 17 bis 25. Vom 23. April bis 18. Juni 1887.

(No. 17. 18. 19:) Le costruzioni ferroviarie. (No. 17:) Cronaca parlamentare ferroviaria. L'inaugurazione delle prime ferrovie in Francia; sua vera data. (No. 17. 20. 23:) Tariffe ferroviarie. (No. 18:) Nuovo osservazione sulla galleria di Ronco della ferrovia succursale dei Giovi. Le stazioni ferroviarie di Torino. Linee a scartamento ridotto. (No. 19:) Ancora della galleria succursale dei Giovi. Ferrovia Torino-Cirié-Lanzo. (No. 20:) La galleria succursale dei Giovi. (No. 20. 23. 24:) Prodotti ferroviarie. (No. 21:) Bilancio del Ministero dei lavori pubblici 1887—1888. Il ponte sul Po a Casalmaggiore. Causa penale per ritardi di treni. (No. 22:) I mille chilometri. Ferrovia Torino-Rivoli. (No. 23:) Ancora la relazione sul bilanzio del Ministero dei lavori pubblici. Le ferrovie svizzere nel 1885. (No. 24:) Le obligazioni ferroviarie. Il riscatto delle ferrovie svizzere. Ferrovie chinesi. (No. 25:) La direttissima Roma-Napoli. Il Congresso internazionale ferroviario di Milano. Ferrovia del Gottardo. Ferrovie vicinali o secondarie.

Organ für die Fortschritte des Eisenbahnwesens. Wiesbaden.

1887. Heft 3.

Ueber die Feststellung der Joy'schen Steuerung bei gegebener Füllung. Feuerrohr-Bearbeitungs-Maschine. Die Verlaschung der Schienen und der eiserne Kastenoberbau. Ehrhardt's Patent-Radreifenbearbeitung. Universal-Fraismaschine. Radreifenstärkenmesser der dänischen Staatsbahnen. Hauptabmessungen und Leistungen von Normallokomotiven der preussischen Staatsbahnen. Eingeschnürte Querschwellen mit unmittelbar eingewalzten, geneigten und verstärkten Auflageflächen für die Schienen. Versuche mit durchgehenden Bremsen, ausgeführt von der Generaldirektion der Grossherz. Badischen Staatseisenbahnen.

Oesterreichische Eisenbahnzeitung. Wien.

No. 18 bis 25. Vom 1. Mai bis 26. Juni 1887.

(No. 18:) Die Unfälle im Jahre 1886 auf den englischen und nordamerikanischen Eisenbahnen. Einrichtung von Unterrichtsstunden für die mittleren und niederen

Beamten der preussischen Staatseisenbahnverwaltung. Bukowinaer Lokalbahnen. (No. 19:) Eine graphische Darstellung der Statistik der Güterbewegung. Die Entwicklung des Eisenbahnwesens der österr.-ungar. Monarchie in der Zeit vom 1. Januar 1885 bis 30. Juni |1886. Die Einnahmen der österr.-ungar. Eisenbahnen im Januar und Februar 1887. (No. 19. 20. 21. 22. 25 26:) Geschäftsberichte österr.-ungar. Eisenbahnen. (No. 20. 23. 25. 26:) Statistische Nachrichten von den Eisenbahnen des Vereins deutscher Eisenbahnverwaltungen für das Rechnungsjahr 1885. (No. 20:) Eine Reform der Haftbestimmung bei Lieferfristüberschreitungen. (No. 21:) Der Klub österreichischer Eisenbahnbeamten. Elektrische Blockapparate für zentrale Weichen- und Signalsicherungen. (No. 21. 22 u. 23:) Die k. k. Staatsbahnen im Jahre 1886. (No. 22:) Neues Betriebsmaterial auf der k. k. Bosnabahn. Eisenbahn - Zentralabrechnungsbüreau in Budapest. (No. 23:) Kaiser Ferdinands Nordbahn. (No. 24:) Ueber Kleinkohlenfeuerung bei Lokomotiven. Das österreichische Eisenbahnbudget für 1887. (No. 25:) Das Eisenbahnwesen im Reichsrathe. Hauptdimensionen und Leistungen von Normallokomotiven. Die kombinirbaren Rundreisebillets im Jahre 1886. (No. 26:) Auers's Gasglühlicht.

Preussische Jahrbücher. Berlin.

7. Heft. Juni 1887.

Die neueste Eisenbahngesetzgebung in den Vereinigten Staaten von Amerika.

Railroad Gazette. New-York.

No. 16. 22. April 1887.

Improved car lamp. Siemens & Halske's contact apparatus for speed recorder. Improvement of the Mississippi. Difficulties of national legislation. The uniform code. Trade patriotism. The rotary steam snow shovel. Technical education on the Baltimore and Ohio. Telegraphic train orders.

No. 17. 29. April 1887.

Glen Bridge station, Delaware, Lackawanna and Western Railroad. Parsons trough water-closet. Improvements in rolling stock. The Mississippi River improvement. A lesson from Austria. Liability to employés. The transportation question in the „North American Review." Track material. Commissioners report on the Forest Hills disaster. Clemens Herschel on the Interstate Law. Telegraphic train orders.

No. 18. 6. Mai 1887.

Consolidated locomotive and tender, Canadian Pacific Railroad. Freight classification and rates. The Metropolitan Railroad of New-York. Improvement of the Mississippi. Operating expenses. Imprisonment of enginemen. The Staff system. Tight vs. slack car couplers. President Adams before the Pacific Railroad Commission. The Carpenter electric air brake. Working trains on single tracks in the United Kingdom. Life of rails. The Metropolitan Railway of Berlin.

No. 19. 13. Mai 1887.

Chatham Street extension, New-York and Brooklyn bridge. Rail sections. Traffic rates and classification. Crossing stops. Explosions and detonations. The public mind and the Interstate Law. Accidents on English Railroads in 1886. A coupler combination. The Hudson River tunnel. The Burlington brake trials. English Railways status and duties of executive officials.

No. 20. 20. Mai 1887.

Carpenter's automatic electro-air brake. Fragments of chilled wheels. The Burlington brake tests. Railroads and rents. Improvements in rolling stock. An English suggestion for the increase of net earnings. Milling and transportation performance of locomotives. German Railroad statistics. The Whitney contracting chill. The Simplon tunnel. The Connecticut Sunday law. Trak-lifting jack. Economy in fixing a maximum gradient.

No. 21. 27. Mai 1887.

Eames vacuum brake. Wheel-dressing machine. The Burlington brake tests. The Canadian Pacific. The time convention. Discipline of enginemen. Train accidents in April. Enginemen on the Philadelphia and Reading.

No. 22. 3. Juni 1887.

Railroad sketch map of Japan. Gold's automatic steam heating pipe coupling. Westinghouse electric air brake valve. The Burlington brake tests. The use and abuse of freight cars. Systematic tariffs. A hint from the brake trials. The Commission and the fourth section. General Alexander before the Interstate Commission. Railroads in Hawaii. Cable Roads. Russian Railroads. Experiments on boring and driving for rail spikes. The brake trials. Railroad training schools. The Railroads of the world. American economists on Railroad questions. Massachusetts employers' liability law.

No. 23. 10. Juni 1887.

Mogul freight locomotive, Michigan Central. The Westinghouse brake. The Galton-Westinghouse experiments on the effect of brakes. The Sturlevant system of heating. The parties to the Railroad question. Effect of the Interstate Law on earnings. English Railroads. Electric brakes in France. The Burlington brake trains.

The Railway News. London.

No. 1216—1223. Vom 23. April bis 11. Juni 1887.

(No. 1216:) The Grand Trunk of Canada report and accounts. City of London and Southwark subway. Scottish Railways in second half of 1886. The fish traffic of Railways. Additional Railway capital charges. Brake-blocks. (No. 1217:) A Midland ship Canal. Canadian Pacific: Position and prospects. Railway accidents in 1885. (No. 1218:) The Metropolitan and District Railways litigation. Railway rates and trade depression. A walk over the Tay bridge. Fish conveyed by Railway in 1886. (No. 1219:) Railways and the Imperial Institute. The Metropolitan and District Railway. The Metropolitan Railway bill. Alternative rates. Rambles by rail. (No. 1220:) A century of consols. Canadian Gouvernment Railways. Canadia and the States: recollections 1851—1885. Single track Railways. (No. 1221:) The milk traffic on Railways. English Railway administration. Canadian Pacific Railway. (No. 1223:) Economy of train service in Scotland. The Whitsuntide holiday traffic. American Railway combination. The Great Russian Railway. Uniformity of traffic rates. The American Interstate Commerce Bill.

Revue commerciale, diplomatique et consulaire. Bruxelles.

18.—20. Lieferung. Vom 25. April bis 5. Juni 1887.

(18₁) Les chemins de fer orientaux. (20:) Les chemins de fer vicinaux. Recettes de l'exploitation des chemins de fer français pendant les années 1886 et 1885. Mouvement et recettes des chemins de fer, des postes, des télégraphes et de la marine pendant le mois de janvier 1887. Création d'une commission civile et militaire chargée de toutes les études relatives à l'utilisation, au point de vue militaire, des voies publiques en général et organisant le service des transports par chemin de fer, le service des postes et des télégraphes à l'armée de campagne.

Revue générale des chemins de fer. Paris.

März 1887.

Note sur les conditions techniques d'établissement du chemin de fer à voie de 1,oo m de Cambray à Chatillon (Nord) en partie sur accotement de route. Note sur l'organisation du mouvement des trains sur les chemins de fer des État-Unis. Note sur la fabrication des crochets de traction à double bec aux ateliers des machines de la Compagnie du chemin de fer du Nord, à Hellemmes. Le chemin de fer Métropolitain de Londres (Compagnies du Métropolitan et du District Railways).

April 1887.

Bâtiment des voyageurs de la gare de St. Étienne. Note sur les locomotives des État-Unis. Note sur les accouplements métalliques pour les conduites des freins continus automatiques à air comprimé. Locomotives compound du North-Eastern Railway, types Worsdell. Recettes de l'exploitation des chemins de fer français d'intérêt général, pendant les années 1886 et 1885. Statistique des chemins de fer de la Belgique pour l'année 1885.

Schweizerische Bauzeitung. Zürich.

No. 21 bis 24. Vom 21. Mai bis 11. Juni 1887.

Die Schneebeseitigung auf der Gotthardbahn. (No. 23 u. 24.) Ueber den Bau des Arlbergtunnels.

Volkswirthschaftliche Wochenschrift. Wien.

No. 181 und 182. Vom 16. und 23. Juni 1887.

Die Staatsgarantie und die Situation der Lemberg-Czernowitz-Jassy-Eisenbahn-Gesellschaft.

Wochenblatt für Baukunde. Frankfurt a./M.

No. 43 bis 45. Vom 24. Mai bis 3. Juni 1887.

Betriebskräfte für Strassenbahnfahrzeuge.

Wochenschrift des österreichischen Ingenieur- und Architekten-Vereins. Wien.

No. 21. Vom 27. Mai 1887.

Ueber die Anzahl der Bremsen bei Eisenbahnzügen. (No. 23:) Beheizung der Eisenbahnwagen mittelst Elektrizität.

Zeitschrift für Lokomotivführer. Nordstemmen.

Bd. VII. Heft 10.

Die Dampferzeugungsorgane der Lokomotive und ihre Vervollkommnung. Die Dampfarbeit der Lokomotive.

Zeitschrift des Architekten- und Ingenieur-Vereins. Hannover.
Heft 4.
> Ueber neuere Schienenstösse auf amerikanischen Bahnen. Einfache Formeln zur Ermittelung der Leistungen von Lokomotiven.

Zeitschrift für Lokal- und Strassenbahnwesen. Wiesbaden.
1887. 1. Heft.
> Allgemeine Uebersicht. Reisenotizen über Lokal- und Strassenbahnwesen in den Vereinigten Staaten von Nord-Amerika. Betrachtungen über die Anwendung des § 1 des Haftpflichtgesetzes vom 7. Juni 1871 auf Strassen- und Pferdebahnen. Mittheilungen aus dem Betriebe mit Strassenlokomotiven. Schmalspurbahn Gernrode-Harzgerode. Die neuesten Schmalspurbahnen in Sachsen.

Zeitschrift des österreichischen Ingenieur- und Architekten-Vereins.
1887. Heft 1.
> Ueber den ökonomischen Werth der Schwellenimprägnirung. Projekt für die Erweiterung des neuen Hafens in Triest und die Ergänzung der Betriebseinrichtungen.

Zeitschrift für Transportwesen und Strassenbau. Berlin.
No. 13—18. Vom 1. Mai bis 20. Juni 1887.
> (No. 13:) Hochbahn, System Meiggs. Zur Verkehrsstatistik des Strassenbahnwesens. (No. 14:) Eisenbahnbetriebsfragen. Ueber elektrische Akkumulatoren, Wiener Stadtbahn. (No. 14. 15. 16. 17. 18.:) Der elektrische Betrieb von Trambahnen. (No. 15:) Die erste Schmalspurbahn in China. Versuche auf amerikanischen Strassenbahnen. Millers Strassenseilbahn in New-York. (No. 16:) Ueber die Entwicklung des Oberbaues der Strasseneisenbahnen in der Zeit von 1880 bis 1887. Schmalbahnen. (No. 17:) Luxemburger Sekundärbahnen. Regelung des Lokaleisenbahnwesens in Oesterreich-Ungarn.

Zeitung des Vereins Deutscher Eisenbahnverwaltungen. Berlin.
No. 33—49. Vom 30. April bis 29. Juni 1887.
> (No. 33:) Aus der Denkschrift betr. Vervollständigung des deutschen Eisenbahnnetzes im Interesse der Landesvertheidigung. (No. 34:) Denkschriften zur Erinnerung an die Schlusssitzungen des Ausschusses der Berlin-Hamburger, bezw. des Verwaltungsrathes der Altona-Kieler Eisenbahngesellschaft. Eröffnung französischer Bahnen während des Jahres 1886. (No. 34 u. 36:) Statistik der Eisenbahnen Deutschlands für das Betriebsjahr 1885/86. (No. 35:) Die Pariser Stadtbahn. Ueber die Sicherung von Perronstellwerken. Riga-Dünaburger und Riga-Bolderaa-Eisenbahn. Rotterdamer-Tramwaygesellschaft. (No. 37:) Fünfzigjähriges Jubiläum der Eröffnung der ersten sächsischen Eisenbahnstrecke Leipzig-Althen. Amerikanisches Eisenbahnwesen. (No. 37. 38.:) Die Eisenbahnen Niederländisch-Indiens 1885. (No. 38:) Die Londoner Untergrundbahn in Röhrentunneln. Die Entwicklung des sächsischen Lokalbahnwesens. Luxemburger Sekundärbahnen. Aus dem elektrotechnischen Verein. Neues Nebelsignal. (No. 39:) Strassenbahnen mit Seilbetrieb in Nordamerika. Apparat zum selbstthätigen Richtigstellen der Eisenbahnstationsuhren. (No. 40:) Die Zentralmarkthalle und die Stadtbahn. Projektirte Eisenbahn auf der Westküste Sumatras. (No. 41:) An-

wendbarkeit der sogen. amerikanischen Wagen für den Schnellzugdienst in
Europa. Eisenbahn-Zentralabrechnungsbüreau in Budapest. (No. 42:) Die Rhonebahn. Die Höllenthalbahn von Freiburg nach Neustadt. Gerichtsverhandlungen
über den Eisenbahnunfall bei Würzburg am 1. Juli 1886. (No. 43:) Die Grund-
steinlegung zum Nordostseekanal. (No. 43 u 44:) Die Eisenbahnen der französischen Kolonieen und Schutzländer. (No. 44. 45. 46. 48.:) Statistische Nachrichten von den Eisenbahnen des Vereins deutscher Eisenbahn-Verwaltungen für
das Rechnungsjahr 1885. (No. 44. 45. 46. 47:) Aus Geschäftsberichten deutscher
Eisenbahnverwaltungen. (No. 45:) Eisenbahnen in China. (No. 46:) Schreibmaschinen. (No. 47:) Das neue österreichische Lokalbahngesetz. Die belgischen
Eisenbahnen in 1885. Die Stadtbahnen von New-York. (No. 49:) Gepäcksschein-
hefte. 32. Sitzung der ständigen Tarifkommission der deutschen Eisenbahnen.
I. Spezialkonferenz der am Eisenbahn-Zentral-Abrechnungsbüreau in Oesterreich
betheiligten Verwaltungen.

Herausgegeben im Auftrage des Königlichen Ministeriums der öffentlichen Arbeiten.

Carl Heymanns Verlag, Berlin W. — Gedruckt bei Julius Sittenfeld, Berlin W.

Wohlfahrtseinrichtungen

für die

Lohnarbeiter der Preussischen Staats-Eisenbahnverwaltung.*)

II. Die Pensionskassen.

Von **W. Hoff,** Geheimer exped. Sekretär im Ministerium der öffentl. Arbeiten.

Seit dem Bestehen der Eisenbahnen ist die Staats-Eisenbahnverwaltung bestrebt gewesen, für die dauernd arbeitsunfähig gewordenen und die altersschwachen Lohnarbeiter, sowie für die Wittwen und unversorgten Kinder verstorbener Arbeiter eine geregelte und ausreichende Fürsorge zu treffen. Für die Lösung dieser Frage. boten sich zwei Wege: die Bereitstellung von Unterstützungsfonds aus den Betriebseinnahmen und die Bildung von Versorgungskassen unter Betheiligung der Arbeiter durch Beiträge und der Eisenbahnverwaltung durch regelmässige Zuschüsse aus den Betriebseinnahmen.

Obwohl die Eisenbahnverwaltung erhebliche Summen an Gemeinde-Einkommensteuern zahlt, hat sie es nicht als angemessen erachtet, die Arbeiter, welche ihre Kräfte im Eisenbahndienste verbraucht haben, und die hülfsbedürftigen Arbeiterfamilien als Almosenempfänger an die Gemeinden zu verweisen. Es sind vielmehr alljährlich aus den Betriebseinnahmen Unterstützungsfonds bereit gestellt worden, aus welchen die Eisenbahnbehörden Pensionen, Wittwen- und Erziehungsgelder an erwerbsunfähige Arbeiter und an die Hinterbliebenen verstorbener Arbeiter in der Form von Unterstützungen gewähren. Dieses Verfahren bietet in mancher Beziehung nicht zu unterschätzende Vorzüge. So wird vor Allem dem Arbeiter die Beitragsleistung, der Eisenbahnverwaltung, welche allerdings die Unterstützungen voll aus ihren Einnahmen zu bestreiten hat, die kostspielige Buch- und Rechnungsführung, welche die Verwaltung besonderer Versorgungskassen verursacht, erspart. Die Verwaltung hat es in der Hand, die Pensionen- und Hinterbliebenenbezüge in jedem Falle nach dem

---

*) Vgl. Archiv 1887. S. 1—49.

Grade der Bedürftigkeit und Würdigkeit zu bemessen, sie kann den Umfang der übernommenen Leistungen stets voll und klar übersehen.*) Dagegen werden andererseits die Bewilligungen aus derartigen Unterstützungsfonds jedenfalls nicht mit derjenigen Befriedigung angenommen, welche der Bezug eines festen, nach bestimmten Regeln zu beanspruchenden Ruhelohnes gewährt. Es ist für das wirthschaftliche Leben, für die Förderung des Ordnungssinns und der Selbstachtung der Lohnarbeiter zweifellos von grosser Bedeutung, wenn sie von ihrem Verdienste einen wesentlichen Beitrag zu der ihnen und ihren Angehörigen in späteren Tagen zu Theil werdenden Hülfe leisten und mit der Arbeitgeberin, der Eisenbahnverwaltung, welche ihre Fürsorge durch Zuschussleistungen bethätigt, die Verwaltung der Versorgungsanstalten ausüben. Auch besteht wohl mit Recht die Meinung, dass, solange dem Lohnpersonal nicht ein Anspruch auf die Altersversorgung zusteht, die nicht mehr leistungsfähigen Arbeiter vielfach zum Schaden des Dienstes und noch weniger zum Nutzen der Arbeiter selbst aus Billigkeitsrücksichten bis zur vollständigen Erschöpfung der Kräfte in der Beschäftigung belassen werden, während die Arbeiter, wenn ihnen ein Recht auf Versorgung zusteht, selbst die verdiente Ruhe nachsuchen werden.

Die Staats-Eisenbahnverwaltung hat die Bereitstellung von Arbeiterunterstützungsfonds nur als einen Nothbehelf betrachtet und als eigentliches Ziel der behördlichen Fürsorge stets die Errichtung von Versorgungskassen im Auge behalten. Das Vorgehen auf diesem Gebiete konnte, wie früher bemerkt, nur schrittweise geschehen. Eine allgemeine Regelung der Versorgung arbeitsunfähiger und altersschwacher Arbeiter und der Hinterbliebenen verstorbener Arbeiter trat ein, als in Folge des Krankenversicherungsgesetzes vom 15. Juni 1883 die Fürsorge für die Erkrankten für sich geordnet werden musste. Die im Laufe der Zeit für eine Anzahl von Verwaltungsbezirken eingerichteten Versorgungskassen wurden zu je einer Pensionskasse für die Betriebsarbeiter und für die Werkstättenarbeiter vereinigt, die beiden neuen Kassen auf den gesammten Staatsbahnbereich ausgedehnt und denselben das Gesammtvermögen der früheren Einrichtungen,

---

*) Bei der früher vom Staate für Privatrechnung verwalteten Bergisch-Märkischen Eisenbahn bestand die Einrichtung, dass alljährlich ein bestimmter Betrag aus den Betriebseinnahmen gänzlich ausgeschieden und als Arbeiterunterstützungsfonds besonders verwaltet wurde, aus welchem die Behörde den langgedienten Arbeitern und den Hinterbliebenen von Arbeitern Pension, Wittwen- und Waisengeld im Wesentlichen nach denjenigen Gesichtspunkten gewährte, nach denen die Leistungen der im damaligen Staatsbahnbereich in Wirksamkeit befindlichen Arbeiterpensionskassen bemessen waren. Soweit die alljährliche Summe nicht zur Verausgabung gelangte, wurde sie einem Reserveunterstützungsfonds überwiesen, welcher als Hülfsquelle in den Zeiten aussergewöhnlicher Inanspruchnahme dienen sollte. Die Einrichtung soll sich namentlich wegen ihrer Einfachheit gut bewährt haben.

insgesammt rund 3 600 000 ℳ überwiesen. Die Pensionskasse für die Werkstättenarbeiter trat am 1. October 1885, die Pensionskasse für die Betriebsarbeiter am 1. April 1886 in Wirksamkeit.

In dem Nachfolgenden sind die wesentlichsten Grundzüge der Satzungen der beiden neuen Pensionskassen, ferner die Ergebnisse dieser Kassen für das Jahr 1886 und im Anschluss hieran zugleich auch die Ergebnisse der Krankenkassen für dasselbe Jahr dargestellt. Bei der Erörterung der Grundzüge, nach denen die Alters- und Hinterbliebenenfürsorge ihre Regelung gefunden hat, sind ausser den Statuten der Pensionskassen*) mehrfache Ausführungsvorschriften, sowie die wichtigsten Bestimmungen der inzwischen ergangenen ersten Statutnachträge (Eisenbahn-Verordnungsblatt 1887 S. 275 ff.) berücksichtigt worden. Die nähere Darlegung dieser Grundzüge erscheint auch im Hinblick darauf von Interesse, dass jeder Vorgang auf dem Gebiete der Fürsorge für die arbeitende Bevölkerung anregend auf weitere Kreise zu wirken pflegt, und dass die Einrichtungen der Versorgungsanstalten bei der Staats-Eisenbahnverwaltung namentlich für andere Eisenbahnverwaltungen, denen das Wohl ihrer Arbeiter am Herzen liegt, besonderen Werth haben. Dabei wird übrigens bemerkt, dass bei der Staats-Eisenbahnverwaltung vielfach Umstände und Verhältnisse vorgelegen haben, welche bei anderen Betrieben nicht in gleichem Maasse zutreffen, zum Theil vielleicht überhaupt nicht bestehen werden. Die Gesichtspunkte, von denen bei der Ausarbeitung der Satzungen ausgegangen ist, werden daher nicht ohne Weiteres auf andere Verhältnisse übertragen werden können.**)

A. Die Grundzüge der Pensionskassen.

Die Grundzüge für die Regelung des Krankenkassenwesens enthält das Krankenversicherungsgesetz vom 15. Juni 1883. Für die Alters-, Wittwen- und Waisenversorgungskassen der Arbeiter der Eisenbahnverwaltung fehlt es gegenwärtig noch an den gesetzlichen Grundlagen. Als Vorbilder bei der Einrichtung der neuen Pensionskassen haben daher in

---

*) Das Statut der Pensionskasse für die Werkstättenarbeiter der Staats-Eisenbahnverwaltung ist im Jahrgang 1885 S. 207 ff, das Statut der Pensionskasse für die Betriebsarbeiter der Staats-Eisenbahnverwaltung im Jahrgang 1886 S. 305 ff. des Eisenbahn-Verordnungsblattes dem Wortlaute nach abgedruckt.

**) Für den Bereich der Reichs-Eisenbahnverwaltung in Elsass-Lothringen ist nach dem Amtsblatte der Kaiserlichen Eisenbahnverwaltung in Elsass-Lothringen No. 17 vom 21. April 1887, vom 1. April 1887 ab die früher bestandene Werkstättenarbeiter-Unterstützungs- und Pensionskasse umgeformt und für die Betriebsarbeiter eine Pensions-, Wittwen- und Waisenkasse errichtet worden, deren Satzungen im Wesentlichen denjenigen der Pensionskassen für die Arbeiter der Preussischen Staats-Eisenbahnverwaltung entsprechen (vgl. auch S. 649).

erster Linie die früher im Bereiche der Staats-Eisenbahnverwaltung und zwar meisthin nach dem Muster der nach den berggesetzlichen Vorschriften errichteten Knappschaftskassen in Wirksamkeit gewesenen Altersversorgungskassen gedient. Dabei haben die Grundzüge dieser Einrichtungen mehrfache Verbesserungen erfahren, welche sich theils aus den weiteren Erfahrungen auf dem Gebiete des Versicherungswesens überhaupt, sowie insbesondere der Behörden und Kassenvertretungen ergaben, theils im Hinblick auf die neueren Vorgänge auf dem Gebiete der Fürsorge für die Staatsbeamten und deren Hinterbliebene als zweckmässig erwiesen.

Wie bei den Krankenkassen, so sind auch bei der Regelung der Alters- und Hinterbliebenenversorgung die beiden selbständigen Gruppen der Betriebs- und Werkstättenarbeiter auseinander gehalten worden, indem für eine jede Gruppe eine besondere Kasse besteht. Die Grundzüge der Satzungen beider Kassen stimmen indess in allen wesentlichen Punkten überein. Es ist vorerst auf Grund bisheriger allgemeiner Beobachtungen angenommen worden, dass trotz mehrfacher Verschiedenheiten in der Beschäftigungsart und in den Lebensgewohnheiten der beiden Gruppen sich die Arbeitsunfähigkeits- und Sterblichkeitsverhältnisse gleichwohl im Grossen und Ganzen decken werden.

1. Der Umfang der Kassen und die Gliederung der Selbstverwaltung. Die Lebensfähigkeit einer Pensionskasse beruht vornehmlich darauf, dass die der Bemessung der Sätze für die Einnahmen und für die Leistungen der Kasse zu Grunde liegenden Ermittelungen über die wahrscheinlichen Werthe dieser Einnahmen und Leistungen der Wirklichkeit möglichst nahe kommen. Hierfür bieten derartige Ermittelungen die grösste Gewähr, wenn einerseits die Zahl der Betheiligten eine möglichst grosse ist, andererseits aber die Theilnehmer nur Gewerben und Ständen mit annähernd gleichen Lebensverhältnissen angehören. Die beiden Arbeiterpensionskassen der Staats-Eisenbahnverwaltung umfassen jede für sich innerhalb ihrer Arbeitergruppe das ganze preussische Staatsbahngebiet, erstrecken sich also wie dieses über den ganzen Staat und vielfach über seine Grenzen hinaus.

Dessen ungeachtet ist die Verwaltung der Pensionskassen ungemein einfach. Die Kassenbezirke sind nämlich in 134 örtliche Verwaltungsbezirke derart eingetheilt, dass die letzteren mit den Bezirken der Eisenbahn-Betriebs- und Werkstätten-Krankenkassen zusammenfallen. Für jeden örtlichen Verwaltungsbezirk ist ein Bezirksausschuss bestellt, welcher der Regel nach aus dem Vorstande der betreffenden Krankenkasse besteht. Dem Bezirksausschusse obliegt die Wahrnehmung aller Geschäfte der Pensionskasse, welche einen örtlichen Verwaltungsbezirk betreffen insbesondere auch die Feststellung und Anweisung der Mitgliederbeiträge, und der Leistungen der Pensionskassen. An der Spitze einer jeden Pensionskasse befindet sich ein Vorstand zur Wahrnehmung der den gesammten Kassenbezirk betreffenden Geschäfte, welcher aus fünf von den Vertretern der Krankenkassenmitglieder in der Generalversammlung gewählten Kassenmitgliedern und aus zwei Beamten der Eisenbahnverwaltung besteht. Der Generalversammlung, welche sich aus den seitens der Bezirksausschüsse gewählten Vertretern der Kassenmitglieder und aus den Vertretern der Eisenbahnverwaltung zusammensetzt, ist ausser der Bestellung des Vorstandes insbesondere die Beschlussfassung über die Statutänderungen, sowie die Prüfung und Abnahme der Rechnungen vorbehalten. Die Kassen sind selbständige Körperschaften nach dem Vorbilde der auf Grund des Krankenversicherungsgesetzes errichteten Krankenkassen. Die gesetzliche Beaufsichtigung wird durch die Königliche Eisenbahn-Direktion zu Erfurt ausgeübt, da die Kassen in Erfurt ihren Sitz haben.

2. Die Mitgliedschaft bei den Pensionskassen. Die Wohlthaten der Pensionskassen sind thunlichst allen ständig beschäftigten Lohnarbeitern zuzuwenden. Erfahrungsmässig ist aber die Zahl der Arbeiter, welche die sittliche und wirthschaftliche Kraft und den guten Willen zur freiwilligen Betheiligung an den Versorgungskassen nicht besitzen, nicht gering. Namentlich fehlt es nicht selten den jugendlichen Arbeitern an dem nothwendigen Sparsinn. Zum Nutzen der Kasseneinrichtungen und insbesondere der Arbeiter selbst empfiehlt es sich daher, die neu in die Beschäftigung eintretenden Arbeiter zum Beitritt anzuhalten.

Die Arbeiter-Pensionskassen der Staats-Eisenbahnverwaltung sind wie die gesetzlichen Krankenkassen Zwangskassen, und zwar für das gesammte, zur Erledigung dauernder Geschäfte ständig erforderliche Lohnarbeiterpersonal; sie erstrecken sich mithin auf die nur vorübergehend angenommenen Lohnarbeiter bei den Neubauten gegenwärtig noch nicht. Alle nicht im Beamtenverhältnisse zu beschäftigenden Bediensteten werden bei der Aufnahme in die Beschäftigung (durch den Arbeitsvertrag) zum Beitritt verpflichtet; sie treten aber erst ein, nachdem sie sich ein Jahr als Eisenbahnarbeiter, oder ein halbes Jahr in wichtigeren Hülfsstellungen bewährt haben. Ausgeschlossen sind solche Personen, welche ihrer Militärpflicht nicht genügt haben, und weder der Ersatzreserve erster Klasse überwiesen, noch auch militärfrei sind. Vorgeschrittenes Lebensalter bildet keinen Grund für die Ausschliessung; auch findet eine Untersuchung des Gesundheitszustandes des Eintretenden nicht statt. Mit Rücksicht auf die Betheiligung bei anderen Versorgungsanstalten kann die Freilassung von der Theilnahme an den Pensionskassen der Eisenbahnverwaltung nicht gefordert werden.

Auf die zur Zeit der Errichtung der Kassen vorhandenen Arbeiter, soweit dieselben nicht schon den früheren Pensionskassen angehörten, ist der Beitrittszwang nicht ausgedehnt worden; es ist ihnen aber der Beitritt, mehrfach unter Gestattung von Beitragsnachzahlungen behufs Anrechnung früherer Dienstzeit bei der Pensionirung, freigestellt worden. Von dieser Berechtigung hat erfreulicherweise eine recht erhebliche Anzahl älterer Arbeiter Gebrauch gemacht.

Nach dem Ausscheiden der nicht beigetretenen älteren Arbeiter werden die Pensionskassen das gesammte Lohnarbeiter-Personal umfassen, welches, wenn auch der Auf- und Niedergang des Verkehrs Rückwirkungen auf die Zahl der Lohnarbeiter ausüben und die Vereinfachungen der Betriebseinrichtungen Menschenkräfte entbehrlich machen möchten, dennoch als Stamm dauernd wird vorhanden sein müssen.*)

3. Das Aufhören der Mitgliedschaft und die Rückgewähr von Beiträgen. So lange der Arbeiter gegen Lohn bei der Eisenbahnverwaltung beschäftigt wird, bleibt er Mitglied der Pensionskassen. Wechselt ein Betriebsarbeiter seine seitherige Beschäftigung mit derjenigen in den Werkstätten oder übernimmt umgekehrt ein Werkstättenarbeiter eine Beschäftigung im Betriebe, so tritt er mit den geleisteten Beiträgen, sowie mit allen Rechten und Pflichten aus der einen Pensionskasse in die andere über.

Mit dem Ausscheiden aus der Beschäftigung bei der Eisenbahnverwaltung erlischt die Mitgliedschaft von selbst. Unter welchen Voraussetzungen im Falle der Arbeitsunfähigkeit und nach dem Ableben des Mitgliedes die Leistungen der Kassen eintreten, ist weiter unten unter Ziffer 4 erörtert. Ist das Ausscheiden die Folge des Uebertritts in das Staatsbahn-Beamtenverhältniss oder der freiwilligen Lösung des Arbeitsverhältnisses seitens des Arbeiters oder der Entlassung, so verliert der Ausscheidende alle Ansprüche an die Kassen. Nur für solche in die Staatsbahn-Beamtenstellungen übertretende Arbeiter, welche mindestens zehn Jahre Mitglied gewesen sind, bleibt der Anspruch bestehen, bis sie eine zehnjährige Beamtendienstzeit zurückgelegt haben oder vor diesem Zeitpunkte eine Staatspension erhalten. Eine Uebertragbarkeit der Ansprüche der aus der Beschäftigung bei den Staatsbahnen ausscheidenden Mitglieder auf die in anderen Betrieben und Gewerben etwa bestehenden Versorgungsanstalten unter Ueberführung der geleisteten Beiträge ist vor-

---

*) Die Bestimmung der Grenze für die Alters- und Hinterbliebenenversorgung der Arbeiter ist schwierig. Bei den Staatsbeamten erstreckt sie sich — abgesehen von der Unfallfürsorge, welche alle Beamte umfasst — nur auf die etatsmässig angestellten, nicht auch auf die ausseretatsmässig im Vorbereitungsdienste u. s. w. beschäftigten Beamten. Damit steht es im Einklange, wenn denjenigen Arbeitern, welche sich ständig einer Berufsstellung gewidmet haben, die Fürsorgepflicht erleichtert wird.

läufig noch nicht vorgesehen; doch ist dem Freizügigkeitsdrange der Arbeiter in der Weise Rechnung getragen, dass den unter dem Verluste des
Anspruchs austretenden Mitgliedern ein angemessener Theil der gezahlten
Beiträge erstattet und dadurch die Theilnahme an anderen Versorgungsanstalten erleichtert wird. Unfreiwillig, nicht zur Strafe Ausscheidende
erhalten den vollen Betrag, die sonstigen Ausscheidenden die Hälfte des
Betrages ihrer Beiträge zurück, soweit diese nicht nach einer überschläg-
lichen Schätzung den Pensionskassen für die aufgewendeten Unkosten
(Verwaltungskosten) und die Aufgabe ihrer Ansprüche auf die Weiter-
leistung der Beiträge gebühren. Die Rückgewährsumme beläuft sich danach
für die unfreiwillig, nicht zur Strafe Ausscheidenden im ersten, zweiten,
dritten Mitgliedsjahre auf 70, 72, 74 Hundertheiten der eingezahlten
Beitragssumme ohne Zinsen u. s. f., bis sich für die nach fünfzehn Mit-
gliedsjahren Ausscheidenden die volle Beitragssumme ohne Zinsen ergiebt.*)

4. Die Leistungen der Pensionskassen. Die Arbeiterpensionskassen der Staats-Eisenbahnverwaltung sind nicht nur Pensionsanstalten
für die Arbeiter selbst, sondern auch Versorgungsanstalten für ihre
Wittwen und Waisen, ebenso, wie die Familienangehörigen der Arbeiter
nach dem Normalstatut für die Eisenbahn-Betriebs- und Werkstätten-
Krankenkassen in die Krankenfürsorge und nach den Unfallversicherungsgesetzen in die Unfallfürsorge einbegriffen sind. In denjenigen Fällen, in
welchen auf Grund der Unfallversicherungsgesetze oder anderer Gesetze
Ersatzleistungen zu beanspruchen sind, fallen die Leistungen der Pensionskassen in der Höhe der Renten fort.

Die Höhe der Leistungen einer Pensionskasse richtet sich ebensowohl
nach dem anzunehmenden Bedürfnisse, als auch nach der Leistungsfähigkeit der Kassenmitglieder und den danach bemessenen Beiträgen der Mitglieder und der Arbeitgeber.**) Die Leistungen der Arbeiter-Pensionskassen
der Eisenbahnverwaltung sind bei mässigen Beiträgen recht ansehnliche. Den Pensionskassen kommt zu Gute, dass die Unfallrenten der

---

*) Auch die Lebensversicherungsgesellschaften pflegen, wenn der Versicherte das
Verhältniss lösen will, die Versicherung zurückzukaufen, d. h. den Versicherten für die
Aufgabe seiner Ansprüche abzufinden. Bei den Pensionskassen würde eine allzu reichliche
Rückgewähr, namentlich in den Fällen des freiwilligen Ausscheidens und der strafweisen
Entlassung, sich schon deshalb widerrathen, damit die Kassen nicht als Hülfsquellen für
Arbeitseinstellungen missbraucht werden. Staatsbeamten, welche bei ihrem Ausscheiden des
Anspruchs verlustig gehen, wird bekanntlich, mögen sie zur allgemeinen Wittwenverpflegungs-
anstalt oder auf Grund des Hinterbliebenenfürsorgegesetzes vom 20. Mai 1882 die Beiträge
entrichtet haben, nichts erstattet.

**) Soll das Beste nicht der Feind des Guten sein, so muss eben das zunächst Er-
reichbare genügen. Manche Versorgungskassen haben sich nicht als lebensfähig erwiesen,
weil man es nicht verstanden hat, in den Anforderungen an die Anstalten Maass zu halten.

im Betriebe Verunglückten und ihrer Hinterbliebenen, sowie die Kosten der gesammten Buch- und Rechnungsführung von der Eisenbahnverwaltung getragen, und überdies die geleisteten Verwaltungszuschüsse für alle unter Beitragsrückgewähr ausscheidenden Mitglieder nicht zurückgefordert werden, vielmehr den Kassen verbleiben. Die Leistungen sind folgende:

a) Eine Pension erhalten die nach zehnjähriger Mitgliedschaft oder in Folge einer mit der Arbeit im Zusammenhange stehenden Krankheit oder Verletzung vor dem Ablauf von zehn Jahren erwerbsunfähig gewordene Kassenmitgliedern;[*] sie beträgt im Mindesten fünfzehn, nach elfjähriger Mitgliedschaft sechszehn, nach zwölfjähriger Mitgliedschaft siebzehn Hundertheiten, und so weiter mit der Beitragsdauer steigend bis nach fünfunddreissigjähriger Mitgliedschaft, mit welcher der Höchstbetrag, vierzig Hundertheiten des letzten rechnungsmässigen Jahres-Lohneinkommens (Ziffer 5) für das Jahr, erreicht wird.

b) Ein Wittwengeld wird den Wittwen der pensionsberechtigten Kassenmitglieder und der Pensionäre gewährt, falls die Ehe vor der Pensionirung geschlossen ist; es beträgt zwei Fünftel der Mannespension. Im Falle der Wiederverheirathung erhält die Wittwe einen doppelten Jahresbetrag als Abfindung.

c) Ein Waisengeld erhält bis zum vollendeten fünfzehnten Lebensjahr jedes Kind eines verstorbenen männlichen, pensionsberechtigten Mitgliedes in Höhe eines Drittels und, wenn auch die Mutter nicht mehr lebt, in Höhe der Hälfte des Wittwengeldes.

Die Bezüge für alle Hinterbliebenen zusammen (b und c) sollen jedoch nicht mehr als die Mannespension (a) betragen[**]).

d) Ein Sterbegeld im Betrage von dreissig Mark wird beim Tode der Pensionäre, ihrer Ehefrauen, sowie der Wittwengeldempfängerinnen gezahlt als Ergänzung der Leistungen der Betriebs- und Werkstätten-Krankenkassen, welche beim Tode der Arbeiter und ihrer Angehörigen ein Sterbegeld gewähren.

e) Unterstützungen sollen bis zu dreissig Mark im Jahre an hülfsbedürftige Pensionäre und Hinterbliebene von Kassenmitgliedern

---

[*] Eine zehnjährige Wartezeit gilt auch für den Eintritt des Anspruchs auf Pension, sowie Wittwen- und Waisengeld für die Staatsbeamten und ihre Hinterbliebenen. Auch für die Arbeiterpensionskassen erscheint eine Wartezeit, wenn die Fälle des früheren Eintritts der Arbeitsunfähigkeit oder des Todes in Folge von Krankheiten oder Verletzungen, welche mit der Beschäftigung im Zusammenhange stehen, ausgenommen werden, gerechtfertigt und überdies im Hinblick auf die Erhaltung der Leistungsfähigkeit der Kassen nothwendig.

[**] Die Abstufung der Kassenbezüge an Pension sowie Wittwen- und Waisengeld entspricht den Grundgedanken, nach welchen die Pensionen der Staatsbeamten und die Bezüge der Wittwen und Waisen derselben abgestuft sind.

gezahlt werden können, sobald und soweit die Vermögenslage der Kassen die Auswerfung hierfür bestimmter Mittel gestattet.

Die nachstehende Tafel giebt einen Auszug aus der Abstufung der Pensionen, Wittwen- und Waisengeldbeträge für die drei weiter unten unter Ziffer 5 näher bezeichneten Lohnklassen. Die Jahresbeträge sind spitz berechnet; in Folge der Aufrundung ergeben sich in Wirklichkeit noch um ein Geringes höhere Beträge. Das Waisengeld gilt für vater- und mutterlose Kinder; für Kinder, deren Mutter lebt, ergeben sich um ein Sechstel verminderte Beträge.

Dauer der Beitrags-leistung:	Jahresbetrag								
	der Pension in der Lohnklasse			des Wittwengeldes in der Lohnklasse			des Waisengeldes in der Lohnklasse		
	1 ℳ	2 ℳ	3 ℳ	1 ℳ	2 ℳ	3 ℳ	1 ℳ	2 ℳ	3 ℳ
Zehn Jahre	180	150	112,5	72	60	45	36	30	22,5
Zwanzig Jahre . . .	300	250	187,5	120	100	75	60	50	37,5
Dreissig Jahre . . .	420	350	262,5	168	140	105	84	70	52,5
Fünfunddreissig und mehr Jahre . . .	480	400	300	192	160	120	96	80	60

5. Die Einnahmen der Pensionskassen, die laufenden Mitgliederbeiträge. Die Einnahmen der Pensionskassen bestehen in einem von jedem beitretenden Mitgliede zu entrichtenden Eintrittsgelde von 1,50 ℳ, einem laufenden Mitgliederbeitrage, einem baaren Zuschusse der Eisenbahnverwaltung in Höhe der Hälfte der Mitgliederbeiträge, den Zinsen des Vermögens, den Ersatzleistungen und in etwa vorkommenden sonstigen Zuwendungen.

Die Frage, ob die Arbeiter an der Beitragsleistung überhaupt zu betheiligen seien, ist, wie oben bemerkt, bejaht worden. Die Art der Beitragsleistung ist eine andere, als bei den Krankenkassen. Bei diesen giebt es nur einen für alle Mitglieder ohne Unterschied des Lebensalters gleichen Einheitssatz, nach welchem der Beitrag von dem wirklichen Verdienst zu entrichten ist, während zu den Pensionskassen ein nach dem Lebensalter der eintretenden Mitglieder abgestufter Satz von dem rechnungsmässigen Lohneinkommen erhoben wird. Für die Pensionskassen ist das Lebensalter der Mitglieder zur Zeit des Beitritts ungleich wichtiger, als für die Krankenkassen; jede Altersklasse stellt gleichsam eine besondere Kasse dar, von deren Mitgliedern nach den Grundsätzen der Wahrscheinlichkeitsrechnung bestimmte, von jeder anderen Altersklasse ab-

weichende Einnahmen und Ausgaben zu erwarten sind, so dass ein nach
dem Beitrittslebensalter abgestufter Beitragstarif nicht allein zur Sicherung
der Leistungsfähigkeit der Pensionsanstalten wesentlich beiträgt, sondern
auch aus Rücksichten der Gerechtigkeit, insbesondere gegen die in jüngerem
Lebensalter Beitretenden, empfehlenswerth erscheint*).

Zwischen den verheiratheten und unverheiratheten Mitgliedern wird
bei der Beitragsbemessung nicht unterschieden, wiewohl die Arbeiterpensionskassen, wie angeführt, auch für die Wittwen und Waisen Fürsorge
treffen**).

Die Kassenmitglieder sind in drei Lohnklassen mit einem beitragspflichtigen und pensionsfähigen Jahres-Lohneinkommen von 1200 $\mathcal{M}$,
1000 $\mathcal{M}$. und 750 $\mathcal{M}$ eingetheilt, je nachdem ihr durchschnittlicher Wochen-
verdienst mehr als 21 $\mathcal{M}$, 18 bis 21 $\mathcal{M}$ oder weniger als 18 $\mathcal{M}$ beträgt.
Bei der Werkstättenarbeiter-Pensionskasse ist angenommen worden, dass
die Lohnklassen sich mit den drei Arbeiterklassen, den Vorarbeitern, den
Handwerkern und den gewöhnlichen Handarbeitern, decken***). Der im
Eisenbahn-Verordnungsblatt 1885 S. 225 und 1886 S. 326 abgedruckte Beitragstarif giebt die Jahresbeitragssumme an, welche sich für jedes Eintritts-
lebensalter in jeder der drei Lohnklassen berechnet. Der dreihundertste
Theil des Jahresbeitrags ist von jedem Mitgliede für jeden Tag mit Ausnahme der Sonntage und der Tage der durch Krankheit und Verletzung
herbeigeführten Erwerbsunfähigkeit zu zahlen. Mitglieder, welche in eine
höhere Lohnklasse übertreten, zahlen nach dem Tarif der höheren Klasse,
jedoch in der Weise, dass für das seitherige Einkommen das Eintrittsalter,
für die Lohnerhöhung das Uebertrittsalter maassgebend ist.

---

*) Auf denselben Grundlagen beruht auch das Rechnungswesen der Lebensversicherungs-
gesellschaften, sowie auch dasjenige einer Reihe der seither im Bereiche der Eisenbahnverwaltung in Wirksamkeit gewesenen Beamtenpensionskassen. Gegen den abgestuften
Beitrag ist die Einfachheit der Berechnung eines einheitlichen Satzes angeführt worden.

**) Bei einem Theile der vorhin erwähnten Beamtenpensionskassen sind die Zwecke
der Alters- und Hinterbliebenenversorgung insoweit von einander getrennt, als sogenannte
Pensionsbeiträge und daneben von den Verheiratheten besondere Wittwenkassenbeiträge, die
letzteren meistbin auch von den Pensionären erhoben werden, und in der Regel für den Anspruch auf die Hinterbliebenenfürsorge besondere Wartezeiten nach der Verheirathung festgesetzt sind. Andere Kassen kennen nur einen Mitgliederbeitrag für beiderlei Zwecke;
sie erheben keinen Beitrag von den Pensionären und haben den Anspruch auf die Hinterbliebenenfürsorge nur davon abhängig gemacht, dass der Ehemann zur Zeit des Todes
pensionsberechtigt war. Diesem letzteren Verfahren, welches im Allgemeinen auch bei den
früheren Arbeiterpensionskassen der Staats-Eisenbahnverwaltung angewendet ist, ist bei der
Errichtung der neuen Arbeiterpensionskassen der·Vorzug gegeben worden.

***) Unter einer Gruppe von 42 072 Eisenbahn-Werkstättenarbeitern befanden sich 823
(1,95%) Vorarbeiter, 28 717 (68,26%) Handwerker und 12 532 (29,79%)·gewöhnliche Handarbeiter.

Die Tarifsätze ergeben für die erste und zweite Lohnklasse eine ungefähr gleich hohe, für die unterste Lohnklasse eine um ein Geringes niedrigere Einheitsziffer vom Hundert gerechnet, so dass den wirthschaftlich am wenigsten günstig gestellten Arbeitern der Eisenbahnbetriebszuschuss in etwas höherem Maasse, als den besser gestellten Arbeitern zu Gute kommt. Völlig gleich kann der Prozentsatz in den drei Lohnklassen nicht sein, weil — abgesehen von der Abrundung auf volle Pfennige — das Sterbegeld sich nicht nach dem Lohneinkommen abstuft, sondern in allen Lohnklassen gleich hoch ist. Dagegen geniessen die in höhere Lohnklassen übertretenden Mitglieder den Vortheil, dass die Wartezeit nur für die ganze Mitgliedzeit, nicht auch für das Verweilen in jeder Lohnklasse gilt. Werden diese unerheblichen Unterschiede ausser Betracht gelassen, so ergiebt sich, dass der Beitrag für die mit achtzehn Jahren beigetretenen Mitglieder nicht voll $1^3/_4\,^0/_0$ des Lohneinkommens beträgt, für die in höherem Lebensalter beigetretenen allmählich steigend den höchsten Satz von stark $3^1/_3\,^0/_0$ für die mit siebenundvierzig Lebensjahren beigetretenen erreicht und von da ab für jede weitere Altersklasse wieder abnimmt. Würden Personen in sehr hohem Lebensalter noch beitreten, so würden sie von Beiträgen fast gänzlich befreit sein, weil bei ihnen die Wahrscheinlichkeit des Ablebens vor dem Ablauf der zehnjährigen Wartezeit sehr gross ist. Wird nach den weiter unten (S. 655) angestellten Ermittelungen das Durchschnittslebensalter der eintretenden Mitglieder auf achtundzwanzig Jahre angenommen, so ergiebt sich ein Durchschnittsbeitrag für die Mitglieder aller Lohnklassen von etwa $2,4\,^0/_0$ und ein durchschnittlicher Baarzuschuss der Eisenbahnverwaltung von etwa $1,2\,^0/_0$, zusammen also eine Beisteuer von $3,6\,^0/_0$ des rechnungsmässigen Lohneinkommens der Kassenmitglieder.*)

Für die Aufstellung des Beitragstarifs hat es, abgesehen von der einen bekannten Grösse: der Höhe der statutenmässig festgesetzten Bezüge, an unbedingt sicheren Grundlagen noch gefehlt. Die bisher bei den Staats-

---

*) Bei der Werkstättenarbeiter-Pensionskasse der Reichs-Eisenbahnen (S. 641) wird ein einheitlicher Beitragssatz von $2^0/_0$ des Lohneinkommens neben einem Eisenbahnbetriebszuschusse von $1^0/_0$ erhoben, die Pension nach der Summe der eingezahlten Beiträge bis höchstens 270 $\mathcal{M}$., das Wittwengeld auf die Hälfte der Pension und das Waisengeld nach festen Sätzen bemessen und Sterbegeld und Unterstützung überhaupt nicht gewährt. Das Statut der Betriebsarbeiter-Pensionskasse der Reichs-Eisenbahnen befindet sich in allen wesentlichen Punkten mit dem preussischen Statut in Uebereinstimmung, jedoch mit der Maassgabe, dass der Höchstbetrag der Pension auf 800 $\mathcal{M}$ festgesetzt, Sterbegeld und Unterstützung nicht vorgesehen und dementsprechend der abgestufte Beitragstarif verhältnissmässig niedriger bemessen ist, und zwar vornehmlich für die erste und zweite Lohnklasse, weil bei diesen Klassen die Voraussetzungen für die Anwendung jener ziffermässigen Grenze am ehesten eintreten.

eisenbahnen errichtet gewesenen Arbeiterpensionskassen waren für die Anstellung von Beobachtungen noch zu neu.*) Es sind deshalb bei den Berechnungen einige Zahlenreihen, welche aus den Ergebnissen von anderen Arbeiterversorgungskassen über die Arbeitsunfähigkeit vorliegen, in Verbindung mit den statistischen Zusammenstellungen des Vereins Deutscher Eisenbahnverwaltungen über die Dienstunfähigkeit und Sterblichkeit der Eisenbahnbeamten zu Grunde gelegt, sowie ferner die in der Denkschrift zur Begründung des Entwurfs des Unfallversicherungsgesetzes (Anlage zu No. 19 der Reichstagsdrucksachen von 1882/3) mitgetheilten Ziffern in Betracht gezogen. Die Denkschrift enthält u. A. ausführliche Darstellungen über die Wahrscheinlichkeit des Verheirathetseins und des Vorhandenseins von Kindern, über den voraussichtlichen Werth der Unfall- und Hinterbliebenenrenten sowie der Sterbegeldansprüche. Die Ermittelungen des Werthes der in Aussicht genommenen Kassenleistungen können daher nur als Näherungswerthe und die Beitragssätze noch nicht als zweifellos zutreffend angesehen werden. Mindestens alle fünf Jahre sollen neue Wahrscheinlichkeitsberechnungen aufgestellt und erforderlichenfalls danach die Maassnahmen zur Wiederherstellung des Gleichgewichts zwischen den Einnahmen und den Ausgaben der Pensionskassen getroffen werden. Zu diesem Zwecke sind schon jetzt von den Kassenvertretungen die eingehendsten Aufzeichnungen über die Verhältnisse der Mitglieder, sowie der Pensionäre und der Wittwen und Waisen zu führen. Mögen deshalb solche Wahrscheinlichkeitsrechnungen für die Folge mit verhältnissmässig mehr Sicherheit, als dies bisher möglich war, angestellt werden, so bleiben sie doch Wahrscheinlichkeitsrechnungen, aufgebaut auf einer ganzen Reihe von Voraussetzungen, deren Eintreten und Zusammentreffen nach den Erfahrungen der Vergangenheit mehr oder weniger zutreffend geschätzt wird. Der Beitrittszwang und die Anlehnung der Arbeiterpensionskassen an eine grosse Staats-Betriebsverwaltung allein schon gewähren den Theilnehmern eine sichere Bürgschaft für die Leistungsfähigkeit der Anstalten, denen mithin die Arbeiter ihre Ersparnisse — als solche sind die Beiträge anzusehen — ohne Sorge anvertrauen können.

6. Von den sonstigen wichtigeren Statutvorschriften werden noch folgende erwähnt:

---

*) Auf Grund allgemeiner Beobachtungen besteht die Ansicht, dass seither die Arbeitsunfähigkeitsverhältnisse bei den Eisenbahnarbeitern nicht wesentlich anders als die Dienstunfähigkeitsverhältnisse bei den Eisenbahnbeamten gewesen sind. Ob und inwieweit künftig diese Verhältnisse durch das Recht auf den Bezug des Ruhelohnes beeinflusst werden, wird erst beurtheilt werden können, wenn die Kassen aus der Entwicklungszeit herausgetreten sind. Die Sterbensverhältnisse sollen (Dr. Zimmermann, Beiträge zur Dienstunfähigkeits- und Sterbensstatistik, II. Heft 1887, S. 62 f.) bei den Arbeitern ungünstiger sein, als bei den Beamten.

Die den Pensionsanspruch begründende Arbeitsunfähigkeit muss durch ein Zeugniss des Arztes und des Dienstvorgesetzten nachgewiesen werden. Die Mitglieder, welche das fünfundsechszigste Lebensjahr erreicht haben, sind, sofern sie fünfundvierzig Jahre lang Mitglieder der Pensionskassen gewesen sind, ohne Weiteres pensionsberechtigt. Ueber das Vorhandensein der Voraussetzungen der Arbeitsunfähigkeit entscheidet die Dienstbehörde, über die Höhe der Ansprüche an die Pensionskasse die Kassenverwaltung, d. i. der Bezirksausschuss und auf Berufung gegen dessen Festsetzung, der Vorstand.

Die wieder arbeitsfähig werdenden Pensionäre erleiden eine Kürzung der Pension, insoweit diese mit dem Entgelt der wieder aufgenommenen Beschäftigung mehr beträgt, als das Lohneinkommen vor der Pensionirung. Wird solchen Personen eine geeignete Beschäftigung bei der Eisenbahn angeboten, so sind sie zu deren Annahme verpflichtet. Ausserdem kommt der Pensionsanspruch nur in Wegfall, wenn die Arbeitsunfähigkeit vorsätzlich, durch schuldhafte Betheiligung bei Schlägereien oder Raufhändeln oder durch geschlechtliche Ausschweifungen herbeigeführt ist; auch in diesen Fällen können indess Theilpensionen bewilligt werden. Sonstige Ausschliessungsgründe, wie z. B. die Verurtheilung zu Gefängniss-, Zuchthausstrafen, den Verlust des deutschen Heimathsrechts u. s. f., kennen die Satzungen nicht.

Weibliche Personen — unverheirathete oder Wittwen —, welche dauernd und in selbständigen Stellungen im Eisenbahndienste thätig sind, können an den Pensionskassen Theil nehmen. Sie entrichten einen Kassenbeitrag in der Höhe von 60% des Beitrags männlicher Kassenmitglieder desselben Eintrittsalters und derselben Lohnklasse und erwerben, wie die männlichen Mitglieder, einen Anspruch auf Pension für ihre. Person, jedoch nicht auch auf Waisengeld für die etwa hinterbleibenden Kinder.

Den zu den militärischen Uebungen oder zum Kriegsdienste einberufenen Kassenmitgliedern bleiben ohne Beitragsleistung alle Ansprüche gewahrt; die Zeit der Uebungen und des Kriegsdienstes ist pensionsfähig.

Die gesammte Buch- und Rechnungsführung obliegt den königlichen Kassen der Eisenbahnverwaltung und den Rechnungsbeamten, welche den Bezirksausschüssen und dem Kassenvorstande seitens der Eisenbahnverwaltung unentgeltlich zugetheilt sind. Die Pensionskassen selbst tragen daher nur die geringfügigen Verwaltungskosten für die Reisen der Mitgliedervertreter, denen übrigens freie Eisenbahnfahrt gewährt ist, und für die Drucksachen, welche lediglich für die Mitglieder der Kassen bestimmt sind.

Die Aenderungen der Satzungen sind von der Generalversammlung mit zwei Drittel Stimmenmehrheit zu beschliessen; die gefassten Beschlüsse bedürfen der Genehmigung seitens der zuständigen Zentralbehörden.

B. Die Ergebnisse der Pensionskassen im Rechnungsjahre 1886/87.

Die Beilage A bietet eine gedrängte Uebersicht über die Verhältnisse und die Ergebnisse der beiden Pensionskassen für die Betriebsarbeiter und für die Werkstättenarbeiter der Staats-Eisenbahnverwaltung in der Zeit vom 1. April 1886 bis 31. März 1887 für die einzelnen Eisenbahn-Direktionsbezirke.

Im ganzen Staatsbahnbereich betrug die Zahl der Theilnehmer:

	bei der Pensionskasse der		Ins-gesammt
	Betriebs-arbeiter	Werkstätten-arbeiter	
a) zum Beginne des Jahres	9 253	17 798	27 051
b) Im Jahre sind neu eingetreten	24 877	3 978	28 855
auf je 100 der Durchschnittsbetheiligung . . .	123,31	21,99	74,23
c) Im Jahre sind ausgeschieden	3 033	2 200	5 233
auf je 100 der Durchschnittsbetheiligung . . .	15,03	11,77	13,47
Es betrug mithin die Mitgliederzahl:			
d) am Schlusse des Jahres	31 097	19 576	50 673
e) im Jahresdurchschnitt . . . . · . ·	20 175	18 687	38 862
f) überhaupt	34 130	21 776	55 906

Die Pensionskassen umfassten hiernach nur einen mässigen Theil des gesammten Arbeiterpersonals der Eisenbahnverwaltung. Dies rührt daher, dass, wie oben bemerkt, denjenigen Lohnarbeitern, welche zur Zeit der Errichtung der neuen Anstalten sich bereits in Beschäftigung bei der Eisenbahnverwaltung befanden, nicht wie den neu in die Beschäftigung eintretenden Arbeitern die Verpflichtung zum Beitritt auferlegt, sondern vielmehr die Berechtigung eingeräumt ist, innerhalb einer gewissen Frist den Pensionskassen beizutreten. Von dieser Berechtigung hat etwa ein Drittel des betheiligten Personals Gebrauch gemacht; überdies ist neuerdings auf den Wunsch vieler Arbeiter eine weitere Frist für den freiwilligen Beitritt festgestellt worden, so dass für das folgende Rechnungsjahr auf eine weitere erhebliche Zunahme der Mitgliederzahl zu rechnen ist.

Die auffällig hohe Zahl der in die Pensionskasse der Betriebsarbeiter neu eingetretenen Mitglieder ist darauf zurückzuführen, dass diese Kasse erst zum Beginne des Rechnungsjahres neu errichtet ist und daher als Bestand nur die Mitglieder früherer Kassen aufgeführt sind. Da der Beitritt des grössten Theils der neu eingetretenen Mitglieder vermuthlich schon zum Beginne des Rechnungsjahres erfolgt ist, so erscheint die ermittelte Durchschnittsbetheiligung zur Berechnung zutreffender Durchschnittsergebnisse kaum geeignet. Aus den Ziffern über die ausgeschiedenen Mitglieder und aus den Aufzeichnungen über den Eintritt und das Ausscheiden von Mitgliedern bei der Pensionskasse für die Werkstättenarbeiter ergiebt sich indess, dass der Wechsel der Mitglieder bei den Pensionskassen hinter demjenigen bei den Krankenkassen (vgl. Abschnitt C.) erheblich zurückbleibt. Es erscheint danach die Annahme gerechtfertigt, dass die Zahl der die Beschäftigung bei der Eisenbahnverwaltung wechselnden Personen sich vermindert, je mehr die Zahl der Mitglieder der Pensionskassen zunimmt. Von den aus dem Kassenverbande ausgeschiedenen (3 033 + 2 200 =) 5 233 Personen sind 302 (10%) + 194 (8,8%) = 496 (9,5%) mit Tode abgegangen, 167 (5,5%) + 46 (2,1%) = 213 (4,1%) pensionirt worden und 962 (31,7%) + 304 (17%) = 1 266 (24,2%) in die Stellungen von Staats-Eisenbahnbeamten übergetreten.*)

Die Zahl der Pensionäre belief sich beim Beginne des Jahres:

	bei der Pensionskasse für die		zu-sammen
	Betriebs-arbeiter	Werkstätten-arbeiter	
auf	252	157	409
Im Laufe des Jahres traten in den Pensionsgenuss .	178	47	225
Personen, während	50	19	69
Personen aus dem Pensionsgenuss ausschieden, so dass am Schlusse des Jahres	380	185	565
und im Jahresdurchschnitt	316	171	487
Pensionäre vorhanden waren.			

Die Zahl der im Bezuge von Wittwen- und Waisengeld befindlichen Wittwen und Waisen stieg bei den Wittwen von 351 + 288 = 639 auf 664 + 333 = 997 und bei den Waisen von 335 + 251 = 586 auf 706 + 293 = 999; im Jahresdurchschnitt betrug demnach die Zahl der berechtigten Wittwen 508 + 310 = 818 und diejenige der betheiligten Kinder 520 + 272 = 792. Diese Ziffern sind im Verhältnisse zu dem Umfang der Pensionskassen noch gering, weil erst eine noch nicht grosse Anzahl von Mitgliedern die zehnjährige Wartezeit erfüllt hat und daher die Leistungen der Kassen vorerst nur bei den aus früheren Kassen übernommenen Mitgliedern und deren Hinterbliebenen und ferner in denjenigen

---

*) Der weitaus grösste Theil der zahlreichen etatsmässigen Stellen für die Unterbeamten der Staats-Eisenbahnverwaltung wird, da zivilversorgungsberechtigte Militärpersonen sich nur in äusserst geringer Zahl für diese Stellen zu melden pflegen, durch Personen besetzt, welche aus dem Arbeiterstande hervorgehen. Hierdurch erfahren, da die Beamten Anspruch auf Staatspension erwerben, die Arbeiterpensionskassen eine wesentliche Entlastung.

Fällen eintreten, in denen die vor dem Ablauf der Wartezeit eingetretene Arbeitsunfähigkeit oder der Tod die Folge einer aus der Arbeit herrührenden Krankheit oder Verletzung ist. In den Ziffern sind jedoch diejenigen Verunglückten und deren Hinterbliebene nicht enthalten, welche eine Pension oder ein Wittwen- und Waisengeld aus den Pensionskassen nicht gezahlt erhalten, weil ihnen ein Anspruch auf die gesetzliche Unfallrente zusteht.

Ueber das für die Pensionsanstalten besonders wichtige Lebensalter der Mitglieder und der Pensionäre geben die Beilagen B. und C. nähere Auskunft. Nach diesen Uebersichten, welche übrigens nicht für das Rechnungsjahr (vom 1. April 1886 bis 31. März 1887), sondern für das Kalenderjahr 1886 aufgestellt sind und daher in ihren Endergebnissen nicht genau zu den in der Beilage A mitgetheilten Gesammtzahlen führen, betrug bei der Pensionskasse für die

	Betriebs-arbeiter: Jahre	Werk-stätten-arbeiter: Jahre
a) das Lebensalter der jüngsten im Jahre 1886 eingetretenen Mitglieder	16	17
b) desgl. der ältesten eingetretenen Mitglieder . . .	73	66
c) das durchschnittliche Lebensalter aller im Laufe des Jahres eingetretenen Mitglieder	32,44	29,70
d) das durchschnittliche Lebensalter aller am Jahresschlusse vorhandenen Mitglieder	33,82 Jahre	
e) desgl. der im Laufe des Jahres verstorbenen Kassenmitglieder	31,51 „	
f) desgl. der im Laufe des Jahres in den Pensionsgenuss getretenen Personen	53,62 „	
g) desgl. der im Laufe des Jahres verstorbenen Pensionäre	59,40 „	

Das für die Höhe der laufenden Mitgliederbeiträge maassgebende Lebensalter der Mitglieder zur Zeit ihres Beitritts zu den Pensionskassen würde sich hiernach bei der Betriebsarbeiter-Pensionskasse auf durchschnittlich 32,44 Jahre, bei der Werkstättenarbeiter-Pensionskasse auf durchschnittlich 29,70 Jahre stellen. Es dürften beide Ziffern, die erstere erheblich, über dasjenige Durchschnittsalter hinausgehen, welches sich ergeben wird, wenn die Fristen für die Beitrittserklärungen der bereits vor der Errichtung der Pensionskassen vorhanden gewesenen Arbeiter abgelaufen sind und nur noch die neu in die Beschäftigung bei den Eisenbahnen eintretenden Arbeiter in die Pensionkassen neu aufgenommen werden. Nach überschläglicher Schätzung wird alsdann das durchschnittliche Lebensalter der eintretenden Mitglieder sich auf höchstens

28 Jahre stellen. Bei der Betriebsarbeiter-Pensionskasse war diese Altersklasse und bei der Werkstättenarbeiter-Pensionskasse sogar die Altersklasse von 26 Jahren am Stärksten von allen Altersklassen bei dem Eintritt betheiligt.*)

Die ermittelten Ziffern für das durchschnittliche Lebensalter der Kassenmitglieder überhaupt erscheinen um deswillen niedrig, weil in dem Lebensalter bis zu vierzig Jahren das Ausscheiden aus dem Kassenverbande, namentlich in Folge des Wechsels der Beschäftigung, sowie ausserdem auch die Sterblichkeit sehr hoch zu sein pflegt. Uebrigens wird das durchschnittliche Lebensalter sich steigern, je mehr, wie zu erwarten steht, der freiwillige Austritt abnimmt. Vergleicht man das Lebensalter der Mitglieder der Arbeiterpensionskassen der Staats-Eisenbahnverwaltung am Schlusse des Jahres 1886 mit demjenigen der ständigen Mitglieder sämmtlicher Knappschaftsvereine im preussischen Staate am Schlusse des Jahres 1885**), so ergiebt sich die nachstehende Uebersicht:

---

*) Unter Zugrundelegung des 28. Lebensjahres als durchschnittliches Eintrittsalter der Mitglieder der Eisenbahnarbeiter-Pensionskassen stellt sich die durchschnittliche Beitragsleistung dieser Mitglieder zum Zwecke der Versicherung:

    a) von Pension, Wittwen- und Waisengeld, sowie eines Sterbegeldes für die Todesfälle nach dem Aufhören der Mitgliedschaft bei den Krankenkassen, und

    b) einer ordnungsmässigen Krankenpflege für sich selbst und für ihre Familienangehörigen sowie eines Sterbegeldes nach Maassgabe des Krankenversicherungsgesetzes, und zwar bei

einem Jahreseinkommen von etwa wie folgt:	1200 $\mathcal{M}$	1000 $\mathcal{M}$	750 $\mathcal{M}$
Beitrag zu den Pensionskassen nach dem abgestuften Beitragstarif für die Tage der Erwerbsfähigkeit auf rund . . . . $\mathcal{M}$	$27^3/_4$	23	$16^1/_2$
Beitrag zu den Krankenkassen mit 2 vom Hundert des Arbeitsverdienstes für die Tage der Erwerbsfähigkeit auf rund . $\mathcal{M}$	21	$18^2/_3$	$13^1/_4$
Zusammen auf rund . . $\mathcal{M}$	$48^3/_4$	$41^2/_3$	$29^3/_4$
für das Jahr, oder — bei 300 Arbeitstagen — auf rund . . . . . . Pf.	$16^1/_4$	$13^7/_8$	$9^{11}/_{12}$

für jeden Arbeitstag.

    Dazu tritt die Beitragsleistung der Eisenbahnverwaltung, welcher ausserdem die unentgeltliche Buch- und Rechnungsführung obliegt, in Höhe der Hälfte der gesammten Mitgliederbeiträge.

    Zu den Kosten der Unfallversicherung wird bekanntlich seitens der Arbeiter überhaupt nicht beigesteuert.

**) Vergl. Zeitschrift für das Berg-. Hütten- und Salinenwesen im preussischen Staate. 1886 Band XXXIV.

Für die Erlangung der ständigen Mitgliedschaft bei den Knappschaftsvereinen bestehen im Grossen und Ganzen dieselben Voraussetzungen, welche bisher auch für die Erlangung der Mitgliedschaft bei den Pensionskassen der Eisenbahnarbeiter maassgebend gewesen sind·

44

Lebensalter der Mitglieder	Knappschaftsvereine		Eisenbahnarbeiter-Pensionskassen	
	Zahl der Mitglieder	Hundert-heit	Zahl der Mitglieder	Hundert-heit
unter 16 Jahren	498	0,27	35	0,07
von 16 bis 25 Jahren . .	33 432	18,46	7 616	15,14
„ 26 „ . 35 „ . .	67 703	37,43	25 740	51,16
„ 36 „ . 45 „ . .	50 347	27,83	12 906	25,65
„ 46 „ . 55 „ . .	22 761	12,58	3 067	6,10
„ 56 und mehr „ . .	6 161	3,41	946	1,88
Zusammen . .	180 902	100	50 310	100

Die beiden jüngsten Mitglieder der Pensionskassen der Eisenbahnverwaltung zählten je 14 Lebensjahre, während von den beiden ältesten Mitgliedern das eine 78, das andere sogar 85 Lebensjahre zurückgelegt hatte.

Das durchschnittliche Pensionsalter d. i. dasjenige Lebensalter, in welchem die im Laufe des Jahres unter Gewährung einer Pension in den Ruhestand getretenen Mitglieder zur Zeit ihrer Pensionirung standen, ist auf 53,62 Jahre und das durchschnittliche Sterbensalter der Pensionäre auf 59,40 Jahre, mithin um etwa 5³/₄ Jahre höher als das Pensionirungsalter ermittelt worden, während bei den Knappschaftsvereinen sich in den letzten drei Jahren das durchschnittliche Lebensalter beim Eintritte der gänzlichen Arbeitsunfähigkeit (Ganzinvalidität) auf 48,5, 48,8 und 48,6 Jahre gestellt hat und, da im Durchschnitt der letzten zehn Jahre alljährlich 7,01 vom Hundert der jeweilig vorhanden gewesenen Zahl der Pensionäre durch Tod ausgeschieden sind, eine durchschnittliche Lebensdauer im Ganzinvalidenstande von 14,27 Jahren ermittelt ist.

Die Jahreseinnahmen der Pensionskassen werden durch die nachstehende Zusammenstellung veranschaulicht:

Bezeichnung der Einnahmen	Pensionskasse der Betriebsarbeiter			Pensionskasse der Werkstättenarbeiter			Insgesammt		
	Betrag der Einnahme ℳ	durchschn. für jedes Mitglied ℳ	in Hundert-heiten der Gesammt-einnahme %	Betrag der Einnahme ℳ	durchschn. für jedes Mitglied ℳ	in Hundert-heiten der Gesammt-einnahme %	Betrag der Einnahme ℳ	durchschn. für jedes Mitglied ℳ	in Hundert-heiten der Gesammt-einnahme %
Zinsen der Ver-mögenbestände . .	61 190	3,03	5,26	96 542	5,17	11,92	157 732	4,05	8,0
Eintrittsgelder	36 537	1,81	3,14	5 515	0,29	0,68	42 052	1,08	2,1
Laufende Mitglieder-beiträge	698 265	34,61	60,04	470 743	25,19	58,07	1 169 008	30,08	59,3
Laufende Zuschüsse d. Eisenbahnverwaltg.	349 133	17,30	30,02	235 373	12,60	29,04	584 506	15,04	29,3
Ersatzleistungen . . .	323	0,02	0,03	—	—	—	323	0,01	0,03
Wieder eingez. Beitr.	197	0,01	0,02	501	0,03	0,07	698	0,02	0,03
Andere Einnahmen .	17 193	0,85	1,49	1 717	0,09	0,22	18 910	0,49	0,8
Gesammt-Einnahme	1 162 838	57,63	100	810 391	43,37	100	1 973 229	50,73	100

Unter den sonstigen Einnahmen sind bei der Pensionskasse der Betriebsarbeiter 17 088 ℳ Beiträge von den früheren Mitgliedern der vormaligen braunschweigischen Eisenbahnarbeiter-Pensionsanstalten enthalten, zu welchen ein Zuschuss aus den Betriebseinnahmen der Eisenbahnverwaltung nicht geleistet wurde, und bei der Pensionskasse der Werkstättenarbeiter 1476 ℳ Eisenbahnbetriebszuschüsse zu nachgezahlten Mitgliederbeiträgen mitaufgeführt. Die für jedes Mitglied ermittelten Durchschnittsbeträge können namentlich bei der Pensionskasse der Betriebsarbeiter nicht als maassgebend angesehen werden, weil aus den bereits angeführten Gründen die im Jahresdurchschnitt betheiligt gewesene Mitgliederzahl für das erste Rechnungsjahr noch nicht zutreffend hat ermittelt werden können. Dagegen kann den Durchschnittsergebnissen bei der Pensionskasse der Werkstättenarbeiter mit der Einschränkung mehr Werth beigelegt werden, dass auch bei dieser Kasse das durchschnittliche Lebensalter der eintretenden Mitglieder und daher auch die durchschnittliche Beitragsleistung der Mitglieder voraussichtlich sich für die Folge um ein Geringes niedriger, als im Jahre 1886, stellen wird.

Die Jahresausgaben der Pensionskassen waren naturgemäss im Verhältniss zu den Einnahmen noch gering, da bei derartigen Versorgungsanstalten der volle Umfang der Belastung erst geraume Zeit nach der Errichtung der Anstalten in die Erscheinung tritt. Die folgende Tafel zeigt die einzelnen Ausgabeposten:

Bezeichnung der Ausgaben	Pensionskasse der Betriebsarbeiter			Pensionskasse der Werkstättenarbeiter			Insgesammt		
	Betrag der Ausgabe ℳ	in Hundertheiten der Gesammtausgabe %	in Hundertheiten der Gesammteinnahme %	Betrag der Ausgabe ℳ	in Hundertheiten der Gesammtausgabe %	in Hundertheiten der Gesammteinnahme %	Betrag der Ausgabe ℳ	in Hundertheiten der Gesammtausgabe %	in Hundertheiten der Gesammteinnahme %
Pension	89 677	45,36	7,71	45 090	35,43	5,56	134 767	41,47	6,83
Wittwengeld (einschl. 512 M. und 435 M. einmalige Abfindungen)	56 076	28,36	4,82	31 169	24,49	3,85	87 245	26,84	4,42
Waisengeld	21 751	11,00	1,87	10 702	8,41	1,32	32 453	9,99	1,65
Sterbegeld	1 154	0,58	0,10	1 255	0,99	0,16	2 409	0,74	0,12
Zurückgezahlte Beiträge:									
an die in Beamtenstellungen übergetretenen Mitglieder	5 056⎫			17 273⎫			22 329⎫		
an die sonstigen Ausgeschiedenen . . .	12 246⎭	8,76	1,49	21 569⎭	30,53	4,79	33 815⎭	17,28	2,94
Verwaltungskosten . .	11 759	5,94	1,01	194	0,15	0,02	11 953	3,68	0,61
Zusammen . .	197 719	100	17,00	127 252	100	15,70	324 971	100	16,47

44*

Die Pension arbeitsunfähiger und altersschwacher Kassenmitglieder stellte sich für jeden Pensionär auf durchschnittlich 276,7 $\mathcal{M}$, das Wittwengeld für jede berechtigte Wittwe auf durchschnittlich 106,7 $\mathcal{M}$ und das Waisengeld für jedes betheiligte Kind auf durchschnittlich 41,0 $\mathcal{M}$. Ueberhaupt wurden an die Pensionäre und die Hinterbliebenen von Kassenmitgliedern aus den Mitteln der Pensionskassen rund 257 000 $\mathcal{M}$ gezahlt. Hiervon entfielen 135 000 $\mathcal{M}$ auf die Pensionäre und 122 000 $\mathcal{M}$ auf die Hinterbliebenen, so dass die' Aufwendungen für diese letzteren sich auf etwa elf Zwölftel der Zahlungen für die Pensionäre beliefen.*)

Der Betrag der Beitragsrückgewähr ergab im Durchschnitt für jedes in Folge des Uebertritts in eine Staatsbeamtenstellung ausgeschiedene Mitglied etwa 18 $\mathcal{M}$ und für jedes anderweit ausgeschiedene Mitglied etwa $10^{1}/_{2}$ $\mathcal{M}$.

Die verhältnissmässig erheblichen Verwaltungskosten bei der Pensionskasse für die Betriebsarbeiter rühren daher, dass die Ausgaben für die Herstellung der auf mehrere Jahre für die neu eintretenden Kassenmitglieder bestimmten Statuthefte zum vollen Betrage in die Rechnung des ersten Jahres eingestellt sind. Im Uebrigen sind die Kosten der Kassen- und Rechnungsführung nicht aus den Mitteln der Pensionskassen, sondern von der Eisenbahnverwaltung bestritten worden.

Die Gesammtausgabe betrug nach der vorstehenden Tafel 16,47 pCt. der Jahreseinnahme. Von derselben kamen durchschnittlich auf jedes Mitglied 9,80 $\mathcal{M}$ bei der Pensionskasse der Betriebsarbeiter, 6,80 $\mathcal{M}$ bei der Pensionskasse der Werkstättenarbeiter und 8,40 $\mathcal{M}$ für den Umfang beider Pensionskassen.

Der Ueberschuss der Einnahmen über die Ausgaben bezifferte sich:

	bei der Pensionskasse der		insgesammt
	Betriebs-arbeiter	Werkstätten-arbeiter	
überhaupt auf . . . . $\mathcal{M}$	965 119	683 139	1 648 258
durchschnittlich für jedes Kassen-mitglied auf . . . . . . $\mathcal{M}$	47,8	36,6	42,4

*) Ausserdem wurden in solchen Fällen, in denen den arbeitsunfähig gewordenen Arbeitern und den Hinterbliebenen von Arbeitern ein Anspruch auf die Leistungen der Pensionskassen noch nicht zustand, aus den Mitteln der Eisenbahnverwaltung etwa 200 000 $\mathcal{M}$ und aus verschiedenen, zu diesem Zwecke aus den Vermögensbeständen älterer Versorgungsanstalten ausgeschiedenen und besonders verwalteten Hülfsfonds etwa 146 000 $\mathcal{M}$ Unterstützungen gewährt, während ein weiterer Betrag von etwa 65 000 $\mathcal{M}$ aus den Mitteln der Eisenbahnverwaltung zur Unterstützung solcher noch in der Beschäftigung befindlicher Arbeiter verwendet wurde, welche in Folge von Krankheitsfällen und dergl. in eine hülfsbedürftige Lage geriethen.

Unter Einrechnung der am 1. April 1886 vorhanden gewesenen Vermögensbestände betrug hiernach am 31. März 1887, die Werthpapiere zum Tageswerthe gerechnet, das Gesammtvermögen und zwar:

| | der Pensionskasse der | | zusammen |
	Betriebs-arbeiter	Werkstätten-arbeiter	
überhaupt . . . . *M.*	2 341 628	3 189 036	5 530 664
durchschnittlich für jedes Kassen-mitglied . . . . *M.*	116,1	170,7	142,7 *)

C. Die Ergebnisse der Betriebs- und Werkstätten-Krankenkassen im Jahre 1886. **)

Die auf Grund des Krankenversicherungsgesetzes und nach Maassgabe von Musterstatuten, welche von der Zentralbehörde aufgestellt sind, im Bereiche der Staats-Eisenbahnverwaltung errichteten Betriebs- und Werkstätten-Krankenkassen haben sich auch im Jahre 1886 gut bewährt. Eine grosse Anzahl von Kassen war in der Lage, ohne eine Erhöhung der Sätze der Mitgliederbeiträge und Verwaltungszuschüsse ihre Leistungen, welche übrigens bei allen Krankenkassen ohne Ausnahme über die gesetzlichen Mindestleistungen erheblich hinausgingen, zu erweitern. Nur bei einer Krankenkasse, deren satzungsmässigen Leistungen von vornherein verhältnissmässig sehr hoch bemessen worden sind, reichten die Mittel zur Deckung der Jahrausgaben nicht aus, indem ein geringer Vorschuss verblieb. Die Mitwirkung der Vertreter der Kassenangehörigen bei der Kassenverwaltung und namentlich bei der Ausführung der zur Verhütung von Benachtheiligungen der Kassen getroffenen Anordnungen war auch in diesem Jahre vielfach eine rege und erspriessliche.

Die Beilage D bietet eine vergleichende Uebersicht über den Umfang und die Ergebnisse je der sämmtlichen Betriebs- und Werkstätten-Krankenkassen der einzelnen Eisenbahn-Direktionsbezirke. Dieselbe ist wie im Vorjahre auf Grund von Nachweisungen aufgestellt, welche sich im Allge-

---

*) Die Betriebs- und Werkstätten-Krankenkassen der Staats-Eisenbahnverwaltung verfügten am Schlusse des Jahres 1886 bei 155 272 Mitgliedern über ein Vermögen von 2 507 962 *M.*, so dass — abgesehen von den Bau-Krankenkassen, welche naturgemäss nur geringfügige Bestände aufweisen — das Gesammtvermögen der Pensions- und Krankenkassen der Staats-Eisenbahnverwaltung schon jetzt nach verhältnissmässig kurzer Zeit des Bestehens der Anstalten bei 50 673 Mitgliedern der Pensionskassen und 155 272 Mitgliedern der Krankenkassen 8 038 626 *M.* betrug.

Das Vermögen der sämmtlichen Knappschaftsvereine in Preussen, welche sowohl die Invaliden- und Hinterbliebenen-, als auch die Krankenfürsorge bezwecken, belief sich am Schlusse des Jahres 1885 bei einer Betheiligung von 180 902 ständigen und 153 651 unständigen Mitgliedern, zusammen also bei 334 553 Genossen auf 25 913 980 *M.*

**) Vgl. die Ergebnisse im Jahre 1885, Archiv 1887. S. 17 ff.

meinen an die auf Anordnung des Bundesraths dem Statistischen Amte seitens der Kassenverwaltungen vorzulegenden Nachweisungen anschliessen. Sie beziehen sich auf das Kalenderjahr 1886. Grössere Bezirksveränderungen, durch welche die Durchschnittsergebnisse für die einzelnen Eisenbahnverwaltungsbezirke beeinflusst wären, haben nicht stattgefunden.

Für den gesammten Staatsbahnbereich belief sich der Umfang der Betheiligung bei den

77 Betriebs-Krankenkasssen auf	158 674 Personen,
57 Werkstätten-Krankenkassen auf	41 027 „
zusammen also auf	199 701 Personen.
Werden hierzu noch diejenigen	48 193 „

gerechnet, welche nach dem Abschnitte D den bei den Eisenbahn-Neubauten in Wirksamkeit gewesenen 39 Bau-Krankenkassen angehört haben, so ergiebt sich bei überhaupt

173 Krankenkassen eine Gesammtbetheiligung von 247 894 Personen.

Die Zahl der den Betriebs- und Werkstätten-Krankenkassen angehörigen weiblichen Kassenmitglieder betrug 1256, diejenige der freiwillig betheiligten Personen 1988.

Den Eintritt und Austritt von Kassenmitgliedern in die und aus den Kassen und zugleich den Wechsel der Lohnarbeiter in der Beschäftigung bei den Eisenbahnen sowie die Sterblichkeit veranschaulichen die nachstehenden Ziffern. Im Laufe des Jahres sind:

	eingetreten:		ausgetreten:		dann gestorben:	
	überhaupt Mitgl.	in Hundertheiten der Durchschnittsbetheiligung. %	überhaupt Mitgl.	in Hundertheiten der Durchschnittsbetheiligung. %	überhaupt Mitgl.	in Hundertheiten der Durchschnittsbetheiligung. %
bei den Betriebs-Krankenkassen	37 568	31,21	39 031	32,42	1 630	1,35
bei den Werkstätten-Krankenkassen . .	5 247	14.70	5 398	15.12	470	1,32
zusammen	42 815	27,43	44 429	28,47	2 100	1.35

Danach haben die Betriebsarbeiter ungleich häufiger als die Werkstättenarbeiter in der Beschäftigung gewechselt. Neben dem Umstande, dass die Schwankungen des Verkehrs und die Witterungsverhältnisse auf den jeweiligen Bedarf an Hülfskräften im Betriebsdienste von besonders grossem Einflusse sind, mag hierfür auch in Betracht kommen, dass bereits ein verhältnissmässig grosser Theil der Werkstättenarbeiter (etwa drei Fünftel) der Werkstättenarbeiter-Pensionskasse angehört, während der bei der Betriebsarbeiter-Pensionskasse betheiligte Bruchtheil des Lohnpersonals vorerst nur etwa ein Viertel betrug.

Da beim Beginne des Jahres 156 886 Mitglieder bei den Kassen betheiligt waren, so belief sich die **Mitgliederzahl im Jahresdurchschnitt** auf 156 083 (120 376 bei den Betriebs-Krankenkassen und 35 707 bei den Werkstätten-Krankenkassen). Wird von der Gesammtdurchschnittszahl die Zahl der nicht versicherungspflichtigen Kassenmitglieder (1988) abgezogen, so verbleiben im Jahresdurchschnitt 154 100 versicherungspflichtige Kassenmitglieder. Diese Ziffer deckt sich nach anderweiten rechnerischen Aufzeichnungen mit der Gesammtzahl der bei den Betriebs- und Werkstättenverwaltungen der Staatsbahnen im Jahresdurchschnitt beschäftigt gewesenen, der Krankenversicherungspflicht unterliegenden Personen, woraus folgt, dass seitens der Eisenbahnarbeiter von der Berechtigung, auf Grund der Angehörigkeit zu freien Hülfskassen die Freilassung von der Theilnahme an den Eisenbahn-Krankenkassen zu beantragen, im Allgemeinen kein Gebrauch gemacht wird.

Auf jede Betriebs-Krankenkasse entfielen durchschnittlich 1563, auf jede Werkstätten-Krankenkasse durchschnittlich 625 Kassenmitglieder. Es zählten mehr als 3000 Kassenangehörige die Betriebs-Krankenkassen für die Eisenbahn-Betriebsamtsbezirke Breslau-Sommerfeld, Hannover-Rheine, Wittenberge-Leipzig und Essen (rechtsrheinisch), sowie die Werkstätten-Krankenkasse zu Breslau (Eisenbahn-Direktionsbezirk Breslau), hingegen weniger als 300 Kassenangehörige die Werkstätten-Krankenkassen für die Hauptwerkstätten in Eberswalde, Greifswald, Breslau (Freiburg), Berlin (Lehrte), Betzdorf, Deutz und Siegen. Dass der verhältnissmässig geringere Umfang einzelner Kassen einen ungünstigen Einfluss auf die Ergebnisse ausgeübt hätte, ist im Allgemeinen nicht wahrzunehmen; vielmehr stellen sich bei einer Anzahl solcher Kassen bei recht ansehnlichen Leistungen die Vermögensverhältnisse günstig.

Die **Sterblichkeitsverhältnisse** unter den Mitgliedern der Betriebs- und Werkstätten-Krankenkassen haben eine wesentliche Aenderung gegenüber dem Vorjahre nicht erfahren; für sämmtliche Kassen kamen auf je 100 Mitglieder 1,35 Sterbefälle gegen 1,36 im Jahre 1885. Die höchsten Sterblichkeitsziffern ergaben sich wiederum für den Eisenbahn-Direktionsbezirk Bromberg, die geringsten für den Eisenbahn-Direktionsbezirk Erfurt.

Als **Erkrankungsfälle und Krankheitstage** sind gemäss dem Beschlusse des Bundesraths*) nur diejenigen Fälle und Tage gezählt, für welche die Krankenkassen Aufwendungen an Krankengeld, Verpflegungskosten oder Ersatzleistungen anderweit gewährter Krankenunterstützung gemacht haben, während im Vorjahre fast allgemein alle Krankheitstage,

---

*) Centralblatt f. d. deutsche Reich 1887. S. 5.

welche innerhalb der satzungsmässigen Dauer der Bewilligung von Kassenleistungen (freier ärztlicher Behandlung u. s. f.) lagen, also namentlich auch die drei ersten Krankheitstage gezählt waren. Für den ganzen Staatsbahnbereich betrug die Zahl der

	Erkrankungsfälle				Krankheitstage					
	überhaupt	für je 100 Mitglieder	davon in Folge von Betriebsunfällen		überhaupt	für ein Mitglied	für einen Erkrankungsfall	davon in Folge von Betriebsunfällen		
			überhaupt	für je 100 Mitglieder				überhaupt	für ein Mitglied	für einen Erkrankungsfall
bei den Betriebs-Krankenkassen . .	33 025	27,42	2452	2,04	576 155	17,43	4,70	67 436	27,50	0,56
bei den Werkstätten-Krankenkassen . .	14 183	39,72	1352	3,79	234 174	16,51	6,56	30 262	22,38	0,85
zusammen	47 208	30,95	3804	2,44	810 329	17,19	5,19	97 698	25,68	0,63

Die Krankheitsgefahr und die Krankheitsdauer war hiernach bei den Werkstättenarbeitern erheblich grösser, als bei den Betriebsarbeitern. Uebrigens haben bei jener Arbeitergruppe die auf je 100 Mitglieder und jeden Erkrankungsfall entfallenen Durchschnittsziffern sich gegenüber dem ersten Rechnungsjahre erfreulicherweise merklich verringert, so dass auch bei den Werkstätten-Krankenkassen diejenigen Durchschnittsziffern (0,5 Erkrankungsfälle für ein Mitglied und 6,6 Krankheitstage für einen Erkrankungsfall) nicht überschritten wurden, welche sich bei allen Betriebs-Krankenkassen im deutschen Reiche im Jahre 1885 ergeben haben.*) Im preuss. Staatsbahnbereiche stellten sich nach der Beilage D die Durchschnittsziffern am höchsten bei den Werkstätten-Krankenkassen des Eisenbahn-Direktionsbezirks Erfurt, nämlich auf 5,42 Erkrankungsfälle für je 100 Mitglieder und 8,02 Krankheitstage für jeden Erkrankungsfall. Bei einer dieser Kassen, der Werkstätten-Krankenkasse zu Tempelhof, bei welcher auch im vorigen Jahre auffällige Verhältnisse vorlagen, ergaben sich bei durchschnittlich 828 Mitgliedern sogar 802 Erkrankungsfälle und 7 706 Krankheitstage. Besonders hoch war ferner die Zahl der Krankheitstage (6623 bei Durchschnittlich 760 Mitgliedern) bei der Werkstätten-Krankenkasse zu Crefeld. Dabei wurden bei beiden Kassen die Krankenunterstützungen nur auf die Dauer von 13 Wochen gewährt, während bei einer grossen Anzahl von Eisenbahn-Krankenkassen, z. B. bei den sämmtlichen Krankenkassen des Eisenbahn-Direktionsbezirks Breslau, die Dauer der Gewährung der Kassenleistungen auf 26 Wochen, bei andern Kassen auch auf 20 und 18 Wochen bemessen war. Ueberhaupt wurde, wie sich aus den weiter unten bei den

---

*) Vgl. Drucksachen des Reichstages I. Session 1887. No. 176 S. 14.

Ausgaben mitgetheilten Erhebungen ergiebt, wahrgenommen, dass die
Zahl der Krankheitstage bei denjenigen Kassen, welche die Krankenunterstützungen auf die Dauer von 26 Wochen gewähren, nur unerheblich höher
war, als bei denjenigen Kassen, deren Leistungen nur auf die Dauer von
13 Wochen bemessen waren.

Die Zahl der in Folge von Betriebsunfällen eingetretenen Erkrankungen und der hierauf entfallenen Krankheitstage hat sich gegenüber dem Vorjahre nahezu verdoppelt; eine höhere Belastung scheint indess
hierdurch den Krankenkassen keineswegs erwachsen zu sein, da andererseits die Summe der Ersatzleistungen für Krankenunterstützungen, welche
der Eisenbahn-Betriebsfonds den Krankenkassen zurückvergütet hat, fast
auf das Dreifache der vorjährigen Summe gestiegen ist.

Die Einnahmen der Betriebs- und Werkstätten-Krankenkassen haben
zu den in der nachstehenden Tafel zusammengestellten Gesammtbeträgen
und Einheitsziffern geführt.

Bezeichnung der Einnahmen	Betriebs-Krankenkassen		Werkstätten-Krankenkasse		Insgesammt		
	Betrag der Einnahme $\mathcal{M}$	In Hundert-theilen der Gesammt-einnahme $\%$	Betrag der Einnahme $\mathcal{M}$	In Hundert-theilen der Gesammt-einnahme $\%$	Betrag der Einnahme $\mathcal{M}$	In Hundert-theilen der Gesammt-einnahme $\%$	für ein Mit-glied $\mathcal{M}$
Aus dem Vorjahre .	1 827	0,06	1 592	0,18	3 419	0,11	0,02
Aus dem laufenden Jahre:							
Zinsen	61 019	2,61	17 952	1,97	78 971	2,40	0,51
Eintrittsgelder . .	22 067	0,95	2 850	0,31	24 917	0,77	0,16
Laufende Beiträge:							
a) der Mitglieder .	1 454 819	62,25	568 785	62,47	2 023 604	62,31	12,97
b) der Eisenbahn-verwaltung . .	716 628	30,66	283 909	31.18	1 000 537	30,81	6,41
Ersatzleistungen für gewährte Kranken-unterstützungen .	24 169	1,03	10 337	1,13	34 506	1,06	0,22
Sonstige Einnahmen	56 570	2,42	25 132	2,76	81 702	2,54	0,52
Zusammen .	2 337 099	100	910 557	100	3 247 656	100	20,81
Dagegen Einnahme in 1885 . . .	2 174 551		869 529		3 044 080		19,50

Bei den sämmtlichen Betriebs- und Werkstätten-Krankenkassen wurde
ein einheitlicher Beitragssatz von 3 vom Hundert des Tagesverdienstes
jedes Mitglieds erhoben. Dieser Beitragssatz war von den nicht versicherungspflichtigen Mitgliedern zum vollen Betrage beizusteuern, von den
versicherungspflichtigen Mitgliedern hingegen nur zu zwei Drittel zu tragen,
während ein Drittel die Eisenbahnverwaltung aus ihren Betriebseinnahmen
beisteuerte. Nach diesem Verhältnisse sind die Beitragssummen in der

Tafel unterschieden worden. Obwohl der erwähnte Beitragssatz auch im Vorjahre erhoben wurde, so ergiebt sich gleichwohl für das Jahr 1886 eine Steigerung der wirklich aufgekommenen Beiträge der Mitglieder und der Verwaltung und zwar insgesammt von 18,80 $\mathcal{M}$ auf 19,88 $\mathcal{M}$ für ein Mitglied, woraus zu folgern ist, dass im Allgemeinen eine Aufbesserung des Arbeitsverdienstes unter den Kassenmitgliedern eingetreten ist. Der Durchschnittsbetrag von 19,88 $\mathcal{M}$ übersteigt um fast 3 $\mathcal{M}$ denjenigen Satz, welcher sich im Jahre 1885 bei allen Betriebs-Krankenkassen des Reiches als Durchschnittsziffer ergeben hat. Von dem Gesammtbetrage der von den Mitgliedern beigesteuerten laufenden Beiträge (2 023 604 $\mathcal{M}$.) entfielen 32 530 $\mathcal{M}$ auf die den Kassen ohne Verpflichtung angehörigen 1 988 Mitglieder, von denen danach durchschnittlich jedes Mitglied etwa 16,5 $\mathcal{M}$ beizutragen hatte. Von den versicherungspflichtigen Mitgliedern wurden überhaupt 1 991 074 $\mathcal{M}$ laufende Beiträge oder von jedem Mitgliede durchschnittlich 12,9 $\mathcal{M}$ für das Jahr, d. i. etwa 4 Pfg. für jeden Arbeitstag erhoben. Da der Beitragsleistung überall der wirkliche Arbeitsverdienst des Mitgliedes zu Grunde gelegt ist, so ergab sich nach der Anlage D. eine verschiedene Durchschnittshöhe für die einzelnen Eisenbahn-Verwaltungsbezirke. Am höchsten waren die Durchschnittsbeiträge bei den Werkstätten-Krankenkassen der Eisenbahn-Direktionsbezirke Erfurt, Cöln linksrh., Berlin und Altona, am niedrigsten bei den Betriebs-Krankenkassen der Eisenbahn-Direktionsbezirke Bromberg und Breslau.

Der Betrag der Ersatzleistungen für die von den Krankenkassen für andere Rechnung, insbesondere für diejenige des Eisenbahnbetriebsfonds gewährten Krankenunterstützungen hat sich, wie bereits bemerkt, gegen das Vorjahr fast verdreifacht. Es wird dies im Wesentlichen darauf zurückzuführen sein, dass die Unfallversicherungsgesetze auf die vorjährige Rechnung nur während des letzten Vierteljahres einen Einfluss ausüben konnten. — Unter den sonstigen Einnahmen sind neben 27 421 $\mathcal{M}$ Geldstrafen der Kassenangehörigen, vornehmlich die aus den aufgelösten Baukrankenkassen überwiesenen Vermögensbestände, sowie Kursgewinne bei dem Verkehr mit den im Besitze der Krankenkassen befindlichen Werthpapieren nachgewiesen.

Für die Vergleichung der Ausgaben der Eisenbahn-Krankenkassen kommt vornehmlich in Betracht, dass die satzungsmässigen Leistungen von 13 Betriebs- und 10 Werkstätten-Krankenkassen wiederum haben erhöht oder erweitert werden können, so dass während des Jahres 1886 überhaupt 37 Betriebs- und 30 Werkstätten-Krankenkassen die bei der Eisenbahnverwaltung überhaupt in Aussicht genommenen Leistungen[*] ge-

---

[*] Auch diese, im Archiv 1887 S. 12 ff. aufgezählten Krankenunterstützungen übersteigen die gesetzlichen Mindestleistungen, so dass alle Betriebs- und Werkstätten-

währten, 40 Betriebs- und 27 Werkstätten-Krankenkassen — also die Hälfte der Gesammtzahl der Eisenbahn-Krankenkassen — aber mehr oder weniger erheblich noch über diese Leistungen hinausgingen. Die Gesammtbeträge der einzelnen Ausgabeposten, sowie die nach den Gesammteinnahmen und Gesammtausgaben berechneten Verhältnissziffern und die Durchschnittsaufwendungen für ein Kassenmitglied ergeben sich aus der folgenden Uebersicht:

Bezeichnung der Ausgaben	Betrag der Ausgaben			Einheitssatz der Ausgaben								
				Betriebs-Krankenkassen			Werkstätten-Krankenkassen			Insgesammt		
	Betriebs-Krankenkassen	Werkstätten-Krankenkassen	Insgesammt	auf ein Mitglied	in Hundertheilen der Gesammteinnahme	in Hundertheilen der Gesammtausgabe	auf ein Mitglied	in Hundertheilen der Gesammteinnahme	in Hundertheilen der Gesammtausgabe	auf ein Mitglied	in Hundertheilen der Gesammteinnahme	in Hundertheilen der Gesammtausgabe
	$\mathcal{M}$	$\mathcal{M}$	$\mathcal{M}$	$\mathcal{M}$	%	%	$\mathcal{M}$	%	%	$\mathcal{M}$	%	%
Aus den Vorjahren . .	5 542	6 582	12 124	0,05	0,24	0,28	0,16	0,73	0,82	0,08	0,37	0,44
Aus dem laufenden Jahre: für ärztliche Behandlung . . .	718 435	205 054	923 489	5,97	30,74	36,33	5,74	22,52	25,56	5,92	28,11	33,23
für Arznei und Heilmittel: für Mitglieder . .	205 146	100 669	305 815	1,70	8,78	10,37	2,82	11,05	12,55	1,96	9,42	11,00
für Familienangehörige	136 361	55 555	191 916	1,13	5,83	6,90	1,56	6,10	6,92	1,23	5,91	6,91
Verpflegungskosten an Krankenanstalten . . .	73 996	29 434	103 430	0,62	3,17	3,74	0,82	3,24	3,67	0,66	3,18	3,72
Krankengeld: an nicht in Krankenanstalten untergebrachte Mitglieder .	477 226	287 244	764 470									
neben Kur und Verpflegung	12 896	5 775	18 671									
zusammen .	490 122	293 019	783 141	4,07	20,97	24,78	8,21	32,18	36,52	5,02	24,11	28,18
Wöchnerinnenunterstützung .	634	—	634	—	0,03	0,03	—	—	—	—	0,02	0,02
Sterbegeld: beim Tode von Mitgliedern	89 497	27 854	117 351	0,74	3,83	4,53	0,78	3,06	3,47	0,75	3,61	4,23
beim Tode von Familienangehörigen .	176 582	57 871	234 453	1,47	7,55	8,93	1,62	6,36	7,21	1,50	7,25	8,42

Krankenkassen der Staats-Eisenbahnverwaltung ohne Ausnahme mehr als die gesetzlich vorgeschriebenen Mindestunterstützungen leisteten.

Bezeichnung der Ausgaben.	Betrag der Ausgaben			Einheitssatz der Ausgaben								
				Betriebs-Krankenkassen			Werkstätten-Krankenkassen			Insgesammt		
	Betriebs-Krankenkassen	Werkstätten-Krankenkassen	Ius-gesammt	auf ein Mitglied	in Hundertheiten der Gesammteinnahme	in Hundertheiten der Gesammtausgabe	auf ein Mitglied	in Hundertheiten der Gesammteinnahme	in Hundertheiten der Gesammtausgabe	auf ein Mitglied	in Hundertheiten der Gesammteinnahme	in Hundertheiten der Gesammtausgabe
	ℳ	ℳ	ℳ.	ℳ	%	%	ℳ	%	%	ℳ	%	%
Ersatzleistungen für gewährte Krankenunterstützungen	201	1 162	1 363	0,01	0,01	0,01	0,03	0,11	0,15	0,01	0,04	
Verwaltungskosten	13 619	3 796	17 415	0,11	0,59	0,69	0,11	0,42	0,47	0,11	0,33	
Sonstige Ausgaben .	67 418	21 353	88 771	0,56	2,88	3,41	0,60	2,35	2,66	0,57	2,43	
zusammen .	1 977 553	802 349	2 779 902	16,43	84,62	100	22,47	88,12	100	17,81	85,46	10..
dagegen Ausgabe in 1885	1 762 415	739 880	2 502 295	14,97	81,06	100	20,55	85,09	100	16,26	82,29	

Die Ausgaben stellten sich hiernach sowohl in ihren Gesammtsummen als auch in den auf je ein Mitglied entfallenen Einheitssätzen höher, als im Vorjahre und stiegen von 82,20 auf 85,60 Hundertheiten der Jahreseinnahme. Diese Steigerung ist, da eine Erhöhung der Arztvergütungen im Allgemeinen nicht eingetreten ist, auch die Aufwendungen für Arzneien und Heilmittel nicht erheblich zugenommen haben, im Wesentlichen den Kassenangehörigen zu Gute gekommen.

Die Aufwendungen für die ärztliche Behandlung der erkrankten und verletzten Kassenmitglieder und der erkrankten Familienangehörigen der Kassenmitglieder haben, wie bemerkt, im Allgemeinen eine Steigerung nicht erfahren, so dass für sämmtliche Kassen zusammengenommen das Verhältniss dieser Aufwendungen zu den Ausgaben an Krankengeld, welche sich hingegen erheblich erhöht haben, sich weniger ungünstig als im vorigen Jahre gestaltete. Immerhin waren auch die im Jahre 1886 gemachten Aufwendungen an Arztvergütungen noch als hoch zu bezeichnen. Sie betrugen für alle Eisenbahn-Krankenkassen zusammen durchschnittlich rund 6 M. für ein Mitglied. Höher als auf diese Durchschnittsziffer stellte sich die Arztvergütung nach der Beilage D für die Eisenbahn-Direktionsbezirke Cöln (linksrheinisch) Erfurt, Frankfurt, Elberfeld und Cöln (rechtsrheinisch), obwohl in den drei erstgenannten Bezirken mehrere Krankenkassen, im Elberfelder Bezirke alle Krankenkassen und im rechtsrheinischen Bezirke alle Krankenkassen mit Ausnahme einer Kasse die freie ärztliche Behandlung nur auf die Dauer von 13 Wochen gewähren, wohingegen mehr als die Hälfte sämmtlicher Eisenbahn-Krankenkassen solche für 18 oder 20 sowie 26 Wochen bewilligen. Mehr als das Anderthalbfache des Durchschnittssatzes ergaben sich bei einer Leistungsdauer von nur 13 Wochen bei der Betriebs-Krankenkasse zu Coblenz, welche neben einem Betrage von 4 684 $\mathcal{M}$ an Krankengeld die Summe von 12 419 $\mathcal{M}$ an Arztvergütung verausgabte. Da die Zahl der Krankheitstage bei dieser Kasse 4 140 betrug, so entfiel auf jeden Krankheitstag eine Arztvergütung von 3 $\mathcal{M}$, während bei allen Eisenbahn-Krankenkassen zusammen noch nicht 1,14 $\mathcal{M}$ Arztkosten auf jeden Krankheitstag kamen. Ausserordentlich hoch waren die Kosten der ärztlichen Behandlung ferner bei der Betriebs-Krankenkasse zu Neuwied. Ueberhaupt ist es eine auffällige Erscheinung, dass bei denjenigen Betriebs- und Werkstätten-Krankenkassen, welche nur für eine kürzere Zeitdauer freie ärztliche Behandlung und Krankengeld gewähren, die Kosten der ärztlichen Behandlung nicht etwa geringer waren, sondern vielmehr höhere Durchschnittsbeträge ergaben, als bei anderen Krankenkassen mit wesentlich längerer Leistungsdauer. Beispielsweise entfielen bei 25 Betriebs- und 25 Werkstätten-Krankenkassen, bei denen freie ärztliche Behandlung und Krankengeld auf die Dauer von nur 13 Wochen gewährt wurde, auf jedes der im Jahresdurchschnitt betheiligt gewesenen 50 061 Mitglieder:

	Krankheits-tage	Ausgaben		
		für ärztliche Behandlung $\mathcal{M}$	an Kranken-geld $\mathcal{M}$	überhaupt $\mathcal{M}$
bei den Betriebs-Kranken-kassen	4,81	6,53	4,00	17,60
bei den Werkstätten-Krankenkassen . . .	5,70	6,46	6,32	21,50
zusammen . .	5,04	6,49	4,65	18,68.

Dagegen kamen bei 21 Betriebs- und 16 Werkstätten-Krankenkassen, welche jene Leistungen auf die doppelte Zeitdauer (26 Wochen) gewährten, auf jedes der im Jahresdurchschnitt betheiligt gewesenen 48 818 Mitglieder:

	Krankheits-tage	Ausgaben		
		für ärztliche Behandlung $\mathcal{M}$	an Krankengeld $\mathcal{M}$	überhaupt $\mathcal{M}$
bei den Betriebs-Kranken-kassen	4,86	5,33	4,04	15,74
bei den Werkstätten-Krankenkassen . . .	6,90	5,23	8,88	22,78
zusammen	5,38	5,30	5,28	17,50

Nach diesen Tafeln war zwar die Zahl der Krankheitstage und die Ausgabe an Krankengeld bei den Krankenkassen mit einer kürzeren Leistungsdauer niedriger, als bei den Kassen mit einer längeren Leistungsdauer; dagegen stellte sich die Arztvergütung und ungefähr in demselben Verhältnisse die Gesammtausgabe bei jenen Kassen höher als bei diesen. Es scheint danach vielfach bei denjenigen Krankenkassen, welche noch nicht in der Lage waren, ihren Mitgliedern die Krankenunterstützungen über die Dauer von 13 Wochen hinaus zuzuwenden, zur Bestreitung der Kosten der ärztlichen Behandlung ein verhältnissmässig reichlicher Theil der Einnahmen verwendet zu werden. — An Krankengeld, welches überall auf die Hälfte des Tagesverdienstes bemessen war, ergaben sich sowohl bei den Betriebs-, als auch bei den Werkstätten-Krankenkassen höhere Durchschnittsbeträge für ein Mitglied, als im Vorjahre. Auch der Einheitssatz für jeden Krankheitstag hat sich von $0{,}81$ M auf $0{,}96$ M im Durchschnitt erhöht. Diese den erkrankten Kassenmitgliedern zu Gute gekommene Erhöhung der Krankenunterstützung hat vornehmlich darin ihren Grund, dass bei einer Anzahl von Kassen, wie bereits bemerkt, die Dauer der Bewilligung des Krankengeldes hat verlängert werden können, und dass überdies der Tagesverdienst der Kassenmitglieder sich in mehreren Bezirken erhöht hat. Auch der Umstand wird hierbei in Betracht kommen, dass es für gesetzlich zulässig erachtet ist, solchen Kassenmitgliedern, welche nicht allein an den Werktagen, sondern auch an den Sonntagen beschäftigt werden oder dienstbereit sein müssen, falls sie für die Sonntage ihren Beitrag zur Kasse entrichten, für diese Tage auch das Krankengeld zahlen zu lassen. Die höchsten Durchschnittsziffern erreichte das Krankengeld bei den Werkstätten-Krankenkassen im Eisenbahn-Direktionsbezirke Erfurt, nämlich $11{,}40$ M für ein Mitglied und $1{,}50$ M für einen Krankheitstag.

Die Kosten der Arzneien und Heilmittel werden nicht allein für die Kassenmitglieder, sondern auch zu einem bestimmten Theilbetrage (meisthin zur Hälfte) für die Familienangehörigen der Kassenmitglieder von den Krankenkassen getragen. Den höchsten Durchschnittssatz — mehr als 3 M für ein Mitglied — erreichten diese Kosten für die Mitglieder bei den Werkstätten-Krankenkassen der Eisenbahn-Direktionsbezirke Cöln (linksrh.), Erfurt und Hannover, für die Familienangehörigen bei den Werkstätten-Krankenkassen im Eisenbahn-Direktionsbezirke Frankfurt a./M.

Die Aufwendungen für freie Kur und Verpflegung der in den Krankenhäusern, Augenkliniken und sonstigen Heilanstalten auf Kosten der Krankenkassen untergebrachten erkrankten Mitglieder sind im Gesammtbetrage und in den Durchschnittssätzen mässig gestiegen. Sie waren verhältnissmässig am Höchsten bei den Werkstätten-Krankenkassen des Eisenbahn-Direktionsbezirks Cöln (rechtsrh.).

Die verhältnissmässig hohen Ausgaben an Sterbegeldversicherungen rühren daher, dass einem allgemeinen Wunsche der Kassenangehörigen entsprechend, bei einer grossen Anzahl von Kassen wiederum nennenswerthe Erhöhungen der Sterbegeldsätze sowohl für den Todesfall der Mitglieder als auch für die Todesfälle in den Familien der Mitglieder eingetreten sind, so dass bereits mehr als der dritte Theil sämmtlicher Eisenbahn-Krankenkassen die gesetzlich festgesetzten Höchstbeträge des Sterbegeldes gewährt. Die Summe der bei den Todesfällen in den Familien der Kassenangehörigen gezahlten Sterbegeldbeträge belief sich auf etwa das Doppelte der Gesammtaufwendung bei den Todesfällen unter den Kassenangehörigen selbst.

Die gesammten Aufwendungen an Krankheitskosten überhaupt (Kosten der ärztlichen Behandlung, der Heilgehülfen, Arznei und Heilmittel, Kur und Verpflegung, Krankengeld, Sterbegeld und Ersatzleistungen für die anderweit gewährten Krankenunterstützungen) beliefen sich unter Einrechnung eines bei den sonstigen Ausgaben nachgewiesenen Betrages von etwa 30 000 $\mathcal{M}$ für die Ueberführung erkrankter Mitglieder in ihre Wohnungen oder in Krankenanstalten, für die Bestellung und Beschaffung des Arztes und der Arznei, für die Ausrüstung von Rettungskasten und dergl. auf rund 2 703 000 $\mathcal{M}$, oder durchschnittlich auf 17.8 $\mathcal{M}$ für ein Mitglied, 57,2 $\mathcal{M}$ für einen Erkrankungsfall und 3,34 $\mathcal{M}$ für einen Krankheitstag, während im Jahre 1885 bei den sämmtlichen Betriebs-Krankenkassen des Reiches an Krankheitskosten durchschnittlich 14,2 $\mathcal{M}$ für ein Mitglied, 27,2 $\mathcal{M}$ für einen Erkrankungsfall und 2,2 $\mathcal{M}$ für einen Krankheitstag aufgewendet sind. Die höheren Aufwendungen der Krankenkassen der Staats-Eisenbahnverwaltung rühren daher, dass ihre satzungsmässigen Leistungen, insbesondere auch bezüglich der Krankenfürsorge für die Familienangehörigen der Kassenmitglieder, verhältnissmässig hoch bemessen sind und im Uebrigen der Arbeitsverdienst der Mitglieder und daher auch das Krankengeld zum Mindesten hinter den in anderen Betrieben üblichen Sätzen nicht zurückbleiben wird.

An Verwaltungskosten wurden, da die gesammten Kosten der Buch- und Rechnungsführung aus den Betriebseinnahmen der Eisenbahnverwaltung bestritten werden, nur die Reisekosten und Lohnausfälle der Vertreter der Kassenmitglieder bei den Versammlungen und Sitzungen und ähnliche Ausgaben zu Lasten der Krankenkassen verbucht. Unter den sonstigen Ausgaben sind ausser dem oben bereits erwähnten, zu den eigentlichen Krankheitskosten zu rechnenden Betrage vornehmlich die beim Ankauf von Werthpapieren entstandenen Unterschiedsbeträge zwischen dem Nenn- und dem Tageswerthe der Werthpapiere nachgewiesen.

Einschliesslich der Verwaltungskosten und der sonstigen Ausgaben, jedoch ausschliesslich der Rücklagen zum Reservefonds betrugen im Jahre 1886 die Gesammtausgaben:

	überhaupt	durchschnitt-lich für ein Mitglied	in Hundert-heiten der Jahres-einnahme
	$\mathscr{M}$	$\mathscr{M}$	%
bei den Betriebs-Krankenkassen . .	1 977 553	16,43	84,62
bei den Werkstätten-Krankenkassen .	802 349	22,47	88,12
bei allen Krankenkassen	2 779 902	17,81	85,60
Es verblieben mithin als Ueber-schuss der Einnahmen über die Ausgaben :			
bei den Betriebs-Krankenkassen . .	359 546	2,98	15,38
bei den Werkstätten-Krankenkassen .	108 208	3,03	11,88
bei allen Krankenkassen	467 754	3,00	14,40
Hiernach ergaben sich unter Einrech-nung der aus dem Vorjahre über-nommenen Vermögensbestände als Gesammtvermögen am Schlusse des Jahres 1886			in Hundert-heiten der Jahres-ausgabe %
bei den Betriebs-Krankenkassen . .	1 900 054	15,78	96,06
bei den Werkstätten-Krankenkassen .	607 908	17,02	75,77
bei sämmtlichen Krankenkassen . .	2 507 962	16,07	90,22

Dieses Gesammtvermögen gebührt ausschliesslich den Reservefonds, weil die Krankenkassen der Eisenbahnverwaltung über Beträge, welche nach einer Erläuterung des Bundesraths als Stammvermögen anzusehen wären*), nicht verfügen. Das Gesammtvermögen stieg im Jahre 1886 von 13,20 auf 16,07 $\mathscr{M}$ für jedes Mitglied und von 81,09 auf 90,22 Hundert-heiten der Gesammtausgabe, erreichte mithin fast denjenigen Betrag, welcher sich ergeben würde, wenn der Reservefond bei allen Kranken-kassen bereits in der erforderlichen Höhe angesammelt wäre. In Wirklich-keit waren indess die einzelnen Krankenkassen an dem Gesammtvermögen in verschiedener Höhe betheiligt. Nach den Rechnungsabschlüssen der einzelnen Kassen ergiebt sich, dass das Vermögen

---

*) Vgl. Centralblatt f. d. D. Reich 1887 S. 5. Danach ist als Stammvermögen nur das aus Stiftungen, Vermächtnissen und dergl. herrührende Vermögen anzusehen, dessen Grundstock bestimmungsmässig unangetastet bleiben soll.

bei 5 Krankenkassen (gegen 10 im Vorjahre) mehr als das Doppelte der Gesammtjahresausgabe betrug,

„ 55 Krankenkassen (gegen 30) mindestens dem vollen Betrage und

„ 48 Krankenkassen (gegen 53) mindestens der Hälfte des Betrages der Gesammtjahresausgabe gleichkam,

„ 24 Krankenkassen (gegen 38) sich auf mehr als ein Zehntel der Jahressumme der laufenden Beiträge der Mitglieder und der Eisenbahnverwaltung belief,

„ 1 Krankenkasse (gegen 1) weniger als dieses Zehntel betrug, während

„ 1 Krankenkasse (gegen 2) ein geringer Vorschuss verblieb.

Dass die Zahl der Kassen mit einem den doppelten Jahresbetrag der Ausgabe, d. i. den gesetzlichen Höchstbetrag des Reservefonds übersteigenden Vermögen sich vermindert hat, rührt daher, dass mehrere dieser Kassen ihre satzungsmässigen Krankenunterstützungen erweitert haben. Im Uebrigen zeigen die mitgetheilten Ziffern durchweg eine günstigere Gestaltung der Vermögensverhältnisse der Kassen. Nur einige wenige Werkstätten-Krankenkassen waren — nicht sowohl wegen ungünstiger Verhältnisse überhaupt oder wegen Mängel in den getroffenen Einrichtungen, als vielmehr in Folge der bei den Krankenkassen naturgemäss zeitweise stärker hervortretenden Bedürfnisse — nicht in der Lage, dem Reservefonds die vorgeschriebene Rücklage zum vollen Betrage zuzuführen. Eine Krankenkasse, die Werkstätten-Krankenkasse zu Fulda, schloss ohne Vermögen ab, indem sich ein Vorschuss von 2655 $\mathcal{M}$ herausstellte. Auch bei dieser Kasse werden künftig die Verhältnisse sich günstiger gestalten, da inzwischen die satzungsmässigen Leistungen, welche bei der Errichtung verhältnissmässig sehr hoch bemessen waren, geringe Einschränkungen erfahren haben.

D.   Die Ergebnisse der Bau-Krankenkassen im Jahre 1886[*])

Von den 22 Bau-Krankenkassen, welche beim Beginne des Jahres 1886 für die Eisenbahn-Neubauten bestanden, waren 14 das ganze Jahr hindurch in Wirksamkeit, während im Laufe desselben 8 aufgelöst wurden; 17 Bau-Krankenkassen traten für neu in Angriff genommene Eisenbahn-Bauausführungen hinzu, so dass überhaupt 39 Eisenbahn-Baukrankenkassen im Jahre 1886 in Wirksamkeit waren.

Es betrug:

---

[*]) Vgl. die Ergebnisse im Jahre 1885, Archiv 1887 S. 29 ff.

45

die Zahl der Mitglieder beim Beginne des Jahres 4 302,

„   „   der im Jahre eingetretenen Mitglieder . . . . . . 43 891.

so dass überhaupt 48 193

Mitglieder, darunter 211 weibliche und 20 nicht versicherungspflichtige Personen, Theil nahmen.

Es schieden im Jahre (einschliesslich 105 durch Tod) . . . 41 608

Mitglieder wieder aus, und verblieben mithin am Schlusse des

Jahres 6 585

Mitglieder.

Der Umfang der Eisenbahn-Neubauten war hiernach zwar ein ganz
bedeutender; gleichwohl können jedoch die Verhältnisse und Ergebnisse
der Eisenbahn-Bau-Krankenkassen als regelmässige nicht angesehen werden,
weil der Wechsel der Kassenmitglieder ein ausserordentlich häufiger und
die Wirksamkeit der Kassen nur auf verhältnissmässig kurze Zeit bemessen ist.

An Erkrankungsfällen wurden 5 194, an Krankheitstagen
71 205 gezählt, darunter 309 Erkrankungsfälle und 7 192 Krankheitstage
in Folge von Betriebsunfällen. Auf jeden Erkrankungsfall kamen danach
durchschnittlich 13,7 Krankheitstage gegen 14,7 Tage bei allen Bau-Krankenkassen des Deutsches Reiches im Jahre 1885. Die durch die Betriebsunfälle herbeigeführten Erkrankungsfälle stiegen von 200 auf 309; weit
erheblicher war indess noch die Steigerung (von 95 $\mathcal{M}$ auf 1095 $\mathcal{M}$) des
Betrages der Erstattungen, welche an die Bau-Krankenkassen für gewährte
Krankenunterstützung seitens der Bauverwaltung und der Bauunternehmer
zu leisten waren.

Die Einnahmen betrugen:

aus den Vorjahren . . . . 18 788 $\mathcal{M}$

aus dem Jahre 1886:

an Zinsen . . . .   153 „

„ Beiträgen der Kassenmitglieder, der Bauverwaltung und
Bauunternehmer . . . . 190 218 „

„ ausserordentlichen Zuschüssen (3 726 $\mathcal{M}$) und an Vorschüssen (1 095 $\mathcal{M}$) der Bauverwaltung und Bauunternehmer . . . .   4 821 „

„ Ersatzleistungen für gewährte Krankenunterstützung . .   1 095 „

„ sonstigen Einnahmen . . . .   704 „

mithin insgesammt . . 215 779 $\mathcal{M}$

Hingegen betrugen die Ausgaben:

	überhaupt	in Hundertheiten der Gesammt-	
		Einnahme	Ausgabe
	M	%	%
aus den Vorjahren	120	0.06	0,07
aus dem laufenden Jahre:			
für ärztliche Behandlung	36 249	16,80	20,16
„ Arzenei und Heilmittel	19 656	9,11	10,95
an Verpflegungskosten an Kranken-			
anstalten	45 548	21,10	25,34
an Krankengeld	60 550	28,06	33,67
„ Sterbegeld	3 086	1,43	1,72
„ Ersatzleistungen für gewährte			
Krankenunterstützungen . . .	557	0,26	0,31
„ Verwaltungskosten	2 809	1,30	1.56
„ sonstigen Ausgaben	11 192	5,19	6,22
zusammen .	179 767	83,31	100
Dagegen betrug die Ausgabe in 1885 .	124 956	79,75	

Zur Bestreitung der Ausgaben wurden danach die Einnahmen fast
in gleicher Höhe wie bei den Betriebs- und Werkstätten-Krankenkassen in
Anspruch genommen, obwohl die Bau-Krankenkassen, abgesehen von dem
Eintrittsgelde, welches überhaupt nicht gezahlt wurde, einen gleich hohen
Beitragssatz erhoben, hingegen nur die gesetzlichen Mindestunterstützungen
gewährten. Bei drei Bau-Krankenkassen reichten die Jahreseinnahmen
zur Bestreitung dieser Mindestunterstützungen nicht aus, so dass gemäss
§ 65 Abs. 3 des Krankenversicherungsgesetzes die Mehrausgabe seitens
der Bauverwaltung und der Bauunternehmer aus eigenen Mitteln zu decken
war. Mehreren neu errichteten Bau-Krankenkassen, an welche sofort
grössere Anforderungen herantraten, mussten Vorschüsse gewährt werden,
mit deren Rückzahlung eine Kasse am Schlusse des Jahres noch im Rück-
stande war. — Verhältnissmässig erhebliche Aufwendungen verursachte
die Verpflegung der erkrankten Mitglieder in den Krankenhäusern und
Lazarethen, welche mehrfach an entlegenen Baustellen eingerichtet werden
mussten. Da auch die sonstigen Ausgaben zum weitaus grössten Theile
auf die Herstellung, Ausrüstung und Unterhaltung solcher Lazarethe, sowie
auf die Kosten für die Ueberführung Erkrankter von den Baustellen zu
den Krankenanstalten und dgl. entfielen, so können auf die Kosten der
Verpflegung etwa 24 Hundertheiten der Einnahmen und 30 Hundertheiten
der Ausgaben gerechnet werden, während bei den Betriebs- und Werk-

stätten-Krankenkassen sich nur 3,18 und 3,72 Hundertheiten ergeben haben. Die Kosten der ärztlichen Behandlung haben im Allgemeinen eine Steigerung nicht erfahren.

Die gesammten Krankheitskosten betrugen rund 171 000 $\mathcal{M}$ oder 32,95 $\mathcal{M}$ für einen Erkrankungsfall und 2,40 $\mathcal{M}$ für einen Krankheitstag, während die Gesammtausgabe überhaupt sich durchschnittlich auf 34,61 $\mathcal{M}$ für einen Erkrankungsfall und 2,52 $\mathcal{M}$ für jeden Krankheitstag stellte, gegen 28,9 $\mathcal{M}$ und 2,0 $\mathcal{M}$ bei allen Bau-Krankenkassen des Deutschen Reiches im Jahre 1885.

Der Ueberschuss der Einnahmen über die Ausgaben belief sich auf 36 012 $\mathcal{M}$ oder auf 16,69 Hundertheiten der Jahreseinnahmen. Dieser Betrag ist, soweit er auf die aufgelösten Bau-Krankenkassen entfällt, für die Unterstützungsbewilligungen an bedürftige Personen, welche bei den Kassen betheiligt gewesen sind, und an deren Hinterbliebene bestimmt. Die Theilbeträge, welche zu diesem Zwecke nicht zur Verwendung kommen, fallen denjenigen Betriebs- und Werkstätten-Krankenkassen zu, deren Bezirken die neuen Bauwerke, für welche die Kassen errichtet waren, einverleibt werden.

_____

Werden die wesentlichsten Ergebnisse der seitens der Staatseisenbahnverwaltung in das Leben gerufenen Arbeiter-Pensions- und Krankenanstalten im Jahre 1886 zusammengefasst, so ergeben sich folgende Ziffern: Bei den beiden Pensionskassen waren überhaupt 55 900 und bei den sämmt-

Die Ergebnisse der Pensionskassen für die Betriebsarbeiter und die

vom 1. April

	Berlin		Bromberg		Hannover		Frankfurt a. M.		Magdeburg	
	Betrieb	Werk-stätten	Betrieb	Werk-stätten	Betrieb	Werk-stätten	Betrieb	Werk-stätten	Betrieb	Werk-stätten
1. Zahl der Mitglieder.										
a) beim Beginne des Jahres	—	2 791	446	693	—	3 387	—	1 708	1 767	647
b) im Jahre eingetreten	3 462	407	2 778	399	2 009	268	665	93	2 924	328
c) überhaupt	3 462	3 198	3 224	1 092	2 009	3 655	665	1 801	4 691	975
d) im Jahre ausgetret.	232	369	297	139	124	334	29	187	739	115
davon gestorben . .	19	31	30	15	11	23	4	12	42	6
„ pensionirt . .	3	2	4	2	6	11	—	—	15	—
„ in Beamtenstellung getr.	55	16	50	9	49	114	3	41	514	—
e) am Jahresschlusse	3 230	2 829	2 927	953	1 885	3 321	636	1 614	3 952	857
f) im Jahresdurchschnitt	1 615	2 810	1 687	823	942	3 354	318	1 661	2 859	732

lichen 173 Betriebs-, Werkstätten- und Bau-Krankenkassen überhaupt 247 900 Mitglieder betheiligt. Dieselben leisteten aus ihren Mitteln an einmaligen und laufenden Beiträgen rund 1 210 000 $\mathcal{M}$ zum Zwecke der Fürsorge für die Zeit der dauernden Erwerbsunfähigkeit und für die dereinstigen Wittwen und Waisen und rund 2 175 000 $\mathcal{M}$ zum Zwecke der Kranken- und Sterbegeldversicherung, während die Eisenbahnverwaltung und bei den Neubauten die Bauverwaltung und die Bauunternehmer ausser den Kosten der Buch- und Rechnungsführung an Baarzuschüssen rund 586 000 $\mathcal{M}$ zu den Pensionskassen und rund 1 068 000 $\mathcal{M}$ zu den Krankenkassen, zusammen 1 654 000 $\mathcal{M}$ beisteuerten. Die Zahlungen der Pensionskassen an die Pensionäre, sowie an die Wittwen und Waisen von Mitgliedern bezifferten sich auf rund 257 000 $\mathcal{M}$ neben einer aus den Betriebseinnahmen der Eisenbahnverwaltung und aus sonstigen zur Verfügung stehenden Fonds älterer Einrichtungen entnommenen Summe von rund 411 000 $\mathcal{M}$ und neben den auf Grund der Haftpflicht- und der Unfallversicherungsgesetze aus den Eisenbahnbetriebs- und Baufonds zu zahlenden Renten. Von den Krankenkassen, deren Leistungen für 52 400 Erkrankungsfälle und fast 900 000 Krankheitstage allein seitens der Kassenmitglieder selbst — abgesehen von den Krankheitsfällen in den Familien der Mitglieder — in Anspruch genommen wurden, waren rund 2 875 000 $\mathcal{M}$ für die Krankenpflege und an Kranken- und Begräbnissgeld aufzuwenden. Am Schlusse des Jahres verfügten die Anstalten über ein Gesammtvermögen von mehr als 8 Millionen Mark.

narbeiter der Staats-Eisenbahnverwaltung während des Rechnungsjahres 1. März 1887.

Beilage A.

ktions-Bezirk										Insgesammt	
Cöln (r.)		Elberfeld		Erfurt		Breslau		Altona			
Betrieb	Werkstätten	Betrieb	Werkstätten	Betrieb	Werkstätten	Betrieb	Werkstätten	Betrieb	Werkstätten	Betrieb	Werkstätten
—	1 464	—	981	—	748	7 040	3 465	—	•309	9 253	17 798
2 338	345	3 909	681	2 123	480	1 144	372	1 275	414	24 877	3 978
2 338	1 809	3 909	1 662	2 123	1 228	8 184	3 837	1 275	723	34 130	21 776
155	242	500	159	126	130	566	322	130	83	3 033	2 200
17	16	30	22	10	8	123	45	6	2	302	194
—	—	2	1	—	—	137	27	—	—	167	46
17	10	154	13	6	12	40	60	6	7	962	304
2 183	1 567	3 409	1 503	1 997	1 098	7 618	3 515	1 145	640	31 097	19 576
1 092	1 516	1 704	1 242	999	923	7 329	3 490	573	474	20 175	18 687

Eisenb

	Berlin		Bromberg		Hannover		Frankfurt a.M.		Magdeburg		
	Betrieb	Werkstätten	Betrieb	Werkstätten	Betrieb	Werkstätten	Betrieb	Werkstätten	Betrieb	Werkstätten	Be
2. Zahl der Pensions-empfänger.											
beim Beginn d.Jahres	—	2	9	—	1	25	—	—	155	—	
am Jahresschlusse .	2	4	12	1	6	36	—	—	155	—	
3. Zahl der Wittwen-geldempfänge-rinnen.											
beim Beginn d.Jahres	—	3	15	—	1	50	—	—	252	—	
am Jahresschlusse .	3	4	18	1	6	53	1	1	267	1	
4. Zahl der Waisen-geldempfänger.											
beim Beginn d.Jahres	—	6	15	—	3	70	—	—	195	—	
am Jahresschlusse .	2	6	46	1	7	72	—	5	196	4	
5. Unter Erhaltung der Ansprüche in Beamtenstellung übergetretene Mitglieder	—	—	2	—	—	—	—	—	505	—	
Einnahmen.											
6. Zinsen d.Beständ..ℳ	—	—	—	—	—	—	—	—	—	—	
7. Eintrittsgeld ...ℳ	5 070	500	4 109	569	2 901	318	991	103	4 168	468	
8. Laufende Mit-glieder-Bei-träge......ℳ	84 574	67 929	69 061	21 272	46 814	76 833	13 296	37 203	114 414	22 488	
9. Eisenbahn-betriebszu-schüsse.....ℳ	42 287	34 308	34 531	10 662	23 170	38 527	6 648	18 602	48 900	11 731	
10. Ersatzleistungen .ℳ											
11. Wieder einge-zahlte Beiträge..ℳ	27	100	—	39	—	56	—	15	14	6	
12. AndereEinnahm..ℳ	—	23	—	25	8	15	—	—	—	—	
13. Gesammt-Jah-reseinnahme..ℳ	131 958	102860	107 701	32 567	72 893	115749	20 935	55 923	167 496	34 693	
Ausgaben.											
14. Pension......ℳ	214	537	1 258	111	925	5 628	—	—	47 326	—	
15. Wittwengeld ...ℳ	161	255	1 431	42	322	3 603	42	25	25 648	40	
16. Waisengeld....ℳ	47	155	705	14	80	1 995	—	41	7 781	55	
17. Sterbegeld ....ℳ	—	—	—	—	60	120	—	—	644	—	
18. Zurückgezahlte Bei-träge:											
a) an die in Beamten-stellungen überge-tret. Mitglieder ℳ	553	1 569	629	104	385	7 885	14	2 297	234	—	
b) an sonstige Aus-geschiedene ..ℳ	519	4 852	1 959	494	519	3 747	101	2 901	3 352	384	
19. Verwaltungskost..ℳ	32	2	167	17	81	24	45	2	276	5	
20. Gesammt-Jah-resausgabe ..ℳ	1 526	7 370	6 149	782	2 372	23 002	202	5 266	85 261	484	
21. Ueberschuss...ℳ	—	—	—	—	—	—	—	—	—	—	
22. Gesammtvermög. am Jahresschlusse .	—	—	—	—	—	—	—	—	—	—	

rektions-Bezirk	Cöln (r.)		Elberfeld		Erfurt		Breslau		Altona		Insgesammt	
erk-sten	Betrieb	Werkstätten	Betrieb	Werkstätten	Betrieb	Werkstätten	Betrieb	Werkstätten	Betrieb	Werkstätten	Betrieb	Werkstätten
38	—	19	—	—	—	—	87	73	—	—	252	157
40	—	18	—	—	—	—	205	86	—	—	380	185
70	—	24	—	—	—	—	83	141	—	—	351	288
72	1	28	1	—	1	—	365	173	1	—	664	333
82	—	16	—	—	—	—	122	77	—	—	335	251
84	3	17	1	—	—	—	444	104	7	—	706	293
8	—	2	—	—	1	—	15	2	—	—	523	7
	—	—	—	—	61 190	96 542	—	—	—	—	61 190	96 542
57	3 449	500	5 767	1 029	3 182	690	1 770	487	1 770	594	36 537	5 515
16	48 628	38 388	71 010	41 003	50 511	26 337	139 328	78 984	28 495	22 290	715 353	470 743
25	24 314	19 431	35 505	20 752	25 256	13 169	69 664	39 492	14 247	11 150	349 133	236 849
							299	—	24	—	323	—
50	3	7	4	8	—	20	149	—	—	—	197	501
	—	—	—	—	—	7	94	171	3	—	105	241
48	76 394	58 326	112 286	72 792	140 139	136765	211 304	119134	44 539	34 034	1 162 838	810 391
61	—	2 874	—	—	—	—	39 936	25 379	18	—	89 677	45 090
97	5	1 595	17	—	13	—	28 430	17 812	7	—	56 076	31 169
85	5	1 004	6	—	—	—	13 113	4 753	14	—	21 751	10 702
20	—	30	—	—	—	—	450	985	—	—	1 154	1 255
77	131	460	1 056	175	31	292	1 505	2 787	38	427	5 056	17 273
91	336	2 143	904	709	405	783	3 634	3 336	222	429	12 246	21 569
23	125	—	23	9	10 734	35	129	—	52	77	11 759	194
54	602	8 106	2 009	893	11 183	1 110	87 197	55 052	351	933	197 719	127 252
	—	—	—	—	—	—	—	—	—	—	965 119	683 139
	—	—	—	—	—	—	—	—	—	—	2 341 628	3 189 036

Uebersicht über die Mitglieder und die Pensionäre der Pen-

Lebensalter Jahre	Zahl der Mitglieder						in Folge Betriebsunfalls		Zahl der Pensionäre				
	am Jahresanfang	eingetreten	ohne Pension ausgeschied.	mit Pens. ausgeschied.	gestorben	am Jahresschluss	pensionirt	gestorben	am Jahresanfang	pensionirt	gestorben	anderweit ausgeschieden	am Jahresschluss
85									1				1
81									1				1
80									3				3
79									2				2
78	1			1					2	1			3
77									1				1
76									3		1		2
75	1					1			1				1
74	3					3			5				5
73	3	1				4			4		1		3
72	1					1							
71	3	1				4			1		1		
70	7			1	1	4			7	1		1	7
69	12	3		4		11			4	4	1		7
68	6	1		1	1	5			10	1	1	1	9
67	14	7	1	2		18			7	2	2	1	6
66	18	4	1	1		20			7	1			8
65	10	6		1		15			4	1			5
64	19	6		2	1	22			8	2	2	1	7
63	28	10	1	6		31			12	6	1	1	16
62	30	12		2	2	38			10	2			12
61	39	6	2	3	3	37			11	3	1	1	12
60	38	19		5	2	50	1	1	4	5		1	8
59	39	23		2	3	57			10	2			12
58	34	19		4	1	48	1		7	4			11
57	58	20		4		74			9	4		1	12
56	69	33	1	3		98			8	3	2	1	8
55	57	36	1	2	2	88				2			2
54	74	44	2	3	2	111	1		2	3			5
53	77	47			4	120		1	4			1	3
52	89	62	2	1	4	144	1	1	6	1			7
51	103	79	2	2	4	174	1		4	2	1		5
50	107	79	4	3	5	174		1	8	3		1	10
49	138	109	6	3	1	237			4	3		2	5
48	141	113	5	3	3	244		1	9	3		1	11

Anmerkung zu der Beilage B und C. Die in Folge von Betriebsunfällen eingetretenen und nachträglich noch besonders aufgeführten Pensionirungen und Sterbefälle sind bei den im Laufe des Jahres eingetretenen Veränderungen bei den Mitgliedern und Pensionirungen mitberücksichtigt.

sionskasse der Eisenbahn-Betriebsarbeiter im Jahre 1886.

Beilage B.

Lebensalter Jahre	Zahl der Mitglieder						In Folge Betriebsunfalls		Zahl der Pensionäre				
	am Jahresanfang	eingetreten	ohne Pension ausgeschied.	mit Pens. ausgeschied.	gestorben	am Jahresschluss	pensionirt	gestorben	am Jahresanfang	pensionirt	gestorben	anderweit ausgeschieden	am Jahresschluss
47	166	154	8	1	4	306		1	5	1	1		5
46	194	156	7	1	5	337		3	8	1		1	8
45	215	168	8		4	371			5				5
44	209	220	6	2	5	416	1	1	5	2			7
43	218	256	11	1	5	457			1	1			2
42	228	321	15	1	4	529				1			1
41	297	409	21	3	4	678	1	1	2	3	1		4
40	352	542	21	1	6	856		2	5	1	1		5
39	401	686	40	5	8	1 034	2	1	6	5		2	9
38	361	687	38	1	8	1 001		5	4	1			5
37	471	949	53	1	7	1 359	1		5	1			6
36	556	1 015	60		10	1 501		2	7				7
35	496	997	62		5	1 426			2				2
34	535	1 088	82	2	4	1 535	1		2	2			4
33	548	1 054	57	2	8	1 535	1	1	3	2			5
32	582	1 159	75	1	6	1 659		1	2	1			3
31	533	1 058	79		5	1 507		2	2				2
30	569	1 149	79	1	6	1 632	1	2	2				2
29	574	1 190	80		12	1 672		1	2				2
28	686	1 304	107	1	10	1 872	1	3	2	1			3
27	587	1 338	93	1	8	1 823	1	4					
26	516	1 375	96		5	1 790		3	1				1
25	389	1 058	97		6	1 344							
24	277	786	71		2	990							
23	186	596	38		4	740		1					
22	129	376	47		2	456		1					
21	67	145	21	1	1	189	1		1	1			2
20	31	47	13		1	64							
19	27	19	9			37							
18	26	2	5			23							
17	11	2	1			12							
16	3	3	2			4							
15	2					2							
14	1					1							
Sa.	11 662	21 049	1 441	35	194	30 991	16	40	249	83	17	17	298

Uebersicht über die Mitglieder und die Pensionäre der Pensions-

Lebensalter Jahre	Zahl der Mitglieder								Zahl der Pensionäre				
	am Jahresanfang	eingetreten	im Jahre			am Jahresschluss	in Folge Betriebsunfalls		am Jahresanfang	im Jahre			am Jahresschluss
			ohne Pension ausgeschieden	mit Pens. ausgeschied.	gestorben		pensionirt	gestorben		pensionirt	gestorben	anderweit ausgeschieden	
85	1					1							
82									1				1
81									2				2
80									2				2
79									1				1
78									2				2
76									2				2
75	1			1					3	1	2		2
74	5			1	2	2			1	1			2
73	2				1	1			2				2
72	6				1	5			6				6
71	6			2		4			3	2			5
70	7				2	5			2				2
69	8			2	1	5			3	2	1		4
68	12			3	1	8	1		6	3	2		7
67	14					14			8		1		7
66	20	1		4		17			9	4	1		12
65	20	2		1	2	19			8	1	1		8
64	15	1	1		1	14			7				7
63	26	2		3	1	24			7	3			10
62	35	1		3	1	32			5	3			8
61	42	4		1	4	41			12	1			13
60	34	4	1		2	35			3				3
59	46	1	1	1	2	43			3	1			4
58	38	3	1	1		39			3	1	1		3
57	51	1		1	3	48			3	1	1		3
56	47	1				48			6				6
55	71	3			4	70		1	1				1
54	48	3	1	1	3	46			1	1			2
53	76	4		3	3	74			4	3			7
52	88	4	1		2	89			5				5
51	103	8	1	4	1	105			1	4	1		4
50	111	10	1		2	118			2	1			1
49	122	10	2		2	128			2				2
48	133	13	1	2	1	142			2	2	1		3

Anmerkung zu der Beilage B und C. Die in Folge von Betriebsunfällen eingetretenen und nachträglich noch besonders aufgeführten Pensionirungen und Sterbefälle sind bei den im Laufe des Jahres eingetretenen Veränderungen bei den Mitgliedern und Pensionirungen mitberücksichtigt.

kasse der Eisenbahn-Werkstättenarbeiter im Jahre 1886.

Beilage C.

Lebensalter Jahre	Zahl der Mitglieder						in Folge Betriebsunfalls		Zahl der Pensionäre				
	am Jahresanfang	eingetreten	im Jahre ohne Pension ausgeschieden	mit Pens. ausgeschied.	gestorben	am Jahresschluss	pensionirt	gestorben	am Jahresanfang	im Jahre pensionirt	gestorben	anderweit ausgeschieden	am Jahresschluss
47	166	11	6		1	170			2				2
46	169	26	5			190			1				1
45	199	25	7		3	214							
44	262	26	6	1	4	277				1			1
43	253	42	10		4	281	1		1				1
42	310	51	9	1	4	347	1		2	1		.	3
41	403	54	18		6	433			3				3
40	508	46	30		10	514							
39	527	61	23	1	9	555			4	1	1		4
38	519	99	35	1	14	568	1		1	1	1		1
37	692	105	42		7	748	1						
36.	711	107	40		11	767							
35	716	129	49	1	15	780	1		1	1			2
34	759	127	60	1	9	816			2	1			3
33	684	124	52	1	3	752	1		1	1	1		1
32	795	137	70	1	7	854			1	1			2
31	759	141	71		9	820		1	1				1
30	748	168	83		3	830			1				1
29	859	186	114		5	926		1					
28	1 043	246	166		8	1 115			1				1
27	1 117	282	173	1	9	1 216	1	1		1			1
26	1 019	357	190		6	1 180			1				1
25	874	357	142		4	1 085							
24	541	358	99		3	797							
23	390	288	83		2	593							
22	322	216	94			444							
21	234	107	70		1	270							
20	228	29	77		1	179							
19	186	16	55			147							
18	116	3	19			100							
17	80	2	2			80							
16	64		2			62							
15	32		1			31							
14	1					1							
Sa.	17 474	4 002	1 914	43	200	19 319	4	8	151	43	16	—	178

Die Ergebnisse der Betriebs- und Werkstättenkrankenkassen in den einzeln...

	Berlin Betrieb	Berlin Werkstätten	Bromberg Betrieb	Bromberg Werkstätten	Hannover Betrieb	Hannover Werkstätten	Frankfurt a./M. Betrieb	Frankfurt a./M. Werkstätten	Magdeburg Betrieb	Magdeburg Werkstätten	Eisenb...
1. Zahl der Krankenkassen . . .	11	10	10	5	7	7	4	3	6	6	
2. Zahl der Mitgl.											
a) beim Jahresanfang	18 146	4 570	11 884	3 238	14 424	4 410	6 612	1 583	10 929	2 991	10...
b) im Jahre eingetret.	5 572	592	4 886	627	2 843	444	1 377	178	2 788	448	1...
c) überhaupt . . .	23 718	5 162	16 770	3 865	17 267	4 854	7 989	1 761	13 717	3 439	12...
d) im Jahre ausgetret.	5 706	643	4 987	607	2 841	529	1 563	237	3 040	492	
durchschn. auf je 100 Mitgl. (No. 3) . . .	31_{56}	14_{73}	42_{14}	18_{49}	19_{46}	12_{12}	23_{98}	15_{43}	28_{44}	16_{32}	
darunter gestorben	310	64	195	58	201	54	83	19	106	37	
durchschn. auf je 100 Mitglieder	1_{72}	1_{42}	1_{65}	1_{79}	1_{40}	1_{24}	1_{27}	1_{22}	0_{98}	1_{43}	
e) am Jahresschlusse	18 012	4 519	11 783	3 258	14 426	4 325	6 426	1 524	10 677	2 947	9...
Darunter weibliche Personen . .	441	—	374	...	31	—	32	—	14	—	
nicht versicherungspflichtige Personen	470	5	217	2	183		22	4	242	1	
3. Durchschnittliche Betheiligung im Jahre 1886 . .	18 079	4 545	11 834	3 248	14 425	4 368	6 519	1 554	10 803	2 969	10...
4. Zahl der Erkrankungsfälle überh.	4 671	1 764	3 310	1 351	4 422	1 764	1 865	576	3 485	1 404	
durchschn. auf je 100 Mitglieder	25_{84}	39_{68}	28_{00}	41_{56}	30_{65}	40_{38}	28_{61}	37_{07}	32_{26}	47_{29}	
in Folge v. Unfällen	385	202	179	124	187	81	133	74	367	142	
durchschn. auf je 100 Mitglieder	2_{13}	4_{47}	1_{48}	3_{82}	1_{24}	1_{85}	2_{04}	4_{76}	3_{40}	4_{73}	
5. Zahl der Krankheitstage überh. .	88 723	30 208	56 233	18 662	76 491	31 046	28 704	8 019	53 568	19 577	4...
durchschn. auf jeden Erkrankungsfall . .	19_{00}	17_{24}	17_{00}	13_{81}	17_{30}	17_{60}	15_{39}	13_{98}	15_{37}	13_{94}	
desgl. auf jedes Mitgl. .	4_{91}	6_{77}	4_{75}	5_{44}	5_{30}	7_{11}	4_{40}	5_{16}	4_{98}	6_{02}	
in Folge v. Unfällen	11 349	4 295	4 672	2 315	6 353	2 531	2 747	1 167	8 456	3 811	5...
durchschn. auf jeden Erkrankungsfall . .	29_{74}	21_{26}	26_{03}	18_{87}	33_{98}	31_{25}	20_{65}	15_{77}	23_{04}	26_{84}	
desgl. auf jedes Mitgl. .	0_{63}	0_{95}	0_{40}	0_{71}	0_{44}	0_{58}	0_{42}	0_{75}	0_{78}	1_{28}	
6. Einnahme.											
I. aus den Vorjahren . .	—	—	—	—	—	—	—	—	—	—	
in % der Gesamt-Einnahme .	—	—	—	—	—	—	—	—	—	—	
II. aus dem Jahre 1886:											
a) Zinsen . . . *M*	6 134	3 007	2 396	515	7 280	2 118	2 333	985	5 016	1 797	14...
in % der Gesamt-Einnahme .	1_{90}	2_{89}	1_{15}	0_{74}	2_{68}	1_{89}	1_{77}	2_{92}	2_{74}	2_{46}	
b) Eintrittsgeld . *M*	2 925	386	2 742	206	1 816	254	992	84	1 692	92	1...
in % der Gesamt-Einnahme . . .	0_{96}	0_{31}	1_{32}	0_{30}	0_{54}	0_{21}	0_{75}	0_{25}	0_{77}	0_{12}	

rektionsbezirken der Staats-Eisenbahnverwaltung während des Jahres 188

Beilage D.

ektions-Be										Insgesamm	
	Cölr	Elberfeld		Erfurt		Breslau		Altona			
rk- ten	Betrieb	Betrieb	Werk- stätten	Betrieb	Werk- stätten	Betrieb	Werk- stätten	Betrieb	Werk- stätten	Betrieb	We stätt
	8	9	5	5	7	4	9	2	4	3	
	12 948	4 396	8 622	3 500	7 721	2 252	15 267	3 906	3 877	1 229	121 106	35 7
	3 172	735	2 704	468	3 522	391	6 824	523	1 972	414	37 568	5 2
	16 120	5 131	1 326	3 968	1 243	2 643	22 091	4 429	5 849	1 643	158 674	41 C
	3 186	796	2 837	518	3 513	432	6 872	538	1 569	224	39 031	5 3
	34₄₂	18₇₂₈	33₁₁₆	14₉₀	45₄₇	19₀₆	45ₓₗ	13₆₀	38₄₇	16₉₉	32₄₉	15,
	158	59	134	34	76	25	201	62	62	11	1 630	
	1₇₂	1₃₅	1₄₇	0₇₉₅	0₅₅	1₁₂	1₂₂	1₄₀	1₄₂	0₄₂	1₀₅	
	12 934	4 335	8 489	3 450	7 730	2 211	5 219	3 891	4 280	1 419	119 643	35 6
	29	—	27	—	132	7	69	—	15	—	1 249	?
	127	3	41	10	270	6	56	3	245	2	1 951	37
	12 941	4 366	8 556	3 475	7 726	2 232	15 243	3 899	4 07	3	120 376	35 7
	3 759	1 525	2 499	1 022	1 945	1 455	3 596	1 522	984	424	33 025	14 1
	29₉₅	34₉₃	29₇₁	29₄₁	25₁₇	65₁₉	23₅₉	39₀₄	24₁₃	32₀₂	27₄₂	39.
	273	189	242	118	154	121	225	118	112	37	2 452	1 3
	2₁₁	4₃₁	2₀₆	3₄₀	2₀₀	5₄₂	1₄₆	3₀₃	2₇₅	2₀₀	2₀₄	
	61 471	26 547	46 114	18 368	37 244	7 892	61 993	27 183	18 365	7 414	576 155	234 1
	16₃₅	17₄₃	18₄₅	17₉₆	19₃₅	12₃₀	17₂₄	17₄₆	18₆₆	17₁₉	17₄₅	16.
₃₅ ₂15	4₇₅ 7 829	6₀₈ 3 399	5₁₉₉ 6 525	5₄₉ 2 896	4₄₂ 4 491	8₀₂ 2 573	4₀₇ 7 003	6₉₇ 3 123	4₆₀ 2 169	5₆₅ 937	4₇₀ 67 436	30 2
	28₆₀	18₀₀	26₉₉	24₅₄	29₁₆	21₉₅	31₁₂	26₄₇	19₃₇	25₀₂	27₅₀	
	0₄₀	0₇₉	0₇₆·	0₄₃	0₅₈	1₁₅	0₄₆	0₈₀	0₄₄	0₇₀	0₅₈	
	—	686	1 827	906	—	—	—	—	—	—	1 827	1 5
	—	0₇₁	1₀₄	1₀₀	—	—	—	—	—	—	0₃₈	0,
	12 658	4 133	2 019	590	3 286	724	4 233	1 219	1 147	392	61 019	17 9
	4₆₀	4₃₀	1₁₄	0₄₀	2₀₀	1₀₅	1₇₉	1₄₀	1₃₂	1₇₇	2₄₁	
	2 448	434	1 685	171	1 993	428	3 211	445	920	180	22 067	2 ₤
	0₄₉	0₄₅	0₇₉	0₇₀	1₇₁	0₃₃	1₃₄	0₅₄	1₀₈	0₃₀	0₇₆	

	Berlin Betrieb	Berlin Werkstätten	Bromberg Betrieb	Bromberg Werkstätten	Hannover Betrieb	Hannover Werkstätten	Frankfurt a. M. Betrieb	Frankfurt a. M. Werkstätten	Magdeburg Betrieb	Magdeburg Werkstätten
c) laufende Beiträge der Mitglieder ℳ	218 526	78 637	123 976	41 771	177 317	79 812	82 916	20 356	141 119	47 255
in % der Gesammt-Einnahme	64,11	62,46	59,60	60,23	62,77	63,76	62,87	60,42	64,11	63,48
durchschn. auf jedes Mitglied ℳ	12,94	17,49	16,83	12,66	12,97	18,90	12,73	13,10	13,63	15,99
d) laufende Beiträge d. Bahnverwaltg. ℳ	106 434	39 268	61 094	20 871	87 444	39 906	40 349	10 154	68 989	23 618
in % der Gesammt-Einnahme	31,22	31,39	29,47	30,04	30,96	31,45	30,65	30,11	31,36	31,52
durchschn. auf jedes versicherungspflichtige Mitglied ℳ	6,95	8,85	5,26	6,54	6,14	9,43	6,71	6,53	6,53	7,99
e) Ersatzleistungen ℳ	3 732	1 872	921	95	1 948	1 470	3 604	693	2 216	1 458
in % der Gesammt-Einnahme	1,10	1,49	0,44	0,14	0,69	1,17	2,75	2,06	1,01	1,96
f) andere Einnahm. ℳ	3 099	2 340	16 217	5 916	6 666	1 732	1 469	1 448	977	717
in % der Gesammt-Einnahme	0,91	1,86	7,82	8,53	2,36	1,36	1,11	4,29	0,44	0,96
g) Gesammteinnahm. ℳ	340 850	125 510	207 346	69 374	282 481	125 292	131 663	33 720	220 009	74 937
durchschn. f. j. Mitgl. ℳ	18,95	27,77	17,02	21,04	19,58	28,95	20,19	21,70	20,37	23,94
7. Ausgaben.										
I. aus den Vorjahren ℳ	—	—	—	—	—	—	1 873	—	—	—
in % der Gesammt-Einnahme	—	—	—	—	—	—	5,55	—	—	—
in % der Gesammt-Ausgabe	—	—	—	—	—	—	5,44	—	—	—
durchschn. f. jed. Mitgl.	—	—	—	—	—	—	1,21	—	—	—
II. aus dem Jahre 1886:										
a) für ärztliche Behandlung ℳ	99 067	20 493	54 805	14 712	81 360	21 044	46 886	9 921	62 957	16 004
in % der Gesammt-Einnahme	29,06	16,33	26,43	21,21	28,80	16,80	35,63	29,42	28,61	21,36
in % der Gesammt-Ausgabe	34,66	20,60	33,97	24,87	32,85	19,73	41,98	28,78	35,94	24,63
durchschn. f. jed. Mitgl.	5,54	4,54	4,63	4,53	5,64	4,92	7,16	6,98	5,83	5,07
b) für Arznei und Heilmittel der Mitgl. ℳ	28 352	12 350	15 764	9 053	29 720	13 235	11 046	3 654	12 761	8 650
in % der Gesammt-Einnahme	8,32	9,84	7,60	13,05	10,52	10,56	8,39	10,86	5,80	11,54
in % der Gesammt-Ausgabe	9,98	12,43	9,68	15,36	11,78	12,41	9,90	10,60	7,29	13,43
durchschn. f. jed. Mitgl.	1,57	2,73	1,33	2,79	2,06	3,02	1,99	2,35	1,14	2,87
c) für Arznei und Heilmittel der Familienangehörig. ℳ	15 366	5 222	15 029	6 244	15 839	6 543	10 731	4 926	16 496	3 735
in % der Gesammt-Einnahme	4,51	4,16	7,25	9,00	5,61	5,22	8,15	14,61	7,50	4,98
in % der Gesammt-Ausgabe	5,41	5,25	9,73	10,56	6,28	6,13	9,52	14,30	9,42	5,88
durchschn. f. jed. Mitgl.	0,85	1,16	1,27	1,89	1,10	1,50	1,95	3,17	1,53	1,24
d) Verpflegungskost. ℳ	9 983	2 668	3 508	1 648	5 522	2 805	2 837	711	5 985	2 434
in % der Gesammt-Einnahme	2,93	2,12	1,69	2,38	1,95	2,24	2,15	2,10	2,72	3,25
in % der Gesammt-Ausgabe	3,51	2,68	2,16	2,78	2,19	2,63	2,52	2,06	3,42	3,77
durchschn. f. jed. Mitgl.	0,55	0,59	0,30	0,51	0,38	0,64	0,44	0,46	0,55	0,81

k-en	ektions-Bezirk										Insgesammt	
	Cöln r.		Elberfeld		Erfurt		Breslau		Altona			
	Betrieb	Werkstätten	Betrieb	Werkstätten	Betrieb	Werkstätten	Betrieb	Werkstätten	Betrieb	Werkstätten	Betrieb	Werkstätten
116	169 569	58 869	108 329	54 243	102 338	42 891	145 735	56 386	54 952	22 449	1 454 819	568 785
11	61,45	61,11	62,45	63,57	62,96	63,12	61,47	64,43	63,10	61,21	62,95	62,47
71	13,10	13,44	12,00	13,61	13,25	19,22	9,05	14,46	13,47	16,05	12,00	15,78
958	83 254	29 406	53 840	26 997	49 976	21 353	72 203	28 168	26 638	11 210	716 628	283 909
107	30,97	30,92	31,06	31,04	30,40	31,41	30,35	32,04	30,63	30,04	30,05	31,08
80	6,80	6,71	6,83	7,79	6,70	9,00	4,09	7,22	7,00	8,44	6,00	7,05
080	420	—	3 594	993	2 235	556	3 284	53	431	67	24 169	10 337
85	0,16	—	2,07	1,16	1,36	0,82	1,39	0,06	0,19	0,19	1,03	1,13
389	6 688	2 806	2 179	1 432	4 557	2 018	7 651	975	2 879	2 359	56 570	25 132
117	2,43	2,93	1,25	1,08	2,77	2,96	3,24	1,17	3,31	6,43	2,27	2,76
185	275 037	96 334	173 473	85 332	164 385	67 970	236 317	87 246	86 967	36 657	2 337 099	910 557
78	21,25	22,07	20,97	24,06	21,98	30,45	15,52	22,37	21,32	27,09	19,41	25,00
–	5 255	3 447	287	1 262	—	—	—	—	—	—	5 542	6 582
–	1,91	3,06	0,16	1,44	—	—	—	—	—	—	0,24	0,73
–	2,14	3,52	0,14	1,73	—	—	—	—	—	—	0,78	0,49
–	0,41	0,79	0,03	0,38	—	—	—	—	—	—	0,05	0,18
397	93 230	29 547	59 954	26 372	54 081	13 384	69 526	16 700	22 856	7 480	718 435	205 054
117	33,20	30,97	34,06	30,91	32,90	19,09	29,42	19,14	26,28	20,41	30,74	22,58
32	37,06	30,18	37,06	36,50	41,01	23,52	34,09	20,57	33,70	26,22	36,03	25,06
30	7,09	6,77	7,01	7,50	7,00	6,00	4,54	4,28	5,40	5,43	5,77	5,74
507	27 609	12 888	17 746	8 548	13 938	7 000	21 728	8 939	6 827	2 845	205 146	100 669
44	10,04	13,39	10,72	10,02	8,48	10,30	9,70	10,94	7,85	7,78	8,78	11,05
01	11,79	13,14	11,05	11,45	10,56	12,30	10,49	11,17	9,92	10,08	10,37	12,05
02	2,12	2,95	2,05	2,48	1,90	3,14	1,43	2,36	1,67	2,15	1,70	2,42
022	12 509	6 226	10 446	5 861	7 970	2 622	16 971	7 863	5 342	2 291	136 361	55 555
71	4,55	6,35	6,05	6,07	4,85	3,98	7,18	9,01	6,14	6,23	5,63	6,10
86	5,00	6,21	6,14	8,13	6,05	4,61	8,45	9,43	7,76	8,04	6,70	6,08
01	0,97	1,42	1,22	1,49	1,03	1,17	1,11	2,02	1,31	1,73	1,12	1,44
902	12 682	6 403	10 742	3 162	4 695	2 546	7 156	1 833	3 120	1 322	73 996	29 434
81	4,42	6,45	6,00	3,71	2,00	3,74	3,08	2,10	3,40	3,61	3,17	3,26
88	5,47	6,54	6,48	4,30	3,56	4,47	3,56	2,00	4,63	4,45	3,74	3,27
05	0,48	1,47	1,25	0,91	0,61	1,14	0,47	0,48	0,77	1,00	0,49	0,48

	Berlin Betrieb	Berlin Werkstätten	Bromberg Betrieb	Bromberg Werkstätten	Hannover Betrieb	Hannover Werkstätten	Frankfurt a/M. Betrieb	Frankfurt a/M. Werkstätten	Magdeburg Betrieb	Magdeburg Werkstätten	
e) Krankengeld . $\mathcal{M}$	72 418	42 014	41 733	18 001	70 824	47 700	26 726	8 684	45 905	25 202	
neben Verpflegung „	1 795	562	415	278	703	328	285	2	1 309	1 151	
überhaupt . . „	74 213	42 576	42 148	18 279	71 527	48 028	27 011	8 686	47 214	26 353	
in % der Gesammt-Einnahme	$21_{,77}$	$33_{,49}$	$20_{,22}$	$26_{,35}$	$25_{,42}$	$38_{,34}$	$20_{,61}$	$25_{,75}$	$21_{,42}$	$35_{,37}$	
in % der Gesammt-Ausgabe	$26_{,11}$	$42_{,40}$	$25_{,49}$	$30_{,90}$	$28_{,35}$	$45_{,08}$	$23_{,97}$	$25_{,20}$	$26_{,95}$	$40_{,46}$	
durchschn. f. jed. Mitgl.	$4_{,11}$	$9_{,42}$	$3_{,76}$	$5_{,49}$	$4_{,96}$	$11_{,00}$	$4_{,14}$	$5_{,60}$	$4_{,95}$	$8_{,99}$	
f) Wöchnerinnenun-terstützung . $\mathcal{M}$	239	—	292	—	—	—	5	—	—	—	
in % der Gesammt-Einnahme	$0_{,07}$	—	$0_{,14}$	—	—	—	—	—	—	—	
in % der Gesammt-Ausgabe	$0_{,08}$	—	$0_{,18}$	—	—	—	$0_{,01}$	—	—	—	
g) Sterbegeld beim Tode von Mitgl. $\mathcal{M}$	16 514	3 411	9 533	3 093	10 655	3 140	4 439	1 388	6 413	2 399	
in % der Gesammt-Einnahme	$4_{,84}$	$2_{,72}$	$4_{,60}$	$4_{,45}$	$3_{,78}$	$2_{,51}$	$3_{,38}$	$4_{,12}$	$2_{,91}$	$3_{,25}$	
in % der Gesammt-Ausgabe	$5_{,81}$	$3_{,42}$	$5_{,68}$	$5_{,22}$	$4_{,22}$	$2_{,94}$	$3_{,94}$	$4_{,00}$	$3_{,66}$	$3_{,65}$	
durchschn. f. jed. Mitgl.	$0_{,97}$	$0_{,75}$	$0_{,81}$	$0_{,95}$	$0_{,74}$	$0_{,72}$	$0_{,68}$	$0_{,90}$	$0_{,68}$	$0_{,81}$	
h) Sterbegeld beim Tode von Fami-lienangehörig. $\mathcal{M}$	29 501	7 604	16 900	4 990	20 218	6 975	7 839	2 767	18 229	4 329	
in % der Gesammt-Einnahme	$8_{,65}$	$6_{,06}$	$8_{,15}$	$7_{,18}$	$7_{,16}$	$5_{,57}$	$5_{,96}$	$8_{,20}$	$8_{,29}$	$5_{,69}$	
in % der Gesammt-Ausgabe	$10_{,38}$	$7_{,65}$	$10_{,38}$	$8_{,44}$	$8_{,02}$	$6_{,54}$	$6_{,96}$	$8_{,03}$	$10_{,41}$	$6_{,59}$	
durchschn. f. jed. Mitgl.	$1_{,64}$	$1_{,68}$	$1_{,43}$	$1_{,53}$	$1_{,40}$	$1_{,60}$	$1_{,20}$	$1_{,79}$	$1_{,90}$	$1_{,48}$	
i) Ersatzleistungen $\mathcal{M}$	—	—	108	95	—	—	—	—	—	714	
in % der Gesammt-Einnahme	—	—	$0_{,05}$	$0_{,14}$	—	—	—	—	—	$0_{,94}$	
in % der Gesammt-Ausgabe	—	—	$0_{,07}$	$0_{,16}$	—	—	—	—	—	$1_{,09}$	
durchschn. f. jed. Mitgl.	—	—	$0_{,01}$	$0_{,03}$	—	—	—	—	—	$0_{,01}$	
k) Verwaltungskost. $\mathcal{M}$	2 908	637	616	64	1 952	1 031	855	229	1 368	261	
in % der Ges.-Einn.	$0_{,85}$	$0_{,52}$	$0_{,30}$	$0_{,09}$	$0_{,69}$	$0_{,82}$	$0_{,65}$	$0_{,68}$	$0_{,62}$	$0_{,35}$	
in % der Ges.-Ausg.	$1_{,02}$	$0_{,64}$	$0_{,05}$	$0_{,11}$	$0_{,77}$	$0_{,97}$	$0_{,76}$	$0_{,67}$	$0_{,49}$	$0_{,40}$	
durchschn. f. jed. Mitgl.	$0_{,16}$	$0_{,14}$	$0_{,05}$	$0_{,02}$	$0_{,14}$	$0_{,23}$	$0_{,13}$	$0_{,14}$	$0_{,13}$	—	
l) andere Ausgaben $\mathcal{M}$	8 055	4 518	4 071	976	15 486	3 865	1 014	316	3 731	900	
in % der Ges.-Einn.	$2_{,37}$	$3_{,60}$	$1_{,96}$	$1_{,41}$	$5_{,48}$	$3_{,06}$	$0_{,77}$	$0_{,94}$	$1_{,70}$	$1_{,20}$	
in % der Ges.-Ausg.	$2_{,84}$	$4_{,54}$	$2_{,50}$	$1_{,65}$	$6_{,14}$	$3_{,62}$	$0_{,90}$	$0_{,92}$	$2_{,13}$	$1_{,38}$	
durchschn. f. jed. Mitgl.	$0_{,45}$	$1_{,00}$	$0_{,34}$	$0_{,30}$	$1_{,07}$	$0_{,88}$	$0_{,15}$	$0_{,20}$	$0_{,34}$	—	
8. Gesammtausgab. $\mathcal{M}$	284 198	99 479	162 774	59 154	252 279	106 666	112 663	34 471	175 154	65 779	
in % der Ges.-Einn.	$83_{,37}$	$79_{,26}$	$78_{,60}$	$85_{,47}$	$89_{,33}$	$85_{,13}$	$85_{,57}$	$102_{,23}$	$79_{,63}$	$87_{,94}$	
durchschn. f. jed. Mitgl.	$15_{,73}$	$22_{,04}$	$13_{,75}$	$18_{,21}$	$17_{,49}$	$24_{,42}$	$17_{,36}$	$22_{,18}$	$16_{,91}$	$22_{,04}$	
9. Ueberschuss + od. Minderbetrag — $\mathcal{M}$	+ 56 652	+ 26 031	+ 44 572	+ 10 220	+ 30 202	+ 18 626	+ 19 000	— 751	+ 44 855	9 138	
in % der Ges.-Einn.	$16_{,63}$	$20_{,74}$	$21_{,50}$	$14_{,73}$	$10_{,69}$	$14_{,87}$	$14_{,43}$	$2_{,23}$	$20_{,39}$	$12_{,06}$	
durchschn. f. jed. Mitgl.	$3_{,12}$	$5_{,76}$	$3_{,77}$	$3_{,15}$	$2_{,09}$	$4_{,26}$	$2_{,92}$	$0_{,48}$	$4_{,34}$	$3_{,06}$	
10. Gesammtvermö-gen Ende 1886 $\mathcal{M}$	208 217	109 843	111 656	26 326	240 272	74 709	84 450	23 520	136 866	60 489	
in % der Ges.-Einn.	$73_{,22}$	$110_{,42}$	$68_{,08}$	$44_{,50}$	$96_{,01}$	$70_{,00}$	$74_{,96}$	$68_{,23}$	$78_{,44}$	$91_{,20}$	
durchschn. f. jed. Mitgl.	$11_{,52}$	$24_{,63}$	$9_{,44}$	$8_{,11}$	$16_{,66}$	$17_{,10}$	$12_{,06}$	$15_{,14}$	$12_{,67}$	$20_{,97}$	

tions-Bezirk										Insgesammt	
Cöln r.		Elberfeld		Erfurt		Breslau		Altona			
Betrieb	Werkstätten	Betrieb	Werkstätten	Betrieb	Werkstätten	Betrieb	Werkstätten	Betrieb	Werkstätten	Betrieb	Werkstätten
48 274	23 988	37 931	18 745	30 292	24 865	44 630	31 756	16 593	9 784	477 226	287 244
2 094	1 008	1 698	634	1 175	578	1 640	566	881	89	12 896	5 775
50 368	24 996	39 629	19 379	31 467	25 443	46 270	32 322	17 474	9 873	490 122	293 019
11	—	—	—	12	—	65	—	—	—	634	—
8 856	3 291	8 300	2 319	4 169	1 636	9 385	3 252	3 918	781	89 497	27 854
18 329	6 252	10 268	4 120	11 236	3 309	21 127	7 503	7 192	2 902	176 582	57 871
20	—	—	—	—	11	—	19	73	67	201	1 162
1 148	89	974	295	1 303	250	863	452	675	232	13 619	3 796
15 313	4 781	2 131	759	2 927	707	7 753	1 137	1 369	632	67 418	21 353
245 330	97 920	160 477	72 077	131 798	56 908	200 844	80 020	68 846	28 425	1 977 553	802 349
+		+		+		+		+		+	
29 707	1 586	12 996	13 255	32 587	11 062	35 473	7 226	18 121	8 232	359 546	108 208
363 836	102 310	66 537	35 568	81 546	30 290	156 675	43 483	60 379	20 935	1 900 054	607 908

Zur Nebenbahnfrage in Oesterreich.

Von

Sigmund Sonnenschein in Wien.

Für die Beurtheilung der Fortschritte, welche sich in den wirthschaftlichen Verhältnissen Oesterreichs seit einigen Jahren vollzogen haben,
kann man sich kaum einen geeigneteren Maasstab denken, als die sicht-
baren Veränderungen, wie sie in der Entwicklung des Eisenbahnwesens
zum Ausdrucke gelangen. Während noch vor wenigen Jahren einer wirksamen Ausübung des Eisenbahnhoheitsrechtes vielfach die Rücksicht auf
die Rechtsverhältnisse der Privatbahnen entgegenstand, wodurch die Erfüllung der Staatszwecke sehr erschwert wurde, ist der österreichische
Staat heute im Besitze eines Eisenbahnnetzes, das sich von der sächsischen
bis zur bayerischen, schweizerischen und italienischen Grenze erstreckt,
in dessen Verkehrsgebiet durch die jüngst erfolgte Eröffnung der Eisenbahnlinie Triest-Herpelje der erste Seehandelsplatz der Monarchie einbezogen wurde und welches demnächst in Folge des vertragsmässig sicher-
gestellten Mitbenutzungsrechtes auf den Strecken der Staatsbahngesellschaft und der Ferdinands-Nordbahn seine selbständige Verbindung mit
den östlichen Staatsbahnen erhalten wird. Innerhalb eines kurzen Zeitraumes
hat die österreichische Staatsverwaltung einen früher nicht geahnten Einfluss auf die Tarifpolitik der Privateisenbahnen gewonnen, dessen Folgen
sich allenthalben in einer günstigen Veränderung der Verkehrsbedingungen
geltend machen und wohlthätig auf die durch den Niedergang der Preise
in Mitleidenschaft gezogene Produktion einwirken. Allein neben den
Opfern, welche der Staat für den Erwerb von Privatbahnen gebracht hat,
war seine Aufmerksamkeit auch auf die Vervollständigung des Eisenbahnnetzes gerichtet, und in dieser Beziehung erwiesen sich diejenigen legis-
latorischen Maassnahmen von bestimmendem Einfluss, welche die Förderung
des Nebenbahnwesens zum Zwecke hatten. Obwohl Oesterreich eines der
ersten Länder war, in welchen Bahnen dieser Art ausgeführt wurden —
die schmalspurige Linie Lambach-Gmunden wurde im Jahre 1855 erbaut
— und Prof. A. Th. Michel in einer im Jahre 1866 veröffentlichten, noch

heute beachtenswerthen Studie*) zu dem Schlusse gelangte, „das, was dem
Kaiserstaate jetzt wahrhaft noth thue, wäre die Anlegung von Nebenbahnen,
welche, von schon fertigen Eisenbahnen abgrenzend oder selbe unter einander verbindend, in Gegenden führen, deren Bodenwirthschaft, Industrie
und Handel ohne Anschluss an die Hauptverkehrsadern nicht gedeihen
und aufblühen können", so mussten doch alle derartigen Bestrebungen
angesichts der vorherrschenden Auffassung zurücktreten, dass der Staat
vor allem seine ganze Kraft auf die Herstellung der noch fehlenden Hauptverkehrsadern richten müsse.

Ueber die Stellung, welche man dem Staate zu dieser Zeit in Bezug
auf das Eisenbahnwesen zugewiesen haben wollte, giebt wohl am besten
der ebenfalls im Jahre 1866 vom Ministerialrathe im Finanzministerium
Dr. Gobbi veröffentlichte Gesetzentwurf Aufschluss, welcher dahin abzielte,
den Bau der Hauptbahnen der Staatsverwaltung zu übertragen, während
der Bau der Nebenbahnen gänzlich der Privatunternehmung überlassen
bleiben sollte. Thatsächlich hat das System der Nebenbahnen keine Fortschritte gemacht, denn die Privatunternehmung hatte ihr Hauptaugenmerk
den Hauptbahnen zugewendet, welche für ihre spekulativen Zwecke viel
geeigneter erschienen und wurde hierin, da dem Staate eine selbständige
Thätigkeit mit Rücksicht auf dessen finanzielle Verhältnisse unthunlich
schien, von Regierung und Parlament kräftigst unterstützt. Erst als unter
dem Eindrucke der Börsen- und Finanzkrise von 1873 die Privatthätigkeit
im Eisenbahnbau vollständig ins Stocken gerieth, sah sich die Regierung
in die Lage versetzt, nunmehr selbst dem Eisenbahnbau ihre Aufmerksamkeit zuzuwenden. Um diese Zeit ist eine ganze Reihe Nebenbahnen
theils auf Rechnung des Staates, theils unter Mitwirkung des Privatkapitals
auf Grund von Spezialgesetzen zu Stande gekommen.**) Wenn man aber
erwartet hatte, dass das Parlament diesen Anlass benutzen werde, um den
Bedingungen für eine ausgedehnte Entwicklung des Nebenbahnwesens in
Oesterreich näher zu treten, so gab man sich einer Täuschung hin, denn
die betreffenden Regierungsvorlagen gaben nur zu einer allerdings nicht un-
wichtigen Streitfrage Anlass. Der damalige Leiter des österreichischen Eisenbahnwesens, Herr v. Nördling, trat nämlich für die schmalspurige Anlage

---

*) Ueber die Mittel zur Vervollständigung des österreichischen Eisenbahnnetzes,
Oesterr. Revue 1866.

**) Auf Rechnung des Staates wurden folgende Sekundärbahnen gebaut: Dalmatiner
Staatsbahnen (105 km), Kriegsdorf-Römerstadt (14 km), Erbersdorf-Würbenthal (21 km),
Mürzzuschlag-Neuberg (11 km), Unterdrauburg-Wolfsberg (38 km); ferner als Privatbahnen:
Elbogen-Neusattel (5 km), Leobersdorf-St. Pölten (75 km), Leobersdorf-Gutenstein (33 km),
Pöchlarn-Gaming (38 km), Czaslau-Zawratetz (19 km), Bozen-Meran (32 km), Wien-Aspang
(80 km), Chodau-Neudek (14 km).

ein, während das Parlament zunächst von der Normalspur nicht abweichen
wollte und dieser auch zum Siege verhalf. Allein das Bedürfniss nach
Entwicklung eines lebhafteren Eisenbahnbaues war in stetem Wachsen
begriffen, und zwar war es jetzt nicht das unternehmungslustige Kapital,
sondern die Interessenten selbst, welche die Initiative in dieser Richtung
ergriffen. Man gab sich in diesen Kreisen keinem Zweifel darüber hin,
dass es nicht angehe, in der Weise, wie bisher, Bahnen in Oesterreich
zu bauen, weil unter den bisherigen Voraussetzungen — bei manchen
Bahnen bezifferten sich die Finanzirungskosten und Bauzinsen auf 50 Prozent
des Anlagekapitals — die lokalen Bedürfnisse auf eine Befriedigung
nicht rechnen durften. Wie allgemein die Erkenntniss von der Un-
haltbarkeit des gegenwärtigen Zustandes war, geht daraus hervor, dass
gleich nach dem Zusammentritt des neu gewählten Abgeordnetenhauses
am 14. Oktober 1879 von 30 Abgeordneten ein Antrag eingebracht wurde:
Die Regierung möge in einem Gesetzentwurf die Bedingungen feststellen,
unter denen der Staat allen denjenigen Gebieten, die durch den Bau von
Sekundärbahnen dem wirthschaftlichen Niedergang entrissen würden, die
Herstellung solcher Bahnanlagen ermöglichen könnte. „Nicht bloss vom
finanziellen Standpunkte", hiess es in der Begründung zu diesem Antrage,
„auch vom Standpunkte der Gerechtigkeit sei die Herstellung von Lokalbahnen nothwendig, denn es würde dem österreichischen Reichsgedanken
dadurch der richtige Ausdruck gegeben, dass in dieser Angelegenheit alle
Theile des Reiches eine gleiche wohlwollende Behandlung erfahren". Die
Aufnahme, welche dieser Antrag seitens der Regierung fand, war eine
sehr freundliche, und als der Gegenstand bald darauf im Eisenbahnausschusse des Abgeordnetenhauses zur Sprache gebracht wurde, konnte der
Handelsminister Freiherr v. Korb-Weidenheim die Erklärung abgeben, dass
die Regierung vollständig auf dem Standpunkte des Antrages stehe und in
der allernächsten Zeit ein „Konzessionsgesetz" einbringen werde, welches
alle Zugeständnisse enthalten werde, die der Staat bei dem Bau von
Nebenbahnen nach Auffassung der Regierung einzuräumen in der Lage
sei. Von dem richtigen Gesichtspunkte ausgehend, dass die zunächst in
Aussicht genommenen Linien sich als integrirende Theile des grossen
Hauptnetzes darstellten, erklärte der Handelsminister, sich nicht für ein
bestimmtes System entscheiden zu können, indem er die Nothwendigkeit be-
tonte, entwicklungsfähige Linien gleich von vorne herein nach einem solchen
Systeme zu bauen, welches auch die nöthige Erweiterung und Entwicklung
derselben möglich machen würde, womit den vorzeitigen Bestrebungen,
der Schmalspur Geltung zu verschaffen, der Boden entzogen werden sollte.
Man war sich aber auch darüber klar, dass bei der dermaligen Finanzlage
des Staates von einer finanziellen Betheiligung an dem Bau abgesehen

werden müsse, und wie die Folge zeigte, gab man sich keiner Täuschung
hin, wenn man annahm, dass weitergehende technische Begünstigungen,
sowie die Gewährung der Steuerfreiheit für eine längere Reihe von Jahren
sich als genügend erweisen würden, um eine Anzahl von Nebenbahnen
durch die Initiative der Interessenten ins Leben zu rufen. Diese von der
Regierung kundgegebene Absicht wurde von der Bevölkerung mit grosser
Befriedigung aufgenommen. Schon die Aussicht auf das Zustandekommen
des Gesetzes hatte genügt, um eine Anzahl von Eisenbahnprojekten, an
deren Ausführung man kaum mehr zu denken gewagt, lebensfähig zu gestalten, so zwar, dass binnen kurzer Zeit aus einem Kronlande (Böhmen)
allein über hundert Konzessionsgesuche bei der Regierung einliefen. Die
Hoffnung, dass das neue Gesetz auf die Wiederbelebung der Industrie und
Landwirthschaft von günstigem Einflusse sein werde, liess es begreiflich
erscheinen, dass man der Erfüllung des von der Regierung gegebenen Ver-
sprechens erwartungsvoll entgegensah.

I.

Durch den Gesetzentwurf, welchen der Handelsminister Freiherr v. Korb
im Abgeordnetenhause am 29. November 1879 einbrachte und dessen
Grundbestimmungen bis zum heutigen Tage für die gesetzliche Regelung
des österreichischen Nebenbahnwesens maassgebend geblieben sind, sollte
die Regierung ermächtigt werden, bei Konzessionirung neuer Lokalbahnen
(Sekundärbahnen, Vizinalbahnen u. dgl.) nicht nur in Bezug auf den Bau
und die Ausrüstung alle thunlichen Erleichterungen zu gewähren, sondern
auch in Bezug auf den Betrieb von den in der Eisenbahnbetriebsordnung
vom 16. November 1851 und den einschlägigen Nachtragsbestimmungen
vorgeschriebenen Sicherheitsvorkehrungen insoweit Umgang zu nehmen,
als dies mit Rücksicht auf die besonderen Verkehrs- und Betriebsverhältnisse,
insbesondere die festgesetzte ermässigte Fahrgeschwindigkeit nach dem
Ermessen des Handelsministeriums zulässig erscheint; ferner sollte die
Regierung ermächtigt werden, Lokalbahnen von der in der Eisenbahnbetriebsordnung sowie im Eisenbahnkonzessionsgesetze ausgesprochenen Verpflichtung zur unentgeltlichen Beförderung der Post zu
entheben. Gleichartige Erleichterungen in Bezug auf Bau und Betrieb
sollten nach dem Ermessen des Handelsministeriums auch für schon
bestehende Eisenbahnen zugestanden werden, wenn auf denselben oder
einzelnen Zweig- oder Verbindungslinien der Lokalbahnbetrieb mit ermässigter Fahrgeschwindigkeit eingeführt wird. Die Benutzung der Reichsstrassen sollte gestattet werden, insoweit nicht durch den Bahnbetrieb die
Sicherheit des Strassenverkehrs gefährdet würde, und zwar unter folgenden
Voraussetzungen: Die Zulässigkeit und die Bedingungen der Strassen-

benutzung sind durch die Strassenverwaltung im Einvernehmen mit der Eisenbahn-Aufsichtsbehörde festzustellen. Jedoch ist, unbeschadet der aus dem Bestand des Mauthgefälles erwachsenden Verbindlichkeiten, für die Strassenbenutzung ein besonderes Entgelt nicht zu entrichten. Die Kosten der ordnungsmässigen Erhaltung des benutzten Strassentheils, sowie etwaige durch die fragliche Benutzung veranlasste Mehrkosten der Strassenerhaltung überhaupt, desgleichen die Kosten der zur Hintanhaltung einer Störung oder Gefährdung des Strassenverkehrs erforderlichen besonderen Vorkehrungen treffen die Lokalbahn - Unternehmungen. Andere öffentliche Strassen können mit Zustimmung der zur Erhaltung verpflichteten Strassenverwaltungen zur Anlage von Lokalbahnen in Anspruch genommen werden.

Ausser diesen Zugeständnissen beantragte die Regierung, im Falle der Konzessionsertheilung nachstehende Begünstigungen zu gewähren:

1. Die Befreiung von den Stempeln und Gebühren für alle Verträge, bücherlichen Eintragungen, Eingaben und sonstigen Urkunden zum Zwecke der Kapitalsbeschaffung und Sicherstellung der Kapitalsverzinsung und des Betriebes bis zum Zeitpunkte der Betriebseröffnung, sowie für Verträge, betr. den Grunderwerb, Bau und die Ausrüstung der Bahn bis zum Schlusse des ersten Betriebsjahres;

2. die Befreiung von den Stempeln und Gebühren für die erste Ausgabe der Aktien und Prioritätsobligationen mit Einschluss der Interimsscheine und für die bücherliche Eintragung der Prioritätsobligationen;

3. die Befreiung von der Erwerb- und Einkommensteuer, von der Entrichtung der Couponstempelgebühren, sowie von jeder neuen Steuer, welche etwa durch künftige Gesetze eingeführt werden sollte, auf die Dauer von dreissig Jahren vom Tage der Konzessionsertheilung an.

Inwiefern für einzelne Lokalbahnen etwa weitergehende finanzielle Unterstützungen seitens der Staatsverwaltung durch Gewährung eines Beitrages aus Staatsmitteln oder auf sonstige Weise zuzugestehen wären, sollte in jedem einzelnen Falle besonders bestimmt werden.

Mit der Vorlage dieses Gesetzentwurfes verfolgte die Regierung einerseits den Zweck, den Bau von Nebenbahnen in der allernächsten Zeit zu ermöglichen, andererseits aber sollten auf Grundlage dieses Gesetzes Erfahrungen zur Schaffung eines entgültigen Nebenbahngesetzes gewonnen werden.

Da der Gesetzentwurf im Wesentlichen keine anderen Begünstigungen enthielt, als solche, welche schon bisher für den Bau von Nebenbahnen gewährt wurden, so blieben seine Vortheile darauf beschränkt, dass nunmehr die Ausführung jedes einzelnen Projektes nicht an ein Spezialgesetz gebunden sein sollte. Hierdurch glaubte man mit Recht das Zustandekommen von Nebenbahnen zu fördern, weil der schwerfällige legislative Apparat dieselben häufig der Gefahr aussetzte, gerade den für die Inslebensetzung des Unternehmens günstigen Moment zu versäumen. So einig man aber bisher darüber war, mit thunlichster Raschheit die nothwendigen Voraussetzungen für eine Wiederaufnahme des Eisenbahnbaues zu schaffen, so schien es doch, als ob das Zustandekommen des Gesetzentwurfes durch die parlamentarische Behandlung eine Verzögerung erfahren sollte.

Der zum Berichterstatter bestellte Dr. Rieger, einer der Führer der Mehrheitspartei, legte einen selbständigen Gesetzentwurf vor, welcher sich von der Regierungsvorlage in einigen wichtigen Punkten unterschied. Er beantragte, die Konzessionirung für Nebenbahnen, welche die Grenze eines Landes nicht überschreiten und sich nicht in Grenzbezirken bewegen, sowie vom Staate keinerlei finanzielle Unterstützung beanspruchen, möge nicht von Seite der Regierung und des Parlamentes, sondern von Seite der Statthalterei im Einvernehmen mit dem Landesausschusse ertheilt werden. Im Falle für eine solche Bahn eine finanzielle Unterstützung aus Landesmitteln gewährt würde, sollte die Konzessionirung nur durch ein Landesgesetz erfolgen können, während dem Ministerium in allen Fällen das Einspruchsrecht gewahrt bliebe. Den Gemeinden und Bezirksvertretungen sollte zum Zwecke der Unternehmung und Förderung des Baues von Nebenbahnen die Freiheit in Bezug auf die Verfügung über ihr Vermögen und ihren Kredit gewahrt werden; der Landesgesetzgebung sollte es ferner vorbehalten bleiben, zu bestimmen, ob und in welchem Maasse die Gemeinden zur Beschaffung des Grundes oder zu sonstigen Leistungen für einen sie treffenden Bahnbau herangezogen, bis zu welchem Maasse Bezirks- und Gemeindevertretungen im Interesse eines Bahnbaues belastet werden können. Endlich sollte es der Landesgesetzgebung vorbehalten bleiben, einen im Verhältnisse zu dem Katastralreinertrage bemessenen Maximalpreis für zum Bau von Nebenbahnen zu enteignende Grundstücke festzusetzen. Dieser Entwurf, welcher ein wichtiges Zugeständniss an das autonomistische Prinzip bedeutete und früher oder später von demselben Uebelstande begleitet gewesen wäre, wie das Gesetz vom Jahre 1865 in Frankreich, wo eben der weitgehende Einfluss der Departements- und der Generalräthe eine Anzahl lebensunfähiger Linien hervorrief, welche dann der Staat übernehmen musste, begegnete so heftigem Widerspruch, dass nach längeren Berathungen und nachdem der Referent seinen Entwurf zurückgezogen und das Referat niedergelegt hatte, die Regierungsvorlage vom Eisenbahnausschusse zur Grundlage der Spezialdebatte angenommen wurde.

Als der Gesetzentwurf am 6. März in die Plenarberathung des Ab-
geordnetenhauses gelangte, wurde derselbe abermals von mehreren Seiten
bekämpft; vor Allem war es der Mangel einer Definition des Begriffes
„Lokalbahn", welcher zu lebhaften Erörterungen Veranlassung gab. Der
Gesetzentwurf wurde als ein Kuriosum bezeichnet, weil derselbe einen
Verzicht der Prärogative der gesetzgebenden Körper zu Gunsten der
Regierung enthalte. Dem gegenüber war es für den Berichterstatter,
R. v. Kozlowski ein Leichtes, nachzuweisen, dass ein solcher Verzicht geleistet
werden müsse, wenn die Regierung überhaupt etwas Zweckmässiges zu
Stande bringen solle. Eine Begriffsbestimmung sei grundsätzlich ver-
mieden worden, weil man bei einer solchen leicht Anlass geben könnte,
dass alles nach der Schablone behandelt werde, und dass das, was in
dieselbe nicht hineinpasst, von der Begünstigung des Gesetzes ausgeschlossen werde. Dem Ausschuss habe aber der Gesichtspunkt vorge-
schwebt, dass das Gesetz überall da Anwendung finde, wo die Verhältnisse
die Anwendung gestatten. Das Parlament konnte sich endlich dieser
Erwägung nicht verschliessen, und der von der Regierung vorgelegte
Gesetzentwurf gelangte mit der Giltigkeitsdauer bis Ende des Jahres 1882
beinahe unverändert zur Annahme. Am 25. Mai 1880 erlangte das Gesetz*) die kaiserliche Sanktion und trat am 5. Juni als am Tage seiner
Kundmachung in Kraft, nachdem es früher noch durch die Verordnung des
Handelsministeriums vom 29. Mai 1880, womit Erleichterungen hinsichtlich der Verfügung und kommissionellen Behandlung der Projekte für
Lokal- und Schleppbahnen eingeführt wurden, eine zweckmässige Ergänzung
erhalten hatte.**)

II.

Die Erwartungen, welche man an das Gesetz „betreffend die Zugeständnisse und Begünstigungen für Lokalbahnen" geknüpft hatte, waren
nicht unberechtigt; denn bald entwickelte sich eine ausgedehnte Bauthätigkeit, welche nicht nur beim inländischen, sondern auch beim ausländischen, namentlich deutschen Kapitale kräftige Unterstützung fand.
Während im Jahre 1880 101 Kilometer Eisenbahnen konzessionirt wurden,
belief sich im Jahre 1881 diese Zahl auf 500 Kilometer, und 1882 wurden
322 Kilometer konzessionirt. Es erwies sich daher als nothwendig, die
Geltungsdauer des Gesetzes vom 25. Mai 1880 auf zwei Jahre (bis Ende
1884) zu verlängern. Bald jedoch trat schon ein Rückschlag ein, indem
im Jahre 1883 nur noch 146 Kilometer zur Konzessionirung gelangten.
Dieses Ergebniss konnte immerhin als ein befriedigendes bezeichnet werden.

---

*) Siehe Anlage A.
**) Siehe Anlage B.

Für die Minorität des Abgeordnetenhauses aber, welche inzwischen wiederholt Vorwürfe gegen die Regierung erhoben hatte, das Gesetz nicht richtig angewendet zu haben, war der Rückgang im Eisenbahnbau ein willkommener Anlass, um auf die Beseitigung des bisherigen Provisoriums und auf die Schaffung eines endgültigen Lokalbahngesetzes hinzuwirken. Die Regierung, von derselben Absicht beseelt, war indess weit entfernt davon, ihre Befugnisse einschränken zu lassen, und richtete ihr Bestreben vielmehr dahin, eine periodische Verlängerung der ihr ertheilten Vollmachten in Zukunft zu vermeiden und diese auf unbegrenzte Dauer zu erlangen. Die Wendung, welche die Nebenbahnfrage hiermit in Oesterreich angenommen hat, lag keineswegs im Interesse der auf bestem Wege begriffenen Fortentwicklung des Eisenbahnwesens, allein sie erscheint von solcher prinzipiellen Bedeutung, dass es gestattet sein möge, auf dieselbe näher einzugehen.

Wie die Entwicklung des Nebenbahnwesens im Allgemeinen lange Zeit unter der Unklarheit des durch dasselbe zu befriedigenden Bedürfnisses zu leiden hatte, so mussten sich in Oesterreich besondere Schwierigkeiten von dem Augenblicke an ergeben, in welchem man die staatliche Einflussnahme auf das Nebenbahnwesen von einer gesetzlichen Definition des Begriffes einer „Lokalbahn", unter welcher Bezeichnung man in Oesterreich seit dem Jahre 1875 sämmtliche Arten von Nebenbahnen zusammenfasst, abhängig machte und dadurch die Nebenbahnfrage zu einer Kompetenzfrage gestaltete. Ueberblickt man die allgemeine Tendenz der Gesetzgebung über die Nebenbahnen, so findet man, dass fast in allen Staaten nur die Regelung ihrer finanziellen Verhältnisse in Betracht gezogen wird, während die dem steten Fortschritt unterworfenen technischen Bestimmungen der Verwaltung überlassen bleiben. Ein gleicher Vorgang wäre mit Rücksicht auf den Stand der Eisenbahngesetzgebung auch in Oesterreich möglich gewesen; denn das Eisenbahnkonzessionsgesetz vom 14. September 1854 überlässt es im § 10 dem Ermessen der Staatsverwaltung, „einer Eisenbahnunternehmung nach den obwaltenden besonderen Verhältnissen eine oder die andere Verbindlichkeit zu erleichtern". Auch hat die Regierung unangefochten bis zum Jahre 1880, das ist dem Zeitpunkte, in welchem das Lokalbahngesetz in Wirksamkeit getreten ist, bau- und betriebspolizeiliche Vorschriften für Eisenbahnen erlassen. Es sei hier insbesondere auf den Handelsministerialerlass vom 19. April 1875 hingewiesen, durch welchen eine Reihe wesentlicher Erleichterungen für den Bau und Betrieb von Sekundärbahnen bewilligt wurden. Die Kompetenz zur Konzessionirung von Nebenbahnen, sowie zur Gewährung von Begünstigungen, stand also schon vor dem Lokalbahngesetze ausser jedem Zweifel und die Regierung konnte mit diesem Gesetze nur eine allgemeine Regelung der finanziellen Verhältnisse von Lokalbahnen im Auge haben. Das Gesetz hat daher

auch den Titel erhalten: „Gesetz, betreffend die Zugeständnisse und Begünstigungen für Lokalbahnen." Indem aber in das Gesetz technische
Bestimmungen aufgenommen wurden, und Handelsminister Freiherr v. Korb
dasselbe einmal als ein „Konzessionsgesetz" bezeichnete, ist Raum für
die irrthümliche Auffassung entstanden, dass das Recht der Regierung,
eine Linie als Lokalbahn zu bestimmen, erst durch das Lokalbahngesetz begründet worden sei. Hieraus ergab sich dann weiter die
Möglichkeit, bei Beurtheilung einer jeden einzelnen Konzession, ja
sogar schon bei Vorkonzessionen eine Kontroverse über die Frage
hervorzurufen, ob diese oder jene Linie wirklich unter den Begriff einer
Lokalbahn falle oder ob die Regierung nicht ihren Wirkungskreis überschritten habe. Nun könnte man glauben, dass vielleicht die im Lokalbahngesetze festgestellten finanziellen Begünstigungen die Befugnisse der
Regierung ausserordentlich erweiterten und dass dieser Umstand die
Nothwendigkeit einer Bestimmung des Begriffs einer Lokalbahn begründe,
weil man sich sagen könnte, dass das Parlament die Steuerbegünstigung
nur für solche Linien bewilligt sehen wollte, welche nach seiner Auffassung
als Lokalbahnen anzusehen sind. Eine solche Auffassung erscheint aber
nicht gerechtfertigt, denn das Parlament hat die Steuerbegünstigungen
nicht ertheilt, um sich einen Einfluss auf die Bestimmung, ob eine Linie
als Lokalbahn zu konzessioniren sei oder nicht, zu sichern, sondern es
konnte hierbei nur von der Erwägung ausgegangen sein, dass die Steuerbegünstigungen als ein Minimalausmaass anzusehen sind, welches für
Eisenbahnen und speziell für Sekundärbahnen in den dem Lokalbahngesetz
vorangehenden Jahren stets bewilligt wurde. In der Tendenz des
Gesetzes hatte es ja von Anfang an gelegen, dadurch, dass
die bisher üblichen Zugeständnisse nunmehr im Allgemeinen,
je nach dem Ermessen der Regierung zur Anwendung gelangen
sollten, fördernd auf die Entwicklung des Nebenbahnwesens einzuwirken.
Eine Präventivmaassregel gegen die Konzessionirung von Linien, welche
nach Ansicht des Parlamentes über den Rahmen einer Lokalbahn hinausgehen, kann aber in dem aus der Steuerbegünstigung etwa abzuleitenden
Einflusse des Parlaments schon deshalb nicht erblickt werden, weil
gegebenen Falls solche Linien auch ohne Steuerfreiheit gebaut werden
können, in welchem Falle die Konzessionirung auf Grund des Eisenbahnkonzessionsgesetzes vom Jahre 1854 erfolgen würde. Von einer Ver-
kürzung des Rechtes der Gesetzgebung kann daher nicht die Rede sein,
weil ihr Einfluss ja doch nur ein beschränkter ist, ein Einfluss, der sich
nicht auf das Konzessionsrecht erstreckt, sondern nur auf die zu ertheilende
Steuerbefreiung und in der Verordnung des Handelsministeriums vom
29. Mai 1880 im § 1 ausdrücklich festgestellt wurde, dass die Bestimmung,

ob einer projektirten Eisenbahn die Eigenschaft einer Lokalbahn zukomme,
— insoweit darüber nicht ein Gesetz entschieden hat — vom Handelsministerium im Einvernehmen mit den betheiligten Ministerien schon bei
Ertheilung der Vorkonzession, also in einem Stadium, wo die Regierung
zur Frage der Steuerbegünstigung noch gar nicht Gelegenheit hat, Stellung
zu nehmen, getroffen wird, ohne dass diese Verordnung je eine Anfechtung
erfahren hätte. Das Lokalbahngesetz bietet somit in dieser Richtung
keinen Schutz, und es ist nicht richtig, wenn gesagt wird, dass durch
dieses Gesetz der Regierung ein wichtiges Vertrauensvotum ertheilt werde,
nachdem schon das Eisenbahnkonzessionsgesetz die wichtigsten Vollmachten
in die Hände der Regierung gelegt hat. Es ergiebt sich aus dem Vorher-
gesagten, dass, wenn auch das Gesetz vom 25. Mai 1880 ausser Steuer-
und Gebührenfreiheiten noch andere, das Wesen einer Lokalbahn bestimmende
Begünstigungen aufgenommen hat, diese schon in dem Eisenbahnkonzessionsgesetz vom Jahre 1854 begründet sind und aus diesem der Uebersichtlichkeit halber herübergenommen wurden.

Es erscheint umso wichtiger, den Einfluss, welcher dem Parlamente
auf die Konzessionirung von Eisenbahnen zusteht, klar zulegen, weil es
bedauerlich und der Entwicklung des österreichischen Eisenbahnwesens
gewiss nicht zuträglich wäre, wenn für die Frage, ob eine Linie als Haupt-
oder als Nebenbahn zu bauen sei, etwaige finanzielle Begünstigungen und
nicht die jeweiligen Verkehrsbedürfnisse maassgebend wären. Geht doch
das englische Gesetz vom 31. Juli 1868 über die „Light Railways" so
weit, dass es die Regierung ermächtigt, nach ihrem Ermessen jede der
vom Parlamente als Hauptbahn konzessionirten Linien als Nebenbahn
bauen und betreiben zu lassen, eine Bestimmung, deren Zweckmässigkeit
gerade in Oesterreich, wo heute viele als Hauptbahnen ins Leben gerufene
Linien als Nebenbahnen betrieben werden, einleuchten sollte. Untersucht
man die Berechtigung der für die Nothwendigkeit einer Begriffsbestimmung
der Lokalbahn vorgebrachten Argumente an sich, so waren es vornehmlich
solche Linien, denen die Eigenschaft einer Lokalbahn bestritten wurde,
welche eine Verbindung zweier Hauptbahnen darstellen. Hat aber die
Erfahrung nicht gezeigt, dass gerade diesen Linien im Nebenbahnverkehr
eine grosse Rolle zugewiesen ist? Freycinet hat sogar in seinem Eisen-
bahnprogramm vom Jahre 1878 den Grundsatz aufgestellt, dass eine
der wesentlichsten Funktionen der Nebenbahnen darin bestehen müsse, die
grossen Bahnen an geeigneten Orten unter einander zu verbinden. Die
Verbindungslinien sind auch in der Regel einer besonderen Berücksichtigung
würdig, und es ist nur dankbar zu begrüssen, wenn das Zustandekommen
solcher Linien dadurch begünstigt wird, dass sie auf einen gewissen
Durchzugsverkehr zählen können. Mit Konkurrenzbefürchtungen kann

man auch zu weit gehen. Der Verwaltungsgerichtshof hat anlässlich der
Beschwerde einer Hauptbahn gegen die Konzessionirung einer Verbindungsbahn ausgeführt, „dass bei der geringen Länge des durch die Lokalbahn
aufzuschliessenden Gebietes es nicht zweifelhaft sein könne, dass die
projektirte Bahn für sich allein nur einen Lokalverkehr vermitteln könne,
und dass sie für einen über das Lokalinteresse hinausgehenden Verkehr
auf die betreffende Hauptbahn angewiesen ist". Das Verkehrsgebiet
der Hauptbahnen wird ganz von selbst mit der Entwicklung des Eisenbahnwesens eingeengt, während die Ueberlegenheit der Hauptbahnen naturgemäss in der Ausdehnung ihrer Linien erblickt werden
muss.

Wenn aber die Unmöglichkeit einer gesetzlichen Begriffsbestimmung
nach der geographischen Lage einer Linie dargethan ist, so kann dem
Versuche, eine solche Bestimmung vom Standpunkte der Verwaltung aufzustellen insoweit dieselbe ihre bau- und betriebspolizeilichen Maassnahmen dem
vorhandenen Verkehrsbedürfnisse anzupassen bestrebt sein muss, eine
gewisse Berechtigung nicht abgesprochen werden.*)

Im Allgemeinen wird man aber an der Ansicht festhalten müssen,
dass es für die Klassifikation der Eisenbahnen keinerlei entscheidende
Kriterien gebe, indem die Zahl der Mischungen, in der ihre Verkehrs-
und Konstruktionseigenschaften erscheinen müssen, wenn sie ihrem jedes-
maligen Zwecke entsprechen sollen, so vielfältig sind, wie die Bedürfnisse,
denen sie zu dienen haben.

III.

Die Regierung mag wohl von ähnlichen Erwägungen geleitet gewesen
sein, als sie am 14. März 1884 eine neue Vorlage betreffend die Zugeständnisse und Begünstigungen für Nebenbahnen einbrachte, welche sich
in ihren Grundzügen an die bisherige Vorlage anlehnte, aber einige
wesentliche Ergänzungen enthielt. Die neue Vorlage wurde damit begrün-

---

*) Der Verein Deutscher Eisenbahnverwaltungen unterscheidet nach den Beschlüssen
der vom 28. bis 30. Juli 1886 in Salzburg abgehaltenen Technikerversammlung des Vereins:

1. normalspurige Nebenbahnen (Spurweite = 1435 mm), welche zwar in ihrem
Oberbau im Wesentlichen mit den Hauptbahnen übereinstimmen, auf welche daher sowohl
Lokomotive, als auch Wagen der Hauptbahnen übergeben können, bei welchen aber die
Fahrgeschwindigkeit von 40 km i. d. St. an keinem Punkte der Bahn überschritten werden
darf, und für welche, dem auf ihnen zu führenden Betriebe entsprechend, erleichternde
Bestimmungen Platz greifen dürfen;

2. normal- oder schmalspurige Lokalbahnen, welche dem öffentlichen Verkehre,
jedoch vorwiegend dem Lokalverkehre zu dienen haben, mittelst Dampfkraft durch
Adhäsionsmaschinen betrieben werden, bei welchen ferner der grösste Raddruck in der
Regel nicht mehr als 5000 kg beträgt und die Fahrgeschwindigkeit von 30 km i. d. St.
an keinem Punkte der Bahn überschritten werden darf.

det, dass bei sorgfältigem Studium der einschlägigen Verhältnisse auf
Grund der bis dahin gemachten Erfahrungen die Ueberzeugung gewonnen
worden sei, dass die derzeit in Kraft stehenden gesetzlichen Normen im
Allgemeinen vollkommen ausreichen, um Eisenbahnen minderer Ordnung
aller Art in zweckmässiger und ökonomischer Weise sicherzustellen.
Die bisherigen gesetzlichen Normen hätten gerade wegen ihrer Allgemeinheit und des Fehlens schablonisirender technischer und sonstiger Einzelbestimmungen bei sachgemässer und zugleich möglichst koulanter Durchführung von Seite der zuständigen Verwaltungsbehörden sich als vorzugsweise geeignet erwiesen, bei der Konzessionirung neuer Bahnen fördernd
einzuwirken.   Die Abänderungen, welche die neue Regierungsvorlage
enthielt, lassen sich in nachstehenden Punkten zusammenfassen: Im
Art. 1 wurde in der Parenthese, in welcher, wie im Gesetze vom
25. Mai 1880 die üblichen Bezeichnungen von Eisenbahnen minderer Ordnung
angeführt wurden, auch die Bezeichnung „Dampftramway" aufgenommen.
Die Dauer der für Lokalbahnen zu gewährenden Befreiung von Steuern
und Gebühren, welche im Gesetze vom 25. Mai 1880 auf dreissig Jahre
festgesetzt war, sollte auf zwanzig herabgesetzt werden.   Neu war ferner
die Bestimmung betreffend die Umwandlung der im Gesetze vom 13. Dezember 1862 festgesetzten Stempelgebühr von den Personenfahrkarten in
eine mit 3 % des Fahrpreises sammt Agiozuschlag zu bemessende Prozentualgebühr.   Hierfür waren folgende Erwägungen maassgebend: Durch die
bestehende Vorschrift über die Stempelpflichtigkeit der Personenfahrkarten,
wonach die einzelne Personenfahrkarte unbeschadet der nach dem Gesetz
vom 11. Mai 1871 für lokale Verkehrsunternehmungen zugestandenen
bedingten Gebührenbefreiung, bei einem Fahrpreise bis zur Höhe von
50 Kr., ohne Rücksicht auf die thatsächlich erhobene Fahrtaxe der Stempelgebühr von einem Kreuzer unterliegt, wird die Anwendung des anderwärts,
insbesondere bei den oberitalienischen Tramways, mit Erfolg in Uebung
stehenden unter Umständen mit besonderen Vortheilen für die ökonomische
Durchführung des Personenverkehres verbundenen Billetsystems, wonach
nur e i n e, dem Minimalfahrpreise entsprechende Art von Personenfahrkarten
besteht und dem eine längere Strecke (mehrere Zonen) zurücklegenden
Fahrgast nicht eine auf einen höheren Betrag lautende Fahrkarte, sondern
die den durchfahrenen Zonen entsprechende Anzahl solcher Fahrkarten
ausgefolgt wird, erheblich erschwert, oder bei Festsetzung kurzer, einem
geringen Minimalfahrpreise entsprechender Zonen durch die in diesem
Falle sich ergebende unverhältnissmässige Belastung auch ganz unmöglich
gemacht. (Bei Annahme eines Zonenbillets zum Fahrpreise von 5 Kr.
würde z. B. die Stempelgebühr bei einem Gesammtfahrpreise von 50 Kr.
schon 10 Kr., also 20 % der der Bahnunternehmung verbleibenden

Bruttoeinnahme, bei Zonenbillets zum Preise von 10 Kr. für den gleichen Gesammtfahrpreis von 50 Kr. aber noch immer 5 Kr., oder 10°/0 der Bruttoeinnahme betragen.) Ueberdies bedingt die bestehende Vorschrift über die Erhebung der Stempelgebühr von den Personenfahrkarten eine ungerechtfertigte Ueberlastung derjenigen Lokalbahnunternehmungen, insbesondere der Dampftramways, deren Rentabilität vorzugsweise auf den lokalen Personenverkehr gegründet ist, und ausserdem die Nothwendigkeit einer ziemlich eingehenden, in mehrfacher Beziehung lästigen und auch mit Kosten verbundenen Kontrole von Seiten der Finanzbehörden. Allen diesen Uebelständen sollte durch die beantragte Umwandlung dieser Stempelgebühr in eine Prozentualgebühr vorgebeugt werden. Was die. den Lokalbahnen seitens der Staatsverwaltung zuzuwendenden, finanziellen Begünstigungen betrifft, so sollte die Regierung in Hinkunft auch ermächtigt sein, im Falle der Uebernahme einer Lokalbahn in Staatsbetrieb die Betriebsauslagen auf Grund der zu ermittelnden voraussichtlichen Selbstkosten zu pauschaliren, eine Bestimmung, welche als eine sehr wirksame, gleichwohl aber den Staat eigentlich nicht belastende Begünstigung der Lokalbahnunternehmung hingestellt wurde. Während nach Art. 8 des Lokalbahngesetzes vom 25. Mai 1880 die Gewährung weitergehender finanzieller Unterstützungen für einzelne Lokalbahnen von Seiten der Staatsverwaltung durch Gewährung eines Beitrages aus Staatsmitteln oder auf sonstige Weise nur von der speziell einzuholenden legislativen Ermächtigung abhängig gemacht wird, sollte nunmehr hierfür eine gewisse allgemeine Direktive von allerdings mehr grundsätzlicher Bedeutung geschaffen werden. Es wurde nämlich festgesetzt, dass derartige, nach wie vor auf dem Wege der Gesetzgebung zu gewährende finanzielle Unterstützungen nur für solche Lokalbahnen in Aussicht gestellt werden, bezüglich deren Durchführung die erforderlichen Geldmittel von den Interessenten ungeachtet der von denselben bethätigten Opferwilligkeit nicht vollständig aufgebracht werden können und demnach das Zustandekommen der Bahn von der Gewährung einer staatlichen Unterstützung abhängt. Eine weitere Ergänzung betraf die dem Staate seitens der Lokalbahnunternehmungen einzuräumende Befugniss, die Lokalbahn oder einzelne Strecken derselben im Wege der Péage gegen angemessene, nöthigenfalls im Enteignungswege festzusetzende Vergütung für an dieselbe anschliessende Staatsbahnlinien zu benutzen. Hierdurch sollte die Möglichkeit geschaffen werden, einzelne Theilstrecken grösserer Staatsbahnnetze zunächst als Lokalbahnen durch Privatunternehmer herstellen zu lassen und erst in der Folge in das Staatsbahnnetz einzubeziehen. In Bezug auf die Ausgabe von Prioritätsobligationen sollten die bisher in der Regel auferlegten Beschränkungen als ausnahmslose gesetzliche Anordnung Geltung erlangen. Es sollte

nämlich die Ausgabe von Prioritäten bis zur Vollendung und Inbetriebsetzung gänzlich und auch nach diesem Zeitpunkte insolange ausgeschlossen
bleiben, als nicht die Verzinsung und Tilgung in den faktisch erzielten
und als dauernd gesichert anzusehenden Reinerträgnissen der Bahn ausreichende Bedeckung findet. Von prinzipieller Wichtigkeit sind die Bestimmungen über die Benutzung öffentlicher Strassen für die Anlage
von Lokalbahnen, welche mit Rücksicht auf die gewonnenen Erfahrungen
im Interesse der Entwicklung des Systems der Dampfstrassenbahnen
sich in Zukunft nicht nur auf die Reichsstrassen, sondern auch
auf die nichtärarischen Strassen erstrecken sollten. Die leitenden
Gesichtspunkte für die Benutzung sowohl der Reichsstrassen als der
nichtärarischen öffentlichen Strassen für Lokalbahnen lassen sich dahin
zusammenfassen, dass die Strassenbenutzung die Sicherheit des Strassenverkehres nicht gefährden darf, dass dieselbe im Allgemeinen unentgeltlich
zu gestatten ist, dass jedoch aus diesem Anlasse denjenigen Organen,
welchen die Strassenverwaltung obliegt, keine Mehrbelastung erwachsen
darf. Bezüglich der Benutzung nichtärarischer öffentlicher Strassen wurde
die prinzipiell wichtige Beschränkung aufgenommen, dass andere Bedingungen, als die sich aus strassenpolizeilichen Rücksichten ergebenden,
den Bahnunternehmungen nicht auferlegt werden dürfen. Rücksichtlich
der Benutzung der Reichsstrassen sollte die politische Landesbehörde im
Einvernehmen mit den Eisenbahnaufsichtsbehörden entscheiden, bei nichtärarischen Strassen sollte die Entscheidung auf Grund des mit den Eisenbahnaufsichtsbehörden zu pflegenden Einvernehmens durch den Landesausschuss im Einverständniss mit der politischen Landesbehörde erfolgen.
Wenn zwischen den beiden letzteren eine Einigung nicht zu Stande
kommt, so hätte das Ministerium des Innern im Einvernehmen mit
dem Handelsministerium zu entscheiden. Endlich sollte die Frage
geregelt werden, nach welchen Konzessionsnormen solche Lokalbahnen zu
behandeln seien, welche nicht mit Dampfkraft, sondern mit anderen Motoren,
z. B. Elektrizität, betrieben werden, dann ob die für Lokalbahnen überhaupt zulässigen Begünstigungen und Erleichterungen auch auf Lokalbahnen
der letzteren Art und auf Pferdebahnen amerikanischen Systems anwendbar
seien, welche nicht auf Grund des Eisenbahnkonzessionsgesetzes vom
14. September 1854, sondern auf Grund Allerhöchster Entschliessungen
vom 25. Februar 1859 und vom 8. März 1867 vom Handelsministerium
konzessionirt werden. In dieser Beziehung glaubte die Regierung, dass
bei den Eisenbahnen, welche nach den sonstigen Bedingungen ihrer Anlage
und des Betriebes unter die Bestimmungen des Eisenbahnkonzessionsgesetzes
fallen, von der Beschaffenheit des Motors abgesehen werden könne und die
vollständige Gleichstellung der Lokalbahnen, welche mit Dampfkraft be-

trieben, mit denjenigen, welche auf der Anwendung eines anderen Motors
beruhen, gerechtfertigt erscheine. Den Pferdebahnen amerikanischen
Systemes sollten die gleichen Begünstigungen zugestanden werden,
was insbesondere in Bezug auf die Strassenbenutzung von Wichtigkeit
war, indem hierdurch Kompetenzkonflikten, wie sie sich zwischen dem
Handelsministerium und der Wiener Kommune in Angelegenheit der Wiener
Tramwaygesellschaft wiederholt ergeben haben, in Zukunft vorgebeugt werden
sollte. Als Geltungsdauer des Gesetzes wurde die Zeit bis zum 31. Dezember 1887 in Vorschlag gebracht und dieser längere Zeitraum damit
begründet, dass die bisherigen Verhältnisse voraussichtlich noch eine Reihe
von Jahren andauern würden.

Eine baldige Erledigung dieses Gesetzentwurfs war mit Rücksicht
auf den vorgeschrittenen Sessionsabschnitt kaum zu erwarten, und die
Regierung sah sich daher, da die Wirksamkeit des Gesetzes vom 25. Mai
1880 nur bis Ende Dezember 1884 sich erstreckte, wieder veranlasst,
um eine Verlängerung dieses Gesetzes bis 1. Juli 1886 nachzusuchen.
Bis dahin konnte man hoffen, dass die Berathungen über den am
14. März 1884 eingebrachten Gesetzentwurf zum Abschlusse gelangt sein
würden. Die Angriffe, welche die Minorität des Abgeordnetenhauses
bisher in Bezug auf die Anwendung des Lokalbahngesetzes gegen die
Regierung gerichtet hatte, wiederholten sich bei Berathung des Gesetzentwurfs über Verlängerung des Lokalbahngesetzes in verschärftem Maasse,
und die Frage, ob die Regierung nicht ihre Befugnisse überschritten habe,
nahm alsbald eine gewisse politische Tendenz an, die vornehmlich gegen
den damaligen Handelsminister Frh. v. Pino gerichtet war. Schon in der
Sitzung vom 10. Dezember 1884 wurde die Anfrage an die Regierung
gestellt, ob es richtig sei, dass auf Grund des Lokalbahngesetzes eine Vorkonzession für eine Eisenbahn Stry-Chodorow-Podwoloczyska ertheilt worden
sei, und ob die Regierung diese Bahn auch als Lokalbahn zu konzessioniren
beabsichtige. Dr. Herbst, einer der maassgebendsten Führer der Opposition, bestritt das Recht der Regierung, diese Linie als Lokalbahn zu
konzessioniren, mit dem Hinweis darauf, dass dieselbe gegen 200 Kilometer
lang sei und schon deshalb nicht als Lokalbahn angesehen werden könne.
Hiergegen wendete sich Sektionschef Dr. R. v. Wittek, welcher sagte, es
sei ganz wohl denkbar, dass auch diese Bahn als Lokalbahn im eigentlichen Wortsinne zur Ausführung komme, jedenfalls könne hierfür die
Kilometerzahl nicht den Ausschlag geben. Wie treffend diese Einwendung
war, geht wohl am besten daraus hervor, dass erst jüngst auf der Puster-
thalbahn, welche in einer Länge von 209 Kilometer als Hauptbahn hergestellt wurde, seit 1. Juli 1887 der Nebenbahnbetrieb eingeführt wurde
Es hat sich bei dieser Gelegenheit aber wieder gezeigt, dass die Opposition

des Abgeordnetenhauses gesonnen war, einen Einfluss auf die Konzessionirung von Nebenbahnen auszuüben, der gesetzlich nicht begründet
war; denn selbst zugegeben, dass die im Gesetz vom · 25. Mai 1880
vorgesehene Steuerbegünstigung dem Reichsrathe einen Einfluss auf die
Konzessionirung von Nebenbahnen sichert, so ist doch zu berücksichtigen,
dass der Regierung in dem vorliegenden Falle bei Ertheilung der Vorkonzession, welche das Recht auf Ertheilung einer definitiven Konzession nicht begründet, zur Frage der Steuerbegünstigung, aus welcher
etwa der gesetzliche Einfluss abgeleitet werden könnte — noch gar nicht
Gelegenheit hatte, Stellung zu nehmen. Ebenso bemängelte die Minorität
des Abgeordnetenhauses die Handhabung des Lokalbahngesetzes anlässlich
der Konzessionirung der Lokalbahn St. Pölten—Tulln mit der Begründung,
dass dieselbe eine Verbindung von Hauptbahnen darstelle. Wenn in
diesem Falle auf das ungarische Nebenbahngesetz hingewiesen wurde,
welches die Konzessionirung derartiger Verbindungsbahnen ausdrücklich
dem Parlamente vorbehält, so hat die Erfahrung hinlänglich gezeigt
dass diese Vorsicht überflüssig war, indem bei derartigen Verbindungslinien das Gesetz dadurch umgangen werden kann, dass, zunächst die
Linien wenige Kilometer vor den Verbindungspunkt der zweiten Hauptbahn gezogen werden und das Parlament sodann in die Zwangslage versetzt wird, die fehlende Verbindung unter allen Umständen als Nebenbahn zu konzessioniren. Als nun die Berathung über die von der
Regierung vorgeschlagene Verlängerung des Lokalbahngesetzes begann,
beantragte die Minorität einen Zusatzantrag, nach welchem gewisse
Eisenbahnlinien von der Bewilligung der Regierung ausgenommen werden
sollten, nämlich solche, welche wesentlich auch dem Transitverkehr zu
dienen bestimmt sind, oder sich als Parallelbahnen einer bestehenden
Hauptbahn darstellen oder zwei Hauptbahnen verbinden. Solche Linien
sollten nur durch besondere Gesetze konzessionirt werden können. Hingegen beharrte die Regierung auf ihrem Standpunkte. Der Sektionschef
v. Wittek wies nach, es werde nicht leicht sein, dieser Anforderung
in der Praxis mit jener Bestimmtheit zu entsprechen, wie sie für ein
Gesetz, welches für die Bestimmung des Vollmachtsbereiches der Regierung
Grenzen stellt, erforderlich ist. Der Begriff „wesentlich", sagte der
Regierungsvertreter, sei doch ein ausserordentlich relativer und es müsste
in jedem einzelnen Falle gefragt werden, ob denn die Benutzung einer
Bahn für den Durchgangsverkehr als eine „wesentliche" angesehen werden
könne oder nicht. Wenn man unter „wesentlich" die vorzugsweise Theilnahme am Durchgangsverkehr verstehe, so müsse dem entgegengehalten werden, dass selbst bei den österreichischen Hauptbahnen dieser Verkehr in
zweiter Linie stehe. Nur bei dem nicht garantirten Ergänzungsnetze

der Nordwestbahn betrage derselbe ungefähr 60% des Gesammtver-
kehres. Was den Antrag auf Ausschliessung von Parallelgeleisen
betrifft, so bestimme schon das Eisenbahnkonzessionsgesetz vom Jahre
1854, dass Parallelbahnen nicht gebaut werden dürfen, und auch die
erworbenen Rechte der bestehenden Privatbahnen schliessen den Bau von
Parallelbahnen aus. Was aber die Verbindungslinien betrifft, so seien von
der Gesammtzahl der bisher konzessionirten Linien nicht weniger als
54% solche Linien, oder die doch im Hinblick und zum Zweck eines
solchen Anschlusses gebaut worden sind. Es würde also nach der bisherigen Auffassung und dem Bedürfnisse der Bevölkerung nach Vervollständigung der Schienenwege eine wenig zusagende Beschränkung darin
liegen, wenn der Anschluss an zwei Punkte von Hauptbahnen als ein mit
dem Begriff der Lokalbahn nicht zu vereinbarender Bau hingestellt würde.
Endlich würde der Ausschluss solcher Bahnen, die man bisher als Lokalbahnen zu betrachten gewohnt ist, aus der Begriffsbestimmung des Gesetzes
kein für das Zustandekommen derselben günstiges Präjudiz in sich
schliessen; und keine Aufmunterung für die Interessenten bilden, abgesehen
davon, dass die im legislativen Wege erfolgte Ertheilung der finanziellen
Begünstigungen einen Widerspruch enthält, indem man für Bahnen Begünstigungen giebt, — und dies wurde ja von Dr. Herbst für jeden
einzelnen Fall zugestanden — denen man im Text des Gesetzes die
Beschaffenheit als solche aberkannt hat. Erst nach einer langwierigen
Debatte wurde der Antrag der Minorität abgelehnt und die von der Regierung beantragte Verlängerung des Gesetzes vom 25. Mai 1880 bis
Juli 1886 zum Beschluss erhoben, welchem Beschlusse auch das Herrenhaus seine Zustimmung ertheilte.

Anlage A.

Gesetz vom 25. Mai 1880, betreffend die Zugeständnisse und
Begünstigungen für Lokalbahnen.

Art. I. Die Regierung wird ermächtigt, bei Konzessionirung neuer Lokalbahnen (Sekundärbahnen, Vizinalbahnen u. dgl.) nicht nur in Bezug auf die Vorarbeiten, den Bau und
die Ausrüstung alle thunlichen Erleichterungen zu gewähren, sondern auch in Bezug auf
den Betrieb von den in der Eisenbahnbetriebsordnung vom 16. November 1851, R. G. Bl.
Nr. 1 ex 1852, und den einschlägigen Nachtragsbestimmungen vorgeschriebenen Sicherheitsvorkehrungen insoweit Umgang zu nehmen, als dies mit Rücksicht auf die besonderen
Verkehrs- und Betriebsverhältnisse, insbesondere die festgesetzte ermässigte Fahrgeschwindigkeit nach dem Ermessen des Handelsministeriums zulässig erscheint.

Art. II. Desgleichen wird die Regierung ermächtigt, die Unternehmungen von Lokalbahnen von der im §. 68 der Eisenbahnbetriebsordnung, beziehungsweise im §. 10. lit. f
des Eisenbahnkonzessionsgesetzes vom 14. September 1854, ausgesprochenen Verpflichtungen

in Betreff der Beförderung der Post, sowie von den zufolge §. 89 der Eisenbahnbetriebsordnung begründeten Verbindlichkeiten in Bezug auf den Ersatz des aus der polizeilichen
und gefällsämtlichen Ueberwachung erwachsenden Mehraufwandes und in Bezug auf die
unentgeltliche Herstellung und Erhaltung von Amtslokalitäten zu entheben.

Art. III. Gleichartige Erleichterungen (Artikel I und II) in Bezug auf die Ausrüstung, den Bau und Betrieb können nach dem Ermessen des Handelsministeriums auch für
schon bestehende Eisenbahnen zugestanden werden, wenn auf denselben oder einzelnen
Zweig- oder Verbindungslinien derselben der Lokalbahnbetrieb mit ermässigter Fahrgeschwindigkeit eingeführt wird.

Art. IV. Die Regierung wird ermächtigt, bei Festsetzung der Konzessionstarife für
Lokalbahnen Ausnahmen von den Bestimmungen des Gesetzes vom 15. Juli 1877 —
betreffend die Maximaltarife für die Personenbeförderung auf den Eisenbahnen — zu
gewähren.

Art. V. Die bei dem Betriebe der Lokalbahnen nicht zu überschreitende Fahrgeschwindigkeit ist nach Beschaffenheit des einzelnen Falles jeweilig durch die Regierung
festzusetzen.

Alle gesetzlichen Bestimmungen, welche in Bezug auf einzelne Lokalbahnen eine ziffer-
mässige Beschränkung der einzuhaltenden Fahrgeschwindigkeit enthalten, treten ausser
Kraft.

Art. VI. Die Benützung von Reichsstrassen zur Anlage von Lokalbahnen wird
gestattet, insoweit nicht durch den Bahnbetrieb die Sicherheit des Strassenverkehres gefährdet
erscheint.

Zulässigkeit und Bedingungen der Strassenbenützung sind durch die Strassenverwaltung im Einvernehmen mit den Eisenbahnaufsichtsbehörden festzustellen.

Unbeschadet der aus dem Bestande des Mautgefälles erwachsenden Verbindlichkeiten
ist für die Strassenbenützung ein besonderes Entgelt nicht zu entrichten.

Die Kosten der ordnungsmässigen Erhaltung des benützten Strassentheiles, sowie
etwaige, durch die fragliche Benützung veranlasste Mehrkosten der Strassenerhaltung überhaupt, desgleichen die Kosten für alle zur Hintanhaltung einer Störung oder Gefährdung
des Strassenverkehres erforderlichen besonderen Vorkehrungen treffen die Lokalbahnunternehmung.

Andere öffentliche Srassen können mit Zustimmung der zur Erhaltung Verpflichteten
zur Anlage von Lokalbahnen in Anspruch genommen werden.

Art. VII. Verträge, bücherliche Eintragungen, Eingaben und sonstige Urkunden, durch
welche bedingungsweise für den Fall des Zustandekommens einer projektirten Lokalbahn
zu Gunsten derselben die Abtretung von Grund und Boden, die Einräumung dinglicher
Rechte die Beistellung von Bau- oder Betriebsmaterialien, die Leistung von Baarzahlungen
mit oder ohne Uebernahme von Aktien oder sonstige wie immer geartete Beitragsleistungen
zugesichert, die Bedingungen für die Benützung öffentlicher Strassen festgestellt oder
Garantieverpflichtungen übernommen werden, geniessen die Gebühren- und Stempelfreiheit.

Art. VIII. Im Falle der Konzessionsertheilung für Lokalbahnen können seitens der
Regierung die nachstehenden Begünstigungen gewährt werden:

    a) die Befreiung von den Stempeln und Gebühren für alle Verträge, bücherlichen
        Eintragungen, Eingaben und sonstigen Urkunden zum Zwecke der Kapitals
        beschaffung und Sicherstellung der Kapitalsverzinsung und des Betriebes bis
        zum Zeitpunkte der Betriebseröffnung, sowie für jene bezüglich der Grund-
        erwerbung, des Baues und der Instruirung der Bahn bis zum Schlusse des
        ersten Betriebsjahres;

b) die Befreiung von den Stempeln und Gebühren für die erste Ausgabe der Aktien und Prioritätsobligationen mit Einschluss der Interimsscheine und für die bücherliche Eintragung der Prioritätsobligationen, sowie von der bei der Grund-einlösung auflaufenden Uebertragungsgebühr;

c) die Befreiung von den, für die Ertheilung der Konzession und für Anfertigung der Konzessionsurkunde zu entrichtenden Gebühren und Taxen, von der Erwerb-und Einkommensteuer, von der Entrichtung der Koupon-Stempelgebühren, sowie von jeder neuen Steuer, welche etwa durch künftige Gesetze eingeführt werden sollte, auf die Dauer von dreissig Jahren vom Tage der Konzessionsertheilung.

Inwiefern für einzelne Lokalbahnen etwa weitergehende finanzielle Unterstützungen seitens der Staatsverwaltung durch Gewährung eines Beitrages aus Staatsmitteln oder auf sonstige Weise zugestanden werden, wird in jedem einzelnen Falle ein besonderes Gesetz bestimmen.

Art. IX. Dieses Gesetz tritt mit dem Tage seiner Kundmachung in Wirksamkeit und erlischt mit dem 31. Dezember 1882.

Art. X. Mit dem Vollzuge dieses Gesetzes werden der Handelsminister, der Minister des Innern und der Finanzminister betraut.

Anlage B.

Verordnung des Handelsministeriums vom 29. Mai 1880, womit in theilweiser Abänderung der Verordnung vom 25. Januar 1879 Erleichterungen hinsichtlich der Verfassung und kommissionellen Behandlung der Projekte für Lokal- und Schleppbahnen eingeführt werden.

I. Lokalbahnen.

§. 1. Die Bestimmung, ob einer projektirten Eisenbahn die Eigenschaft einer Lokalbahn zukomme, wird — insoweit darüber nicht ein Gesetz entschieden hat — vom Handelsministerium im Einvernehmen mit den übrigen betheiligten Ministerien bei Ertheilung der Bewilligung zur Vornahme technischer Vorarbeiten getroffen.

Diese Bewilligung wird für einen Zeitraum von höchstens einem Jahre ertheilt.

Behufs Verlängerung der ertheilten Bewilligung bedarf es der Vorlage der im §. 1 der Verordnung vom 25. Januar 1879 angeführten Behelfe in dem Falle nicht, wenn der thatsächliche Beginn der technischen Vorarbeiten oder ein denselben entgegenstehendes Hinderniss nachgewiesen wird.

§. 2. In Ansehung von Lokalbahnen, bei welchen in Folge ihrer geringeren Bedeutung und Länge die Wahl der Trace, sowie die Lage und Zahl der Stationen durch die lokalen und Terrainverhältnisse gegeben erscheint, oder bei welchen die Wahl der Trace, sowie der Zahl und Lage der Stationen in der Zustimmung der Betheiligten begründet ist, findet ein abgekürztes Verfahren statt (§§. 3—5).

§. 3. Mit dem Konzessionsgesuche kann sofort das Detailprojekt dem Handelsministerium vorgelegt werden.

Von den im §. 14 der Verordnung vom 25. Januar 1879 vorgeschriebenen Behelfen kann

a) der Situations-, beziehungsweise Grundeinlösungsplan (Z. 2) auf den Katastralmaassstab 1 : 2880 beschränkt werden;

b) die Sammlung maassgebender Querprofile (Z. 4) entfallen, wogegen Querprofile der von der Bahn mitzubenützenden Strassen bezüglich jener Punkte vorzulegen sind, wo ein Wechsel der Strassenbreite stattfindet oder Engstellen bestehen;

c) die Vorlage des Grundeinlösungsplanes (Z. 2) sowie der Verzeichnisse (Z. 8 und Z. 9), insoweit und insolange entfallen, als die Ausübung des Enteignungsrechtes nicht in Anspruch genommen wird.

§. 4. Das Handelsministerium kann, wenn es die projektirte Lokalbahn als gemeinnützig erkennt, auf Grund des vorgelegten Detailsprojektes die politische Begehung anordnen.

Dieselbe findet nach Vorschrift des §. 6 des Eisenbahn - Konzessionsgesetzes vom 14. September 1854, R.-G.-Bl. Nr. 238, und mit der durch den etwaigen Wegfall der Feststellung des Gegenstandes und Umfanges der Enteignung (§. 3 c) bedingten Beschränkung nach den Bestimmungen der §§. 14 und ff. der Verordnung vom 25. Januar 1879 statt.

Etwaige Tracen- und Stationsfragen sind vor allen anderen auszutragen.

Zeigt sich, dass hierdurch erhebliche Aenderungen des Projekts erforderlich werden, so ist bis zu deren Durchführung mit der Erörterung der, bierdurch berührten Detailfragen innezuhalten und eventuell die Begehung bis zur Entscheidung der zu lösenden Vorfragen zu unterbrechen.

§. 5. Das Ergebniss der politischen Begehung ist behufs Erwirkung der Allerhöchsten Konzession auf Grund des §. 5 des Konzessionsgesetzes dem Handelsministerium vorzulegen.

Die politische Landesbehörde hat die Fällung der Enteignungserkenntnisse bis nach Ertheilung der Allerhöchsten Konzession aufzuschieben.

Der nach Maassgabe der Bestimmungen der §§. 19 und ff. der Verordnung vom 25. Januar 1879 sich ergebende Baukonsens tritt erst nach Ertheilung der Allerhöchsten Konzession in Kraft.

§. 6. Sofern bei einer Lokalbahn die Voraussetzungen des abgekürzten Verfahrens (§. 2) nach dem Erachten des Handelsministeriums nicht zutreffen oder der Anwendung dieses Verfahrens ein besonderes Begehren des Konzessionswerbers entgegensteht, wird eine Tracenrevision abgehalten, mit welcher in dem Falle, als bezüglich der festzustellenden Trace keine die Stationanlagen alterirenden Varianten in Frage stehen, die Stationskommission vereinigt werden kann.

§. 7. Von den im §. 2 der Verordnung vom 25. Januar 1879 bezeichneten Bestandtheilen des dem Handelsministerium vorzulegenden Generalprojekts entfallen

a) das Generallängenprofil (Z. 3) in der Voraussetzung, dass die Bahnlänge nicht mehr als 30 km beträgt;

b) die Sammlung von Querprofilen (Z. 5), an deren Stelle im Falle der Mitbenützung von Strassen die im §. 3 lit. b der gegenwärtigen Verordnung bezeichneten Strassenprofile zu treten haben.

Dem Projekte sind ebensoviele Kopien der Spezialkarte (Maassstab 1 : 75 000) oder in deren Ermangelung der Generalkarte und eines die beantragte Tarce, die Stationen und deren Zufahrten erläuternden Auszuges des technischen Berichts beizuschliessen als Sprengel politischer Bezirksbehörden von der projektirten Lokalbahn berührt werden.

Insoweit es für die Projektsprüfung nothwendig ist, bleibt es der Generalinspektion der österreichischen Eisenbahnen vorbehalten, bezüglich jener Punkte der Bahn, wo sich Schwierigkeiten ergeben, Querprofile (Maassstab 1 : 200), und falls das Längenprofil aus

einem Koten- oder Schichtenplane abgeleitet wurde, auch die letzteren .zur Einsicht abzu-
verlangen.

§. 8. Falls die Vereinigung der Stationskommission mit der Tracenrevision begehrt
wird, sind dem Generalprojekte die Situationspläne der Stationen und Haltestellen (§. 8,
Z. 3 der Verordnung vom 25. Januar 1879) beizufügen.

. §. 9. Im Uebrigen gelten für die Tracenrevision und Stationskommission unter
Aufrechthaltung der in den §§. 3 und 10 der obigen Verordnung vom 25. Januar 1879
bezeichneten Aufgaben dieser Kommissionen, statt der bisherigen, die hier folgenden Bestimmungen (§§. 10 bis 15).

§. 10. Das Handelsministerium ordnet über das entsprechend befundene Projekt im
Wege der politischen Landesbehörde die kommissionelle Amtshandlung an und leitet gleich-
zeitig die im §. 7, Absatz II., genannten Kopien behufs Auflage derselben zu Jedermanns
Einsicht unmittelbar an die politischen Bezirksbehörden.

Die kommissionelle Amtshandlung kann an der Trace oder an einem geeigneten Orte
in der Nähe derselben stattfinden und ist binnen längstens vier Wochen nach Einlangen
des Auftrages an die Statthalterei durchzuführen.

§. 11. Die Kommission besteht aus einem Vertreter der politischen Landesbehörde
als Kommissionsleiter, dem Vertreter des Reichskriegsministeriums, sofern dasselbe auf die
Entsendung eines solchen nicht verzichtet hat, einem Vertreter der k. k. Generalinspektion
der österreichischen Eisenbahnen und dem Vertreter der politischen Bezirksbehörde für
seinen Sprengel. Falls die Trace einen fortifikatorischen Rayon berührt, bleibt es dem
Reichskriegsministerium vorbehalten, für diesen Rayon einen besonderen Vertreter zu entsenden.

Der Landesbehörde ist anheimgestellt, einen mit den Lokalverhältnissen vertrauten
technischen Beamten von Fall zu Fall als Beirath der Kommission beizugeben.

Dem Landesausschusse, den Handelskammern, sowie nach Umständen der Bergbehörde und anderen betheiligten Behörden und Körperschaften, desgleichen den Verwaltungen jener bestehenden Bahnen, an welche die projektirte Lokalbahn anschliesst, ist
es, insofern die dieselben berührenden Fragen nicht bereits im schriftlichen Wege aus-
getragen erscheinen, anheimzustellen, an der kommissionellen Berathung theilzunehmen.

Der Konzessionswerber oder ein Vertreter desselben ist der Kommission beizugeben.

Jedem Betheiligten steht frei, bei der Kommission zu erscheinen und in Ansehung
der Bahnrichtung und der Stationsanlagen, sowie auch in Ansehung der Interessen und
etwaigen erworbenen Rechte bestehender Transportanstalten seine Einwendungen oder Erinnerungen mündlich oder schriftlich vorzubringen.

§. 12. Der Kommissionsleiter bestimmt innerhalb der im §. 10 bezeichneten Frist
den Tag und Ort des Beginnes der kommissionellen Verhandlung und hat hiervon die im
§. 11, Abschnitt I. und III., bezeichneten Vertreter, Behörden und Körperschaften, den
Konzessionswerber und die politischen Bezirksbehörden, deren Sprengel von der projektirten
Lokalbahn berührt werden, zu verständigen, sowie gleichzeitig über das Stattfinden der Kommission in der amtlichen Landeszeitung eine Verlautbarung zu veranlassen, welche für die
nicht speziell verständigten Interessenten als Einladung zu gelten hat.

§. 13. Die politischen Bezirksbehörden haben sofort nach Einlangen der im §. 7
im Absatz II. bezeichneten Behelfe, deren Auflage unter Verständigung der von der projektirten Lokalbahn berührten Gemeinden zu veranlassen, ferner binnen 24 Stunden nach
Einlangen der Verständigung seitens des Kommissionsleiters (§. 12) Zeit und Ort des
Kommissionsbeginnes den Gemeinden mit dem Beifügen bekanntzugeben, dass es jedem

Betheiligten freisteht, seine allfälligen Einwendungen oder Erinnerungen bei der Kommission mündlich oder schriftlich vorzubringen.

Die Vorstehungen der Gemeinden sind diesbezüglich zur sofortigen ortsüblichen Verlautbarung verpflichtet.

§. 14. Nach dem Ermessen des Kommissionsleiters können die Mitglieder der Kommission die Trace und die Stationsanlagen an Ort und Stelle besichtigen und daselbst Aeusserungen der Interessenten protokollarisch entgegennehmen.

Ueber das Kommissionsergebniss ist ein Protokoll aufzunehmen, welches von dem Kommissionsleiter, den anwesenden Kommissionsmitgliedern und dem Schriftführer zu unterfertigen ist.

Das Kommissionsprotokoll hat der Kommissionsleiter binnen acht Tagen nach Schluss der kommissionellen Verhandlungen an das Handelsministerium vorzulegen.

§. 15. Auf Grund des Kommissionsprotokolles entscheidet das Handelsministerium über die für die allfällige Ausführung der Lokalbahn maassgebende Trace, sowie — vorbehaltlich der seinerzeitigen definitiven Entscheidung nach Maassgabe des Eisenbahn-Konzessionsgesetzes — über die Bedingungen, unter denen die Konzession erworben werden kann.

§. 16. Für die ausser dem Falle des abgekürzten Verfahrens (§§. 3—5) stattfindende politische Begehung gelten die Erleichterungen der §§. 3 und 4 der gegenwärtigen Verordnung.

§. 17. Bei Anordnung der politischen Begehung kann das Handelsministerium in von ihm als dringend erachteten Fällen die politische Landesbehörde ermächtigen, die im §. 17, Absatz II. des Enteignungsgesetzes vom 18. Februar 1878, R.-G.-Bl. Nr. 30, sowie im §. 17, Absatz III., und §. 20 der Verordnung vom 25. Januar 1879 dem Handelsministerium vorbehaltene Entscheidung in dem Falle zu treffen, wenn ein mit Stimmeneinhelligkeit gestellter Kommissionsantrag vorliegt.

§. 18. Alle Amtshandlungen in Bezug auf projektirte Lokalbahnen sind mit möglichster Beschleunigung durchzuführen.

§. 19. Von den nach §. 30 der Verordnung vom 25. Januar 1879 vorzulegenden Behelfen entfällt das Generallängenprofil (Z. 1).

II. Schleppbahnen.

§. 20. Die §§. 33—38 der Verordnung vom 26. Januar 1879 werden aufgehoben.

§. 21. Der nach §. 3 der Ministerialverordnung vom 1. November 1859, R.-G.-Bl. Nr. 200, dem Handelsministerium im Einvernehmen mit dem Ackerbauministerium vorbehaltenen Baubewilligung unterliegen nur diejenigen Berggewerkseisenbahnen, welche mit gleicher Spurweite in öffentliche Bahnen derart einmünden, dass ein Uebergang von Fahrbetriebsmitteln stattfinden kann.

Bei Anlage sonstiger Bergwerksbahnen, welche auf dem Territorium öffentlicher Eisenbahnen ausmünden, unterliegen der Genehmigung des Handelsministeriums nur die durch die Ausmündung der Bergwerksbahn an der öffentlichen Bahn hervorgerufenen baulichen Veränderungen (§. 18 der Verordnung vom 25. Januar 1879).

§. 22. Nur für die im §. 21, Abschnitt I., bezeichneten Bergwerksbahnen wird der Benützungskonsens durch die Generalinspektion der österreichischen Eisenbahnen ertheilt.

Bei Einführung des Lokomotivbetriebs auf sonstigen oberirdischen Bergwerksbahnen bleibt es der politischen Landesbehörde nach Einholung des Gutachtens der Generalinspection der österreichischen Eisenbahnen vorbehalten, den Vollzug der vorgeschriebenen Sicherheitsvorkehrungen vor Eröffnung des Lokomotivbetriebes zu konstatiren und bei entsprechendem Befunde die Betriebseröffnung zu gestatten.

§. 23. Auf Schienenwegen, welche zur Bringung der Forstprodukte dienen sollen, finden, soferne bezüglich ihrer Anlage die Voraussetzungen des §. 21 eintreten, die Bestimmungen der §§. 21 und 22 Anwendung.

§. 24. Bei Schleppbahnen, welche (sei es im Sinne der §§. 21—23 der gegenwärtigen Verordnung, sei es in Folge spezieller Vorschriften) einer Baubewilligung des Handelsministeriums bedürfen, ist nach den im §. 18 der Verordnung vom 25. Januar 1879 für Um- oder Zubauten zu einer im Baue oder Betriebe stehenden öffentlichen Bahn gegebenen Vorschriften vorzugehen.

Der Konsens zur Eröffnung einer Schleppbahn oder zur Benützung einzelner Theile derselben erfolgt wie für Erweiterungsbauten auch im Betriebe stehender Eisenbahnen (§. 32 der Verordnung vom 25. Januar 1879).

§. 25. Die gegenwärtige Verordnung tritt gleichzeitig mit dem Gesetze, betreffend die Zugeständnisse und Begünstigungen für Lokalbahnen, in Wirksamkeit.

(Schluss folgt im nächsten Heft.)

Die württembergischen Eisenbahnen

im Rechnungsjahr vom 1. April 1885 bis 31. März 1886.*)

(Nach dem vom königl. württembergischen Ministerium der auswärtigen Angelegenheiten — Abtheilung für die Verkehrsanstalten — herausgegebenen Verwaltungsbericht.)

1. Längen.

In dem Betriebsjahre 1885/86 ist keine neue Bahnstrecke eröffnet worden. Die Länge der im württembergischen Staatseigenthum befindlichen Eisenbahnen bleibt daher wie im Vorjahre 1543,58 km.

Von dieser Länge entfallen

74,66 km auf das grossherzoglich badische,

8,08 „ „ „ königl. bayerische,

59,61 „ „ „ „ preussische und

1401,23 „ „ „ „ württembergische Staatsgebiet.

Doppelgeleisig sind 166,57 km.

Ferner liegen auf württembergischen Staatsgebiet

24,17 km Bahn, von der grossherzoglich badischen Staatseisenbahnverwaltung gebaut und betrieben,

10,43 „ der Ermsthalbahngesellschaft und

6,26 „ der Kirchheimer Eisenbahngesellschaft

40,86 km, davon 5,45 km doppelgeleisig.

Es liegen demnach zusammen im Königreich Württemberg 1442,09 km Bahnen für öffentlichen Verkehr, mithin kommen auf

100 qkm Grundfläche 7,89 km

10000 Einwohner 7,23 „ .

Die Länge der von der württembergischen Staatsbahnverwaltung betriebenen, dem öffentlichen Verkehre dienenden Bahnlinien betrug sonach einschliesslich der gepachteten fremden (3,75 km) und abzüglich der verpachteten eigenen (11,23 km) am Jahresschluss, wie im Jahresdurchschnitt: 1536,10 km.

Als Bahnen untergeordneter Bedeutung wurden 126,92 km betrieben.

---

*) Vgl. die Statistik für das Jahr 1884/85: Archiv 1886 S. 650 ff.

·Als Neuerungen in den Betriebseinrichtungen sind zu bezeichnen — ausser den Einrichtungen für zentrale Weichen- und Signalstellung auf den grösseren Bahnhöfen — die Einrichtung von Telephonverbindungen zwischen einzelnen Wärterposten und den nächstgelegenen Stationen auf Bahnstrecken mit grösseren Stationsabständen, sowie auf Bahnhof Stuttgart zwischen dem Fahrdienstbüreau und dem Güterbahnhof und in Friedrichshafen zwischen dem Hafenbahnhof und dem oberen Bahnhof.

2. Betriebsmittel, sowie Kosten und Leistungen derselben.

Am 31. März 1886 waren vorhanden:

331 Lokomotiven ($2{,}14$ Stück auf je 10 km Betriebslänge),
292 Tender,
798 Personenwagen mit
    36 792 Sitzplätzen und
    2 141 Achsen.
5 144 Lastwagen (hierunter 5 138 eigene) mit
    50 250 Tonnen Tragkraft und
    11 064 Achsen.

Auf 10 km Betriebslänge kommen
72,08 Lastwagenachsen und
318,27 Tonnen Tragfähigkeit der Güterwagen.

Gesammtbestand der Personen- und Lastwagen:
5 942 Stück mit 13 205 Achsen.

Die Lokomotiven haben zurückgelegt:	1885/86	1884/85
In Schnell-, Personen-, Güter- und Arbeitszügen zusammen Zugkilometer	7 888 256	7 436 682
In Vorspanndiensten und zum Schieben . km	449 107	406 883
zusammen Nutzkilometer	8 337 363	7 843 565
In Leerfahrten wurden gefahren . . . . km	250 456	246 157
Im Rangirdienst . . . . „	2 312 970	2 268 380
zusammen Lokomotiv- und Rangirkilometer	10 900 789	10 358 102
Auf jedes Kilometer Betriebslänge kommen Nutzkilometer	5 428	5 106
Jede Lokomotive hat durchschnittlich gefahren Nutzkilometer	25 297	23 913
und an Nutz-, Leerfahrt- und Rangirkilometern zusammen . .	33 075	31 580

Mit der vorhandenen Zugkraft wurden geleistet an Wagenachskilometern:

	1885/86	1884/85
zusammen . .	248 981 376	240 700 969
und zwar von Personenwagen	·67 309 883	63 028 717
„ Gepäck- u. Güterwagen . .	174 629 572	170 729 980
„ Postwagen	7 041 921	6 942 272
Die Anzahl der geförderten Züge beträgt	123 279	119 501

Die durchschnittliche Stärke betrug:

bei den Schnellzügen . . . . 17 Achsen

„ „ Personenzügen . . . . . 21 „

„ „ gemischten Zügen . . . . 23 „

„ „ Güterzügen . . . . . . 65 „

„ „ Arbeits- u. Materialzügen . . 55 „

bei sämmtlichen Zügen durchschnittlich 32 Achsen.

In sämmtlichen Zügen sind zurücklegt worden an Tonnenkilometern:

	1885/86	1884/85
von Personen nebst Handgepäck	21 053 144	20 713 012
„ Reisegepäck und Hunden	898 288	820 481
„ Gütern aller Art	276 118 964	279 168 481
„ dem Eigengewicht der Wagen und Lokomotiven	1 251 796 517	1 163 650 169
zusammen Tonnenkilometer (Roh-)	1 549 866 913	1 464 352 143
hiervon kommen:		
auf 1 km Betriebslänge	1 008 962	953 292
„ 1 Nutzkilometer	186	187

Die Kosten der Zugkraft berechnen sich auf:

	1885/86	1884/85
zusammen . .	3 900 793 ℳ	3 817 136 ℳ
für 1000 Nutzkilometer	468 „	487 „
„ „ Wagenachskilometer	15,67 „	15,86 „

An Brennmaterial zur Lokomotivfeuerung wurden verbraucht:

	1885/86	1884/85
für das Nutzkilometer	10,70 kg	10,78 kg
„ „ Lokomotivkilometer	8,19 „	8,12 „

Von sämmtlichen eigenen Personen-, Gepäck-, Güter- und Postwagen
wurden Achskilometer geleistet:

	1885/86	1884/85
auf eigenen Betriebsstrecken	180 157 953	173 959 074
„ fremden Bahnstrecken	53 716 709	57 242 874
zusammen . .	233 874 662	231 201 948
durchschnittlich für die Achse	17 711	17 489
Fremde Personen- und Lastwagen haben auf württembergischen Bahnstrecken zurückgelegt Achskilometer	68 823 423	66 741 895

Die Kosten der für die Leistungen sämmtlicher Betriebsmittel verwendeten Materialien haben betragen:

	1885/86	1884/85
durchschnittlich für 1000 Nutzkilometer . . .	206 $\mathcal{M}$	215 $\mathcal{M}$
„ „ Wagenachskilometer .	6,91 „	7,01 „

3. Verkehr.
a) Personenverkehr.

Klasse	Beförderte Personen		Zurückgelegte Personenkilometer		Jede Person ist durchschnittlich gefahren Kilometer	Einnahme $\mathcal{M}$
		in %		in %		
I.	87 457	0,72	4 310 650	1,54	49,29	370 841
II.	1 297 863	10,66	39 043 133	13,91	30,08	2 092 120
III.	10 635 196	87,39	226 231 823	80,59	21,27	6 981 473 in II u. III mitenthalten
Militär	149 846	1,23	11 122 982	3,96	74,23	
1885/86 zusammen	12 170 362	100,00	280 708 588	100,00	23,06	9 444 434
1884/85 „	11 422 935	—	276 173 497	—	24,18	9 133 815

Von obigem Personenverkehr entfallen:

	Personen		Personenkilometer		Einnahmen			
					überhaupt		auf 1 Person	
	Anzahl	%	Anzahl	%	$\mathcal{M}$	%	$\mathcal{M}$	Pf.
auf Rück-Fahrscheine	6 797 436	55,85	148 782 397	53,01	4 316 235	45,70	0,63	2,90
„ Rundreise- „	106 116	0,87	8 514 333	3,03	338 530	3,59	3,19	3,98
„ Abonnements-„	394 840	3,25	2 529 896	0,90	49 012	0,52	0,12	1,94
„ Wochen- „	876 504	7,20	6 573 780	2,34	62 366	0,66	0,07	0,95
„ einfache „	3 995 466	32,83	114 308 182	40,72	4 678 291	49,53	1,17	4,09
in 1885/86 zusammen	12 170 362	100,00	280 708 588	100,00	9 444 434	100,00	0,78	3,36
„ 1884/85 „	11 422 935	—	276 173 497	—	9 133 815	—	0,80	3,31

Nach Wagenklassen und Zugsgattungen vertheilt sich die Einnahme aus dem Personenverkehr wie folgt:

	Ueberhaupt *M*	in %	auf 1 Person *M*	auf 1 Personen-Kilometer Pf.	Auf 1 km Betriebs-länge *M*
I. Klasse	370 841	3,93	4,24	8.60	—
II. „	2 086 854	22.10	1,61	5,34	—
III. „	6 781 538	71,80	0.64	3,00	—
Militär	205 201	2,17	1,37	1.84	—
in 1885/86 zusammen	9 444 434	100.00	0,78	3,36	6 148
„ 1884/85 „	9 133 815	—	0,80	3,81	5 946

Für die Schnellzüge entfällt
auf 1 Personenkilometer durchschnittlich 4,65 Pf.
„ 1 Person „ 2,22 *M*
gegenüber den Personen- und gemischten Zügen mit 3,15 Pf. und 0,67 *M*.

Hinsichtlich der Monatsfrequenz ergab sich
die stärkste mit 9,87 % für den Monat Mai 1885,
„ schwächste „ 6,19 „ „ „ „ Februar 1886.

b. Güterverkehr.

Es wurden befördert gegen Frachtberechnung:

	Tonnen Anzahl	%	Tonnenkilometer Anzahl	%	jede Tonne auf km	Einnahme überhaupt *M*	%	für die t *M*	das tkm Pf.
I. Eilgut	29 776	0,97	2 333 416	0,85	78,37	598 233	3,58	20,09	25,64
II. Frachtgut . . .	3 081 166	90,32	258 192 202	93,46	83,80	14 788 116	88,39	4,80	5,73
III. Militärgut (auf Requisitionsschein) .	2 327	0,07	384 351	0,14	165,17	42 092	0,25	18,35	11,11
IV. Viehverkehr . .	134 676	3,95	3 845 658	1,39	28,55	732 416	4,38	5,44	19,05
V. Frachtpflichtiges Dienstgut . .	163 397	4,79	11 497 073	4,16	70,36	569 146	3,40	3,48	4,95
in 1885/86 zusammen	3 411 342	100,00	276 252 700	100,00	80,98	16 730 603	100,00	4,90	6,06
„ 1884/85 „	3 432 971	—	279 234 710	—	81,34	16 722 203	—	4,87	5,99

Auf 1 Kilometer durchschnittliche Betriebslänge wurden zurückgelegt:
in 1885/86 179 840 Tonnenkilometer,
„ 1884/85 181 781 „ .
Die grösste Monatsfrequenz hatte der Oktober = 10,73 %,
„ kleinste „ „ Dezember = 6,59 „ .
Die Gewichtsabnahme bei den beförderten Gütern gegenüber dem Vorjahr beruht auf dem Rückgange im Getreide- und dem bedeutenden

Ausfall im Zuckerrübenverkehr. Die Steigerung der Einnahmen erklärt sich durch eine Zunahme beim Holz- und Viehverkehr.

Steinkohlenverkehr.

An Steinkohlen und Kokes wurden im Etatsjahre 1885/86 in Württemberg eingeführt:

	1885/86		1884/85	
	Tonnen		Tonnen	
an Saar- und Ruhrkohlen:				
zu Wasser . .	100 487	14,8	43 031	6,9
mittels Eisenbahn . .	563 454	83,2	570 211	91,1
zusammen . .	663 941	98,0	613 242	98,0
an bayerischen, österreichischen, böhmischen u. sächsischen Kohlen:				
mittels Bahn . .	12 451	2,0	12 294	2,0
zu Wasser . .	620	—	210	—
zusammen . .	13 071	2,0	12 504	2,0
Ganze Zufuhr . .	677 012	100,0	625 746	100,0
Davon auf der Eisenbahn . .	575 905	85,0	582 505	93,1
zu Wasser . .	101 107	15,0	43 241	6,9

Der stärkste Eisenbahn-Kohlenverkehr fiel auf den August mit 60 603 t.
„ schwächste „   „   „ „ „ April   „ 47 322 t.
Den grössten Kohlenverkehr hatten

Stuttgart mit 111 986 t und
Heilbronn „ 101 375 t.

Hinsichtlich der Bedeutung einzelner Stationen im Personen-, Güter- und Kassen-Verkehr ergiebt sich nachstehende Reihenfolge für das Betriebsjahr 1885/86:

Stationen	Personen-		Gesammter Güter-Verkehr		Kassen-	
	Zahl	Ordn.-Ziffer	Tonnen	Ordn.-Ziffer	ℳ	Ordn.-Ziffer
Stuttgart . . .	3 298 635	1	523 610	1	6 073 207	1
Cannstatt . . .	1 577 480	2	89 366	5	909 025	6
Heilbronn . . .	720 769	3	373 186	2	2 602 163	2
Ludwigsburg . .	669 033	4	84 180	7	888 322	7
Ulm	636 990	5	178 888	3	1 757 329	3
Esslingen . . .	510 880	6	114 073	4	1 048 843	4
Untertürkheim .	334 533	7	16 598	52	90 878	68
Tübingen . . .	323 777	8	28 420	27	469 073	11
Pforzheim . . .	302 671	9	14 319	62	145 671	43
Reutlingen . . .	291 452	10	85 281	6	1 009 228	5

Betreffs der „Statistik der Güterbewegung" der württembergischen Staatseisenbahnen für das Betriebsjahr 1885/86 ergeben sich nachstehende Hauptzahlen:

Gesammt-Versand = 557 701½ Tonnen,

Gesammt-Empfang = 1 226 686½   „   .

Davon kommen auf:

	Versand Tonnen	Empfang Tonnen		Versand Tonnen	Empfang Tonnen
Cement	18 755	13 371½	Mehl etc.	41 318½	10 434
Roheisen	4 275	20 048½	Obst, Gemüse . . .	1 757	24 847½
Eisen u. Stahl . . .	3 297½	33 558½	Rüben etc.	6 033½	16 184½
Getreide:			Salz	54 487½	4 366½
Weizen etc.. . .	8 690	85 738	Steine, gebrannte . .	32 093½	42 625½
Hafer	21 797½	2 185	Steinkohlen etc. . .	2 700½	543 818½
Gerste	6 211½	32 913	Sonstige Güter . .	40 417½	25 138½
Holz:			Vieh:	Stückzahl	Stückzahl
Stammholz . . .	53 779½	68 045	Rindvieh	86 750	31 890
Werkholz etc. . .	93 252½	61 932	Schafe	152 466	50 463
Brennholz, Holz-			Schweine. . . .	47 669	56 208
schwellen . . .	31 992	8 515	Geflügel	196 727	276 447

4. Anlagekapital.

Für die im Betrieb befindlichen, von Württemberg gebauten Bahnen betrug der Bauaufwand am 31. März 1886:

449 893 468 $\mathcal{M}$, mithin für 1 km Bahnbaulänge (1 543,58 km) 291 461 $\mathcal{M}$.

Das für die Verzinsung durch den Reinertrag in 1885/86 in Betracht kommende Anlagekapital ist berechnet auf 445 861 012 $\mathcal{M}$.

Das Gesammtanlagekapital der Staatseisenbahnen wurde beim Rechnungsabschluss von 1885/86 auf die Summe von 465 791 040 $\mathcal{M}$ 41 Pf. berechnet.

5. Finanzielle Ergebnisse.

Im Verwaltungsjahr 1885/86 betrug beim Eisenbahnbetrieb

die Gesammteinnahme 29 310 935 $\mathcal{M}$

„ Gesammtausgabe 15 688 358 · „

Reinertrag 13 622 577 $\mathcal{M}$

Die Transporteinnahmen (nach Abzug der Antheile anderer Verwaltungen u. s. w.) ergaben:

	überhaupt $\mathcal{M}$	in %	auf 1 km Betriebslänge $\mathcal{M}$	auf 1 Nutz-km $\mathcal{M}$
im Personen- und Gepäckverkehr .	9 849 365	36,41	6 411,98	—
„ Güterverkehr.	17 202 603	63,59	11 198,88	—
zusammen . .	27 051 968	—	17 610,81	3,24

Die eigentlichen Betriebseinnahmen und -Ausgaben stellen sich nach den erforderlichen Abzügen wie folgt:

eigentliche Betriebseinnahmen 28 207 900 $\mathscr{M}$

„   „   ausgaben 14 782 592 „

somit reiner Ueberschuss 13 425 308 $\mathscr{M}$

Die Betriebsausgaben haben betragen:

52,41% der Betriebseinnahmen,

gegenüber 52,55% im Vorjahre.

Das Gesammtanlagekapital für die im Betrieb stehenden Bahnlinien (445 861 012 $\mathscr{M}$) hat sich mithin verzinst zu 3,01%.

Auf 1 km Betriebslänge kommen:	1885/86	1884/85
eigentliche Betriebseinnahmen	18 363,32 $\mathscr{M}$	18 171,11 $\mathscr{M}$
„ „ ausgaben	9 623.46 „	9 549,42 „
Reinertrag . .	8 739,86 „	8 621,69 „

Auf 1 Nutzkilometer entfallen:	1885/86	1884/85
eigentliche Betriebseinnahmen	3,38 $\mathscr{M}$	3 56 $\mathscr{M}$
„ „ ausgaben	1,77 „	1,87 „
Reinertrag . .	1,61 „	1,69 „

6. Unfälle beim Eisenbahnbetrieb.

Im Betriebsjahre 1885/86 sind beim Eisenbahnbetrieb folgende Unfälle vorgekommen:

	auf		zusammen	
	freier Strecke	Stationen	1885/86	1884/85
Entgleisungen	1	3	4	12
Zusammenstösse	—	6	6	22
Sonstige Unfälle	17	24	41	63
zusammen . .	18	33	51	97
im Vorjahre . .	25	72	97	—

Tödtungen und Verletzungen:

	Reisende		Bahn-bedienstete etc.		Fremde Personen	
	getödtet	verletzt	getödtet	verletzt	getödtet	verletzt
Unverschuldet bei Unfällen der Züge während der Fahrt	3	5	2	2	2	5
Durch unvorsichtiges Verhalten beim Besteigen und Verlassen der Züge . . .	—	—	2	2	—	—
Beim Rangiren u. s w.	—	—	3	4	—	—
Beim Ueberschreiten der Geleise etc. . .	—	—	2	·5	—	—
zusammen . .	3	5	9	13	2	5

37

Ausserdem wurden durch die Bahnzüge in Folge von Selbstmord-
versuchen: 9 fremde Personen getödtet,
1 „ Person verletzt.

Es kommen:
auf je 1 Million beförderte Reisende
0,25 Tödtungen und 0,41 Verletzungen,
auf 1 Million Personenkilometer
0,01 Tödtungen und 0,02 Verletzungen.

Ausserdem sind zu verzeichnen:
3 Radreifenbrüche an Eisenbahnfahrzeugen (2 im Vorjahre),
21 Schienenbrüche (13 im Vorjahre).

7. Beamte und Arbeiter.

	Etats-mässige Beamte	Diätarische Beamte	Arbeiter	Zu-sammen
1. Allgemeine Verwaltung	198	50	13	261
2. Bahnaufsicht und Unterhaltung .	1 157	7	1 297	2 461
3. Transportverwaltung	2 241	168	1 971	4 380
4. Werkstättenverwaltung	44	7	950	1 001
zusammen . . .	3 640	232	4 231	8 103
im Vorjahre . .	3 664	240	4 191	8 095

Nachstehende Zusammenstellung giebt eine Uebersicht über die Entwicklung des Bahnnetzes und die Hauptergebnisse des Betriebes für die
Jahre 1845/46 bis 1885/86.

	1. Juli bis 30. Juni				1. April bis 31. März
	1845/46	1855/56	1865/66	1875/76	1885/86
Betriebslänge . . km	6,43	305,23	566,10	1 271,10	1 536,10
Anlagekapital:					
im Jahresdurchschnitt *M*	1 095 190	54 858 000	136 713 029	349 580 838	455 861 012
f. 1 km Eigenthumslänge „	—	180 382	232 566	274 741	291 461
Beförderte Personen:					
Anzahl	—	2 079 568	5 444 603	11 079 530	12 170 362
Personenkilometer . . .	—	51 115 781	127 349 264	245 967 472	280 708 588
jede Person durchfuhr km	—	24,58	23,39	22,35	23,06
Beförderte Güter:					
Tonnen	—	333 235	1 181 923	2 849 440	3 411 342
Tonnenkilometer . . .	—	32 267 145	101 338 078	235 846 564	276 252 700
jede Tonne durchfuhr km	—	96,83	85,74	82,77	80,98

	1. Juli bis 30. Juni				1. April bis 31. März
	1845/46	1855/56	1865/66	1875/76	1885/86
Verkehrsdichtigkeit: auf 1 km Betriebslänge kommen:					
Personenkilometer . . .	—	167 466	224 959	193 508	182 741
Tonnenkilometer . . .	—	105 714	179 011	185 545	179 840
Roh-Einnahmen: Aus dem Personenverkehr:					
Ueberhaupt . . . . $\mathcal{M}$	73 769	1 928 148	4 750 671	9 476 924	9 850 273
für 1 km Betriebslänge „	11 472	6 317	8 425	7 455	6 413
„ 1 Personenkilometer Pf.	—	3,77	3,73	3,64	3,36
Aus dem Güterverkehr:					
Ueberhaupt . . . $\mathcal{M}$	—	3 450 549	7 982 697	15 697 451	17 209 585
für 1 km Betriebslänge „	—	11 304	14 157	12 349	11 203
„ 1 Tonnenkilometer Pf.	—	10,69	7,88	6,17	6,06
Sonstige Einnahmen $\mathcal{M}$	66	497 499	836 589	1 097 737	2 251 077
Zusammen:					
Ueberhaupt . . . $\mathcal{M}$	73 835	5 876 196	13 569 957	26 272 112	29 310 935
für 1 km Betriebslänge „	11 482	19 251	24 067	20 668	19 081
„ 1 Nutzkilometer „	—	3,99	3,61	3,62	3,34
Ausgaben:					
Ueberhaupt . . . $\mathcal{M}$	58 385	3 144 456	6 665 103	13 984 680	15 688 358
für 1 km Betriebslänge „	9 080	10 302	11 780	11 002	10 213
in Prozenten der Roh-Einnahmen . . %	79,07	53,52	46,50	51,90	52,41
Reinertrag:					
Ueberhaupt . . . $\mathcal{M}$	15 450	2 731 740	6 897 650	12 157 447	13 425 308
für 1 km Betriebslänge „	2 402	8 949	12 187	9 565	8 740
in Prozenten des Anlagekapitals . . . . %	1,41	4,96	5,04	3,48	3,01

Die Eisenbahnen der österreichisch-ungarischen Monarchie im Jahre 1884.*)

Die nachstehenden Angaben über die Entwicklung des Eisenbahnnetzes der österreichisch-ungarischen Monarchie sind aus der amtlichen österreichisch-ungarischen Eisenbahnstatistik für das Betriebsjahr 1884**) entnommen.

1. Längen.

Das für den öffentlichen Verkehr bestimmte Eisenbahnnetz der österreichisch-ungarischen Monarchie — mit Ausschluss der ausländischen Bahnen gehörigen, auf österreichischem Staatsgebiet belegenen Theilstrecken — hatte am 31. Dezember 1884 eine Ausdehnung von 21 743,579 km.

Von der Gesammtlänge aller Bahnen entfallen:

	Kilometer	Prozente
auf das österreichische Staatsgebiet	13 029,641 =	59,92
„ „ ungarische „	8 706,156 =	40,04.
„ „ Ausland	7,782 =	0,04
auf die österreichischen Eisenbahnen . . .	10 236,477 =	47,06
k. k. Staatsbahnen	3 578,988 =	16,46
Privatbahnen	6 657,489 =	30,62
auf die gemeinsamen Eisenbahnen	5 627,739 =	25,88
österreichische Linien	2 797,059 =	12,86
ungarische Linien	2 830,680 =	13,02
auf die ungarischen Eisenbahnen	5 879,363 =	27,04
königl. ungarische Staatsbahnen	3 748,823 =	17,24
Privatbahnen	2 130,540 =	9,80

---

*) Vgl. „d'e Eisenbahnen der österr.-ungar. Monarchie im Betriebsjahr 1883", Archiv 1886 S. 503 u. ff.

**) Statistische Nachrichten über die Eisenbahnen der österr.-ungar. Monarchie für das Betriebsjahr 1884. Bearbeitet und herausgegeben vom statistischen Departement im k. k. Handelsministerium in Wien und vom königl. ungarischen statistischen Landesbüreau in Budapest. Wien 1886.

Nach den Betriebsverhältnissen unterschieden waren von der Länge der bis Ende 1884 in Oesterreich eröffneten Staatsbahnen:

3 495,$_{102}$ km im Staatsbetriebe (davon 13,$_{154}$ km im auswärtigen Staatsbetriebe) und

83,$_{886}$ km im Privatbetriebe,

während von den Privatbahnen:

812,$_{446}$ km für Rechnung des Staates,

678,$_{655}$ „ „ „ der Eigenthumsgesellschaften,

im Ganzen also:

1 491,$_{101}$ km vom Staate und

5 166,$_{888}$ von Privaten

verwaltet und betrieben wurden.

Am Schlusse des Jahres 1884 befanden sich demnach auf österreichischem Staatsgebiete im Ganzen 4 973,$_{049}$ km für den öffentlichen Verkehr bestimmte Eisenbahnen im inländischen Staatsbetriebe, welche das der k. k. Generaldirektion der österreichischen Staatsbahnen unterstehende Bahnnetz ausmachen. In Ungarn sind die im Jahre 1884 eröffneten Staatsbahnen im Staatsbetriebe, während von den Privatbahnen 501,$_{705}$ km vom Staate und 1 628,$_{885}$ km von Privaten betrieben wurden. Das der königl. ungarischen Staatsverwaltung unterstehende Eisenbahnnetz hatte zu Ende 1884 eine Ausdehnung von 4 250,$_{528}$ km.

Gegenüber der Bahnlänge von 21 743,$_{579}$ km ergiebt sich, abzüglich der verpachteten und ausser Betrieb gesetzten Linien (= 102,$_{965}$ km) und einschliesslich der gepachteten, sowie der gemeinsam mitbenutzten Linien (= 292,$_{918}$ km) die Betriebslänge Ende 1884 21 933,$_{532}$ km (im mittleren Jahresdurchschnitt 21 015,$_{645}$ km).

Davon entfallen:

	am Jahresschluss km	im mittleren Jahresdurchschnitt km
auf die österreichischen Eisenbahnen . . .	10 383.$_{318}$	9 702.$_{599}$
k. k. Staatsbahnen	3 686.$_{625}$	3 142.$_{466}$
Privatbahnen	6 696,$_{693}$	6 560,$_{133}$
auf die gemeinsamen Eisenbahnen	5 640,$_{907}$	5 640,$_{337}$
österreichische Linien	2 786,$_{292}$	2 774,$_{531}$
ungarische Linien	2 854,$_{615}$	2 865,$_{806}$
auf die ungarischen Eisenbahnen	5 909,$_{807}$	5 672,$_{709}$
königl. ungarische Staatsbahnen	3 753,$_{879}$	3 613,$_{984}$
Privatbahnen	2 155,$_{928}$	2 058,$_{725}$

Doppelgeleisig waren:

bei den österreichischen Eisenbahnen .	620,564 km =	6,06 %
„ „ gemeinsamen	„	. 1 219,665 „ =	21,67 „
„ „ ungarischen	„	. . 77,473 „ =	1,32 „
	zusammen :	1 917,702 km =	8,82 %

der Gesammtlänge.

Die Länge aller öffentlichen Eisenbahnen innerhalb der Grenzen der österreichisch-ungarischen Monarchie (nach Abzug der schweizerischen Theilstrecke der Vorarlberger Bahn (=2,364 km), der in Bosnien gelegenen Strecken (4,065 km und 1,353 km) und einschliesslich der ausländischen Strecken auf österreichischem Staatsgebiete (= 95,463 km), beträgt 21 831,260 km; davon entfallen:

auf österreichisches Staatsgebiet . .	13 125,104 km =	60,12 %
„ ungarisches	„	. . 8 706,156 „ =	39,88 „ .

Die Gesammtlänge aller Eisenbahnen innerhalb der Reichsgrenzen vertheilt sich unter 66 Besitzer, nämlich:

  5 Staatsverwaltungen (die k. k. österreichische, die königl. ungarische, die könrgl. bayerische, die königl. preussische und die königl. sächsische),

  5 gemeinsame ⎫
38 österreichische ⎬ Aktiengesellschaften.
16 ungarische ⎭

An Schleppbahnen waren am Schlusse des Jahres 1884 im Betriebe:
1 024 mit 1 019,202 km Länge.

Hiervon entfallen:	Bahnen	Kilometer
auf österreichisches Staatsgebiet	867 mit	724,762
(davon normalspurig	827 „	666,038)
auf ungarisches Staatsgebiet	157 „	294,440
(davon normalspurig	140 „	160,219)

Es kommen:		Bahnen	Kilometer
auf die österreichischen Eisenbahnen		715 mit	604,439
„ „ gemeinsamen	„	221 „	241,988
„ „ ungarischen	„	85 „	172,210
„ „ ausländischen	„	3 „	0,615

Im Ganzen waren im Jahre 1884 im Betriebe:
967 normalspurige Schleppbahnen mit 826,257 km Länge und
 57 schmalspurige   „   „   192,945 „   „   .

Die Vertheilung der Eisenbahnlängen auf die Länder der österreichisch-ungarischen Monarchie und das Verhältniss der Bahnlängen zur

Flächengrösse und zur Bevölkerungszahl ergiebt sich aus nachstehender Uebersicht:

	Oesterreich	Ungarn	Zusammen
Bahnlänge . . . . km	13 125,$_{104}$	8 706,$_{156}$	21 831,$_{260}$
in Prozenten der Gesammtlänge %	60,$_{12}$	39,$_{88}$	100,$_{00}$
Flächeninhalt . . . . . qkm	300 024,$_{88}$	322 285,$_{27}$	622 309,$_{65}$
Einwohnerzahl (nach der Volkszählung vom 31. Dzbr. 1880)	22 144 244	15 739 259	37 883 503
mithin Bahnlänge:			
auf 1 qkm . . . . km	0,$_{048}$	0,$_{027}$	0,$_{035}$
„ 100 000 Einwohner . . . „	59,$_{270}$	55,$_{313}$	57,$_{637}$
dazu:			
Schleppbahnen . . . . . km	724,$_{762}$	294,$_{440}$	1 019,$_{202}$
in Prozenten der Gesammtlänge %	71,$_{10}$	28,$_{90}$	100,$_{00}$

Die Entwicklung des Eisenbahnnetzes der österreichisch-ungarischen Monarchie vom Jahre 1837 bis Ende 1884 ergiebt sich aus nachstehender Zusammenstellung der Hauptzahlen:

Jahr	auf österreichisch.	ungarischem Staatsgebiete	Zusammen
	Bahnkilometer		Bahnkilometer
1837	14	—	14
1840	144	—	144
1850	1 357	222	1 579
1860	2 925	1 614	4 539
1870	6 106	3 474	9 580
1880	11 406	7 075	18 481
1884	13 125	8 706	21 831

Die Länge der während des Jahres 1884 dem Betriebe übergebenen neuen Bahnen betrug:

in Oesterreich 911,$_{003}$ km

„ Ungarn 338,$_{938}$ „ .

Von ersterer Länge entfallen:

auf die k. k. Staatsbahnen . . . . . 614,$_{553}$ km

„ „ Privatbahnen . . . . 240,$_{374}$ „

„ „ gemeinsamen Eisenbahnen . . . 56,$_{076}$ „

von letzterer kommen:

auf die königl. ungarischen Staatsbahnen . 143,$_{253}$ km

„ „ Privatbahnen . . . . 159,$_{555}$ „

„ „ gemeinsamen Eisenbahnen . . . 35,$_{590}$ „

2. Anlagekapital.

Das verwendete Anlagekapital betrug Ende 1884:

Bezeichnung der Bahnen	Bahnlänge*)	Davon doppelgeleisig	Verwendetes Anlagekapital im Ganzen	für das Bahnkilometer
	Kilometer		Gulden	
I. Oesterreichische Eisenbahnen:				
A. Bahnen in Verwaltung der k. k. Generaldirektion der österr. Staatsbahnen	4 975,163	227,350	734 557 539	147 360
B. k. k. Staatsbahnen im fremden Staatsbetriebe	13,154	11,006	3 090 861	234 975
C. k. k. Staatsbahnen im Privatbetriebe	83,886	—	3 600 055	42 916
D. Privatbahnen	4 684,305	377,399	653 990 262	139 627
Summe I. . .	9 756,509	615,854	1 395 238 717	143 006
II. Gemeinsame Eisenbahnen:				
zusammen . .	5 981,097*	1 219,145	1 359 726 380	227 337
III. Ungarische Eisenbahnen:				
a) kgl. ungarische Staatsbahnen:				
zusammen . .	3 748,823	77,723	384 786 000	102 642
b) Privatbahnen:				
im Staatsbetrieb	498,119	—	46 938 300	95 617
im Privatbetrieb	1 550,319	—	119 527 897	77 105
zusammen . .	2 048,338	—	166 466 197	81 557
Summe III. . .	5 797,161	77,23	551 252 197	99 866
Insgesammt . .	21 534,767	1 912,099	3 306 217 294	153 529

Abzüglich des vom verwendeten Anlagekapital auf die schweizerische Strecke der Vorarlberger Bahn entfallenden ungefähren Theilbetrages von 418 310 Gulden und

einschliesslich der von nachstehenden ausländischen Anschlussbahnen auf die im Inlande liegenden Theilstrecken derselben entfallenden ungefähren Bau- und Anlagekosten und zwar

bei den königl. bayerischen Staatsbahnen mit　5 539 955　Gulden

,,　,,　,,　sächsischen　,,　,,　6 109 262　,,

,,　,,　,,　preussischen　,,　,,　550 898　,,

beträgt das verwendete Anlagekapital sämmtlicher innerhalb der Grenzen der Monarchie gelegenen Eisenbahnen

3 317 999 099 Gulden oder

für das Kilometer Bahnlänge 153 413 Gulden.

---

*) Einschliesslich der im Besitze der Bahnverwaltungen befindlichen Industriebahnen, für welche die Anlagekosten einbezogen sind.

3. Staatliche Begünstigungen

Eine Uebersicht über die staatlichen Begünstigungen der Privatbahnen Zinsgewähr, Unterstützung, Steuer- und Gebührenfreiheit) bietet die nach-

Bezeichnung der Bahnen	Der Berechnung zu Grunde gelegte Bahnlänge km	Gewährleistung					
		Gewährleistetes					
		Rein-*)			Roh-*)		
		Erträgniss					
		im Ganzen fl.	Währung	für das Bahn-km fl.	im Ganzen fl.	Währung	für das Bahn-km fl.
I. Oesterreichische Eisenbahnen:							
A. Bahnen in Verwaltung der k. k. Generaldirektion der österreichischen Staatsbahnen:							
b. Priatbahnen	364,352	1 979 445	S.	5 433	—	—	—
B. k. k. Staatsbahnen im Privatbetriebe	—	—		—	—	—	—
C. Privatbahnen:							
im Privatbetrieb	2 193,589	9 837 785 / 4 604 642	S. / N.	} 6 585	—	—	—
Summe I. . .	2 557,934	11 817 230 / 4 604 642	S. / N.	} 6 420	—	—	—
II. Gemeinsame Eisenbahnen:							
Oesterreichische Linien	2 517,099	472 124 / 12 110 039	G. / S.	} 5 450	19 628 565	N.	13 182
Ungarische Linien	2 634,984	3 589 045	N.		9 237 273	N.	13 182
zusammen . .	5 157,026	472 124 / 12 110 039 / 3 589 045	G. / S. / N.	} 5 450	28 865 838	N.	13 182
III. Ungarische Eisenbahnen:							
b. Privatbahnen:							
im Staatsbetrieb	448,610	2 176 196	S.	4 851	—	—	—
im Privatbetrieb	642,971	2 979 663	S.	4 634	—	—	—
Summe III. . .	1 091,581	5 155 859	S.	4 723	—	—	—
Oesterreichische Linien	5 075,096	472 124 / 29 083 128	G. / S.	} 4 286	19 628 565	N.	13 182
Ungarische Linien	3 731,515	8 193 687	N.		9 237 273	N.	13 182
zusammen . .	8 806,541	472 124 / 29 083 128 / 8 193 687	G. / S. / N.	} 4 286	28 865 838	N.	13 182

*) Als „gewährleistetes Rein- und Roh-Erträgniss" sind die in den Konzessions-
**) Unter „Unterstützungsbetrag" ist derjenige Baarbetrag verstanden, welchen der Staat
Verfügung gestellt hat.

der Privatbahnen.

der österreichisch-ungarischen Monarchie am Ende des Jahres 1884 (durch folgende Zusammenstellung:

Bis Ende 1884 wirklich in Anspruch genommene Vorschüsse — Betrag — fl.	Währung	Länge der unterstützten Linien — km	Unterstützungen **) rückzahlbar — Betrag im Ganzen — fl.	Währung	für das Bahn-km — fl.	nicht rückzahlbar — Betrag im Ganzen — fl.	Währung	für das Bahn-km — fl.	Steuer- und Gebührenfreiheit — Länge der steuerfreien Linien — km
20 884 755 1 745 372	S. N. }	—	—	—	—	—	—	—	571,899
—		—	—	—	—	—	—	—	—
61 681 494 10 362 724	S. N. }	—	—	—	—	—	—	—	1 385,920
82 566 249 12 108 096	S. N. }	—	—	—	—	—	—	—	1 957,719
18 052 768 10 089 258 4 681 101 50 788 473	S. N. G. S. }	407,459 2,387	1 800 000 —	N. —	12 307 —	13 000 000	N.	49 318	168,311 1 187,828
4 681 101 68 841 241 10 089 258	G. S. N. }	409,846	1 800 000	N.	12 307	13 000 000	N.	49 318	1 356,639
542 519 23 504 875 1 280 954 31 771 680	G. S. G. S. }	—	—	—	—	—	—	—	49,509 1 415,077
1 823 473 55 276 555	G. S. }	—	—	—	—	—	—	—	1 464,546
100 619 017 22 197 354 6 504 574 106 065 028	S. N. G. S. }	407,459 2,387	1 800 000 —	N. —	12 307 —	13 000 000	N.	49 318	2 126,530 2 652,414
6 504 574 206 684 045 22 197 354	G. S. N. }	409,846	1 800 000	N.	12 307	13 000 000	N.	49 318	4 778,944

Urkunden berechneten Beträge eingestellt.
zur Ergänzung des Anlagekapitals vorschussweise oder endgültig den Gesellschaften zur

4. Betriebsmittel und Leistungen derselben.

Ende 1884 waren im Bestande:

Bezeichnung der Bahnen.	Loko-motiven	Personenwagen		Lastwagen		Post-wagen
		Zahl	Sitzplätze in denselben	Zahl	Tragfähigkeit Tonnen	
I. Oesterreichische Eisenbahnen.						
A. Bahnen in Verwaltung der k. k. Generaldirektion der österreich. Staatsbahnen .	816	2 123	75 161	16 425	162 731,50	87
B. Staatsbahnen im Privat-betriebe	10	21	704	6	30,00	—
C. Privatbahnen	1 165	2 147	78 231	33 204	346 370,85	136
Summe I. . .	1 991	4 291	154 096	49 635	509 132,35	223
II. Gemeinsame Eisenbahnen.						
zusammen . .	1 447	2 591	99 908	28 570	289 213,00	118
III. Ungarische Eisenbahnen.						
a. königl. ungarische Staats-bahnen	561	934	31 634	13 704	134 423,00	89
b. Privatbahnen:						
im Staatsbetrieb	46	107	4 653	779	7 644,00	12
im Privatbetrieb	142	292	9 847	3 041	30 575,00	29
zusammen . .	188	399	14 500	3 820	38 219,00	41
Summe III. . .	749	1 333	46 134	17 524	172 642,00	130
Iusgesammt . .	4 187	8 215	300 138	95 729	970 987,35	471

Im Betriebe waren im Jahresdurchschnitt 1884: 3 987 eigene Loko-motiven, mit einer Leistungsfähigkeit von 1 365 730 Pferdekräften, durchschnittlich für die Lokomotive 342 Pferdekräfte.

Die Gesammtzahl der zurückgelegten Lokomotivkilometer betrug 99 367 166, d. h. für jede Lokomotive im Betriebe 24 923 km.

Hiervon waren 95 963 547 Nutzkilometer oder für jede Betriebs-lokomotive 24,069 km.

Achskilometer sind geleistet:

von Personenwagen 651 904 065

„ Güterwagen 3 180 716 169

„ Postwagen 85 592 236

zusammen . 3 918 212 470 Achskilometer.

Die von sämmtlichen Fahrbetriebsmitteln geförderte Rohlast betrug:

im Ganzen . . . . 20 039 238 910 Tonnenkilometer

für das km Betriebslänge . . . 982 441   „

„ „ Nutzkilometer 209

„ jede bewegte Achse (einschl.
deren Eigengewicht)

der Personenwagen 4,57

„ Güterwagen 5,24

Die Personenbeförderung betrug:

überhaupt . . . . 58 817 074 Personen,

und zwar in I. Klasse . . $1{,}_{20}$% ⎫

   „ II. „ . . 13,26 „ ⎪

   „ III. „ . . 76,09 „ ⎬ der Gesammtzahl

   „ IV. „ . . 6,67 „ ⎪

Militärpersonen . . . . 2,78 „ ⎭

auf jede Personenachse . . . . . 3 501 ⎫

 „ jeden Sitzplatz . . . . . . 199 ⎬ Personen

An Personenkilometern wurden zurückgelegt:

im Ganzen . . . . 2 603 212 468 km

für jedes km Betriebslänge . . 127 624 „

Jeder Reisende hat durchschnittlich zurückgelegt:

in der I. Klasse . . . . 113,27 km

 „ „ II. „ . . . . 62,74 „

 „ „ III. „ . . . . 38,04 „

 „ „ IV. „ . . . . 35,14 „

vom Militär . . . . 118,13 „

    durchschnittlich . 44,26 km

Im Betriebsjahre 1884 haben überhaupt durchlaufen, bei einer Anzahl von 93 729 Stück, 189 007 Achsen und 940 345 Tonnen Tragfähigkeit

die eigenen Güterwagen zusammen . 3 229 995 440 Achskilometer

„ Postwagen . . . . 85 592 236 „

eigene und fremde Güterwagen auf

eigener Bahn (ohne Postwagen) . 3 180 716 169

jede eigene Achse durchschnittlich . 17 089

Es wurden befördert:

Gepäck . . . . 172 211 Tonnen

Güter überhaupt . . . . . 69 838 354 „

Von der beförderten Gütermasse entfallen:

auf Eilgut 0,46%

 „ Frachtgut . . . . 54,48 „

 „ Kohlen und Kokes . . . . . . 34,73 „

An Tonnenkilometern sind gefördert:

im Ganzen 7 121 644 837

auf jede vorhandene eigene Achse 37 680

für das km Betriebslänge . . . 349 143.

Jede bewegte eigene Achse war durchschnittlich mit 2,24 Tonnen belastet.

In Prozenten der Tragfähigkeit wurden 45,02% Reinlast gefördert.

5. Finanzielle Betriebsergebnisse

Die Einnahmen und Ausgaben der österreichisch-ungarischen Eisenbahnen für das Betriebjahr 1884 sind aus nachstehender Zusammenstellung ersichtlich:

Bezeichnung der Bahnen	Bahnlänge im mittleren Jahresdurchschnitt km	Einnahmen (Gulden)					Ausgaben (Gulden)					
		aus dem Personen-verkehr	Güter-verkehr	verschiedene *)	zusammen	für das Bahn-Nutz-kilometer	Eigentl. Betriebskosten in Proz. der Ganzen %	Betriebsausgaben im Ganzen	für das Bahn-Nutz-kilometer	zu den eigentl. Betriebsausgaben nicht gehörige Ausgaben **)	Gesammt-ausgabe	Betriebsausgabe in Proz. der Gesammt-einnahme %
I. Oesterreichische Eisenbahnen:												
a) Bahnen in Verwaltung der k.k. Generaldirektion der österr. Staatsbahnen.	4 458.63	10 629 397	29 335 561	1 202 151	41 826 501	9 396	59.25	24 635 208	5 570	2 287 735	27 122 943	64.85
b) Staatbahnen im Privatbetriebe.	83.00	54 039	136 607	3 125	193 340	2 329	85.46	165 931	1 990	2 041	168 972	91.07
c) Privatbahnen.	4 510.79	14 226 662	63 951 880	2 301 114	80 387 511	17 824	42.06	34 576 732	7 625	17 369 762	51 946 501	98.79
Summe I	9 052.42	25 173 666	93 724 048	3 506 388	122 479 352	13 530	48.44	59 378 871	6 539	19 820 545	79 238 416	71.94
II. Gemeinsame Eisenbahnen: zusammen	5 579.50	19 209 189	63 122 106	890 742	84 025 089	15 008	42.46	35 290 663	6 335	7 473 932	42 764 595	82.92
III. Ungarische Eisenbahnen:												
a) Kgl. ungarische Staatsbahnen.	3 613	6 068 363	20 496 968	342 613	27 159 763	7 515	66.06	17 938 048	4 963	322 455	18 260 503	96.23
b) Privatbahnen: im Staatsbetrieb	466	717 068	2 367 996	41 501	2 967 996	4 866	72.41	1 298 715	3 920	379 674	2 178 389	82.46
» Privatbetrieb	1 543.2	1 446 700	7 654 878	436 708	7 651 878	4 958	57.45	4 413 419	2 850	590 057	4 953 456	58.36
zusammen	2 009	2 359 984	6 896 968	476 209	9 922 874		63.17	6 213 134	3 192	939 911	7 172 045	66.17
Summe III	5 623	8 609 917	27 393 871	840 822	37 082 637	4 957	62.53	24 150 182	4 294	1 283 366	25 432 548	66.00
Insgesammt	20 256	53 992 112	184 160 085	5 249 932	243 587 078	12 025	48.99	118 819 716	5 866	28 615 843	147 435 559	80.93

*) Die verschiedenen Einnahmen umfassen: Miethe und Pachtpreise, Wagen- und Sackmiethe, Gebühren für telegr. Depeschen und sonstige Erträgnisse.

**) In dieser Rubrik sind eingerechnet: Steuern, Stempel u. Gebühren, Einquartierungskosten, Gesellschaftsbeiträge zu Pensionsfonds etc., Einzahlungen zum Reservefonds, Bezüge des Verwaltungsrathes, Zahlungen für Zinsen etc., Amortisationsfonds, verschiedene sonstige Auslagen.

Abzüglich des von der Gesammteinnahme und Ausgabe der Vor.
arlberger Bahn auf die schweizerische Strecke derselben entfallenden an-
nähernden Theilbetrages und einschliesslich der von den nachstehenden
ausländischen Bahnen und zwar den königlich bayerischen, sächsischen und
preussischen Staatsbahnen auf die im Inlande liegenden Theilstrecken derselben entfallenden ungefähren Einnahmen und Ausgaben berechnen sich
für die Eisenbahnen innerhalb der Monarchiegrenzen

die Gesammteinnahmen mit 244 711 752 Gulden,

die Gesammtausgaben mit 148 017 427   „

Von der Einnahme aus dem Personenverkehr entfallen:

auf die I. Klasse 7,15 %,

„ „ II. „ 28,15 „

„ „ III. „ 58,37 „

„ „ IV. „ 3,15 „

„ Militärpersonen 2,82 „

Die durchschnittliche Einnahme beträgt:	für jede beförderte Person Gulden	für Person und Kilometer Kreuzer
in der I. Klasse	5,34	4,72
„ „ II. „	1,91	3,05
„ „ III. „	0,69	1,82
„ „ IV. „	0,47	1,35
für Militär	0,91	0,77
überhaupt durchschnittlich für jeden Reisenden	0,90	2,03

Von der Gesammteinnahme aus dem Güterverkehr kommen:

auf Eilgut . . . . 2,49 %

„ Frachtgut der Normalklassen etc. .

„ „ „ ermässigten Klassen . } 96,88 „

„ Kohlen und Kokes . . . . . .

Die durchschnittliche Einnahme beträgt:

	für die Tonne Gulden	für die Tonne u. Kilometer Kreuzer
für Eilgut	14,44	11,83
„ Frachtgut der Normalklassen etc..		
„ „ „ ermässigten Klassen	2,87	2,76
„ Kohlen und Kokes		
durchschnittlich für alle Klassen . .	2,92	2,81

Für jede 1 Kilometer weit bewegte Wagenachse beträgt die Gesammteinnahme 6,85 Kreuzer.

Von den Betriebsausgaben entfallen:

	für das Km. Bahnlänge	für das Nutzkm.	für das Wagenachskilom.	in Proz. der eigentl. Betriebskosten
	Gulden		Kreuzer	%
A. auf die allgemeine Verwaltung . . .	277	0,06	0.15	4,72
B. „ Bahnaufsicht und Bahnerhaltung .	1 804	0,38	0,95	30.76
C. „ Verkehrs- und kommerziellen Dienst	2 067	0,44	1,09	35,25
D. „ Zugförderung und Werkstättendienst	1 701	0,36	0,90	29,00
E. „ Material- und Inventurverwaltung .	—	—	—	—
überhaupt . .	5 866	1,24	3,10	—

6. Beamte, Diener und Arbeiter.

Am 31. Dezember 1884 war der Bestand:

Bezeichnung der Bahnen	Allgem. Verwaltung		Bahnaufsicht und Bahnerhaltung			Verkehrsdienst			Zugförderungs- und Werkstättendienst			Zusammen		
	Beamte	Diener	Beamte	Diener	Arbeiter	Beamte	Diener	Arbeiter	Beamte	Diener	Arbeiter	Beamte	Diener	Arbeiter
I. Oesterreich. Eisenbahnen.														
a) Bahnen in Verwaltung der k. k. Generaldirektion der österreichisch. Staatsbahnen .	235	49	425	3 361	7 461	2 277	5 992	8 269	340	2 185	3 430	3 277	11 587	16 000
b) Staatsbahnen im Privatbetr.	7	—	1	8	34	8	9	15	—	6	—	16	23	49
c) Privatbahnen	548	128	660	3 813	12 567	3 459	5 200	7 597	310	2 042	5 838	5 277	11 183	26 002
Summe I.	790	177	1086	7 182	20062	5 754	11 201	12 721	950	4 233	9 268	8 570	22 793	42 051
II. Gemeinsame Eisenbahnen.														
Summe II.	1 139	191	555	3 978	12 432	3 093	6 623	6 076	485	2 270	7 398	5 272	13 062	25 906
III. Ungarische Eisenbahnen.														
a) kgl. ungarische Staatsbahnen	253	85	252	2 385	4 193	1 469	3 854	2 434	318	1 266	3 139	2 403	7 651	9 824
b) Privatbahnen im Staatsbetr.	17	5	22	314	185	135	259	186	25	92	202	207	673	573
im Privatbetr.	114	30	79	705	2 483	339	804	623	66	273	661	598	1 812	3 767
zusammen	131	35	101	1019	2 668	474	1 063	809	91	365	863	805	2 485	4 330
Summe III.	384	120	353	3 404	6 861	1 943	4 917	3 243	409	1 631	4 002	3 208	10 136	14 244
Insgesammt	2313	488	1994	14 564	39 355	10 780	22 741	22 040	1 844	8 134	20 668	17 050	45 991	82 20?

Für das Kilometer Bahnlänge ergeben sich nachstehende Zahlen:

Bezeichnung der Bahnen.	Beamte und Diener	Arbeiter	Gehalt für	
			Beamte und Diener	Arbeiter
			Gulden	
I. Oesterreich. Eisenbahnen.				
a) Staatsbahnen in Verwaltung der k. k. Generaldirektion der österreichischen Staatsbahnen . .	2,91	3,13	2 021	1 168
b) Staatsbahnen im Privatbetriebe	1,14	1,43	778	387
c) Privatbahnen	3,62	5,72	3 269	1 741
Summe I.	3,24	4,34	2 632	1 447
II. Gemeinsame Eisenbahnen.				
Summe II.	3,19	4,50	2 689	1 523
III. Ungarische Eisenbahnen.				
a) königl. ungarische Staatsbahnen	2,63	2,61	1 694	1 001
b) Privatbahnen:				
im Staatsbetrieb	1,78	1,17	1 381	455
im Privatbetrieb	1,53	2,39	975	583
zusammen	1,59	2,10	1 063	554
Summe III.	2,29	2,44	1 468	841
Insgesammt	2,95	3,85	2 327	1 298

Auf je 100 000 Gulden Roheinnahme entfallen für das Gesammt-Beamtenpersonal an Gehältern, Tagegeldern und sonstigen Bezügen im Ganzen 30 306 Gulden.

7. Unfälle.

Die Zahl der verunglückten Reisenden betrug:

	Getödtet	Verletzt
unverschuldet, bei einem aussergewöhnlichen Ereignisse des Zuges während der Fahrt	1	35
in Folge eigener Unvorsichtigkeit beim Benutzen, Besteigen und Verlassen der Züge	6	26
Zusammen . .	7	61

Es entfiel daher:	Eine Tödtung	Eine Verletzung
auf beförderte Reisende	8 402 000	964 000
„ zurückgelegte Personenkilometer . .	371 887 000	42 676 000
„ „ Zugkilometer	7 703 000	884 000

An Bahnbeamten und Bahnarbeitern verunglückten:

	Ge-tödtet	Ver-letzt
beim eigentlichen Eisenbahnbetriebe:		
unverschuldet durch aussergewöhnliche Ereignisse der Züge während der Fahrt	2	56
unzeitiges oder unvorsichtiges Besteigen oder Verlassen der Züge	3	23
beim Wagenschieben oder Rangiren der Züge	27	79
bei unzeitigem Aufenthalt auf den Geleisen, namentlich beim Ueberschreiten derselben	38	58
durch unvorsichtige Handhabung des Dienstes	30	128
Zusammen . .	100	343

Es entfiel daher:

	Eine Tödtung	Eine Verletzung
auf zurückgelegte Zugkilometer	994 000	290 000

Bei Nebenbeschäftigungen und zwar bei Bau- und Werkstattarbeiten und anderen mit dem Betriebe nicht unmittelbar zusammenhängenden Geschäften wurden ausserdem noch Bahnbeamte und Arbeiter:

	getödtet	verletzt
zusammen	10	104.

Die Anzahl der verunglückten fremden Personen betrug:

	Ge-tödtet	Ver-letzt
unverschuldet durch aussergewöhnliche Ereignisse bei der Fahrt der Züge, sowie durch falsche Handhabung der Wege-Uebergangs-Schranken	8	5
in Folge eigener Unvorsichtigkeit beim Betreten der Bahn	72	61
durch Selbstmord oder Selbstmordversuch	65	9
Zusammen . .	145	75

Demnach beträgt die Gesammtzahl der

Getödteten	262
Verletzten	583
Verunglückten zusammen .	845

Es betrug in 1884 die Zahl der

Entgleisungen	477
Zusammenstösse	165
sonstigen Betriebsstörungen	999

Notizen.

Die Eisenbahnbauten in Griechenland*) nehmen ihren regelmässigen Fortgang, so dass am 1. Oktober 1887 folgende Eisenbahnlinien daselbst im Betrieb stehen werden:

1. Piräus—Athen (breitspurig)	9 km.
2. Volo—Larissa—Trikala (schmalspurig)	206 „
3. Piräus—Korinth—Patras (schmalspurig)	236 „
4. Korinth—Nauplia, Argos—Myli (schmalspurig) . . .	74 „
5. Pyrgos—Katakolo	13 „
6. Athen, Kephissia—Laurium	75 „
	zusammen 613 km.

Geplant werden weiter die Linien:

Patras—Pyrgos	100 km.
Nauplia—Tripolitza—Kalamata	185 „
Messalongi—Arta (Agrinion)	45 „
Piräus—Larissa	345 „
	im Ganzen 675 km.

Betriebsergebnisse der russischen Eisenbahnen vom 1. Januar bis 31. Dezember 1886 und 1885.**) (Nach der vom russischen Ministerium der Verkehrsanstalten veröffentlichten Nachweisung.)***)

	Staats-		Privat-		Zusammen	
			B a h n e n			
	1886	1885	1886	1885	1886	1885
Betriebslänge am						
Jahresschluss . . . km	3 638	3 121	22 512	22 512	26 150	25 643
Betriebslänge im Durch-						
schnitt des Jahres km	3 456	2 689	22 493	22 464	25 949	24 153
Beförderte Reisende:						
a) Zivilpersonen Anzahl	1 958 910	1 829 379	32 371 773	32 300 882	34 330 683	34 130 261
b) Militär „	178 793	145 736	2 331 899	2 256 334	2 510 692	2 402 070
Beförderte Güter:						
a) Eilgut . . . . . . t	6 323	5 405	137 780	129 783	144 103	135 188
b) gewöhnl. Frachtgut t	2 988 399	2 652 805	38 755 995	40 048 035	41 744 394	42 700 840
Betriebseinnahmen:						
im Ganzen . . . . ℳ	29 150 658	26 551 831	468 700 290	491 475 814	497 850 948	518 027 645

*) Vgl. Archiv 1884 S. 142 und die dort angezogenen früheren Notizen.

°) Vgl. Archiv 1886 S. 551.

**) Für die Umrechnung ist angenommen: 1 Werst = 1,067 km, 1 Pud = 16,38 kg (1 Tonne = 61,05 Pud), 1 Rubel = 2,33 ℳ.

Bezüglich der finnländischen Eisenbahnen giebt die Nachweisung die nachstehenden Betriebsergebnisse für 1886:

	Staats-Bahnen	Privat-Bahnen	Zusammen
Betriebslänge am Jahresschluss km	1 172	33	1 205
Beförderte Reisende:			
a) Zivilpersonen . . . . Zahl	1 810 294	34 453	1 844 747
b) Militär . . . . . . „	41 076	—	41 076
Beförderte Güter:			
a) Eilgut. . . . . . . t	6 167	1 924	8 091
b) Frachtgut . . . . . „	603 595	18 734	622 329
Betriebseinnahmen:			
a) im Ganzen . . . . . ℳ	5 392 488	78 797	5 471 285
b) auf 1 km Bahnlänge . . „	4 601	2 388	4 541

Ueber Verkehr und Einnahmen der 1072 km langen transkaspischen Bahn finden sich keine Angaben.

Von dem auf den Eisenbahnen des europäischen Russland beförderten Frachtgut wurden von auswärtigen Bahnen und auf dem Seewege im direkten Verkehre zugeführt:

Auszug aus der Uebersicht über de

L. Ausfuhr russischer Waaren aus de

Laufende No.	Bezeichnung der Waaren	Mass, Gewicht oder Stück	Bezeichnung der Orte, an denen die W								
			am Baltischen Meere					an der preussische			
			überhaupt	St. Petersburg	Reval	Riga	Libau	überhaupt	Wirballen	Grajewo	Mlawa
			Tausend								
1	Weizen	Pud	24 921	19 064	4 477	435	128	18 813	478	11 670	484
2	Roggen	„	28 317	10 008	757	4 438	12 967	12 961	93	5 551	165
3	Gerste	„	4 670	—	288	2 470	1 233	2 253	140	849	85
4	Hafer	„	27 643	13 872	2 225	2 631	8 879	1 414	118	481	15
5	Buchweizen . . .	„	1 547	47	55	76	1 368	223	5	84	5
6	Mais	„	—	—	—	—	—	56	—	32	15

*) Vgl. Archiv 1886, S. 672.

	1886	1885
	Tonnen (abgerundet)	
über den Hafen von Petersburg . . .	45 193	6 342
" Reval	21 794	33 823
" Riga	9 128	15 830
" Liebau.	26 791	32 182
" Wirballen.	26 930	23 333
" Grajewo	22 574	24 364
" Mlawa.	55 376	50 970
" Alexandrowo	63 954	70 432
" Sosnowice	261 795	242 178
" Graniza	37 801	34 282
" Radziwiloff	13 900	20 234
" Woloschisk	23 593	31 276
" Ungheni	64 873	28 711
" Odessa	7 861	—
" Sebastopol	6 124	2 185
" Poti und Batum (transkaspische Eisenbahn)	19 903	10 028
zusammen . . .	707 590	626 170

chen Handel Russlands für 1885.*)

Reiche über die europäische Grenze.

...ssland ausgeführt worden

Sosnowice	an der öster. Landgrenze		am Schwarzen Meer		am Asow-schen Meer	Von diesen Waaren sind ausgeführt worden nach:						
	überhaupt	Graniza	überhaupt	Odessa		England	Deutschland Zollverband und Hansastädte	Frankreich	Oesterreich	Italien	Holland	Belgien
	Tausend											
75	3 522	—	62 696	45 269	43 974	54 599 { 936 / 20 365 }	18 225	7 014	13 984	13 286	8 699	
954	3 981	206	15 375	7 795	13 845	18 232 { 2 055 / 21 882 }	434	4 234	22	8 036	2 562	
68	584	—	15 200	10 301	15 073	21 148 { 1 006 / 1 997 }	860	638	119	5 663	3 585	
65	1 027	—	4 726	2 799	2 573	19 639 { 709 / 5 420 }	5 026	1 027	89	2 183	3 315	
33	642	—	47	47	—	183	644	98	612	—	723	99
4	676	—	6 247	5 489	611	4 592 { 104 / 36 }	162	718	164	—	706	

49*

Laufende No.	Bezeichnung der Waaren	Maass, Gewicht oder Stück	Bezeichnung der Orte, an denen die Wa								
			am Baltischen Meere					an der preussischen l			
			überhaupt	St. Petersburg	Reval	Riga	Libau	überhaupt	Wirballen	Grajewo	Mlawa
			Tausend								
7	Erbsen	Pud	786	—	—	292	439	1 598	138	292	214
8	Grütze	„	906	845	17	1	42	21	—	3	—
9	Weizenmehl . . .	„	68	23	43	—	—	19	—	18	—
10	Roggenmehl . . .	„	1 012	689	—	3	322	1	—	—	—
11	Kleie	„	424	28	27	39	327	2 725	48	809	1 030
	Getreide überhaupt	„	90 305	44 596	7 813	10 694	25 744	40 150	1 031	19 831	7 977
12	Kuhbutter . . .	„	96	89	4	1	1	25	—	4	—
13	Eier	St.	13 079	3 175	—	6 354	3 549	114 442	40 087	15 637	2 390
14	Spiritus	Grd.	177 813	—	86 799	3 031	73 765	113 590	—	10 565	25 314
	Lebensmittel überhaupt für Rubel .		85 863	39 928	8 137	10 311	24 827	45 339	1 952	20 383	8 543
15	Bauholz für Rubel .	Pud	13 850	158	80	7 685	128	8 010	131	484	1 205
16	Oelsaamen . . .	Pud	4 357	647	190	1 927	1 402	1 370	156	411	195
17	Oelkuchen . . .	„	3 411	870	197	1 702	641	1 314	207	402	151
18	Flachs	„	5 047	799	397	2 806	137	3 903	2 715	431	—
19	Flachsheede . . .	„	1 359	11 52	64	50	—	304	71	230	—
20	Hanf	L.	1 147	55	1	1 047	43	1 880	912	925	—
21	Hanfheede . . .	„	86	25	1	53	6	102	92	—	—
22	Pelzfelle	„	78	17	6	36	43	107	64	—	—
23	Knochen	„	1 104	733	78	123	155	512	74	28	4
24	Lumpen	„	93	—	—	—	90	461	312	—	—
25	Wolle	„	375	18	—	238	98	97	7	—	4
26	Mineralöle	„	2 322	1 436	125	593	160	315	51	1	135
	Rohes und halbbearbeitetes Material überhaupt für Rubel		71 440	15 808	3 011	34 675	6 721	59 792	31 820	8 090	1 968
27	Fabrik- und Handwerksarbeiten für Rubel		1 962	1 436	97	126	202	1 754	1 199	56	7
	An Waaren aller Art überhaupt für Rubel		159 433	57 186	12 373	45 117	31 768	113 254	36 181	28 674	10 845

Sosnowice	an der öster. Landgrenze überhaupt	Graniza	am Schwarzen Meer überhaupt	Odessa	am Asowschen Meer	England	Deutschland Zollverband und Hansastädte	Frankreich	Oesterreich	Italien	Holland	Belgien
							Tausend					
21	292	—	324	324	—	579	1 699	51	309	8	197	69
14	11	—	17	—	2	8	88	—	11	—	701	62
—	—	—	3 341	2 957	60	572	90	101	51	632	229	126
—	—	—	—	—	—	11	2 224	—	—	—	48	—
186	55	—	514	485	4	208	2 960	29	55	17	117	26
2 431	10 972	207	108 709	75 617	76 166	119 803	{4 819 / 55 493}	25 069	14 883	15 078	31 908	19 325
—	—	—	25	24	77	42	76	—	—	—	—	—
16836	100367	—	33	—	—	28 008	114 279	—	87 938	—	1 080	2 198
12116	113590	—	83 462	83 468	—	13 786	{139639 / 118796}	7 629	1 191	501	2 243	474
2 781	11 160	325	115 419	88 791	57 821	99 600	{6 374 / 59 007}	23 371	14 714	25 003	28 609	17 229
1 125	237	10	359	287	—	10 818	9 050	1 032	237	—	1 304	359
82	245	1	1 306	1 084	2 907	5 338	1 778	606	245	6	788	900
286	14	1	561	530	306	2 683	{16 / 1 500}	190	14	—	43	339
430	120	120	—	—	—	3 199	{9 / 3 627}	1 149	560	—	15	604
27	5	1	—	—	—	955	{19 / 484}	177	33	—	31	122
21	21	—	5	5	—	665	{3 / 1 961}	98	21	—	39	56
7	81	—	—	—	—	80	103	—	81	—	—	2
—	13	1	—	—	—	10	{1 / 165}	6	13	—	—	1
214	75	12	67	67	3	307	{42 / 819}	94	69	—	22	17
2	—	—	—	—	—	79	475	—	—	—	—	—
21	176	3	343	295	549	1 012	147	121	180	3	1	13
125	1 006	936	15	14	—	783	813	257	1 006	—	195	123
5 721	7 083	2 465	7 122	6 451	6 658	53 527	67 526	10 278	9 147	113	3 718	5 917
113	488	301	2 978	2 639	37	824	2 798	114	494	117	43	36
9 253	21 708	3 290	130 015	102 192	64 523	153 991	{7 353 / 134905}	33 834	27 134	25 512	32 437	23 183

II. Einfubr ausländischer Waaren in das rus[...]

Laufende No.	Bezeichnung der Waaren	Maass, Gewicht oder Stück	am Baltischen Meer				Bezeichnung der Orte, von denen die W[...]				
			überhaupt	St. Petersburg	Riga	Libau	überhaupt	Wirballen	Grajewo	Mlawa	Neschawa
			Tausend								
1	Kochsalz	Pud	191	112	45	—	1 023	—	—	172	11
2	Heringe	„	2 521	478	770	930	2 670	553	595	997	7[..]
	Lebensmittel überhaupt . für Rubel	.	27 930	15 592	4 475	2 842	23 266	3 135	14 486	2 193	3[..]
3	Robe Baumwolle	Pud	2 852	399	178	4	1 459	62	—	—	3[..]
4	Steinkohlen . . .	„	70 257	49 992	8 177	4 085	19 070	37	206	71	4[..]
5	Metall, Eisen, Stahl in Stangen, Schienen, Platten etc. . .	„	8 058	3 778	2 807	1 017	7 763	21	85	1 149	3[..]
6	Baumöl	„	667	282	36	29	25	6	1	3	—
	Rohes und halbbearbeitetes Material überhaupt . . . für Rubel	.	103 753	32 107	14 888	70	72 605	11 978	7 102	2 660	5 4[..]
7	Spiegel und Spiegel Glaswaaren . . .	□ Ver. Schh	3 657	2 463	181	26	697	33	—	109	—
8	Metall, Eisen- und Blechwaaren . .	Pud	374	62	97	82	397	79	49	36	[..]
9	Landwirthschaftliche Geräthe, Maschinen, Instrumente . .	„	694	160	240	55	745	116	138	41	—
	Ueberhaupt Fabrik- und Handwerkarbeiten für Rubel	.	24 039	5 957	4 852	66	31 896	14 478	4 413	532	25[..]
	Waaren aller Art für Rubel	.	155 729	53 661	24 221	14 880	128 405	29 601	26 020	5 387	60[..]

über die europäische Grenze im Jahre 1885.

ussland eingeführt worden						Von diesen Waaren sind eingeführt worden aus:						
an der öster. Landgrenze		am Schwarzen Meer		am Asowschen Meer								
überhaupt	Granica	überhaupt	Odessa	überhaupt		England	Deutschland Zollverband und Hansastädte	Frankreich	Oesterreich	Italien	Holland	Belgien
Tausend												
552	136	—	—	—	—	462	{43 / 904}	7	553	—	—	—
1	—	9	8	—	—	2 114	{759 / 2 106}	14	—	—	51	—
4 146	3 227	24 193	21 017	1 799	—	19 176	22 657	6 497	4 082	2 442	1 370	469
209	203	1 888	1 269	—	—	909	{272 / 791}	19	203	76	—	62
1 969	441	14 704	13 973	2	—	85 371	{34 / 18 609}	—	2 050	—	39	—
218	112	1 124	1 076	87	—	8 087	5 426	10	161	—	780	1 115
43	42	259	255	122	—	24	{19 / 61}	43	61	148	20	7
9 934	6 622	33 304	25 864	1 007	—	59 289	80 752	4 740	8 888	3 624	3 100	5 949
148	—	595	584	—	—	466	1 219	207	474	—	238	2 198
84	57	114	88	5	—	291	510	4	90	—	8	40
213	74	214	122	21	—	621	818	13	370	11	11	17
9 158	3 256	7 680	7 036	359	—	16 112	40 272	2 623	8 622	405	487	1 730
23 396	13 138	65 179	56 920	3 176	—	94 592	{10 377 / 133 538}	13 860	21 692	6 472	5 020	8 149

Auf der Insel Java hat, wie im Anschluss an die Mittheilungen S. 695 des Archiv für 1886 mitgetheilt wird, das Staatseisenbahnnetz inzwischen durch Fertigstellung der kurzen Linie Surabaja nach der Kaliemaas-Mündung eine Erweiterung gefunden, auch ist die Strecke zwischen Djocjakarta und Tjilatjap nahezu fertig gestellt. Die durch Privatunternehmung in Ausführung genommene Strecke Tagal nach Balopoelang ist bis Ketapang Slawie vollendet und die Eisenbahn zwischen Batavia und Bekassie sollte Anfang des Jahres 1887 dem Verkehr übergeben werden.

Statistisches von den deutschen Eisenbahnen. Aus den amtlichen Veröffentlichungen des Reichs-Eisenbahn-Amtes für die Monate April, Mai, Juni 1887 entnehmen wir Folgendes über die Betriebsergebnisse, Zugverspätungen und Betriebsunfälle auf den deutschen (ausschliesslich der bayerischen) Eisenbahnen:

a. Betriebsergebnisse.

	Länge	Einnahme im Monat in $\mathscr{M}$		Einnahmen vom Beginn des Etatsjahrs	
	Kilometer	im Ganzen	für das km	vom 1. April 1887 ab	vom 1. Januar 1887 ab
I. April 1887.					
A. Hauptbahnen.					
1. Staatsbahnen etc.	28 830,49	72 524 514	2 516	62 836 497	35 889 313
gegen 1886	+ 413,76	+ 4 801 629	+ 133	+ 4 353 665	+ 2 096 015
2. Privatbahnen in Staatsverwaltung	210,01	406 291	1 935	346 945	222 900
gegen 1886	+ —	+ 42 519	+ 203	+ 37 993	+ 18 536
3. Privatbahnen in eigener Verwaltung.	2 520,94	3 253 630	1 291	63 924	11 780 021
gegen 1886	+ 152,54	+ 130 973	— 27	+ 4 904	+ 638 362
Summe A. . .	31 561,44	76 184 435	2 414	63 247 366	47 892 234
gegen 1886	+ 566,30	+ 4 975 121	+ 117	+ 4 396 562	+ 2 752 813
B. Bahnen untergeordneter Bedeutung	1 367,67	731 722	535	346 284	1 431 201
gegen 1886	+ 68,59	+ 27 821	— 7	+ 2 952	+ 72 914
II. Mai 1887.					
A. Hauptbahnen.					
1. Staatsbahnen etc.	29 304,05	73 316 010	2 504	126 451 691	46 133 574
gegen 1886	+ 538,45	+ 3 512 528	+ 74	+ 7 357 568	+ 2 653 601
2. Privatbahnen in Staatsverwaltung	26,61	63 883	2 401	—	288 953
gegen 1886	± 0	+ 5 409	+ 204	—	+ 25 409
3. Privatbahnen in eigener Verwaltung.	2 389,93	3 274 952	1 370	134 493	14 673 951
gegen 1886	+ 144,54	+ 237 720	+ 16	+ 11 200	+ 858 575
Summe A. . .	31 720,59	76 654 845	2 419	126 586 184	61 096 778
gegen 1886	+ 682,99	+ 3 755 657	+ 67	+ 7 368 768	+ 3 537 885

.	Länge Kilometer	Einnahme im Monat in ℳ		Einnahmen vom Beginn des Etatsjahrs	
		im Ganzen	für das km	vom 1. April 1886 ab	vom 1. Januar 1887 ab
B. Bahnen untergeordneter Bedeutung	1 356,45	661 961	493	705 256	1 380 980
gegen 1886	+ 97,30	+ 53 142	— 9	+ 27 768	+ 89 742
III. Juni 1887.					
A. Hauptbahnen.					
1. Staatsbahnen etc.	29 369,93	73 698 034	2 514	189 853 516	56 535 452
gegen 1886	+ 595,96	+ 2 635 204	+ 40	+ 9 144 231	+ 2 826 131
2. Privatbahnen in Staatsverwaltung	26,81	62 642	2 354	—	. 354 452
gegen 1886	± 0	— 2 263	— 85	—	+ 24 141
3. Privatbahnen in eigener Verwaltung	2 389,93	3 323 568	1 391	209 905	17 950 847
gegen 1886	+ 31,39	+ 87 499	+ 19	+ 9 416	+ 966 778
Summe A. . .	31 786,47	77 084 244	2 429	190 063 421	74 840 751
gegen 1886	+ 626,65	+ 2 720 440	+ 43	+ 9 153 647	+ 3 817 045
B. Bahnen untergeordneter Bedeutung	1 356,45	700 137	516	1 078 192	1 712 837
gegen 1886	+ 97,30	+ 5 527	— 35	+ 6 516	+ 115 873

b. Zugverspätungen.

		Betriebslänge Kilometer.	Beförderte Züge			
			fahrplanmässige		ausserfahrplanmässige	
			Personen- u. gemischte	Güter- züge.	Personen- u. gemischte	Güter- züge.
April	1887 .	32 573,18	205 507	113 268	2 917	18 389
Mai	1887 .	32 733,19	216 073	116 387	6 497	23 932
Juni	1887 .	32 798,10	210 826	117 016	4 643	25 962

	Verspätungen der fahrplanmässigen Personenzüge im		
	April 1887.	Mai 1887.	Juni 1887.
Im Ganzen	1 585	1 925	1 297 Züge
Davon durch Abwarten verspäteter An-·schlüsse	605	793	481 „
Also durch eigenes Verschulden . .	980	1 132	816 Züge
oder	0,48 pCt.	0,52 pCt.	0,37 pCt.

c. Betriebsunfälle.

Zahl der Unfälle		Zahl der getödteten und verletzten Personen.		
fahrende Züge	beim Rangiren		getödtet	verletzt
a. April 1887				
Entgleisungen 4	 13	Reisende	2	3
Zusammen-		Bahnbeamte und Arbeiter	9	75
stösse . . . 1	 9	Post-, Steuer- etc. Beamte	—	2
Sa. 5	Sa. 22	Fremde	6	6
		Selbstmörder	10	1
Sonstige . . 113		Sa.	27	87
			114	
b. Mai 1887		Reisende	1	2
Entgleisungen 4	 11	Bahnbeamte und Arbeiter	15	68
Zusammen-		Post-, Steuer- etc. Beamte	—	—
stösse . . . —	 12	Fremde	7	5
Sa. 4	Sa. 23	Selbstmörder	12	1
		Sa.	35	76
Sonstige . . 104			111	
c. Juni 1887.		Reisende	5	21
Entgleisungen 11	 11	Bahnbeamte und Arbeiter	18	58
Zusammen-		Post-, Steuer- etc. Beamte	—	—
stösse . . . 1	 15	Fremde	12	7
Sa. 12	Sa. 26	Selbstmörder	12	1
		Sa.	47	87
Sonstige . . 98			134	

Rechtsprechung und Gesetzgebung.

Rechtsprechung.

Staatsbeamtenrecht.

Urtheil des Oberverwaltungsgerichts (II. Senat) vom 17. Mai 1887 in Sachen des Königlichen Regierungsbaumeisters H. zu B. wider den Magistrat zu B.

Wirkliche Staatsdiener gehören nicht zu den ausserordentlichen und einstweiligen Gehülfen in den Büreaus der Staatsbehörden im Sinne des § 11 des Gesetzes vom 11. Juli 1822.

Aus den Entscheidungsgründen.

Der bei dem Neubaue des naturhistorischen Museums zu Berlin gegen ein Tagegeld von 9 $\mathcal{M}$ beschäftigte Regierungsbaumeister H., welcher übrigens am 19. November 1886 zum Königlichen Regierungsbaumeister ernannt ist, wurde für das Jahr 1886/87 von dem Magistrate nach seinem vollen Einkommen (3 285 $\mathcal{M}$) mit dem Steuersatze von 90 $\mathcal{M}$ zu den Gemeindeabgaben herangezogen. Er verlangte auf Grund des Gesetzes vom 11. Juli 1822, die Heranziehung der Staatsdiener zu den Gemeindelasten betreffend, Ermässigung seiner Steuer auf den nach dem halben Diensteinkommen berechneten Betrag von 30 $\mathcal{M}$, wurde aber nach vergeblichem Einspruche mit seiner Klage durch den Bezirksausschuss zu Berlin unterm 18. Januar 1887 abgewiesen.

Gegen dieses Urtheil, auf dessen Sachdarstellung und Begründung hiermit Bezug genommen wird, hat er nunmehr noch Revision eingelegt.

Dem Rechtsmittel war auch stattzugeben.

Der Vorderrichter stellt zunächst fest, dass der Kläger bereits bei Beginn des Steuerjahres als Beamter zu betrachten gewesen sei, gründet seine abweisende Entscheidung aber auf die Annahmen, dass einestheils die Wohlthat des Gesetzes vom 11. Juli 1822 nicht sämmtlichen Staatsdienern zu Gute komme, davon vielmehr nach § 11 „ausserordentliche und einstweilige Gehülfen in den Büreaus der Staatsbehörden" ausgeschlossen seien, und dass anderentheils der Kläger zu dieser Kategorie gerechnet werden müsse. Hierin liegt eine unrichtige Anwendung des § 11. Der unterzeichnete Gerichtshof hat schon mehrfach Gelegenheit gehabt, sich

mit dieser Vorschrift zu befassen, und ist hierbei allerdings, ohne bestimmte
Stellung zu der Auslegung des Gesetzes zu nehmen, der Auffassung des
Bezirksausschusses bisher insoweit gefolgt, als er sich im ersten Falle
damit begnügt hat, die in der Vorentscheidung getroffene thatsächliche
Feststellung, dass der damalige Kläger unter den § 11 nicht zu bringen
sei, für unanfechtbar in der Revisionsinstanz zu erklären (Entscheidungen
Band XIII Seite 127), und als weiter in einem zweiten Falle auch bei
freier Beurtheilung das Vorhandensein der thatsächlichen Voraussetzungen
für eine Anwendung des § 11 verneint worden ist (Entscheidungen Band XIII
Seite 133.) Der vorliegende Streit nöthigt indess, der Frage näher zu
treten, ob der § 11 auf wirkliche Staatsdiener überhaupt zu beziehen ist.
Der Beklagte hat fortwährend die Ansicht festgehalten, den im § 11 erwähnten Gehülfen müsse die Eigenschaft als Staatsdiener von vornherein
abgesprochen werden, die ganze Bestimmung sei für eigentliche Staatsdiener nicht gegeben. Dem muss auch bei näherer Erwägung zugestimmt
werden. Freilich ergeben sich in Beziehung auf die Auslegung des § 11
nicht unwesentliche Zweifel. Das ganze Gesetz handelt, wie insbesondere
auch aus der Ueberschrift klar erhellt, nur von der Heranziehung der
Staatsdiener zu den Gemeindelasten; hiernach spricht zunächst eine Vermuthung dafür, dass auch nur die Verhältnisse der wirklichen Staatsdiener
eine Regelung erfahren haben, und dass folglich der § 11 sich ebenfalls
mit solchen Personen beschäftigt, welchen an sich Staatsdienereigenschaft
zukommt. Auf der anderen Seite legt indess schon der Wortlaut Bedenken
gegen eine derartige Anschauung nahe, weil es eine mindestens auffallende Ausdrucksweise sein würde, wenn der Gesetzgeber von wirklichen
Staatsdienern gesagt hätte, sie sollten den Staatsdienern — wenn auch
nur „in Hinsicht der Gemeindelasten" — nicht „gleichgeachtet" werden.
Weiter darf auch nicht unberücksichtigt bleiben, dass es mit dem Zwecke
des Gesetzes wohl vereinbar erscheint, wenn zur Abschneidung möglicher
Zweifel gegen den Schluss noch ausdrücklich hervorgehoben wird, .dass
eine bestimmte Klasse von im Staatsdienst beschäftigten Personen, bei
denen eben deshalb fraglich sein konnte, ob sie die Wohlthaten des Gesetzes gleichfalls geniessen sollten, nicht wie Staatsdiener zu behandeln
seien. Wird ausserdem erwogen, dass bei Erlass des Gesetzes, im Jahre
1822, eine scharfe Abgrenzung des Begriffes: „Staatsdiener", wie sie unter
den gegenwärtigen Verhältnissen unabweislich geworden ist, noch nicht
allgemein in derselben Weise bestand und demnach die Hinzufügung einer
erläuternden Bemerkung, wie sie übrigens auch sonst wohl in älteren
Gesetzen ohne klar vorliegende Nothwendigkeit sich findet, um so mehr
angezeigt erachtet werden mochte, so kann eine sichere Auslegung nur
durch ein Zurückgehen auf die Entstehungsgeschichte des Gesetzes ge-

wonnen werden. In dieser Beziehung ergeben die eingesehenen Akten des Staatsraths Folgendes:

Die zum § 44 der Städteordnung vom 19. November 1808 ergangene Deklaration vom 11. Dezember 1809 hatte nicht alle Zweifel über die Heranziehung der Staatsdiener zu den Kommunallasten beseitigt. Dadurch sah sich das Staatsministerium veranlasst, dem Könige unterm 10. August 1821 den Entwurf zu einer Instruktion über die Ausführung der 'Deklaration zur Genehmigung vorzulegen; in dem Berichte heisst es wörtlich:

Endlich aber sind auch Zweifel darüber entstanden, ob Diätarien und provisorisch angestellte Personen gleich wirklichen Beamten besteuert werden können. Da ihnen aber bei der Widerruflichkeit ihrer Anstellung eine Haupteigenschaft der wirklichen Staatsdiener abgeht, so dürften Ew. Majestät vielleicht geneigt sein, zu bestimmen:

10. Diätarien und andere nicht etatsmässig angestellte Personen werden in Hinsicht der Kommunalsteuern den Staatsdienern nicht gleichgeachtet, sondern nur, wenn sie ihren Wohnsitz im rechtlichen Sinne am Orte haben, gleich anderen Bürgern oder Schutzverwandten behandelt, je nachdem sie zu der einen oder anderen Klasse gehören.

Hierzu äussert sich das Gutachten der Abtheilungen des Staatsraths für die inneren, die Finanz- und die Justizangelegenheiten vom 27. April 1822, wie folgt:

Zu 10 ist einestheils zu bemerken, dass die Worte:

Diätarien und andere nicht etatsmässig angestellte Personen wohl zu viel umfassen; dahin würden z. B. auch die Assessoren der Landeskollegien gehören, die doch gewiss ein das Domizil begründendes Staatsamt bekleiden und gleichwohl mehrentheils nicht etatsmässig angestellt sind, ingleichen Beamte, die fixe Diäten beziehen.

Der Sinn ist wohl nur:

ausserordentliche oder einstweilige Gehülfen (Hülfsarbeiter) in den Büreaus der Staatsbehörden.

Anderntheils dürfte der eigentliche Grund dieser Bestimmung, dass solche Personen, nämlich in der bezeichneten Eigenschaft allein betrachtet, überhaupt nicht für Einwohner des Ortes zu erachten sind, mitauszudrücken sein. Beiden Einwendungen ist durch die Aenderung weniger Worte abgeholfen.

Demgemäss wurde diejenige Fassung vorgeschlagen, welche demnächst in das Gesetz übergegangen ist.

Hiernach lässt sich nicht füglich bezweifeln, dass sowohl das Staatsministerium wie der Staatsrath gleichmässig davon ausgegangen sind, die

Vorschrift solle sich auf wirkliche Staatsdiener nicht beziehen, vielmehr nur Vorsorge treffen, dass ausserordentlich und einstweilig im Staatsdienste beschäftigte Personen nicht lediglich aus diesem Grunde wie Staatsdiener behandelt würden. In dem Berichte des Staatsministeriums ist dies insofern mit grosser Bestimmtheit zum Ausdrucke gelangt, als der Nachdruck darauf gelegt wird, den fraglichen Personen fehle die Eigenschaft der Staatsdiener; wenn die dabei zu Grunde liegende Anschauung mit dem heutigen Rechtszustande nicht mehr übereinstimmt, da gegenwärtig die Staatsdienereigenschaft keineswegs unbedingt durch die Widerruflichkeit der Anstellung ausgeschlossen wird (vergl. u. A. § 83 des Disziplinargesetzes vom 21. Juli 1852, Gesetzsammlung Seite 465), so berührt das den Gedanken, worauf der Vorschlag selbst beruht, nicht weiter. Diesen Gedanken hat dann aber der Staatsrath sich ebenfalls zu eigen gemacht; denn er änderte die Fassung gerade zu dem ausgesprochenen Zwecke, damit nicht gewisse Klassen wirklicher Beamten darunter mitbegriffen werden könnten. — Demgemäss muss angenommen werden, dass der § 11, sofern die Eigenschaft als Staatsdiener feststeht, nie dahin führen kann, dem Betreffenden die Wohlthaten des Gesetzes für das mit seiner Stellung als Staatsdiener verbundene Diensteinkommen wieder zu entziehen.

War aus diesem Grunde die Vorentscheidung aufzuheben, so erwies sich bei freier Beurtheilung der Anspruch des Klägers als begründet. In Uebereinstimmung mit der Anschauung des Vorderrichters ist festzustellen, dass der Kläger bereits zu Anfang des Steuerjahres Beamter war. Der vom Beklagten selbst beigebrachte Erlass des Ministers der öffentlichen Arbeiten vom 6. Dezember 1886, worin ausgesprochen wird,

> Der p. H. habe auch als Regierungsbaumeister (d. h. vor seiner Ernennung zum Königlichen Regierungsbaumeister) die Eigenschaft eines Staatsbeamten besessen, wenngleich er zu den nach dem Zirkular-Erlasse vom 11. März 1884 dauernd in die Staatsverwaltung übernommenen Regierungsbaumeistern nicht gehöre,

macht eine weitere, eingehende Erörterung über die Stellung der im Staatsdienst beschäftigten Baubeamten überflüssig. Wie bereits in dem Endurtheile vom 28. Januar 1886 (Entscheidungen Band XIII Seite 125 ff.) näher dargelegt ist, kann dem Ressortchef die Berechtigung nicht bestritten werden, im Rahmen des bestehenden öffentlichen Rechts für das ihm unterstellte Verwaltungsgebiet nähere Anordnungen darüber zu treffen, unter welchen Voraussetzungen — sei es allgemein, sei es in einem einzelnen Falle — die Uebernahme in den Staatsdienst als erfolgt angesehen werden soll. Deshalb kommt aber auch seinem Ausspruche, dass eine innerhalb seines Ressorts beschäftigte Persönlichkeit die Eigenschaft als

Staatsbeamter besitze, eine maassgebende Bedeutung zu, welche etwa nur dann, wenn das Vorhandensein eines Irrthums klar dargethan werden könnte, anzufechten sein möchte. Hierzu genügt jedenfalls die Bemerkung des Beklagten nicht, die Aeusserung des Ministers stimme nicht ganz mit dem Erlasse vom 11. März 1884; inwieweit dies zutrifft, kann dahingestellt bleiben; denn der gedachte, von dem Minister selbst ausgegangene Erlass stellt einestheils bestimmte, allgemein durchgreifende Regeln für die Entscheidung der Frage, wann den Baubeamten die Staatsdienereigenschaft zukomme, überhaupt nicht auf und enthält anderentheils vor allem auch keine derart bindende Normen, dass ohne ihre ausdrückliche vorherige Aufhebung ein Abweichen davon im einzelnen Falle unthunlich wäre.

Muss aber die Staatsdienereigenschaft des Klägers als schon vorhanden zur Zeit der Veranlagung anerkannt werden, so kann nur das halbe Diensteinkommen herangezogen werden.

Gesetzgebung.

Schweiz. Bundesgesetz, betreffend die Ausdehnung der Haftpflicht und die Ergänzung des Bundesgesetzes vom 25. Juni 1881.*)

Vom 26. April 1887.

Art. 1. Die im Bundesgesetz vom 25. Juni 1881 für den Betrieb der Fabriken (Art. 1 und 2) und der in Art. 3 desselben bezeichneten Industrien festgesetzte Haftpflicht findet nach Maassgabe der übrigen Bestimmungen jenes Gesetzes ihre Anwendung auch auf

1. alle Gewerbe, in welchen explodirbare Stoffe gewerbsmässig erzeugt oder verwendet werden;
2. die nachstehend verzeichneten Gewerbe, Unternehmungen und Arbeiten, soweit sie nicht schon unter vorstehende Ziffer 1 fallen, wenn die betreffenden Arbeitgeber während der Betriebszeit durchschnittlich mehr als 5 Arbeiter beschäftigen:
   a) das Baugewerbe; inbegriffen sind hierbei alle mit dem Baugewerbe in Zusammenhang stehenden Arbeiten und Verrichtungen, gleichviel ob dieselben in Werkstätten, auf Werkplätzen, am Bauwerke selbst, oder beim bezüglichen Transport vorgenommen werden;
   b) die Fuhrhalterei, den Schiffsverkehr und die Flösserei; auf die Dampfschifffahrt findet gegenwärtiges Gesetz mit Vorbehalt von Ártikel 4, 6 und 7 desselben keine Anwendung;
   c) die Aufstellung und Reparatur von Telephon- und Telegraphenleitungen, die Aufstellung und den Abbruch von Maschinen und die Ausführung von Installationen technischer Natur;
   d) den Eisenbahn-, Tunnel-, Strassen-, Brücken-, Wasser- und Brunnenbau, die Erstellung von Leitungen, sowie die Ausbeutung von Bergwerken, Steinbrüchen und Gruben.

---

*) Das Gesetz wird frühestens mit Ablauf der Einspruchsfrist am 2. September 1887 in Kraft treten.

Art. 2. Haftbar ist, in den Fällen von Artikel 1, Ziffer 1 und 2, der Inhaber des betreffenden Gewerbes, beziehungsweise bei Ziffer 2, litt. c und d, der Unternehmer der betreffenden Arbeiten, auch dann, wenn er die Arbeiten einem Dritten zur Ausführung übertragen hat.

Werden einzelne der in Artikel 1 bezeichneten Arbeiten in Regie ausgeführt, so wird die Haftpflicht von der betreffenden Staats-, Bezirks-, Gemeinde- oder Korporationsverwaltung getragen, immerhin unter der Voraussetzung, dass für diese Arbeiten gleichzeitig mehr als 5 Arbeiter verwendet werden.

Für die beim Eisenbahnbau vorkommenden Haftpflichtfälle bleibt, bezüglich der Haftbarkeit der konzessionirten Unternehmung und des Umfangs des zu leistenden Schadenersatzes, Artikel 1 des Gesetzes vom 1. Juli 1875 vorbehalten.

Art. 3. Dem Bundesgesetz vom 25. Juni 1881 werden auch die mittelbar mit dem Fabrikbetriebe in Zusammenhang stehenden Dienstverrichtungen unterstellt, auch wenn dieselben nicht in den geschlossenen Räumen der Fabrik vorgenommen werden.

Art. 4. Dem vorerwähnten Bundesgesetze werden im Weiteren unterstellt die in Artikel 2 des Bundesgesetzes vom 1. Juli 1875 und in Artikel 2 desjenigen vom 25. Juni 1881 unter dem Ausdruck „Betrieb" nicht inbegriffenen, aber mit letzterem in einem Zusammenhang stehenden Hilfsarbeiten.

Art. 5. Die Artikel 2, letzter Satz, 4 und 19, des Bundesgesetzes vom 23. März 1877 sind auf die Artikel 2 des gegenwärtigen Gesetzes erwähnten Inhaber von Gewerben, beziehungsweise Unternehmer von Arbeiten gleichfalls anwendbar.

Art. 6. Die Kantone haben auf dem Gesetzgebungs- oder Verordnungswege dafür zu sorgen, dass:

1. den bedürftigen Personen, welche nach Maassgabe des gegenwärtigen Gesetzes oder derjenigen vom 1. Juli 1875 und 25. Juni 1881 Klage erheben, auf ihr Verlangen, wenn die Klage nach vorläufiger Prüfung des Falles sich nicht zum Voraus als unbegründet herausstellt, die Wohltat des unentgeltlichen Rechtsbeistandes gewährt und Kautionen, Expertenkosten, Gerichtsgebühren und Stempeltaxen erlassen werden;
2. Streitigkeiten dieser Art durch einen möglichst raschen Prozessweg erledigt werden können.

Art. 7. In Haftpflichtfällen, welche zum Entscheid des Bundesgerichtes gelangen, ist der Kläger, wenn er dem Gerichte als bedürftig erscheint und die Klage nach vorläufiger Prüfung des Falles sich nicht zum Voraus als unbegründet herausstellt, von Erlegung der Gerichtsgebühren und jeder in Artikel 26 des Bundesgesetzes vom 13. Juli 1855 vorgesehenen Sicherheitsleistung zu entbinden. In solchen Fällen sind zugleich die gemäss Artikel 23 desselben Gesetzes dem Kläger obliegenden Kostenvorschüsse, sowie allfällige Zeugen- und Kanzleigebühren jeder Art aus der Gerichtskasse zu bestreiten.

Art. 8. Die Inhaber von Gewerben, beziehungsweise die Unternehmer von Arbeiten, auf welche sich das gegenwärtige und das Gesetz vom 25. Juni 1881 bezieht, haben ein Verzeichniss der bei ihrem Geschäftsbetrieb vorgekommenen erheblichen Unfälle nach einem vom Bundesrathe aufzustellenden Formulare zu führen, aus welchem ausser dem Tage und dem Ausgange des Unfalles zu entnehmen ist:

1. wann die vorgeschriebene Anzeige bei der zuständigen Behörde gemacht,
2. welche Entschädigungen nach Maassgabe von Artikel 6 des Gesetzes vom 25. Juni 1881 ausgerichtet worden, und
3. aus welcher Quelle diese geflossen sind.

Diese Angaben sind spätestens drei Monate vor Ablauf der Verjährungsfrist (Art. 12 und 13 des Bundesgesetzes vom 25. Juni 1881) der kantonalen Behörde einzusenden und von dieser auch dem Fabrikinspektor des betreffenden Kreises mitzutheilen.

Zuwiderhandlungen gegen die Bestimmungen dieses Artikels sind mit einer Busse von 5—100 Fr. und im Wiederholungsfalle bis 200 Fr. zu belegen, welche nach Maassgabe der kantonalen Gesetze ausgesprochen wird und dem betreffenden Kanton zufällt.

Der Betriebsunternehmer ist im Falle der Unterlassung der Mittheilung zur nachträglichen Anzeige anzuhalten. Bei der verspäteten Anzeige läuft die Verjährungsfrist erst drei Monate nach Eingang der Anzeige ab.

Art. 9. Wenn die eidgenössischen oder kantonalen Aufsichtsorgane in Erfahrung bringen, dass der von einem Unfall oder einer Krankheit, wofür Haftpflicht besteht, betroffene Arbeiter oder Angestellte oder dessen Rechtsnachfolger eine im Sinne des gegenwärtigen oder des Gesetzes vom 25. Juni 1881 ihm zustehende billige Entschädigung auf aussergerichtlichem Wege nicht erhalten hat, so haben sie sofort der Kantonsregierung Bericht zu erstatten. Diese wird eine Untersuchung anordnen und vom Resultat den Interessenten Mittheilung machen.

Verträge, denen zufolge einem Geschädigten oder dessen Rechtsnachfolger eine offenbar unzulängliche Entschädigung zukommt oder zugekommen ist, sind anfechtbar.

Art. 10. Die Bestimmungen des Artikels 14 des Gesetzes vom 25. Juni 1881 sind analog auf diejenigen Fälle anwendbar, in welchen Zweifel entstehen, ob eine Unternehmung unter die Vorschriften des gegenwärtigen Gesetzes falle.

Art. 11. Die Kantonsregierungen sind beauftragt, für die Vollziehung der gegenwärtigen Vorschriften besorgt zu sein.

Der Bundesrath übt die Kontrole über diese Vollziehung aus.

Art. 12. Der Bundesrath ist beauftragt, auf Grundlage der Bestimmungen des Bundesgesetzes vom 17. Juni 1874, betreffend die Volksabstimmung über Bundesgesetze und Bundesbeschlüsse, das gegenwärtige Gesetz bekannt zu machen und den Zeitpunkt seines Inkrafttretens zu bestimmen.

Italien. Gesetz vom 24. Juli 1887, betr. die Eisenbahnneubauten.

Veröffentlicht in der Gaz. Uff. vom 7. August 1887.

Durch dieses Gesetz, dessen Entwurf im Archiv 1887 S. 614 mitgetheilt ist, wird die Regierung zur Deckung der bei 19 theils im Betrieb befindlichen, theils nahezu vollendeten Eisenbahnlinien gegen den Voranschlag entstandenen Mehrkosten im Betrage zu 121 Millionen Lire, sowie zur Gewährung von jährlichen Betriebszuschüssen für gewisse Bahnen bis 3000 Lire für das km ermächtigt. Wegen Deckung der bei anderen Eisenbahnneubauten entstandenen sowie noch zu erwartenden Mehrkosten soll der Landesvertretung bis zum November d. J. ein weiteres Gesetz vorgelegt werden. Weiter wird in dem Gesetze noch bestimmt, dass die Eisenbahnlinien Eboli-Reggio und Messina-Cerdi binnen 6 Jahren fertiggestellt werden sollen.

Russland. Kaiserlicher Erlass vom 30. März 1887, betr. Unterstützung der Uralbahn-Gesellschaft.

Veröffentlicht im amtlichen Theile der Zeitschrift d. Min. d. V. 1887 Nr. 26.

Die durch Erlass vom 23. April 1886 der Uralbahn-Gesellschaft bewilligte Unterstützung von 3 800 000 Rubel wird auf 4 058 886 Rubel erhöht.

Kaiserlicher Erlass vom 23. April 1887 betr. den Erwerb der Uralbahn durch den Staat.

·Veröffentlicht im amtlichen Theile der Zeitschrift d. Min. d. V. 1887 Nr. 26.

Die Regierung stellt der Uralbahn 3 800 000 Rubel für die Abrechnung mit ihren Gläubigern zur Verfügung unter der Bedingung, dass die Bahn dem Staate übergeben wird, und die Gesellschaft den Nachweis liefert, dass ihre Gläubiger befriedigt sind. Im Falle der Uebergabe der Bahn an den Staat sollen die Aktien der Gesellschaft zu ihrem Nennwerthe in 5 prozentige garantirte Obligationen umgewandelt werden.

Kaiserlicher Erlass vom 14. April 1887, betr. die Anlage von Neben- (Anschluss-) Bahnen.

Veröffentlicht im amtlichen Theile der Zeitschrift d. Min. d. V. 1887 Nr. 23.

Durch diesen Erlass erhält eine vom Reichsrathe dem Kaiser gemachte Vorlage, welche den Zweck verfolgt, die Herstellung von Bahnen für örtliche Zwecke zu fördern, die gesetzliche Bestätigung. Nach dieser, 47 Paragraphen enthaltenden Vorlage können an die Eisenbahnen anschliessende Nebenbahnen, welche zur Befriedigung örtlicher Handels-, Gewerbeoder sonstiger Interessen erforderlich sind, gebaut und betrieben werden, ausser vom Staate von Landschaftsinstituten, städtischen und ländlichen Genossenschaften, Aktiengesellschaften, Handelsgesellschaften und von Privatpersonen. Es können nicht nur Schienenbahnen mit mechanischem und Thierbetrieb ausgeführt werden, sondern auch gewöhnliche, eine Verbindung mit der Eisenbahn herstellende chaussirte oder gepflasterte Strassen.

Die Nebenbahnen können für den öffentlichen oder für privaten Gebrauch bestimmt sein. Werden sie für den öffentlichen Gebrauch bestimmt, so wird für die Beförderung auf ihnen ein in der gesetzlichen Weise festzustellendes Fahrgeld erhoben. Die Besitzer einer für private Zwecke erbauten Nebenbahn sind nicht verpflichtet, auf derselben fremde Personen und Güter zu befördern und haben, wenn sie diess gleichwohl thun, nicht das Recht, dafür eine Zahlung zu nehmen. Alle mit Schienen belegten Nebenbahnen, welche für den öffentlichen Gebrauch bestimmt und mit mechanischer Kraft betrieben werden, ferner alle ebenso betriebenen Schienennebenbahnen für Privatgebrauch, welche in ununterbrochener Verbindung mit den Hauptbahnen stehen, ebenso Nebenbahnen aller Art, welche den Hauptbahngesellschaften gehören oder von solchen auf Grund eines Vertrages mit den Eigenthümern betrieben werden — unterstehen dem Minister der Verkehrsanstalten. Für den Bau der Nebenbahnen kann das Enteignungsrecht verliehen werden und zwar ebensowohl für den dauernden Erwerb als für die vorübergehende Benutzung von Grundstücken.

Die Gesuche um Gestattung von Vorarbeiten für eine Nebenbahn sind an den Gouverneur zu richten. Dieser legt dieselben zur Entscheidung einem Ausschusse vor, welcher unter seinem Vorsitze gebildet wird aus dem Adelsmarschall des Gouvernements, dem Vorsteher der Gouvernements-Landschaftsbehörde, dem Inspektor der betreffenden Eisenbahn, sowie den Vorständen der örtlichen Behörden vom Ressort der Verkehrsanstalten, der Bergwerksverwaltung, der Forstverwaltung u. s. w., soweit solche bei der betreffenden Eisenbahn in Betracht kommen. Wird von diesem Ausschusse die Erlaubniss zur Anfertigung von Vorarbeiten für eine Nebenbahn verweigert, so können die Nachsuchenden sich beschwerend an den Minister des Innern wenden. Der letztere entscheidet, u. U. nach Benehmen mit anderen betheiligten Ressorts endgültig. Zur Sicherung der Grundbesitzer in Bezug auf die Entschädigung für den durch die Vorarbeiten verursachten Verlust an Feldfrüchten u. s. w. ist eine Kaution zu stellen, deren Höhe durch den obenerwähnten Ausschuss festgestellt wird. Die Erlaubniss zur Vornahme von Vorarbeiten erlischt nach Verlauf von 2 Jahren.

Die Genehmigung zum Bau und Betrieb einer Nebenbahn wird ertheilt durch kaiser-lichen Erlass, wenn das Enteignungsrecht dazu verliehen werden muss, wenn eine Staats-unterstützung gewährt werden soll, sowie für alle mit mechanischer Kraft zu betreibenden Schienennebenbahnen für öffentliche Benutzung; vom Minister der Verkehrsanstalten für alle mit mechanischer Kraft zu betreibenden Schienennebenbahnen für private Benutzung, wenn solche in unmittelbarer Verbindung mit Hauptbahnen stehen; vom Minister des Innern für alle mit Thierkraft zu betreibenden Schienennebenbahnen für allgemeine Benutzung. Für die übrigen hier nicht besonders bezeichneten Arten von Nebenbahnen ist eine Genehmi-gung durch höhere Behörden nicht erforderlich. In den Militärbezirken Wilna, Warschau, Kiew, Odessa und Kaukasus bedarf indessen die Anlage jedes Schienenweges der Genehmi-gung des Kriegsministers.

Kaiserlicher Erlass vom 14. April 1887, betr. die Erhöhung des Vorraths an Brennmaterialien auf der Moskau-Brester Bahn.

Veröffentlicht im amtlichen Theile der Zeitschrift des Minist. d. Verkehrsanst. 1887 No. 24.

Um dem Bedarf der Militärzüge zu genügen, soll der Vorrath der Moskau-Brester Bahn an Brennmaterialien um 7 700 Kubik-Saschehn Holz und 570 000 Pud Steinkohlen erhöht werden. Das Betriebskapital der Bahn wird zu diesem Zwecke um 183 000 Rubel durch Ausgabe von Obligationen erhöht.

Kaiserlicher Erlass vom 12. Mai 1887, betr. Erhöhung der Leistungsfähigkeit der Eisenbahn St. Petersburg-Warschau.

Veröffentlicht im amtlichen Theile der Zeitschrift des Minist. d. Verkehrsanst. 1887 No. 27.

Zur Anlage von 5 Kreuzungsstationen auf der Strecke Landwarowo-Bjalystock, Her-stellung von 12 Wasserkrahnen und sonstigen für die Erhöhung der Leistungsfähigkeit der Eisenbahn St. Petersburg-Warschau erforderlichen Einrichtungen wird der Grossen Russi-schen Eisenbahn-Gesellschaft aus den ausserordentlichen Mitteln des Ministeriums der Ver-kehrsanstalten ein Betrag von 337 255 Rubel vorschussweise bewilligt.

Kaiserlicher Erlass vom 12. Mai 1887, betr. Obligationenanleihe der Lodzer Fabrikbahn.

Veröffentlicht im amtlichen Theile der Zeitschrift d. Min. d. V. 1887 Nr. 26.

Die Lodzer Fabrikbahn-Gesellschaft wird ermächtigt, eine Obligationenanleihe im Nenn-betrage von 1 156 000 Kreditrubel oder 108 380 Lstr. zu machen, für welche die Regierung unbedingt 4 1/2 Proz. Zinsen gewährleistet. Die Gesellschaft verpflichtet sich dagegen, alles Eisenbahnmaterial ausschliesslich aus russischen Werken zu beziehen und vom 1. Januar 1887 ab jährlich an die Regierung 1/2 Proz. der Roheinnahme für die Deckung der Kosten der Regierungsaufsicht zu zahlen, ferner die Kosten der Eisenbahn-Gendarmerie zu ersetzen, sowie für jede Werst Hauptgeleis 15 Rubel für Eisenbahnschulen und 5 Rubel für die Unterhaltung des Invalidenhauses Kaiser Alexander II. beizutragen. Weiter verpflichtet sich die Gesellschaft, Militär- und Kriegsbedarf, sowie Arrestanten zu ermässigten Preisen zu befördern.

Bücherschau.

Besprechungen.

von **Kirchenheim**, Dr., Arthur, a. o. Professor in Heidelberg. Lehrbuch des Deutschen Staatsrechts. Stuttgart. Verlag von
Ferdinand Enke. 1887.

In der vorbezeichneten Schrift liegt nunmehr auch der erste Band
der von dem Verfasser herausgegebenen Handbibliothek des öffentlichen
Rechts vor, deren zweiter Band, von Stenzels Lehrbuch des Deutschen
Verwaltungsrechts, bereits in dem vorigen Jahrgange dieser Zeitschrift
S. 577 besprochen worden ist. Der Verfasser hat sich die Darstellung
des Deutschen Staatsrechts zur Aufgabe gemacht, d. h. des Staatsrechts
des Deutschen Reichs, wie auch des Staatsrechts der Deutschen Bundesstaaten. Nach einer dem Begriffe des Staatsrechts und der Staatswissenschaften gewidmeten Einleitung und einer kurzen Erörterung der allgemeinen Vorbegriffe wird zunächst die geschichtliche Entwicklung des deutschen Staatswesens und Staatsrechts von der Begründung des alten Deutschen Reichs ab mit eingehenderer Betrachtung derjenigen Momente —
Entwicklung der Landeshoheit, der deutschen Einheitsbewegung und der
konstitutionellen Ideen — vorgeführt, welche für die Gestaltung des jetzigen
deutschen Staatsrechts vorzugsweise von Bedeutung sind. Den eigentlichen
Gegenstand seiner Betrachtung hat der Verfasser in drei Hauptabschnitte
zerlegt. In dem ersten werden die Grundlagen des öffentlichen Rechts,
die Rechtsquellen, der Herrschaftsbereich der Staatsgewalt (Staatsgebiet
einschliesslich der Kolonieen, die Staatsangehörigen), die Rechtsstellung
der Unterthanen zur Staatsgewalt im Allgemeinen, insbesondere die allgemeinen öffentlichen Pflichten und Rechte derselben (Grundrechte) und der
Schutz des öffentlichen Rechts erörtert. Der zweite Hauptabschnitt enthält
das Verfassungsrecht der Bundesstaaten und des Reichs, in welchem allen
Staatsorganen, insbesondere dem Monarchen, den Staatsbeamten und der
Volksvertretung eine eingehendere Betrachtung gewidmet und die rechtliche Natur des Reichs und sein Verhältniss zu den Einzelstaaten unter-

sucht wird. Der dritte und letzte betrifft die Funktionen des Staats, die
Regierungsrechte. Der Inhalt des Regierungsrechts ist hier im Allgemeinen
und im Speziellen auf dem Gebiete der Justiz, des Heerwesens, des Finanz-
wesens und der äusseren Verwaltung dargestellt. Dem Gebiete der inneren
Verwaltung ist, weil in das Verwaltungsrecht gehörig, keine eingehendere
Berücksichtigung zu Theil geworden.

Die Aufgabe, deren Lösung der Verfasser unternommen hat, ist keine
leichte. Einer vollständigen, alle wesentlichen Punkte berücksichtigenden
Bearbeitung des Staatsrechts des Deutschen Reichs und der Bundesstaaten
in klarer übersichtlicher Darstellung stellen sich an verschiedenen Seiten
Schwierigkeiten entgegen. Vor Allem liegen dieselben in der nichts weniger
als einfachen und klaren rechtlichen Grundlage unseres heutigen Staatsrechts, der rechtlichen Natur des Deutschen Reichs und seinem Verhältnisse
zu den einzelnen Bundesstaaten, des Weitern aber darin, dass das Staatsrecht der einzelnen Bundesstaaten nicht aus einer einheitlichen Rechtsquelle
entspringt, sondern auf den · keineswegs durchweg übereinstimmenden
Satzungen der verschiedenen Staaten beruht. In letzterer Beziehung gilt
es daher, einen sehr umfangreichen Stoff zu verarbeiten und in klarer und
durchsichtiger Weise darzustellen. Diese Schwierigkeiten hat der Verfasser,
wie mir scheint, nicht vollständig überwunden. Ob die Darstellung der
Rechtsnatur des Reichs und seines Verhältnisses zu den· Einzelstaaten, ferner
des Verhältnisses der Reichslande Elsass-Lothringen geeignet und ausreichend ist, über diese verwickelten Dinge Klarheit zu verschaffen,
möchte nicht ohne Grund in Zweifel zu ziehen sein. Darüber wird aber
ein Zweifel kaum möglich sein, dass die Darstellung des nicht auf einheitlicher Rechtsquelle beruhenden Staatsrechts der Bundesstaaten denjenigen
Anforderungen nicht entspricht, welche heute an ein Lehrbuch des Staatsrechts gestellt werden müssen. Mit einer gewissermaassen nur im Allgemeinen über das Staatsrecht der Einzelstaaten orientirenden Darstellung
ist es nicht gethan. Eine solche kann vielleicht eine gute Einleitung abgeben; eine Darstellung des deutschen Staatsrechts selbst muss aber auf
die Frage Antwort geben: was ist in den einzelnen Bundesstaaten Rechtens?
und auf welchen Rechtsquellen beruhen die betreffenden Rechtssätze? In
dieser Beziehung lässt die Schrift in denjenigen Abschnitten, in welchen,
wie z. B. bei der Erörterung der sog. Grundrechte, der Rechtsverhältnisse
der Staatsbeamten, der Volksvertretung hauptsächlich die Rechte der Einzelstaaten in Frage kommen, Manches vermissen. Allerdings wird auch hier
ein angeblich gemeinsames Recht dargestellt und hier und da auf die
Rechtsquellen, vorzugsweise die preussische und badensche Gesetzgebung
Bezug genommen; eine klare Anschauung darüber, was in den einzelnen
Staaten wirklich Rechtens ist, und auf welchen Rechtsquellen das Recht

beruht, erhält der Leser nicht. In Wahrheit ist es mehr eine Abstraktion aus dem Rechte einzelner Staaten, welches hier gegeben und als gemeinsames Recht aller Bundesstaaten dargestellt wird. Da kann es denn auch kaum ausbleiben, dass Rechtssätze, welche in einem oder mehreren Staaten gelten, irrthümlich als allgemeines Deutsches Staatsrecht hingestellt werden, so z. B. auf S. 264 die Behauptung, dass die Mitglieder des Landtags überall Diäten erhalten, welche selbst in der durch die Anmerkung ihr gegebenen Beschränkung unrichtig ist, und auf S. 384 der Satz, dass zu jeder Veräusserung von Staatsgut mindestens des Finanzvermögens die Uebereinstimmung der gesetzgebenden Faktoren erforderlich sei, von dessen Aufstellung den Verfasser schon das Studium des Preussischen Staatsrechts hätte abhalten sollen. Man sollte doch heutzutage, da das Staatsrecht auf neue und feste Grundlagen gestellt ist, die früher üblich gewesene Methode der Darstellung aufgeben, welche dem Leser wohl einen ungefähren Begriff von dem Inhalte des Staatsrechts, aber keine klare Anschauung von dem wirklich geltenden Rechte gewährte. Besser, man beschränkt sich auf die Darstellung des Reichsrechts und des Rechts eines einzelnen Bundesstaates. Sollte aber das Recht aller Bundesstaaten gegeben werden, dann darf der Leser auch mit Grund erwarten, darüber belehrt zu werden, welche Rechtssätze in allen, welche nur in den einzelnen, zu bezeichnenden Bundesstaaten gelten.

Wenn hier die hauptsächlichen Mängel der Schrift hervorgehoben sind, so soll andrerseits der Werth, welchen dieselbe trotzdem hat, nicht verkannt werden. Dieser beruht zunächst in der Fülle des Materials, dessen Vorführung in systematischer Anordnung schon allein ein Verdienst ist. Dazu kommt, dass die Darstellung einzelner Theile völlig gelungen ist. Insbesondere gilt dies von der eingehenden — 70 Seiten umfassenden — geschichtlichen Einleitung. Auch die Darstellung derjenigen Abschnitte, für welche nur die Reichsgesetzgebung als Rechtsquelle in Betracht kommt, ist klar und übersichtlich; nur wäre auch hier eine mehr ins Einzelne gehende Bezugnahme auf die betreffenden Gesetzesbestimmungen zu wünschen gewesen.

Inwieweit die Schrift für theoretische und praktische Zwecke verwendbar ist, ergiebt sich aus dem Vorstehenden von selbst. Bei dem Mangel kurz gefasster Darstellungen des heutigen Staatsrechts wird dieselbe immerhin ein willkommener Führer auf diesem schon jetzt sehr umfangreichen und von Tag zu Tag an Umfang noch zunehmenden Gebiete sein.

G.

Umpfenbach, Dr. **K.,** ord. öffentl. Professor der Staatswissenschaften an der Universität Königsberg. Lehrbuch der Finanzwissenschaft. Zweite Auflage. Stuttgart, Ferd. Enke. 1887.

Das Bestreben des Verfassers ist dahin gerichtet, die vielfachen Irrthümer, in welchen die Finanzpraxis nach seiner Ansicht befangen ist, zu vermeiden, und rein aus dem Begriffe des Staats und der Volkswirthschaft in streng logischer Folgerichtigkeit die Lehrsätze der Finanzwissenschaft zu entwickeln. Es wird daher nicht Wunder nehmen können, wenn seine Ergebnisse bei den Vertretern praktischer Finanzwirthschaft nicht durchweg Beifall finden, zumal der Verfasser selbst in der Vorrede zur ersten Auflage der Ueberzeugung Ausdruck giebt, dass die Kluft zwischen Wissenschaft und Praxis zunächst noch erweitert werden müsse, ehe eine Annäherung eintreten könne.

Im Uebrigen wird vom Verfasser selbst anerkannt, dass die Finanzwissenschaft vorwiegend praktischer Natur ist, indem er (man vergleiche die sehr zutreffenden Bemerkungen über das Verhältniss zwischen Theorie und Praxis im § 14 des Lehrbuchs) ausdrücklich hervorhebt, dass der reine Theoretiker, der nicht auf dem Boden der Erfahrung steht, sondern seine Sätze bloss aus eigenen Hirngespinnsten konstruirt, nur in höchst seltenen Ausnahmefällen etwas Erspriessliches leiste. So hat denn auch in Wirklichkeit die Praxis, wie uns scheint, viel weniger Grund zur Unzufriedenheit mit den Ausführungen des Lehrbuches, als nach den einleitenden Worten der Vorrede desselben angenommen werden könnte. Die Beweisführung des Verfassers ist überall von dem Streben nach Erkenntniss der Wahrheit getragen. Wenn man demselben auch nicht überall zuzustimmen vermag, wird man doch anerkennen müssen, dass die einschlägigen Verhältnisse und die zum Theil äusserst verwickelten Fragen der Finanzwissenschaft klar und verständlich in sachlicher und — soweit es der Umfang des Lehrbuches gestattet — eingehender Weise Erörterung gefunden haben. Jedermann wird von dem auch äusserlich angemessen ausgestatteten Werke mit Interesse Kenntnissnehmen und dasselbe nicht ohne mannigfache nutzbringende Anregung gefunden zu haben aus der Hand legen.

Der Inhalt des Werkes zerfällt nach einer Einleitung über den Begriff und die Geschichte der Finanzwissenschaft in drei Bücher. In dem ersten Buche wird der Finanzbedarf, in dem zweiten das Finanzeinkommen und in dem dritten das Finanzgleichgewicht erörtert. Einer besonders ausführlichen Darlegung wird neben dem Gebührenwesen im zweiten Buche die Besteuerung und das Steuersystem unterzogen. Auch die Domänenverwaltung und die sogenannten Fiskalvorrechte werden eingehend erörtert. Für die Leser des Archivs wollen wir noch besonders hervorheben, dass der Verfasser nachdrücklichst für die Vorzüge des Staatseisenbahnsystems eintritt. Er ist überzeugt, dass ein Verkehrs- und kulturförderndes Element von so grossartiger Tragweite, wie das Eisenbahnwesen, nur dann in vollem Maasse Früchte tragen könne, wenn es als Staatseinrichtung behandelt werde. Die Vorzüge, welche man den Privatbahnen nachrühmt, dass dieselben nämlich mit geringerem Kostenaufwande erbaut und betrieben würden, als Staatsbahnen, sind mindestens sehr zweifelhaft und verschwinden jedenfalls ganz und gar hinter den mit ersteren unvermeidlich verknüpften grossen Uebelständen. Die Staatsaufsicht allein kann nicht für ausreichend erachtet werden, weil dieselbe unmöglich der Privatbahnverwaltung auf Schritt und Tritt folgen kann, um jede ihrer Maassregeln zu kontroliren; mag die Staatsaufsicht noch so sorgfältig und gewissenhaft geübt werden, es wird immer ein Gebiet übrig bleiben, das sich ihrer Kontrole entzieht. Allerdings ist es nach der Meinung des Verfassers mit der Thatsache des Staatsbahnbetriebes noch nicht abgethan. Vielmehr müssen die Staatsbahnen mit Nothwendigkeit ausschliessliche Gebühreneinrichtungen werden, welche, weit entfernt reine Ueberschüsse zur Bestreitung anderer Staatsausgaben zu liefern, nicht einmal ihre eigenen Kosten decken dürfen. Der Verfasser ist aber einsichtig genug, diese Entwicklung der Zukunft vorzubehalten. Der Sprung von den früheren Transportmitteln zu den Eisenbahnen ist, wie hervorgehoben wird, ein so ungeheurer, dass die sofortige Behandlung der Staatseisenbahnen nach dem Gebührenprinzip der Entwicklung vorauseilen und geradezu eine wirthschaftliche Revolution heraufbeschwören müsste. Auch dürfe die Gelegenheit zur Gewinnung von Tilgemitteln für die grossen Finanzschulden nicht versäumt werden, welche die Herstellung der Staatsbahnen veranlasst hat. Aber Schritt für Schritt habe die Annäherung an das Gebührenprinzip bis zu dessen völliger Erreichung zu geschehen. Dieser Auffassung wird man im Allgemeinen nur beipflichten können. Einerseits können und sollen die Staatseisenbahnen nicht als Erwerbs- und Finanzquelle angesehen werden, andererseits werden die Ueberschüsse derselben zur Deckung der landesüblichen Verzinsung ihres erheblichen Anlagekapitals ausreichen müssen. Erst allmählich mit der fortschreitenden Tilgung der Staatseisenbahn-Kapitalschuld wird an eine entsprechende anderweite Normirung der Eisenbahnfrachtpreise, wie sie der Verfasser im Auge hat, gedacht werden können.

Schliesslich sei noch das mit vorsichtiger Zurückhaltung geübte Bestreben erwähnt, entbehrliche Fremdwörter zu vermeiden. Ob die versuchten Verdeutschungen überall glücklich ausgefallen sind, möchten wir nicht ohne Weiteres bejahen. Beispielsweise scheint es uns mindestens zweifelhaft zu sein, ob die in dem Abschnitt betreffend die Finanzbuch-

führung gewählten Bezeichnungen „Tagebuch" und „Handbuch" an Stelle
der allgemein üblichen „Journal" und „Manual" auf Beifall in den betheiligten Kreisen zu rechnen hat.

Zu bedauern bleibt, dass das im Jahre 1886 erschienene System der
Finanzwissenschaft von Wilhelm Roscher nicht mehr hat benutzt werden
können. Auch soll nicht unerwähnt bleiben, wie es als ein nicht ganz
unwesentlicher Mangel empfunden werden muss, dass die Zitate nach
Seiten der Finanzwissenschaft von Rau sich auf die dritte, die nach
Paragraphen sich auf die vierte Auflage dieses Werkes beziehen. *D.*

Jannasch, R. Dr., Vorsitzender des Zentralvereins für Handelsgeographie
   u. s. w. Die deutsche Handelsexpedition 1886. — Berlin.
   1887. Carl Heymanns Verlag.

Der Inhalt des vorliegenden Werkes deckt sich insofern nicht mit
dem Titel, als in demselben nur ein Theil, wenn auch wohl der wichtigste
und interessanteste der Handelsexpedition, die Reise nach Marokko, geschildert wird. Auch ist nur die Hälfte, die ersten drei von den sechs
Kapiteln des Buches, der Besprechung des eigentlichen Zweckes der Expedition — die deutsche Industrie auf fremdem Markte einzuführen und
genaue Nachrichten über Handel und Gewerbe dieses fremden Landes zu
sammeln — gewidmet. Die andere Hälfte beschäftigt sich mit den persönlichen Erlebnissen des Führers, wie der Mehrzahl der Mitglieder der
Expedition, die, so interessant sie sein mögen und so sehr sie unsere
ganze Theilnahme beanspruchen, mit der Handelsexpedition selbst wenig oder
nichts zu thun haben. Dieser Abschnitt kann daher auch aus der gegenwärtigen Besprechung ausscheiden, während die Schilderung der Verkehrsverhältnisse eines der neueren Verkehrsmittel, der Eisenbahnen, Post und
Telegraphen, heute noch nahezu ganz entbehrenden Landes auch für die
Leser dieser Zeitschrift von Interesse sein dürfte.

Die Expedition, von langer Hand vorbereitet und mit grossem Verständniss ins Leben gerufen, kann an und für sich und ganz abgesehen von
ihren äusseren Erfolgen als ein Muster für dergleichen Unternehmen bezeichnet werden. Wir finden bei ihr vollkommene Klarheit der zu erstrebenden Ziele, genaue Kenntniss der einschlägigen Verhältnisse — soweit
solche ohne persönliche Anwesenheit zu beschaffen war —, ausreichende
Mittel, geeignete Persönlichkeiten und schliesslich eine feste, unbestrittene
Leitung. Man sollte meinen, letztere wäre selbstverständlich; doch braucht
man nur an die Venusexpeditionen von 1874 zu erinnern, um die Schwierigkeiten zu würdigen, welche dem Leiter solcher Unternehmungen aus einer
kollegialischen Organisation entstehen können.

Die Absicht der Unternehmer ging dahin, eine Art „schwimmender Ausstellung" auf einem gemietheten Dampfer (Gottorp) mit einer reichen Mustersammlung der Erzeugnisse deutscher Industrie in verschiedenen südeuropäischen, nordafrikanischen und kleinasiatischen Häfen zu veranstalten. Lissabon wurde zuerst angelaufen. Der Aufenthalt daselbst führte neben anderen geschäftlichen Verbindungen später zu einer permanenten Ausstellung deutscher Maschinen. Von Lissabon lief der Dampfer direkt nach dem ziemlich südlich gelegenen marokkanischen Hafen Mogador, besuchte die nördlicheren Plätze Safi, Mazagan und Casablanca und ging dann wieder südlich, um vor dem Schwika-Flusse zu ankern und die Gründung einer Handelsfaktorei zu versuchen. Bei der Landung daselbst kenterte das Boot, zwei Mitglieder der Expedition ertranken. Die übrigen gewannen die Küste und wandten sich am nächsten Morgen nördlich, um zu Fuss marokkanisches Gebiet zu gewinnen, ohne übrigens auch nur einigermaassen für eine solche Wanderung ausgerüstet zu sein. Nach viertägigem beschwerlichem Marsche fiel die Expedition einem Steppen-Kabylenstamme in die Hände, welcher sie nach 17tägiger harter Gefangenschaft, in der sie, wie der Verfasser zuweilen mit recht tönenden Worten schildert, täglich Missbandlungen und oft genug dem „Abkehlen" ausgesetzt waren, an den Kaïd Dachmân in Glimûm ablieferte. Dieser schickte sie dem Sultan von Marokko zu, welcher ihnen Geleit nach Mogador mitgab, woselbst sie den „Gottorp" wiederfanden. Sie fuhren auf diesem Schiffe über Tanger nach Marseille. An den weiteren Fahrten des „Gottorp" im Mittelmeer hat der Verfasser nicht mehr theilgenommen, sein Bericht schliesst also hier ab.

Wir finden in dem Buche nun eine ausführliche und ausserordentlich gründliche Uebersicht über den Handel und die handelspolitischen Verhältnisse Marokkos, Ein- und Ausfuhr, Frachten, Aussenwie Gesammthandel, eine eingehende Schilderung der hauptsächlichsten Einfuhrartikel und eine klare und gewissenhafte Erörterung der Konkurrenzfähigkeit der verschiedenen deutschen Artikel. Ein besonders interessantes Kapitel ist dem marokkanischen Gewerbe gewidmet. Ungemein wohlthuend berührt darin die vorurtheilsfreie Auffassung des Verfassers über den zersetzenden Einfluss der europäischen Handelspolitik auf die älteren Kulturländer. Wie sich allerdings eine einseitige Kulturpolitik Deutschlands gegenüber der egoistischen Handelspolitik der übrigen Mitbewerber auf dem Weltmarkte würde durchführen und aufrecht erhalten lassen, das wird nicht näher untersucht.

Auch die reichhaltigen Mittheilungen über das Leben, die physischen und moralischen Eigenschaften, den Charakter der Araber, die Organisation der „Duars" und der „Kabyle", die politischen und religiösen Zustände

dieser südlichen Stämme sowie Marokkos selbst geben ein fesselndes
Bild dieses interessanten Landes, zeugen von sicherer und scharfer Beobachtung und sind wohl im Stande, manches schiefe Urtheil über die
gegenwärtigen Zustände dieses Reiches zu berichtigen. Die Geographie der
durchwanderten Strecken findet unter Hinweis auf die Reisen von Lenz
und Panet eingehende Berücksichtigung.

Wenn die Expedition ungeachtet ihrer besonders sorgfältigen Vorbereitung sich in Bezug auf Marokko nicht als ein Treffer erwiesen hat, so kann
ein so zufälliges Ereigniss, wie das Verunglücken des Bootes vor der Schwika-
Mündung kaum allein dafür verantwortlich gemacht werden. Lohnte sich die
Anlage einer Faktorei überhaupt in dieser Gegend, so würde es an der Energie
hier oder anderswo, einen weiteren Versuch zu machen, nicht gemangelt
haben. Neben dem an sich richtigen Gedanken, den deutschen Export
durch eine schwimmende Ausstellung zu fördern, welcher selbst in der
argwöhnisch aufpassenden „Times" s. Z. gerechte Würdigung fand, scheint
bei dem Unternehmen ein allerdings wenig an die Oberfläche tretender
kolonialpolitischer Gedanke — die Errichtung einer Handelsfaktorei —
mit im Programm gelegen zu haben. Augenscheinlich hat sich der Verfasser überzeugt, dass dieser Plan unausführbar ist. Er betont mit grossem
Nachdruck die Unzuverlässigkeit seiner früheren Nachrichten über die
politischen Verhältnisse Marokkos, besonders aber über den Einfluss des
Sultans auf die südlichen Steppenstämme. Dass dieser Einfluss anstatt
schwächer zu werden, mit jedem Jahre sich mehr ausbreitet, ist wohl die
eigentliche Ursache, aus welcher an eine Erneuerung des Unternehmens
nicht gedacht wurde. Spricht der Verfasser auch einmal „von einem
Gedeihen der Mackenzie-Gesellschaft durch verständige Berücksichtigung
der Handelsinteressen der Eingeborenen (S. 112)", so weist er späterhin
doch klar genug sowohl die Machtmittel als auch den guten Willen des
Sultans nach, dieser Gesellschaft und auch etwaigen anderen spanischen
kolonialen Unternehmen zu gelegener Zeit den Garaus zu machen. Durch
seinen unfreiwilligen Aufenthalt bei den südlichen Stämmen, und seinen
Verkehr mit maassgebenden Personen an Ort und Stelle ist der Verfasser
zu der Ueberzeugung gelangt, dass Deutschlands Interesse eine Befestigung der Stellung des Sultans erfordere, gegenüber dem anderer
Mächte, besonders Spanien, welche aus einem Zusammenbrechen dieses
letzten Bollwerks des Islams sich den grössten Nutzen versprechen. Weist
uns somit der Bericht der deutschen Handelsexpedition 1886" weder neue
Verkehrswege, noch auch grössere frische Absatzgebiete im nördlichen Afrika
nach und erfüllt somit nicht die in dieser Beziehung vielleicht gehegten
Erwartungen, so kann doch das vorliegende Werk als wichtiger Beitrag

zu einer besseren Kenntniss des Handels und der Industrie, der politischen, religiösen und geographischen Verhältnisse Marokkos. bezeichnet werden.

_____

L. B.

Album de statistique graphique de 1885. Herausgegeben von dem französischen Ministerium der öffentlichen Arbeiten.

Wie die hier ebenfalls besprochenen Vorgänge[*]), bringt dieser siebente Jahrgang des „graphisch-statistischen Albums" statistische Angaben über Eisenbahnen, Strassen-, Binnen-, Küsten- und Seeschifffahrt in übersichtlicher Form auf 21 Tafeln bildlich zur Anschauung. Von den den Eisenbahnwesen gewidmeten 11 Tafeln zeigt die erste die Roheinnahmen, die zweite die Reineinnahmen für das km der einzelnen Bahnen und Bahnabschnitte des französischen Eisenbahnnetzes, die dritte die Roheinnahme der wichtigen Stationen der französischen Eisenbahnen für das Jahr 1883. Die Darstellung dieser Angaben ist in gleicher Weise, wie im Vorjahre erfolgt, indem die Roh- und Reineinnahmen auf je einer Eisenbahnkarte Frankreichs durch farbige Streifen bezeichnet sind, deren Breite im Maassstabe von 1 mm = 20 000 Frcs. der Grösse der Roh- und Reineinnahme entspricht. Die grösste Roh-, wie die grösste Reineinnahme hat danach, wie in 1882, auch in 1883 die Nordbahngesellschaft erzielt, nämlich durchschnittlich für das km 76 564 Frcs. Roh- und 38 348 Frcs. Reineinahmen. Die Roheinnahmen der Stationen, welche über 200 000 Frcs. erzielten, sind auf der dritten Tafel durch Kreise dargestellt, deren Mittelpunkt der geographischen Lage der betreffenden Stationen und deren Flächeninhalt der Grösse der Einnahme entspricht.

Tafel 4 zeigt die im Jahre 1883 von den wichtigeren Stationen abgegangenen Personen und der abgesandten Güter. Die Summe aus der Zahl der abgegangenen Personen und abgesandten Tonnen Güter ist durch die Fläche eines Quadrats dargestellt und zwar in der Weise, dass ein Quadrat von 2 mm Seite einer Abfertigung von 10 000 Reisenden oder 10 000 t Gut entspricht. Innerhalb dieser, die Gesammtabfertigung der einzelnen Stationen darstellenden Quadrate sind durch besondere Bezeichnung die abgefertigten Personen und Güter, sowie — soweit dies bei einzelnen Stationen in Betracht kommt — die auf verschiedene Bahnnetze treffenden Abfertigungen von einander unterschieden.

Auf Tafel 5 sind die auf den einzelnen französischen Bahnlinien und Bahnabschnitten im J. 1883 in beiden Richtungen beförderten Mengen Frachtguts dargestellt und zwar in gleicher Weise, wie die Einnahmen auf Tafel 1 und 2 durch farbige, in der Richtung der betreffenden Eisenbahn-

_____

[*]) Vergl. Archiv 1886 S. 442 und 1885 S. 96.

linie laufende Streifen, deren Breite im Maasstabe von 1 mm = 100 000 t der beförderten Gütermenge entspricht. Wie in den Vorjahren hat sich auch in 1883 die grösste Gütermenge auf den Linien von Lille und Erquelines über Paris, Dijon, Lyon und Avignon, einerseits nach Marseille, andererseits nach Toulouse bewegt. Eine gleichartige Darstellung des Personenverkehrs auf den französischen Eisenbahnen erscheint in diesem Jahrgange zum ersten Male und zwar auf Tafel 6. Es fehlen darauf aber die Angaben für verschiedene Bahnnetze, insbesondere des der Paris-Mittelmeerbahn.

Während die vorerwähnten 6 Tafeln ausschliesslich die französischen Eisenbahnen behandeln, geben die übrigen 5 auf das Eisenbahnwesen bezüglichen Tafeln interessante Vergleiche der Eisenbahnverhältnisse der wichtigeren Länder der Erde. Auf Tafel 7 ist für 1883 die Zahl der auf Eisenbahnen beförderten Personen und die Menge der auf denselben beförderten Güter im Ganzen und für den Kopf der Bevölkerung der einzelnen Länder zur Darstellung gebracht. Danach steht unter den europäischen Ländern in Bezug auf die Menge der beförderten Personen und Güter, sowohl im Ganzen, als im Verhältniss zur Bevölkerung obenan England, wo auf 1 Einwohner $19,_2$ beförderte Personen und $7,_5$ t beförderte Güter kommen. In Deutschland kommen $5,_8$ Reisende und $4,_8$ t befördertes Gut auf 1 Kopf, in Frankreich $5,_7$ Reisende und $2,_5$ t Gut. Im Zusammenhang mit den Angaben dieser Tafel stehen die der Tafel 8, in welcher für die wichtigeren Länder der Erde das Verhältniss der Zahl der beförderten Tonnen Güter und das Verhältniss der Einnahme aus dem Personenverkehr zur Einnahme aus dem Güterverkehr zur Darstellung gebracht ist. Für Frankreich bezieht sich die Darstellung auf die Jahre 1841 bis 1883, für Preussen auf die Jahre 1844 bis 1883, für England auf die Jahre von 1854 bis 1883 und so für die übrigen Länder von 1883 ab auf soweit rückwärts, als Angaben zu erhalten waren. Aus der Darstellung ergiebt sich, dass fast überall im Anfange die Zahl der Reisenden viel grösser ist, als die der beförderten Tonnen Gut, und dass ebenso auch anfänglich die Einnahme aus dem Personenverkehr grösser, als die aus dem Güterverkehr. Nach und nach ändert sich das Verhältniss indessen ebenfalls fast überall in das Gegentheil. Tafel 9 stellt für die wichtigeren Länder der Erde die Entwicklung der Eisenbahnen am Ende des J. 1883, sowie das Verhältniss der Ausdehnung des Bahnnetzes zur Flächengrösse und zur Einwohnerzahl der einzelnen Länder bildlich dar. Ebenso Tafel 10 die Roheinnahmen, Ausgaben und Reineinnahmen und Tafel 11 die Anlagekosten.

Die übrigen Tafeln behandeln den Verkehr der französischen Wasserstrassen und Seehäfen in 1883, die Handelsmarine und den auswärtigen

Handel der wichtigeren Länder für 1883 und 1884, den Verkehr innerhalb
der Stadt Paris in den Jahren 1860 bis 1884 und die Betriebsergebnisse
der französischen Trambahnen in den Jahren 1880 bis 1884.   *H. C.*

Gelmi, Lodovico, Vice-Direttore dell' Esercizio ferrovie Meridionali zu
   Bologna, La Cassapensioni delle ferrovie dell' Alta Italia. Studiata
   nelle sue condizioni economiche anche future e nel suo statuto.
   Mailand 1883.   G. Civelli.

Ueber die Lebensfähigkeit der im Jahre 1862 errichteten Pensionskasse für die Beamten der Oberitalienischen Eisenbahn waren von verschiedenen Seiten Zweifel erhoben worden.   Die vorgebrachten Bedenken
auf ihre Berechtigung zu untersuchen, gab die Veranlassung zu der vorliegenden Veröffentlichung.   Dieselbe kennzeichnet sich daher in erster
Linie als ein nach den Regeln der Wahrscheinlichkeitsrechnung ausge-
arbeitetes, ausführliches Gutachten über die Vermögenslage der Pensionskasse und über die Maassnahmen, welche geeignet erscheinen, das Gleichgewicht zwischen den Einnahmen und den Verbindlichkeiten der Kasse
herzustellen und dauernd zu sichern.   Der Verfasser entrollt im ersten
Theile der Schrift nach einem kurzen geschichtlichen Abriss über die Entwicklung der Eisenbahn-Pensionskassen mit grosser Sachkenntniss und
Sorgfalt ein klares Bild über alle diejenigen Verhältnisse, deren Eintreten
und Zusammentreffen die Voraussetzung für die Lebensfähigkeit der Pensionskasse der Oberitalienischen Eisenbahn — die Schrift rührt aus der
Zeit vor dem Erlasse des italienischen Eisenbahngesetzes vom 27. April
1885[*]) her — bilden.   Als Grundlagen der eingehenden Ermittelungen
dienen die bei der Kasse selbst während eines zwanzigjährigen Zeitraumes
gemachten Erfahrungen.   In den als besonders werthvolle Anlagen der
Schrift beigegebenen vierzehn Tafeln und in den weiteren vier graphischen
Darstellungen sind die in jedem Jahre und bei jeder Altersklasse in Folge
von Neueintritt, Entlassung, freiwilligem Ausscheiden, Pensionirung, Ableben und Wiederverheirathung eingetretenen Veränderungen in der Zahl
der Kassenmitglieder und der Pensionäre, sowie deren Wittwen ferner die
jährlichen Einnahmen und Aufwendungen und die Veränderungen in der
Vermögenslage, und endlich die Erwartungen, welche für die Zukunft ge-
hegt werden dürfen, in trefflicher Weise veranschaulicht.

Naturgemäss ist der erste Theil der Schrift von besonderem Werthe
für die Verwaltung und die Mitglieder der genannten Versorgungsanstalt.
Manche der vom Verfasser in verständlicher Form dargestellten Beobach-

---

[*]) Vergl. Archiv 1886 S. 142 und 364 ff.

tungen haben jedoch auch Werth für weitere Kreise, namentlich auch für die Deutschen Eisenbahnen, bei welchen seit dem Jahre 1868 alljährlich eingehende statistische Erhebungen über die Dienstunfähigkeits- und Sterblichkeitsverhältnisse des Beamtenpersonals angestellt werden*). Es verdient hervorgehoben zu werden, dass die Beobachtungen des Verfassers sich auch auf die seitens des Vereins Deutscher Eisenbahnverwaltungen bisher ausser Betracht gelassenen Wittwen der Kassenmitglieder und Pensionäre erstreckt. Das Durchschnittslebensalter der Wittwen zur Zeit des Eintritts in den Genuss der Wittwenpension ist auf 42, zur Zeit des Aufhörens des Pensionsgenusses in Folge Ablebens oder Wiederverheirathung auf $47^1/_{12}$ Jahre vermittelt, während das Durchschnittslebensalter der Pensionäre bei der Pensionirung $53^8/_{12}$ und beim Ableben $58^{11}/_{12}$ Jahre betragen hat.

Von allgemeinem Interesse ist auch der zweite Theil der Schrift. In demselben widmet der Verfasser behufs Gewinnung weiterer Grundlagen für seine eingehend geschilderten Verbesserungsvorschläge den Satzungen und Verhältnissen einer Reihe anderer Persionskassen, deren Grundzüge überdies in einem besonderen Anhange aufgeführt und in einer Gesammtübersicht mit einander verglichen werden, eine sorgfältige Betrachtung. Es sind dies die Pensionskassen der Römischen, italienischen Süd- und Sardinischen Eisenbahn, der Oesterreichischen Südbahn, der Bayrischen Bahnen, der Französischen Staats-, Paris-Lyon-Mittelmeer-, Ost-, West-, Süd-, Nord- und Paris-Orléansbahn**), sowie der englischen Eisenbahnen (Railway Clearing system). — Die Beamten-Pensionskassen der Eisenbahnen in Preussen sind wohl deshalb, weil ihre Statuten wenig veröffentlicht und daher dem Verfasser nicht bekannt gewesen sind, nicht in Betracht gezogen. Da überdies im Eingange der Schrift die französischen Bahnen als diejenigen bezeichnet werden, welche mit der Errichtung von Pensionskassen für ihre Beamten zuerst von allen — Paris-Orléansbahn 1844, Ostbahn 1853 — vorgegangen seien, so mag hier angeführt werden, dass bei den preussischen Eisenbahnen dieser Frage ebenfalls schon frühzeitig und unausgesetzt eine ganz besondere Aufmerksamkeit geschenkt ist. Schon vor dem Beginne des Jahres 1844 sind bei der Oberschlesischen, der Berlin-Anhaltischen und der Magdeburg-Halberstädter Eisenbahn

---

*) Die Ergebnisse dieser seitens des Vereins Deutscher Eisenbahnverwaltungen angestellten Erhebungen sind von Sachverständigen — zuerst von Behm, in den letzten Jahren von Dr. Zimmermann; „Ueber die Dienstunfähigkeits- und Sterblichkeitsverhältnisse der Eisenbahnbeamten. Berlin, 1886 und 1887. Puttkammer & Mühlbrecht." — bearbeitet und der Oeffentlichkeit übergeben worden.

**) Die Pensionskasseneinrichtungen bei den französischen Eisenbahnen bilden auch den Gegenstand der im Archiv 1883 S. 634 besprochenen Arbeit von Lindner.

und bis zum Beginne des Jahres 1850 bei weiteren zehn Bahnen die Be-
amten-Pensionskassen, und zwar fast sämmtlich unter Betheiligung der
Eisenbahngesellschaften in Wirksamkeit getreten, während bei den Staats-
Eisenbahnen alsbald nach ihrer Betriebseröffnung auf Grund des Aller-
höchsten Erlasses vom 7. Juni 1854 die Beamten-Pensionskassen unter Zu-
sicherung fester Zuschüsse aus der Staatskasse in das Leben gerufen sind.
Ende März 1886 betrug nach der im Reichs-Eisenbahn-Amte bearbeiteten
Statistik der Eisenbahnen Deutschlands die Zahl der in Preussen bei den
Eisenbahn-Pensionskassen betheiligten Mitglieder 103 457 und das Ge-
sammtvermögen der Anstalten rund 64$^1/_2$ Millionen Mark; im letzten
Rechnungsjahre wurden an 27 777 Pensionäre, Wittwen und Waisen rund
7 650 000 $\mathcal{M}$. Pensionen, Erziehungsgelder und Unterstützungen gezahlt.
Uebrigens sind inzwischen alle im Bereiche der preussischen Staatseisenbahnen bestehenden Beamten-Pensionskassen für den Eintritt neuer Mitglieder geschlossen worden, weil die Fürsorge für das Alter und die
Hinterbliebenen der Beamten gesetzlich in der Weise geregelt ist, dass
künftig alle Ansprüche mit Ausnahme derjenigen, welche gegen die noch
bestehenden Pensionskassen erworben sind, unmittelbar aus der Staatskasse befriedigt werden.

Aus diesem Grunde hat die Schrift für die Staatsbahnen, soweit es
sich um die Beamten-Pensionskassen handelt, gegenwärtig an Werth
eingebüsst. Um so mehr Stoff und Anregung zu lehrreichen Vergleichungen bietet sie für alle diejenigen Fälle, in denen die Lösung der Frage
einer ausreichenden und geregelten Alters- und Hinterbliebenenversorgung
für gewisse Bevölkerungsgruppen (z. B. für die Beamten von Privatbahnen)
auf dem Wege der Bildung von Pensions-, Wittwen- und Waisenkassen
erstrebt wird.   *H.*

UEBERSICHT

der

neuesten Hauptwerke über Eisenbahnwesen und aus verwandten Gebieten.

A. G. W. Ist der Rückkauf unserer Eisenbahnen zur Zeit praktikabel und wünschenswerth? Zürich. $\mathcal{M}$ 0,80.

Bernard. Communication sur les voies métalliques. Paris.

Bricka. Voies entièrement métalliques à l'étranger. Paris.

Brosius, J. Wörterbuch der Eisenbahnmaterialien für Oberbau, Werkstätten, Betrieb und
  Telegraphie. Wiesbaden.

Busquet, L. Chemins de fer à navires reliant l'Océan à la Méditerranée. Bordeaux.

Chemins de fer et la concurrence. Paris.   Fr. 1,00.

Codice di commercio italiano, commentato coi lavori preparatori, con la dottrina e con la giurisprudenza. Verona-Padova (Drucker e Tedeschi). In Lieferungen zu je L. 1,50.

Compte-rendu des opérations des chemins de fer belges pendant l'année 1885. Bruxelles.

Daviot, H. Étude élémentaire sur la locomotive. Paris.

De Busschere, L. De l'exploitation économique des lignes secondaires des grands réseaux de chemins de fer dans différents pays de l'Europe. Bruxelles. Fr. 15,00.

Dujour, A. Note sur les rotondes de 90 mètres des dépôts des chemins de fer de Paris à Lyon et à la Méditerranée. Paris.

Ferrero, V. Brevi cenni sul servizio materiale e trazione delle strade ferrate. Livorno.

Gavelle, H. Les nouveaux tarifs généraux et spéciaux du chemin de fer du Nord. Amiens. Fr. 1,50.

Geistbeck, M. Der Weltverkehr, Telegraphie und Post, Eisenbahnen und Schiffahrt in ihrer Entwicklung dargestellt. Freiburg. ℳ 10,00.

Geitel, M. Die Radreifenbefestigungen der Eisenbahnfahrzeuge. Berlin.

Hadley, A. T. Le transport par les chemins de fer: histoire, législation. Traduit par A. Raffalovich et L. Guérin. Paris. Fr. 7,00.

Jaeger, J. Die Eisenbahnkunde. München und Leipzig.

Ivatts, E. D. Railway management at stations. London. sh. 6.

Kaschelke, L. Das gesammte Examen für Stationsvorsteher der Eisenbahnen Deutschlands. Königsberg. ℳ 2,00.

Konta, J. Eisenbahn-Jahrbuch der österreich-ungar. Monarchie für 1886. Wien. ℳ. 10,00.

Krause, R. Friedrich List und die erste grosse Eisenbahn Deutschlands. Leipzig.

Kuhrt. Bau und Betrieb der schmalspurigen Kreis-Eisenbahn Flensburg-Kappeln.

Limousin, C. M. Ce que coûtent aux contribuables les transports par voies de terre et par voies d'eau. Paris.

Menger, K. Zur Kritik der politischen Oekonomie. Wien. ℳ 0,80.

Ministère des travaux publics, Chemins de fer français: documents statistiques relatifs à l'année 1884. 1e partie. Signes d'intérêt général. Fr. 6,00.

Nachrichten, statistische, von den Eisenbahnen des Vereins deutscher Eisenbahnverwaltungen für das Rechnungsjahr 1885. Berlin. ℳ 12,50.

Neumann-Spallart, F. X. v. Uebersichten der Weltwirthschaft. Stuttgart. ℳ 12,00.

Pendrié, H. Nos chemins de fer et leur réforme radicale; les abus des grandes compagnies. Suppression de leur monopole. Rachat et nouvelle division des réseaux. Paris.

Rouard, J. Plus de vols ni d'assassinats sur les chemins de fer. Paris.

Seguin ainé. De l'influence des chemins de fer et de l'art de les tracer et de les conduire. Lyon.

Statistique de l'industrie minérale et des appareils à vapeur en France et en Algérie pour l'année 1885. Dunod. Fr. 10,00.

Tramways e ferrovie economiche Roma, Milano, Bologna. Milano.

United States. An act to regulate commerce, approved Feb. 4. 1887. Chicago. c. 25.

Véron Duverger. Le régime des chemins de fer français devant le parlement 1871—1886. Paris. Fr. 7,00.

Walter, H. Die preuss. Ober-Rechnungskammer. Ihre Wirksamkeit auf Grund des Gesetzes vom 27. März 1872, des Regulativs vom 22. September 1873 und der Instruktion vom 18. Dezember 1824, nebst Anhang: der Rechnungshof des Deutschen Reichs. Berlin. ℳ 2,00.

Waring, C. State purchase of Irish Railways. London. sh. 1.

Wet tot regeling van den dienst en het gebruik der Spoorwegen van den 9. April 1875, Staatsblad No. 67, zooals die is gewyzigt door het nieuwe Wetboek van Strafrecht en andere Wetten. Utrecht. fl. 0,25.

Zeiger der Fahr- und Frachtgebühren zu dem Militärtarif für Eisenbahnen. Berlin *M* 2,50.

Zels, L. Ueber Wasserstrassen. Wien.

Zotti, A. Ferrovia Bologna-Verona. Bologna.

Zeitschriften.

Annales des ponts et chaussées. Paris.
  Juni 1887.
    Étude sur la résistance des voûtes en maçonnerie.

Archiv für Post und Telegraphie. Berlin.
  No. 8. Juli 1887.
    Die Einrichtung von Lenkachsen bei Eisenbahnfahrzeugen.

Bayerische Handelszeitung. München.
  No. 82 und 88 vom 13. und 20. August 1887.
    Die königlich bayerischen Staatseisenbahnen.

Bayerische Verkehrsblätter. München.
  No. 5. Mai 1887.
    Einrichtung von Unterrichtsstunden für die mittleren und niederen Beamten der preussischen Eisenbahnverwaltung. Strassenbahnen in Nordamerika mit Seilbetrieb.
  No. 6. Juni 1887.
    Neue Eisenbahnen in Asien. Die Tauernbahn und die Aufhebung des Freihafens in Triest.

Bulletin de la Commission internationale du Congrès des chemins de fer. Bruxelles.
  No. 6. Juni 1887.
    Exposé et deux notes sur la question des freins continus. Note sur l'application de l'électricité au freinage des trains de marchandises en Europe et aux États-Unis.
  No. 7. Juli 1887.
    Exposé de la question des renseignements. Exposé et note sur la question de l'éclairage des trains. Exposé et trois notes sur la question du chauffage des trains. Exposé et note sur la question de l'adhérence des roues des locomotives. Exposé et deux notes sur la question du contrôle des voyageurs. Exposé et note sur la question du mouvement des marchandises. Exposé de la question des voies très fatiguées. Exposé et note sur la question des réparations des locomotives dans les dépôts. Exposition de la question des impôts et des taxes. Exposé de la question des freins des chemins de fer secondaires. Note complémentaire à l'exposé de la question des renseignements techniques.

Bulletin du ministère des travaux publics. Paris.
  Juni 1887.
    Répertoire des lois pour le mois de juin 1887. Résultats d'exploitation des chemins de fer français et algériens d'intérêt général (février 1887). Longueurs des lignes de chemins de fer ouvertes à l'exploitation pendant le mois de juin 1887. Les chemins de fer allemands en 1885/86. États-Unis: accidents survenus sur les chemins de fer de 1882 à 1886. Le chemin de fer du Pacifique Canadien. Les chemins de fer du Danemark et de la Norwège en 1886.

Centralblatt der Bauverwaltung. Berlin.

No. 26a bis 34 vom 29. Juni bis 20. August 1887.

(No. 26a:) Die Statistik der Güterbewegung in Frankreich. (No. 27:) Der Eisenbahnunfall auf Bahnhof Wannsee und der Betrieb auf Bahnhöfen. (No. 27a. u. 28:) Signalordnungen auf Eisenbahn-Haltepunkten. (No. 29 u. 30:) Das neue Bahnhofsgebäude in Brügge. (No. 29:) Eisenbahnunfälle auf den Linien des Vereins deutscher Eisenbahnverwaltungen im Rechnungsjahre 1885. (No. 30:) Eine neue selbstthätige durchgehende Bremse. (No. 31:) Die Pariser Stadtbahnen. (No. 31 u. 32:) Zur Berechnung der Schienenlaschen. (No. 32:) Der Eisenbahnunfall in Wannsee und die Gasbeleuchtung der Personenwagen. (No. 33:) Zur Sicherung des Eisenbahn-Betriebes. (No. 34:) Der eiserne Pendelviadukt über das Oschützbachthal.

Centralblatt für Eisenbahnen und Dampfschifffahrt. Wien.

No. 70 bis 96 vom 21. Juni bis 25. August 1887.

(No. 70:) Die Kaiser Ferdinands-Nordbahn. (No. 74:) Mitteleuropäische Fahrplankonferenz. (No. 75:) Verweisung auf die tarifarischen Bestimmungen anderer Bahnen in den Konstitutiv-Urkunden für einige Bahnlinien. (No. 76:) Feierliche Eröffnung der Eisenbahn Herpelje - Triest. (No. 78:) Die gegenwärtigen und zukünftigen Haftbestimmungen der Eisenbahnen für Lieferfristüberschreitungen. (No. 79:) Eisenbahn - Zentral - Abrechnungsbüreau in Budapest im Jahre 1886. (No. 80:) Uebersicht der in Oesterreich gelegenen Schleppbahnen mit Ende 1886. (No. 81 u. 82:) Bericht über die Verwaltung der k. k. österreichischen Staatsbahnen im Geschäftsjahre 1886. (No. 83:) Die graphische Statistik im Eisenbahnwesen. (No. 86:) Uebertragbarkeit der Rückfahrtskarten. (No. 89 u. 91:) Ueber Lagerhäuser. (No. 90:) Ungarische Vizinalbahnen. (No. 92:) Die Eisenbahnen der Erde. (No. 93:) Schweizerische Eisenbahnstatistik für das Jahr 1885. Güterbewegung auf den deutschen Eisenbahnen im Jahre 1886. (No. 94:) Kurze Darstellung der Genesis des Berner Entwurfes eines internationalen Eisenbahn-Frachtrechtes. (No. 95:) Zentral-Abrechnungsbüreau der öster.-ungar. Eisenbahnen in Wien. (No. 96:) Englands Eisenbahnen im Jahre 1886.

Der Civilingenieur. Leipzig.

Heft 4. 1887.

Die Staatseisenbahn Mehltheuer-Weida und der eiserne Pendelviadukt über das Oschützbachthal.

Danubius. Wien.

No. 31 vom 4. August 1887.

Die Güterversicherung in den Eisenbahn-Lagerräumen.

Deutsche Bauzeitung. Berlin.

No. 51 bis 60 vom 25. Juni bis 12. August 1887.

(No. 51:) Eisenbahn-Unglück in Wannsee. (No. 52:) Kapitän James B. Eads und die Schiffseisenbahn von Tehuantepec. (No. 53:) Nachträgliches zum Eisenbahnunglück bei Wannsee und über die Betriebsverhältnisse der Potsdamer Eisenbahn. (No. 57:) Nachträgliche Betrachtungen zum Eisenbahnunfall auf Bahnhof Wannsee. (No. 60:) Lartigue's einschienige tragbare Bahn.

Deutsche Verkehrs-Zeitung. Berlin.

No. 28 vom 15. Juli 1887.

Der Eisenbahnunfall in Wannsee und der Betrieb auf Bahnhöfen.

Желѣзнодорожное дѣло (Eisenbahnwesen). St. Petersburg.

(No. 19:) Erster Versuch der amerikanischen Eisenbahnen zur Einführung einheitlicher Vorschriften für die Zugbeförderung und das Signalwesen. — Der Fraiser'sche Schneepflug. — Die kanadische Ueberland- und die sibirische Bahn. — (No. 20 und 23/24:) Die Bewahrung des Holzes, insbesondere der Holzschwellen vor Zerstörung durch Insekten und Fäulniss (fortgesetzt aus No. 14, 15 und 18). — (No. 21/22:) Der kaiserliche Erlass über die Neben- (Anschluss-) Bahnen. — Apparat für Billet-Kontrole, Patent Müller. — Betrachtungen eines Amerikaners über das die Beförderungs-Unternehmungen betreffende Gesetz.

L'Économiste français. Paris.

No. 27 bis 33 vom 2. Juli bis 13. August 1887.

(No. 27:) Le mouvement économique aux Etats-Unis; le régime des chemins de fer et la législation récente aux Etats-Unis. Le chemin de fer Métropolitain et le mouvement de la circulation à Londres. (No. 33:) La concurrence des chemins de fer de l'État et les compagnies privées.

Engineering. London.

No. 1120 bis 1129 vom 17. Juni bis 19. August 1887.

(No. 1120:) Compound locomotive. North-Eastern Railway. (No. 1121:) Railway rolling stock. (No. 1122:) Compound tank locomotive at the Manchester exhibition. (No. 1123:) The western terminus of the Canadian Pacific Railway. Invalid saloon Railway carriage. (No. 1126, 1127, 1128 und 1129:) Bridging the Firth of Forth. (No. 1127:) Fireless mining locomotive. (No. 1128:) The Manchester Ship Canal. (No. 1128 und 1129:) Express locomotive. London and South Western Railway.

Engineering News. New York.

No. 25—33 vom 18. Juni bis 13. August 1887.

(No. 25:) Tunnel-driving through loose material, by the Bourdiol system. The Elevated Railways of the future. (No. 25 und 26:) Efficiency of cable roads. (No. 26:) The straightening of the Pennsylvania R.R in Jersey City, and its proposed improvements. The Burlington tests of train resistance of complete trains. (No. 27:) The proposed Simplon Tunnel. The automatic coupler and brake reports. (No. 28:) Railroad building in 1886. (No. 31:) The Railway advance into Asia. (No. 32:) The Tay bridge. The Railroad situation in New England. (No. 33:) The construction of the Severn Tunnel. Wooden trestles. Extensions of the Chicago lines.

Elektrotechnische Rundschau. Frankfurt a. M.

Heft 7 u. 8. Juli und August 1887.

Die elektrische Beleuchtung von Eisenbahnzügen.

Glaser's Annalen für Gewerbe und Bauwesen. Berlin.

Heft 1. 1. Juli 1887.

Die Strong-Locomotive. Sicherheits-Röhrenkessel (Patent Schmidt) und damit angestellte Explosionsversuche der Firma S. Huldschinsky & Söhne in Gleiwitz. Brückenbauten in Italien. Das neue amerikanische Eisenbahngesetz. Eisenbahnunfall bei Wannsee. Technische Prüfung von Holz. Die Höllenthalbahn von Freiburg nach Neustadt.

Heft 2. 15. Juli 1887. Verbesserungen an Luftdruckbremsen, Verwendung der Fernsprecher im Eisenbahndienst. Regulirung der Dampfheizung von Eisenbahn-Personenzügen.

Heft 3. 1. August 1887. Ueber die technische Einheit im Eisenbahnwesen. Verwendung von Asbest als Dichtungsmaterial.

Heft 4. 15. August 1887.

Die Steuerung von Joy. Das Alter der Lokomotiven auf den normalspurigen Eisenbahnen Deutschlands. Verzeichniss der höheren maschinentechnischen Staats-Eisenbahn-Beamten in deutschen Staaten. Die weitere Ausdehnung der russischen Eisenbahnen.

Инженеръ (Ingenieur) Kiew.

1887. Heft 7. Juli 1887.

Die virtuelle Länge als Grundlage für die Bestimmung der Fahrzeit. — Bemerkungen über den von den Radreifen der Eisenbahnwagen zu durchlaufenden Weg. — Weitere Ergebnisse des bei den Südwestbahnen eingeführten Prämiensystems für Ersparnisse im Betriebe. — (Heft 7 u. 8:) Zur Frage der sibirischen Eisenbahn. — Elektrische Beleuchtung der Eisenbahnzüge.

Heft 8 u. 9. August und September 1887.

Die Beförderung von Getreide in loser Schüttung in gewöhnlichen bedeckten Güterwagen. — Mittheilungen aus dem chemischen Laboratorium der Südwestbahnen. — Die Leistungen der Güterwagen auf den Südwestbahnen.

Journal des chemins de fer. Paris.

No. 27 bis 34 vom 2. Juli bis 20. August 1887.

(No. 27:) Le chemin de fer Métropolitain de Paris. (No. 29:) Le Métropolitain. Le cinquantenaire des chemins de fer français. (No. 30:) Le Métropolitain. (No. 32:) Les chemins de fer et le budget rectifié de 1888. (No. 34:) Le cinquantenaire des chemins de fer français.

Journal of the Association of Engineering societies. Boston.

Juli 1887.

The preservation of Railroad ties and timber by the use of antiseptics.

August 1887.

Tunneling in Montano.

Monitore delle strade ferrate. Torino.

No. 26 bis 34 vom 25. Juni bis 20. August 1887.

(No. 26:) Le costruzioni ferroviarie. Arretrati ferroviarii. Il freno Schleifer e la linea Novara - Seregno. (No. 26, 27, 30, 33, 34:) Ferrovia del Gottardo. (No. 27:) Prodotti ferroviarie aprile 1887. (No. 27 bis 34:) Societa Italiana per le Strade Ferrate Meridionali. (No. 28:) I provedimenti ferroviarie. Cronaca parlamentare. (No. 30:) Le ferrovie in Italia. (No. 30, 31:) Le ferrovie del Belgio nel 1885. (No. 31 bis 33:) Costituzione generale dell' amministrazione ferroviaria italiana. (No. 32:) Prodotti ferroviarie. maggio 1887. Emissione delle obligazioni per le maggiori spese ferroviarie. (No. 34:) Le maggiori spese ferroviarie. Le ferrovie del mondo.

Monatsschrift für deutsche Beamte.

Heft 7. Juli 1887.

Obrenerkrankungen des Betriebspersonals bei den Eisenbahnen.

Organ für die Fortschritte des Eisenbahnwesens. Wiesbaden.

1887. Heft 4.

Versuche mit durchgehenden Bremsen, ausgeführt von der Generaldirektion der Grossh. Badischen Staatseisenbahnen. Neue Anlagen für den Güterverkehr auf dem Bahnhofe Saint Lazare zu Paris. Beweglicher Flantschenanschluss für Dampfleitungen zur Entnahme des Dampfes von Lokomotiven zum Pulsometer-

betriebe, bezw. zum Anheizen von Lokomotiven mittels versetzbarer. Bläser-
vorrichtung. Der wirthschaftliche Werth der Eisenschwelle. Vergleich der Er-
haltungskosten des Holzoberbaues mit jenen des Eisenlangschwellenoberbaues.
Ueber die Leistungsfähigkeit der Lokomotiven und deren Beziehung zur Gestaltung der Fahrpläne. Färbende Knallkapseln zur Erhöhung der Betriebssicherheit. Neue Haken-Unterlegeplatte des Haarmann'schen Querschwellenober-
baues. Weichensignal mit Flügeln. Der John'sche Gleichmesser.

Oesterreichische Eisenbahnzeitung. Wien.

No. 27 bis 35 vom 3. Juli bis 28. August 1887.

(No. 27:) Die Anfänge der österreichischen Eisenbahnpolitik. Ueber das Studium
der Eisenbahnmaterialien. (No. 28:) Die im Jahre 1886 auf den Vereinsbahnen
vorgekommenen Achsbrüche. Ueber ein empirisches Verfahren zur Ermittelung
der Transportkosten auf Steigungen. Sheffield-Velocipède als Hülfsmitel für den
Bahnerhaltungsdienst. (No. 29:) Die elektrische Beleuchtung der Eisenbahnzüge.
Die Einnahmen und Ausgaben der ungarischen Eisenbahnen im Jahre 1886.
(No. 30:) Ungarische Staatsbahnen. Die österreichischen Schleppbahnen zu Ende
1886. Amerikanischer Lokomotivdienst. (No. 31 u. 32:) Ein Gutachten über
die Nordbahnfrage. (No. 31:) Vorkonzessionen für Lokalbahnen. Kontinuirliche
Bremsen für Güterzüge. (No. 32:) Das neue amerikanische Eisenbahngesetz in
seiner praktischen Anwendung. Uebereinkommen, betreffend den Transport von
Getreide in loser Schüttung (alla rinfusa). (No. 33:) Der neue Zentralbahnhof
in Frankfurt a/M. Mährische Grenzbahn. Die Eisenbahnen und der Verkehr mit
Rumänien. (No. 34:) Verordnung des k. k. Handelsministeriums vom 12. März
1879, betreffend die Begünstigungswesen im Güterverkehr der österreichischen
Eisenbahnen. Die russischen Eisenbahnen. (No. 35:) Die Schmalspurbahn Flensburg-Kappeln. Die Einnahmen der österreichich-ungarischen Eisenbahnen im
I. Semester 1887. Stempelung der Quittungen über die von Pensions-Instituten
der Eisenbahn bezogenen Beträge.

Railroad Gazette. New-York.

No. 24 vom 17. Juni 1887.

Car coupler decision. Road foremen of engines. Tire fastenings. English
Railroads and Canals. Annual meeting of the Master Car-Builders' Association.
Test specimens. The Canadian Pacific locomotives.

No. 25 vom 24. Juni 1887.

Track circuits for automatic signals, Boston & Albany Railroad. The Commissioners on the Law. Carrying goods at owner's risk. Water communication
between the Mississippi and the Great Lakes. Master Car-Builder's Association
meeting. Master Mechanics' Association meeting. English Railroads. The Commissioners interpretation of the Interstate Law.

No. 26 vom 1. Juli 1887.

The Master Mechanics' convention. The proportion of locomotive cylinders.
English Railroads. The qualifications of superintendents. Disabled passengers.

No. 27 vom 8. Juli 1887.

Masonry arches on the Pennsylvania Railroad. The Stark's car brake. English
Railroads. Permanent way, London & Northwestern Railway. State control in
Sweden.

No. 28 vom 15. Juli 1887.

English Railroads. German compromise sleeping car. American association of
Railway chemists. The Elevated Railroads of New York. Tire breakages on
German Railroads in 1886.

No. 29 vom 22. Juli 1887.

Scene of the St. Thomas collision. The Elevated Railroads of New-York. Railroad legislation in Missouri.

No. 30 vom 29. Juli 1887.

The Wabash sleeping car robbery. The Elevated Railroads of New York. June accidents. British Railroads fifty years ago. Tunneling on Croton Aqueduct. Bridge inspection of the Erie. The Carnedas and Juraco Railroad. American trade with New South Wales.

No. 31 vom 5. August 1887.

The Southern Railway and Steamship Association. Some English views of subsidies. International traffic in Europe. Proceedings of the committee on uniform couplers. Buckling of rails from tight joints. New agreement of the Southern Railway and Steamship Association. The preservation of ties and timber by the use of antiseplics. International traffic. The Berne treaty.

No. 32 vom 12. August 1887.

Robbin's automatic ground system. Band resawing machine. Economy of compound locomotives. Chicago and North Western report. Mexican exports. Fire from locomotives. Mining engineer's meeting in Duluth. Trade in Great-Britain.

The Railway News. London.

No. 1224 bis 1233 vom 18. Juni bis 20. August 1887.

(No. 1224:) The Isle of Wight Railways: The plan of reorganisation. The Russian Railways in 1886. Railway continuous brakes. The Railway commission. (No. 1225:) Glasgow and the Tay Bridge. Railways and the Jubilee. (No. 1226:) The iron trade and the Railways. The past half-year's traffic. The Railway rates bill. (No. 1227:) The American Interstate Commerce Bill. South-Eastern Railway accounts. American and Canadian Railway news. Railway Jubilee at Crewe. (No. 1228:) Russian Railways in 1886. (No. 1231:) Half-yearly reports. The August bank holiday traffic. The Midland and their enginemen. The Railway rates question. (No. 1232:) The Midland Railway (Collapse of the strike). United States trade and finance. (No. 1233:) The Metropolitan District. The Southern Railways. Home Railways in 1886. „Labour strikes" and their cost.

Revue commerciale, diplomatique et consulaire. Bruxelles.

No. 26 bis 29. Lieferung. Vom 15. Juli bis 15. August 1887.

(No. 26:) La malle des Indes et le chemin de fer de Bruxelles à Mayence. (No. 29:) Mouvement et recettes des chemins de fer des postes, des télégraphes et de la marine pendant le mois d'avril 1887. Gothard et Simplon. Lignes ferrés appartenant à l'État au Brésil.

Revue générale des chemins de fer. Paris.

Juni 1887. Note sur les locomotives aux État-Unis. Expériences de traction faites en service courant sur la locomotive compound à quatre cylindres. Note sur les selles à rendents employées avec traverses en chêne par la Compagnie des chemins de fer de l'État-Néerlandais. Extraits du rapport du jury sur les signaux à l'exposition d'électricité de Philadelphie de 1884. Résultats obtenus en 1885, sur le réseau des chemins de fer de l'État Français.

Schweizerische Bauzeitung. Zürich.

No. 2 bis 5. Vom 9. Juli bis 6. August 1887.

No. 2 u. 3. Unterhaltungskosten beim Oberbau auf Flusseisenquerschwellen. (No. 5 und 6:) Ueber den Einfluss der Zwischen-Düsen beim Lokomotivenblaserohr.

Wochenblatt für Baukunde. Frankfurt a./M.

No. 55 bis 59. Vom 8. bis 22. Juli 1887.

(No. 55:) Eisenbahntechnische Studien. (No. 59:) Ueber die Sicherung des Eisenbahnverkehrs auf Bahnhöfen.

Zeitschrift für Bauwesen. Berlin.

Heft VII. bis IX. 1887.

Neuere Bauausführungen bei italienischen Gebirgsbahnen.

Zeitschrift für die gesammte Staatswissenschaft. Tübingen.

48. Jahrgang. Heft II. und III.

Das neuere Submissionsverfahren.

Zeitschrift des österreichischen Ingenieur- und Architekten-Vereins.

Heft II. 1887.

Die Drahtseilstrassenbahnen in San Francisco und in anderen Städten der Vereinigten Staaten.

Zeitschrift für Transportwesen und Strassenbau. Berlin.

No. 19—24 vom 1. Juli bis 20. August 1887.

(No. 19:) Die Höllenthalbahn. (No. 19 bis 22:) Der elektrische Betrieb von Trambahnen. (No. 20 und 21:) Uebersicht über die Schmalspurbahnen Deutschlands für das Betriebsjahr 1885/86. (No. 21:) Neuerungen im Strassenbahnwesen unter Berücksichtigung des elektrischen Betirebes. (No. 22:) Einige Daten über Kabelbahnen. (No. 23:) Internationaler Strassenbahn-Kongress. Heizung von Eisenbahnwagen. (No. 24:) Bahnhofsanlagen für Nebenbahnen·

Zeitung des Vereins Deutscher Eisenbahnverwaltungen. Berlin.

No. 50—66 vom 2. Juli bis 27. August 1887.

(No. 50:) Elektrische Bahnen in den Vereinigten Staaten. Verwaltungsbericht der österreichischen Staatsbahnen. (No. 51:) Schreibmaschinen. Bahneröffnungen im Gebiete des Vereins Deutscher Eisenbahnverwaltungen im ersten Halbjahr 1887. (No. 52:) Projekt einer neuen Eisenbahn für die Weltausstellung in Paris. Eröffnungen schwedischer Bahnen im Jahre 1886. (No. 53:) Statistische Nachrichten von den Eisenbahnen des Vereins Deutscher Eisenbahnverwaltungen für das Rechnungsjahr 1885. (No. 54:) Die belgische nationale Nebenbahngesellschaft. (No. 55:) Statistische Nachrichten über die Ergebnisse des Verkehrs auf kombinirbare Rundreisebillets im Jahre 1886. (No. 56 und 57:) Die Pariser Stadtbahn. (No. 58:) Von den Orientbahnen. Uebereinkommen, betreffend den Transport von Getreide in loser Schüttung (alla rinfusa). Wirkungen der Eisenbahnfahrzeuge auf Schienen. (No. 59:) Der zweite internationale Eisenbahnkongress in Mailand. Die Schiffseisenbahn von Tehuantepec. (No. 60 und 61:) Rundschau auf den wichtigsten Handelshäfen des Mittelmeeres. (No. 62:) Die Malbergbahn bei Ems. (No. 62, 64 und 65:) Die russischen Eisenbahnen am Ende 1886. (No 63:) Die Pariser Stadtbahn. Vom Panamakanal. (No. 64:) Das Zwischenstaatverkehrsgesetz in Nordamerika. Kleinasiatische Eisenbahnen. (No. 65:) Billet, Fahrkarte oder Fahrschein? (No. 66:) Die transportablen schmalspurigen Industrie- und Feldeisenbahnen in Preussen.

Herausgegeben im Auftrage des Königlichen Ministeriums der öffentlichen Arbeiten.

Carl Heymanns Verlag, Berlin W. — Gedruckt bei Julius Sittenfeld, Berlin W.

Zur Nebenbahnfrage in Oesterreich.

Von

Sigmund Sonnenschein in Wien.*)

(Schluss.)

IV.

Die Reichsraths-Session war inzwischen abgelaufen. In der Thronrede, mit welcher der Kaiser am 26. September 1885 den neugewählten Reichsrath eröffnete, wurden zwar „die Erleichterungen für das Zustandekommen lokaler Schienenwege" in besonderer Weise betont, jedoch die Vorlage von 1884 vorläufig nicht wieder eingebracht. Die Regierung unterzog diese vielmehr einer wiederholten Prüfung, wobei es sich als wünschenswerth herausstellte, sowohl in prinzipiellen Punkten als auch in Bezug auf mehrere Einzelbestimmungen Abänderungen durchzuführen. Einer bei der Vorberathung der früheren Regierungsvorlage im Eisenbahnausschusse des Abgeordnetenhauses gegebenen Anregung folgend, entschloss sich die Regierung vor allem, die früher versuchte Einbeziehung der Strassenbahnen einschliesslich der Pferdebahnen in den Geltungsbereich der für Lokalbahnen aufzustellenden gesetzlichen Normen fallen zu lassen, die Lokalbahnen und die Strassenbahnen getrennt zu behandeln und die letzteren zum Gegenstande einer besonderen Vorlage zu machen.

Diese Studien nahmen längere Zeit in Anspruch und erst am 18. Juni 1886 wurden zwei Gesetzentwürfe eingebracht, von denen der eine die Bestimmungen für die Anlage und den Betrieb von Lokalbahnen enthielt, während der andere die Anlage und den Betrieb von Strassenbahnen (Tramways) regelte. Mit diesen beiden Gesetzentwürfen beabsichtigte die Regierung eine abschliessende Regelung des ganzen Lokaleisenbahnwesens im weiteren Sinne und bezweckte insbesondere eine gesetzliche Normirung des Strassenbenutzungsrechtes für Lokalbahnen im engeren Sinne (Dampftramways) selbst gegen den Willen der zur Erhaltung nicht ärarischer Strassen Verpflichteten, andererseits die Abtrennung der Pferde-

*) Siehe Archiv S. 688 ff.

bahnen von den Lokalbahnen im engeren Sinne und die Ueberweisung
der ersteren unter die Bestimmungen der Gewerbe-Ordnung bei uneinge-
schränkter Wahrung der Zuständigkeit des Selbstverwaltungskörper in
Bezug auf das Strassenbenutzungsrecht.

Die nunmehr beantragte gesetzliche Regelung des Lokalbahnwesens
wurde damit begründet, dass, ebensowenig, als es bisher gelungen sei,
eine wissenschaftlich und legislativ ausreichende Begriffsbestimmung für
Lokalbahnen im Allgemeinen aufzustellen, eine ausreichende Unterscheidung zwischen Lokalbahn und Dampftramway thunlich scheine. Das
in technischer Beziehung sich zunächst aufdrängende, anscheinend zur
Unterscheidung vollkommen ausreichende charakteristische Merkmal der
Dampftramway, das ist die Anlage derselben gleich den Pferdebahnen
auf öffentlichen Strassen in solcher Art, dass die Schienen nicht über die
Strassenfläche hervorragen und demnach der übrige Strassenverkehr
durch die Bahnanlage und deren Betrieb nicht gestört wird, stelle sich in
administrativer und verkehrspolitischer Hinsicht als ganz ungenügend heraus,
wenn erwogen werde, dass einerseits die als Dampftramways projektirten
und als solche bezeichneten Eisenbahnen zumeist nicht auf öffentlichen
Strassen angelegt, sondern auf eigenem selbständigen Bahnkörper geführt
werden, und dass andererseits auch Lokalbahnen sich auf längeren oder
kürzeren Strecken der bestehenden öffentlichen Strassen unter ganz
ähnlichen technischen Voraussetzungen bedienen, wie die Dampftramways.
Die Dampftramway könne füglich nur als eine erhebliche Erleichterungen
in der Anlage und dem Betriebe zulassende besondere Abart der Lokalbahn im Allgemeinen angesehen werden, und es sei kein Zweifel, dass
alle die Erwägungen, welche für die einheitliche Behandlung des Eisenbahnwesens überhaupt sprechen, sowohl auf Dampftramways als auf
Lokalbahnen, die ganz oder theilweise bestehende öffentliche Strassen
benutzen, volle Anwendung finden. Die Regierung beantragte daher, dass
Dampftramways und überhaupt mit mechanischen Motoren betriebene
Strassenbahnen, unbeschadet der für dieselben zulässigen weitgehenden
gesetzlichen und administrativen Erleichterungen, für Lokalbahnen erklärt,
hingegen Pferdebahnen mit der Bestimmung für den lokalen Personenverkehr aus dem Gebiete des eigentlichen Eisenbahnwesens ausgeschieden
und unter die konzessionirten Gewerbe eingereiht würden.

Der Gesetzentwurf, „womit Bestimmungen für die Anlage
und den Betrieb von Lokalbahnen getroffen werden",*) schliesst sich
zum grösseren Theil an die frühere Regierungsvorlage an. In Bezug auf
die Nothwendigkeit einer weiteren Verlängerung der durch das ursprüng-

---

*) Anlage C.

liche Lokalbahngesetz der Regierung eingeräumten Ermächtigung, weitgehende Erleichterungen und finanzielle Begünstigungen für Lokalbahnen auf administrativem Wege einzuräumen, sowie um die Entbehrlichkeit neuer Konzessionsnormen für Lokalbahnen und die schon bei den Verhandlungen über das ursprüngliche Lokalbahngesetz mehrfach erörterte Unthunlichkeit einer gesetzlichen Begriffsbestimmung der Lokalbahnen darzuthun, verweist die Regierung in der Begründung auf die günstigen Ergebnisse des bisherigen Lokalbahngesetzes. Auf Grund desselben seien bisher Nebenlinien in der Gesammtausdehnung von 1 964,5 km konzessionirt und ausserdem die Vorverhandlungen behufs Konzessionirung von Lokalbahnen in der Gesammtlänge von 307,8 km im Wesentlichen zum Abschluss gebracht; ausserdem liegen dem Handelsministerium gegen 50 Projekte für Lokalbahnen in der Gesammtlänge von etwa 1 600 km mit einem veranschlagten Kostenaufwand von etwa 80 Millionen Gulden zur Behandlung vor.

Die Artikel 1—5 des neuen sind im Wesentlichen gleichlautend mit den einschlägigen Bestimmungen des älteren Entwurfes. Dagegen haben die Bestimmungen des Artikel 6 zum Zwecke grösserer Präzision und zur Beseitigung der hierüber in der Praxis bisher entstandenen Zweifel eine den Wünschen der Finanzverwaltung entsprechend veränderte Fassung erhalten. Der neuen Vorlage liegt insbesondere die Absicht zu Grunde, dass die zu gewährende Stempel- und Gebühren-Befreiung der Lokalbahnunternehmung selbst zum Vortheil gerei{ch}en, demnach nur bezüglich solcher Verträge, Eingaben, Urkunden und bücherlicher Eintragungen eintreten soll, bei welchen die Lokalbahnunternehmung selbst als vertragschliessende oder sonst unmittelbar betheiligte Partei erscheint. Im Artikel 6 ist weiter, in dem Bestreben, das Zustandekommen neuer Lokalbahnen durch möglichst weitgehende finanzielle Begünstigungen zu fördern, die Maximaldauer der bei Konzessionirung neuer Lokalbahnen einzuräumenden Befreiungen von Erwerb- und Einkommensteuer, welche im Entwurfe des Jahres 1884 von 30 auf 20 Jahre herabgesetzt wurde, im Einklange mit der einschlägigen Bestimmung des Lokalbahngesetzes vom 25. Mai 1880 und mit dem diesfalls in der Berathung der früheren Regierungsvorlage im Eisenbahnausschusse des Abgeordnetenhauses gefassten Beschluss „mit höchstens 30 Jahren", vom Tage der Konzessionsertheilung gerechnet, festgesetzt worden. In den Artikeln 7 und 8 sind die finanziellen Begünstigungen, welche den Lokalbahnunternehmungen von Seite der Staatsverwaltung zugewendet werden können, mit einigen Ergänzungen und Erweiterungen aufgenommen. Insbesondere ist die schon in dem früheren Gesetzentwurfe vorgesehene Uebernahme von Lokalbahnen in Staatsbetrieb gegen Pauschalirung der Betriebskosten ergänzt, einerseits durch die in Vorschlag gebrachte Ermächtigung

der Regierung zur Gewährung ausgedehnter finanzieller Einrichtungen in
Bezug auf die Modalität des Anschlusses bereits bestehender oder erst
künftig herzustellender Lokalbahnen, welche in vom Staate betriebene
Hauptbahnen einmünden, sowie hinsichtlich der Besorgung des Stations-
dienstes in den Anschlussbahnhöfen, andererseits durch die Ausdehnung
der für die Staatseisenbahnverwaltung festgestellten Ermächtigungen auf
Gewährung gleichartiger Zugeständnisse von Seite der Verwaltung vom
Staate garantirter Eisenbahnen für von demselben zu betreibende oder
anzuschliessende Lokalbahnen. Die im Art. 9 des früheren Gesetzentwurfs
enthaltenen Einschränkungen hinsichtlich der Ausgabe von Prioritätsobligationen sind mit Rücksicht auf die praktische Erfahrung im
Art. 10 des neuen Gesetzentwurfs in der Art allgemeiner gefasst, dass
die Entscheidung über die ausnahmsweise Zulässigkeit solcher Prioritäten-
ausgabe dem Ermessen der Regierung vorbehalten werden soll. In den
Artikeln 11 bis einschliesslich 20 sind für Benutzung öffentlicher Strassen
zur Anlage und zum Betriebe von Lokalbahnen vollständig neue Bestimmungen aufgestellt. Wenn der Entwurf ausser der schon im Gesetze vom
25. Mai 1880 enthaltenen Bedingung für die Benutzung von Reichsstrassen
zur Anlage von Lokalbahnen, wonach die Sicherheit des Strassenverkehrs
durch den Bahnbetrieb nicht gefährdet erscheinen dürfe, als weitere Voraussetzung für die Zulassung des Bahnbetriebs auf der Strasse noch namhaft macht, 1. dass auch durch die Anlage der Bahn die Sicherheit des
Strassenverkehrs nicht gefährdet erscheinen und 2. dass weder durch die
Anlage noch durch den Betrieb die Benutzbarkeit der Strasse leiden
dürfe, so hebt die Begründung zur Regierungsvorlage ausdrücklich hervor,
dass durch diese Erweiterung des Textes keineswegs sachliche Aenderungen
des geltenden Gesetzes beabsichtigt sind, dass sie vielmehr nur den Zweck
einer genauen Begriffsbestimmung verfolgen. Unter „leiden des Strassenverkehrs" sei insbesondere nicht die immerhin mögliche Beeinträchtigung
desselben durch Polizeivorschriften zu verstehen, da der Erlass solcher
besonderen Vorschriften bei der Verwendung der Strasse für Bahnzwecke
wohl nie zu umgehen sein werde. Dass der Strassenverkehr leide, werde
vielmehr nur dann behauptet werden können, wenn in Folge der Anlage oder
des Betriebs der Bahn die Bewältigung des gewöhnlichen Verkehrs unmöglich
wäre oder auf erhebliche Schwierigkeiten stossen würde. Wesentlich abweichend von dem derzeit geltenden Gesetze sind dagegen die Bestimmungen
des Entwurfs hinsichtlich solcher öffentlicher Strassen, die nicht Reichsstrassen
sind. Der Art. 6 des Gesetzes vom 25. Mai 1880 bestimmt diesfalls, dass die
Benutzung solcher Strassen zur Anlage von Lokalbahnen, insoweit die Inanspruchnahme über das im Eisenbahnkonzessionsgesetze vorgesehene
Maass hinausgehe, nur mit Zustimmung der zur Erhaltung Verpflichteten

zulässig sei. Nun ist schon früher auf die vielfachen Uebelstände hingewiesen worden, welche sich in volkswirthschaftlicher Beziehung und mit
Rücksicht auf die Zwecke der Eisenbahnpolitik aus den bisherigen Gesetz-
bestimmungen ergeben haben. In der Begründung zur Regierungsvorlage
wird zugestanden, dass diese Uebelstände bei der niedersten Kategorie
der Eisenbahnen, nämlich bei den Pferdebahnen, nicht so fühlbar seien,
dass hinsichtlich dieser Bahnen eine Aenderung der geltenden Normen
unbedingt nothwendig wäre. Was dagegen die Lokalbahnen im
engeren Sinne anlange (Dampftramways), so sei nicht zu bezweifeln,
dass bei Aufrechterhaltung des im Gesetze vom 25. Mai 1880 unbe-
schränkt ausgesprochenen Zustimmungsrechtes der Fall eintreten könne,
dass höhere Interessen der Gesammtheit oder eines beträchtlichen Theiles
der Gesammtheit vor Lokalinteressen zurücktreten müssen. Die Regierung
sei gern geneigt, die Autonomie der Strassenverwaltungskörper, soweit
dies nur immer thunlich sei, zu wahren, wolle aber andererseits auf ein
Mittel nicht verzichten, welches geeignet wäre, unbegründete Ansprüche
der autonomen Körperschaften auf das richtige Maass zurückzuführen.
Als ein solches Mittel wurde das Prinzip der Enteignung anerkannt, ein
Prinzip, das in keinem System des Privatrechtes fehlt und auch nur die
Beugung von Interessen untergeordneter Bedeutung unter Interessen höherer
Ordnung im Auge hat. Bei der Uebertragung dieses Prinzipes in den
vorliegenden Gesetzentwurf hat dasselbe eine wesentliche, einer namhaften
Abschwächung gleichkommende Modifikation in der Art erfahren, dass
durch die zwangsweise Heranziehung der Strassen für Eisenbahnzwecke
nicht die Aufhebung der Rechte der autonomen Körperschaften an der
Strasse bewirkt und der Strasse ihre bisherige Bestimmung nicht entzogen
vielmehr nur die Benutzung der Strasse ermöglicht werden soll. Demgemäss sollte die Betretung dieses Weges dann jederzeit ausgeschlossen
bleiben, wenn die Benutzung der Strasse durch die Lokalbahn mit der
ursprünglichen Bestimmung der Strasse zur Vermittlung des gewöhnlichen
Verkehrs nicht vereinbar wäre. Während der Gesetzentwurf vom Jahre
1884 die Entscheidung darüber, ob eine nichtärarische Strasse zur Benutzung für eine Lokalbahnstrecke zur Verfügung gestellt werden soll
oder nicht, den autonomen Behörden, den Ländern, Bezirken und Gemeinden abnahm und auf den Staat übertrug, enthält der neue Entwurf
ein unwesentliches Zugeständniss an die autonomen Behörden, wenn auch
jetzt das Zustandekommen einer Lokalbahn an dem Widerstande der
autonomen Behörden nicht mehr scheitern soll. Ist nämlich in Zukunft
die Zustimmung der berufenen Behörden zur Strassenbenutzung nicht zu
erlangen, so kann auf Grund des vorliegenden Gesetzentwurfes, wenn die
Gemeinnützigkeit vom Staate anerkannt ist, die Statthalterei aussprechen,

dass die Benutzung der Strassen durch die Eisenbahnen zulässig sei,
indem sie ein Enteignungserkenntniss fällt. Sobald dies geschehen ist,
obliegt es der Strassenverwaltung, anzugeben, welche Leistungen und
Verpflichtungen die Lokalbahnunternehmung als Benutzerin der Strasse
erfüllen muss; es sind dies die Erfüllung der Bedingungen, welche aus
strassenpolizeilichen Rücksichten vorgeschrieben werden; ferner die Bestreitung der Kosten für die Erhaltung der benutzten Strassen. Ist aber
der Eigenthümer der Strasse der Ansicht, dass er für die Benutzung derselben ein besonderes Entgelt verlangen könne, so müsste er sich an das
zuständige Gericht wenden. Es hätte also in Zukunft über die Frage
der Strassenbenutzung die politische Landesbehörde zu entscheiden,
während die Entscheidung über ein zu beanspruchendes besonderes Entgelt
den Gerichten zusteht.

Die Vorlage des „Gesetzentwurfs, womit Bestimmungen für die
Anlage und den Betrieb von Strassenbahnen (Tramways)" getroffen
werden, deren Konzessionirung bisher durch das Handelsministerium auf
Grund der Allerhöchsten Entschliessungen vom 25. Februar 1859 und vom
8. März 1867 erfolgte*), ist vorzugsweise deshalb erfolgt, weil ausreichende
Bestimmungen über die Benutzung öffentlicher Strassen zur Anlage und
zum Betriebe von Strassenbahnen nicht vorhanden sind. In dem vorliegenden Gesetzentwurf wird der gewerbsmässige Betrieb von Strassenbahnen (Tramways), welche mit animalischer Kraft betrieben werden und
zur Beförderung im Ortsverkehr dienen, unter die konzessionirten Gewerbe,
und zwar unter die Unternehmungen für periodischen Personentransport,
eingereiht. Auf solche Strassenbahnen sollen künftighin nicht die für
Eisenbahnen erlassenen Gesetze und Verordnungen, sondern die allgemeinen Gewerbe-, Bau- und Polizei-Vorschriften Anwendung finden.
Unter Ortsverkehr versteht der Gesetzentwurf einen engeren Lokalverkehr, „das heisst jenen allgemein bekannten tramwayartigen Verkehr,
welcher weniger die Verbindung räumlich getrennter Verkehrszentren als
vielmehr den Verkehr innerhalb grösserer Gemeindegebiete, geschlossener
Ortschaften und deren näherer Umgebung zum Gegenstand hat, welcher
Verkehr sich durch zahlreiche, nicht weit von einander entfernte Haltestellen und die vorzugsweise Benutzung des betreffenden Verkehrsmittels
auf relativ kurzen Strecken charakterisirt". Die Vorfrage, ob eine
Strassenbahn dem vorgeschriebenen Ortsverkehr zu dienen habe, sei vom
Handelsministerium noch vor der Konzessionsertheilung zu entscheiden.
Die Konzessionsertheilung bezüglich solcher Strassenbahnen soll im Allge-
meinen der politischen Landesstelle und nur, wenn die Strasse das Ver-

---

*) Anlage D.

waltungsgebiet einer politischen Gemeinde überschreitet, dem Ministerium des Innern zustehen. Ein gesetzliches Erforderniss bei Verleihung der Konzession ist die Zustimmung der zuständigen Strassenbehörden, und zwar bei Reichsstrassen der politischen Landesstelle, bei nichtärarischen öffentlichen Strassen des zur Strassenerhaltung verpflichteten Strassenverwaltungskörpers oder der gesetzlich zur Ertheilung einer solchen Zustimmung berufenen Behörden und Organe.

Als diese beiden Entwürfe dem Eisenbahnausschusse überwiesen wurden, konnte an eine Erledigung derselben in dem betreffenden Sessionsabschnitte nicht mehr gedacht werden. Da aber die Wirksamkeit des mit Gesetz vom 28. Dezember 1884 verlängerten Lokalbahngesetzes sich nur bis zum 1. Juli 1886 erstreckte, so wäre wieder die Gefahr entstanden, dass vom 1. Juli an bis zum Zustandekommen eines endgültigen Gesetzes Steuer- und Gebührenbegünstigungen für projektirte wichtige Lokalbahnen im administrativen Wege nicht hätten gewährt werden können. Um dem vorzubeugen, wurde im Eisenbahnausschuss die Nothwendigkeit, noch im laufenden Sessionsabschnitte eine legislative Vorsorge zu treffen, einhellig anerkannt. Ueber den einzuschlagenden Weg gingen jedoch die Meinungen auseinander. Die Minorität beantragte den Erlass eines Spezialgesetzes, in welchem eine Reihe von Lokalbahnen, deren Zustandekommen in der nächsten Zeit erwartet wurde — es waren dies die Linien Reichenberg—Gablonz, Traismauer—Krems—Sigmundsherberg, Prossnitz—Triebitz, Linz—Urfahr—Aigen, Marienbad—Carlsbad — aufgezählt waren. Dagegen glaubte die Majorität, im Hinblick auf den naheliegenden und auch nach den Mittheilungen der Regierung ernstlich ins Auge zu fassenden Fall, dass neben den aufgezählten noch weitere Lokalbahnprojekte in nächster Zukunft zur Konzessionirung reif sein dürften, an Stelle der speziellen eine allgemeine Verlängerung der Bestimmungen des Lokalbahngesetzes dem Hause in Vorschlag bringen zu sollen. Uebrigens gab auch die Majorität ihrer Ueberzeugung dahin Ausdruck, dass das baldige Zustandekommen eines definitiven Lokalbahngesetzes, wozu durch die Regierungsvorlage die erforderliche Unterlage nunmehr gegeben sei, mit allem Nachdruck angestrebt werden müsse. Aus diesem Grunde beantragte die Majorität die Frist für die Verlängerung des bestehenden Gesetzes nur auf die Zeit bis Ende des Jahres 1886, also auf einen Termin, innerhalb dessen man den Abschluss der parlamentarischen Verhandlungen über die beiden Regierungsvorlagen erwarten durfte. Nachdem das Abgeordnetenhaus den Minoritätsantrag abgelehnt hatte, wurde die Verlängerung des Gesetzes vom 25. Mai 1880 bis Ende des Jahres 1886 beschlossen und in der Person des Abgeordneten Dr. v. Bilinski ein Referent bestellt, welcher sofort beim Wiederzusammentritt des Reichsraths seinen Bericht zu erstatten habe.

Als der Reichsrath im Oktober 1886 wieder seine Berathungen auf-
nahm, trat der Eisenbahnausschuss alsbald zusammen, um diesen Bericht
entgegen zu nehmen. In demselben waren einige nicht unwesentliche
Aenderungen an der Regierungsvorlage vorgenommen; zunächst sollte bei
Art. 8 die Bestimmung aufgenommen werden, dass die Betheiligung
der Regierung auch in Form einer Erträgniss- oder Zinsengarantie
zum Ausdruck kommen könne. In Bezug auf die Benutzung nichtärarischer Strassen beantragte der Referent, für den Fall, dass zwischen
den Zustimmungsberechtigten und der Lokalbahnunternehmung hinsichtlich
der von dieser angestrebten Benutzung einer nichtärarischen öffentlichen
Strasse ein Uebereinkommen nicht zu Stande kommen sollte, den Zusammentritt einer Kommission, bestehend aus dem Präsidenten des Oberlandes-
gerichts, in dessen Sprengel die Strasse gelegen ist, und aus zwei von
diesem Oberlandesgerichte aus seiner Mitte zu wählenden Mitgliedern.
Dem Erkenntniss dieser Kommission sollte die Wirkung eines Enteignungserkenntnisses zukommen. Endlich beantragte der Referent einen Zusatzantrag, wonach bezüglich der auf dem Strassenkörper liegenden Strecken
von Lokalbahnen das im § 8 des Eisenbahnkonzessions-Gesetzes dem
Staate vorbehaltene Heimfallsrecht keine Anwendung zu finden hätte und
die Regierung ermächtigt werde, insoweit Theile der bezeichneten Strassenbahn ausserhalb des Strassenkörpers liegen, das Heimfallsrecht des Staates
an diesen Theilen des Unternehmens aufzugeben.

In der Generaldebatte, in welcher der neu ernannte Handelsminister
Marquis v. Bacquehem die Vertretung der Regierung übernommen
hatte, wurde zunächst die Frage aufgeworfen, ob die in den jüngsten
Regierungsvorlagen im Gegensatz zu den früheren Vorlagen gemachte Eintheilung der Nebenbahnen geeignet sei, die Nebenbahnfrage dauernd zu
regeln, oder aber, ob die Vollmacht nur auf eine bestimmte Zeitdauer ertheilt
werden solle. So wie früher die Begriffsabgrenzung nach obenhin Schwierigkeiten machte, war es jetzt nach untenhin der Fall. Nach der Regierungsvorlage sind als Strassenbahnen diejenigen Nebenbahnen anzusehen, welche
mit animalischer Kraft betrieben werden, lediglich der Personenbeförderung
dienen und überdies nur für den Ortsverkehr bestimmt sind. Es wurde
nun gefragt, warum der animalische Motor eine prinzipielle Aenderung
des Unternehmens im Gegensatz zu einem mechanischen Motor bewirken
soll? ferner: was denn unter Ortsverkehr im Gegensatz zu Lokalbahnver-
kehr zu verstehen sei? Dabei wurde der Ansicht Ausdruck gegeben, es
bestehe kein praktisches Bedürfniss, die städtischen Strassenbahnen auszuscheiden. Der einzige Grund, welchen die Regierung hierfür anführe,
sei die Aehnlichkeit derselben mit anderen Unternehmungen für den Personentransport, es werde jedoch hierbei die Bedeutung der Eisenschienen

unterschätzt. Gegenüber diesen Bedenken erwiderte der Handelsminister, die Regierung sei bemüht gewesen, das bestehende Lokalbahngesetz nach den gemachten Erfahrungen zu ergänzen und überhaupt das Lokalbahnwesen thunlichst zu fördern. Auf die Schwierigkeiten übergehend, welche einer lebhaften Bauthätigkeit entgegenstehen, bemerkte der Minister: Die Hindernisse waren immer finanzielle, nämlich die Plazirung desjenigen Kapitaltheiles, der kein Erträgniss erwarten lässt. Was die gegen den Abschluss von Betriebsverträgen gemachten Einwendungen betrifft, erinnerte der Minister an die der Kaiser-Ferdinands-Nordbahn anlässlich der an dieselbe ertheilten neuen Konzession auferlegten Verpflichtungen in Bezug auf die Förderung von Lokalbahnen. Die Staatsverwaltung könne da nicht zurückbleiben, was ihr um so leichter sei, als sie den grossen Apparat ihrer Zentralverwaltung besitzt, dessen Kosten durch die Einbeziehung anschliessender Lokalbahnen nicht erhöht werden. Bisher wurde stets die Bedeckung der Selbstkosten durch eine auf das Kilometer bemessene Mindestvergütung gefordert. Die Frage sei jetzt, ob die Gesetzgebung einen Schritt weiter gehen solle. In Bezug auf die von einer Seite angeregte Beschränkung der Dauer des Gesetzes gab der Minister zu erwägen, inwieweit dies mit der beabsichtigten prinzipiellen Regelung der Frage der Strassenbenutzung vereinbar sei. Eine von anderer Seite vorgeschlagene Bestimmung, betreffend die Leistung eines Entgeltes für die Benutzung der Reichsstrassen, erklärte der Minister als unvereinbar mit der allgemeinen, die Lokalbahnen begünstigenden Tendenz.

Die Schwierigkeiten, welche in der Generaldebatte zu Tage getreten sind, hatten in der Spezialdebatte eine solche Gestaltung angenommen, dass die Hoffnung auf eine baldige Erledigung der Gesetzentwürfe immer mehr schwinden musste. Insbesondere war es die vorgeschlagene zwangsweise Benutzung nicht ärarischer Strassen, welche zu bedeutsamen Kundgebungen seitens der Landeshauptstädte Anlass bot. In einem am 25. April 1887 in Wien abgehaltenen österreichischen Städtetag bezeichnete der Bürgermeister der Stadt Wien die betreffenden Gesetzentwürfe als einen schweren Schlag gegen die Autonomie der Gemeinden, und es wurde eine Resolution gefasst, dass unter allen Umständen an dem freien Verfügungsrechte der Gemeinden über das Strassenwesen festgehalten werden müsse. Der Städtetag wendete sich besonders auch gegen die beantragte Abgrenzung des Begriffes der Pferdebahn von den Dampftramways. Es wurde darauf hingewiesen, dass jede Strassenbahn durch eine Ausdehnung des Personentransports auf den Gütertransport oder durch eine Veränderung des Betriebsmotors der Aufsicht der Strassenverwaltung ohne weiteres entzogen werden könne, wodurch für die Gemeinde eine gefährliche Rechtsunsicherheit entstehen müsste. Neben der Frage des Strassenbenutzungsrechtes

war es insbesondere die von der Regierung verlangte Ermächtigung zum
Abschluss von Betriebsverträgen, welche mit Rücksicht auf die ungünstigen
in Ungarn gemachten Erfahrungen die Erledigung der Gesetzentwürfe
sehr erschwerte. Um aber die seit Anfang des Jahres 1887 bestehende
Lücke nicht zum Nachtheil des öffentlichen Verkehrs noch weiter bestehen
zu lassen, entschloss sich der Ausschuss, die finanziellen nebst einigen
anderen keinem Widerspruch begegnenden Bestimmungen der Regierungsvorlage herauszuheben und dem Abgeordnetenhause in Form eines besonderen Gesetzentwurfs mit der Geltungsdauer bis 1890 vorzulegen.
Hierdurch sollte dem öffentlichen Verkehrsbedürfnisse Rechnung getragen,
zugleich aber dem Ausschusse die nöthige Zeit zum Studium der übrigen
Bestimmungen der Regierungsvorlage gegeben werden. Das Abgeordnetenhaus stimmte diesem Antrage zu und auch das Herrenhaus zeigte sich
mit dieser wiederum vorläufigen Lösung der Lokalbahnfrage einverstanden.
Am 17. Juni 1887 erlangte das unter diesen Umständen beschlossene
Gesetz*) die kaiserliche Sanktion und trat am 23. Juni, als am Tage der
Publizirung, in Wirksamkeit.

Vergleicht man die Bestimmungen dieses mit denjenigen des Gesetzes
vom 25. Mai 1880, so ergiebt sich, dass die Artikel I bis VIII mit
den einschlägigen Bestimmungen des Entwurfes vom 18. Juni 1886 übereinstimmen, welche, insoweit sie von dem Gesetze vom 25. Mai 1880
abweichen, bereits früher beleuchtet worden sind. Der Art. VII des Entwurfes vom 18. Juni 1886 ist in das Gesetz nicht aufgenommen worden.
Eine Veränderung der im Entwurf vom Jahre 1886 enthaltenen und in
das Gesetz vom 17. Juni 1887 aufgenommenen Bestimmungen ist nur
bezüglich der Ausgabe von Prioritätsobligationen erfolgt. Das im Art. IX
des Gesetzes vom 17. Juni 1887 behandelte Recht, betreffend die Ausgabe
von Prioritätsobligationen, war im Gesetze vom 25. Mai 1880 gänzlich
übergangen, hatte dagegen in der Regierungsvorlage vom Jahre 1886 eine
Beschränkung erfahren, welche in das Gesetz vom 17. Juni 1887 mit
dem Zusatze übergegangen ist, dass die Prioritäten, mit Rücksicht auf die
Erfahrungen, welche man mit dem Goldagio gemacht hat, nur auf österreichische Währung lauten dürfen. Für das Strassenbenutzungsrecht sind
in dem Gesetze vom 17. Juni 1887 dieselben Bestimmungen wie im
Gesetze vom 25. Mai 1880 beibehalten. Nur mit Rücksicht darauf, dass in
der Provinz Niederösterreich ein Landesgesetz besteht, nach welchem zur
Anlage von Nebenbahnen auf allen nichtärarischen öffentlichen Strassen ausserhalb Wiens der Landesausschuss seine Zustimmung zu geben hat, wurde im
Art. X nach den Worten „der zur Erhaltung Verpflichteten" eingeschaltet:

------

*) Anlage E.

„beziehungsweise jener Behörden oder Organe, welche zur Ertheilung der Zustimmung zur Benutzung der Strasse seitens der Nebenbahnunternehmung nach den bestehenden Gesetzen berufen sind". Die Nothwendigkeit, welche sich für die Aufnahme dieser Zusatzbestimmung ergab, sowie der Umstand, dass dieser Zusatzantrag gerade von der Minorität des Abgeordnetenhauses lebhaft unterstützt wurde, hat gezeigt, wie sehr man endlich auch auf dieser Seite geneigt war, die Autonomie der Gemeinden mit dem bei Regelung des Strassenbenutzungsrechtes in Frage kommenden öffentlichen Interesse in Einklang zu bringen, und djeses Zugeständniss kann nicht ohne Einfluss bleiben auf die Verhandlungen, welche demnächst über die unerledigt gebliebenen Entwürfe vom Jahre 1886 wieder aufgenommen werden sollen.

V.

Es unterliegt aber keinem Zweifel, dass die Lösung der in diesen Gesetzentwürfen angeregten prinzipiellen Fragen allein nicht die Bedingungen schaffen könne, welche für eine gedeihliche Thätigkeit auf dem Gebiete des Nebenbahnbaues nothwendig sind. Dieser Erwägung hat sich auch das Abgeordnetenhaus nicht verschliessen können,· und es ist ein nicht zu unterschätzendes Verdienst des Referenten, Abgeordneten Dr. v. Bilinski, die Aufmerksamkeit des Hauses auf eine andere Frage gelenkt zu haben, welche am Ende für die weitere Entwicklung des Nebenbahnwesens in Oesterreich in erster Linie in Betracht kommt; wir meinen die prinzipielle Regelung der Finanzirung der Nebenbahnen. Wenn die Tendenz der österreichischen Nebenbahngesetzgebung bisher dahin gerichtet war, die Privatunternehmung für den Nebenbahnbau heranzuziehen, so lässt sich nicht leugnen, dass die Entwicklung, welche das Nebenbahnwesen in den ersten Jahren genommen hat, die Berechtigung dieser Tendenz erwiesen hat. Denn wie aus der beigeschlossenen Dar‚ stellung*) hervorgeht, sind auf Grund der Bestimmungen des mit 31. Dezember 1886 ausser Wirksamkeit getretenen Nebenbahngesetzes im Ganzen 87 Nebenbahnen in der Gesammtausdehnung von 2400 Kilometer konzessionirt worden, und unter diesen 87 haben nur 11 Linien mit rund 500 Kilometer eine direkte Staatsunterstützung in Anspruch genommen.**) Allein der Stillstand, welcher in der Entwicklung des Nebenbahnwesens seit einiger Zeit zu Tage getreten ist und welcher am besten durch den Ausspruch des Handelsministers v. Bacquehem im Eisenbahnausschusse charakterisirt wird: „dass die Schwierigkeiten, welche dem Zustandekommen der Lokalbahnen entgegenstehen, immer finanzieller Natur seien",

*) Siehe Anlage F.
**) Siehe Anlage G.

drängt mit unabweisbarer Nothwendigkeit dazu, den finanziellen Bedingungen für das Zustandekommen solcher Linien in Zukunft grössere
Aufmerksamkeit zuzuwenden, als es bisher der Fall war.

Bei näherer Untersuchung der Ursachen, welche einem Aufschwung
des Nebenbahnwesens in Oesterreich entgegenstehen, zeigt es sich bald,
dass man der Individualität dieses Eisenbahnsystems nicht genügend
Rechnung trägt, indem man den Nebenbahnbau, sowie den Eisenbahnbau überhaupt ausschliesslich als Gegenstand eines Kapitalunternehmens betrachtet.
Das Verlangen nach einer Nebenbahn wird aber nicht rege durch den
Wunsch, mit ihrem Baukapitale zu spekuliren, sondern dasselbe entspringt
dem Bedürfnisse nach einer besseren Kommunikation, welche den Interessen
der betreffenden Produktionsgebiete dienen soll. Die Erfahrung hat überdies erwiesen, dass an die Ertragsfähigkeit einer Nebenbahn ein bescheidener
Maassstab gelegt werden müsse und dass der Verkehr einer solchen von
Anfang an selten ausreicht, das Anlagekapital annehmbar zu verzinsen.
Darf es aber nicht darauf ankommen, dass sich eine Nebenbahn rentirt,
liegt die Berechtigung für ihr Zustandekommen vielmehr darin, dass sie
überhaupt nützt, dann kann es keinem Zweifel unterliegen, dass auch die
mitwirkenden Kräfte anders zusammengesetzt werden müssen, als bei den
Hauptbahnen. In erster Linie wird es nicht die Börse oder der ferner-
stehende Kapitalist sein, welche die Initiative zu ergreifen haben, sondern
Staat, Provinz und Gemeinde müssen sich zum Förderer des örtlichen
Interesses machen und die Bedingungen für eine gedeihliche Entwicklung
des Nebenbahnwesens schaffen. Indem aber das Zustandekommen einer
Nebenbahn von der Mitwirkung mehrerer Faktoren abhängig ist, handelt
es sich darum, eine Organisation zu schaffen, innerhalb welcher jedem
einzelnen der angeführten Faktoren das Maass seiner Verpflichtung zugewiesen
wird. Eine auf solcher Basis gedachte Organisation erscheint in Oesterreich
umso nothwendiger, als der Staat hier kaum in der Lage ist, ebenso
bestimmend auf die Entwicklung des Nebenbahnwesens einzuwirken, wie
es beispielsweise Frankreich, Italien und Belgien durch die Aufnahme des
Prinzipes der Zinsengarantie oder die deutschen Staaten, Preussen insbesondere, durch den Bau von Nebenbahnen auf Staatskosten gethan
haben. Es muss nämlich berücksichtigt werden, dass der österreichische
Staat seit dem Jahre 1880 116.₆ Millionen Gulden für den Ausbau von
Hauptbahnen bewilligt hat, von welcher Summe noch ein Betrag von
22916715 fl. die Budgets der Jahre 1887, 88, 89 belastet, daher auf eine
weitere Inanspruchnahme der Staatsfinanzen für Eisenbahnanlagen vorläufig
nur in beschränktem Maasse gerechnet werden kann. Allein selbst unter
der Voraussetzung einer beschränkten Unterstützung seitens der Staatsverwaltung kann von einer Organisation auf die Dauer nicht abgesehen

werden, denn es ist bekannt, dass von den auf Grund des Gesetzes vom
25. Mai 1880 (Art. 8) zugesicherten Beihülfen von 6255000 fl. bisher ein
grosser Theil aus dem Grunde keine Verwendung finden konnte, weil für
die Aufbringung des restlichen Baukapitals nicht die geeignete Form gefunden werden konnte.

Es zeigt sich, dass, so lange jedes Nebenbahnprojekt als Kapitals-
unternehmen aufgefasst wird, die Mitwirkung der Interessenten bei der Beschaffung des Anlagekapitals nicht genügend zum Ausdruck kommen kann,
weil das Bestreben des Unternehmers stets dahin gerichtet bleibt, das Anlagekapital möglichst hoch zu bemessen. Die Erfahrung hat gelehrt, dass
schon die Kenntniss jener Bestrebungen einen ungünstigen Einfluss auf die
Höhe der von den Interessenten zu leistenden Beiträge ausübt, indem ein
zu hoch bemessenes Anlagekapital die Aussicht auf eine auch nur geringfügige Verzinsung der Interessentenbeiträge verschliesst. Man dürfte kaum
fehl gehen, wenn man hierin den Grund erblickt, dass auch solche Neben-
bahnprojecte, für welche die Interessenten die weitestgehenden Opfer zu
bringen geneigt sind, so z. B. die steiermärkischen Nebenbahnprojekte, für
welche der Landtag allein ungefähr 1 Million Gulden an Unterstützung bewilligt hat, vorläufig noch weit von ihrer Ausführung entfernt sind.

Eine Organisation des österreichischen Nebenbahnwesens hätte aber
nicht nur den Zweck, den verschiedenen zur Mitwirkung heranzuziehenden
Faktoren das Maass ihrer Verpflichtungen zuzuweisen, die Organisation
würde vielmehr erst die Interessenten in die Lage versetzen, die zu einer
umfassenden Nebenbahnbauthätigkeit nothwendigen Mittel in entsprechender Weise zu beschaffen. Es ist bekannt, das es bisher in Oesterreich
nicht möglich war, den gesunkenen Geldzinsfuss im Interesse des Nebenbahnwesens zu verwerthen, obwohl man die Berechtigung für das Zustandekommen von Nebenbahnen zum nicht geringen Theil gerade in dem niedrigen
Geldzinsfuss erblicken muss. Denn lassen die Interessen des öffentlichen
Verkehres den Bau von Nebenbahnen als Gebot der Nothwendigkeit erscheinen, so ermöglicht die grosse, im Geldzinsfuss seit einigen Jahren eingetretene Veränderung, dass heute Eisenbahnlinien gebaut werden können,
an deren Zustandekommen man noch vor wenigen Jahren kaum denken
durfte. Der billige Zinsfuss aber hat sich bisher nur auf festverzinsliche
Werthe erstreckt. Soll derselbe im interesse der Förderung neuer Nebenbahnen zur Verwertbung kommen, so müsste die zu schaffende Organisation
ihren Schwerpunkt auf die Schaffung fest verzinslicher Werthe legen, und
es ist kein Zweifel, dass die Interessentenkreise auf diesem Wege, sowie
unter Anwendung des im österreichischen Budget längst anerkannten Annui-
tätenprinzipes für eine umfassende Betheiligung am Nebenbahnenbau gewonnen werden könnten. Die Nothwendigkeit einer solchen Organisation

hat auch das Abgeordnetenhaus anerkannt, und der Referent, Abg. Dr.
v. Bilinski hat unter Hinweis auf die im „Archiv für Eisenbahnwesen"[*])
veröffentlichte Studie über das belgische Nebenbahnenwesen eine Resolution
beantragt, „welche das in Belgien mit grösstem Erfolg angewendete Annui-
tätenprinzip in den Vordergrund der durch die Regierung zu unternehmen-
den Studien stellt" und die Regierung auffordert, „die principielle Regelung
der Finanzirung der Nebenbahnen unter Festhaltung einer Betheiligung
des Staates, der Länder, Bezirke und Gemeinden, sowie der sonstigen
Interessenten in reifliche Erwägung zu ziehen und eine entsprechende Ge-
setzvorlage einzubringen". Diese Resolution wurde vom Abgeordnetenhaus
zum Beschluss erhoben. Wie lebhaft übrigens sich das Interesse den belgischen
Einrichtungen zugewendet hat, beweist auch ein vom Generaldirektor der
Ungarisch-galizischen Eisenbahn, Hofrath v. Pichler, veröffentlichter Vorschlag, welcher auf die Organisirung des österreichischen Nebenbahnwesens nach
belgischem Muster abzielt. Dieser Vorschlag geht dahin, dass ein hervor-
ragendes Finanzinstitut ein Anleben auszugehen hätte, um aus demselben
dem Staate, den Ländern und Gemeinden gegen mässige Zinsen in etwa
90 jährigen Annuitäten entsprechende Darlehen für Bahnbauten zu gewähren.
Für die von den Ländern und Gemeinden eingegangenen Verpflichtungen
hätte der Staat die Bürgschaft zu übernehmen und er wäre weiter
gesetzlich zu ermächtigen, sich bis zu einem Viertel am Anlagekapitale zu
betheiligen.

Es lässt sich nicht leugnen, dass nur das Prinzip der Vereinigung
der Interessenten es denselben in Belgien ermöglicht hat, mit geringen
Opfern in den Besitz der nothwendigen Mittel zu gelangen, und wir glauben, dass man auch in Oesterreich nur bei vollster Anerkennung dieses
Prinzipes die Nebenbahnfrage ihrer Lösung wird zuführen können.

In einigen wesentlichen Punkten hätte sich allerdings die österreichische Organisation von der belgischen zu unterscheiden. Zunächst
ist in Betracht zu ziehen, dass die Anlagekosten der Nebenbahnen
in Oesterreich sich ungleich höher stellen — 35- bis 50 000 Gulden
für das Kilometer — als in Belgien, wo die Nebenbahnen bekanntlich
einen mehr tramwayartigen Charakter besitzen und daher sehr billig hergestellt werden können. In Oesterreich müsste man daher die Bestrebungen
darauf richten, dass die Mitwirkung der Selbstverwaltungskörper nur bis
zu einer gewissen Grenze in Anspruch genommen werde, während ein
Theil des Anlagekapitals auf anderem Wege aufgebracht werden müsste.
Es schwebt uns dabei der Gedanke vor, dass ein Theil des Anlagekapitals,
nämlich der von den Selbstverwaltungskörpern auf Grund von Annuitäten

---

[*]) Jahrgang 1886, S. 748.

aufzubringende, auf die Steuerumlagen sich stützen würde, während das
übrige Erforderniss in dem Bahnkörper und dessen Erträgnisse seine Sicherstellung finden müsste. Auf diese Weise könnten vielleicht die finanziellen
Schwierigkeiten überwunden werden, welche der Handelsminister für den
Stillstand im Nebenbahnbau verantwortlich machte und dahin kennzeichnete,
dass es nicht gelinge, denjenigen Kapitalstheil unterzubringen, der zunächst
ein Erträgniss nicht erwarten lässt. Von diesem Gesichtspunkte ausgehend,
würde sich auch die Anwendung der Staatsgarantie, welche in der belgischen
Organisation durchgeführt ist, als überflüssig erweisen, weil, wie auch aus
den bisherigen Erfahrungen hervorgeht, das Kapital bis zu einer gewissen
Grenze ausreichendes Interesse für den Nebenbahnbau bethätigt, während
die Beschaffung des im Annuitätenwege auf Grund der Steuerumlagen zu
deckenden Erfordernisses unter den günstigsten Bedingungen durch eines
jener in Oesterreich zahlreich vertretenen Institute erfolgen kann, welche
zu ähnlichen Operationen berechtigt sind.

Bei einer Erörterung der für eine Organisation des Nebenbahnwesens
in Oesterreich maassgebenden Bedingungen können endlich auch die Bestrebungen nicht übersehen werden, welche gegenwärtig zu dem Zwecke
im Zuge sind, um die Konvertirung der Grundentlastungsobligationen durchzuführen. Diese Bestrebungen entspringen der Absicht, die Belastung,
welche aus der Verzinsung und Tilgung dieser Schuld den einzelnen
Ländern erwächst, mit Rücksicht auf die Verwohlfeilung des Zinsfusses
zu verringern. Wenn nun die Annahme gestattet ist, dass auch der Bau
von Nebenbahnen eine Verbesserung von Grund und Boden hervorruft,
so wäre es wohl berechtigt, den Wunsch auszusprechen, dass die Durchführung der Grundentlastungskonvertirungen dazu benutzt werden möge,
um durch eine Verlängerung der Tilgungsdauer den Ländern die Mittel
zuzuwenden, deren sie für ihre Antheilnahme an einer Organisation des
Nebenbahnwesens bedürfen. Für die letztere wäre unter solchen Umständen
viel gewonnen, während das Verlangen doch nicht unbillig erscheinen
kann, dass die Tilgung einer so ausserordentlichen Schuld, wie es die
Grundentlastungschuld ist, nicht auf eine Generation allein überwälzt
werde.

Wie die Regierung bereits in der Begründung zu den Gesetzentwürfen
vom Jahre 1886 hervorgehoben hat, lagen schon damals etwa 50 weitere
Nebenbahnprojekte vor, welche eine Länge von 1600 Kilometer umfassen und deren Ausführung einen Kostenbetrag von etwa 80 Millionen
Gulden beanspruchen würde. Angesichts der Thatsache, dass Industrie
und Landwirthschaft des mächtigen Anreizes, welchen eine ausgedehnte
Nebenbahnbauthätigkeit auszuüben geeignet ist, nicht entbehren können,
darf wohl der Hoffnung Raum gegeben werden, dass es der zielbewussten

Hand, welcher die Leitung der österreichischen Eisenbahnpolitik gegenwärtig anvertraut ist, gelingen werde, anlässlich der endgültigen Erledigung der in parlamentarischer Behandlung befindlichen Gesetzentwürfe auch die prinzipielle Regelung der Finanzirung einer gedeihlichen Lösung zuzuführen.

Wien, im August 1887.

———

Gesetzentwurf vom 18. Juni 1886, womit Bestimmungen für die Anlage und den Betrieb von Lokalbahnen getroffen werden.

Art. I. Die Regierung wird ermächtigt, bei Konzessionirung neuer Lokalbahnen (Sekundärbahnen, Vizinalbahnen u. dgl.) nicht nur in Bezug auf die Vorarbeiten, den Bau und die Ausrüstung alle thunlichen Erleichterungen zu gewähren, sondern auch in Bezug auf den Betrieb von den in der Eisenbahn-Betriebsordnung vom 16. November 1851 und den einschlägigen Nachtragsbestimmungen angeordneten Sicherheitsvorkehrungen und Verkehrsvorschriften insoweit Umgang zu nehmen, als dies mit Rücksicht auf die besonderen Verkehrs- und Betriebsverhältnisse, insbesondere die festgesetzte ermässigte Fahrgeschwindigkeit nach dem Ermessen des Handelsministeriums zulässig erscheint.

Art. II. Desgleichen wird die Regierung ermächtigt, die Unternehmungen von Lokalbahnen von den im §. 68 der Eisenbahn-Betriebsordnung, beziehungsweise im §. 10 lit. f. des Eisenbahnkonzessionsgesetzes vom 14. September 1854 ausgesprochenen Verpflichtungen in Betreff der Beförderung der Post, sowie von den zufolge des §. 89 der Eisenbahn-Betriebsordnung begründeten Verbindlichkeiten in Bezug auf den Ersatz des aus der polizeilichen und gefällsämtlichen Ueberwachung erwachsenden Mehraufwandes und in Bezug auf die unentgeltliche Herstellung und Erhaltung von Amtslokalitäten zu entheben.

Art. III. Gleichartige Erleichterungen (Art. I und II) in Bezug auf die Ausrüstung, den Bau und Betrieb können nach dem Ermessen des Handelsministeriums auch für jene schon bestehenden Eisenbahnstrecken zugestanden werden, auf welchen der Sekundärbetrieb mit ermässigter Fahrgeschwindigkeit eingeführt wird.

Art. IV. Die Regierung wird ermächtigt, bei Festsetzung der Tarife für Lokalbahnen Ausnahmen von den Bestimmungen des Gesetzes vom 15. Juli 1877, betreffend die Maximaltarife für die Personenbeförderung auf den Eisenbahnen, sowie von den sonstigen gesetzlichen Vorschriften über das Tarifwesen zu gewähren.

Art. V. Verträge, bücherliche Eintragungen, Eingaben und sonstige Urkunden, durch welche bedingungsweise für den Fall des Zustandekommens einer projektirten Lokalbahn zu Gunsten derselben die Abtretung von Grund und Boden, die Einräumung dinglicher Rechte, die Beistellung von Bau- oder Betriebsmaterialien, die Leistung von Baarzahlungen mit oder ohne Uebernahme von Aktien oder sonstige, wie immer geartete Beitragsleistungen zugesichert, die Bedingungen für die Benützung öffentlicher Strassen festgestellt oder Garantieverpflichtungen übernommen, oder endlich Vereinbarungen zum Zwecke der Sicherstellung der Kapitalsbeschaffung, des Baues oder des Betriebes der Lokalbahn getroffen werden, mit Ausschluss der im gerichtlichen Verfahren in Streitsachen stattfindenden Verhandlungen geniessen die Gebühren- und Stempelfreiheit.

Art. VI. Im Falle der Konzessionsertheilung für Lokalbahnen können seitens der Regierung die nachstehenden Begünstigungen gewährt werden:

a) die Befreiung von den Stempeln und Gebühren für alle von der Lokalbahnunternehmung abzuschliessenden Verträge, zu überreichenden Eingaben, von derselben zu errichtenden Urkunden, ferner für alle im Grunde dieser Verträge und Urkunden zu bewirkenden bücherlichen Eintragungen, endlich für sonstige Amtshandlungen und amtliche Ausfertigungen zu den nachbezeichneten Zwecken, und zwar:

1. bis zum Zeitpunkte der Betriebseröffnung zum Zwecke der Kapitalsbeschaffung, der Sicherstellung der Kapitalsverzinsung und des Betriebes;
2. bis zum Schlusse des ersten Betriebsjahres zum Zwecke der Grunderwerbung, des Baues und der Instruirung der Bahn.

Diese Begünstigungen haben auf die im gerichtlichen Verfahren in Streitsachen stattfindenden Verhandlungen keine Anwendung.

b) die Befreiung von den Stempeln und Gebühren für die Ausgabe der zum Zwecke der Kapitalsbeschaffung für die erste Anlage und konzessionsmässige Ausrüstung der konzessionirten Lokalbahn bestimmten Aktien und Prioritätsobligationen mit Einschluss der Interimsscheine und für die Einverleibung des Pfandrechtes auf die zur Sicherstellung der Prioritätsobligationen bestimmten eisenbahnbücherlichen Einheiten oder auf andere unbewegliche Güter, sowie von der bei der Grundeinlösung auflaufenden Uebertragungsgebühr;

c) die Befreiung von den für die Ertheilung der Konzession und für die Ausfertigung der Konzessionsurkunde zu entrichtenden Gebühren und Taxen;

d) die Befreiung von der Erwerb- und Einkommensteuer, von der Entrichtung der Kouponstempelgebühren, sowie von jeder neuen Steuer, welche etwa durch künftige Gesetze eingeführt werden sollte, auf die Dauer von höchstens dreissig Jahren vom Tage der Konzessionsertheilung an gerechnet;

e) die Umwandlung der in T. P. 47 e des Gesetzes vom 13. Dezember 1862, R. G. Bl. Nr. 89, festgesetzten Stempelgebühr von den Personenfahrkarten in eine Prozentualgebühr, welche mit drei Prozent des Fahrpreises sammt Agiozuschlag zu bemessen, durch die Bahnunternehmung von den Reisenden einzuheben und monatlich nachhinein an die Gefällskassen abzuführen ist.

Die sub e angeführte Begünstigung kann auch schon bestehenden Lokalbahnen eingeräumt werden.

A r t. VII. Die Regierung wird ermächtigt:

a) die dem Staate im Falle der Uebernahme des Betriebes einer Lokalbahn zu vergütenden Betriebsauslagen auf Grund der zu ermittelnden voraussichtlichen Selbstkosten mit einem Pauschalbetrage, welcher auch in einem festen Prozentsatze der Bruttoeinnahme der Lokalbahn bestehen kann, festzusetzen;

b) in Ansehung jener bereits bestehenden oder erst künftig zu erbauenden Lokalbahnen, welche in vom Staate betriebene Hauptbahnen einmünden, von der Aufrechnung einer Vergütung oder Beitragsleistung der Lokalbahnunternehmung für die Mitbenützung bestehender Anlagen der Hauptbahn und für den in den Anschlussbahnhöfen durch Staatsbahnorgane besorgten Stationsdienst abzusehen; endlich

c) den Verwaltungen vom Staate garantirter Eisenbahnen die Gewährung gleichartiger Begünstigungen (lit. a und b) für von denselben zu betreibende, respektive an dieselben anschliessende Lokalbahnen zu gestatten.

A r t. VIII. Inwieferne für einzelne Lokalbahnen, deren Nothwendigkeit oder Nützlichkeit ausser Zweifel steht, bezüglich welcher jedoch dargethan erscheint, dass die Inter-

essenten ausser Stande sind, die erforderlichen Geldmittel zur Gänze aufzubringen, von Seiten
der Staatsverwaltung etwa nebst oder statt der in den Artikeln VI und VII vorgesehenen
andere finanzielle Unterstützungen, welche nicht im administrativen Wirkungskreise gelegen
sind, wie insbesondere die Gewährung eines Beitrages aus Staatsmitteln, eine Betheiligung
des Staates an der Kapitalsbeschaffung, die Uebernahme der Betriebsführung auf Rechnung
des Staates gegen Zusicherung der Zahlung einer festen Pachtrente etc. zugestanden werden
können, wird in jedem einzelnen Falle ein besonderes Gesetz bestimmen.

Dabei hat als Grundsatz zu gelten, dass der Gewährung derartiger finanzieller Unterstützungen von Seiten des Staates eine den individuellen Verhältnissen entsprechende Betheiligung des Landes, der Gemeinden und sonstigen Interessenten an dem Lokalbahnunternehmen vorauszugehen hat.

Art. IX. Den Unternehmungen normalspuriger Lokalbahnen, für welche die im Artikel VI, lit. a bis inclusive d oder im Artikel VIII angeführten finanziellen Begünstigungen
eingeräumt worden sind, ist — unbeschadet des bei der Konzessionsertheilung der Staatsverwaltung vorzubehaltenden Rechtes, die konzessionirte Bahn nach deren Vollendung und
Inbetriebsetzung unter den in der Konzession festzustellenden Bedingungen jederzeit ein-
zulösen — die Verpflichtung aufzuerlegen, der Staatsverwaltung über deren Verlangen jederzeit die Mitbenützung der Lokalbahn für den Verkehr zwischen schon bestehenden oder künftig
erst herzustellenden, im Staatsbetriebe befindlichen Bahnen derart einzuräumen, dass die
Staatsverwaltung berechtigt ist, unter freier Feststellung der Tarife ganze Züge oder einzelne
Wagen über die mitbenützte Lokalbahn gegen Entrichtung einer angemessenen Entschädigung zu befördern oder befördern zu lassen.

Die Höhe und die Modalitäten der zu entrichtenden Entschädigung, welche nach Verhältniss des Antheiles der mitbenützenden Staatseisenbahnverwaltung an der im Gegenstandsjahre auf der mitbenützten Bahnstrecke bewirkten gesammten Transportsleistung zu bemessen
ist und in einer für die Dauer der Mitbenützung alljährlich an die Unternehmung der mitbenützten Lokalbahn zu bezahlenden Jahresrente zu bestehen hat, sind in der Konzessionsurkunde festzusetzen.

Die Mitbenützung hat nur insoweit stattzufinden, als hiedurch der eigene regelmässige
Betrieb der mitbenützten Lokalbahn nicht gestört wird.

Sofern die Uebergang fremder Fahrbetriebsmittel auf die Lokalbahn mit den derselben
gewährten Erleichterungen in Bezug auf Anlage, Ausrüstung und Betriebssystem nach dem
Erachten der Aufsichtsbehörde nicht vereinbart sein sollte, sind die erwachsenden Mehrkosten der Lokalbahnunternehmung zu vergüten.

Art. X. Die Ausgabe von Prioritätsobligationen ist insolange und insoweit ausgeschlossen, als nicht die Verzinsung und Tilgung derselben nach dem Erachten der Regierung
dauernd gesichert erscheint.

Art. XI. Werden öffentliche Strassen durch den Bau von Lokalbahnen nur in der
im § 10 lit. c und d des Eisenbahnkonzessionsgesetzes vom 14. September 1854, R. G. Bl.
Nr. 238, erwähnten Weise berührt, so hat es bei den Bestimmungen des Eisenbahnkonzessionsgesetzes, wonach insbesondere die Zustimmung des Reichskriegsministeriums zu jeder derartigen Anlage eingeholt werden muss, sein Bewenden.

Handelt es sich jedoch um eine durch die eben erwähnten Bestimmungen des
Eisenbahnkonzessionsgesetzes nicht geregelte, insbesondere um eine derartige Benützung
öffentlicher Strassen zur Anlage und zum Betriebe von Lokalbahnen, dass der Strassenkörper in einem den Bereich einer Kreuzung oder Ueberführung (§ 10 lit. d des Eisenbahnkonzessionsgesetzes) übersteigenden Umfange zugleich als Bahnkörper zu dienen hat, so
finden die Bestimmungen der nachstehenden Art. XII bis XVIII Anwendung.

Art. XII. Die Benützung öffentlicher Strassen zur Anlage und zum Betriebe von Lokalbahnen in der im zweiten Absatze des Art. XI erwähnten Weise ist nur insoweit zulässig, als nicht durch die Anlage oder den Betrieb die Benützbarkeit der Strasse leidet oder die Sicherheit des Strassenverkehres gefährdet erscheint.

Zu jeder solchen Benützung ist auch die Zustimmung des Reichskriegsministeriums erforderlich, welche durch das Handelsministerium einzuholen ist.

Art. XIII. Die Entscheidung über das Vorhandensein der im Art. XII Abs. 1 erwähnten Voraussetzungen steht der politischen Landesbehörde zu.

Kann hinsichtlich nicht ärarischer öffentlicher Strassen die Zustimmung der zur Erhaltung der Strassen Verpflichteten, beziehungsweise der nach den bestehenden Gesetzen zur Ertheilung dieser Zustimmung berufenen Behörden oder Organe nicht erlangt werden, so kann die Zulässigkeit der Benützung von der politischen Landesbehörde bei Vorhandensein der allgemeinen Voraussetzungen (Art. XII Abs. 1) nur insofern ausgesprochen werden, als die Gemeinnützigkeit des Lokalbahnunternehmens von der hiezu berufenen staatlichen Verwaltungsbehörde anerkannt ist.

In diesem Falle haben für die zu treffende Entscheidung und das zu beobachtende Verfahren die einschlägigen Bestimmungen des Gesetzes vom 18. Februar 1878 sinngemäss Anwendung zu finden.

Art. XIV. Die Feststellung der Bedingungen der Strassenbenützung kommt:

a) bei Reichsstrassen der politischen Landesbehörde,

b) bei anderen öffentlichen Strassen den zu deren Erhaltung Verpflichteten, beziehungsweise jenen Behörden oder Organen zu, welche zur Ertheilung der Zustimmung zur Benützung der Strasse seitens der Lokalbahnunternehmung nach den bestehenden Gesetzen berufen sind.

Art. XV. Handelt es sich um die Benützung von Reichsstrassen, so obliegt der Lokalbahnunternehmung:

1. Jene Bedingungen zu erfüllen, welche aus strassenpolizeilichen Rücksichten vorgeschrieben werden.

   Bei Feststellung dieser Bedingungen hat die politische Landesbehörde vorläufig das Einvernehmen mit der Generalinspektion der österreichischen Eisenbahnen zu pflegen.

2. Die Bestreitung der Kosten der ordnungsmässigen Erhaltung des benützten Strassentheiles, sowie etwaiger durch die fragliche Benützung veranlasster Mehrkosten der Strassenerhaltung, endlich aller Kosten, welche für die zur Hintanhaltung einer Störung oder Gefährdung des Strassenverkehres erforderlichen besonderen Vorkehrung erwachsen.

3. Im Falle des Betriebes mit animalischer Kraft die Entrichtung der Mautgebühr nach Maassgabe der diesfalls bestehenden Vorschriften.

   Ein weiteres Entgelt ist für die Benützung von Reichsstrassen nicht zu entrichten.

Art. XVI. Handelt es sich dagegen um die Benützung nichtärarischer öffentlicher Strassen, so hat bei Feststellung der Bedingungen für diese Benützung als Grundsatz zu gelten, dass die Lokalbahnunternehmung alle jene Verpflichtungen zu erfüllen hat, welche ihr nach Art. XV Ziff. 1—3 obliegen würden, wenn die Strasse eine Reichsstrasse wäre.

Kommt zwischen der Strassenverwaltung (Art. XIV lit. b) und der Lokalbahnunternehmung hinsichtlich der von dieser angestrebten Benützung einer ärarischen öffentlichen

53*

Strasse ein Uebereinkommen nicht zu Stande und wurde in Gemässheit des Art. XIII dieses Gesetzes, beziehungsweise des § 17 des Gesetzes vom 18. Februar 1878, R. G. Bl. Nr. 30, ein Enteignungserkenntniss gefällt, so hat die Strassenverwaltung (Art. XIV lit. b) sich auf den Ausspruch zu beschränken, welche Leistungen und Verpflichtungen der Lokalbahnunternehmung zufolge des im ersten Absatze dieses Artikels ausgesprochenen Grundsatzes zu erfüllen obliegen.

Insoweit der zur Erhaltung der Strasse Verpflichtete vermöge der durch das Enteignungserkenntniss der Lokalbahnunternehmung eingeräumten Strassenbenützung über das Maass der zufolge des vorstehenden Absatzes der Lokalbahnunternehmung aufzuerlegenden Leistungen und Verpflichtungen hinaus einen vermögensrechtlichen Nachtheil erleidet, kann die Feststellung der hiefür gebührenden Schadloshaltung unter sinngemässer Anwendung der einschlägigen Bestimmungen des Gesetzes vom 18. Februar 1878, R. G. Bl. Nr. 30, erfolgen.

Die Bestimmungen des bezogenen Gesetzes finden auch in dem weiteren Verfahren, insbesondere bei dem Vollzuge des Erkenntnisses der politischen Landesbehörde sinngemässe Anwendung.

Der zwangsweise Vollzug einer durch eine rechtskräftige Entscheidung oder durch eine nach § 26 des vorbezogenen Gesetzes getroffenen Vereinbarung festgestellten Enteignung ist von der politischen Bezirksbehörde ausser den im § 35 Abs. 2 des bezogenen Gesetzes bezeichneten Fällen auch dann zu bewilligen, wenn die Eisenbahnunternehmung nachweist, dass die gerichtliche Festsetzung der Schadloshaltung zwar begehrt worden ist, das Gericht jedoch entschieden hat, dass der Fall einer Schadloshaltung nicht vorliegt oder wenn die gerichtliche Feststellung der Schadloshaltung binnen fünfzehn Monaten vom Zeitpunkte der Rechtskraft des Enteignungserkenntnisses nicht angesucht worden ist.

A r t. XVII. Ergeben sich rücksichtlich der den Lokalbahnunternehmungen in Absicht auf die Strassenbenützung obliegenden Verpflichtungen nach Eröffnung des Betriebes Anstände, so entscheidet, wenn es sich um eine Reichsstrasse handelt, die politische Landesbehörde, hinsichtlich anderer öffentlichen Strassen dagegen die hiezu gesetzlich berufene Behörde.

Insofern solche Anstände aus militärischen Rücksichten sich ergeben, ist hierüber die Entscheidung nur auf Grund der vom Handelsministerium einzuholenden Zustimmung des Reichskriegsministeriums zu fällen.

A r t. XVIII. Im Falle der Verlegung oder Abänderung der von einer Lokalbahnunternehmung benützten Strasse ist die Lokalbahnunternehmung verpflichtet, auf Verlangen der Strassenverwaltung nach eingeholter Zustimmung des Handelsministeriums mit der Bahnanlage dem neuen Strassenzuge, beziehungsweise der geänderten Strassenlinie zu folgen und die hieraus erwachsenden Kosten aus Eigenem zu tragen.

Erscheint die Verlegung oder Abänderung der Bahn vom Standpunkte des öffentlichen Interesses unzulässig — wofür die Entscheidung des Handelsministeriums maassgebend ist — so hat die Lokalbahnunternehmung den aufgelassenen Strassengrund, insoweit er für Bahnzwecke erforderlich ist, käuflich oder wofern dies nicht möglich und die Gemeinnützigkeit des Unternehmens anerkannt ist, auf dem durch das Gesetz vom 18. Februar 1878 vorgezeichnetem Wege zu erwerben.

A r t. XIX. Die Lokalbahnunternehmungen sind verpflichtet, den Betrieb der eine öffentliche Strasse benützenden oder kreuzenden Bahnstrecken jederzeit ohne Anspruch auf eine Entschädigung insoweit und für so lange einzustellen, als dies im Kriegs- oder Mobilisirungsfalle aus militärischen Rücksichten von der Militärbehörde für nothwendig erkannt wird, oder wofern dies aus sonstigen öffentlichen Rücksichten, insbesonders behufs Herstellung oder Instandhaltung der benützten Strasse, der Wasser- und Gasleitungen, Kanäle oder anderer öffentlicher Anlagen oder zur Durchführung gesetzlicher Maassnahmen von der kompetenten Behörde angeordnet werden sollte.

Art. XX. Die Bestimmungen dieses Gesetzes haben auch dann sinngemässe Anwendung zu finden, wenn der Lokalbahnunternehmung seitens der Strassenverwaltung die Benützung der Strasse zur Anlage und zum Betriebe der Lokalbahn nur zeitlich beschränkt eingeräumt worden ist und nach Ablauf dieser Zeit die weitere Benützung der Strasse zum Betriebe der Lokalbahn angestrebt wird.

Art. XXI. Dieses Gesetz tritt unter Ausserkraftsetzung der Bestimmungen der Gesetze vom 25. Mai 1880, vom 26. Dezember 1882 und vom 28. Dezember 1884 mit dem Tage seiner Kundmachung in Wirksamkeit.

Art. XXII. Mit dem Vollzuge dieses Gesetzes werden Mein Handelsminister, Mein Minister des Innern, Mein Finanzminister und Mein Justizminister beauftragt.

Anlage D.

Gesetzentwurf vom 18. Juni 1886, womit Bestimmungen für die Anlage und den Betrieb von Strassenbahnen (Tramways) getroffen werden.

Art. I. Der gewerbsmässige Betrieb von Strassenbahnen (Tramways), welche mit animalischer Kraft betrieben werden und zur Personenbeförderung im Ortsverkehr dienen, wird unter die konzessionirten Gewerbe, und zwar unter die Unternehmungen periodischer Personentransporte (Absatz 3 des §. 15 des Gesetzes vom 15. März 1883, R. G. Bl. Nr. 39) eingereiht.

Auf die Genehmigung der Betriebsanlage finden die im dritten Hauptstücke der Gewerbeordnung vorgezeichneten Bestimmungen Anwendung und hat diesfalls namentlich das in den §§. 28 bis 31 vorgezeichnete besondere (Ediktal-) Verfahren einzutreten.

Art. II. Die Entscheidung darüber, ob eine Strassenbahn unter die im Artikel 1 bezeichneten Strassenbahnen einzureihen ist, steht dem Handelsministerium zu.

Diese Entscheidung muss erfolgt sein, bevor mit der Ertheilung der Konzession auf Grund des Artikels 3 vorgegangen werden kann.

Art. III. Zur Ertheilung der Konzession und zur Genehmigung der Betriebsanlage für die im Artikel 1 bezeichneten Strassenbahnen ist die politische Landesbehörde, in deren Verwaltungsgebiet die zu konzessionirende Strassenbahn gelegen ist, und in dem Falle, wenn diese letztere das Verwaltungsgebiet einer politischen Landesbehörde überschreitet, das Ministerium des Innern berufen.

Art. IV. Behufs Erlangung einer solchen Konzession (Artikel 3) ist bei Reichsstrassen die Bewilligung der politischen Landesbehörde, bei nicht ärarischen öffentlichen Strassen aber die Zustimmung der zur Erhaltung der Strassen verpflichteten Strassenverwaltungskörper, beziehungsweise der sonstigen nach den bestehenden Gesetzen zur Ertheilung dieser Zustimmung berufenen Behörden und Organe erforderlich. Die erlangte Bewilligung oder Zustimmung wird als ein gesetzliches Erforderniss für die Verleihung der Konzession erklärt.

Handelt es sich um eine Strassenbahn, welche mehrere Strassen benützen soll, die verschiedenen Strassenverwaltungskörpern unterstehen, so ist mit der Ertheilung der Konzession nur dann vorzugehen, wenn die Bedingungen, unter welchen die Strassenverwaltungskörper die Bewilligung oder Zustimmung zu der Strassenbenützung ertheilt haben, untereinander insoweit vereinbar sind, dass ein den Verkehrsinteressen entsprechender einheitlicher Betrieb des gesammten Unternehmens ermöglicht erscheint.

Art. V. Die Konzession ist stets für eine bestimmte Strecke und für jene Zeitdauer zu ertheilen, für welche die Benützung der Strasse zugestanden wurde.

Jede Konzessionsertheilung (Artikel 3) ist dem Reichskriegsministerium und den mit dem Vollzuge dieses Gesetzes beauftragten Ministerien zur Kenntnis zu bringen.

Art. VI. Strassenbahnen sind derart anzulegen, dass durch die Anlage und den Betrieb derselben die Benützbarkeit der Strasse nicht leidet und die Sicherheit des Strassenverkehres nicht gefährdet wird.

In Ansehung des Baues und Betriebes der im Artikel 1 bezeichneten Strassenbahnen haben im übrigen nicht die für Eisenbahnen erlassenen Gesetze und Verordnungen, sondern die allgemeinen Gewerbe-, Bau- und Polizeivorschriften zu gelten.

Der Regierung bleibt vorbehalten, die allgemeinen Bestimmungen für die Anlage und den Betrieb der vorbezeichneten Strassenbahnen im Verordnungswege festzusetzen.

Art. VII. Der Fahrpreistarif, sowie die Betriebsordnung sind von der Konzessionsbehörde (Artikel 3) unter Berücksichtigung der diesfalls etwa als Bedingung für die Strassenbenützung getroffenen Vereinbarungen festzustellen.

Art. VIII. Die im Artikel I bezeichneten Strassenbahnen haben von den Personenfahrkarten eine Gebühr zu entrichten, welche mit ein Prozent des Fahrpreises sammt Agiozuschlag zu bemessen, durch die Bahnunternehmung von den Fahrgästen einzuheben und monatlich nachhinein an die Gefällskassa abzuführen ist.

Die Bestimmungen des §. 1 des Gesetzes vom 11. Mai 1871, sowie des Gesetzes vom 30. März 1875, werden in Ansehung der im Artikel I bezeichneten Strassenbahnen aufgehoben.

Die bezeichneten Strassenbahnen unterliegen nach Maassgabe der bestehenden Vorschriften der Verpflichtung zur Entrichtung der Mautgebühren.

Art. IX. Jede Unternehmung der im Artikel I bezeichneten Strassenbahnen ist verpflichtet, ihre Betriebsmittel der Militärbehörde, falls es militärische Rücksichten erheischen, zum Zwecke der Beförderung von Truppen oder Heereserfordernissen gegen eine zu vereinbarende, bei dem Abgange einer solchen Vereinbarung aber durch die Konzessionsbehörde (Artikel III) festzusetzende ermässigte Gebühr zur Verfügung zu stellen.

Im Mobilisirungs- oder Kriegsfalle ist der Strassenbahnbetrieb ohne Anspruch auf Entschädigung insoweit und für solange einzustellen, als dies aus militärischen Rücksichten von der Militärbehörde für nothwendig erkannt wird.

Art. X. Auf andere, als die im Artikel I bezeichneten Strassenbahnen finden die gesetzlichen Bestimmungen über die Anlage und den Betrieb von Lokalbahnen Anwendung, und ist demnach zur Anlage und zum Betriebe solcher Bahnen die Ertheilung einer Konzession auf Grund des Eisenbahnkonzessionsgesetzes vom 14. September 1854, R. G. Bl. Nr. 238, erforderlich.

Hierher gehören insbesondere jene Strassenbahnen, welche mit Lokomotiven oder anderen mechanischen Motoren betrieben werden, ferner jene, welche für einen regelmässigen öffentlichen Güterverkehr bestimmt sind, dann jene, welche nach Maassgabe der Entscheidung des Handelsministeriums den Umfang des Ortsverkehres überschreiten; und es macht hierbei keinen Unterschied, ob eine Strassenbahn schon bei ihrer ersten Anlage in eine der oben erwähnten Kategorien fällt, oder ob eine Strassenbahn von der im Artikel I bezeichneten Gattung erst in der Folge durch geänderte Betriebseinrichtung oder durch Fortsetzung oder Verbindung mit einer anderen Strassenbahn in eine Bahn von einer der im gegenwärtigen Artikel behandelten Kategorien umgestaltet werden soll.

Art. XI. Bei der Konzessionirung solcher als Lokalbahnen zu behandelnden Strassenbahnen kann das im §. 8 des Eisenbahnkonzessionsgesetzes dem Staate vorbehaltene Heimfallsrecht aufgegeben werden und finden auf obige Strassenbahnen die Bestimmungen des

Artikels IX des Gesetzes vom . . . . , womit Bestimmungen für die Anlage und den Betrieb von Lokalbahnen getroffen werden, keine Anwendung.

Bei der Konzessionsertheilung für solche Strassenbahnen, welche in Gemässheit des Artikels III dieses Gesetzes konzessionirt wurden, sohin aber infolge des Eintrittes einer der im Artikel X bezeichneten Voraussetzungen als Lokalbahnen zu behandeln sind, bleibt der Regierung vorbehalten, zu bestimmen, ob, respektive in welchem Umfange auf dieselben die nach Artikel VI des vorbezogenen Gesetzes für Lokalbahnen zulässigen finanziellen Begünstigungen Anwendung zu finden haben.

Art. XII. Zur ausnahmsweisen Beförderung von Frachten für besondere Zwecke, sowie zur versuchsweisen und ausnahmsweisen Einführung des Betriebes mit Lokomotiven oder anderen mechanischen Motoren auf den im Artikel I bezeichneten Strassenbahnen ist von der Unternehmung unter Nachweisung der Zustimmung jener Behörden und Organe, an deren Bewilligung, respektive Zustimmung zufolge Artikel IV die Erlangung der gewerbsbehördlichen Konzession gebunden ist, die von Fall zu Fall einzuholende besondere Bewilligung des Handelsministeriums erforderlich, welchem vorbehalten bleibt, diese Bewilligung von den aus öffentlichen Rücksichten nothwendig erscheinenden Bedingungen abhängig zu machen.

Insoweit diese Bewilligung ertheilt wird, unterliegt das Unternehmen in dieser Hinsicht auch der Beaufsichtigung durch die Generalinspektion der österreichischen Eisenbahnen nach Massgabe der für Lokomotiveisenbahnen geltenden Anordnungen.

Art. XIII. Die vom Handelsministerium auf Grund der Allerhöchsten Entschliessungen vom 25. Februar 1859 und vom 8. März 1867 ertheilten Strassenbahnkonzessionen bleiben aufrecht.

Die Kompetenz zu allen den Bau und Betrieb der im Artikel I dieses Gesetzes bezeichneten Strassenbahnen betreffenden behördlichen Amtshandlungen geht jedoch mit dem Tage der Kundmachung des gegenwärtigen Gesetzes nach Massgabe der vom Handelsministerium in sinngemässer Anwendung der Bestimmung des Artikels II zu treffenden Entscheidung an jene Behörden und Organe über, welche hiezu in Ansehung der neu zu konzessionirenden derartigen Strassenbahnen nach dem gegenwärtigen Gesetze berufen sind.

Art. XIV. Mit dem Vollzuge dieses Gesetzes, welches mit dem Tage seiner Kundmachung in Wirksamkeit tritt, werden Mein Handelsminister, Mein Minister des Innern und Mein Finanzminister beauftragt.

Anlage E.

Gesetz vom 17. Juni 1887, womit Bestimmungen für die Anlage und den Betrieb von Lokalbahnen getroffen werden.

Art. I. Die Regierung wird ermächtigt, bei Konzessionirung neuer Lokalbahnen (Sekundärbahnen, Vizinalbahnen u. dgl.) nicht nur in Bezug auf die Vorarbeiten, den Bau und die Ausrüstung alle thunlichen Erleichterungen zu gewähren, sondern auch in Bezug auf den Betrieb von den in der Eisenbahn-Betriebsordnung vom 16. November 1851, (R. G. Bl. Nr. 1 ex 1852), und den einschlägigen Nachtragsbestimmungen angeordneten Sicherheitsvorkehrungen und Verkehrsvorschriften insoweit Umgang zu nehmen, als dies mit Rücksicht auf die besonderen Verkehrs- und Betriebsverhältnisse, insbesondere die festgesetzte ermässigte Fahrgeschwindigkeit nach dem Ermessen des Handelsministeriums zulässig erscheint und als hierdurch das den autonomen Körperschaften nach den bestehenden Gesetzen zustehende Recht, im eigenen Wirkungskreise aus Sicherheitsrücksichten Vorschriften zu erlassen, nicht beeinträchtigt wird.

Gleichartige Erleichterungen können nach dem Ermessen des Handelsministeriums auch für jene schon bestehenden Eisenbahnstrecken zugestanden werden, auf welchen der Sekundärbetrieb mit ermässigter Fahrgeschwindigkeit eingeführt wird.

Art. II. Desgleichen wird die Regierung ermächtigt, die Unternehmungen von Lokalbahnen von den im § 68 der Eisenbahn-Betriebsordnung, beziehungsweise im § 10 lit. f des Eisenbahnkonzessionsgesetzes vom 14. September 1854 ausgesprochenen Verpflichtungen in Betreff der Beförderung der Post, sowie von den zufolge des § 89 der Eisenbahn-Betriebsordnung begründeten Verbindlichkeiten in Bezug auf den Ersatz des aus der polizeilichen und gefällsämtlichen Ueberwachung erwachsenden Mehraufwandes und in Bezug auf die unentgeltliche Herstellung und Erhaltung von Amtslokalitäten zu entheben.

Art. III. Die Regierung wird ermächtigt, bei Festsetzung der Tarife für Lokalbahnen Ausnahmen von den Bestimmungen des Gesetzes vom 15. Juli 1877, betreffend die Maximaltarife für die Personenbeförderung auf den Eisenbahnen, sowie von den sonstigen gesetzlichen Vorschriften über das Tarifwesen zu gewähren.

Art. IV. Verträge, bücherliche Eintragungen, Eingaben und sonstige Urkunden, durch welche bedingungsweise für den Fall des Zustandekommens einer projektirten Lokalbahn zu Gunsten derselben die Abtretung von Grund und Boden, die Einräumung dinglicher Rechte, die Beistellung von Bau- oder Betriebsmaterialien, die Leistung von Baarzahlungen mit oder ohne Uebernahme von Aktien oder sonstige, wie immer geartete Beitragsleistungen zugesichert, die Bedingungen für die Benützung öffentlicher Strassen festgestellt oder Garantieverpflichtungen übernommen, oder endlich Vereinbarungen zum Zwecke der Sicherstellung der Kapitalsbeschaffung, des Baues oder des Betriebes der Lokalbahn getroffen werden, mit Ausschluss der im gerichtlichen Verfahren in Streitsachen stattfindenden Verhandlungen, geniessen die Gebühren- und Stempelfreiheit.

Art. V. Im Falle der Konzessionsertheilung für Lokalbahnen können seitens der Regierung die nachstehenden Begünstigungen gewährt werden:

a) die Befreiung von den Stempeln und Gebühren für alle von der Lokalbahnunternehmung abzuschliessenden Verträge, zu überreichenden Eingaben, von derselben zu errichtenden Urkunden, ferner für alle im Grunde dieser Verträge und Urkunden zu bewirkenden bücherlichen Eintragungen, endlich für sonstige Amtshandlungen und amtliche Ausfertigungen zu den nachbezeichneten Zwecken, und zwar:

1. bis zum Zeitpunkte der Betriebseröffnung zum Zwecke der Kapitalsbeschaffung, der Sicherstellung der Kapitalsverzinsung und des Betriebes;

2. bis zum Schlusse des ersten Betriebsjahres zum Zwecke der Grunderwerbung, des Baues und der Instruirung der Bahn.

Diese Begünstigungen haben auf die im gerichtlichen Verfahren in Streitsachen stattfindenden Verhandlungen keine Anwendung;

b) die Befreiung von den Stempeln und Gebühren für die Ausgabe der zum Zwecke der Kapitalsbeschaffung für die erste Anlage und konzessionsmässige Ausrüstung der konzessionirten Lokalbahn bestimmten Aktien und Prioritätsobligationen mit Einschluss der Interimsscheine und für die Einverleibung des Pfandrechtes auf die zur Sicherstellung der Prioritätsobligationen bestimmten eisenbahnbücherlichen Einheiten oder auf andere unbewegliche Güter, sowie von der bei der Grundeinlösung nach Schluss des ersten Betriebsjahres (lit. a, Z. 2) auflaufenden Uebertragungsgebühr, mit Ausnahme der nach den bestehenden Gesetzen den Gemeinden oder anderen autonomen Körperschaften zukommenden, aus diesem Anlasse zu entrichtenden Gebühren;

c) die Befreiung von den für die Ertheilung der Konzession und für die Ausfertigung der Konzessionsurkunde zu entrichtenden Gebühren und Taxen;

d) die Befreiung von der Erwerb- und Einkommensteuer, von der Entrichtung der
Kouponstempelgebühren, sowie von jeder neuen Staatssteuer, welche etwa durch
künftige Gesetze eingeführt werden sollte, auf die Dauer von höchstens dreissig
Jahren, vom Tage der Konzessionsertheilung an gerechnet;

e) die Umwandlung der in T. P. 47 e des Gesetzes vom 13. Dezember 1862
festgesetzten Stempelgebühr von den Personenfahrkarten in eine Prozentualgebühr,
welche mit drei Prozent des Fahrpreises sammt Agiozuschlag zu bemessen, durch
die Bahnunternehmung von den Reisenden einzuheben und monatlich nachhinein
an die Gefällskassen abzuführen ist.

· Die sub e angeführte Begünstigung kann auch schon bestehenden Lokalbahnen eingeräumt werden.

Art. VI. Die Regierung wird ermächtigt, in Ansehung jener bereits bestehenden oder
erst künftig zu erbauenden Lokalbahnen, welche in vom Staate für seine eigene Rechnung
betriebene Hauptbahnen einmünden, von der Aufrechnung einer Vergütung oder Beitrags-
eistung der Lokalbahnunternehmung für die Mitbenützung bestehender Anlagen der Hauptbahn und für den in den Anschlussbahnhöfen durch Staatsbahnorgane besorgten Stationsdienst abzusehen.

Den Verwaltungen vom Staate garantirter Eisenbahnen kann die Gewährung
gleichartiger Erleichterungen zu Gunsten der an dieselbe anschliessenden Lokalbahnen
gestattet werden.

Art. VII. Inwieferne für einzelne Lokalbahnen, deren Nothwendigkeit oder Nützlichkeit ausser Zweifel steht, bezüglich welcher jedoch dargethan erscheint, dass die Interessenten
ausser Stande sind, die erforderlichen Geldmittel zur Gänze aufzubringen, von Seiten der
Staatsverwaltung etwa nebst oder statt der in den Art. V und VI vorgesehenen andere
finanzielle Unterstützungen, welche nicht im administrativen Wirkungskreise gelegen sind,
wie insbesondere die Gewährung eines Beitrages aus Staatsmitteln, eine Betheiligung des
Staates an der Kapitalbeschaffung, die Uebernahme der Betriebsführung auf Rechnung des
Staates gegen Zusicherung einer festen Pachtrente etc. zugestanden werden können, wird in
jedem einzelnen Falle ein besonderes Gesetz bestimmen.

Dabei hat als Grundsatz zu gelten, dass der Gewährung derartiger finanzieller Unterstützungen von Seiten des Staates eine den individuellen Verhältnissen entsprechende Betheiligung des Landes, der Gemeinden und sonstigen Interessenten an dem Lokalbahnunternehmen
vorauszugehen hat. Diese Betheiligung kann erfolgen: durch unentgeltliche Abtretung von
Grund und Boden an die Lokalbahnunternehmung, beziehungsweise durch Uebernahme der
von derselben für die Grunderwerbung aufzuwendenden Kosten, durch unentgeltliche
Lieferung von Baumaterialien, Betheiligung an der Kapitalsbeschaffung, Zusicherung einer
Ertägniss- oder Zinsengarantie etc.

Art. VIII. Den Unternehmungen normalspuriger Lokalbahnen, für welche die im
Art. V lit. a bis inklusive d oder im Art. VII angeführten finanziellen Begünstigungen eingeräumt worden sind, ist — unbeschadet des bei der Konzessionsertheilung der Staatsverwaltung vorzubehaltenden Rechtes, die konzessionirte Bahn nach deren Vollendung und
Inbetriebsetzung unter den in der Konzession festzustellenden Bedingungen jederzeit einzu-
lösen — die Verpflichtung aufzuerlegen, der Staatsverwaltung über deren Verlangen jederzeit die Mitbenützung der Lokalbahn für den Verkehr zwischen schon bestehenden oder
künftig erst herzustellenden, im Staatsbetriebe befindlichen Bahnen derart einzuräumen, dass
die Staatsverwaltung berechtigt ist, unter freier Feststellung der Tarife ganze Züge oder

einzelne Wagen über die mitbenützte Lokalbahn gegen Entrichtung einer angemessenen Entschädigung zu befördern oder befördern zu lassen.

Die Modalitäten der Berechnung der zu entrichtenden Entschädigung, welche nach Verhältniss des Antheiles der mitbenützenden Staatseisenbahnverwaltung an der im Gegenstandsjahre auf der mitbenützten Bahnstrecke bewirkten gesammten Transportleistung zu bemessen ist und in einer für die Dauer der Mitbenützung alljährlich an der Unternehmung der mitbenützten Lokalbahn zu leistenden Zahlung zu bestehen hat, sind in der Konzessionsurkunde festzusetzen.

Die Mitbenützung hat nur insoweit stattzufinden, als hiedurch der eigene regelmässige Betrieb der mitbenützten Lokalbahn nicht gestört wird.

Sofern der Uebergang fremder Fahrbetriebsmittel auf die Lokalbahn mit den derselben gewährten Erleichterungen in Bezug auf Anlage, Ausrüstung und Betriebssystem nach dem Erachten der Aufsichtsbehörde nicht vereinbart sein sollte, sind die hiedurch erwachsenden Mehrkosten der Lokalbahnunternehmung zu vergüten.

Art. IX. Die Ausgabe von Prioritätsobligationen, welche nur auf österreichische Währung lauten dürfen, ist insolange und insoweit ausgeschlossen, als nicht die Verzinsung und Tilgung derselben nach den von der Regierung zu prüfenden Ausweisen als dauernd gesichert erscheint.

Bahnunternehmungen, bei welchen aus Mangel der gesetzlichen Voraussetzungen die bücherliche Einlage im Sinne des Gesetzes vom 19. Mai 1874, R. G. Bl. Nr. 70, nicht zulässig erscheint, sind von der Ausgabe der Prioritätsobligationen ausgeschlossen.

Darstellung der auf Grund des Gesetzes vom 25. Mai 1880

	Böhmen.		Mähren.		Schlesien.		Galizien.		Nieder-Oesterreich.	
	Zahl der ertheilten Konzessionen.	Kilometer.	Zahl der ertheilten Konzessionen.	Kilometer.	Zahl der ertheilten Konzessionen.	Kilometer.	Zahl der ertheilten Konzessionen.	Kilometer.	Zahl der ertheilten Konzessionen.	Kilometer
1880	4	50,7	2	14,5	—	—	—	—	—	—
1881	14	254,6	4	91,7	—	—	1	146	—	—
1882	5	90,7	4	147,8	—	—	—	—	5	62,2
1883	3	52	1	27	—	—	1	8,5	1	28
1884	4	120,5	2	181	—	—	—	—	2	73
1885	2	9,3	.	.	1	49,5 **)	1	49,1	1	12
1886	4	95,3	1	89,5	—	—	3	254,5	7	96,5
	36	673,1	14	551,5	1	49,5	6	458,1	16	272

*) In den hier nicht angeführten Kronländern sind auf Grund des Gesetzes vom
**) Ein Theil dieser Linie Hannsdorf-Ziegenhals (17 km) ist in Mähren gelegen.

Art. X. Die Benützung von Reichsstrassen zur Anlage von Lokalbahnen wird gestattet, insoweit nicht durch den Bahnbetrieb die Sicherheit des Strassenverkehrs gefährdet erscheint.

Zulässigkeit und Bedingungen der Strassenbenützung sind durch die Strassenverwaltung im Einvernehmen mit den Eisenbahnaufsichtsbehörden festzustellen.

Unbeschadet der aus dem Bestande des Mautgefälles erwachsenden Verbindlichkeiten ist für die Strassenbenützung ein besonderes Entgelt nicht zu entrichten.

Die Kosten der ordnungsmässigen Erhaltung des benützten Strassentheiles, sowie etwaige, durch die fragliche Benützung veranlasste Mehrkosten der Strassenerhaltung überhaupt, desgleichen die Kosten für alle zur Hintanhaltung einer durch den Bahnbetrieb herbeigeführten Störung oder Gefährdung des Strassenverkehrs erforderlichen besonderen Vorkehrungen treffen die Lokalbahnunternehmung.

Andere öffentliche Strassen können nur mit Zustimmung der zur Erhaltung Verpflichteten, beziehungsweise jener Behörden oder Organe, welche zur Ertheilung der Zustimmung zur Benützung der Strasse seitens der Lokalbahnunternehmung nach den bestehenden Gesetzen berufen sind, zur Anlage von Lokalbahnen in Anspruch genommen werden.

Art. XI. Dieses Gesetz tritt mit dem Tage seiner Kundmachung in Wirksamkeit und erlischt mit dem 31. Dezember 1890.

Art. XII. Mit dem Vollzuge dieses Gesetzes werden Mein Handelsminister, Mein Minister des Innern, Mein Finanzminister und Mein Justizminister beauftragt.

Anlage F.

bis 31. Dezember 1886 konzessionirten Nebenbahnen.*)

Ober-Oesterreich.		Salzburg.		Steiermark.		Bukowina.		Zusammen.	
Zahl der ertheilten Konzessionen.	Kilometer.	Zahl der ertheilten Konzessionen.	Kilometer.	Zahl der ertheilten Konzessionen.	Kilometer.	Zahl der ertheilten Konzessionen.	Kilometer.	Zahl der ertheilten Konzessionen.	Kilometer.
1	35	—	—	—	—	—	—	7	100,2
1	8,3	—	—	—	—	—	—	20	501,1
1	21	—	—	—	—	1	31	15	322,3
—	—	—	—	—	—	1	31	7	146,5
—	—	—	—	2	52	—	—	10	426,5
1	20,3	1	13	—	—	3	147,3	10	300,4
2	61,7	1	5,3	—	—	—	—	18	602,4
6	146,7	2	18,3	2	52	4	178,3	87	2399,4

25. Mai 1880 keine Nebenbahnen zur Ausführung gelangt.

Darstellung derjenigen Nebenbahnen, welchen auf Grund des Gesetzes

	Kilometer	Gesammt-Anlage-kapital 1000 fl.	Betheiligung der Staats-verwaltung Gulden	Betheiligung für das Kilometer. Gulden	Anlage-Kapital für das Kilometer. Gulden
Kremsmünster-Michldorf .	21	650	300 000	14 286	30 953
Czernowitz-Novosielica . .	31	1 050	350 000	11 290	33 870
Hannsdorf-Ziegenhals . .	49,ₐ	3 300	600 000	12 121	66 667
Asch-Rossbach	15	020	280 000	18 666	41 333
Budweis-Salnau	72,ₛ	4 000	1 200 000	16 552	55 172
Fehring-Fürstenfeld . . .	21	1 055	425 000	20 238	50 238
Mühlkreisbahn.	59	2 300	900 000	15 254	38 983
Bukovinaer Lokalbahnen .	139,ₐ	5 600	1 100 000	8 584	40 057
Lemberg-Rawa	72	3 600	900 000	12 500	50 000
Laibach-Stein	22	771	200 000	9 090	35 045
	502,ₐ	22 346	6 255 000	12 440	44 443

vom 25. Mai 1880 direkte Staatsunterstützungen gewährt worden sind.

Betheiligung auf Grund des Spezial-Gesetzes vom	Konzession vom	Betriebs- eröffnung.	Betheiligung des Landes.
29. Mai 1882	26. August 1882	1. August 1883	100 000 fl. in Aktien.
24. April 1883	5. Juni 1883	12. Juli 1884	—
7. Juni 1883	5. März 1885	im Bau	150000 fl. und weitere 150000 fl. von Privatinteressenten.
4. April 1884	15. Juli 1884	26. Septbr. 1885	
8. April 1884	30. August 1884	—	—
8. April 1884	2. Juli 1884	1. Oktober 1885	Jahressubvention von 3000 fl. auf die Dauer von 10 Jahren u. Uebernahme 50 000 fl. Prioritätsaktien.
29. April 1885	28. Juli 1886	im Bau	200 000 fl.
1. Mai 1885	29. August 1885	30. Novbr. 1886	280 000 fl. in Aktien.
1. Mai 1885	8. Januar 1886	im Bau	im Verein mit der Stadt Lemberg 120 000 fl., nicht rückzahlbar.
1. Mai 1885	—	—	50 000 fl. in Aktien.

Ueber Bremsen bei Eisenbahnzügen.

————

Aus einem Vortrage, welchen ich im österreichischen Ingenieur- und Architektenvereine über die Mängel der bestehenden Vorschriften bezüglich der Bemessung der Zahl der Bremsen hielt, wurde im „Archiv für Eisenbahnwesen", Heft 4, Seite 589, die Folgerung gezogen, dass der vorgebrachte Beweis für die Fehlerhaftigkeit der gebräuchlichen Bemessung der Bremsenzahl nicht stichhaltig sei, und dass meinerseits unterlassen wurde, den Beweis zu erbringen, inwieweit die vorhandenen Bremseinrichtungen der Vorschrift: dass die Bremsen so beschaffen sein müssen, dass mit denselben eine annähernde Feststellung der Achsen erreicht werde — entsprechen, und welche Abänderungen getroffen werden müssen, damit der Raddruck beladener Wagen für die Bremswirkung vollständig ausgenutzt werde.

Hierauf habe ich zu erwidern, dass mein Vortrag vom 21. April 1887 die Kenntniss einer früheren Arbeit voraussetzt, welche Arbeit unter der Ueberschrift: „Eine Bremsstudie" in der Zeitschrift des österr. Ingenieur- und Architektenvereins zu Wien für 1886, Seite 51, abgedruckt wurde, und daher nur im Zusammenhange mit dieser Arbeit besprochen werden könne. Würde dies geschehen sein, so würde wohl die Stichhaltigkeit meiner Beweise für die Fehlerhaftigkeit der jetzt üblichen Bemessung der Bremsenzahl erkannt worden sein, und würde die Bemerkung der Kritik, bezüglich des nachzutragenden Nachweises über die Mangelhaftigkeit unserer Bremsvorrichtungen, entfallen sein, da dieser Beweis in jener Arbeit thatsächlich erbracht und gezeigt wurde, was für Maassnahmen getroffen werden müssen, damit der Raddruck beladener Wagen für die Bremswirkung vollständig ausgenutzt werde.

Da ich von der Ueberzeugung durchdrungen bin, dass eine Reform der heute bestehenden Bremsvorschriften früher oder später doch erfolgen werde, da sie unerlässlich ist, und meine Arbeit den Zweck hat, zu dieser Reform beizutragen, so glaube ich, dass es für die Sache förderlicher ist, die fragliche Angelegenheit im Zusammenhange in gedrängter Kürze vorzutragen, statt zu polemisiren.

Die in Deutschland gültige Vorschrift, nach welcher die Anzahl der den Zügen beizugebenden Bremsen ermittelt wird, enthält einen Widerspruch, welcher zur Folge hat, dass die nach dieser Vorschrift ermittelte Anzahl der Bremsen nicht immer mit dem thatsächlichen Bremsbedürfniss des Zuges in Einklang steht.

Der § 145 der technischen Vereinbarungen deutscher Eisenbahnverwaltungen verlangt nämlich, dass Bremsen verwendet werden, welche es gestatten, auch bei beladenen Wagen die Räder annähernd festzustellen, und § 185 derselben Vorschrift setzt fest, dass bei Berechnung der Zahl der Bremsen eine unbeladene Achse gleich gesetzt werde einer halben beladenen Achse.

Genügt eine Bremse der ersten dieser beiden Vorschriften, d. h. ist sie so gebaut, dass durch Bethätigung derselben auch ein vollbelasteter Güterwagen so gebremst werden könne, dass die Räder desselben an die Rollgrenze kommen, so wird ein minderbelasteter und umsomehr ein leerer Wagen um so sicherer in der obigen Weise, d. h. vollgebremst werden können. Die Wirkung des Bremsens wird also die sein, dass in allen Fällen das volle Gewicht des gebremsten Wagens als Schienendruck auftritt, oder mit anderen Worten, dass alle Wagen des Zuges nach Maassgabe ihrer Gewichte zur Bremswirkung gelangen.

Vergleicht man aber einen vollbelasteten Güterwagen mit 15 t Gesammtgewicht mit einem leeren Wagen, dessen Gewicht nur 5 t beträgt, so wird nach dem Gesagten der beladene Wagen eine dreimal kräftigere Bremse abgeben, als der leere. Eine unbeladene Achse hat sonach in derlei Fällen, und deren giebt es Tausende, nur den dritten Theil jenes Bremswerthes, welcher einer beladenen Achse zukommt, und nicht die Hälfte, wie es die Vorschrift besagt.

Man wird sonach bei einem aus lauter vollbelasteten, 15 t schweren Wagen zusammengesetzten Zuge, wenn nach der Vorschrift vorgegangen wird, statt je zwei Bremser, deren drei verwenden, also um 50 % mehr Bremspersonal beschäftigen, als thatsächlich erforderlich ist. Sind hingegen die Bremsen nicht so eingerichtet, dass damit auch vollbelastete Wagen vollgebremst werden (dass die Räder der zu bremsenden Wagen annähernd festgestellt werden), so wird deren Bremswerth lediglich von dem Verhältniss abhängen, in welchem das zur Bremswirkung gelangende Gewicht des Wagens zu dessen Gesammtgewicht steht. Für Bremsen, welche $^2/_3$ ihres Vollgewichts für Zwecke der Mehrreibung zu verwerthen gestatten, also für Bremswagen, welche so gebaut sind, dass die Achsen nur derjenigen Wagen annähernd festgestellt werden können, welche nicht schwerer sind, als $^2/_3 \times 15 = 10$ t, wird eine beladene Achse allerdings doppelt so wirksam sein, als eine leere, weil in einem solchen Falle der Schienendruck

des beladenen Wagens 10 t beträgt, während der des leeren Wagens
$^{10}/_2 = 5$ t ausmacht. Die übliche Bremsvorschrift passt sonach eigentlich
nur für diesen einzigen Fall, für alle anderen Fälle aber trifft sie nicht
zu. Uebersteigt nämlich jenes Verhältniss die Ziffer $^2/_3$, so verlangt die bestehende Bremsvorschrift zu viele Bremsen; für Verhältnisse, welche kleiner
sind als $^2/_3$, verlangt sie aber deren zu wenig.

Bahnen, welche kräftige Bremsen zur Verfügung haben, vertheuern
sonach ihren Betrieb durch Befolgung jener Vorschrift in ganz ungerecht-
fertigter Weise, während Bahnen mit schwächeren Bremsen durch Befolgung eben dieser Vorschrift Gefahr laufen, eine unzureichende Bremskraft bei ihren Zügen zu haben. Da aber eine Vorschrift, welche einmal
zu viel, das andere Mal zu wenig Bremsen für die Züge fordert, unmöglich
einen praktischen Werth haben kann, so muss sie durch eine andere ersetzt werden, welcher derlei Mängel nicht anhaften.

Zu einer derartigen Vorschrift gelangt man aber, wenn man den
Bremswerth eines jeden einzelnen Bremswagens ein für alle Male ermittelt
und denselben am Langbaume des betreffenden Wagens anschreibt. Die
Bremsvorschrift muss dann in der Weise aufgebaut werden, dass sie an-
giebt, der wievielte Theil des Gewichtes des Zuges in jedem besonderen
Falle zur Bremswirkung zu gelangen habe.

Soll beispielsweise $^1/_5$ eines 100 t schweren Zuges, also ein Gewicht
von 20 t zur Bremswirkung kommen, so wird der den Zug abfertigende
Beamte so viele Bremswagen durch Bremser zu besetzen haben, dass die
Summe der Bremswerthe der bethätigten Wagen einen Gesammtdruck auf die
Schienen liefert, welcher 20 t beträgt.- Hatte man Bremsen zur Verfügung,
welche einen wirksamen Schienendruck von je 5, 7 und 8 t abgeben,
so wird man diese drei Bremswagen zu bethätigen haben, weil die Summe
ihrer wirksamen Schienendrucke $5+7+8 = 20$ t ausmacht, also gerade
$^1/_5$ des Zuggewichtes beträgt. Würde man hingegen über Bremsen verfügt
haben, deren wirksamer Schienendruck (nicht Achsgewicht) je 10 t beträgt, so würden 2 Bremser zureichen, weil $2 \times 10 = 20$ ist.

Aus dem Gesagten ist zu ersehen, dass die zu lösende Aufgabe in
zwei Theile zerfällt. Es muss erstens der Bremswerth (der wirksame,
d. h. zur Bremswirkung gelangende Schienendruck) eines jeden einzelnen
Wagens ermittelt werden, und zweitens muss man eine Regel haben, welche
denjenigen Theil des Zuggewichtes zu ermitteln lehrt, welcher in jedem
gegebenen Falle zur Bremswirkung zu gelangen hat.

Um die Räder eines rollenden Wagens an die Rollgrenze zu bringen,
d. h. um die Achsen des Wagens annähernd festzustellen, müssen die
Bremsklötze mit einer gewissen Kraft an den Umfang der Räder gepresst
werden, und es lässt sich nachweisen, dass diese Kraft — der sogenannte

Klotzdruck — sowohl mit dem Gewicht des zu bremsenden Wagens als auch mit dessen Rollgeschwindigkeit wächst. Ist also der Klotzdruck im Vorhinein gegeben, und dies ist bei den im Betriebe stehenden Bremsen stets der Fall, so lässt sich derjenige Theil des Gewichtes des gebremsten Wagens berechnen, welcher in Folge dieses Klotzdruckes zur Bremswirkung gelangt, d. h. welcher, als Schienendruck auftretend, an der Schiene die Mehrreibung hervorbringt. Es ist nämlich unschwer nachzuweisen, dass dieser wirksame Schienendruck*)

$$S = \frac{D}{a} t$$

beträgt, sobald D den auf sämmtliche Bremsklötze des zu bremsenden Wagens ausgeübten Druck in Tonnen (den sogenannten Klotzdruck), S den wirksamen Schienendruck, gleichfalls in Tonnen, und a einen Koëffizienten bezeichnet, welcher den mittleren Werth

$$a = (1 + \frac{c}{100})$$

hat, wobei c die Rollgeschwindigkeit des Wagens im Augenblick des Anlegens der Bremsen bezeichnet, und in Metern in der Sekunde gemessen wird.

Für einen mit 20 m Geschwindigkeit in der Sekunde (72 km in der Stunde) rollenden Wagen beträgt sonach $a = (1 + \frac{20}{100}) = \frac{6}{5}$ und mithin entspricht einem solchen Wagen ein wirksamer Schienendruck von $S = \frac{5}{6} D t$, welcher jedoch selbstverständlich nur dann zur Geltung gelangt, wenn das Gesammtgewicht des zu bremsenden Wagens mindestens ebensoviele Tonnen beträgt. Beträgt der Klotzdruck $D = 12$ t, so entspricht diesem Klotzdrucke ein Schienendruck von $S = \frac{5}{6} \times 12 = 10$ t. Wiegt der betreffende Wagen 10 t, so wird dessen volles Gewicht für Zwecke des Bremsens verwerthet, wiegt er mehr als 10 t, so können natürlich nicht mehr als 10 t seines Gesammtgewichts zur Bremswirkung gelangen, wiegt er weniger als 10 t, so kann der dem vorhandenen Klotzdrucke (12 t) entsprechende Schienendruck (10 t) nicht mehr voll zur Wirkung gelangen, es wird hiervon nur so viel für Bremszwecke verwerthbar, als das Gesammtgewicht des Wagens beträgt, also beispielsweise nur 8 t, wenn der zu bremsende Wagen 8 t schwer ist.

Der einem gegebenen Klotzdrucke entsprechende Schienendruck gelangt sonach nur dann zur Geltung, wenn das Gesammtgewicht des zu bremsenden Wagens grösser oder mindestens ebenso gross ist, als der berechnete Schienendruck. Ist das Gesammtgewicht des Wagens geringer, so gelangt dieses zur Bremswirkung.

---

*) Zeitschrift des österr. Ingenieur- und Architektenvereins, Wien 1886, Seite 51. Wochenschrift des österr. Ingenieur- und Architektenvereins, Wien 1887, Seite 21.

Wenn man also für einen jeden Bremswagen den Klotzdruck ermittelt, welcher durch Bethätigung der Bremskurbel auf dessen sämmtliche Bremsklötze ausgeübt wird, und sodann mit Zugrundelegung der Tragfähigkeit und der zulässig grössten Fahrgeschwindigkeit den Schienendruck berechnet, welcher diesem vorhandenen Klotzdrucke zukommt, und das Ergebniss der Rechnung am Langbaum des Wagens anschreibt, so hat der Verkehrsbeamte, dem die Aufgabe zufällt, den Bremswerth des Wagens zu schätzen, nichts weiter zu thun, als den am Langbaum angeschriebenen Schienendruck mit dem augenblicklichen Gesammtgewichte dieses Wagens zu vergleichen und die kleinere dieser beiden Zahlen als den gesuchten Bremswerth anzusehen, d. h. als dasjenige Gewicht in Rechnung zu stellen, welches in diesem besonderen Falle zur Bremswirkung gelangt, und welches Gewicht Bremsgewicht heissen soll.

Beträgt z. B. das Gesammtgewicht eines Güterwagens 15 t, für welchen aber der Schienendruck, wie eben erläutert, mit 10 t gefunden wurde, so beträgt auch das Bremsgewicht bloss 10 t. Hat dieser Wagen ein geringeres Gesammtgewicht als 10 t, z. B. 7 t, so beträgt auch das Bremsgewicht, welches in Rechnung gezogen werden darf, bloss 7 t.

Erzeugt jede Tonne des Vollgewichts eines gebremsten Wagens, eines Wagens also, dessen Räder an der Rollgrenze stehen, auf der Schiene eine Reibung von 120 kg, so hat man durch den angewandten Klotzdruck von 12 t, bei dem 15 t schweren Wagen, nicht etwa $15 \times 120 = 1800$ kg, sondern nur $10 \times 120 = 1200$ kg Reibung auf der Schiene erzeugt. Bei einem 7 t schweren Wagen wird derselbe Klotzdruck von 12 t keine grössere Reibung als $7 \times 120 = 840$ kg hervorbringen.

Was den zweiten Theil der zu lösenden Aufgabe, nämlich die Bemessung der Bremskraft eines Zuges anbelangt, so erfolgt dieselbe auf nachstehende Weise:

Die mechanische Energie, welche der rollende Zug im Augenblick des Anlegens der Bremsen besitzt, muss durch die beim Zuge vorhandene Repressivkraft der Bremsen vernichtet werden. Beträgt M die Masse des rollenden Zuges, bezogen auf kg, und rollt der Zug mit c Metern Geschwindigkeit in der Sekunde, so beträgt die mechanische Energie derselben $M\frac{c^2}{2}$ Meterkilogramm. Soll der Zug auf die Entfernung $\mathit{\Delta}$ Meter zum Stillstande kommen, und verfügt man über eine Repressivkraft von R kg beim Zuge, so beträgt die Arbeit derselben $R\mathit{\Delta}$ Meterkilogramm. Man hat sonach die Gleichung:

$$M\frac{c^2}{2} = R.\,\mathit{\Delta},$$

aus welcher die erforderliche Repressivkraft ermittelt werden kann.

Besteht der G Tonnen schwere Zug aus n Wagen, so ist, wie Professor Frank in Hannover zeigte[*])

$$M = 102\,G + 80.\,n \text{ oder annähernd: } M = 110\,G$$

und mithin die mechanische Energie des rollenden Zuges im Augenblick des Anlegens der Bremsen:

$$M \frac{c^2}{2} = 55\,G.\,c^2$$

Meterkilogramm.

Dagegen beträgt die Repressivkraft R, welche man durch das Bremsen eines Zuges erhält, wie unmittelbar zu ersehen:

$$R = (w - m)\,G + (K - w)\,B$$

Kilogramm, sobald m die den Zug in seinem Gefälle von m $^0/_{00}$ abwärts ziehende Schwerkraftkomponente in Kilogramm, für die Tonne des Zuggewichtes, w den Widerstand der rollenden Reibung während des Bremsweges, gleichfalls in Kilogramm, für die Tonne ungebremster Last, G das Gewicht des Zuges in Tonnen, K die repressive Kraft eines Bremswagens in Kilogramm, für die Tonne der zur Bremswirkung gelangenden Last B bezeichnet, d. h. die Reibung auf der Schiene in Kilogramm ausdrückt, welche dem Schienendrucke B Tonnen entspricht.

Unter Berücksichtigung des obigen Werthes für die Repressivkraft des Zuges und des Werthes für die mechanische Energie desselben im Augenblick des Anlegens der Bremsen erhält man aus der obigen Bedingungsgleichung:

$$B = \frac{G}{K - w} \left[\frac{55.\,c^2}{\varDelta} + m - w \right] t.$$

In der Praxis pflegt man das zu bremsende Gewicht B nicht, wie dies hier geschehen, in einer absoluten Zahl, sondern in Prozenten des Zuggewichtes darzustellen, d. h. man fragt nicht nach der Grösse B, sondern nach der Grösse:

$$z = 100 \frac{G}{B}$$

Berechnet man diese Grösse z, welche man gemeiniglich die Bremsprozente nennt, aus der vorstehenden Gleichung, so erhält man die Formel:

$$z = \frac{100}{K - w} \left[\frac{55.\,c^2}{\varDelta} + m - w \right]$$

für die gesuchten Bremsprozente, oder auch, da in der Praxis der Widerstand rollender Wagen, gegenüber dem Widerstande der gebremsten Wagen, füglich vernachlässigt werden kann,

$$z = \frac{100}{K} \left[\frac{55.\,c^2}{\varDelta} + m - w \right]$$

Prozent.

Bei der Entwicklung der vorstehenden Formel für die Bremsprozente wurde die stillschweigende Voraussetzung gemacht, dass alle zur Dienst-

---

[*]) Organ für die Fortschritte des Eisenbahnwesens, 1883, Seite 71.

54*

leistung herangezogenen Bremsen in demselben Augenblicke in Wirksamkeit treten, in welchem das Signal zur Bethätigung derselben wahrgenommen
wurde. Diese Voraussetzung konnte jedoch höchstens für durchlaufende
Bremsen gelten, für gewöhnliche Handbremsen jedoch, wie solche bei
Güterzügen allgemein verwendet werden, trifft diese Voraussetzung nicht zu.

Bei derlei Bremsen ist vor allem die Zeit zu berücksichtigen, welche
vom Augenblicke der Wahrnehmung des Bremssignales bis zum Eintritte
der vollen Bremswirkung verfliesst, und welche Zeit, erfahrungsgemäss[*])
auf rund 10 Sekunden zu veranschlagen ist. Während dieser Zeit legt
aber der rollende Zug einen Weg von $10.c$ Meter zurück, und dieser
Weg muss von der Anhalteentfernung $\varDelta$ in Abzug gebracht werden, d. h.
es muss in der obigen Formel für das Bremssignal statt der Grösse $\varDelta$,
die Grösse $(\varDelta - 10c)$ gesetzt werden. Thut man dieses und erwägt,
dass laut Versuchen des Kapitän Galton[**]) in England, die mittlere Reibung, welche eine Tonne gleitender Last auf der Schiene erzeugt,
$K = 4 (50 - c)$ Kilogramm beträgt, so geht die vorstehende Formel in die
nachfolgende über :

$$z = \frac{25}{50-c} \left[\frac{55.c^2}{10(60-c)} + m - w \right]$$

in welcher die Anhalteentfernung $\varDelta$ übereinstimmend mit den Annahmen
der Kommission, welche zur Nachprüfung des § 185 der technischen Vereinbarungen seitens des Vereins deutscher Eisenbahnverwaltungen eingesetzt wurde, $\varDelta = 600$ Meter festgesetzt wurde.

Berücksichtigt man endlich, dass aus den Versuchen des Professor
Frank in Hannover der mittlere Widerstand der ungebremsten Räder,
während der Auslaufsdauer des gebremsten Zuges, sich mit

$$w = 3 \cdot 1 + \frac{c^2}{210}$$

Kilogramm für die Tonne ungebremster Last ergiebt, so erhält man aus
der vorstehenden Formel für die Bremsprozente die nachstehende Tabelle:

Gefälle	für die Rollgeschwindigkeit von:			
	5	10	15	20
⁰/₀₀	Meter in der Sekunde betragen die Bremsprozente:			
5	2	8	21	47
10	5	11	24	50
15	8	14	27	—
20	11	17	30	—
25	14	20	33	—

*) Referat der technischen Kommission für die Revision des § 185 der technischen Ver-
einbarungen, Budapest 1885. Koch, Das Eisenbahnmaschinenwesen. Wiesbaden 1879. S. 91.
**) Zeitschrift des österr. Ingenieur- und Architektenvereins. Wien 1886. S. 51.

welche besagt, dass beispielsweise bei einem über ein Gefälle von $20^0/_{00}$ mit 10 m in der Sekunde rollenden Zuge $17^0/_0$ seines Gewichtes zur Bremswirkung gebracht werden müsse, d. h. die Summe der Bremsgewichte (nicht Gesammtgewichte) der zur Dienstleistung herangezogenen Wagen muss $17^0/_0$ des Zuggewichtes betragen, falls man die Möglichkeit haben will, den rollenden Zug unter mittleren Verhältnissen auf eine Entfernung von 600 m anzuhalten.

Wiegt der Zug 200 t, so muss ein Gewicht von $0.17 \times 200 = 34$ t zur Bremswirkung gebracht (gebremst) werden. Hat man Bremsen zur Verfügung, deren Bremsgewichte 8, 10 und 16 t betragen, so wird man von jeder Gattung dieser Bremsen eine bethätigen müssen, weil $8+10+16=34$ ist. Man wird sonach den Zug mit 3 Bremsen besetzen müssen. Verfügt man hingegen über Bremsen, deren Bremsgewicht 17 t beträgt, so würden zur Vernichtung der mechanischen Energie des Zuges auf eine Entfernung von 600 m zwei Bremsen genügen, weil $2 \times 17 = 34$ ist. Hätte man Bremsen zu 7 t Bremsgewicht, so würde man deren $\frac{34}{7} = 5$ Stück zur Dienstleistung heranziehen.

Für diesen Fall fordert die übliche Bremstabelle, dass jedes vierte Räderpaar gebremst werde. Bestand der 200 t schwere Güterzug aus 13 beladenen Wagen zu 15 t und einem leeren Wagen zu 5 t und ist jeder Wagen zweiachsig, so hat er 26 beladene und 2 unbeladene Achsen. Da laut Vorschrift eine unbeladene Achse gleichwerthig ist einer halben beladenen Achse, so besteht der Zug rechnungsmässig aus: $(26+1)=27$ beladenen Achsen, muss sonach $^1/_4 \times 27 = 7$ gebremste Achsen oder 4 beladene Bremswagen haben, während 3 Bremswagen genügen, wenn die Bremsen so beschaffen sind, dass damit auch beladene Wagen annähernd festgebremst werden können. In diesem Falle beträgt nämlich das Bremsgewicht der 15 t schweren Wagen 15 t, das der 5 t schweren dagegen nur 5 t. Zwei Bremsen zu 15 t und eine Bremse zu 5 t Bremsgewicht geben nämlich $(2 \times 15 + 5) = 35$ t Bremsgewicht, also nur eine Tonne mehr, als thatsächlich erforderlich ist. Besteht hingegen der Güterzug aus 40 leeren zweiachsigen Güterwagen zu 5 t, so verlangt die bestehende Bremsvorschrift für denselben $^1/_4 \times \frac{2 \times 40}{2} = 10$ gebremste Achsen, also 5 Bremswagen, während deren $\frac{34}{5} = 7$ erforderlich sind.

Man sieht sonach, dass die bestehende Bremsvorschrift, bei einem vollbelasteten Wagenzuge mehr, bei einem leeren dagegen weniger Bremsen verlangt, als erforderlich ist, um die in beiden Fällen gleiche Bewegungsenergie auf eine und dieselbe Entfernung zu vernichten. Hier-

mit dürfte aber der Nachweis erbracht worden sein, dass die übliche
Unterscheidung der Bremswagen in beladene und unbeladene nicht genügend ist für die richtige Bemessung des Bremsgewichtes, sondern dass
es erforderlich ist, jeden einzelnen für Dienstleistung herangezogenen
Bremswagen mit seinem, ihm thatsächlich zukommenden Bremswerthe
in Rechnung zu stellen; sowie, dass die Bewerthung einer unbeladenen
Achse, gleich einer halben beladenen Achse, eine erhebliche Unsicherheit
für die Berechnung der Bremsen enthält.

　　　Wien, den 3. September 1887.

　　　　　　　　　　　　　　　　　　　　　　　　　　　Gostkowski.

　　　Die Einleitung des vorstehenden Aufsatzes giebt dem Unterzeichneten
zunächst Anlass, auf ein Missverständniss hinzuweisen. Herr Baron Gostkowski behauptet, in der von ihm bemängelten Notiz sei die Folgerung
gezogen, dass seinerseits „unterlassen wurde, den Beweis zu erbringen,
inwieweit die vorhandenen Bremseinrichtungen der Vorschrift: dass die
Bremsen so beschaffen sein müssen, dass mit denselben eine annähernde
Feststellung der Achsen erreicht werde, — entsprechen, und welche Abänderungen getroffen werden müssen, damit der Raddruck beladener Wagen
für die Bremswirkung vollständig ausgenutzt werde". Eine solche Folgerung ist aber in jener Notiz nicht gezogen worden; vielmehr ist gerade
das Gegentheil angedeutet durch die (auf Seite 591 des Archivs zu lesende)
Schlussbemerkung: „Es wäre wohl richtiger und zweckdienlicher gewesen,
wenn Herr Gostkowski sich darauf beschränkt hätte, nachzuweisen, inwieweit die vorhandenen Bremseinrichtungen jener Vorschrift
nicht entsprechen u. s. w." Dieser Wortlaut ist allerdings insofern nicht
ganz glücklich gewählt, als er den Anschein eines unbedingten Einver-
ständnisses erwecken könnte; dies zu erklären war aber nicht die Absicht,
da der Unterzeichnete die vielen, bei der fraglichen Beweisführung angewandten Ziffern auf ihre Richtigkeit zu prüfen nicht in der Lage ist.
Eine solche Prüfung dürfte Sache der Eisenbahnverwaltungen sein, für
welche die von Herrn Gostkowski aufgestellten Behauptungen nichts
Geringeres als den Vorwurf einer Verletzung staatlicher Sicherheitsvor-
schriften bedeuten.

　　　Ferner versucht Herr Gostkowski, die im Heft 4 des Archivs
gezogenen Schlüsse durch den Einwand zu entkräften, dass der von
ihm gehaltene Vortrag die Kenntniss einer früheren Arbeit voraus-
setze und daher nur im Zusammenhange mit dieser besprochen werden
könne. Dem Unterzeichneten war die letztere wohl bekannt, wie nicht
nur aus der zuvor erwähnten Schlussbemerkung, sondern auch daraus er-

sehen werden kann, dass der auf Seite 590 besprochene Beweisversuch sich gerade in der Abhandlung findet, deren Kenntniss Herr Gostkowski vermisst. Noch näher auf letztere einzugehen, schien dem Unterzeichneten nicht erforderlich, weil dies keineswegs zu einer Aenderung des Urtheils über die Stichhaltigkeit der Beweise geführt haben würde. So bestätigt z. B. der in jener Arbeit, der oben schon genannten „Bremsstudie", gemachte Versuch, die Bremskraft zu dem Bedarf des Bremsers an Kohlenstoff, Sauerstoff und Wasserstoff in Beziehung zu setzen, nur die auf Seite 590 des Archivs geäusserte Meinung. Uebrigens bietet ja nunmehr die vorangehende, ausführliche Erwiderung den Lesern dieser Zeitschrift Gelegenheit, sich selbst ein Urtheil darüber zu bilden, wie weit der in Rede stehende Einwand begründet ist. M. E. sind auch in dieser Abhandlung wieder zwei Gegenstände vermischt, die nur sehr lose zusammenhängen, nämlich die Ermittlung der Bremsprozente überhaupt, und die Frage, in welchem Verhältniss die beladenen und die leeren Wagen bei Bestimmung des Bedarfs an Bremsen angerechnet werden sollen. Die Feststellung der Bremsprozente ist eine sehr schwierige Aufgabe, wie schon daraus hervorgeht, dass bisher im Verein deutscher Eisenbahnverwaltungen kein volles Einverständniss hierüber hat erzielt werden können, während die Verbesserungsbedürftigkeit der zur Zeit gültigen Bremstabelle allseitig anerkannt wird. Der Unterzeichnete glaubt daher, sich des Eingehens auf diesen Punkt enthalten zu sollen. Wohl aber erscheint es angezeigt, die in der obigen Abhandlung über den zweiten Punkt geäusserten Ansichten kurz zu besprechen.

Die Vorschrift, dass eine unbeladene Achse wie eine halbe beladene gerechnet werden soll, ist bisher von Herrn Gostkowski immer nur deswegen als fehlerhaft bezeichnet worden, weil die verfügbaren Bremsmittel nicht gestatteten, das grössere Gewicht der beladenen Wagen für die Bremsung vollständig auszunutzen. Jetzt tritt diese Behauptung in den Hintergrund, und es wird gegen die fragliche Regel das neue — übrigens nur für offene Güterwagen zutreffende — Bedenken erhoben, dass das Gewicht, also auch der Bremswerth eines leeren Wagens nicht der Hälfte, sondern nur einem Drittel von dem eines beladenen gleichkomme. Damit ist aber dem ganzen Streit die grundsätzliche Bedeutung genommen und an Stelle der Bremsfrage eine verhältnissmässig untergeordnete Gewichtsfrage gesetzt. Denn das angeführte Bedenken entfällt natürlich von vornherein bei allen Zügen, die nur aus beladenen, oder nur aus unbeladenen Wagen bestehen.*) Ferner ist der Gewichtsunterschied auch dann ohne

*) Die gegentheiligen Behauptungen der vorangegangenen Abhandlung beruhen sämmtlich auf dem Umstand, dass der Herr Verfasser immer nur die Wirkungen in Betracht zieht, die das Mehr- oder Mindergewicht der Achsen entweder auf den Bremswerth, oder

Einfluss, wenn zwar sowohl beladene, als auch unbeladene Wagen in ein und demselben Zuge vorhanden, die Bremsen aber auf beide Gattungen nach Verhältniss der betreffenden Achsenzahl vertheilt sind. Dagegen macht sich die zu hohe Anrechnung des Gewichtes der leeren Fahrzeuge allerdings geltend, wenn vorwiegend entweder die beladenen, oder die unbeladenen Wagen mit Bremsern besetzt werden. Im ersten Falle ergiebt sich die Bremswirkung etwas grösser, im zweiten etwas kleiner, als bei genauer Berücksichtigung des Wagengewichtes. Die Abweichung ist jedoch unter gewöhnlichen Umständen nur gering, wie das folgende Beispiel zeigt.

In einem Zuge von 12 leeren und 10 beladenen Wagen im Gesammtgewicht von $12 \cdot 5 + 10 \cdot 15 = 210$ Tonnen sind bei $20^0/_{00}$ Gefäll nach § 13 des Bahnpolizei-Reglements

$$\frac{\frac{1}{2} \cdot 24 + 20}{4} = 3 + 5 = 8 \text{ Rechnungsachsen}$$

zu bremsen. Dies kann geschehen, indem man

	8	6	4	2	0	beladene
und	0	4	8	12	16	unbeladene Achsen
im Gewicht von	60	45	30	15	0	Tonnen,
bezw.	0	10	20	30	40	Tonnen, also zu-
sammen mit	60	55	50	45	40	Tonnen bremst.

Dann ist das Verhältniss:

$\frac{\text{Bremsgewicht}}{\text{Gesammtgewicht}} =$ 0,285   0,262   0,238   0,214   0,190. Dasselbe sollte, der Vorschrift entsprechend $=$ 0,250 sein, während in obiger Abhandlung der Werth 0,170 vorgeschlagen wird.

Hiernach gehen die Meinungen der Fachleute über das zweckmässigste Bremsverhältniss viel weiter auseinander, als der vorgeschriebene Betrag und die meisten der mit ungenauer Anrechnung des Wagengewichtes erhaltenen Zahlen. Wird nun noch erwogen, dass die Festsetzung eines bestimmten Bremsweges an sich willkürlich, dass die Grösse sowohl des Zugwiderstandes als auch der Bremsreibung sehr von Wind und Wetter abhängig, dass schliesslich das Gewicht der Wagen und Ladungen äusserst mannigfaltig ist, so leuchtet ein, dass von einer ganz scharfen Bemessung des erforderlichen und vorhandenen Bremsdruckes überhaupt nicht die Rede

---

auf das Bremsbedürfniss ausübt, während doch beide Grössen durch die fraglichen Gewichtsunterschiede ganz in gleichem Maasse beeinflusst werden. So sind auch in dem von Herrn Gostkowski am Schluss seines Aufsatzes vorgeführten Zahlenbeispiel die unbeladenen Achsen wohl bei Ermittelung der Gesammtzahl als halbe, ihrem Bremswerth nach aber als ganze Achsen in Rechnung gestellt sind. Die derzeitige Vorschrift verlangt für einen aus 40 leeren Wagen bestehenden Güterzug bei $20^0/_{00}$ Gefäll nicht fünf, sondern zehn Bremswagen.

sein kann. Unter diesen Umständen dürften die Fehler, die man bei Anwendung der zur Zeit gültigen Vorschrift auf Züge mit etwas abweichenden
Gewichtsverhältnissen begeht, fast immer als unerheblich zu betrachten
sein und durch die Vortheile aufgewogen werden, welche die Einfachheit
der Rechnungsregel für die bequeme Handhabung bietet.

So viel zur Frage des Bremswerthes leerer Fahrzeuge. Was dagegen
den Bremswerth der beladenen Wagen betrifft, so gestattet sich der
Unterzeichnete kein Urtheil darüber, ob es sich empfiehlt, den behaupteten
vorschriftswidrigen Zustand der Bremseinrichtungen mit Herrn Gostkowski
gewissermassen als zu Recht bestehend anzuerkennen, und die Bremsregel
— unbekümmert darum, wie verwickelt sie sich gestalten möge — in
der Weise abzuändern, dass sie sowohl für gute als für schlechte Bremsen
passt, oder ob es nicht richtiger ist, die letzteren zu beseitigen und die
einfache Regel beizubehalten.

Berlin, den 20. September 1887.

Dr. H. Zimmermann.

Ueber eine einheitliche zweckmässige Stückgutbeförderung.

Für Regelung der Stückgutbeförderung auf den verschiedenen Bahnstrecken bestehen zwar gemeinsame Grundsätze, gleichwohl wird dieselbe verschieden ausgeführt. Der Grund liegt zunächst in der Verschiedenheit der erlassenen Bestimmungen. Die Behandlung der Stückgüter würde jedoch eine gleichmässigere sein, wenn die von den Aufsichtsbehörden beabsichtigte Beförderung thatsächlich zur Ausführung gelangte. Dies geschieht nicht überall im vollen Umfange. Die Schwierigkeiten, welche die Ertheilung völlig klarer, unzweifelhafter Vorschriften und die Ausübung einer genügenden Kontrole über die Handlungen der ausführenden Organe bereiten, sind nicht leicht zu überwinden. Den letzteren wird zu viel Gelegenheit gegeben, ihrem eigenen Interesse zu folgen und die Vorschriften zu umgehen.

Zieht man bei dieser Sachlage die beständige Zunahme des Stückgutverkehrs und den Umstand in Betracht, dass im Laufe der letzten Jahre die Lieferfristen bedeutend gekürzt sind, so möchte es sich wohl empfehlen, zu erwägen, ob nicht die allgemeine Einführung eines Verfahrens, welches eine regelmässige und den Absichten der Aufsichtsbehörde entsprechende Beförderung der Stückgüter sichert, zweckmässig ist.

Für eine derartige Einrichtung werden die Erfahrungen, welche die Eisenbahnen bei der Beförderung von Stückgütern bisher gemacht haben, eingehend zu berücksichtigen sein.

Das jetzt übliche Verfahren ist Folgendes:

Von den Güterzügen wird für jede Richtung in der Regel nur einer zur Beförderung der Stückgüter bestimmt (Stückgüterzug). In denselben werden Wagen eingestellt, welche das Gut für eine oder mehrere bestimmt vorgeschriebene Stationen aufnehmen (Kurs- oder Gruppenwagen).

Die Stückgüter sollen also mit den dafür bestimmten Stückgüterzügen befördert und in die darin laufenden Kurswagen verladen werden.

Es fragt sich nun:

Wie muss ein Stückgüterzug eingerichtet sein, um seinen Zweck zu erfüllen?

Da reine Stückgüterzüge sich nur auf besonders verkehrsreichen Strecken einrichten lassen, müssen die für den Stückgutverkehr bestimmten Züge in den meisten Fällen behufs besserer Ausnutzung auch für die Beförderung von Ladungen und für die Bewältigung des kleinen Lokalverkehrs mit verwandt werden, unterliegen daher einer vielseitigeren und umständlicheren Behandlung, als alle anderen Züge. Schon aus diesem Grunde empfiehlt es sich, die Stückgüterzüge in die Tageszeit zu legen, also morgens von der Abgangsstation abzulassen und abends auf der Endstation anzubringen. Dies empfiehlt sich auch aus dem Grunde, weil auf den Abgangsstationen, welche in der Regel Haupt- und Knotenpunkte sind, die meisten Lokalgüter gegen Abend aufgeliefert werden, mithin, wenn sie keinen Aufenthalt erleiden sollen, während der Nacht verladen werden müssen, und weil auf den Zwischenstationen die Personalbesetzung bei Tage eine stärkere zu sein pflegt, als bei Nacht.

Da sich die Stückgüter dann nur während der Tageszeit im Rollen, nachts auf den Endstationen der Stückgüterzüge befinden, so erscheint es behufs thunlichster Kürzung der Beförderungszeit empfehlenswerth, die von den Stückgüterzügen zurückzulegenden Entfernungen so weit als möglich auszudehnen. Die Zurücklegung längerer Strecken an einem Tage kann auch dadurch erzielt werden, dass die Fahrzeit der Stückgüterzüge etwas kürzer bemessen wird, als die schwerer Ladungszüge, was angängig ist, wenn eine an und für sich mässigere Belastung der Stückgüterzüge gestattet wird.

Eine unnütze Belastung der Stückgüterzüge wird leicht durch die auf den Abgangsstationen stattfindende mehrmalige Beladung für denselben Zug herbeigeführt. Eine solche wird sich indess nicht vermeiden lassen, da einerseits die vorhandenen Lagerräume zur Aufstapelung der sich während eines 24stündigen Zeitraums ansammelnden Gütermengen in der Regel nicht ausreichen, andererseits vielfach mehrere Beladestellen auf einer Station vorhanden sind, ausserdem überhaupt eine Vertheilung der Ladearbeiten, welche nach den vorstehenden Ausführungen sämmtlich in den frühen Morgenstunden beendigt sein müssen, auf den ganzen Tag wünschenswerth ist. Werden dabei die ursprünglich nur ungenügend beladenen Kurswagen nicht wiederholt zur Beladestelle geschafft, so werden bei den späteren Verladungen dieselben Kurswagen wieder gebildet und sämmtlich nicht ausreichend belastet. Eine solche Verschwendung des Wagenmaterials lässt sich verhüten, wenn die vorläufig beladenen, aber noch

Raum bietenden Wagen nicht gleich mit der für den fertiggestellten Wagen bestimmten Beklebung, sondern zunächst mit einer vorläufigen Bezeichnung versehen werden, welche dem Rangirer andeutet, an welche Stelle und zu welcher Zeit die Wagen zur weiteren Beladung gebracht werden sollen.

Um eine schnelle Abfertigung der Stückgüterzüge auf den Zwischenstationen zu erzielen, ist auf deren örtliche Verhältnisse möglichst Rücksicht zu nehmen und besonders die gleichzeitige Anwesenheit mehrerer Züge, bei welchen das Ladepersonal thätig sein muss, zu vermeiden. Die Wagenstellung in den Zügen, welche ausser Stückgut auch andere Wagen befördern, wird zweckmässig folgende sein:

1. Gruppe: Wagen für die Zwischenstationen nach der Reihenfolge,
2. Gruppe: Kurswagen,
3. Gruppe: Wagen für die Endstation und darüber hinaus.

Wird dabei den Zwischenstationen gestattet, die mitzugebenden Durchgangswagen bunt vor die Kurswagen zu stellen, so kann das Rangir- und Ladegeschäft in den meisten Fällen gleichzeitig ausgeführt werden, indem nach Ankunft des Zuges vor den Kurswagen abgehängt und nur mit dem vorderen Zugtheile rangirt, bei dem stehenbleibenden hinteren Zugtheile dagegen das Ladegeschäft ausgeführt wird. Für die Endstationen kann die ungeordnete Wagenstellung wenig ausmachen, weil dieselben die ankommenden Züge in jedem Falle vollständig umarbeiten müssen.

In zweiter Linie ist sodann festzustellen:

Welche Einrichtungen sind in Bezug auf die Kurswagen zu treffen, um deren Zweck im vollen Umfange zu erreichen?

Bei der Bildung der Kurse ist zu berücksichtigen, dass sich nur solche Stationen zweckmässig vereinigen lassen, welche nach ihrer geographischen Lage, sowie den örtlichen Verhältnissen der zum Umladen bestimmten Station zu einander passen. Ferner muss der Verkehrsumfang der vereinigten Stationen die Bürgschaft bieten, dass der Kurswagen genügend ausgenutzt wird.

Die Bezeichnung der Kurse muss möglichst genau sein. Wo besonders schwierige Verhältnisse vorliegen, sind die gesammten zu einem Kurse vereinigten Stationen namentlich anzugeben. Obwohl hierdurch den Dienststellen die Feststellung des Kurswagens, in welchen das zu verladende Gut gehört, möglichst leicht gemacht ist, empfiehlt es sich gleichwohl, dieselbe den Expeditionsbeamten zu übertragen und dem Ladepersonal nur die mechanische Behandlung der Güter selbst anzuvertrauen.

Die Beklebung der Kurswagen darf nur von der Einstellungs-
station vorgenommen werden, muss klar und bestimmt vorgeschrieben,
stets gleichlautend und leicht erkennbar sein und diejenige Station nachweisen, welche den Kurswagen einstellt, sowie diejenige, welche denselben
völlig zu entladen hat; auch ist eine kurze Bezeichnung des Kurses nothwendig, für welchen Güter hineinzuladen sind. Die Angabe jeder einzelnen
Station, welche Güter auszuladen hat, ist nicht erforderlich, da der Packmeister bei der Ankunft auf den Zwischenstationen die Expeditionspapiere
für dieselben bereit halten und dem abfertigenden Expeditionsbeamten
sofort übergeben muss. Bei einer stets gleichen Beklebung der Kurswagen
bietet dem Expeditionspersonal das Auffinden derjenigen, bei welchen aus-
und eingeladen werden muss, keine Schwierigkeit. Auf den Endstationen
kann das Ausrangiren der Kurswagen auf Grund deren ursprünglicher Beklebung ohne Zeitverlust vorgenommen werden.

Werden dagegen die Kurswagen in verschiedener Weise beklebt, was
nicht zu vermeiden ist, wenn die Wahl der Beklebung ganz oder theilweise
den Dienststellen überlassen wird, so gehen die vorbezeichneten Vortheile
verloren, die richtige und schnelle Behandlung der Wagen wird erschwert
und das Rangir- und Ladegeschäft verzögert. Auf den Zwischenstationen
müssen die Wagen, bei welchen aus- und zuzuladen ist, erst gesucht und
vom Packmeister bezeichnet werden, bevor überhaupt am Zuge gearbeitet
werden kann. Auf den Endstationen ist es vor dem Beginn des Rangir-
geschäfts nöthig, dass die Kurswagen und ihre Bestimmung auf irgend
eine Weise erst expeditionsseitig kenntlich gemacht werden; dies geschieht
dann in der Regel durch eine weitere Beklebung, welche besonders auf
denjenigen Stationen, auf welchen die Stückgüterzüge mehrerer Bezirke
einlaufen, unvermeidlich sein wird.

Die nächste wichtige Frage geht nun dahin:

Welches Verfahren bietet genügende Sicherheit dafür, dass
die Stückgüter vollständig in der beabsichtigten Weise behandelt werden?

Um zu dem gewünschten Ziele zu gelangen, werden sich jedenfalls
verschiedene Wege finden lassen, von denen jeder seine Vorzüge und Nachtheile hat. Die nachstehenden Vorschläge dürften vielleicht deswegen Beachtung finden, weil sie einfach sind, keine Vermehrung des Personals und
grössere Geldopfer bedingen, sich vielmehr ohne besondere Schwierigkeiten
und Kosten ausführen lassen.

Vor allen Dingen muss darauf gehalten werden, dass nur in den
vorgeschriebenen Kurswagen, welche letztere wiederum nur
in den bestimmten Stückgüterzügen laufen dürfen, Stückgüter

befördert werden. Ausnahmen sind nur bei solchen Sendungen zu gestatten, welche sich vermöge ihrer Beschaffenheit nicht beiladen oder zu
Stückgutladungen vereinigen lassen.

Sämmtliche Kurswagen sind zu numeriren und den Dienststellen durch ein Verzeichniss, welches über die Bildungs- und Entlade-
station, über die Beklebung und Behandlung, sowie über die Züge, in
welche die Kurswagen eingestellt werden müssen, genaue Angaben enthält.
Der kartirende Beamte muss auf der Adressseite der Frachtkarten
die Kurswagennummer eintragen und die für jeden einzelnen Kurs
bestimmten Frachtkarten bündelweise zusammenlegen. Die Papiere über
solche Kurswagen, bei denen unterwegs ausgeladen wird, sind ausserdem
nach der Reihenfolge der Stationen, die für die entfernteste Station oben
liegend, zu ordnen. Das Ladepersonal, welchem alsdann die Expeditionspapiere übergeben werden, hat nach denselben die Verladung ohne weitere
Mitwirkung des Expeditionsbeamten auszuführen; bei den vorbezeichneten
Ausladekurswagen ist dieselbe in der durch die Lage der Frachtkarten
angegebenen Reihenfolge vorzunehmen und dabei für zweckmässige und
stationsweise Aufstellung der Güter zu sorgen. Auf den Umladestationen
wird dem entsprechend verfahren. Die Frachtkarten über jeden einzelnen
zur Umladung gelangenden Wagen werden zuvor einem Expeditionsbeamten
übergeben, um darauf die Nummer der neuen Kurswagen, welche das Gut
weiterbefördern müssen, nach Durchstreichen der alten zu vermerken. Da
sich die weitergehenden Güter auf mehrere Kurswagen vertheilen, legt der
Expeditionsbeamte, ohne jedoch die zu dem eingegangenen Wagen gehörenden Frachtkarten von einander zu trennen, die Papiere für jeden weitergehenden Wagen zusammen — bei den Ausladekurswagen ist ausserdem
eine stationsweise Sortirung vorzunehmen — und giebt dann dem Lademeister das ganze nunmehr aus mehreren kleineren Bündeln bestehende
Bündel Frachtkarten zurück. Der Lademeister lässt darauf die Umladungen
aus dem alten in die neuen Kurswagen vornehmen und vereinigt die nach
der Umladung zusammengehörigen Frachtkarten.

Die Beklebung der Kurswagen ist beispielsweise etwa folgende:
Königliche Eisenbahn-Direktion Bromberg.
Kurswagen Nr. 87
von Dirschau nach Spandau über Schneidemühl Rummelsburg.
Berlin Uebergang.

In dieser Beklebung liegt unverkennbar die Bestimmung, dass der
Kurswagen in Dirschau gebildet, in Spandau entladen werden und auf den
berührten Stationen die Stückgüter für Berlin Uebergang aufnehmen soll.

Den verkehrsreichen Zwischenstationen sind, um das Aus- und
Einladen zu erleichtern, leicht bewegliche Wagen, welche an den Langseiten

offen und oben bedeckt sind, sogenannte Beiladewagen, zu überweisen. Zur Herstellung solcher Wagen lassen sich ausrangirte Güterwagen verwenden. In denselben werden die beizuladenden Güter vorher
kursweise gruppirt untergebracht, die Beiladewagen werden in das dem
Einfahrtsgeleise des Stückgüterzuges zunächst liegende Geleis gestellt und
jedes Mal in die Nähe derjenigen Wagen geschoben, bei welchen aus- und
einzuladen ist. Die Ladegeschäfte werden nach Maassgabe der auf den
Frachtkarten und an den Kurswagen befindlichen übereinstimmenden
Kurswagennummern ausgeführt. Ausserdem empfiehlt es sich, den
Zwischenstationen beim Vorhandensein einer bestimmten Gütermenge für
einen vorgeschriebenen Kurs die Bildung von Doppelkurswagen zu
gestatten, weil dadurch die Abfertigung des Zuges beschleunigt und die
übermässige Beladung der Hauptkurswagen, welche das Ausladegeschäft
erschwert, vermieden wird.

Sind Einrichtungen der vorbezeichneten Art nicht vorhanden, so wer-
den von den Zwischenstationen, um das beschwerliche Beiladen am Zuge
zu umgehen, mit Vorliebe eigene Wagen am Güterschuppen beladen, dabei
wird aber nicht immer auf kursmässige oder wenigstens zweckentsprechende
Zusammenladung der für verschiedene Stationen oder Strecken bestimmten
Güter und auf die genügende Ausnutzung der Wagen Rücksicht genommen.
Bei dieser Verladeweise erfüllen die in den Stückgüterzügen befindlichen
Kurswagen ihren Zweck nur unvollkommen und erhalten keine ausreichende
Beladung. Die Züge selbst werden mit unnützen Wagen belastet, deren
Ein- und Ausrangiren noch überdem aussergewöhnliche Rangirarbeiten
veranlasst. Den Umladestationen werden ferner Ladearbeiten zugeschoben,
welche eigentlich von den hinterliegenden Zwischenstationen hätten ver-
richtet werden müssen. Befinden sich auf ersteren Verladeunternehmer,
welche ihre Leistungen nach dem behandelten Gewicht vergütet erhalten,
so werden dieselben diese bunte Zufuhr in den meisten Fällen als ein
Mittel begrüssen, ihren Verdienst auf Kosten der Verwaltung zu erhöhen,
und die bunten Wagen ohne Einreden umladen, auch nach Möglichkeit
dahin streben, dass die vorschriftswidrige Zufuhr nicht verhindert wird.

Die hauptsächlichsten Vortheile, welche die vorstehend dargelegte
Einrichtung bietet, dürften sich kurz folgendermaassen zusammenfassen
lassen:

  1. Mitwirkung der Expeditionsbeamten bei der Verladung,
ohne dieselben wesentlich mehr zu belasten und ihren Haupt-
beschäftigungen zu entziehen. Das Aufschreiben der Kurswagennummer kann ganz mechanisch ausgeführt werden, wenn dieselbe
im Frachtkarten-Nummerverzeichniss, in der Leitungstabelle oder
einem ähnlichen in der Expedition vorhandenen Hülfsbuche bei

der betreffenden Station mit vermerkt und bei der Adressirung der Frachtkarten gleichzeitig mit den übrigen Angaben abgeschrieben wird.

2. Beschleunigung des Ladegeschäfts durch Entlastung des Ladepersonals, da letzteres die zu behandelnden Wagen nicht festzustellen braucht, sondern unverzüglich das Ein- und Ausladen vornehmen kann.

3. Möglichst geordnete Aufstellung der Stückgüter in den Ausladekurswagen, da die Verladung in der durch die geordnete Lage der Frachtkarten vorgeschriebenen Reihenfolge vorzunehmen ist.

4. Haushälterische Benutzung des Wagenmaterials und

5. Schnelle Abfertigung der Stückgüterzüge, weil die Behandlung der Wagen sowohl in Bezug auf das Lade- als das Rangirgeschäft möglichst leicht gemacht ist.

6. Entlastung des die Stückgüterzüge begleitenden Packmeisters, da derselbe die Ein- und Ausladewagen nicht mehr zu bestimmen hat. Auf den Strecken, auf welchen kein Frachtkarten-Quittungsbuch geführt wird, würde dann die Annahme und Abgabe der Papiere und die Beaufsichtigung der Wagen und des Ladegeschäfts die einzige Beschäftigung des Packmeisters bleiben. Bei vielen Stückgüterzügen, welche jetzt ausser durch den Zugführer noch durch einen besonderen Packmeister begleitet werden, läge ausserdem die Möglichkeit vor, den letzteren gänzlich zurückzuziehen und dessen Geschäfte dem Zugführer mit zu übertragen.

7. Vereinfachung des Schreibwerks. Beispielsweise würde ein Bericht, welcher jetzt lautet:

„Das Gut wurde beim Zuge 376 in den Wagen 5687 Fft., welchen Dirschau für den Kurs Berlin Uebergang eingestellt hatte, verladen"

folgendermaassen abgekürzt werden können:

„Das Gut wurde beim Zuge 376 in den Wagen 5687 Fft., Kw. 87 Bromb., verladen."

In welcher Weise sich die Ausführung in der Praxis gestalten würde, möge das folgende Beispiel andeuten:

Es soll eine Stückgutsendung von Firchau in Westpreussen nach Stickhausen in Oldenburg über Schneidemühl, Rummelsburg, Spandau, Stendal, Uelzen, Bremen direkt expedirt werden. Die Sendung gehört

nach den erlassenen Vorschriften in den Kurswagen Nr. 87, welcher in
Dirschau gebildet wird, Güter für jenseit Berlin liegende Stationen aufzunehmen hat und in Spandau umzuladen ist. Der kartirende Beamte in
Firchau schreibt die Kurswagennummer 87 auf die Adressseite der
Frachtkarte und übergiebt letztere mit den übrigen Expeditionspapieren
dem Lademeister, welcher den von Dirschau nach Schneidemühl fahrenden
Stückgüterzug abzufertigen hat. Die Sendung wird im Beiladewagen untergebracht, letzterer an einem zum Zuladen geeigneten Platze aufgestellt und
nach Ankunft des Stückgüterzuges das Beiladen in den Kurswagen vorgenommen, welcher die Beklebung trägt:

Königliche Eisenbahn-Direktion Bromberg.
Kurswagen Nr. 87
von Dirschau nach Spandau über Schneidemühl Rummelsburg.
Berlin Uebergang.

Der Kurswagen trifft abends in Schneidemühl ein und wird am folgenden Morgen, also am zweiten Beförderungstage des Guts mittelst des von da
nach Berlin fahrenden Stückgüterzuges bis Rummelsburg befördert und von
hier nach Spandau überführt. Nachdem hier von dem Expeditionsbeamten
auf der Frachtkarte die Kurswagennummer 87 durchstrichen und dafür
die Nummer 16 gesetzt ist, weil von Spandau ab in diesem Wagen die
Güter für Bremen Uebergang befördert werden, gelangt die Sendung in
den neuen Kurswagen zur Umladung. Letzterer erhält nach Fertigstellung
folgende Beklebung:

Königliche Eisenbahn-Direktion Magdeburg.
Kurswagen Nr. 16
von Spandau nach Sebaldsbrück über Stendal Uelzen.
Bremen Uebergang.

Dieser Wagen wird am dritten Beförderungstage des Guts in dem von
Berlin nach Hannover fahrenden Stückgüterzuge bis Stendal und am vierten
Beförderungstage mit dem von Stendal nach Bremen fahrenden Stückgüterzuge weiter befördert. In Sebaldsbrück, wo der Kurswagen behufs Umladung
verbleibt, wird wiederum durch den Expeditionsbeamten die Kurswagennummer 16 auf der Frachtkarte gestrichen und durch die Nummer 23
ersetzt. Hiernach erfolgt Umladung in den die Güter für Westerstede
und Ocholt bis Leer nebst Abzweigungen aufnehmenden Kurswagen Nr. 23,
welcher folgendermaassen beklebt wird:

Königliche Eisenbahn-Direktion Hannover.
Kurswagen Nr. 23
von Sebaldsbrück nach Leer.
Westerstede und Ocholt bis Leer nebst Abzweigungen.

. Letzterer wird am fünften Beförderungstage des Guts nach Bremen über-
führt und daselbst in den nach Harlingen fahrenden Stückgüterzug gestellt.
Bei der Ankunft desselben in Stickhausen übergiebt der Packmeister dem
Ladepersonal die Papiere, welches dann sofort die Entladung aus dem
Kurswagen Nr. 23 vornimmt, da demselben bekannt ist, dass die Stück-
güter aus der Richtung Bremen stets nur in diesem Wagen eintreffen.

Eine schnellere Beförderung der Sendung würde stattfinden, wenn der
Kurswagen Nr. 87 in Schneidemühl, sowie der Kurswagen Nr. 16 in Stendal
bereits genügend beladen einträfe. Die Wagen würden in diesem Falle als
Ladung behandelt und mit dem nächsten Güterzuge bis zur Umladestation
weiter befördert werden können, während die Stationen Schneidemühl und
Stendal zweite Kurswagen in den betreffenden Stückgüterzug einzustellen
hätten.

Auch würde sich die Beförderungszeit verringern, wenn die Stückgüterzüge weitere Entfernungen zurücklegten, als vorstehend angenommen ist.
Würde beispielsweise der nach Bremen fahrende Stückgüterzug statt in
Stendal bereits in Berlin beginnen, so würde dadurch ein Beförderungstag
gewonnen werden, indem alsdann der Kurswagen Nr. 16 gleich von hier
aus mit dem direkten Zuge in einem Tage nach Sebaldsbrück befördert
würde und nicht erst mittelst des von Berlin nach Hannover fahrenden
Stückgüterzuges nach Stendal vorgeschoben zu werden und dort bis zum
folgenden Morgen die Abfahrt des Stückgüterzuges nach Bremen abzu-
warten brauchte.

N. N.,
Stationsassistent.

Die belgischen Eisenbahnen im Jahre 1885.

Im Anschluss an die früheren Mittheilungen*) sollen im Nachstehenden
nach dem von der belgischen Regierung veröffentlichten Betriebsberichte
der belgischen Eisenbahnen für das Jahr 1885 die wesentlichsten statistischen
Angaben wiedergegeben werden.

I. Vom Staate betriebene Eisenbahnen.
1. Längen.

Am 31. Dezember 1885 waren im Betriebe:

unmittelbar vom Staate gebaute Linien . . . . 733,$_{337}$ km**)

für Rechnung des Staates in Generalunternehmung
gebaut . . . . 648.$_{938}$ „

zusammen . . 1382.$_{275}$ km

Von Gesellschaften gebaut und vom Staate angekauft 1460.$_{170}$ km

Vom Staate betrieben gegen Betheiligung an den Einnahmen 323 $_{865}$ „

Gesammtbetriebslänge . . 3165,$_{810}$ km

Hiervon dienten:

dem Personen- und Güterverkehr . . . . . 3016,$_{129}$ km = 95,$_{27}$ %

dem Güterverkehr allein . . . . 149.$_{681}$ „ = 4,$_{78}$ %

Doppelgeleisig waren . . . . 1331,$_{010}$ km = 42,$_{04}$ %

darunter mit 1,$_{50}$ m Spurweite . . . . . . 1323,$_{901}$ km

„ 1,$_{20}$ „ „ . . . . . . 7,$_{109}$ „

Eingeleisig waren . . . . 1834 $_{800}$ „ = 57,$_{96}$ %

davon mit 1,$_{50}$ m Spur . . . . 1822,$_{417}$ „

„ 1,$_{20}$ „ „ . . . . 12.$_{383}$ „

Die mittlere Betriebslänge betrug f. d. Jahr 1885 3144,$_{343}$ „

Die gesammte Geleislänge bei den Staatsbahnen betrug

6090.$_{104}$ km

darunter 4459,$_{323}$ km Hauptgeleise und

1630 $_{781}$ „ Nebengeleise.

---

*) Vergl. zuletzt Archiv 1886 S. 785 ff.

**) Ohne die 10,$_{220}$ km lange Strecke Landen-St. Trond, welche der Eisenbahngesellschaft Landen-Hasselt unentgeltlich überlassen ist.

Von den Hauptgeleisen hatten $73{,}87$ % Stahlschienen
und von der Gesammtgeleislänge $65{,}15$ %   „

Einen Ueberblick über die mittleren Schienenpreise seit 1870
giebt die nachstehende Zusammenstellung:

Jahr	Stahlschienen Frcs.	Eisenschienen Frcs.	Jahr	Stahlschienen Frcs.	Eisenschienen Frcs.
1870	$289{,}70$	$174{,}78$	1878	$156{,}26$	—
1871	$335{,}43$	$183{,}96$	1879	$149{,}39$	—
1872	$408{,}06$	$306{,}91$	1880	$158{,}84$	$160{,}00$
1873	$439{,}80$	$293{,}41$	1881	$160{,}11$	—
1874	$262{,}95$	$229{,}69$	1882	$149{,}10$	—
1875	$227{,}07$	$162{,}00$	1883	$140{,}00$	—
1876	$182{,}61$	$155{,}13$	1884	$131{,}00$	—
1877	$167{,}48$	$134{,}45$	1885	$129{,}46$	—

Von den Querschwellen waren $82{,}01$ % eichene.

Der Mittelpreis der kreosotirten Querschwellen betrug: .

für eichene $5{,}35$ Frcs. (einschl. $0{,}59$ Frcs. für Kreosotirung)
„ kieferne $3{,}48$ Frcs. („ $1{,}33$ „ „ „)

Eiserne Querschwellen, seit 1879 in Gebrauch, kosteten $5{,}18$ Frcs.
mit Zubehör $6{,}24$ Frcs. Sie sind $2{,}40$ m lang und wiegen ohne Zubehör
$40{,}17$ kg, mit Zubehör $42{,}67$ kg.

Die in 1885 verlegten kosten (ohne Verlegen) bei einem Gewichte
von 75 kg $8{,}93$ bis $9{,}04$ Frcs. (Hohlschwellen),
„ 105 „ $15{,}30$ Frcs.   (Glattschwellen),
gegenüber einem Preise der Holzschwellen von $5{,}15$ Frcs. für das Stück.

2. Anlagekapital der Staatsbahnen.

Das gesammte auf die Staatsbahnen verwendete Kapital, einschliesslich der Kosten der im Bau begriffenen Linien und der geleisteten
Vorschüsse betrug:

Ende 1884 $=$ 1 236 521 511,11 Frcs.

Hieraus ergiebt sich nach Abzug der Vorschüsse an die Gesellschaften
für nicht fertige Arbeiten etc. (25 751 723,21 Frcs.) und zuzüglich der
Zinssummen (15 902 155,17 Frcs.) das Betriebs-Anlagekapital am
31. Dezember 1884 zu . . . . 1 226 671 943,07 Frcs.
hierzu für die in 1885 dem Betriebe über-
gebenen Linien . . . . 22 824 150,06 „
mithin Anlagekapital am 31. Dez. 1885 $=$ 1 249 496 093,13 Frcs.

Davon kommen:

a. auf Anlage und Fertigstellung der vom Staate
   gebauten und betriebenen Linien . . . .   472 201 707,₄₉ Frcs.
b. auf die rückgekauften Linien (einschliesslich
   Fertigstellung) . . . .   462 646 163,₈₀   „
c. auf Fertigstellungskosten f. d. mitbetrieb. Linien   6 359 450,₀₂   „
d. auf Ausrüstung der Stationen . . . . . .   34 278 849,₆₉   „
e. auf allgemeine Kosten (Vorarbeiten, Personal-,
   Mobiliar- und Büreaukosten) . . . . . .   8 529 683,₂₁   „
f. auf Beschaffung von Betriebsmitteln . . . .   252 680 399,₆₇   „
g. für den Rückkauf von Betriebsstrecken . . .   12 799 839 ₂₅   „

   Gesammtes Betriebs-Anlagekapital . . . .   1 249 496 093,₁₈ Frcs.

3. Betriebsmittel der Staatsbahnen.

Es waren vorhanden:	1885	1884
Lokomotiven:		
für Personenzüge	536	519
„ Güterzüge	827	842
„ starke Steigungen	144	95
„ Bahnhofsdienst	281	284
zusammen .	1 788	1 740
Tender	1 164	1 172
Dampfwagen	14	13
Fahrzeuge für Personenzüge:		
Personenwagen	2 996	2 983
Gepäckwagen	581	583
Leichen-, Post- und dergl. Wagen	75	76
Geschlossene Güterwagen	302	308
Equipagewagen	115	118
Pferdewagen	123	125
zusammen .	4 192	4 193
Fahrzeuge für Güterzüge:		
Gepäckwagen	672	676
Gewöhnliche Güterwagen	38 776	39 004
(darunter geschlossene)	(5 667)	(5 800)
Besondere Wagen	971	1 105
zusammen .	40 419	40 785
Dazu für den Bahndienst:		
Bahnwagen u. s. w.	995	1 111
zusammen .	41 414	41 896

Dazu waren noch im Bau, am 31. Dezember 1885:

        12 Lokomotiven,
        1 Dampfwagen,
        106 Fahrzeuge für Personenzüge,
        200   „   „ Güterzüge.

Die Zahl der zum Verkehr auf den Staatsbahnlinien zugelassenen Privatwagen betrug Ende 1885 = 178.

Es wurden Lokomotivkilometer geleistet:

	1885	1884
von Personenzügen	17 817 913	17 478 545
„ Güter- und gemischten Zügen	17 947 836	18 869 562
von Dampfwagen	162 237	170 162
zusammen .	35 927 986	36 518 269
im Vorspanndienst	355 707	470 375
in Leerfahrt	1 518 069	1 472 106
beim Rangiren u. s. w.	8 146 684	8 973 742
zusammen .	10 020 460	10 916 223
Insgesammt .	45 948 446	47 434 492

Wagenachskilometer wurden zurückgelegt:

	1885	1884
in Personenzügen	158 718 515	150 895 008
in Güterzügen	271 097 551	278 483 656
zusammen beladen u. Einnahme bringend	429 816 066	429 378 664
ohne Einnahme (von Postwagen u. s. w) .	110 530 846	105 638 017
Insgesammt .	540 346 912	535 016 681

Die Zahl der gefahrenen Züge betrug:

        in 1885 = 819 776, davon 414 998 Personenzüge,
        in 1884 = 862 677, davon 434 288 Personenzüge.

Das Prozentverhältniss der Zahl der beförderten Personen zur Zahl der in den Personenwagen enthaltenen Sitzplätze betrug:

        in 1885 = 22.$_{42}$ %,
        in 1884 = 23,$_{61}$ %.

Das Prozentverhältniss der beförderten Ladung zur Tragkraft der Güterwagen war

        in 1885 = 42,$_{39}$ %,
        in 1884 = 44,$_{46}$ %.

	1885		1884	
Der Kohlenverbrauch betrug:	Menge kg	Werth Frcs.	Menge kg	Werth Frcs.
für das Lokomotivkilometer . . .	12.89	0.072	12,86	0,093
„ „ Zugkilometer	17,84	0,100	18,33	0,133
„ „ Wagenachskilometer . . .	1,098	0 006	1,142	0,008

4. Finanzielle Ergebnisse der Staatsbahnen.

Die Betriebseinnahmen ergaben:

	1885	1884
für Personen . . . . Frcs.	41 725 313,05	39 491 766.99
„ Gepäck . . . . „	1 043 266 60	1 022 363,52
„ Stückgut (petites marchandises) „	8 114 183,58	8 540 768,47
„ Frachtgut (grosses „ „	64 897 129.89	67 134 674.69
„ Equipagen . . . . „	50 485,12	53 679,40
„ Geldsendungen . . , . . . „	212 961.28	203 298,11
„ Pferde und Vieh . . . . . „	1 243 686,25	1 270 299,01
„ aussergewöhnliche Einnahmen „	2 382 406 22	2 386 350.95
zusammen Frcs.	119 669 431,99	120 103 201,14
Sonstige Einnahmen (aus Verpachtung von Ländereien, Gebäuden u. s. w.) Frs.	103 124.57	87 907.37
Gesammte Roheinnahme Frcs.	119 772 556,56	120 191 108,51

Von den Verkehrseinnahmen entfielen:

	1885	1884
auf den Binnenverkehr . . . . . Prozent	64,06	63,29
„ „ gemischten Verkehr . . . . „	10,29	9,71
„ „ internationalen Verkehr . . . „	25,65	27,00
Es kommen an Roheinnahmen:		
auf das Betriebskilometer . . . . . Frcs.	38096	38771
„ „ Zugkilometer . . . . . . „.	3.6406	3,6468
„ „ Lokomotiv-Nutzkilometer . . „	3,3337	3,2913
„ „ Wagenachs- „ „	0,2792	0,2805
Von der Gesammt-Roheinnahme entfallen auf die Privatbahnen im Staatsbetrieb . Frcs.	4 520 998,44	4 138 796,97

Im Personenverkehr ergab sich:
für 1 Reisenden:

	Mittlere Fahrt		Mittlere Einnahme	
	1885	1884	1885	1884
	km		Frcs.	
für die Expresszüge (Normalpreise)	48.99	50,89	3.068	3,199
„ „ gewöhnlichen Züge (Normalpreise) . .	19.04	18.90	0.750	0,736
zusammen	21.93	21.80	0.974	0,920
„ beide zusammen (ermässigte Preise) . .	24.02	23.18	0.353	0,345
zusammen	22,47	21,75	0.814	0,783

Von den 51 233 224 beförderten Reisenden haben 71,3 % ermässigte
Fahrpreise gehabt.

Die mittlere Einnahme für 1 Reisenden betrug:

bei Normalpreisen:	Expresszüge		Gewöhnl. Züge	
	1885	1884	1885	1884
für gewöhnliche Billets:	km		Frcs.	
I. Klasse	7,722	8,126	2,836	2,745
II. „	4.997	4,869	1,647	1,578
III. „	2.080	1,974	0,805	0,794
zusammen	4,280	4,400	0,969	0,951
für Retourbillets:				
I. Klasse	4,432	4,443	1,583	1,524
II. „	2,926	2,834	0,929	0,890
III. „ . . . . . · . .	1,344	1,322	0,523	0,513
zusammen	2.307	2,296	0.612	0,598
Insgesammt	3,068	3,199	0,750	0,736

Die Betriebsausgaben betrugen:

		1885	1884
für allgemeine Verwaltung . . .	Frcs.	1 369 737,21	1 549 131,62
„ Bahnverwaltung	„	16 836 455,00	17 257 100,00
„ Zugkraft und Material . . .	„	30 333 800,00	31 635 500 00
„ Transportverwaltung	„	19 537 650,00	19 432 435,00
„ Vergütung der Einnehmer und Kosten der Einnahmekontrole .	„	1 884 120.00	1 780 850,00
„ sonstige Ausgaben	„	135 593.53	126 677.16
Betriebskosten . .	Frcs.	70 097 355,74	71 781 693,75
Hiervon ab die Kosten der Ergänzungs- und Erweiterungsanlagen mit	„	172 230.24	326 672.32
Bleiben eigentliche Betriebskosten .	Frcs.	69 925 125,50	71 455 021,46

Verhältniss der Betriebsausgabe zur		1885	1884
Roheinnahme	Proz.	58,38	59,45
Es kommen Betriebskosten:			
auf das Betriebskilometer. . . .	Frcs.	22 241	23 155
„ „ Zug „	„	2,1254	2,1777
„ „ Lokomotiv-Nutzkilometer .	„	1,9463	1,9656
„ „ Wagenachs- „ .	„	0,1630	0,1675
die mittlere Jahresrente des An-			
lagekapitals berechnet sich zu .	Proz.	4,00	4,00

5. Personal der Staatsbahnen.

Dasselbe betrug:	1885	1884
an Beamten und Angestellten.	6 265	6 346
an Unterbeamten und Arbeitern	33 802	34 113
zusammen . .	40 067	40 459

6. Uebersicht der wesentlichsten Betriebsergebnisse der Staatsbahnen in den Jahren 1835—1885.

Nachstehende Zusammenstellung giebt in runden Zahlen einen Ueberblick über Anlagekapital, Rente, Roheinnahmen, Betriebskosten und Prozentverhältniss von Betriebsausgabe zur Roheinnahme der vom Staate betriebenen belgischen Eisenbahnen für die Zeit von 1835—1885.

Jahr	Anlagekapital am Jahresschluss Frcs. (in Tausend abgerundet)	Mittlere Rente %	Jahres-		Betriebsko ſ ⸗ cent
			Roheinnahme Frcs. (abgerundet in Tausenden)	Betriebskosten (ohne Ergänzungs- bauten) Frcs.	
1835	1 952 000	12,61	269 000	169 000	62 72
1840	63 647 000	4,28	5 356 000	3 078 000	57,47
1845	154 221 000	4,04	12 421 000	6 339 000	55,58
1850	171 591 000	3,04	15 108 000	9 033 000	59,79
1855	182 834 000	5,79	24 624 000	12 602 000	51,18
1860	208 929 000	6,76	29 686 000	14 186 000	47,79
1865	235 993 000	8 01	38 425 000	19 397 000	50,48
1870	264 831 000	7,52	45 378 000	25 338 000	55,84
1875	585 230 000	3,91	89 295 000	59 247 000	66,35
1880	1 055 404 000	4,51	113 873 000	67 652 000	59,41
1885	1 249 496 000	4,00	119 773 000	69 925 000	58 38

Den Höchstbetrag der Rente lieferte das Jahr 1871 (abges. von 1835):

1871	308 211 000	8,96	66 970 000	34 956 000	52,20

Das günstigste Verhältniss zw. Ausgabe u. Einnahme ergab das J. 1861:

1861	213 715 000	8,14	33 733 000	15 204 000	45,07

II. Von Privatgesellschaften betriebene Eisenbahnen.

Die Länge der am 31. Dezember 1885 in Privatbetrieb befindlichen, auf belgischem Gebiet liegenden Eisenbahnen betrug (einschliesslich der vom belgischem Staate gebauten 10,$_{220}$ km langen Strecke Landen—St. Trond) 1243,$_{605}$ km (darunter 141,$_{185}$ km gemeinschaftliche Strecken).

Ausserdem werden von den belgischen Privat-Eisenbahngesellschaften noch 215,$_{628}$ km auf ausländischem Gebiete liegende Strecken betrieben, sodass sich hiernach eine Gesammtlänge von 1459,$_{233}$ km ergiebt. (In 1884 = 1457,$_{876}$ km). Von obigen 1243,$_{605}$ km belgischen Strecken dienten:

dem Personen- und Güterverkehr . . . . . . 96,$_{65}$ %
„ Güterverkehr allein . . . . 3,$_{85}$ „ .
Zweigeleisig waren . . . . 194,$_{508}$ km = 15,$_{64}$ %
eingeleisig desgleichen . . . . 1049,$_{097}$ „ = 84,$_{36}$ „ .

Die mittlere Betriebslänge für 1885 ergiebt, wie oben:

für die belgischen Strecken. . . . . . . 1243 $_{605}$ km
„ das Gesammtnetz . . . . 1459,$_{233}$ „ .

Der Bestand des Betriebsmaterials betrug am 31. Dezember:

	1885		1884	
	Im Ganzen	für das km Bahnlg.	Im Ganzen	für das km Bahnlg.
Lokomotiven . . . . , . .	539	0,$_{37}$	535	0,$_{37}$
Tender	369	0,$_{25}$	377	0,$_{26}$
Dampfwagen	6	—	5	—
Personenwagen	846	0,$_{58}$	833	0,$_{57}$
Gepäckwagen	453	0,$_{31}$	450	0,$_{31}$
Güterwagen	13 765	9,$_{43}$	13 831	9,$_{49}$
Sonstige Wagen	37	0,$_{02}$	36	0.$_{02}$

An Zugkilometern wurden geleistet:

	1885	1884
auf den belgischen Strecken	9 462 419	9 481 002
„ „ fremden Strecken.	129 377	130 211
zusammen . .	9 591 796	9 611 213

Finanzielle Ergebnisse der Privatbahnen.

Die nachstehenden Angaben beziehen sich auf das Gesammtnetz der Privatbahngesellschaften einschliesslich der ausländischen Strecken.

Betriebseinnahmen:	1885		1884	
	Im Ganzen Frcs.	in %	Im Ganzen Frcs.	in %
aus dem Personenverkehr .	11 008 587	29,57	10 520 635	27,07
„ „ Gepäck- „ .	239 381	0,64	236 225	0,61
„ „ Stückgut- „ .	1 471 401	3,95	1 523 668	3,92
„ „ Frachtgut „ .	22 142 183	59,48	23 924 222	61,56
„ der Beförder. von Geldern	31 897	0,09	33 438	0,09
„ „ „ „ Equipg.	8 568	0,02	8 919	0,02
„ dem Viehverkehr . .	416 549	1,12	386 443	0,99
zusammen	35 318 566	94,87	36 633 550	94,26
Sonstige Einnahmen . . .	1 911 221	5,13	2 229 337	5,74
Insgesammt	37 229 787	100,00	38 862 887	100,00
Betriebsausgabe:	20 333 582	—	20 683 186	—
mithin Reinertrag	16 896 205	—	18 179 701	—
Verhältniss der Betriebsausgabe zur Roheinnahme Proz.	54,62	—	53,22	—

Für das km mittlere Betriebslänge ergab sich:

		1885	1884
die Einnahme	Frcs.	25 513,25	26 657,19
„ Ausgabe	„	13 934,43	14 187,20
der Reinertrag	Frcs.	11 578,82	12 469,99

Für das Zugkilometer betrug:

		1885	1884
Einnahme	Frcs.	3,8814	4,0435
Ausgabe	„	2,1199	2,1520
Reinertrag	Frcs.	1,7615	1,8915

Im Personenverkehr ergab sich ein Mittelertrag für den Reisenden:

		1885	1884
in I. Klasse	Frcs.	2,16	2,26
„ II. „	„	1,26	1,22
„ III. „ und zu ermässigten Preisen	„	0,62	0,61
Im Ganzen		0,77	0,75

Für das km mittlere Betriebslänge ergaben sich:

		1885	1884
Reisende	Zahl	9 792	9 600
Einnahme	Frcs.	7 544,09	7 216,41

Von der Einnahme entfielen:	1885	1884
auf die I. Klasse	10,55 %	10,96 %
„ „ II. „	23,38 „	22,68 „
„ „ III. „ (und ermässigte Preise) .	66.07 „	66,36 „

An Personal war vorhanden:	1885	1884
Beamte, Angestellte u. s. w.	2 110	2 139
Unterbeamte und Arbeiter	8 796	9 191
zusammen .	10 906	11 330

Unfälle bei den Staats- und Privatbahnen.

Es verunglückten:	Staatsbahnen				Privatbahnen			
	1885		1884		1885		1884	
a. durch die Wirkung des Betriebes (Zusammenstösse, Entgleisungen):	getödtet	verletzt	getödtet	verletzt	getödtet	verletzt	getödtet	verletzt
Reisende	—	41	—	27	—	—	—	—
Eisenbahnbedienstete . . .	1	27	1	26	—	—	1	3
zusammen .	1	68	1	53	—	—	1	3
b. durch eigene Schuld der Betheiligten (Unvorsichtigkeit, Selbstmord u. s. w.):								
Reisende	5	26	9	45	—	6	2	—
Eisenbahnbedienstete . . .	63	315	70	299	17	60	20	72
Sonstige Personen	59	49	43	43	27	13	18	11
zusammen .	127	390	122	387	44	79	40	83
Insgesammt .	128	458	123	440	44	79	41	86
	586		563		123		127	

Die Nebenbahnen in Belgien im Jahre 1886.*)

Die auf Grund des Gesetzes vom 24. Juni 1885 ins Leben gerufene Nationalgesellschaft für Nebenbahnen hat bis Ende des Jahres 1886 die Konzession für 14 Linien in einer Gesammtlänge von 221,7 km erhalten. Hiervon sind bis jetzt 10 Linien mit einer Länge von 184,7 km im Betrieb, die übrigen 4 mit einer Länge von 37 km im Bau. Wie wir dem Verwaltungsberichte für das zweite Geschäftsjahr entnehmen, sind inzwischen für weitere 9 Linien mit 181,4 km die Konzessionsverhandlungen zum Abschlusse gebracht worden, so dass die Gesellschaft gegenwärtig ein Netz von 23 Linien in der Gesammtlänge von 403,1 km, theils im Bau, theils im Betrieb befindlich, besitzt. Bezüglich 16 weiterer Linien mit einer Länge von 299,2 km sind die Vorarbeiten so weit vorgeschritten, dass mit dem Bau noch im Jahre 1887 begonnen werden dürfte. Im Ganzen können bisher 39 Linien mit einer Länge von 703,2 km als sichergestellt angesehen werden. Von dem Anlagekapital dieser 39 Linien, welches mit 29 238 000 Francs veranschlagt ist, haben gezeichnet der Staat 8 283 000 Francs, die Provinzen 7 880 000 Francs, die Kommunen 11 682 000 Francs und die Privaten 1 393 000 Francs. Ein Vergleich dieser Ziffern mit dem Vorjahre ergiebt, dass sich das Verhältniss der Betheiligung an dem Anlagekapital wenig verändert hat. Es haben nämlich gezeichnet in Prozenten:

	Staat	Provinzen	Kommunen	Private
1885:	27,70	27,70	39,34	5,26
1886:	28,33	26,95	39,96	4,76

Wie schon bei einer früheren Gelegenheit ausführlicher erörtert wurde,**) stellt das Gesetz vom 24. Juni 1885 es dem Staate, den Provinzen und Gemeinden frei, sich am Anlagekapitale entweder im Wege der vollen Einzahlung des Kapitals oder durch Zeichnung von Annuitäten zu betheiligen. Wie vorauszusehen war, haben Staat, Provinzen und Gemeinden bisher durchwegs Annuitäten gezeichnet, auf Grund deren die Gesellschaft

---

*) Vgl. Société nationale des chemins de fer vicinaux. Second exercice social. Année 1886. Rapport présenté par le conseil d'administration. Bruxelles 1887. Sigmund Sonnenschein, Die Organisation des belgischen Nebenbahnwesens. Archiv 1886, S. 748 ff.

**) Archiv a. a. O. S. 758 ff.

.die von der „Société générale pour favoriser l'industrie nationale" vertragsmässig übernommenen 3prozentigen Prämienobligationen herausgab. Die Baukosten der mit einer Spurweite von 1 m hergestellten Linien stellen sich mit Rücksicht auf ihren mehr tramwayartigen Charakter sehr niedrig. Für .die im Betrieb befindlichen 10.Linien betrugen die Baukosten bis Ende Dezember 30 019 Francs für das Kilometer, während 38 511 Francs vorgesehen waren. Es blieb also noch eine Reserve übrig, welche für die Erweiterung der vorläufig nur spärlich ausgestatteten Stationen verwendet werden soll. Der Bau wird in der Regel im Verdingungswege vergeben, und ist bisher um 3 bis 8 Proz. billiger ausgeführt worden, als veranschlagt war. Von besonderem Interesse erscheinen die Mittheilungen der Nationalgesellschaft über die Erfahrungen, welche sie bei der Anwendung des von ihr angenommenen Betriebssystems gewonnen hat. Mit einzelnen Ausnahmen, wo mehr das Bedürfniss des Touristenverkehrs als das örtliche Interesse für die Anlage der Linien massgebend war, hat die Gesellschaft an dem Grundsatze festgehalten, den Betrieb im Wege öffentlicher Vergebung an Lokalgruppen zu verpachten. Nur in der Grundlage, auf welcher die Vergebung des Betriebes ursprünglich erfolgte, ist eine wesentliche Aenderung eingetreten. Während nämlich die Gesellschaft ursprünglich den Unternehmer zum Betriebe auf Grund eines Rückhaltes von der Roheinnahme von jährlich 1500 Francs für das Kilometer, vermehrt um .. Prozent der Roheinnahme, verpflichtete, erfolgt gegenwärtig die Vergebung auf Grund einer Tantième von .. Prozent der Roheinnahme, und zwar wechselnd mit der Ziffer. der jährlichen kilometrischen Roheinnahme, jedoch mit der Bedingung, dass die Gesellschaft dem Betriebsführer eine Mindesteinnahme von 2000 Francs auf das Kilometer zusichert. Durch diese Aenderung erscheint ein in den früheren Verpachtungsbedingungen liegender Fehler beseitigt, welcher zur Folge hatte, dass der Unternehmer über eine gewisse Summe hinaus kein Interesse an der Erhöhung der Einnahmen hatte. Bei einem Vergleich der alten und neuen Normen ergiebt sich z. B. bei der Linie Ostende-Nieuport folgendes Resultat: Bei einer Kilometereinnahme von 3000 Francs erhielt der Unternehmer früher 1500 Francs fest oder 50 Prozent + 35 Prozent, d. i. 1050 Francs, zusammen 2550 Francs, während die Nationalgesellschaft 15 Prozent, d. i. 450 Francs, erhielt. Nach den neuen Normen würde der Unternehmer bei einer Roheinnahme von 3000 Francs 70 Prozent = 2100 Francs erhalten, während auf die Nationalgesellschaft 900 Francs oder 30 Prozent entfallen. Dieses Verhältniss verbessert sich aber nach den neuen Normen zu Gunsten des Unternehmers in dem Maasse, in welchem die Einnahmen steigen, und verschlechtert sich in demselben Verhältnisse für die Nationalgesellschaft, so zwar, dass die thatsächliche Einnahme der Linie Ostende-

Nieuport im Jahre 1886 zu Grunde gelegt, nämlich 4500 Francs für das Kilometer, der Antheil des Unternehmers, welcher nach den früheren Normen 3075 Francs betragen hätte, jetzt 3150 Francs beträgt, während der Antheil der Nationalgesellschaft sich von 1425 auf 1395 Francs ermässigt.

Ueber die bisherigen Betriebsverhältnisse der belgischen Nebenbahnen giebt folgende Darstellung Aufschluss:

	Im Betriebe befindliche Kilometer	Anzahl der Betriebssätze	Einnahmen Francs	Ausgaben*) Francs	Ueberschuss Francs	Betriebskoeffizient	Jährliches Gesammtzinsenerforderniss nämlich 3½% ige Annuität des gezeichneten Kapitals + 4½% ige Verzinsung für die privaten Einzahlungen.
Ostende-Nieuport-Furnes . . .	25,3	365	103 395	82 298	21 097	76,60	42 340
Antwerpen-Hoogstraeten-Turnhout.	43,5	360	200 353	135 497	64 855	67,53	77 470
Ostende Blankenberghe	20,1	146	81 316	54 729	26 586	67,36	28 000
Poix-St. Hubert.	6,4	92	5 462	3 874	1 588	70,91	9 660
Melreux-Laroche	17,3	84	7 903	8 711	808	110,22	27 950
Andenne-Eghezée	19,3	75	14 083	10 805	3 277	76,73	24 775
Gent-Somergem	13,9	39	5 101	3 741	1 359	73,34	21 000
Thielt-Aeltre	15,8	25	1 613	3 175	1 562	196,84	22 330
	161,6		419 228	302 833	118 765	72,23	253 525

Wie aus dieser Darstellung hervorgeht, haben nur zwei Linien die Betriebskosten nicht gedeckt, nämlich die Linien Melreux-Laroche und Thielt-Aeltre. Selbstverständlich kann das vorliegende Ergebniss mit Rücksicht auf die kurze Betriebsdauer einen Maassstab für die Beurtheilung des Verkehres der belgischen Nebenbahnen zunächst nicht bilden. Die Bilanz des zweiten Betriebsjahres, welches mit 31. Dezember 1886 schloss, gestattete das erstemal die Vertheilung einer Dividende für diejenigen Linien, welche länger als 12 Monate im Betriebe sich befanden, während der Gewinn der übrigen Linien auf das Betriebsjahr 1887 übertragen wurde. Aus obiger Gegenüberstellung des Gesammt-Zinsenerfordernisses und des thatsächlich erzielten Ueberschusses soll sich ergeben, inwieweit die gezeichneten Annuitäten in dem Ueberschusse der Linien ihre Bedeckung finden. Ein Urtheil wird sich in dieser Richtung jedoch erst bilden lassen, wenn die Betriebsergebnisse eines ganzen Jahres vorliegen werden. Der Bericht der Verwaltung veranschlagt das durchschnittliche Kilometer-Erträgniss mit 4748 Francs, während das Gesammterforderniss an Zinsen und Betriebskosten mit 4565 Francs berechnet wird. Von der Gesammteinnahme der

*) Antheil des Betriebspächters vermehrt um 200 Francs für das Kilometer als Generalunkosten der Nationalgesellschaft.

im Jahre 1886 im Betrieb befindlichen Linien, welche 507 054 Francs betrug, entfallen 467 543 auf den Personenverkehr, während der Güterverkehr sich vorerst nur in bescheidenen Grenzen bewegt. Es ist dies zum Theil auf die Schwierigkeiten zurückzuführen, welche sich aus der Anwendung des Art. 6 des Gesetzes vom 24. Juni 1885 und des Art. 7 des Bedingnissheftes vom 20. März 1886 ergeben haben, und denen eine gewisse grundsätzliche Bedeutung nicht abgesprochen werden kann. Nach dem Gesetze vom 24. Juni 1885 müssen alle Tarife von der Regierung genehmigt werden, die sich das Recht vorbehalten hat, die Herabsetzung zu verbieten oder die Erhöhung zu fordern. Will nun die Gesellschaft eine Herabsetzung der Tarife erlangen, so muss die Aenderung 14 Tage vorher beantragt werden und die Erhebung der ermässigten Gebühren kann erst nach Genehmigung des Ministeriums erfolgen. Wie aus den Verhandlungen, zu welchen die Aufnahme dieser Bestimmung in der Kammer Anlass gegeben hat, hervorgeht, wollte man die Nationalgesellschaft auf diese Weise verhindern, den Staatsbahnen Konkurrenz zu machen. Der Verwaltungsrath macht nun geltend, dass das Ministerium für Landwirthschaft, Gewerbe und öffentliche Arbeiten sich stets mit dem Eisenbahnministerium ins Einvernehmen setze, wenn es sich um die Konzessionirung einer neuen Linie handle, und daher diejenigen Linien, die durch zu niedrige Tarife den Staatsbahnen Konkurrenz machen könnten, wohl unterscheiden könne von denjenigen, deren Konkurrenz nicht zu befürchten ist.

Da in Folge der vielen Formalitäten, denen ihre Gesuche um Ermässigung der Tarife unterworfen sind, öfters Frachten verloren gehen, die mittelst einer geringen Ermässigung der Tarife leicht hätten erlangt werden können, so spricht sich der Verwaltungsrath für die Nothwendigkeit einer grösseren Freiheit der Gesellschaft bei Aenderung ihrer Tarife aus. Zu diesem Zweck würde allerdings eine Aenderung des Gesetzes vom 24. Juni 1885 erforderlich sein.

S. S.

Die Eisenbahnen in Spanien in 1884.*)

Am Schlusse des Jahres 1884 waren in Spanien 8 681 km Eisenbahnen im Betrieb, weitere 2 980 km noch im Bau und für 198 km wurden Vorarbeiten gefertigt. Diese sämmtlichen Bahnen sind von Privatunternehmern — meist Engländern und Franzosen — gebaut worden und werden auch von solchen betrieben. Das ganze Netz ist vertheilt unter 48 Privatunternehmungen, von denen 28 von der Regierung Unterstützung erhalten haben.

In der nachstehenden Uebersicht sind das von den spanischen Eisenbahngesellschaften verausgabte Aktien- und Obligationenkapital, die von der Regierung an diese Gesellschaften gezahlten Unterstützungen, sowie die kilometrischen Einnahmen und Ausgaben für das Jahr 1884, und zwar für die bedeutenderen Gesellschaften besonders zusammengestellt, soweit diese aus der vorliegenden spanischen Statistik zu entnehmen waren. Diese Angaben beziehen sich nicht auf das gesammte, Ende 1884 im Betrieb gewesene Eisenbahnnetz (8 681 km), sondern nur auf 8 485 km. Ueber weitere 196 km ist in der amtlichen Statistik nichts enthalten. Die bewilligten Staatsunterstützungen beziehen sich, soweit ersichtlich, auf die den einzelnen Gesellschaften konzessionirten Bahnlängen, deren Gesammtausdehnung nach den „abgeänderten Entwürfen" zu 10 655 km angegeben wird (vergl. Spalte 7 der Uebersicht). Die in Spalte 6 aufgeführten „durchschnittlichen Kosten des Kilometers Bahnlänge mit Ausschluss der staatlichen Unterstützung" entsprechen nicht überall dem Ergebniss der Division des in Spalte 5 angegebenen Anlagekapitals durch die Kilometer-

---

*) Vergl. „Die Eisenbahnen in Spanien" Archiv 1885 S. 322—328 und „Die Eisenbahnen in Spanien im Jahre 1883" Archiv 1886 S. 421—422. Die hier gebrachten Mittheilungen sind dem amtlichen spanischen Berichte über die öffentlichen Arbeiten für 1884 entnommen (Memoria sobre las obras publicas de 1884 en lo relativo á ferrocarriles presentada al Eclmo. Sr. Ministro de Fomento por le Excm. Sr. D. José Gallego Diaz, director general de obras públicas. Madrid 1886). Die Zahlenangaben dieses Berichtes weichen mehrfach von denen ab, welche im Archiv nach anderweitigen, ebenfalls amtlichen Quellen gebracht sind (vergl. beispielsweise „Die spanischen Eisenbahnen am 1. Januar 1885" Archiv 1886 S. 107). Der Grund dieser Abweichungen hat sich nicht ermitteln lassen.

Gesellschaft	Länge der Ende 1884 im Betrieb gewesenen Eisenbahnen km	Anlagekapital			Durchschnittlich angelegtes Anlagekapital für 1 km Bahnl. mit Ausschluss der staatl. Unterstützungen	Länge, für welche die Koncession ertheilt ist km
		Aktien	Obligationen	Zusammen		
		Pesetas*)				
Eisenbahn von Madrid nach Zaragoza und Alicante .		100 000				2 813
Eisenbahnen v. Nord-Spanien		000				1 874
Andalusische Eisenbahnen .		000 000				1 191
Eisenbahnen von Asturien, Galicien und Leon . .		953				
Eisenbahnen von Madrid nach Caceres und Portugal .		000 000				
Eisenbahnen von Almansa, Valencia und Taragona .						44
Eisenbahnen v. Taragona nach Barcelona u. Frankreich .			000			
Eisenbahnen von Medina del Campo nach Zamora und von Orense nach Vigo .		975				
Direkte Eisenbahnen von Madrid u. Saragossa nach Barcelona:						
a) Strecke Reus-Roda . .	{	000 000	000	118 000		
b) Strecke Zaragoza-Escatron						
Eisenbahn von Lerida nach Reus und Tarragona . .		000	—	000		10
Eisenbahn von San Juan nde las Abadesas		21 000 000	000 000	000 000		
Eisenbahn von Medina del Campo nach Salamanca .		000				
Eisenbahn von Mallorca .			000			
The Buitron and Huelva Railway and Mineral Campany**)		—	—	—		
Schwefel- u. Kupfer-Gesellschaft von Tharsis**) . .		—	—	—		
Eisenbahn von Langreo in Asturien			981			
Eisenbahn von Santiago zum Hafen von Carril . . .		421 038	000			
Sonstige Gesellschaften . .			963			1 18
Zusammen .						10

*) Peseta = 0,₄₀ℳ. **) Das von diesen Gesellschaften für die Eisenbahnen aufgewandte Anlagekapital ist

Staatsunterstützungen						Betriebsl... re im Jahresdurc schnitt 188.	Im Jahre 1884 betrug für das km Bahnlänge die		Verhältnis der Al. gabe zur Einnahme
Gewöhnliche Unter- stützung einschliesslich der als rückzahlbaren Vorschuss betrachteten		Zusatz- Unterstützung		Unmittelbare Unter- stützung, bewilligt durch das Gesetz vom ... Juli 1867 und die Dekrete vom ... Januar und Mai 1869			Ein- nahme	Aus- gabe	
bewilligt	überwiesen	bewilligt	überwiesen	bewilligt	überwiesen				
Pesetas						km	Pesetas		Prozent
140	979			995	995				
		—	—		11 577	1 814	—	—	—
			910						
975		—		912	912 419				
				—	—				
		—	—					11 528	
11 748			1 152						
							—	—	—
} 000		975		—	—		930	913	
		—	—						
000 000	940	1 591 026		—	—			992	
000		928					999		
—	—	—	—						
—	—	—	—						
—	—	—	—				13 715	11 914	
1 318	—	—	—	—					
				931	931		—	—	—
901				067	916		—	—	—

dem für die Bergwerksanlagen verwendeten nicht getrennt und konnte desshalb nicht angegeben werden.

56*

zahl; wie die betreffenden Zahlen sonst entstanden, ist nicht ersichtlich. Die in den Spalten 15 und 16 angegebenen kilometrischen Einnahmen und Ausgaben beziehen sich auf die in Spalte 14 angegebenen mittleren Betriebslängen.

Die Gesammt-Einnahmen und Ausgaben der spanischen Eisenbahnen, sowie die Verkehrsleistungen werden für die Jahre 1881 bis 1884 in der nachstehenden Uebersicht angegeben. Die Längen, auf welche sich diese Angaben beziehen, sind in der spanischen Statistik nicht unmittelbar an- gegeben, es kann aber nach Bemerkungen in dieser Statistik angenommen werden, dass die Angaben für 1883 sich auf eine Betriebslänge von 7720 km, für 1884 auf eine Betriebslänge von 8253 km beziehen.

Jahr	Geleistete Zugkm	Roheinnahme		Ausgabe		Ueberschuss	
		im Ganzen	für das Zugkm	im Ganzen	für das Zugkm	im Ganzen	für das Zugkm
		Pesetas	Peset.	Pesetas	Peset.	Pesetas	Peset.
1881	9378484	159222032	$17_{,05}$	67525828	$7_{,31}$	91696204	$9_{,71}$
1882	11609593	165054814	$14_{,13}$	77600874	$6_{,68}$	87453940	$7_{,45}$
1883	18351424	173263586	$9_{,32}$	73822306	$4_{,04}$	99431280	$5_{,28}$
1884	25098295	174715639	$6_{,96}$	74866091	$2_{,98}$	99849548	$3_{,98}$

In dieser Zusammenstellung erscheint die seit 1884 ausserordentlich stark angewachsene Zahl der geleisteten Zugkm, mit welcher das Wachsen der Einnahmen in keinem Verhältnisse steht, auffällig. Die Einnahme für das Zugkm ist dementsprechend seit 1884 stark gesunken, ebenso aber auch die Ausgabe. Welche Ursachen diese Erscheinung hat, ist aus der vorliegenden Quelle nicht ersichtlich.

Ueber die Verkehrsverhältnisse in 1883 und 1884 sind noch die fol- genden Angaben zu machen:

	1884	1883
Bahnlänge, auf welche sich die Angaben beziehen	8253	7720
Zahl der beförderten Reisenden	18485370	18366807
Gewicht des beförderten Gutes . . . kg	9498934679	9497872806
Einnahme aus dem Personenverkehr Pesetas	49219336	53196137
„ „ „ Güterverkehr . „	111175217	108394747
Zahl der beförderten Züge	337481	339209

Die Ausrüstung der spanischen Eisenbahnen mit Betriebsmitteln wird für das Jahr 1884 durchschnittlich für je 100 km Bahnlänge wie folgt angegeben:

$1_{,89}$ Personenzuglokomotiven,

$9_{,99}$ Güterzuglokomotiven,

5,87 Lokomotiven für gemischten Dienst,

15.82 Tender,

8,48 Personenwagen 1. Klasse,

10.59   „   2.   „   ,

24,41   „   3.   „   ,

4,11   „   gemischt 1. und 2. Klasse,

1,01   „   „   2. „ 3.   „   ,

1,29 Saalwagen,

309,87 Gepäck- und Güterwagen,

23,16 Viehwagen.

Beim Betriebe der spanischen Eisenbahnen sind in den Jahren 1883 und 1884 die nachstehenden Personenbeschädigungen vorgekommen:

	1884	1883
Mittlere Betriebslänge . . . . km	7 258	7 714
Zahl der beförderten Reisenden	16 649 504	18 366 807
Getödtet wurden:		
Reisende	59	10
Beamte der Eisenbahngesellschaften und der Regierung	38	43
Personen, welche mit dem Beförderungs- und Bahndienste nicht in Verbindung standen	70	63
Gesammtzahl der Getödteten	167	116
Verletzt wurden:		
Reisende	80	71
Beamte der Eisenbahngesellschaften und der Regierung	184	233
Personen, welche mit dem Beförderungs- und Bahndienste nicht in Verbindung standen	64	84
Gesammtzahl der Verletzten	328	388
Verhältniss der Zahl der getödteten Reisenden zur Zahl der beförderten.	1 : 282 195	1 : 836 681
Verhältniss der Zahl der verletzten Reisenden zur Zahl der beförderten.	1 : 208 119	1 : 258 687
Verhältniss der Gesammtzahl der getödteten und verletzten Reisenden zur Zahl der beförderten	1 : 126 975	1 : 226 751

Notizen.

Die Uebernahme der Nikolaibahn*) in Staatsbetrieb ist, wie wir
der Nummer 35 der amtlichen Zeitschrift des russischen Ministeriums der
Verkehrsanstalten entnehmen, ernstlich in Aussicht genommen. Der wesentlichste Inhalt dieser Mittheilung lautet in Uebersetzung:

Der Betrieb der Nikolaibahn wurde am 1. September 1868 mit Allerhöchster Genehmigung der Grossen russischen Eisenbahngesellschaft unter
anderem mit der Maassgabe übertragen, dass der Regierung das Recht zustehen solle, die Bahn nach Ablauf der ersten 20 Jahre wiederum in
eigene, unmittelbare Verwaltung zu nehmen.

In Anbetracht des Umstandes, dass der Zeitpunkt zur Zurücknahme
der Bahn aus der Verwaltung der Hauptgesellschaft nahe bevorsteht, sowie
im Hinblick auf die unvortheilhaften finanziellen Bedingungen, unter welchen
die Uebergabe der Bahn an die Privatgesellschaft erfolgt ist, haben sich
die Vertreter der Moskauer Kaufmannschaft im Jahre 1886 an die Regierung mit der Bitte gewandt, ihr die Nikolaibahn auf 20 Jahre in Pacht
zu geben. Dieser Antrag wurde vom Ministerium abgelehnt, weil er in
finanzieller Hinsicht offenbar nicht vortheilhaft sei. Dabei wurde gleichzeitig die Frage grundsätzlich erörtert, in welcher Art und Weise der
Betrieb der Nikolaibahn nach Ablauf von 20 Jahren seit Uebernahme derselben
durch die Grosse russische Eisenbahngesellschaft weiterzuführen sein wird.
Der vor 19 Jahren gefasste Beschluss, die Nikolaibahn einer Privatgesellschaft pachtweise zu übertragen — einer Bahn, welche heute hinsichtlich ihrer Erträge und ihrer allgemeinen wirthschaftlichen Bedeutung
die erste Stelle in dem russischen Schienennetz einnimmt —, war eine
Folge davon, dass damals in Russland wie im Auslande die Ueberzeugung
herrschte, es sei nothwendig, die Privatunternehmung zum Bau und Betrieb von Eisenbahnen anzuregen. Inzwischen haben sich die finanziellen
Bedingungen, unter welchen die Nikolaibahn der Privatgesellschaft über-

*) Vgl. über die Nikolaibahn (St. Petersburg-Moskau) Archiv 1885 S. 74, 1887
S. 55—60 und 416.

tragen wurde, als äusserst unvortheilhaft für den Reichssäckel erwiesen, hauptsächlich infolge der Entwerthung der Valuta, durch welche alle seitens der Gesellschaft an die Regierung zu leistenden Zahlungen für die Verzinsung und Tilgung der für die Zwecke des Eisenbahnbaues gemachten Metallanleihen auf den dritten Theil des Werthes herabgesunken sind, Andererseits ist die russische Regierung in Anbetracht der hohen allgemeinen wirthschaftlichen Bedeutung der Schienenwege gegenwärtig zu der Ueberzeugung gelangt, dass es nothwendig sei, die hauptsächlichsten Eisenbahnen nach und nach in unmittelbare, eigene Verwaltung zu übernehmen.

Hiernach würde es den Grundsätzen der Regierung nicht entsprechen, einen Schienenweg einer Privatgesellschaft zu entziehen, um denselben einer anderen Privatgesellschaft pachtweise zu übertragen, namentlich dann nicht, wenn es sich, wie im vorliegenden Fall, um das wichtigste Glied des russischen Schienennetzes, die Nikolaibahn, handelt, welche die beiden Hauptstädte des Reiches verbindet und sowohl in politischer als auch in kommerzieller und gewerblicher Hinsicht von weitgehendster Bedeutung ist.

Das Ministerium hat aus diesen Gründen den Beschluss gefasst, dass es sich empfehlen werde, die Nikolaibahn zur unmittelbaren Verfügung der Krone zu stellen, um dieselbe zu einer Zeit, in welcher es die allgemeine Finanzlage gestattet, unter möglichst vortheilhaften Bedingungen in Staatsverwaltung zurückzuführen.

Dieser Beschluss hat am 30. Mai 1887 die Allerhöchste Bestätigung erhalten.

Billetrevision in Belgien. Die belgischen Staatsbahnen haben seit dem Jahre 1884 allmählich auf dem grössten Theil ihres Netzes eine beachtenswerthe Aenderung in der Billetrevision eintreten lassen. Bis dahin erfolgte dieselbe, wie in Deutschland, ausschliesslich durch die Schaffner von den Trittbrettern während der Fahrt, wobei diese Beamten zahlreiche Unfälle erlitten, — in den Jahren 1880—1884 wurden nicht weniger als 208 Schaffner hierbei verletzt oder getödtet. — Seit 1884 ist auf den belgischen Staatsbahnen dieselbe Einrichtung zur Einführung gelangt, wie sie schon seit langen Jahren bei anderen, z. B. den englischen, französischen, holländischen Bahnen besteht: die Billet-Abnahme erfolgt nicht mehr durch Schaffner, sondern auf den einzelnen Bestimmungsstationen durch das Stations-Personal. Die erste Billetrevision besorgen nach wie vor Schaffner und zwar in der Weise, dass während des Aufenthaltes des Zuges auf den Stationen die Billets der Reisenden I. und II. Klasse geprüft werden; hierauf begiebt sich der Schaffner, falls Durchgangswagen vorhanden sind, in einen Wagen, sonst in ein Coupee III. Klasse und re-

vidirt in diesem während der Fahrt die Billets. Von Station zu Station
ist die Revision je nachdem in einem Wagen oder Coupee III. Klasse vorzunehmen und nach und nach in sämmtlichen Wagen III. Klasse zu beendigen. Die Billets bleiben in Händen der Reisenden und sind beim Verlassen des Bahnhofes auf der Bestimmungsstation an den überwachenden
Stationsbeamten abzugeben.

. Dementsprechend ist den Schaffnern das Bewegen auf den Trittbrettern während der Fahrt verboten, nur falls die Billetrevision bei den
Reisenden I. und II. Klasse auf einer Station nicht hat beendigt werden können, ist ausnahmsweise gestattet, die Revision während der Fahrt zu beendigen.

Nach Mittheilung der Verwaltung der belgischen Staatsbahnen hat
sich diese Aenderung ausserordentlich bewährt. Vor Allem sind die Unfälle der Schaffner bei der Billetrevision auf ein ganz geringes Maass
zurückgegangen und auch die Kontrole der Billets ist zufriedenstellend
ausgefallen. Zur Ausführung dieser Maassregel ist es allerdings nöthig gewesen, die Personenbahnhöfe vollständig abzuschliessen, und an den Ein-
gängen zu dem Innern Beamte aufzustellen, welche nur die mit einem
Billet, Freikarte u. s. w. versehenen Personen einlassen. Indess sind die
Stationsvorsteher ermächtigt, ausnahmsweise Personen, welche Kranke,
Kinder, Frauen u. s. w. begleiten oder erwarten oder sonst hinreichende
Gründe angeben, auch ohne Billet einzulassen. Das Publikum hat zwar
anfangs über diese Störung in der alten Gewohnheit des freien Betretens
der Bahnhöfe sich beschwert, indess vollzieht sich jetzt die neue Ordnung
ohne Unzuträglichkeiten.

Der Zutritt zu den Perrons der Bahnhöfe ist in Italien im Allgemeinen nur den mit Fahrscheinen für einen abgehenden Zug versehenen
Personen gestattet. In Folge von Gesuchen verschiedener Handelskammern
um Freigabe des Zutritts zu den Perrons ist, wie der Mon. d. Str. ferr.
mittheilt, ein ministerielles Rundschreiben an sämmtliche Handelskammern
Italiens erlassen, in welchem gesagt wird, dass das Verbot des Betretens
des Perrons, da es auf gesetzlicher Bestimmung beruht, auch nur durch
ein Gesetz würde aufgehoben werden können. Aber abgesehen davon,
müsse die Zweckmässigkeit dieses Verbots anerkannt werden, da, wenn der
Zugang zum Innern der Bahnhöfe freigegeben würde, die Beamten für die
dadurch hervorgerufenen Unzuträglichkeiten nicht verantwortlich gemacht
werden könnten, die ordnungsmässige Ausübung des Dienstes gehemmt
und manchmal unmöglich gemacht werden würde. Ausserdem seien aber
die Bahnhofsvorstände ermächtigt, in Fällen wirklichen Bedürfnisses eine
Ausnahme von dem Verbot zu gestatten und die Bahnverwaltungen
könnten einzelnen Personen, deren Geschäfte dies erfordere, die Erlaub-

niss geben, ständig oder zu bestimmten Zeiten das Innere der Bahnhöfe
zu betreten.

Die Eisenbahnen in Algier und Tunis am 31. Dezember 1885.*)

Am 31. Dezember 1885 waren:

I. Eisenbahnen für den öffentlichen Verkehr:

	Im Betrieb	Bau
	Kilometer	
a) Paris-Lyon-Mittelmeer-Gesellschaft:		
Algier—Oran	426	—
Philippeville—Constantine	87	—
zusammen . .	513	—
b) Ost-Algerische Eisenbahn-Gesellschaft:		
Constantine—Sétif	155	—
Sétif—Tixter—El-Achir	82	—
El-Achir—Palestro	—	152
Palestro—Ménerville	23	—
Ménerville—Algier	43	—
Ménerville—Tizi-Onzou	—	51
El-Guerrah—Batna	80	—
Batna—Biskra	—	121
Bougie—Beni-Mansour	—	87
Les Ouled-Ramoun—Aïn-Beïda (1 m Spurweite) .	—	89
zusammen . .	383	500
c) West-Algerische Eisenbahn-Gesellschaft:		
St. Barbe du Tlélat—Sidi-Bel-Abbès	51	—
Sidi-Bel-Abbès—Ras-el-Ma	100	—
La Sénia—Aïn-Temouchent	70	—
Tabia—Tlemcen	—	63
zusammen . .	221	63
d) Eisenbahn Bône—Guelma und Ver-		
längerungen:		
auf algerischem Gebiet:		
Bône—Guelma	88	—
Guelma—Kroubs	115	—
Duvivier bis zur tunesischen Grenze	105	—
Souk-Arrhas—Tebéssa (Schmalspurbahn von 1 m)	—	130
zusammen . .	308	130

*) Nach amtlichen Veröffentlichungen vgl. Archiv 1886 S. 554 u. ff.

	Im	
	Betrieb	Bau
	Kilometer	

	Betrieb	Bau
auf tunesischem Gebiet:		
Medjerdah-Linie: Tunis—Dahlet-Jandouba nebst Zweigbahnen	212	13
Insgesammt zu d) .	520	143
e) **Französisch-Algerische Eisenbahn-Gesellschaft:**		
Arzen—Saïda—Modzbah	238	—
Aïn-Thizy—Mascara	—	11
Mostaganem—Tiaret	—	200
Modzbah—Mécheria	114	—
zusammen . .	352	211
f) **Mokta—El Hadid-Eisenbahn:**		
Bône—Aïn Mokra	33	—
Summe I.*) .	1810	904

Bei Arzen—Saïda—Modzbah, Aïn-Thizy—Mascara, Mostaganem—Tiaret, Modzbah—Mécheria steht: Schmalspurbahnen von 1,10 m von Schienenmitte zu Schienenmitte.

II. Industriebahnen (Chemins industriels):

	Im	
	Betrieb	Bau
	Kilometer	

	Betrieb	Bau
Algerische Salzwerke:		
Von den Salzwerken des Arzew-See nach dem Hafen von Arzeu (Schmalspurbahn von 1,10 m von Schienenmitte zu Schienenmitte)	—	20
Minen von Kef-oum-Théboul:		
Von den Hüttenwerken von Kef-oum-Théboul zur Mündung des Messida (hat ebenfalls 1,10 m Spur)	7	—
Summe II. .	7	20
Insgesammt*) .	1817	924

Mit Ausnahme der 5 km langen Doppelstrecke bei Oran sind sämmt-liche Bahnen eingeleisig.

In Algier ist ausserdem noch der Bau von 391 km Eisenbahn in Aussicht genommen, und zwar:

von Tlemcen nach der marokkanischen Grenze (58 km), mit Zweigbahn nach Sebdou (45 km),

von Rio-Salado nach Benin Sa (25 km),

von Tenès nach Orléansville (49 km),

*) Ohne die tunesischen Strecken.

von Affreville über Berrouaghia nach les Trembles mit Abzweigung Haouch-Mogbzen nach Monzzaïaville (214 km).

In Tunis (französisches Schutzgebiet) waren ausser den oben angeführten Bahnen noch die Eisenbahn von Tunis nach Goulette mit 35 km Länge im Betrieb und 124 km Industriebahnen im Bau.

Am 31. Dezember 1885 betrug mithin die Betriebslänge der Bahnen für öffentlichen Verkehr (lignes d'intérêt général):

auf algerischem Gebiet 1817 km,

„ tunesischem „ 247 „ .

In Bezug auf die oben erwähnten — 513 km langen — algerischen Linien der Paris-Lyon-Mittelmeerbahn-Gesellschaft finden sich in dem Betriebsberichte dieser Gesellschaft für das Jahr 1885 die nachstehenden Angaben:

Verwendetes Anlagekapital am Jahresschluss 173 473 009.$_{85}$ Frcs.

Roheinnahmen (nach Abzug der Steuern) . 10 095 118,$_{17}$ „

Betriebsausgaben . . . . 5 514 716.$_{07}$ „

Ueberschuss . 4 580 402,$_{10}$ Frcs.

Im Vergleich zu 1884 haben die Roheinnahmen um 14,$_8$ $^0/_0$, die Ausgaben um 9,$_0$ $^0/_0$ zugenommen.

Für das Betriebskilometer betrug für die Linien:

	Algier—Oran 426 km Frcs.	Constantine—Philippeville 87 km Frcs.
Einnahme	15 431 $_{57}$	40 329,$_{19}$
Ausgabe	9 665.$_{08}$	15 342,$_{25}$
mithin Ueberschuss . .	5 766,$_{49}$	24 986,$_{94}$
Verhältniss von Ausgabe zur Einnahme in 1885	62.$_{63}$ $^0/_0$	38,$_{04}$ $^0/_0$
„ „ „ „ „ „ 1884	59,$_{97}$ „	52,$_{80}$ „

Da nach dem Vertrage vom 1. Mai 1863 der Staat für das algerische Bahnnetz der Paris-Lyon-Mittelmeer-Eisenbahngesellschaft eine Zinsgarantie von 5$^0/_0$ für ein Kapital von 80 Millionen Frcs. übernommen hat, so ergiebt der Reinertrag von 1885 zum ersten Male seit der Betriebseröffnung der algerischen Linien einen an den Staat abzuführenden Ueberschuss, und zwar im Betrage von 444 319 Frcs.

Die Gesellschaft schuldete dem Staate am 31. Oktober 1885:

für vorgeschossenes Kapital 26 740 307 $_{82}$ Frcs.

„ Zinsen . . . . . . 8 063 310 $_{99}$ „

zusammen . 34 803 618,$_{31}$ Frcs.

Die Eisenbahnen in den französischen Kolonien am 31. Dezember 1885*)

	Am 31. Dezember 1885 waren im	
1. Senegalgebiet (Afrika):	Betrieb	Bau
	Kilometer	
a) von Dakar nach St. Louis	263	—
b) von Kayes (Medine) nach Bafoulabé:		
Kayes—Diamon	54	—
Diamon—Talari	—	55
Talari—Bafoulabé	—	24
zusammen . .	317	79
2. Insel Réunion:		
Vom Hafen der Pointe-des-Galets über St. Louis nach St. Pierre	67	—
Abzweigung nach St. Benoît	59	—
zusammen . .	126	—
3. Cochinchina:		
Von Saïgon nach Mytho	71	—
(Die Spurweite der unter 1 bis 3 verzeichneten Bahnen beträgt 1 m.)		
4. Französisch-Indien:		
Von Pondichéry bis zur englischen South-Indian-Railway	12	—

5. Tonkin.

Die Anlage von Eisenbahnen wird vorbereitet. Auf Antrag des Gouverneurs von Tonkin wurde vom Minister der auswärtigen Angelegenheiten im Jahre 1886 ein besonderer, aus sieben höheren Beamten bestehender Ausschuss mit der Prüfung der Frage beauftragt, in welcher Weise am zweckmässigsten die neue französische Provinz durch Eisenbahnbauten dem allgemeinen Verkehr zu erschliessen sein werde. Der Ausschuss hat hierüber einen eingehenden, im Journal officiel de la Républiqu française vom 29. August 1887 S. 3962 bis 3967 abgedruckten Bericht erstattet, welchem wir Folgendes entnehmen:

Beim Mangel geeigneter Landstrassen, und da die Wasserstrassen, insbesondere der rothe Fluss und seine Nebenflüsse, nur auf kurze Strecken und während weniger Monate schiffbar sind, wird der Bau von Eisen-

---

*) Nach amtl. Veröffentlichung, vgl. Archiv 1886 S. 557.

bahnen ein sehr zweckmässiges Mittel sein, die Ausbeute der reichen Landeserzeugnisse zu fördern. Die Bodengestaltung ist für den Eisenbahnbau nicht ungünstig, insbesondere bildet die Herstellung derselben in den Flussthälern keine unüberwindliche Schwierigkeiten. Der Ausschuss hat im Ganzen fünf Linien geprüft, von welchen er drei zur alsbaldigen Ausführung empfiehlt. Die wichtigste ist eine Bahn zur Verbindung der Hauptstadt des Landes, Hanoi, mit der Meeresküste bei Port Courbet. Eine derartige Linie würde etwa 175 km lang sein und fruchtbare, reichbevölkerte Gebiete durchziehen. Eine zweite Linie soll bei der Station Bac-Ninh von der erstgedachten abzweigen, und in nordöstlicher Richtung nach Lang-Son führen. Sie ist etwa 125 km lang, durchzieht ein von der Kultur noch wenig berührtes Gebiet, wird also geringen Lokalverkehr haben, dagegen für den durchgehenden Verkehr mit China, und vor allem strategisch von hoher Bedeutung sein. Eine dritte Linie soll sich in nordwestlicher Richtung von Hanoi, entlang dem rothen Fluss, nach Laokaï erstrecken. Ihre Länge wird etwa 305 km betragen, ihr Endpunkt liegt nahe der chinesischen Grenze bei der Provinz Yunnam. Die beiden letzteren Linien würden sich leicht nach China fortsetzen lassen, die nach Laokaï in der Richtung nach dem Yangtzekiang, diesem Hauptstrom des himmlischen Reiches, mit seinen grossen Verkehrsplätzen. Ein Theil derselben durchzieht verhältnissmässig fruchtbares und bevölkertes Gebiet, ein anderer unfruchtbare Gebirgsgegenden. Auch ihre Herstellung würde nicht sehr kostspielig sein.

Während der Ausschuss befürwortet, der Ausführung dieser drei Linien näher zu treten, beschränkt er sich darauf, für zwei weitere Linien die Richtung nur ganz allgemein anzugeben. Die eine derselben soll ihren Ausgangspunkt gleichfalls vom Delta des rothen Flusses, und zwar von Hanoi oder einem andern geeigneten Platze aus nehmen und diesen mit dem Mekong-Flusse verbinden. Die Richtung der Linie würde nach Westen gehen, jedoch hat sich der Ausschuss noch nicht darüber schlüssig gemacht, welcher der an dem genannten Flusse belegenen Handelsplätze der beste westliche Endpunkt sein würde, ob man denselben in China (Semao, Hieng-hong), in Birma, oder in Siam (Luang-Prabang) suchen soll. Die Bahn wird mehrere 100 km (5—600 km) lang sein und unwirthliche, bisher so gut wie unbekannte Gegenden durchziehen.

Die letzte der geprüften Linien geht von Hanoi südlich, der Meeresküste entlang, nach Annam und dessen Hauptstadt Hue zu. Ihre Länge bis Hue beträgt 6—700 km; ihre Herstellung würde wegen der zahlreichen erforderlichen Kunstbauten, insbesondere der vielen Flussübergänge, ziemlich kostspielig sein, das von ihr durchzogene Gebiet aber auch fruchtbar, stark bevölkert und schon jetzt reich an Verkehr. Da indessen dies Gebiet durch die Fluss- und Küstenschiffahrt, sowie mehrere gute Landstrassen bereits erschlossen ist, so liegt für eine Eisenbahn ein dringendes Bedürfniss jedenfalls jetzt noch nicht vor.

Als Spurweite der zu bauenden Linien wird 1 m vorgeschlagen; aussergewöhnliche Krümmungen und Neigungen werden bei keiner der Linien erforderlich sein, die Herstellung des Unter- und Oberbaues bietet ebensowenig erhebliche Schwierigkeiten, zumal bereits in den anderen französischen Kolonien Erfahrungen im Eisenbahnbau gemacht sind. Auch der Betrieb wird sich einfach gestalten. Die Tarife sind in gleicher Höhe, wie die der übrigen Eisenbahnen in Cochinchina, zu bemessen, über die Erträge, Einnahmen und Ausgaben der Bahnen lassen sich jetzt noch keine einigermaassen sichere Berechnungen anstellen.

Der Ausschuss empfiehlt die Herstellung des Unterbaus der drei Linien, des „premier réseau des chemins de fer du Tonkin", durch und auf Kosten der Kolonialregierung, während die Herstellung des Oberbaus und die Betriebsführung einer Privatunternehmung zu überlassen wären, und zwar thunlichst einer einzigen Gesellschaft. Derselben würde eine Konzession auf die Dauer von 99 Jahren zu ertheilen sein; die Regierung behielte sich das Rückkaufsrecht, die Antheilnahme an den Erträgen, sobald dieselbe eine gewisse Höhe übersteigen, und die nöthigen Aufsichtsrechte vor. Auch im Uebrigen sind die Grundzüge des von dem Ausschusse empfohlenen Lastenheftes denen anderer französischen Kolonialeisenbahnen nachgebildet. Der Unterbau der Hauptstrecken ist in fünf Jahren fertig zu stellen.

Der **Bau einer Eisenbahn durch Kleinasien,** im Anschluss an die bereits bestehende Bahn längs des Busens von Nikomedien bis Ismid, über Angora-Kaisarie-Charput-Diarbekr-Baghdad, ist vor Kurzem einer Privatgesellschaft gestattet worden. Die ungefähr 4000 km lange Bahn soll normalspurig gebaut werden, und die Gesellschaft hat sich verpflichtet, dieselbe abschnittsweise innerhalb 12 Jahren fertig zu stellen. Der Gesellschaft ist ein Drittheil der nach Eröffnung der Bahn erhofften Mehreinnahmen des Zehnten in den durchzogenen Provinzen in Aussicht gestellt. Eine Abzweigung nach Erzerum wird beabsichtigt.

Roheinnahmen der italienischen Eisenbahnen in den Betriebs-
jahren (1. Juli bis 30. Juni) **1887 und 1886.*)** Nach der amtlichen Veröffentlichung im „Giornale del Genio Civile" 1887, amtlicher Theil S. 232.

---

*) Vgl. Archiv 1887 S. 598 „Die Roheinnahmen der italienischen Eisenbahnen in den Jahren Juli-Dezember 1887 und 1886" und S. 285 „Die Roheinnahmen derselben Bahnen in den Betriebsjahren 1885/86.

	Länge am 30. Juni		Betriebslänge im Jahresdurchschnitt		Roheinnahmen im Betriebsjahre (vom 1. Juli bis 30. Juni)			
					1886/1887 im Ganzen	für das km	1885/1886 im Ganzen	für das km
	1887	1886	1887	1886				
	Kilometer				Lire			
I. Eisenbahnen, welche in Gemässheit des Gesetzes vom 27. April 1885 von Privatgesellschaften betrieben werden:								
1. Mittelmeer-Netz . . .	4 566	4 349	4 459	4 264	112 368 479	25 200	106 051 279	24 871
2. Adriatisches Netz . .	4 749	4 535	4 662	4 421	94 489 305	20 267	91 554 823	20 709
3. Sizilianisches „ . . .	671	647	652	622	7 832 639	12 013	7 493 333	12 047
zusammen I.	9 986	9 531	9 773	9 307	214 690 423	21 967	205 099 435	22 037
II. Staatsbahnen, welche von der Societé Veneta betrieben werden . .	140	140	140	140	1 150 858	8 220	1 402 142	10 015
III. Sardinische Eisenbahnen	411	411	411	411	1 637 942	3 985	1 512 193	3 679
IV. Uebrige Eisenbahnen	1 088	841	945	744	7 589 395	8 031	6 215 574	8 354
Im Ganzen	11 625	10 923	11 269	10 602	225 068 618	19 972	214 229 344	20 206

Betriebsergebnisse der russischen Eisenbahnen im ersten Halbjahr (1. Januar bis 30. Juni) 1886 und 1887.*) Nach der vom russischen Ministerium der Verkehrsanstalten veröffentlichten Nachweisung.

		Staats-Eisenbahnen		Privat-Eisenbahnen		Zusammen	
		1886	1887	1886	1887	1886	1887
Bahnlänge am 1. Juli .	Werst	3 213	4 079	21 075	20 429	24 288	24 508
Betriebslänge im Durchschnitt des Halbjahres .	„	3 182	4 119**)	21 074	20 399	24 256	24 518
Beförderte Reisende:							
a) Zivilpersonen . . .	Zahl	892 500	1 177 896	15 245 736	15 265 264	16 138 236	16 443 160
b) Militärpersonen . .	„	44 198	44 217	692 961	658 216	737 159	702 433
Beförderte Güter:							
a) Eilgut	Pud	190 876	229 495	3 418 777	4 068 829	3 609 653	4 298 824
b) Frachtgut	„	83 312 937	124 040 116	1 108 701 888	1 280 821 377	1 192 014 825	1 404 861 493
Betriebseinnahmen:							
im Ganzen	Rubel	7 377 852	8 466 840	93 714 406	105 707 424	101 092 258	114 174 264
für die Werst Bahnlänge	„	1 916	2 056	4 593	5 182	4 174	4 664

*) Vergl. Archiv 1886 S. 805 „Betriebsergebnisse der russischen Eisenbahnen im ersten Halbjahr 1885 und 1886" und Archiv 1887 S. 735 „Betriebsergebnisse der russischen Eisenbahnen in den Jahren 1885 und 1886".

**) Die Betriebslänge ist grösser als die Bahn-(Eigenthums-)Länge, weil eine 40 Werst lange Privatbahnstrecke (Nischnednegrowsk-Sinelnikow der Losowo-Sewastopol-Bahn) von der Staatsbahnverwaltung mit benutzt wird.

Die Einnahme hat sich hiernach in 1887 gegen das Vorjahr wesentlich gebessert, sowohl im Ganzen als für die Werst Bahnlänge. Diese Besserung ist wesentlich durch den Frachtgutverkehr herbeigeführt worden.

Die vorstehenden Angaben beziehen sich auf die Eisenbahnen im europäischen Russland mit Ausschluss der finnländischen. Mit Bezug auf letztere werden die nachstehenden Angaben gemacht:

		Staats- Eisenbahnen		Privat- Eisenbahnen		Zusammen	
		1886	1887	1886	1887	1886	1887
Bahnlänge	Werst	1 098	1 098	31	31	1 129	1 129
Beförderte Reisende:							
a) Zivilpersonen . . .	Zahl	751 299	841 875	16 812	18 186	768 111	860 061
b) Militärpersonen . .	,	15 501	7 868	—	—	15 501	7 868
Beförderte Güter:							
a) Eilgut	Pud	192 490	93 523	62 692	20 817	255 182	114 340
b) Frachtgut	,	20 345 482	19 707 879	582 534	732 030	20 928 016	20 439 909
Betriebseinnahmen:							
a) im Ganzen	Rubel	1 191 149	1 198 333	11 357	12 735	1 202 506	1 211 068
b) für die Werst Bahnlänge	,	1 085	1 091	366	411	1 065	1 073

Im europäischen Russland waren nach dem Vorstehenden am 30. Juni 1887 im Ganzen 25637 Werst (27354 km) Eisenbahnen im Betrieb. Davon waren 5177 Werst Staats- und 20460 Werst Privatbahnen. Die 669 Werst lange Uralische Bergwerksbahn, welche früher einer Privatgesellschaft gehörte und von derselben auch betrieben wurde, ist in Staatsbesitz übergegangen und wird seit dem 1. Juni 1887 von der „provisorischen Direktion der Staatsbahnen" verwaltet.

Ausser den erwähnten Eisenbahnen besitzt Russland noch die in Verwaltung der Militärbehörde stehende transkaspische Eisenbahn, welche von Asun Ada am kaspischen Meere bis zum Amu Darja in einer Länge von 997 Werst im Betriebe ist. Mittheilungen über die Betriebsergebnisse dieser Eisenbahn liegen nicht vor.

Von den oben angegebenen, im 1. Halbjahr 1886 und 1887 auf den Eisenbahnen des europäischen Russland (mit Ausnahme Finnlands) beförderten Frachtgüter wurden den russischen Eisenbahnen von auswärtigen Bahnen und auf dem Seewege im direkten Verkehre zugeführt:

	Erstes Halbjahr	
	1886	1887
über den Seehafen und den neuen Hafen in St. Petersburg	Pud	
(Hafen-Zweigbahn der Nikolaibahn)	801 502	1 687 462
„ Reval (baltische Eisenbahn)	613 703	836 221
„ Riga (Riga-Dünaburger Eisenbahn)	317 015	212 173
„ Libau (Libau-Romnyer Eisenbahn)	1 087 487	658 337
„ Wirballen (St. Petersburg-Warschauer Eisenbahn) . . .	939 161	693 009
Zu übertragen . .	3 758 868	4 087 202

	Erstes Halbjahr	
	1886	1887
	P u d	
Uebertrag . .	3 758 868	4 087 202
über Grajewo (Südwestbahnen)	512 679	597 550
„ Mlawa (Weichselbahn)	1 780 754	1 543 382
„ Alexandrowo (Warschau-Bromberger Eisenbahn) . . .	2 211 106	2 105 544
„ Sosnowize (Warschau-Wiener Eisenbahn)	8 314 999	7 288 509
„ Graniza (Warschau-Wiener Eisenbahn)	1 182 130	1 201 905
„ Radsiwiloff (Südwestbahnen)	365 255	517 690
„ Wolotschisk „	850 629	648 264
„ Ungheni „	1 289 380	2 048 248
„ Odessa „	268 353	310 697
„ Sewastopol (Losowo-Sewastopol-Eisenbahn)	270 339	276 059
„ Poti und Batum (transkaukasische Eisenbahn)	525 828	686 600
Zusammen . .	21 330 320	21 311 650

Die entsprechenden Zahlen in den 4 weiteren Vorjahren waren:

1885	. . . .	19 280 628
1884	. . . .	19 422 063
1883	. . . .	26 515 626
1882	. . . .	24 626 738

Rechtsprechung und Gesetzgebung.

Rechtsprechung.

Reichshaftpflichtgesetz.

Urtheil des Reichsgerichts (I. Zivil-Senat) vom 5. Januar 1887 in Sachen der Direktion der Strasseneisenbahngesellschaft zu H., Beklagten und Revisionsklägerin, wider den Einkassirer D. zu H., Kläger und Revisionsbeklagten.

Haftpflicht für den beim Betrieb einer Dampfstrassenbahn durch Scheuwerden von Pferden eingetretenen Unfall; Begriff der höheren Gewalt.

Haftpflichtgesetz vom 7. Juni 1871, § 1.

Thatbestand.

Kläger, der Einkassirer im N.'schen Nähmaschinengeschäft in A. war, fuhr am 30. Juli 1885 mit dem Wagen dieses Geschäfts, auf dem Bocke neben dem Kutscher sitzend, in H. den Steindamm hinunter auf das L. Thor zu. Auf dem Pferdebahngeleise kam von W. her ein Dampfwagenzug der Beklagten entgegen. Das Pferd des N.'schen Wagens scheute vor diesem Zuge und drängte, den Kopf rechtswärts, also vom Zuge fortwendend, den Wagen zurück, wodurch dieser in eine schräge Stellung vom Pferdebahngeleise in der Art gerieth, dass die linke Spitze des Wagens vorn dem Zuge am nächsten stand. An dieser Spitze, und zwar an dem 1½ Fuss hervorstehenden Theile des sehr hohen Kutscherbockes, wurde der Wagen von der mittleren oder letzten das Dach der Lokomotive haltenden Stange erfasst und der Kutscherbock mit dem darauf sitzenden Kläger herabgeschleudert. Der Kläger fiel zwischen die Lokomotive und den ersten Wagen des Zuges. Das Vorderrad dieses Wagens ging ihm über das rechte Handgelenk, wodurch dieses eine so schwere Verletzung erlitt, dass die rechte Hand nicht mehr gebrauchsfähig ist. Kläger hat die Beklagte auf Grund des Reichshaftpflichtgesetzes auf Schadensersatz belangt. Beklagte wendete insbesondere ein, der Unfall sei durch höhere Gewalt herbeigeführt worden. Sie könne unmöglich noch mehr Personal auf der Lokomotive anstellen, auch könne man nicht verlangen, dass dieselbe vor jedem entgegenkommenden Wagen stillhalte. Werde die Kollision durch Scheuen eines Pferdes veranlasst, so müsse sie als frei gelten, wenn sie alles Mögliche gethan habe, um den Zusammen-

stoss zu verhindern. Sie suchte nachzuweisen, dass alles Mögliche gethan
sei. Beide Instanzrichter verneinten die höhere Gewalt, in der Annahme,
dass der Unfall bei denkbarster Vorsicht nicht unabwendbar gewesen wäre.

Das Berufungsgericht führte in Bezug auf die höhere Gewalt aus, es
sei mit dem Landgerichte und vielfachen höchstrichterlichen Entscheidungen
davon auszugehen, dass ohne alle Rücksicht darauf, ob ein Verschulden
oder Nichtverschulden der dabei in Betracht kommenden Eisenbahnbediensteten gegeben sei, es lediglich darauf ankomme, ob ein unvermeidliches
und auch mit der höchsten Sorgfalt nicht zu überwindendes Ereigniss den
Schaden verursacht habe. Etwas Besonderes oder Abweichendes gelte
auch nicht, wenn durch Scheuen von Pferden beim Eisenbahnbetriebe ein
Unfall verursacht sei. Um die höhere Gewalt darzuthun, hätte es des
Nachweises bedurft, entweder, dass der Zusammenstoss mit blitzartiger,
die Entwicklung von Sorgfalt der Abwehr gar nicht zulassenden Urplötz-
lichkeit eintrat, oder dass, wenn die Leute der Beklagten den Zusammenstoss sich entwickeln sahen, oder doch dessen leicht eintretende Möglichkeit
erkannten oder erkennen konnten, dieselben doch vergeblich alle Sorgfalt
angewandt hätten, diesen zu vermeiden oder doch in seinen gefährlichen
Folgen abzuschwächen. Das Gericht entwickelte in Würdigung der Aus-
sagen der vernommenen Zeugen näher, die Bedienungsmannschaft der
Lokomotive hätte bei Anwendung gehöriger Sorgfalt das Ereigniss sich
entwickeln sehen müssen und durch schleuniges Stoppen dem Zusammen-
stosse entweder gänzlich vorbeugen oder ihm doch seine so arg schädigende
Gewalt benehmen können.

Gegen dieses Urtheil hat die Beklagte die Revision mit dem Antrage
eingelegt, unter Aufhebung desselben die klägerische Berufung zurückzuweisen, auf die diesseitige Anschlussberufung aber das Urtheil erster Instanz dahin abzuändern, dass die Klage in ihrem ganzen Umfange abzu-
weisen. Kläger hat die Zurückweisung der Revision beantragt.

.Entscheidungsgründe:

Die Revisionsbegründung macht dem Berufungsurtheil den Vorwurf,
dass es an die Voraussicht der Bediensteten der Eisenbahngesellschaft zu
weitgehende Anforderungen stelle. Allein, auch wenn dies im vorliegenden
Falle in einer für die Revision zugänglichen Weise geschehen wäre, würde
die Revision keinen Erfolg haben können, weil die Beklagte für die Folgen
des vorliegenden Unfalles aufkommen muss, auch wenn das fragliche Ereigniss sich blitzschnell entwickelt hat, oder wenn, auch ohne dass dies
der Fall gewesen, doch die Bediensteten der Beklagten in Bezug auf Vermeidung desselben oder Abschwächung seiner Wirkungen die alleräusserste
Sorgfalt ohne Erfolg bethätigt haben. Das Berufungsgericht, welches zwar

zunächst davon ausgeht, es komme auf ein Verschulden der Bediensteten
gar nicht an, alsdann aber doch diese beiden Alternativen als dem Begriff
der „höheren Gewalt" entsprechend aufstellt und prüft, glaubt offenbar
auf dem Boden der in Betreff dieses Begriffes seit der Abhandlung von
Goldschmidt in „Zeitschrift für Handelsrecht" Band 3 Seite 58 ff., insbesondere 104 bis 115, vergleiche auch ebenda Band 16 Seite 326 ff.,
herrschenden Lehre, sowie der geltenden Gerichtspraxis zu stehen,
wenn es annimmt, dass höhere Gewalt jedes Ereigniss sei, welches
im einzelnen, in dieser Beziehung konkret zu prüfenden Falle ungeachtet
einer von einem gesteigerten Diligenzbegriffe aus erforderten Fürsorge und
Vorkehrung nicht habe bewältigt werden können. Bekanntlich hat diese
Lehre neuerdings lebhaften Widerspruch erfahren, vergleiche Exner, der
Begriff der höheren Gewalt in Grünhut, „Zeitschrift für das Privat- und
öffentliche Recht" Band 10 Seite 491 ff., sowie demselben im Wesentlichen
beistimmend Hölder in der kritischen Vierteljahrsschrift, Neue Folge Band 7
Seite 535, Schneider in „Zeitschrift für Schweizer. Recht" Band 24
Seite 656, Hafner über den Begriff der höheren Gewalt im deutschen
Transportrecht. Die Schwäche der herrschenden Lehre wird gerade darin
gefunden, dass das Ausserordentliche an Vor- und Umsicht, auf das sie
abstelle, etwas durchaus Vages und Unsicheres sei und entweder auf den
allgemeinen Schuldbegriff in Verkennung des Umfanges, den dieser schon
an sich habe, oder auf eine unbegründete und bestimmter Grenzen ent-
behrende Erweiterung desselben hinauslaufe. Der so verstandenen Lehre
gegenüber wird dem Begriffe der höheren Gewalt ein absoluter, die objektive
Eigenschaft der darunter zu verstehenden Ereignisse kennzeichnender Inhalt in der Weise beigemessen, dass einmal kein Ereigniss darunter fällt,
welches nicht, ausserhalb des Betriebskreises eines Verkehrsunternehmens
entsprungen, lediglich von Aussen in diesen Betriebskreis hereingewirkt
hat, dass aber auch von den hiernach allein in Betracht kommenden Er-
eignissen nur die durch die besondere Art und Wucht ihres Auftretens
über das Gewönliche hinausragenden und auffallenden eine höhere Gewalt
darstellen.

Darüber kann kein Bedenken obwalten, dass höhere Gewalt nicht in
dem subjektiven Sinne zu verstehen ist, wonach jedes Ereigniss sie darstellt, welches im einzelnen Falle unbewältigt geblieben, obwohl dasjenige
Maass an allgemeinen Veranstaltungen oder persönlichen Leistungen bethätigt worden ist, über welches hinaus, vom Standpunkte eines Diligenz-
maassstabes, bei dessen Nichteinhaltung der Vorwurf einer Verschuldung
begründet wäre, nichts mehr gefordert werden konnte. Wäre dies die
Auffassung des Begriffes der vis major in den römischen Quellen, so würde
doch in diesem Sinne der Begriff der „höheren Gewalt" in den maass-

gehenden Bestimmungen der deutschen Reichsgesetze nicht aufzufassen
sein. Aus der Entstehungsgeschichte des Art. 395 Handelsgesetzbuchs im
Vergleich zu dem Art. 310 des preussischen Entwurfs ergiebt sich deutlich,
dass man sich mit dem Einstehen für die höchste Sorgfalt eines ordentlichen Frachtführers nicht hat begnügen, die Untersuchung, ob solche Sorgfalt aufgewendet worden, hat abschneiden wollen und die Haftung im Sinne
unbedingter Zusage der unversehrten Herausgabe des Guts, vorbehaltlich
nur der Einwirkung solcher Ereignisse, denen menschliche Kräfte überhaupt
nicht zu widerstehen vermöchten, hat zur Geltung bringen wollen. Prot.
S. 793, 794, 4693—4697. Vollends könnte solche Auffassung des Begriffs
als den Quellen entsprechende nicht für die Auslegung des Begriffs der
„höheren Gewalt" im Reichsgesetze vom 7. Juni 1871 maassgebend sein,
da die besonderen, aus dem Wesen der custodia als einer auf den Schutz
einer übergebenen Sache gerichteten Obhut für die Bedeutung des Begriffs
der vis major hergeleiteten Gesichtspunkte für die Thatbestände, welche
das Reichsgesetz vom 7. Juni 1871 zum Gegenstande hat, nicht passen,
der Begriff der „höheren Gewalt" im § 1 dieses Gesetzes als mit dem
des „unabwendbaren äusseren Zufalls" in dem für Sachbeschädigungen in
Geltung gebliebenen § 25 des preussischen Gesetzes über die Eisenbahnunternehmungen vom 3. November 1838 übereinstimmend bei den Berathungen des Reichsgesetzes angesehen worden ist, vergl. die Zitate in
Eger, Reichshaftpflichtgesetz Seite 116—118, auch nach der ganzen Tendenz
des Reichsgesetzes nicht Ereignisse, welche gerade der gefährlichen Natur
des Unternehmens eigenthümlich sind — vergl. den Schlusssatz des § 25
des zitirten preussischen Gesetzes —, als höhere Gewalt von der Haftung
befreien können.

In der That wird aber auch von den Hauptvertretern der herrschenden
Lehre Verwahrung gegen die Auffassung derselben als einer, welche in
Ansehung des Maasses der im Nichtleistungsfalle als Verschuldung zu ver-
antwortenden Sorgfalt den Begriff des Kasus verengern wolle, eingelegt.
Wenn aber zwischen der eigentlichen culpa und der vis major Zufälle
liegen sollen, welche — abgesehen von den stets zu vertretenden schädi-
genden Handlungen der eigenen Leute und Passagiere —, an sich unver-
tretbar, doch beim receptum vertreten werden sollen, weil sie bei Unterstellung bestimmter Maassregeln nicht unabwendbar gewesen wären, die
Unterstellung solcher Maassregeln indessen doch nicht auf einem an den
Schuldner angelegten höheren Diligenzmaassstabe beruhen soll, so muss es
freilich irgend etwas Anderes, Objektives sein, wonach sich der Kreis
unterstellter Maassregeln bestimmt, der das Abwendbare vom Unabwendbaren scheiden soll. · Dies Objektive kann aber die herrschende Lehre nur
in der custodia, als dem unterstellten Versprechen ·spezieller Bewachung

und Beaufsichtigung der eingebrachten Sachen, deren Verlust oder Beschädigung in Frage steht, erblicken. Vergleiche Windscheid Pandekten
§ 384 Note 6. Der Rezipient soll demnach vermöge des in dem salvum
fore recipere enthaltenen Garantieversprechens nach Maassgabe einer Uebernahme der Sachen in spezielle Bewachung und Beaufsichtigung haftbar
sein, so dass er alle Zufälle, welche in solchem Falle nicht einzutreten
oder unschädlich gemacht zu werden pflegen, vertritt, obwohl, wie hin-
zugesetzt werden kann, ihm gerade der Gewerbebetrieb, in dessen Veranlassung er die Sachen erhält, es in der Regel unmöglich machen wird,
diese spezielle Bewachung und Beaufsichtigung zu üben, und ihm die Nicht-
übung einer solchen — im Gegensatze zu den allgemeinen, zu dem zu
erreichenden Erfolge und den sonstigen Anforderungen des Gewerbzwecks
in vernünftigem Verhältnisse stehenden Vorkehrungen — nicht zum Verschulden gereicht. Demnach bezeichnet auch nach der herrschenden Lehre
vis mojor etwas Objektives, bestimmte Arten des Kasus. Erwägt man,
dass, gerade weil der Rezipient wegen seines Gewerbebetriebes den Sachen
keine spezielle Bewachung und Beaufsichtigung widmen kann, sich diejenigen Zufälle, welche an sich durch solche Widmung ausgeschlossen zu
werden pflegen, mehr oder minder häufig ereignen werden, und zwar eben
wegen dieses Gewerbebetriebes, so liegt es nahe, in genereller Weise den
Unterschied zwischen den zu vertretenden Zufällen und der höheren Gewalt — im Sinne der herrschenden Lehre — dahin festzustellen, dass
unter den ersteren diejenigen Zufälle, welche im Verlaufe des Gewerbs-
unternehmens, als diesem eigenthümlich, mehr oder minder häufig vorzu-
kommen pflegen, auf die der Unternehmer gerüstet oder gefasst sein muss,
unter letzteren die über dieses Maass augenscheinlich hinausgehenden zu
verstehen sind. Bei dieser Auffassung bleibt freilich immer noch zwischen
der herrschenden Lehre und ihren Gegnern der Unterschied, ob der nach
beiden Ansichten objektiv geartete Zufälle zum Gegenstande habende Begriff der höheren Gewalt, wie Exner will, ein absoluter ist, so dass eine
bestimmte Eigenschaft, welche dem Ereigniss anhaftet oder fehlt, dasselbe
ohne Rücksicht auf seine übrige Individualität und gleichmässig für alle
Verkehrsunternehmungen ganz unbedingt in das Bereich der höheren Gewalt oder ausserhalb desselben stellt, oder ob es, wie der herrschenden
Lehre entspräche, ein relativer ist, so dass die ganze Individualität des
Ereignisses, und zwar im Hinblick auf die Verkehrsunternehmung, bei der
es sich ereignet, in Betracht zu ziehen ist. Die Praxis des Reichs-Oberhandelsgerichts wie die bisherige des Reichsgerichts hat auf dem zweiten
Standpunkte gestanden. Dagegen lässt sich nicht mit Grund behaupten,
dass diese Gerichte den Begriff, statt im Sinne einer objektiven Konsistenz,
im Sinne des im Einzelfalle trotz äusserster Sorgfalt nicht Bezwungenen

aufgefasst hätten. Wiederholt ist, was durchaus zulässig war, der auf die
höhere Gewalt gestützte Befreiungseinwand damit beseitigt worden, dass
ein wirkliches Verschulden des Haftpflichtigen als vorhanden angenommen
wurde. Wenn in mehreren Urtheilen, Reichs-Oberhandelsgerichts Band 2
Seite 259, Band 8 Seite 159 ff., Band 12 Seite 107 — vergleiche auch
Entscheidungen des Reichsgerichts in Zivilsachen Band XIV Seite 82*)
—, von einer äusseren, den Umständen angemessenen Sorgfalt die Rede
ist, trotz deren dem Ereigniss nicht zu begegnen sei, so ist darunter der
objektive Maassstab einer den Gegenständen speziell gewidmeten Obhut und
Fürsorge, welche dem Ereigniss doch nicht hätte widerstehen können, gemeint. Die beiden in Entscheidungen in Zivilsachen Band I Seite 276**)
und in Fenner und Mecke Archiv Band 1 Seite 39 ff. — auch Braun
und Blum Band I Seite 193 — abgedruckten Entscheidungen des Reichsgerichts, betreffend Beschädigungen von Kindern bei Ueberschreitung des
Bahngeleises, sprechen klar aus, dass Mangel eines Verschuldens auch vom
höchsten Diligenzmaassstabe aus und höhere Gewalt durchaus nicht zusammenfallen, vergleiche auch Fenner und Mecke Archiv Band I Seite
273, Seuffert Archiv Band 36 Seite 180, Gruchot Band 28 Seite 1096.
Im vorliegenden Falle erscheint eine Entscheidung zwischen den beiden
Auffassungen des Begriffs der höheren Gewalt als eines absoluten oder
relativen nicht geboten, da auch von der Auffassung des Begriffs
im zweiten, weiteren Sinne aus hier keine höhere Gewalt vorliegt. Die Beklagte betreibt ihr Eisenbahngewerbe mit Dampfkraft innerhalb eines verkehrreichen Stadtstrassengebiets. Es liegt innerhalb der
nächsten unmittelbaren Wirkungen dieser Betriebsart, dass in Folge der
Schnelligkeit, mit welcher die Lokomotiven fahren, oder auch des eigenthümlichen Geräusches des Fahrens in unmittelbarer Nähe befindliche Zugthiere unruhig und scheu werden können. Dies ist hier und zwar unbe-
stritten in Folge des Fahrens der Lokomotive geschehen, und die Beklagte
muss die Folgen dieses Ereignisses, sofern eben weder dem Beschädigten
noch dem Führer des Wagens, dessen Pferd scheu geworden, bei dem Unfall ein eigenes vorwiegendes Verschulden zur Last fällt, vermöge der
Haftung für die dem betreffenden Betriebe eigenthümlichen Gefahren tragen.
Der Fall liegt dem in Entscheidungen des Reichsgerichts in Zivilsachen
Band XI Seite 146*) entschiedenen, in welchem Kohlenstaub, der aus der
Lokomotive flog, zur Erblindung eines Auges des beim Rangiren beschäftigten Weichenstellers geführt hatte, durchaus ähnlich. Da im Uebrigen

*) Archiv 1886. S. 705.
**) Archiv 1880. S. 202.
*) Archiv 1885 S. 233.

die Urtheilsbegründung keine Gesetzesverletzung erkennen lässt, war die Revision zurückzuweisen.

Unfallversicherungsgesetz.

Urtheil des Reichsgerichts (L Zivil-Senat) vom 14. Mai 1887 in Sachen der grossen Arbeiter-Kranken- und Sterbekasse zu H., Klägerin und Revisionsklägerin, wider die H.'sche Baugewerksberufsgenossenschaft daselbst, Beklagte und Revisionsbeklagte.

Zulässigkeit des ordentlichen Rechtsweges bei Erstattungsansprüchen der Krankenkassen, welche auf Grund der ihnen obliegenden Verpflichtung Unterstützung gewährt haben, gegen die Berufsgenossenschaften.

Unfallversicherungsgesetz vom 6. Juli 1884 §§ 8, 57, 62, 63.

Aus den Entscheidungsgründen.

Es kann darüber kein Bedenken obwalten, dass, soweit das Unfallversicherungsgesetz bestimmte Zuständigkeiten Organen zuweist, diese Zuständigkeiten ausschliessliche sind. Danach ist unzweifelhaft die Feststellung der Entschädigungen — zunächst dahingestellt, in welchem Umfange diese Feststellung zu verstehen ist — den Zivilgerichten entzogen. Allein auf dem Wege von der Feststellung der Entschädigung bis zur wirklichen Auszahlung kann der Entschädigungsanspruch für den Berechtigten in mannigfachster Weise verkümmert werden und es können Komplikationen und Verschiebungen eintreten, welche Ermittelungen und Entscheidungen darüber als unter den Interessenten streitige Punkte nothwendig machen, ob der Anspruch befriedigt ist oder noch besteht oder ob, und auf wen er als berechtigten Rechtsnachfolger übergegangen ist. Es lässt sich denken, dass die Berufsgenossenschaft die erforderliche Anweisung an die Post zur Auszahlung der Entschädigung nicht rechtzeitig giebt, §§ 64, 66, 69, so dass Zögerungszinsen beansprucht werden, dass die Auszahlung irrthümlich an einen anderen als den Berechtigten, einen nicht legitimirten Vertreter erfolgt, unzulässige Pfändungen und Ueberweisungen, § 68, berücksichtigt werden, zulässige unberücksichtigt bleiben. Eine Berufsgenossenschaft, die als entsprechend § 32 gebildet nach den Bestimmungen dieses § 32 auf Befriedigung einer der früheren Genossenschaft gegenüber festgestellten Entschädigung in Anspruch genommen wird, kann das Vorhandensein der Voraussetzungen für dieses Verlangen bestreiten, desgleichen das Reich das Vorhandensein der Voraussetzungen des § 33, wenn es auf Grund dieser Bestimmung für einen vor Auflösung der Berufsgenossenschaft festgestellten Entschädigungsanspruch Befriedigung leisten soll. Es fragt sich daher, ob nach dem Willen des Gesetzes der gewährte Anspruch auch seine endliche Realisirung ausschliesslich mittels und innerhalb der von ihm vorgesehenen, mit Entscheidungs- und Zwangsbefugnissen ausgestatteten behördlichen Organisationen finden soll, oder ob die nach Maassgabe des Gesetzes erfolgende und freilich in keiner anderen Weise mögliche Feststellung der Entschädigung die Berufsgenossenschaft zur Schuldnerin einer Forderung macht die der Verfolgung vor den Zivilgerichten fähig ist. Die Beantwortung dieser Frage kann aus dem Landesrechte, insbesondere dem Hamburgischen Gesetze vom 23. April 1879, nicht entnommen werden, sondern nur aus dem Reichsrechte, da in Betreff der Verfolgung der Ansprüche aus dem Unfallversicherungsgesetz nach dem Willen dieses Gesetzes ohne Zweifel überall dieselben Grundsätze in Anwendung kommen sollen.

Wer einen allgemeinen Rechtssatz des Inhalts anerkennen will, dass Verpflichtungen aus einem öffentlich rechtlichen Verhältnisse nicht vor den Zivilgerichten verfolgbar sind, wird sich für die Entscheidung im Sinne der ersten der beiden eben gestellten Alternativen darauf berufen können, dass in den Motiven zu den Entwürfen des Gesetzes der öffentliche Charakter der gesetzlich auszusprechenden Verpflichtungen besonders betont ist, obwohl übrigens nicht hervortritt, dass diese Bezeichnung des Charakters der Verpflichtungen sich über die Verpflichtungen der Betriebsunternehmer, sich zu Berufsgenossenschaften zu verbinden und diesen die erforderlichen Verwaltungskosten, Reservefonds und Umlagebeiträge zu zahlen, hinaus und auf die Entschädigungsforderungen gegen die als Träger der Versicherungen geschaffenen Berufsgenossenschafter beziehen soll. Aber ein allgemeiner Rechtssatz des gedachten Inhalts kann als für Deutschland bestehend nicht anerkannt werden. In der mannigfaltigsten Weise sind in den einzelnen deutschen Bundesstaaten bald Ansprüche, welche man nach ihrer inneren Natur als für den Zivilrechtsweg geeignet bezeichnen möchte, auf den Verwaltungsweg, bald Ansprüche, welche auf Rücksichten des öffentlichen Wohls beruhen, vor die Zivilgerichte gewiesen. Beispielsweise sind für die mit den Entschädigungsansprüchen aus dem Unfallversicherungsgesetz eine gewisse Aehnlichkeit aufweisenden Entschädigungsansprüche gegen die auf einem ebenfalls auf Rücksichten des gemeinen Wohls beruhenden Beitrittszwang basirten öffentlichen Immobiliarfeuerversicherungsanstalten bald in Bezug auf bestimmte Streitfragen die Zivilgerichte, in Bezug auf andere die Verwaltungsbehörden, bald allein die Verwaltungsgerichte oder Verwaltungsbehörden, bald allein die Zivilgerichte zuständig. Vergleiche die in Löning's Lehrbuch des deutschen Verwaltungsrechts, Seite 679 Note 1 gegebenen Zitate. Als Zivilrechtssachen oder Administrativsachen sind daher nur diejenigen Sachen zu bezeichnen, die diesen Charakter entsprechend der Gesetzgebung des einzelnen Partikularstaats haben. Einen allgemein gültigen Begriff für das eine oder andere, der für Reichsgesetze maassgebend wäre, giebt es nicht. Für Reichsgesetze von der Tendenz des vorliegenden lässt sich ein solcher allgemeiner Satz schon deshalb nicht behaupten, weil bei der Krankenversicherung entsprechend dem Reichsgesetz vom 15. Juni 1883 für den Unterstützungsanspruch, der sich in viel höherem Maasse, als es der Struktur des Unfallversicherungsgesetzes entspricht, als Anspruch auf Unterstützung aus öffentlichen Mitteln charakterisiren lässt, gemäss § 58 Absatz 1 gerade der Rechtsweg zulässig ist. Es kann vielmehr nur aus dem Unfallversicherungsgesetz selbst entnommen werden, ob die mittels desselben begründeten, zu Entscheidungen und Aufsicht berufenen Organisationen ein den Entschädigungsanspruch bis zur Realisirung umspannendes Verwaltungs- oder Verwaltungsstreit-Verfahren handhaben sollen. Hiergegen spricht aber hauptsächlich, dass nirgends in dem Gesetz ein solcher Wille einen erkennbaren Ausdruck findet. Eine Zuständigkeit zur Entscheidung über den auf Grund der geschehenen Feststellung zu erhebenden Anspruch auf Zahlung mit den in Bezug hierauf sich ergebenden Streitfragen, wie sie in Partikulargesetzen durch die Bestimmung, dass die Vollstreckung im Wege des Verwaltungszwangsverfahrens erfolge, zum Ausdruck gelangt ist, vergleiche § 60 des preussischen Gesetzes vom 30. Juli 1883, Artikel 46 des bayerischen Gesetzes vom 8. August 1876, Artikel 58 des württembergischen Gesetzes vom 16. Dezember 1876, ist den betreffenden Organen nicht zugesprochen. Die lediglich zur „Feststellung der Entschädigung" berufenen Organe können als solche hierbei gar nicht in Betracht kommen. Sie haben die ihnen zugewiesene Aufgabe mit solcher Feststellung erschöpft. Es könnten also nur das Reichs-Versicherungsamt, beziehungsweise die Landes-Versicherungsämter in Betracht kommen, weil nach dem Gesetz die Berufsgenossenschaften in Bezug auf die Befolgung des Gesetzes der Beaufsichtigung dieser Behörden unterliegen, §§ 87, 92. . Nun bestimmt freilich das Gesetz, in welcher Weise die Berufsgenossenschaften zur Befriedigung der festgestellten Entschädigungsansprüche schreiten sollen, und es soll sich die Aufsicht auf die Beobachtung der gesetzlichen und statutarischen Vorschriften seitens der Berufsgenossenschaften erstrecken. Auch sind behufs Beseitigung des Widerstandes der Vorstände der Berufsgenossenschaften den betreffenden Aufsichtsbehörden geeignete Mittel gewährt, §§ 27, 89. Allein die Beaufsichtigung der Berufsgenossenschaften schliesst nicht die Entscheidung von Streitigkeiten des Entschädigungsberechtigten mit der Berufsgenossenschaft in Betreff der Auszahlung der Entschädigungssumme in sich, noch ist ∧ane zwingende Gründe anzunehmen, dass der Anspruch auf Realisirung der festgestellten Entschädigungsforderung sich in den Anträgen auf Bethätigung der Beaufsichtigung, mittels welcher dann Streitpunkte rein privatrechtlichen Charakters ohne ein durch das Gesetz geordnetes Verfahren, ohne einen formalen Abschluss entschieden würden, erschöpfen sollte. Wo das Gesetz dem Reichs-Versicherungsamt ausdrücklich in streitig gewordenen Angelegenheiten eine Entscheidung zuweist, da handelt es sich, abgesehen von dem Rekurs gegen die Entscheidung des Schiedsgerichts, betreffend die Feststellung der Entschädigung, bei welchem eine Kognition aus dem Kreise der Interessenten heraus vorhergegangen ist, um interne Angelegenheiten zwischen Berufsgenossenschaften, § 32 Absatz 6, oder zwischen Genossen und Genossenschaft, §§ 37 Absatz 5, 38 Absatz 3. Zudem lässt sich aus' der geschehenen ausdrücklichen Hervorhebung dieser Entscheidungsbefugniss durch das Gesetz folgern, dass in der allgemeinen Aufsicht eine solche nicht begriffen sein würde. Der Arbeiter aber, für den die Entschädigung festgestellt worden, ist in Bezug auf die Anspruchsberechtigung ein Dritter. Es kommt hinzu, dass da, wo die Unfallversicherung gilt, ohne auf der Grundlage der Berufsgenossenschaft zu beruhen, wie bei den Reichs- und Staatsbetrieben des Ausdehnungsgesetzes vom 28. Mai 1885, wo also an Stelle der Aufsicht einer selbständigen Behörde, wie das Reichs-Versicherungsamt, die Dienstbehörde des Versicherten tritt, §§ 2, 3 dieses Gesetzes, die Realisirung des festgestellten Anspruchs, wenn die hier bekämpfte Auffassung richtig wäre, ediglich der Bethätigung dieser Dienstbehörde anheimgegeben sein würde. Gewiss legt das Gesetz ein entscheidendes Gewicht darauf, dass seine Durchführung im einzelnen Falle gerade durch die von ihm bestellten, den thatsächlichen Verhältnissen nahestehenden, zu raschem Handeln befähigten Organe erfolge. Diese Tendenz wird aber dadurch nicht angetastet, dass man der Entschädigungsforderung die Bedeutung beimisst, aus der blossen Festsetzung zur Beachtung seitens der Berufsgenossenschaften und der sie beaufsichtigenden Behörden in ein vollstreckbares Gebot der Zahlung umgesetzt werden zu können. Da ein Verwaltungsorgan mit einer dahingehenden Zuständigkeit durch das Gesetz nicht betraut ist, so kann hier nur die Zivilgerichtsbarkeit eintreten. In der That ist es doch auch von Bedeutung, dass das Gesetz gerade da, wo es die Berufsgenossenschaft als „Träger der Versicherung" einführt. Marginale zu § 9 und § 9, dieselbe als ihren Gläubigern haftbare, vor Gericht belangbare juristische Person kennzeichnet, während dem Entschädigungsanspruch doch der Charakter als wahrer Gläubigeranspruch — vergleiche § 68 — nicht bestritten werden kann.

Lässt sich hiernach dem Entschädigungsanspruch der Schutz der Zivilgerichte nicht unbedingt versagen, so kommt es allerdings auf die Frage an, ob die streitig werdende Frage eines erfolgten Ueberganges des Entschädigungsanspruchs von demjenigen, in dessen Person dieser Anspruch nach dem Gesetz entsteht, auf einen der im § 8 vorgesehenen Rechtsnachfolger in das Gebiet der den besonderen Organen zugewiesenen Feststellung der Entschädigung gehört. Verneint man dies, so lässt sich im Hinblick

auf das eben Ausgeführte nicht die Konsequenz abweisen, dass, sobald nur
der Entschädigungsanspruch an sich, also in der Person desjenigen, für
den er nach dem Gesetz begründet wird, festgestellt ist, derjenige, welcher
den Uebergang auf sich behauptet, den Anspruch auf Zahlung gegen die
Berufsgenossenschaft in der Weise verfolgen kann, wie es dem eine Rechtsnachfolge in das Gläubigerrecht behauptenden Prätendenten gegenüber dem
Schuldner zusteht. Die aufgestellte Frage musste aber entgegen den Ausführungen der Instanzgerichte verneint werden.

Der § 57 spricht nicht schlechthin von der Feststellung der Entschädigungen, sondern ausdrücklich von der Feststellung derselben „für
die durch Unfall Verletzten und deren Hinterbliebenen". In den §§ 62
Absatz 1 und 63 sind lediglich der Verletzte und seine Hinterbliebenen
als diejenigen, denen die Rechtsmittel auf Seiten der Anspruchsberechtigten gewährt werden, bezeichnet. Im § 62 Absatz 2 sind auch nur diese
Personen auf Seiten der Anspruchsberechtigten als die zur Berufung an
das Schiedsgericht Befugten vorausgesetzt, und der Mangel jeder Hervorhebung der befugten Personen erklärt sich hier aus der äusseren Gesetzes-
technik, indem beiden Theilen — sowohl der Genossenschaft als den Versicherten — die Berufung zustehen soll. Eine Argumentation, dass es
der besonderen Erwähnung der gleichen Befugnisse eines Rechtsnachfolgers
nicht bedurft habe, indem diese selbstverständlich sei, da zur Feststellung
der Anspruchsberechtigung auch die Feststellung der Aktivlegitimation des
Ansprechenden gehöre, erscheint nicht zutreffend, weil an die betreffenden
Organe eben nicht ein voller Rechtsstreit, der mit einem vollstreckbaren
Leistungsgebot endigen könnte, sondern nur eine, wenn auch grundlegende,
Feststellung gewiesen ist. Auch bei einer Schiedsvertragsklausel, inhalts
deren darüber, ob aus einem Versicherungs- oder einem Gesellschaftsver-
hältniss ein bestimmter Anspruch entstanden ist, ein Schiedsgericht entscheiden soll, wird es bedenklich erscheinen, die auftauchende Streitfrage,
wer der zum Anspruch Berechtigte ist — man denke an den Streit, ob
die Versicherungssumme der Konkursmasse des Versicherten oder den Angehörigen als bestimmt namhaft gemachten Personen zusteht —, auch
wenn sie sich zwischen dem den Anspruch zur Geltung Bringenden und
dem als Schuldner in Anspruch Genommenen erhebt, der Entscheidung
des Schiedsgerichts unterstellt anzusehen. Die Analogie einer Entscheidung auf Grund der Klageerhebung trifft aber für die Feststellung der
Entschädigung nach dem Unfallversicherungsgesetz deshalb nicht zu, weil
es zunächst der Vorstand der Genossenschaft oder der Sektion der Genossenschaft selbst ist, der die Festsetzung vornehmen soll (§ 57), und
weil der Regel nach diese Feststellung sofort nach dem Unfall oder dem
Abschluss der Untersuchung, ohne dass ein Antrag des Berechtigten ab-

gewartet wird, aus eigener Initiative des betreffenden Vorstandes erfolgen soll (§§ 58, 59). Diese Festsetzung kann sich auf nichts anderes, als auf Existenz und Höhe der Forderung aus der Person des primär Berechtigten beziehen und nicht die Bedeutung der Feststellung einer das Vorhandensein einer Rechtsnachfolge ausschliessenden Aktivlegitimation gerade dieser Person haben, weil bei dieser Feststellung der Vorstand von den Umständen, welche eine Rechtsnachfolge gemäss § 8 begründen, keine Kenntniss zu haben braucht. Auch ist nicht ersichtlich, auf welchem Wege, falls man die Feststellung in solchem Sinne auffasst, der eine Rechtsnachfolge gemäss § 8 behauptende Prätendent nach solcher Feststellung noch in die Lage kommen soll, die Anerkennung seiner Rechtsnachfolge vor der Auszahlung an den primär Berechtigten, der die Rechtsnachfolge bestreitet, bei den betreffenden Organen zur Festsetzung zu bringen. Der § 65 kann auf Fälle, in welchen die Unterstützung, welche die Rechtsnachfolge begründet bereits zur Zeit der Feststellung stattgefunden hatte, überhaupt keine Anwendung finden. Aber er ist auch auf Fälle, in welchen diese Unterstützung erst später gewährt worden ist, nicht anwendbar, da unter wesentlicher Veränderung in den Verhältnissen, welche für die Feststellung maassgebend waren, nichts anderes, als das durch § 7 des bisherigen Haftpflichtgesetzes Getroffene zu verstehen ist. Eine Geltendmachung der Rechtsnachfolge durch Einlegung der Berufung seitens des dieselbe Behauptenden gegen die für den primär Berechtigten geschehene Festsetzung würde aber, wenn man sie demselben gestatten wollte, den Zweck nicht erfüllen, weil die Berufung keine aufschiebende Wirkung hat (§ 62 Absatz 5).

Der § 63 Absatz 2 vermag eine andere Auffassung nicht zu begründen. Das Rechtsverhältniss, über welches danach dem Schiedsgericht selbst zu entscheiden prinzipiell zusteht, ist nicht eine streitige Nachfolge in das Recht des primär Entschädigungsberechtigten, sondern das das Vorhandensein der primären Berechtigung begründende Rechtsverhältniss. Wollte man auch eine streitige Rechtsnachfolge der Entscheidung des Schiedsgerichts zugewiesen erachten, so wäre dies ohne die Möglichkeit für das Schiedsgericht, diese Entscheidung von den Gerichten fällen zu lassen, geschehen, während doch auch hierbei reine Privatrechtsfragen zur Entscheidung kommen können und die Streitfragen mit den rein wirthschaftlichen Verhältnissen, um derentwillen die besonderen Organe eingesetzt sind, nur entfernte Berührung haben. Endlich kommt in Betracht, dass, wenn man den betreffenden Organen die Entscheidung über die streitige Rechtsnachfolge zugewiesen erachten wollte, diese Entscheidung sich immer nur auf das Verhältniss des Prätendenten zur Genossenschaft beziehen könnte, während man die Entscheidung in dem Verhältniss der Prätendenten

zu einander nicht Recht zu machen, den Streit dieser gegen einander vor
den Zivilgerichten also nicht auszuschliessen vermöchte. Ergäbe sich
irgend ein Anhalt dafür, dass von den betreffenden Organen auch mit
Wirkung für die Prätendenten unter einander durch ihre Entscheidung
Recht gemacht würde, so möchte ein anderes Ergebniss als das hier
vertretene angezeigt sein. Eine solche Regelung mit bindender Wirkung
für die verschiedenen Prätendenten sieht das Reichsgesetz betreffend die
Krankenversicherung vom 15. Juni 1883 im § 58 Absatz 2, vergleiche
§ 57 Absatz 2—4, vor, indem solche Streitigkeiten gerade zwischen den
Prätendenten und mit Wirkung für diese im Verwaltungsstreitverfahren
entschieden werden sollen. Hätten die im Unfallversicherungsgesetz eingesetzten Organe eine solche Zuständigkeit haben sollen, so wäre dies
bei dem vorhandenen Vorbilde gewiss irgendwie zum Ausdruck gebracht
worden. Ein Rechtszustand aber, nach welchem der entschädigungsbe-
rechtigte Arbeiter erst bei den betreffenden Organen in allen Instanzen
die behauptete Rechtsnachfolge einer Unterstützungskasse bekämpfen und,
nachdem ihm dies gelungen und er den vollen Betrag ausgezahlt erhalten,
doch noch dem Anspruche auf Wiederherausgabe eines Theils des zum
Unterhalte Empfangenen vor den Zivilgerichten ausgesetzt sein sollte,
kann nicht vom Standpunkt der sozialpolitischen Tendenzen, welche das
Gesetz verfolgt, als ein zuträglicher angesehen werden. So spricht gerade der Unterschied in den Bestimmungen des Krankenversicherungs-
und des Unfallversicherungsgesetzes dafür, dass, wenn in Betreff des
Entschädigungsbetrags wegen einer behaupteten und vom Arbeiter,
oder seinen Hinterbliebenen bestrittenen Rechtsnachfolge streitig wird,
an wen der Entschädigungsbetrag zu zahlen ist, hierüber bei der
Unfallversicherung die zur Feststellung der Entschädigung berufenen Organe nicht entscheiden, vielmehr die Berufsgenossenschaft sich gegenüber
einer solchen behaupteten und bestrittenen Rechtsnachfolge in derselben
Lage befindet, wie jeder Schuldner beim Auftreten eines den Uebergang
des Forderungsrechts auf ihn behauptenden Dritten. In der That ergeben
auch die in den Amtlichen Nachrichten des Reichs-Versicherungsamts
Jahrgang 1886 Seite 57, 132 und 159 abgedruckten Bescheide desselben,
dass es von einer Zuständigkeit des Genossenschaftsvorstandes, oder
des Schiedsgerichts zur Entscheidung über die Empfangsberechtigung bei
konkurrierenden Anspruchserhebungen des primär Berechtigten und einer
Unterstützungskasse oder mehrerer Unterstützungskassen nicht ausgeht,
vielmehr den betreffenden Genossenschaftsvorstand in solchen Fällen, falls
die zu versuchende gütliche Einigung misslingt, anweist, den streitigen
Betrag zur gerichtlichen Hinterlegungsstelle zu zahlen, also zu einer Handlung, mit welcher der Regel nach die Berufsgenossenschaft eine Schuldner-

verpflichtung bei streitig gewordener Inhaberschaft des Gläubigerrechts erfüllen wird. Der Bescheid vom 25. Juni 1886 Seite 132 kann aber nur dahin aufgefasst werden, dass darin das Reichs-Versicherungsamt den Antragsteller selbst in Betreff des auf § 8 gestützten Anspruchs auf den Rechtsweg gegen die Genossenschaft verwiesen hat. Selbstverständlich muss es, wenn dies die zutreffende Rechtslage ist, der Berufsgenossen-schaft auch zustehen, materiell in das Streitverhältniss einzutreten und die behauptete Rechtsnachfolge im Interesse des primär Berechtigten zu bekämpfen.

Aus diesen Gründen war das Berufungsurtheil aufzuheben und die Sache auf die Berufung der Klägerin gemäss § 500 Nr. 2 der Zivilprozess-ordnung in die erste Instanz zurückzuverweisen.

Gesetzgebung.

Schweiz. Bundesgesetz vom 26. April 1887, betreffend die Aus-dehnung der Haftpflicht u. s. w.*)

Das Gesetz ist, nachdem Referendumsanträge in Bezug auf dasselbe innerhalb der Einspruchsfrist nicht gestellt, durch Beschluss des Bundesraths vom 20. September in Kraft gesetzt und für den 1. November 1887 als vollziehbar erklärt.

Verordnung des Bundesraths vom 16. August 1887, betreffend Zoll-befreiung für Schienen zur ersten Anlage von Eisenbahnen.

Veröffentlicht im schweiz. Bundesgesetzblatt 1887, August.

1. Die Zollbefreiung für Schienen zur ersten Anlage vom Bunde konzessionirter Eisenbahnlinien geschieht auf dem Wege der Rückvergütung der bei der Einfuhr erhobenen Zollgebühren. Zu diesem Behufe sind die bezüglichen Verzollungsnachweise nebst einer Bescheinigung der betreffenden Eisenbahnverwaltung der Direktion desjenigen Zollgebietes einzureichen, in welchem die Verzollung stattgefunden hat, und von dieser Ende eines jeden Monats der Oberzolldirektion zu übermitteln.

Auf Hülfsbahnschienen findet die Zollbefreiung keine Anwendung.

2. Die Oberzolldirektion hat die Zollausweise zu prüfen und auf Grundlage der beim technischen Eisenbahninspektorat zu machenden Erhebungen über den wirklichen Schienenbedarf der betreffenden Anlage Rückvergütung zu leisten.

3. Die Zollrückvergütung findet nur für solche Schienen statt, welche bis zur Vollendung der ersten Anlage einer konzessionirten Eisenbahnlinie eingeführt werden; da-gegen sind von dieser Zollbegünstigung diejenigen Schienen ausgeschlossen, welche nach Erstellung der ersten Anlage zur Verwendung auf letzterer bei Einmündung neuer Bahnen, zu Doppelgeleisen oder zu Geleisevermehrungen an den Bahnstationen oder zur Erstellung von Rangirbahnhöfen bestimmt sind.

---

*) Siehe Archiv 1887 S. 749 ff.

4. Da die Zollbefreiung bis auf den 19. Juli 1884 rückwirkend ist, so wird mit Bezug auf die von diesem Datum hinweg bis zu demjenigen des Erlasses gegenwärtiger Verordnung bezw. bis zum 16. August 1887 eingeführten Schienen eine Frist bis Ende des laufenden Jahres festgesetzt, innerhalb welcher allfällige Zollrückvergütungsbegehren auf dem oben angegebenen Wege geltend gemacht werden können. Später einlangende Begehren fallen ausser Berücksichtigung.

5. Das Zolldepartement wird mit der weiteren Vollziehung dieser Verordnung beauftragt.

Frankreich. Verordnung des Präsidenten der Republik, betreffend die Neugestaltung des Berathenden Eisenbahn-Ausschusses, vom 7. September 1887.

Journal officiel vom 8. September 1887, S. 4074, 4075*).

Art. 1. Der Berathende Eisenbahn-Ausschuss (Comité consultatif des chemins de fer) besteht aus 32 Mitgliedern, welche durch Verordnung zu ernennen sind, und 4 Mitgliedern von Rechtswegen.

Die durch Verordnung zu ernennenden 32 Mitglieder sind:

9 Mitglieder des Parlaments, darunter 3 Senatoren und 6 Abgeordnete,

4 „ Staatsraths, der Abtheilung für die öffentlichen Arbeiten, Landwirthschaft, Handel und Gewerbe,

3 Mitglieder der Handelskammer von Paris,

2 Vertreter des Finanz-Ministeriums,

1 „ „ Ministeriums für Handel und Gewerbe,

1 „ „ Ministeriums für Landwirthschaft,

1 „ „ Kriegs-Ministeriums,

3 Mitglieder der Chaussee- und Brücken-Baubehörde,

1 Mitglied der Bergbaubehörde,

1 Direktionsmitglied einer Eisenbahngesellschaft,

2 Mitglieder des Vereins der Zivilingenieure,

2 Vertreter industrieller Gesellschaften,

1 Unternehmer öffentlicher Arbeiten.

1 Arbeiter oder Angestellter einer Eisenbahngesellschaft.

Mitglieder von Rechtswegen sind:

der General-Zolldirektor

der Direktor der Eisenbahnen im Ministerium der öffentlichen Arbeiten,

der Direktor der Abtheilung für Wege, für Schiffahrt und für Bergwerke und der Direktor der Abtheilung für Personalien, für das Sekretariat und das Rechnungswesen in demselben Ministerium.

Art. 2. Die General Inspektoren, welche mit der Aufsicht des Eisenbahnbetriebes betraut sind, können den Sitzungen des Ausschusses mit entscheidender Stimme in Sachen ihres Ressorts, mit berathender Stimme in anderen Angelegenheiten beiwohnen.

Ein Schriftführer und ein Stellvertreter desselben werden durch ministerielle Bestimmung gleichfalls mit berathender Stimme dem Ausschusse zugetheilt.

Drei Auditeure der Abtheilung des Staatsraths für die öffentlichen Arbeiten, Landwirthschaft, Handel und Gewerbe werden durch ministerielle Verfügung dem Ausschusse

---

*) Durch diese Verordnung ist die Verordnung vom 24. November 1880 (vergl. Archiv 1881 S. 58 ff.) aufgehoben.

als Berichterstatter für Angelegenheiten untergeordneter Bedeutung zugewiesen. Sie haben berathende Stimme.

Art. 3. Den Vorsitz im Ausschusse führt der Minister der öffentlichen Arbeiten. Ein Vizepräsident, welcher alljährlich durch ministerielle Verordnung ernannt wird, leitet die Sitzungen in Abwesenheit des Ministers der öffentlichen Arbeiten, regelt den Geschäftsgang und bestimmt die Berichterstatter.

Art. 4. Die Mitglieder des Ausschusses werden für 2 Jahre ernannt. Ausscheidende Mitglieder können wieder berufen werden.

Die erste Erneuerung des Ausschusses wird indessen am 31. Dezember 1889 erfolgen.

Art. 5. Wenn diejenigen Mitglieder, welche in Rücksicht auf den Beruf, den sie ausüben, ernannt sind, diesen Beruf aufgeben, so scheiden dieselben von Rechtswegen aus dem Ausschusse aus. An ihrer Stelle sind sofort andere Mitglieder aus demjenigen Berufskreise zu ernennen, welchem die Ausscheidenden angehört hatten.

Art. 6. Der Ausschuss muss zu Rathe gezogen werden bei allen Angelegenheiten, betreffend

> die Genehmigung der Tarife;
> die Auslegung der Gesetze und Reglements, der Konzessionsurkunden und der Bedingnisshefte;
> die Beziehungen der Eisenbahnverwaltungen zu einander und zu den Anschlussbahnen;
> die von den Eisenbahnverwaltungen abgeschlossenen Verträge, soweit sie der Genehmigung des Ministers unterliegen;
> die Anträge auf Genehmigung zur Ausgabe von Obligationen;
> die Anträge wegen Errichtung von Stationen und Haltestellen auf den im Betriebe befindlichen Strecken;
> die Beschwerden über den Gang der Züge;
> die Wünsche und Anträge auf Einlegung neuer Züge.

Art. 7. Der Ausschuss beräth ferner und giebt sein Gutachten über alle sonstigen Fragen, welche ihm in Betreff der Anlage oder des Betriebes von Vollbahnen, Nebenbahnen oder Tramways vom Minister unterbreitet werden, insbesondere über die Art und Weise der Inbetriebnahme neuer Strecken, über den Rückkauf von Konzessionen und die Verschmelzung von Eisenbahngesellschaften, ebenso über die Einrichtung von Eisenbahn-Pensions-, Spar- und ähnlichen Kassen.

Art. 8. Die Berathung des Ausschusses erfolgt auf Grund eines Berichts, welcher schriftlich durch ein Mitglied, einen der Schriftführer oder der Auditeure vorgelegt wird.

Durch ministerielle Verordnung eingesetzte Unterabtheilungen des Ausschusses können beauftragt werden, an Stelle des Ausschusses über Gegenstände geringerer Bedeutung ein Gutachten abzugeben.

Art. 9. Der Ausschuss kann unter Zustimmung des Ministers Enquêten veranstalten. Wo er es zur Erleichterung seiner Berathungen für zweckmässig erachtet, hört er die Vertreter der Eisenbahnverwaltungen, des Handels oder der Industrie, entweder aus eigenem Antrieb oder auf deren Wunsch.

Art. 10. Der Ausschuss tritt ausser in den Ferien wenigstens einmal wöchentlich zusammen, ausserdem so oft das Geschäftsbedürfniss es erheischt.

Während der Ferien im August und September versammelt sich der Ausschuss zu den von dem Minister festgesetzten Zeiten. Er muss während der Ferien wenigstens eine Sitzung im Monat halten.

Die Mitglieder erhalten Präsenzgelder, deren Höhe durch ministerielle Verordnung festgesetzt wird.

Art. 11. Der Minister der öffentlichen Arbeiten wird mit der Ausführung dieser Verordnung beauftragt.

Der Bericht des Ministers der öffentlichen Arbeiten de Hérédia an den Präsidenten der Republik enthält zur Begründung der Verordnung und ihrer Abweichungen von der bisherigen Verordnung vom 24. November 1880 nebst Nachträgen Folgendes:

Bisher bestand der Ausschuss aus 32 Mitgliedern, 27 ernannten und 5 von Rechtswegen. Von diesen waren 21 Beamte, 11 Nichtbeamte. Es hat sich das Bedürfniss herausgestellt, die Zahl der letzteren, insbesondere der Vertreter von Handel und Industrie, zu vermehren. Die Zahl der Mitglieder des Ausschusses ist also auf 36 erhöht, wovon nur 17. d. h. die Minderheit, Beamte sein dürfen. Zu den Nichtbeamten gehört, worauf der Minister besonderen Werth legt, auch ein Direktionsmitglied einer Eisenbahngesellschaft und ein Arbeiter oder sonstiger Angestellter derselben. Das letztere Mitglied werde insbesondere die beste und zuverlässigste Auskunft ertheilen können über die Pensionskassen, Sparkassen und andere Wohlthätigkeitseinrichtungen für die Arbeiter und Beamten der Eisenbahnen, „deren gute Organisation eng verknüpft ist mit einer guten Eisenbahnverwaltung." (Der letzte Satz des Art. 7 ist denn auch neu in die Verordnung aufgenommen.)

Russland. Kaiserlicher Erlass vom 19. Mai 1887, betr. das Enteignungsverfahren.

Veröffentlicht im amtlichen Theile der Zeitschrift d. Min. d. V. 1887 Nr. 23.

Die von einem Ausschusse aufgestellten Vorschriften für das bei Enteignung von Grundstücken zu beobachtende Verfahren erhalten die gesetzliche Bestätigung.*)

Kaiserlicher Erlass vom 15. Juni 1887, betr. die Staatsaufsicht über die Thätigkeit der Eisenbahngesellschaften in Bezug auf Tarifwesen.

Veröffentlicht im amtlichen Theile der Zeitschrift d. Min. d. V. 1887 Nr. 29.

Es wird als Grundsatz ausgesprochen, dass die gesammte Thätigkeit der Eisenbahngesellschaften in Bezug auf die Aufstellung von Tarifen für Personen- und Güterverkehr der Aufsicht der Regierung unterworfen sein muss, damit eine Benachtheiligung der Kroninteressen, wie der Interessen der Bevölkerung, des Gewerbes und des Handels des Landes verhütet werde. Die Minister der Verkehrsanstalten, der Domänen und der Finanzen und der kaiserliche Kontroleur werden deshalb aufgefordert, bis zum 1. Oktober 1887 dem kaiserlichen Rath Vorschläge darüber zu machen, in welcher Weise diese Aufsicht wirksam ausgeübt werden könne und dabei zugleich anzugeben, welche Personen und welche Geldmittel dazu erforderlich sein werden. Die Verfügung vom 16. Juli 1886**), betreffend die

---

*) Wir behalten uns den Abdruck einer vollständigen Uebersetzung dieses Erlasses vor.
**) Vgl. Archiv 1886 S. 847.

Staatsaufsicht über die direkten Tarife mit dem Auslande, bleibt bis zur endgültigen Regelung der im Vorstehenden beregten Frage in Kraft.

Kaiserlicher Erlass vom 26. Juni 1887, betreffend die Verpflichtung der Eisenbahngesellschaften zur Vorlage ihrer Betriebsetats.

Veröffentlicht im amtl. Theile der Zeitschrift des Ministeriums der Verkehrsanstalten. 1887 No. 32 S. 591.

Alle Eisenbahngesellschaften, welche eine staatliche Zinsgewähr geniessen oder der Regierung für geleistete Vorschüsse Geld schulden, haben spätestens im November jeden Jahres ihre Betriebsetats für das folgende Jahr dem Minister der Verkehrsanstalten vorzulegen. Der letztere hat diese Betriebsetats zu prüfen und, nachdem dieselben soweit etwa erforderlich abgeändert sind, festzustellen.

Bücherschau.

Besprechungen.

Waring, Charles. State-Purchase of Railways. London. Chapman and Hall, 1887. XI. und 204 S.

Der Verfasser, ein englischer Eisenbahnunternehmer von internationaler Bedeutung (seine Firma erstreckte ihre Thätigkeit ausser auf England auch auf Südamerika, Indien, Spanien nnd Ungarn), welcher kürzlich im Alter von 60 Jahren gestorben ist, hat in der bekannten englischen Zeitschrift Fortnightly Review im Juni 1886 eine Abhandlung unter demselben Titel und im Dezemberheft eine Fortsetzung hiervon unter dem Titel State-Purchase of Irish Railways veröffentlicht. Beide Abhandlungen sind in dem vorliegenden Buch neu abgedruckt; ihnen vorausgeschickt ist eine dritte Abhandlung, in welcher der Verfasser die Verstaatlichung der britischen Eisenbahnen und die Gründe für und gegen noch eingehender und von allgemeinerem Standpunkte unter Berücksichtigung auch der Eisenbahnverhältnisse und Gesetzgebung in Belgien, Deutschland, Frankreich erörtert. Waring ist ein entschiedener Anhänger des Staatsbahnsystems und hält die Verstaatlichung der britischen Eisenbahnen für das einzig wirksame Mittel, die grossen im Eisenbahnwesen Grossbritanniens hervorgetretenen Uebelstände zu beseitigen und die Eisenbahnen zu dem zu machen, was sie sein sollen: ein Mittel zur Hebung der Volkswohlfahrt. Den bei weitem grössten Theil seiner Gründe für die Verstaatlichung entnimmt er aus der Eisenbahntariffrage, deren unbefriedigende Lösung in England erst wieder durch die Untersuchung von 1881/82 festgestellt ist. Die neuerlichen, bekanntlich wieder unerledigt gebliebenen Gesetzentwürfe betr. das Tarifwesen (vgl. Archiv für Eisenbahnwesen 1887 S. 281) erfahren eine sehr abfällige Beurtheilung. Der Verfasser hält es für ungerecht, zwangsweise die Tarife der Privatbahnen herabzusetzen, im Uebrigen aber auch für ganz aussichtslos, auf dem vorgeschlagenen Wege irgend etwas Erhebliches zu erreichen; der einzig gerechte und wirksame Weg zur Lösung der Tariffrage sei eben der Ankauf der Privatbahnen. Hierin kann man Waring nach den Erfahrungen in den Eisenbahnländern des europäischen Festlandes nur beistimmen.

In seinen Ansichten über eine gründliche Lösung der Tariffrage geht Waring allerdings etwas weit, sein Ideal ist der Einheitstarif nach dem Vorgange der Post, und zwar legt er im Gegensatz zu andern derartigen Reformern das Hauptgewicht nicht auf die Einführung desselben im Personenverkehr, sondern im Güterverkehr. Er verkennt zwar nicht, dass gewisse Bedenken der Einführung eines einheitlichen Satzes für alle Entfernungen (jedoch unter Beibehaltung einer vereinfachten Klassifikation) entgegenstehen, und will auch die Sache nicht übereilen, vielmehr zunächst noch zwei Sätze, einen für kurze Entfernungen im örtlichen Verkehr und einen für grössere Entfernungen zulassen, hält aber doch die Einführung eines einheitlichen Satzes, insbesondere bei den verhältnissmässig kurzen Entfernungen, um die es sich in Grossbritannien handle, für vollkommen durchführbar, und erwartet daraus die günstigsten Wirkungen für die Hebung von Handel, Gewerbe und Landwirthschaft. Es ist hier nicht der Ort, auf die längst widerlegten Irrthümer über die Ausführbarkeit und die Wirkungen einer Regelung der Eisenbahntarife nach Art der Posttarife ohne Berücksichtigung der Entfernungen der Transporte näher einzugehen; sonderbar berührt es nur, wenn Waring hiervon in erster Linie eine Beseitigung der langjährigen wirthschaftlichen Krisis erwartet. Denn dieselbe ist doch wesentlich hervorgerufen durch Zuvielerzeugung von Gütern über den Bedarf hinaus, und ihre Heilung kann nur erfolgen durch allmähliche Beschränkung der Gütererzeugung auf der einen, Vermehrung des Bedarfs auf der andern Seite. Die Einführung eines für alle Entfernungen gleichen Frachtsatzes im Güterverkehr, welche die Ermöglichung des Wettbewerbes auf jedem noch so entfernten und ungünstig gelegenen Markte zur Folge hat, würde aber unzweifelhaft durch das Bestreben aller, an der Erweiterung des Marktes Theil zu nehmen, eine neue Zuvielerzeugung von Gütern im grössten Umfang, und nach kurzer Zeit eine neue wirthschaftliche Krisis mit Nothwendigkeit herbeiführen, gegen welche alle früheren nur Kinderspiel gewesen wären.

Waring glaubt allerdings selbst nicht an einen baldigen Ankauf der englischen Eisenbahnen und befürwortet deshalb gewissermaassen als Probeversuch zunächst die Verstaatlichung der irischen Eisenbahnen, wofür die Verhältnisse wegen der Zersplitterung des Netzes in viele kleine, leistungsunfähige und zum Theil bankerotte Privatbahnen besonders günstig liegen.[*]

Die Schreibweise des Verfassers ist frisch und anregend. Ungeachtet mancher irrthümlichen und einseitigen Auffassungen besitzt er eine anerkennenswerthe Sachkenntniss. Interessant ist, wie selbst die englische

[*] Vgl. über die Pläne einer Verstaatlichung der irischen Eisenbahnen auch Archiv 1883 S. 305, 480.

Freihandelsschule, der Waring angehört, allmählich zu einer richtigeren Auffassung der Aufgaben des Staates und der Nothwendigkeit der gemeinwirthschaftlichen Befriedigung gewisser allgemeiner Bedürfnisse sich durch-
arbeitet. So sagt Waring S. 86, indem er die Gründe gegen den staatlichen Ankauf der Bahnen widerlegt, Folgendes:

„Das Vorurtheil gegen staatliche Einmischung beruht auf den starren
Ueberlieferungen unverständiger Einmischungen, über welche die jetzt lebende Generation keinerlei eigene Erfahrungen hat, so der Schiffahrts-
gesetze, der Geheimrathsbeschlüsse, der Verbotsgesetze gegen Vereinigungen,
der Schutzzollgesetze zum Nutzen einzelner von der Regierung begünstigter
Klassen. Staatliche Begünstigungen für besondere Gewerbe und Staats-
schutz für Landwirthschaft oder Gewerbe finden keinen Beifall beim Volke,
und wenn der Ankauf der Eisenbahnen Verrath am Freihandel bedeutete,
so würde der Gedanke verhöhnt werden. Aber der Freihandel würde
durch Staatsbahnen sogar gefördert werden. In zwei Fällen, in welchen
die Staatsverwaltung in unmittelbare Beziehungen zu der heutigen Gewerbe-
thätigkeit tritt, bei der Post- und der Telegraphenverwaltung, empfindet
man keinerlei Unbequemlichkeit und keinerlei Schädigung, und mannigfache
soziale Vortheile sind aus dieser Ausdehnung der staatlichen Thätigkeit
hervorgegangen. Nichts ist seltener, als Unzufriedenheit mit dem Betrieb
dieser Verwaltungen. Das Vorurtheil gegen Beamtenwirthschaft besteht
nicht bei der Klasse, welche jetzt schon vielfach den Ausschlag giebt
und in Zukunft die Gesetze machen wird. Die Leichtigkeit, mit welcher
die arbeitenden Klassen mit der Regierung bei Durchführung von Gesetzen
zusammengehen, welche das allgemeine Wohl zu fördern bestimmt sind,
hat man bei Ausführung der Schulgesetze gesehen, wo überdies ihre Ge-
duld auf eine harte Probe gestellt wurde durch die Beitreibung der Schul-
gelder und häusliche Besuche. Ebenso zeigen sich nur unbedeutende
Reibungen bei der Ausführung von Gemeindeunternehmungen, welche sich
fortdauernd weiter ausdehnen. Man hört bei weitem weniger Beschwerden
über den Betrieb von Gas- und Wasserunternehmungen, welche den Gemeinden gehören, als von solchen, welche in den Händen von Aktiengesellschaften sind. Denn der volkswirtschaftliche Lehrsatz, welcher
staatliche Einmischung in private Unternehmungen verbietet, findet keine
Anwendung auf grosse Aktienunternehmungen, welche thatsächlich zu
Monopolen werden. In der Verwaltung solcher Unternehmungen, von denen
die Eisenbahnen die grössten und mächtigsten sind, fehlt es nicht an
Einmischung und Beamtenwirthschaft im höchsten Grade, und die Sache
wird dadurch noch schlimmer, dass die Einmischung die einer unverant-
wortlichen Verwaltung ist. Wenn das, was man die natürlichen Gesetze
des freien Verkehrs nennt, vorhanden wäre, wenn der Mitbewerb bei der

Beförderung jedermann freistände, dann würde der Einwand einige Bedeutung haben. Aber die Eisenbahngesellschaften greifen in die natürlichen Gesetze des Verkehrs bei jeder Gelegenheit ein durch willkürliche Ausübung ihrer Macht und in einer Weise, gegen welche es für den Einzelnen keine Berufung giebt. Im Vergleich mit einer derartigen Verwaltung würde ein Staatsbetrieb nach festen Grundsätzen eine wahrhafte Wohlthat sein." *U.*

Schreiber, J. F., Zentralinspektor der k. k. priv. Lemberg-Czernowitz-Jassy-Eisenbahngesellschaft. Die Eisenbahnen als öffentliche Verkehrsanstalten und ihre Tarifpolitik. Wien, Pest, Leipzig. A. Hartlebens Verlag. 1887 XVI. und 265 Seiten. Preis 4 Mark.

Der Verfasser ist den Lesern des Archivs bereits bekannt durch die Besprechung seines früheren Werkes über das Tarifwesen der Eisenbahnen (Archiv 1884 S. 256—258) und den, auch im vorliegenden Buche auszugsweise wieder abgedruckten Aufsatz: Staatsbahnen oder Privatbahnen? (das. 1886 S. 457—477). Er gehört zu den überzeugten Anhängern und Verfechtern des Staatsbahngedankens und versteht es, alle die verschiedenen Seiten des Eisenbahnwesens unter dem Gesichtswinkel dieses Gedankens zu betrachten. Ich zweifle daher nicht, dass viele Leser, welche ohne vorgefasste Meinungen unbefangen an das Buch herantreten, gerade in Folge dieser Art der Darstellung der Grundansicht des Verfassers zustimmen werden. Das Buch zerfällt in zehn Kapitel, welche ein jedes eine selbständige Abhandlung bilden, jedoch durch den leitenden Staatsbahngedanken auch mit einander in inneren Zusammenhang gebracht werden. Nur das 9. Kapitel scheint mir aus dem Rahmen etwas herauszufallen. In demselben beschäftigt sich der Verfasser mit der neuerdings wieder viel erörterten Frage einer grundsätzlichen Aenderung der Fahrpreise für die Personenbeförderung. Nach seinen reichen Erfahrungen auf dem Gebiete des Personenverkehrs ist er ein entschiedener Gegner jeder grundstürzenden Aenderung, er warnt vor übereiltem Vorgehen, insbesondere aber von solchen Maassnahmen, welche eine Aufhebung bestehender Erleichterungen des Reiseverkehrs zur Folge haben würden. „Am allerwenigsten sagt er S. 182, könnte es Aufgabe von Staatsbahnen sein, die durch Privatbahnen geschaffenen Reiseerleichterungen der unteren Wagenklassen zu beseitigen."

Mit besonderem Interesse wird man das 7. Kapitel — das längste des Buches — lesen, welches in der That vortrefflich geeignet ist, auch den Unkundigen in die verwickelte Frage der Eisenbahngütertarife einzuführen und das Studium der grösseren und umfassenderen Werke auf diesem Gebiete zu erleichtern. Das schwächste Kapitel ist meiner Auffassung nach das letzte. Der Verfasser giebt hier einen kurzen Abriss der Geschichte der Eisenbahnen überhaupt, und insbesondere in England, Frankreich, Preussen-Deutschland und Oesterreich-Ungarn. Abgesehen von mancherlei Ungenauigkeiten in Zahlen und rein thatsächlichen Angaben (beispielsweise S. 193: Länge der Eisenbahnen der Erde (in 1887). S. 231/32: die Daten über die ersten Eisenbahnen in Deutschland) ist diese Darstellung eine recht lückenhafte und mehrfach geradezu unrichtige. Der sonst auf allen Gebieten so vortrefflich belesene Verfasser scheint hier zum Theil aus trüben und unzuverlässigen Quellen geschöpft zu haben. In einer zweiten Auflage wird hier jedenfalls die bessernde Hand anzulegen sein.

Eine besondere Anerkennung verdient der warme, echt vaterländische Ton und die frische, anregende Schreibweise des Verfassers, übrigens, wie der Leser S. 240 erfährt, eines geborenen Norddeutschen.   *v. d. L.*

Krause, R., Friedrich List und die erste grosse Eisenbahn Deutschlands. Ein Beitrag zur Eisenbahngeschichte. Leipzig. Eduard Strauch. 1887. 32 S.

Die kleine Schrift ist aus einem Vortrage hervorgegangen, welchen der Verfasser gelegentlich der fünfzigjährigen Jubelfeier der ersten Eisenbahnfahrt in Sachsen am 24. April 1887 gehalten hat. Friedrich List ist der Schöpfer der ersten deutschen Eisenbahn von mehr als örtlicher Bedeutung, der Eisenbahn von Leipzig nach Dresden, deren erste Strecke von Leipzig nach Althen am 24. April 1837 feierlich eingeweiht wurde. Mit Freuden ist es zu begrüssen, dass sich die Erkenntniss, wie Deutschland in allererster Linie dem grossen Friedrich List diese Bahn verdankt, mehr und mehr auch in dem Lande Bahn bricht, in welchem vor fünfzig Jahren die Verdienste List's mit nichts, als mit schnödem Undank gelohnt sind. Krause rügt daher auch mit Recht die gefärbte Darstellung der Jubiläumsschrift der Leipzig-Dresdener Bahn vom Jahre 1864 und stellt sich auf den Standpunkt Niedermüller's (Die Leipzig-Dresdener Eisenbahn 1880) und Ludwig Häusser's. Diesen Schriften gegenüber wird der Leser in dem Aufsatze allerdings neue Thatsachen nicht finden. Unbekannt scheint dem Verfasser das geblieben zu sein, was ich auf Grund urkundlicher Quellen über List's Wirken in Eisenbahnfragen, in unmittelbarem Anschluss an seine Leipziger Thätigkeit in dieser Zeitschrift veröffentlicht habe. (Archiv 1880, S. 222 ff., S. 237—244.) Aus dem S. 241 daselbst mitgetheilten Briefe Gustav Harkort's wird der Verfasser sich überzeugen, dass sein Urtheil über diesen Biedermann noch ein recht mildes ist. — Die Schrift, welcher die bekannte, von List entworfene Karte eines deutschen Eisenbahnnetzes und die Nachbildung eines Kupferstiches der ersten Dampfwagenfahrt beigefügt ist, verdient als ein Beitrag zur richtigen Würdigung unseres grossen Landsmannes und zur deutschen Eisenbahngeschichte, weiteste Verbreitung.

v. d. L.

Zimmermann, F., Eisenbahn-Büreau-Assistent. Sammlung der Bestimmungen über die Tagegelder und Reisekosten der Beamten der Staatseisenbahnverwaltung. Aus amtlichen Quellen entnommen und zusammengestellt. Hannover. 1887. Norddeutsche Verlagsanstalt.

Um den mit der Aufstellung und Feststellung von Reisekosten-Liquidationen beschäftigten Beamten ein Hülfsmittel zur leichteren Uebersicht über die bestehenden gesetzlichen und Verwaltungsvorschriften an die Hand zu geben, hat der Verfasser es unternommen, die für die Beamten der preussischen Staatseisenbahnverwaltung zur Zeit gültigen Bestimmungen über die Tagegelder und Reisekosten zu sammeln und bequem zu ordnen.

Unter Abtheilung A sind die allgemeinen Bestimmungen über Dienstreisen vorausgeschickt, unter Abtheilung B werden die besonderen Bestimmungen über die Gewährung, Bemessung und Berechnung von Tagegeldern und Reisekosten in der Weise behandelt, dass im Anschluss an die einzelnen Paragraphen des Gesetzes, betreffend die Tagegelder und die Reisekosten der Staatsbeamten vom 24. März 1873 (G.-S. S. 122) und der Verordnung, betreffend die Tagegelder und Reisekosten der Beamten der Staatseisenbahnen u. s. w. vom 30. Oktober 1876 (G.-S. S. 451) die im Verwaltungswege ergangenen Ergänzungen, Erläuterungen und Ausführungsbestimmungen übersichtlich geordnet zur Darstellung gelangen. Unter drei weiteren Abtheilungen (C—E) behandelt Verfasser die Vorschriften über Tagegelder und Reisekosten, welche Staatseisenbahnbeamte in Nebenämtern u. s. w. beziehen, die Bestimmungen über Tagegelder und Reisekosten, welche an Beamte anderer Behörden und an Privatpersonen zu zahlen sind, wenn dieselben Reisen im Interesse der Eisenbahnverwaltung ausführen und die Vorschriften über Liquidirung und Verrechnung der Tagegelder und Reisekosten. Dem Werke ist ein Verzeichniss derjenigen Orte, welche zu den Servisklassen A, I und II gehören, das Gesetz, betreffend die Tagegelder und Reisekosten der Staatsbeamten vom 24. März 1873 und dessen Abänderungen, sowie die Verordnung, betreffend die Tagegelder und Reisekosten der Beamten der Staatseisenbahnen u. s. w. vom 30. Oktober 1876 beigefügt, auch ist das Buch mit einem ausführlichen alphabetischen Register und einem chronologischen Inhaltsverzeichniss versehen.

Die Sammlung ist mit Sachkenntniss, Fleiss und Sorgfalt bearbeitet und zeichnet sich durch Reichhaltigkeit und Uebersichtlichkeit aus. Das Werk kann somit als ein geeignetes brauchbares Handbuch für diejenigen Beamtenkreise angesehen werden, für welche der Verfasser dasselbe bestimmt hat.

Es würde sich übrigens empfohlen haben, darauf hinzuweisen, dass die unter No. 85—88 abgedruckten Erlasse durch die entgegenstehenden Bestimmungen der zufolge Beschlusses des Königlichen Staatsministeriums vom 13. Mai 1884 für die preussische Staatsverwaltung eingeführten Grundsätze über die Berechnung der Reise- und Umzugskosten der Reichsbeamten (E.-V.-Bl. für 1884 S. 307—309) ganz oder theilweise aufgehoben sind. Auch ist zu bemerken, dass die in dem Notat der kgl. Ober-Rechnungskammer vom 19. September 1882 No. 8396 (No. 261 der Sammlung) in Bezug genommene Eichgebührentaxe vom 12. Dezember 1869 durch die Eichgebührentaxe vom 28. Dezember 1884 (R.-G.-Bl. 1885 No 5) ersetzt worden ist.   *M—f.*

Gecius, G., Königlicher Eisenbahn-Betriebs-Sekretär. Bestimmungen über die Tagegelder, Reise- und Umzugskosten der Beamten der preussischen Staatseisenbahnverwaltung und der bei Ausführung von Staatseisenbahnbauten beschäftigten Beamten und Hülfsarbeiter. Zweite umgearbeitete und bereicherte Auflage. Nordhausen. 1887. Julius Koppe.

Die vorliegende zweite hat gegenüber der vollständig verkauften ersten Auflage eine durchgreifende Umarbeitung und Verbesserung, sowie auch eine wesentliche Bereicherung insbesondere dadurch erfahren, dass die Bestimmungen über die Reisekosten und sonstigen Bezüge der Justizbeamten, Rechtsanwälte, Zeugen und Sachverständigen, der Landmesser, sowie der Katasterbeamten aufgenommen worden sind. Eine geordnete Zusammenstellung dieser Vorschriften ist insbesondere für ie mit der Bearbeitung von Grunderwerbs- und Neubauangelegenheiten beschäftigten Beamten der Staatseisenbahnverwaltung von Werth. Dem chronologischen Inhaltsverzeichniss hat Verfasser ein alphabetisches Sachregister beigefügt und die Seiten mit fortlaufenden Inhaltsüberschriften versehen.

Der reichhaltige Stoff ist derartig geordnet, dass unter Abtheilung I und II Tagegelder, Reise- und Umzugskosten bei der Betriebs- u Bauverwaltung, unter Abtheilung III Liquidation und Verrechnung der Tagegelder u. s. w., unter Abtheilung IV die Durchführung des Anspruchs auf

Tagegelder u. s. w. und Erlöschen desselben durch Verjährung und unter
Abtheilung V Tagegelder und Reisekosten der Beamten anderer Behörden
und Privatpersonen für Reisen im Interesse der Eisenbahnverwaltung behandelt werden. Unter Abtheilung VI sind die den einzelnen Beamten-
klassen der Staatseisenbahnverwaltung einschliesslich der Baubeamten bei
Reisen und Versetzungen zu gewährenden Vergütungen in tabellarischer
Form übersichtlich zur Darstellung gebracht und unter Abtheilung VII
Verzeichnisse derjenigen Orte Deutschlands, an welchen sich mehrere räumlich von einander getrennte Personenbahnhöfe oder Dampfschiffanlegeplätze
befinden, sowie derjenigen Bahnhöfe, welche mindestens 2 Kilometer von
der Grenze des Ortes entfernt liegen, und die Bestimmungen über die Be-
zahlung der zu Eisenbahnzwecken gefertigten katasteramtlichen Auszüge
aus den Grundsteuermutterrollen u. s. w. beigefügt.

Innerhalb der einzelnen Abtheilungen selbst (I—V) hat Verfasser die
zu den gesetzlichen Bestimmungen ergangenen ministeriellen Erlasse und
Entscheidungen der kgl. Ober-Rechnungskammer im Anschluss an die einzelnen Paragraphen, soweit sie auf den Inhalt derselben Bezug haben, zum
Abdruck gebracht.

Hierbei würde es sich indessen empfohlen haben, bei den auf Seite
20 bis 22 No. 3 bis 5, Seite 24/25 No. 12 und Seite 44/45 No. 2 und 3
abgedruckten Erlassen u. s. w. darauf hinzuweisen, dass dieselben durch
die entgegenstehenden, mittelst Beschlusses des Staatsministeriums vom
13. Mai 1884 eingeführten Grundsätze theils aufgehoben, theils abgeändert
worden sind. Dasselbe gilt bezüglich des auf Seite 91 unter No. 4 abgedruckten Erlasses, dessen zweiter Theil durch den unter No. 5 derselben
Seite abgedruckten Erlass abgeändert worden ist.

Ferner ist zu bemerken, dass das Buch zahlreiche Druckfehler enthält, deren Beseitigung durch das beigefügte Druckfehlerverzeichniss bei
Weitem nicht vollständig gelungen ist; auch das alphabetische Sachregister
ist nicht überall streng nach dem Alphabet geordnet.

· Für den praktischen Gebrauch wäre erwünscht gewesen, wenn das
Reisekostengesetz vom Jahre 1873 und die Verordnung vom 30. Oktober
1876 an passender Stelle im Zusammenhange zum Abdruck gelangt
wären, da die an sich praktische Anordnung, die Erläuterungen zum Gesetz u. s. w. dem Texte der einzelnen Paragraphen anzuschliessen, ein
leichtes Auffinden der über etwa 70 Seiten zerstreuten gesetzlichen Bestimmungen beeinträchtigt.

Die Sammlung kann mit Rücksicht auf ihre Reichhaltigkeit und übersichtliche Bearbeitung den Beamten der Staatseisenbahnverwaltung als
werthvolles Nachschlagebuch wohl empfohlen werden.

                                                          M—f.

J. W. Zeiger der Fahr- und Frachtgebühren zu dem vom Bundesrath beschlossenen „Militärtarif für Eisenbahnen" vom 28. Januar
1887. Berlin. Verlag der Liebel'schen Buchhandlung. 43 Seiten.
Preis ungeh. *M* 2.50, geb. *M* 3.

Den wesentlichen Inhalt dieses Werkes bilden 40 Seiten Tabellen.
welche den Beamten der Eisenbahn-, Militär- und Marineverwaltung als
Hilfsmittel bei der Feststellung der Militärbeförderungsgebühren dienen
sollen. In den Tabellen werden neben Aufführung der einschlägigen Tarifbestimmungen die Beförderungsgebühren für alle Einheitssätze sowohl hinsichtlich der Kilometerentfernungen als der Beförderungsgegenstände für
1 bis 9, für volle Zehner und volle Hunderte bis 1 000 berechnet geboten,
deren Zusammenstellung die Summe für jeden Beförderungsposten geben
soll. Eine nur oberflächliche Prüfung des Werkchens ergiebt, dass dasselbe mit Vorsicht zu gebrauchen ist. Während am Kopfe der Tabellen
die Bestimmung, dass die Gebühren in den einzelnen Positionen auf
volle zehntel Mark abgerundet werden sollen, aufgenommen ist, sind in
den Tabellen die einzelnen, berechneten Beträge abgerundet. Will man
daher beispielsweise die Beförderungsgebühr für 371 Köpfe und 371 km
zum Einheitssatze von 1,5 *₰* nach Seite 6 und 7 berechnen, so erhält
man nach Zusammenstellung der in Betracht kommenden 9 Zahlen eine
Summe von 2 064 *M.* 70 *₰*, während die gewöhnliche Rechnung bei einmaliger Abrundung nur 2 064 *M.* 60 *₰* ergiebt. Ein für die Feststellung
von Rechnungsbelägen bedenklicher Umstand! Abgesehen hiervon ist es
uns zweifelhaft, ob nicht eine Multiplikation von 2 dreistelligen Zahlen
sich schneller und zuverlässiger ausführen lässt, als — in dem gemachten
Beispiel — die Addition von 9 Posten.

UEBERSICHT

der

neuesten Hauptwerke über Eisenbahnwesen und aus verwandten Gebieten.

Aktenmaterial, betr. die Bauverpflichtungen der Nordostbahn. Zürich. *M* 1,00.

Brauchitsch, M. Die neuen preussischen Verwaltungsgesetze. Ergänzungsband für die Rheinprovinz. Berlin. *M* 5,00.

De Busschere, de Jaer et Nies. De l'exploitation des lignes secondaires des grands réseaux de chemins de fer dans différents pays de l'Europe. Bruxelles 1887.

Eisenbahnen, die preussischen in den Jahren 1883, 1884 und 1885 nebst Hinweisen auf die gleichen Verhältnisse der übrigen deutschen Staaten sowie in Deutsch-Oesterreich. Bearbeitet vom kgl. statist. Büreau. Berlin. *M* 2,00.

Engelmann's Kalender für Eisenbahnverwaltungsbeamte. 1888. *M* 2,00.

George, H. Schutzzoll oder Freihandel? Berlin. *M* 4,00.

Gierke, O. Die Genossenschaftstheorie und die deutsche Rechtsprechung. Berlin. *M* 20,00.

Gomel, C. La crise des transports et les économies des compagnies de chemins de fer. Paris.

Hamilton, A. The interstate commerce law. Northport. $ 2,50.

Harper, J. C. Law of interstate commerce. Cincinnati. $ 2,50.

Hüsgen, E. Die neue Kreis- und Provinzialordnung für die Rheinprovinz. Düsseldorf. *M* 1,20.

Jellinek, G. Gesetz und Verordnung, staatsrechtliche Untersuchungen auf rechtsgeschichtlicher und rechtsvergleichender Grundlage. Freiburg i. B. *M* 10,00.

Keltie, J. S. The statesman's year-book. New-York. $ 3,00.

Koch, Dr. Handbuch für den Eisenbahngüterverkehr. I. Eisenbahnstationsverzeichniss der dem Verein deutscher Eisenbahnverwaltungen angehörigen sowie der übrigen in Betrieb oder Bau befindlichen Eisenbahnen Europas. 18. vollständig umgearbeitete und vermehrte Auflage. Berlin 1887. *M* 7,50.

Oesfeld, M. v. Die Rechtsgrundsätze in preussischen Bausachen. Berlin. *M* 6,00.

Opitz, H. G. Das Staatsrecht des Königreichs Sachsen. Leipzig. *M* 15,00.

Parey, K. Handbuch des preussischen Verwaltungsrechts. Berlin. *M* 2,00.

Pensions-Ansprüche, die gesetzlichen, der preussischen Staatsbeamten und ihrer Familien-Angehörigen. Elberfeld 1887. *M* 0,50.

Quetsch, F. H. Das Verkehrswesen am Mittelrhein im Alterthum. Mainz. *M* 1,50.

Reeves, J. The Rothschilds: the financial rulers of nations. Chicago. $ 1,50.

Sargent, W. L. Inductive political economy. Birmingham. sh. 10,6.

Saulaville, F. De la responsabilité civile de l'État en matière de postes et télégraphes. Nancy.

Schmitz, J. Die Arbeiterversicherung. Neuwied. *M* 0,60.

Troje, die Regulative und sonstigen Ausführungsbestimmungen zu den Zollgesetzen. Harburg. *M* 5,50.

Vor, auf und nach der Reise. Passagierrechte und Eisenbahnvorschriften. Elberfeld. *M* 0,50.

Zeitschriften.

Annales des ponts et chaussées. Paris.
Juli 1887.

Les tarifs des chemins de fer de l'État en Allemagne.

August 1887.

Notice sur la répartition du traffic des chemins de fer français et sur les prix de revient des transports. Note sur la mesure des vitesses à l'aide du tube jaugeur.

Bayerische Verkehrsblätter. München.
No. 7 und 8. Juli und August 1887.

Projekt einer neuen Eisenbahn für die Weltausstellung in Paris. Statistik der königlich bayerischen Verkehrsanstalten in 1885.

Bulletin de la Commission internationale du Congrès des chemins de fer. Bruxelles.
No. 8 und 9. August und September 1887.

La question des primes et complément. La question des manoeuvres de gare. La question des dispositions generales des chemins de fer secondaires. Les institutions de prévoyance. La question de l'entretien des voies. La question des traverses métalliques. La question des mesures contre les neiges. La question du matériel à voyageurs. La question du graissage. La question des lignes à faible traffic. La question de la rémuneration des employés. La question du contrôle des voyageurs des chemins de fer secondaires. La question du roulement mécaniciens. La question de l'éclairage des gares. La question des trains de voyageurs. La question des ponts métalliques. La question du transbordement. La question des affluents de transport. La question des normes du matériel roulant des chemins de fer secondaires. La question des impôts et des taxes. La question de la traction des chemins de fer secondaires. Les questions de la suspension des locomotives du principe compound et de la nature du métal. La question du développement des relations internationales. La question du personnel. La question du contrôle des voyageurs.

Bulletin du ministère des travaux publics. Paris.
Juli 1887.

Recettes de l'exploitation des chemins de fer français d'intérêt général (1ᵉʳ trimestre des années 1886 et 1887). Longueurs des lignes ouvertes à l'exploitation pendant le mois de juillet 1887. Belgique: Arrêté royal du 13 avril 1887 organisant le service des transports par chemins de fer, le service des postes et des télégraphes à l'armée en campagne. Suisse: Ordonnance sur le service territorial, le service des étapes et l'exploitation des chemins de fer en temps de guerre. Les chemins de fer vicinaux belges en 1886.

August 1887.

Répertoire des lois pour le mois d'août 1887. Longueur des lignes de chemins de fer ouvertes à l'exploitation. Espagne: Ordre royal du 1 février 1887 relatif à la tarification des chemins de fer. Belgique: Résultats d'exploitation des chemins de fer en 1884 et 1885. Pays-Bas: Statistique des chemins de fer et des tramways en 1885. Allemagne: Résultats d'exploitation des chemins de fer à voie étroite (Années 1882/83 à 1885/86).

Centralblatt der Bauverwaltung. Berlin.

No. 35 A bis 43 vom 31. August bis 22. Oktober 1887.
(No. 35 A:) Der Viadukt über den Retino in Brasilien. (No. 37:) Weganzeiger für Lokomotiven. (No. 38:) Bahnanlagen am Rheinufer in Deutz. Der Panama-kanal. (A:) Bemessung der Grundflächengrössen der für die Reisenden bestimmten Räume in Eisenbahn-Empfangsgebäuden. (No. 40:) Die Schmid'sche Schraubenradbremse. (No. 42 u. 43:) Ueber Schneeverwehungen. (No. 42:) Die Vergebung öffentlicher Arbeiten in Italien. Haarmann's Schwellenschienen-Oberbau für Strassenbahnen. Verbund-Lokomotiven.

Centralblatt für Eisenbahnen und Dampfschifffahrt. Wien.

No. 97 bis 120 vom 27. August bis 20. Oktober 1887.
(No. 97:) Neue Vorschriften für die gemeinschaftliche Wagenbenutzung der preussischen Staatsbahnen. (No. 99:) Die Länge der für den öffentlichen Verkehr bestimmten Eisenbahnen mit Dampf- (auch elektrischem) Betriebe in den im Reichsrathe vertretenen Königreichen und Ländern (einschl. Lichtenstein) am 31. Dezember 1886. (No. 100:) Betrieb der unter kgl. sächsischer Verwaltung stehenden Staats- und Privat-Eisenbahnen im Jahre 1886. (No. 104:) Stand der Fahrbetriebsmittel auf den österreichischen und gemeinsamen Eisenbahnen mit Ende des II. Semesters 1886. (No. 105:) Zur vergleichenden Tariflehre. (No. 106, 111 u. 119:) Der II. internationale Eisenbahnkongress in Mailand. (No. 110:) Provisions- und Unterstützungs-Institut für Diener und Arbeiter der priv. Oesterreichisch-ungar. Staats-Eisenbahn-Gesellschaft. (No. 112 u. 113:) Einige sachliche Bemerkungen über den III. Berner Entwurf eines internationalen Eisenbahn-Frachtrechtes, insbesondere mit vergleichenden Exkursen in Hinblick auf das geltende österreichisch-ungarische Betriebsreglement. (No. 115:) Zum Vorschlag einer durchführbaren Form des Personenporto. (No. 116:) Die Verordnung des Handelsministeriums vom 15. September 1887, betreffend die Sicherheitsrücksichten, welche bei Eisenbahnbrücken, Bahnüberbrückungen und Zufahrtstrassenbrücken zu beobachten sind. Die projektirte Zahnradbahn auf die Schmittenhöhe. (No. 117:) Die ostasiatischen und australischen Postdampferfahrten des Deutschen Reiches.

Der Civilingenieur. Leipzig.

Heft 6 1887.
Spannungs- und Formänderungsmessungen an dem eisernen Pendelpfeiler-Viadukte über das Oschützthal bei Weida.

Danubius. Wien.

No. 38 bis 42 vom 22. September bis 20. Oktober 1887.
(No. 38 und 39:) Eine Konkurrenz zwischen Eisenbahn und Dampfschifffahrt. (No. 42:) Die Aktion der königlich ungarischen Staatsbahn gegen die erste k. k. priv. Donau-Dampfschifffahrts-Gesellschaft.

Deutsche Bauzeitung. Berlin.

No. 71 bis 85 vom 3. September bis 22. Oktober 1887.
(No. 71:) Der Hauptbahnhof der Cölnischen Strassenbahn-Gesellschaft. (No. 73, 77 u. 79:) Ueber die Inanspruchnahme eiserner Eisenbahnbrücken durch das Bremsen der Züge. (No. 85:) Eintheilung und richtige Anwendung der Tunnelbausysteme.

L'Économiste français. Paris.

> **No. 35 bis 40** vom 27. August bis 1. Oktober 1887.
>
> (No. 35:) Les différentes concurrences faites aux chemins de fer. (No. 36:) Les taxes de transports sur les chemins de fer français et étrangers. Le chemin de fer sous-marin entre la France et l'Angleterre. (No. 37:) Le mouvement économique et social au Canada et aux États-Unis: le Canadian Pacific Railway: le chemin de fer du Manitoba et les chances de sécession. Les projets de chemin de fer au Tonkin. (No. 40:) Le congrès international des chemins de fer.

Желѣзнодорожное дѣло (Eisenbahnwesen). St. Petersburg.

> (No. 23/24:) Die Bewahrung des Holzes, insbesondere der Eisenbahnschwellen vor der Zerstörung durch Insekten und durch Fäulniss. (Fortgesetzt aus No. 14, 15, 18, 23/24, Schluss in No. 27/28). (No. 25/26:) Die kanadische Ueberland- und die sibirische Bahn. — Windmotoren für Wasserhebung auf Eisenbahnstationen. — (No. 27/28:) Prüfung des Schienen- und Radreifen-Stahls. Protokoll der Sitzung des Ausschusses der III. Abtheilung der kais. russ. techn. Gesellschaft (Schluss in No. 31/32). — (No. 29/30:) Ueber die Möglichkeit, die Leistungsfähigkeit der transkaukasischen Eisenbahn durch Anwendung des Abt'schen Zahnradsystems zu erhöhen. — Erster Versuch der amerikanischen Eisenbahnen zur Einführung einheitlicher Vorschriften für die Zugbeförderung und das Signalwesen (Schluss aus No. 19). — (No. 31/32:) Die Eisenbahnen in Bosnien und der Herzegowina (Schluss in No. 35/36). — No. (33/34:) Ein Versuch zur Feststellung von Normen für die Kosten der Zugbeförderung und der Fahrmittel.

Engineering. London.

> **No. 1130 bis 1136** vom 26. August bis 7. Oktober 1887.
>
> (No. 1130:) Tramway locomotive. Engineers in Australia. Liquid fuel for locomotives. (No. 1131, 1133 und 1136:) The Manchester Ship Canal. (No. 1131:) The Blair Crossing Bridge. (No. 1132:) Tank locomotive. The Hawkesbury Railway accident, Neu South-Wales. The Severn Tunnel. The Forth Bridge works. (No. 1134:) The Hexthorpe catastrophe. (No. 1135:) Compound condensing tramway locomotive. The Hawkesbury Railway accident, New South Wales.

Engineering News. New York.

> **No. 34 bis 42** vom 20. August bis 15. Oktober 1887.
>
> (No. 34:) The St. Clair Tunnel. The Chatsworth disaster. The lesson of the Chatsworth disaster. The necessity of scientific training for engineers. (No. 35:) An instrument for determining Railroad grade-lines on profiles. The American locomotive in England. (No. 36, 37, 38:) The American line from Vera Cruz to the City of Mexico, via Jalapa. (No. 37:) Michigan Central passenger station Railway grades. Extensions of the Chicago lines. The Gothard. Railway grades. (No. 38 u. 39:) The Strong locomotive tests. (No. 39:) Coal delivery to locomotives. King's county elevated Railway of Brooklyn. The Strong locomotive tests. (No. 40:) The superstructure for the St. Lawrence bridge. The heading of the Hudson River tunnel. The latest Burlington brake tests. The late English Railway accident. (No. 41:) The Lachine bridge. Railway trestles. Standard snow sheds, Canadian Pacific Railway. Radii of worn surfaces of rails in service. Noise on elevated Railways. Brakes and brake gear. (No. 42:) Lachine bridge, Canadian Pacific Railway. Railroads as civilizers. Railroad building east of Chicago. Railway trestles. Notes upon Railway construction in the river Plate, Argentine Republic.

Glaser's Annalen für Gewerbe und Bauwesen. Berlin.

Heft 5. 1. September 1887.
(No. 5, 6 u. 7:) Schaulinien für Schiebersteuerungen. Verzeichniss der höheren maschinentechnischen Staatseisenbahnbeamten in deutschen Staaten. (No. 5:) Sicherheitsröhrenkessel (Patent Schmidt) und damit angestellte Explosionsversuche der Firma S. Huldschinsky und Söhne in Gleiwitz.

Heft 6. 15. September 1887.
Die leitenden Grundsätze der Kranken- und Unfallversicherung und deren Zusammenhang mit der Alters- und Invalidenversorgung der Arbeiter. Wörterbuch der Eisenbahn-Materialien.

Heft 7. 1. Oktober 1887.
Heizerschulen und Prüfung der Dampfkesselheizer. Verbesserter Oberbau mit hölzernen Querschwellen. System Seidl. Strassenbahnbetrieb mittels Ammoniak.

Heft 8. 15. Oktober 1887.
Ueber Stellvorrichtungen und Drahtleitungen zu optischen Signalen. Die Spurweite der Eisenbahngeleise.

Пижонеръ (Ingenieur) Kiew.

Heft 10. Oktober 1887.
Die Blockeinrichtungen nach System Hodgson auf der Strecke St. Petersburg-Gatschina. — Ueber die sibirischen Eisenbahnen. — Entgleisungen von Eisenbahnzügen in Bahnkrümmungen.

Journal des chemins de fer. Paris.

No. 37 bis 40 vom 10. September bis 1. Oktober 1887.
(No. 37:) Le comité consultatif des chemins de fer. Les chemins de fer au Tonkin. Trains-tramways sur le Paris-Lyon-Méditerranée. (No. 39 und 40:) Le congrès international des chemins de fer.

Journal of the Association of Engineering societies. Boston.
September 1887.
History of the Lake Shore and Michigan Southern Railway. History of Railroads between Cleveland and Chicago.

Oktober 1887.
The change of gauge of Southern Railroads in 1886.

Monitore delle strade ferrate. Torino.

No. 35 bis 42 vom 27. August bis 15. Oktober 1887.
(No. 35:) Le maggiori spese ferroviarie. (No. 35 und 36:) Società Italiane per le Strade ferrate Meridionali. Congresso internazionale tramviario. (No. 36, 37, 40 und 41:) Ferrovia del Gottardo. (No. 36:) Il servizio ferroviario nei grandi centri. (No. 37, 38, 39 u. 40:) Linea Genova-Acqui-Asti. (No. 37:) Il materiale ferroviario.Le ferrovie inglesi nel 1886. Le ferrovie del Tonchino. (No. 38:) Il codice ferroviario. Le strade ferrate straniere. Le ferrovie del Giappone. (No 39 und 40:) Congresso internazionale ferroviario. (No. 39:) L'esercizio ferroviario in occasione delle manovre nel Emilia. Le nuove costruzioni ferroviarie. (No. 40:) Le ferrovie straniere. (No. 41:) Le obbligazioni ferroviarie. Il valico del Monte Bianco. Le strade ferrate straniere. Le strade ferrate nell' India. (No. 42:) Conclusioni adottate del congresso internazionale ferroviario di Milano.

Torino ed i valichi alpini. La questione ferroviario davanti al consiglio communale di Torino. Ponte in ferro sull' Adda per la ferrovia Lecco-Como.

Oesterreichische Eisenbahnzeitung. Wien.

No. 36 bis 43 vom 4. September bis 23. Oktober 1887.

(No. 36:) Das Garantieerforderniss der österreichischen Eisenbahnen im Jahre 1886. Die Lokalbahnen in Belgien. Die Eisenbahnen des Vereinigten Königreichs Grossbritannien. Reglement für die gemeinschaftliche Benutzung der preussischen Staatsbahnen und einiger anderer Eisenbahnen. (No. 37:) Die auf Vereinsbahnen in den letzten acht Jahren vorgekommenen Eisenbahnunfälle. Zur Statistik der Strassenbahnen. (No. 38:) Der Omnibusbetrieb auf den Hauptbahnen Deutschlands. Die Länge des österreichischen Eisenbahnnetzes Ende 1886. Die bayerischen Staatsbahnen im Jahre 1885. Zur Statistik der Strassenbahnen. (No. 39:) Ueber Explosionen von Lokomotivkesseln. Der Mailänder internationale Eisenbahnkongress. Internationale Eisenbahnverträge und speziell die Berner Konvention über das internationale Eisenbahn-Frachtrecht. Stand der Fahrbetriebsmittel auf den österreichischen und gemeinsamen Eisenbahnen Ende 1886. (No. 40:) Die Forthbrücke. Die Ausstellung von Eisenbahnbedarfsartikeln in Budapest. (No. 41:) Die Demographie und das Eisenbahnwesen. Verbesserter Oberbau mit hölzernen Querschwellen oder Schienenbefestigung mittelst Holzschrauben und Klemmplättchen. Der II. internationale Eisenbahnkongress in Mailand. (No. 42:) Neigungs- und Richtungs-Verhältnisse der Bahnen bezüglich der Verwendung fremden Maschinenpersonals. Zur Auslegung des § 61 aL 4 des Betriebsreglements. (No. 42 und 43:) Eisenbahnverbindungen für Triest. (No. 43:) Die Güteproben im Eisenbahnmaterial, angestellt von den Vereinsverwaltungen 1885. Der mobile elektrische Beleuchtungsapparat der österreichischen Nordwestbahn.

Organ für die Fortschritte des Eisenbahnwesens. Wiesbaden.

1887. Heft 5.

Die Pläne des Zentralbahnhofs München. Die schmalspurige Kreis-Eisenbahn Flensburg-Kappeln. Die Lokomotiven der vereinigten Reibungs- und Zahnstangen-Bahn Blankenburg-Tanne und die bei dem Betriebe derselben gemachten Erfahrungen. Versuche über die Anwendung der Dampfmäntel und der Compound-Wirkung bei Lokomotiven. Die Zahnstange und der Zahnstangen-Oberbau der Höllenthalbahn. Die vortheilhafteste Geschwindigkeit der Güterzüge.

Political Science Quarterly. New-York, London, Berlin.

Heft 2 und 3. Juni und September 1887.

The Interstate Commerce Law (Seligman).

The Quarterly Journal of Economic. Boston.

Heft 4. Juli 1887.

Some curious phases of the Railway Question in Europe (Sterne).

Railroad Gazette. New-York.

No. 33 vom 19. August 1887.

The Chatsworth disaster. Railroad tie preservation. Fixed signals for protecting trains at stations. Government control of productive works. Transcontinental tea traffic. The Gould-Tisdale signals. The Austrian-Hungarian Railroads. The strike on the Midland of England.

No. 34 vom 26. August 1887.

Adjustable car chair. Railroads of the United States in 1886. Life of rails. Hand brakes on passenger trains. Engineer's licence law of Alabama. July accidents. Technical graduates in Railroad service. Statistics of sleepers and rails on German Railroads. The Alabama color-blind Law. The Washington accident. Railroad capitalization.

No. 35 vom 2. September 1887.

English standard track on the Pennsylvania. The moral of Ives. Recognition of merit in employés. How to become a Railroader. Woebler's experiments on tire testings. The question in Manitoba. Premiums to trainmen. The Heisler incandescent light. The new Tay viaduct. Suburban passenger and reduced rates. The education of intuition in machine designing. Color blindness among Railroad employés.

No. 36 vom 9. September 1887.

The Baltimore and Ohio. Air-brake failures. Color blindness. British Railroad in 1886. Car heating Massachusetts commissioner's circular. A plan for a Railroad college. Some English Railroad cases.

No. 37 vom 16. September 1887.

Trials of the Strong locomotive. The black list. American and English locomotives. Lake Superior and Bilbao Ores. The Chinese-American concession. Tests of the Strong locomotive. Wear of steel rails. The Manchester Ship Canal.

No. 38 vom 23. September 1887.

Compound locomotive London and Northwestern Railway. The Trunk Line freight movement. The Canadian Pacific in Manitoba. The education of Railroad employés. New England Railroad club. Watch inspection on the Chicago, St. Louis and Pittsburgh. Relative economy of metal and wood. Premiums to employés. History of the Lake Store and Michigan Southern

No. 39 vom 30. September 1887.

The Central Vermont decision and the fourth section. The education of Railway employés. Passenger train men. The Doncaster accident. August accidents. Premiums to employés. Recent Westinghouse tests at Burlington. General passenger and ticket agents association. Handling passenger traffic at crowded terminals. Charles Francis Adams on Railroad employés. The international Railroad congress. History of Railroads between Cleveland and Chicago.

No. 40 vom 7. Oktober 1887.

The recent brake tests at Burlington. English and American Railroads compared. The world's wheat supply for 1887/88. Premiums to employés. Opening of the Railroad men's building in New-York. Railroad destruction as a military art. Railroad legislation in Illinois.

The Railway News. London.

No. 1234 bis 1241 vom 27. August bis 15. Oktober 1887.

(No. 1234:) Railway receipts and expenditure. The cross channel traffic. The development of Indian Railways. Costa Rica and its Railways: (No. 1235:)

The Metropolitan Railways — (Proposed basis of fusion). Consolidation of American Railways. The cross channel traffic — (Receipts and expenses.) Railways in China. (No. 1236:) Railways and trade depression. Appropriation of American Railroad securities. American Railroads in 1886. A company's purchase of its own shares. (No. 1237:) Money. The Scottish Railway reports. Grand Trunk of Canada. The Railway traffic and the Doncaster races - terrible accident. American facts regarding English Railway management. (No. 1238:) A year's work at the Post Office. Railway working expenses. The American Railroad market: Great fall in prices since january. (No. 1239:) Trade depression and the Railways. Scottish Railways. Visit of the French minister of public works. (No. 1240:) The Grand Trunk Railway of Canada, — a satisfactory report. The Doncaster Railway disaster and the Sheffield company's employés. (No. 1241:) James Grierson. Grand Trunk of Canada — a satisfactory report. Baltimore and Ohio Railroad. Danish and Swedish Railways. A Trans African Railway. Continuous brakes.

Revue générale des chemins de fer. Paris.

Juli 1887.

La tête de ligne du réseau de Paris à Lyon et à la Méditerranée. Note sur les locomotives aux États-Unis. Note sur la construction des ponts métalliques à poutres droites en Allemagne, en Hollande, en Autriche et en Suisse. Les chemins de fer italiens avant et depuis les dernières conventions et la loi de 1885. Note suivie d'un aperçu de matériel roulant des chemins de fer italiens. Résultats comparatifs de l'exploitation des chemins de fer français d'intérêt local pendant le années 1886 et 1885.

August 1887.

De la consommation des traverses en bois employées sur les voies des réseaux français. Note sur les locomotives aux Étas-Unis. Note sur les chemins de fer du Danemark et la traversée des détroits danois. Note sur les paraneiges et les chasse-neige des chemins de fer danois. Note sur le transbordement des bois flottés dans les wagons de chemins de fer en Snède.

Volkswirthschaftliche Wochenschrift. Wien.

No. 198 bis 200. Vom 8. September bis 27. Oktober 1887.

Herpelje und Tauern.

Wochenblatt für Baukunde. Frankfurt a./M.

No. 74 bis 85. Vom 13. September bis 21. Oktober 1887.

(No. 74:) Ueber elektrische Beleuchtung der Eisenbahnzüge. (No. 81, 83 u. 85:) Ueber die geringsten Abmessungen von Eisenbahnbrücken. (No. 83 u. 85:) Ueber Strassenbahnen mit Akkumulatorbetrieb.

Журналъ министерства путей сообщенія. (Zeitschrift des Ministeriums der Verkehrsanstalten). St. Petersburg. Enthält ausser amtlichen Veröffentlichungen und Sitzungs-Protokollen des russischen Eisenbahnraths:

No. 33. Bau eines Durchlasses auf der Orel-Gryäsy-Bahn. — Ueber Naphta-Heizeinrichtungen für Lokomotiven. — Uebersicht des Eisenbahnwagen- und Lokomotivbaues in Russland. — (No. 34:) Berechnung der für Militärtransporte erforderlichen Wagenzahl, verglichen mit den für Militärtransporte in Deutschland, Oesterreich-Ungarn und Frankreich gültigen Bestimmungen. — Ueber die im April 1887 behufs Berathung der direkten Tarife stattgehabte Zusammenkunft der Vertreter der Eisenbahnen III. Gruppe. Zur Frage der Einführung eiserner Schwellen in Russland. (No 38:) Ueber die Kontrole des Bahnwärterdienstes. (No. 39:) Ueber das Legen der Schwellen.

Zeitschrift für die gesammte Staatswissenschaft. Tübingen.

43. Jahrgang. Heft II. und III.

Das neuere Submissionsverfahren.

Zeitschrift des Architekten- und Ingenieur-Vereins. Hannover.

1887. Heft 6 u. 7.

Vorrichtung zum Ueberladen von Kohlen aus Eisenbahnwagen in Seeschiffe, wie solche in einigen Häfen Englands und Hollands benutzt werden.

Zeitschrift für das gesammte Handelsrecht. Stuttgart.

Band XXXIII. 1887.

Zur Revision des Handelsgesetzbuchs. Erste Abtheilung. (Riesser.)

Zeitschrift für das Lokal- und Strassenbahnwesen. Wiesbaden.

1887. II. Heft.

Die neuesten Schmalspurbahnen in Sachsen. Die Entwicklung des Oberbaues der Strasseneisenbahnen. Unfall- und Krankenversicherung. Beispiele ausgeführter Betriebsmittel und interessante Einrichtungen für Lokalbahnen. Betriebsresultate von Schmalspurbahnen.

Zeitschrift für Transportwesen und Strassenbau. Berlin.

No. 25—30 vom 1. September bis 20. Oktober 1887.

(No. 25:) Bahnhofsanlagen für Nebenbahnen. Ueber den Ausbau des Eisenbahnnetzes der Provinz Posen. (No. 26:) Rückblicke auf das Strassenbahnwesen der Vereinigten Staaten von Nord-Amerika. (No. 26 u. 27:) Neuere Sekundärlinien der schweizerischen Bergbahnen. (No. 28:) Unfälle auf Strassenbahnen. (No. 28 u. 29:) Zur Statistik der Strassenbahnen. (No. 29:) Die Seilbahn von Lyon nach Croix-Rousse. (No. 30:) Die Ausstellung der Eisenbahnbedarfsartikel in Budapest.

Zeitung des Vereins Deutscher Eisenbahnverwaltungen. Berlin.

No. 67—82 vom 31. August bis 22. Oktober 1887.

(No. 67:) Die schweizerische Eisenbahnstatistik für das Jahr 1885. Statistischer Bericht über den Betrieb der Königlich bayerischen Verkehrsanstalten. Niederländisch-Indische Eisenbahngesellschaft. (No. 68:) Sekundärbetrieb auf den belgischen Hauptbahnen. (No. 69, 72, 73, 79:) Denkschriften, betreffend die weitere Herstellung neuer Eisenbahnlinien für Rechnung des preussischen Staates, nach dem Gesetze vom 1. April 1887. (No. 70:) Der Omnibusbetrieb auf den Hauptbahnen in Frankreich. Grossbritannische Eisenbahnen in 1886. (No. 71:) Englands Eisenbahnen vor 50 Jahren. Der internationale Strassenbahnenkongress. Oldenburgische Eisenbahnen. (No. 73:) Eisenbahnbetrieb in Amerika. (No. 74:) Ein fünfzigjähriger Gedenktag der ersten preussischen Eisenbahn. Dampfschifffahrt Vlissingen-Queenborough. Eisenbahnen in China. (No. 75:) Ueberseeischer

Petroleumtransport. Die belgischen Vizinalbahnen. (No. 76:) Die Eisenbahnen der Vereinigten Staaten im Jahre 1886. Reorganisation des französischen Eisenbahnrathes. Die Samarang-Joana Dampftramway-Gesellschaft. Niederländisch-Südafrikanische Eisenbahn. (No. 77:) Ein einfacher Lokomotivkessel. (No. 78:) Statistische Nachrichten über die Thätigkeit der Abrechnungsstelle des Vereins deutscher Eisenbahnverwaltungen in der Zeit vom 1. April 1886 bis 31. März 1887. Der VI. internationale Kongress für Hygiene und Demographie in Wien. Begleitschein über die zur Einlösung gelangenden Prioritäten oder Aktien und der Koupons. Türkische Eisenbahnen: Birma. (No. 79, 80:) Der Omnibusbetrieb auf den Hauptlinien der österreichischen Eisenbahnen. (No. 79:) Der Chatsworth-Unfall (No. 81:) Der Pariser-Verkehr im Jahre 1886. (No. 82:) Die Ergebnisse der Arbeiter-Pensionskassen und Krankenkassen der preussischen Staatsbahnverwaltung 1886/87.

Berichtigung.

Auf Seite 662 (Heft V) muss es heissen:

in der siebenten und zehnten Spalte der Tafel: „für einen Erkrankungsfall" statt: „für ein Mitglied" und in der achten und elften Spalte: „für ein Mitglied" statt: „für einen Erkrankungsfall", in der achtzehnten Zeile von unten: „ein Mitglied" statt: „einen Erkrankungsfall", in der dreizehnten Zeile von unten: „65,19" statt: „5,42", und in der zwölften Zeile von unten: „jedes Mitglied" statt: „jeden Erkrankungsfall".

Herausgegeben im Auftrage des Königlichen Ministeriums der öffentlichen Arbeiten.

Carl Heymanns Verlag, Berlin W. — Gedruckt bei Julius Sittenfeld, Berlin W.